मनोविज्ञान, शिक्षा तथा अन्य सामाजिक विज्ञानों में अनुसंधान विधियाँ

[RESEARCH METHODS IN PSYCHOLOGY, EDUCATION AND OTHER SOCIAL SCIENCES]

सम्पादक

डॉ॰ रामजी श्रीवास्तव

रीडर एवं अध्यक्ष

स्नातकोत्तर मनोविज्ञान विभाग

शिबली नेशनल स्नातकौत्तर महाविद्यालय

आज़मगढ़ (उ॰ प्र॰)

लेखिका

डॉ॰ बानी आनन्द

एम॰ ए॰ [मनोविज्ञान], पी-एच॰डी॰

मोतीलाल बनारसीदास

दिल्ली, मुम्बई, चेन्नई, कोलकाता,

बंगलूरू, वाराणसी, पटना

पुनर्मुद्रण: दिल्ली, **2017**
प्रथम संस्करण : 2008

ISBN: 978-81-208-3303-6
ISBN: 978-81-208-3304-3

मोतीलाल बनारसीदास

41 यू.ए. बंगलो रोड, जवाहर नगर, दिल्ली 110 007
236 नाइंथ मेन, III ब्लॉक, जयनगर, बंगलूरू 560 011
8 महालक्ष्मी चैम्बर, 22, भुलाभाई देसाई रोड, मुम्बई 400 026
203 रायपेट्टा हाई रोड, मैलापोर, चेन्नई 600 004
8 कैमेक स्ट्रीट, कोलकाता 700 017
अशोक राजपथ, पटना 800 004
चौक, वाराणसी 221 001

आर.पी. जैन के द्वारा एन ए बी प्रिंटिंग यूनिट,
ए-44, नारायणा, फेज़-1, नई दिल्ली 110 028 में मुद्रित
एवं जे.पी. जैन द्वारा मोतीलाल बनारसीदास
41 यू.ए., बंगलो रोड, जवाहर नगर, दिल्ली-110 007, के लिए प्रकाशित

परम शिक्षाविद, उदारचेता

एवं मनीषी परम आदरणीय

डा० लाल बचन त्रिपाठी,

एम० ए० पी-एच० डी० (मैकगिल)

के भूतपूर्व प्रोफेसर एवं अध्यक्ष

गोरखपुर विश्वविद्यालय,

गोरखपुर के कर

कमलों में असीम श्रद्धाभाव

से सादर समर्पित

डॉ० रामजी श्रीवास्तव

भूमिका

सामाजिक विज्ञानों में जहाँ अनुसंधान पर अधिक बल दिया जा रहा है वहीं अनुसंधान पद्धति के शिक्षण एवं प्रशिक्षण पर भी विषय विशेषज्ञों ने अधिक बल दिया है। परिणामस्वरूप अनुसंधान पद्धति विषय पर विश्वविद्यालय अनुदान आयोग के नवीन पाठ्यक्रम के अनुसार हिन्दी भाषा में पुस्तक की आवश्यकता का अनुभव किया गया और विद्वान लेखकों ने इस दिशा में सफल प्रयास भी किया है। परन्तु अनुसंधान पद्धति पर लिखी गई पुस्तकें अन्य विश्वविद्यालयों के पाठ्यक्रम को ध्यान में रखकर लिखी गई है जो पूर्वान्चल विश्वविद्यालय के पाठ्यक्रम के अनुरूप नहीं है। इसी कमी के अनुभव होने के कारण इस पुस्तक के लेखन की प्रेरणा प्राप्त हुई और लेखिका का प्रयास पाठकगण के समक्ष प्रस्तुत है।

प्रस्तुत पुस्तक के लेखन में लेखिका ने कई बातों पर ध्यान दिया है। यह पुस्तक विश्वविद्यालय अनुदान आयोग के पाठ्यक्रम (UGC-Curriculum, 2001) पर आधारित है जो एम॰ ए॰ मनोविज्ञान, समाजशास्त्र तथा शिक्षाशास्त्र के पाठ्यक्रम के अनुकूल है। इस पुस्तक में सरल एवं बोधगम्य भाषा का प्रयोग किया गया है ताकि पाठकगण अपनी मातृभाषा में सरलता से चिन्तन एवं मनन कर सकें क्योंकि मातृभाषा में किया गया चिन्तन मौलिक होगा।

इस पुस्तक के लेखन में लेखिका ने अनेक विद्वानों की कृतियों का परोक्ष-अपरोक्ष रूप से सहायता लिया है जिसके बिना इस पुस्तक की रचना सम्भव नहीं थी। अतः हम उनके प्रति आभारी है। इस पुस्तक के लेखन में Kerlinger's *Foundation of Behavioural Research* को मानक ग्रन्थ के रूप में प्रयोग किया गया है। परन्तु लेखन में कठिनाई अनुभव होने पर परम पूज्य प्रो॰ लाल बचन त्रिपाठी की पुस्तक *मनोवैज्ञानिक अनुसंधान* पद्धति ने सदैव मार्गदर्शन किया है। इस पुस्तक के लेखन में डॉ॰ जयगोपाल त्रिपाठी, डॉ॰ हंस कुमार कपिल, डॉ॰ अरुण कुमार सिंह, डॉ॰ मु॰ सुलेमान की कृतियों को भी सन्दर्भ ग्रन्थ के रूप में प्रयोग किया गया है। हम आप सभी विद्वानों के प्रति चिरकृतज्ञ है और हृदय से आभार प्रकट करते हैं।

अंत में हम मोतीलाल बनारसीदास, पटना शाखा के प्रबन्धक बाबू कमला शंकर सिंह तथा वाराणसी शाखा के प्रबन्धक श्री वकील राम कुशवाहा के प्रति विशेष रूप से साधुवाद प्रकट करते हैं जिन्होंने इस पुस्तक की रचना का उत्तरदायित्व हमें सौंप कर इस पुस्तक को लिखने के लिए हमें बाध्य किया। इस क्रम में हम विक्रय प्रतिनिधि श्री जे॰ पी॰ शर्मा के प्रति भी आभार प्रकट करते हैं क्योंकि इन्होंने विद्यार्थियों के लिए इस पुस्तक की आवश्यकता का अनुभव किया और पुस्तक शीघ्र ही तैयार करने के लिए आग्रह करते रहें।

आशा है पुस्तक छात्रोपयोगी सिद्ध होगी।

जन्माष्टमी, २००७ —**रामजी श्रीवास्तव**

विषय-सूची

❑

अध्याय 1

विज्ञान एवं वैज्ञानिक उपागम

(SCIENCE AND SCIENTIFIC APPROACH)

किसी जटिल मानव क्रिया के बारे में ज्ञान प्राप्त करने के लिए हमें उस मानव को समझने के लिए किसी उपर्युक्त भाषा एवं उपागम का प्रयोग करना होगा। ऐसी परिस्थिति में हमें विज्ञान एवं वैज्ञानिक अनुसंधान के बारे में ज्ञान प्राप्त करना होगा। अतः व्यक्ति को समस्या-समाधान के लिए वैज्ञानिक भाषा (scientific language) एवं वैज्ञानिक उपागम (scientific approach) के बारे में ज्ञान प्राप्त करना होगा। मनुष्य की इस प्रकार की जिज्ञासा पाषाण युग से लेकर आज तक विद्यमान है।

परन्तु आज कल के विद्यार्थी एवं शोधार्थी अपने अनुसंधान में प्रायः सरल एवं सामान्य शब्दों का ही प्रयोग करते हैं और अपने उद्देश्य की पूर्ति के लिए नवीन शब्दों का आविष्कार कर लेते हैं। अतः हमें मनोवैज्ञानिक एवं शैक्षिक वैज्ञानिक की भाषा का अधिगम करना होगा। जब मनोविज्ञान के क्षेत्र में अनुसंधानरत अनुसंधानकर्ता स्वतन्त्र (independent) एवं आश्रित परिवर्त्यों (dependent variables) की बात करता है या अपने प्रायोगिक प्रक्रिया में यादृच्छिकीकरण (randomization) की बात करता है, तो इससे हमें यह संकेत प्राप्त होता है कि उसके ऐसा कहने का तात्पर्य क्या है तथा वह करना क्या चाहता है।

समस्या के प्रति वैज्ञानिक को उपागम को अच्छी तरह समझ लेना चाहिए। वैज्ञानिक का यह उपागम एक महत्वपूर्ण चरण है। प्रायः अनुसंधानकर्ता अपने सृजनात्मक चिन्तन में सहज बुद्धि (common sense) का प्रयोग करने लगते हैं जो उनके पक्ष में उपर्युक्त नहीं है क्योंकि ज्ञान के मूल्यांकन (evaluation of knowledge) के लिए सहज बुद्धि एक अकुशल स्वामी (bad master) के रूप में प्रतीत होता है। विज्ञान एवं सहज बुद्धि कुछ दृष्टिकोणों से समान एवं कुछ दृष्टिकोणों से भिन्न है। इस दृष्टिकोण से *विज्ञान एवं सहज बुद्धि समान है कि विज्ञान सहज बुद्धि का क्रमबद्ध (systematic) एवं नियन्त्रित विस्तार (controlled extension) है (Science is a systematic and controlled extension of common sense.* (Whitehead, 1911) चूँकि सहज बुद्धि सम्प्रत्यय (concepts) एवं सम्प्रत्यय-परक योजनाओं (conceptual schemes) की एक शृंखला है जिसका मानव जाति के लिए व्यवहारिक उपयोग है (*Conat,* 1951)। परन्तु आधुनिक विज्ञान विशेष रूप से मनोविज्ञान तथा शिक्षा में इन सम्प्रत्ययों एवं सम्प्रत्ययपरक योजनाओं का भ्रामक उपयोग हो रहा है।

विज्ञान एवं सहज बुद्धि में पाँच-दृष्टिकोणों से अन्तर पाया जाता है। प्रथम सम्प्रत्ययपरक योजनाओं एवं सैद्धान्तिक संरचनाओं (theoretical structures) का उपयोग पूर्णरूप से भिन्न है। जबकि एक सामान्य व्यक्ति इनका उपयोग लापरवाही से करता है। द्वितीय, वैज्ञानिक अपने सिद्धान्तों एवं उपकल्पनाओं का परीक्षण अनुभवजन्य (empirical) तरीके से करता है। जबकि एक सामान्य व्यक्ति अपने तरीके से उपकल्पनाओं का परीक्षण करता है और उपकल्पना से प्रासंगिक तथ्यों का संकलन करता है। तृतीय, इन दोनों के नियन्त्रण प्रविधि में

भी अन्तर पाया जाता है। वैज्ञानिक अनुसंधान में उन अनेक परिवर्त्यों पर नियन्त्रण किया जाता है जिनसे परिणाम के प्रभावित होने की सम्भावना पाई जाती है। जबकि एक सामान्य व्यक्ति निरीक्षित गोचरों (observed phenomenon) के नियन्त्रण के प्रति अधिक सतर्क नहीं होता है। चतुर्थ, वैज्ञानिक गोचरों के मध्य विद्यमान सम्बन्धों के अध्ययन से अधिक सम्बन्धित होता है जबकि एक सामान्य व्यक्ति गोचरों की व्याख्या में रुचि रखता है। पंचम, यह अन्तर इस तथ्य की ओर संकेत करता है कि वैज्ञानिक निरीक्षित गोचरों के मध्य सम्बन्धों की व्याख्या का प्रयास करता है तथा वस्तु-व्याख्या (metaphysical explanation) को निकालने का प्रयास करता है। इस व्याख्या का परीक्षण करना सम्भव नहीं होता है। जैसे 'व्यक्ति अन्धा है क्योंकि ईश्वर की यही इच्छा है'।

विज्ञान एवं इसके कार्य
(Science and its Functions)

विज्ञान का मुख्य उद्देश्य सिद्धान्त है। विज्ञान प्राकृतिक घटनाओं की सामान्य व्याख्या (general explanation) करता है। इस सामान्य व्याख्या को ही सिद्धान्त (theory) कहते हैं। जब मनोवैज्ञानिक बच्चों के व्यवहार का निरीक्षण करता है तो वह बाद उन सभी व्यवहारों में सम्बन्ध स्थापित करता है।

विज्ञान वैज्ञानिक विधियों का प्रयोग करता है तथा इसके द्वारा समस्याओं का समाधान किया जाता है। कुछ ऐसे विषय भी है जिनमें वैज्ञानिक विधियों का प्रयोग तो नहीं होता है, लेकिन समस्याओं का समाधान उनमें भी होता है। *"वैज्ञानिक विधि वह क्रमिक प्रक्रिया है जिसके द्वारा सभी विज्ञान अपने प्रश्नों का उत्तर प्राप्त करते हैं।" (The scientific method is a serial process by which all sciences obtain answers to their questions—**McGuigan,*** 1960)। इस प्रकार हम यह कह सकते हैं कि विज्ञान समाधान योग्य समस्याओं के वैज्ञानिक विधियों का अनुप्रयोग है *(Science is the application of the scientific method to solvable problems.—**McGuigan,*** 1960)।

Lundberg (1951) के अनुसार, *"वैज्ञानिक विधि में प्रदत्त का क्रमबद्ध निरीक्षण, वर्गीकरण तथा व्याख्या सम्मिलित होती है।" (The scientific method consists of systematic observation, classification and interpretation of data.)*

Pearson (1911) के अनुसार, *"वैज्ञानिक विधि में निम्नलिखित विशेषताएँ पायी जाती हैं—(i) तथ्यों का सावधानी तथा यथार्थता से वर्गीकरण (ii) तथ्यों में सहसम्बन्ध तथा अनुक्रम का निरीक्षण सर्जनशील कल्पना के द्वारा वैज्ञानिक नियमों की खोज (iii) स्व आलोचना (iv) एवं अन्त में ऐसी सर्वोत्तम कसौटी की रचना जो सभी व्यक्तियों के लिए समानरूप से वैध हो।" (The scientific method is marked by the following features—(i) careful and accurate classification of facts (ii) observation of their correlation (iii) discovery of scientific laws by the aid of creative imagination (iv) self criticism (v) and the final, touchstone of equal validity for all normally constituted minds.)*।

Townsend (1953) के अनुसार, *"वैज्ञानिक पद्धति से तात्पर्य चिन्तन तथा व्यवहार के उन परिशुद्ध, प्रत्यक्ष तथा सक्षम साधनों से है जिनके द्वारा तथ्यों को संकलित तथा संगठित किया जाता है।" (The most exacting direct and efficient means by which facts* *have been collected and organized is by the use of the tools of thinking and acting which have come to be known as scientific method.*)

वैज्ञानिक विधि के सोपान
(Steps in Scientific Method)

इसके कई सोपान है जिनका वर्णन अद्योप्रस्तुत है:—

(1) समस्या की पहचान एवं कथन (Identification and statement of the problem)

(2) उपकल्पना का निर्माण (Formulation of hypothesis)

(3) निगमनात्मक तर्कना द्वारा उपकल्पना से एक आशय पर पहुँचना (Arriving at implications of hypothesis through deductive reasoning)

(4) प्रमाण संकलन एवं विश्लेषण (Collection and analysis of evidence)

(5) उपकल्पना की जाँच (Verification of hypothesis)

वैज्ञानिक विधि की विशेषताएँ *(Characteristics of Scientific Method)*

वैज्ञानिक विधि की निम्नलिखित विशेषताएँ हैं:—

(i) वस्तुनिष्ठता (Objectivity)

(ii) निश्चयात्मकता (Definiteness)

(iii) सत्यापनीयता (Verifiability)

(iv) सामान्यता (Generality)

(v) भविष्यकथन की क्षमता (Predictability)

मनोवैज्ञानिक अनुसंधान
(Psychological Research)

शब्द अनुसंधान अंग्रेजी के 'Research' का हिन्दी रूपान्तर है। शब्द Research फ्रांसीसी भाषा के 'resherche' शब्द से बना है जिसका तात्पर्य है देखना (to look), खोज करना (to investigate), सब दिशाओं में जाना (to go around) आदि। 'Re' का तात्पर्य है 'बार-बार' तथा 'search' का अर्थ है 'खोजना'। इस प्रकार अनुसंधान का तात्पर्य 'किसी तथ्य को बार-बार सम्बन्धित प्रदत्तों के आधार पर देखने या खोजने से लिया जाता है। मूलरूप से अनुसंधान का तात्पर्य गवेष्णा (enquiry) से लिया जाता है। अनुसंधान शब्द का सर्वप्रथम प्रयोग ऐतिहासिक घटनाओं की खोज के सन्दर्भ में किया गया। भूतकाल में घटित ऐतिहासिक घटनाओं की खोज के प्रति मानव की जिज्ञासा ने अनुसंधान को जन्म दिया तथा आगे चलकर इसका स्वरूप वैज्ञानिक अनुसंधान (scientific research) के रूप में हो गया। परिणाम यह हुआ कि ऐतिहासिक अनुसंधान के बल अतीत (past) तक सीमित रहा और वैज्ञानिक शोध ने आधुनिकतम स्वरूप प्राप्त कर लिया। ऐतिहासिक शोध का सम्बन्ध केवल भूतकाल से था जब कि वैज्ञानिक अनुसंधान भूत, भविष्य एवं वर्तमान तीनों से था।

इस प्रकार यह कहा जा सकता है कि अनुसंधान का उद्देश्य वैज्ञानिक आधार पर उत्तर को खोजना है। वैज्ञानिकों ने अनुसंधान की परिभाषा अवश्य प्रस्तुत की है परन्तु कोई परिभाषा पूर्णरूप से सर्वमान्य नहीं है। अनुसंधान की कुछ महत्त्वपूर्ण परिभाषाएँ अधोप्रस्तुत है:—

Drever (1952) के अनुसार, *"अनुसंधान का तात्पर्य किसी क्षेत्र में ज्ञान या पुष्टिकरण*

के लिए किये गये व्यवस्थित अनुसंधान से है।'' (Research refers to systematic investigation in pursuit of knowledge or confirmation in any field.)

Kerlinger (1964, 1983) के अनुसार, *''वैज्ञानिक अनुसंधान एक ऐसा व्यवस्थित नियंत्रित अनुभवजन्य तथा सूक्ष्म अन्वेषण है जिससे प्राकृतिक घटनाओं में विद्यमान अनुमानित सम्बन्धों का अध्ययन परिकल्पनात्मक तर्क वाक्यों के द्वारा किया जाता है।'' (Scientific research is a systematic controlled empirical and critical investigation of hypothetical propositions about the presumed relations among natural phenomenon.)*।

P. V. Young (1966) के अनुसार, *''अनुसंधान एक ऐसी व्यवस्थित विधि है। जिसके द्वारा नवीन तथ्यों की खोज तथा प्राचीन तथ्यों की पुष्टि की जाती है, तथा उन अनुक्रमों, पारस्परिक सम्बन्धों, कारणात्मक व्याख्याओं तथा प्राकृतिक नियमों का अध्ययन करती है जो कि उन्हें नियन्त्रित करते हैं।'' (Research may be defined as the systematic method of discovering new facts or verifying old facts, their sequences, inter relationships.*

Crawford (1960) के अनुसार, *''अनुसंधान किसी समस्या के अधिक उपर्युक्त निराकरण के लिए चिन्तन की एक व्यवस्थित एवं परिशुद्ध प्रविधि है जिसमें विशिष्ट साधनों, उपकरणों तथा प्रक्रियाओं का उपयोग किया जाता है।''(Research is simply a refined and systematic technique of thinking, employing specialized tools, instruments and procedure in order to obtain a more adequate solution of a problem.)*

Best (1963) के अनुसार, *''अनुसंधान वैज्ञानिक पद्धति पर आधारित विश्लेषण करने की अधिक तर्कयुक्त, व्यवस्थित गहन प्रक्रिया है। अनुसंधान वैज्ञानिक पद्धति की अत्यन्त विशिष्ट अवस्था है।'' (Research is considered to be more formal, systematic and intensive process of carrying on the scientific method of analysis research is a more specialized phase of scientific methodology.)*

Jahoda and ***others*** (1959) के अनुसार, *''अनुसंधान उत्तर खोजने के लिए उन्मुख है, यह उत्तर प्राप्त भी कर सकता है और नहीं भी।'' (Research is oriented towards seeking answers it may or may not find them.)*

Edwards (1969) के अनुसार, *''अनुसंधान किसी प्रश्न अथवा समस्या अथवा प्रस्तावित उत्तरों की जाँच के लिए उत्तर खोजने हेतु किया जाता है।'' (Research is done to seek an answer to a question or to a problem or to test answers which have been suggested.)*

Redman & Mory (1982) के अनुसार, *''नवीन ज्ञान प्राप्ति के व्यवस्थित प्रयास को अनुसंधान कहते हैं।'' (Systematized effort to gain new knowledge, we call research.)*

The Advanced Learner's Dictionary of Current English (1952) के अनुसार, *''किसी भी ज्ञान की शाखा में नवीन तथ्यों की खोज के लिए सावधानीपूर्वक किये गये अन्वेषण या जाँच पड़ताल को अनुसंधान कहते हैं।'' (Research is a careful investigation or inquiry through search for new facts in any branch of knowledge.)*

इन प्रस्तुत परिभाषाओं के आधार पर हम इस निष्कर्ष पर पहुँचते हैं कि समस्या समाधान के लिए व्यक्ति द्वारा अपनाई व्यवस्थित तर्कसंगत एवं अनुभवजन्य प्रक्रिया ही अनुसंधान-प्रक्रिया है।

अनुसंधान की प्रमुख विशेषताएँ
(Main Characteristics of Research)

अनुसंधान को अनेक मनोवैज्ञानिकों ने अपने-अपने ढंग से परिभाषित किया है। इन परिभाषाओं के आधार पर अनुसंधान की अनेक विशेषताएँ हैं, जिनका वर्णन प्रस्तुत है:—

(i) अनुसंधान किसी समस्या के केन्द्र के आसपास घूमता है (It centers around a problem)

(ii) यह एक वैज्ञानिक प्रक्रिया (scientific process) है।

(iii) यह एक वैज्ञानिक अन्वेषण पद्धति (scientific research method) है। यह एक व्यवस्थित तथा अनुभवजन्य अध्ययन है।

(iv) यह एक वस्तुनिष्ठ (objective) अध्ययन है। ***Fairchild*** के अनुसार, *''वस्तुनिष्ठता का तात्पर्य परिस्थिति से अपने आपको बचाने की योग्यता तथा समय विशेष में किसी पक्षपात या पूर्वधारणा, पूर्वाग्रह तथा संवेग नही, बल्कि प्रमाण तथा विवेक के आधार पर तथ्यों का अवलोकन है।'' (Objectivity means the ability to detach oneself from the situation in which one is personaly involved and views facts on the basis of evidence and reason rather than prejudice and emotion without bias or preconception, in their time setting.)*

(v) यह एक नियंत्रित विधि (controlled method) है, ***Chaplin*** **(1975)** के अनुसार, *''नियन्त्रण का तात्पर्य प्रयोगात्मक दशाओं को इस प्रकार से व्यवस्थित करना है जिससे यह निश्चित हो सके कि प्रयोगात्मक अथवा स्वतन्त्र परिवर्त्य ही प्राप्त परिणामों के लिए उत्तरदायी है।'' (Control means to arrange experimental conditions in such a manner as to ensure that the experimental or independent variable under investigation is solely responsible for the results obtained.)*।

(vi) यह समस्या से सम्बन्धित नवीन तथ्यों (new facts) तथा सामान्य नियमों (general rules/laws) की खोज करता है।

(vii) यह विश्वसनीय (reliable) और वैध (valid) विधियों का प्रयोग करता है।

(viii) यह गुणात्मक (qualitative) तथा परिमाणात्मक (quantitative) प्रदत्तों की व्यवस्था तथा विश्लेषण (analysis) करता है।

(ix) यह एक अत्यन्त उद्देश्यपूर्ण, धैर्यपूर्ण तथा विवेकपूर्ण प्रक्रिया है।

(x) इसमें उपकल्पना निर्मित की जाती है, तथा उसका परीक्षण किया जाता है।

(xi) प्रदत्तों का विश्लेषण (analysis of data) कठोर वैज्ञानिक तथा सांख्यिकी पद्धतियों पर आधारित होता है।

(xii) सुनिश्चित (definite) तथा सुसंगत (consistent) निष्कर्ष के लिए परिणामों तथा सम्बन्धों की पुनरावृत्ति (repetition) किया जाता है। यदि हमेशा एक प्रकार का ही परिणाम प्राप्त होता है तो उसे विश्वसनीय (reliable) माना जाता है और उस पर विश्वास किया जाता है तथा उसे स्वीकार कर लिया जाता है। इस सम्बन्ध में ***Reber*** (1987) का

मत है कि, *''अनुसंधानकर्ता अपने अध्ययन को बार-बार दुहराता है तथा प्राप्त परिणाम की सत्यता की जाँच करता है।''* *(Replication refers to the second experiment that reproduces or replicates an earlier study.)*।

(xiii) इसमें भविष्यकथनीय क्षमता (predictive efficiency) पाई जाती है। ***Chaplin*** (1975) का मत है कि, *''भविष्यवाणी का तात्पर्य किसी घटना के भावी परिणाम से सम्बन्धित कथन से है।''* *(Prediction refers to a statement about an event with respect to its future outcome.)*

(xiv) इसमें परिशुद्धता (precision) पाई जाती है। परिशुद्धता का तात्पर्य *'अध्ययन या मापन की यथार्थता' (degree of accuracy and constancy of measurements)* से है। *कोई विधि उस सीमा तक परिशुद्ध मानी जायगी जिस सीमा तक वह अध्ययन यथार्थ होगा। James Drever (1955)*

(xv) इसमें सार्वभौमिकता (universality) पाई जाती है। अनुसंधान से प्राप्त परिणाम किसी काल विशेष, स्थान विशेष अथवा देश-विशेष से सम्बन्धित नहीं होते हैं वरन् सभी काल, स्थान अथवा देश के उपर्युक्त होते हैं। ***Chaplin*** (1975) के अनुसार, *''सार्वभौमिकता का तात्पर्य वैधता का मापदण्ड है जिसका परिणाम प्रत्येक व्यक्ति तथा प्रत्येक जगह के लिए स्वीकृत होता है।''* *(Universality is a criterion or test of validity which consists of finding acceptance by every one everywhere.)*

(xvi) इससे सिद्धान्तों तथा नियमों का प्रतिपादन होता है।

(xvii) सामान्यीकरण (generalization) का प्रतिपादन अनुसंधान में होता है।

अनुसंधान प्रक्रिया के सोपान
(Steps in Research Process)

सामाजिक और भौतिक विज्ञानों में अनुसंधान के निम्नलिखित सोपान बताये गये हैं:—

(1) विषय का चयन (Selection of topic)

(2) सम्बन्धित साहित्य का सर्वेक्षण (Survey of the related literature)]

(3) अध्ययन हेतु समस्या का निर्धारण (Raising the problem for study)

(a) अध्ययन समस्या का युक्तिसंगत आधार (rationale) प्रस्तुत करना।

(b) अध्ययन से सम्बन्धित सम्प्रत्ययों (concepts) एवं निर्मितों (constructs) को स्पष्ट रूप से परिभाषित करना।

(c) अध्ययन के उद्देश्यों (objectives) को स्पष्ट करना।

(d) अध्ययन के अंगों को प्रश्नवाचक वाक्य के रूप में प्रस्तुत करना।

(e) अध्ययन क्षेत्र को स्पष्ट रूप से सीमाबद्ध करना।

(4) अध्ययन के लिए एक से अधिक उपकल्पनाओं की रचना करना (Formulation of a hypothesis or more than one hypotheses.)

(5) अनुसंधान अभिकल्प (research design) अथवा विधि (methodology) का चयन तथा निदर्शन प्रक्रिया (sampling procedure) की व्याख्या करना।

(6) प्रदत्त संकलन (Collection of data)

(7) प्रदत्त व्यवस्थापन तथा विश्लेषण (Organization and analysis of data)

(8) निष्कर्ष तथा सामान्यीकरण (Conclusion and generalization)

(10) रिपोर्ट प्रस्तुतीकरण (Presentation of report)

Jahoda, Deutch & Cook (1951) ने अपनी पुस्तक *'Research Method in Social Relations'* में अनुसंधान में निम्न पक्षों सोपानों को प्रस्तावित किया है:—

(1) समस्या के निर्माण में उद्देश्यों का वर्णन
(2) अध्ययन अभिकल्प का वर्णन
(3) प्रदत्त संकलन की विधि का वर्णन
(4) परिणामों का प्रस्तुतीकरण
(5) प्राप्त प्रदत्त से निष्कर्ष तथा व्याख्या प्राप्त करना।

David J. Fox (1969) ने अपनी पुस्तक *'The Research Process in Education'* में 17 सोपानों में प्रस्तावित किया है:—

भाग-1 अनुसंधान योजना

(1) प्रारंभिक विचार अथवा आवश्यकता एक समस्या का क्षेत्र।
(2) साहित्य का प्रारम्भिक सर्वेक्षण
(3) विशिष्ट समस्या का निश्चय
(4) अनुसंधान कार्य की सफलता का पूर्वानुमान
(5) सम्बन्धित साहित्य का द्वितीय सर्वेक्षण
(6) अनुसंधान-प्रक्रिया का चयन
(7) अनुसंधान परिकल्पना का निर्माण
(8) प्रदत्त प्राप्त करने की विधियों का निर्धारण
(9) प्रदत्त प्राप्त करने के लिए उपकरणों का चुनाव तथा परिणाम
(10) प्रदत्त के विश्लेषण की योजना तैयार करना।
(11) प्रदत्त-संकलन की योजना तैयार करना।
(12) जनसंख्या तथा प्रतिदर्श का निर्धारण
(13) एक लघु समूह पर पूर्व-अध्ययन करना एवं कठिनाइयों के बारे में ज्ञान प्राप्त करना।

भाग-2 अनुसंधान योजना का क्रियान्वयन

(14) प्रदत्त संकलन
(15) प्रदत्त विश्लेषण
(16) अनुसंधान का प्रतिवदेन तैयार करना

भाग-3 प्राप्त निष्कर्षों का उपयोग

(17) प्राप्त निष्कर्षों के प्रचार तथा क्रियान्वयन पर बल

अनुसंधान का महत्त्व
(Importance of Research)

अनुसंधान के निम्नलिखित महत्त्व है:—

(1) अनुसंधान मानव ज्ञान को दिशा प्रदान करता है तथा ज्ञान भण्डार को विकसित एवं परिमार्जित करता है।
(2) अनुसंधान विभिन्न विज्ञानों की प्रगति में सहायक है।
(3) अनुसंधान से व्यवहारिक समस्याओं (practical problems) का समाधान होता है।
(4) अनुसंधान प्रशासकों (administrators) तथा नीति निर्धारकों (policy makers) का मार्गदर्शन (guidance) करता है।
(5) अनुसंधान अनेक नवीन कार्य-विधियों को विकसित करता है।

(6) अनुसंधान नवीन उत्पादनों के विकास में सहायक है।

(7) अनुसंधान पूर्वाग्रहों के निदान (diagnosis) तथा निवारण (elimination) में सहायक है।

(8) अनुसंधान से व्यक्तित्व का बौद्धिक विकास हुआ है। **Good & Scate** का मत है कि "विज्ञान का कार्य बुद्धि का विकास करना है तथा अनुसंधान का कार्य विज्ञान का विकास करना है। यदि हम बुद्धि का विकास चाहते हैं, तो अनुसंधान करना ही होगा।"

(9) अनुसंधान ज्ञान के विविध पक्षों में गहनता एवं सूक्ष्मता प्रदान करता है।

(10) अनुसंधान विकास का पर्याय है।

(11) अनुसंधान ज्ञान-पिपासा की संतुष्टि करता है।

(12) अनुसंधान जिज्ञासा मूल प्रवृत्ति (curiosity instinct) की संतुष्टि करता है।

(13) अनुसंधान सामाजिक प्रगति (social progress) में सहायक है। अनुसंधान से भौतिक विकास अधिक होता है, बौद्धिक विकास का स्तर ऊँचा हो जाता है तथा अध्यात्मिक मूल्यों में वृद्धि पाई जाती है। यह सभी संकेत सामाजिक प्रगति के संकेतक है।

इन उपर्युक्त तथ्यों के आधार पर यह कहा जा सकता है कि *जो सम्बन्ध बिजली की कड़क (thunder) और बिजली (electricity) में है, वही सम्बन्ध मानव जीवन और अनुसंधान में है (Benjamin Franklin)*। यदि हम *Wilkinson* के शब्दों में अनुसंधान के महत्त्व का स्पष्टीकरण करें, तो अनुपयुक्त न होगा।" *"To the question of what use is research we may reply of what use is newborn child."*

मनोवैज्ञानिक अनुसंधान की समस्याएँ
(Problems in Psychological Research)

मनोवैज्ञानिक तथा सामाजिक अनुसंधान पूर्ण रूप से वैज्ञानिक नहीं हो पाते हैं क्योंकि अनुसंधानकर्ताओं ने अनुसंधान कार्य में अनेक प्रकार की सीमाओं (limitations) समस्याओं (problems) एवं कठिनाइयों (difficulties) को अनुभव किया है जिनका वर्णन अधोप्रस्तुत है:–

1. आत्मनिष्ठता (*Subjectivity*)—अनुसंधानकर्ता अपने अनुसंधान के समय पूर्णरूप से वस्तुनिष्ठ (objective) नहीं होता है। वह प्रदत्त संकलन के लिए साक्षात्कार तथा प्रश्नावली विधियों का प्रयोग करता है जो पूर्णरूप से वस्तुनिष्ठ नहीं है। उनमें आत्मनिष्ठता, सम्बन्धी दोष के पाये जाने की सम्भावना रहती है क्योंकि उत्तरदाता सही अनुक्रियायों को छिपा लेता है। परिणामस्वरूप परिणाम संदिग्ध (doubtful) होते हैं।

2. वस्तुनिष्ठता की कठिनाई (*Difficulty of objectivity*)—अनेक कारणों से मनोवैज्ञानिक एवं सामाजिक अनुसंधानों में वस्तुनिष्ठता की मात्रा में कमी पाई जाती है। इन कारणों के रूप में अनेक कारकों को लिया जा सकता है उदाहरणार्थ-अनुसंधान विषय (उदाहरणार्थ-अभिवृत्ति, बुद्धि, पूर्वधारणा की अमूर्तता, अनुसंधान विषय का प्रत्यक्ष (direct) एवं मूर्त (tangible) मापन में असुविधा, अनुसंधानकर्ता का व्यक्तिगत पक्षपात (bias), अनुसंधान हेतु प्रयुक्त विधियों (उदाहरणार्थ-साक्षात्कार, प्रश्नावली) में वस्तुनिष्ठता का अभाव।

3. सत्यापन में कठिनाई (*Difficulty in verification*)—जिस सीमा तक भौतिक शास्त्र तथा रसायनशास्त्र में पुनरावृत्ति (replication) तथा सत्यापन (verification) की

सम्भावना पाई जाती है, उस सीमा तक मनोविज्ञान तथा समाजशास्त्र में अध्ययन की न तो पुनरावृत्ति कर सकते हैं और न उसे सत्यापित ही कर सकते हैं क्योंकि मनोविज्ञान में उत्तरदाताओं से प्रदत्त संकलित किया जाता है और इन उत्तरदाताओं में वैयक्तिक भिन्नतायें (individual differences) तो पाई ही जाती है, उत्तरदाताओं के व्यवहार अनुक्रिया में भी असंगति (inconsistency) भी पाई जाती है।

4. नियन्त्रण की कठिनाई *(Difficulty of control)*—मनोवैज्ञानिक एवं सामाजिक अनुसंधानों में पूर्ण रूप से नियन्त्रण नहीं स्थापित हो पाता है। जिस सीमा तक नियन्त्रण भौतिक शास्त्र और रसायन शास्त्र में सम्भव है, उस सीमा तक मानव मन की चंचल प्रवृत्ति के कारण मनोविज्ञान में सम्भव नहीं है।

5. पुनरावृत्ति की कठिनाई *(Difficulty of repetition)*—अन्य विज्ञानों में अनुसंधानकर्ता अपने अनुसंधान की पुनरावृत्ति कर सकता है, क्योंकि अध्ययन विषय प्रत्यक्ष तथा मूर्त होता है तथा उसमें स्थिरता की मात्रा पाई जाती है जबकि मनोवैज्ञानिक अनुसंधान में अनुसंधानकर्ता अपने अध्ययन को पुनरावृत्ति करने में अपेक्षाकृत कुछ कठिनाई का अनुभव करता है क्योंकि अनुसंधान विषय में परिवर्तनशीलता और अस्थिरता पाई जाती है।

6. उत्तरदाता की संवेदनशीलता *(Sensitivity of respondent)*—मनोवैज्ञानिक अनुसंधान में अनुसंधानकर्ता की उपस्थिति के कारण उत्तरदाताओं के व्यवहार में स्वाभाविकता का अभाव पाये जाने लगता है और उसका व्यवहार कृत्रिम हो जाता है। उत्तरदाता के व्यवहार में केवल अनुसंधानकर्ता की उपस्थिति के कारण ही कृत्रिमता नहीं पाई जाती है, वरन् अन्य उत्तरदाताओं की उपस्थिति भी उनके स्वाभाविक व्यवहार को प्रभावित करती है। परिणामस्वरूप उत्तरदाता वास्तविक अनुक्रिया प्रकट करने में हिचकने लगते हैं।

7. असाधारण परिस्थिति *(Unusual situation)*—अनुसंधानकर्ता जिस परिस्थिति में प्रदत्त संकलन करता है, वह प्रथागत (customary) नहीं होती है, वरन् असाधारण होती है, इसलिए अनुसंधानकर्ता को कठिनाई होती है, असाधारण परिस्थिति के कारण मनोवैज्ञानिक अनुसंधानों के वैज्ञानिकता में कमी पाई जाती है।

8. परिमाणन की कठिनाई *(Difficulty of quantification)*—भौतिक शास्त्र तथा रसायन शास्त्र से मनोविज्ञान के क्षेत्र में होने वाले अनुसंधानों का तुलनात्मक अध्ययन करने पर इस तथ्य पर प्रकाश पड़ता है कि भौतिकशास्त्र तथा रसायन शास्त्र की भाँति मनोविज्ञान में स्थिरता तथा मूर्तता नहीं पाई जाती है, इसलिए परिमाणन में अपेक्षाकृत परिशुद्धता की कमी पाई जाती है।

9. परिवर्तनशीलता की कठिनाई *(Difficulty of changeability)*—अन्य प्राकृतिक विज्ञानों के विपरीत मनोवैज्ञानिक अनुसंधानों में अध्ययन-विषय अपेक्षाकृत अधिक परिवर्तनशील होता है क्योंकि मनोविज्ञान का अध्ययन विषय वस्तु मानव व्यवहार से सम्बन्धित होता है जिसका पूर्ण नियन्त्रण सम्भव नहीं होता है।

❑

अध्याय 2

विज्ञान : सिद्धान्त एवं तथ्य
(SCIENCE : THEORY AND FACT)

विज्ञान *(Science)*

शब्द 'विज्ञान' अंग्रेजी भाषा के शब्द 'Science' का हिन्दी रूपान्तर है जिसकी उत्पत्ति लैटिन भाषा के Scia (साया) से हुई है जिसका तात्पर्य है 'जानना'। Webesters Dictionary में इसका विस्तृत अर्थ दिया गया है जिसके अनुसार शब्द 'Science' की उत्पत्ति लैटिन शब्द Scientia से हुई है जिसका अर्थ 'ज्ञान के नियम' से है। विज्ञान में ज्ञान का क्रमबद्ध समावेश होता है, शब्द 'विज्ञान' दो शब्दों से मिलकर बना है वि + ज्ञान। 'वि' का अर्थ 'विशेष' से है तथा 'ज्ञान' का अर्थ 'जानकारी' से है। इस प्रकार विज्ञान का तात्पर्य है 'घटनाओं एवं तथ्यों के सम्बन्ध में ज्ञान प्राप्त करना' तथा वैज्ञानिक अनुसंधान का तात्पर्य है 'प्राकृतिक घटना के सन्दर्भ में पक्षपात रहित स्रोत से ज्ञान प्राप्त करना।'

लेकिन विज्ञान के सन्दर्भ में अनेक भ्रान्तियाँ हैं। उसका प्रयोग भिन्न-भिन्न प्रकार से किया जाता है। कुछ लोग प्राकृतिक विज्ञानों यथा भौतिक शास्त्र, रसायन शास्त्र, जीवविज्ञान, वनस्पति विज्ञान आदि को विज्ञान की श्रेणी के अन्तर्गत रखते हैं और मनोविज्ञान, समाजशास्त्र आदि को विज्ञान नहीं मानते है, कुछ लोग इन्जीनियरिंग और तकनीकी को विज्ञान की संज्ञा देते हैं। इसी प्रकार कुछ लोग मानव जीवन को सुविधाजनक बनाने वाले आविष्कारों को विज्ञान मानते हैं। परन्तु विज्ञान के इस अर्थ को विज्ञान का वास्तविक स्वरूप नहीं माना जा सकता है।

ब्रह्माण्ड गोचरों की विविधता की अपरिमित विविधता को प्रस्तुत करता है, जिनका अध्ययन किया जाना है, लेकिन विज्ञान इनमें से कुछ ही तक अपने को सीमित रखता है (*The universe presents an infinite variety of phenomenon to be studied, but science limits itself to a few of these—**Goode & Hatt.***)

विज्ञान एक वस्तुनिष्ठ तार्किक एवं व्यवस्थित अध्ययन पद्धति है जिसमें तथ्यों का क्रमबद्ध संकलन किया जाता है।

Green का मत है कि, *''विज्ञान अनुसंधान की एक पद्धति है।'' (Science is a way of investigation)*।

इस सन्दर्भ में ***Karl Pearson*** (1911) ने तो यहाँ तक कहा है कि, *''सत्य की ओर कोई संक्षिप्त मार्ग नहीं है। ब्रह्माण्ड का ज्ञान प्राप्त करने के लिए वैज्ञानिक पद्धति के अतिरिक्त कोई दूसरा मार्ग नहीं है।'' (There is no shortest way to truth, no way to go in knowledge of the universe except through the gateway of scientific method.)*

Goode & Hatt **(1962)** ने *विज्ञान को क्रमबद्ध ज्ञान का संचयन माना है (Science* *is popularly defined as an accumulation of systematic knowledge.*)। यह परिभाषा केवल 'systematic' और 'knowledge' के कारण ही उपर्युक्त है।

Goode & Hatt (1962) का मत है कि, *''विज्ञान सम्पूर्ण अनुभवजन्य जगत के प्रति उपागम की विधि ही विज्ञान है।'' (Science is a method of approach to the entire empirical world)* अनुभवजन्य जगत से तात्पर्य उस जगत है जिसके प्रति व्यक्ति संवेदनशील है।

Bernard के अनुसार, *''विज्ञान की परिभाषा इसमें घटित होने वाली छः प्रमुख प्रक्रियाओं-परीक्षण सत्यापन, परिभाषा, वर्गीकरण, संगठन एवं उन्मुखता जिसमें पूर्वानुमान एवं अनुप्रयोग भी सम्मिलित है, के रूप में की जा सकती है।'' (Science may be defined in terms of six major processes that take place with in it, these are testing, verification, definition, classification, organization and orientation which include prediction and application)*

***Goode & Hatt* (1962)** के अनुसार, *''विज्ञान के दो प्रकार-सैद्धान्तिक (theoretical)* एवं *व्यवहारिक (applied) है। सैद्धान्तिक विज्ञान का सम्बन्ध 'अमूर्त सार्विक नियम ढूँढ़ने के प्रयास' से है। जबकि व्यवहारिक विज्ञान का सम्बन्ध 'किसी व्यवहारिक समस्या के हल ढूंढने से है।''* सैद्धान्तिक समाज विज्ञान का सम्बन्ध सामाजिक व्यवस्था एवं अव्यवस्था के अध्ययन से है जबकि व्यवहारिक विज्ञान सामाजिक अव्यवस्था को दूर करने के व्यवहारिक तरीकों को ढूँढ़ने का प्रयास करता है। सैद्धान्तिक विज्ञान से हमारे ज्ञान की वृद्धि होती है जबकि व्यवहारिक विज्ञान की उपयोगिता से हमारी समस्याओं का समाधान होता है।

वैज्ञानिक ज्ञान की अनेक विशेषताएँ हैं जिनमें वस्तुनिष्ठता (objectivity) सार्वभौमिकता (universality), यथार्थता (exactness), परिशुद्धता (precision), विश्वसनीयता एवं वैधता (reliability and validity), भविष्यकथनीयता (predictability), पूर्णता (completion), सुनिश्चितता (explicitness), प्रामाणिकता (verification) आदि को प्रमुख माना जा सकता है। विज्ञान में वैज्ञानिक विधियों का प्रयोग किया जाता है तथा इसके द्वारा समस्याओं का समाधान किया जाता है, परन्तु कुछ विषय ऐसे भी हैं जिनमें वैज्ञानिक विधियां का भी प्रयोग तो नहीं किया जाता है लेकिन समस्याओं का समाधान उनमें भी होता है। ***Stuart Chase*** ने अपनी पुस्तक *'The Proper Study of Mankind'* में ठीक ही लिखा है, *"Science goes with the method of and not with the subject matter."* इस सन्दर्भ में ***Karl Pearson*** के इस मत को भी उद्धृत करना अनुपयुक्त न होगा, *"The unity of all science consists only in its method not its material"* ***McGuigan*** (1969) का मत है कि *''वैज्ञानिक विधि एक क्रमिक प्रक्रिया है जिसके द्वारा सभी विज्ञान अपने प्रश्नों का उत्तर प्राप्त करते है।'' (The scientific method is a serial process by which all sciences obtain answers to their questions.)* इस प्रकार यह कहा जा सकता है कि, *''विज्ञान समाधान योग्य समस्याओं के वैज्ञानिक विधियों का अनुप्रयोग है।'' (Science is the application of the scientific method to solvable porblems,—**McGuigan,*** 1960)।

इसी प्रकार वैज्ञानिक पद्धति (scientific method) की परिभाषा विद्वानों ने निम्न प्रकार से की है:—

Lundberg (1950) के अनुसार, *''वैज्ञानिक विधि में प्रदत्तों का क्रमबद्ध निरीक्षण वर्गीकरण तथा व्याख्या सम्मिलित है।'' (The scientific method consists of systematic observation, classification and interpretation.)*

इसी प्रकार ***Pearson*** (1911) ने वैज्ञानिक विधि को परिभाषित करते हुए अपना मत इस प्रकार प्रकट किया है, *"वैज्ञानिक विधि में निम्नलिखित विशेषताएँ पाई जाती हैं:—*

(i) तथ्यों का सावधानी तथा यथार्थता से वर्गीकरण होता है

(ii) तथ्यों में सह-सम्बन्ध तथा अनुक्रम का निरीक्षण होता है

(iii) सर्जनात्मक कल्पना के द्वारा वैज्ञानिक नियमों की खोज की जाती है

(iv) स्व-आलोचना पाई जाती है एवं

(v) सभी सामान्य व्यक्तियों के लिए समान रूप से वैध हो (The scientific method is marked by the following features :–

(a) careful and accurate classification of facts

(b) observation of their correlation and sequence

(c) discovery of scientific laws by the aid of creative imagination

(d) self criticis

(e) and the final touchstone of equal validity for all normally constituted minds)।

वैज्ञानिक अध्ययन (scientific method) के अनेक सोपान है। ***Kerlinger*** (2002) के अनुसार:—

(i) कठिनाई एवं समस्या की अनुभूति (Problem obstacle idea)

(ii) समस्या का स्पष्ट वर्णन (Explanation of problem)

(iii) उपकल्पनाओं का विकास (Development of hypothesis)

(iv) तार्किक निगमन (Reasoning deduction)

(v) आँकड़ों का संकलन (Collection of data)

(vi) आँकड़ों का विश्लेषण (Interpretation of data)

(vii) उपकल्पनाओं के परीक्षण से सम्बन्धित निष्कर्ष (Conclusions of verificable hypothesis)

वैज्ञानिक अनुसंधान
(Scientific Research)

वातावरण तथा भौतिक जगत में विद्यमान तथ्यों, एवं घटनाओं का निरीक्षण तथा अध्ययन वैज्ञानिक अनुसंधान में किया जाता है जिसमें यह अनुमान किया जाता है कि वातावरण में घटित होने वाली घटनाओं और मानव व्यवहारों के बीच क्या पारस्परिक सम्बन्ध पाया जाता है। वैज्ञानिक अध्ययन में इन्द्रियानुभविक आधार पर अन्वेषण किया जाता है। इसीलिए ***Kerlinger*** (2002) ने, *"वैज्ञानिक अनुसंधान प्राकृतिक गोचरों से पूर्व-कल्पित सम्बन्धों के बारे में उपकल्पनात्मक कथनों का क्रमबद्ध, नियन्त्रित, इन्द्रियानुभविक एवं आलोचनात्मक अन्वेषण है।"* (*Scientific research is a systematic, controlled, empirical and critical investigation of hypothetical propositions about presumed relations among natural phenomenon.*)।

Karl Pearson के अनुसार, वैज्ञानिक पद्धति के निम्नलिखित लक्षण हैं:—

(a) तथ्यों का सतर्क एवं परिशुद्ध वर्गीकरण तथा उनके सह-सम्बन्ध एवं क्रम का निरीक्षण

(b) सृजनात्मक कल्पना के द्वारा वैज्ञानिक नियमों की खोज

(c) आत्म-आलोचना एवं समस्त सामान्य बौद्धिक योग्यता वालों के लिए अंतिम कसौटी (The scientific method is marked by the following features.

(a) careful and accurate classification of facts and observating of their correlation and sequence.

(b) The discovery of seientific laws by aid of creative imagination.

(c) Self criticism and the final touchstone of equal validity for all normally constituted minds.)

वैज्ञानिक अनुसंधान में अनेक विशेषतायें पाई जाती हैं जैसे इसमें:—

(i) इसमें वस्तुनिष्ठता पाई जाती है।

(ii) तार्किकता पाई जाती है।

(iii) उपकल्पना का निर्माण होता है।

(iv) सामान्यीकरण किया जाता है।

(v) नियन्त्रण एवं सत्यापनशीलता पाई जाती है।

(vi) अमूर्तीकरण एवं सिद्धान्त निर्माण किया जाता है।

वैज्ञानिक पद्धति के प्रमुख चरण
(Main Steps of Scientific Method)

अनेक विद्वानों ने वैज्ञानिक पद्धति के सन्दर्भ में भिन्न-भिन्न मत प्रकट किये हैं:—

Lundberg का वर्गीकरण

(i) कार्यरत उपकल्पना की रचना (Formulation of working hypothesis)

(ii) प्रदत्त का प्रेक्षण एवं लेखन (Observation and recording of data)

(iii) प्रदत्त वर्गीकरण एवं संगठन (Classification and organization of data)

(iv) सामान्यीकरण (Generalization)

P. V. Young का वर्गीकरण

(i) कार्यरत उपकल्पना का निर्माण (Formulation of a working hypothesis)

(ii) निरीक्षण, प्रदत्त संकलन एवं आलेखन (Observation, Data collection and recording)

(iii) शृंखला अथवा अनुक्रम में आलेखित प्रदत्त का वर्गीकरण (Classification of recorded data into series or sequence)

(iv) वैज्ञानिक नियमों का सामान्यीकरण एवं सामाजिक नियमों का निर्माण (Scientific generalization and formulation of social laws)

McGuigan का वर्गीकरण

उपर्युक्त वर्गीकरणों के अतिरिक्त *McGuigan* ने दो और सोपानों को प्रस्तावित किया है:—

(i) नवीन परिस्थितियों में भविष्य कथन (To make prediction in the new situations)

(ii) परिकल्पना का पुनः परीक्षण अथवा पुनरावृत्ति (Testing hypothesis a new or its replication)

सिद्धान्त (*Theory*)

"सिद्धान्त, अनुसंधान के सेनामुख का कार्य करता है।" (*Theory no longer brings up the rear but rather seeks to act as the vanguard of research.* ***Stephen L.*** asby; Political Science the Discipline and its Dimensions.)

विज्ञान का मुख्य उद्देश्य सिद्धान्त है। सामान्य घटनाओं की व्याख्या विज्ञान द्वारा होती है। उस सामान्य व्याख्या को ही सिद्धान्त कहते हैं। जब मनोवैज्ञानिक बच्चों के व्यवहार का अलग-अलग निरीक्षण करता है तो वह बाद में उन सभी व्यवहारों में सम्बन्ध स्थापित करता है। जब किसी बच्चे से गणितीय समस्या का समाधान कराते हैं तो हम यह नहीं देखते हैं कि वह गणितीय समस्या का समाधान किस प्रकार से कर रहा है, वरन हम यह देखते हैं कि इसका समस्या समाधान व्यवहार क्या है? इसके साथ-ही-साथ हम समस्या समाधान की सामान्य व्याख्या (general explanation) प्रस्तुत करते हैं। ऐसे सामान्य व्याख्या को ही समस्या समाधान का सिद्धान्त (Theory of Problem Solving) कहते हैं।

Kerlinger (2002) ने सिद्धान्त को परिभाषित करते हुए लिखा है, *"सिद्धान्त निर्मितों (सम्प्रत्ययों, परिभाषाओं, प्रस्तावों) का वह समुच्चय हैं जो घटनाओं की क्रमबद्ध व्याख्या करता है जिसमें परिवर्त्यों के मध्य सम्बन्धों का वर्णन स्पष्ट किया जाता है, जिससे उनकी व्याख्या तथा भविष्यवाणी की जा सके।"* (*A theory is a set of interrelated constructs (concepts, definitions, and propositions) that presents a systematic view of phenomenon by specifying relations among variables, with the purpose of explaning and predicting the phenomenon.*)।

Goode & Hatt (1962) के अनुसार, *"सिद्धान्त तथ्यों के सम्बन्ध को प्रकट करता है तथा उनके पाये जाने वाले सम्बन्धों को व्यवस्थित एवं सार्थक रूप से प्रस्तुत करता है।"* (*Theory refers to the relationship between facts, or ordering of them in some meaningful way.*)

इन परिभाषाओं के आधार पर मुख्यतः तीन बातें स्पष्ट होती हैं:—

(i) सिद्धान्त परिभाषित एवं अन्तर्सम्बन्धित निर्मितियों (constructs) से सम्बन्धित प्रस्तावों (Propositions) का समुच्चय (set) है।

(ii) सिद्धान्त परिवर्त्यों (निर्मितियों) के समुच्चय के मध्य अन्तर्सम्बन्धों को निर्धारित करता है। ऐसा करने में परिवर्त्यों द्वारा वर्णित गोचरों की क्रमबद्ध स्वरूप प्रदान करता है।

(iii) सिद्धान्त गोचरों की व्याख्या करता है।

जब एक अनुसंधानकर्ता 'विद्यालय असफलता के सिद्धान्त' (Theory of School Failure) का प्रतिपादन करता है जो वह अनेक परिवर्त्यों पर अपने अवधान को केन्द्रित कर सकता है। यह परिवर्त्य बुद्धि, शाब्दिक एवं आंकिक अभिरुचि, चिन्ता, सामाजिक वर्ग सदस्यता, एवं अभिप्रेरणा आदि हो सकते हैं। परन्तु विद्यालय में असफलता का कारण विद्यालय उपलब्धि भी हो सकती है। अनुसंधानकर्ता इन परिवर्त्यों तथा विद्यालय असफलता के मध्य सम्बन्धों को खोजने का प्रयास करेगा। वैज्ञानिक इसके लिए विभिन्न निर्मितियों का प्रयोग करता है। तब वह विद्यालय असफलता के कारणों को समझने का प्रयास करता है और उन्हीं 'व्याख्या' (explanation), तथा 'भविष्यवाणी' (prediction) करता है। इस प्रकार यह कहा जा सकता है कि व्याख्या और भविष्यवाणी सिद्धान्त के अन्तर्गत ही आते हैं। साथ-ही-साथ सिद्धान्त निरीक्षित गोचर (observed phenomenon) के व्याख्या से भी सम्बन्धित है। किसी सिद्धान्त का प्रस्ताव (proposition) तथा सम्बन्धों का स्पष्टीकरण ही व्याख्या

प्रस्तुत करता है। 'भविष्यवाणी' और 'नियन्त्रण' के बारे में यह कहा जा सकता है कि वैज्ञानिक 'व्याख्या' (explanation) और विवेक (understanding) में बहुत अधिक इच्छुक नहीं होता है, बल्कि वह भविष्यवाणी और नियन्त्रण में इच्छुक होता है क्योंकि किसी सिद्धान्त का महत्त्व उसी समय अधिक होता है जब उसमें भविष्यवाणी करने की क्षमता (predictive power) पायी जाय। यदि सिद्धान्त में भविष्यवाणी करने की क्षमता पाई जाती है तो वैज्ञानिक अपने कार्य में सफल माना जायगा और उसकी भविष्यवाणी सफल मानी जायेगी तथा यह भविष्यवाणी वैध होगी। इस प्रकार हम कह सकते हैं कि *'There is nothing more practical than a good theory*–***Kerlinger*** (2002)। इसी प्रकार ***Goode & Hatt*** (1962) के अनुसार, *''सिद्धान्त के अभाव में विज्ञान भविष्य कथन नहीं कर सकता और भविष्य कथन के अभाव में भौतिक जगत पर कोई नियन्त्रण नहीं हो सकता।''* *(Without theory science could yield no predictions, without prediction, there would be no control over the material world.)*।

Goode & Hatt (1962) के अनुसार सिद्धान्त की निम्नलिखित भूमिकाएँ हैं:—

1. उन्मुखता के रूप में सिद्धान्त *(Theory as orientation)*—सैद्धान्तिक प्रणाली का मुख्य कार्य यह है कि यह अध्ययन करने वाले तथ्यों के क्षेत्र को सीमित करता है। किसी घटना का अध्ययन हम विभिन्न प्रकार से कर सकते हैं लेकिन हम सभी तथ्यों के ऊपर अपने ध्यान को केन्द्रित न करके कुछ तथ्यों पर ही अपने ध्यान को केन्द्रित करते है। पहले हम प्रत्येक क्षेत्र की ओर उन्मुख रहते हैं लेकिन बाद में यह उन्मुखता केन्द्रित हो जाती है। इसीलिए *Goode & Hatt* (1962) ने कहा है, *''सिद्धान्त अनुसंधान को ज्ञात सामग्री की जानकारी देकर इसे निर्देशन देता है।''* *(Theory gives direction to research by stating what is known.)*

2 सम्प्रत्यीकरण एवं वर्गीकरण के रूप में सिद्धान्त *(Theory as conceptualization and classification)*—प्रत्येक विज्ञान सम्प्रत्ययों की संरचना के द्वारा संगठित होता है जो अध्ययन किये जाने वाले प्रमुख प्रक्रियाओं एवं वस्तुओं की ओर संकेत करता है। इन प्रत्ययों में पाये जाने वाले सम्बन्धों को ही विज्ञान का तथ्य (The facts of science) कहते हैं। वैज्ञानिक ऐसे विशिष्ट शब्दावली का प्रयोग करता है। जैसे-जैसे विज्ञान का विकास होता है, इन शब्दावलियों में परिवर्तन होता रहता है। विज्ञान का मुख्य कार्य वर्गीकरण के प्रणाली (system of classification) तथा सम्प्रत्यय के संरचना (structure of concepts) को विकसित करना है तथा शुद्धता से परिभाषित करना है।

3. सारांश के रूप में सिद्धान्त *(Theory as summarizing)*—सिद्धान्त ज्ञान का सारांश भी प्रस्तुत करता है। इन सारांशों को दो सरल वर्गों में इस प्रकार वर्गीकृत किया जा सकता है–इन्द्रियानुभविक सामान्यीकरण (empirical generalization) एवं प्रस्तावों के मध्य सम्बन्धों की प्रणाली (system of relationship between propositions)। मनुष्य अपनी सजा को अनुभवजन्य निरीक्षणों के आधार पर ही बनाये हुए है। अनुभवजन्य निरीक्षणों के आधार पर ही सामान्यीकरण किये जाते हैं जैसे "Wood floats," "objects fall" "strangers are dangers" आदि प्रकार के तर्क वाक्यों का निर्माण अपने अनुभव के आधार पर ही करते हैं।

4. सरल कथन के रूप में सिद्धान्त *(Theory as a simple statement)*—सिद्धान्त एक सरल कथन के रूप में होता है जिसमें उसका अर्थ निहित होता है, यह अर्थ चाहे स्पष्ट हो या अस्पष्ट इसमें तथ्यों में शृंखला (chaining) पाई जाती है।

5. तथ्यों के भविष्य कथन के रूप में सिद्धान्त *(Theory predicts facts)*—यदि सिद्धान्त तथ्यों को सारांशित (summarize) करता है तथा निरीक्षणों के आधार पर अपने कथन को प्रस्तुत करता है तो हम इन तथ्यों को भविष्यवाणी कहेंगे। भविष्य कथन के अनेक पक्ष हैं। इसमें ज्ञात (known) से अज्ञात (unknown) की ओर बर्हिवेशन (extrapolation) होता है।

6. सिद्धान्त हमारे ज्ञान में रिक्ति की ओर संकेत करता है *(Theory points to gaps in our knowledge)*—चूँकि सिद्धान्त ज्ञात तथ्यों का सारांश प्रस्तुत करता है तथा तथ्यों के बारे में भविष्यवाणी करता है, साथ-ही-साथ यह भी संकेत करता है कि किस क्षेत्र में अनुसंधान अभी नहीं हुआ है। तथ्यों की भविष्यवाणी से हमें यह ज्ञात होता है कि किस क्षेत्र में हमें अपने ज्ञान का परीक्षण करना है। जैसे कोई सिद्धान्त यह भविष्यवाणी करता है कि आय एवं जनन क्षमता (fertility) में विपरीत सम्बन्ध है तो हमें इस सन्दर्भ में दूसरे तथ्यों को भी खोजना होगा। इस उद्देश्य की पूर्ति के लिए हम आय के आधार पर कई वर्ग तैयार कर सकते हैं, तत्पश्चात् दूसरे आधार के रूप में संस्कृति-ग्रामीणों नगरीय को ले सकते हैं ऐसा करने से हमारे ज्ञान में वृद्धि होगी।

तथ्य *(Fact)*

सामान्यतया तथ्य का अर्थ उन घटनाओं से लिया जाता है, जो निश्चित होती हैं, घटित होती हैं तथा सही होती है। ***Goode & Hatt*** (1962) का कहना है कि, *"तथ्य एक अनुभववादी सत्यापनयोग्य निरीक्षण है।" (A fact is regarded as empirically verifiable observation)* ***Herbert Mc Closky*** का मत है कि, *"जब सिद्धान्त वैज्ञानिक उन्नति के लिए महत्त्वपूर्ण है तो तथ्य प्रत्येक विज्ञान के निर्माण साँचें (Building blocks) है और सिद्धान्त की रचना तथा परीक्षण के लिए आवश्यक है।" (While theory of course, is vital to scientific advancement, facts are the building blocks of every science, essential both to the constructions and testing of the theory.)*

इस प्रकार यह कहा जा सकता है कि तथ्य सत्य होता है तथा वास्तव में घटित होने को सत्य माना जाता है। हम तथ्यों को सुनते हैं, देखते हैं और अनुभव करते हैं। तथ्य की हम परीक्षा कर सकते हैं और उसके सत्यता की जाँच कर सकते हैं। तथ्य की अनेक विशेषतायें है जैसे इसका सम्बन्ध वास्तविक घटनाओं से होता है, इसकी जाँच बार-बार की जा सकती है, तथ्यों का हम सत्यापन कर सकते हैं, इससे मानव ज्ञान में वृद्धि होती है तथा, सिद्धान्त रचना में सहायता मिलती है। इसीलिए *Goode & Hatt* (1962) ने कहा कि *तथ्य एवं सिद्धान्त में अंतः सम्बन्ध है।* इस सम्बन्ध में यह स्पष्ट करना अतिरिक्त न होगा कि तथ्यों के द्वारा सामाजिक जीवन की घटनाओं और प्रक्रियाओं को समझा जा सकता है तथा तथ्य सम्पूर्ण घटना की व्याख्या नहीं करते हैं वरन् उसके स्वरूप का विश्लेषण करता है।

तथ्यों की भूमिका *(The Role of Fact)*

तथ्यों के विकास में सिद्धान्त का महत्त्वपूर्ण योगदान है। सिद्धान्त एवं तथ्य में निरन्तर अन्तर्क्रिया होती रहती है। एक का विकास दूसरे के विकास को प्रभावित करता है। सिद्धान्त विज्ञान की मौलिक आधारशिला है। तथ्य के निम्नलिखित कार्य हैंः—

1. तथ्य सिद्धान्त का निर्माण करता है *(Fact initiates theory)*—विज्ञान के इतिहास में मनुष्य की रुचि को कहानियों का योगदान रहा है। यह कहानियाँ विज्ञान से सम्बन्धित होती हैं जिनको सामान्य जनता आविष्कार के नाम से जानती है। इस उद्देश्य की पूर्त्ति के लिए वैज्ञानिक किसी तथ्य का अवलोकन करता है और उस पर चिन्तन करके सिद्धान्त

का प्रतिपादन करता है। न्यूटन ने गिरते हुए सेब को देखा और गुरुत्वाकर्षण के सिद्धान्त का प्रतिपादन किया। चाय के ढक्कन को बार-बार उठते हुए देखकर जेम्स वाट ने रेल के इंजन को बनाया। इसी प्रकार आर्कमडिज ने नहाते समय नीचे से ऊपर की ओर दबाव अनुभव करके आर्कमडीज के सिद्धान्त, हंस क्रिश्चियन ओरेस्टेड (Hans Christian Orested) ने तार में बिजली के प्रवाह को देखकर चुम्बक और बिजली से सम्बन्धित सिद्धान्त तथा एलेक्जेंडर फ्लेमिंग ने प्रयोग करते समय एक बर्तन में उग्र हुई काई को देखकर पेन्सलीन नामक पदार्थ का आविष्कार किया। इस प्रकार के निरीक्षणों के आधार पर ही सिद्धान्त जन्म लेते हैं। **Merton** (1949) ने इस प्रकार के *''अप्रत्याशित, अनियमित एवं कौशलपूर्ण प्रदत्त''* (*unanticipated, anamalous, strategic datum*) कहा है।

2. तथ्य सिद्धान्त को अस्वीकृत करता है तथा पुनर्रचना करता है (*Facts lead to rejection and reformulation of existing theroy*)—यह कहना गलत होगा कि तथ्य सिद्धान्त को निर्धारित करते ही हैं। तथ्य जहाँ सिद्धान्त को भी निर्धारित करते हैं वहीं तथ्य को अस्वीकृत भी करते हैं या उन्हें पुनर्परिभाषित भी करते है। चूँकि अनुसंधान एक सतत् प्रक्रिया है। इसमें निरीक्षण धीरे-धीरे एकत्रित होते जाते हैं जिनके आधार पर सिद्धान्त को अस्वीकृत अथवा पुनर्परिभाषित किया जाता है। तथ्यों के आधार पर प्राचीन सिद्धान्तों का नवीनीकरण होता है तथा उनको पुनर्परिभाषित किया जाता है।

3. तथ्य सिद्धान्त को पुनर्परिभाषित करता है तथा स्पष्टता प्रदान करता है (*Facts refine and clarify theory*)—क्षेत्र विशेष में हो रहे अनुसंधानों के द्वारा नये-नये तथ्य प्राप्त होते हैं। इन तथ्यों से सम्बन्धित सिद्धान्त की पुनर्परिभाषा प्राप्त तथ्यों के आधार पर की जाती है तथा इनके आधार पर ही सिद्धान्त की व्याख्या सरलतम शब्दों में की जाती है। सिद्धान्तों की अस्पष्टता तथ्यों के द्वारा दूर की जाती है। प्राप्त तथ्यों के आधार पर सिद्धान्तों की पुनर्परिभाषा की जाती है तथा उनका स्पष्टीकरण किया जाता है।

सिद्धान्त एवं तथ्य
(Theory and Fact)

व्यक्ति वातावरण में पाये जानेवाले अनेक गोचरों का इन्द्रियानुभविक अध्ययन करता है। जब व्यक्ति का अनुभव प्रमाणित हो जाता है तथा उसका स्वरूप निश्चित हो जाता है, तो वह तथ्य (Fact) का रूप ले लेता है। जब इन तथ्यों की व्याख्या प्रस्तुत की जाती है तो उसे सिद्धान्त (theory) कहा जाता है। आधुनिक विज्ञानों के अन्तर्गत सिद्धान्त और तथ्य का सम्बन्ध एक जटिल समस्या के रूप में रहा है। इन सम्बन्धों के बारे में जो धारणा है वह अस्पष्ट है। सिद्धान्त और तथ्य के बारे में यह सामान्य धारणा है कि *"Theory is confused with speculation and thus a theory remains speculation, until it is proved when this proof is made, theroy becomes fact."* **Goode & Hatt** (1962) के आधार पर हम यह कह सकते हैं कि सिद्धान्त विचारों के आधार पर जन्म लेता है और यह स्थिति उस समय तक बनी रहती है जब तक कि यह सिद्ध नहीं हो जाता है। जब सिद्धान्त सिद्ध हो जाता है, तो यह तथ्य का रूप ले लेता है। तथ्यों की यह प्रमुख विशेषता है कि उनमें निश्चितता पाई जाती है, वे निर्विवाद होते हैं, उनके विश्वसनीयता के बारे में कोई प्रश्न नहीं किया जाता है तथा तथ्यों को सिद्ध करने की आवश्यकता नहीं होती है क्योंकि वे स्वतः सिद्ध (self evident) होते हैं।

सिद्धान्त के बारे में इस भ्रामक धारणा के अन्तर्गत यह समझा जाता है कि विज्ञान को केवल तथ्य से ही सम्बन्धित नहीं होना चाहिए। सिद्धान्त के जन्म का आधार विचार

(speculation) माना जाता है तथा वैज्ञानिक सिद्धान्त (Scientific Theory) किसी क्षेत्र में एकत्रित तथ्यों के आधार पर प्रतिपादित होता है। इस दृष्टिकोण से यह कार्य प्रतिबन्धित (restricted) हो जाता है।

यदि हम देखें कि वह वैज्ञानिक जो अनुसंधानरत होता है, क्या करता है, तो यह स्पष्ट हो जायेगा किः–

(i) सिद्धान्त और तथ्य एक-दूसरे के विपरीत नहीं हैं बल्कि इस तरह से गुथे हैं कि उन्हें सुलझाया नहीं जा सकता।

(ii) सिद्धान्त केवल विचार (speculation) नहीं है।

(iii) वैज्ञानिक सिद्धान्त एवं तथ्य दोनों से बहुत घनिष्ठ रूप से सम्बन्धित है।

जिस दृष्टिकोण से वैज्ञानिक सिद्धान्त एवं तथ्य के बीच सम्बन्धों को देखता है। वह लोकप्रिय धारणा से भिन्न है क्योंकि तथ्य अनुभवजन्य जाँच योग्य निरीक्षणों (empirically verifiable observations) के रूप में माना जाता है तथा वैज्ञानिक विभिन्न तथ्यों के बीच सम्बन्धों को खोजता है तथा उन्हें सार्थक रूप से व्यवस्थित करता है तथ्य अथवा अनुभवजन्य जाँच योग्य निरीक्षण कभी भी आधुनिक विज्ञान को जन्म नहीं दे सकते। यदि वे यादृच्छिक रूप से एकत्र किये गये होते। एक वैज्ञानिक बालू के ढेर का एक-एक कण गिनता है। दूसरा वैज्ञानिक किसी पेड़ के पत्तियों के आकार तथा रूप के बारे में सर्वेक्षण करता है। तीसरा वैज्ञानिक किसी नदी में इन्द्रधनुष के रंगों में होने वाले विचलनों को देखता है। लेकिन यह कार्य तब तक वैज्ञानिक नहीं हो सकता जब तक कि इसे क्रमबद्ध नहीं किया जायेगा तथा किसी नियम का प्रयोग नहीं किया जाएगा। विज्ञान तब तक लाभदायक भविष्यवाणी नहीं कर सकता जब तक कि उपर्युक्त कमियाँ न दूर कर दी जायें। इस प्रकार हम यह कह सकते हैं कि बिना सिद्धान्त के विज्ञान कोई भविष्यवाणी नहीं कर सकता तथा बिना भविष्यवाणी के भौतिक संसार पर कोई नियन्त्रण नहीं हो सकता। *(Without theory, science could yield no predictions, without prediction there would be no control over the material world*—Goode & Hatt (1962)

Goode & Hatt के अनुसार सिद्धान्त में विज्ञान के लिये उपकरण का कार्य करता हैः—

(i) सिद्धान्त सारांशित किये जाने वाले प्रदत्त प्रकार को परिभाषित करके विज्ञान के प्रमुख उन्मुखता को परिभाषित करता है (It defines the major orientation of a science, by defining the kinds of data, which are to be abstracted)

(ii) यह एक सम्प्रत्ययपरक योजना प्रस्तुत करता है जिसके द्वारा सार्थक घटनाओं को क्रमबद्ध, वर्गीकृत तथा सम्बन्धित किया जा सके (It offers a conceptual scheme by which a relevant phenomenon are systematized, classified and interpreted.)

(iii) यह तथ्यों का सारांश (a) अनुभजन्य सामान्यीकरण (b) तथा सामान्यीकरण के प्रणाली के रूप में सारांशित करता है (It summarizes facts into (a) empirical generalizations and (b) systems of generalization.)

(iv) यह तथ्यों की भविष्यवाणी करता है (it predicts facts)

(v) यह हमारे ज्ञान में अपूर्णता की ओर संकेत करता है (it points to gaps in our knowledge)

इस प्रकार यह कहा जा सकता है कि सिद्धान्त एवं तथ्यों में निरन्तर अन्तर्क्रिया होती रहती है। एक का विकास दूसरे के विकास को प्रभावित करता है।

❑

अध्याय 3

अनुसंधान समस्या
(RESEARCH PROBLEM)

अनुसंधान प्रक्रिया का प्रथम सोपान अनुसंधान समस्या का चयन ही है। अनुसंधानकर्ता पहले अपने को असुविधा की अवस्था (A state of discomfort) में पाता है कि उसे समस्या का समाधान कैसे प्राप्त करना है। Lillian Ripple के अनुसार एक अनुसंधान के प्रारम्भ में अवस्थाएँ देखी जा सकती हैं:—

(i) अनुभव की गई कठिनाई (Felt difficulty)
(ii) समस्या का अभिज्ञान (Problem identification)
(iii) समस्या निर्माण (Problem formulation)

यह तीनों अवस्थाएँ एक साथ घटित होती हैं इसलिए अनुसंधानकर्ता अपने को कठिनाई की अवस्था में अनुभव करता है। समस्या के चयन में सावधानी न बरतने से अनुसंधान कार्य में अनेक कठिनाइयाँ आ सकती हैं। यह भी हो सकता है कि कठिनाइयों का स्वरूप इतना जटिल हो जाय कि अनुसंधानकर्ता अपना अनुसंधान ही न पूरा कर पाये। अस्तु, समस्या का चयन तथा प्रस्तुतीकरण विवेकपूर्ण होना चाहिए। समस्या के चयन में समस्त सम्भावित सावधनियों पर ध्यान देना चाहिए क्योंकि यह अनुसंधान का एक महत्त्वपूर्ण पक्ष है। अनुसंधान की पूरी प्रक्रिया समस्या के द्वारा ही संचालित होती है। समस्या का चयन अनुसंधानकर्ता की प्रतिभा, बौद्धिक, शैक्षणिक उपलब्धि और सर्जनशीलता पर निर्भर करती है। प्रभावशाली सृजनात्मक चिन्तन के द्वारा सुव्यवस्थित, सुस्पष्ट एवं सोद्देश्यपूर्ण समस्या का चयन किया जा सकता है। समस्या चयन में मानवीय चिन्तन का प्रमुख योगदान है।

मानवीय चिन्तन को चार वर्गों में वर्गीकृत किया जा सकता है:—

1. परावर्तित चिन्तन (Reflective thinking)
2. सृजनात्मक चिन्तन (Creative thinking)
3. वैज्ञानिक चिन्तन (Scientific thinking)
4. अभिसारी तथा अपसारी चिन्तन (Convergent and Divergent thinking)

परावर्तित चिन्तन *(Reflective thinking)* में परिस्थिति या पाठ्यवस्तु की प्रधानता होती है इसमें चिन्तन का प्रारम्भ आवश्यकता समस्या से होता है। आवश्यकता की अनुभूति होने पर समस्या की उत्पत्ति होती है। अनुसंधानकर्ता समस्या की उत्पत्ति होने पर उसके बारे में सोचना प्रारम्भ कर देता है। प्रत्येक मानसिक प्रक्रिया में परावर्तित चिन्तन पाया जाता है।

सृजनात्मक चिन्तन (Creative thinking) में बौद्धिक क्षमता, समस्या के प्रति सजगता, मौलिकता, जिज्ञासा, गतिशील वैचारिकता आदि विशेषताएँ पाई जाती हैं। जिससे अनुसंधानकर्ता समस्या का उपर्युक्त चयन आसानी से कर लेता है।

वैज्ञानिक चिन्तन (Scientific thinking) में आगमनात्मक चिन्तन (inductive thinking) एवं निगमनात्मक चिन्तन (deductive thinking) पाया जाता है। आगमनात्मक चिन्तन (inductive thinking-serving to induce) में अनेक प्रकार की उपलब्ध वस्तुओं के द्वारा किसी सामान्य नियम की रचना की जाती है जबकि निगमनात्मक चिन्तन (deductive thinking—to derive as a conclusion) में नियमों के आधार पर किसी वस्तु/उद्दीपक विशेष के सत्यता की जाँच की जाती है।

अभिसारी/केन्द्राभिमुख चिन्तन (Convergent thinking) में जिस नये ज्ञान का सर्जन प्राप्त होता है उसमें एक ही सही उत्तर होता है जबकि अपसारी/केन्द्राभिमुख चिन्तन भी नये ज्ञान का सृजन होता है परन्तु इसके कई सही उत्तर हो सकते हैं।

समस्या का अर्थ
(Meaning of Problem)

मनुष्य की आवश्यकताएँ अनन्त हैं। अपनी आवश्यकताओं की पूर्ति के मानव प्राणी अनेक प्रकार के प्रयास करता है तथा अनेक साधनों का प्रयोग करता है। जिन आवश्यकताओं की संतुष्टि नहीं होती है उनसे सम्बन्धित समस्याएँ व्यक्ति के सामने उत्पन्न हो जाती हैं। इस प्रकार कहा जा सकता है कि आवश्यकता संतुष्टि के मार्ग में बाधा उत्पन्न होने पर समस्या उत्पन्न होती है। लेकिन जब समस्या का समाधान हो जाता है अर्थात् आवश्यकता की पूर्ति हो जाने पर समस्या का अन्त हो जाता है। अर्थात्

आवश्यकता — साधन = समस्या
(Need — Resource = Problem)

ठीक इसी प्रकार जब अनुसंधानकर्ता लक्ष्य तक पहुँचने के साधन में अवरोध अनुभव करता है, तो उसके समक्ष समस्या उत्पन्न हो जाती है।

समस्या की परिभाषा मनोवैज्ञानिकों ने अनेक प्रकार से की है जिनका वर्णन अधोप्रस्तुत है :—

Townsend (1953) के अनुसार, *''सामान्य तथा समस्या वह प्रश्न है जिसका कोई उत्तर उपलब्ध नहीं होता है।'' (Generally speaking a problem exists when there is no available answer to some questions.)*

एक अन्य स्थान पर ***Townsend*** (1953) ने समस्या की एक लघु परिभाषा इस प्रकार प्रस्तुत की है, *''समस्या एक ऐसा प्रश्नवाचक कथन है जिसमें समस्या के समाधान को प्रस्तावित किया जाता है।'' (A problem is a question proposed for solution)*।

McGuigan (1998) के अनुसार, *''समस्या का तात्पर्य हमारे ज्ञान की रिक्ति से है।'' (Problem refers to a gap in our knowledge.)*।

Kerlinger (*2002*) के अनुसार, *''समस्या एक ऐसा प्रश्नवाचक वाक्य अथवा कथन है जिससे यह जानकारी प्राप्त करने का प्रयास किया जाता है कि दो या दो से अधिक परिवर्त्यों में किस प्रकार का सम्बन्ध पाया जाता है।'' (A problem is an interrogative sentence or statement that asks: What relation exists between two or more variables.)*

Reber & Reber (2001) के अनुसार, *''समस्या मूलतः वह परिस्थिति है जिसमें कुछ घटक ज्ञात होते हैं और अतिरिक्त घटकों का निर्धारण आवश्यक होता है।'' (Problem is basically a situation in which some of the attendant components are known and additional components must be ascertained or determined.)*।

इन परिभाषाओं के आधार पर निसन्देह कहा जा सकता है कि समस्या की निम्नलिखित विशेषताएँ हैं:—

समस्या की विशेषताएँ/कसौटियाँ (*Characteristics/Criteria of a Problem*)

(i) इसे प्रश्नवाचक वाक्य के रूप में होना चाहिए (*Townsend,* 1953)।

(ii) इसे दो या दो से अधिक परिवर्त्यों के बीच सम्बन्धों का विवरण प्रस्तुत करना चाहिए (*Kerlinger,* 2002)।

(iii) समस्या अस्पष्ट तथा संदिग्ध प्रश्न (ambiguous question) के रूप में नहीं होनी चाहिए (*Townsend,* 1953)।

(iv) समस्या समाधान योग्य होनी चाहिए (*McGuigan,* 1998)।

(v) समस्या की इन्द्रियानुभविक परीक्षा (empirical testing) सम्भव होनी चाहिए (*McGuigan,* 1998)।

(vi) समस्या के समाधान के लिए अनुकूल विधि उपलब्ध होनी चाहिए।

(vii) समस्या का एक निश्चित रूप होना चाहिए। उदाहरणार्थ—'कैंसर क्यों होता है?' पूछना चाहिए।

(viii) समस्या का स्वरूप परिमाणात्मक (quantitative) होना चाहिए।

(ix) समस्या को उपकल्पना के रूप में परिवर्तनीय होना चाहिए।

(x) समस्या में व्यवहारिक उपयोग (Practical application) अवश्य पाया जाना चाहिए (Gurstein, 1991)

(xi) समस्या का सम्बन्ध नैतिक मूल्यों या निर्णयों से सम्बन्धित नहीं होना चाहिए।

(xii) समस्या न तो अत्यधिक सामान्य (too general) होनी चाहिए और न अत्यधिक विशिष्ट (too specific) क्योंकि समस्या के अत्यधिक सामान्य हो जाने पर उसका स्वरूप अस्पष्ट हो जाता है जिससे उसके जाँच में कठिनाई होने लगती है और उसका स्वरूप अर्थहीन हो जाता है। इसी प्रकार समस्या का अत्यधिक विशिष्ट स्वरूप भी उसकी वैज्ञानिकता को नष्ट कर देता है (Too great specificity is perhaps a worse danger than too great generality.)

(xiii) *Good & Scates* (1974) का मत है कि समस्या का प्रारम्भ "A study to show..........) (वर्तमान अनुसंधान का उद्देश्य.......करना है) से नहीं होना चाहिए। इससे पक्षपात का संकेत मिलता है।

(xiv) समस्या का कथन एक प्रश्न के रूप में भी हो सकता है और अनेक प्रश्नों के रूप में भी। एक प्रश्न के अनेक अंग भी हो सकते हैं।

(xv) समस्या के पूर्वगामी कारकों (antecedent factors) तथा परिणामी कारकों (consequent factors) में सम्बन्ध होना चाहिए।

(xvi) समस्या ऐसी होनी चाहिए जिसका इन्द्रियानुभविक (empirical) अध्ययन सम्भव हो सके।

(xvii) समस्या में स्वतन्त्र तथा आश्रित परिवर्त्य पूर्ण रूप से स्पष्ट होना चाहिए।

(xviii) समस्या का कथन ऐसा होना चाहिए जिससे सम्बन्धित परिवर्त्यों के मध्य इन्द्रियानुभविक अध्ययन सम्भव हो सके।

(xix) समस्या समाधान योग्य (solvable) तथा परीक्षणशील (testable) होना चाहिए (*McGuigan,* 1998)

इस प्रकार यह कहा जा सकता है कि मनोविज्ञान में किसी अध्ययन के प्रारम्भ करने के पूर्व एक समस्या का होना आवश्यक है क्योंकि किसी समस्या का समाधान ढूँढ़ने के लिए ही अनुसंधान किया जाता है। यह सैद्धान्तिक समस्याओं, जिज्ञासा, व्यवहारपरक समस्याओं किसी घटना के सम्बन्ध में कार्यकारण सम्बन्धों (cause effect relations) को जानने, ज्ञान के अधूरापन (gaps in knowledge) आदि से सम्बन्धित होती है। समस्या एक ऐसा प्रश्न है जिसमें व्यवहार या अनुक्रिया और प्राणी से सम्बद्ध या उद्दीपक विशेषता के प्रकार्यात्मक सम्बन्धों के विषय में ज्ञान का अभाव होता है अथवा वर्तमान ज्ञान में विरोधाभास होने की दशा में समस्या की उत्पत्ति होती है।

समस्या की उत्पत्ति के स्रोत *(Sources of Origin of Problem)*

McGuigan (1969) के अनुसार समस्या की उत्पत्ति इन चार दशाओं में होती है :—

1. ज्ञान की अपूर्णता *(Gap in knowledge)*—वर्तमान ज्ञान में अपूर्णता या अधूरापन वांछित सूचनाओं के अभाव के कारण होता है, तो समस्या उत्पन्न होती है। जैसे यदि यह मालूम नहीं है कि नशीली चीजें लेने से मनुष्य की स्मृति पर क्या प्रभाव पड़ता है, तो अधूरी सूचना से समस्या का अभिर्भाव होता है। उदाहरणार्थ 'स्मृति पर नशे का क्या प्रभाव पड़ता है?'

2. विरोधी तथ्य *(Contradictory facts)*—जब उपलब्ध तथ्य या ज्ञान परस्पर विरोधी होते हैं, तो समस्या की उत्पत्ति होती है। उदाहरणार्थ अधिगम अनेक प्रयासों का परिणाम है अथवा एक प्रयास का ही।

3. तथ्यों की व्याख्या *(Interpretation of facts)*—जब ज्ञात तथ्य की व्याख्या सम्भव नहीं होते हैं, तो समस्या उत्पन्न होती है। उदाहरणार्थ समान आकार की रेखाओं को खड़ी और पड़ी स्थिति में प्रस्तुत करने पर खड़ी रेखा पड़ी रेखा की तुलना में बड़ी दिखाई पड़ती है?

4. अनुसंधान विवरण से उत्पन्न जिज्ञासा *(Curiosity)*—अनुसंधान की प्राथमिक अवस्था विगत अनुसंधानों के अवलोकन के समय विवरण से उत्सुकता विकसित होती है जो समस्या के उत्पत्ति का कारण बन जाती है।

कुछ अन्य विद्वानों ने समस्या के कुछ अन्य स्रोत बतायें हैं जिनका संक्षिप्त विवरण प्रस्तुत है:—

Good & Scates (1954) ने अपनी पुस्तक *'Methods of Research'* में अनुसंधान समस्या के निम्नलिखित स्रोत बताएँ हैं:—

(i) विशेष अध्ययन

(ii) शैक्षिक कार्यक्रम का अनुसरण

(iii) अध्ययन का कार्यक्रम

(iv) ज्ञान के किसी क्षेत्र का विश्लेषण

(v) वर्तमान क्रियाओं और आवश्यकताओं पर विचार

(vi) अनुसंधान की पुनरावृत्ति एवं प्रसार

(vii) अध्ययन के अन्तर्गत विभिन्न क्षेत्र

Good, Bar & Scates (1974) ने *'Methodology of Educational Research'* में यह बताया है कि अनुसंधान समस्याओं का चयन करते समय उपलब्ध साहित्य का अध्ययन निम्नलिखित परिप्रेक्ष्य में करना चाहिएः—

(i) शिक्षा के क्षेत्र में सम्पन्न आधुनिक अनुसंधान कार्य
(ii) पूर्णकृत अनुसंधान कार्य का सर्वेक्षण
(iii) नवीन प्रवृत्तियों का विश्लेषण
(iv) आलोचनात्मक अनुसंधान पत्रों तथा पत्रिकाओं का अध्ययन
(v) शिक्षा सम्बन्धी भविष्यवाणी
(vi) अनुसंधान जिस पर कार्य हो रहा है।
(vii) अनुसंधान की आवश्यश्कता।

C. J. Almack (1980) की पुस्तक *'Research and Thesis Writing'* में समस्या के निम्न चार स्रोत बताये हैंः—

(i) ऐतिहासिक अभिलेखों का विश्लेषण
(ii) प्रतिवेदन की कमियों का निर्धारण
(iii) विरोधाभासों का अवलोकन
(iv) विषय से सम्बन्धित गोष्ठियों का व्याख्यान।

H. H. Abelson (1933) ने अपनी पुस्तक *'The Art of Educational Research'* में समस्या के निम्नलिखित चार स्रोत बताये हैं।

(i) शिक्षा से सम्बन्धित सभी प्रकार की क्रियाओं में उत्पन्न अन्तर्द्वन्द्व तथा जिज्ञासा द्वारा
(ii) शोधकर्ताओं द्वारा दिये गये भावी अनुसंधान सम्बन्धी सुझावों से
(iii) अनुसंधान कार्य की रूपरेखा अथवा निष्कर्ष से
(iv) उपेक्षित क्षेत्रों से।

John W. Best (1970) की पुस्तक *'Research in Education'* में समस्या उत्पत्ति के निम्न स्रोतों को बताया गया हैः—

(i) समस्याओं का विश्लेषण क्या, क्यों, कैसे, आदि करने से
(ii) नये प्राविधिक परिवर्तन के फलस्वरूप उपलब्ध ज्ञान से
(iii) अनुसंधानकर्ताओं के आलोचनात्मक दृष्टिकोण से
(iv) अनुसंधान निर्देशकों के परामर्श से

इन उपर्युक्त वर्णनों के आधार पर यह निष्कर्ष प्राप्त किया जा सकता है कि निम्न प्रमुख विधियों द्वारा अनुसंधान समस्या का चयन किया जा सकता हैः—

(i) अनुसंधानकर्ता की रुचि के आधार पर समस्या का चयन
(ii) अनुसंधानकर्ता की जिज्ञासा
(iii) सम्बन्धित साहित्य का अध्ययन
(iv) पूर्ववर्ती शोधों की पुनरावृत्ति

अनुसंधान समस्या के प्रकार
(Kinds of Research Problem)

सामाजिक विज्ञानों में पांच प्रकार की अनुसंधान समस्याएँ पाई जाती हैः—

1. सैद्धान्तिक समस्यायें (*Theoretical Problems*)—जिन समस्याओं में बौद्धिक

तथा तार्किक पक्ष अधिक प्रबल होता है तथा जिन समस्याओं में वैज्ञानिक तथ्यों, सामन्य नियमों तथा समस्याओं को विशेष महत्त्व दिया जाता है, वे सैद्धान्तिक समस्याओं के शीर्षक के अन्तर्गत आती हैं।

2 प्रायोगिक समस्याएँ (*Experimental Problems*)—इन समस्याओं के अन्तर्गत दो या दो से अधिक परिवर्त्यों के मध्य प्रकार्यात्मक सम्बन्धों का अध्ययन नियंत्रित दशाओं में किया जाता है। इसमें स्वतन्त्र तथा आश्रित परिवर्त्यों के मध्य कार्यकारण सम्बन्धों की खोज की जाती है।

3. व्यवहारिक समस्याएँ (*Practical Problems*)—व्यवहारिक समस्याओं का उद्देश्य मानव जीवन से सम्बन्धित अनेक पक्षों—सामाजिक, शैक्षिक तथा मनोवैज्ञानिक समस्याएँ, विवादित विषयों, संघर्षों, तनावों, समायोजन समस्याओं आदि का अध्ययन सम्मिलित है।

4. सहसम्बन्धात्मक समस्यायें (*Correlational Problems*)—इस प्रकार की समस्याओं के अन्तर्गत दो या दो से अधिक परिवर्त्यों के मध्य साहचर्यात्मक सम्बन्धों का अध्ययन किया जाता है।

5. सर्वेक्षण सम्बन्धी समस्याएँ (*Survey Type Problems*)—ऐसी समस्याओं का उद्देश्य सामान्य घटनाओं से सम्बन्धित प्रदत्तों का संकलन, व्यवस्थापन विश्लेषण एवं विवेचन किया जाता है। ताकि प्राप्त परिणामों को अधिक सार्थक, बोधगम्य तथा तुलनात्मक स्वरूप प्रदान किया जा सके।

शोध समस्या के निर्धारण के स्रोत
(Sources for Locating a Research Problem)

अनुसंधानकर्ताओं ने शोध समस्याओं के निर्धारण के लिए निम्नलिखित स्रोत बताये हैं:—

1. शोधकर्ताओं का गहन अध्ययन एवं प्रवीणता (*Deep study and specification of the research*)—अनुसंधानकर्ता जब अध्ययन किये जाने वाले क्षेत्र में गहन अध्ययन कर लेता है तथा प्रवीणता प्राप्त कर लेता है, तो उसे समस्या के निर्धारण में उसे सुविधा होती है (*Good* et. al; 1941)। ऐसा करने में समय तथा श्रम दोनों की बचत होती है।

2. विश्वज्ञान-कोष (*Encyclopedia*)—*P. V. Young* (2001) के अनुसार, विश्वज्ञान कोष की सहायता से अनुसंधानकर्ता शोध समस्या का निर्धारण कर सकता है।

3. पूर्व अनुसंधान कार्य (*Previous research work*)—अनुसंधानकर्ता पूर्व-पूर्णकृत अनुसंधानों का अध्ययन करके समस्या का निर्धारण कर सकता है।

4. अनुसंधानकर्ता की रुचि एवं सामर्थ्य (*Interest and competency of research*)—जिस क्षेत्र में अनुसंधान की रुचि अधिक होती है, उस क्षेत्र में अनुसंधानकर्ता सरलता से समस्या को ढूँढ़ लेता है। अनुसंधानकर्ता को चाहिए कि वह अपनी रुचि तथा सामर्थ्य के अनुसार समस्या का चयन करे ताकि वह लक्ष्य तक पहुँच सके (*Kerlinger*, 2002)।

5. शोध पत्रिकायें (*Research journals*)—शोध पत्रिकाओं में नये-नये अनुसंधानों का प्रकाशन होता रहता है, जिनमें अनुसंधानकर्ता द्वारा भावी अनुसंधान के लिए समस्याओं को प्रस्तावित किया जाता है। इन शोध समस्याओं का अध्ययन करके शोध समस्याओं का चयन किया जा सकता है।

6. अनुसंधान सारांश (*Research abstracts*)—सारांश से सम्बन्धित शोध पत्रिकाओं में प्रकाशित शोध-सारांशों का अध्ययन करके अनुसंधान समस्या का निर्धारण किया जा सकता है।

7. प्रासंगिक पुस्तकें (*Relevant books*)—अनुसंधानकर्ता जिस क्षेत्र में अनुसंधान करना चाहता है उस क्षेत्र विशेष से सम्बन्धित प्रासंगिक पुस्तकों का गहन अध्ययन करना चाहिए। यह पुस्तकें पुस्तकालयों में आसानी से मिल सकती हैं। (*P. V. Young,* 2001)।

8. वर्तमान अवाश्यकताएँ (*Needs of the present*)—जागरुक और दूरदर्शी अनुसंधानकर्ता समय की आवश्यकता को ध्यान में रखते हुए अनुसंधान कार्य करते हैं और अनुकूल समस्याओं का समाधान निकाल लेते हैं (*Butter,* 1991)।

9. विशेषज्ञ सुझाव (*Expert's suggestion*)—क्षेत्र-विशेषज्ञ द्वारा प्रस्तावित समस्यायें भी अनुसंधानकर्ता के लिए अध्ययन का विषय हो सकती हैं।

10. उपेक्षित क्षेत्र (*Neglected area*)—सामान्यतया अनुसंधानकर्ता अपने गहन अध्ययन के समय यह अनुभव करता है कि कुछ क्षेत्र ऐसे हैं जिनमें उपेक्षित क्षेत्रों को देखकर अपेक्षाकृत कम अनुसंधान हुए हैं। परिणामस्वरूप वह उन्हीं उपेक्षित क्षेत्रों को अपने अनुसंधान का विषय मान लेता है।

❑

अध्याय 4

उपकल्पना
(HYPOTHESIS)

अनुसंधान समस्या का चयन कर लेने के पश्चात यह आवश्यक है कि अनुसंधानकर्ता उपकल्पना का निर्माण करे क्योंकि अध्ययन प्रारम्भ करने से पूर्व अनुसंधानकर्ता अपनी समस्या का प्रस्तावित समाधान ढूँढता है। यह प्रस्तावित समाधान ही उपकल्पना है। इसमें समस्या से सम्बन्धित दो या दो से अधिक परिवर्त्यों के मध्य अन्तर्सम्बन्धों की विवेचना की जाती है और प्रकार्यात्मक सम्बन्धों के बारे में ज्ञान प्राप्त करने का प्रयास किया जाता है। उपकल्पना दो या दो से अधिक परिवर्त्यों के प्रकार्यात्मक सम्बन्धों (functional relations) से सम्बन्धित है। समस्या में जिन परिवर्त्यों के आपसी सम्बन्धों के बारे में प्रश्न उठाया जाता है, उसी का आनुमानिक कथन (Inferential statement) परिकल्पना में किया जाता है।

समस्या का स्वरूप विषम होने पर उसके गहन अध्ययन के लिए यह आवश्यक है कि उपकल्पना का निर्माण एवं प्रस्तुतीकरण किया जाय ताकि तर्कसंगत प्रदत्त को एकत्रित करके शुद्ध एवं वैध निष्कर्षों को प्राप्त किया जा सके।

परिभाषा
(Definition)

शब्द उपकल्पना अंग्रेजी शब्द Hypothesis का हिन्दी रूपान्तर है जो दो शब्दों से मिलकर बना है—Hypo + thesis। Hypo का तात्पर्य है सम्भावित अथवा जिसकी पुष्टि की जा सके तथा Thesis का अर्थ होता है 'समस्या के समाधान का कथन'। इस प्रकार उपकल्पना का अर्थ इस सम्भावित कथन से है जो समस्या का समाधान प्रस्तुत करता है।

अनेक विद्वानों ने उपकल्पना (Hypothesis) को परिभाषित किया है:—

Townsend (1953) के अनुसार, *''उपकल्पना किसी समस्या का प्रस्तावित उत्तर या समाधान है।'' (A hypothesis is a suggested answer to a problem.)*।

Kerlinger (1968) के अनुसार, *''उपकल्पना दो या दो से अधिक परिवर्त्यों का अनुमानपरक कथन है।'' (A hypothesis is a conjectural statement of the relations between two or more variables.)*।

***McGuigan* (1969)** के अनुसार, *''उपकल्पना दो या दो से अधिक परिवर्त्यों के विभवपूर्ण सम्बन्धों का एक ऐसा कथन है जो परीक्षणशील हो।'' (A hypothesis is a testable statement of a potential relationship between two or more variables.)*

***Good & Scates* (1954)** के अनुसार, *''उपकल्पना एक निपुण अनुमान के रूप में*

निर्मित होती है जिसे अस्थाई रूप से निरीक्षित तथ्यों की व्याख्या तथा अग्रिम शोध के मार्गदर्शन के लिए स्वीकार किया जाता है।'' *(A hypothesis is a shrewd guess or inference that is formulated and provisionally adopted to explain observed facts or conditions and to guide in further investigation.)*।

***Fowler* (1969)** के अनुसार, ''उपकल्पना एक अनुमान है जो बिना पर्याप्त प्रमाणों के इसलिए मान लिया जाता है जिससे उसके आधार पर हम वास्तविक तथ्यों से मेल खाते हुए निष्कर्ष निकाल सकें।'' *(Hypothesis is a supposition made without sufficient evidences in order that we deduce it from conclusions agreeing with actual facts.)*।

***Edwards* (1969)** के अनुसार, ''उपकल्पना दो या दो से अधिक परिवर्त्यों के मध्य के सम्बन्धों के सम्भावित स्वरूप का कथन होता है। यह सम्बन्धों के बारे में एक आनुमानिक कथन होता है।'' *(A hypothesis is a statement of the possible nature of the relationship between two or more variables. It is a tentative answer to the question of what the relationship is .)*।

***Chaplin* (1975)** के अनुसार, ''उपकल्पना एक अभिग्रह है जो आनुमानिक व्याख्या का कार्य करती है। एक अन्य दृष्टिकोण से उपकल्पना एक प्रश्न है जिसका उत्तर प्रयोग या निरीक्षणों की शृंखला द्वारा दिया जाता है।'' *(Hypothesis is an assumption looked at from another point of view, a hypothesis may be considered as a question put to nature to be answered by an experiment or series of observation.)*।

***Reber & Reber* (2001)** के अनुसार, '' उपकल्पना एक कथन, प्रस्ताव अथवा अभिग्रह है जो तथ्यों की आनुमानिक व्याख्या का कार्य करती है।'' *(Hypothesis is any statement, proposition or assumption that serves as tentative explanation of certain facts.)*।

इन परिभाषाओं के आधार पर यह कहा जा सकता है कि उपकल्पना की निम्नलिखित विशेषताएँ हैं:—

(i) उपकल्पना समस्या का प्रस्तावित एवं सम्भाव्य उत्तर है। *(Townsend, Kerlinger, Edwards, McGuigan, Kirk)*

(ii) इसमें दो या दो से अधिक परिवर्त्यों के मध्य सम्बन्धों का अध्ययन किया जाता है। *(Edwards, Townsend, Kerlinger, Ghisseli & Brown, Mc Guigan, Kirk.)*

(iii) प्रस्तावित सम्बन्धों का स्वरूप परीक्षण योग्य होता है *(Townsend, Kerlinger, McGuigan)*

(iv) दो या दो से अधिक परिवर्त्यों के मध्य प्रकार्यात्मक सम्बन्धों का परीक्षण किया जाता है *(Lundberg, Kerlinger, Edwards, Kirk)*

(v) उपकल्पना या तो सिद्ध (confirm) होती है अथवा अस्वीकृत (reject)। *(Good & Scates, Bar & Scates, Kirk)*

अच्छी उपकल्पना की कसौटी
(Criteria of a Good Hypothesis)

उपकल्पना की रचना के लिए जहाँ प्रेरक एवं स्रोत सहायक है वहीं व्यक्ति का ज्ञान, गहन अध्ययन, रचनात्मक चिन्तन, कल्पनात्मक अन्तर्दृष्टि, साधन सम्पन्नता आदि की भी उपकल्पना रचना में कम महत्त्वपूर्ण भूमिका नहीं है। जब इन विशेषताओं का अभाव व्यक्ति में पाया जाता है, तो व्यक्ति उपकल्पना रचना में निश्चित एवं स्पष्ट बाधायें अनुभव करता है। इन कारकों के अतिरिक्त व्यक्ति का व्यक्तिगत पक्षपात (personal bias) भी उपकल्पना-रचना में बाधक है। *McGuigan* (1998) ने इसे उपकल्पना अल्पदृष्टि (Hypothesis myopia) की संज्ञा दी है। उच्च-स्तरीय अनुसंधान के लिए एक श्रेष्ठ उपकल्पना की भूमिका अत्यन्त महत्त्वपूर्ण होती है। *McGuigan* (1998) ने यह प्रस्तावित किया है कि अनुसंधानकर्ता को उपकल्पना की मुख्य विशेषताओं (main characteristics of a good hypothesis) से परिचित होना चाहिए।

एक अच्छी उपकल्पना की निम्नलिखित कसौटियाँ/विशेषताएँ हैं:—

(i) उपकल्पना परीक्षण योग्य होनी चाहिए (A hypothesis must be testable–*Mc Guigan*)

(ii) सामान्यतया उपकल्पना अपने अनुसंधान क्षेत्र से सम्बन्धित अन्य उपकल्पनाओं के अनुरूप होनी चाहिए (A hypothesis should be in general harmony with other hypothesis in the field of investigation–*Mc Guigan*)।

(iii) उपकल्पना मितव्ययी होनी चाहिए (A hypothesis should be parsimonius –*Mc Guigan.*)

(iv) उपकल्पना समस्या का स्पष्ट उत्तर होना चाहिए (A hypothesis should answer the problem–*Mc Guigan, Good & Hatt*)।

(v) उपकल्पना में तर्कसंगत सरलता होनी चाहिए (A hypothesis should have logical simplicity–*Mc Guigan.*)

(vi) उपकल्पना का कथन भावात्मक रूप से होना चाहिए (The hypothesis should be expressed in a quantified form–*McGuigan*)

(vii) उपकल्पना से अनेक परिणाम उपलब्ध होने चाहिए (A hypothesis should have a large number of consequences–*McGuigan*)।

(viii) उपकल्पना से सम्बन्धित परिवर्त्यों की संक्रियात्मक व्याख्या निहित होनी चाहिए (A hypothesis should include operational definitions of relevant varaiable–*McGuigan.*)।

(ix) उपकल्पना के पुष्टिकरण तथा अस्वीकृति की प्रसम्भाव्यता लगभग समान होनी चाहिए (A hypothesis should have equal chances of confirmation and rejection–*McGuigan*)

(x) उपकल्पना का स्वरूप यथा सम्भव विधि निर्धारित होनी चाहिए (A hypothesis should be method oriented–*McGuigan.*)

(xi) उपकल्पना सत्यापन योग्य होनी चाहिए (A hypothesis should be verifiable–*McGuigan*)

(xii) उपकल्पना विशिष्ट होनी चाहिए (A hypothesis must be specific)

(xiii) उपकल्पना उपलब्ध तकनीक से सम्बन्धित होनी चाहिए (Hypothesis should be related to available techniques)

(xiv) उपकल्पना सिद्धान्त से जुड़ी हुई होनी चाहिए (Hypothesis should be related to a body of theory.)

(xv) एक सत्य उपकल्पना की एक मात्र तथा पर्याप्त विशेषता तथ्यों के अनुरूप होना है (Agreement with facts is the sole and sufficient requirement of true hypothesis.)।

(xvi) उपकल्पना स्थापित प्रकृति तथा मानसिक नियमों के विरोध में नहीं होनी चाहिए (Hypothesis should not conflict with established laws of nature or mind)

(xvii) उपकल्पना सरल होनी चाहिए (Hypothesis must be simple.)

(xviii) उपकल्पना प्रासांगिक होनी चाहिए (Hypothesis should be relevant.)

(xix) उपकल्पना का कथन इस प्रकार होना चाहिए जिसका खण्डन किया जा सके (A hypothesis must be stated in such a way as to allow it to be refused.)।

(xx) उपकल्पना को भविष्यवाणी करने में समर्थ होना चाहिए (The hypothesis should be capable of making predictions)

(xxi) उपकल्पना मार्गदर्शन करता है और दृष्टिहीन खोज से रक्षा करता है (The use of an hypothesis thus prevents a blind search–*P. V. Young*)

(xxii) उपकल्पना अनुसंधान क्षेत्र को सीमित करता है। (We deliberately recognize the limitations of our senses and attempt to reduce their fallibility by limiting our field of investigation–*Lundberg*)

(xxiii) उपकल्पना प्रासंगिक तथ्यों के संकलन में सहायक है (Helpful in the collection of relevant facts—*Lundberg*.)

उपकल्पना के स्रोत
(Sources of Hypothesis)

उपकल्पना के स्रोत के सन्दर्भ में कोई निश्चित नियम नहीं प्रतिपादित किया गया है, फिर भी भिन्न-भिन्न अनुसंधानकर्ताओं ने उपकल्पना के भिन्न-भिन्न स्रोतों का वर्णन किया है। उदाहरणार्थ:—

1. व्यक्तिगत अनुभव (Personal experiences)
2. व्यक्तिगत अनुमान (Personal hunch–*Jahoda* et. al.)
3. पूर्व अनुसंधान अनुभव (Previous research–*Weiss*, 1990)
4. पूर्व अध्ययन तथा सिद्धान्त (Previous studies and theories)
5. सामान्य संस्कृति (General culture)
6. अन्य विज्ञानों से सादृश्यता (Analogy)

7. शोध पत्रिकाएँ (Research Journals)
8. प्रासंगिक पुस्तकें (Relevant books)
9. ज्ञान में रिक्ति (Gap in knowledge–*Mc Guigan*, 1969)
10. विरोधी परिणाम (Conflicting results–*Mc Guigan*, 1969)

उपकल्पना के कथन की शैली
(Style of Hypothesis)

उपकल्पना के कथन की एक निश्चित शैली होती है। उपकल्पना हमेशा एक संयुक्त वाक्य (compound sentence) के रूप में प्रस्तुत की जाती है। इसका रूप होता है 'यदि 'अ' तो 'ब' (If a, then b)। इस प्रकार उपकल्पना का कथन 'यदि ......तो.......' के संयुक्त वाक्य के रूप में किया जाता है। इस प्रकार इसमें दो उपवाक्य (sub-sentences) होते हैं। वाक्य के प्रथम भाग को पूर्वगामी दशा (antecedent condition) तथा द्वितीय भाग को परिणामी दशा (consequent) कहते हैं। उपकल्पना के प्रथम भाग का प्रारम्भ 'यदि' (If) से तथा द्वितीय भाग का प्रारम्भ 'तो' (then) से होता है। प्रथम भाग उन दशाओं का उल्लेख करता है जो व्यवहार या अनुक्रिया की उत्पत्ति में आवश्यक होते हैं, तथा दूसरा भाग, प्रथम भाग में उल्लिखित दशाओं का प्रभाव होता है। इसका उल्लेख इस प्रकार किया जा सकता है कि यदि अमुक दशाएँ उत्पन्न होती हैं तो अमुक प्रभावों की अभिव्यक्ति होगी। उदाहरणार्थ :—

यदि सफल अधिगम पर व्यक्ति को पुरस्कृत किया जाय
तो सीखने की मात्रा में वृद्धि हो सकती है।

कभी-कभी उपकल्पनाएँ गणित में सूत्रों या समीकरण के रूप में प्रस्तुत की जाती हैं और निम्न पदों का प्रयोग किया जाता है :—

R = Response (अनुक्रिया)
F = Function (प्रकार्य)
S = Stimulus (उद्दीपक)
O = Organism (प्राणी)

अर्थात् प्राणी के व्यवहार या अनुक्रियाएँ, उद्दीपक तथा प्राणी की विशेषताओं का परिणाम होती है, अर्थातु यदि उद्दीपक तथा प्राणी में परिवर्तन होगा, तो अनुक्रिया या व्यवहार व्यक्ति की विशेषताओं और परिवेश में निहित उद्दीपकों का प्रकार्य है। इन उपर्युक्त पदों के आधार पर उपकल्पना का कथन इस प्रकार किया जा सकता है :—

(i) $R_1 = f(R_2)$
(ii) $R = f(S)$
(iii) $R = f(O)$
(iv) $O = f(S)$

उपकल्पना प्रस्तुत करने के लिए तीन प्रकार के कथनों का प्रयोग किया जा सकता है :—

(i) विश्लेषणात्मक कथन (Analytic statement)
(ii) विरोधात्मक कथन (Contradictory statement)
(iii) संश्लेषणात्मक कथन (Synthetic statement)

इन तीनों प्रकार के कथनों में अन्तर उनमें पाई जाने वाली सत्यता की मात्रा (Truth value) को लेकर है क्योंकि कोई कथन 'सत्य' हो सकता है तो कोई 'असत्य'। इन तीनों प्रकार के कथनों की भाषा ऐसी हो सकती है। उदाहरणार्थः—

(i) विश्लेषणात्मक वाक्य—यह हमेशा सत्य होता है। ऐसे कथन तार्किक दृष्टि से सदैव सत्य होते हैं। उदाहरणार्थ—यदि 'यश' के एक और बहन खुशी है, तो यश या तो आयु में उससे बड़ा होगा, या बड़ा नहीं होगा (a or not a)। मैं आजमगढ़ में हूँ या आजमगढ़ में नहीं हूँ।

(ii) विरोधात्मक वाक्य—यह हमेशा असत्य होता है। ऐसे कथन नकारात्मक रूप में होते हैं। यह तार्किक दृष्टि से असत्य होते हैं। उदाहरणार्थ—यश अपनी बहन खुशी से बड़ा भी है और नहीं भी। इसमें अन्तर्निहित विरोध विद्यमान रहता है। (a and not a)। मैं आजमगढ़ में हूँ और आजमगढ़ में नहीं भी हूँ।

(iii) संश्लेषणात्मक वाक्य—ऐसे कथन उपर्युक्त दोनों प्रकार के वाक्यों से पूर्णतः भिन्न होते हैं। ऐसे कथनों के सत्य या असत्य होने की सम्भावना बराबर बनी रहती है। उदाहरणार्थ—जैसे 'यश अपनी बहन खुशी से बड़ा है'। 'मैं आजमगढ़ में हूँ'।

उपकल्पनाओं के प्रकार
(Types of Hypothesis)

अनेक मनोवैज्ञानिकों ने उपकल्पना का वर्गीकरण अनेक आधारों पर किया है। जिसका संक्षिप्त वर्णन अधोप्रस्तुत हैः—

मैक्गुइन का वर्गीकरण (*McGuigan's Clasification*)

McGuigan (1998) ने तीन प्रकार की उपकल्पनाओं का वर्णन किया हैः—

1. सार्वभौमिक उपकल्पना (*Universal Hypothesis*)—*McGuigan* (1998) के अनुसार, *''सार्वभौमिक उपकल्पना प्राप्त निष्कर्षों के आधार पर ऐसे सामान्य नियमों की रचना से सम्बन्धित है जो प्रत्येक काल और देश के लिए वैध हो(Universal hypothesis asserts that the relationship in question holds for all the variables that are specified, for all times and at all places.)* यह उपकल्पना इस अभिग्रह पर आधारित है कि जिन परिवर्त्यों के मध्य सम्बन्धों का कथन किया गया है, वह सभी समय, सभी देश तथा सभी विषयों में लागू होगा। McGuigan का मत है कि सार्वभौमिक प्रकार की ही उपकल्पनाओं का प्रयोग करना चाहिए ताकि उसकी जाँच सम्भव हो सके तथा प्राप्त परिणामों के आधार पर सामान्यीकरण किया जा सके। उदाहरणार्थ—यदि चूहा काला लीवर दबाने पर भोजन प्राप्त करता है तो वह अगले प्रयासों में काले लीवर को ही दबायेगा। गुरुत्वाकर्षण के सन्दर्भ में न्यूटन द्वारा प्रस्तावित नियम सार्वभौमिक है। व्यवहारपरक (behavioural) विज्ञानों की तुलना में भौतिक विज्ञानों में ऐसी उपकल्पनाओं का महत्त्व अधिक है। इस उपकल्पना में नियन्त्रण पर अधिक महत्त्व दिया जाता है जो भौतिक विज्ञानों में ही सम्भव है। सार्वभौमिक उपकल्पना की निम्नलिखित विशेषताएँ हैंः—

(i) इसमें नियनत्रण को अधिक महत्त्व दिया जाता है।

(ii) इसमें वैज्ञानिकता अधिक पाई जाती है, इसलिए इसे वैज्ञानिक उपकल्पना (Scientific hypothesis) की भी संज्ञा दी जाती है।

(iii) इसका भविष्य कथनीय मूल्य (Predictive value) अधिक होता है।

(iv) इसका स्वरूप अधिक व्यापक और विस्तृत होता है।

2. अस्तित्ववादी उपकल्पना (*Existential Hypothesis*)—ऐसी उपकल्पना का महत्त्वपूर्ण अभिग्रह यह है कि परिवर्त्यों के बीच का सम्बन्ध कम-से-कम एक स्थिति में अवश्य विद्यमान रहता है जिससे प्राप्त निष्कर्ष का स्वरूप वैज्ञानिक रहता है। उदाहरणार्थ—कम-से-कम एक चूहा ऐसा अवश्य है जिसे काले लीबर को दबाने पर भोजन प्राप्त होगा। इसमें एक इकाई का गहन अध्ययन किया जाता है और निश्चित परिणाम प्राप्त किये जाते हैं। इसमें घटना का ज्ञान अच्छी तरह प्राप्त होता है। इस उपकल्पना के द्वारा घटना के अस्तित्व को निर्धारित किया जाता है। इस उपकल्पना के द्वारा अनुसंधानकर्ता यह निर्धारित करना चाहता है कि किन विशिष्ट दशाओं में कोई घटना घटित होती है। इस उपकल्पना की निम्नलिखित विशेषताएँ हैं:—

(i) इसका क्षेत्र सीमित होता है।

(ii) सभी कालों तथा सभी देशों में इसे लागू नहीं किया जा सकता।

(iii) यह उपकल्पना पूर्णरूप से वैज्ञानिक नहीं होती है।

3. सीमित उपकल्पना (*Limited Hypothesis*)—सीमित उपकल्पना का रूप प्रत्यक्ष होता है तथा यह सदा जाँच योग्य (verifiable) होती है। यह उपकल्पना निगमन (duduction) पर आधारित होती है। इनका क्षेत्र सीमित होता है। यह अल्पव्यापी होती है। सामाजिक विज्ञानों में इन उपकल्पनाओं का प्रयोग किया जाता है।

अनुसंधानकर्ताओं ने उपकल्पना का वर्गीकरण करने के लिए अनेक आधारों का प्रयोग किया है जिनका संक्षिप्त विवरण अधोप्रस्तुत है:—

(a) अनुभव के आधार पर वर्गीकरण:—

- (i) सार्वभौमिक उपकल्पना (Universal hypothesis)
- (ii) अस्तित्वात्मक उपकल्पना (Existential hypothesis)

(b) अमूर्तता के आधार पर वर्गीकरण:—

- (i) अनुभवाश्रित एकरूपता सम्बन्धी उपकल्पनाएँ (Hypothesis stating the empirical uniformity)
- (ii) जटिल आदर्शयुक्त उपकल्पनाएँ (Hypothesis of complex ideals)
- (iii) विश्लेषणात्मक परिवर्त्य सम्बन्धी उपकल्पनाएँ (Hypothesis stating analytical variables) उदाहरणार्थ:—
- (अ) सरल उपकल्पना (Simple hypothesis)
- (ब) जटिल उपकल्पना (Complex hypothesis)
- (स) अनुसंधान उपकल्पना (Research hypothesis)
- (द) सांख्यिकीय उपकल्पना (Statistical hypothesis)

(c) कथन के स्वरूप के आधार पर वर्गीकरण:—

- (i) सकारात्मक कथन (Positive statement)
- (ii) नकारात्मक कथन (Negative statement)
- (iii) शून्य उपकल्पना (Null hypothesis)

(d) समय के आधार पर वर्गीकरण:—

(i) प्राक्कलन (Prediction)

(ii) उतराकलन (Postdiction)

(iii) वर्णन या व्याख्या (Description or explanation)

(d) समन्वित वर्गीकरण:—

(i) अप्रायोगिक उपकल्पना (Non experimental hypothesis)

(अ) साधारण स्तरीय उपकल्पना

(ब) विषम स्तरीय उपकल्पना

(स) विशिष्ट स्तरीय उपकल्पना

(ii) प्रायोगिक उपकल्पना (Experimental hypothesis)

(अ) अस्तित्वपरक उपकल्पना (Existential hypothesis)

(ब) सांख्यकीय उपकल्पना (Statisical hypothesis)

(i) शून्य उपकल्पना (Null hypothesis—Ho)

(ii) प्रायोगिक उपकल्पना (Experimental hypothesis—H_1)

(क) धनात्मक उपकल्पना (Positive hypothesis)

(ख) निषेधात्मक उपकल्पना (Negative hypothesis)

(iii) सम्प्रत्यात्मक उपकल्पना (Conceptual hypothesis)

(iv) सार्वभौमिक उपकल्पना (Universal hypothesis)

Kerlinger (2002) ने उपकल्पना का वर्गीकरण इस प्रकार प्रस्तुत किया है:—

(i) सरल उपकल्पना (Simple hypothesis)

(ii) अन्तर उपकल्पना (Difference hypothesis)

(iii) शून्य उपकल्पना (Null hypothesis)

(iv) तात्विक उपकल्पना (Substantial hypothesis)

(v) सांख्यिकीय उपकल्पना (Statistical hypothesis)

शून्य उपकल्पना
(Null Hypothesis)

Null शब्द जर्मन भाषा का एक शब्द है, जिसका अर्थ शून्य है। कुछ विद्वानों का मत है कि Null शब्द की उत्पत्ति लैटिन भाषा के Nullus से हुई है जिसका अर्थ ''कोई नहीं'' (Not any) से लिया जाता है। अमान्य परिक्लपना (Null Hypothesis) शब्द का सर्वप्रथम प्रयोग ***Sir Ronald A Fisher*** (1942) ने किया था और यह कहा था, *"Every experiment may be said to exist only in order to give the facts a chance of disproving the Null Hypothesis."*) अमान्य परिकल्पना इस अभिग्रह पर आधारित है कि दोनों समूहों के मध्यमानों का अन्तर तो वास्तविक है और न किसी परिवर्त्य के प्रभाव के कारण है वरन् संयोगवश है (due to chance)। (*Null hypothesis assorts that there is no true difference between two population means and the difference found between sample means in, therefore, accidental and unimportant.*—***Garrett,*** 1967) यह उपकल्पना विधि शास्त्र के इस सिद्धान्त पर आधारित है कि 'एक व्यक्ति जब तक निर्दोष माना जायगा, जब तक वह दोषी सिद्ध नहीं

हो जाता' (*A person is presumed to be innocent unless contrary is proved or his guilt is proved.*) जब भी कोई अनुसंधान कार्य प्रारम्भ किया जाता है तो हमें एक अमान्य परिकल्पना की रचना करनी होती है। अनुसंधान के दौरान जो प्रदत्त हमें प्राप्त होते हैं उसी के आधार पर हम अपनी परिकल्पना को स्वीकृत या अस्वीकृत करते हैं। वस्तुनिष्ठ परीक्षण के लिए यह आवश्यक है कि किसी परिकल्पना को स्वीकृत या अस्वीकृत करने के लिए अमान्य परिकल्पना की रचना की जाय। जब हमें किसी अन्तर के बारे में कोई निर्णय लेना होता है तो शोध परिकल्पना जिसे विकल्प परिकल्पना कहते हैं, का परीक्षण किया जाता है। यदि विकल्प परिकल्पना स्वीकृत हो जाती है तो अमान्य परिकल्पना स्वतः अस्वीकृत हो जाती है। **सीगेल** महोदय ने अमान्य परिकल्पना को परिभाषित करते हुए कहा है कि, *''अमान्य परिकल्पना शून्य अन्तर की परिकल्पना है। यह सामान्यतया अस्वीकृत करने के लिए निर्मित की जाती है। यदि शून्य परिकल्पना अस्वीकृत होती है तो विकल्प परिकल्पना स्वीकृत हो जाती है। विकल्प परिकल्पना प्रयोगकर्ता के शोध परिकल्पना का सक्रियात्मक कथन होता है।''* (*The null hypothesis is a hypothesis of no difference. It is usually formulated for the express purose of being rejected. If it is rejected the alternative hypothesis may be accepted. The alternative hypothesis is the operational statement of the experimenter's research hypothesis.*)

Reber & Reber (2001) के अनुसार, *''शून्य अन्तर या शून्य सम्बन्ध की उपकल्पना को शून्य उपकल्पना कहते हैं।''* (*Null Hypothesis is a hypothesis of no difference, no relationship.*)

इसी प्रकार **गिलफोर्ड** (1973) ने शून्य परिकल्पना को परिभाषित करते हुए बताया है कि शून्य परिकल्पना यह बताती है कि, *''प्रायोगिक या आप्रयोगिक स्थिति में जिन घटनाओं का मापन किया जाता है उनके बारे में यह कल्पना की जाती है कि अन्तर का कारण कुछ नहीं है वरन् स्वतन्त्र या बन्धनमुक्त नियमों के कारण ऐसा प्रभाव प्राप्त हो रहा है।''* (*A null hypothesis merely states that in an experimental situation, or even in nonexperimental situation, whenever things are enumerated or measured, it is assumed nothing but the laws of chance are operating in a free and unrestricted manner.*)

अमान्य परिकल्पना के अन्तर्गत अनुसंधानकर्ता यह मानकर चलता है कि दो समूहों से प्राप्त प्रदत्त में अन्तर उन समूहों के किसी गुण विशेष के कम या अधिक होने के कारण नहीं है वरन् प्रतिचयन त्रुटि के कारण है। अमान्य परिकल्पना का परीक्षण अनुसंधानकर्ता करता है। इसलिए इसे परीक्षणाधीन परिकल्पना (Trial Hypothesis) भी कहते हैं। अमान्य परिकल्पना में इस बात पर विशेष बल दिया जाता है कि जनसंख्या के पैरामीटरों में सार्थक अन्तर नहीं है। जब अनुसंधानकर्ता सांख्यिकीय प्रविधियों के द्वारा दोनों प्रतिदर्शों से प्राप्त मध्यमानों के अन्तर की सम्भाव्यता (probability) अमान्य परिकल्पना के सन्दर्भ में निर्धारित करने का प्रयत्न करता है। यदि सम्भाव्यता कम है, .05 या .01 से कम है तब अमान्य परिकल्पना को स्वीकृत कर दिया जाता है, लेकिन जब सम्भाव्यता .05 या .01 से बड़ी होती है तब अमान्य परिकल्पना को अस्वीकृत नहीं किया जाता। ऐसी परिस्थिति में विकल्प शोध परिकल्पना अस्वीकृत हो जाती है। अमान्य परिकल्पना के अस्वीकृत न होने पर यह धारणा नहीं बनानी चाहिए कि अमान्य परिकल्पना सत्य ही हैं। अनुसंधानकर्ता अमान्य

परिकल्पना के आधार पर दो सांख्यिकियों के अन्तर की सार्थकता का परीक्षण करता है और विकल्प परिकल्पना या शोध परिकल्पना की जाँच के लिए प्रदत्त संग्रह करता है।

अमान्य परिकल्पना : $H_0 = M_1 = M_2 = \mu_1 = \mu_2$
$H_0 = M_1 - M = 0$ अथवा $M_1 = M_2 = M$
अथवा

शोध परिकल्पना : $H_A = M_1 - M_2 \neq 0$ अथवा $M_1 \neq M_2$
$H_B = M_1 < M_2$ अथवा $M_1 > M_2$
$\neq$ (बराबर नहीं है।)
$>$ से बड़ा है (is greater than)
$<$ से छोटा है (is less than)

यहाँ अमान्य परिकल्पना के अन्तर्गत यह दर्शाया गया है कि दोनों मध्यमानों का अन्तर शून्य है जबकि शोध परिकल्पना के दोनों विकल्पों में यह बताया गया है कि दोनों मध्यमानों का अन्तर शून्य के बराबर नहीं है अर्थात् एक मध्यमान दूसरे मध्यमान के बराबर नहीं है तथा पहला मध्यमान दूसरे मध्यमान से बड़ा है अथवा दूसरा मध्यमान पहले मध्यमान से छोटा है। H_A शोध परिकल्पना के लिए द्विपुच्छीय परीक्षण (two tailed test) तथा H_B के लिए एक पुच्छकीय परीक्षण (one tailed test) का प्रयोग किया जाता है। विकल्प परिकल्पना को शोध परिकल्पना (research Hypothesis) भी कहते हैं। ***Mc Nemar*** (1962) के अनुसार, *''शोध परिकल्पना का तात्पर्य उस उपकल्पना से है जिसका निर्माण किसी सिद्धान्त या पूर्व निरीक्षण या तार्किक पृष्ठभूमि के आधार पर किया जाता है।'' (By research hypothesis we mean the hypothesis set upon the basis of the theory or prior observation or on logical grounds.)*

वैज्ञानिक अध्ययनों में अमान्य परिकल्पना के द्वारा दो प्रतिदर्शों मध्यमानों के अन्तर की सार्थकता की जाँच की जाती है। अमान्य परिकल्पना की रचना करते समय हम मध्यमान अन्तरों पर ही ध्यान देते हैं। हम यह नहीं देखते हैं कि किस प्रतिदर्श का मध्यमान कम है और किसका अधिक। दो मध्यमानों का अन्तर धनात्मक भी हो सकता है और ऋणात्मक भी। जब हम मध्यमान अन्तर के धनात्मक या ऋणात्मकता को ध्यान में न रखकर केवल मध्यमान अन्तर के बारे में ही जाँच करते हैं अर्थात् दिशात्मकता का अभाव रहता है, तब हम उसे द्विपुच्छीय परीक्षण (Two-Tailed Test) कहते हैं। इसी प्रकार जब हम परिकल्पना बनाते समय मध्यमान अन्तर के धनात्मकता या ऋणात्मकता पर ध्यान देते हैं अर्थात् दिशात्मकता पायी जाती है, तब वह परीक्षण एकपुच्छीय होता है। **फरग्यूसन** (1967) के शब्दों में, *"A test of this kind is sometimes called a two tails of the two sided test or non-directional test, because if the normal distribution or the distribution of +, is used, the two tails of the two sides, of the distribution are employed in the estimation of probabilities."*

परीक्षण एकपुच्छीय होगा या द्विपक्षीय यह परिकल्पना के स्वरूप पर निर्धारित होता है। यहाँ निर्णय प्रदत्त संकलन से पहले ही कर लिया जाता है। प्रदत्त संकलन के बाद द्विपुच्छीय परीक्षण को छोड़कर एकपुच्छीय परीक्षण नहीं अपनाना चाहिए। जब मध्यमानों के अन्तर की दिशा के बारे में अनुसंधान को कुछ संशय हो, तो उसे द्विपुच्छीय परीक्षण की रचना करनी चाहिए।

एकपुच्छीय एवं द्विपुच्छीय परीक्षण का वर्णन इस प्रकार कर सकते हैं:—

$Ho_A = M_1 M_2 = 0 \quad M_1 = M_2$ द्विपुच्छीय परीक्षण (दिशाहीनता)

$Ho_B = M_1 - M_2 \neq 0, M_1 > M_2$ एकपुच्छीय परीक्षण (दिशात्मकता)

या $M_1 > M_2$

परीक्षण चाहे एकपुच्छीय हो या द्विपुच्छीय उसके लिए CR या t की गणना की जा सकती है। इनके लिए गणना किये जाने वाले CR तथा t के गणितीय प्रक्रिया में कोई अन्तर नहीं है। अन्तर केवल सार्थकता के परीक्षण में है।

द्विपक्षीय परीक्षण में जो मान .01 विश्वास स्तर पर सार्थक होगा। वह एकपुच्छीय परीक्षण में .05 स्तर पर सार्थक माना जायगा। इसी प्रकार द्विपुच्छीय परीक्षण में जो मान .02 स्तर पर सार्थक होगा, वह एकपुच्छीय परीक्षण में .01 पर सार्थक माना जायगा। अर्थात् एकपुच्छीय परीक्षण में प्रायिकता द्विपुच्छीय की प्रायिकता की आधी जो जाती है।

शून्य उपकल्पना की विशेषताएँ *(Characteristics of Null Hypothesis)*

(i) इसके द्वारा दो मध्यमानों के मध्य अन्तर की सार्थकता की जाँच की जाती है।

(ii) यह उपकल्पना दो प्रतिदेशों के मध्य शून्य अन्तरों की कल्पना करती है।

(iii) यह दिशा रहित (non-directional) होती है।

(iv) इससे सम्बन्धित परीक्षण द्विपुच्छीय (two tailed) होता है अर्थात यह गलत भी हो सकता है और सही भी।

(v) यह उपकल्पना काई वर्ग (X^2) की सार्थकता की जाँच में सहायक है।

(vi) प्रसरण विश्लेषण (Analysis of variance) के सार्थकता की जाँच भी इस उपकल्पना के द्वारा की जा सकती है।

(vii) अन्य उपकल्पनाओं की तुलना में इसकी रचना सरल है।

(viii) शून्य उपकल्पना विकल्प-उपकल्पना (research hypothesis) के पुष्टिकरण (confirmation) में सहायक है।

उपकल्पना के कार्य
(Functions of a Hypothesis)

1. अज्ञात परिवर्त्यों के मध्य उपकल्पना व्याख्या (Hypothesis as an explanation) प्रस्तुत करती है।
2. उपकल्पना घटना से सम्बन्धित अलग-अलग तथ्यों को एक सूत्र में संगठित करती है (Hypothesis as an organizing principle)।
3. उपकल्पना नवीन अध्ययन विधियों के विकास में सहायक है (Hypothesis as a source of methodology)।
4. उपकल्पना अनुसंधान कार्य को एक उद्दीपक प्रदान करती है (Hypothesis as a stimulus to research)।
5. उपकल्पना प्रायोगिक विधियों के मूल्यांकन के लिए कसौटी प्रदान करता है (Hypothesis as a criterion for evaluating experimental techniques)।

6. उपकल्पना सिद्धान्त रचना में सहायक है (Help in theory construction)।
7. उपकल्पना समस्या के क्षेत्र को सीमाबद्ध करने में सहायक है (Helpful in narrowing down the area of research)।
8. उपकल्पना परिवर्त्यों के मध्य विशिष्ट सम्बन्धों के बारे में जानकारी प्रदान करने में सहायक है (Helpful in acquiring knowledge of specific relationship between variables)।
9. उपकल्पना तर्कसंगत प्रदत्त के संकलन में सहायक है (Helpful in collection of relevant data)।
10. उपकल्पना वैज्ञानिक निष्कर्षों तथा तथ्यों की जानकारी प्रदान करता है (Helpful in providing knowledge of scientific conclusions and facts)।

उपकल्पनाओं की सीमाएँ *(Limitations of Hypothesis)*

(i) *Westaway* का मत है कि उपकल्पनाओं अनुसंधानकर्ता को असापधान बना देती है क्योंकि उपकल्पनाएँ वे लोरियाँ है जो असावधान को गाना गाकर सुला देती है (Hypothesis are the cradle songs which put the unwary to sleep.)

(ii) उपकल्पना निर्माण में अनुसंधानकर्ता तटस्थ नहीं रह पाता है क्योंकि उसकी रुचि तथा अभिवृत्ति उपकल्पना रचना को प्रभावित करती है।

(iii) अनुसंधानकर्ता प्राप्त प्रदत्त के आधार पर उपकल्पना में परिवर्तन नहीं करता है, वरन् उपकल्पना के आधार पर प्रदत्त में ही तोड़-मरोड़ करता है।

❑

अध्याय 5

मनोविज्ञान में प्रयोग-प्रक्रिया
(EXPERIMENTATION IN PSYCHOLOGY)

मनोविज्ञान सहित अनेक विज्ञानों में प्रायोगिक प्रक्रिया की अत्यन्त महत्त्वपूर्ण भूमिका है। यहाँ तक कि खगोल विद्या (गणित ज्योतिष-astronomy) में भी निरीक्षण तथा उपकरणों की प्रमुख भूमिका है जबकि यह विज्ञान सह-सम्बन्धात्मक अनुसंधानों पर अधिक निर्भर है। आदर्श प्रयोग में प्रयोगकर्ता अपनी रुचि वाले परिवर्त्यों पर पूर्ण नियन्त्रण स्थापित करता है और यह प्रदर्शित करने का प्रयास करता है कि एक परिवर्त्य में परिवर्तन करने पर निश्चित रूप से दूसरे परिवर्त्य में भी परिवर्तन होगा। इस प्रकार प्रयोगकर्ता दो परिवर्त्यों में कार्य-कारण सम्बन्ध के स्थापना एवं निर्धारण का प्रयास करता है। जिस प्रकार परिशुद्ध नियन्त्रण प्रयोग-प्रक्रिया में सम्भव है, अन्यत्र नहीं प्राप्त होगा। प्रयोगकर्ता अपनी आवश्यकतानुसार स्वतन्त्र परिवर्त्य में प्रहस्तलन (manipulation) करता है। प्रयोगकर्ता प्रयोग-प्रक्रिया (experimentation) में उपयुक्त एवं प्रासंगिक परिवर्त्यों में प्रत्यक्ष प्रहस्तलन (direct manipulation) करता है, न कि वह प्रासंगिक परिवर्त्यों के लिए किसी चयन प्रक्रिया (selection-procedure) का प्रयोग करता है। इनमें से कुछ परिवर्त्य प्रायोगिक परिस्थिति (experimental situation)—तापमान, प्रकाश, कार्य, निर्देश, सामग्री एवं प्रक्रिया से सम्बन्धित होते हैं, तो कुछ प्रयोग परिवर्त्य (subject variable)--चिन्ता स्तर, भूख अन्तर्नोद, प्यास अन्तर्नोद से सम्बन्धित होते हैं।

परिवर्त्यों के प्रत्यक्ष प्रहस्तलन (direct manipulation of variables) एवं चयन प्रक्रिया के द्वारा प्रहस्तलन (manipulation through selection procedure) में पाया जाने वाला अन्तर कई दृष्टिकोणों से महत्त्वपूर्ण है। प्रथम, जब चयन प्रक्रिया के द्वारा परिवर्त्यों का प्रहस्तलन किया जाता है तो इस बात की भी सम्भावना पाई जाती है कि प्रासंगिक परिवर्त्यों (variable of interest) में उसी समय परिवर्तन पाया जाय। परिवर्त्यों के ऐसे सहगामी प्रहस्तलन (concomitant manipulation) से भ्रामक परिणाम प्राप्त हो सकते हैं। द्वितीय, इन दोनों प्रकार के प्रहस्तलन में मुख्य अन्तर प्रहस्तलन की परिशुद्धता (precision of manipulation) है। प्रहस्तलन करते समय कुछ परिवर्त्यों का अत्यधिक परिशुद्ध प्रहस्तलन (precise manipulation) हो जाता है जबकि कुछ परिवर्त्यों के प्रहस्लतन में त्रुटि हो जाती है। तृतीय प्रहस्तलन की इन दोनों विधियों के सन्दर्भ में यह कहा जा सकता है कि प्रत्यक्ष रूप से प्रहस्तलित परिवर्त्यों के लिए विकसित की गई विधियाँ चयन प्रक्रिया के द्वारा प्रहस्तलित परिवर्त्यों के लिए अनुप्रयोग योग्य नहीं होती है।

प्रयोग-विधि मनोविज्ञान की सर्वाधिक वस्तुनिष्ठ एवं वैज्ञानिक विधि है। प्राकृतिक विज्ञानों (natural sciences) की इस सर्वप्रमुख विधि के उपयोग के चलते मनोविज्ञान को विज्ञान की श्रेणी में रखा जाने लगा है। अतः इसे मनोविज्ञान की सबसे प्रमुख विधि कहना सही है। व्यवहार के विषय में सूचना प्राप्ति की सबसे वैज्ञानिक विधि प्रयोग है। शब्द ''एक्स्पेरिमेन्ट'' (experiment) का अर्थ है, *''प्रयत्न करना, जाँच करना या परीक्षा करना'' (to try or to put to test)*।

प्रयोगीकरण (experimentation) में घटना, विशेषता, सामग्री या परिणाम को जिसे निश्चित करने की इच्छा प्रयोगकर्ता में होती है, उसी की जाँच या परीक्षा की जाती है। अन्य विज्ञानों की तरह मनोवैज्ञानिक भी प्रयोगशाला में मानव व्यवहार के स्वरूप के विषय में कार्य-कारण (cause-effect) सम्बन्धों का अध्ययन प्रायोगीकरण द्वारा करते हैं। उदाहरण के लिए मानव व्यवहार पर चिन्ता, बुद्धि, तनाव, प्रतिबल या औषधि के प्रभावों को ज्ञात करने के लिए प्रयोग कर सकते हैं। प्रयोगीकरण में व्यक्ति या व्यक्तियों द्वारा निष्पादित व्यवहार, क्रियाओं और उसके पश्चात् पूर्वनियोजित या कठोर नियंत्रण की दशाओं में उत्पन्न किए गए परिवर्तनों का वस्तुनिष्ठ प्रेक्षण द्वारा कार्य-कारण सम्बन्धों की स्थापना का प्रयास किया जाता है। इस प्रकार *प्रयोग में पूर्वनियोजित एवं नियंत्रित दशाओं में व्यवहार का वस्तुनिष्ठ प्रेक्षण किया जाता है। (Experiment is objective observation of behaviour under pre-arranged and controlled conditions).*

जॉन बेस्ट *(J. B. Best)* के अनुसार, *''सावधानी के साथ नियंत्रित परिस्थिति के अन्तर्गत क्या होगा, अथवा क्या घटना घटित होगी? इन प्रश्नों का वर्णन एवं विश्लेषण, प्रयोगात्मक अनुसंधान कहा जाता है।'' (Experimental research is the description and analysis of what will be or what will occur under carefully controlled conditions.)*

विल्सन *(E. B. Wilson)* ने कहा है कि, *''प्रयोग एक ऐसा प्रश्न है जिसका निर्माण पूर्व ज्ञान के आधार पर इस आशय से किया जाए कि वह प्रकृति से सम्बद्ध ज्ञान की अतिरिक्त खोज कर सके। इस तरह यह प्रेक्षण एवं प्रदत्तों के संकलन की श्रेष्ठता को महत्त्व प्रदान करने वाला एक प्रत्यक्ष एवं उद्देश्यपूर्ण प्रयास है।'' (An experiment is a question on the basis of what is known and addressed to the nature to elicit further knowledge, it is consciously directed purposeful observation.)*

फेस्टिंजर तथा **कैट्ज** (*Festinger* and *Katz;* 1953) के अनुसार, *''अनाश्रित परिवर्त्य में परिवर्तन के कारण आश्रित परिवर्त्य पर पड़े प्रभावों का प्रेक्षण करना ही प्रयोग का मूल अर्थ है।'' (The essence of an experiment may be described as observing the effect on a dependent variable of the manipulation of an independent variable.)*

आइजेंक तथा **अन्य** (*Eyesenck* et al; 1972) ने कहा है कि , *'प्रयोग में प्रेक्षण के लिए परिवर्त्यों का योजनाबद्ध हस्तादिकरण करते हैं अर्थात् प्रयोग में कम-से-कम अनाश्रित या प्रयोगात्मक परिवर्त्य को पूर्व निश्चित दशाओं के अनुसार परिवर्तित करके प्रेक्षण किया जाता है।'' (An experiment is the planned manipulation of variables for observation purposes; at least one of the variables; the independent or experimental variable is altered under predetermined conditions during the experiment.)*

प्रायोगिक विधि की आत्मा नियन्त्रण है। बिना नियंत्रण प्रयोग करना व्यर्थ है। टाउनसेण्ड (*Townsend,* 1953) ने कहा है *(No experiment is better than its poorest control......)*

गैरेट *(Garret)* के अनुसार, *''प्रयोग, नियंत्रित दशाओं में किया गया प्रेक्षण है।'' (Experiment is observation under controlled conditions.)*

प्रस्तुत परिभाषाओं से प्रयोग विधि की निम्नलिखित विशेषताओं का संकेत मिलता है:—

(i) प्रयोग नियंत्रित दशाओं में किया जाता है।

(ii) वर्तमान ज्ञान के आधार पर किया गया प्रश्न है, जिसका उद्देश्य ज्ञान में वृद्धि है।

(iii) प्रयोग, उपकल्पना की जाँच का माध्यम है।

(iv) प्रयोग में कार्य-कारण सम्बन्धों का अध्ययन होता है।

(v) प्रयोग में आश्रित परिवर्त्य पर अनाश्रित परिवर्त्य के प्रभावों का अध्ययन किया जाता है।

(vi) प्रयोग में अनाश्रित परिवर्त्य (परिवर्त्यों) का हस्तादिप्रयोग किया जाता है।

उपर्युक्त विवरण से स्पष्ट है कि प्रयोग एक ऐसी परिस्थिति है जिसमें प्रायोगिक दशाओं को इस तरह निर्मित करते हैं कि घटना से सम्बन्धित, सही, निश्चित एवं संक्षिप्त उत्तर प्राप्त हो सके। वांछित घटना से सम्बद्ध परिवर्त्यों के बीच प्रकार्यात्मक सम्बन्धों (functional relations) की कृत्रिम रूप से रचना की जा सके जिससे कि वास्तविक परिवर्त्यों के बीच कार्य-कारण सम्बन्ध (cause-effects relations) का अध्ययन हो सके। इसके आधार पर प्राप्त प्रदत्तों की सहायता से व्यवहार के विषय में सामान्य नियमों और सिद्धान्तों का कथन करते हैं।

एक उदाहरण

मान लें आप शैक्षिक उपलब्धि पर बुद्धि के प्रभावों का अध्ययन प्रयोग-विधि द्वारा करना चाहते हैं, तो दो चरों या घटनाओं (शैक्षिक उपलब्धि और बुद्धि) में कार्य-कारण सम्बन्धों को खोजना होगा। इन परिवर्त्यों से सम्बद्ध एक परिकल्पना निर्मित की जायेगी, फिर अनाश्रित परिवर्त्य (independent variable) अर्थात् बुद्धि के प्रभावों का अध्ययन किया जायेगा। शैक्षिक उपलब्धि आश्रित परिवर्त्य (dependent variable) कहलाएगी। अनाश्रित परिवर्त्य (बुद्धि) का अभिप्राय कारणपरक कारक (Causal factor) से है, जो अनुक्रिया या व्यवहार का कारण है। आश्रित परिवर्त्य का अभिप्राय उस कारण के प्रभावों (Effect of that cause) से है जो सम्बद्ध व्यवहार में परिवर्तनों द्वारा अभिव्यक्त होता है। अन्य परिस्थितियों जैसे—अध्ययन की आदतों, यौन, सामाजिक-आर्थिक स्थिति, पैतृक शिक्षा, पारिवारिक परिवेश, स्वास्थ्य, पूर्व अधिगम, स्मृति, आयु आदि कारक जो बुद्धि के अतिरिक्त उपलब्धि को प्रभावित कर सकते हैं, प्राणिगत या मध्यवर्ती परिवर्त्य (organismic or intervening variables) कहे जाएँगे। प्रयोग के लिए ऐसे सभी मध्यवर्ती या प्राणिगत परिवर्त्यों को स्थिर नियंत्रित या बराबर करके केवल अनाश्रित परिवर्त्य (बुद्धि) को हस्तादिकृत (manipulate) करके आश्रित परिवर्त्य (उपलब्धि) पर उसके प्रभावों का अध्ययन करेंगे। इस प्रकार प्राणिगत परिवर्त्यों को नियंत्रित/स्थिर या बराबर (equalize) करके अनाश्रित परिवर्त्य में परिवर्तन (बदलाव) लाते हैं और आश्रित परिवर्त्य (उपलब्धि) पर बुद्धि के प्रभावों का वस्तुनिष्ठ प्रेक्षण के लिए नियंत्रित और प्रायोगिक (control and experimental) समूहों की व्यवस्था करेंगे। तत्पश्चात् प्रेक्षणों और मापनों के आधार पर निश्चित निष्कर्ष प्राप्त कर सामान्य नियमों का प्रतिपादन, पुष्टि या खण्डन किया जाएगा।

प्रयोग के उपर्युक्त उदाहरण को ध्यान में रखते हुए प्रयोग के प्रमुख चरणों (major steps) की विवेचना करना यहाँ उपयुक्त होगा:—

1. समस्या (*Problem*)—मनोविज्ञान में प्रयोग करने के पूर्व समस्या का होना आवश्यक है, अर्थात् किसी समस्या का समाधान ढूँढ़ने के लिए ही प्रयोग किए जाते हैं मनोवैज्ञानिक प्रयोग के लिए समस्या जीवित प्राणी के किसी व्यवहार से सम्बद्ध होती है। यह सैद्धान्तिक समस्याओं, जिज्ञासा, व्यवहारपरक समस्याओं, किसी घटना के विषय में कार्य-करण सम्बन्धों (cause-effect relations) को जानने, ज्ञान का अधूरापन (gaps in knowledge)

आदि से सम्बद्ध होती है। उदाहरण के लिए समस्या हो सकती है कि किसी कविता को एक पूर्ण इकाई के रूप में याद किया जाग या खण्डों में बाँटकर याद करने में आसानी होगी?

समस्या एक ऐसा प्रश्न है जिसमें व्यवहार या अनुक्रिया और प्राणी से सम्बद्ध या उद्दीपक विशेषता के प्रकार्यात्मक सम्बन्धों के विषय में ज्ञान का अभाव होता है अथवा वर्तमान ज्ञान में विरोधाभास होने की दशा में समस्या की उत्पत्ति होती है। समस्या के सन्दर्भ में पाठक इसी अध्याय में विस्तृत चर्चा से अवगत हो चुके हैं।

2. परिकल्पना निर्माण (*Formulation of Hypothesis*)—प्रयोग आरम्भ करने के पूर्व प्रयोगकर्ता के समक्ष समस्या के प्रस्तावित समाधान का होना जरूरी है, क्योंकि यह प्रयोग एक मुख्य उद्देश्य है। इसी प्रस्तावित समाधान को परिकल्पना कहा जाता है। इसमें समस्या से सम्बद्ध परिवर्त्यों के अन्तर्सम्बन्धों की अनुमान के आधार पर विवेचना की जाती है। यह दो या दो से अधिक परिवर्त्यों के बीच प्रकार्यात्मक सम्बन्ध (Functional relations) के अनुमान पर आधारित कथन है। समस्या में जिन परिवर्त्यों के आपसी सम्बन्धों के विषय में प्रश्न उठाया जाता है, उसी का अनुमानित कथन परिकल्पना में किया जाता है।

परिकल्पना का कथन परीक्षणशील, इन्द्रियानुभविक और स्पष्ट शब्दों में करते हैं जो संक्रियात्मक रूप में (operationally) परिभाषित हों अर्थात् प्रयुक्त परिवर्त्य ऐसे हों जिनका प्रेक्षण एवं वस्तुनिष्ठ मापन सम्भव हो। पाठक इस सन्दर्भ में इसी अध्याय में विस्तृत अध्ययन कर चुके हैं।

3. परिवर्त्य *(Variables)*—परिवर्त्य, प्रायोगिक समस्या की वह विशेषताएँ हैं जिन्हें अलग कर सकते हैं और जो परिवर्तित होती हैं। इनका मापनशील होना भी आवश्यक है। उदाहरण के लिए प्रशंसा किये जाने पर व्यक्ति का निष्पादन (performance) क्यों अच्छा हो जाता है? इसमें एक प्रायोगिक समस्या निहित है और अनेक परिवर्त्यों का कथन है। प्रशंसा किसी व्यकित की की जायेगी जो अमीर, गरीब, युवक, बालक, वृद्ध, बीमार, स्वस्थ, स्त्री, पुरुष आदि हो सकता है। उ०-प्रा०-अनु० (S-O-R) सूत्र के अनुसार प्रशंसित या अप्रशंसित व्यक्ति से प्राणी का परिचय होता है। एक अन्य परिवर्त्य निष्पादन का अधिक या कम होना है। इसके अतिरिक्त कार्य का स्वरूप, प्रकार, कठिनाई, स्तर आदि भी महत्त्वपूर्ण हैं। परिवेश में अन्य उद्दीपक भी होते हैं जो अपने स्वरूप में परिवर्तनशील होते हैं। अतः वे भी परिवर्त्य कहे जाएँगे। व्यक्ति का निष्पादन भी एक परिवर्त्य है, क्योंकि वह भी सदा एक-सा नहीं रहता। इसे अनुक्रिया परिवर्त्य कहते हैं, जबकि प्रशंसा उद्दीपक परिवर्त्य है।

मॉर्गन तथा अन्य (*Morgan* et. al; 1986) के अनुसार, *''परिवर्त्य एक ऐसी घटना या परिस्थिति है जिसे विभिन्न मूल्य हो सकते हैं। आदर्श रूप में, यह एक घटना या परिस्थिति है जिसका मापन हो सकता है और जो मात्रात्मक रूप में परिवर्तित होती है।''* (*"A variable is an event or condition which can have different values. Ideally, it is an event or condition which can be measured and which varies quantitatively."*)

Kerlinger (1973) के अनुसार, *''परिवर्त्य वह गुण है जो विभिन्न मात्राओं में उपस्थिति होता है.......परिवर्त्य वह है जो परिवर्तित होता है।''* (*Variable is a property that takes on diferent values........a variable is something that varies.*)

एडवर्ड्स (*Edwards*; 1971) के अनुसार, *''परिवर्त्य से तात्पर्य किसी भी ऐसी चीज से है जिसका प्रेक्षण हो सके और उसका स्वरूप ऐसा हो कि हम एक प्रेक्षण को विभिन्न वर्गों में से किसी एक में वर्गीकृत कर सकते हों।''* (*"By a variable, therefore, we mean* *anything that we can observe, and of such a nature that each single observation can be classified into one of a number of mutually exclusive class.")*

गैरेट (*Garrett*, 1967) के अनुसार, *''परिवर्त्य वह लक्षण या गुण है जिसकी मात्रा परिवर्तित होती है और जो किसी विमा के अनुसार परिवर्तित होते हैं।'' ("Variables are attributes of qualities which exhibit differences in magnitude, and which vary along some dimension.")*

डी'अमेटो (*D'Amato*;) ने कहा है कि, *''परिवर्त्य किसी वस्तु, घटना या प्राणी का मापनशील गुण या विशेषता है।'' ("What is meant by the term variable is, namely, any measurable attribute of objects, thing or being.")*

Postman & Egan (1996) के अनुसार, *''परिवर्त्य वह विशेषता या गुण है जिसके अनेक मूल्य हो सकते हैं।'' ("A variable is a characteristic or attribute that can take on a number of values.")*

Atkinson, Atkinson, Smith, Ben & Hilgard (1998) के अनुसार, *''किसी प्रयोग में नियन्त्रित अथक मापित किसी एक दशा को परिवर्त्य कहते हैं।'' ("A variable is one of the conditions measured or controlled in an experiment.")*

उपर्युक्त परिभाषाओं से स्पष्ट है कि परिवर्त्य कोई घटना, वस्तु या प्राणी का मापनशील गुण या विशेषता है, जिसका मूल्य किसी विमा के अनुसार परिवर्तित होता है। आयु भेद, आय, परिवार में सदस्यों की संख्या, जन्मक्रम, बुद्धि, अनुभव, यौन भेद, धर्म, सामाजिक-आर्थिक स्थिति, संस्कृति, शिक्षा-स्तर आदि सभी परिवर्त्य हैं।

मनोविज्ञान में परिवर्त्यों में उनके गुणों, लक्षणों या विशेषताओं के आधार पर भेद किया जाता है जैसे सुईं या काँटा चुभने पर आप हाथ को तुरन्त हटा लेते हैं। यहाँ सुईं या काँटा उद्दीपक या अनाश्रित परिवर्त्य है तथा हाथ हटाना अनुक्रिया या आश्रित परिवर्त्य है। परिवर्त्यों के वर्गीकरण के अनेक आधार है।

प्रायोगिक अनुसंधानों में अनुसंधानकर्ताओं ने मुख्यतः परिवर्त्यों को तीन वर्गों में वर्गीकृत किया है:—

(i) स्वतन्त्र परिवर्त्य अथवा उद्दीपक परिवर्त्य (Independent variable stimulus variable)

(a) स्वतन्त्र परिवर्त्य टाइप ई (Type E—Independent variable)

(b) स्वतन्त्र परिवर्त्य टाइप एस (Type—S Independent variable)

(ii) आश्रित परिवर्त्य (Dependent variable)
अथवा व्यवहार परिवर्त्य (Behavioural variable)
अथवा अनुक्रिया परिवर्त्य (Response variable)

(iii) वाह्य परिवर्त्य (Extraneous variable)—प्रायोगिक अनुसंधान में अनुसंधानकर्ता आश्रित परिवर्त्य पर केवल स्वतन्त्र परिवर्त्य के प्रभाव को ही नहीं प्राप्त करता है, वरन वाह्य कारकों के प्रभाव को भी प्राप्त करता है। जिन वाह्य परिवर्त्यों का प्रभाव आश्रित परिवर्त्य पर महत्त्वपूर्ण ढंग से पड़ता है, वे प्रासंगिक परिवर्त्य (Relevant variables) कहे जाते हैं। जिन परिवर्त्यों का प्रभाव नहीं पड़ता है उन्हें अप्रासांगिक परिवर्त्य (Irrelevant variable) कहा जाता है। प्रासंगिक तथा अप्रासांगिक दोनों ही परिवर्त्य दो प्रकार के होते हैं:—

(i) जैविक परिवर्त्य (Organismic variable)

(ii) वातावरणीय परिवर्त्य (Environmental variable)

परिवर्त्यों के वर्गीकरण को इस प्रकार चित्रांकित किया जा सकता है:—

Classification of Variable

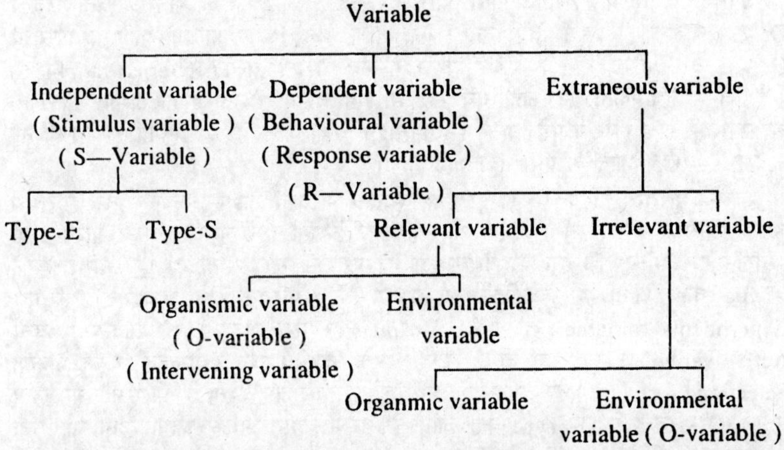

परिवर्त्यों की प्रयोगिक स्थिति के अनुसार इन्हें उद्दीपक, (Stimulus) प्राणिगत (organismic), तथा अनुक्रिया (Response) परिवर्त्य कहते हैं। प्रायोगिक संक्रियाओं (Experimental operations) के अनुसार इन्हें अनाश्रित परिवर्त्य (Independent variable), आश्रित परिवर्त्य (dependent variable) तथा मध्यवर्ती परिवर्त्य (intervening variable) प्रासंगिक परिवर्त्य (Relevant variables) कहते हैं।

1. अनाश्रित परिवर्त्य
(Independent Variable)

अनाश्रित या स्वतन्त्र परिवर्त्य वह है जिसके प्रभाव का अध्ययन किया जाता है और जिसकी मात्रा को प्रयोगकर्ता अपनी इच्छानुसार हस्तादिकृत एवं परिवर्तित कर सकता है। यह कारणपरक कारक (causal factor) है जिस पर प्रयोगकर्ता का नियंत्रण होता है, जिसे वह स्वेच्छानुसार घटाता, वढ़ाता या परिवर्तित करता है।

Reber & Reber (2001) के अनुसार, *''स्वतन्त्र परिवर्त्य वह परिवर्त्य है जिसके मूल्य सिद्धान्तः दूसरे मूल्यों में परिवर्तन से स्वतन्त्र होते हैं।'' (Independent variable is any variable whose values are,/in principle, independent of changes in the values of other variable)*।

Kerlinger (2002) के अनुसार, *''स्वतन्त्र परिवर्त्य पूर्वांग एवं आश्रित परिवर्त्य परिणाम होता है।'' (Independent variable is the antecedent the dependent variable is consequent.)*।

Candland (1969) के अनुसार, *''स्वतन्त्र परिवर्त्य प्रयोग के वे कारक है जिन पर प्रयोगकर्ता का नियन्त्रण रहता है तथा वह उनमें जैसा चाहे परिवर्तन कर सकता है।'' (The independent variables are those elements of the experiment which the experiment has under his control and which he may vary as he chooses.)*।

Kerlinger (2002) के अनुसार, *''स्वतन्त्र परिवर्त्य पूर्वांग तथा आश्रित परिवर्त्य परिणाम होता है।'' (Independent variable is the antecedent; and the dependent variable is consequent.)*

D. V = Dependent Variable (आश्रित परिवर्त्य)

Cl, C5 = Control Variables 1.........5 (नियन्त्रित परिवर्त्य 1.....5)

उपर्युक्त प्रयोग में प्रशंसा अनाश्रित परिवर्त्य (I. V.) अधिगम की मात्रा आश्रित परिवर्त्य (D. V.), बालक की अपनी विशेषताएँ (जैसे आयु, यौन, शिक्षा आदि), प्राणिगत परिवर्त्य (O. V.) के नामों से इंगित की गई हैं। प्रयोग में कुछ वाह्य परिवर्त्य (External variables) भी हैं जिनमें प्रयोगकर्ता को कोई रुचि नहीं है। वह चाहता है कि इनका प्रभाव, परिणाम (अधिगम की मात्रा) पर न पड़े। अतः इन्हें नियंत्रित किया जाता है। इन नियंत्रित परिवर्त्यों को C1, C2........C5 आदि के द्वारा दर्शाया गया है।

स्वतन्त्र परिवर्त्य दो प्रकार का होता है—स्वतन्त्र परिवर्त्य टाइप-ई तथा स्वतन्त्र परिवर्त्य टाइप-एस। स्वतन्त्र परिवर्त्य ई टाइप में प्रयोगकर्ता अपनी इच्छानुसार स्वतन्त्र परिवर्त्य में प्रहस्तलन कर सकता है। इस पर प्रयोगकर्ता का पूरा नियन्त्रण रहता है। ऐसे परिवर्त्य को E–Type कहा जाता है। तकनीकी आधार पर ऐसे परिवर्त्य को प्रायोगिकी परिवर्त्य (Experimental variable) कहते हैं। *Kerlinger* ने ऐसे परिवर्त्य को सक्रिय परिवर्त्य (Active variable) की संज्ञा दी है। ठीक इसके विपरीत जब प्रयोगकर्ता चयन प्रक्रिया (Selection procedure) के द्वारा स्वतंत्र परिवर्त्य में प्रहस्तलन करता है, तो ऐसे चयन किये गये स्वतन्त्र परिवर्त्य को S–Type कहा जाता है। इसमें प्रहस्तलन का आधार अप्रत्यक्ष होता है। उदाहरणार्थ—शिक्षा, सामाजिक-आर्थिक पृष्ठभूमि, बुद्धिलब्धि आदि ऐसे स्वतन्त्र परिवर्त्य है जिनमें प्रयोगकर्ता चयन के आधार पर ही प्रहस्तलन करता है। ऐसे परिवर्त्य को निर्दिष्ट परिवर्त्य (Assignable variable) भी कहते हैं।

2. आश्रित परिवर्त्य
(Dependent Variable)

आश्रित परिवर्त्य मनोवैज्ञानिक प्रयोग में प्राणी की अनुक्रिया है। इसे आश्रित परिवर्त्य इसलिए कहा जाता है क्योंकि इसमें होनेवाले परिवर्तन अनाश्रित परिवर्त्य में हस्तादिप्रयोग (manipulation) का परिणाम होते हैं। यह वह परिवर्त्य है जिसके विषय में प्रयोगकर्ता प्रयोग के द्वारा पूर्व कथन करता है।

व्यवहारपरक या अनुक्रिया से सम्बद्ध परिवर्त्य ही हमेशा आश्रित परिवर्त्य के रूप में प्रयुक्त होते हैं।

टाउनसेण्ड (Townsend) ने कहा है कि, *"आश्रित परिवर्त्य वह कारक है जो प्रयोगकर्ता द्वारा अनाश्रित परिवर्त्य का परिचय कराने, हटाने या उसे परिवर्तित करने पर प्रकट, लुप्त या परिवर्तित होता है।"। (A dependent variable is that factor which appears, disappears or varies, as the experimenter introduces, removes or varies the independent variable.) इससे विदित होता है कि यह प्रायोगिक स्थिति पर निर्भर या आश्रित होता है।*

डी'अमेटो (D' Amato; 1970) के कथनानुसार, *"मनोवैज्ञानिक अनुसंधान में कोई भी व्यवहारपरक कारक जिसका मापन किया जाता है, आश्रित परिवर्त्य कहलाता है।" (Any measured behavioural variable of interest in psychological experiment is called a dependent variable.)*

Postman & Egan (1996) के अनुसार, *"आश्रित परिवर्त्य का तात्पर्य उस परिवर्त्य से है, जिसके सम्बन्ध में प्रयोगकर्ता प्रयोग के आधार पर भविष्यवाणी करता है।" (Dependent variable refers to the variable about which the experimenter makes prediction on the basis of experiment.)।*

प्रस्तुत विवेचना तथा परिभाषाओं से स्पष्ट है कि आश्रित-परिवर्त्य व्यवहार अथवा अनुक्रिया सम्बन्धी कारक है, जिसका मापन प्रयोग विधि द्वारा दिया जाता है तथा जो अनाश्रित परिवर्त्य के हस्तादिप्रयोग अथवा घटाने-बढ़ाने पर घटता-बढ़ता है या परिवर्तित होता है।

व्यापक रूप में अनुक्रियाएँ कई प्रकार की होती हैं। कुछ अनुक्रियाएँ शारीरिक, अन्य पेशीय, ऐच्छिक अथवा घटित होती हैं। केवल यही नहीं, कुछ अनुक्रियाएँ सहज (reflexive), प्रतिकृत (elicited) अथवा अनैच्छिक भी होती हैं जिनके घटित होने पर प्राणी का नियन्त्रण बहुत कम होता है। उदाहरण के लिए, लार स्राव, छींकना, पलक झपकना, तथा अन्तःस्रावी ग्रंथियों के स्राव इत्यादि। मनोवैज्ञानिक प्रयोगों में प्रायः उपर्युक्त तथा अन्य ऐसी अनुक्रियाओं का अध्ययन किया जाता है। प्रायोगिक शब्दाबली में इन्हें मध्यस्थकारी अनुक्रिया (intervening variables) या संज्ञान कहा जाता है।

प्रत्येक अनुक्रिया की कुछ विशेषताएँ होती हैं, जिनका मापन और प्रेक्षण किया जाता है और इन्हीं को अनुक्रिया चर या आश्रित परिवर्त्य कहा जाता है। अनुक्रिया के स्वरूप उनके घटित होने, न होने, उनकी आवृत्ति, दर आदि का अध्ययन किया जाता है।

3. मध्यवर्ती परिवर्त्य
(Intervening Variable)

प्रासंगिक परिवर्त्य *(Relevant Variable)*—उपर्युक्त दो प्रकार के परिवर्त्यों के अलावा अन्य घटनाएँ या परिवर्त्य भी विद्यमान होते हैं जो आश्रित परिवर्त्य पर प्रभाव डाल सकते हैं। इन्हीं अन्य परिवर्त्यों को मध्यवर्ती या प्रासंगिक परिवर्त्य (Intervening or relevant variables) कहा जाता है। इनके द्वारा आश्रित परिवर्त्य पर पड़ने वाले प्रभावों को नियंत्रित करने के प्रयास किए जाते हैं। यदि यह परिवर्त्य अनियंत्रित रह जाएँ तो आश्रित परिवर्त्य पर अनाश्रित परिवर्त्य के विशुद्ध प्रभावों का मापन सम्भव न होगा। अतः इन मध्यवर्ती या प्रासंगिक परिवर्त्यों की पहचान और नियन्त्रण आवश्यक है।

इस परिवर्त्य को प्राणिगत परिवर्त्य भी कहते हैं जिसका सम्बन्ध प्राणी से होता है। प्राणी की अनेक विशेषताएँ यथा बुद्धि, उपलब्धि, चिन्ता, थकान, अभिप्रेरणा को प्राणिगत परिवर्त्य की संज्ञा दी जाती है। ***Reber & Reber*** (2001) के अनुसार, *''प्राणिगत परिवर्त्य वह परिवर्त्य है जो प्राणी के भीतर निहित होता है, जो आन्तरिक रूप से घटित होता है और जो वाह्य प्रतिक्रिया को निर्धारित करने में कारण का कार्य करता है।''* (***Organismic variable is a variable*** *inside an organism a process or operation that occurs internally but is hypothesized to play a causal role in determining overt responding.*)।

प्राणिगत परिवर्त्य के अन्तर्गत शारीरिक एवं मनोवैज्ञानिक दोनों प्रकार के शीलगुणों को सम्मिलित किया जा सकता है। चूँकि प्राणिगत परिवर्त्य अपेक्षाकृत अधिक स्थाई होते हैं। इसलिए इन्हें प्रयोज्य परिवर्त्य (Subject variable) भी कहते हैं।

डी'अमेटो (*D' Amato*, 1970) के अनुसार नियन्त्रण के दृष्टिकोण से इन परिवर्त्यों को तीन प्रवर्गों में विभक्त करते हैं। प्रथम, ऐसे परिवर्त्य होते हैं जो प्राणी से सम्बद्ध होते हैं और व्यक्ति की विशेषताओं से उत्पन्न होते है, अर्थात् यह परिवर्त्य प्राणी में निहित होते हैं। प्राणिगत परिवर्त्य से तात्पर्य प्राणी की मनोवैज्ञानिक और शारीरिक विशेषताओं से है, जैसे—शैक्षिक स्तर, चिन्ता, स्नायुविकृति, ईर्ष्या, व्यवसाय, आयु, शरीर गठन आदि। कुछ अन्य प्रासांगिक परिवर्त्य प्रायोगिक दशाओं के कारण उत्पन्न होते हैं, जो स्थितिजन्य प्रासांगिक परिवर्त्य (situational relevant variables) कहलाते हैं। एक अन्य प्रकार का प्रासांगिक परिवर्त्य उस दशा से उत्पन्न होता हैं जब एक प्रायोगिक समूह को एक से अधिक प्रायोगिक दशाओं में क्रमिक रूप से प्रयुक्त करते है। इसे क्रमिक प्रासांगिक परिवर्त्य कहा जाता है:

4. परिवर्त्य नियन्त्रण
(Control of Variable)

परिवर्त्यों के नियन्त्रण का तात्पर्य है 'आश्रित परिवर्त्य पर वाह्य एवं असम्बद्ध परिवर्त्यों के प्रभाव को पड़ने से रोकना'। प्रयोग में प्रयोगकर्ता आश्रित परिवर्त्य पर वांछित स्वतन्त्र परिवर्त्य के प्रभाव को देखने के प्रयास में नियन्त्रण करता है। प्रयोगकर्ता जिस परिवर्त्य के प्रभाव को देखना चाहता है, उसे स्वतन्त्र परिवर्त्य तथा अन्य सभी परिवर्त्यों को असम्बद्ध परिवर्त्य (extraneous variable) अथवा स्थिर परिवर्त्य (Constant variable) कहते हैं।

Chaplin (1975) के अनुसार, *''नियन्त्रण का तात्पर्य है प्रयोगात्मक अवस्थाओं को इस ढंग से नियोजित करना जिससे यह निश्चित हो सके कि प्राप्त परिणाम के लिए केवल अनुसंधान अधीन प्रयोगात्मक परिवर्त्य या स्वतन्त्र परिवर्त्य उत्तरदायी है।'' (Control means to arrange experimental conditions in such a manner as to ensure that experimental or independent variable under investigation is solely reponsible for the results obtained.)*।

Morgan et. al; (1986) ने भी नियन्त्रण को परिभाषित करते हुए कहा है कि *''प्रयोगात्मक विधि की एक विशेषता प्रयोग में नियन्त्रण है जिसमें आश्रित का परिवर्त्य को प्रभावित करने वाले वाह्य (असम्बद्ध) कारकों को या तो स्थिर कर दिया जाता है अथवा समाप्त कर दिया जाता है ताकि स्वतन्त्र परिवर्त्य के प्रभाव को निर्धारित किया जा सके।'' (Control in experiment is a characteristic of the experimental method in which extraneous factors which might affect the dependent variable are held constant or cancelled out in some way so that only the specified independent variables are allowed to change.)*

इन परिभाषाओं के आधार पर यह कहा जा सकता है कि प्रयोगात्मक परिवर्त्य के प्रभाव को शुद्ध रूप से निर्धारित करने के लिए अनुमानित आश्रित परिवर्त्यों पर नियन्त्रण स्थापित किया जाता है।

मनोवैज्ञानिक प्रयोग में अवांछित परिवर्त्यों का नियंत्रण आवश्यक है। इसके आवश्यक होने के निम्नलिखित कारण हैं:—

(i) अनाश्रित तथा आश्रित परिवर्त्यों के प्रकार्यात्मक (कार्य-कारण) सम्बन्धों का परिशुद्ध अध्ययन बिना नियंत्रण सम्भव नहीं है।

(ii) नियन्त्रण के अभाव में व्यवहार का पूर्वकथन वैज्ञानिक नहीं होता।

(iii) अनाश्रित परिवर्त्य के प्रभावों का शुद्ध अध्ययन नियंत्रित परिस्थितियों में ही सम्भव है।

(iv) नियंत्रण का ज्ञान होने पर प्रयोगकर्ता किसी समय और स्थान पर अपने प्रयोग की पुनरावृत्ति करके अपने परिणामों की पुनरावृत्ति कर सकता है। सामान्यतः प्रयोगकर्ता नियंत्रण की पाँच तकनीकों में से अपने उद्देश्य तथा समस्या के प्रसंग में उपर्युक्त तकनीक का चयन करता है। यह तकनीकें-निष्कासन (method of elimination), दशाओं की स्थिरता (constancy of conditions), सन्तुलन (balancing), प्रतिसन्तुलन (counter balancing) और यादृच्छीकीकरण (randomization) कहलाती हैं।

1. निरसन या निष्कासन (*Elimination*)—प्रासंगिक परिवर्त्यों को नियंत्रित करने की सबसे अच्छी तकनीक निरसन (Elimination) है जिसमें इन्हें प्रायोगिक स्थिति से निष्कासित किया जाता है। इन परिवर्त्यों को प्रभावहीन करने का तरीका यह है कि उन्हें प्रयोग स्थिति से अलग हटा लिया जाय या बाहर कर दिया जाए जैसे—प्रयोगशाला के बाहर होने वाला शोर

प्रयोज्य के ध्यान को विचलित कर वांछित व्यवहार पर अवांछित प्रभाव डाल सकता है। इसके निरसन के लिए साउंड प्रूफ (Sound proof) प्रयोगशाला का उपयोग किया जाय। इसी तरह इस बात का आभास हो कि किसी विशिष्ट प्रायोगिक दशा में प्रकाश द्वारा आश्रित परिवर्त्य प्रभावित हो सकता है तो प्रयोग को अंधकार कक्ष में करके प्रकाश रूपी प्रासंगिक परिवर्त्य का निरसन द्वारा नियंत्रण किया जा सकता है। किन्तु कुछ दशाओं में निरसन द्वारा प्राणिगत प्रासंगिक परिवर्त्यों का नियंत्रण दुष्कर प्रतीत होता है जैसे—अभिप्रेरणा स्तर, प्रत्याशा का स्वरूप, बुद्धि, लिंग, पूर्व अनुभव आदि व्यक्ति सम्बन्धी विशेषताएँ निरसन द्वारा नियंत्रित नहीं हो सकतीं। इसी प्रकार परिवेश में निहित प्रासंगिक कारकों जैसे—तापमान को इच्छित बिन्दु पर लाना दुर्लभ है।

2. दशाओं में स्थायित्व (*Constancy of Conditions*)—प्रासंगिक परिवर्त्यों के नियन्त्रण की एक अन्य तकनीक प्रयोग की दशाओं में स्थिरता लाकर नियंत्रण स्थापित करती है। जब प्रासंगिक परिवर्त्यों का निष्कासन सम्भव नहीं होता तो दशाओं में स्थिरता द्वारा नियन्त्रण का प्रयास किया जाता है। इस स्थिरता को इनके गुण, मात्रा या मूल्यों (attributes, quantity or values) को सम्पूर्ण प्रयोग में स्थिर रखकर नियंत्रित किया जाता है जैसे—प्रयोगकक्ष, समय, मापन, उपकरण, प्रयोगकर्ता, आदि का स्थैर्य! इसी प्रकार प्राणिगत प्रासंगिक परिवर्त्यों को नियन्त्रित करने के उद्देश्य से बुद्धि, आयु, यौन, शिक्षा-स्तर, आदि के अनुसार सामान प्रयोज्यों का चयन कर नियन्त्रण किया जाता है।

McGuigan (1998) का मत है कि, *''असम्बद्ध परिवर्त्यों को नियंत्रित करने की यह विधि अत्यन्त सरल है।''*

3. सन्तुलन (*Balancing*)—जब प्रासंगिक परिवर्त्यों के गुणों, मूल्यों आदि को स्थिर करना सम्भव नहीं होता, तो इन्हें प्रायोगिक दशाओं में सन्तुलित करने के उपाय किए जाते हैं। *मैकूग्यूगन* (*McGuigan*; 1978) के अनुसार इन प्रासांगिक परिवर्त्यों के नियंत्रण के लिए दो दशाओं का निर्माण करते हैं—प्रथम में प्रयोगकर्ता प्रासांगिक परिवर्त्यों की पहचान करके उन्हें निष्कासित करने में असमर्थ होता है, अतः नियन्त्रित नहीं करता। दूसरी दिशा में वह इनकी पहचान के उपरान्त नियंत्रित करने के उद्देश्य से नियंत्रित समूह का उपयोग करके सन्तुलित करता है। उदाहरण के लिए जब यह आशंका हो कि लिंग रूपी प्राणिगत परिवर्त्य परिणामों को प्रभावित कर सकते हैं तो प्रयोग में दो या अधिक समूहों को प्रयुक्त करते हैं जिसमें प्रयोज्यों में लड़के-लड़कियाँ दोनों हैं। सन्तुलन तकनीक के अनुसार सभी समूहों में बालक-बालिकाओं का अनुपात बराबर रखकर सन्तुलित किया जाता है। इसी तरह, आयु, शिक्षा-स्तर, सामाजिक-आर्थिक स्तर, सांस्कृतिक पृष्ठभूमि, अथवा अन्य प्राणिगत प्रासांगिक परिवर्त्यों के नियन्त्रण हेतु सभी प्रायोगिक दशाओं में इन परिवर्त्यों के आधार पर प्रयोज्यों के अनुपात को समान रखकर सन्तुलित किया जाता है।

Broota (1998) का मत है, *''इस विधि में प्रयोज्यों को ऐसे परिवर्त्य पर समतुल्य बना दिया जाता है जो वास्तविक रूप से आश्रित परिवर्त्य से सम्बद्ध होता है।''* (*The procedure is to match subjects on that variable which is substantially related to the dependent variable.*)।

Broota (1989) ने संतुलन विधि की कई कठिनाइयों की ओर संकेत किया है:—

(i) संतुलन में उपयुक्त प्रयोज्यों को खोजने में अनेक कठिनाइयों का सामना करना होता है।

(ii) जब दो या दो से अधिक परिवर्त्यों पर प्रयोज्य को संतुलित करना होता है, तो कठिनाई और बढ़ जाती है।

(iii) संतुलन स्थापित करते समय शोधकर्ता अपने व्यक्तिगत पक्षपात (personal bias) से अपने को नहीं बचा पाता है।

(iv) एक परिवर्त्य पर संतुलन स्थापित करने का प्रतिकूल प्रभाव दूसरे परिवर्त्य पर पड़ सकता है

4 प्रतिसन्तुलन (*Counter Balancing*)—प्रतिसन्तुलन विधि के सन्दर्भ में ***McGuigan*** (1998) ने अपना मत इस प्रकार प्रकट किया है कि, *''प्रतिसन्तुलन विधि में कुछ प्रयोगों को व्यवस्था इस प्रकार की जाती है कि दो या दो से अधिक भिन्न प्रयोगात्मक दशाओं में एक ही प्रयोज्य अथवा प्रयोज्यों के एक ही समूह का प्रयोग किया जाता है।'' (In counter balancing some experiments are designed so that the same subject must serve under two or more different experimental conditions.)*। इसका उपयोग विशेष अभिकल्पों में होता है। जब विभिन्न समूहों को अलग-अलग प्रायोगिक उपचार दशाओं में प्रासांगिक परिवर्त्यों में प्रयुक्त करते हैं, तो इसे प्रतिसन्तुलन कहा जाता है। ऐसी दशा में प्रायोगिक उपचार क्रमानुसार उसी समूह में प्रस्तुत करते हैं और एक-दूसरे के बाद प्रस्तुत करके क्रम प्रभाव प्रतिसन्तुलन द्वारा नियन्त्रित करते हैं। इस प्रकार इस तकनीक के अन्तर्गत प्रयोग की प्रत्येक दशा प्रत्येक प्रयोज्य के समान आवृत्ति के साथ प्रत्येक सम्भव क्रम में प्रस्तुत करते हैं। मान लें कोई प्रयोगकर्ता यह जानने में रुचि रखता है कि निरर्थक और सार्थक शब्दों में किसे शीघ्र याद करता है। इसके लिए यह 12 सार्थक और 12 निरर्थक पदों की सूचियाँ लेता है। प्रयोज्यों के एक समूह को निरर्थक पदों की सूची याद कराता है, तत्पश्चात् सार्थक पदों की सूची याद करता है। दोनों सूचियों को याद करने के लगने वाले प्रयास ज्ञात किए जाते हैं। याद करने का क्रम दोनों ही सूचियों में सभी प्रयोज्यों के लिए समान रखा जाता है। प्राप्त प्रदत्तों पर क्रम-प्रभाव पड़ने की सम्भावना परिणामों को दूषित एवं विकृत कर सकता है। पहली और दूसरी सूची के सीखने में सम्भव है प्रयोज्य अलग-अलग क्रमों का उपयोग करे। पहली सूची याद करने में समंजित (adjust) होने में समय लगे। यह भी सम्भव है कि प्रथम सूची के याद करते समय प्रयोज्यों में अधिक स्फूर्ति रही हो और दूसरी सूची के सीखते समय थकान और उकताहट का अनुभव करें। उपर्युक्त सम्भवनाएँ-क्रम प्रभाव, संवहन प्रभाव, और स्फूर्ति प्रभाव कही जाती हैं। परिणामों की शुद्धता के लिए इन प्रभावों का नियन्त्रण आवश्यक है। यह कार्य प्रतिसन्तुलन (counter balancing) द्वारा किया जाता है। इसके अन्तर्गत दो उप तकनीकें प्रयुक्त होती हैं- प्रयोज्यान्तर्गत प्रतिसन्तुलन (Intra subject counter balancing) तथा समूहान्तर्गत (in group counter balancing) प्रतिसन्तुलन।

उपर्युक्त उप-तकनीकों का उपयोग केवल उस समय करते हैं जब अनाश्रित परिवर्त्य के केवल दो गुण होते हैं अर्थात् जब दो दशाओं में प्रयोग करते हैं। इसके अन्तर्गत अभ्यास तथा थकान का प्रभाव अपने आप आ जाता है।

अन्तर्समूह (intra group) प्रतिसन्तुलन का अनुप्रयोग उस समय करते हैं जब अनाश्रित, परिवर्त्य के तीन या अधिक मूल्यों का उपयोग होता है। ऐसी स्थिति में क्रम और संवहन प्रभावों को सन्तुलित करते हैं।

5. यादृच्छिकीकरण (*Randomization*)—जब प्रासंगिक परिवर्त्यों की संख्या तीन से अधिक होती है तथा जब अनाश्रित परिवर्त्य को प्रभावित करने वाले प्रासंगिक परिवर्त्यों की पहचान दुष्कर होती है तो इनके नियंत्रण के लिए यादृच्छिकीकरण की तकनीक प्रयुक्त की जाती है। इसके अन्तर्गत यादृच्छिक रूप से प्रयोज्यों को विभिन्न समूहों में वितरित करते हैं। प्रायोगिक तथा नियन्त्रित समूहों में प्रयोज्यों को इस प्रकार आवंटित करने के लिए इनका वितरण

यादृच्छिक क्रम में करते हैं। इसमें लाटरी द्वारा प्रयोज्य विभिन्न समूहों में बाँटे जाते हैं। इस विधि का प्रयोग मुख्यतः दो अवस्थाओं में किया जाता है-(i) जब प्रयोगकर्ता को यह ज्ञात हो कि आश्रित परिवर्त्य पर दो या दो से अधिक वाह्य परिवर्त्यों का प्रभाव निश्चित रूप से पड़ सकता है तथा प्रतिसन्तुलन विधि से उनके प्रभाव को समाप्त करने की सम्भावना नहीं है। (ii) जब अनुसन्धानकर्ता को यह विश्वास हो कि कुछ असम्बद्धित परिवर्त्यों के घटित होने की सम्भावना पाई जाती है लेकिन असम्बद्धित परिवर्त्य कौन से होंगे, यह निर्धारित करना सम्भव नहीं होता। परिणामस्वरूप यादृच्छिकीकरण (randomization) किया जाता है। यादृच्छिकीकरण का तात्पर्य है जनसंख्या से प्रायोगिक एवं नियन्त्रित समूह के लिए प्रयोज्यों का चयन जिसमें सभी प्रयोज्यों के चुने जाने की सम्भावना समान हो। ***Broota*** (1998) के अनुसार, ''*यादृच्छिक चयन का तात्पर्य है कि प्रत्येक प्रयोगात्मक इकाई को प्रत्येक प्रयोगात्मक अवस्था या समूह में सम्मिलित होने का समान अवसर हो।*'' (***Random assignment means that every experimental unit has an equal chance of being placed in any of the treatment conditions of the groups.***)

6. प्रायोगिक अभिकल्पन तथा प्रक्रिया
(Experimental Design and Procedure)

प्रयोग विधि के पाँचवें चरण के अन्तर्गत प्रयोग के अभिकल्प तथा प्रक्रिया का उल्लेख होता है। प्रयोग विधि में अनेक अभिकल्प, परिवर्त्यों के नियन्त्रण और उनके प्रभावों के मापन के लिए उपलब्ध हैं। इनमें से कुछ प्रमुख निम्नलिखित हैं:–

(अ) एक समूह अभिकल्प (*Single Group Design*)—ऐसे अभिकल्प में दो भिन्न व्यक्तियों या दो समूहों की आवश्यकता नहीं होती। इसमें प्रयोज्यों का केवल एक समूह या एक प्रयोज्य पर्याप्त माना जाता है, जिस पर अनाश्रित परिवर्त्य के दो या अधिक मूल्य प्रशासित किए जाते हैं। प्रयोज्य या समूह का वस्तुनिष्ठ प्रेक्षण सर्वप्रथम सामान्य दशा में और तब प्रायोगिक दशा में करते हैं। प्रयोज्य या समूह दोनों दशाओं में वही रहता है। प्राप्त पदत्तों की भिन्नताओं की तुलना द्वारा निष्कर्ष प्राप्त किए जाते हैं। मान लें आप भय उद्दीपकों का अध्ययन करना चाहते हैं। भय के अध्ययन के लिए सभी आवश्यक उपकरण एवं सामग्रियों की व्यवस्था तथा प्रयोज्य के श्वसन, नाड़ी, हृदयगति, और रक्तचाप, पाचनक्रिया तथा अन्य आन्तरिक क्रियाओं, मुखाकृति प्रकाशनों, आदि के मापन की व्यवस्था करेंगे। इन सभी क्रियाओं का मापन पहले सामान्य दशा में करेंगे जब कोई भयोत्पादक उद्दीपक नहीं होगा, तत्पश्चात् भयोत्पादक दशा में इन प्रक्रियाओं का मापन करेंगे। दोनों दशाओं में प्राप्त प्रदत्तों की तुलना द्वारा निष्कर्ष प्राप्त करते हैं।

प्रायोगिक विश्वसनीयता की दृष्टि से अनेक मनोवैज्ञानिक इस अभिकल्प को उत्तम नहीं मानते, किन्तु कुछ मनोवैज्ञानिक जैसे अन्डरवुड (*Underwood,* 1965), वुडवर्थ (Woodworth) तथा श्लासबर्ग (*Schlosberg,* 1968) ने इस अभिकल्प का उपयोग करके महत्त्वपूर्ण परिणाम प्राप्त किए हैं। आधुनिक अध्ययनों से प्रमाणित हआ है कि कभी-कभी अनाश्रित परिवर्त्य के हस्तादिप्रयोग का जितना अच्छा प्रभाव उस अभिकल्प द्वारा प्राप्त किया जाता है, उतना पृथक समूह अभिकल्प द्वारा नहीं हो पाता है।

(ब) नियन्त्रित समूह अभिकल्प (*Control Group Design*)—एक समूह अभिकल्प में धनात्मक अभ्यास के कारण कुछ गम्भीर कठिनाइयाँ उत्पन्न होती हैं। नियन्त्रित समूह अभिकल्प में दो पृथक समूहों–प्रायोगिक तथा नियन्त्रित समूह लिए जाते हैं। आयु, यौन, बुद्धि तथा व्यक्तित्व विशेषताओं के आधार पर दोनों समूहों को तुल्य करते हैं। प्रायोगिक समूह में अनाश्रित परिवर्त्य का हस्तादिप्रयोग (manipulation) करते हैं। नियन्त्रित समूह में अनाश्रित

परिवर्त्य का परिचय नहीं कराते हैं। मान लें आप इस अभिकल्प द्वारा इस परिकल्पना की जाँच करना चाहते हैं कि, यदि लोगों को इस बात का ज्ञान कराया जाय कि वह काफी अच्छा कार्य कर रहे हैं तो इससे उनके निष्पादन के और अच्छे होने की सम्भावना होगी, अर्थात् प्रतिपूर्ति (feed back) के कारण सुधार के प्रमाण मिले हैं। प्रतिपूर्ति (feed back) के प्रभाव की जाँच हेतु एक सरल व्यवहारपरक संकृत्य का उपयोग करेंगे, प्रयोज्यों की आँखें बन्द रहेंगी, और काठ के एक ब्लॉक का अनुभव एक हाथ से स्पर्श करायेंगे और दूसरे हाथ द्वारा लकड़ी के ब्लॉक की रेखाएँ खींचने का आदेश करेंगे। प्रयोगात्मक समूह के प्रयोज्यों की प्रतिपूति-अनाश्रित परिवर्त्य-जब उनके द्वारा खींची रेखाएँ लकड़ी के ब्लॉक की लम्बाई के 0.25 इंच के भीतर होती हैं। आदर्श नियंत्रित समूह अभिकल्प के अन्तर्गत दोनों समूहों के प्रयोज्यों को समतुल्य (match) बनाते हैं, जिसे निम्न सारणी में दर्शाया गया है:—

सारणी

नियन्त्रित समूह अभिकल्प

प्रयोज्य
नियन्त्रित समूह C1
C2 —— → No. I.V. → मापित व्यवहार
C3
N

प्रयोज्य
प्रायोगिक समूह E_1
E_2 —— manipulation of → I. V → मापित व्यवहार
E_3
N

दोनों समूहों के व्यवहार की तुलना

दोनों समूहों में प्रयोज्यों को समतुल्य बनाया गया। समूहों में प्रयोज्यों का विवरण यादृच्छिक रीति से किया गया।

(स) बहुसमूहीय अभिकल्प (*Multiple Group*)—कभी-कभी मनोवैज्ञानिक प्रयोगों में दो से अधिक समूहों की आवश्यकता होती है जैसे यदि हम अंग्रेजी सीखने की गति के प्रभाव का अध्ययन, तत्पश्चात् उसी गति से फ्रांसीसी सीखने पर अध्ययन करना चहाते हैं, तो पहले एक समूह को अंग्रेजी सिखाते हैं और तब यह देखते हें कि क्या वे फ्रांसीसी अधिक सुगमतापूर्वक सीखते हैं या नहीं। ऐसी स्थिति में निश्चित ही तुलना के उद्देश्यों से अन्य समूहों की आवश्यकता होती है। समूह 'अ' अंग्रेजी सीखे हुए छात्रों का प्रायोगिक समूह कहलाएगा। समूह 'ब' तुलना के लिए नियन्त्रित समूह होगा, जिसने पहले अंग्रेजी नहीं सीखा है यदि समूह 'अ' समूह 'ब' से अधिक तीव्र गति से फ्रांसीसी सीखता है, तो क्या इस भिन्नता का कारण, समूह 'अ' द्वारा पहले अंग्रेजी सीखने की गति को मानेंगे? यह भी सम्भव है कि यह धनात्मक अन्तरण (positive transfer) के कारण हो। इस सम्भावना से बचने के लिए आवश्यक होगा कि नियन्त्रित समूह 'स' 'द' से उत्तम हो तब हम कह सकते हैं कि अंग्रेजी का अधिगम फ्रांसीसी के सीखने को सुलभ बनाता है।

(द) कारकीय अभिकल्प (*Factorial Design*)—पूर्व चर्चित सभी अभिकल्पों में केवल एक अनाश्रित परिवर्त्य प्रयुक्त होता है। इस अभिकल्प में एक से अधिक अनाश्रित परिवर्त्य एक ही प्रयोग में किए जाते हैं। इसमें परिवर्त्यों में सम्भावित अन्तक्रिया प्रभाव

(interaction effect) का अध्ययन भी होता है। खण्ड अभिकल्प अनेक प्रकार के हो सकते हैं। सबसे सरल अभिकल्प 2 × 2 खंड अभिकल्प है। इसका अर्थ है कि प्रयोग में दो अनाश्रित परिवर्त्य हैं और इन दोनों के दो विभिन्न मूल्य हैं। इसी प्रकार 2 × 3 अभिकल्प या अन्य प्रकार के खण्ड अभिकल्प हो सकते हैं। 2 × 2 खण्ड अभिकल्प में चार प्रकार की प्रायोगिक दशाओं मे प्रयोग चार प्रकार के प्रयोज्य (समूह) होंगे। सांख्यिकीय विश्लेषण के अनुप्रयोग हेतु सभी दिशाओं में प्रयोज्यों की संख्या समान होगी। भिन्नता की सार्थकता की जाँच हेतु प्रसरण विश्लेषण (Analysis of Variance) अर्थात् एफ-टेस्ट (F-test) का प्रयोग होता है।

7. परिणाम, व्याख्या तथा निष्कर्ष
(Result, Interpretation and Conclusion)

इसके अन्तर्गत प्राप्त प्रदत्तों के स्वरूप, विश्लेषण विधि और परिणामों का उल्लेख किया जाता है। रेखाचित्रों की सहायता से भी परिणामों का उल्लेख किया जाता है जिससे क्षण भर में ही देखने वाला परिणामों को जान लेता है। सांख्यिकीय उपचार से प्राप्त सूचनाएँ तालिकाओं में प्रस्तुत की जाती हैं।

व्याख्या एवं विवेचना के अन्तर्गत परिणामों के आधार पर परिकल्पना के पुष्ट अथवा अपुष्ट होने का उल्लेख करते हैं। इस बात की विवेचना भी आवश्यक है कि प्राप्त परिणाम किन पूर्व परिणामों का अनुरूप हैं और किस मात्रा में अनुरूप हैं। इस बात का उल्लेख भी किया जाता है कि समस्या के प्रसंग में प्राप्त प्रदत्त किन सिद्धान्तों को किस मात्रा में पुष्ट या अपुष्ट करते हैं।

प्रायोगिक विधि का मूल्यांकन (*Evaluation of Experimental Method*)

प्रायोगिक विधि, वैज्ञानिक रीति से सूचना प्राप्ति की सर्वोत्तम विधि है। इस प्रकार इस विधि में कारक दशाओं या परिवर्त्यों का जो नियन्त्रण प्राप्त होता है वह अन्य विधियों द्वारा सम्भव नहीं है। इसके अन्तर्गत अन्य सभी दशाओं या वाह्य कारकों को स्थिर रखकर दो घटनाओं या परिवर्त्यों के बीच कार्य-कारण (cause-effect) सम्बन्धों का प्रेक्षण इस विधि की अनुपम विशेषता है।

इसके महत्त्व का दूसरा कारण परिणामों के सत्यापन हेतु प्रयोगों की पुनरावृत्ति (replication) की है। किसी प्रयोग की पुनरावृत्ति कोई अन्य मनोवैज्ञानिक अपनी प्रयोगशाला में करके पूर्व में प्राप्त परिणामों का सत्यापन कर सकता है। निःसन्देह प्रयोग विधि वैज्ञानिक सूचना एकत्र करने की सर्वोत्तम विधि है। इसकी प्रमुख विशेषताएँ निम्नलिखित हैं—

गुण (*Merits*)

(i) प्रयोगात्मक विधि प्राणी के व्यवहार एवं अनुभव का नियंत्रित दशाओं में अध्ययन करती है। फलस्वरूप इसके द्वारा प्राप्त प्रदत्तों में पर्याप्त आन्तरिक वैधता (internal consistency) होती है। प्रयोगकर्ता का प्रायोगिक दशाओं तथा प्रासंगिक परिवर्त्यों पर पर्याप्त नियन्त्रण की विशेषता इसे अन्य विधियों से भिन्न तथा श्रेष्ठ करती है। प्रेक्षण विधि में नियन्त्रण का अभाव तथा वांछित व्यवहार के घटित होने की प्रतीक्षा करनी पड़ती है जबकि प्रयोग की विधि इन अभावों से मुक्त हैं। इसमें प्रयोगकर्ता अपनी स्वेच्छानुसार दशाओं का निर्माण तथा वांछित व्यवहार पर पड़ने वाले प्रभावों का प्रेक्षण कर सकता है।

(ii) इस विधि का अन्य गुण इसकी पुनरावृत्ति(replication) की विशेषता है। कोई अन्य प्रयोगकर्ता प्राप्त प्रदत्तों के विषय में सन्देह होने पर सम्पूर्ण प्रयोग की पुनरावृत्ति (replication) कर सकता है यह सुविधा प्रयोग के अतिरिक्त अन्य विधियों में उपलब्ध नहीं है।

(iii) प्रयोग की विधि की एक अन्य प्रमुख विशेषता यह है कि इसमें प्रासांगिक परिवर्त्यों

को नियन्त्रण में रखकर अनाश्रित परिवर्त्य में प्रकार्यात्मक सम्बन्धों का अध्ययन किया जाता है जिसके आधार पर कार्य-कारण (cause-effect) सम्बन्ध निश्चित करना सम्भव है।

(iv) इसमें अनाश्रित परिवर्त्यों का हस्तादिप्रयोग किया जाता है जो अन्य विधियों में सम्भव नहीं है। इस सुविधा के कारण प्रयोगकर्ता किसी भी मनोवैज्ञानिक समस्या का अध्ययन अनेक प्रकार से करने में समर्थ होता है।

(v) मनोविज्ञान की सबसे उत्तम वस्तुनिष्ठ विधि है। इसमें प्रयोगकर्ता के पूर्वाग्रह, पक्षपात आदि की गुंजाइश बहुत कम होती है।

इस विशेषता के कारण प्राप्त परिणामों का गुणात्मक (qualitative) और मात्रात्मक विश्लेषण (quantitative analysis) सरलता और शुद्धता से किया जा सकता है।

यह विधि मनोवैज्ञानिकों के हाथों में एक प्रमुख वैज्ञानिक अस्त्र तो अवश्य है किन्तु व्यवहारिक दृष्टि से इसकी कुछ न्यूनताएँ भी हैं।

दोष *(Demerits)*

(i) नियन्त्रण की कठोरता के कारण व्यक्ति (प्रयोज्य) की अनुक्रियाओं में यथार्थ के अभाव और बाह्यडम्बर एवं कृत्रिमता की सम्भावना होती है। इसके अतिरिक्त कठोर नियन्त्रण से परिस्थितियों के विकृत होने की भी सम्भावना होती है। प्रयोज्यों के व्यवहार में बनावटीपन और उनके मिथ्या आचरण प्राप्त परिणामों तथा उन पर आधारित सामान्यीकरण को दूषित कर सकते हैं। अतः प्रयोगकर्त्ता को काफी सावधानी बरतनी चाहिए।

(ii) प्रयोग की दूसरी कठिनाई वास्तविक नियन्त्रण की स्थापना की है। अनाश्रित परिवर्त्य या परिवर्त्यों का हस्तादिप्रयोग तथा प्रासांगिक परिवर्त्यों को नियन्त्रित कर आश्रित परिवर्त्य पर उनके प्रभावों या सम्भावित प्रभावों को नियन्त्रित करना कठिन ही नहीं दुष्कर भी हो जाता है। प्राणिगत प्रासांगिक परिवर्त्य नियन्त्रण तकनीकों के अनुप्रयोग के बाद भी कुछ दशाओं में पूर्ण रूप से नियंत्रित नहीं हो पाते। अतः सभी वांछित दशाएँ प्रयोगकर्ता उत्पन्न करने में सक्षम नहीं होते।

(iii) जो प्रयोग व्यवहार दृष्टि से मनुष्यों पर सम्भव नहीं होते वे पशुओं पर किए जाते है। क्या पशुओं एवं पक्षियों पर हुए प्रयोगों के परिणामों के आधार पर मानव व्यवहार का सामान्यीकरण और तदनुसार पूर्व कथन उचित है? यह प्रश्नचिह्न प्रयोग विधि की एक अन्य न्यूनता की ओर इंगित करता है। यह सही है कि कुछ पशुओं के मस्तिष्क की संरचना मनुष्य के मस्तिष्क संरचना से मिलती है, फिर भी मानव को चूहा, बिल्ली या कबूतर तो नहीं कहेंगे।

(iv) कुछ दोष प्रयोग में स्वाभाविक रूप से उत्पन्न होते हैं। उदाहरण के लिए प्रयोगकर्ता का पूरे मन से तटस्थ होना आवश्यक है, जो प्रयोगकर्त्ता पूर्वाग्रह और पूर्वधारणा से प्रेरित होते हैं उनके मन में पक्षपात प्राप्त परिणामों को विकृत कर सकते हैं। उनके पूर्वाग्रह से प्रेरित होने से प्रतिदर्श चयन भी इन कुप्रभावों से प्रभावित हो सकता है। इसी कारण कभी अतुल्य प्रायोगिक और नियन्त्रित समूहों के कारण परिणाम दूषित हो सकते हैं।

(v) प्रयोग का क्षेत्र सीमित है। मनोविज्ञान के क्षेत्र में आने वाली अनेक समस्याओं का प्रायोगिक अध्ययन सम्भव नहीं है। उदाहरण के लिए भीड़ व्यवहार, श्रोता-समूह, दर्शन व्यवहार, युद्ध क्रान्ति, सामाजिक एवं साम्प्रदायिक तनाव आदि दशाएँ प्रयोगशाला में उत्पन्न नहीं की जा सकतीं। अतः प्रयोग-विधि द्वारा इनका अध्ययन सम्भव नहीं है।

उपर्युक्त कठिनाइयों के बाद भी प्रयोगविधि की सर्वाधिक वैज्ञानिक, विशुद्ध एवं वस्तुनिष्ठ विधि हैं। आज मनोविज्ञान में उन सिद्धान्तों और तथ्यों का महत्त्व नहीं है तो प्रयोग द्वारा प्राप्त

प्रदत्तों से पुष्ट नहीं हो पाते। मनोवैज्ञानिक, प्रयोग की कठिनाइयों को दूर करने का भरसक प्रयास और प्राप्त प्रदत्तों की व्याख्या वस्तुनिष्ठता और विश्वसनीयता को बनाए रखने का पूरा प्रयास करते हैं।

नियन्त्रण का महत्त्व
(Impact of Control)

प्रायोगिक-प्रक्रिया में अनुसंधानकर्ता उन सभी परिवर्त्यों के प्रभाव को कम करने का प्रयास करता है जिनसे परिणाम के दूषित होने की सम्भावना पाई जाती है। अनुसंधान का यह प्रयास प्रायोगिक-प्रक्रिया में नियन्त्रण की ओर संकेत करता है। नियन्त्रण जितना ही अधिक होगा, आश्रित परिवर्त्य को प्रभावित करने वाले अन्य वाह्य कारकों का प्रभाव उतना ही कम होगा। प्रायोगिक स्थिति में अनुसंधानकर्ता निश्चित स्थान, निश्चित समय, निश्चित निर्देश, निश्चित उपकरण तथा निश्चित प्रक्रिया का प्रयोग करके समस्या का समाधान करता है। वह प्रयोग में आवश्यकतानुसार स्वतन्त्र परिवर्त्य में प्रहस्तलन करता है। *McGuigan* ने प्रहस्तलन को उद्देश्यपूर्ण प्रहस्तलन (purposive manipulation) कहा है।

प्रायोगिक-प्रक्रिया में प्रयोगात्मक नियन्त्रण का बहुत अधिक महत्त्व है। प्रयोगात्मक नियन्त्रण स्थापित कर लेने से प्राप्त परिणाम अधिक परिशुद्ध होते हैं। प्रायोगिक नियन्त्रण के सन्दर्भ में ***Townsend*** (1953) का मत है कि, *''किसी घटना को शुद्ध दशाओं में वातावरण को विनियमित करके, उत्पन्न करने का प्रयास ही परिस्थिति का नियन्त्रण अथवा प्रयोग का नियन्त्रण है।'' (The attempt to produce a phenomenon in a pure condition by regulating environment is called controlling the situation or controlling the experiment.)*

McGuigan (1998) के अनुसार, *''शब्द 'नियन्त्रण' द्वारा प्रयोगकर्ता अपनी प्रयोग की दशाओं पर किसी सीमा तक अपनी शक्ति को प्रदर्शित करता है। वह उचित निष्कर्ष पर पहुँचने के लिए परिवर्त्यों के प्रहस्तलन में समर्थ होता है।'' (The 'word' control implies that the experimenter has a certain power over the conditions of the experiment, he is able to manipulate variable in an effort to arrive at a sound conclusion.)*

इन परिभाषाओं के आधार पर निसन्देह यह कहा जा सकता है कि प्रायोगिक प्रक्रिया में नियन्त्रण की महत्त्वपूर्ण भूमिका है। नियन्त्रण के अभाव में वैज्ञानिकता में भी अभाव पाया जाता है। प्रत्येक वैज्ञानिक अध्ययन में हर सम्भव नियन्त्रण स्थापित करने का प्रयास किया जाता है क्योंकि :—

1. नियन्त्रण के कारण प्राप्त निष्कर्षों का सत्यापन (verification) सरल हो जाता है।
2. नियन्त्रण के कारण भविष्य कथन करने में सहायता प्राप्त होती है।
3. नियन्त्रण के कारण परिणाम एवं निष्कर्ष को प्रभावित करने वाले उन कारकों (परिवर्त्यों) के प्रभाव को कम किया जा सकता है जिनसे परिणाम के दूषित होने की सम्भावना पाई जाती है।
4. नियन्त्रित किये गये परिवर्त्यों का ज्ञान हो जाने पर अन्य प्रयोगकर्ता द्वारा किसी अन्य स्थान पर प्रयोग की पुनरावृत्ति की जा सकती है।
5. नियन्त्रण स्थापित करके कुशल भविष्यवाणी की जा सकती है।
6. नियन्त्रण के द्वारा परिवर्त्यों में यथार्थ सम्बन्धों तथा अन्तर्सम्बन्धों की खोज की जा सकती है।
7. कठोर नियन्त्रण स्थापित करके निष्कर्ष की वैधता स्थापित की जा सकती है।

8. नियन्त्रण स्थापित करके निश्चितता (definiteness) प्राप्त की जा सकती है।
9. नियन्त्रण के परिणामस्वरूप परिणामों के विश्वसनीयता (reliability) और वैधता (validity) में वृद्धि पाई जाती है।
10. नियन्त्रण का स्तर जितना ही उच्च होगा, प्राप्त ज्ञान की वैज्ञानिकता का स्तर भी उतना ही उच्च होगा।
11. नियन्त्रण के द्वारा जब वाह्य परिवर्त्यों के प्रभाव को न्यून कर दिया जाता है तो प्रायोगिक अभिक्रिया (experimental treatment) को कम किया जा सकता है।
12. स्वतन्त्र परिवर्त्य के शुद्ध प्रभाव के मापन के लिए नियन्त्रण आवश्यक है। Mc Guigan (1998) के अनुसार, ''असम्बद्ध परिवर्त्यों के नियन्त्रण की असफलता प्रयोग के परिणाम को गड़बड़ कर देती है जो प्रयोगकर्ता के लिएं एक अनर्थकारी परिणाम के रूप में होता है।'' (Failing to control extraneous variables results in a confounded experiment, a disastrous consequence for the experimenter.)

प्रायोगिक-प्रक्रिया में पक्षपात के स्रोत
(Sources of Bias in Experimentation)

प्रायोगिक-प्रक्रिया के जहाँ अनेक गुण हैं, वहीं यह प्रकिया पूर्ण रूप से दोषमुक्त नहीं है। इस विधि की कुछ कमियाँ/पक्षपात भी हैं जिनसे प्रयोग-प्रक्रिया के परिणाम के दूषित होने की सम्भावना पाई जाती है। प्रायोगिक-प्रक्रिया के निम्नलिखित अवगुण हैं:—

1. वास्तविक जीवन में उद्दीपक विशेषता का प्रभाव उपेक्षाकृत अधिक स्वाभाविक और प्रबल होता है जबकि प्रायोगिक-प्रक्रिया में स्वतन्त्र परिवर्त्य की प्रबलता में कमी (weakness of variables) पाई जाने लगती है। स्वतन्त्र परिवर्त्य की तीव्रता में कमी होने पर आश्रित परिवर्त्य पर उसका प्रभाव क्षीण हो जाता है।

2. प्रयोगशाला का वातावरण कृत्रिम (artificial environment) होता है। इसलिए प्राणी के व्यवहार में भी कृत्रिमता पाई जाती है। कृत्रिम वातावरण (artificial environment) के कारण उत्तरदाता स्वाभाविक व्यवहार नहीं प्रकट कर पाता है। परिणामस्वरूप निष्कर्ष दोषपूर्ण हो जाते हैं।

3. प्रायोगिक प्रक्रिया में आन्तरिक वैधता (internal validity) तो पाई जाती है, (जैसे वाह्य परिवर्त्यों पर नियन्त्रण स्थापित करने से परिणामों पर वाह्य परिवर्त्य का प्रभाव नहीं पड़ता) परन्तु वाह्य वैधता (external validity) पर कई कारकों (जैसे प्रयोग की कृत्रिम स्थिति, चयन पूर्वाग्रह) का प्रभाव पड़ता है।

4. प्रायोगिक-प्रक्रिया एक सीमित क्षेत्र (limited area) में ही सम्पन्न की जाती है, क्योंकि प्रयोग स्थल, समय, सामग्री आदि सीमित होते हैं।

5. उपर्युक्त प्रयोगों के चयन में कठिनाई (difficulty in selecting appropriate subjects) होती है। क्योंकि प्रयोज्य प्रयोगकर्ता के निर्देशों के प्रति अत्यधिक संवेदनशील (sensitive) होते हैं, उनसे पूर्णरूप से सहयोग प्राप्त करने में कठिनाई होती है, उनसे उपर्युक्त मैत्री-भावना (rapport) की स्थापना में कठिनाई होती है, तथा प्रयोगकर्ता द्वारा न दिये गये निर्देशों का पालन करने में कठिनाई होती है।

6. अनेक परिवर्त्यों का एक साथ अध्ययन करने में कठिनाई (difficulty in simul-

taneous study of several variables) होती है, क्योंकि प्रायोगिक प्रक्रिया में हम एक साथ कई परिवर्त्यों में प्रहस्तलन नहीं कर सकते हैं।

7. प्रयोगकर्ता में अपने परिणामों को तोड़-मरोड़ कर प्रस्तुत करने का प्रलोभन (temptation of wrong interpretation) पाया जाता है। जिससे परिणाम पक्षपातपूर्ण हो जाता है।

8. प्रायोगिक-प्रक्रिया में अपेक्षित आदर्श दिशाओं का अभाव (lack of required ideal situation) पाया जाता है। यद्यपि प्रयोगकर्ता पूर्ण नियन्त्रण स्थापित करने का प्रयास करता है, परन्तु वह अपने प्रयास में पूर्ण रूप से सफल नहीं हो पाता है।

9. *Rosenthal* (1969) का मत है कि प्रयोगकर्ता अपने शोधकार्य को पूरा करने की उद्देश्य की पूर्ति में प्रदत्त संकलन एवं प्रदत्त विश्लेषण में त्रुटियाँ कर सकता है।

10. *Rosenthal* (1969) का मत है कि प्रयोगकर्ता की प्रत्याशा (experimenters expectancy) भी परिणाम को दूषित कर सकती है।

11. *Rosenthal* (1966) का मत है कि वाह्य एवं असम्बद्ध परिवर्त्यों पर नियन्त्रण का पूर्ण प्रयास करने पर भी प्रयोगकर्ता के पक्षपात से यह नियन्त्रण मुक्त नहीं हो पाता।

12. व्यवहारिक सामाजिक समस्याओं (practical social problems) यथा साम्प्रदायिक दंगे, जाति संघर्ष, वर्ग संघर्ष आदि का अध्ययन इस विधि के द्वारा सम्भव नहीं है।

13. *Kerlinger* (2002) के अनुसार प्रायोगिक प्रक्रिया में नियन्त्रण लाने के प्रयास में हम लोचकता (flexibility) को समाप्त कर देते हैं।

14. प्रायोगिक प्रक्रिया में कुछ ऐसे परिवर्त्य उपस्थित रहते हैं, जो आश्रित परिवर्त्य को प्रभावित करते हैं तथा आश्रित परिवर्त्य के मापन में त्रुटियाँ उत्पन्न करते हैं। प्रायोगिक विधि से की दृष्टि से ऐसी त्रुटियां को उत्पन्न करने वाले अनेक स्रोत हैं जिनसे दो प्रकार की त्रुटियाँ- यादृच्छिक त्रुटि (random error) तथा क्रमबद्ध त्रुटि (systematic error) उत्पन्न होती है।

❑

अध्याय 6

प्रतिदर्श एवं प्रतिदर्श चयन
(SAMPLE AND SAMPLING)

जनसंख्या, प्रतिदर्श एवं इकाई
(Population, Sample and Unit)

व्यवहारिक क्षेत्र में जब अनुसंधानकर्ता की कुछ समस्याओं का समाधान करना होता है तो उसके सामने यह समस्या आती है कि अपने अनुसंधान के लिए किस जनसंख्या का प्रयोग करे। जनसंख्या निर्धारित हो जाने पर अनुसंधानकर्ता के लिए यह असम्भव ही है कि वह जनसंख्या के सभी सदस्यों (unit of elements) के लिए सांख्यिकी का प्रयोग कर सके। जनसंख्या बड़ी होने पर इसके लिए कोई उपर्युक्त सांख्यिकी का प्रयोग नहीं किया जा सकता है। अतः अनुसंधानकर्ता यह कल्पना कर लेता है कि कोई विशेष विशेषक (trait) जनसंख्या के सभी सदस्यों में समान मात्रा में पाया जाता है। ऐसी परिस्थिति में यदि हम पूरी जनसंख्या का अध्ययन न करके केवल कुछ चुने हुए व्यक्तियों पर ही अध्ययन करें, तो हमें उसी अनुपात में परिणाम प्राप्त होता है जिस अनुपात में सम्पूर्ण जनसंख्या से प्राप्त होता है। इस प्रकार हम यह कह सकते हैं कि सूचना प्राप्त करने के लिए जनसंख्या से चुने हुए प्रयोग समूह को प्रतिदर्श कहते हैं। लेकिन प्रतिदर्श का चयन करते समय इस बात का ध्यान रखना चाहिए कि प्रतिदर्श अपनी विशेषताओं में जनसंख्या/समिष्ट का प्रतिनिधित्व करे अर्थात प्रतिदर्श वे सभी विशेषताएँ होनी चाहिए जो विशेषताएँ जनसंख्या में पाई जाती हैं। ऐसे ही प्रतिनिधित्व करने वाले प्रतिदर्श से अनुसंधान के लिए प्रदत्त संकलित किए जाते हैं तथा सांख्यकीय विश्लेषण किया जाता है और यह देखा जाता है कि प्रतिदर्श की विशेषताओं के आधार पर जनसंख्या में उन विशेषताओं के पाये जाने की प्रायिकता क्या होगी?

अनुसंधान में जनसंख्या और समिष्ट को एक-दूसरे का पर्यायवाची माना जाता है। समिष्ट उस साकल्य (totality) की ओर संकेत करता है जो वस्तुओं, व्यक्तियों या घटनाओं से सम्बन्धित होता है जिनको प्रतिदर्श के रूप में लेकर प्रदत्त संकलन किया जाता है और उन्हीं तथ्यों के आधार पर सम्पूर्ण समिष्ट/साकल्य/संघात/जनसंख्या (universe/totality/aggregate/population) के बारे में अनुमान किया जाता है। जनसंख्या के रूप में बीए० प्रथम वर्ष/द्वितीय वर्ष/एम० ए० प्रथम/द्वितीय वर्ष के छात्र, बैंक कर्मी, जीवन बीमा निगम के कर्मी, कार्यकारी महिलाएँ, भारत के मतदाता, प्रायमरी/जूनियर हाई स्कूल/इन्टरमीडिएट/डिग्री कॉलेज/ विश्वविद्यालय में अध्यापनरत शिक्षक आदि को लिया जा सकता है। इस प्रकार यह कहा जा सकता है कि अलग किये जा सकने वाले किसी भी परिवर्त्य को जनसंख्या के रूप में लिया जा सकता है। जनसंख्या को जाति, जीवधारियों एवं वनस्पतियों के रूप में परिभाषित किया जा सकता है। इसी प्रकार निरीक्षणों और प्रतिक्रियाओं की भी संस्थाएँ हो सकती हैं जैसे ध्वनि उद्दीपक के प्रति प्रतिक्रियाएँ, साहचर्य प्रतिक्रियाएँ आदि। यह सब प्रतिक्रियाएँ मनोवैज्ञानिक प्रयोगशाला से प्राप्त की जाती हैं जिन्हें जनसंख्या कहा जाता है। अमानव समूहों

(nonhuman groups) को ही साधारणतया जनसंख्या कहने के बजाय समिष्ट (universe) कहा जाता है। प्रतिदर्श जनसंख्या का लघुचित्र (miniature picture) होता है। जनसंख्या मुख्यतया दो प्रकार की होती है—परिमित एवं ज्ञेय जनसंख्या (finite and knowable population/finite and knowable totality) एवं अपरिमिति जनसंख्या (Infinite and unknowable population/ Infinite and unknowable totality)। जब जनसंख्या निश्चित तथा ज्ञात होती है तो उसकी इकाइयाँ निश्चित रहती हैं। उनकी गणना की जा सकती है इसलिए इसे परिमित समष्टि कहते हैं। जैसे शिबली नेशनल महाविद्यालय आजमगढ़ में पढ़ने वाले छात्रों की संख्या, जीवन बीमा निगम में कार्यरत कर्मचारियों की संख्या। इसी प्रकार जब जनसंख्या की इकाइयाँ कहीं-कहीं पर अनिश्चित रहती हैं और अज्ञात रहती हैं तो उनकी गणना नहीं की जा सकती है इसलिए इन्हें अपरिमित एवं अज्ञेय जनसंख्या कहते हैं। जैसे किसी पेड़ के पत्तों की संख्या, मनुष्य के सिर के बालों की संख्या, नदी में मछलियों की संख्या।

शोध के दृष्टिकोण से जनसंख्या चार प्रकार की होती है—समजातीय जनसंख्या (Homogeneous population), विषमजातीय जनसंख्या (Heterogeneous population), वास्तविक जनसंख्या (Real population) एवं काल्पनिक जनसंख्या (Hypothetical population)। *समजातीय जनसंख्या* में किसी विशेषता का वितरण सभी इकाइयों में समान रूप से पाया जाता है जैसे बोरे का गेहूँ। *विषमजातीय जनसंख्या* में सभी इकाइयाँ एक-दूसरे से भिन्न होती हैं अर्थात् विशेषता का वितरण समान नहीं होता है। इसी प्रकार वास्तविक जनसंख्या की सभी इकाइयाँ वास्तविक होती हैं। इनका क्षेत्र सीमित एवं निश्चित होता है। जबकि काल्पनिक जनसंख्या की प्रत्येक इकाई अवास्तविक अर्थात् काल्पनिक होती है। जनसंख्या के विभिन्न प्रकार हैं जिनका उपयोग आवश्यकतानुसार किया जाता है। जब हम कुछ इकाइयां (units) अथवा तत्त्वों (units) को एक साथ ले लेते हैं तो उसे समिष्ट कहते हैं। इसी समिष्ट से प्रतिनिध्यात्मक प्रतिदर्श (representative sample) का चयन किया जाता है। प्रतिनिधित्व करने वाले प्रतिदर्श में गुण-धर्म उसी अनुपात में पाया जायेगा जिस अनुपात में जनसंख्या में पाया जाता है। परन्तु किसी प्रतिनिध्यात्मक प्रतिदर्श का चयन करना एक अत्यन्त ही कठिन कार्य है। प्रतिदर्श की इकाइयाँ (units) कितनी होंगी, यह इस बात पर निर्भर करता है कि प्रतिदर्श की संख्या क्या होगी? प्रतिदर्श में जितनी इकाइयाँ होती हैं, वहीं उसकी संख्या होगी। इन्हीं इकाइयों के आधार पर प्रतिदर्श का भी निर्माण होता है और जनसंख्या का भी। सामाजिक विज्ञान के अनुसंधानों में इन्हीं प्रतिदर्श इकाइयों का मापन किया जाता है।

जनसंख्या को परिभाषित करते हुए ***Guilford*** (1954) ने कहा है, *''सांख्यिकीय दृष्टिकोण से ऐच्छिक रूप से परिभाषित समूह को जनसंख्या कहते है।'' (Population from statistical point of view, is any arbitrarily defined group.)*

Guilford (1954) ने जनसंख्या की विशेषता बताते हुए एक अन्य स्थान पर लिखा है, *''जनसंख्या के अन्तर्गत व्यक्तियों, वस्तुओं या प्रतिक्रियाओं का समूह सम्मिलित रहता है जिनमें कोई विलक्षण प्रतिरूप पाया जाता है।'' (Populations in the broad sense include all sets of individuals objects or reactions, that can be described as having an unique pattern of qualities.)*

Young (1954) के मतानुसार, *''वह समस्त समूह जिससे प्रतिदर्श का चयन किया गया है जिसको जनसंख्या, समष्टि सप्लाई कहते हैं।'' (The entire group from which a sample is chosen is known as the population. Universe or Supply.)*

करलिंगर (*Kerlinger*. 1964) के अनुसार, *''जनसंख्या तथा समष्टि का तात्पर्य व्यक्तियों, घटनाओं या वस्तुओं के किसी सुपरिभाषित समूह के समस्त सदस्यों से है।'' (The term population and universe mean all the members of any well defined class of people events of objects.)*

Bloomers & Lindquist (1960) के अनुसार, *''पैरामीटर जनंसख्या तथ्यों को दिया गया एक नाम है जिसके द्वारा सांख्यिकी विशेषताओं का अनुमान किया जाता है। पैरामीटर एक प्रकार का जनसंख्या तथ्य है जो समस्त जनसंख्या की इकाइयों के समस्त प्राप्तांकों पर निर्भर करता है प्रकार्य होता है।'' (Parameter is the name given to the population fact that we seek to estimate with the help of sample statistics. A parameter is a population fact which depends upon or is a function of the scores for all the populations limits.)*

Reber (1987) का मत है कि, *''सांख्यिकी में जनसंख्या का तात्पर्य उन प्रयोज्यों की कुल संख्या से है जिनके बारे में कोई विशिष्ट कथन किया जाता है।'' (In statistics, population refers to the total number of cases about which a specific statement can be made.)*

Wallis & Roberts (1959) का मत है कि, *''जनसंख्या संख्याओं का एक निर्धारित समूह होता है जिसके विषय में जानना चाहते हैं। वास्तविकता यह है कि हम जो जानते हैं, वह एक प्रतिदर्श की संख्याएँ होती हैं, जो जनसंख्या से चुना गया एक समूह होता है।'' (A population is a fixed body of numbers about which we would like to know. What we actually know is the numbers of a sample, a group selected from the population)*।

इसी प्रकार प्रतिदर्श (sample) की परिभाषा अन्य विद्वानों ने भी निम्नलिखित प्रकार से की है:—

सेलटीज एवं **जहोदा** (*Seltiz & Jahoda*) के अनुसार, *''जब हम जनसंख्या के बारे में सूचना प्राप्त करने के लिए कुछ तत्त्वों का चयन करते हैं, तो तत्त्वों का यह समूह ही प्रतिदर्श कहलाता है।'' (When we select some of the elements with the intention of finding out something about the population, we refer to that group of elements as a sample.)*

गुडे एवं **हाट** (*Goode & Hatt*, 1960) के मतानुसार, *''प्रतिदर्श बड़े समूह का छोटा प्रतिनिधि है।'' (A sample is a smaller representation of a larger whole.)*

इंगलिश एवं **इंगलिश** (*English & English*, 1958) के मतानुसार, *''प्रतिदर्श जनसंख्या का वह भाग है जिसे किसी विशेष उद्देश्य के लिए सम्पूर्ण जनंसख्या का प्रतिनिधि मान लिया जाता है। प्रतिदर्श पर आधारित निष्कर्ष सम्पूर्ण जनसंख्या के लिए वैध होते हैं।'' (Sample is a part of a population which, for the purpose in hand, is taken as representative of the whole population. So that certain conclusions based on the sample will be valid for the whole population.)*

यंग (*Young*) के अनुसार, *''सांख्यिकीय प्रतिदर्श सम्पूर्ण समूह का एक अति छोटे आकार का चित्र है।'' (A statistical sample is miniature picture of cross-section of the entire group or aggregate from which the sample is taken.)*

वाकर और **लेव** (*Walker & Lev*) का कहना है कि *''जनसंख्या के बारे में सूचना प्राप्त करने के उद्देश्य से जनसंख्या के चुने हुए प्रयोज्यों का समूह ही प्रतिदर्श कहलाता है।''*

(The group of subjects selected from a population for the purpose of obtaining information about that population is called sample.)

फर्ग्यूसन (*Ferguson*) के अनुसार, ''जनसंख्या से उपयुक्त विधि द्वारा चुना हुआ उपसमूह ही प्रतिदर्श है।'' *(A sample is any group drawn by some appropriate method from a population.)*

बुक्स और **डिक** (*Books* and *Dick*) के अनुसार, ''प्रतिदर्श वस्तुओं की संख्या है। यह एक या अधिक हो सकता है जिसका चयन जनसंख्या से या समान वस्तुओं के समूह से किया जाता है।'' *(A sample is number of objects, one or more, selected from a population on aggregate of similar objects.)*

Reber (1987) के अनुसार, ''प्रतिदर्श किसी जनसंख्या का वह भाग है जिसका चुनाव कुछ इस प्रकार किया जाता है, कि उसे जनसंख्या का सामूहिक रूप से उसका प्रतिनिधि समझा जाय।'' *(Sample is a part of population selected usually according to some procedure and with some purpose in mind such that it is considered to be representative of the population as a whole.)*

प्रतिदर्श को परिभाषित करते हुए ***Bloomes & Lindquist*** (1960) ने अपना मत इस प्रकार प्रकट किया है कि, ''प्रतिदर्श का चयन जनसंख्या के एक अंश अथवा वस्तुओं/व्यक्तियों के उपसेट के रूप में किया जाता है जिसका चयन जनसंख्या का प्रतिनिधित्व करने के लिए किया जाता है तथा इसके आधार पर जनसंख्या पैरामीटर के उपसेट बारे में अनुभव किया जाता है।'' *(By sample we mean a collection consisting of a part or a subset of objects or individual of a population which is selected for the express purpose for representing the population, that is as a bases for making inferences about or estimate of certain population facts.)*

Young (1956) का मत है कि, ''एक वैध प्रतिदर्श को जनसंख्या का प्रतिनिधि होना चाहिए। एक वैध प्रतिदर्श को विश्वसनीय होने के लिए उपर्युक्त आकार का होना चाहिए।'' *(A valid sample must be representative of the universe or population. A valid sample also must be adequate in size in order to be reliable.)*

Guilford (1956) का मत है कि, ''सतर्कतापूर्वक एक उपर्युक्त प्रतिदर्श लेकर जब हम यह प्रत्याशा करते हैं कि हम ऐसे संवादी पैरामीटर प्राप्त करेंगे जो जनसंख्या के बहुत निकट होते हैं।'' *(By careful and adequate sampling, we hope to arrive at statistics that will approximate the corresponding parameters very closely.)*

Bloomers & Lindquist (1960) के अनुसार, ''सांख्यिकीय (*Statistic*) एक प्रतिदर्शीय तथ्य होता है जो किसी प्रतिदर्श के विशेष रूप से प्रतिदर्श चयन इकाइयों के प्राप्तांकों पर निर्भर करता है।'' *(A statistic is a sample which depends upon the scores of the particular sampling units comprising a sample. A statistics is the basis for estimating a parameter.)*

इस प्रकार प्रतिदर्श के बारे में यह निष्कर्ष ज्ञात किया जा सकता है कि जब अनुसंधानकर्ता पूरी जनसंख्या का अध्ययन करके उससे चुने हुए समूह पर ही अध्ययन करता है, तो वह समूह प्रतिदर्श कहलाता है। अनुसंधानकर्ता के लिए यह सम्भव नहीं है कि वह जनसंख्या के सभी सदस्यों का अध्ययन कर सके। इसलिए निदर्शन करता है।

निदर्शन के उद्देश्य
(Aims of Sampling)

इसके निम्नलिखित उद्देश्य हैं:—

1. शीघ्र निष्कर्ष प्राप्त करने की इच्छा।
2. सम्पूर्ण जनसंख्या का अध्ययन न करके कुछ ही इकाइयों का अध्ययन करने की इच्छा।
3. निष्कर्षों में परिशुद्धता (Precision) तथा यथार्थता (Accuracy) को स्थापित करने की इच्छा।
4. कम खर्च और कम श्रम पर आवश्यक सूचनाएँ प्राप्त करने की इच्छा।
5. निदर्शन प्रसरण (sampling variable) को कम करने की इच्छा।
6. विश्वसनीय (reliable) परिणाम प्राप्त करने की इच्छा।
7. बोधगम्य (intelligible) निष्कर्ष प्राप्त करने की इच्छा।
8. प्रदत्त संकलन को सुविधाजनक बनाने की इच्छा।

पक्षपातपूर्ण प्रतिदर्श
(Biased Sample)

एक अच्छे प्रतिदर्श में निम्नलिखित विशेषताएँ पाई जानी चाहिए:—

(i) प्रतिदर्श को जनसंख्या का प्रतिनिधि (representative) होना चाहिए (*Chaplin,* 1973)।

(ii) प्रतिदर्श का चयन सम्भाव्यता सिद्धान्त (probability theory) पर आधारित होना चाहिए।

(iii) प्रतिदर्श की संख्या पर्याप्त (adequate number) होनी चाहिए।

(iv) जहाँ तक सम्भव हो, प्रतिदर्श समजातीय जनसंख्या (homogeneous population) से चुना जाना चाहिए।

(v) प्रतिदर्श चयन यादृच्छिकीकरण के नियम (principle of randomization) पर आधारित होना चाहिए।

(vi) प्रतिदर्श पक्षपात से मुक्त (Free from bias) होना चाहिए।

(vii) प्रत्येक दशा में प्रतिदर्श इकाई से प्रदत्त संकलन समान स्थितियों में होनी चाहिए।

(viii) प्रतिदर्श से उच्चस्तरीय विश्वसनीय परिणाम (high level of reliable results) प्राप्त होनी चाहिए।

(ix) प्रतिदर्श चयन की प्रक्रिया मितव्ययी (economical) होना चाहिए (*Butten,* 1991)।

(x) प्रतिदर्श अध्ययन के अनुकूल होना चाहिए।

(xi) अनावश्यक खर्च से बचने के लिए प्रतिदर्श का आकार छोटा होना चाहिए। इसी प्रकार निदर्शन-अशुद्धियों (sampling-errors) से बचने के लिए प्रतिदर्श के आकार को बड़ा करना चाहिए (*Parten,* 1950)

जब प्रतिदर्श में उपर्युक्त विशेषताओं का अभाव पाया जाता है तो प्रतिदर्श पक्षपातपूर्ण (biased) हो जाता है। पक्षपातपूर्ण प्रतिदर्श (biased sample) को अवैज्ञानिक

प्रतिदर्श (unscientific sample) कहते हैं। प्रतिदर्श के पक्षपातपूर्ण होने का मुख्य कारण निम्नलिखित है :—

1. प्रतिदर्श का आकार छोटा होना।
2. शोधकर्ता की अयोग्यता (*McGuigan*, 1998)
3. शोध समस्या की जटिलता (*Kerlinger*, 2002)
4. जनसंख्या का विषम जातीय होना (*McGuigan*, 1998)

D. J. Fox ने निदर्शन के पाँच स्तरों का वर्णन किया है:—

1. जनसंख्या (The universe)
2. आमंत्रित प्रतिदर्श (Invited sample)
3. स्वीकृत प्रतिदर्श (Accepting sample)
4. प्रदत्त प्रस्तुत करनेवाला प्रतिदर्श (Data producing sample)
5. निष्कर्ष एवं सामान्यीकरण (Finding and generalization)

Fox ने अपने निदर्शन चक्र (sampling cycle) को इस प्रकार प्रस्तुत किया है:—

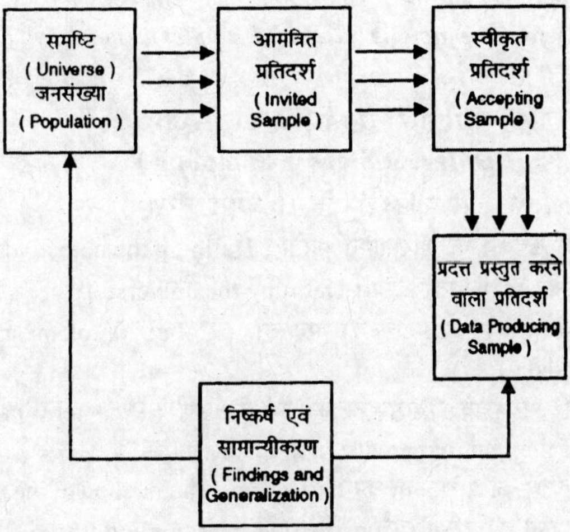

निदर्शन से लाभ
(Advantages of Sampling)

1. पूर्ण जनसंख्या का अध्ययन करने में अधिक समय और अधिक धन खर्च होता है, क्योंकि अनुसंधानकर्ता को पूरी जनसंख्या के सभी व्यक्तियों का अध्ययन व्यक्तिगत रूप से करना होता है। इन असुविधाओं को दूर करने के लिए निदर्शन किया जाता है।

2. जब हम प्रतिदर्श का ही अध्ययन करते हैं, तो प्रतिदर्श के सही पहलुओं के बारे में विस्तृत ज्ञान प्राप्त कर सकते हैं जबकि पूरी जनसंख्या का विस्तृत अध्ययन करना सम्भव नहीं है।

3. पूरी जनंसख्या के अध्ययन करने में अधिक त्रुटि पाए जाने की सम्भावना रहती है जबकि प्रतिदर्श का अध्ययन करके इन कमियों को दूर किया जा सकता है।

4. चाहे हमारी समस्या प्रयोग से सम्बन्धित हो या परीक्षण से, जब हम प्रतिदर्श पर प्रयोग करते हैं या परीक्षण प्रशासित करते हैं तो यह कार्य सुविधानुसार सम्पन्न हो जाता है जबकि जनसंख्या पर ऐसा सम्भव नहीं है।

5. जनसंख्या का अध्ययन असम्भव है।

6. प्रतिदर्श पर केवल नानपैरामेट्रिक सांख्यिकीय विधियों का ही प्रयोग किया जा सकता है।

7. यह विधि सरल तथा वैज्ञानिक है।

8. प्रतिदर्श चयन चाहे जिस विधि से किया जाय परिणाम वहीं प्राप्त होते हैं।

9. सम्बन्धित क्षेत्र में ज्ञान का विकास होता है।

10. अज्ञानता एवं अन्धविश्वास से छुटकारा मिलता है।

11. जीवन के उद्देश्यों को सरलता से प्राप्त किया जा सकता है।

12. सामाजिक विज्ञानों की उन्नति में सहायक है।

13. सामाजिक प्रगति में सहायक है।

14. भविष्यवाणी करने में सहायक है।

15. विश्वसनीय ज्ञान की प्राप्ति होती है।

16. नये विचारों की प्राप्ति होती है। इसलिए ***Searle*** महोदय ने कहा है, *''तथ्यों के सामने एक छोटे बच्चों की भाँति बैठ जाओ, और उन्हें वहाँ ले जाने दो, जहाँ वे ले जाय।'' (Sit down before the facts as little child, and let them take you where they will.)*

निदर्शन के विभिन्न चरण
(Different Steps in Sampling)

W. G. Cochran के अनुसार निदर्शन के 10 प्रमुख चरण हैं:—

1. अध्ययन के उद्देश्य को परिभाषित करना (Defining the objectives of study)
2. जनसंख्या को परिभाषित करना (Defining the universe)
3. सार्थक एवं आवश्यक प्रदत्त का संकलन (Collection of meaningful and essential data)
4. परिणाम में आवश्यक परिशुद्धता का पूर्व निर्धारण (Predetermination of the degree of the required precision in results)
5. मापन की विधि को परिभाषित करना (Defining the method of measurement)
6. निदर्शन प्रारूप की रचना (Constructing the sampling frame)
7. निदर्शन प्रविधि का चयन (Selecting the sampling technique)
8. उपकरणों का पूर्वपरीक्षण (Pretesting of the tools)
9. क्षेत्र-कार्य का सफलतापूर्वक संगठन (Organizing the field work successfully)
10. प्रदत्त विश्लेषण एवं सारांश (Summary and analysis of data)

निदर्शन के प्रकार
(Types of Sampling)

हम अपने दैनिक जीवन में प्रायः निदर्शन करते रहे हैं। यह कार्य जीवन के विभिन्न क्षेत्रों में होता है। जैसे कुछ पौंड कोयले की जाँच करके ही गाड़ी कोयला स्वीकृत या अस्वीकृत किया जाता है, डॉक्टर रोगी के एक बूँद खून की जाँच करके अनुमान लगाता है, मुट्ठी भर गेहूँ से ही पूरे बोरे के गेहूँ के बारे में अनुमान लगाया जाता है, पतीली के कुछ चावल को ही देखकर

ही पूरे के बारे में अनुमान लगाया जाता है। ये उदाहरण निदर्शन से सही सम्बन्धित हैं **वोलमैन** (*Wolman*) के अनुसार, *'निदर्शन वह प्रक्रिया है, जिसके द्वारा वृहद् समूह से व्यक्तियों अथवा निरीक्षणों का उपसमूह प्राप्त किया जाता है और वृहद् जनसंख्या के बारे में अनुमान लगाने के लिए उस समूह का अध्ययन किया जाता है।''* (***Sampling is the process by which a subset of persons or observations from a larger set is drawn and studied in order to make inference about the characteristics of the larger population.***)

निदर्शन के वर्गीकरण का चित्रांकन इस प्रकार प्रस्तुत किया जा सकता है:—

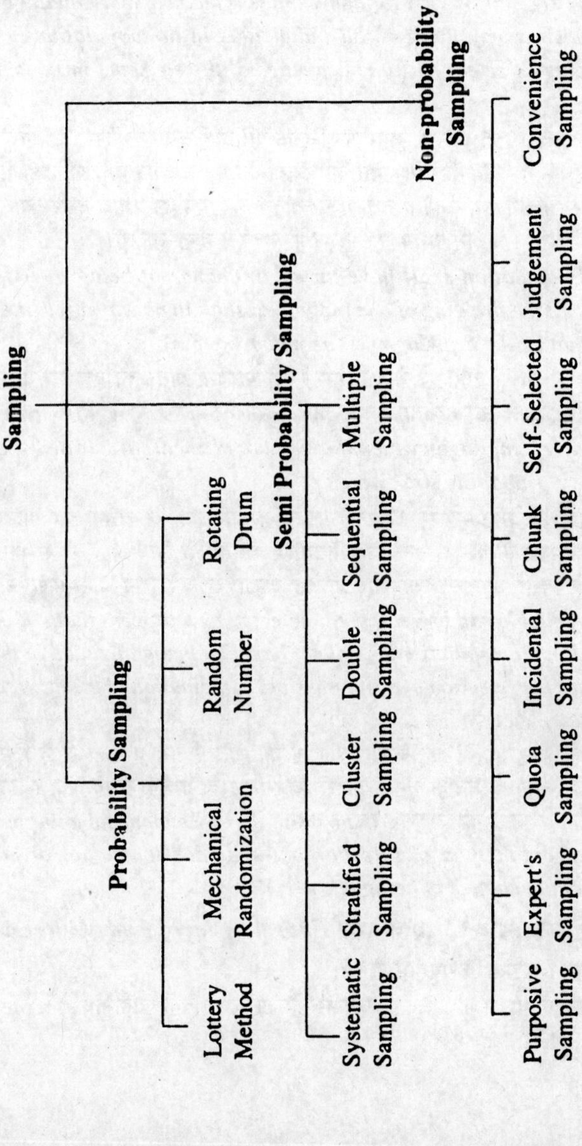

निदर्शन की निम्नलिखित विधियाँ हैं:—

प्रसम्भाव्यता निदर्शन
(Probability Sampling)

इसमें जनसंख्या के प्रत्येक इकाई की प्रतिदर्शन चुने जाने की सम्भावना समान होती है। ***Carnell*** (1956) का मत है कि, *"एक यादृच्छिक प्रतिदर्श व्यक्तियों, इकाइयों अथवा अवयवों का बना होता है जो अनेक आधारों पर चुने जाते हैं यथा (i) जनसंख्या के सभी व्यक्तियों के चुने जाने की समान सम्भावना होती है (ii) प्रतिदर्श के लिए अवयवों का चयन एक-दूसरे से स्वतन्त्र होता है।" (A random sample is made of individual, or elements selected in such a way that (i) all individuals in the population have equal chance of being selected; (ii) the drawings of the elements in the sample are independent.)*

Mc Nemar (1955) के अनुसार यादृच्छिक प्रतिदर्श चयन के लिए दो आवश्यक शर्तों का होना आवश्यक है, *"किसी परिभाषित जनसंख्या के प्रत्येक व्यक्ति के प्रतिदर्श में सम्मिलित किये जाने की सम्भावना समान होगी तथा एक व्यक्ति के चयन का प्रभाव दूसरे व्यक्ति के चयन पर नहीं पड़ना चाहिए। अर्थात् चयन एक-दूसरे से स्वतन्त्र होना चाहिए।" (Each individual in a defined population shall have an equal chance of being included in the sample and that the drawing of one individual shall in no way affect the drawing of another, that is, the drawing must be independent.)*

Reber & Reber (2001) के अनुसार, *"सम्भाव्यता प्रतिचयन वह प्रतिचयन है जिसमें घटनाएँ या तत्त्व ज्ञात सम्भाव्यता रचना के अनुसार निकाले जाते हैं।" (Probability sampling is that sampling in which the event or elements are drawn accordingly to some known probablity structure.)*

Isidor Chein के अनुसार, *"सरल यादृच्छिक प्रतिदर्श का चयन उस प्रक्रिया के द्वारा होता है जो जनसंख्या के प्रत्येक तत्व के प्रतिदर्श में सम्मिलित किये जाने की सम्भावना ही नहीं प्रदान करता है, वरन् आवश्यकतानुसार प्रत्येक जोड़ों के चुने जाने की सम्भावना भी प्रदान करता है।" (A simple random sample is selected by a process that not only gives each element in the population an equal chance of being included in the sample but also makes the selection of every possible combination of the desired number of cases equally likely.)*

Parten के अनुसार, *"यादृच्छिक प्रतिदर्श का तात्पर्य उस प्रणाली से है जिसका प्रयोग उस समय किया जाता है जबकि चुनाव पद्धति जनसंस्था के प्रत्येक व्यक्ति या इकाई के समान रूप से चयन किये जाने की अवसर प्रदान करती है।" (Random sampling is the form applied when the method of selection assures each individual or element in universe on equal chance of being chosen.)*।

प्रसम्भाव्यता निदर्शन की विशेषताएँ (*Charactertics of Probability Sampling*)

इसकी निम्नलिखित विशेषताएँ हैं:—

(i) चयन किया गया प्रतिदर्श जनसंख्या का वास्तविक प्रतिनिधि (representative sample) होता है।

(ii) प्रतिदर्श चयन त्रुटियों (sampling errors) को आसानी से ज्ञात किया जा सकता है और प्राप्त प्रदत्त के विश्वसनीयता की जाँच की जा सकती है।

(iii) जनसंख्या के प्रत्येक इकाई को प्रतिदर्श में चुने जाने की समान सम्भावना होती है।

(iv) ऐसे प्रतिदर्श से प्राप्त परिणाम अधिक विश्वसनीय होते हैं।

(v) ऐसे प्रतिदर्श से प्राप्त परिणाम पक्षपात मुक्त (free from bias) होते हैं।

(vi) निदर्शन त्रुटियों का आकलन (estimation) किया जा सकता है।

(vii) यह एक सरल एवं आसान विधि है जिससे पैसे और श्रम दोनों की बचत होती है।

(viii) इसमें इसकी सम्भावना रहती है कि प्रतिदर्श के पदों के किसी विशेष गुण का वही अनुपात होगा जिस अनुपात में वह शीलगुण जनसंख्या को प्राप्त होगा।

(ix) यह चयन पूर्णतया वस्तुनिष्ठ होता है।

(x) बिना किसी पक्षपात के जनसंख्या से प्रतिदर्श प्राप्त होता है।

(xi) इस विधि में चयन चयनकर्ता के निर्णय से पूर्णतया स्वतन्त्र होता है और इकाइयाँ किसी भी रूप में चयनविधि से सम्बन्धित नहीं होती हैं।

प्रसम्भाव्यता निदर्शन के दोष *(Demerits of Probability Sampling)*

(i) मृत्यु अनुपस्थिति, बीमारी अथवा असहयोग के कारण जब प्रतिदर्श इकाइयों से सम्पर्क करना कठिन हो जाता है, तो उन्हें परिवर्तित करने में कठिनाई होती है।

(ii) क्षेत्र बहुत बड़ा होने पर सम्पर्क करने में कठिनाई होती है।

(iii) सम्पूर्ण जनसंख्या का ज्ञान प्राप्त करना आवश्यक होता है।

(iv) प्रतिदर्श अत्यधिक छोटा होने पर भी निदर्शन करने में कठिनाई होती है।

(v) विकल्प इकाइयों को चुनने की कोई सम्भावना नहीं होती है।

(vi) विषमजातीय जनसंख्या के लिए यह विधि उपर्युक्त नहीं है।

(vii) अपूर्ण जनसंख्या के लिए यह विधि अनुपयुक्त है।

(viii) भौगोलिक परिस्थितियों के विषम होने पर भी प्रतिदर्श इकाइयों से सम्पर्क करने में कठिनाई होती है।

(ix) Demming का कथन इस सन्दर्भ में उद्धृत करना अनुपयुक्त न होगा, *("Actually a pure probability sample, with complete response, is a rarity.")*

प्रसम्भाव्यता निदर्शन के प्रकार
(Types of Probability Sampling)

यह निदर्शन सांख्यिकीय निरन्तरता के नियम (Law of Statistical Regularity) तथा प्रसामान्य वितरण के सिद्धान्त (Theory of Normal Distribution) पर आधारित है। इसमें संयोग चयन (Random selection) होता है। इसलिए इसे सांयोगिक निदर्शन (Random sampling) भी कहते हैं। सांयोगिक निदर्शन विधि से चयन किया गया प्रतिदर्श जनसंख्या की विशेषताओं का सर्वाधिक प्रतिनिधित्व करता है। चूँकि इस विधि में सांयोगिक आधार (Random basis) पर इकाइयों का चयन किया जाता है, इसलिए इसे Random sampling

भी कहते हैं। *काक्रान* (*Cochran*) ने इसे Simple Random Sampling कहना अधिक उपयुक्त कहा है। जब प्रतिदर्श का चयन यादृच्छिक विधि का अनुसरण करके किया जाता है तो यह यादृच्छिक प्रतिदर्श कहलाता है। इस विधि को लॉटरी निदर्शन (Lottery Sampling) भी कहते हैं। इस चयन में जनसंख्या के प्रत्येक पद के चुने जाने की सम्भावना समान होती है।

यादृच्छिक प्रतिदर्श चयन के लिए अधोलिखित विधियों का प्रयोग किया जाता है:—

1. कोटिसूचक चयन (*Ordinal Selection*)—इस विधि में अनुसंधानकर्ता जनसंख्या के सभी इकाइयों की सूची वर्ण क्रमानुसार (alphabetically) तैयार करता है। तत्पश्चात् आवश्यकतानुसार दसवीं या पचासवीं इकाई को अपने प्रतिदर्शन के लिए चुन लेता है।

2. यांत्रिक यादृच्छिकीकरण (*Mechanical Randomization*)—इस विधि में जनसंख्या की समस्त इकाइयों की अलग-अलग पर्ची बनाकर एक डिब्बे में डालकर अच्छी तरह मिला दिया जाता है। फिर आँख पर पट्टी बाँधकर प्रतिदर्श की आवश्यकतानुसार पर्चियाँ निकाल ली जाती हैं। फिर इन चुनी हुई प्रतिदर्श इकाइयों को क्रम में लिख लेते हैं। यह विधि अत्यन्त सरल है। इसे लॉटरी विधि (Lottery Method) भी कहते हैं।

3. यादृच्छिक अंक तालिका (*Random Number Table*)—लॉटरी प्रतिदर्शन चयन विधि की अपेक्षा यादृच्छिक अंकों का प्रयोग अधिक प्रचलित है। यादृच्छिक अंकों की तालिकाओं का निर्माण सबसे पहले *टिपेट* (*Tippett*) महोदय ने 1927 में किया। इसके पश्चात् 1938 में *फिशर एवं येट्स* (*Fisher & Yates*) ने, 1939 में केण्डाल एवं बाबिंग्टन-स्मिथ (Kendal & Bobbington-Smith) ने निर्माण किया। टिपेट की तालिका में 41600 अंक हैं तथा 10400 अंक वाली संख्याएँ हैं। केण्डाल तथा बाबिंग्टन की तालिका में 10,000 अंक हैं। इस विधि में हम जनसंख्या की समस्त इकाइयों की सूची तैयार कर लेते हैं। यदि हमें उस जनसंख्या में 50 का प्रतिदर्श चयन करना है तो टिपेट के अंकों वाली सूची के किसी भी पृष्ठ से पहले 50 नम्बर के अनुसार छात्रों का चयन करेंगे। इसके चयन के लिए चार अंकों की संख्याओं में से बाद के दो अंकों वाली संख्या को अपनी सूची में देखेंगे और प्रतिदर्श चयन इस प्रकार करेंगे। टिपेट के अंक की सूची इस प्रकार है:—

2952	4167	2730	7560
2754	6641	9524	7483

हम अपनी सूची में 52, 67, 30, 60, 54, 41, 24, और 83 नम्बर वाले प्रयोज्य को चुन लेंगे।

4. ड्रम चक्र विधि (*Rotating Drum Method*)—इस विधि में ड्रम के ऊपर शून्य से 9 तक के अंक लिखे होते हैं। ड्रम में लगी हुई सुई घुमाने से इकाई, दहाई, सैकड़ा और हजार की संख्याएँ निश्चित हो जाती हैं। सूई को जोर से घुमाया जाता है। सूई इकाई, दहाई, सैकड़ा और हजार पर जैसे-जैसे रुकती जाती है, प्राप्त संख्या ही प्रतिदर्श इकाई होती है।

प्रसम्भाव्यता निदर्शन उसी समय उपर्युक्त होगा जब:—

(i) जनसंख्या परिमित (finite) हो तथा

(ii) जनसंख्या समजातीय (homogeneous) हो।

परन्तु इस विधि का प्रयोग करने पर:—

(i) चयन किये गये इकाइयों में संशोधन तथा परिवर्तन की सम्भावना नहीं रहती है।

(ii) चयन की गई इकाइयों से सम्पर्क अवश्य करना होगा चाहे कितनी ही कठिनाई क्यों न हो।

(iii) सम्पूर्ण जनसंख्या का ज्ञान न होने पर उपयुक्त प्रतिदर्श का चयन सम्भव नहीं हो पाता है।

(iv) प्रतिदर्श चयन में अधिक समय भी खर्च करना पड़ता है और अधिक धन भी।

(v) बहुत छोटे प्रतिदर्श से प्राप्त आँकड़ों के बारे में भविष्यवाणी नहीं की जा सकती। इसलिए अनुसंधान हेतु बहुत छोटे प्रतिदर्श का चयन नहीं करना चाहिए।

अर्द्ध-प्रसम्भाव्यता निदर्शन
(Semi-Probability Sampling)

इस विधि को अर्द्ध-सांयोगिक निदर्शन (Semi-random sampling) भी कहते हैं। इस विधि में प्रतिदर्श के लिए चयन की गई इकाइयों के चयन का आधार प्रसम्भाव्यता विधि की भाँति पूर्णतः सांयोगिक नहीं होता है, इस विधि में पूर्णतः सांयोगिक न होकर अर्द्ध-सांयोगिक होता है। इन दोनों विधियों में कोई मौलिक अन्तर नहीं होता है। जो अन्तर होता है केवल मात्रा (degree) का अन्तर होता है। प्रसम्भाव्यता निदर्शन में सम्पूर्ण जनसंख्या की इकाइयों को एक समझा जाता है जबकि अर्द्ध-सम्भाव्यता निदर्शन में जनसंख्या को प्रायः किसी विशेष आधार पर विभिन्न स्तरों अथवा विभिन्न पुँजों (clusters) में विभाजित कर लिया जाता है। और फिर इन स्तरों अथवा पुँजों में से इकाइयों का चयन यादृच्छिक आधार पर किया जाता है। इसके अतिरिक्त यह तथ्य भी ध्यान देने योग्य है कि सम्भाव्यता निदर्शन में इकाइयों का चयन स्वतन्त्र रूप से होता है तथा एक इकाई का चयन दूसरी इकाई के चयन को प्रभावित नहीं करता है। जब कि अर्द्ध सम्भाव्यता निदर्शन में केवल प्रथम इकाई का चयन प्रसाम्भव्यता के आधार पर होता है, शेष इकाइयों का चयन क्रमानुसार क्रमबद्ध (Systematic) रूप में होता है। इस विधि में प्रत्येक इकाई के चयन को समान अवसर नहीं मिलता है। इसीलिए इसे सीमित यादृच्छिक निदर्शन (limited random sampling) अथवा सरल यादृच्छिक निदर्शन (simple random sampling) कहते हैं। इसकी निम्नलिखित विधियाँ हैं:—

1. क्रमबद्ध निदर्शन (*Systematic Sampling*)

इस विधि में जनसंख्या की इकाइयों को वर्णात्मक या संख्यात्मक क्रम में लिख लेते हैं, इसके अतिरिक्त भौगोलिक आधार की इकाइयों को लिख लिया जाता है, इसलिए इस विधि को (Square Grid Method) भी कहते हैं। यह तीन प्रकार का होता है:—

(i) वर्णात्मक क्रम (Alphabetical order)

(ii) संख्यात्मक क्रम (Numerical order)

(iii) भौगोलिक क्रम अथवा स्क्वायर ग्रिड विधि (Square grid method)

क्रमानुसार निदर्शन में सर्वप्रथम जनसंख्या को किसी विशेषता—वर्णात्मक विशेषता, संख्यात्मक विशेषता, भौगोलिक विशेषता के आधार पर क्रमबद्ध कर लिया जाता है। तत्पश्चात् इकाइयों का यादृच्छिक चयन कर लिया जाता है। इसके बाद अन्य इकाइयों का चयन समान अन्तराल पर किया जाता है। यदि 3000 की जनसंख्या में से 30 व्यक्तियों का चयन करना है, तो इकाइयों के बीच की दूरी 100 की होगी। यदि क्रमबद्ध सूची में संयोग के कारण प्रथम संख्या 4 है तो हम 100 के अन्तराल से 4,104,204 का चयन कर लेंगे और यह कार्य तब तक करते रहेंगे जब तक 100 इकाइयों को न प्राप्त कर लें।

2. वर्गबद्ध निदर्शन (*Systematic Sampling*)

कभी-कभी सम्पूर्ण जनसंख्या को कई भागों में विभाजित कर दिया जाता है। यह विभाजन व्यवसाय या भौगोलिक परिस्थितियों के आधार पर होता है। इन जनसंख्याओं को Strata कहते हैं और जिन प्रतिदर्शों का चयन किया जाता है, उन्हें वर्गबद्ध यादृच्छिक प्रतिदर्श (Stratified

Random Sample) कहते हैं। प्रत्येक Strata से एक ही Stratum का चयन किया जाता है। इस विधि में जनसंख्या को जब विभिन्न उपजनसंख्याओं में विभक्त किया जाता है, तो उनकी अपनी विशेषताएँ होती हैं।

इसे स्व-भार विधि (Self-Weighing Method) भी कहते हैं क्योंकि प्रत्येक इकाई को उसके Strata के अनुसार ही चयन किया जाता है।

यह दो प्रकार का होता है:—

(i) स्तरानुसार यादृच्छिक निदर्शन (Stratified random sampling)

(ii) स्तरानुसार क्रमबद्ध निदर्शन (Stratified systematic sampling)

इस विधि द्वारा प्राप्त प्रतिदर्श अधिक प्रतिनिध्यात्मक (representative) होता है। आन्तरिक विषमता कम हो जाती है, इसलिए ये त्रुटियों के कम होने की सम्भावना रहती है। चयन किया गया प्रतिदर्श अधिक विश्वसनीय (reliable) और वैज्ञानिक होता है। इकाइयों के छूटने की सम्भावना कम होती है तथा इकाइयों का गहन अध्ययन सम्भव है। परन्तु इस तथ्य से इनकार नहीं किया जा सकता कि ऐसे प्रतिदर्शों के चयन करने में कठिनाई होती है जनसंख्या में विषमता के पाये जाने पर स्तरों का निर्धारण करना कठिन हो जाता है। प्रतिदर्श इकाइयों का चयन पक्षपातपूर्ण हो सकता है, तथा व्यक्तिगत पक्षपात निदर्शन को प्रभावित कर सकता है। इस विधि की आलोचना करते हुए ***Demming*** ने अपना मत इस प्रकार प्रकट किया है। *"A real universe is a dynamic, not static, and the information that is used for classification is always to some extent out of data."*

3. समूह निदर्शन (*Cluster Sampling*)

जब जनसंख्या का विस्तार दूर-दूर तक होता है जहाँ अनुसंधानकर्ता के लिए पहुँचना सम्भव नहीं होता तो प्रतिदर्श चयन में अनेक चरणों (Steps) का अनुसरण करना होता है। इसलिए इसे बहुचरणीय निदर्शन (Multi Stage Sampling) भी कहते हैं। इस विधि में निदर्शन के लिए जनसंख्या का भौगोलिक आधार पर विभिन्न क्षेत्रीय इकाइयों में विभाजित किया जाता है और फिर उन क्षेत्रीय इकाइयों से अनुपातानुसार प्रतिदर्श इकाइयों का चयन होता है।

समूह निदर्शन चार चरणों (Stages) में होता है:—

(i) एक-चरण निदर्शन (Single stage sampling)

(ii) द्विचरण निदर्शन (Two stage sampling)

(iii) तीनचरण निदर्शन (There stage sampling)

(iv) बहुचरण निदर्शन (Multi stage sampling)

जनसंख्या को अनेक पुंजों में वर्गीकृत कर लेने से प्रत्येक पुंज प्रतिनिध्यात्मक के गुण अधिक पाये जाने लगते हैं, और वह जसंख्या का अपेक्षाकृत अधिक प्रतिनिधित्व करने लगता है। पुंज का क्षेत्र सीमित होने के कारण आकलन अधिक परिशुद्ध होता है। पुंजों के अध्ययन में कम धन भी खर्च होता है, और कम श्रम भी लगता है। लेकिन किसी जनसंख्या से पुंजों का चयन/निर्माण एक सरल कार्य नहीं है क्योंकि व्यक्तिगत पक्षपात पुंज निर्माण में बाधक हो सकता है।

Festinger & Katz (1953) ने समूह निदर्शन को परिभाषित करते हुए कहा है, ''समूह निदर्शन उस विधि को कहते हैं जिसमें निदर्शन की इकाई अथवा चयन की इकाई में *जनसंख्या के एक से अधिक अवयव पाये जाते हैं, निदर्शन की इकाई अवयवों/तत्त्वों का एक समूह होती*

है।'' *(Cluster sampling is the name given to methods of selection in which the sampling units, the unit of selection contains more than one population element the sampling unit is cluster of elements..)*

Deming (1945) का मत है कि, *''जनसंख्या के तत्त्वों को अध्ययन के उद्देश्य के अनुकूल ही परिभाषित करना चाहिए। समूहों की परिभाषा जनसंख्या के भौतिक वितरण पर लागू किये गये एक व्यवहारिक तथा मितव्ययी निदर्शन अभिकल्प की आवश्यकताओं के अनुरूप दी जानी चाहिए।'' (The element of the population should be defined in accord with study objectives. The clusters are defined in conformity with the requirement of a practical and economical sampling design applied to the physical distribution of the population.)*

4. द्वि-स्तर निदर्शन *(Double Sampling)*—इस विधि में हम एक छोटे और एक बड़े प्रतिदर्श का चयन करते हैं। छोटे और बड़े प्रतिदर्शों के मध्य प्राप्तांक सहसम्बन्ध गुणक के आधार पर बड़े प्रतिदर्श की विश्वसनीयता की जाँच की जाती है। सहसम्बन्ध गुणक उच्च होने पर बड़े प्रतिदर्श से प्राप्त परिणाम विश्वसनीय होता है।

5. बहुविधि-निदर्शन *(Multiple Sampling)*—यह विधि द्विस्तर निदर्शन का विस्तृत रूप है। इसमें एक छोटे प्रतिदर्श का चयन न करके अनेक छोटे-छोटे प्रतिदर्श लिए जाते हैं, उनके अध्ययन के पश्चात् बड़े प्रतिदर्श का अध्ययन करते हैं। छोटे प्रतिदर्शों के अध्ययन से कठिनाइयाँ एवं त्रुटियों का आभास अनुसन्धनकर्ता को हो जाता है।

6. निश्चित क्रम विधि *(Sequential List Method)*—इस विधि में सम्पूर्ण जनसंख्या की एक सूची बनायेंगे और निश्चित क्रम में इकाइयों को चुनेंगे। उदाहरणार्थ—50 इकाइयों में से 10 इकाइयों को हमें चुनना है तो हर पाँचवीं इकाई प्रतिदर्श इकाई होगी।

अप्रसम्भाव्यता निदर्शन अथवा अयादृच्छिक निदर्शन (Non-probability Sampling or Non-random Sampling)

अप्रससम्भाव्यता निदर्शन में इकाइयों का चयन सम्भाव्यता सिद्धान्त के आधार पर नहीं किया जाता है वरन् निदर्शन का आधार अनुसंधानकर्ता की अपनी सुविधा अपने निर्णय तथा अपने लक्ष्य के आधार पर करता है। ***Reber*** (1995) ने अप्रसम्भव्यता निदर्शन को परिभाषित करते हुए कहा है, *''अप्रसम्भाव्यता निदर्शन वह निदर्शन हैं जिसमें प्रत्येक घटना अथवा तत्त्व के चयन करने की प्रसम्भावता का ज्ञान नहीं होता है।'' (Non probability sampling is that sampling in which the probability of each event or element being drawn is not known.)*

इस विधि में निदर्शन का आधार प्रसम्भाव्यता का सिद्धान्त नहीं है वरन् शोधकर्ता का अपना निर्णय है। (*Reber*, 1995) तथा इसमें प्रतिदर्श इकाइयों के चयन का आधार यादृच्छिकीकरण (randomization) नहीं होता है (*Kerlinger*, 2002)। यह एक सरल विधि है तो इस विधि का उपयोग ही अधिक उपयुक्त है। इस विधि के द्वारा निदर्शन करने में समय की भी बचत होती है और श्रम की। यही नहीं पैसे भी कम खर्च होते हैं। (*Kerlinger*, 2002)। इस विधि की कुछ कमियाँ भी हैं जिसके कारण इस विधि के द्वारा निदर्शन करने के लिए अनुसंधानकर्ताओं को प्रोत्साहित नहीं किया जाता है क्योंकि इस विधि द्वारा चुनी गयी इकाइयाँ जनसंख्या का पूर्ण प्रतिनिधित्व करके आंशिक प्रतिनिधित्व ही करती हैं, इसमें यादृच्छिकीकरण (randomization) का अभाव पाया जाता है, पक्षपात की सम्भावना रहती है,

प्रतिचयन त्रुटियों (sampling errors) का आकलन सरलता से नहीं किया जा सकता है, साथ-ही-साथ ऐसे प्रतिदर्श से प्राप्त परिणाम विश्वसनीय और वैध नहीं होते हैं।

इस विधि को असांयोगिक निदर्शन (Non-Random Sampling) विशेषज्ञानुसार निदर्शन (Convenience Sampling) तथा निर्णयानुसार निदर्शन (Judgement Sampling) भी कहते हैं, क्योंकि इस विधि में इकाइयों का चयन सांयोगिक नहीं होता वरन् सुविधा या विशेषज्ञ के मतानुसार होता है। इसकी अधोलिखित विधियाँ हैं:—

1. उद्देशीय निदर्शन *(Purposive Sampling)*—कुछ अनुसंधानकर्ताओं ने इसे सम्पूर्ण जनसंख्या के मत का दिशासूचक (weather clock) माना है। इस विधि में पहले कुछ कसौटियों को निर्धारित किया जाता है और इकाइयों का चयन उसी निश्चित कसौटी के आधार पर होता है। इकाइयों का चुनाव किसी उद्देशीय सिद्धान्त के लिए किया जाता है। इस विधि में जनसंख्या से प्रतिदर्श के लिए चुनी जाने वाली इकाइयों की सम्भाव्यता बहुत ऊँची होती है।

Guilford के अनुसार, *''उद्देश्यानुसार प्रतिदर्श एक स्वेच्छानुसार चुना गया प्रतिदर्श होता है क्योंकि इस सन्दर्भ में इस तथ्य का प्रमाण रहता है कि ऐसा प्रतिदर्श सम्पूर्ण जनसंख्या का पूर्णरूपेण प्रतिनिधित्व करता है।'' (A purposive sample is one arbitrarily selected because there is good evidence that it is very representative of the total population.)*

Kerlinger **(2002)** के अनुसार, *''उद्देश्यानुसार निदर्शन वह अप्रसम्भाव्यता निदर्शन है जिसमें अपने निर्णय तथा विवेकपूर्ण प्रयास के अनुसार अनुमान के आधार पर अनुमानित प्रतिनिधिक क्षेत्रों या समूहों को प्रतिदर्श में सम्मिलित करके प्रतिनिधित्यात्मक प्रतिदर्श प्राप्त किये जाते हैं।''* ***(Non-probability sampling is purposive sampling, which is characterized by the use of judgment and deliberate effort to obtain representative samples by including presumably typical areas or groups in the sample.)***

2. विशेषज्ञानुसार निदर्शन *(Expert's Sampling)*—इस विधि के द्वारा चुना गया प्रतिदर्श पूर्णरूप से उस क्षेत्र के विशेषज्ञ के निर्णय पर आधारित होता है। इसमें विशेषज्ञ का निर्णय ही प्रधान होता है।

3. नियतांश निदर्शन *(Quota Sampling)*—इसे वर्गबद्ध असांयोगिक निदर्शन (Stratified Non-Random Sampling) भी कहते हैं। इस विधि में जनसंख्या को उनकी विशेषता, यथा संस्कृति, धर्म, शिक्षा, लिंग, आयु आदि के आधार पर विभिन्न उपजनसंख्याओं (sub-population) में विभक्त कर लिया जाता है और उपजनसंख्याओं से इकाइयों का चयन जनसंख्या में उनके अनुपात के अनुसार किया जाता है।

Reber (1995) के अनुसार, *''कोटा निदर्शन स्तरित निदर्शन का एक प्रकार है जिसमें प्रत्येक वर्ग से एक विशेष संख्या में कोटा का चयन किया जाता है।'' (Quota sampling is a variety of stratified sampling in which a specific number of cases (the quota) is selected from each stratum.)*

इस विधि के द्वारा प्रतिदर्श का चयन सरलता से हो जाता है जिसमें समय और श्रम भी कम लगता है। इसमें किसी कसौटी (criteria) के आधार पर प्रतिदर्श की इकाइयों का चयन किया जाता है। चूँकि इसमें स्तरीकरण (stratification) का गुण पाया जाता है इसलिए इस विधि से चयन किया गया प्रतिदर्श अधिक प्रतिनिधित्यात्मक होता है (Kerlinger 2002)। परन्तु इस विधि के कुछ दोष भी हैं। इस विधि में यादृच्छिकीकरण सम्भव नहीं है। अनुसंधानकर्ता स्तरों का चयन स्वेच्छानुसार करता है। निदर्शन पर पक्षपात का गहरा प्रभाव पड़ता है। यह प्रतिदर्श अवैज्ञानिक होता है तथा इसकी वैधता और विश्वसनीयता दोनों कम होती हैं।

4. अनुषंगिक निदर्शन (*Incidental or Accidental Sampling*)—ऐसे निदर्शन में प्रतिदर्श की इकाइयों का चयन बिना किसी पूर्व योजना के होता है। अवसर प्राप्त होने पर अनुसंधानकर्ता इकाइयों को होटल, बस, ट्रेन, पार्क, सिनेमा आदि से प्राप्त करके उन्हें अपने प्रतिदर्श में सम्मिलित कर लेता है। ***Kerlinger*** (2002) के अनुसार, *''आकस्मिक निदर्शन का प्रयोग सबसे अधिकतम किया जाता है परन्तु यह निदर्शन की सबसे कमजोर विधि है।'' (So called accidental sampling, the weakest form of sampling, is probably also the most frequent)*। ऐसे प्रतिदर्श के चयन में समय तथा श्रम कम लगता है तथा समजातीय जनसंख्या homogeneous population) के लिए अधिक उपयुक्त होता है, (*Bross*, 1989) परन्तु इस प्रतिदर्श में प्रतिनिधित्यमकता का अभाव पाया जाता है। यह प्रतिदर्श अवैज्ञानिक होता है, पक्षघात रहित नहीं होता है, तथा इसमें वैधता, विश्वसनीयता तथा परिशुद्धता का अभाव होता है।

5. खण्ड निदर्शन (*Chunk Sampling*)—इस विधि में जनसंख्या का एक अंश सुविधानुसार चुन लिया जाता है। उदाहरणार्थ-अनुसंधानकर्ता किसी नगर के विद्यार्थियों को अपने प्रतिदर्श में इसलिए चयन कर लेता है क्योंकि वह नगर उसके निकट है।

6. स्वचयनित निदर्शन (*Self-selected Sampling*)—इस विधि से चुनी गई इकाइयाँ स्वेच्छानुसार प्रतिदर्श इकाई बन जाती हैं। जैसे-जब व्यक्ति पत्र-पत्रिकाओं के माध्यम से किसी विषय पर अपना विचार प्रकट करता है तो अनुसंधानकर्ता ऐसे व्यक्तियों को अपनी आवश्यकतानुसार प्रतिदर्श में सम्मिलित कर लेता है।

7. निर्णयानुसार निदर्शन (*Judgement Sampling*)—इस विधि में प्रतिदर्श इकाइयों के चयन के लिए विचारों का आदान-प्रदान होता है, तर्क-वितर्क होता है तत्पश्चात् सर्वसम्मत से निर्णय लिया जाता है।

8. सुविधानुसार निदर्शन (*Convenience Sampling*)—इस विधि में अनुसंधानकर्ता प्रतिदर्श इकाइयों का चयन पूर्णरूप से अपने सुविधा के अनुसार करता है और प्रतिदर्श इकाइयों के रूप में अपने मित्र, परिचितों, परिवार के सदस्यों को चुन लेता है।

हिमकंदुक निदर्शन
(Snowball Sampling)

असम्भाव्यता निदर्शन का यह एक प्रकार है। इस निदर्शन प्रविधि का प्रयोग उस समय किया जाता है जब अनुसंधानकर्ता का उद्देश्य समूह के सदस्यों के बीच अनौपचारिक सम्बन्धों का अध्ययन करना होता है। ***Reber & Reber*** (2001) ने इसे परिभाषित करते हुए कहा है, *''हिमकंदुक निदर्शन वह निदर्शन है जिसमें प्रतिदर्श के व्यक्तियों से दूसरे व्यक्तियों का नाम बताने के लिए कहा जाता है और उन्हें प्रतिदर्श में सम्मिलित कर लिया जाता है और उनसे भी कुछ अन्य व्यक्तियों का नाम बताने के लिए कहा जाता है। यह क्रम तब तक चलता रहता है जब तक कि प्रतिदर्श के लिए अपेक्षित आकार के लिए वांछित सदस्य उपलब्ध नहीं हो जाते हैं।'' (Snowball sampling is that sampling in which in each person in the sample is asked to provide the names of several other persons, who are then added to the sample and asked to provide name and so on.)*

ऐसे निदर्शन का उपयोग छोटे-छोटे सामाजिक संगठनों तथा औद्योगिक संगठनों के लिए किया जाता है। *Hess* (1995) का मत है कि ऐसे प्रतिदर्श के लिए अपेक्षित सदस्यों की संख्या 100 या इससे कम होती है। इस विधि में सदस्यों का चयन सदस्यों के अनौपचारिक सम्बन्धों पर निर्भर करता है।

सदस्यों में अनौपचारिक सम्बन्ध होने के कारण उनके बीच संचार प्रक्रिया सहज भाव से

घटित होती है। इसके अतिरिक्त ऐसे प्रतिरूप में सहज ही समाजमितीय प्रतिरूप (Sociometric pattern) स्थापित हो जाता है, परन्तु जब संगठन का आकार बड़ा होता है अर्थात N 100 से अधिक होता है तो यह विधि उपयुक्त नहीं है। इस विधि में यादृच्छिकीकरण नहीं पाया जाता है तथा यह एक आत्मनिष्ठ विधि है।

सघन निदर्शन
(Dense Sampling)

इस निदर्शन में जनसंख्या की अधिकांश इकाइयाँ सम्मिलित की जाती हैं। जैसे किसी संगठन में कार्यरत 1000 कर्मचारियों के 60% कर्मचारियों के रूप में उसी संगठन के 600 कर्मचारियों का चयन प्रतिदर्श के रूप में कर लिया जाय। इसे संतृप्त निदर्शन (Saturated Sampling) भी कहते हैं।

इस विधि की अनेक विशेषताएँ हैं। चूँकि इस निदर्शन में जनसंख्या की सर्वाधिक इकाइयाँ सम्मिलित होती हैं। इसलिए यह प्रतिदर्श जनंसख्या का प्रतिनिधित्व अपेक्षाकृत अधिक करता है। जनसंख्या का आकार छोटा होने पर ही यह विधि अधिक उपयोगी है। इस विधि से निदर्शन सरलता से किया जाता है। ऐसे निदर्शन विधि में समय भी कम लगता है और श्रम भी। परन्तु इसका उपयोग जनसंख्या का आकार बड़ा होने पर उपर्युक्त नहीं प्रतीत होता है। इसका कार्यक्षेत्र सीमित होता है। यह विधि न तो अधिक उपयोगी है और न व्यवहारिक ही।

प्रसम्भाव्य एवं अप्रसम्भाव्य निदर्शन में अन्तर
(Difference between Probability and Non-probability Sampling)

अन्तर	प्रसम्भाव्य निदर्शन	अप्रसम्भाव्य निदर्शन
1. इकाई का चयन	प्रसम्भाव्यता सिद्धान्त के आधार पर इकाई का चयन	सुविधा, घटना एवं ज्ञान आदि के आधार पर इकाई का चयन
2. विधि	वैज्ञानिक विधि	अवैज्ञानिक विधि
3. नियम	दृढ नियम	लोचक नियम
4. इकाई में परिवर्तन	परिवर्तन सम्भव नहीं	सुविधानुसार परिवर्तन
5. पूर्वकथन	परिणाम के आधार पर वैज्ञानिक भविष्यकथन सम्भव	केवल अनुमान
6. चयन का आधार	यादृच्छिक	पक्षपात पूर्ण
7. प्राप्त परिणाम के शुद्धता की जाँच	समान समूह लेकर सम्भव	सम्भव नहीं
8. जनसंख्या	अपरिमित	परिमित
9. आकलन	शुद्ध एवं वैज्ञानिक	अविश्वसनीय
10. परिणाम	शुद्ध एवं वैज्ञानिक	भ्रामक

प्रतिदर्श की विश्वसनीयता
(Reliability of Sampling)

प्रतिदर्श की विश्वसनीयता का परीक्षण करने के लिए हम कई विधियों को प्रयोग में ला सकते हैं जैसे अनुसंधान के लिए जो प्रतिदर्श चुना गया है उसी के समानान्तर एक और प्रतिदर्श का चयन करके हम यह ज्ञात कर सकते हैं कि मुख्य प्रतिदर्श किस सीमा तक

विश्वसनीय है। प्रतिदर्श की सार्थकता ज्ञात करने के लिए निदर्शन त्रुटियों (sampling errors) का प्रयोग किया जाता है। यदि त्रुटियाँ कम हैं, तो प्रतिदर्श अधिक विश्वसनीय होगा और जनसंख्या का प्रतिनिधित्व करते हुए शुद्ध परिणाम देगा। प्रतिदर्श की विश्वसनीयता ज्ञात करने के लिए प्रतिदर्श के मापनों की तुलना सम्पूर्ण जनसंख्या के मापों से करते हैं और सार्थकता ज्ञात करते हैं। यदि प्रतिदर्श और जनसंख्या के मापों में सार्थक अन्तर है तो प्रतिदर्शन दोषपूर्ण है। जिस तरह हम जनसंख्या में से प्रतिदर्श चयन करके जनसंख्या और मापनों की तुलना करते हैं ठीक उसी प्रकार प्रतिदर्श में उपप्रतिदर्श का चयन करके तुलना कर सकते हैं। अच्छे प्रतिदर्श में निम्नलिखित गुण होने चाहिए:—

(i) प्रतिदर्श विश्वसनीय होना चाहिए।
(ii) सम्पूर्ण जनसंख्या के गुण पाये जाने चाहिए।
(iii) पक्षपातरहित होना चाहिए।
(iv) प्रत्येक इकाई को प्रतिदर्श चयन में आने की समान सम्भाव्यता होनी चाहिए।

प्रतिदर्श चयन त्रुटि
(Sample Error)

इस अध्याय में अब तक हम देख चुके हैं कि सम्पूर्ण जनसंख्या की जाँच न करके जनसंख्या के थोड़े भाग का ही अध्ययन किया जाता है तो प्रतिदर्श कहते हैं। प्रतिदर्श चयन के महत्त्व को बताते हुए **स्नेडकार** *(Snedcar)* महोदय ने लिखा है कि , *''केवल कुछ पौंड कोयले की जाँच करके ही एक गाड़ी कोयला स्वीकृत या अस्वीकृत कर लिया जाता है, चिकित्सक रोगी के एक बूँद रक्त की जाँच करके ही अनुमान लगाता है, इसी तरह प्रतिदर्श चयन भी ऐसी विधि है जिसके द्वारा केवल कुछ व्यक्तियों का निरीक्षण करके सम्पूर्ण जनसंख्या के बारे में जाना जा सकता है।''*

किसी समूह पर कोई मनोवैज्ञानिक परीक्षण प्रशासित करने पर जो संख्यात्मक विवरण (अंक) प्राप्त होते हैं, उसे प्राप्तांक (score) की संज्ञा दी जाती है। प्राप्तांकों के समूह को ही प्रदत्त (data) कहते हैं। समूह विशेष से प्रदत्त संकलन में दो प्रकार के त्रुटियों के पाये जाने की सम्भावना बनी रहती है—मापन की त्रुटि (Measurement Error) तथा प्रतिदर्श चयन त्रुटि (Sampling Error)। मापन त्रुटि प्राप्तांकों में पाई जाती है जबकि निदर्शन/प्रतिदर्श चयन त्रुटि सांख्यिकी (Statistics) में होती है। मापन त्रुटि के सम्बन्ध में यह कहा जा सकता है कि परीक्षार्थियों को प्रशासित किये गये परीक्षण पूर्ण रूप से विश्वसनीय नहीं होते हैं। इसलिए कुछ छात्र शुद्ध अंक से अधिक और कुछ शुद्ध अंक से कम अंक प्राप्त करते हैं। इसी प्रकार जब बड़े समूह पर परीक्षण प्रशासित किया जाता है तो लघु समूह की तुलना में त्रुटियों के पाये जाने की सम्भावना कम रहती है ऐसी परिस्थिति में मापन त्रुटियों का योग शून्य के बराबर होता है तथा शुद्ध अंक के बराबर प्राप्तांकों का योग होता है। समूह छोटा होने पर या एक ही परीक्षार्थी पर परीक्षण प्रशासित करने पर मापन त्रुटि के पाये जाने की सम्भावना अधिक रहती है। मापन त्रुटि के निराकरण के लिए बड़े N वाले समूह का प्रयोग करना चाहिए। निदर्शन त्रुटि (Sampling Error) के सम्बन्ध में यह कहा जा सकता है कि यह सत्य है कि बड़े N वाले समूह के प्रयोग करने पर मापन त्रुटि का अभाव पाया जाता है। परन्तु वास्तविकता यह है कि व्यवहारपरक विज्ञानों में अनुसंधान हेतु चयन किया गया प्रतिदर्श अपने जनसंख्या का वास्तविक प्रतिनिधित्व नहीं करता है। चूँकि प्रतिदर्श चयन त्रुटिपूर्ण रहता है, इसलिए प्रतिदर्श की सांख्यिकी भी दोषमुक्त नहीं रहती है। जब हम समूह (प्रतिदर्श) के बारे में कोई निष्कर्ष निकालना चाहते हैं तो हमें प्रतिदर्श की सांख्यिकी में पाये जाने वाली त्रुटि को कम करने की

आवश्यकता होती है। इस उद्देश्य की पूर्ति के लिए हम सांख्यिकी की सार्थकता अथवा सांख्यिकी की विश्वसनीयता की जाँच करते हैं। तत्पश्चात् हम निष्कर्षों (Inferences) के लिए सांख्यिकी (Statistics) का प्रयोग करते हैं। निष्कर्ष (Inference) निकालने के लिए हम सांख्यिकी (Statistics) की सहायता से जनसंख्या (Population) के पैरामीटरों (Parameters) के बारे में अनुमान करते हैं। जिसे सांख्यिकीय निष्कर्ष (Statistical Inference) की संज्ञा दी जाती है, जो त्रुटि निदर्शन/ प्रतिदर्श चयन के कारण होती है, उसे निदर्शन त्रुटि अथवा प्रतिदर्श चयन त्रुटि (Sampling Error) कहते हैं। प्रतिदर्श सांख्यिकी (Sample Statistics) के आधार पर पैरामीटर के बारे में अनुमान करने के लिए अर्थात् निष्कर्ष निकालने के लिए प्रायःदो सार्थकता स्तरों का प्रयोग किया जाता है:—

(i) 95% विश्वास स्तर (.05 सार्थकता स्तर)

(ii) 99% विश्वास स्तर (.01 सार्थकता स्तर)

95% विश्वासस्तर का तात्पर्य यह है कि पैरामीटर का मान 95% इस सीमा के अन्तर्गत होगा तथा 5% इस सीमा के बाहर होने की सम्भावना है। इसी प्रकार 99% विश्वास स्तर का तात्पर्य यह है कि पैरामीटर का मान 99% इस सीमा के अन्तर्गत होगा तथा 1% इस सीमा के बाहर होने की सम्भावना है। इन सीमाओं की गणना के लिए प्रसामान्य वक्र की सहायता ली जाती है।

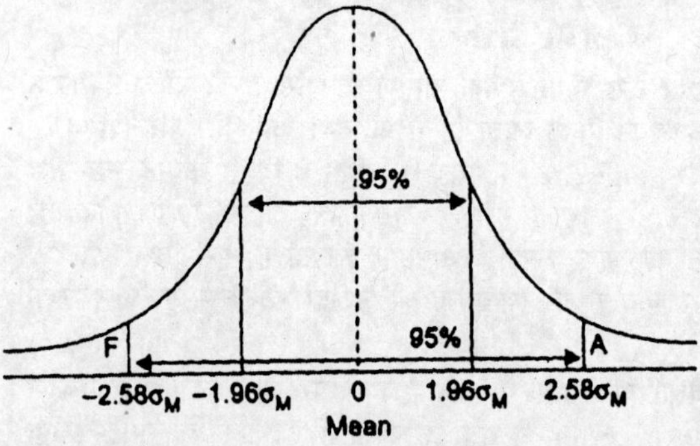

अनुसंधान के अन्तर्गत प्रतिदर्श से प्राप्त वैज्ञानिक परिणामों का सामान्यीकरण सम्पूर्ण जनसंख्या पर कर लेते हैं। विशिष्ट रूप से जब हम किसी प्रतिदर्शन का मध्यमान ज्ञात करते हैं तो यह कहने से पहले कि प्रतिदर्श मध्यमान उन जनसंख्या का वर्णन करता है जहाँ से इसका चयन किया गया है। हमें विश्वास के लिए उस आधार को ज्ञात करना होगा जिससे हम यह कह सकें कि प्रतिदर्श मध्यमान और जनसंख्या मध्यमान में कोई अन्तर नहीं है। इस उद्देश्य के लिए कुछ सांख्यिकीय प्रक्रियाएँ हैं जिनसे यह ज्ञात किया जाता है कि मध्यमान और जनसंख्या मध्यमान में कितना विचलन है। इसके लिए प्रयुक्त गणनाविधि को मध्यमान का प्रामाणिक त्रुटि (Standard Error of Mean) कहते हैं। इसी तरह दूसरे प्रतिदर्श सांख्यिकी जैसे मध्यांक, प्रामाणिक विचलन, अनुपात, सहसम्बन्ध गुणक इत्यादि का भी प्रामाणिक त्रुटि होता है जो संवादी जनसंख्या मूल्य (Corresponding Population Value) के सन्दर्भ में प्राप्त मूल्यों के शुद्धता के बारे में सूचनाएँ देते हैं। **फरग्युसन** *(Ferguson)* के अनुसार, *''जनसंख्या मूल्य या पैरामीटर तथा प्रतिदर्श मूल्य में प्राप्त अन्तर को प्रतिदर्श चयन त्रुटि कहते हैं।'' (A sampling error is a difference between a populaton value, or Parameter and particular sample value)*। इस प्रकार यदि सम्पूर्ण जनसंख्या मध्यमान का मूल्य अ है और प्रतिदर्श मूल्य ब है तो प्रतिदर्श चयन त्रुटि अ-ब होगी। किसी भी सन्दर्भ में त्रुटि का आशय उस मूल्य से लिया जाता है जो प्रामाणिक मूल्यों से अवलोकित मूल्य धनात्मक या ऋणात्मक रूप से भिन्न होता है। इस प्रकार यह स्पष्ट हो जाता है कि किसी भी सन्दर्भ में त्रुटि का प्रत्यय उन पैरामेट्रिक, स्थिर और प्रामाणिक मूल्यों की ओर संकेत करता है जिससे अवलोकित मूल्य धनात्मक और

ऋणात्मक रूप में भिन्न होता है। पैरामेट्रिक या वास्तविक मूल्य के स्वभाव में निहित विचार को ही त्रुटि प्रत्यय के स्वर के रूप में सार्थकता से परिभाषित किया जा सकता है। उपर्युक्त परिभाषा के बिना न तो त्रुटि के प्रत्यय का कोई अर्थ ही हैं और न किसी त्रुटि के सिद्धान्त की सम्भावना है और न किसी विज्ञान की सम्भावना है।

लेकिन हम त्रुटि के परिणाम का मापन और वर्णन कैसे करें? किसी परिमाण के मापन में त्रुटि के परिमाण का मूल्यांकन करने की विधि यह है कि परीक्षण बार-बार प्रशासित किया जाय और यह निरीक्षण किया जाय कि पुनः प्रशासित मापन किस प्रकार एक-दूसरे से भिन्न है। यदि किसी धातु के टुकड़े की लम्बाई का मापन करने के लिए स्थिर दशा में कई बार मापन करते हैं, यद्यपि लम्बाई में कोई अन्तर नहीं है, लेकिन मापन में कुछ अन्तर आ जाता है और वहीं त्रुटि का स्रोत है। त्रुटि की मात्रा का वर्णन करने के लिए पुनरावृत्ति माप (Repeated measures) को प्रामाणिक विचलन के रूप में प्रयोग करते हैं। इन दिशाओं में प्रामाणिक विचलन त्रुटि की मात्रा का मापन करता है।

त्रुटि अनुमान की समस्याओं का अध्ययन करने के लिए दो उपागमों (approaches) को प्रयोग में लाया जाता है:—

(i) सैद्धान्तिक उपागम (Theoretical approach)

(ii) प्रयोगात्मक उपागम (Experimental approach)

प्रयोगात्मक उपागम के आधार पर जब त्रुटियों का अनुमान लगाया जाता है तो प्रतिदर्श संख्या को ज्ञात किया जाता है और प्रयोगात्मक अध्ययन से त्रुटि को प्रतिदर्श-प्रतिदर्श उच्चवच (Sample to Sample Fluctuation) के द्वारा ज्ञात करते हैं। यह समस्या सम्भाव्यता के सैद्धान्तिक सिद्धान्त (Theoretical change of probability) का प्रयोग करते हुए समझा जा सकता है। सैद्धान्तिक निदर्शन वितरण का सांख्यिकी में बहुत प्रयोग होता है। निदर्शन वितरण का प्रामाणिक विचलन ही प्रामाणिक त्रुटि (Standard Error) कहलाता है।

पैरामीटर और सांख्यिकी
(Parameter and Statistics)

यदि जनसंख्या की सभी इकाइयों का मापन करना हो, और केन्द्रीय प्रवृत्तियों और सह-सम्बन्ध के इनडिसेज की गणना करनी हो, जिस तरह हम प्रतिदर्शों के लिए करते हैं तो हमें पैरामीटरों की भी गणना करनी चाहिए। जनसंख्या के पैरामीटर विद्यमान रहते हैं चाहे उनकी गणना की जाय या नहीं।

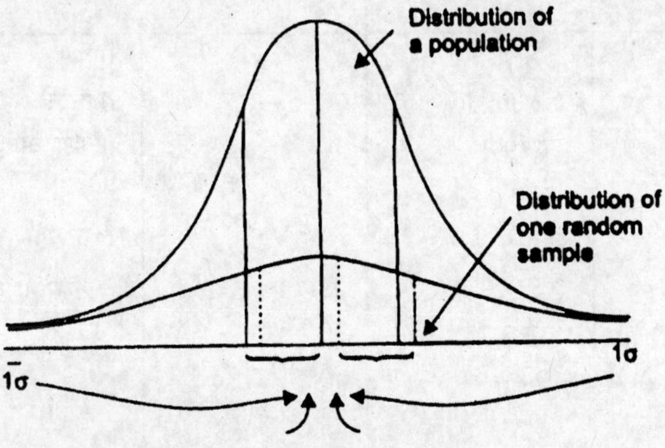

चित्र के जनसंख्या पैरामीटर, (Population parameter) और प्रतिदर्श सांख्यिकी (Sample statistics) को प्रदर्शित किया गया है। वृहद् जनसंख्या सम्पूर्ण वितरण के लिए है जबकि छोटी जनसंख्या प्रतिदर्श के लिए है, जिसे कि जनसंख्या से या इच्छित रीति से प्राप्त किया गया है। **वाकर** एवं **लेव** (*Walker & Lev*) के अनुसार, *''जनसंख्या की विशेषता को पैरामीटर कहते हैं और प्रतिदर्श के तत्संवादी विशेषताओं को सांख्यिकी कहते हैं।''* *(The characteristics of a population are called parameter and the corresponding characteristics of a sample are called statistics.)*

जनसंख्या पैरामीटरों, मध्यमान और प्रामाणिक विचलन, के लिए $\overline{M}$ और $\overline{\sigma}$ प्रतीकों का प्रयोग करते हैं। प्रतीकों के ऊपर Bar का अर्थ प्रकट करते हुए ***गिलफोर्ड*** (1956) ने लिखा है, *"The bar over a quantity often indicates "The mean of." For example, $\overline{X}$ is sometimes used to indicate the "Mean of X"* यह ध्यान देने योग्य बात है कि इस विशिष्ट प्रतिदर्श के मध्यमान और प्रामाणिक विचलन अपने तत्संवादी पैरामीटरों (Corresponding Parameters) के साथ वास्तविक आकार में सहमत (coincide) नहीं होते हैं, यह इसकी विशेषता है। एक-दूसरे प्रतिदर्श से भी यही आशा की जा सकती है। इसी प्रकार हम अनुपातों ($\overline{P}$ और P), चतुर्थांशों ($\overline{Q}$ और Q) तथा सहसम्बन्ध गुणकों ($\overline{r}$ और r) को भी उद्धृत कर सकते हैं जो तत्संवादी पैरामीटरों को बहुत ही निकटता से अनुमान करता है। प्रतिदर्श की सांख्यिकी गणनाओं (M, σ, r, p, Q) को Statistics या Estimate कहते हैं। प्रामाणिक त्रुटि और दूसरे निदर्शन सांख्यिकियों का प्रयोग करके हम यह अनुमान लगा सकते हैं कि प्राप्त सांख्यिकी और तत्संवादी पैरामीटरों में कितना विचलन है। इस प्रकार जब हम जनसंख्या के गुणों का अध्ययन करते हैं तो उसे जनसंख्या पैरामीटर कहते हैं जो प्रतिदर्श सांख्यिकी से तत्संवाद करता है, जैसे-मध्यमान, प्रामाणिक विचलन, चतुर्थक विचलन आदि। यह सामान्य सिद्धान्त है कि प्रतिदर्श सांख्यिकी का एक प्रतिदर्श से दूसरे प्रतिदर्श में अस्थिरता की आशा की जा सकती है। लेकिन पैरामीटर जनसंख्या के गुणों के रूप में विद्यमान रहते हैं।

जनसंख्या पैरामीटर (Population Parameter) तथा प्रतिदर्श सांख्यिकी (Sample Statistics) से सम्बन्धित विभिन्न पदों को निम्नलिखित तालिका में प्रस्तुत किया गया है :—

जनसंख्या प्राचल तथा प्रतिदर्श सांख्यिकियों के लिए प्रतीक

पद (Terms)	जनसंख्या प्राचल (Population Parameters)	अनुमान (Estimation	प्रतिदर्श सांख्यिकी (Sample Statistics)
मध्यमान	$\overline{X}$ या M	→	μ म्यू
मध्यांक	Mdn	→	$\bar{\mu}$ टिल्डे
बहुलांक	Mode	→	$\dot{\mu}$ म्यू ओह
प्रामाणिक विचलन	SD या S	→	σ सिगमा
प्रसरण (Variance)	S^2 एस वर्ग प्रसरण	→	σ^2 सिगमा वर्ग
सह-प्रसरण (Covariance)	Sxy	→	σ_{xy}

समानुपात (Proportion)	P	→	π (pi) पाई
सह-सम्बन्ध गुणांक (Correlation Coefficient)	r पियर्सन्स आर	→	ρ Rho रो

प्रामाणिक त्रुटि
(Standard Error)

प्रतिदर्श विरतण (Sampling distribution) पर सांख्यिकी का मान निर्भर करता है। यदि एक ही जनसंख्या से एक ही विधि का प्रयोग करके एक ही आकार (N) के कई प्रतिदर्शों का चयन करके उनके मध्यमान की गणना की जाय,तो उनके सांख्यिकी मानों में समानता नहीं पाई जायगी, वरन् कुछ-न-कुछ अन्तर अवश्य ही प्राप्त होगा। इसी अन्तर को प्रतिदर्शयन त्रुटि (Sampling Error) कहते हैं। जब कई मध्यमानों का प्रामणिक विचलन ज्ञात करते हैं, तो उसे प्रामाणिक त्रुटि (Standard Error) कहते हैं। यदि इन मध्यमानों का रेखाचित्रिय प्रस्तुतीकरण किया जाय तो प्रसामान्य वितरण के प्राप्त किये जाने की सम्भावना रहती है। इसे प्रतिदर्श वितरण (Sampling distribution) कहते हैं। प्रत्येक सांख्यिकी का अपना वितरण होता है जो सापेक्ष आवृत्ति वितरण होता है। इसी पर सांख्यिकी का मान निर्भर होता है। यह मान अन्य-अन्य प्रतिदर्शों पर निर्भर करता है जिनका चयन उसी जनसंख्या से उसी न्यादर्श चयन विधि के द्वारा उनका चयन किया गया हो। *(The sampling distribution of a statistic is the relative frequency distribution of an infinity of distribution of the value of this statistic, each determination being based on separate sample of same size and selected independently but by the same procedure from the sample population.)—**Bloomers & Lindquist*** (1960)।

यदि प्रतिदर्श का मध्यमान उसकी जनसंख्या के मध्यमान के समान होगा, तो प्राप्त मूल्य को शुद्ध सांख्यिकी (Pure Statistics) कहते हैं। यदि असमानता पाई जाती है, तो उसे अशुद्ध सांख्यिकी (Impure Statistic) कहते हैं, जिसका कारण प्रतिदर्श चयन त्रुटि (Sampling Error) है।

जब हम किसी प्रतिदर्श का मध्यमान ज्ञात करते हैं तो प्राप्त मूल्य के प्रति यह शंका उठती है कि यह मूल्य किस सीमा तक विश्वसनीय है, अर्थात् प्रतिदर्श-मूल्य उस जनसंख्या के मूल्य से कितना कम या अधिक है जिससे उसको लिया गया है। प्रतिदर्श और जनसंख्या के अन्तर को ही प्रामाणिक त्रुटि कहते हैं। **वाकर** और **लेव** (*Walker* and *Lev*) के अनुसार, *''सांख्यिकीय वितरण को प्रामाणिक विचलन ही उस जनसंख्या की प्रामाणिक त्रुटि कही जाती है।'' (The Standard deviation of the distribution of statistics is called standard error of statistics.)*

सीगेल *(Seigel)* भी वाकर और लेव के मत का समर्थन करते हुए कहते हैं, कि 'निदर्शन वितरण के प्रामाणिक विचलन को ही प्रामाणिक त्रुटि कहते हैं।'' *(The Standard deviation of a sampling distribution is usually called a standard error.)*

इसी बात का समर्थन **फरग्युसन** ने किया है *(The standard deviation of the sampling is called the standard error.)*

प्रामाणिक त्रुटि का महत्त्व उस अवस्था में अधिक होता है जब जनसंख्या सामान्य रूप से

वितरित होती है। इन परिभाषाओं के आधार पर यह कहना न्यायसंगत ही होगा कि प्रामाणिक त्रुटि इस ओर संकेत करता है कि प्रतिदर्श का मध्यमान और प्रामाणिक विचलन जनसंख्या के मध्यमान और विचलन से कितना कम या अधिक है। इस प्रकार प्रामाणिक त्रुटि के द्वारा जनसंख्या से निकटता स्पष्ट हो जाती है। प्रामाणिक त्रुटि जितना ही कम होता है न्यायदर्श जनसंख्या का प्रतिनिधित्व उसी मात्रा में करता है। विभिन्न मापकों की प्रामाणिक त्रुटि ज्ञात करने के लिए विभिन्न सूत्रों का प्रयोग किया जाता है जिनका वर्णन नीचे किया जा रहा है:—

टी वितरण
('t' Distribution)

सांख्यिकी में अनुमान केवल इसलिए किया जाता है ताकि प्रतिदर्श (Sample) का अध्ययन करके एक विशाल जनसंख्या के बारे में सामान्यीकरण (Generalization) किया जा सके। जब हम कोई अनुसंधान प्रारम्भ करते हैं तो पूरी जनसख्या का अध्ययन न करके एक चुने हुए प्रतिदर्श का अध्ययन करते हैं। इन प्रतिदर्शों का सांख्यिकी में प्रयोग करना बहुत ही महत्त्वपूर्ण है। इसके अतिरिक्त यह विज्ञान का बहुत बड़ा षड्यंत्रकारी पहलू (most intriguing aspect) है। कुछ ही व्यक्तियों की परीक्षा के आधार पर बड़ी और अपरीक्षित जनसंख्या की विशेषताओं के बारे में प्रकाश डालना एक महत्त्वपूर्ण और उत्तेजक विचार है। प्रतिदर्श के द्वारा अनजाने जनसंख्या की केवल विशेषताओं के बारे में ही नहीं ज्ञान प्राप्त करते हैं वरन् यह भी मालूम करते हैं कि अनुमान पर कितना विश्वास किया जाय, यह पहलू भी महत्त्वपूर्ण है।

सांख्यिकी प्रतिदर्श महत्त्व सभी सांख्यिकीय अध्ययनों में है। प्रतिदर्श उस समय बहुत आवश्यक हो जाता है जब समग्र (universe) या जनसंख्या (population) अपरिमित (infinite) हो जाता है और पूरे जनसंख्या की परीक्षा करना असम्भव रहता है। कभी-कभी जनसंख्या परिमित (finite) होने पर भी प्रतिदर्श अगम्य (inaccessible) होता है। उसके सभी सदस्यों की परीक्षा असम्भव प्रतीत होती है, इसलिए प्रतिदर्श पर ही संतोष करना पड़ता है। प्रतिदर्श अध्ययन की विशेषता स्पष्ट करते हुए यह कहा जा सकता है कि इसका उद्देश्य यह नहीं हैं कि प्रतिदर्श में सम्मिलित व्यक्तियों के बारे में वर्णन किया जाय बल्कि उस जनसंख्या के बारे में हमें सूचना प्राप्त करनी है जिससे प्रतिदर्श लिया गया है। जनसंख्या एक अमूर्त है जो सांख्यिकीय अनुमानों का आधार है। यह संख्याओं के योगशीलता (totality) की ओर संकेत करता है, जो उद्देश्य चयन की प्रक्रियाओं, उनके मापन तथा वर्गीकरण के परिणामस्वरूप प्राप्त होते हैं। जनसंख्या, संख्याओं की वह स्थिर समूह होती है जिसके बारे में हम मालूम करना चाहते हैं लेकिन वास्तविक रूप से हम उस प्रतिदर्श की संख्या के बारे में जानते हैं जिसे जनसंख्या से लिया गया है।

प्रयोज्यों के उस समूह को जिसका चयन जनसंख्या से सूचना प्राप्त करने के लिए किया जाता है उसे प्रतिदर्श (Sample) कहा जाता है। जब जनसंख्या को एक समूह (single group) के रूप में अनुचिंतन (consider) किया जाता है तो इस जनसंख्या से यादृच्छिक विधि (Random Method) चुने गये प्रतिदर्श को सरल यादृच्छिक प्रतिदर्श (Simple Random Sample) कहते हैं। कभी-कभी जनसंख्या को कई भागों में उनकी भौगोलिक स्थिति, व्यवसाय आदि के आधार पर विभाजित कर दिया जाता है तो उस उप-जनसंख्या (Sub population) को वर्ग (Starta) कहते हैं और इनसे चुने हुए प्रतिदर्श को वर्गीकृत यादृच्छिक प्रतिदर्श (Stratified Random Sample) कहते हैं।

सांख्यिकीय जनसंख्या में हमेशा निश्चित वितरण होता है लेकिन सामान्यतया इन वितरणों

की विशेषताएँ नहीं मालूम होती हैं, अगर निरीक्षण मापित गुणों के हैं तो वितरण का मध्यमान, मध्यांक, शतांशीयमान, प्रामाणिक विचलन आदि मालूम कर सकते हैं किन्तु वितरण के मापित (scaled) होने पर व्यक्तियों के अनुपातों (proportion) के अनुसार विभिन्न वर्गों में इसकी विशेषता प्रकट की जाती है।

प्रसामान्य वक्र की भाँति ही टी-वितरण भी एक सैद्धान्तिक निदर्शन वितरण है। जब N 30 या इससे कम होता है, तो ऐसे प्रतिदर्शों के मध्यमानों का निदर्शन वितरण प्रसामान्यता वक्र से भिन्न होता है। बड़े आकार के प्रतिदर्श के मध्यमान से जनसंख्या मध्यमान का अनुमान करने के लिए प्रसामान्य वक्र का उपयोग होता है। परन्तु लघु आकार के प्रतिदर्श मध्यमान से जनसंख्या मध्यमान का अनुमान करने के लिए प्रसामान्य वितरण का प्रयोग न करके टी-वितरण का प्रयोग किया जाता है। लघु आकार के प्रतिदर्श के मध्यमान के प्रामाणिक त्रुटि की गणना वृहद् आकार के प्रतिदर्श के मध्यमान के प्रामाणिक त्रुटि की भाँति ही की जाती है, परन्तु विश्वास-अन्तराल और विश्वास सीमाएँ ज्ञात करने के लिए प्रसामान्य वितरण का प्रयोग न करके टी-वितरण का प्रयोग किया जाता है। आनुमानिक सांख्यिकी में टी-वितरण का प्रयोग होता है।

प्रतिदर्श की संख्या जब अधिक होती है, तो वक्र का रूप प्रसामान्य होता है। लेकिन प्रतिदर्श संख्या जैसे-जैसे कम होती जाती है उसका निदर्शन वितरण प्रसामान्य वक्र के वैसे-वैसे भिन्न होता जाता है। यह भिन्नता वक्रों के मध्य से ऊँचाई और उसके प्रसार के रूप में दिखाई पड़ती है। सामान्य वक्र को σ-unit या Z-score के रूप में तथा t वितरण को t-ratio के रूप में प्रकट करते हैं। टी-अनुपात के वितरण स्वतत्रांश पर निर्भर करते हैं। प्रतिदर्श चयन वितरण में जब इकाइयों की संख्या 30 से अधिक होती है तो टी अनुपात का प्रतिदर्श चयन वितरण प्रसामान्य हो जाता है। जब स्वतत्रांश भिन्न-भिन्न होते हैं, तो टी अनुपातों की प्रतिदर्श चयन वितरण भी भिन्न-भिन्न होता है।

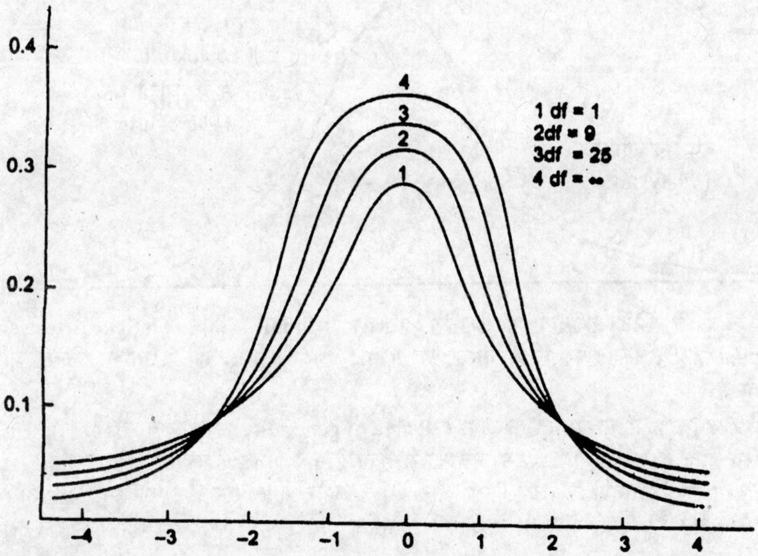

टी एक प्राचल सांख्यिकीय प्रविधि (parametric statistical technique) है जिसमें दो मध्यमानों के मध्य अन्तर की सार्थकता की जाँच तो की ही जाती है, वहीं सहसम्बन्ध जैसे सांख्यिकीय प्रविधियों के सार्थकता की भी जाँच सम्भव है।

't' के सैद्धान्तिक वितरण की स्थापना Student (pen name of W.S. Gosset) ने 1908 में की। बाद (1926) में इसे और परिमार्जित करके उपयोगी बनाया गया।

Student महोदय प्रसिद्ध British statistician थे। ये Dublin में Guinness Brewery में सलाहकार थे उनकी article "The probable Error of Mean" Biometrika में 1908 में प्रकाशित हुई। Student के 't' वितरण का दृढ़ प्रमाण (original proof) R. A. Fisher ने कुछ वर्षों बाद दिया। Fisher ने बहुत से छोटे-छोटे प्रतिदर्श प्रक्रियाओं पर कार्य किया है।

छोटे प्रतिदर्श के लिए अनेक प्रकार की सांख्यिकीय प्रणालियों का प्रयोग किया जाता है जो प्रतिदर्श वितरण का प्रदर्शन करती हैं और जो प्रसामान्यता से कई रूपों में अलग होती हैं। सहसम्बन्ध गुणक और प्रामाणिक विचलन के वितरण में अक्सर विषमता पाई जाती है। ककुदता में परिवर्तन होने के कारण भी वितरण के अन्तरों पर प्रभाव पड़ता है। वितरण के मध्य में नुकीलापन (peakendness) के अंश में ककुदता को स्पष्ट देखा जा सकता है। सामान्य वितरण को मध्य वक्रता मात्रा (Mesokurtic) कहते हैं। जिसका तात्पर्य यह है कि वितरण के केन्द्र में न तो बहुत ऊँचाई ही पाई जाती है और न बहुत नीचाई, और जब वक्र कम या अधिक आयताकार आकार (Rectangular form) में होती है तो चर्पट वक्रता (platykurtic) कहा जाता है और जो सामान्य से अधिक ऊँची होती है उन्हें तुंग वक्रता मात्रा (Leptokurtic) कहते हैं।

जब लघु प्रतिदर्श से निदर्शन वितरण ज्ञात करते हैं, तो यह प्रवृत्ति दिखाई पड़ती है कि जैसे-जैसे प्रतिदर्श का आकार छोटा होता जाता है उसका निदर्शन वितरण प्रसामान्य वितरण से उतना ही भिन्न होता जाता है, जिसके हम वक्र की ऊँचाई (तुंगवक्रता मात्रा) और प्रसार (चर्पट वक्रता मात्रा) को देखकर अनुमान लगा सकते हैं।

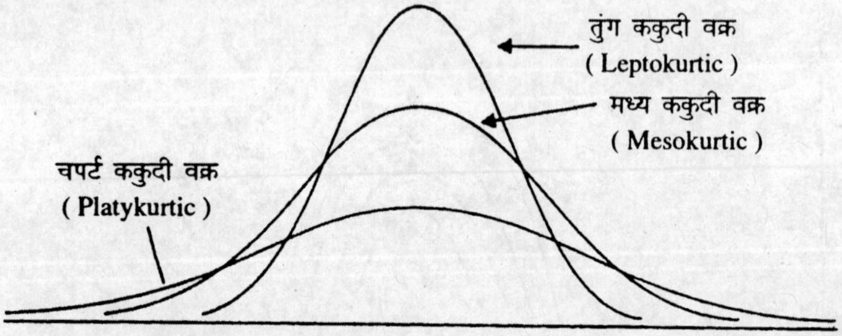

बहुत से छोटे प्रतिदर्श सांख्यिकीय परीक्षण (Small sample statistical tests) Student के 't' tests पर निर्भर करते हैं। 't' को 'z' की तरह ही परिभाषित किया जा सकता है।

't' और 'z' में सामान्यता के अंश (degree of generality) का अन्तर है। 'z' सामान्य वितरित होता है। इसका प्रयोग उस अवस्था में होता है जब प्रतिदर्श बड़ा होता है जबकि 't' का प्रयोग छोटे प्रतिदर्श के लिए किया जाता है। 'z' और 'CR' समान है, लेकिन 'CR' और 't' में अन्तर है। 'CR' और 't' में अधिक समानता होते हुए भी एक नहीं माना जा सकता,

क्योंकि N बड़ा होने पर 'CR' की गणना तथा N के छोटा होने पर 't' की गणना की जाती है। इसके अतिरिक्त 'CR' की गणना में df नहीं ज्ञात किया जाता है जबकि 't' की गणना में यह आवश्यक होता है। 't' वितरण df की संख्या पर निर्भर होता है। df की संख्या में जैसे-जैसे ह्रास होता जाता है 't' वितरण सामान्य वितरण के अनुसार होता है।

प्रसामान्य वक्र को σ unit, Standard Score या z-Score के रूप में लिखा जाता है जबकि टी-वितरण वक्र बनाते समय टी अनुपात लिखा जाता है।

टी परीक्षण में निहित कल्पनाएँ

शक्तिशाली परीक्षण वही कहा जाता है जिसकी कल्पनाएँ अधिक शक्तिशाली और अधिक विस्तृत होती हैं। पैरामेट्रिक परीक्षणों में 't' और 'F' परीक्षण की कल्पनाएँ बहुत ही शक्तिशाली हैं। जब कल्पनाएँ वैध होती हैं तो शून्य उपकल्पना अस्वीकृत हो जाती हैं इसका तात्पर्य यह है कि शोध आँकड़ों पर जब पैरामेट्रिक परीक्षण का प्रयोग किया जाता है तो अमान्य परिकल्पना के अज्ञात होने पर यह परिकल्पना अस्वीकृत हो जाती है—ऐसे उद्देश्यों के लिए इस परीक्षण को सर्वोत्तम माना जाता है। लेकिन ध्यान देने योग्य बात यह है कि शोध प्रयत्न परीक्षण के अनुकूल होना चाहिए। 't' परीक्षण को शक्तिशलाी बनाने के लिए निम्नलिखित दशाएँ आवश्यक होनी चाहिए:—

(i) निरीक्षण अवश्य ही स्वतन्त्र होना चाहिए,
(ii) निरीक्षण सामान्य वितरित जनसंख्या से लिए गये हों,
(iii) जनसंख्या का प्रसरण (variance) अवश्य ही एक होना चाहिए,
(iv) जिन परिवर्त्यों का मापन किया जाता है वह अन्तराल मापनी पर आधारित हो ताकि गणित जोड़, भाग मध्यमान आदि का प्रयोग किया जा सके,
(v) योगशीलता (additivity) पाई जानी चाहिए

टी परीक्षण पर प्रतिबन्ध (*Restriction of 't' Test*)

प्रदत्त को देखकर यदि ऐसा विश्वास हो जाता है कि जनसंख्या वितरण सामान्य नहीं है लेकिन गम्भीर रूप से विषम (seriously skewed) है, और प्रतिदर्श छोटे हैं, तो 't' परीक्षण का प्रयोग नहीं करना चाहिए। विषम वितरण के लिए Festinger तथा दूसरे मनोवैज्ञानिक ने वितरण मुक्त विधियों (Distribution free methods) को प्रयोग करने का परामर्श दिया है, जैसे चिह्न परीक्षण, मध्यांक परीक्षण, चिह्नक्रम परीक्षण आदि।

यदि दो न्यादर्श एक ही जनसंख्या के नहीं हैं तो अन्तर सार्थक नहीं होगा। ऐसी स्थिति में 't' परीक्षण अवैध (invalid) होगा। दो प्रसरणों के समजातीयता के परीक्षण के लिए 'F' परीक्षण उपर्युक्त होता है। यदि दो न्यायदर्शों के N में बहुत अन्तर है तो भी 't' परीक्षण का प्रयोग नहीं करना चाहिए।

पक्षपातपूर्ण प्रतिदर्श
(Biased Sample)

पक्षपातपूर्ण प्रतिदर्श अपनी जनसंख्या का वास्तविक प्रतिनिधि (real represantative) नहीं होता है। इसलिए ऐसे प्रतिदर्श को पक्षपातपूर्ण प्रतिदर्श कहते हैं। ***Chaplin*** (1975) का मत है कि, ''*प्रतिदर्श-पक्षपात, किसी प्रतिदर्श चयन में, प्रणाली विज्ञान से सम्बन्धित वह परिवर्त्य है जो उस प्रतिदर्श को अप्रतिनिधिक बना देता है।*'' ***(Sample bias, in the selection of a sample is any methodological variable which can cause that sample to be non representative.)***

P.V. Young के अनुसार, *''अप्रतिनिध्यत्मक प्रतिदर्श को पक्षपातपूर्ण प्रतिदर्श कहते हैं।''* *(A sample that is not representative is known as biased sample.)*

ऐसे प्रतिदर्श में जनसंख्या की समस्त विशेषताएँ उपलब्ध नहीं होती हैं, प्रतिदर्श का आकार बहुत छोटा होने पर प्रतिदर्श पक्षपातपूर्ण हो जाता है। स्रोत सूची (sourcelist) अपूर्ण होती है, अनुसंधान विषय जटिल होता है, चुनी हुई इकाइयों की अनुपस्थिति से पक्षपात पाया जाता है। वास्तविक मूल्य (true value) और अनुमानित मूल्यों (estimated values) में अन्तर अधिक होने पर प्रतिदर्श में पक्षपात के पाये जाने की सम्भावना रहती है। प्रतिदर्श के पक्षपातपूर्ण होने पर क्रमबद्ध त्रुटि पाई जाती है (*In a biased sample there is a systematic error—Guilford*)। ऐसे प्रतिदर्श का चयन अनुसंधानकर्ता की अयोग्यता के कारण भी होता है (Mc Guigan, 1969)।

❑

अध्याय 7

अनुसंधान अभिकल्प
(RESEARCH DESIGN)

परिभाषा *(Definition)*

भवन निर्माण करते समय जिस प्रकार एक इंजीनियर भवन-निर्माण सम्बन्धी अनेक कारकों उदाहरणार्थ मकान का नक्शा, सामग्री की उपलब्धता, श्रमिकों की उपलब्धता, आनुमानित धन आदि के बारे में निर्णय लेता है और एक पूर्ण योजना तैयार करता है उसी प्रकार एक अनुसंधानकर्ता अनुसंधान करते समय अपने अनुसंधान विषय के सन्दर्भ में एक पूर्ण योजना (perfect plan) बनाता है और अनेक तथ्यों के बारे में निर्णय लेता है, उदाहरणार्थ अध्ययन किस प्रकार का है? किस प्रकार का प्रदत्त प्राप्त होगा—परिमाणात्मक या गुणात्मक? अध्ययन क्यों किया जा रहा है प्रदत्त मिलने की सम्भावना कहाँ हैं? अध्ययन में कितना समय लगेगा? अध्ययन में किस प्रकार के सामग्री की आवश्यकता होगी? प्रतिदर्श चयन का आधार क्या होगा? प्रदत्त का विश्लेषण किस प्रकार किया जायगा? कम धन, कम श्रम तथा कम समय में कैसे अनुसंधान कार्य को पूरा किया जाय। इन सब प्रश्नों का उत्तर विवेकपूर्ण ढंग से प्राप्त करके वह अपनी अनुसंधान योजना/अनुसंधान अभिकल्प तैयार करता है। यही अनुसंधान अभिकल्प है।

जब अनुसंधानकर्ता अनुसंधान समस्या तथा उपकल्पना का निर्धारण कर लेता है, तो अपने उपकल्पना की जाँच के लिए वह अनुसंधान योजना बनाता है ताकि वह अपने उपकल्पना का इन्द्रियानुभविक सत्यापन (empirical verification) कर सके।

अभिकल्प का प्रयोग केवल अनुसंधान कार्यों में ही नहीं किया जाता है वरन् हमारे दैनिक जीवन में इस शब्द का बहुतायत से उपयोग होता है। यह अभिकल्प भवन निर्माण से भी सम्बन्धित हो सकता है, तथा परिधान से भी। परन्तु सामाजिक विज्ञानों में अनुसंधान हेतु अभिकल्प के उपयोग करने का तात्पर्य स्वतन्त्र परिवर्त्यों के प्रहस्तलन (manipulation of independent variables), प्रासांगिक परिवर्त्यों के नियन्त्रण (control of relevant variables) उपकल्पना का परीक्षण (testing of hypothesis) आदि से लिया जाता है।

किसी भी अनुसंधान योजना (experimental plan) को बनाते समय अनुसंधानकर्ता को प्रायोगिक अभिकल्प (experimental design) या अनुसंधान अभिकल्प (research design) की रचना करनी होती है। इसी अनुसंधान अभिकल्प के आधार पर प्रदत्त संकलन किया जाता है। इसकी रचना प्रायोगिक परिवर्त्यों (experimental variables) के आधार पर की जाती है। अनुसंधान योजना (experimental plan) में अनुसंधान का पूरा कार्यक्रम होता है। अनुसंधानकर्ता प्रायोगिक योजना में उपकल्पना से परिणाम विश्लेषण तक के लिए रूप रेखा तैयार कर लेता है।

अनुसंधान संरचना (research structure) का स्वरूप अपेक्षाकृत अधिक विशिष्ट (specific) है। इसमें परिवर्त्यों के संक्रिया (operation) की रूपरेखा तथा योजना (scheme) होती है। अनुसंधान व्यूह रचना (research strategy) अनुसंधान संरचना से भी

अधिक विशिष्ट होता है। इनमें उन विधियों का वर्णन किया जाता है जिनके द्वारा प्रदत्त संकलन किया जाता है।

इस प्रकार यह कहा जा सकता है कि अनुसंधान अभिकल्प में अध्ययन किये जाने वाले परिवर्त्यों, पूर्ववर्ती दशाओं (antecedent conditions), परिणामी दशाओं (consequent conditions) तथा उनकी संक्रियात्मक व्याख्या (operational explanation) प्रस्तुत की जाती है। जिस प्रकार किसी भवन का एक ब्लू प्रिन्ट (Blue print) होता है उसी प्रकार अनुसंधानकर्ता को भी अपना अनुसंधान कार्य को प्रारम्भ करने से पहले उसका एक ब्लू प्रिन्ट तैयार करना होता है और उसी के अनुसार अपने अनुसंधान कार्य को आगे बढ़ाना होता है। यह ब्लू प्रिन्ट ही अनुसंधान की रूपरेखा या अनुसंधान अभिकल्प है।

अनुसंधान अभिकल्प को परिभाषित करते हुए ***Kerlinger*** (2002) ने अपना मत इस प्रकार प्रकट किया है, *"अनुसंधान अभिकल्प किसी अध्ययन की योजना, संरचना तथा व्यूह रचना है जिसके आधार पर अनुसंधान प्रश्नों का उत्तर प्राप्त किया जा सके तथा प्रसरण को नियंत्रित किया जा सके।" (Research design is a plan, structure and strategy of investigation conceived so as to obtain answers to questions and to control variance.)*।

Kerlinger की उपर्युक्त परिभाषा में अनेक तकनीकी पदों उदाहरणार्थ—योजना, संरचना, व्यूह रचना, प्रसरण नियन्त्रण आदि का प्रयोग किया गया है जिनका स्पष्टीकरण आवश्यक है। योजना (plan) का तात्पर्य, अनुसंधान के कार्यप्रारूप (working plan) से है जिसमें सभी सोपानों का उल्लेख रहता है। जबकि संरचना (structure) परिवर्त्यों के संक्रिया (operation), परिवर्त्यों के मूल्य तथा अनेक सम्बन्धों की ओर संकेत करता है जबकि व्यूह रचना (strategy) का तात्पर्य स्वतन्त्र परिवर्त्य के प्रहस्तलन प्रासंगिक परिवर्त्यों का नियन्त्रण तथा आश्रित परिवर्त्य के परिशुद्ध मापन से है।

Kirk (1969) के अनुसार, *"प्रायोगिक अभिकल्प प्रयोज्यों को विभिन्न प्रायोगिक दशाओं में निर्दिष्ट किये जाने की एक विशेष प्रकार की योजना है जिसमें सांख्यिकीय विश्लेषण की योजना भी साथ में जुड़ी होती है।"(Experimental design is a particular type of plan for assigning subjects to experimental conditions and the statistical analysis associated with the plan.)*।

Metheson et. al; (1970) के अनुसार, *"प्रायोगिक अभिकल्प अनुसंधान की एक ऐसी आधारभूत योजना है जिसमें स्वतन्त्र परिवर्त्य के विभिन्न स्तरों पर प्रयोज्यों को निर्दिष्ट किया जाता है तथा जिसमें स्वतन्त्र परिवर्त्य में किये जाने वाले प्रहस्तलन की प्रक्रियाएँ भी सम्मिलित रहती हैं।" (An experimental design is a basic plan for research, including the assignment of subjects to the levels of independent variable and the manipulation of independent variable.)*

Selltiz, Jahoda, Deutsch & Cook (1965) के अनुसार, *"अनुसंधान अभिकल्प प्रदत्त संकलन तथा प्रदत्त विश्लेषण के लिए इस प्रकार दशाओं की व्यवस्था है जिसका उद्देश्य अनुसंधान उद्देश्यों की सार्थकता को प्रक्रिया की मितव्यतता के द्वारा प्राप्त किया जा सके।" (Research design is an arrangement of conditions for collection and analysis of data in a manner that aims to combine relevance to the research purpose with economy in procedure.)*।

Miller (1975) के अनुसार, *"सार्थक प्रदत्त संकलन के लिए योजना निर्माण ही अनुसंधान अभिकल्प है।" (The formulation of a plan for collecting relevant data is known as research design.)*।

इस प्रकार यह कहा जा सकता है कि अनुसंधान अभिकल्प एक ऐसी योजना एवं संरचना है जिसके द्वारा अनुसंधानकर्ता अपनी समस्या समाधान के लिए उपकल्पना-परीक्षण, प्रदत्त संकलन तथा प्रदत्त विश्लेषण करता है।

अनुसंधान अभिकल्प के उद्देश्य
(Purposes of Research Design)

Kerlinger (2002) के अनुसार *अनुसंधान अभिकल्प के दो उद्देश्य हैं—अनुसंधान प्रश्नों का उत्तर ढूँढना एवं प्रसरण को नियंत्रित करना।* (Research design has two basic purposes (1) provide answers to research questions, (2.) to control variance.)

1. अनुसंधान प्रश्नों का उत्तर ढूँढ़ना *(To provide answers to research questions)*—अनुसंधान प्रश्नों का उत्तर ढूँढ़ने का कार्य अनुसंधान अभिकल्प नहीं करता है, वरन् अनुसंधानकर्ता करता है। अनुसंधानकर्ता अपने अनुसंधान अभिकल्प के द्वारा अनुसंधान समस्याओं का समाधान ढूँढ़ने का प्रयास करता है। इसके लिए वह उपकल्पना बनाता है और उसकी पुष्टि करता है। जहाँ तक सम्भव हो, अनुसंधानकर्ता अपने अनुसंधान प्रश्नों का उत्तर अत्यधिक वैधता से परिशुद्धता से मितव्यता से देने का प्रयास करता है। इस उद्देश्य की पूर्ति के लिए वह अनुसंधान अभिकल्प का निर्माण करता है और अनुसंधान समस्या से सम्बन्धित इन्द्रियानुभविक (empirical) और प्रायोगिक परिणाम (experimental results) प्राप्त किये जाते हैं। अनुसंधानकर्ता अनुसंधान अभिकल्प को बहुत ही सावधानी से तैयार करता है जिससे विश्वसनीय और वैध उत्तर प्राप्त किये जा सकें।

2. प्रसरण को नियन्त्रित करना *(To control variance)*—शोध अभिकल्प के द्वारा ऐसे परिवर्त्यों को नियंत्रित किया जाता है जिनके प्रभावों का अध्ययन अनुसंधानकर्ता नहीं करना चाहता है। अनुसंधानकर्ता ऐसे अभिकल्प का प्रयोग करता है जिससे प्रासांगिक असम्बद्ध परिवर्त्यों का प्रभाव या तो अध्ययन विषय पर न पड़े या समान रूप से पड़े। उदाहरणार्थ—प्रयोज्य के निष्पादन पर अभ्यास का प्रभाव तो पड़ता ही है, जिसके अध्ययन में अनुसंधानकर्ता इच्छुक हैं, परन्तु निष्पादन पर अभ्यास के अतिरिक्त अन्य कारकों—शिक्षा, आयु, यौन, संस्कृति का भी पड़ता है। इसे प्रासांगिक असम्बद्ध परिवर्त्य कहेंगे। जिसके अध्ययन में अनुसंधानकर्ता की रुचि नहीं है।

अनुसंधान अभिकल्प की कसौटियाँ
(Criteria of Research Design)

अनुसंधान अभिकल्प के नियम *(Principles of Research Design)*

सामाजिक विज्ञानों में अनेक प्रकार के अभिकल्पों का प्रयोग किया जाता है। चूँकि अनुसंधान के प्रकार अनेक हैं इसलिए ऐसे अनुसंधानों के लिए भिन्नतापरक अभिकल्पों की भी आवश्यकता होती है। ऐसी परिस्थिति में अनुसंधानकर्ता एक ऐसे अनुसंधान अभिकल्प का प्रयोग करने की बात सोचता है जो वांछनीय है तथा सभी दृष्टिकोणों से उपर्युक्त हो। अच्छे अनुसंधान अभिकल्प की निम्न कसौटियाँ हैं:—

1. अनुसंधान अभिकल्प से प्राप्त प्रदत्त ऐसे होने चाहिए जिसकी वैधता संदेहपूर्ण न हो।

2. अनुसंधान अभिकल्प कुशल (efficient) होना चाहिए जिससे अनुसंधान समस्या से परिणाम कम समय तथा कम खर्च में प्राप्त किया जा सके तथा प्राप्त परिणाम विश्वसनीय और वैध हो।

3. वाह्य परिवर्त्यों अथवा प्रासंगिक परिवर्त्यों के सन्दर्भ में यह परिणाम प्राप्त किया जा सकता है कि वे परिणाम को प्रभावित तो कर सकते हैं, परन्तु उनमें अनुसंधानकर्ता की रुचि नहीं होती है।

4. अनुसंधान से प्राप्त प्रदत्त इस प्रकार का होना चाहिए कि उसके आधार पर सामान्यीकरण किया जा सके (*Kerlinger,* 2002)।

5. अनुसंधान अभिकल्प ऐसा होना चाहिए जिससे समस्या का निराकरण सरलता से प्राप्त किया जा सके (*Kerlinger,* 2002) तथा अनुसंधान उपकल्पना का परीक्षण उपयुक्तता (adequately) होना चाहिए (*Kerlinger,* 2002)। *Kerlinger* (2002) के अनुसार, ***"Design research to answer research questions."***

6. अनुसंधान अभिकल्प ऐसा होना चाहिए जिससे वाह्य स्वतन्त्र परिवर्त्यों (extraneous independent variable) को नियंत्रित किया जा सके (*Kerlinger,* 2002)। यह स्वतन्त्र परिवर्त्य प्रयोग के सन्दर्भ में प्रासांगिक (relevant) भी होंगे और अप्रासांगिक (irrelevant) भी। प्रयोज्य का निष्पादन जहाँ प्रासंगिक परिवर्त्यों से प्रभावित होता है वहीं वाह्य स्वतन्त्र परिवर्त्य (extraneous variables) भी निष्पादन को प्रभावित करते हैं जो कि प्रयोग/अध्ययन के अंग नहीं होते हैं। इस सन्दर्भ में ***Kerlinger*** (2002) ने यह नियम प्रस्तावित किया है :—

''जब सम्भव हो तो यादृच्छिकीकरण कीजिये। प्रयोज्यों का चयन यादृच्छीकरण के द्वारा कीजिये। समूह में प्रयोज्यों का चयन यादृच्छिकीकरण के द्वारा कीजिये। समूहों में प्रायोगिक दशाओं को यादृच्छिकीकरण के आधार पर निर्दिष्ट कीजिये।'' (Randomize whenever possible : select subjects at random : assign subjects to groups at random : assign experimental treatments to groups at random.)

7. ***Kerlinger*** (2002) के अनुसार, *''स्वतन्त्र परिवर्त्य को इस प्रकार नियन्त्रित कीजिये जिससे क्रमबद्ध प्रसरण को वाह्य एवं अवांछित स्रोतों के प्रभाव को न्यूनतम किया जा सके'' (Control the independent variables so that extraneous and unwanted sources of systematic variance have minimal opportunity to operate.)*।

8. Kerlinger (2002) के अनुसार शोध अभिकल्प ऐसा होना चाहिए जिसकी आन्तरिक वैधता (internal validity) भी हो और वाह्य वैधता (external validity) भी। यदि शोध अभिकल्प ऐसा है जिसमें प्रायोगिक दशाओं के प्रहस्तलन (experimental manipulation) से सार्थक परिणाम प्राप्त होते हैं, तो उस अभिकल्प में आन्तरिक वैधता पाई जायेगी। जिस अनुसंधान अभिकल्प में नियन्त्रण प्रविधि (control mechanism) के तीन नियम-क्रमबद्ध प्रसरण के उच्चतम स्तर को प्राप्त करना (to maximize systematic variance), त्रुटि प्रसरण को न्यूनतम करना (to minimize error variable) तथा वाह्य प्रसरण को नियन्त्रित करना (control of extraneous variance) पाये जाते हैं उसमें आन्तरिक वैधता (internal validity) पाई जाती है। यह नियन्त्रण जितना ही अधिक होगा, अभिकल्प में आन्तरिक वैधता उतनी ही अधिक पाई जायेगी। वाह्य कसौटी (external criterion) को प्राप्त करना एक कठिन कार्य है। वाह्य कसौटी का तात्पर्य प्रतिनिधियात्मकता (representativeness) अथवा सामान्यीकरणीयता (generalizability) से है। अनुसंधानकर्ता अपने शोध-परिणामों के आधार पर सामान्यीकरण करता है।

9. परिवर्त्य प्रतिनिधित्यामकता (variable representativeness) का महत्त्व अधिक है। क्योंकि परिवर्त्यों को शोध-प्रतिनिधि (research representative) होना चाहिए।

अनुसंधान अभिकल्प एवं प्रसरण नियन्त्रण
(Research Design as Variance Control)

अनुसंधान अभिकल्प का मुख्य तकनीकी प्रकार्य (technical function) प्रसरण का नियन्त्रण करना है। अनुसंधान अभिकल्प में निर्देशों का सेट दिया रहता है जिसके द्वारा अनुसंधानकर्ता प्रदत्त को संकलित करता है और उसका विश्लेषण करता है। यह एक नियन्त्रण प्रविधि (control mechanism) है। इस प्रविधि के पीछे निम्न नियम (principle) निहित है। इसे maxmincon नियम भी कहते हैं।

(1) क्रमबद्ध प्रसरण के उच्चतम स्तर को प्राप्त करना (Maximization of experimental variance)

(2) त्रुटि प्रसरण को न्यूनतम करना (Minimization of error variance)

(3) वाह्य प्रसरण को नियन्त्रित करना (Control of extraneous variance)

1. क्रमबद्ध प्रसरण के उच्चतम स्तर को प्राप्त करना *(Maximization of Experimental Variance)*—**Kerlinger** (2002) का मत है कि, *''अनुसंधान का अभिकल्प एवं योजना ऐसी होनी चाहिए कि प्रायोगिक दशाओं में जहाँ तक सम्भव हो अन्तर रखना चाहिए।''* *(Design, plan and conduct research so that the experimental conditions are dfferent as possible.)*

इस विधि में आश्रित परिवर्त्य पर स्वतन्त्र परिवर्त्य के पड़ने वाले प्रभाव को अधिकतम किया जाता है। इस विधि में यह प्रयास किया जाता है कि नियंत्रित समूह की तुलना में प्रायोगिक समूह में स्वतन्त्र परिवर्त्य का प्रभाव अधिक दृष्टिगोचर होना चाहिए। प्रायोगिक प्रसरण का तात्पर्य 'आश्रित परिवर्त्य के प्रसरण, से है जो स्वतन्त्र परिवर्त्य के प्रकार्य स्वरूप प्राप्त किया गया है। ऐसे महत्त्वपूर्ण अन्तर प्राप्त करने के लिए यह आवश्यक है कि स्वतन्त्र परिवर्त्य की मात्रा में पर्याप्त अन्तर होना चाहिए। जब स्वतंत्र परिवर्त्य में महत्त्वपूर्ण अन्तर होगा तो आश्रित परिवर्त्य में भी महत्त्वपूर्ण अन्तर पाया जायगा। इसीलिए Kerlinger ने यह कहा है कि अनुसंधान अभिकल्प के अभिकल्प, योजना तथा प्रशासन में जहाँ तक सम्भव हो, अन्तर रखना चाहिए।

2. त्रुटि प्रसरण को न्यूनतम करना *(Minimization of Error Variance)*—त्रुटि प्रसरण यादृच्छिक अनियमितताओं (random irregularties) अथवा यादृच्छिक उतारों-चढ़ावों (random fluctuations) के कारण पाया जाता है जिसकी मुख्य विशेषता एवं क्षतिपूर्ति (self-compensation) है। यह प्रसरण कभी इस दिशा में तो कभी उस दिशा में कभी घनात्मक तो कभी ऋणात्मक, कभी ऊपर तो कभी नीचे की ओर पाया जाता है। लेकिन यादृच्छिक त्रुटियाँ इन दोनों में सन्तुलन स्थापित करती हैं जिससे उनका मध्यमान मूल्य शून्य के बराबर हो जाता है। क्रमबद्ध प्रसरण भविष्यवाणी करने योग्य होता है। त्रुटि प्रसरण भविष्यवाणी करने योग्य नहीं होता है। त्रुटिप्रसरण अनेक कारण से पाये जाते हैं उदाहरणार्थ मापन त्रुटि (errors of measurement), व्यक्तिगत भिन्नताएँ (individual differences) आदि।

3. वाह्य परिवर्त्यों का नियन्त्रण *(Control of Extraneous Variables)*—वाह्य परिवर्त्यों के नियन्त्रण का तात्पर्य यह है कि उन स्वतन्त्र परिवर्त्यों (I.V) के प्रभाव का न्यूनीकरण (minimize) किया जाय, उन्हें रद्द (nullify) किया जाय अथवा उन्हें पृथक (isolate) किया जाय जो अध्ययन के उद्देश्य से निरर्थक है। *(The control of extraneous variables means that influences of extraneous variables to the purposes of study* *are minimized, nullified or isolated—**Kerlinger***)। ऐसे परिवर्त्यों के प्रभाव को शून्य (zero) या शून्य के बराबर कर देना चाहिए, अनुसंधान में नियन्त्रण के लिए ऐसे विधियों का प्रयोग करके परिणाम को अपेक्षाकृत अधिक वस्तुनिष्ठ बनाया जा सकता है। वाह्य परिवर्त्यों को नियन्त्रित करने की तीन विधियाँ हैः—

(i) परिवर्त्य को परिवर्त्य के रूप में समाप्त किया जाय *(To eliminate the variable as variable)*—यदि हम सोचते हैं कि बुद्धि का उपलब्धि पर प्रभाव पड़ता है। तो उपलब्धि पर बुद्धि के प्रभाव को नियन्त्रित करने के लिए हमें एक ही बुद्धिलब्धि के प्रयोज्यों का प्रयोग करना चाहिए। इसी प्रकार प्रजाति (race) एवं बुद्धिलब्धि में सम्बोधन के अध्ययन के लिए हमें एक ही प्रजाति के प्रयोज्यों का प्रयोग करना चाहिए। इस सन्दर्भ में ***Kerlinger*** (2002) ने एक उपनियम (**subprinciple**) प्रस्तावित किया है, *''आश्रित परिवर्त्य पर सम्भावित प्रभावी स्वतन्त्र परिवर्त्यों के प्रभाव को समाप्त करने के लिए अनुसंधानकर्ता को चाहिए कि वह स्वतन्त्र परिवर्त्य से सम्बन्धित जहाँ तक सम्भव हो समजातीय प्रयोज्यों का चयन करें।'' (To eliminate the effect of possible influential independent variable on a dependent variable, one can choose subjects so that they are homogeneous as possible on that independent variable.)*

अवांछनीय अथवा वाह्य प्रसरणों का नियन्त्रण करना अनुसंधान प्रक्रिया में एक महत्त्वपूर्ण सोपान है।

(ii) यादृच्छिकीकरण के द्वारा प्रसरण का नियन्त्रण *(To control variance through randomization)*—सैद्धान्तिक रूप से यादृच्छिकीकरण ही वह एक मात्र विधि है जिसके द्वारा वाह्य परिवर्त्यों का नियन्त्रण किया जा सकता है। यदि भलीभाँति यादृच्छिकीकरण की प्रक्रिया का प्रयोग किया गया है तो निश्चित रूप से यह कहा जा सकता है कि प्रायोगिक समूह सभी दृष्टिकोण से समान होंगे क्योंकि संयोग (chance) पर निर्भर रहने पर ही असमान समूहों के बनने की सम्भावना रहती है। इस सम्भावना को समाप्त करने के लिए ही यादृच्छिकीकरण किया जाता है। अतः वाह्य परिवर्त्यों को नियन्त्रण करने की सर्वोत्तम विधि यादृच्छिकीकरण है। इस सन्दर्भ में ***Kerlinger*** (2002) का मत है, *''जहाँ तक सम्भव हो सके, प्रयोज्यों को प्रायोगिक समूहों तथा प्रायोगिक दशाओं में यादृच्छिक रूप से निर्दिष्ट करना चाहिए तथा प्रायोगिक समूहों में दशाओं और दूसरे कारकों को भी यादृच्छिक रूप से रखना चाहिए।'' (Whatever it is possible to do so, randomly assign subjects to experimental groups and conditions and randomly assign conditions and other factors to experimental groups.)*

(iii) वाह्य परिवर्त्य को अनुसंधान योजना में एक स्वतन्त्र परिवर्त्य के रूप में सम्मिलित करना *(To build it right into the design as an independent variable)*—यदि अनुसंधानकर्ता अपने अनुसंधान में यौन-परिवर्त्य को नियन्त्रित करना चाहता है लेकिन वह उसे प्रयोग अवधि से निकाल नहीं सकता है अथवा निकालना बुद्धिमत्तापूर्ण नहीं लगता है, तो वह यौन-परिवर्त्य को एक तीसरे स्वतन्त्र परिवर्त्य के रूप में अभिकल्प में सम्मिलित कर लेता है लेकिन यह तभी सम्भव है जब वह स्वतन्त्र परिवर्त्य के रूप में यौन परिवर्त्य को स्वीकार कर ले। ***Kerlinger*** (2002) का मत है कि, *''वाह्य परिवर्त्य को प्रायोगिक अभिकल्प में निर्दिष्ट परिवर्त्य के रूप में लेकर नियंत्रित किया जा सकता है। इस नियन्त्रण से अतिरिक्त अनुसंधानात्मक सूचनाएँ, आश्रित परिवर्त्य पर स्वतन्त्र परिवर्त्य के प्रभाव को तथा अन्य अनाश्रित परिवर्त्यों के साथ अन्तक्रिया को प्रकट करते हैं।'' (An extraneous variable can be* *controlled by building it into the research design as an assigned variable, thus achieving control and yielding additional research information about the effects of the variable on the dependent variable and about its possible interaction with other independent variables.)*

4. प्रयोज्यों का समेलन *(To match subjects)*—इस विधि का प्रयोग अक्सर किया जाता है लेकिन यह एक उत्तम विधि नहीं है। इसमें परिवर्त्यों को दो या दो से अधिक भागों में बाँटा जाता है तथा प्रत्येक स्तर पर यादृच्छिकीकरण किया जाता है। यद्यपि इस विधि के द्वारा प्रसरण नियन्त्रण किया जाता है, परन्तु इस विधि का प्रयोग करते समय अधिक लगता है (waste of time), भ्रामक (misleading) परिणाम प्राप्त होते हैं तथा, दो या दो से अधिक परिवर्त्यों का सम्मेलन कराते समय कुछ प्रयोज्य नहीं मिलते हैं। ***Kerlinger*** (2002) ने इस सन्दर्भ में यह इस उप-नियम को प्रस्तावित किया है, *"जब समेलन परिवर्त्य आश्रित परिवर्त्य से पर्याप्त मात्रा में सहसम्बन्धित हो, तो प्रसरण नियन्त्रण के रूप में समेलन को एक लाभदायक एवं वांछनीय नियन्त्रण विधि के रूप में स्वीकार किया जा सकता है। समेलन प्रयोग करने से पूर्व अनुसंधान विशेष में सम्मेलन करने वाले परिवर्त्य के गुण-दोष के बारे में अच्छी तरह सोच-विचार लेना चाहिए, प्रसरण नियन्त्रण की उत्तम विधि के रूप में सम्पूर्ण यादृच्छिकीकरण अथवा प्रसरण सह विश्लेषण का प्रयोग करना चाहिए।" (When a matching variable is substantially correlated with the dependent variable, matching as a form of variance control can be profitable and desirable. Before using matching, how ever, carefully way its advantages and disadvantages in the particular research situation. complete randomization or the analysis of covariance may be better methods of variance control.)*

5. सांख्यकीय नियन्त्रण *(Statistical Control)*—इसमें प्रसरण को पृथक किया जाता है और उसका परिमार्जन (quantification) किया जाता है। यह नियन्त्रण अन्य प्रविधियां से भिन्न नहीं है।

अनुसंधान अभिकल्प के प्रकार
(Types of Research Design)

अनुसंधानकर्ताओं एवं विद्वानों ने अपने प्रायोगिक अनुसंधानों के आधार पर अनुसंधान अभिकल्पों के अनेक प्रकार बताये हैं। अनुसंधान अभिकल्पों को अनेक विद्वानों ने प्रायोगिक अभिकल्प (experimental design) भी कहा है। विद्वानों ने अपने प्रायोगिक उपलब्धियां के आधार पर प्रायोगिक अभिकल्प का वर्गीकरण निम्न प्रकार से प्रस्तुत किया है:—

मैक्गुइन का वर्गीकरण ***(McGuigan Classification)***

(i) यादृच्छिकीकृत द्विसमूह अभिकल्प (Two Randomized Group Design)

(ii) समेलित द्विसमूह अभिकल्प (Two Matched Groups Design)

(iii) दो या दो से अधिक यादृच्छिकीकृत समूह अभिकल्प (More than two Randomized Group Design)

(iv) कारकीय अभिकल्प (Factorial Design)

(v) प्रयोज्यान्तर्गत या समूहान्तर्गत अभिकल्प (Within Subjects Design)

एडवर्डस (1969) एवं त्रिपाठी (1992) का वर्गीकरण *(Edwards and Tripathi's Classification)*

एडवर्डस् एवं ***डा॰ एल॰बी॰ त्रिपाठी*** का वर्गीकरण लगभग समान है जिसका वर्णन अधोप्रस्तुत है:—

1. समूहों के अन्तर वाले अभिकल्प (Between Groups Designs)
   - (i) यादृच्छिकीकृत समूहों वाले अभिकल्प (Randomized Groups Designs)
   - (ii) समेलित समूह वाले अभिकल्प (Matched Group Design)
   - (iii) यादृच्छिकीकृत खण्डों वाले अभिकल्प (Randomized Block Designs)
   - (iv) लैटिन वर्ग वाले अभिकल्प (Latin Square Design)
   - (v) कारकीय अभिकल्प (Factorial Design)
   - (vi) समूहान्तर्गत अभिकल्प (Within Group Design)
   - (vii) अर्द्ध-प्रायोगिक अभिकल्प (Quasi Experimental Design)

जहोदा इत्यादि (1959) का वर्गीकरण *(Jahoda's Classification)*

1. 'केवल पश्चात' प्रयोग (After only Experiment)
2. 'पूर्व पश्चात' प्रयोग (Before after Experiment)
   - (i) 'पूर्वपश्चात' अध्ययन एक समूह पर (The before after study with a single groups)
   - (ii) पूर्वपश्चात' अध्ययन परस्पर आदान-प्रदानशील समूह (The before after study with interchangable groups)
   - (iii) 'पूर्व पश्चात' अध्ययन एक नियन्त्रित समूह के साथ (Before and after study with one control group)
   - (iv) 'पूर्व पश्चात' अध्ययन दो नियन्त्रित समूहों के साथ (Before after study with two control groups)
   - (v) 'पूर्व पश्चात' अध्ययन तीन नियन्त्रित समूहों के साथ (Before after study with three control goups.)

लिण्डक्विस्ट का वर्गीकरण *(Lindquist's Classification)*

(1) सरल यादृच्छिक अभिकल्प (Simple Randomized Design)
(2) समउपचारस्तर × अभिकल्प (Treatments by subjects Design)
(3) समउपचारप्रयोज्य × अभिकल्प (Treatments by subjects Design)
(4) यादृच्छिक पुनरावृत्ति अभिकल्प (Random Replication Design)
(5) कारकीय अभिकल्प (Factorial Designs)
(6) समउपचार-समूह अन्तर्गत अभिकल्प (Groups with in Treatments Design)

कर्लिंगर का वर्गीकरण *(Kerlinger's Classification)*

(1) प्रयोगात्मक समूह-नियन्त्रित समूह यादृच्छिक प्रयोज्य (Experimental group-control group : Randomized subjects.)
(2) प्रयोगात्मक-समूह-नियन्त्रित समूह : समेलित प्रयोज्य (Experimental group-control group : Matched subjects)

(3) पूर्व-पश्चात नियन्त्रित समूह अभिकल्प (पूर्व-पश्चात मापन) (Before-after control group-Pretest-post test)

(4) कूटपूर्ण-पूर्व-पश्चात यादृच्छिकीकृत अभिकल्प (Simulated before after Randomized Design)

(5) तीन समूह पूर्व पश्चात अभिकल्प (Three groups before after design)

(6) चार समूह पूर्व पश्चात (सोलोमन) (Four groups before after (Solomon's)

इन वर्गीकरणों में Edwards का वर्गीकरण अधिक लोकप्रिय तथा सर्वमान्य है। अस्तु हम Edwards के वर्गीकरण का ही वर्णन करेंगे। Edwards के वर्गीकरण को हम आरेख (diagram) द्वारा इस प्रकार प्रस्तुत कर सकते हैं:—

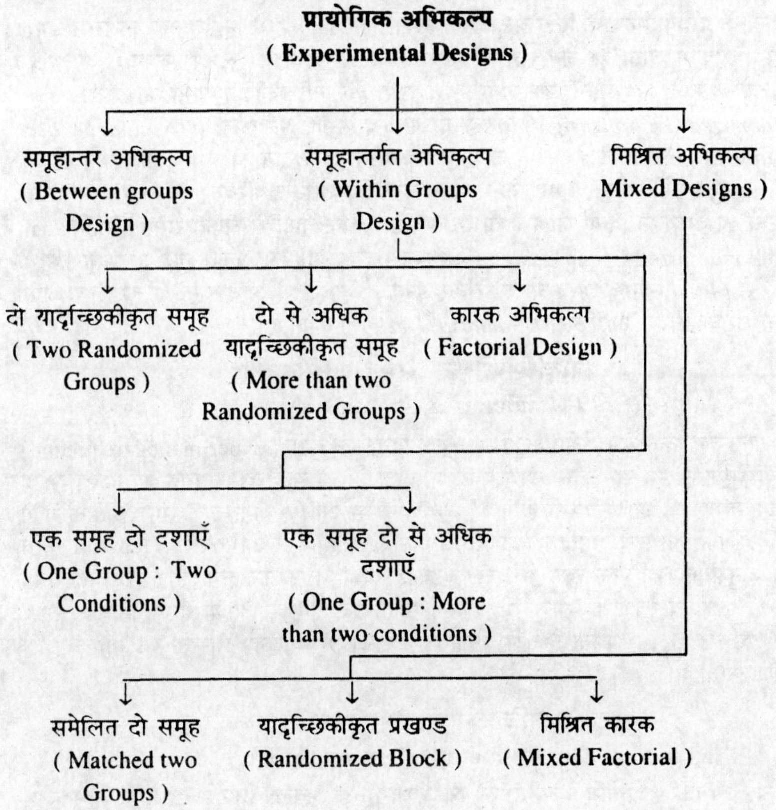

❑

अध्याय 8

समूहान्तर अभिकल्प : यादृच्छिकीकृत समूह
(BETWEEN GROUP DESIGN : RANDOMIZED GROUPS)

इसे प्रयोज्यान्तर (Between subjects) अथवा यादृच्छिकीकृत समूह (Randomized group) अभिकल्प भी कहते हैं। इस अभिकल्प की प्रमुख विशेषता यह है कि इसमें स्वतन्त्र परिवर्त्य के प्रत्येक मूल्य के लिए यादृच्छिक रूप (randomly) से निर्मित अलग-अलग समूहों का प्रयोग किया जाता है। *जब स्वतन्त्र परिवर्त्यों के दो मूल्यों को लेकर स्वतन्त्र एवं आश्रित परिवर्त्यों के मध्य अध्ययन किया जाता है, तो उसे दो यादृच्छिकीकृत समूह अभिकल्प (Two Randomized Group Design) अथवा दो स्वतन्त्र समूह अभिकल्प (Two Independent Group Design)* कहते हैं। परन्तु जब स्वतन्त्र परिवर्त्य के तीन या इससे अधिक मूल्यों को लेकर 3 या इससे अधिक समूहों के मध्य स्वतन्त्र एवं आश्रित परिवर्त्य के मध्य प्रकार्यात्मक सम्बन्धों का अध्ययन किया जाता है तो उसे दो से अधिक यादृच्छिकीकृत समूह (More than Two Randomized Group Design) अभिकल्प कहते हैं। इसी प्रकार *जब अनुसंधान में दो या दो से अधिक स्वतन्त्र परिवर्त्यों को लेकर उनके दो या दो से अधिक मूल्यों को लिया जाता है, तो उसके कारक अभिकल्प (Factorial Design) कहते हैं।*

यादृच्छिकीकृत समूह अभिकल्प
(Randomized Group Design)

यादृच्छिकीकृत समूह अभिकल्प में प्रत्येक प्रायोगिक दशा (experimental treatment) के लिए एक अलग समूह का उपयोग किया जाता है। दो यादृच्छिक समूह अभिकल्प में दो प्रयोज्य समूहों की आवश्यकता होती है, जबकि दो से अधिक यादृच्छिक समूह अभिकल्प में दो से अधिक प्रयोज्य समूहों का उपयोग किया जाता है। ऐसे अभिकल्पों का उपयोग करते समय अनुसंधानकर्ता जनसंख्या से वांछित इकाइयों का चयन कर लेता है। तत्पश्चात चयन किये गये प्रयोज्य इकाइयों को अनुसंधानकर्ता यादृच्छिक रीति से दो या दो से अधिक समूहों में निर्दिष्ट (assign) करता है तथा प्रायोगिक दशाओं में विद्यमान भिन्नता की सार्थकता का परीक्षण करता है।

दो यादृच्छिकीकृत समूह अभिकल्प
(Two Randomized Group Design)

यह अभिकल्प प्रायोगिक अनुसंधानों का आधारभूत अभिकल्प है। इसे 'द्विसमूह अभिकल्प' (Two group design) अथवा 'दो स्वतन्त्र समूह अभिकल्प' (Two Independent Group Design) के नाम से भी पुकारते हैं। इस अभिकल्प का मुख्य उद्देश्य इस प्रश्न का उत्तर देना है कि कोई निश्चित पूर्ववर्ती दशा/घटना (antecedent condition/event) किसी परिणामी दशा/घटना (consequent condition/event) को उत्पन्न करती है या नहीं। इस अभिकल्प में पूर्ववर्ती दशा स्वतन्त्र परिवर्त्य (Independent variable) तथा परिणामी दशा को आश्रित

परिवर्त्य (Dependent Variable) कहते हैं। स्वतन्त्र परिवर्त्य के प्रत्येक मूल्य को प्रायोगिक दशा (experimental treatment) कहते हैं। इस अभिकल्प में स्वतन्त्र परिवर्त्य के दो मूल्यों/स्तरों का प्रयोग किया जाता है। एक मूल्य की कोई निश्चित मात्रा होती है जबकि दूसरा मूल्य शून्य के बराबर होता है। प्रथम दशा को प्रायोगिक दशा तथा दूसरी दशा को नियन्त्रित दशा कहते हैं। प्रथम दशा में अनेक समूह भी हो सकते हैं क्योंकि स्वतन्त्र परिवर्त्य के अनेक मूल्य होने पर अनेक प्रायोगिक समूह भी होंगे। इस विधि में यादृच्छिकीकरण के लिए सामान्यतया लॉटरी विधि का प्रयोग किया जाता है। जब दो समूहों का यादृच्छिक चयन कर लिया जाता है तो सिक्का उछाल कर किसी समूह को प्रायोगिक और किसी को नियन्त्रित निर्दिष्ट किया जाता है।

उदाहरण—यदि हम शिबली नेशनल स्नातकोत्तर महाविद्यालय आजमगढ़ में अध्ययनरत 10,000 विद्यार्थियों की एक सूची वर्णमाला के आधार पर तैयार करनी होगी। यदि हमें 50-50 विद्यार्थियों के प्रतिदर्श का चयन करना है तो यह चयन हमें यादृच्छिक आधार पर करना होगा। इस उद्देश्य की पूर्ति के लिए हम प्रत्येक 100वें छात्र को सूची से ले लेंगे। इस विधि के अलावा किसी अन्य विधि का प्रयोग भी प्रयोज्यों के यादृच्छिक चयन के लिए किया जा सकता है। जब दो समूहों का चयन यादृच्छिक रूप से कर लिया जाता है तो प्रायोगिक अथवा नियंत्रित समूह में निर्दिष्ट करने की आवयकता होती है जिसके लिए हम सिक्का उछालते हैं।

ऐसे अभिकल्प में चयन किये गये समूहों के सन्दर्भ में यह अभिग्रह निहित रहती है कि दोनों समूहों में उनके मध्यमान के सन्दर्भ में सार्थक अन्तर नहीं होगा। इस विधि में यादृच्छिकीकरण की प्रक्रिया द्वारा दोनों समूहों को समतुल्य बनाया जाता है जिससे प्रयोज्य सम्बन्धी दोष दूर हो जाते हैं तथा ऐसे दोनों समूहों से प्राप्त मध्यमान अन्तरों का कारण प्रायोगिक संक्रिया (experimental operation) को मान लिया जाता है।

इस अभिकल्प से प्राप्त प्रदत्त का सांख्यकीय विश्लेषण करने के लिए तीन दशाओं/कसौटियों का प्रयोग करना आवश्यक है:—

(i) स्वतन्त्र परिवर्त्य का मापन किस मापनी के अनुसार हुआ है—अन्तराल अथवा कोटिक्रम अथवा नामिक मापनी के अनुसार। क्योंकि अलग-अलग मापन स्तर के लिए अलग-अलग सांख्यकीय प्रविधियों का प्रयोग किया जाता है।

(ii) प्रत्येक समूह का N छोटा (Small) है अथवा बड़ा (Large)।

(iii) उपकल्पना की पुष्टि।

सांख्यिकीय विश्लेषण
(Statistical Analysis)

जब दो समूहों से अलग-अलग प्राप्तांकों को प्राप्त कर लिया जाता है, तो उनके मध्यमान मूल्यों की गणना की जाती है। तत्पश्चात यह देखा जाता है कि दोनों समूहों के मध्यमानों के मध्य विद्यमान अन्तर स्वतन्त्र परिवर्त्य के कारण है अथवा नहीं। मध्यमानों के मध्य विद्यमान अन्तर के सार्थक होने पर अमान्य उपकल्पना (Null Hypothesis–H_o–M_1–M_2 = 0) अस्वीकृत हो जाती है और शोध उपकल्पना/विकल्प उपकल्पना (Research hypothesis/Alternative hypothesis —H_A–M_1–M_2= 0) स्वीकृत हो जाती है।

जब प्रदत्त अलग-अलग मापनियों के माध्यम से प्राप्त किये जाते हैं, तो उनके लिए भिन्नतापरक सांख्यिकीय प्रविधियों का प्रयोग किया जाता है। ऐसे अभिकल्पों में अधिकतर अन्तराल मापनियों (interval scales) का ही प्रयोग किया जाता है परन्तु कभी-कभी कोटि सूचक (ordinal scale) तथा नामवाचक (nominal) मापनियों का भी प्रयोग किया जाता है।

(i) आश्रित परिवर्त्य जब अन्तराल मापनी प्रकार का है तो t परीक्षण का प्रयोग किया जायेगा।

यदि दो समूहों से प्राप्त प्रदत्त मूल प्राप्तांकों के रूप में है तो इस विधि से टी मूल्य की गणना की जायेगी लेकिन जब N का आकार 30 से कम होगा।

दो अनाश्रित मध्यमानों के अन्तर की प्रामाणिक त्रुटि
(Standard Error of Difference between Independent Means)

1. अनाश्रित (असह-सम्बन्धित) तथा वृहद् प्रतिदर्श से प्रामाणिक त्रुटि की गणना सूत्र

$$\sigma_D = (M_1 - M_2) = \sqrt{\sigma^2_{M_1} + \sigma^2_{M_2}}$$

या $$\sigma_D = \sqrt{\frac{\sigma_1^2}{N_1} + \frac{\sigma_2^2}{N_2}}$$

यहाँ σ_{M_1} = पहले प्रतिदर्श के माध्यम का SE

σ_{M_2} = दूसरे प्रतिदर्श के माध्यमान का SE

σ_D = दो प्रतिदर्श के मध्यमानों के मध्य का SE

N_1 और N_2 = दो प्रतिदर्शों का आकार

उदाहरण—कक्षा 12 के विद्यार्थियों पर आंशिक योग्यता का एक परीक्षण प्रशासित किया गया जिसके प्राप्त प्रदत्त निम्न प्रकार थे:—

Sex	N	Mean	σ
Girls	100	60	12
Boys	100	55	10

(i) प्रामाणिक त्रुटि की गणना

$$\sigma_{D.} = \sqrt{\frac{\sigma_1^2}{N_1} + \frac{\sigma_2^2}{N_2}} = \sqrt{\frac{(12)^2}{.N_1} + \frac{(10)^2}{100}} = 1.56$$

(ii) क्रान्तिक अनुपात की गणना

दोनों मध्यमानों का अन्तर = 5 और प्रामाणिक त्रुटि 1.56 है। यह देखने के लिए कि वास्तविक रूप से लड़के और लड़कियाँ निष्पादन में एक-दूसरे से भिन्न हैं। हमें अमान्य परिकल्पना की रचना करनी होगी। अमान्य परिकल्पना में यह कल्पना किया जाता है कि दोनों का अन्तर शून्य है। क्या प्राप्त मध्यमान अन्तर 5 अपने प्रामाणिक त्रुटि 1.56 के सन्दर्भ में इतना अधिक है कि अमान्य परिकल्पना पर संदेह किया जाय। इस प्रश्न के उत्तर के लिए क्रांतिक अनुपात (C.R.) की गणना करनी होगी। CR प्राप्त करने के लिए प्रतिदर्श मध्यमानों के अन्तर को उसके प्रामाणिक त्रुटि से भाग दे दिया जाता है $\left(\frac{M_1 - M_2}{\sigma D}\right)$ यह प्रक्रिया प्राप्त अन्तर को

σ प्राप्तांक के रूप में कम करती है। जब प्रतिदर्श का आकार वृहद होती है C.R. का वितरण जनसंख्या मध्यमानों के वास्तविक अन्तर के चारों ओर सामान्य माना जाता है।

$$CR = \frac{5}{1.56} = 3.2$$

सामान्य सम्भावना वितरण की तालिका से स्पष्ट होता है कि $\pm$ 3.2σ के बीच 49.93 × 2 . 99.86 % क्षेत्र आते हैं और शेष .14% क्षेत्र बाहर पड़ते हैं।

(iii) सार्थकता स्तर (*Significance Level*)

अमान्य परिकल्पना की स्वीकृत या अस्वीकृत करने के लिए प्रयोगकर्ता दो विश्वास स्तरों का चुनाव करता है। 95% और 99% विश्वास स्तर। जब C. R. 1.96 हागा तो हम अमान्य परिकल्पना को .05 सार्थकता स्तर पर अस्वीकृत कर सकते हैं। इसी तरह से जब C. R. 2.58 या इससे अधिक होगा तो अमान्य परिकल्पना को .01 स्तर पर अस्वीकृत कर सकते हैं। प्रस्तुत उदाहरण में C. R. = 3.2 है जो 2.58 से अधिक है। इसलिए अमान्य परिकल्पना अस्वीकृत हो जाती है। दोनों मध्यमानों का अन्तर 5 और $\sigma_D = 1.56$ है। अतः वास्तविक अन्तर के लिए 99% के विश्वास अन्तराल ± 2.58 × 1.56 अर्थात् + .975 से 9.025 होगा। यह स्पष्टतः विस्तृत क्षेत्र है, जिसका विस्तार + से + हैं। इसके बीच 0 नहीं पड़ता है। यदि इस अन्तराल के बीच 0 पड़ता तो अमान्य परिकल्पना को स्वीकृत कर लिया जाता है। लेकिन शून्य बाहर पड़ता है इसलिए अमान्य परिकल्पना को .01 विश्वास स्तर पर अस्वीकृत किया जाता है। इसी तरह विश्वास अन्तराल .05 विश्वास स्तर भी ज्ञात कर सकते हैं, यदि C. R. 1.96 या इससे अधिक है।

2. लघु अनाश्रित प्रतिदर्श मध्यमानों के अन्तर के प्रामाणिक त्रुटि की गणना

जब दो प्रतिदर्शों का N 30 या इससे कम होता है तो मध्यमानों के अन्तर की प्रामाणिक त्रुटि प्रामाणिक विचलन पर निर्भर होता है। प्रामाणिक विचलन की गणना $\sigma = \sqrt{\frac{\Sigma x^2}{N-1}}$ के द्वारा की जाती है और df ज्ञात किया जाता है। 't' तालिका के द्वारा 't' की सार्थकता ज्ञात करेंगे। टी तालिका के पहले खाने में स्वतंत्राश (df) दिया रहता है जो 1 से लेकर 1000 (अनन्त) तक दिया रहता है। अन्य खानों में अनेक सार्थकता स्तरों यथा 0.10, 0.05, 0.02, 0.01 पर टी का मान दिया रहता है। जब समूह अथवा प्रतिदर्श एक ही होता है तथा इसके पहले एंव अंतिम प्राप्तांकों के मध्य अन्तर की सार्थकता की जाँच के लिए .10 तथा .02 सार्थकता स्तरों का प्रयोग किया जाता है। लेकिन जब समूह अथवा प्रतिदर्श की संख्या दो होती है तो उन दोनों समूहों के मध्य अन्तर की सार्थकता की जाँच के लिए .05 तथा .01 सार्थकता स्तरों का प्रयोग किया जाता है। टी का मान देखने के लिए पहले स्वतंत्राश के खाने को देखते हैं फिर उसी लाइन में .05 तथा .01 स्तर पर दिये गये टी मूल्यों को प्राप्त कर लेते हैं। जैसे 20 df पर .05 तथा .01 सार्थकता स्तरों पर टी का मान क्रमशः 2.086 तथा 2.845 होगा। इसी प्रकार जब 36 df पर हमें .05 तथा .01 सार्थकता स्तरों पर टी का मान ज्ञात करना होगा तो या तो हम 40 df पर दिये गये टी मानों को ले लें या अन्तर-गणन पद्धति (Interpolation method) के द्वारा टी का मान ज्ञात करें। तालिका देखते समय यह सुनिश्चित कर लेना नितांत आवश्यक है कि परीक्षण एकपुच्छीय (one tailed) है या द्विपुच्छीय (two tailed) । लघु न्यादर्शों के लिए 't' भी एक क्रांतिक अनुपात है, जिसमें σD का अधिक परिशुद्ध आकलन प्रयुक्त होता है। जब

N छोटा होता है तो 't' का प्रतिचयन वितरण सामान्य नहीं होता। 't' को C.R. कह सकते हैं। लेकिन सभी C. R. 't' नहीं होते।

उदाहरण—मनोविज्ञान तथा भूगोल के 10 – 10 विद्यार्थियों पर एक रुचि-परीक्षण प्रशासन किया गया, क्या दोनों समूहों का मध्यमान अन्तर .05 और .01 स्तर पर सार्थक है।

मनोविज्ञान एवं भूगोल का प्राप्तांक

मनोविज्ञान समूह प्राप्तांक			भूगोल समूह प्राप्तांक		
(X_1)	X_1	X_1^2	(X_2)	X_1	X_2^2
30	2	4	18	1	
35	7	40	15	2	4
25	3	9	13	4	16
20	–8	64	22	5	25
40	12	144	15	–2	4
28	0	0	25	8	64
22	–6	36	18	1	1
27	–1	1	17	0	0
28	5	15	15	2	4
30	2	4	12	–5	25
280		$\Sigma x_1^2 = 336$	170		$\Sigma x_2^2 = 144$
10			10		

$M_1 = 28$ $M_2 = 17$

$N_1 - 1 = 9$

$N_2 - 1 = 9$

$$\text{Pooled } \sigma = \sqrt{\frac{\Sigma (X_1 - M_1)^2 + \Sigma (X_2 - M_2)^2}{(N_1 - 1) + (N_2 - 1)}}$$

या

$$\text{Pooled } \sigma = \sqrt{\frac{\Sigma x_1^2 + \Sigma x_2^2}{(N_1 - 1) + (N_2 - 1)}}$$

$$\sqrt{\frac{336 + 144}{18}} = 5.16$$

$$SE_D = SD \sqrt{\frac{N_1 + N_2}{N_1 \, N_2}}$$

$$5.16 \sqrt{\frac{10 + 10}{10 \times 10}} = 2.30$$

या $\sigma D = \sqrt{\frac{\sigma_1^2}{N_1} + \frac{\sigma}{N_2}} - \sqrt{\frac{(5.16)^2}{10} + \frac{(5.16)^2}{10}} = 2.30$

$$t = \frac{M_1 - M_2}{SED} = \frac{11}{2.30} = 4.78$$

$$t = \frac{M_1 - M_2}{\sqrt{\left(\frac{\Sigma x_1^2 + \Sigma x_2^2}{N_1 + N_2 - 2}\right)\left(\frac{N_1 + N_2}{N_1\ N_2}\right)}}$$

$$= \frac{28-17}{\sqrt{\left(\frac{336+144}{10\times 10-2}\right)\left(\frac{10+10}{10\times 10}\right)}}$$

$$= \frac{11}{\sqrt{\left(\frac{180}{18}\right)\left(\frac{20}{100}\right)}} = \frac{11}{5.16\times 447} = 4.78$$

जब दोनों समूहों का N बराबर होता है तो t की गणना के लिए F सूत्र का भी प्रयोग किया जाता है, परन्तु विचलन वास्तविक मध्यमान से ज्ञात करना होता है।

$$t = \frac{M_1 - M_2}{\sqrt{\frac{\Sigma x_1^2 + \Sigma x_2^2}{N_1 (N_1 - 1)}}}$$ यहाँ N = प्रतिदर्श के आकार

$df = (N_1 - 1) + (N_2 - 1)$

$(10-1) + (10-1) = 18$

't' अनुपात .01 स्तर पर सार्थक है इसलिए अमान्य परिकल्पना को अस्वीकृत किया जाता है, और शोध परिकल्पना को स्वीकृत किया जाता है।

उदाहरण—अमूर्त तार्किक परीक्षण पर 31 लड़कियों ने निम्न अंक प्राप्त किये।

	Mean	SD	N	df
Boy	48	8	31	30
Girls	40	6	31	30

क्या मध्यमान अन्तर = 8 लड़कों के पक्ष में .01 स्तर पर सार्थक है?

वृहद् प्रतिदर्श का $\sigma = \sqrt{\frac{\Sigma x^2}{N}}$

लघु प्रतिदर्श का $\sigma = \sqrt{\frac{\Sigma x^2}{N-1}}$

$\because \sigma = \sqrt{\frac{\Sigma x^2}{N-1}}$

$$\therefore \quad \sigma^2 = \sqrt{\frac{\Sigma x^2}{N-1}} \because \Sigma x^2 = \sigma^2 \times (N-1) \because \Sigma(X-M)^2 = \Sigma x^2$$

$$\therefore \quad \Sigma x_1^2 = \sigma_1^2 \times (N_1 - 1) = \Sigma (X_1 - M_1)^2$$

$$\Sigma x_2^2 = \sigma_2^2 \times (N_2 - 1) = \Sigma (X_2 - M_2)^2$$

$$\text{Pooled } \sigma = \sqrt{\frac{(\sigma_1)^2 \times (N_1 - 1) + (\sigma_2)^2 \times (N_2 - 1)}{(N_1 - 1) + (N_2 - 1)}}$$

$$= \sqrt{\frac{(8)^2 \times (31-1) + (6)^2 \times (31-1)}{(31-1) + (31-1)}} = 7.07$$

$$\text{SED} = SD \sqrt{\frac{(N_1 + N_2)}{N_1 N_2}} = 7.07 \sqrt{\frac{31+31}{31 \times 31}} = 1.79$$

$$t = \frac{M_1 - M_2}{SED} = \frac{8}{1.79} = 4.469$$

$$df = 60$$

't' अनुपात .01 स्तर पर सार्थक है अतः .01 स्तर पर अमान्य परिकल्पना को अस्वीकृत तथा शोध परिकल्पना को स्वीकृत किया जाता है।

(ii) आश्रित परिवर्त्य जब कोटि सूचक मापनों (Ordinal Scale) प्रकार का है तो समूहों के मध्य अन्तर की सार्थकता के परीक्षण के Z की गणना की जायेगी

$$z = \frac{\left| R_1 - \overline{R}_1 \right| - 1}{\sqrt{\frac{N_1 \, N_2 \, (N_1 + N_2 + 1)}{12}}}$$

इसमें— R_1 = प्रयोगात्मक समूह की कोटियों (Ranks) का योग

R_1 = कोटि मध्यमान = प्रायोगिक समूह की कोटियों के वितरण का मध्यमान

$$\text{अर्थात्} \quad \overline{R}_1 = \frac{N_1 \, (N_1 + N_2 + 1)}{2}$$

N_1 = प्रायोगिक समूह के प्रयोज्यों की संख्या।

N_2 = नियन्त्रित समूह के प्रयोज्यों की संख्या।

Z की प्राप्त मात्रा का विवेचन सम्बन्धित तालिका के आधार पर होता है।

उपर्युक्त सूत्र से भिन्न सूत्र की आवश्यकता तब होती है, जबकि समान कोटिक्रम कई व्यक्तियों के होते हैं।

कई बार आवश्यकता के अनुरूप मैन ह्विटनी यू परीक्षण (Mann Whitney U test) का भी उपयोग किया जा सकता है।

(iii) आश्रित परिवर्त्य जब नामवाचक मापनी (Nominal scale) प्रकार का है, तो काई वर्ग (X^2) सांख्यकीय प्रविधि को उपयेाग किया जायगा।

मादक पदार्थ

	बिलकुल नहीं	कम उपयोग	अधिक उपयोग	योग
प्रयोगात्मक समूह	15	20	15	50
नियंत्रित समूह	18	12	20	50

$$X^2 = \Sigma \frac{(fo - fe)^2}{fe}$$

(iv) जब आश्रित परिवर्त्य कोटि सूचक (ordinal) अथवा नामिक (Nominal) प्रकार है तथा N का आकार बहुत छोटा होता है, तो टी परीक्षण अधिक उपयोगी नहीं माना जाता। ऐसी परिस्थिति में दो समूहों के मध्य अन्तर की सार्थकता के परीक्षण के लिए अप्राचल सांख्यिकीय परीक्षण का प्रयोग किया जाता है। इस उद्देश्य की पूर्ति के लिए दो अप्राचल परीक्षणों का उपयोग किया जा सकता है। कोटि परीक्षण (Rank Test) के रूप में Wilcoxon Rank Test तथा Sign Test का उपयोग किया जा सकता है।

(i) Wilcoxon Sum Rank Test

$$z = \frac{\left|R_1 - \bar{R}_1\right| - 1}{\sqrt{\frac{n_1 n_2 (n_1 + n_2 + 1)}{12}}}$$

(ii) Sign Test

$$x^2 = \frac{N(|AD - BC| - N/2)^2}{(A+B)(C+D)(A+C)(B+D)}$$

द्विपुच्छीय एवं एक-पुच्छीय परीक्षण
(Two Tailed and One-Tailed Test)

वैज्ञानिक अध्ययनों में अमान्य परिकल्पना के द्वारा दो प्रतिदर्शों मध्यमानों के अन्तर की सार्थकता की जाँच की जाती है। अमान्य परिकल्पना की सूचना करते समय हम मध्यमान अन्तरों पर ही ध्यान देते हैं। हम यह नहीं देखते हैं कि किस प्रतिदर्श का मध्यमान कम है और किसका अधिक। दो मध्यमानों का अन्तर धनात्मक भी हो सकता है और ऋणात्मक भी। जब हम मध्यमान अन्तर के धनात्मक या ऋणात्मक को ध्यान में रखकर केवल मध्यमान अन्तर के बारे में ही जाँच करते हैं अर्थात् दिशात्मकता का अभाव रहता है, तब हम उसे द्विपुच्छीय परीक्षण (Two-Tailed Test) कहते हैं। इसी प्रकार जब हम परिकल्पना बनाते समय मध्यमान अन्तर के धनात्मकता या ऋणात्मकता पर ध्यान देते हैं अर्थात् दिशात्मकता पायी जाती है, तब वह परीक्षण एकपुच्छीय होता है। **फरग्यूसन** (1967) के शब्दों में, *"A test of this kind is sometimes called a two tails of the two sided test or non-directional test, because if the normal distribution , or the distribution of +, is used, the two tails of the two sides, of the distribution are employed in the estimation of probabilities."*

परीक्षण एकपुच्छीय होगा या द्विपक्षीय यह परिकल्पना के स्वरूप पर निर्धारित होता है।

यहाँ निर्णय प्रदत्त संकलन से पहले ही कर लिया जाता है। प्रदत्त संकलन के बाद द्विपुच्छीय परीक्षण को छोड़कर एकपुच्छीय परीक्षण नहीं अपनाना चाहिए। जब मध्यमानों के अन्तर की दिशा के बारे में अनुसंधान को कुछ संशय हो, तो उसे द्विपुच्छीय परीक्षण की रचना करनी चाहिए।

एकपुच्छीय एवं द्विपुच्छीय परीक्षण का वर्णन इस प्रकार कर सकते हैं—

$Ho_A = M_1 - M_2 = 0$ or $M_1 = M_2$ द्विपुच्छीय परीक्षण (दिशाहीनता)

$Ho_B = M_1 - M_2 \neq 0, M_1 > M_2$ एकपुच्छीय परीक्षण (दिशात्मकता)

या $M_1 < M_2$

परीक्षण चाहे एकपुच्छीय हो या द्विपुच्छीय उसके लिए CR या t की गणना की जा सकती है। इनके लिए गणना किये जाने वाले CR तथा t के गणितीय प्रक्रिया में कोई अन्तर नहीं है। अन्तर केवल सार्थकता के परीक्षण में है।

द्विपुच्छीय परीक्षण में जो मान .01 विश्वास स्तर पर सार्थक होगा। वह एकपुच्छीय परीक्षण में .05 स्तर पर सार्थक माना जायेगा। इसी प्रकार द्विपुच्छीय परीक्षण में जो मान .02 स्तर पर सार्थक होगा, वह एकपुच्छीय परीक्षण में .01 पर सार्थक माना जायगा। अर्थात् एकपुच्छीय परीक्षण में प्रायिकता द्विपुच्छीय की प्रायिकता की आधी हो जाती है।

स्वतंत्राश
(Degree of Freedom = df)

अनुसंधानकर्ता को सांख्यिकीय निर्णय (statistical decision) लेते समय प्रतिदर्श के आकार पर भी ध्यान देना होता है। प्रतिदर्श के आकार (N) में जैसे-जैसे वृद्धि होती है, सांख्यिकीय परीक्षण (statistical test) की शक्ति (power) में भी वृद्धि पायी जाती है। इस सन्दर्भ में ***Siegel*** (1956) ने अपना मत इस प्रकार प्रकट किया है, *''सांख्यिकीय परीक्षण की शक्ति से तात्पर्य अमान्य परिकल्पना के गलत रहने पर भी अस्वीकृत करने की सम्भावना से है।'' (The power of a test is defined as the probability of rejecting Null hypothesis (Ho) when it is in fact false)*। अनुसंधानकर्ता चाहिए कि जहाँ तक सम्भव हो, प्रतिदर्श आकार जितना बड़ा हो, उतना ही अच्छा है जिससे अमान्य परिकल्पना को अस्वीकृत (reject) किया जा सके। सार्थकता स्तर की जाँच के लिए हमें स्वतंत्राश (degree of freedom = *df*) को ज्ञात करने की आवश्यकता होती है जिसका तात्पर्य प्राप्तांकों के स्वतन्त्र रूप से परिवर्तित होने (freedom to vary) से है।

दो प्रतिदर्श मध्यमानों के मध्य अन्तर की सार्थकता की जाँच के लिए हमें सार्थकता स्तर के तालिका की आवश्यकता होती है लेकिन सार्थकता स्तर में तालिका-मूल्य को तभी प्राप्त किया जा सकता है जब हमें स्वतंत्राश *(df)* ज्ञात हो। स्वतंत्राश *(df)* का तात्पर्य (scores) के स्वतन्त्र रूप से परिवर्तित (freedom of vary) से है। सांख्यिकी में दो कारक स्वतन्त्राश को निर्धारित करते हैं—समस्या के स्वरूप (nature to the problem) तथा आरोपित प्रतिबंधों की संख्या (number of imposed restrictions)। एक N होने पर ($N-1$) तथा दो N होने पर (N_1-1) + (N_2-1) के द्वारा df ज्ञात किया जाता है। इन परीक्षणों से भिन्न परीक्षणों के प्रयोग करने पर *df* ज्ञात करने के सूत्र में परिवर्तन पाया जाता है। उदाहरणार्थ सहसम्बन्ध *(r)* की सार्थकता की जाँच के लिए $df = (N - 2)$, x^2 की सार्थकता की जाँच के लिए $df = (c-1) (r-1)$ तथा बहुसम्बन्ध (multiple correlation) की जाँच के लिए $df = (N - m)$ सूत्र का प्रयोग किया जाता है।

प्रथम-प्रकार एवं द्वितीय-प्रकार त्रुटि
(Type I and Type II Error)

मध्यमानों के अन्तर की सार्थकता के परीक्षण के लिए सांख्यिक, समन्यतया .05 और .01 सार्थकता स्तरों का प्रयोग करते हैं। यदि प्राप्त टी अनुपात तालिका मूल्य से अधिक है तो अमान्य परिकल्पना स्वीकृत हो जाती है। जब गणना-मूल्य तालिका-मूल्य से कम होती है, तो अमान्य परिकल्पना स्वीकृत हो जाती है और विकल्प परिकल्पना अस्वीकृत हो जाती है। कभी-कभी अनुसंधानकर्ता अपने विश्वास स्तर को इच्छानुसार अत्यधिक नीचा या अत्यधिक ऊँचा कर लेता है, ऐसी अवस्था में अनुमान करने में त्रुटियाँ होती हैं। यह त्रुटियाँ दो प्रकार की होती हैः—

1. प्रथम प्रकार की त्रुटि (*Type I Error*)—इसे अल्फा त्रुटि (Alfa Error -α) भी कहते हैं। जब अनुसंधानकर्ता अमान्य परिकल्पना को असत्य सिद्ध करने के लिए विश्वास स्तर को इच्छानुसार नीचा कर देता है। अर्थात् वह .05 स्तर (5%) पर अमान्य परिकल्पना को अस्वीकृत न करके .01 स्तर (10%) पर अस्वीकृत करता है तो अमान्य परिकल्पना फे अस्वीकृत में प्रथम प्रकार की त्रुटि पायी जाती है। **गैरेट** के शब्दों में, *"Type I errors are made when we reject a null hypothesis by making a difference significant although no true difference exists."* इसमें अमान्य परिकल्पना सत्य होती है, लेकिन अस्वीकृत कर दी जाती है।

2. द्वितीय प्रकार की त्रुटि (*Type II Error*)—इसे बीटा त्रुटि (Beta Error—β) भी कहते हैं। यह त्रुटि उस समय होती है जब अनुसंधानकर्ता गलत परिकल्पना को अस्वीकार नहीं करता है। ऐसी स्थिति में अनुसंधानकर्ता अनावश्यक रूप से अपने विश्वास स्तर को इतना ऊँचा कर देता है कि अमान्य परिकल्पना .05 और .01 विश्वास स्तर पर असत्य होते हुए भी सत्य मान ली जाती है। उदाहरणार्थ—टी की गणना मूल्य .05 और .01 स्तर पर सार्थक है। परिणामस्वरूप अमान्य परिकल्पना अस्वीकृत हो जाएगी। परन्तु जब अनुसंधानकर्ता विश्वास स्तर को .05 तथा .01 से बढ़ाकर .001 कर देता है तो टी का मूल्य असार्थक हो जाएगा और अमान्य परिकल्पना सत्य सिद्ध हो जायेगी। ऐसी स्थिति में द्वितीय प्रकार की त्रुटि पायी जाती है। **गैरेट** (1967) के शब्दों में, *"Type II errors are made when we accept a null hypothesis by making a difference not significant, when a True difference actually exists."*

तालिका
Decision Table

Decision	Null Hypothesis	
	True	False
Reject	Type I error (Alpha Error)	Correct decision
Accept	Correct decision	Type II error (Beta error)

इस प्रकार हम कह सकते हैं कि प्रथम प्रकार एवं द्वितीय प्रकार की त्रुटि की मुख्य विशेषताएँ निम्नलिखित हैंः—

Type I Error—अमान्य परिकल्पना के सही होने पर भी कर देना।

Type II Error—अमान्य परिकल्पना के असत्य होने पर भी उसे अस्वीकृत न करना।

प्रथम प्रकार (अल्फा त्रुटि) एवं द्वितीय प्रकार (बीटा त्रुटि) की त्रुटियों में घनिष्ठ सहसम्बन्ध है। प्रथम प्रकार की त्रुटि को जितना ही कम करने का प्रयास किया जाता है, द्वितीय प्रकार के त्रुटि के होने की सम्भाव्यता उतना ही बढ़ती जाती है। प्रतिदर्श में N का आकार भी द्वितीय प्रकार के त्रुटि को प्रभावित करता है। प्रतिदर्श के N का आकार जितना ही बड़ा होगा, द्वितीय प्रकार के त्रुटि को नियंत्रित करने के लिए N का आकार बढ़ाया जा सकता है। द्वितीय प्रकार के त्रुटि के होने की सम्भाव्यता उतनी ही कम होगी, इस प्रकार द्वितीय प्रकार की त्रुटि के पाये जाने की सम्भावना एकपुच्छीय परीक्षण की तुलना में द्विपुच्छीय परीक्षण में अधिक पाई जाती है क्योंकि एकपुच्छीय परीक्षण अधिक शक्तिशाली (most powerful) होता है।

गुण *(Merits)*

इस अभिकल्प के अनेक गुण हैं जिनके आधार पर इस अभिकल्प को एकाकी समूह अभिकल्प (Single-group design) अथवा अन्तर 'प्रयोज्य' अभिकल्प (Within subject design) से श्रेष्ठ माना जा सकता है। इस अभिकल्प के अनेक गुण है:—

(i) इस अभिकल्प से यह सूचना प्राप्त होती है कि स्वतन्त्र परिवर्त्य आश्रित परिवर्त्य को प्रभावित करता है या नहीं।

(ii) स्वतन्त्र परिवर्त्य के एक या एक से अधिक मूल्यों/स्तरों का प्रयाग किया जा सकता है।

(iii) इस अभिकल्प के द्वारा विश्वसनीय परिणाम प्राप्त किये जा सकते हैं।

(iv) परिणाम प्रयोज्य के पूर्व अनुभव, साहचर्य, अभ्यास, नीरसता तथा स्मृति से प्रभावित नहीं होते हैं (*Underwood,* 1975)।

(v) यह प्रायोगिक अनुसंधानों को मूलभूत आधार प्रदान करता है।

(vi) दो परिवर्त्यों के मध्य प्रकार्यात्मक सम्बन्धों के अध्ययन में सुविधा होती है।

(vii) यह अभिकल्प वहाँ उपयोगी है जहाँ समूहों का वर्गीकरण यादृच्छिक न होकर चयन (selection) के द्वारा किया जाता है।

दोष *(Demerits)*

(i) जनसंख्या के विषमजातीय (heterogeneous) होने पर दो यादृच्छिक समूह अभिकल्प के उपयोग करने में कठिनाई होती है।

(ii) इस विधि का प्रयोग करने पर केवल दो समूहों का ही अध्ययन सम्भव है। परिणामस्वरूप प्राप्त निष्कर्ष प्रदत्त के वास्तविक स्वरूप के सन्दर्भ में सूचना नहीं प्रदान करते हैं।

(iii) इस अभिकल्प का प्रयोग करने प्रायोगिक एवं नियन्त्रित समूहों के प्रयोज्यों की निर्दिष्ट यादृच्छिक रूप से की जाती है, परन्तु दोनों समूहों में वास्तविक समेलन नहीं हो पाता है।

(iv) जनसंख्या के विषमजातीय होने पर यादृच्छिकीकरण अधिक उपयुक्त नहीं हो पाता है।

❑

अध्याय 9

दो से अधिक यादृच्छिकीकृत समूह अभिकल्प

(MORE THAN TWO RANDOMIZED GROUPS DESIGN)

इस अभिकल्प में समूहों की संख्या दो से अधिक होती है। इसलिए इसे बहुल-समूह अभिकल्प (Multiple groups design) भी कहते हैं। यह समूह अत्यधिक लोकप्रिय, सरल एवं परिष्कृत है। इसमें दो से अधिक समूहों का गठन यादृच्छिक रीति से किया जाता है। यह अभिकल्प द्विसमूह का अभिकल्प का एक विस्तृत रूप है। जब प्रयोज्य की अनुक्रिया कोटिक्रम (ordinal) अथवा अन्तराल अनाश्रित परिवर्त्यों के प्रभाव के अध्ययन के लिए एक श्रेष्ठ विधि है। इस अभिकल्प में चुने गए समूहों में स्वतन्त्र परिवर्त्य की भिन्नतापरक मात्रा का प्रयोग किया जाता है। एक समूह में स्वतन्त्र परिवर्त्य की शून्य मात्रा, दूसरे में थोड़ी कम मात्रा, तीसरे में औसत मात्रा तथा चौथे में अधिक मात्रा का प्रयोग किया जाता है। यह विधि दो समूहों के अध्ययन के लिए उपयोगी नहीं है। परन्तु मनोवैज्ञानिक अनुसन्धानों में जिन अभिकल्पों का सबसे अधिक उपयोग होता है, वे दो या दो से अधिक समूहों का उपयोग करने वाले अभिकल्प हैं (*Among the more frequently used designs in psychological research are those that employ more than two groups*—McGuigan.).

इस अभिकल्प में एक से अधिक स्वतन्त्र परिवर्त्यों के प्रभाव का एक साथ अध्ययन किया जा सकता है। इनमें से एक समूह नियंत्रित रहता है। यद्यपि अलग-अलग समूहों के लिए अलग-अलग प्रायोगिक प्रक्रिया का प्रयोग किया जाता है और सम्बन्धित परिवर्त्यों में अन्तर्सम्बन्धों का मापन किया जाता है।

उदाहरण—भोजन वचन के विभिन्न समयान्तरालों का अधिगम पर प्रभाव।

इस समस्या के अध्ययन के लिए हमें कई प्रयोज्य समूहों का चयन करना होगा। एक प्रयोज्य समूह बिल्कुल भूखा नहीं होगा (नियंत्रित दशा), दूसरा समूह चार घण्टे, तीसरा समूह आठ घण्टे तथा चौथा समूह 12 घण्टे (प्रायोगिक समूह) से भूखा होगा और उसके अधिगम का अध्ययन किया जायगा।

सांख्यकीय विश्लेषण
(Statistical Analysis)

मनोवैज्ञानिक अनुसंधानों में अधिकतर प्रदत्त अन्तराल मापनी पर ही आधारित होते हैं किन्तु कभी-कभी कोटिसूचक और नामिक मापनी के प्रदत्त भी प्राप्त होते हैं। अनुसंधानकर्ता प्रदत्त के प्रकृति के आधार पर ही सांख्यिकीय प्रविधियों का प्रयोग करता है।

(i) अन्तराली मापकों से प्राप्त प्रदत्त—अन्तराली मापकों से प्राप्त प्रदत्त के सांख्यकीय विश्लेषण के लिए अनेक सांख्यकीय प्रविधियों का प्रयोग किया जाता है। यदि हमारे पास चार समूह है तो हमें A – B, A – C, A – D, B – C, B – D तथा C – D समूहों के मध्य अन्तर की सार्थकता का परीक्षण करने के छह—'टी' अनुपातों की गणना करनी होगी। परन्तु

McGuigan का मत है कि ऐसी परिस्थिति में टी परीक्षण का प्रयोग न करके Duncan's Range Test का प्रयोग चाहिये।

(a) Duncan's Range Test $Se = \sqrt{\dfrac{ss_1 + ss_2 + ss_3 \ldots\ldots\ldots ss_r}{(n_1 - 1) + (n_2 - 1) + (n_n \ldots . 1)}}$

कारकीय अभिकल्प के सन्दर्भ में प्रस्तुत की परिभाषाओं तथा अन्य तथ्यों के आधार पर हम इस निष्कर्ष पर पहुँचते हैं कि :—

(i) बहुत से प्रयोगों में हम दो या दो से अधिक स्वतन्त्र परिवर्त्यों के प्रभाव को आश्रित परिवर्त्य पर देखना चाहते हैं, इसे कारक (factor) कहते हैं।

(ii) कारक (factor) में जितनी भिन्नताएँ पाई जाती हैं, उसे स्तर (level) कहते हैं।

(iii) इन उपचारों (treatments) में स्तरों (levels) तथा कारकों (factors) के सम्भव सयुक्तियों (possible combinations) का प्रयोग किया जाता है।

(iv) इस अभिकल्प में अन्तर्क्रिया प्रभावों (interaction effects) का अध्ययन किया जा सकता है।

कारकीय अभिकल्पों के प्ररूप
(Types of Factorial Designs)

कारकीय अभिकल्पों का प्ररूप कारकों संख्या तथा प्रत्येक कारक के मूल्यों (values)/ स्तरों (levels)/उपचारों (treatments) पर निर्भर करता है। कारकीय अभिकल्प के निम्नलिखित प्रमुख सम्भावित प्ररूप हो सकते हैं:—

(b) एकदिश प्रसरण विश्लेषण (One-way Analysis of Variance)

सरल प्रसरण विश्लेषण
(Simple Analysis of Variance)

सरल तथा जटिल दोनों प्रकार के प्रसरण विश्लेषण की गणना की दो विधियों में से किसी एक का प्रयोग किया जा सकता है:—

1. **मध्यमान से प्राप्तांकों का विचलन ज्ञात करके गणना करना** (*Calculation based upon deviation of scores taken from mean.*)
2. **मूल प्राप्तांकों के आधार पर ही गणना करना** (*Calculation based directly upon original scores.*)

इस विधि से प्रसरण विश्लेषण ज्ञात करने में कम गणना करनी होती है, तथा कम समय भी लगता है।

सरल प्रसरण विश्लेषण ज्ञात करने के चरण
(Steps in Simple Analysis of Variance)

एकदिश प्रसरण विश्लेषण ज्ञात करने के लिए अधोलिखित चरणों का अनुसरण करना होगा:—

1. संशोधन शब्द (*Correction Term-C*)—संशोधन ज्ञात करने के लिए सभी समूहों के प्राप्तांकों का योग ज्ञात कर लेते हैं और उनका वर्ग करके N से विभाजित कर देते हैं।

$$C = \frac{(\Sigma X)^2}{N} \text{ या } C = \frac{(\Sigma x_1 + \Sigma X_2 + \Sigma X_3 \ldots\ldots \Sigma X_n}{n_1 + n_2 + n_3 \ldots\ldots n_n}$$

यहाँ Σx_1 तात्पर्य प्रथम समूह के योग से है। n_1 प्रथम समूह के प्राप्तांको की संख्या की ओर संकेत करता है।

2. समस्त वर्गों का योग (*Total Sum of Squares-SStot.*)—सभी समूहों के समस्त प्राप्तांकों के वर्गों का योग ज्ञात कर लिया जाता है तत्पश्चात् सभी वर्गों के इस येाग में से C को घटा देते हैंः—

$$\text{SStot.} = X_1^2 + X_2^2 + X_3^2 \ldots\ldots X_n^2 - C$$

3. समूह के मध्य वर्गों का योग (*Sum of Squares between groups—SSbg*)—इस चरण में सभी समूहों के प्राप्तांकों के योग के वर्ग को उस समूह के N से विभाजित कर दिया जाता है और प्राप्त सभी भजनफलों के योग से C को घटा दिया जाता है।

$$SSbg = \frac{(\Sigma x_1)^2}{n_1} + \frac{(\Sigma xn)^2}{n_2} \ldots\ldots \frac{(\Sigma xn)^2}{n_n} - C$$

4. समूह के अन्तर्गत वर्गों का योग (*Sum of Squares within Groups SSwg or Error Variance*)—इस चरण में समस्त वर्गों के योग में से समूहों के मध्य वर्गों के योग को घटा दिया जाता है।

$$\text{SSwg} = \text{SStot} - \text{SSbg}$$

5. जाँच (*Check*)—चौथे चरण में प्राप्त मूल्य के शुद्धता की जाँच इस प्रकार की जा सकती है—इसके लिए हमें समूह के वर्गो के योग में से उस समूह के मूल प्राप्तांकों के योग के वर्ग को उस समूह की संख्या से विभाजित करके प्राप्त भजनफल को घटा देते हैं। यही प्रक्रिया समस्त समूहों के लिए करनी होती है। जो मूल्य समस्त समूहों से अलग-अलग प्राप्त होता है। उसका योग कर लेते हैं यह योगफल समस्त वर्गों के योग में समूहों के मध्य वर्गों के योग के घटाये जाने पर प्राप्त मूल्य के बराबर होगा।

6. प्रसरण विश्लेषण की सारांश तालिका—उपरोक्त गणनाओं के पश्चात् एकदिश प्रसरण विश्लेषण की सारांश तालिका तैयार की जायेगी।

Summary Table : Analysis of Variance

प्रसरण स्रोत Source of of Variation)	वर्गों का योग (Sum of Squares)	स्वतन्त्रता के अंश (df)	प्रसरण आकल (Variance Estimate)या मध्यमान वर्ग (Mean Square)	एफ अनुपात (F-ratio)	सार्थकता स्तर (Level of Singifica-nce)
समूह के मध्य (Between Groups or Treatments)	चरण	K −1	चरण 2 + k − 1(a)	a + b या $\frac{MST}{SMW}$	
समूह के अन्तर्गत (Within Group)	चरण 4	N–K	चरण 3 + n − k(b)		
योग (Total)	चरण—	N–1			

7. सार्थकता स्तर की जाँच—प्राप्त एफ—अनुपात की सार्थकता की जाँच के लिए प्रसरण विश्लेषण सारांश तालिका में दिये गये दोनों स्वतन्त्रता के अंशों (df) का सहारा लेना होता है—समूह के मध्य के स्वतन्त्रता के अंश तथा समूह के अन्तर्गत स्वतन्त्रता के अंश। समूह के मध्य स्वतन्त्रता के अंश को ज्ञात करने के लिए समूहों की संख्या में से a (K–1) घटा देते हैं। इसी प्रकार समूह के अन्तर्गत स्वतन्त्रता के अंश ज्ञात करने के लिए संख्या (समस्त इकाइयों के योग) में से समूहों की संख्या को घटा देते हैं b (N–K)। इन दोनों के अंशों का योग (N–1) के बराबर होना चाहिए। इन दोनों स्वतन्त्रता के अंशों के द्वारा ही एफ मूल्य के सार्थकता की जाँच की जाती है। P से सम्बन्धित सारणी में समूहों के मध्य के स्वतन्त्रता के अंश बायीं से दायीं ओर लिखे रहते हैं जबकि 'समूहों के अन्तर्गत' के स्वतन्त्रता के अंश बायीं से दायीं ओर लिखे रहते हैं जबकि 'समूहों के अन्तर्गत' के स्वतन्त्रता के अंश ऊपर से नीचे की ओर दिए रहते हैं। जिन स्वतन्त्रता के अंशों के मान एफ तालिका में उपलब्ध नहीं होते हैं उन्हें हम अन्तर्गणना (interpolation) के द्वारा ज्ञात कर लेते हैं। जब प्राप्त एफ-अनुपात तालिका में दिए गए मान से अधिक होता है तो अमान्य परिकल्पना अस्वीकृत हो जाती है और शोध परिकल्पना स्वीकृत हो जाती है।

(i) चार समूहों की अवस्था में प्रसरण-विश्लेषण उपयोग *(Application of ANOVA in case of four groups.)*

उदाहरण—60 छात्रों को यादृच्छिक रूप से लिया गया। उनके बुद्धि-लब्धि के आधार पर उन्हें चार समूहों ABCD में वर्गीकृत किया गया। तत्पश्चात् उन्हें एक परीक्षण दिया गया। प्राप्तांक अधोलिखित तालिका में दिए गए हैं। क्या प्राप्तांकों के आधार पर यह कहा जा सकता है कि समूह मध्यमान एक-दूसरे से सार्थक रूप में भिन्न है।

1. Correction = $\frac{(\Sigma X)^2}{N}$
2. SS tot समस्त वर्गों का योग (Total sum of squares.)
3. SSbg समूहों के मध्य वर्गों का योग (Sum of Squares Between Groups)
4. SSwg समूहों के अन्तर्गत वर्गों का योग (Sum of Squares with in groups)
   SS tot –SSbg
5. जाँच (Check)

एकदिश प्रसरण विश्लेषण का सारांश

प्रसरण स्रोत Source of Variation	वर्गों का योग Sum of Squares	स्वतन्त्रता का अंश (df) ↓	प्रसरण आकल Variance Estimate	एफ अनुपात F-ratio ↓	सार्थकता स्तर Level of Significance
Between group		K – 1			
Within treatment (With in groups)		N – K			
Total		N – 1			

सांख्यकीय उदाहरण के लिए अध्याय-45 देखें और उदाहरण प्रस्तुत करें।

मध्यमानों की तुलना के लिए परीक्षण *(Test for Comparing Means)*

एकदिश प्रसरण विश्लेषण में जब एफ-अनुपात सार्थक होता है, तो किन दो मध्यमानों का अन्तर सार्थक है, यह देखने के लिए दो मध्यमानों के अन्तर की सार्थकता के परीक्षण के प्रामाणिक त्रुटि की गणना की जाती है। उपर्युक्त उदाहरण में दो मध्यमानों के अन्तर की जाँच इस प्रकार की जायेगी लेकिन सर्वप्रथम हमें प्रामाणिक त्रुटि भी गणना करनी होगी।

$$SX_{\mathrm{J}} - X_{\mathrm{J}} = \sqrt{\frac{S_w^2}{n_J} + \frac{S_w^2}{n_J}}$$

यहाँ $SX_{\mathrm{J}} - X_{\mathrm{J}}$ = दो मध्यमानों के अन्तर की प्रामाणिक त्रुटि

S_w^2 = समूहान्तर्गत प्रसरण आकल

n_J = सम्बन्धित समूह की संख्या

$$t = \frac{M_1 - M_2}{\sigma D}$$

(i) A – B $t = \frac{10-12}{.66} = 3.03 < .01$

(ii) A – C $t = \frac{10-14}{.66} = 6.06 < .01$

(iii) A – D $t = \frac{10-18}{.66} = 12.12 < .01$

(iv) B – C $t = \frac{12-14}{.66} = 3.03 < .01$

(v) B – D $t = \frac{12-18}{.66} = 9.09 < .01$

(vi) C – D $t = \frac{14-18}{.66} = 6.06 < .01$

उपर्युक्त एकदिश-प्रसरण तालिका को इस प्रकर से भी ज्ञात किया जा सकता है।

XA_1	$XA^2{}_1$	XA_2	$XA^2{}_2$	XA_3	$XA^2{}_3$	XA_4	$XA_4{}^2$

$\sum X =$ $\qquad\qquad$ $\sum X_t =$

$(\sum X)^2 =$ $\qquad\qquad$ $(\sum X_t)^2 =$

$M =$ $\qquad\qquad$ $M_t =$

$\sum x^2 =$ $\qquad\qquad$ $\sum x_t^2 =$

$$\text{Correction} = \frac{(\Sigma X_t)^3}{N}$$

$$\text{SS total} = (\Sigma X_b^2) = \Sigma X_t^2 - C$$

$$\text{SSbg } (\Sigma X_b^2)$$

$$= \left[\frac{(\Sigma XA_1 + (\Sigma XA_2)^2 + (\Sigma XA_3)^2}{NA_1 + NA_2 + NA_3 + NA_n}\right] - C$$

$$\text{SSwg} = \Sigma X_1^2 \text{ (Total} - \Sigma X_b^2 \text{ Between)}$$

एकदिश प्रसरण विश्लेषण का सारांश

Source of Variation	Sum of Squares	df	Mean Square	F-ratio	Level of Significance
Between groups		K – 1			
Within groups		N – K			
Total		N – 1			

सांख्यकीय उदाहरण के लिए अध्याय 45 और उपर्युक्त उदाहरण प्रस्तुत करें

(ii) विचलनों के आधार पर प्रसरण-विश्लेषण की गणना (*Computation of ANOVA based on Deviation*)

प्रसरण विश्लेषण ज्ञात करते समय हम प्रायः मूल प्राप्तांकों के आधार पर ही समूहों के मध्य (Between groups) तथा समूहों के अन्तर्गत (Within groups) विचलनशीलता (variability) की गणना की जाती है। परन्तु जब निरीक्षणों की संख्या अधिक होती है, तो मूल प्राप्तांकों का वर्ग करने और उसका योग ज्ञात करते समय गणनासम्बन्धी अनेक कठिनाइयाँ आती हैं। ऐसी स्थिति में प्रसरण ज्ञात करने के मूल प्राप्तांकों में से सम्बन्धित मध्यमानों को घटाते हैं। इन्हीं विचलनों के आधार पर प्रसरण की गणना करने में अधिक सुविधाजनक हो जाती है। इसके लिए नीचे का उदाहरण का अवलोकन करें:—

$$\text{Mtot} = \frac{\Sigma X}{N}$$

Sqare of deviations within groups + $(\Sigma x_1^2) + (\Sigma x_2^2) + (\Sigma x_3^2) + (\Sigma x_4^2)$

Sum of Squares between group means.

$$= (M_1 - \text{Mtot})^2 + (M_2 - \text{Mtot})^2 + (M_3 - \text{Mtot})^2 + (M_4 - \text{Mtot})^2 \times n$$

या, $N\Sigma d^2 = N \times \Sigma d^2$

$$\Sigma d^2 = (M - \text{Mtot})^2$$

(A) Summary Table **Summary Table : ANOVA**

Source of Variation	Sum of Squares	df	Mean Square	F-ratio	Level
Between groups Within groups					.01
Total					

$$= \left\{ \frac{(\Sigma x_2)^2}{N_1} + \frac{(\Sigma x_2)}{N_2} + \frac{(\Sigma x_3)^2}{N_3} \right\} - C$$

Step 4 : WSS (Within Sum of squares or Row SS) = $\dfrac{(\Sigma X_R)^2}{K} - C$

Step 5 : Interaction SS (residual SS) = TSS – (Column SS + Row SS)

Step : 6 df की गणना

(i) Between SS (column SS) के लिए df = (k –1)

(ii) WSS (Row SS) के लिए df = (r–1)

(iii) Interaction SS (residual SS) के लिए df = (k–1) (r–1)

(iv) TSS के लिए df = (N –1)

Summary Table : ANOVA

Source of Variance	Sum of Square	df	Mean Square	F	Level
BSS Column SS) WSS (Row SS) Interaction SS (Error)					
Total					

सांख्यिकीय उदाहरण के लिए अध्याय 45 देखें और उपर्युक्त सांख्यिकीय उदाहरण प्रस्तुत करें

(ii) कोटिक्रम प्रदत्तों का सांख्यकीय विश्लेषण—जब आश्रित परिवर्त्य को कोटिक्रम के रूप में प्राप्त कर लिया जाता है, तो इसमें न्यूनतम प्राप्तांक को 1 कोटिक्रम प्रदान किया जाता है, तथा सबसे बड़े प्राप्तांक को सबसे बड़ा कोटिक्रम (Rank) प्रदान किया जाता है। इस उद्देश्य की पूर्ति के लिए One-way-analysis of variance by ranks का उपयोग किया जाता है (इसके लिए Kruskal -Wallis one way analysis of variance सांख्यिकीय परीक्षण का प्रयोग किया जा सकता है जिसका वर्णन अध्याय-44 में किया गया है। यह Kruskal-Wallis H Test का सांख्यिकीय उदाहरण प्रस्तुत करें।

मूल्यांकन *(Evolution)*

गुण *(Merits)*

(i) दो या दो से अधिक यादृच्छिक समूहों के होने पर इस अभिकल्प का प्रयोग किया जाता है।

(ii) इसमें उद्दीपक परिवर्त्य को नियंत्रित करने की आवश्यकता नहीं होती है।

(iii) प्राप्त परिणाम अधिक विश्वसनीय होते हैं।

दोष *(Demerits)*

(i) कभी-कभी इस अभिकल्प से नियन्त्रित एवं प्रायोगिक समूहों के निष्पादन में सार्थक अन्तर नहीं प्राप्त होने से परिणाम दूषित हो जाता है।

(ii) चयन किये गये यादृच्छिक समूहों का चयन पूर्णरूप से समान नहीं हो पाता है। क्योंकि अज्ञात परिवर्त्यों का प्रभाव परिणाम पर पड़ सकता है।

(iii) अधिक समूहों में प्रयोज्यों को वर्गीकृत करने से समय, श्रम तथा धन अधिक खर्च होता है।

(iv) इसके लिए एक प्रशिक्षित शोधकर्ता की आवश्यकता होती है।

❑

अध्याय 10

कारकीय अभिकल्प
(FACTORIAL DESIGNS)

जब किसी अनुसंधान में दो या दो से अधिक स्वतन्त्र परिवर्त्यों (Independent variables) का एक साथ किसी आश्रित परिवर्त्य (Dependent variable) पर उनके प्रभावों को अलग-अलग तथा संयुक्त रूप से एक साथ निर्धारित करना होता है तो इस उद्देश्य की पूर्ति के लिए कारक अभिकल्प का प्रयोग किया जाता है। कारकीय अभिकल्प अनेक प्रकार के होते हैं परन्तु सभी कारकीय अभिकल्पों के संरचनात्मक लक्षणों में समानता पाई जाती है। इसीलिए कारकीय अभिकल्प में अभिकल्प शब्द को बहुबचन (Designs) लिखा जाता है। यहाँ का तात्पर्य स्वतन्त्र (Independent variable) से है। प्रत्येक स्वतन्त्र परिवर्त्य (कारक) के दो या दो से अधिक मूल्य हो सकते हैं। इस अभिकल्प में प्रत्येक कारक दो या दो से अधिक उपचार संयुक्तियों (Treatment combinations) का प्रयोग किया जाता है।

Kirk (1968) के अनुसार, *''कारकीय अभिकल्प प्रयोग एक अनुसंधानकर्ता को दो या दो से अधिक उपचारों के सम्मिलित प्रभावों को एकल प्रयोग के माध्यम से मूल्यांकन करने की सुविधा प्रदान करता है।'' (A factorial experiment permits an investigator to evaluate the combined effects of two or more treatments in single experiment.)*

Mc Guigan (1998) के अनुसार, *''एक ही प्रयोग में दो या दो से अधिक स्वतन्त्र परिवर्त्यों के अध्ययन के लिए एक सम्भव अभिकल्प कारकीय अभिकल्प है। एक पूर्ण कारकीय अभिकल्प वह है जिसमें प्रत्येक स्वतन्त्र परिवर्त्य के चुने गये मूल्यों के सभी सम्भावित संयुक्तियों का उपयोग किया जाता है।'' (One possible design for studying two or more independent variables in a single experiment is the factorial design. A complete factorial design is one where all possible combinations of the selected values of each of the independent values variables are used.)*।

Kerlinger (2001) के अनुसार, *''कारकीय अभिकल्प एक अनुसंधान संरचना है जिसमें दो या दो से अधिक स्वतन्त्र परिवर्त्यों को एक साथ जोड़ा जाता है जिससे आश्रित परिवर्त्य पर उनके द्वारा पड़ने वाले स्वतन्त्र परिवर्त्य तथा पारस्परिक अन्तर्क्रियात्मक प्रभावों का अध्ययन किया जा सके।'' (Factorial design is the structure of research in which two or more independent variables are juxtaposed in order to study their independent and interactive effects on a dependent variable.)*।

Chaplin (1975) के अनुसार, *''कारक अभिकल्प वह प्रायोगिक श्रृंखला है जिसमें अनेक प्रयोगात्मक परिवर्त्यों के प्रभावों को क्रमशः निर्धारित किया जाता है।'' (Factorial design is an experimental series in which the effects of several experimental variables are assessed in turn.)*।

Carl Smith, Ellsworth & Aranson (1976) के अनुसार, *''कारक अभिकल्प वह अभिकल्प है जिसमें दो या दो से अधिक स्वतन्त्र परिवर्त्यों की जाँच इस ढंग से की जाती है, कि एक परिवर्त्य का प्रत्येक स्तर दूसरे परिवर्त्य या परिवर्त्यों के प्रत्येक स्तर से घटित होता है, स्तरों का प्रत्येक भिन्न संयोग एक अवस्था को परिभाषित करता है।''* (*Factorial design is a design in which two or more independent variables are tested in such a way that every level of one variable occurs with every level of the other (p) each different combination of levels defining a condition.*)।

इस अभिकल्प में कारक दो प्रकार वर्गीकरण कारक (classification factor) तथा सक्रिय रीति से प्रहस्तलन योग्य परिवर्त्य (actively manipulable variables) के होते हैं। वर्गीकरण कारक प्रयोज्य के प्रासांगिक परिवर्त्य (subject relevant variables) होते हैं। इनका प्रहस्तलन (manipulation) चयनात्मक रीति से किया जाता है। इसमें प्रयोज्यों का वर्गीकरण प्रयोज्य की विशेषताओं यथा आर्थिक पृष्ठभूमि, संस्कृति, मूल्य आदि को लिया जा सकता है। जबकि सक्रिय रीति से प्रहस्तलन योग्य परिवर्त्य उद्दीपक परिवर्त्य (Stimulus variables) होते हैं। इनके मूल्यों को अनुसंधानकर्ता सक्रिय रूप से घटा-बढ़ा सकता है।

इस अभिकल्प में कम-से-कम दो कारक अवश्य होते हैं। परन्तु इससे अधिक कारकों को लेकर भी यह अभिकल्प प्रयोग में लाया जा सकता है। कारकों की संख्या में जैसे-जैसे वृद्धि होती जायगी, अन्तर्क्रिया प्रभावों में भी वृद्धि पाई जाती है। जब किसी अभिकल्प में दो कारक होते हैं तो एक अन्तर्क्रिया प्रभाव (interaction effects) प्राप्त होता है जिसका द्विविधि अन्तर्क्रिया (double interaction) कहा जाता है। जब कारकों की संख्या बढ़ जाती है, तो द्विविधि अन्तक्रियाओं की संख्या बढ़ जाती है। उदाहरणार्थ—तीन कारकों के होने पर तीन द्विविधि अ × ब, अ × स, ब × स, तथा एक त्रिविधि (triple interaction effect) अ × ब × स प्राप्त होगा।

इस अभिकल्प में प्रत्येक कारक के दो से अधिक मूल्य/ स्तर होते हैं। कभी-कभी एक कारक के मूल्य चार या पाँच भी हो सकते हैं। कारकों की संख्या दो या दो से अधिक भी हो सकती है।

कारकीय अभिकल्पों की सबसे महत्त्वपूर्ण विशेषता यह है कि इस अभिकल्प के द्वारा जहाँ हमें प्रत्येक कारक को अलग-अलग प्रभाव के बारे में जानकारी प्राप्त होती है, वहीं उनके संयुक्त प्रभावों (अन्तर्क्रिया प्रभावों) के बारे में जानकारी प्राप्त होती है। अन्तर्क्रिया प्रभावों के अध्ययन में हम यह जानकारी प्राप्त करने का प्रयास करते हैं कि एक कारक के किसी स्तर के प्रभाव पर दूसरे कारक का प्रभाव निर्भर है या नहीं। इससे हमें दो कारकों के बीच अन्तर्क्रिया प्रभाव का अध्ययन किया जा सकता है और यह स्पष्ट किया जा सकता है कि दोनों कारकों के बीच किसी प्रकार की सार्थक अन्तर्क्रिया है या नहीं। इस अभिकल्प में जब एक परिवर्त्य का प्रभाव दूसरे परिवर्त्य पर आधारित रहता है, तो दोनों परिवर्त्यों में अन्तर्क्रिया (interaction) पाया जाता है। ***Kirk*** (1960) के अनुसार, *''अन्तर्क्रिया शब्द से तात्पर्य यह है कि एक उपचार (treatment) दूसरे उपचार के विभिन्न स्तरों के प्रति विभिन्न प्रकार का व्यवहार कर रही है।''* (*The term interaction means that one treatment behaves differently under different levels of other treatment.*)।

(i) द्विकारकीय अभिकल्प (*Two Factorial Designs*)

इस अभिकल्प में दो कारकों (दो स्वतंत्र परिवर्त्यों का प्रयोग किया जाता है। इसमें प्रत्येक कारक के दो स्तरों/मूल्यों का उपयोग होता है। इस अभिकल्प में दो कारक तथा प्रत्येक कारक

के दो स्तरों का प्रयोग करने पर कुल 4 सयुंक्तियाँ $2 \times 2 = 4$ संयुक्तियाँ बनेगीं। प्रत्येक संयुक्ति के लिए एक प्रयोज्य समूह होगा जिनसे आश्रित परिवर्त्य का मापन किया जाएगा।

सांख्यिकीय उदाहरण

द्विदिश प्रसरण विश्लेषण
(Two-Way Analysis of Variance)

उदाहरण

A (Adjustment)

		A_1 (High)	A_2 (Low)
Frustration	B_1 (Low)	$n_1 =$	$n_2 =$
		$\Sigma x_2 =$	$\Sigma X_2 =$
		$\Sigma x_2^2 =$	$\Sigma X_2^2 =$
	B_2 (High)	$N_3 =$	$N_4 =$
		$\Sigma X_3 =$	$\Sigma X_4^2 =$

इसके पश्चात् प्रसरण विश्लेषण की गणना के लिए आवश्यक अवयवों (Ingredients) की सारांश तालिका (Summary Table) प्रस्तुत की जायेगी।

Summary of Necessary ingredients for Analysis of Variance

		A	
		A_1	A_2
B	B_1	$n_1 =$	$n_2 =$
		$\Sigma X_1 =$	$\Sigma X_2 =$
		$\Sigma X_2^2 =$	$\Sigma X_2^2 =$
		$\overline{X} =$	$\overline{X} =$
	B_2	$n_3 =$	$n_4 =$
		$\Sigma X_3 =$	$\Sigma X_4 =$
		$\Sigma X_3^2 =$	$\Sigma X_4^2 =$
		$\overline{X} =$	$\overline{X} =$

1. Correction = $\frac{(\Sigma X)^2}{n}$

2. Total SS = $(\Sigma X_1^2 + \Sigma X_2^2 + \Sigma X_3^2 + \Sigma X_4^2) - C$

3. Among SS = $\frac{(\Sigma X_1)^2}{n_1} + \frac{(\Sigma x_2^2)}{n_2} + \frac{(\Sigma X_3^2)}{n_3} + \frac{(\Sigma X_4^2)}{n_4} - C$

4. Within SS = total SS – among SS

5. SS between amount of first independent variable (A)

$$= \frac{(\Sigma X_1 + \Sigma X_3)^2}{n_1 + n_3} + \frac{(\Sigma X_2 + \Sigma X_4)}{n_2 + n_4} - C$$

6. SS between amount of Second independent variable (B)

$$= \frac{(\Sigma X_1 + \Sigma X_2)^2}{n_1 + n_2} + \frac{(\Sigma X_3 + \Sigma X_4)^2}{n_3 + n_4} - C$$

Interaction *SS* = among *SS*–between *SS (A)* – between *SS (B)*

df =

Between rows = $(r-1)$

Between Column = $(k-1)$

Interaction = $(r-1)(k-1)$

Within sets = $(N-rk) = rk(n-1)$

Total = $(N-1)$

सांख्यिकीय उदाहरण के लिए अध्याय-45 में प्रस्तुत सांख्यिकी उदाहरण को देखें :—

Summary Table : Analysis of Variance

Source of Variation	Sum of Squares	df	Mean square	F ratio	Level
Between A					
Between B					
Interaction :					
A × B					
Within Groups					

(ii) द्विदिश त्रिकारकीय अभिकल्प ***(Two × Three Factorial Design)***

इस अभिकल्प में एक कारक स्वतन्त्र परिवर्त्य के दो मूल्य तथा दूसरे कारक स्वतन्त्र परिवर्त्य के 3 मूल्य होते है, इस अभिकल्प में एक परिवर्त्य को दो तथा दूसरे परितर्त्य के 3 कारक होते हैं, इसलिए प्रायोगिक उपचारों की कुल 6 संयुक्तिया (2 × 3 = 6) बनेगीं।

सांख्यकीय उदाहरण

द्विदिश प्रसरण विश्लेषण की गणना

	A (Adjustment)		
	A_1 (High)	A_2 Average	A_3 (Low)
B Anxiety — B_1 (High)			
B Anxiety — B_2 (Low)			

इसके पश्चात् प्रसरण-विश्लेषण की गणना के लिए आवश्यक अवयवों (ingredients) की सारांश तालिका (Summary Table) प्रस्तुत की जायेगी।

Summary of necessary ingredients for Analysis of Variance

A_1		A_2	A_3
	n =		
	ΣX =		
B_1	M =		
	ΣX^2 =		
B	n =		
	ΣX =		
B_2	M =		
	ΣX^2 =		

1. Correction $= \dfrac{(\Sigma X)^2}{N}$

2. Total Sum of Squares = SS tot. $= (X_1^2 + X_2^2 + X_3^2 \ldots . X_n^2) - C$

3. Among SS $= \dfrac{(\Sigma X_1)^2}{n_1} + \dfrac{(\Sigma x_2^2)}{n_2} + \dfrac{(\Sigma X_3^2)}{n_3} + \dfrac{(\Sigma X_4^2)}{n_4} - C$

4. Within SS = Total SS–Among SS

5. SS between amount of first independent variable (A)

$$= \frac{(\Sigma X_1 + \Sigma X_4)^2}{n_1 + n_4} + \frac{(\Sigma X_2 + \Sigma X_5)^2}{n_2 + n_5} + \frac{(\Sigma X_3 + \Sigma X_6)^2}{n_3 + n_6} - C$$

6. SS between amount of second independent variable (B)

$$= \frac{(\Sigma X_1 + \Sigma X_2 + \Sigma X_3)^2}{n_1 + n_2 + n_3} + \frac{(\Sigma X_4 + \Sigma X_5 + \Sigma X_6)}{n_4 + n_5 + n_6} - C$$

7. Interaction SS

Among SS Between Ss for first independent variable

Between Ss for second independent variable

8. df = Between rows = ($r-1$)

Between columns = ($k-1$)

Within sets = $N-rk=rk(n-1)$

Total = ($N-1$)

Summary Table : Two-way ANOVA

Source	Sum of Squares	*df*	Mean Squares	*F*	Level
A = Adjustment B = Anxiety Interactions (A × B) Within Sets (Error)					
Total					

Calculated F values and Required F at diffrent df.

	F value	Required F .05	Required F .01	Decision
Adjustment				
Anxiety				
Interaction				

सांख्यिकीय उदाहरण के लिए अध्याय-45 में प्रस्तुत सांख्यिकीय उदाहरण का अवलोकन करें।

यह गणना 2 × 3 कारक अभिकल्प (factorial design) की सहायता से किया गया है यहाँ दोनों स्वतन्त्र परिवर्त्यों के 2 और 3 मूल्यों को लिया गया। यदि स्वतन्त्र परिवर्त्य दो ही है, उनके मूल्य चाहे जो हो, उपर्युक्त सांख्यिकीय प्रविधि का ही प्रयोग किया जायेगा। कारक अभिकल्प चाहे 2 × 2 हो, या 2 × 3 या 3 × 4 उपर्युक्त प्रक्रिया का ही प्रयोग करें।

(iii) के × एल कारकीय अभिकल्प (*K × L Factorial Design*)

इस अभिकल्प में कारक (स्वतन्त्र परिवर्त्य) तो दो ही होंगे परन्तु प्रत्येक कारक के 3, 4, तथा 5 कुछ भी मूल्य हो सकते हैं। उदाहरणार्थ:—

3 × 3 कारकीय अभिकल्प **A**

B		A_1	A_2	A_3
	B_1			
B	B_2			
	B_3			

3 × 4 कारकीय अभिकल्प **A**

		A_1	A_2	A_3
B	B_1			
	B_2			
	B_3			
	B_4			

4 × 5 कारकीय अभिकल्प **B**

		B_1	B_2	B_3	B_4	B_5
A	A_1					
	A_2					
	A_3					
	A_4					

(iv) त्रिकारकीय अभिकल्प (*Three Factorial Designs*)

इस अभिकल्प में कारकों की संख्या तीन होती है। इसमें कारकों के स्तरों की संख्या 2, 3 या इससे अधिक हो सकती है। उदाहरणस्वरूप इस अभिकल्प का स्वरूप 2 × 2 × 2, 2 × 2 × 3, 2 × 3 × 4, 3 × 3 × 3 या कुछ भी हो सकता है। क्योंकि मूल्यों के आधार पर प्ररूप का स्वरूप परिवर्तित हो जायगा इस प्ररूप का एक सांख्यिकी उदाहरण प्रस्तुत है। जिसमें त्रि-दिश प्रसरण विश्लेषण सांख्यिकीय प्रविधि का प्रयोग किया गया है। इसे K × L × M कारक अभिकल्प भी कहते हैं।

त्रि-दिश प्रसरण विश्लेषण
(Three-way Analysis of Variance)

उदाहरण

त्रि-दिश प्रसरण विश्लेषण की गणना

A	A_1				A_2			
B	B_1		B_2		B_1		B_2	
C	C_1	C_2	C_1	C_2	C_1	C_2	C_1	C_2
$\Sigma X =$ $\Sigma X^2 =$ $n =$ $\overline{X} =$								

Summary of necessary ingredients for Analysis of Variance

		A	
B	C	A_1	A_2
B_1	C_1	$n =$ $\Sigma X =$ $M =$ $\Sigma X^2 =$	n = $\Sigma X =$ $M =$ $\Sigma X_2 =$
	C_2	$n =$ $\Sigma X =$ $M =$ $\Sigma X^2 =$	$n =$ $\Sigma X =$ $M =$ $\Sigma X_2 =$
B_2	C_1	$n =$ $\Sigma X =$ $M =$ $\Sigma X^2 =$	$n =$ $\Sigma X =$ $M =$ $\Sigma X^2 =$
	C_2	n = $\Sigma X =$ $M =$ $\Sigma X^2 =$	$n =$ $\Sigma X =$ $M =$ $\Sigma X^2 =$

1. Correction term = $\dfrac{(\Sigma X)^2}{N}$

2. Total SS = $(X_1^2 + X_2^2 + X_3^2 \ldots . X_n^2) - C$

3. Treatment SS = $$\frac{(\Sigma X_1)^2}{n_1} + \frac{(\Sigma X_2)^2}{n_2} + \frac{(\Sigma X_3)^2}{n_3} + \frac{(\Sigma X_4)^2}{n_4} + \frac{(\Sigma X_5)^2}{n_5}$$
$$+ \frac{(\Sigma X_6)^2}{n_6} + \frac{(\Sigma X_7)^2}{n_7} + \frac{(\Sigma X_8)^2}{n_8} - C$$

4. Within SS = Total – Treatment

5. Check $(\Sigma X_1^2) = (X_1)^2 + (X_2)^2 + (X_3)^2 \ldots\ldots\ldots (X_n)^2 - \dfrac{\left(\Sigma X^2\right)}{N}$

इसी प्रकारः—

$\Sigma X_2^2, \Sigma X_3^2, \Sigma X_4^2, \Sigma X_5^2, \Sigma X_6^2, \Sigma X_7^2, \Sigma X_8^2 =$ की गणना करें।

6. $A - SS \quad \dfrac{(\Sigma X_1 A)^2}{n} + \dfrac{(\Sigma X A_2)^2}{n} - C$

7. $B - SS = \dfrac{(\Sigma X B_1)^2}{n} + \dfrac{(\Sigma X B_2)^2}{n} - C$

8. $C - SS = \dfrac{\Sigma X c_1)^2}{n} + \dfrac{(\Sigma X c_2)^2}{n} - C$

9. Interaction effects $\dfrac{[(A+D)-(B+C)]^2}{4n}$

(A) Two-way Table for A and B

	B_1	B2	Σ
A_1			
A_2			
Σ			

A × B=

(B) Two -way Table for A × C

	C_1	C_2	Σ
A_1			
A_2			
Σ			

A × C =

(C) Two-way Table for B× C

	C_1	C_2	Σ
B1			
B_2			
Σ			

B × C =

d = A × B× C

= Treatments SS – Sum of Squares for A, B, C, A × B, A × C, B × C

Summary Table : Three way ANOVA

Source of Variation	Sum of Squares	*df*	Mean Square	*F*	Level
A					
B					
C					
A × B					
A × C					
B × C					
A × B× C					
Within (Error)					
Total					

सांख्यिकीय उदाहरण के लिए अध्याय 45 में प्रस्तुत सांख्यिकीय उदाहरण के अवलोकन करें।

त्रिदिश प्रसरण विश्लेषण के लिए अब दूसरा उदाहरण प्रस्तुत है जिसमें 4 × 3 × 2 घटकीय अभिकल्प के आधार प्रदत्त प्रस्तुत किया गया है।

त्रिदिश प्रसरण विश्लेषण की गणना

C	B	A_1	A_2	A_3	A_4
↓	↓				
	B_1				
C_1		$\Sigma X =$	$\Sigma X =$	$\Sigma X =$	$\Sigma X =$
	B_2				
		$\Sigma X =$	$\Sigma X =$	$\Sigma X =$	$\Sigma X =$
	B_3				
		$\Sigma X =$	$\Sigma X =$	$\Sigma X =$	$\Sigma X =$
	B_1				
		$\Sigma X =$	$\Sigma X =$	$\Sigma X =$	$\Sigma X =$
C_2	B_2				
		$\Sigma X =$	$\Sigma X =$	$\Sigma X =$	$\Sigma X =$
	B_3				
		$\Sigma X =$	$\Sigma X =$	$\Sigma X =$	$\Sigma X =$

Total SS =

Treatment =

Within SS = Total SS – Treatment SS

Outcomes of a 4 × 3 × 2 Factorial Experiment

		A_1	A_2	A_3	A_4	Σ
	B_1					
C_1	B_2					
	B_3					
	B_1					
C_2	B_2					
	B_3					
	Σ					

(इस Σ तालिका में प्रत्येक योग में 5 - 5 निरीक्षण है)

The A × C Table

	A_1	A_2	A_3	A_4	Σ
C_1					
C_2					
Σ					

(इस तालिका में प्रत्येक योग में 15-15 निरीक्षण सम्मिलित हैं)

$$C = \frac{\Sigma C_1^2}{N} + \frac{\Sigma C_2^2}{N} - \frac{(\Sigma X)^2}{N}$$

$$A = \frac{(\Sigma A_1)^2}{N_1} + \frac{(\Sigma A_2)^2}{N_2} + \frac{(\Sigma A_3)^2}{N_3} + \frac{(\Sigma A_4)^2}{N_4} - \frac{(\Sigma X)^2}{N}$$

A × C interaction SS cell

$$= \frac{(A_1)^2}{N} + \frac{(A_2)^2}{N} + \frac{(A_3)^2}{N} + \frac{(A_4)^2}{N}$$

$$+ \frac{(A_5)^2}{N} + \frac{(A_6)^2}{N} + \frac{(A_7)^2}{N} + \frac{(A_8)^2}{N}$$

A × C = cell – row – column

A × B Table

	A_1	A_2	A_3	A_4	Σ
B 1					
B 2					
B 3					

$$B = \frac{(\Sigma B_1)^2}{N} + \frac{(\Sigma B_2)^2}{N} + \frac{(\Sigma B_3)^2}{N} - \frac{(\Sigma X^2)^2}{N}$$

$$\text{Cell} = \frac{(\Sigma A)^2}{n_1} + \frac{(\Sigma X_2)^2}{n_2} + \frac{(\Sigma X_3)^2}{n_3} \ldots \frac{(\Sigma X)^2}{n_n} - \frac{(\Sigma X)^2}{n}$$

A × B = cell – row – Column

B × C Table

	B_1	B_2	B_3	Σ
C_1				
C_2				
Σ				

(प्रत्येक योग में 20 निरीक्षण सम्मिलित है)

$$\text{Cell} = \frac{(\Sigma B_1)^2}{n_1} + \frac{(\Sigma B_2)^2}{n_2} + \ldots + \frac{(\Sigma B_6)^2}{n_6} - \frac{(\Sigma X)^2}{N}$$

B× C = Cell – row – column

A × B× C = Treatment – (A + B + C + A × B + A × C + B × C)

Summary Table : Three way ANOVA

Source of Variation	Sum of Squares	*df*	Mean Square	*F*	Level
A					
B					
C					
A × B					
A × C					
B × C					
A × B × C					
Within					
Total					

सांख्यकीय उदाहरण के लिए अध्याय 45 में प्रस्तुत सांख्यकीय का अवलोकन करें।

कारकीय अभिकल्प के गुण (*Merits of Factorial Design*)

कारकीय अभिकल्प (factorial designs) के गुण निम्नवत हैं:–

(i) इस अभिकल्प का उपयोग मनोविज्ञान तथा शिक्षा सम्बन्धी अनुसंधानों में अधिक है।

(ii) इसे अभिकल्प में आश्रित परिवर्त्य पर कई स्वतन्त्र परिवर्त्यों के प्रभाव को अलग-अलग देखा जा सकता है इसे मुख्य प्रभाव की (main effects) की संज्ञा दी जा सकती है। (Mc Guigan 1998) ।

(iii) इस अभिकल्प के द्वारा परिवर्त्यों के मुख्य पारस्परिक प्रकार्यात्मक प्रभावों (mutual function effects) के बारे में जानकारी प्राप्त हो सकती है।

(iv) जितनी अधिक सूचनाएँ एक साथ हमें इस अभिकल्प से प्राप्त हो जाती है, उतनी सूचनाएँ किसी अन्य अभिकल्प से नहीं प्राप्त होती है।

(v) इस अभिकल्प में विभिन्न प्रायोगिक उपचारों का प्रयोग सफलतापूर्वक करके अलग-अलग प्रभावों का आकलन सरलता से किया जा सकता है।

(vi) इस अभिकल्प के द्वारा जहाँ विभिन्न परिवर्त्यों तथा उनकी विभिन्न मात्राओं का अध्ययन एक साथ किया जा सकता है वहीं पारस्परिक अन्तक्रियाओं (interactions) का आकलन भी आसानी से किया जा सकता है।

(vii) यह एक अत्यन्त संवेदनशील (very sensitive) अभिकल्प है।

(viii) यह एक अति मितव्ययी (very economical) विधि है।

(ix) इस अभिकल्प के द्वारा प्राप्त परिणामों से सामान्यता (generality) में वृद्धि होती है (*Carl Smith* et. al; 1976)।

(x) कम प्रयोज्यों के होने पर भी इस अभिकल्प का प्रयोग किया जा सकता है।

कारक अभिकल्प के दोष *(Demerits of Factorial Designs)*

कारक अभिकल्प (factorial designs) के दोष निम्नलिखित हैं:-

(i) सभी परिस्थितियों में इस अभिकल्प का प्रयोग नहीं सम्भव है।

(ii) इस अभिकल्प का प्रयोग एक अनुभवी शोधकर्ता को ही करना चाहिए क्योंकि इसमें जटिलतायें अपेक्षाकृत अधिक पाई जाती है।

(iii) कारकों तथा उनके स्तरों की संख्या बढ़ने पर प्रयोज्यों के अधिक संख्या की आवश्यकता पड़ती है।

(iv) उपचारों (Treatments) की संख्या अधिक होने पर प्रायोगिक दशाओं पर अनुसंधानकर्ता का नियन्त्रण ढीला हो जाता है।

❑

अध्याय 11

समूहान्तर्गत अभिकल्प

(WITHIN GROUP DESIGNS)

मनोविज्ञान एवं समाजशास्त्र के अनुसंधानों के लिए अनेक प्रकार के अनुसंधान अभिकल्पों का प्रयोग किया जाता है। अभिकल्प चयन जहाँ अनेक कारकों पर निर्भर करता है जिनमें प्रयोज्यों की संख्या को एक महत्त्वपूर्ण परिवर्त्य के रूप में माना जाता है। प्रयोज्यों की संख्या कम या अधिक होने पर भिन्न-भिन्न अभिकल्पों का प्रयोग किया जाता है। यद्यपि अभिकल्पों की संख्या के अभिग्रह पर भी अनुसंधान अभिकल्पों का उपयोग निर्भर करता है।

अनुसंधानकर्ता अपने अनुसंधान कार्य में अनेक प्रकार की तथा अनेक स्तरों पर कठिनाइयों का अनुभव करता है। जब वह अपने अनुसंधान समस्या के अध्ययन के लिए पर्याप्त संख्या में प्रयोज्यों को प्राप्त करने में असमर्थ होता है तो वह समूहान्तर अभिकल्पों (Between groups designs) का प्रयोग नहीं कर सकता है। ऐसी परिस्थिति में वह समूहान्तर्गत अभिकल्प (Within group designs) का प्रयोग करता है। इस अभिकल्प को एकल समूह अभिकल्प (single group designs) अथवा अन्तर-प्रयोज्य अभिकल्प (Within subjects designs) भी कहते हैं। इस अभिकल्प में प्रयोज्यों के एक ही समूह (single group) का चयन किया जाता है। इसीलिए इसे एकल-समूह अभिकल्प (single group designs) भी कहते हैं। कुछ ऐसी परिस्थितियाँ होती हैं जब हम अनेक प्रयोज्य समूहों का चयन करते हैं तो किसी प्रासंगिक परिवर्त्य के सन्दर्भ में वह समतुल्य (equivalent) हो जाते हैं, भले ही उनका चयन यादृच्छिक रीति से किया गया हो। चाहे जितनी सावधानी से प्रयोज्यों का चयन किया गया हो। कुछ-न-कुछ प्रतिदर्श चयन उच्चावच (sampling fluctuation) अवश्य पाया जाता है और प्रदत्त में त्रुटि प्रसरण (error variance) की मात्रा पाई जाती है। ऐसी परिस्थिति में समूहान्तर्गत अभिकल्प (Within group design) का प्रयोग किया जाता है। इस अभिकल्प में सभी प्रायोगिक उपचारों (experimental treatments) के लिए एक ही प्रयोज्य समूह का प्रयोग किया जाता है। इसमें भिन्न-भिन्न प्रायोगिक उपचारों का प्रयोग एक ही प्रयोज्य समूह पर किया जाता है जिससे निदर्शन उच्चावच (sampling fluctuation) की सम्भावना समाप्त हो जाय। इस अभिकल्प के प्रयोग से प्रांसगिक परिवर्त्यों में स्थैर्य (constancy) बना रहता है।

इसमें प्रयोज्य समूह एक ही होगा लेकिन उस पर स्वतन्त्र परिवर्त्य की दो या दो से अधिक मात्राओं का उपयोग क्रमिक रीति से अनेक बार किया जायगा। ऐसी स्थिति में प्रयोज्यों के एक ही समूह पर स्वतन्त्र परिवर्त्य के विभिन्न मूल्यों का प्रयोग किया जाता है। तत्पश्चात् विभिन्न प्रायोगिक उपचारों के अन्तर्गत एक ही प्रयोज्य समूह से प्राप्त निष्पादनों की तुलना करके यह ज्ञात किया जाता है कि आश्रित परिवर्त्य पर स्वतन्त्र परिवर्त्य के विभिन्न मूल्यों का क्या प्रभाव पड़ता है। समूहान्तर अभिकल्प (Between groups design) तथा समूहान्तर्गत अभिकल्प (Within group design) में मुख्य अन्तर यह है कि समूहान्तर

अभिकल्प में एक समूह के निष्पादन की तुलना दूसरे समूह के निष्पादन से अथवा अन्य समूहों के निष्पादन से की जाती है। जबकि समूहान्तर्गत अथवा प्रयोज्यान्तर्गत अभिकल्प में एक ही प्रयोज्य समूह को अलग-अलग समयों पर स्वतन्त्र परिवर्त्य की भिन्न-भिन्न मात्राएँ प्रस्तुत की जाती है। इस अभिकल्प में यह देखा जाता है कि आश्रित परिवर्त्य के विभिन्न मात्राओं की तुलना करके यह देखा जाता है कि प्रायोगिक उपचारों (स्वतन्त्र परिवर्त्यों) का स्वतन्त्र परिवर्त्यों पर भिन्नतापरक प्रभाव पडता है या नहीं।

इस अभिकल्प के अन्तर्गत दो प्ररूपों का प्रयोग अनुसंधानकर्ताओं द्वारा अधिकतर किया जाता है—एक समूह : दो दशायें (One group : two conditons) तथा एक समूह : बहुल दशाएँ (one group : miltiple conditons)। 'एक समूह : दो दशाएँ' अभिकल्प को प्राथमिक अभिकल्प माना जाता है जबकि 'एक समूह : बहुल दशाएँ' इस अभिकल्प का विकसित रूप है। ऐसे अभिकल्पों का प्रयोग करके वैयक्तिक भिन्नताओं (Individual differences) के कारण उत्पन्न होने वाले वैयक्तिक भिन्नताओं (Individual differences) त्रुटि प्रसरण (error variance) को अलग करने के लिए पुनरावृत मापों (repeated measures) का प्रयोग किया जाता है जिसे अन्तर प्रयोज्य अभिकल्प (within subject design) अथवा एकल समूह अभिकल्प (Single group design) अथवा समूहान्तर्गत अभिकल्प (within group design) भी कहते हैं। यदि वैयक्तिक भिन्नताओं के कारण उत्पन्न विचलनशीलता को नियन्त्रित नहीं किया जा सकता है, तो प्रायोगिक त्रुटि की मात्रा में वृद्धि प्राप्त की जायगी। **Broota** (1989) के अनुसार, *"प्रयोग में पुनरावृत्त माप अभिकल्प के अन्तर्गत प्रत्येक प्रयोज्य का निरीक्षण K उपचारों के अन्तर्गत किया जाता है तथा प्रायोगिक त्रुटि के आकल में से वैयक्तिक भिन्नताओं के कारण उत्पन्न प्रसरण का निरसन किया जाता है।"* *(In the repeated measures design each subject in the experiment is successively observed under all the K treatments and the variation due to individual differences is eliminated from the estimatc of experimental error.)*। पुनरावृत्त माप अभिकल्प प्रयोग की परिशुद्धता को मात्रा को अन्तर-प्रयोज्य अन्तरों को कम करके त्रुटि के स्रोत को कम करता है। इसे पुनरावृत्त माप इसलिए कहा जाता है क्योंकि एक ही प्रयोज्य से पुनरावृत्त माप प्राप्त किये जाते हैं।

समूहान्तर्गत अभिकल्प के अनेक प्ररूप है जिनमें कुछ प्ररूपों का सांख्यिकीय उदाहरण अधोप्रस्तुत है।

एकल कारक प्रयोग : समान तत्त्व के पुनरावृत्त माप
(Single Factor Experiments : Repeated Measures of the Same Element)

व्यवहारपरक विज्ञानों के प्रयोगों में मानव प्रयोज्य ही जनसंख्या की इकाई के रूप में होता है। व्यक्ति के अनुभवों और पृष्ठभूमियों में वृहद् अन्तर पाये जाने के कारण एक ही प्रायोगिक उपचार (experimental treatment) में उसके अनुक्रियाओं में वैभिन्नयता (variability) पाई जाती है। अनेक दशाओं में यह वैभिन्नयता व्यक्ति में पूर्व से ही पाई जाने वाली भिन्नताओं के कारण पाया जाता है। यदि इस दशा को उपचार प्रभावों (treatments effects) तथा प्रायोगिक त्रुटियों (experimental error) से पृथक कर दिया जाय, तो प्रयोग के संवेदनशीलता (sensitivity) में वृद्धि की जा सकती है। यदि वैभिन्नयता के इस स्रोत को अनुमानित नही किया जा सकता है। तो यह वैभिन्नयता के अनियन्त्रित स्रोत (uncontrolled source) के रूप में विद्यमान रहेगा तथा स्वतः प्रायोगिक त्रुटि (experimental error) का एक अंग बना रहेगा।

ऐसे प्रयोगों का मुख्य उद्देश्य है—एक ही प्रयोज्य का प्रत्येक उपचार में निरीक्षण करना ताकि प्रयोज्यों में पाये जाने वाले अन्तर को नियन्त्रित (control) किया जा सके। जिन प्रयोगों में एक ही इकाई/तत्त्व (element) का उपयोग समस्त K उपचारों (k treatments) में किया जाता है उनमें प्रत्येक इकाई से K निरीक्षण (K observation) भी प्राप्त होते हैं। इसलिए ऐसे अभिकल्पों के वर्णन के लिए पुनरावृत्त माप (repeated measures) शब्द का प्रयोग किया जाता है। इस अभिकल्प में प्रयोज्य की अपूर्व विशेषता (unique characteristics) विभिन्न उपचारों के अन्तर्गत एक ही बनी रहती है तथा निरीक्षणों के युग्मों (pairs of observation) में धनात्मक सह-सम्बन्ध पाया जाता है। अधिक सामान्य रूप से यह कहा जा सकता है कि निरीक्षण आश्रित (dependent) होतें हैं स्वतन्त्र (independent) नहीं। यदि सन्निहित जनसंख्या वितरण (population distribution) बहुचरीय सामान्य, (multivariate normal) होती है, तो पद 'आश्रित' (dependent) तथा सह 'सम्बन्धित' (correlated) पर्यायवाची होते हैं। इसी प्रकार पद 'स्वतन्त्र' (independent) तथा 'असम्बन्धित' (uncorrelated) इस सन्दर्भ में पर्यायवाची होंगे। चूँकि यहाँ प्रयोग किये गये प्रारूपों (models) के सन्दर्भ में यह अभिग्रहीत किया गया है कि इन प्रारूपों बहुचरीय प्रसामान्य वितरण अन्तर्निहित है, अतः सहसम्बन्धित माप (correlated measures) सांख्यिकीय रूप से स्वतन्त्र मापों (statistically dependent measurement) को अपेक्षा करते हैं।

सांख्यिकीय उदाहरण

निम्न उदाहरण में प्रतिक्रिया काल पर चार औषधियों (drugs) के प्रभाव को देखा गया है। इस उद्देश्य के लिए पाँच प्रयोज्यों का चयन किया गया है। प्रत्येक औषधि का प्रभाव प्रत्येक प्रयोज्य पर देखा गया है। प्रत्येक प्रयोज्य के लिए औषधि का यादृच्छिकीकरण किया गया है। औषधियों के बीच पर्याप्त समयान्तराल का प्रयोग किया गया है ताकि एक औषधि का प्रभाव दूसरी औषधि को प्रभावित न कर सके।

Person	Drug 1	Drug 2	Drug 3	Drug 4	Total
1	13	15	36	30	$94 = P_1$
2	12	25	34	37	$108 = P_2$
3	15	23	27	40	$105 = P_3$
4	17	20	23	33	$93 = P_4$
5	18	27	30	20	$95 = P_5$
	75 T_1	110 T_2	150 T_3	160 T_4	$495 = G$ (Grand Total)

(i) $\frac{G^2}{kn} = \frac{(495)^2}{4(5)} = \frac{245025}{20} = 1225.25$

(ii) $\Sigma\Sigma X^2 = (X_1^2 + X_2^2 + X_3^2 \ldots.. X_n^2) = 13627$

G = Grand Total
T = Treatment
P = Person

(iii) $\Sigma T_j^2 = \dfrac{75^2 + 110^2 + 150^2 + 160^2}{5} = \dfrac{65825}{5} = 13165$

(iv) $\sum P_i^2 = \dfrac{94^2 + 108^2 + 93^2 + 95^2}{4} = \dfrac{49199}{4} = 12299.75$

(v) SSb . people = (4) – (1) = 12299.75 – 12251.25 = 48.5

(vi) SSw . People = (2) – 4 = 13627 – 12299.75 = 1327.25

(vii) SS drugs = (3) – (1) = 13165 – 12251.25 = 913.75

(viii) SS res = (2) – (3) – (4) + (1)

= 13627 – 13165 – 12299.75 + 12251.25

or, = 13627 + 12251.25 –12299.75

= 25878 – 13165.00 – 12299.75

= 413.5

(ix) SS total = (2) – (1) = 13627 – 12251.25 = 1375.75

(x) SS res = SSw. People – SS Drugs

= 1327.25 – 913.75 = 413.5

(xi) $F = \dfrac{\text{MStreat}}{\text{MSres}} = \dfrac{304.58}{34.458} = 8.839$

Summary of Computational Procedure

(i) (1) $\dfrac{G^2}{kn}$ (2) $\Sigma\Sigma X^2$ (3) $\dfrac{\Sigma T_j^2}{n}$ (4) $\dfrac{\Sigma p_i^2}{k}$

	Source of Variation	SS	df
	Between people	SSb. people = (4) –(1)	n–1
	Within people	SSw . people = (2) –(4)	n (k–1)
(ii)	Treatments	SS treat = (3) – (1)	k –1
	Residual	SSres = (2) – (3) –(4) + (1)	(n–1) (k–1)
	Total	SS total = (2) – (1)	kn – 1

Summary of Analysis of variance

Source of Variation	SS	df	MS	F	Level
Between People	48.5	4			.01
Within People	1327.25	15		8.839	
Drugs 913.75		3	304.58		
Residual 413.5		12	34.458		
Total 1375.75	19				

F = .99 (4,15) = 4.89

द्विकारक प्रयोग : एक कारक पर पुनरावृत्त माप
(Two Factor Experiment with Repeated Measures on one Factor)

इस अभिकल्प में दो परिवर्त्यों के भिन्न-भिन्न मूल्य होंगे।

सांख्यिकीय उदाहरण

निरीक्षित प्रदत्त

		Subject	b_1	b_2	b_3	b_4	Total
(i)	a_1	1	3	13	14	13	$43 = P_1$
		2	5	16	24	15	$60 = P_2$
		3	4	18	16	15	$59 = P_3$
	a_2	4	5	16	14	16	$51 = P_4$
		5	7	18	18	17	$54 = P_5$
		6	9	19	17	19	$64 = P_6$
		Total	33	100	103	95	$331 = G$

A B Summary Table

	b_1	b_2	b_3	b_4	Total
a_1	12	47	54	43	156
a_2	21	53	49	52	175
Total	33	100	103	95	331

P = 2, q = 4, n= 3

(iii) Computational Symbols

$$(1)\ \frac{G^2}{npq} = \frac{(331)^2}{3\,(2)\,(4)} = \frac{109561}{24} = 4565.04$$

$$(2)\ \Sigma X^2 = (X_1)^2 + (X_2)^2 + (X_3)^2 \ldots\ldots (X_n)^2$$

$$= (3)^2 + (5)^2 + (4)^2 \ldots\ldots\ldots (19)^2 = 5257.00$$

$$(3)\ \frac{\Sigma A_i^2}{nq} = \frac{(162^2 + 169^2)}{(3)(4)}$$

$$= \frac{(26244 + 28561)}{12} = 4567.08$$

$$(4)\ \frac{\Sigma B_j^2}{np} = \frac{(33^2 + 100^2 + 103^2 + 95)^2}{(3)(2)}$$

$$= \frac{(1089 + 10000 - 10609 + 9025)}{6} = 5120.5$$

$$(5)\ \frac{\left[(\Sigma ABij)^2\right]}{n} = \frac{(12^2 + 47^2 + 54^2 + 43^2 + 21^2 + 53^2 + 49^2 + 52^2}{3}$$

$$= \frac{15473}{3} = 5157.66$$

$$(6)\ \frac{(\Sigma p_k^2)}{q} = \frac{(43^2 + 60^2 + 59^2 + 51^2 + 54^2 + 64^2)}{4}$$

$$= \frac{1849 + 3600 + 3481 + 2601 + 2916 + 4096}{4}$$

$$= \frac{18543}{4} = 4635.75$$

Analysis of Variance for Numerical Example

Source of variation	Computational Formula	*SS*	*df*	*MS*	*F*	Level
Between Subjects	(6) – (1)	70.71	(np–1) =5			
A	(3) – (1)	2.04	p –1 = 1	2.04	.118	NS
Subjects within group	(6) – (3)	68.67	p (n–1) = 4	17.16		
Within Subjects	(2) – (6)	621.25	np (q–1) = 18			
B	(4) – (1)	555.46	(q–1) =3	185.15	72.6	.01
A × B	(5)–(3)–(4)+(1)	35.12	(p–1) (q–1) = 3	11.706	4.59	.05
B × Subjects within groups	(2)–(5)–(6) + (3)	30.67	p(n–1)(q–1) =12	2.55		

❑

अध्याय 12

एकल प्रयोज्य अभिकल्प
(SINGLE SUBJECT DESIGN)

इसे Single Case Design भी कहते हैं। इस अभिकल्प में एक ही प्रयोज्य (N = 1) का प्रयोग किया जाता है। एक प्रयोज्य पर ही बार-बार प्रयोग करके अध्ययन (उपचार) के प्रभाव को देखा जाता है। *Best & Kahn* (1972) का मत है कि ऐसे प्रयोगों में लोग एक नहीं दो प्रयोज्यों का भी प्रयोग कर सकते हैं। ऐसी स्थिति में उसे Single Case Research अथवा N of one Research कहते हैं।

Robinson (1976) का मत है कि इस अभिकल्प के द्वारा भी अन्य विधियों की भाँति उपकल्पना की जाँच की जाती है। जहाँ एक से अधिक व्यवहारों पर एक ही उपचार के प्रभाव पड़ने की सम्भावना पाई जाती है वहाँ इस अभिकल्प का प्रयोग किया जाता है। इनका प्रयोग उन वैज्ञानिक अनुसंधानों में अधिक किया जाता है जहाँ व्यवहारपरक परिवर्तन तथा औषधि सम्बन्धी मूल्यांकन से सम्बन्धित अनुसंधान होते हैं। अधिकतर व्यवहार परिमार्जन अध्ययनों में इस अनुसंधान अभिकल्पों का प्रयोग किया जाता है। यह अभिकल्प अर्द्ध अनुसंधान अभिकल्प के तीन प्रकारों—Time Series Design, The Equivalent Sample Design, Pretest-Post-Design की भाँति होते हैं। अन्तर केवल इतना ही है कि अर्द्ध प्रायोगिक अभिकल्प में प्रयोज्यों का एक समूह होता है जबकि एकल प्रयोज्य अभिकल्प में केवल एक प्रयोज्य होता है।

इस अभिकल्प का विकास वैयक्तिक अध्ययन विधि (Case study method) से हुआ है। *Kazdin* (1982) का मत है कि यह अभिकल्प *Skinner* के क्रिया प्रसूत अनुबन्धन (operant conditioning) के लिए किये गये अनुसंधानिक अभिकल्प का विस्तृत रूप है। *स्किनर* के अनुसंधान विधि को व्यवहार का प्रयोगात्मक विश्लेषण (experimental analysis of behaviour) कहते हैं जिसमें एकल अनुसंधान अभिकल्प की कई विशेषताएँ पाई जाती हैं। उन्होंनें अपने अधिकतर पशु प्रयोगों में एक या कुछ ही प्रयोज्यों को प्रयोग में लिया और प्रयोग की पुनरावृत्ति की। 1950 में बहुत से अनुसंधानकर्ताओं ने *Skinner* के विधि का प्रयोग किया और बच्चों तथा मानसिक विचलित प्रयोज्यों के अध्ययन के लिए इस विधि के नैदानिक उपयोगिता ने किया। परिणामस्वरूप एक नवीन अध्ययन क्षेत्र का जन्म हुआ जिसे Applied Behaviour Analysis की संज्ञा दी गई तथा इससे सम्बन्धित एक नवीन शोध पत्रिका Journal of Applied Behaviour Analysis का प्रकाशन 1968 में प्रारम्भ हुआ। इस शोध पत्रिका में अधिकतर अनुसंधान पत्र एकल प्रयोज्य अभिकल्प पर ही आधारित थे।

एकल प्रयोज्य अनुसंधान की सामान्य प्रक्रिया (General Procedure of Single Subject Designs) का वर्णन अधोप्रस्तुत है:–

1. पुनरावृत्ति माप (*Repeated Measurement*)—इसमें एक ही प्रयोज्य से बार-बार निरीक्षण प्राप्त किया जाता है। यह कार्य इस उद्देश्य से किया जाता है कि यदि प्रयोगात्मक परिस्थिति में कोई उपचार किया जाता है तो प्रयोज्य के व्यवहार में परिवर्तन पाया जाता है जिसे हस्तक्षेप (intervention) अथवा उपचार (treatment) की संज्ञा दी जाती है, जो व्यवहार को प्रभावित करता है। इस विधि से प्राप्त प्रदत्त अधिक विश्वसनीय और वैध होते हैं। विश्वसनीय एवं वैध प्रदत्त प्राप्त करने के लिए प्रयोग किए जाने वाले मापों की परिभाषा स्पष्ट रूप से करनी चाहिए। इस उद्देश्य के लिए निरीक्षण किये जाने वाले व्यवहार के चयन में अधिक सतर्क होना चाहिए। मापन किये जाने वाले व्यवहार की यह प्रमुख विशेषता होनी चाहिए कि उत्तरदाता बिना किसी हिचकिचाहट के बार-बार प्रकट करता हो। मापन प्रक्रिया के लिए परीक्षण सर्वेक्षण, प्रश्नावली, अभिवृत्ति मापनियों आदि का प्रयोग चयनात्मक रूप से करना चाहिए जिससे परीक्षण-अन्तर्क्रिया प्रभाव (test- interaction effect) अथवा संदूषण (contamination) के परीक्षण का उपयोग बार-बार किया जा सके।

2. आधार रेखा (*Base Line*)—इसे नैमित्तक स्तर (operant level) भी कहते हैं। इसमें प्रयोगकर्ता के उपचार के पहले प्रयोज्य के व्यवहार के स्तर की जाँच की जाती है। व्यक्ति के व्यवहार के विभिन्न पक्षों की जाँच के लिए इस विधि का प्रयोग किया जाता है। प्रदत्त के उन्मुखता (trend) को निर्धारित करने के लिए आधार रेखा (Base line) निर्धारित करनी चाहिए। उन्मुखता (trend) के तीन प्रकार हैं—एक स्थिर गति (A stable rate), उन्मुखता एक आवर्तमान गति (An increasing rate), एवं एक ह्रासमान गति (A decreasing rate)। उपचार के प्रभावोत्पादकता के श्रेष्ठ मूल्यांकन के लिए एक स्थिर गति उन्मुखता (A stable rate orientation) ही अधिक उपर्युक्त है। आधार रेखा में आवर्तमान गति उन्मुखता का पाया जाना उपर्युक्त नहीं है।

3. परिवर्त्य प्रहस्तलन (*Manipulating Variable*)—अन्य प्रयोगिक अनुसंधानों की भाँति इसमें भी परिवर्त्यों का प्रहस्तलन होता है। एकल प्रयोज्य अनुसंधान में उचित परिस्थिति यही है कि एक समय में एक ही परिवर्त्य को प्रहस्तलित किया जाय दो को नहीं। दो परिवर्त्यों का प्रहस्तलन एक साथ होने पर न तो उसे आसानी से अलग किया जा सकता है और न ही उसका विश्लेषण सरलता से सम्भव है।

4. भाग की लम्बाई (*Length of Phase*)—इस अनुसंधान में तीन भाग—आधार रेखा (Base line), हस्तक्षेप (Intervention) तथा Base line होते हैं। इनमें से कोई भाग लम्बा नहीं होना चाहिए।

एकल प्रयोज्य अनुसंधान के निम्नलिखित प्रारम्भिक अभिकल्प (Basic designs) है:–

1. प्रत्याहार अभिकल्प (*Withdrawl Design*)—इसमें आधार रेखा के बाद जो प्रयोगात्मक उपचार अथवा मध्यस्थता का प्रयोग किया जाता है उसका प्रत्याहार (withdrawl) कर लिया जाता है। यह अभिकल्प तीन प्रकार का होता है:–

(i) अ-ब अभिकल्प (*A-B Design*)—N = 1 के लिए अ-ब अभिकल्प का प्रयोग किया जाता है। यह एक सरलतम अनुसंधान अभिकल्प है। इस अभिकल्प में व्यवहार के लिए एक आधार रेखा (A) स्थापित की जाती है। तत्पश्चात् यह भविष्यवाणी की जाती है कि यदि किसी उपचार का प्रयोग न किया जाय, तो व्यवहार घटित होता रहेगा। यदि बाद में हस्तक्षेप (B) दिया जाये, तो व्यवहार में विभिन्नता पाई जायेगी और अनुसंधानकर्ता ऐसे व्यवहार परिवर्तनों का कारण उपचार का प्रभाव मानेगा।

(ii) अ-ब-अ अभिकल्प (*A-B-A Design*)—यह अभिकल्प सबसे सरल है। इसमें व्यवहार अ का अवलोकन किया जाता है और यह भविष्यवाणी की जाती है कि यदि कोई उपचार न प्रयोग किया जाय तो यह व्यवहार घटित होगा। यदि मध्यस्थता (उपचार—B) का प्रयोग किया जाय तो भविष्यवाणी भिन्न हो जायेगी जिसका कारण उपचार होगा। इस अभिकल्प में अनुसंधानकर्ता यह भविष्यवाणी करता है कि यदि उपचार न दिया जाय तो व्यवहार सतत् पाया जायगा।

(iii) अ-ब-अ-ब अभिकल्प (*A-B-A-B Design*)—जब प्रत्याहार मार्ग के बाद मध्यस्थता (उपचार) को पुनः प्रस्तुत किया जाता है तो यह अ-ब-अ-ब अभिकल्प का रूप ले लेता है। और अर्द्ध प्रायोगिक अभिकल्प समय शृंखला (Time series) का रूप ले लेता है। इसमें आधार रेखा-अ (Base line - A) और मध्यस्थता (उपचार - B) को पुनः दुहराया जाता है। व्यवहार 'अ' के बाद मध्यस्थता (उपचार) व्यवहार ब में परिवर्तित हो जाता है। जब मध्यस्थता (उपचार) का प्रत्याहार कर लिया जाता है तो व्यवहार में ह्रास पाया जाता है। लेकिन जब फिर मध्यस्थता (उपचार) 'ब' को प्रस्तुत किया जाता है, तो व्यवहार में वृद्धि पाई जाती है।

3. विकल्प उपचार अभिकल्प (*Alternative Treatment Design*)—यह अ-ब-अ अभिकल्प का एक उपवर्ग है। यह अ और ब दो भिन्न उपचार है जिसमें एक ही प्रयोज्य का प्रयोग करके इन दोनों उपचारों का विकल्प प्रयोग किया जाता है। इसमें 'अ' का प्रत्याहार (Withdrawl) करके 'ब' को तथा 'ब' का प्रत्याहार करके'अ' को प्रस्तुत किया जाता है। इस प्रकार इसका रूप 'अ-ब-अ-ब-अ-ब.......' अभिकल्प का हो जाता है।

2. उत्क्रमणशील अभिकल्प (*Reversal Design*)—इसमें दो परस्पर विरोधी व्यवहारों को चुना जाता है तथा प्रत्येक व्यवहार के लिए अनुसंधानकर्ता आधार रेखा चुनता है। फिर प्रत्येक आधार रेखा के लिए अलग-अलग प्रायोगिक उपचारों का प्रयोग किया जाता है। जब पर्याप्त मात्रा में प्रदत्त का संकलन कर लिया जाता है तो उपचारों को उलट दिया जाता है। पहले आधार रेखा के लिए दूसरा उपचार तथा दूसरे आधार रेखा के लिए पहला उपचार प्रयोग में लाया जाता है।

3. बहुल आधार रेखा अभिकल्प (*Multiple Baseline Design*)—इसमें कई उपचारों का प्रयोग करने के पहले कई आधार रेखाओं का प्रयोग किया जाता है। यह पुनरावृत्ति अभिकल्प (Replication Design) है। इसमें एक ही प्रयोज्य द्वारा प्रकट किये गये अनेक प्रकार के व्यवहारों पर स्वतन्त्र परिवर्त्य के प्रभावों को देखा जा सकता है तथा उसका मुल्यांकन किया जाता है। इसमें अनुसंधानकर्ता एक ही समय में घटित हो रहे अनेक असंगत व्यवहारों को देखता है और प्रत्येक व्यवहार के आधार रेखा को निर्धारित करता है। फिर वह प्रत्येक लक्षित व्यवहारों के लिए व्यवहार निर्धारित करता है। यदि उपचार के कारण इस व्यवहार में परिवर्तन आता है और शेष व्यवहार स्थित रहते हैं तो अनुसंधानकर्ता एक निष्कर्ष निकाल सकता है कि उपचार के कारण व्यवहार में परिवर्तन प्राप्त हुआ है। इसके अतिरिक्त अलग-अलग लक्षित व्यवहारों का उपचार करके उसके व्यवहार को देखा जाता है।

बहुल आधार रेखा अभिकल्प के कई प्रकार है:—

(a) Multiple-Base line design across behaviour

(b) Multiple-Base line design across subjects

(c) Multiple-Base line design across conditions or environments.

4. बहुल आधार रेखा अभिकल्प आरपार प्रयोज्य *(Multiple Baseline Design Across Subject)*—इसमें एक ही उपचार अनुम्रम में एक ही कर्ता के व्यवहार पर विभिन्न प्रयोज्यों पर अनुप्रयोग किया जाता है। जो एक ही वातावरण के होते हैं। इस अभिकल्प का दूसरा अनुप्रयोग यह है कि इस उपचार का प्रयोग अनुक्रम में एक ही प्रयोज्य पर किया जाता है। जब एक व्यवहार पर एक उपचार अनुप्रयोग किया जाता है तो अन्तर रखा जाता है इसीलिए इसे Time Lag Control Design भी कहते हैं।

5. बहुल आधार रेखा अभिकल्प आरपार दशा *(Multiple Baseline Design Across Conditions)*—इसमें एक ही व्यवहार पर उपचार अनुप्रयोग किया जाता है। लेकिन प्रयोज्य विभिन्न वातावरण के होते हैं जैसे चार रोगी चार कमरे में हों वहाँ का वातावरण अलग-अलग हो तो उनके लिए आधार रेखा निर्धारित करना होगा।

एकल प्रयोज्य अनुसंधान अभिकल्प में प्रदत्त संकलन व्यपदेश
(Data Collection Strategies in Single Subject Experimental Research)

अन्य प्रायोगिक अनुसंधानों की भाँति एकल प्रयोज्य अनुसंधान अभिकल्प में दो प्रकार के व्यवहारों—वाह्य व्यवहार (overt behaviour) एवं आन्तरिक व्यवहार (covert behaviour) का अध्ययन सामान्यतया किया जाता है। परन्तु ऐसे अनुसंधानों में प्रायः वाह्य व्यवहार का ही निरीक्षण किया जाता है। एकल प्रयोज्य अनुसंधान में वाह्य व्यवहार के मापन के लिए अनेक विधियों का प्रयोग किया जाता है जिनमें आवृत्ति माप (Frequency measure), अवधि (duration), अन्तराल अभिलेखन की विधि (method of interval recording), वास्तविक समय निरीक्षण विधि (Real time observation method), मनोदैहिक माप (phychophysiological measure), स्व-प्रतिवेदित माप (Self-reports measure), अनुक्रिया विशिष्ट माप (rcsponse-specific measure) आदि को प्रमुख प्रविधियों के रूप में जाना जाता है। एकल-प्रयोज्य अनुसंधान में यह विधियाँ बहुत लोकप्रिय है।

एकल प्रयोज्य अनुसंधान में 'आवृत्ति माप विधि प्रदत्त संकलन की एक बहुत ही लोकप्रिय विधि है। इस विधि में किसी निर्धारित अवधि में व्यवहार घटित होने की आवृति का माप किया जाता है जैसे दर्पण चित्रांकन यन्त्र पर प्रयोज्य द्वारा की जाने वाली त्रुटियों तथा समय की गणना। प्रदत्त संकलन की यह सबसे सरलतम विधि है। अवधि-विधि में प्रदत्त संकलन की काल निर्धारित विधि (time based method) है जिसमें प्रयोज्य द्वारा किसी कार्य को सम्पादित करने में लिए गये वास्तविक समय का निर्धारण किया जाता है। वास्तविक-समय निरीक्षण विधि में भी प्रदत्त संकलन की काल निर्धारित विधि है। इस विधि को काल-निदर्शन विधि (Time- sampling method) भी कहते है,

इस विधि में एकल निरीक्षण अवधि (Total observation period) को दो भागों—निरीक्षणपरक अन्तराल (observational interval) एवं अनिरीक्षणपरक अन्तराल (Non-observational interval) में विभक्त कर दिया जाता है। यदि अनुसंधानकर्ता किसी हस्तक्षेप (intervention) का प्रयोग करके बच्चे के अवांछनीय व्यवहार का विलोप करना चाहते है, तो वह बच्चों के व्यवहार का प्रत्येक 4 मिनट पर व्यवहार का निरीक्षण कर सकता है। जिसमें व्यवहार अभिलेखन (behaviour recording) के लिए दो मिनट निरीक्षण अवधि तथा दो मिनट अनिरीक्षण अवधि का प्रयोग करना होगा। वास्तविक काल निरीक्षण विधि में अध्ययन किये जाने वाले लक्षित व्यवहार (target behaviour) का अभिलेखन उनके वास्तविक आवृत्ति (frequency), सत्ता (duration) एवं क्रम (order) के रूप में किया

जाता है। इन सब सूचनाओं का अभिलेखन करने के लिए अत्यन्त मंहगें उपकरणों की आवश्यकता होती है। एकल-प्रयोज्य अनुसंधान के लिए यह प्रदत्त संकलन की यह एक सर्वोत्तम विधि है। एकल प्रयोज्य प्रायोगिक अनुसंधान में आन्तरिक व्यवहार (covert behaviour) के मापन के लिए मनोदैहिक माप, स्वप्रतिवेदित माप एवं अनुक्रिया विशिष्ट माप का प्रयोग किया जाता है।

मनोदैहिक माप में त्वचा, ताप, त्वचा प्रतिरोधक क्षमता, नाड़ी गति, रक्तचाप आदि का मापन किया जाता है जिसके लिए अतिविशिष्ट उपकरणों का प्रयोग किया जाता है। स्वप्रतिवेदित माप में प्रयोज्य के आन्तरिक व्यवहार के माप के लिए अनुसंधानकर्ता स्वप्रतिवेदित माप का प्रयोग करता है जिमसें वह किसी प्रायोगिक स्थितित में अपने भावनाओं एवं अनुभवों की सूचना देता है। जबकि अनुक्रिया विशिष्ट माप में किसी लक्षित व्यवहार के विशिष्ट अन्तराल सूचकों (Specific interval indices) से सम्बन्धित प्रदत्त का संकलन किया जाता है।

मूल्यांकन *(Evaluation)*

इस अनुसंधान की सबसे बड़ी विशेषता यह है कि एक प्रयोज्य (कभी-कभी 2) का ही प्रयोग करके अनुसंधान किया जाता है। इस प्रविधि की यह विशेषता मनोवैज्ञानिक के लिए कम समाज वैज्ञानिक के अधिक है क्योंकि इससे अनुसंधानकर्ता के समय की बचत होती है। इस अभिकल्प में प्रयोगकर्ता आवश्यकतानुसार नियन्त्रण स्थापित कर लेता है। तथा आश्रित परिवर्त्य का अधिक परिशुद्धता से मापन कर लेता है। ऐसे अभिकल्प से प्राप्त प्रदत्त के मूल्यांकन के लिए अक्सर किसी सांख्यिकीय प्रदत्त की आवश्यकता नहीं होती है। इस अभिकल्प के द्वारा दोनों प्रकार के अनुसंधानों—अन्वेषक (exploratory) एवं वर्णनात्मक (descriptive) को सम्पन्न किया जा सकता है। तथा, इस अभिकल्प में अनुसंधानकर्ता वाह्य परिवर्त्यों का निरसन (elimination) कर सकता है। परन्तु इस अभिकल्प के कुछ अवगुण भी है। उदहारणार्थ अनुपयुक्ता (in apropriatieness), व्यवहारिक सीमाएँ (practical limitations), क्रम प्रभाव (order effects), आधार रेखा समस्या (baseline problems), उत्क्रमणशील प्रभाव (irreversible effects), उपचारों की प्रभावहीनता (lack of effectiveness of treatment), अनुसंधानकर्ता का पक्षपात (researchers bias), आश्रित व्यवहार (dependent behaviours), आन्तरिक वैधता का अभाव (lack of external validity) प्रभाव की मात्रा (magnitude of effects) आदि को इस अभिकल्प के अवगुणों के रूप में माना जा सकता है।

इस प्रकार एकल प्रयोज्य अनुसंधान अभिकल्प के सन्दर्भ में यह कहा जा सकता है कि एक प्रयोज्य अभिकल्प सर्वेक्षण तथा घटनोत्तर अनुसंधान परिस्थितियों के लिए अनुपयुक्त है। इस विधि की सबसे बड़ी व्यवहारिक सीमा यह है कि इसमें समय अधिक खर्च होता है। इस अभिकल्प में क्रम प्रभाव (अभ्यास अथवा थकान) परिणाम को प्रभावित कर सकता है। इस अभिकल्प में अनेक आधार-रेखा समस्याएँ अनुभव की जाती हैं। इस अभिकल्प का एक अवगुण यह भी है कि प्रयोज्य को दिये गये कुछ उपचारों को पलटा (reverse) नहीं किया जा सकता है। इस अभिकल्प में उपचारों अथवा हस्तक्षेप के प्रभावोत्यापदता के विषय में अनुसंधानकर्ता को संदेह रहता है। इस अभिकल्प में उपचारों के प्रयोग में प्रयोगकर्ता का पक्षपात परिणाम को दूषित कर सकता है। इस अभिकल्प का प्रयोग करने पर प्राप्त परिणाम स्वतन्त्र नहीं, वरन् निर्भर होते हैं। इस अभिकल्प में वाह्य वैधता का अभाव पाया जाता है।

❑

अध्याय 13

मिश्रित अभिकल्प

(MIXED DESIGN)

जिन प्रायोगिक अभिकल्पों में समूहान्तर (Between Groups) तथा समूहान्तर्गत (within groups) दोनों ही अभिकल्पों की विशेषताएँ पाई जाती हैं उन्हें मिश्रित अभिकल्प (Mixed Design) कहते हैं। जिस प्रकार समूहान्तर अभिकल्पों में अलग-अलग प्रायोगिक उपचारों (experimental treatment) से प्राप्त परिणामों (आश्रित परिवर्त्य के मापन के लिए अलग-अलग समूहों का प्रयोग किया जाता है उसी प्रकार मिश्रित अभिकल्पों में भी किया जाता है। कुछ मिश्रित समूहों में प्रयोज्यों का चयन यादृच्छिक रीति से नहीं किया जाता है और अभिकल्पों में समेलन किया जाता है। परन्तु कुछ मिश्रित अभिकल्प ऐसे भी होते हैं जिनमें एक साथ दो या दो से अधिक स्वतन्त्र परिवर्त्यों का प्रहस्तलन (manipulation) किया जाता है जबकि कि कुछ प्रयोगों में एक या दो स्वतन्त्र परिवर्त्यों के विभिन्न स्तरों पर प्रयोज्यों का चयन यादृच्छिक रीति से किया जाता है।

इस अध्याय के अन्तर्गत वर्णन हेतु तीन अभिकल्पों का चयन किया गया है। पहले दो समेलित अभिकल्प समूह (Two Matched Groups Design) तथा यादृच्छिकीकृत प्रखण्ड अभिकल्प (Randomized Blocks Design) का वर्णन किया गया है जिनमें प्रायोगिक उपचार से पहले समूहों में समतुल्यता स्थापित करने के लिए प्रासंगिक परिवर्त्यों पर समेलन (matching) किया जाता है। तीसरे प्रकार के अभिकल्पों को मिश्रित अभिकल्प कहा जाता है।

यादृच्छिकीकृत प्रखण्ड अभिकल्प

(Randomized Blocks Design)

यादृच्छिकीकृत प्रखण्ड प्रत्यय को कृषि सम्बन्धी प्रयोगों से प्राप्त किया गया है जिसके इकाई के रूप में एक भूखण्ड (plot) को लिया जाता है। अध्ययन की जाने वाली भूखण्ड इकाई के आस-पास के प्लाटों को मिलाकर एक ब्लॉक (प्रखण्ड—(Block) की रचना होती है। किसी भूखण्ड इकाई के आसपास जो प्लाट होते हैं, उनमें भूमि-सम्बन्धी विशेषताओं में समानता पाई जाती है। जो समानता इन भूखण्डों में पाई जाती है, वह समानता यादृच्छिक आधार पर चयन किये गये भूखण्डों में नहीं पाई जायगी। कई प्लाटों को मिलकर एक ब्लाक का निर्माण होता है। इन प्रखण्डों (Blocks) में यादृच्छिक आधार पर चयन किये गये प्रखण्डों की तुलना में समानता अपेक्षाकृत अधिक पाई जाती है।

यदि सम्पूर्ण प्रायोगिक सामग्री (experimental material) अथवा क्षेत्र (area) समजातीय (homogenous) नहीं है, तो प्रायोगिक सामग्री अथवा क्षेत्र को अनेक समजातीय उपभागों (homogeneous subgroups) में वर्गीकृत कर लेना चाहिए जिससे विचलनशीलता (variability) का नियन्त्रण किया जा सके। यदि उपचारों का प्रयोग सापेक्ष रूप से प्रत्येक समजातीय क्षेत्र के लिए किया जाता है जिसके अलग-अलग समूह अथवा स्तर होते हैं, तो

इस अभिकल्प को यादृच्छिक प्रखण्ड अभिकल्प कहा जायगा। प्रत्येक प्रायोगिक इकाई के लिए उपचारों को यादृच्छिक रूप से निर्दिष्ट किया जाता है। ***Walter T. Federer*** (1967) के अनुसार, *'In the randomized block design the treatments are randomly allotted with in each stratum.'* स्तरों/प्रखण्डों में पाये जाने वाले विचलनशीलता को उपचारों की पुनरावृत्ति (replication of treatments) से समाप्त किया जा सकता है।'' ***Federer*** (1967) का मत है कि, *"If it is desired to control one source of variation by stratification, the experimenter should select the randomized complete block rather than the completely randomized design."*

इस अभिकल्प का विकास 1925 में हुआ और अनेक क्षेत्रों में इस अभिकल्प को लोकप्रियता प्राप्त हुई। जिसका प्रमुख कारण अन्य अभिकल्पों की तुलना में इस अभिकल्प में पाई जानेवाली प्रमुख विशेषताएँ लोचकता (flexibility), अनुकूलन में सरलता (case of adaptation) एवं विश्लेषण (analysis) थी। चूँकि यादृच्छिक समूह अभिकल्प (Randomized group design) में कुछ कमियाँ अनुभव की गईं, परिणामस्वरूप इस अभिकल्प का प्रतिपादन किया गया। जो त्रुटियाँ यादृच्छिक समूह अभिकल्प में रह जाती है अनुसंधानकर्ता इन्हीं त्रुटियों/प्रसरण को समाप्त करने के लिए यादृच्छिक प्रखण्ड अभिकल्प (randomized block design) को विकसित किया। प्रखंडन तकनीक (Block Technique) से यादृच्छिक समूह अभिकल्प को श्रेष्ठतम बनाया जा सकता है तथा त्रुटि प्रसरण को कम किया जा सकता है। प्रखण्डन (Blocking) का तात्पर्य प्रयोज्यों को प्रखण्डों में इस प्रकार वितरित करना है कि उद्देश्यों के अनुसार आश्रित परिवर्त्य के सन्दर्भ में प्रायोगिक इकाइयाँ अपेक्षाकृत अधिक समजातीय हो सके। *(In randomized complete block design, it is possible to reduce error variance by forming blocks such that experimental units within the blocks are relatively more homogeneous with respect to the dependent variable of interest to the experimenter. The primary objective of creating the blocks is to eliminate from the experimental error the variation one to the differences between the blocks.* (**Broota**, 2002)। इस अभिकल्प की उत्पत्ति कृषि विज्ञान के प्रयोगों (agricultural experiments) से हुई है जिनमें समान क्षेत्रफल (equal area) एवं पार्श्ववर्ती— (adjacent plots) भूमि के टुकड़ों से प्रखण्डों (blocks) का निर्माण किया जाता है। पार्श्ववर्ती भूमि को नमी (moisture) उर्वरता (fertility) आदि के सन्दर्भ में समजातीय (homogeneous) मान लिया जाता है क्योंकि प्रत्येक खण्ड के लिए अलग-अलग उपचारों का प्रयोग किया जाता है। जितने प्रायोगिक उपचार होते हैं, उतने प्रखण्ड होते हैं।

जब मनोवैज्ञानिक अनुसंधानों में यादृच्छिक प्रखण्ड अभिकल्प का प्रयोग किया जाता है तो एक प्लाट (Plot) के रूप में एक प्रयोज्य को लिया जाता है। प्रयोज्यों के एक समूह को प्रखण्ड (block) कहते हैं। ब्लाक में चयन किये गये प्रयोज्य समजातीय होते हैं। चूँकि इस विधि में प्रत्येक ब्लाक (प्रखण्ड) में चयन किये गये प्रयोज्य किसी विशेषता के सन्दर्भ में समजातीय होते हैं तथा समेलित (matched) होते हैं। इसलिए यादृच्छिकीकृत प्रखण्ड अभिकल्प को समेलित समूह अभिकल्प (matched group design) भी कहते हैं। यह अभिकल्प इस अभिग्रह पर आधारित है कि आश्रित परिवर्त्य के सन्दर्भ में प्रत्येक प्रखण्ड अधिक समजातीय होगा।

Edwards (1969) के अनुसार, *''यादृच्छिकीकृत प्रखण्ड अभिकल्पों में प्रयोज्यों को पिभिन्न समूहों में पिभाजित कर दिया जाता है। प्रयोगकर्ता का यह तर्कपूर्ण विश्वास होता है कि आश्रित परिवर्त्य पर इन समूहों का निष्पादन बिना इस विधि के द्वारा चुने गये प्रयोज्यों*

की अपेक्षा एक ही प्रकार का होगा।'' (*In a Randomized Blocks Design, Ss are divided in to a number of blocks or groups each of which the experimenter has reason to believe, will be more homogeneous in performance on dependent variable, than unselected Ss.*)

Edwords का मत है कि, ''*Each block consists of r Subjects, where r is the number of experimental conditions with n block available, the experiment will be replicated in times.*''

यदि एक प्रयोग के 5 प्रायोगिक उपचारों में आश्रित परिवर्त्य के रूप में गणितीय समस्याओं का समाधान है, तो प्रयोज्य को 5 प्रायोगिक उपचारों मं परीक्षण किया जायगा। अनुसंधानकर्ता यह जानता है कि समान दशाओं (uniform conditions) में परीक्षण करने पर भी प्रयोज्यों में बहुत अधिक भिन्नताएँ पाई जाएगी तो वह यह सोचता है कि उपचार प्रभाव बहुत कम है, इसलिए वह यादृच्छिक प्रखण्ड अभिकल्प का प्रयोग करता है। यदि प्रयोग में 25 प्रयोज्यों का प्रयोग करना है, तो 5 उपचारों के प्रयोग करने पर प्रत्येक उपचार में 5-5 प्रयोज्य होंगे। प्रारम्भिक परीक्षण में एक परीक्षण प्रशासित कर लिया जांता है कि प्रयोजयों के प्राप्तांक क्या है? इन्हीं प्रारम्भिक प्राप्ताकों (initial scores) के आधार पर प्रयोज्यों को समूहों में व्यवस्थित यिका जायगा। प्रत्येक प्रखण्ड (block) में K प्रयोज्य (K subjects) होंगे। K का तात्पर्य उपचारों की संख्या (number of treatments) से है। जब N प्रखण्ड (blocks) होते हैं, तो हमें K N निरीक्षण (observations) उपलब्ध होते हैं। यदि प्रयोज्यों को यादृच्छिक क्रम में उनके प्रारम्भिक प्राप्तांकों (initial scores) के आधार पर व्यवस्थितं किया गया है तो पहले K Ss पहले प्रखण्ड (block) की रचना करेंगे दूसरा KSs अगले प्रखण्ड की रचना करेंगे जब तक कि N Blocks न बन जाय।

लेकिन किस आधार पर अनुसंधानकर्ता प्रयोज्यों के प्रखण्डों अथवा समूहों की रचना करे। यह आश्रित परिवर्त्य तथा प्राणिगत परिवर्त्य के बारे में अनुसंधानकर्ता के अन्तर्दृष्टि (insight) और ज्ञान पर निर्भर करता है। यदि अनुसंधाकर्ता यह जानता है कि कोई प्राणिगत परिवर्त्य स्वतन्त्र परिवर्त्य से सहसम्बन्धित है तो प्रयोज्यों को प्रखण्डों (blocks) में विभाजित करने का आधार यह प्राणिगत परिवर्त्य (organismic variable) बनाया जा सकता है। यदि r प्रायोगिक दशाओं (experimental conditions) का परीक्षण करना है, तथा अनुसंधानकर्ता ने N प्रयोज्यों (N Ss) को किसी प्राणिगत परिवर्त्य के सन्दर्भ में मापित किया गया है, तो इसका तात्पर्य यह है कि उसका विश्वास है कि प्राणिगत परिवर्त्य स्वतन्त्र परिवर्त्य से धनात्मक रूप से सह-सम्बन्धित है।

यदि प्रयोज्यों को प्राणिगत परिवर्त्य के आधार पर उनके मूल्यों के अनुसार व्यवस्थित कर दिया गया है, तो पहले r का प्रयोज्य पहला प्रखण्ड (block) तैयार करेगा पहले r का दूसरा प्रयोज्य दूसरा प्रखण्ड बनायेगा। इसी प्रकार आगे के समूह बनेंगे जब तक कि N प्रखण्डों (blocks) ने चयन कर लिए जाये।

यदि मनोवैज्ञानिक अनुसंधान में प्रयोज्य प्रत्येक प्रखण्ड (block) में प्राणिगत परिवर्त्य के आधार पर समेलित (match) कराये जाते हैं। इसलिए इसे समेलित समूह अभिकल्प (matched group design) कहते है। *Edwards* (1950) जिसमें प्रत्येक समूह प्राणिगत परिवर्त्य के एक स्तर (Level) का प्रतिनिधित्व करता है।

यदि समेलन सफल है, तथा समेलन के लिए प्रयोग किये गये प्राणिगत परिवर्त्य के स्तर प्रायोगिक दशा में आश्रित परिवर्त्य पर प्रयोज्य के निष्पादन से घनात्मक रूप से सहसम्बन्धित (positively correlated) है, तो यादृच्छिकीकृत समूह की अपेक्षा समेलित समूह अभिकल्प

का त्रुटि प्रसरण (error variance) कम होगा क्योंकि यादृच्छिक समूह अभिकल्प के त्रुटि प्रसरण प्रखण्डों (blocks) के पुनरावृत्ति (replication) के कारण बँट जाते हैं।

यादृच्छिक प्रखण्ड अभिकल्प का प्रयोग उस समय भी किया जा सकता है जब केवल दो समूह प्रायोगिक और नियन्त्रित होते हैं।

समेलित समूह अभिकल्प में यह कल्पना की जाती है कि प्रायोगिक दशा स्वतन्त्र परिवर्त्य तथा प्रायोगिक दशा के निष्पादन स्वतन्त्र परिवर्त्य होते हैं। यदि अनुसंधानकर्ता ने अपने प्रयोग में समस्या समाधान सम्बन्धी प्राप्तांक को आश्रित परिवर्त्य के रूप में लिया है, और वह 5 उपचारों में परीक्षण करना चाहता है, तो समस्या समाधान के सन्दर्भ में प्रयोज्यों में व्यक्तिगत भिन्नता पाई जायेगी यदि उनका समान दशाओं में परीक्षण किया जाय। यही नहीं प्रायोगिक उपचारों (experimental treatments) का प्रभाव भी पड़ सकता है। ऐसी स्थिति में यादृच्छिक प्रखण्ड अभिकल्प का प्रयोग करता है। इस विधि में अनुसंधानकर्ता सर्वप्रथम जनसंख्या से इकाइयों का चयन यादृच्छिक आधार पर करता है। इन प्रयोज्यों का मापन उस प्रासंगिक परिवर्त्य के आधार पर किया जाता है तो आश्रित परिवर्त्य से उच्च रूप से सहसम्बन्धित होते हैं। प्रत्येक प्रयोज्य से उस प्रासंगिक परिवर्त्य पर अंक प्राप्त करके उन्हें व्यवस्थित किया जाता है। व्यवस्थापन अवरोही क्रम (24, 23, 22) में किया जाता है। स्वतन्त्र परिवर्त्य की मात्रा के अनुसार हीं प्रत्येक खण्ड में प्रयोज्य चुन लिए जाते हैं। यदि प्रायोगिक उपचार = 5 है तो पहले खण्ड में ऊपर के 5 सदस्यों को चुन लिए जायगा। अगले खण्ड में दूसरे 5 प्रयोज्यों को चयन कर लिया जायगा यह कार्य तब तक किया जायेगा जब तक कि अभीष्ट संख्या में प्रखण्डों का निर्माण न हो जाय। तत्पश्चात प्रत्येक प्रखण्ड के प्रयोज्यों को यादृच्छिक आधार पर प्रायोगिक उपचारों को प्रस्तुत किया जाता है।

सर्वप्रथम वह प्रखण्डों (blocks) की संख्या निर्धारित करता है। यदि प्रायोगिक उपचार = 5 प्रखण्डों की संख्या 10 है, तो अनुसंधानकर्ता जनसंख्या से 50 प्रयोज्यों को चुनेगा। इसी प्रकार यदि प्रायोगिक उपचार = 5 तथा प्रखण्डों की संख्या भी = 5 है, तो अनुसंधानकर्ता कुल 25 प्रयोज्यों का चयन जनसंख्या से करेगा। यह प्रयोज्य जनसंख्या से यादृच्छिक आधार पर चुनेगा। और उन सभी पर समेलित परिवर्त्य का प्रयोग करेगा। प्रत्येक प्रखण्ड किस प्रायोगिक दशा में रखा जायगा, इसका निर्धारण यादृच्छिक आधार पर किया जाता है।

प्रत्येक प्रखण्ड में K उपचार के अनुसार ही प्रयोज्यों को यादृच्छिक रूप से निर्दिष्ट किया जायगा। इसके बाद ताश के पत्ते के इक्के की भाँति 2, 3, 4, 5 को लेकर यादृच्छिकीकरण किया जायगा। अगले प्रयास में कार्डों को फिर ताश के पत्तों की भाँति फेंट (Shuffle) लिया जायगा।

	Treatment				
	1	2	3	4	5
Block 1	4	3	1	5	2
Block 2	1	4	2	3	5
Block 3	2	1	5	4	3
Block 4	5	2	3	1	4
Block 5	3	5	4	2	1

इसके आधार पर यह ज्ञात किया जा सकता है कि प्रत्येक प्रखण्ड (Block) में कौन सा प्रयोज्य किस उपचार (treatment) के लिए निर्दिष्ट (assign) किया गया है। उदाहरणार्थ—प्रथम प्रखण्ड में S_4 को प्रथम उपचार के लिए S_3 को द्वितीय उपचार के लिए तथा S_5 को तृतीय उपचार के लिए निर्दिष्ट किया गया है।

सांख्यिकीय उदाहरण

5 प्रखण्ड एवं 5 उपचार युक्त यादृच्छिक प्रखण्ड अभिकल्प में प्रयोज्यों का आवंटन

	Treatment				
Block	1	2	3	4	5
1	3	1	5	2	4
2	6	7	9	10	8
3	12	11	13	15	14
4	16	19	17	20	18
5	21	24	23	22	25

5 प्रखण्ड एवं 5 उपचार युक्त या यादृच्छिकीकृत प्रखण्ड अभिकल्प

Block	Treatments					$\overset{B}{\Sigma} X^2$	$\left(\overset{B}{\Sigma} X^2\right)$
	1	2	3	4	5		
1	15	14	16	25	20	90	8100
2	13	17	18	12	15	75	5625
3	16	14	19	11	20	80	6400
4	18	12	13	17	20	80	6400
5	20	19	21	18	12	90	8100
$\overset{C}{\Sigma} X =$	82	76	87	83	87	415	34625
$\overset{C}{\Sigma} X^2 =$	6724	5776	7569	6889	7569		

Step—1 Correction $= \dfrac{\Sigma X^2}{N} = \dfrac{(415)^2}{25} = 6889$

Step—2 Total Ss $= \Sigma X^2 - C$

$= 34625 - 6889 = 27736$

Stpe—3 Between Column SS =

$$\frac{(\Sigma^{c^1} X)^2 + (\Sigma^{c^2} X)^2 + (\Sigma^{c^3} X)^2 + (\Sigma^{c^4} X)^2 + (\Sigma^{c^5} X)^2}{N} - C$$

$$\frac{6724 + 5776 + 7569 + 6889 + 7569}{5} - 6889$$

$= 6905.4 - 6889 = 16.4$

Step - 3 Between Block SS $= \dfrac{(\Sigma^{B^1} X) + (\Sigma X)^2 + \ldots.. + (\Sigma X)^2}{N} - C$

$$\frac{8100 + 5625 + 6400 + 6400 + 8100}{5} - 6889$$

$6925 - 6889 = 36$

Step-4 = Column × Block SS = Total SS – (Columns SS + Block SS)

27736 – (16.4 + 36) = 27683.6

Degree of Freedom

Between Columns = K– 1 = 5 – 1 = 4

Between Blocks = B –1 = 5 – 1 = 4

Columns × Blocks = (k – 1) (B – 1) 4 × 4 = 16

Summary of Two Way Analysis of Variance

स्रोत Sources	वर्ग का योग SS	स्वा॰ अ॰ df	प्रसरण आकलन (Variance est.)	एफ अनुपात F ratio	स्तर Level
स्तम्भ (Columns	16.4	4	4.1	.002	NS
प्रखण्ड (Blocks)	36	4	9	.005	NS
स्तम्भ × प्रखण्ड (Columns × Blocks)	276836	16	1730.22		
समस्त Tctal	27736	24			

मूल्यांकन *(Evaluation)*

(i) इस अभिकल्प में प्रत्येक प्रखण्ड में उतने ही प्रयोज्य रहते हैं, जितने ही उपचार होते हैं।

(ii) प्रत्येक खण्ड के प्रत्येक उपचार के लिए एक से अधिक प्रयोज्यों को सम्मिलित किया जा सकता है। ऐसी परिस्थिति में अभिकल्प का स्वरूप त्रिविभात्मक (Three dimensional) हो जाता है। परिणामस्वरूप प्रदत्त को स्तम्भ (columns), प्रखण्ड (Blocks) तथा कोष/प्रकोष्ठ (Cells) में व्यवस्थित किया जाता है।

(iii) इस अभिकल्प के द्वारा त्रुटि प्रसरण (error variance) को कम किया जा सकता है।

(iv) इस अभिकल्प की उपयोगिता अधिक नहीं है।

(v) जिसे स्तर का सहसम्बन्ध समेलन परिवर्त्य (matching variable) एवं आश्रित परिवर्त्य में पाया जाता है, उस स्तर का सहसम्बन्ध प्रतिदर्श में नहीं पाया जाता है।

❑

अध्याय 14

अर्द्ध-प्रायोगिक अभिकल्प
(QUASI-EXPERIMENTAL DESIGN)

प्रायोगिक अनुसंधान में अनुसंधानकर्ता व्यवहार के परिशुद्ध मापन तथा मूल्यांकन के लिए नियंत्रित दशाओं में स्वतन्त्र परिवर्त्य का प्रहस्तलन करता है तथा कार्य-कारण सम्बन्धों को निर्धारित करता है। प्रायोगिक अनुसंधान हीं मनोवैज्ञानिक अनुसंधानों को इन्द्रियानुभविक वैधता (empirical validity) को सिद्ध करते हैं। प्रायोगिक अनुसंधान का प्रमुख लक्षण नियंत्रित दशाओं का, जहाँ तक सम्भव हो नियन्त्रण है। परन्तु दशाओं का नियन्त्रण प्रयोगशाला के सीमित क्षेत्र में ही सम्भव है। प्रायोगिक अनुसंधानों में प्रासांगिक परिवर्त्यों को स्थिर बनाये रखकर स्वतन्त्र परिवर्त्य की मात्रा में प्रहस्तलन किया जाता है।

परन्तु कुछ अनुसंधानपरक परिस्थितियाँ ऐसी होती हैं जिनमें आश्रित परिवर्त्य कुछ प्रासांगिक कारकों यथा पालन-पोषण, सामाजिक स्तर, सांस्कृतिक पृष्ठभूमि, आयु, लिंग, द्वारा प्रभावित होता है। परन्तु इन कारकों का सक्रिय प्रहस्तलन (active manipulation) अनुसंधानकर्ता के लिए सम्भव नहीं है। यह कारक व्यक्ति के व्यवहार-प्रणाली (behaviour pattern) को प्रभावित करते हैं। परन्तु इन परिवर्त्यों के प्रायोगिक प्रभावों का अध्ययन सम्भव नहीं है। परन्तु अनुसंधानकर्ता आश्रित परिवर्त्य पर इन कारकों के प्रभाव का निरीक्षण नहीं कर पाता है। परिणामस्वरूप यथार्थता का अभाव पाया जाता है। ऐसी स्थिति में अनुसंधानकर्ता प्रायोगिक अनुसंधान का मोह त्याग देता है और मानव व्यवहारों की जटिलता और विविधता के अध्ययन के लिए अप्रायोगिक अनुसंधान का सहारा लेता है और प्रायोगिक अनुसंधान की कमियों को पूरा करता है। अप्रायोगिक अनुसंधानों में स्वतन्त्र परिवर्त्य का प्रहस्तलन सक्रिय रूप से नहीं होता है। चयनात्मक रूप से होता है। इसी प्रकार समूहों का चयन भी यादृच्छिक रूप से नहीं किया जाता है। इसलिए कार्य-कारण सम्बन्धों का पर्याप्त विश्लेषण नहीं हो पाता है। प्रायोगिक एवं अप्रायोगिक अनुसंधान अनुसंधान विमा के दो छोर कृत्रिमता-स्वाभाविकता (Artificiality-Naturalness) है।

अर्द्ध-प्रायोगिक अभिकल्प में प्रासांगिक परिवर्त्यों के नियन्त्रण पर अधिक बल नहीं दिया जाता है। इसीलिए न तो प्रायोगिक उपचारों (experimental treatment) का प्रयोग होता है। और न उपचारों के लिए यादृच्छिक रीति से प्रयोज्य समूहों का निर्माण होता है। Campbell & Stanley (1966) ने प्रायोगिक अभिकल्प के दो वर्गों—वास्तविक प्रायोगिक अनुसंधान (true experimental design) तथा अर्द्ध-प्रायोगिक अभिकल्प (Quasi-experimental design) में वर्गीकृत किया है। वास्तविक प्रायोगिक अभिकल्प में आंतरिक वैधता (internal validity) पाई जाती है तथा प्रयोज्यों का यादृच्छिक चयन होता है जबकि अर्द्ध-प्रायोगिक अभिकल्प (quasi-experimental design) में प्रयोज्यों का नयन यादृच्छिक आधार पर नहीं होता है। ऐसे अभिकल्पों में प्रासांगिक परिवर्त्यों के नियन्त्रण पर अधिक बल नहीं दिया जाता है और न ही प्रयोज्यों का चयन यादृच्छिक रीति से होता है। इस अभिकल्प में व्यवहार

के सन्दर्भ में कार्य-कारण के बारे में निश्चित रूप से कुछ नहीं किया जाता है, बल्कि उनके बारे में अनुमान किया जाता है।

Campbell & Stanely (1966) ने 16 प्रकार के अर्द्ध-प्रायोगिक अभिकल्पों का वर्णन किया है। प्रथम वर्ग में उन अभिकल्पों को सम्मिलित किया जा सकता है जिनमें केवल प्रायोगिक समूह ही होता है, नियन्त्रित समूह का प्रयोग नहीं किया जाता है जबकि द्वितीय वर्ग में वे अभिकल्प आते हैं जिनमें नियन्त्रित समूह तो अवश्य पाया जाता है परन्तु प्रायोगिक एवं नियंत्रित समूहों में समतुल्यता (equivalance) स्थापित करने का प्रयास नहीं किया जाता है।

Kidder (1981) के अनुसार, *''अर्द्ध-प्रायोगिक अभिकल्प एक ऐसा अभिकल्प है जिसमें यादृच्छिक रूप से उपचार समूह (treatment group) तथा तुलना समूह (comparison gorup) का प्रयोग नहीं किया जाता है। वरन् उपचार समूह तथा तुलना समूह की तुलना अ-तुल्य समूहों के प्रयोज्यों से किया जाता है।'' (Quasi-experiments are research designs that do not have randomly assigned treatment and comparison groups - Instead the comparisons between treatment and non treatment conditions must always be made with non-equivalent groups or with the some subjects prior to treatments.)*

Broota (1989) के अनुसार, *''अर्द्ध-प्रायोगिक अभिकल्प में प्रायोगिक इकाइयों को उपचार दशाओं के निर्दिष्ट पर अनुसंधानकर्ता का पूर्ण नियन्त्रण नहीं होता है तथा उपचारों का प्रहस्तलन नहीं होता है, इन विशेषताओं वाले अभिकल्प को अर्द्ध-प्रायोगिक अभिकल्प कहते हैं।'' (All such experimental situations in which experiment does not have full control over the assignment of experimental units, randomly to the treatment conditions or treatment can not be manipulated are collectively called quasi experimental design.)*

अर्द्ध-प्रायोगिक अभिकल्प के प्रकार *(Types of Quasi-Experimental Design)*

अर्द्ध-प्रायोगिक अभिकल्प के निम्नलिखित प्रकार हैं:—

1. नियन्त्रण समूह रहित अभिकल्प *(Designs without control group)*—अनुसंधानकर्ता को कभी-कभी ऐसे अभिकल्प का भी प्रयोग करना होता है जिसमें न तो घटनाओं का सक्रिय प्रहस्तलन होता है और न ही प्रतिदर्श इकाइयों का यादृच्छिक चयन होता है। ऐसे अभिकल्प में केवल प्रायोगिक समूह ही होता है नियंत्रित समूह नहीं। इस अभिकल्प के कई प्रकार हैं—

(i) एक केस शॉट अभिकल्प *(One shot case design)—Campbell & Stanley* (1966) ने इसे One shot case का नाम दिया है जिसमें एक समूह के व्यवहार का निरीक्षण एक निश्चित अवधि में किया जाता है। जैसे किसी बाढ़ ग्रस्त क्षेत्र का अध्ययन करने के लिए अनुसंधानकर्ता उस क्षेत्र में रहने वाले व्यक्तियों से मिलकर बाढ़ के मनोवैज्ञानिक प्रभावों का मापन करता है ऐसे अध्ययन समाजशास्त्र सामाजिक मनोविज्ञान संगठनात्मक व्यवहार तथा नृशास्त्र (anthropology) के क्षेत्र में किये जाते हैं।

(ii) एक समूह : प्राक एवं पश्च परीक्षण अभिकल्प *(One group : Pre and post test design)*—इस अभिकल्प में प्रयोज्यों को एक समूह का परीक्षण दो अवस्थाओं—स्वतन्त्र परिवर्त्य के घटित होने के पूर्व तथा स्वतन्त्र परिवर्त्य के घटित होने के

बाद में किया जाता है। पहली अवस्था को नियन्त्रित दशा तथा द्वितीय अवस्था को प्रायोगिक दशा कहते हैं। इन दोनों अवस्थाओं में जो अन्तर पाया जाता है, वह स्वतन्त्र (प्रायोगिक) परिवर्त्य का प्रभाव होता है।

इस अभिकल्प में संवेदनशीलता (sensitivity) तथा कृत्रिमता (sophistication) पाया जाता है क्योंकि जो संवेदनशीलता प्रयोज्य में पश्चात परीक्षण में पाई जाती है, वह पूर्व परीक्षण में नहीं पाई जाती है। पूर्व परीक्षण तथा पश्चात परीक्षण के बीच पाये जाने वाले समायान्तराल के कारण प्रयोज्य की परिपक्वता में परिवर्तन हो सकता है। यही नहीं, पूर्व परीक्षण के समय प्रयोग किया गया उपकरण पश्चात-परीक्षण के समय मापन योग्य उपर्युक्त नहीं रह जाता है। इसके अतिरिक्त दोनों अवस्थाओं के प्रयोग करने के कारण प्रयोजयों की रुचि कम हो जाती है।

(iii) समय-क्रम अभिकल्प *(Time Series Design)*—इस अभिकल्प में पूर्व-परीक्षण तथा पश्चात परीक्षण में आश्रित परिवर्त्य का निरीक्षण अनेक बार किया जाता है। इस अभिकल्प में एक प्रयोज्य अथवा प्रयोज्यों के समूह को लेकर निश्चित अन्तरालों पर वांछित व्यवहारों का मापन किया जाता है। अनुसंधानकर्ता इस अभिकल्प में विभिन्न समयों पर प्राणी के व्यवहार में होने वाले परिवर्तनों का मापन करता है। ऐसे प्रयोग में व्यतीत होने वाला समय ही स्वतन्त्र परिवर्त्य के रूप में माना जाता है।

2. असमतुल्य तुलना समूह अभिकल्प *(Non-equivalent comparison group design)*—इस अभिकल्प में कई अभिकल्पों का प्रयोग किया जाता है—

(i) स्थिर समूह तुलना अभिकल्प *(Static group comparison design)*—इस अभिकल्प में एक समूह का एक शॉट केस अध्ययन करने के साथ-साथ ही किसी अन्य समूह के उन्हीं आश्रित परिवर्त्यों का मापन किया जाता है परन्तु इस समूह के साथ कोई दैनिक घटना नहीं घटित होती है।

(ii) असमतुल्य तुलना समूह अभिकल्प *(Non-equivalent comparison group design)*—इस अभिकल्प में अध्ययन करने के लिए दो समूहों को लिया जाता है। एक समूह पर स्वतन्त्र परिवर्त्य के प्रभाव को मापा जाता है जबकि दूसरा समूह का सुविधानुसार चयन किया जाता है। लेकिन दोनों समूहों के इकाइयों का चयन यादृच्छिक रूप से नहीं किया जाता है। इसीलिए दूसरे समूह को नियंत्रित समूह नहीं कहा जाता है।

(iii) असमतुल्य तुलना समूह सहित समय क्रम अभिकल्प *(Time series designs with non-equivalent comparison group)*—इस अभिकल्प में असमतुल्य दो समूहों का अध्ययन किया जाता है। एक समूह में निश्चित अन्तरालों पर कभी प्रायोगिक उपचार के बाद और कभी बिना प्रायोगिक उपचार के ही आश्रित परिवर्त्य का मापन किया जाता है। जबकि दूसरे मसूह से आश्रित परिवर्त्य का मापन बिना प्रायोगिक उपचार की व्यवस्था किये भिन्न-भिन्न अन्तरालों पर किया जाता है।

मूल्यांकन *(Evaluation)*

अर्द्ध-प्रायोगिक अभिकल्पों के सभी प्रकार अपेक्षाकृत प्रबल भी है और अपेक्षाकृत दुर्बल भी। किसी भी अभिकल्प का प्रबल अथवा दुर्बल होना इस बात पर निर्भर करता है कि अनुसंधानकर्ता कितनी सफलता के साथ परिवर्त्यों का नियन्त्रण कर लेता है तो अध्ययन का स्वरूप प्रायोगिक हो जाता है। ऐसे अभिकल्पों की सफलता अनुसंधानकर्ता की सर्जनशीलता (creativity) तथा प्रतिबद्धता (commitment) पर भी निर्भर करती है।

❑

अध्याय 15

लैटिन वर्ग अभिकल्प
(LATIN SQUARE DESIGN)

जब अनुसंधानकर्ता को पशु जगत अथवा कृषि जगत से सम्बन्धित क्षेत्रों में अनुसंधान कार्य करना होता है तो उसे अनुसंधान से सम्बन्धित इकाइयों की सीमितता का सामना करना होता है। जब अनुसंधान क्षेत्र से सम्बन्धित इकाइयों की संख्या बहुत कम होती है तो इस अभिकल्प का प्रयोग करके सक्षम एवं शक्तिशाली परिणाम प्राप्त किये जा सकते हैं। इस अनुसंधान अभिकल्प की सबसे बड़ी विशेषता यह है कि इस अभिकल्प में शोध परिवर्त्य के स्तरों से सम्बन्धित पंक्तियों (rows) और स्तम्भों (columns) की संख्या समान होती है।

इस अभिकल्प की उत्पत्ति प्राचीन काल से हुई है जिसमें लैटिन भाषा के अक्षरों का प्रयोग करके शब्द रचना की जाती है। इस पहेली में अक्षरों को एक वर्ग में इस प्रकार प्रस्तुत किया जाता था कि एक अक्षर एक पंक्ति (row) तथा एक स्तम्भ में केवल एक ही बार आये। इसमें पंक्ति प्रयोज्यों का प्रतिनिधित्व करते हैं। प्रत्येक प्रयोज्य का परीक्षण प्रत्येक प्रायोगिक दशा में किया जाता है लेकिन अनुक्रम (sequence) अलग होता है।

स्तम्भ (columns) प्रायोगिक दशा का प्रतिनिधित्व करते हैं। इसमें प्रत्येक स्तम्भ (column) तथा प्रत्येक पंक्ति (row) प्रयोग के पुनरावृत्ति (replication) की ओर संकेत करता है। इसका प्रमुख लाभ यह है कि पंक्ति मध्यमान (row mean) एवं स्तम्भ मध्यमान (columns mean) में पाया जानेवाला कम हो जाता है।

Edwards (1969) के अनुसार, *''यदि निश्चित प्रायोगिक दशाओं के अन्तर्गत कार्य करना है तो इन्हें $r \times r$ वर्ग में इस प्रकार व्यवस्थित करना चाहिए कि प्रत्येक प्रायोगिक दशा प्रत्येक पंक्ति तथा प्रत्येक स्तम्भ में केवल एक बार घटित हो।''* (*If r experimental conditions are to be investigated there can be arranged in the form of an $r \times r$ square in such a way that each experimental condition appears once and only once in each row and once and only once in each column.*)।

इसी आशय को ***Kimmel*** (1970) ने भी लैटिन वर्ग अभिकल्प को परिभाषित करते हुए कहा है, *'When each treatment appears once and only once in each row and once and only once in each column of a squares known as Latin square design."*

यह अभिकल्प उन मनोवैज्ञानिक समस्याओं के लिए बहुत उपयोगी है, जब प्रायोगिक दशाएँ 4 से 9 तक होती हैं। जब संख्या 4 से कम होती है, तो अन्तर की सार्थकता (significance of difference) की जाँच के लिए प्रायोगिक त्रुटि (experimental error) के स्वतन्त्रांश (df) की मात्रा कम होती है। इसलिए अधिकतम प्रसरण (greater variance) की आवश्यकता होती है और जब संख्या 9 से अधिक होती है तो एक ही प्रयोज्य का वार-बार परीक्षण करना भी कठिन हो जाता है और गणना करना भी।

यह अभिकल्प उस समय अधिक उपयोगी होती है जब N कम होता है तथा उन्हें प्रखण्डों (blocks) या स्तरों में आसानी से बाँटा जा सकता है। जब हम स्वतन्त्र परिवर्त्य (I. V) तथा उसके अन्तर्क्रियाओं में इच्छुक होते हैं, तो इस अभिकल्प का प्रयोग कर सकते हैं। इसका विश्लेषण सरल है तथा यादृच्छिक पूर्ण प्रखण्ड अभिकल्प (Randomized Complete Block Design) की तुलना में बहुत थोड़ी जटिल (slightly more complicated) है। किसी प्राप्तांक के अनुपलब्ध (missing) होने पर विश्लेषण में सरलता पाई जाती है (The analysis remain relatively simple even with missing data)।

इस विधि का प्रयोग 5 स्तरों से कम तथा 8 स्तरों से अधिक होने पर प्रयोग नहीं किया जा सकता है। जब अध्ययन सम्बन्धी प्रयोज्यों की संख्या कम होती है तथा उनको उपर्युक्त स्तरों तथा प्रखण्डों में वर्गीकृत किया जा सकता है, उस समय यह विधि अधिक उपयोगी है। पशु प्रयोज्यों एवं कृषि अनुसंधानां में यह विधि उपयोगी है।

इस अभिकल्प का प्रयोग प्राणी प्रयोगशालाओं (animal laboratories) तथा कृषि अनुसंधानों (animal researches) में अधिक किया जाता है क्योंकि पशुओं तथा प्लाटों की संख्या सीमित होती है। इस अभिकल्प में उपचारों की संख्या पंक्ति (rows) स्तम्भों (columns) तक ही सीमित रहती है। (The number of treatment is limited to the number of rows and columns)। जब स्तरों की संख्या 8 × 8 होती है, तब यह विधि उपयोगी नहीं सिद्ध होगी। इसके अतिरिक्त इस विधि के उपयोग के लिए विशिष्ट तकनीकी ज्ञान की आवश्यकता होती है।

इसमें दो या दो से अधिक वाह्य परिवर्त्यों (extraneuous variables) को आसानी से नियन्त्रित किया जा सकता है। यह अभिकल्प बहुत ही मितव्ययी (economical) है क्योंकि इसमें प्रयोज्यों की संख्या कम होती है।

मनोवैज्ञानिक अनुसंधानों में लैटिन वर्ग अभिकल्प के बारे में मतभेद हैं। कुछ लोगों का मत है कि अन्तर्किया प्रभाव (interaction effects नहीं पाये जाते हैं जब कि *Mc Nemar* (1951) का मत है कि यह अभिग्रह स्वीकार योग्य (tenable) नहीं है।

लैटिन वर्ग अभिकल्प का प्रयोग अधिकतर प्राणि विज्ञानीय अनुसंधानों (biological researches) में किया जाता है लेकिन हम यह नहीं कह सकते हैं कि प्राणि विज्ञानीय अनुसंधानों की भाँति प्रायोगिक अनुसंधानों में लैटिन वर्ग अभिकल्प का प्रयोग नहीं करते।

लैटिन वर्ग अभिकल्प के अन्य दूसरे प्रकार भी हैं:—

(i) Graeco Latin Square Design—इसमें तीन वाह्य परिवर्त्यों को नियन्त्रित किया जाता है।

(ii) Hyper Graeco Latin Square Design—इसमें चार परिवर्त्यों के प्रभाव को नियंत्रित किया जा सकता है।

लैटिन वर्ग अभिकल्प के उदाहरण अधोप्रस्तुत हैं:—

उदाहरण—

Kimmel (1970) के पुस्तक *'Experimental Principles'* में प्रस्तुत उदाहरण के आधार पर—

(i) 2 × 2 Latin Square Design

A	B
B	A

इसमें केवल एक प्रामाणिक वर्ग (standard square) है।

(ii) 3 × 3 Latin Square Design

A	B	C
B	C	A
C	A	B

(iii) इसमें भी केवल एक प्रामाणिक वर्ग (standard square) है लेकिन 3 × 3 लैटिन वर्ग के लिए 12 सम्भावित प्रायोगिक व्यवस्थाएँ हो सकती हैः—

A	B	C
B	C	A
C	A	B

A	C	B
B	A	C
C	B	A

B	C	A
C	A	B
A	B	C

B	A	C
C	B	A
A	C	B

C	B	A
A	C	B
B	A	C

C	A	B
A	B	C
B	C	A

A	B	C
C	A	B
B	C	A

A	C	B
C	B	A
B	A	C

B	C	A
A	B	C
C	A	B

B	A	C
A	C	B
C	B	A

C	B	A
B	A	C
A	C	B

C	A	B
B	C	A
A	B	C

(iv) 4 × 4 Latin square design—इसके प्रामाणिक वर्गों का प्रयोग किया जा सकता हैः—

A	B	C	D
B	A	D	C
C	D	B	A
D	C	A	B

A	B	C	D
B	D	A	C
C	A	D	B
D	C	B	A

A	B	C	D
B	A	D	C
C	D	A	B
D	C	B	A

(v) 5 × 5, 6 × 6 and 7 × 7 Latin square design

5 × 5

A	B	C	D	E
B	A	E	C	D
C	D	A	E	B
D	E	B	A	C
E	C	D	B	A

6 × 6

A	B	C	D	E	F
B	C	F	A	D	E
C	F	B	E	A	D
D	E	A	B	F	C
E	A	D	F	C	B
F	D	E	C	B	A

7 × 7

A	B	C	D	E	F	G
B	C	D	E	F	G	A
C	D	E	F	G	A	B
D	E	F	G	A	B	C
E	F	G	A	B	C	D
F	G	A	B	C	D	E
G	A	B	C	D	E	F

सांख्यिकीय उदाहरण

यदि 5 प्रयोज्यों—A B C D और E को 5 दिनों तक रोज एक बार परीक्षण करना है जो उसकी तालिका इस प्रकार निर्मित होगी।

Layout of 5 × 5 Latin square design

Days	HOURS				
	1	2	3	4	5
Monday	B	E	D	C	A
Tuesday	C	A	B	E	D
Wednesday	D	B	C	A	E
Thursday	E	C	A	D	B
Friday	A	D	E	B	C

Observations obtained with a 5 × 5 Latin square design with one observation in each cell

Day	HOURS					
	1	2	3	4	5	
	1	2	3	4	5	Σ
Monday	5	14	6	8	9	42
Tuesday	8	11	12	13	14	58
Wednesday	7	18	17	16	15	73
Thursday	9	10	5	6	7	37
Friday	8	11	12	13	10	54
Σ	37	64	52	56	55	264

$$\text{Correction} = \frac{(264)^2}{25} = 2787.84$$

Total = 3128 − 2787.84 = 340.16

$$\text{Hours} = \frac{(37)^2}{5} + \frac{(64)^2}{5} + \frac{(52)^2}{5} + \frac{(56)^2}{5} + \frac{(55)^2}{5} - \frac{(264)^2}{25}$$

= 278.8 + 819.2 + 540.8+ 627.2+ 605–2787.84

= 78.16

$$\text{Days} = \frac{(42)^2}{5} + \frac{(58)^2}{5} + \frac{(73)^2}{5} + \frac{(37)^2}{5} + \frac{(54)^2}{5} - \frac{(264)^2}{25}$$

= 352.8 + 672.8 + 1065.8+ 273.8 + 583.2 – 2787.84

= 160.56

A = 8 + 11+5 +16 +9 = 49

B = 5 +18 + 12 + 13 + 7 = 55

C = 8 + 10 + 17 + 8 + 10 = 53

D = 7 + 11 + 6 + 6 + 14 = 44

E = 9 + 14 + 12 + 13 + 15 = 63

$$\text{Treatment} = \frac{(49)^2}{5} + \frac{(55)^2}{5} + \frac{(53)^2}{5} + \frac{(44)^2}{5} + \frac{(63)^2}{5} - \frac{(264)^2}{25}$$

480.2 + 605 + 561.8 +387.2 +793.8 – 2787.84

= 2828 –2787.84

= 40.16

Error = Total – ron – column – treatment

= 340.16 – 160.56 – 78.16 – 40.16

= 61.28

Summary of Analysis of Variance

Source of Variation	Sum of Squares	*df*	Mean Square	*F*
Treatment	40.16	4	10.04	1.76
Days	160.56	4	40.14	7.85
Hours	78.16	4	19.54	3.82
Error	61.20	12	5.11	
Total	340.16			

❑

अध्याय 16

मनोवैज्ञानिक अनुसंधान के प्ररूप : प्रायोगिक अनुसंधान

(TYPES OF PSYCHOLOGICAL RESEARCH : EXPERIMENTAL RESEARCH)

प्रत्येक विज्ञान में किया जाने वाला इन्द्रियानुभविक अनुसंधान प्रदत्त संकलन के लिए एक विधि का नहीं, वरन् अनेक विधियों का प्रयोग करता है। प्रदत्त अनुसंधान के लिए प्रयुक्त विधियों में अन्तर पाया जाता है। परिणामस्वरूप विद्वानों ने अनुसंधानों का वर्गीकरण अनेक प्रकार से क्रिया है। यद्यपि समस्त अनुसंधानों का उद्देश्य अनुसंधान समस्या के समाधान हेतु इन्द्रियानुभविक अनुभवजन्य (empirical) प्रदत्तों का संकलन एवं विश्लेषण करना होता है, परन्तु इस उद्देश्य की पूर्ति के लिए समस्या के स्वरूप के अनुसार अनुसंधान प्रविधियों का चयन करना होता है। सामाजिक विज्ञानों मे प्रयुक्त अनुसंधान प्रविधियों का वर्गीकरण अनेक विद्वानों ने प्रस्तुत किया है जिसका संक्षिप्त वर्गीकरण अधोप्रस्तुत है:—

Underwood (1957) का वर्गीकरण

(i) मूलभूत अनुसंधान *(Basic Research)*—इसमें अनुसंधान का उद्देश्य किसी परिवर्त्य के स्वरूप तथा उसके कारकों के बारे में जानकारी प्राप्त करना, उन पर नियन्त्रण करना तथा पूर्वकथन करना होता है।

(ii) अनुप्रयुक्त अनुसंधान *(Applied Research)*—इस अनुसंधान का उद्देश्य सामाजिक समस्या का समाधान कर जीवन को अधिक सरल, सहज और सुखमय बनाना होता है।

Festinger & Katz (1969) का वर्गीकरण

(i) प्रतिदर्श सर्वेक्षण (Sample Survey)
(ii) क्षेत्र अध्ययन (Field Studies)
(iii) क्षेत्र परिप्रेक्ष्य में प्रयोग (Experiments in Field Setting)
(iv) प्रयोगशाला प्रयोग (Laboratory Experiment)

Borg (1963) का वर्गीकरण

(i) ऐतिहासिक अनुसंधान (Historical Research)
(ii) वर्णनात्मक अनुसंधान (Descriptive Research)
(iii) सह-सम्बन्धात्मक अनुसंधान (Correlational Research)
(iv) प्रायोगिक अनुसंधान (Experimental Research)
(v) क्रियात्मक अनुसंधान (Action Research)

***Fox* (1969) का वर्गीकरण**

(i) ऐतिहासिक अनुसंधान (Historical Research)
(ii) सर्वेक्षण अनुसंधान (Survey Research)
(iii) वर्णनात्मक अनुसंधान (Descriptive Research)
(iv) तुलनात्मक अनुसंधान (Comparative Research)
(v) प्रायोगिक अनुसंधान (Experimental Research)

***Edwards & Cronback* (1953) का वर्गीकरण**

(i) सर्वेक्षण अनुसंधान (Survey Research)
(ii) तकनीक अनुसंधान (Technique Research)
(iii) अनुप्रयुक्त अनुसंधान (Applied Research)
(iv) क्रान्तिक अनुसंधान (Critical Research)

***Mauly* (1967) का वर्गीकरण**

(i) ऐतिहासिक अनुसंधान (Historical Research)
(ii) सर्वेक्षण अनुसंधान (Survey Research)
(iii) प्रायोगिक अनुसंधान (Experimental Research)

***Sax* (1968) का वर्गीकरण**

(i) वैयक्तिक अध्ययन (Personal Study)
(ii) वर्णनात्मक अध्ययन (Descriptive Study)
(iii) प्रतिदर्श अध्ययन (Sample Study)
(iv) सह-सम्बन्धात्मक अध्ययन (Correlational Study)
(v) विकासात्मक अध्ययन (Developmental Study)
(vi) प्रायोगिक अध्ययन (Experimental Study)

***D' Amato* (1970) का वर्गीकरण**

(i) इन्दियानुभविक अनुसंधान (Empirical Research)
  (a) प्रेक्षण (Observation)
  (b) प्रयोगकरण (Experimentation)
  (c) सहसम्बन्धात्मक (Correlational)
(ii) सैद्धान्तिक अनुसंधान (Theoretical Research)
  (a) पुस्तकालय अनुसंधान (Library Research)
  (b) सिद्धान्त निर्माण (Theory Construction)

***Kerlinger* (1973) का वर्गीकरण**

(i) तथ्योत्तर प्रतिपादन अनुसंधान (Ex-post facto to Research)
(ii) प्रयोगाशाला प्रयोग (Laboratory Experiment)
(iii) क्षेत्र प्रयोग (Field Experiment)
(iv) सर्वेक्षण अनुसंधान (Survey Research)
(v) क्षेत्र अध्ययन अनुसंधान (Field Study Research)

***Van Dalan* (1966) का वर्गीकरण**

(i) ऐतिहासिक अनुसंधान (Historical Research)
(ii) वर्णनात्मक अनुसंधान (Descriptive Research)
(iii) सर्वेक्षण अनुसंधान (Survey Research)
(iv) अन्तर्सम्बन्धात्मक अनुसंधान (Interrelational Research)
(v) विकासात्मक अनुसंधान (Developmental Research)
(vi) प्रायोगिक अनुसंधान (Experimental Research)

***Travers (1964)* का वर्गीकरण**

(i) ऐतिहासिक अनुसंधान (Historical Research)
(ii) अवलोकन अनुसंधान (Observational Research)
(iii) सर्वेक्षण अनुसंधान (Survey Research)
(iv) भविष्यगत अनुसंधान (Future Research)
(v) विकासात्मक अनुसंधान (Developmental Research)
(vi) प्रायोगिक अनुसंधान (Experimental Research)

वर्गीकरणों के उपर्युक्त विवरण से यह स्पष्ट है कि मनोविज्ञानिकों ने अनुसंधान का वर्गीकरण करने के लिए अलग-अलग आधारों का प्रयोग किया है तथा कोई भी वर्गीकरण सर्वमान्य नहीं है। किसी ने वर्गीकरण का आधार उद्देश्य माना है, तो किसी ने संचालन स्थल। इसी प्रकार किसी ने अनुसंधान पद्धति को महत्त्व दिया है तो किसी ने प्रयोज्यों के चयन के आधार को।

अनुसंधान प्ररूप का पदानुक्रमिक वर्गीकरण अधोप्रस्तुत है:—

अनुसंधान प्ररूप
(Types of Research)

- सैद्धान्तिक
- इन्द्रियानुभविक
  - प्रायोगिक अनुसंधान
    - → प्रयोगशाला एवं क्षेत्र प्रयोग
    - → व्यक्ति एवं समूह प्रयोग
    - → परिशुद्ध एवं अर्द्ध प्रयोग
  - प्रयोगेत्तर अनुसंधान अथवा सहसम्बन्धात्मक अनुसंधान
    - → सर्वेक्षण अनुसंधान
    - → क्षेत्र अनुसंधान
    - → तथ्योत्तर
    - → प्रतिपादन अनुसंधान

प्रायोगिक अनुसंधान
(Experimental Research)

अनुसंधानकर्ता जब नियंत्रित परिस्थितियों में व्यवहार का निरीक्षण करता है तो उसे प्रयोग कहते हैं। अनुसंधानकर्ता प्रयोग में स्वतन्त्र परिवर्त्य को प्रहस्तलित करके मानव व्यवहार में पाये जाने वाले परिवर्तनों का अध्ययन करता है और अनुसंधान समस्या का समाधान करता है। प्रायोगिक अनुसंधानों में अनुसंधानकर्ता अपनी इच्छानुसार स्वतन्त्र परिवर्त्य में प्रहस्तलन कर सकता है, वह अपने प्रयोग की पुनरावृत्ति कर सकता है, तथा विभिन्न प्रायोगिक (प्रासांगिक) तथा अप्रासांगिक परिवर्त्यों के प्रभावों को नियन्त्रित कर सकता है (Woodworth)। अनुसंधानकर्ता अपनी समस्या के समाधान के लिए उपकल्पना का निर्माण करता है आश्रित परिवर्त्य पर प्रासांगिक परिवर्त्य के प्रभाव पड़ने वाले प्रभाव का अध्ययन करता है। और कार्य-कारण सम्बन्धों (cause and effect relationship) की खोज करता है। प्रायोगिक अनुसंधान में अनेक प्रयोज्यों का उपयोग होता है। इसके लिए दो यादृच्छिक समूह अभिकल्प (Two Randomized Group Design), अथवा कारकीय अभिकल्पों (factorial designs) का प्रयोग करता है।

प्रायोगिक अनुसंधान में अनुसंधानकर्ता जहाँ स्वतन्त्र परिवर्त्यों का प्रहस्तलन करता है। आश्रित परिवर्त्य का मापन करता है। त्रुटियों के स्रोत को नियंत्रित करता है, वहीं प्रासांगिक परिवर्त्यों के नियन्त्रण के लिए अनेक विधियों—निरसन (Elimination), दशाओं की स्थिरता (Constancy of conditions), सन्तुलन (Balancing), प्रतिसन्तुलन (Counter balancing) एवं यादृच्छिकीकरण (Randomization) का प्रयोग करता है। इन सब घटकों का वर्णन पहले किया जा चुका है।

प्रयोगात्मक अनुसंधान का क्षेत्र बहुत विस्तृत है। इसमें क्षेत्र प्रयोग (Field experiment) तथा प्रयोगशाला प्रयोग (Laboratory) को सम्मलित किया जा सकता है।

प्रयोगशाला प्रयोग शोध
(Laboratory Experiment Research)

मनोविज्ञान को विज्ञान का दर्जा दिलाने का श्रेय प्रयोगशाला प्रयोगशोध को ही प्राप्त है। ***Festinger & Katz*** (1953) ने प्रयोगशाला शोध को परिभाषित करते हुए कहा है कि, *"प्रयोगशाला प्रयोग शोध वह है जिसमें अनुसंधानकर्ता ठीक वैसी ही परिस्थिति उत्पन्न करता है जैसा वह अध्ययन करना चाहता है जिसमें वह किसी परिवर्त्य को नियंत्रित करता है तथा किसी परिवर्त्य में प्रहस्तलन करता है।"* *(Laboratory experiment research is one in which the investigator creates a situation with the exact conditions he wants to have and in which he controls some and manipulates other variables.)*

Kerlinger (2002) के अनुसार, *"प्रयोगात्मक अनुसंधान में अनुसंधानकर्ता कम-से-कम एक स्वतन्त्र परिवर्त्य पर प्रत्यक्ष नियन्त्रण करता है तथा एक स्वतन्त्र परिवर्त्य को प्रहस्तलित करता है।"* *("An experimental research is one in which the investigator has direct control over at least one independent variable and manipulates at least one independent variable.")*

इस प्रकार यह कहा जा सकता है कि प्रयोगशाला प्रयोग शोध में अनुसंधानकर्ता स्वतन्त्र परिवर्त्य तथा आश्रित परिवर्त्य के मध्य कार्य-कारण सम्बन्धों का अध्ययन करता है अन्य अनुसंधानों से प्राप्त परिणामों की जाँच करता है तथा उपकल्पनाओं का वस्तुनिष्ठ परीक्षण करता है।

गुण (*Merits*)

प्रायोगिक अनुसंधान (Experiment Research) के निम्नलिखित गुण हैं:—

(i) इसमें स्वतन्त्र परिवर्त्य का प्रहस्तलन किया जाता है और उसका निरीक्षण किया जाता है।
(ii) स्वतन्त्र परिवर्त्य पर दृढ़ता से नियन्त्रण स्थापित किया जाता है (*Kerlinger*, 2002)
(iii) वाह्य कारकों के प्रभाव को निरसित कर दिया जाता है।
(iv) अधिक परिशुद्धता (precision) पाई जाती है (*Kerlinger*, 2002)
(v) विश्वसनीयता तथा वैधता की उच्च मात्रा पाई जाती है।
(vi) परिवर्त्यों की कार्यात्मक परिभाषा (working definition) प्रस्तुत किया जाता है।
(vii) कार्यकारण सम्बन्धों (causal relations) का निर्धारण होता है।
(viii) त्रुटि प्रसरण (error variance) का नियंत्रण किया जाता है।
(ix) प्रयोज्यों को यादृच्छिक रूप से निर्दिष्ट (assign) किया जाता है।
(x) प्रायोगिक अनुसंधान में इस प्रकार का वातावरण तैयार किया जाता है जिससे वाह्य परिवर्त्य आश्रित परिवर्त्य को प्रभावित न कर सके।

इन विशेषताओं के आधार पर यह कहा जा सकता है कि *"...The laboratory method is only one general procedure of accurate observation."* Gillin & Gillin.

दोष (*Demerits*)

प्रायोगिक अनुसंधान (experiment research) के अवगुण निम्नवत हैं:—

(i) स्वतन्त्र परिवर्त्य को प्रबलता में क्षीणता आ जाती हैं।
(ii) प्रायोगिक स्थिति में कृत्रिमता (artificiality) पाई जाती है।
(iii) अशुद्ध व्याख्या की चाह (temptation of incorrect interpretation) पाई जाती है।
(iv) आन्तरिक वैधता के पाये जाने पर भी वाह्य वैधता का अभाव पाया जाता है।
(v) क्षेत्र सीमित होता है।
(vi) दशाओं पर पर्याप्त नियन्त्रण नहीं स्थापित होता है।
(vii) कुछ विशेष परिस्थितियों जैसे भीड़, नेतृत्व दंगा आदि का अध्ययन नहीं किया जा सकता है।

क्षेत्र प्रयोग अनुसंधान
(Field Experiment Research)

अनुसंधानकर्ताओं को कभी-कभी ऐसी अनुसंधान समस्या का समाधान करने की आवश्यकता पड़ती है जिनका समाधान अनुसंधान की किसी अन्य विधियों के द्वारा सम्भव नही हो पाता है सिवाय क्षेत्र प्रयोग अनुसंधान के। कुछ अनुसंधान समस्याएँ ऐसी भी होती है जिनका समाधान न क्षेत्र अध्ययन के द्वारा सम्भव है, और न प्रयोगशालायों प्रयोगों द्वारा ही समाधान प्राप्त होता है। ऐसी परिस्थिति में अनुसंधानकर्ता को प्राकृतिक परिवेश (उदाहरणार्थ—कक्षा में अध्यापक अथवा छात्र का व्यवहार, छात्रों का आक्रामक व्यवहार, स्कूल, कार्यालय, फैक्ट्री की परिस्थिति) में ही प्रयोग करना होता है जहाँ वह स्वतन्त्र परिवर्त्य में आवश्यकतानुसार प्रहस्तलन करता है तथा वाह्य परिवर्त्यों का नियन्त्रण करता है।

Kerlinger (2002) के अनुसार, *''क्षेत्र प्रयोग वास्तविक परिस्थिति में किया गया एक अनुसंधान अध्ययन है जिसमें एक या एक से अधिक स्वतन्त्र परिवर्त्यों में नियंत्रित अवस्था में सावधानीपूर्वक स्वतन्त्र परितर्त्यों में नियंत्रित अवस्था में सावधानीपूर्वक स्वतन्त्र परिवर्त्य में*

परिस्थिति के अनुसार प्रहस्तलन किया जाता है।'' (A field experiment is a research study in a realistic situation in which one or more independent variables are manipulated by the experimenter under as carefully controlled conditions as the situation will permit.)

French (1953) के अनुसार, *''क्षेत्र प्रयोग एक सैद्धान्तिक रूप से उन्मुख अनुसंधान योजना होती है जिसमें किसी उपकल्पना के परीक्षण के लिए अनुसंधानकर्ता वास्तविक सामाजिक परिवेश में किसी स्वतन्त्र परिवर्त्य में प्रहस्तलन करता है।'' (A field experiment is a theoretically oriented research project in which experimenter manipulated an independent variable in some real social setting in order to test some hypothesis.)*

Robbinson (1976) के अनुसार, *''क्षेत्र प्रयोग को ऐसे वैज्ञानिक अनुसंधान के रूप में परिभाषित किया जा सकता है जो क्षेत्र में सम्पादित किया गया हो तथा एक या एक से अधिक स्वतन्त्र परिवर्त्यों को प्रहस्तलित किया गया हो।'' (A field experiment may be defined as a scientific investigation carried out in the field which involves the direct manipulation of some independent variable or variables)*

इन परिभाषाओं के आधार पर यह कहा जा सकता है कि क्षेत्र प्रयोग ही एक ऐसा अध्ययन है जिसमें वास्तविक परिस्थितियों में एक या एक से अधिक स्वतन्त्र परिवर्त्यों में प्रहस्तलन करके व्यवहारपरक समस्याओं का अध्ययन किया जाता है। प्रयोगशाला प्रयोगों की भाँति क्षेत्र के योजना की रूपरेखा तैयार की जाती है तथा शीर्षक (Title), साहित्य का सर्वेक्षण (Review of literature), समस्या का कथन (Statement of the problem), उपकल्पना (Hypothesis), परिवर्त्यों की परिभाषा (Definition of variables), उपकरण (Apparatus), प्रायोगिक अभिकल्प (Experimental design), प्रयोगात्मक विधि (Experimental Method), प्रदत्तों का सांख्यिकीय विश्लेषण (Statistical analysis of Data), प्रतिवेदन तैयार करना (Report writing), अनुमान (Estimate) तथा परिणामों का सामान्यीकरण (Generalization of the Result) शीर्षक का प्रयोग किया जाता है।

क्षेत्र प्रयोग में परिवर्त्य अधिक प्रभावशाली होते हैं। *Kerlinger* (2002) ने इस सन्दर्भ में एक नियम का प्रतिपादन किया है, *"The more realistic the research situation the stronger the variables."*

गुण *(Merits)*

क्षेत्र (field experiment) प्रयोग के निम्नलिखित गुण हैं:—

(i) क्षेत्र प्रयोग वास्तविक परिस्थितियों (realistic situation) में सम्पादित किया जाता है।

(ii) ऐसे प्रयोगों का सैद्धान्तिक (theoretical) तथा व्यवहारिक (applied) महत्त्व है।

(iii) क्षेत्र प्रयोग की पुनरावृत्ति (replication) किया जा सकता है।

(iv) कारणात्मक सम्बन्धों (casual relation) का अध्ययन अधिक निकटता से किया जा सकता है।

(v) परिवर्त्यों का स्वरूप अधिक प्रभावशाली (effective) होता है।

(vi) यह विधि अधिक प्रभावशाली है क्योंकि इसमें "If.....then........" कथन का परीक्षण अधिक प्रभावशाली ढंग से किया जा सकता है।

(vii) चूँकि ऐसे प्रयोग वास्तविक परिस्थितियों में सम्पादित किये जाते हैं इसलिए उनमें वैधता (validity) अधिक पाई जाती है।

(viii) अध्ययन में लोचकता (flexibility) एवं विविधता (variety) पाई जाती है।

(ix) छोटे समूहों के अध्ययन में अधिक सक्षम (efficient) है।

(x) वास्तविक जीवन परिस्थितियों (real life situation) में क्षेत्र प्रयोगों को सम्पादित किये जाने के कारण स्वतन्त्र परिवर्त्यों का उपयोग अधिक प्रभावशाली ढंग से होता है।

(xi) क्षेत्र प्रयोगों का स्वरूप अधिक सूक्ष्म (precise) होता है।

(xii) जटिल समाजिक प्रभावों, प्रक्रियाओं तथा परिवर्तन के लिए क्षेत्र प्रयोग की उपयोगिता अपेक्षाकृत अधिक है।

दोष *(Demerits)*

क्षेत्र (field experiment) प्रयोग की अनेक परिसीमाएँ हैं जिनका वर्णन अधोप्रस्तुत है :—

(i) *Kerlinger* (2002) के मतानुसार क्षेत्र प्रयोग में अनुसंधानकर्ता स्वतन्त्र परिवर्त्यों के प्रहस्तलन (manipulation of independent variables) तथा यादृच्छिकीकरण (randomization) में कठिनाई अनुभव करता है।

(ii) समूह को नियन्त्रित करने में कठिनाई होती है।

(iii) परिणाम पर अनेक वाह्य परिवर्त्यों का प्रभाव पड़ता है।

(iv) अनुसंधानकर्ता को सामाजिक व्यवहार के अध्ययन में निपुण होना चाहिए।

(v) अनुसंधानकर्ता की अभिवृत्ति तथा पक्षपात से परिणाम के दूषित होने की सम्भावना बनी रहती है।

(vi) नियन्त्रण अच्छी प्रकार से न होने पर परिणाम की परिशुद्धता कम हो जाती है।

(vii) प्रायोगिक स्थिति के चयन में कठिनाई होती है क्योंकि वांछित प्रायोगिक परिस्थिति के लिए लम्बी प्रतीक्षा करनी पड़ सकती है।

(viii) ऐसे प्रयोगों में तर्कसंगत अनुक्रम (logical sequence) का अभाव पाया जाता है।

(ix) नियन्त्रित समूह (control group) की रचना में अनुसंधानकर्ता को कठिनाई होती है।

प्रयोगशाला प्रयोग अनुसंधान, क्षेत्र प्रयोग अनुसंधान तथा क्षेत्र अध्ययन अनुसंधान का तुलनात्मक अध्ययन

(A comparative study of Laboratory Experiment Research, Field Experiment and Field Study Research)

1. प्रयोगशाला प्रयोग अनुसंधान तथा क्षेत्र प्रयोग दोनों में ही स्वतन्त्र परिवर्त्यों का प्रहस्तलन (manipulation) किया जाता है जबकि क्षेत्र अध्ययन (field study) का क्षेत्र विस्तृत होने के कारण स्वतन्त्र परिवर्त्य का प्रहस्तलन नहीं किया जा सकता है।
2. वाह्य परिवर्त्यों का नियन्त्रण क्षेत्र अध्ययन में उतना सम्भव नहीं है जितना की प्रयोगशाला प्रयोग अनुसंधान तथा क्षेत्र प्रयोग अनुसंधान में सम्भव है।
3. क्षेत्र अध्ययन घटनोत्तर वैज्ञानिक अनुसंधान है जबकि अन्य दोनों अनुसंधान प्रविधियों में स्वतन्त्र परिवर्त्यों का प्रहस्तलन होता है।

4. क्षेत्र अध्ययन में समाज शास्त्रीय मनोवैज्ञानिक तथा शिक्षा शास्त्रीय समस्याओं तथा अन्तर्क्रियाओं का अध्ययन होता है, जब कि ऐसी अनुसंधान समस्याओं का अध्ययन क्षेत्र प्रयोग अनुसंधान तथा प्रयोगशाला प्रयोग अनुसंधान प्रविधियों के द्वारा सम्भव नहीं है।
5. क्षेत्र अध्ययन का क्षेत्र विस्तृत होता है जबकि अन्य दोनों प्रविधियों का क्षेत्र सीमित होता है।
6. क्षेत्र अध्ययन में प्रतिदर्श की कठोरता से रचना सम्भव नहीं है जबकि अन्य दोनों विधियों में सम्भव है।
7. क्षेत्र अध्ययन का स्वरूप अनौपचापरिक (informal) तथा विश्लेषणात्मक (analytical) होता है जबकि इस विशेषता का अभाव अन्य दोनों प्रतिवधियों में पाया जाता है।
8. क्षेत्र अध्ययन में परिशुद्धता अपेक्षाकृत कम पाई जाती है।

❑

अध्याय 17

मनोवैज्ञानिक अनुसंधान के प्ररूप : प्रयोगेत्तर अनुसंधान

(TYPES OF PSYCHOLOGICAL RESEARCH : NON-EXPERIMENTAL RESEARCH)

मानव व्यवहार के अनेक पक्ष ऐसे हैं जिनका अध्ययन प्रयोगशाला में सम्भव नहीं है क्योंकि सामाजिक परिवर्त्यों का प्रहस्तलन प्रयोगशाला में सम्भव नहीं है। ऐसी स्थिति में प्रयोगेत्तर अनुसंधान (non-experimental research) किये जाते हैं। प्रयोगेत्तर अनुसंधानों के अनेक प्रकार है जिनका वर्णन अनुसंधानकर्ताओं ने 'वर्णनात्मक अनुसंधान (Descriptive Research) के रूप में किया है। वर्णनात्मक अनुसंधान से सामाजिक समस्याओं का अपेक्षाकृत अधिक व्यापक एवं गहन अध्ययन किया जा सकता है। वर्णनात्मक अनुसंधान सामाजिक समस्याओं एवं उनकी सामाजिक विमाओं के अध्ययन में अधिक सक्षम है।

वर्णनात्मक अनुसंधान को परिभाषित करते हुए कहा है कि, *''वर्णनात्मक अनुसंधान वर्तमान का वर्णन करता है। इसका सम्बन्ध स्थित सम्बन्धों प्रचलित व्यवहारों, दृष्टिकोणों, अभिवृत्तियों से है जो सक्रिय है तथा प्रभाव जो अनुभव किये जा रहें हैं अथवा उन प्रवृत्तियों से है जो विकासशील है।'' (Descriptive research describes and interprets what is. It is considered with conditions or relationships that exist : practices that prevail; beliefs, point of view, or attitudes that are held : processes that are going on; effects that are being felt; or trends that are developing.)*।

Best (1992) ने वर्णनात्मक अनुसंधान को ऐसे अनुसंधान के रूप में माना है जिससे प्राप्त निष्कर्ष को सम्पूर्ण जनसंख्या पर लागू किया जा सकता है। यह वर्णनात्मक अनुसंधान को वर्तमान से सम्बन्धित मानते हैं। इनके अनुसारः—

(i) Historical research describes what was.........

(ii) Descriptive research describes what is..............

(iii) Experimental research describes what will be .. ..

वर्णनात्मक क्षेत्र का अनुसंधान बहुत व्यापक है क्योंकि वर्तमान समस्याओं से निकट सम्बन्ध है। वर्णनात्मक अनुसंधान को ***Van Dalen*** ने तीन वर्गों में वर्गीकृत किया हैः—

(i) सर्वेक्षण अध्ययन (Survey Research)

(ii) अन्तर-सम्बन्ध अध्ययन (Inter-relationship studies.)

(iii) विकासात्मक अध्ययन (Developmental studies.)

इनमें सर्वेक्षण अनुसंधान प्रमुख है। अप्रायोगिक विधियों के रूप में अन्य कई विधियों यथा क्षेत्र अनुसंधान (field research), तथ्योत्तर प्रतिपादन अनुसंधान (expost facto research) आदि को लिया जा सकता है जिनका वर्णन प्रस्तुत है।

सर्वेक्षण अनुसंधान
(Survey Research)

मानव व्यवहार के सामाजिक पक्ष के अध्ययन के लिए जनसंख्या से प्रतिनिध्यात्मक प्रतिदर्श से सूचना प्राप्त करने की प्रक्रिया को सर्वेक्षण अनुसंधान कहते हैं। सर्वेक्षण अनुसंधान में मनोवैज्ञानिक तथा सामाजिक समस्याओं का समाधान प्राप्त किया जाता है। चयन किये गये प्रतिदर्श से जनसंख्या को किसी विशेषता के बारे में आकलन किया जाता है।

इस विधि में जनसंख्या का अध्ययन करने के लिए जनसंख्या से यादृच्छिक रीति से एक प्रतिदर्श का चयन कर लिया जाता है, इसीलिए इसे प्रतिदर्श सर्वेक्षण (sample survey) भी कहते हैं। यह वैज्ञानिक प्रतिदर्श पर आधारित होता है।

सर्वेक्षण अनुसंधान के सन्दर्भ में उसके ऐतिहासिक पृष्ठभूमि का संक्षिप्त अवलोकन करना अतार्किक न होगा। आदिम मानव का जैसे-जैसे विकास हुआ, वह निरीक्षण के द्वारा प्रकृति के रहस्यों को समझने में सफलता प्राप्त करता गया है। जिन प्राकृतिक घटनाओं को वह समझने में असमर्थ रहा वह उसके लिए एक अनबूझ पहेली बन कर रह गई और उन्हें 'अलौकिक शक्तियों' अथवा ईश्वर की संज्ञा दी गई। जैसे-जैसे मानव का विकास हुआ, निरीक्षण पद्धति में और विकास हुआ और इस विधि के द्वारा कार्य-कारण सम्बन्धों की जाँच होने लगी। सर्वप्रथम मिस्र में जनसंख्या तथा सम्पत्ति का सर्वेक्षण किया गया। भारतवर्ष में हम मनुस्मृति, शुक्रनीति, कौटिल्य का अर्थशास्त्र तथा आइने अकबरी में सर्वेक्षण शब्द का प्रयोग किया गया है। इंगलैंड तथा फ्रांस में 18वीं शताब्दी में सर्वेक्षण कार्य हुआ। यद्यपि वैज्ञानिक आधार पर सर्वेक्षण सर्वप्रथम *John Howard* ने किया लेकिन इस क्षेत्र में *Rowntree, Bowley, Fedric Leplay, Charles Booth, Stephen* आदि का नाम आता है।

शब्द 'सर्वेक्षण' अंग्रेजी शब्द 'Survey' का हिन्दी रूपान्तर है। शब्द Survey लैटिन भाषा के दो शब्दों से मिलकर बना है—

Sor + Voeir अथवा Sur + Veeir अथवा Over + to look अथवा ऊपर + देखना

इस प्रकार Survey का तात्पर्य है ऊपर देखना, अवलोकन करना अथवा निरीक्षण करना। अतः 'सर्वेक्षण अनुसंधान' का तात्पर्य हुआ 'निरीक्षण के द्वारा प्राप्त यथार्थ सूचना पर आधारित अनुसंधान'। सर्वेक्षण अनुसंधान की परिभाषा अनुसंधानकर्ताओं ने अनेक प्रकार से की है।

Kerlinger (2002) के अनुसार, *''सर्वेक्षण अनुसंधान सामाजिक वैज्ञानिक अनुसंधान की एक शाखा है, जिसमें लघु एवं बड़ी आकार वाली जनसंख्या का अध्ययन उनसे चयन किये गये प्रतिदर्श के आधार पर होता है जिससे मनोवैज्ञानिक परिवर्त्यों के घटनाक्रम, वितरणों तथा पारस्परिक अन्तर सम्बन्धों के बारे में ज्ञान प्राप्त हो सके।'' (Survey research is that branch of social scientific investigation that studies large and small populations (universe) by selecting and studying samples chosen from the populations to discover the relative incidence, distribution and inter-relations of sociological and psychological variables.)*

Harrison(1930) के अनुसार, *''सामाजिक सर्वेक्षण एक ऐसा सहकारी प्रयास है जो वैज्ञानिक विधि का प्रयोग करके निश्चित भौगोलिक सीमाओं तथा दशाओं में प्रचलित तथा सम्बन्धित सामाजिक समस्याओं तथा दशाओं का अध्ययन करता है।'' (Social survey is a cooperation understanding which applies scientific method to the study of treatment of current related social problems and conditions having different definite geographic limits and bearings.)*

Chaplin (1975) के अनुसार, *"सर्वेक्षण अनुसंधान का तात्पर्य निदर्शन तथा प्रश्नावाली विधियों द्वारा जनमत के मापन से है।" (Survey research refers to the measurement of public opinion by the use of sampling and questionnaire techniques.)*

Feldman (1985) के अनुसार, *"सर्वेक्षण अनुसंधान एक ऐसा अनुसंधान है जिसमें व्यक्ति के प्रतिनिधित्यात्मक समूह से उनके व्यवहार मनोवृत्ति या विश्वास के सम्बन्ध में अनेक प्रश्न पूछे जाते हैं।" (Survey research is a research in which a representative group of people (respondents) are asked a series of questions regarding their behaviour, attitude or beliefs.)*

इन परिभाषाओं के आधार पर यह कहा जा सकता है कि सर्वेक्षण अनुसंधान की निम्नलिखित विशेषताएँ हैं:—

(i) सर्वेक्षण अनुसंधान में विभिन्न परिवर्त्यों के मध्य पाये जाने वाले सम्बन्धों के बारे में ज्ञान प्राप्त किया जाता है।

(ii) अनुसंधान का आधार प्रतिदर्श होता है।

(iii) प्रतिदर्श यादृच्छिक चयन (Random sampling) द्वारा निर्धारित होता है।

(iv) *Kahn* (1986) के अनुसार सर्वेक्षण अनुसंधान में अभिवृत्ति, (attitude), अभिक्षमता (aptitude) आदि के बारे में ज्ञान प्राप्त किया जाता है।

(v) इसका स्वरूप अप्रायोगिक (non-experimental) होता है।

(vi) इससे जनसंख्या की यथार्थ विशेषताओं के बारे में ज्ञान प्राप्त होता है।

(vii) इसमें किसी समुदाय की रचना तथा क्रियाओं के सामाजिक पक्ष का अध्ययन किया जाता है।

(viii) इसका सम्बन्ध एक निश्चित भौगोलिक क्षेत्र से होता है।

(ix) यह किसी समुदाय अथवा सामाजिक अवस्था का मूर्त तथा प्रत्यक्ष अध्ययन है।

(x) इसमें वर्तमान स्थिति का अध्ययन किया जाता है।

(xi) इसमें उत्तरदाता के प्रत्यक्ष सम्पर्क में अनुसंधानकर्ता होता है और उत्तरदाता के अभिवृत्तियों: मनोभावों तथा विचारों के बारे में सूचना प्राप्त करता है।

(xii) इसमें विंघटनकारी घटनाओं की अवस्था का अध्ययन किया जाता है।

उपर्युक्त परिभाषाओं के आधार पर निष्कर्ष स्वरूप यह कहा जा सकता है कि सर्वेक्षण अनुसंधान में मनोवैज्ञानिक परिवर्त्यों के बारे में सूचना प्राप्त करने के लिए चयन किये गये प्रतिनिध्यात्मक प्रतिदर्श से प्रदत्त प्राप्त करते हैं। प्रदत्त प्राप्त करने के लिए उपयोग की जाने वाली इस प्रदत्त संकलन विधि को सर्वेक्षण अनुसंधान कहते हैं। जिसमें किसी मनोवैज्ञानिक अथवा समाजशास्त्रीय परिवर्त्य के सन्दर्भ में पारस्परिक सम्बन्धों का आनुमानिक निर्धारण किया जाता है। इस अनुसंधान का मुख्य उद्देश्य प्रतिनिध्यात्मक प्रतिदर्श की मनोवैज्ञानिक विशेषताओं का उसकी आवृत्ति तथा वितरण के आधार पर सम्बन्धित जनसंख्या में उस परिवर्त्य की आवृत्ति का अनुमान किया जाता है। यह अध्ययन प्रायः मनुष्यों से सम्बन्धित तथ्यों के संकलन के लिए किया जाता है।

मनुष्यों से सम्बन्धित तथ्यों को दो वर्गों में बाँटा जा सकता है—जनसांख्यिकीय तथ्य (Demographic facts) एवं मनोवैज्ञानिक (Psychological facts) तथा जनसांख्यिकीय तथ्यों के रूप में आयु, लिंग, धर्म, राजनैतिक सम्बद्धता, धार्मिक सम्बद्धता, सामाजिक, आर्थिक स्थिति, शिक्षा, व्यवसाय, जाति, आय आदि को लिया जा सकता है। जबकि मनोवैज्ञानिक

तथ्यों के अन्तर्गत उनके व्यक्तित्व विशेषताओं, अभिवृत्तियों, मूल्यों, रूढ़ियों, पूर्वाग्रहों आदि को लिया जा सकता है।

सर्वेक्षण अनुसंधान की विषय सामग्री
(Content of Survey Research)

Compbell & Katona (1965), के अनुसार सर्वेक्षण अनुसंधान में *'कितना'* (How much) तथा 'कितने' (How many) जैसे प्रश्नों का उत्तर प्राप्त किया जाता है। इनके अनुसार इसमें 'कौन' (Who), 'कैसे' (How), 'क्यों (Why), 'कितना (How much) तथा 'कितने' (How many) से सम्बन्धित प्रश्नों को पूछा जाता है। यह प्रश्न चार प्रमुख क्षेत्रों से सम्बन्धित होते हैं:—

1. व्यक्तिगत तथ्य *(Personal Data)*—यह व्यक्ति के आयु, शिक्षा, जाति राजनैतिक सम्बद्धता, धार्मिक सम्बद्धता,समूह सदस्यता, राष्ट्रीयता, तथा अन्य प्रकार की व्यक्तिगत सामाजिक विशेषताओं से सम्बन्धित है।

2. वातावरण जनित तथ्य *(Environmental Data)*—इसका सम्बन्ध व्यक्ति के वातावरण से सम्बन्धित तथ्यों से है जो उनके आवास से भी सम्बन्धित हो सकता है और कार्यालय से भी।

3. व्यवहारपरक तथ्य *(Behavioural Data)*—इसका सम्बन्ध व्यक्ति के व्यवहारपरक तथ्य से है जिन्हें अपने दैनिक जीवन में वह प्रकट करता है।

4. मनोवैज्ञानिक तथ्य *(Psychological Data)*—इसका सम्बन्ध व्यक्ति के अभिवृत्ति प्रेरणा, प्रत्याशा आदि से सम्बन्धित होता है।

सामाजिक सर्वेक्षण की विषय सामग्री को ***Moser*** ने चार भागों में विभक्त किया है:—

(i) जनसंख्यात्मक विशेषताएँ (Demographic Characteristics)
(ii) सामाजिक पर्यावरण (Social Environment)
(iii) सामाजिक क्रियाएँ (Social Activities)
(iv मत एवं अभिवृत्ति (Opinions and Attitudes)

सर्वेक्षण अनुसंधान के अभिकल्प
(Designs of Survey Research)

Festinger & Katz (1953) तथा ***Campbell & Katona*** (1965) के अनुसार, सर्वेक्षण अनुसंधान के लिए 5 अभिकल्पों का प्रयोग किया जाता है। अनुसंधानकर्ता अपने उद्देश्यानुसार एवं आवश्कतानुसार किसी अभिकल्प का चयन करता है। इन अभिकल्पों में भिन्नता पाई जाती है। यह भिन्नता दो सन्दर्भों—प्रतिदर्शचयन करने की प्रक्रिया एवं प्रतिदर्श से प्रदत्त प्राप्त करने की प्रक्रिया में प्राप्त की गई है। सर्वेक्षण अनुसंधान के लिए निम्नलिखित अभिकल्पों का प्रयोग किया जाता है:—

1. भार रहित प्रतिनिधित्यात्मक सर्वेक्षण *(Unweighted Representative Cross-sectional Sample Survey)*—इस विधि में प्रतिदर्श चयन के समय किसी अनुभाग को कोई वरीयता नहीं दी जाती है इसलिए चयन किया गया प्रतिदर्श भार रहित होता है प्रतिदर्श से सम्बन्धित सूचनाएँ प्राप्त की जाती है और उन्हें भिन्न-भिन्न शीर्षकों के अन्तर्गत व्यवस्थित किया जाता है तथा उनमें सहसम्बन्धों का अध्ययन किया जाता है। इस अनुसंधान का प्रयोग समय के किसी निश्चित बिन्दु पर जनसंख्या किसी विशेषता का निर्धारण किया जाता है। इसमें सर्वप्रथम जनसख्या के इकाइयों की सूची तैयार की जाती है, तत्पश्चात आवश्यकतानुसार

प्रत्येक दसवीं अथवा बीसवीं इकाई का यादृच्छिक चयन कर लिया जाता है, वांछित सूचनाएँ प्रतिदर्श से एक बार में ही एकत्रित कर ली जाती हैं, उनमें सहसम्बन्धात्मक विश्लेषण किया जाता है और कारणता (Causation) का अनुमान किया जाता है। इसलिए ***Campbell & Katona*** (1978) ने अपना मत इस प्रकार प्रकट किया है, *"The principal objecttive of such correlational analysis is to identify causation through the technique of inference."*

2. विशेष-भार-प्राप्त प्रतिनिध्यात्मक प्रतिदर्श अभिकल्प *(Deweighted Cross-Sectional Sample Design)*—इस अभिकल्प का प्रयोग उस समय किया जाता है जब जनसंख्या कई उपभागों में बँटी होती है, तथा उसमें कोई उपभाग छोटा होता है परन्तु अध्ययन के दृष्टिकोण से महत्त्वपूर्ण होता है। ऐसी स्थिति में प्रतिदर्श इकाइयों का चयन इसी महत्त्वपूर्ण एवं लघु उपभाग से होता है। इसी लघु समूह से अधिक संख्या में इकाइयों का चयन होता है, इसीलिए इसे अति निदर्शन (over sampling) कहते हैं। इस निदर्शन में इकाइयों का चयन यादृच्छिक रूप से होता है। इस अभिकल्प में जनसंख्या के सभी भागों को महत्त्व न देकर किसी उपभाग को अधिक भार देकर यादृच्छिक निदर्शन के आधार पर प्रतिदर्श इकाइयों का चयन होता है। जनसंख्या में पाई जाने वाली विशेषता सामान्य रूप से वितरित (normally distributed) न होकर असामान्य रूप से वितरित होती है।

3. विरोधी निदर्शन अभिकल्प *(Contrast Sampling Design)*—अनुसंधानकर्ता को अपने अनुसंधान से कभी-कभी ऐसी विशेषताओं का मापन करना होता है जो अत्यधिक तथा अति न्यून मात्रा में जनसंख्या में विद्यमान हो। ऐसे दो विरोधी समूहों का प्रतिदर्श चयन किया जाता है। यदि हमें औद्योगिकीकरण के परिणामस्वरूप जीवन पद्धति (quality of life) का अध्ययन करना हो तो हमें दो परस्पर विरोधी समूहों का चयन करना होगा, जिनमें एक समूह 'अत्यधिक औद्योगिकीकरण' तथा दूसरा समूह 'अत्यधिक औद्यौगिकीकरण' से सम्बन्धित होगा। इस प्रकार दो विरोधी समूहों का चयन किसी भी सामाजिक विमा का तुलनात्मक अध्ययन कर सकते हैं। इस अभिकल्प का अभिग्रह यह है कि अध्ययन किये जाने वाले परिवर्त्य के स्पष्ट प्रभावों का अवलोकन दो विरोधी समूहों को लेकर प्राप्त किया जा सकता है। इसीलिए ऐसे दो समूहों को लिया जाता है जो विरोधी हो, ताकि भिन्नता की स्पष्ट मात्रा प्राप्त हो सके यदि चयनित दोनों समूहों में अन्तर कम है तो स्वतन्त्र परिवर्त्य का स्पष्ट प्रभाव दृष्टिगोचर नहीं होगा।

4 अनुक्रमिक प्रतिनिध्यात्मक प्रतिदर्श अभिकल्प *(Successive Cross-Sectional Sample Design)*—जब अनुसंधानकर्ता को किसी विमा में होने वाले परिवर्तन के मापन की आवश्यकता होती है तो अनुसंधानकर्ता निदर्शन की दो प्रक्रियाओं– प्राक-पश्चात (pre and post) तथा अभिकल्प तथा धारा अध्ययन (trend analysis) में से किसी एक का उपयोग करता है। यह दोनों प्रक्रियाएँ इस अभिकल्प के अन्तर्गत आती है। जब अनुसंधानकर्ता मनोवैज्ञानिक व्यवहारों का अध्ययन करने के लिए किसी स्वतन्त्र परिवर्त्य में प्रहस्तलन नहीं कर पाता है, तो वह प्राक-पश्चात् प्रक्रिया का प्रयोग करता है। उदाहरणार्थ–मतदान पर चुनाव प्रचार के प्रभाव का अध्ययन। जबकि धारा अध्ययन प्रक्रिया में अनुसंधानकर्ता प्रतिनिध्यात्मक प्रतिदर्श एक नहीं दो बार करता है और परिवर्तनों का अध्ययन करता है।

5 पुन:साक्षात्कार अभिकल्प *(Re-interview Design)*—अनुसंधानकर्ता को कभी-कभी ऐसी समस्या का समाधान करना होता है जब उस एक ही प्रतिनिध्यात्मक प्रतिदर्श इकाइयों का साक्षात्कार दो बार लेना होता है। जब एक ही प्रतिदर्श का अध्ययन बार-बार किया जाता है, तो उसे नामिक अध्ययन (Panel study) कहते हैं।

सर्वेक्षण के प्रकार
(Types of Survey)

1. *A. F. Wells* के अनुसारः—

1. प्रचार सर्वेक्षण (Publicity Survey)
2. तथ्य संग्राहक सर्वेक्षण (Fact Collecting Survey)

(i) वैज्ञानिक सर्वेक्षण (Scientific Survey)

(ii) व्यवहारिक सर्वेक्षण (Practical Survey)

2. *Psin Pao Yang* के अनुसारः—

1. शीर्षकपरक सर्वेक्षण (Topical Survey)
2. सामान्य सर्वेक्षण (General Survey)

इस प्रकार सर्वेक्षण के अनेक प्रकार विद्वानों द्वारा प्रस्तुत किये गये हैं—जिनके अवलोकन के द्वारा सर्वेक्षण के वर्गीकरण को निम्न प्रकार से सारांशित किया जा सकता हैः—

1. जनगणना सर्वेक्षण (Census Survey)
2. प्रतिदर्श सर्वेक्षण (Sample Survey)
3. नियमित सर्वेक्षण (Regular Survey)
4. कामचलाऊ सर्वेक्षण (Ad hoc Survey)
5. अन्तिम सर्वेक्षण (Final Survey)
6. सहकारी सर्वेक्षण (Cooperative Survey)
7. गुणात्मक सर्वेक्षण (Qualitative Survey)
8. सामान्य सर्वेक्षण (General Survey)
9. विशिष्ट सर्वेक्षण (Specific Survey)
10. प्रंसगात्मक सर्वेक्षण (Thematic Survey)
11. मूल्यांकन सर्वेक्षण (Evaluation Survey)
12. मात्रात्मक सर्वेक्षण (Quantitative Survey)
13. आवृत्तिपूर्ण सर्वेक्षण (Repetetive Survey)
14. अर्द्ध सरकारी सर्वेक्षण (Semi-govt. Survey)
15. गैर सरकारी सर्वेक्षण (Non- govt. Survey)
16. शैक्षिक सर्वेक्षण (Educational Survey)
    (i) विद्यालय सर्वेक्षण (School Survey)
    (ii) प्रलेखी सर्वेक्षण (Documentary Survey)
    (iii) अनुवर्ती सर्वेक्षण (Follow-up Servey)
    (iv) मूल्यांकन सर्वेक्षण (Appraisal Survey)

परन्तु, ***Kerlinger*** ने सर्वेक्षण को इस प्रकार वर्गीकृत किया हैः—

1. व्यक्तिगत साक्षात्कार सर्वेक्षण (Personal Interview Survey)
2. डाक प्रश्नावली सर्वेक्षण (Mail Questionnaire Survey)
3. दूरभाष सर्वेक्षण (Telephone Survey)
4. सामयिक सर्वेक्षण (Panel Survey)
5. नियन्त्रित प्रेक्षण सर्वेक्षण (Controlled Observation Survey)

सर्वेक्षण अनुसंधान के सोपान
(Steps of Survey Research)

सर्वेक्षण अनुसंधान की उपयोगिता सामाजिक विज्ञानों में बहुत अधिक है। सर्वेक्षण अनुसंधान के क्षेत्र में इतना अधिक कार्य हुआ है कि इस विधि का प्रयोग करने में अब अधिक सरलता अनुभव की जाती है। सर्वेक्षण अनुसंधान के अनेक सोपान है जिन्हें Flow Chart of a Survey कहा जाता है। सर्वेक्षण अनुसंधान के निम्नलिखित सोपान हैः—

1. सर्वेक्षण के सामान्य उद्देश्यों (general objectives) का कथन
2. सर्वेक्षण के सामान्य उद्देश्यों को छोटे-छोटे विशिष्ट उद्देश्यों में विभाजन।
3. प्रतिदर्श निर्धारण
4. प्रतिदर्श निर्धारण के माध्यम से सर्वेक्षण सम्बन्धी प्रदत्तों का संग्रह
   (i) व्यक्तिगत साक्षात्कार
   (ii) टेलीफोन
   (iii) डाक
5. क्षेत्र कार्य (Field work)
6. विषय-वस्तु विश्लेषण (Content Analysis)
7. सारणीयन एवं विश्लेषण (Tabulation and Analysis)
8. सर्वेक्षण प्रतिवेदन (Survey report)

गुण *(Merits)*

सर्वेक्षण अनुसंधान के गुण निम्नवत हैः—

(i) सामाजिक समस्याओं का समाधान किया जाता है।
(ii) व्यापक क्षेत्र के बारे में जानकारी प्राप्त की जा सकती है।
(iii) व्यवहारिक पक्षों का निराकरण किया जा सकता है।
(iv) तार्किक निष्कर्ष प्राप्त किये जा सकता है।
(v) प्रत्यक्ष तथा निकट सम्पर्क (Opportunity for direct and close contact) का अवसर प्राप्त होता है।
(vi) विश्वसनीय (reliable) एवं वस्तुनिष्ठ (objective) प्रदत्त संकलित किये जाते हैं
(vii) अधिक सुविधाजनक विधि है।

दोष *(Demerits)*

सर्वेक्षण अनुसंधान के दोष इस प्रकार हैः—

(i) निदर्शन त्रुटि पाये जाने की सम्भावना रहती है।
(ii) मापन सम्बन्धी त्रुटियाँ पाई जा सकती है।
(iii) उत्तरदाता प्रश्नों से ऊब सकता है।
(iv) केवल इसी विधि के द्वारा सामाजिक संगठनों के जटिल संरचना का अध्ययन करना सम्भव नहीं है। ***Campbell & Katona*** (1965) के अनुसार, *"It is impossible to analyze adequately to complex fabric of social organization through the survey method alone."*

❑

अध्याय 18

क्षेत्र प्रयोग अनुसंधान
(FIELD EXPERIMENT RESEARCH)

सामाजिक एवं व्यवहारपरक विज्ञानों में समस्याओं के समाधान के लिए जहाँ क्षेत्र अध्ययन एवं प्रयोगशाला प्रयोग किया जाता है, वहीं कुछ विशेष प्रकृति के समस्याओं के अध्ययन के लिए क्षेत्र प्रयोग भी किया जाता है। अनुसंधानकर्ता जब प्राकृतिक परिवेश (Natural habitats) में प्रायोगिक अध्ययनों का संचालन करता है, तो उसे क्षेत्र प्रयोग (Field Experiment) कहा जाता है। प्रयोगशाला प्रयोग (Laboratory experiments)। अस्वाभाविक परिस्थितियों प्रयोगशाला में सम्पन्न किये जाते हैं तथा स्वतन्त्र परिवर्त्य का प्रहस्तलन एवं नियन्त्रण करके आश्रित परिवर्त्य का मापन किया जाता है। ऐसे प्रयोगों को शुद्ध प्रयोग (pure experiment) की संज्ञा दी जाती है। इसी प्रकार जब प्रयोग में वास्तविकता को प्रधानता तो दी जाती है, लेकिन प्रासांगिक परिवर्त्यों के नियन्त्रण को गौण मान लिया जाता है, तो उन्हें अर्द्ध-प्रयोग (Quasi experiment) कहते हैं। इसी प्रकार जब समस्या के अध्ययन के लिए स्वाभाविक परिवेश में प्रायोगिक अध्ययन किया जाय तो उसे क्षेत्र प्रयोग कहते हैं।

जिस प्रकार प्रयोगशाला प्रयोग में अनुसंधान के विभिन्न सोपानों-समस्या, उपकल्पना परिवर्त्य नियन्त्रण आदि का प्रयोग किया जाता है, उसी प्रकार क्षेत्र प्रयोग में भी प्रायोगिक अनुसंधान के उन्हीं सोपानों का प्रयोग किया जाता है। क्षेत्र प्रयोग के उदाहरण के रूप में कक्षा व्यवहार, सामाजिक व्यवहार आदि का अध्ययन लिया जा सकता है।

क्षेत्र प्रयोग की परिभाषा अनेक प्रकार से विद्वानों द्वारा प्रस्तुत की गई है जिनका वर्णन अधोप्रस्तुत है:—

Kerlinger (2002) के अनुसार, *''क्षेत्र प्रयोग वास्तविक परिस्थितियों में किया गया अनुसंधान अध्ययन है जिसमें अनुसंधानकर्ता, जहाँ तक सम्भव हो, एक से अधिक परिवर्त्यों में सावधानीपूर्वक प्रहस्तलन किया जाता है।'' (A field experiment is a research study in a realistic situation in which one or more independent variables are manipulated by the experimenter under as carefully controlled conditions as situation will permits.)*

French (1958) के अनुसार, *''क्षेत्र प्रयोग सैद्धान्तिक रूप से उन्मुख एक अनुसंधान परियोजना है जिसमें अनुसंधानकर्ता किसी उपकल्पना के परीक्षण के प्रयास में वास्तविक सामाजिक परिस्थितियों में स्वतन्त्र परिवर्त्य का प्रहस्तलन करता है।'' (A field experiment is a theoretically oriented research project in which experimenter manipulates an independent variable in some real social setting in order to test some hypothesis.)*

Robbinson (1976) के अनुसार, *''क्षेत्र प्रयोग की परिभाषा एक ऐसे वैज्ञानिक*

अनुसंधान के रूप में की जा सकती है जिसमें क्षेत्र में एक या एक से अधिक परिवर्त्यों का प्रहस्तलन किया जाता है।'' (A field experiment may be defined as a scientific investigation carried out in the field which involves the direct manipulation of some IV or IVs.)

इन परिभाषाओं के आधार पर यह कहा जा सकता है कि क्षेत्र प्रयोग अनुसंधान की निम्नलिखित विशेषताएँ हैं:—

(i) यह अनुसंधान वास्तविक परिस्थिति (विद्यालय, दफ्तर, फैक्ट्री) में किया जाता है।

(ii) इस अनुसंधान में स्वतन्त्र परिवर्त्य में प्रहस्तलन किया जाता है।

(iii) इस अनुसंधान में स्वतन्त्र परिवर्त्य में प्रहस्तलन उसी सीमा तक किया जाता है जिस सीमा तक ऐसा नियन्त्रण करने के लिए परिस्थिति अनुमति देती है।

(iv) प्रायोगिक अनुसंधान की भाँति इस अनुसंधान में भी प्रायोगिक अभिकल्प का प्रयोग किया जाता है।

(v) इरा विधि के द्वारा सैद्धान्तिक तथ्यों की प्राप्ति होती है।

(vi) इस विधि में प्राप्त प्रदत्त से वैध नियमों का प्रतिपादन सम्भव है।

क्षेत्र प्रयोग योजना की रूपरेखा
(Outline Plan of a Field Experiment)

प्रयोगशाला प्रयोग (Laboratory Experiment) और क्षेत्र प्रयोग के अनुसंधान योजना में अत्यधिक समानता पाई जाती है। अनुसंधानकर्ता क्षेत्र प्रयोग अनुसंधान में उन्हीं सोपानों का अनुसरण करता है जिनका अनुसरण प्रायोगिक मनोवैज्ञानिक करता है। क्षेत्र प्रयोग अनुसंधान में निम्नलिखित सोपानों का प्रयोग किया जाता है:—

1. प्रयोग शीर्षक
2. अनुसंधान समस्या का कथन
3. उपकल्पना का कथन
4. प्रयोग सम्बन्धी साहित्य का सर्वेक्षण
5. परिवर्त्य एवं उनका नियन्त्रण
6. उपकरणों का वर्णन
7. प्रायोगिक अभिकल्प
8. प्रयोज्यों का चयन
9. प्रायोगिक विधि
10. प्रदत्तों का सांख्यिकीय विश्लेषण
11. प्रदत्तों का प्रतिवेदन तैयार करना
12. उपकल्पना के सम्बन्ध में अनुमान करना
13. परिणामों का सामान्यीकरण

ऐसे अनुसंधान में अनुसंधानकर्ता को मुख्य कठिनाई क्षेत्र चयन की होती है। प्रयोगशाला अनुसंधान में अनुसंधानकर्ता प्रयोगशाला में ही प्रयोग करता है जबकि क्षेत्र प्रयोग अनुसंधान में अनुसंधानकर्ता वास्तविक सामाजिक परिस्थिति अथवा प्राकृतिक निवास स्थल को अपना अध्ययन क्षेत्र बनाता है। इस उद्देश्य की पूर्ति के लिए अनुसंधानकर्ता ऐसे क्षेत्र को अपने अनुसंधान हेतु चयन करता है जिसमें सम्बन्धित घटना के घटित होने की सम्भावना अपेक्षाकृत अधिक पाई जाती है। प्रयोग-शाला अनुसंधान की भाँति इस अनुसंधान में भी प्रायोगिक तथा नियंत्रित समूहों का प्रयोग किया जाता है। ऐसे अनुसंधान को *Mc Guigan* (1965) ने व्यवस्थित प्रेक्षण (Systematic observation) माना है।

गुण (*Merits*)

क्षेत्र-प्रयोग अनुसंधान के निम्नलिखित गुण हैं:—

(i) सामाजिक एवं शैक्षिक समस्याओं के अध्ययन के लिए यह विधि उपयोगी है।

(ii) इस अनुसंधान में नियन्त्रण का स्वरूप मिश्रित होता है।

(iii) स्वाभाविक परिस्थितियों तथा प्राकृतिक निवासस्थल में अध्ययन होने के कारण प्राप्त परिणाम अपेक्षाकृत अधिक यथार्थपरक होते हैं।

(iv) प्राप्त परिणाम अधिक वैध होते हैं।

(v) इस विधि के द्वारा जटिल सामाजिक परिवर्तनों का अध्ययन किया जा सकता है।

(vi) परिस्थिति के अधिक स्वाभाविक होने पर उपकल्पना की रचना अधिक शक्तिशाली ढंग से की जा सकती है।

(vii) परिवर्त्यों का प्रहस्तलन एवं नियन्त्रण सम्भव है।

(viii) प्राप्त परिणामों के आधार पर सामान्यीकरण करने में अधिक आसानी होती है।

(ix) गहन अध्ययन सम्भव है।

(x) इसका क्षेत्र अधिक व्यापक होता है।

(xi) समूह का आकार लघु होने पर यह विधि अपेक्षाकृत अधिक उपयोगी है।

दोष (*Demerits*)

क्षेत्र-प्रयोग अनुसंधान की निम्नलिखित सीमाएँ हैं:—

(i) यद्यपि यह माना जाता है कि क्षेत्र प्रयोग अनुसंधान में स्वतन्त्र परिवर्त्यों का नियन्त्रण किया जाता है परन्तु कुछ अध्ययन परिस्थितियाँ ऐसी पाई जाती हैं जिनमें स्वतन्त्र परिवर्त्यों पर दृढ़ नियन्त्रण स्थापित करने में अनुसंधानकर्ता को कठिनाई होती है (*Kerlinger*, 2002)।

(ii) क्षेत्र-प्रयोग में यादृच्छिकीकरण में कठिनाई होती है (*Kerlinger*, 2002)।

(iii) अनुसंधानकर्ता को सामाजिक व्यवहार में निपुण होना चाहिए।

(iv) यदि अनुसंधानकर्ता धैर्यवान नहीं है, तो वह क्षेत्र प्रयोग अनुसंधान का सफल सम्पादन नहीं कर सकता।

(v) क्षेत्र-प्रयोग अनुसंधान में परिशुद्धता कम होती है क्योंकि पर्यावरणीय कारकों पर कोई नियन्त्रण नहीं होता है।

(vi) क्षेत्र-प्रयोग अनुसंधान में परिस्थिति पर पूर्ण नियन्त्रण न होने से आश्रित परिवर्त्य पर वाह्य परिवर्त्यों का प्रभाव पड़ता है। परिणामस्वरूप प्राप्त परिणाम के दूषित होने की सम्भावना पाई जाती है।

(vii) नियन्त्रित समूह के निर्माण में कठिनाई होती है।

(viii) वैज्ञानिक निष्कर्षों का अभाव पाया जाता है क्योंकि परिवर्त्यों पर नियन्त्रण न होने के कारण अनुसंधान में वैज्ञानिकता का स्तर उच्च नहीं हो पाता है।

(ix) अध्ययन हेतु उपर्युक्त क्षेत्र प्राप्त करने में अनुसंधानकर्ता को कठिनाई होती है।

(x) दीर्घकाल तक अनुसंधान कार्य को जारी रखना पड़ता है।

(xi) विश्वसनीयता का स्तर निम्न होता है।

(xii) अनुसंधानकर्ता की निषेधात्मक अभिवृत्ति परिणाम की वैधता को कुप्रभावित कर सकती है।

❑

अध्याय 19

क्षेत्र अध्ययन
(FIELD STUDY)

क्षेत्र अध्ययन का प्रचलित नाम क्षेत्र अनुसंधान (Field research) भी है। सामाजिक विज्ञानों में क्षेत्र प्रयोग, सर्वेक्षण अनुसंधान की भाँति क्षेत्र अध्ययन का भी व्यापक प्रयोग किया जाता है। कुछ सामाजिक समस्याओं का स्वरूप इतना जटिल होता है कि उनका अध्ययन किसी और विधि के द्वारा सम्भव नहीं है। ऐसी समस्याओं के अध्ययन के लिए क्षेत्र अध्ययन अधिक उपर्युक्त है। क्षेत्र अध्ययन के द्वारा जहाँ व्यक्तियों के सामाजिक, पारम्परिक तथा अन्तर सम्बन्धों के बारे में ज्ञान प्राप्त करने का प्रयास किया जाता है वहीं इस विधि के द्वारा सामाजिक संरचनाओं, समुदायों, संगठनों तथा संस्थाओं का भी अध्ययन किया जाता है। लेकिन अध्ययन हेतु चयन किये गये संस्थाओं एवं संगठनों का आकार अपेक्षाकृत सीमित होता है। इसका स्वरूप भी अन्वेषक (exploratory) है।

क्षेत्र अध्ययन को परिभाषित करते हुए ***Daniel Katz*** (1953) ने अपना मत इस प्रकार प्रकट किया है, *''क्षेत्र अध्ययन से सामाजिक प्रक्रमों को उनके स्वाभाविक रूप में प्रेक्षण तथा मापन में अधिक सुविधा होती है।'' (The field study is a unique in enabling us to observe and measure social processes in their natural occurrences.)*

Kerlinger (2002) के अनुसार, *''क्षेत्र अध्ययन घटनोत्तर-वैज्ञानिक अनुसंधान है जिनका उद्देश्य वास्तविक सामाजिक संरचनाओं में सामाजिक मनोवैज्ञानिक तथा शैक्षिक परिवर्त्यों के अन्तर्सम्बन्धों तथा अन्तर्क्रियाओं का अध्ययन करना होता है।'' (Field studies are expost facto scientific inquiries aimed at discovering among sociological, psychological and educational variables in real social structures.)*

Reber & Reber (2001) के अनुसार, *''प्राकृतिक परिवेश में होने वाले सभी अनुसंधान क्षेत्र अध्ययन कहे जाते हैं।'' (Field research (Field Study) is a general term for any research carried out in a natural setting.)*

इन परिभाषाओं के आधार पर यह कहा जा सकता है कि क्षेत्र अध्ययन की निम्नलिखित विशेषताएँ हैं :—

(i) क्षेत्र अध्ययन का क्षेत्र संकुचित होता है।
(ii) प्रतिदर्श कठोर वैज्ञानिक संरचना को अधिक महत्त्व नहीं दिया जाता है।
(iii) इस विधि द्वारा प्राप्त परिणाम अधिक विशिष्ट एवं विशुद्ध होता है।
(iv) इसके अध्ययन का स्वरूप सूक्ष्म (microscopic) होता है।
(v) इसका स्वरूप गहन, औपचारिक एवं विश्लेषणात्मक होता है।
(vi) यह अध्ययन प्राकृतिक परिवेश में किया जाता है।
(vii) अनुसंधानकर्ता दो या दो से अधिक परिवर्त्यों में सह-सम्बन्धात्मक अध्ययन किया जाता है।

(viii) क्षेत्र अध्ययन का स्वरूप घटनोत्तर होता है।

(ix) दो या दो से अधिक परिवर्त्यों के बीच परिकल्पना निर्मित करके जाँच की जाती है।

(x) इसमें प्रयोज्यों अथवा समूहों का चयन स्वतः होता है।

(xi) अध्ययनकर्ता का दृष्टिकोण अनौपचारिक होता है

क्षेत्र अध्ययन के उदाहरणस्वरूप किसी मिल के मालिकों अथवा श्रमिकों के अभिवृत्तियों का अध्ययन हो सकता है जिसके अध्ययन के लिए अनुसंधानकर्ता अध्ययन किये जाने वाले संगठन की सामाजिक संरचना, मिल मालिक तथा श्रमिकों के मध्य संचार का स्वरूप, संगठन के श्रमिकों के एवं मिल मालिकों का व्यवहार एवं उनकी अभिवृत्ति, आदि का अध्ययन करता है। क्षेत्र अध्ययन की इकाइयों के रूप में कोई संगठनात्मक इकाई हो सकती हैं। ऐसे इकाई के रूप में गाँव, विद्यालय, औद्योगिक संगठन, सामाजिक संस्थाएँ आदि हो सकती है। क्षेत्र अध्ययन में चुने गये संगठनों के पारस्परिक अन्तर्सम्बन्धों तथा पारस्परिक सामाजिक अन्तर्क्रियाओं का अध्ययन किया जाता है।

क्षेत्र अध्ययन के प्रकार
(Types of Field Study)

Katz (1953) के अनुसार क्षेत्र अध्ययन के दो प्रकार हैं:—

1. अन्वेषणात्मक क्षेत्र अध्ययन (*Exploratory Field Study*)—अन्वेषणात्मक क्षेत्र अध्ययन के मुख्यतः तीन उद्देश्य है:—

(i) क्षेत्र परिस्थिति के महत्त्वपूर्ण परिवर्त्यों को ज्ञात करना।

(ii) इन परिवर्त्यों के मध्य सम्बन्धों को ज्ञात करना।

(iii) भविष्य में परिकल्पनाओं को अधिक व्यवस्थित तथा दृढ़ परीक्षण हेतु आधारभूत तैयार करना।

2. परिकल्पना परीक्षण सम्बन्धी क्षेत्र अध्ययन (*Hypothesis Testing Field Study*)—इसके अन्तर्गत परिकल्पना की रचना की जाती है तथा उसका गहन एवं विशिष्ट अध्ययन किया जाता है।

क्षेत्र अध्ययन के विभिन्न सोपान
(Steps Involved in Field Study)

Katz & Festinger के अनुसार क्षेत्र अध्ययन के संचालन में निम्नलिखित सोपानों का अनुसरण किया जाता है:—

1. प्रारम्भिक योजना निर्माण (*Preliminary Planning*)—क्षेत्र अध्ययन के प्रथम चरण में अनुसंधानकर्ता एक प्रारम्भिक योजना तैयार कर लेता है जिसमें वह क्षेत्र, सामान्य उद्देश्य, अध्ययन की अवस्थाओं (stages), अनुसंधान सहायकों का उत्तरदायित्व, प्रदत्त संग्रह की विधि, प्रदत्त संग्रह के लिए प्रयोग किये जाने वाले उपकरण, प्रदत्त विश्लेषण के लिए सांख्यिकीय विधि, समय वितरण आदि के बारे में एक योजना बना लेता है और अपने अध्ययन को सम्पादित करता है।

2. खोजपरक अभियान (*Scouting Expedition*)—क्षेत्र अनुसंधान का यह प्रमुख सोपान है। Katz ने इसे scouting expedition कहा है। अनुसंधानकर्ता इस सोपान में परिस्थिति के बारे में अधिक जानाकरी प्राप्त करना चाहता है। इस उद्देश्य की पूर्ति के लिए अनुसंधानकर्ता महत्त्वपूर्ण परिवर्त्यों को ज्ञात करता है, उनके मापन के लिए साधनों का निर्माण करता है, संगठन

के संरचना के बारे में ज्ञान प्राप्त करता है, तथा समूह के औपचारिक तथा अनौपचारिक सम्बन्धों के बारे में ज्ञान प्राप्त करता है।

Festinger & Katz ने ऐसे अभियान में किये जाने वाले कार्यों की सूची प्रस्तुत की है :—

1. अध्ययन के लिए जाने वाले समुदाय की संरचना का अध्ययन करना ताकि उसे उपसमूहों में विभक्त किया जा सके।
2. समूह के केन्द्रिय मूल्यों को ज्ञात करना।
3. समूह के द्वन्दों एवं संघर्षो के स्वरूप को ज्ञात करना।
4. समूह के अन्तर सम्बन्धों की रचना के आधार के बारे में ज्ञान प्राप्त करना।
5. समूह के लक्ष्य के बारे में ज्ञान प्राप्त करना।
6. समूह के उपसमूहों की स्वायतता (autonomy) तथा पराधीनता (dependence) की मात्रा का अध्ययन करना।
7. समूह में प्रभाव तथा शक्ति प्रदर्शन विभिन्न रूपों को ज्ञात करना।
8. व्यवहार नियन्त्रण के साधन तथा उसके स्तर को ज्ञात करना।
9. समूह के संचार प्रक्रिया का अध्ययन करना।
10. समूहों की वर्जनायें (prescriptions) और उसके अनुपालन की मात्रा का ज्ञान प्राप्त करना।

3. अनुसंधान अभिकल्प की रचना (*The Formulation of the Research Design*)—खोजपरक अभियान की अवधि में ही अनुसंधान अभिकल्प की रचना की क्रिया प्रारम्भ हो जाती है। अनुसंधानकर्ता को यह निर्णय लेना होता है कि अध्ययन का स्वरूप किस प्रकार का होगा—खोजपरक (exploratory) अथवा उपकल्पना परीक्षण (Hypothesis testing)। अनुसंधान प्रकार के अनुसार ही अनुसंधानकर्ता को यह निर्धारित करना होगा कि सामाजिक समूह के किन पक्षों का अध्ययन करना होगा, किस व्यवहार का अध्ययन किया जायगा, व्यवहार का अध्ययन कब तथा कितने समय के लिए किया जायगा, आदि बातों का निर्धारण अनुसंधानकर्ता को करना होता है।

4. शोध उपकरण एवं परीक्षण की जाँच (*Testing Research Tools and Tests*)—अनुसंधानकर्ता इस सोपान में उन मनोवैज्ञानिक परीक्षणों की जाँच करता है जिनका प्रयोग उसे अपने अनुसंधान में करना है। अनुसंधान इस सोपान में प्रदत्त संकलन हेतु उपर्युक्त उपकरणों का चयन करता है। ताकि अपने अनुसंधान के उद्देश्य की प्राप्ति कर सके।

5. व्यापक आधार पर गहन-क्षेत्र अध्ययन (*The Full Scale Field Operation*) —अनुसंधानकर्ता को अध्ययन प्रारम्भ करने के पूर्व उन समस्त कठिनाइयों को दूर करने का प्रयास करना चाहिए जिनका अनुभव अध्ययन की अवधि में हो सकता है। अनुसंधानकर्ता को इस बात का प्रयास करना चाहिए कि उसे अध्ययन किये जाने वाले समूह का सहयोग प्राप्त हो तथा समूह के प्रभावशाली व्यक्तियों का विश्वास प्राप्त हो, जिससे वांछित प्रदत्त को प्राप्त किया जा सके। यदि अनुसंधानकर्ता समूह के सदस्यों से वांछित सूचना नहीं प्राप्त कर पाता है, तो उसे अध्ययन समूह के प्रभावी व्यक्तियों अथवा नेताओं से सम्पर्क प्राप्त करके आवश्यकतानुसार सूचनाएँ संग्रहित कर सकता है।

6. सामग्री का विश्लेषण (*Analysis of Materials*)—क्षेत्र अध्ययन में अनुसंधानकर्ता प्राप्त प्रदत्त के सांख्यकीय विश्लेषण के लिए सामान्यतया सहसम्बन्धात्मक विधियों (correlational method) का प्रयोग करता है। इस सोपान में अनुसंधानकर्ता सर्वप्रथम

प्राप्त प्रदत्त को मात्रात्मक रूप प्रदान करता है। तत्पश्चात वह वर्णनात्मक तथा आनुमानिक सांख्यकीय का प्रयोग आवश्यकतानुसार करता है। ऐसे अध्ययन में सामान्यतया सह-सम्बन्ध का प्रयोग किया जाता है। वैसे कभी-कभी काई वर्ग परीक्षण, टी परीक्षण का भी प्रयोग किया जाता है। परिस्थिति विशेष में प्रदत्त विश्लेषण के लिए क्रॉस, ब्रेक्स तथा मल्टी वैरियट विश्लेषण का प्रयोग किया जाता है।

क्षेत्र अध्ययन का मूल्यांकन
(Evaluation of Field Study)

क्षेत्र अध्ययन की अनेक ऐसी विशेषताएँ हैं जिनसे क्षेत्र अध्ययन का महत्त्व प्रमाणित होता है। कुछ विशेष परिस्थितियों में केवल क्षेत्र अध्ययन ही अधिक उपयोगी है। क्षेत्र अध्ययन के निम्नलिखित गुण (mertits) हैं:—

(i) वास्तविक वातावरण में परिवर्त्यों का अध्ययन किया जाता है।

(ii) एक साथ अनेक परिवर्त्यों का अध्ययन किया जा सकता है।

(iii) कुछ विशेष अनुसंधान समस्याओं जैसे पूर्वाग्रह, मनोबल, अभिवृत्ति, रूढ़िवादिता आदि का अध्ययन क्षेत्र अध्ययन के द्वारा सम्भव है।

(iv) क्षेत्र अध्ययन में परिवर्त्यों के पारस्परिक अन्तर्क्रिया का प्रभाव स्वाभाविक परिस्थितियों में किया जाता है।

(v) वैयक्तिक सामाजिक इकाइयों जैसे विद्यालयों, कारखानों, संस्थानों आदि का अध्ययन इस विधि के द्वारा सम्भव है।

(vi) इसमें यथार्थवाद अधिक पाया जाता है।

(vii) अन्य अनुसंधान विधियों की तुलना में क्षेत्र अध्ययन का सामाजिक महत्त्व अधिक है। क्योंकि इस विधि के द्वारा समुदायों तथा संगठनों का अध्ययन किया जाता है।

(viii) सामाजिक घटनाओं का अत्यन्त निकट से अध्ययन किया जाता है।

(ix) क्षेत्र अध्ययन में खोजपरकता (heuristic) की प्रवृत्ति पाई जाती है।

(x) यह विधि व्यवहारिक समस्याओं के अध्ययन के लिए अधिक उपर्युक्त है।

क्षेत्र अध्ययन के उपर्युक्त गुण अवश्य हैं परन्तु इस विधि की कुछ सीमाएँ (limitations) भी हैं, जिनका वर्णन अधोप्रस्तुत है:—

(i) इस अध्ययन का स्वरूप घटनोत्तर होता है।

(ii) इसमें सह-सम्बन्धात्मक अनुसंधान किया जाता है।

(iii) इस विधि द्वारा प्राप्त प्रदत्त के सांख्यकीय विश्लेषण में कठिनाई होती है।

(iv) इस विधि के द्वारा विभिन्न परिवर्त्यों के मध्य सम्बन्धों का अध्ययन केवल अनुमान पर ही आधारित रहता है।

(v) इस विधि के द्वारा दो परिवर्त्यों के मध्य साहचर्य का ज्ञान तो प्राप्त हो जाता है, परन्तु उपर्युक्त कारण का पता नहीं चलता है।

(vi) क्षेत्र अध्ययन के लिए अध्ययनकर्ता को प्रशिक्षित होना आवश्यक है।

(vii) परिवर्त्यों का अधिक परिशुद्ध मापन सम्भव नहीं है।

(viii) इसमें श्रम, समय और धन तीनों ही अधिक व्यय होता है।

(ix) इस विधि में यादृच्छिकीकरण सम्भव नहीं है।

(x) क्षेत्र अध्ययन में परिवर्त्यों का नियन्त्रण सम्भव नहीं है।

(xi) इस विधि में परिवर्त्यों का प्रहस्तलन नहीं किया जा सकता है।

(xii) प्राप्त परिणामों का स्वरूप निश्चयात्मक नहीं होता है।

(xiii) प्राप्त परिणाम की विश्वसनीयता और वैधता का स्तर निम्न होता है। इसीलिए ***Kerlinger*** (2002) ने अपना मत इस प्रकार प्रकट किया है, ***"The field study is a scientific weak cousin of laboratory and field experiments".***

(xiv) इस विधि में अध्ययन का स्तर उच्च वैज्ञानिक नहीं होता है।

(xv) उपयोग के पहले नवीन उपकरणों का पूर्व परीक्षण आवश्यक होता है।

❑

अध्याय 20

वैयक्तिक अध्ययन विधि

(CASE STUDY METHOD)

इस अनुसंधान प्रविधि का उपयोग सामाजिक विज्ञानों में प्रायः किया जाता रहा है। इस विधि का उपयोग पहले समाजशास्त्र और अर्थशास्त्र में किया गया। बाद में अन्य सामाजिक एवं व्यवहारपरक विज्ञानों में भी इस विधि का प्रयोग किया गया। अनुसंधानकर्ताओं ने इस विधि का प्रयोग व्यक्ति, परिवार, घटना, समुदाय, संस्था आदि के अध्ययन के लिए किया है। इस विधि के द्वारा लोगों के आचरण तथा व्यवहार की व्याख्या की जा सकती है। *Herbert Spencer* ने आदि मानव के अध्ययन में सर्वप्रथम इस विधि का प्रयोग किया। परन्तु *Fredric Le-play* (1840) ने पारिवारिक बजट के अध्ययन के लिए इस विधि का व्यवस्थित अध्ययन किया। इस विधि के द्वारा किसी सामाजिक इकाई के विभिन्न पक्षों का अध्ययन किया जाता है।

सामाजिक घटनाओं का स्वरूप प्रायः गुणात्मक होता है लेकिन उसे परिमाणात्मक रूप प्रदान करके सांख्यिकी का प्रयोग किया जाता है। यद्यपि प्राचीन काल से ही सामाजिक घटनाओं का अध्ययन गुणात्मक रूप से किया जाता रहा है। *अनुसंधानकर्ताओं ने व्यक्ति, परिवार, घटना, समुदाय, संस्था आदि का अध्ययन किया है जिसे वैयक्तिक अध्ययन (case study) की संज्ञा दी जाती है।* इस विधि द्वारा भूत एवं वर्तमान परिप्रेक्ष्य में किसी सामाजिक इकाई का सूक्ष्म गहन एवं सम्पूर्ण अध्ययन ही वैयक्तिक अध्ययन अनुसंधान विधि है।

वैयक्तिक अध्ययन विधि की परिभाषा अनेक विद्वानों ने निम्न प्रकार से की है :—

P. V. Young (2001) के अनुसार, *"वैयक्तिक अध्ययन विधि में किसी सामाजिक इकाई के व्यक्ति जीवन की खोज तथा विश्लेषण किया जाता है, भले ही वह इकाई व्यक्ति, परिवार, संस्था, सांस्कृतिक समूह, अथवा, सम्पूर्ण समुदाय हो।" (Case study is a method of exploring and analyzing the life of a social unit be that a person, family, institution, cultural group, or even entire community.)*

Chaplin (1975) के अनुसार, *"वैयक्तिक इतिहास (वैयक्तिक अध्ययन) सूचनाओं का एक संकलन है जिसमें अध्ययन के किसी वैयक्तिक प्रयोज्य से सम्बन्धित पृष्ठभूमि, परीक्षण परिणामों, साक्षात्कारों, निर्धारणों निदानों आदि से सम्बन्धित प्रदत्त को सम्मिलित किया जा सकता है।" (Case history (case study) is a compilation of information which includes all available data on background, test results, interviews, ratings, diagnoses, etc . concerning an individual subjects of a study.)*

Goode & Hatt (1987) के अनुसार, *"वैयक्तिक अध्ययन सामाजिक प्रदत्त संगठित करने की एक विधि है जिससे अध्ययन किये जाने वाले सामाजिक वस्तु के एकात्मक स्वरूप को बनाये रख सके। दूसरे शब्दों में, यह कहा जा सकता है कि यह एक ऐसा उपागम है जिसमें किसी सामाजिक इकाई का प्रत्यक्षीकरण एक पूर्ण इकाई के रूप में होता है। लगभग हमेशा ही इस उपागम में इकाई जो व्यक्ति, परिवार, अथवा अन्य सामाजिक समूह प्रकियाओं के सम्बन्धों के*

सेट या सम्पूर्ण संस्कृति के रूप में भी हो सकता है, का विकास सम्मिलित किया जा सकता है।'' (Case study is a way of organizing social data so as to preserve the unitary character of the social objects being studied. Expressed somewhat differently, it is an approach which views any social unit as a whole. Almost always, this means of approach includes the development of that unit, which may be a person, a family, or other social group, a set of relationships of processes or even an entire culture.)

Biesanz & Biesanz (1952) के अनुसार, *''वैयक्तिक अध्ययन-विधि गुणात्मक विश्लेषण का एक रूप है जिसमें एक व्यक्ति, एक परिस्थिति अथवा एक संस्था का सावधानीपूर्वक पूर्ण अवलोकन किया जाता है।'' (The case study is a form of qualitative analysis, involving very careful and complete observation of a person, a situation or an institution.)*

इन परिभाषाओं के आधार पर यह कहा जा सकता है कि वैयक्तिक अध्ययन विधि की निम्नलिखित विशेषताएँ हैं:—

(i) इस विधि में किसी विशिष्ट सामाजिक इकाई जैसे व्यक्ति, परिवार, जाति, संस्था अथवा सम्पूर्ण समुदाय का अध्ययन किया जाता है। यही नहीं इकाई के रूप में जीवन की एक घटना भी हो सकती है और एक ऐतिहासिक युग भी हो सकता है।

(ii) इस विधि में किसी सामाजिक इकाई के विकासात्मक घटनाओं का अध्ययन किया जाता है।

(iii) इस विधि में मनोवैज्ञानिक परीक्षणों का प्रयोग करके प्रदत्त संकलन किया जाता है।

(iv) इसमें अध्ययन विषय से सम्बन्धित सूचनाओं का संकलन होता है।

(v) इसमें सामाजिक इकाई के एकात्मक स्वरूप (unitary character) का अध्ययन किया जाता है।

(vi) इस विधि में अनुसंधानकर्ता सामाजिक इकाई के जटिल व्यवहार प्रतिरूप का अध्ययन तो करती है, साथ-ही-साथ ऐसे प्रतिरूप के लिए उत्तरदायी कारकों का भी पता लगाता है।

(vii) इस विधि में इकाई का सम्पूर्ण अध्ययन किया जाता है। इस सन्दर्भ में *Biesanz & Biesanz* (1952) का यह मत उद्धरित करना अनुपयुक्त न होगा। *"Thoroughness is the key store of this method."*

(viii) यह विधि समस्या का सम्पूर्ण अध्ययन है। **Goode & Hatt** (1955) के अनुसार, *''यह एक ऐसी विधि है जो किसी सामाजिक इकाई के समस्त रूप का अवलोकन करती है।''*

वैयक्तिक अध्ययन विधि के प्रकार
(Kinds of Case Study Method)

वैयक्तिक अध्ययन विधि के प्रमुखतः दो उपप्रकार है—विचलित वैयक्तिक विश्लेषण (Deviant case analysis) एवं पृथक नैदानिक वैयक्तिक विश्लेषण(Isolated clinical case analysis)। विचलित वैयक्तिक विश्लेषण की प्रमुख विशेषता के रूप में यह कहा जा सकता है कि इस विश्लेषण में अनुसंधानकर्ता एक साथ ऐसे दो व्यक्तिकों(cases) को चुनता है जिनमें भिन्नता पाई जाती है परन्तु दोनों वैयक्तिकों में किसी सीमा तक समानता भी पाई जाती है। जैसे दो जुड़वाँ बच्चों के अध्ययन को वैयक्तिक विश्लेषण के अध्ययन के रूप में माना जा सकता

है। बच्चे जुड़वा हैं, इसलिए उनमें समानता है परन्तु कुछ बिन्दुओं पर असमानता है क्योंकि एक सामान्य है और दूसरा असामान्य। अनुसंधानकर्ता अपने अनुसंधान के आधार पर यह देखने का प्रयास करेगा कि एक बच्चे में असामान्यता के पाये जाने का कारण क्या है? जबकि पृथक नैदानिक वैयक्तिक विश्लेषण विधि में अनुसंधानकर्ता वैयक्तिक इकाइयों का विश्लेषण उसके विश्लेषणात्मक समस्याओं के सन्दर्भ में करता है। ऐसे अध्ययन में अनुसंधानकर्ता व्यक्ति के विगत जीवन में घटित घटनाओं का अध्ययन एवं विश्लेषण करता है और किसी निष्कर्ष पर पहुँचता है। मनोविश्लेषणवादी (Psychoanalyst) इस विधि का प्रयोग अधिक करते हैं। इस विधि का प्रयोग नैदानिक परिस्थितियों में अधिक उपयोगी सिद्ध होता है जबकि सामान्य अवस्थाओं के लिए विचलित वैयक्तिक विश्लेषण विधि का प्रयोग अधिक उपयोगी है।

वैयक्तिक अध्ययन विधि में सूचना के स्रोत
(Sources of Information in Case Study Method)

इस विधि में व्यक्ति के बारे में सूचनाओं को प्राप्त करने के लिए निम्न स्रोतों (sources) का सहारा लिया जाता है:—

1. जीवनगाथा
2. डायरी
3. पत्र
4. साहित्यक रचनाएँ
5. व्यक्ति को अन्य व्यक्ति द्वारा प्राप्त प्रमाण पत्र
6. व्यक्ति के बारे में जेल, कचहरी, दफ्तर आदि के अभिलेख
7. व्यक्ति का फोटो एलबम
8. व्यक्ति से सम्बन्धित फाइलें
9. व्यक्ति की सामाजिक अभिवृत्तियाँ
10. व्यक्ति के बारे में अन्य व्यक्तियों (पड़ोसियों, मित्रों) के विचार
11. व्यक्ति की प्रिय पुस्तकें
12. व्यक्ति की वंशावली
13. व्यक्ति की प्रिय पुस्तकें
14. व्यक्तिगत साक्षात्कार

वैयक्तिक अध्ययन विधि के उपकरण
(Tools of Case Study Method)

इस विधि के अन्तर्गत व्यक्ति, परिवार, घटना, समुदाय अथवा संस्था का अध्ययन किया जाता है। इन सामाजिक इकाइयों के अध्ययन के लिए निम्न प्रकार के मनोवैज्ञानिक उपकरणों का प्रयोग किया जाता है:—

1. साक्षात्कार (Interview)
2. प्रश्नावली (Questionnaire)
3. अनुसूचियाँ (Schedules)
4. मनोवैज्ञानिक परीक्षण (Psychological Tests)
5. निरीक्षण (Observation)

वैयक्तिक अध्ययन विधि के सोपान
(Steps in Case Study Method)

जैसा कि Biesanz & Biesanz ने वैयक्तिक अध्ययन विधि का मूल आधार-पूर्णता (thoroughness) को माना है। इसलिए सामाजिक इकाई के बारे में अनुसंधानकर्ता सम्पूर्ण ज्ञान प्राप्त करने का प्रयास करता है। परिणामस्वरूप इकाई का अध्ययन विभिन्न दृष्टिकोणों से किया जाता है। इस उद्देश्य की पूर्ति के लिए अनुसंधानकर्ता को वैयक्तिक अध्ययन कार्य प्रणाली के निम्नलिखित सोपानों का अनुसरण करना होता है:—

1. समस्या का चयन तथा व्याख्या
2. अध्ययन के स्वरूप का निर्धारण
3. इकाइयों की संख्या का निर्धारण
4. घटना क्रम का व्यवस्थापन
5. निर्धारक तत्त्वों की व्याख्या
6. परिणाम विश्लेषण
7. परिणाम व्याख्या
8. निष्कर्ष

गुण *(Merits)*

वैयक्तिक अध्ययन विधि के निम्नलिखित गुण है:—

(i) किसी सामाजिक इकाई का सम्पूर्ण अध्ययन किया जाता है।

(ii) दो वैयक्तिकों (cases) को लेकर उनका तुलनात्मक अध्ययन किया जा सकता है।

(iii) विशिष्ट क्षेत्र का अध्ययन किया जाता है।

(iv) इस विधि में समस्या का गहन अध्ययन किया जाता है।

(v) समाज वैज्ञानिक अनुसंधानों के लिए यह विधि अधिक उपर्युक्त है।

(vi) शोध उपकरणों के निर्माण में यह विधि उपयोगी है।

(vii) इस विधि द्वारा उपकल्पना के निर्माण में अधिक सहायता मिलती है (*Goode & Hatt* 1987)।

(viii) यह विधि मानव विज्ञान अनुसंधान (anthropological research) के लिए अधिक उपयोगी है। मानव विज्ञान की दोनों शाखाओं-सांस्कृतिक मानव विज्ञान (Cultural anthropology) एवं भौतिक मानव विज्ञान (physical anthropology) की समस्याओं का अध्ययन इस विधि द्वारा सम्भव है। सांस्कृतिक मानव विज्ञान में संस्कृति, समाज, समुदाय तथा राष्ट्र को सम्मिलित किया जा सकता है जबकि भौतिक मानव विज्ञान के क्षेत्र में ऐतिहासिक पृष्ठभूमि में विकासात्मक दृष्टिकोण से मानव का अध्ययन आता है।

(ix) प्राप्त तथ्यों के आधार पर इस विधि के द्वारा भावी अनुसंधानकर्ताओं द्वारा अनुभव की जानेवाली कठिनाइयों के बारे में अनुमान किया जा सकता है तथा उन्हें दूर करने के उपाय के बारे में सोचा जा सकता है।

(x) इस विधि में अनुसंधान की सभी विधियों का समावेश किया जा सकता है क्योंकि वैयक्तिक अध्ययन विधि का प्रयोग प्रायः जटिल समस्याओं के अध्ययन के लिए ही किया जाता है। इसीलिए ***Goode & Hatt*** (1962) ने अपना मत इस सन्दर्भ में इस प्रकार प्रकट किया है— ***"In order to obtain such holistic case-data, one may*** *use all the techniques which any other mode of organization uses intensive interviews questionnaires, self histories, documents, case reports by others, letters, etc."*

(xi) इस विधि में अनुसंधानकर्ता सामााजिक इकाई का गहन अध्ययन करता है इसलिए उस इकाई का वर्गीकरण अधिक सरलता से कर सकता है।

(xii) शैक्षिक समस्याओं के अध्ययन में इस प्रविधि का उपयोग किया जा सकता है (*Ellis*, 1988)]

(xiii) इस विधि के द्वारा अपराधियों के व्यवहार का अध्ययन करने तथा उनके व्यवहार में सुधार लाने में उपयोगी सिद्ध हुआ है (*Chaplin*, 1975)

(xiv) इस विधि के द्वारा आत्मनिष्ठ पक्षों का भी अध्ययन किया जा सकता है।

दोष *(Demerits)*

अनुसंधानकर्ताओं ने इस विधि के अनुप्रयोग में अनेक समस्याओं एवं कठिनाइयों का अनुभव किया है जिनका वर्णन अधोप्रस्तुत है:—

(i) गहन अध्ययन में समय, धन एवं श्रम अधिक लगता है।

(ii) ऐसे प्रविधि के प्रयोग में अनुसंधानकर्ता को निपुण होना चाहिये।

(iii) प्राप्त परिणामों की विश्वसनीयता और वैधता निम्न स्तर की होती है।

(iv) इस प्रविधि में वैज्ञानिकता का अभाव पाया जाता है।

(v) अध्ययन क्षेत्र सीमित होता है।

(iv) सामान्यीकरण परिशुद्ध नहीं होता है।

(vii) आत्मनिष्ठता की मात्रा अधिक पाई जाती है।

(viii) प्राप्त सूचनाओं के मात्राकरण में अनुसंधानकर्ता को कठिनाई होती है।

(ix) अध्ययन हेतु उपर्युक्त प्रतिदर्श नहीं मिल पाता है।

(x) अध्ययन की पुनरावृत्ति में कठिनाई होती है।

(xi) जीवन-इतिहास तथा रिकार्ड दोषपूर्ण हो सकते हैं, क्योंकि जीवन इतिहास अतिरंजित हो सकते हैं, तथा रिकार्ड दोषपूर्ण हो सकते हैं।

(xii) सामान्यीकरण की प्रवृत्ति के कारण निष्कर्ष दोषपूर्ण हो सकते हैं।

वैयक्तिक अध्ययन विधि के दोषों को दूर करने के उपाय
(Measures of removing limitations of case study method)

वैयक्तिक अध्ययन प्रविधि की अनेक कमियाँ जिनको दूर करके इस विधि की वैज्ञानिकता को बढ़ाया जा सकता है। इस विधि को और अधिक उद्देश्यपूर्ण, प्रभावपूर्ण तथा वैज्ञानिक बनाने के लिए *Aranson* (1980) तथा *Goode & Hatt* (1987) ने निम्न उपायों को प्रस्तावित किया है:—

1. जहाँ तक सम्भव हो प्रतिदर्श को प्रतिनिधिक बनाने का प्रयास करना चाहिए।
2. प्रशिक्षित अनुसंधानकर्ता को ही प्रदत्त संकलन करना चाहिए।
3. दीर्घ आकार के प्रतिदर्श का ही प्रयोग करना चाहिए
4. प्रतिदर्श चयन निष्पक्ष होना चाहिए।
5. सूचनाओं का कूटसंकेतन (Coding) तथा अभिलेखन करना चाहिए।
6. अनुसंधान प्रक्रिया पूर्व निर्धारित होना चाहिए।

❑

अध्याय 21

घटनोत्तर अनुसंधान
(EXPOST FACTO RESEARCH)

घटनोत्तर अनुसंधान में अनुसंधानकर्ता आश्रित परिवर्त्य के आधार पर उसके कारण (स्वतन्त्र परिवर्त्य) की खोज करता है। इसमें स्वतन्त्र परिवर्त्य पर अनुसंधानकर्ता का किसी प्रकार का नियन्त्रण नहीं होता है। इसमें पहले घटी हुई घटनाओं के परिप्रेक्ष्य में अध्ययन किया जाता है। 'Expost facto' एक लैटिन शब्द है जिसका तात्पर्य बाद में होने वाली क्रिया (Subsequent action) से है। इस प्रकार Expost facto research का तात्पर्य हुआ ''किसी घटना के घटित होने के बाद में किया गया अध्ययन।''

यह अध्ययन सहसम्बन्धात्मक प्रकार का अनुसंधान (Correlational type of research) है। यह अप्रायोगिक शोध (Non-experimental research है। इस अनुसंधान प्रविधि में तथ्यों के घटित होने के बाद उनके मध्य कारणात्मक सम्बन्धों (causal relationship) का अध्ययन किया जाता है जिसमें अनुसंधानकर्ता किसी प्रभाव के आधार पर उसके सम्भावित कारणों की खोज करता है। प्रभाव का तात्पर्य आश्रित परिवर्त्य से है तथा कारण स्वतन्त्र परिवर्त्य की ओर संकेत करता है। इस विधि में न तो स्वतन्त्र परिवर्त्यों का प्रहस्तलन किया जाता है और न प्रयोज्यों का चयन यादृच्छिक आधार पर किया जाता है। चूँकि इस विधि में पूर्ववर्ती दशा (antecedent condition) को पश्चात दशा अथवा परिणामी दशा (consequent condition) का कारण मान लिया जाता है। इसलिए इस भ्रामकता (fallacy) के कारण उसे Post-hoc माना जाता है। ऐसे अनुसंधानों को *D' Amato* (1972), *Fergusson* (1978), *Cronbach* आदि इसे सहसम्बन्धात्मक अनुसंधान (Correlational Research) की संज्ञा देते हैं। जबकि (*Kerlinger*, 1947) ने इसे घटनोत्तर अनुसंधान कहा है। इसके कुछ विद्वानों ने नैमित्तक तुलनात्मक अनुसंधान (Causal-Comparative Approach) कहा है।

घटनोत्तर अनुसंधान को परिभाषित करते हुए ***Kerlinger*** (2002) ने अपना मत इस प्रकार प्रकट किया है, *''घटनोत्तर अनुसंधान की परिभाषा ऐसे अनुसंधान के रूप में की जा सकती है जिसमें स्वतन्त्र परिवर्त्य पहले घटित हो चुका होता है, तथा जिसमें अनुसंधानकर्ता आश्रित परिवर्त्य के निरीक्षण से अनुसंधान कार्य प्रारम्भ करता है। इसके बाद वह स्वतन्त्र परिवर्त्यों का अध्ययन करता है जिससे कि आश्रित परिवर्त्य के रूप में प्राप्त उनके प्रभावों तथा दोनों परिवर्त्यों में सम्भावित सम्बन्धों की खोज हो सके।''* (***"Expost facto research may be defined as that research in which the independent variable or variables have already occurred and in which the researcher starts with the observation of dependent variable or variables. He then studies the independent variables in respect for their possible relations to and effects on the dependent variable or variables."***)।

Kerlinger (2002) ने एक अन्य स्थान पर घटनोत्तर अनुसंधान को परिभाषित करते हुए पुनः कहा है कि, *''घटनोत्तर अनुसंधान एक व्यवस्थित अनुभवजन्य अध्ययन है जिसमें स्वतन्त्र*

परिवर्त्य पर अनुसंधानकर्ता का प्रत्यक्ष नियन्त्रण नहीं होता है क्योंकि घटनाओं का प्रकटीकरण पहले हो चुका होता है तथा उनका प्रहस्तलन स्वाभाविक रूप से नहीं होता है। प्रत्यक्ष नियन्त्रण स्थापित किये बिना ही स्वतन्त्र तथा आश्रित परिवर्त्यों के सहगामी परिवर्तन के आधार पर इन परिवर्त्यों के मध्य सम्बन्धों के बारे में अनुमान किया जाता है।'' (Expost facto research is a systematic empirical enquiry, in which the scientist does not have direct control of independent variables because their manifestations have already occurred or because they are inherently not manipulable. Inferences about relations among variables are made, without direct intervention, from concomitant variation of dependent and independnet variables.)

इन परिभाषाओं के आधार पर यह कहा जा सकता हे कि घटनोत्तर अनुसंधान की निम्नलिखित विशेषताएँ हैं:—

(i) इस अनुसंधान में नियन्त्रण का अभाव (lack of control) पाया जाता है क्योंकि अनुसंधानकर्ता का स्वतन्त्र परिवर्त्य पर कोई नियन्त्रण नहीं होता है।

(ii) इसमें अनुसंधानकर्ता स्वतन्त्र परिवर्त्य का प्रभाव आश्रित परिवर्त्य पर नहीं देखता है। वरन् आश्रित परिवर्त्य के कारणों की खोज करता है।

(iii) यह अनुसंधान आश्रित परिवर्त्य से प्रारम्भ होकर स्वतन्त्र परिवर्त्य पर समाप्त होता है।

(iv) यह एक अप्रायोगिक अनुसंधान (non-experimental research) है।

(v) इस अध्ययन में स्वतन्त्र परिवर्त्य और आश्रित परिवर्त्य में सहगामी परिवर्तन का निरीक्षण किया जा सकता है।

(vi) *Greenwood* (1945) ने इसे पीछे की ओर होने वाले अनुसंधान (backward study) के रूप में स्वीकार किया है।

(vii) इसमें यादृच्छिकीकरण का अभाव (Lack of randomization) पाया जाता है।

(viii) यह अध्ययन स्वाभाविक परिस्थितियों (Natural situation) में किया जाता है।

(ix) यह अध्ययन निरीक्षण के आगमन पद्धति (Inductive method of observation) पर आधारित है क्योंकि अनुसंधानकर्ता आश्रित तथा स्वतन्त्र परिवर्त्यों के मध्य सम्बन्धों का अनुमान करता है।

(x) इसमें इकाइयों का स्व-चयन (Self-selection) होता है। प्रयोज्य स्वयं को विभिन्न समूहों के लिए निर्दिष्ट (assign) करवाते हैं। विभिन्न समूहों में प्रयोज्य का चयन और उनकी निर्दिष्ट प्रयोज्य की विशेषता पर निर्भर करती है। जैसे कैंसर और सिगरेट-धूम्रपान के मध्य प्रकार्यात्मक सम्बन्ध का अध्ययन। *Kerlinger* (2002) का मत है कि प्रयोज्य स्व-चयन एक ऐसी अनुसंधान स्थिति है जिसमें अध्ययन किये जा रहे सदस्यों अध्ययन की जाने वाली विशेषता भिन्नतापरक मात्रा में विद्यमान होती है। यह स्व-चयन दो प्रकार से घटित होता है। प्रथम, उस समय घटित होता है जब प्रयोजयों का चयन समूह की विशेषता के आधार पर होता है जैसे धूम्रपान करने वाला समूह एवं धूम्रपान न करने वाला समूह। ऐसे चयन का आधार स्वतन्त्र परिवर्त्य होते हैं। द्वितीय यह चयन उस समय घटित होता है जब प्रयोज्य समूह समूह में बुद्धिलब्धि, सामाजिक-आर्थिक स्तर अभिप्रण के आधार पर अयादृच्छिक क्रम (Non random order) में चुने जाते हैं।

मूल्यांकन (*Evaluation*)

दोष (*Demerits*)

घटनोत्तर अनुसंधान की निम्नलिखित दोष हैं:—

(i) प्रायोगिक अनुसंधान से निम्न स्तर की अनुसंधान प्रविधि है।
(ii) यादृच्छिकीकरण सम्भव नहीं है।
(iii) अनुपयुक्त विश्लेषण की सम्भावना पाई जाती है क्योंकि हम बिना किसी उपकल्पना के अनुसंधान कार्य को आगे बढ़ाते हैं।
(iv) परिभाषित उपकल्पना का अभाव पाया जाता है।
(v) बिना उपकल्पना के अनुसंधान कार्य किया जाता है, इसलिए भ्रामक परिणाम पाये जाने की सम्भावना बनी रहती है।

गुण (*Merits*)

घटनोत्तर अनुसंधान की निम्नलिखित गुण हैं:—

(i) समाजशास्त्र, शिक्षा तथा मनोविज्ञान में ऐसे अनुसंधानों का महत्त्व है क्योंकि बहुत सी अनुसंधान समस्याएँ ऐसी होती हैं जिनका प्रायोगिक अध्ययन सम्भव ही नहीं है।
(ii) यह एक बहुत महत्त्वपूर्ण विधि है क्योंकि इसके अध्ययन के लिए किसी विशेष अनुसंधानपरक प्रविधि की आवश्यकता नहीं होती है।
(iii) इसमें आश्रित परिवर्त्य अज्ञात होता है, अनुसंधानकर्ता स्वतन्त्र परिवर्त्य को ज्ञात करता है।
(iv) आश्रित परिवर्त्य तथा स्वतन्त्र परिवर्त्य के बीच प्राप्त सम्बन्ध अविश्वसनीय होता है।
(v) इसमें प्राप्त परिणाम के आधार पर किसी निश्चित निष्कर्ष पर नहीं पहुँच सकते हैं। और आश्रित परिवर्त्य तथा स्वतन्त्र परिवर्त्य (कारण-कार्य) के मध्य कोई निर्णायक परिणाम नहीं प्राप्त कर सकते हैं।
(vi) इस विधि में प्रतिदर्श इकाइयों का यादृच्छिकीकरण नहीं किया जाता है।
(vii) घटनोत्तर अनुसंधान परिस्थिति में तार्किकता का अभाव पाया जाता है।
(viii) सामाजिक, शैक्षिक तथा नैदानिक समस्याओं के लिए यह विधि उपयोगी है।
(ix) सामाजिक तथा राजनैतिक विश्वासों का अध्ययन सम्भव है।
(x) व्यापक क्षेत्र का अध्ययन किया जा सकता है।
(xi) इस अध्ययन में नम्यता (flexibility) पाई जाती है।

प्रायोगिक एवं घटनोत्तर अनुसंधान में अन्तर
(Difference between Experimental and Ex-post Facto Research)

अन्तर प्रकार	प्रायोगिक अनुसंधान	घटनोत्तर अनुसंधान
1. स्तर	अधिक श्रेष्ठ	प्रायोगिक अनुसंधान से श्रेष्ठ नहीं
2. स्वतन्त्र परिवर्त्य	नियन्त्रण सम्भव	नियन्त्रण सम्भव नहीं
3. उपकल्पना	स्पष्ट उपकल्पना	उपकल्पना का अभाव
4. दिशा	स्वतन्त्र परिवर्त्य से आश्रित परिवर्त्य की ओर	आश्रित परिवर्त्य से स्वतन्त्र परिवर्त्य की ओर
5. विधि	विशेषज्ञ ज्ञान की आवश्यकता	विशेषज्ञ-ज्ञान अनावश्यक
6. नियन्त्रण	नियन्त्रण अधिक	नियन्त्रण का अभाव

7. प्रहस्तलन	प्रहस्तलन पाया जाता है	प्रहस्तलन का अभाव पाया जाता है।
8. यादृच्छिकीकरण	सम्भव	सम्भव नहीं है।
9. परिणाम की प्रकृति	परिशुद्ध परिणाम	भ्रामक परिणाम
10. विश्वसनीयता	अधिक	कम
11. भविष्यवाणी	वैध भविष्यवाणी	वैध भविष्यवाणी का अभाव
12. प्रयोगात्मक परिस्थिति	सरल एवं तर्कसंगत ज्ञात	विषम एवं असंगत
13. परिवर्त्य स्वरूप	स्वतन्त्र परिवर्त्य ज्ञात-आश्रित परिवर्त्य ज्ञात	आश्रित परिवर्त्य ज्ञात-स्वतन्त्र परिवर्त्य अज्ञात

❑

अध्याय 22

ऐतिहासिक अनुसंधान
(HISTORICAL RESEARCH)

शब्द 'इतिहास' अंग्रेजी शब्द History का हिन्दी अनुवाद है जिसकी उत्पत्ति ग्रीक शब्द (Historia) से हुई है। Historia का अर्थ है—जाँच के द्वारा प्राप्त ज्ञान। प्रारम्भ में इतिहास में बीती हुई घटनाओं का ही अध्ययन होता था। इतिहासकार भूतकाल की घटनाओं से सम्बन्धित सामग्री एकत्र करते थे। यह ज्ञान पृथ्वी, ग्रह, नक्षत्र आदि से भी सम्बन्धित हो सकता है और मानव समाज की निरन्तर परिवर्तनशीलता की गाथा से सम्बन्धित है। चूँकि समाज की संरचना गतिशील है तथा समाज की संरचना एवं गतिविधियों में निरन्तर परिवर्तन होता रहता है, इसलिए इसका लेखा-जोखा इतिहासकार को रखना होता है। समाज मनोवैज्ञानिक इन्हीं सामाजिक परिवर्तनों का अध्ययन करता है। ***P. V. Young*** (1968) का मत है कि, *''कोई घटना सामाजिक शून्य में नहीं घटित होती है। आज के इतिहासकारों के दृष्टिकोण में परिवर्तन आया है। उन्होंने इतिहास के क्षेत्र को ऐतिहासिक तिथियों एवं राजाओं-महाराजाओं तक ही सीमित नहीं रखा है। वरन् अब उन्होंने मानव समाज, संस्कृति विशेष से सम्बन्धित संस्थाओं, सामाजिक प्रक्रियाओं, सामाजिक परिवर्तनों आदि को ध्यान में रखते हुए मानव घटनाओं के बारे में सत्य सम्बन्धी विवरण को भी अपने क्षेत्र में सम्मिलित कर लिया है। परिणामस्वरूप इतिहास और समाज के बीच की दूरी कम हो गई है।''* इस सम्बन्ध में ***De' Souza J. Patricinio*** (1969) का मत है कि, *''इतिहासकारों का मत पहले राजनीतिक इतिहास से था। पुराना इतिहास घटना का एक विवरण मात्र था। पर अब इतिहासकार राजनीतिक इतिहास से हटकर सामाजिक एवं आर्थिक इतिहास में प्रविष्ट हो गये हैं।''*

सामाजिक अनुसंधान में ऐतिहासिक अनुसंधान का स्वरूप सामान्य ऐतिहासिक अनुसंधान से भिन्न है। क्योंकि सामाजिक अनुसंधान 'क्या' और 'कैसे' पर अधिक बल देता है जबकि ऐतिहासिक अनुसंधान में सामाजिक वैज्ञानिक ऐतिहासिक परिप्रेक्ष्य में किसी काल विशेष ने घटित हुई घटना का विवरण नहीं एकत्रित करता है वरन् वह घटनों के घटित होने के कारणों का तो अध्ययन करता ही है, साथ-ही-साथ इन घटनाओं का मानव जीवन शैली पर पड़ने वाले प्रभावों का भी अध्ययन करता है।

सामाजिक अनुसंधान, ***P. V. Young*** के अनुसार, में निम्न प्रकार की ऐतिहासिक सामग्री प्रयुक्त की जाती है :—

(अ) तथ्यात्मक

(i) सामाजिक सत्यों से सम्बन्धिता घटनाएँ
(ii) अर्थपूर्ण अभिव्यक्ति प्रदान करने वाली घटनाएँ।
(iii) मनोवैज्ञानिक, आर्थिक, सामाजिक, शैक्षित एवं धार्मिक अन्तर्सम्बन्धी जटिल प्रतिमान सम्बन्धी घटनाएँ।

(ब) अभिलेख

इन सामाजिक परिवर्तनों में समाज के संस्थाओं, संगठनों, समस्याओं, विचारधाराओं आदि

को सम्मिलित किया जा सकता है। इन्हीं सामाजिक परिवर्तनों के स्वरूप को समझने के लिए ऐतिहासिक अनुसंधान की आवश्यकता पड़ती है।

ऐतिहासिक अनुसंधान में विकास क्रम, ऐतिहासिक घटनाओं तथा ऐतिहासिक समस्याओं के सन्दर्भ में अनुसंधान किया जाता है जिसके लिए ऐतिहासिक साक्ष्यों, एवं अभिलेखों का उपयोग किया जाता है और विश्वसनीय तथा वैद्य परिणाम प्राप्त किया जाता है।

ऐतिहासिक अनुसंधान को परिभाषित करते हुए ***Whitney*** (1932) ने कहा है कि, *''ऐतिहासिक अनुसंधान भूत का विश्लेषण करता है। इसका उद्देश्य भूतकालीन घटना के तथ्यों और अभिवृत्तियों के आधार पर ऐसी सामाजिक समस्याओं का चिन्तन एवं विश्लेषण करना है जिसका समाधान प्राप्त नहीं हुआ है। यह मानव विचारों और क्रियाओं के विकास की दिशा की खोज करता है जिसके द्वारा सामाजिक क्रियाओं के लिए आधार प्राप्त हो सके।'' (Historical research deals with past experience in a similar manner. Its aim is to apply the method of reflective thinking to social problems, still unsolved by means of discovery of past trends of events, facts and attitudes. It traces lines of development in human thought and action in order to reach some basis for social activity.)*

Best (1963) के अनुसार, *''ऐतिहासिक अनुसंधान ऐतिहासिक समस्याओं के अन्वेषण में वैज्ञानिक पद्धति की अनुप्रयुक्त होता है।'' (Historical research is the application of scientific method to historical problems.)*

Kerlinger (2002) के अनुसार, *''ऐतिहासिक अनुसंधान अतीत की घटनाओं, विकास क्रमों तथा अनुभवों का एक आलोचनात्मक अनुसंधान है, जिसमें अतीत से सम्बन्धित सूचनाओं के साधनों तथा प्राप्त संतुलित विवेचना की वैधता का सावधानीपूर्ण परीक्षण सम्मिलित रहता है।'' (Historical research to the critical investigation of events, developments and experiences of the past the careful weighing of the evidence of the validity of sources of information on the past and the interpretation of the weighted evidence.)*

ऐतिहासिक अनुसंधान के सन्दर्भ में प्रस्तुत की गई इन परिभाषाओं के आधार पर यह कहा जा सकता है कि ऐतिहासिक अनुसंधान की निम्नलिखित विशेषताएँ हैं:—

(i) इसका सम्बन्ध अतीत से होता है।
(ii) इसमें अतीत की घटनाओं तथा तथ्यों का अध्ययन होता है।
(iii) अतीत के घटनाओं तथा तथ्यों का आलोचनात्मक मूल्यांकन होता है।
(iv) अतीत की घटनाओं तथा तथ्यों से सम्बन्धित सूचनाओं का संकलन होता है।
(v) प्राप्त परिणामों की व्याख्या की जाती है।
(vi) अतीत के तथ्यों के स्रोतों की वैधता का निर्धारण होता है।
(vii) ऐसे अनुसंधान का उद्देश्य वर्तमान समस्याओं का चिन्तन एवं विश्लेषण करना है जिसका समाधान प्राप्त नहीं हुआ है।
(viii) यह अप्रयोगिक अनुसंधान है।
(ix) इसमें नियन्त्रण का अभाव पाया जाता है।
(x) ऐतिहासिक घटनों के क्रमिक विकास का विश्लेषण होता है।
(xi) भूत के आधार पर वर्तमान को समझने का प्रयास किया जाता है।
(xii) इस अनुसंधान से अतीत के त्रुटियों को सुधारने में सहायता मिलती है।

(xiii) भूत, वर्तमान एवं भविष्य में सम्बन्ध स्थापित करने में सहायता मिलती है।
(xiv) व्यवहार का विश्लेषण किया जा सकता है।
(xv) ऐसे अनुसंधान से नीति निर्धारण में सहायता मिलती है।
(xvi) भावी कार्यक्रम की रूप रेखा बनाई जा सकती है।

ऐतिहासिक अनुसंधान के स्रोत
(Sources of Historical Research)

ऐतिहासिक अनुसंधान के दो प्रमुख स्रोत हैं—प्राथमिक स्रोत एवं गौण स्रोत। जिनका वर्णन अधोप्रस्तुत है :—

1. प्राथमिक स्रोत (*Primary Source*)

प्राथमिक स्रोत का सम्बन्ध उन साधनों से है जिसके आधार पर अतीत की घटनाओं, तथ्यों आदि के बारे में सूचनाओं को प्राप्त किया जाता है। प्राथमिक स्रोत के रूप में रेकार्ड, घटना का आँखों देखा विवरण, लोक कथाएँ, दन्त कथाएँ, प्राचीन दस्तावेज, कलात्मक उपलब्धियाँ आदि को लिया जा सकता है। ***Kerlinger*** (2002) के अनुसार, *''प्राथमिक स्रोत एक ऐतिहासिक प्रदत्त का मूल भण्डार होता है। यह किसी महत्त्वपूर्ण अवसर का मौलिक अभिलेख होता है या एक प्रत्यक्षदर्शी द्वारा प्रस्तुत घटना का विवरण होता है अथवा किसी छाया-चित्र अथवा किसी संगठन की बैठक का विस्तृत विवरण आदि होता है।''* (***A primary source is the original repository of an historical datum like an original record, kept of an important occasion, an eye witness description of an event, a photograph, minutes of organization meetings and so on.***)

इसी प्रकार ***Best*** (1963) के प्राथमिक स्रोत के बारे में अपना मत प्रकट करते हुए कहा है कि, *'प्राथमिक स्रोतों के अन्तर्गत किसी एक व्यक्ति समूह अथवा काल का सम्बन्ध उसके शेष भागों अथवा अवशेषों (remains or relics) से रहता है। जीवाश्म (fossils), अस्थिपंजर, यन्त्र, अस्त्र-शस्त्र, खान-पान, बर्तन, भवन सज्जा, चित्र, चित्रकारी, सिक्के तथा कलात्मक कृतियाँ अचेतन रूप से तथा अनजाने ही सूचना प्रसारण के साधन अथवा अभिलेख होते हैं।''*

2. गौण स्रोत (*Secondary Source*)

गौण स्रोत के अन्तर्गत उस सामग्री को सम्मिलित किया जा सकता है जो जीवन-इतिहास, व्यक्तिगत विवरण संस्मरण, पत्र-पत्रिकाओं से प्राप्त सामग्री के रूप में होते हैं।' ***Kerlinger*** (2002) के अनुसार, *''गौण-स्रोत किसी ऐतिहासिक घटना या स्थिति का वह अभिलेख या रिकार्ड है जो मूल भण्डार से एक या दो कदम दूर होते हैं।''* (***"A secondary source is an account of record of an historical event or circumstance one or more steps removed from an origianl repository."***) इस प्रकार यह कहा जा सकता है कि गौण स्रोत व्यक्ति द्वारा किया गया एक प्रतिवेदन है जो एक प्रत्यक्ष साक्षी अथवा किसी एक घटना में सम्मिलित व्यक्ति प्रमाण का विवरण प्रस्तुत करता है जो घटना स्थल पर उस समय उपस्थित था (*Best*, 1963) इस प्रकार यह कहा जा सकता है कि गौण स्रोत ऐतिहासिक तथ्यों के बारे में मूल स्रोत से ज्ञान न प्राप्त करके घटना से सम्बन्धित व्यक्तियों के बारे में जानकारी प्राप्त करने की ओर संकेत करता है। प्राथमिक स्रोत की अपेक्षा गौण स्रोत अधिक विश्वसनीय होता है। क्योंकि प्राथमिक स्रोत ऐतिहासिक घटनों का मौलिक भण्डार (repository) होता है जबकि गौण स्रोत उन घटनाओं का विचलित भण्डार होता है। उदाहरणार्थ किसी महाव्यक्ति के जीवन-

वृतांत को प्राथमिक स्रोत कहेंगे, परन्तु अन्य समाचार पत्रों, पत्रिकाओं अथवा सन्दर्भ ग्रन्थ में दिये गये विवरणों को गौण सामग्री कहेंगे। यदि अनुसंधानकर्ता को अध्ययन के लिए प्राथमिक स्रोत से सम्बन्धित सामग्री उपलब्ध है, तो उसे गौण स्रोत से सम्बन्धित सामग्री का उपयोग नहीं करना चाहिए (*To use secondary sources when primary sources are available is a major historical error*— Kerlinger, 2002)।

ऐतिहासिक अनुसंधान के उपागम
(Approaches of Historical Research)

ऐतिहासिक अनुसंधान के दो प्रमुख उपागम दूरदर्शी (perspective) एवं पश्चातदर्शी (retrospective) है। इन दोनों उपागमों को प्राचीन एवं नवीन उपागम के नाम से भी जाना जाता है। दूरदर्शी उपागम के द्वारा अतीत की घटनाओं से वर्तमान की घटनों का अध्ययन किया जाता है। जबकि पश्चातदर्शी उपागम का सम्बन्ध उन घटनाओं के अध्ययन से है जो वर्तमान समय में घटित होने वाली घटनाओं के आधार पर भूतकालीन घटनाओं का अध्ययन किया जाता है। दूरदर्शी और पश्चातदर्शी उपागम को प्राचीन एवं नवीन उपागम इसलिए कहते हैं क्योंकि दूरदर्शी उपागम अतीत की घटनाओं पर आधारित होते हुए नवीन घटनाओं की ओर अग्रसर होता है। जबकि पश्चातदर्शी उपागम को नवीन उपागम कहने का कारण यह है कि पश्चातदर्शी उपागम वर्तमान घटनाओं पर अधिक बल देता है और यह उपागम वर्तमान अध्ययन से अतीत अध्ययन की ओर अग्रसर होता है। पश्चातदर्शी उपागम को सामूहिक उपागम (Group approach) अथवा काल संवेदी उपागम (Time sense approach) भी कहते हैं।

ऐतिहासिक अनुसंधान की समस्याएँ
(Problems of Historical Research)

ऐतिहासिक अनुसंधान में निम्नलिखित समस्याओं का सामना अनुसंधानकर्ता को करना पड़ता है:—

(i) उपर्युक्त समस्या के चयन में कठिनाई होती है।
(ii) परिकल्पना निर्माण में अनुसंधानकर्ता कठिनाई अनुभव करता है।
(iii) आँकड़ों के संग्रह और विश्लेषण में भी कठिनाई होती है।
(iv) भूतकालीन व्यवस्था को प्रमुख बातें अनुसंधानकर्ता के ध्यान को आकर्षित नहीं कर पाती हैं।

ऐतिहासिक अनुसंधान की आलोचना
(Criticism of Historical Research)

ऐतिहासिक अनुसंधान का सम्बन्ध अतीत की घटनाओं से होता है। चूँकि ऐतिहासिक घटनायें पहले घट चुकी होती हैं और उनकी पुनरावृत्ति न तो अनुसंधानकर्ता द्वारा की जा सकती है और न अनुसंधानकर्ता द्वारा उसमें किसी प्रकार का परिवर्तन किया जा सकता है। अतः विषय सामग्री का चुनाव करते समय अनुसंधान को विशेष सावधानी बरतनी चाहिए ताकि उसकी विश्वसनीयता और वैधता पर प्रश्न चिह्न लगाया जा सके। विषय-सामग्री की दो विशेषतायें हो सकती हैं-उनको प्रत्यक्ष अवलोकन के द्वारा प्राप्त किया जा सकता है अथवा अप्रत्यक्ष रूप से घटनाओं का चित्रण किया जा सकता है। ऐतिहासिक सामग्री के बारे में यह जानना आवश्यक है कि सामग्री कहाँ तक विश्वसनीय है। क्योंकि प्रलेख (document) कभी-कभी असत्य भी हो सकते हैं। अतः उनकी प्रामाणिकता के बारे में ज्ञान प्राप्त करना आवश्यक है। साथ-ही-साथ यह जानना भी आवश्यक है कि इसकी उत्पत्ति कहाँ हुई है? लेखक कौन है? सूचना का स्रोत

क्या है? ऐतिहासिक अनुसंधान में इन क्रिया विधियों के द्वारा जो तथ्य निर्धारित होते हैं उनकी बाहरी आलोचना करते हैं। वाह्य आलोचना का तात्पर्य है कि प्राथमिक और गौण स्रोत से प्राप्त उपलब्ध सामग्री के प्रामाणिकता की जाँच करके यह देखा जाय कि सामग्री सत्य है या असत्य है। जबकि सामग्री की आन्तरिक आलोचना इस तथ्य की ओर संकेत करती है कि किसी स्रोत का लेखक कितना ईमानदार रहा है कि किसी दबाव में पक्षपात के कारण अथवा अज्ञानता के कारण उसने कुछ तो नहीं लिखा है। क्या घटना विशेष को तुरन्त लिखा गया है या कुछ समय बाद लिखा गया है। सूचना किससे प्राप्त की गई है तथा कैसे प्राप्त की गई है? इन प्रश्नों के उत्तर के आधार पर ही विषय-वस्तु की विश्वसनीयता का निर्धारण हो सकता है। *Hulme* का मत है कि अनुसंधानकर्ता को वस्तुनिष्ठता और अवलोकन पर विशेष ध्यान देना चाहिए। अनुसंधानकर्ताओं ने विषय-वस्तु की आलोचना दो रूपों से आवश्यक बताया है—वाह्य रूप से एवं आन्तरिक रूप से। आन्तरिक एवं वाह्य आलोचना का वर्णन निम्न है:—

1. वाह्य आलोचना (*External Criticism*)—स्रोतों की वैधता को निर्धारित करने के लिए वाह्य आलोचना के आधार पर उनका मूल्यांकन किया जाता है और यह देखने का प्रयास किया जाता है कि विषय वस्तु का स्रोत प्रामाणिक है या नहीं। इसमें प्रयोग किये जाने वाले स्रोतों की सत्यता, विश्वसनीयता और वैधता को स्थापित करने के पहले यह सुनिश्चित किया जाता है कि घटनाएँ कितनी तथ्यात्मक हैं। प्रदत्त की जाँच उनके रूप-रंग, समय-स्थान आदि दृष्टिकोणों से किया जाता है। प्रामाणिकता की जाँच के लिए प्रयुक्त की गई स्याही, भाषा, लिपि, हस्ताक्षर को भी माप स्वरूप प्रयोग किया जाता है।

2. आन्तरिक आलोचना (*Internal Criticism*)—इसके अन्तर्गत अनुसंधानकर्ता विषय सामग्री के अर्थ को समझने का प्रयास करता है तथा अर्थ की आलोचना की जाती है। सामग्री का अध्ययन करके यह देखने का प्रयास किया जाता है कि विषय-वस्तु ऐतिहासिक तथ्यों का वैध प्रतिनिधित्व करता है या नहीं। अनुसंधानकर्ता को यह देखने का प्रयास करना चाहिए कि सामग्री विश्वसनीय और पक्षपात रहित हो।

गुण (*Merits*)

ऐतिहासिक अनुसंधान का महत्त्व शिक्षा, समाजशास्त्र, समाज मनोविज्ञान तथा मानव विज्ञान में अपेक्षाकृत अधिक है क्योंकि शिक्षाशास्त्रियों को शिक्षा प्रणाली को उपयुक्त बनाने में सामाजिक मनोवैज्ञानिकों को सामाजिक मानव की अनेक समस्याओं के समाधान में तथा मानव विज्ञानियों को मानव विज्ञान की विभिन्न समस्याओं के समाधान के लिए ऐतिहासिक अनुसंधान की आवश्यकता पड़ती है। इसके अतिरिक्त इस तथ्य को निःसंदेह स्वीकार किया जा सकता है कि ऐतिहासिक अनुसंधान का महत्त्व शुद्ध, अनुसंधान (pure research) और व्यवहारिक अनुसंधान (applied research) दोनों ही दृष्टिकोणों से है।

दोष (*Demerits*)

ऐतिहासिक अनुसंधान में नियन्त्रण सम्बन्धी कठिनाई पाई जाती है। इसमें अनुसंधानकर्ता पूर्ण नियन्त्रण नहीं स्थापित कर पाता है। इसमें आंशिक नियन्त्रण ही पाया जाता है। इसमें कारण-कार्य सम्बन्ध की स्थापना सम्भव नहीं है। ऐसे अनुसंधानों की विश्वसनीयता और वैधता में कमी पाई जाती है क्योंकि ऐतिहासिक घटनाओं की यथार्थता निर्धारित करना सरल नहीं है। ऐतिहासिक अनुसंधान में परिमाणन (quantification) तथा सत्यापन (verification) सम्बन्धी कठिनाई होती है।

❑

अध्याय 23

सहसम्बन्धात्मक अनुसंधान
(CORRELATIONAL RESEARCH)

विज्ञान का मुख्य कार्य है कि वह दो परिवर्त्यों के मध्य अन्तर सम्बन्धों का विश्लेषण करें। भौतिक विज्ञान और कुछ सीमा तक जीवशास्त्र में भी अन्तर्सम्बन्ध को निर्धारित करने के चाहिए एक परिवर्त्य से दूसरे परिवर्त्य के सम्बन्ध में परिवर्तनों को नोट किया जाता है। सामाजिक विज्ञानों में जिन परिवर्त्यों का अध्ययन किया जाता है वह व्यक्तिगत विशेषताएँ होती हैं। इन विशेषताओं के अध्ययन के लिए अनुसंधानकर्ता को व्यक्तिगत भिन्नताओं का मापन करना होता है। यदि अनिुसंधानकर्ता व्यवहार की दो विशेषताओं का मापन करता है और उनमें कार्य-कारण सम्बन्ध (Casual relationship) प्राप्त करता है तो वह सहसम्बन्धित कहलाते हैं। दो शृंखलाओं में सह सम्बन्ध स्थापित करने के लिए कार्य-कारण सम्बन्ध आवश्यक है। यदि ऐसा नहीं है तो दोनों सह सम्बन्धित नहीं होंगे। इस प्रकार सह सबन्ध के द्वारा दो परिवर्त्यों की परस्पर निर्भरता (Interdependence) ज्ञात करते हैं—जैसे अन्तर्मुखता, बहिर्मुखता तथा सामाजिकता की परस्पर निर्भरता का अध्ययन। प्रायः बहिर्मुखी व्यक्ति अधिक सामाजिक होता है। साथ-ही-साथ यह भी ज्ञान प्राप्त करते हैं कि दो परिवर्त्यों या घटनाओं के बीच किस प्रकार का सम्बन्ध है। दो परिस्थितियों, दो दशाओं, विशेषताओं, घटनाओं अथवा परिवर्त्यों के मध्य होने वाले सहगामी परिवर्तनों (concomitant variations) के पारस्परिक सम्बन्धों का मापन करने वाली विधि को सहसम्बन्धात्मक विधि कहा जाता है। यह सहगामी परिवर्तन धनात्मक ऋणात्मक अथवा शून्य हो सकते हैं। *Francis Galton* एवं *Karl Pearson* ने सहसम्बन्ध का प्रतिपादन किया और प्राणिशास्त्र की अनेक समस्याओं का अध्ययन किया।

Van Dalen (1966) ने सहसम्बन्धात्मक अनुसंधान को परिभाषित करते हुए कहा है, *''सहसम्बन्धात्मक प्रविधियों का प्रयोग यह सुनिश्चित करने के लिए किया जाता है कि दो परिवर्त्य किस सीमा तक एक-दूसरे से सम्बन्धित है। अर्थात् एक कारक में होने वाले परिवर्तन किसी सीमा तक दूसरे कारक में परिवर्तन लाते हैं।''* ***(Correlation techniques are used to ascertian the extent to which two variables are related, that is the extent to which the variations in one factor corresponds with variations in an other.)***

प्रायोगिक अनुसंधान की भाँति सहसम्बन्धात्मक अनुसंधान में भी स्वतन्त्र तथा आश्रित परिवर्त्य के मध्य सह सम्बन्ध निर्धारित करने का प्रयास किया जाता है। परन्तु सह सम्बन्धात्मक शोध में नियन्त्रण (control) नहीं स्थापित किया जा सकता है। यह शोध अनियन्त्रित एवं स्वाभाविक परिस्थितियों में सम्पन्न किया जाता है। इसमें स्वतन्त्र परिवर्त्य का प्रहस्तलन (manipulation) चयन के द्वारा किया जाता है। इसमें कारण-कार्य सम्बन्ध (cause-effect relation) स्थापित नहीं किया जा सकता है। नियन्त्रण न पाये जाने के कारण प्राप्त परिणाम अधिक विश्वसनीय नहीं होते हैं।

इस विधि के द्वारा केवल यह ज्ञात होता है कि अमुक परिवर्त्यों में सम्बन्ध है परन्तु यह

ज्ञात नहीं होता है कि एक परिवर्त्य दूसरे परिवर्त्य से प्रभावित हो रहा है या दूसरे परिवर्त्य को प्रभावित कर रहा है। उदाहरणार्थ—यदि किसी समूह के सदस्यों की बुद्धि और परीक्षा प्राप्तांकों में सहसम्बन्ध है तो यह कहा जा सकता है कि बुद्धि का मापन करके परीक्षा प्राप्तांकों के बारे में भविष्यवाणी कर सकते हैं परन्तु सहसम्बन्धात्मक अनुसंधान गें यह बताना कठिन होता है कि बुद्धि के कारण परीक्षा प्राप्तांक अधिक है अथवा परीक्षा प्राप्तांक कारण है बुद्धि का। यह इस विधि की यह प्रमुख न्यूनता है। इसी कारण-कार्य सम्बन्ध की दिशा निर्धारण में कठिनाई होती है। सहसम्बन्ध केवल धनात्मक-ऋणात्मक, उच्च अथवा निम्न प्राप्त होता है जिससे यह कदापि नहीं ज्ञात होता है कि दो परिवर्त्यों में से कौन-सा परिवर्त्य कारण है और कौन-सा परिणाम। केवल यही नहीं, दो परिवर्त्यों में सम्बन्ध का कारण यह भी हो सकता है कि वे दोनों किसी अन्य परिवर्त्य का परिणाम हो सकता है।

सहसम्बन्धात्मक शोध का महत्त्व तुलनात्मक मनोविज्ञान (Comparative psychology) समाज मनोविज्ञान तथा विकासात्मक मनोविज्ञान में बहुत अधिक है। जिन समस्याओं का अध्ययन प्रायोगिक अनुसंधान द्वारा सम्भव नहीं है, उनका भी अध्ययन सहसम्बन्धात्मक अनुसंधान द्वारा सम्भव है।

इस अनुसंधान की सबसे बड़ी कमी यह है कि स्वतन्त्र परिवर्त्य तथा आश्रित परिवर्त्य के बीच कारण कार्य सम्बन्ध (Cause effect relationship) का बोध नहीं होता है। इसीलिए ***Lindzey & Aronson***(1968) ने यह कहा है, *"The fundamental weakness of a correlational study is inability to specify cause and effect."* इस अनुसंधान प्रविधि के द्वारा प्राप्त प्रदत्त की सार्थकता असंदिग्ध (doubtful) रहती है (*Hilgard et. al*; 1979)। इसमें लोचकता (Flexibility) अधिक पाई जाती है, परिणामों में परिशुद्धता कम पाई जाती है (*Kerlinger*, 2002)। इस विधि की सबसे बड़ी कमी यह है कि सहसम्बन्ध निर्धारित करने के लिए प्राचल (parametric) विधियों का भी प्रयोग होता है और अप्राचल (Non-parametric) विधियों का भी। इन दोनों विधियों के अनेक प्रकार हैं। इसलिये अनुसंधानकर्ता को यह निर्धारित करने में कठिनाई होती है कि किस परिस्थिति में किस सांख्यिकीय प्रविधि का प्रयोग करें। जब अनुसंधानकर्ता त्रुटिवश सहसम्बन्ध ज्ञात करने के लिए गलत प्रविधि का चयन कर लेता है तो प्राप्त परिणाम असंदिग्ध हो जाते हैं।

इसलिये इस विधि का उपयोग मनोविज्ञान की अन्य शाखाएँ तो करती हैं परन्तु प्रायोगिक अनुसंधान में इसका उपयोग नहीं किया जाता है। इस विधि का प्रयोग यदा-कदा ही होता है।

❑

अध्याय 24

क्रॉस-सांस्कृतिक अनुसंधान
(CROSS-CULTURAL RESEARCH)

क्रॉस-सांस्कृतिक अनुसंधान में दो या दो से अधिक संस्कृतियों का तुलनात्मक अध्ययन किसी मापदण्ड (criterion) अथवा मापदण्डों (criterion) के सन्दर्भ में किया जाता है। इस विधि को प्रयोग करने का श्रेय मानवशास्त्रियों एवं समाजशास्त्रियों को है जिनमें *Margaret Mead* का नाम प्रमुख है। इस विधि में केवल विभिन्न संस्कृतियों का ही तुलनात्मक अध्ययन नहीं किया जाता है वरन् विभिन्न समूहों, संगठनों, संस्थानों आदि का भी तुलनात्मक अध्ययन किसी परिवर्त्य के सन्दर्भ में किया जाता है।

Zanden (1978) के अनुसार, *''क्रॉस-सांस्कृतिक अनुसंधान में दो या दो से अधिक समाजों से प्राप्त प्रदत्तों की तुलना होती है और इसमें विश्लेषण की इकाई संस्कृति होती है न कि व्यक्ति।'' ("Cross-cultural research involves the comparison of data from two or more societies. Thus cultures, rather than individuals, are unit of analysis.")*

Reber* & *Reber (2001) के अनुसार, *''क्रॉस-सांस्कृतिक विधि (अनुसंधान) सामाजिक मनोविज्ञान, समाजशास्त्र एवं मानवशास्त्र इत्यादि में प्रयोग की जाने वाली एक प्रायोगिक विधि है जिसमें विभिन्न संस्कृतियों का उनके विभिन्न सांस्कृतिक विमाओं जैसे बच्चों के पालन-पोषण साक्षरता भाषा-प्रयोग इत्यादि के आधार पर मूल्यांकन किया जाता है। विभिन्न संस्कृतियों के प्राप्तांक-प्रणाली की तुलना की जाती है।'' (Cross-cultural method (research) in an experimental method used in social psychology, sociology, anthropology etc. in which different cultures are evaluated on several different cultural dimensions such as child rearing practices, literacy, language use etc. the pattern of scores of the various cultures are then compared.)*।

इन परिभाषाओं के आधार पर यह कहा जा सकता है कि क्रॉस-सांस्कृतिक अनुसंधान की निम्नलिखित विशेषताएँ हैं:—

(i) इसमें विभिन्न समूहों, अथवा संगठनों के व्यक्तियों का तुलनात्मक अध्ययन किया जाता है।

(ii) संस्कृतियों का तुलनात्मक अध्ययन किसी परिवर्त्य या कसौटी के सन्दर्भ में किया जाता है।

(iii) इस अनुसंधान में इकाई के रूप में व्यक्ति नहीं, वरन् समूह अथवा संगठन होता है।

(iv) इसका उद्देश्य संस्कृति में प्रचलित व्यवहारों की तुलना करना होता है न कि संस्कृतियों का तुलनात्मक अध्ययन किया जाता है। इसीलिए ***Reber*** (1985) ने अपना मत इस प्रकार प्रकट किया है *"The primary purpose of this type of* *research is not so much comparison of different culture, per se, as it is comparison of various practices in different cultural settings.")*

(v) इस विधि में किसी एक संस्कृति के समूह की वैयक्तिक भिन्नता को स्थिर माना जाता है तथा दो संस्कृतियों में पाई जाने वाली भिन्नताओं का अध्ययन किया जाता है (*Whiting* 1968, *Kline* 1977, *Klineberg* 1978)।

(vi) इसमें वैयक्तिक विभिन्नता (individual variation) को स्थिर माना जाता है तथा सांस्कृतिक विभिन्नता को अध्ययन का केन्द्र माना जाता है।

(vii) इसमें स्वतन्त्र परिवर्त्य ज्ञात होता है जबकि आश्रित परिवर्त्य अज्ञात होता है।

(viii) इसमें स्वतन्त्र परिवर्त्य का प्रहस्तलन नहीं किया जाता।

(ix) इसमें कई संस्कृतियों के व्यक्तियों के व्यवहार की समानताओं एवं असमानताओं का तुलनात्मक अध्ययन किया जाता है।

(x) क्रॉस-सांस्कृतिक अनुसंधान अंतरा-सांस्कृतिक अनुसंधान (intra-cultural research) से भिन्न है क्योंकि क्रॉस-सांस्कृतिक अनुसंधान में एक से अधिक संस्कृतियों का तुलनात्मक अध्ययन होता है जबकि अन्तरा-सांस्कृतिक अनुसंधान का सम्बन्ध केवल एक ही संस्कृति अथवा समाज के अध्ययन से होता है। अन्तरा सांस्कृतिक अध्ययन में अनुसंधान की इकाई व्यक्ति होता है जो प्रयोज्य के रूप में कार्य करता है (The units of intracultural researches have, usually, been persons, described as subjects, those of cross-cultural researches are not individuals, but groups or organizations of individuals constituting a society or culture.—Mohsin 1984)।

(xi) क्रॉस-सांस्कृतिक अनुसंधान का क्षेत्र अपेक्षाकृत सीमित होता है क्योंकि किसी परिवर्त्य अथवा विमा के सन्दर्भ में दो संस्कृतियों का तुलनात्मक अध्ययन किया जाता है जबकि अन्तरा-सांस्कृतिक अनुसंधान में केवल एक ही संस्कृति का विशद अध्ययन किया जाता है।

(xii) क्रॉस-सांस्कृतिक अनुपात में अपेक्षाकृत नम्यता (flexibility) पाई जाती है।

क्रॉस-सांस्कृतिक अनुसंधान में प्रदत्त संग्रह के उपकरण
(Tools of Collecting Data in Cross-cultural Research)

क्रॉस-सांस्कृतिक अनुसंधान के लिए अनेक अनुसंधान प्रविधियों का प्रयोग किया जाता है जिनका वर्णन अधोप्रस्तुत है:—

(i) प्रक्षेपी विधियाँ (Projective techniques)

(ii) अनुसूची (Schedule)

(iii) साक्षात्कार (Interview)

(iv) रेटिंग मापनी (Rating Scales)

(v) क्रियात्मक परीक्षण (Performance test)

इन विधियों का वर्णन इस पुस्तक में अन्य स्थानों पर किया गया है। विस्तृत विवरण के लिए मानसिक परीक्षण से सम्बन्धित पुस्तकों का अध्ययन किया जा सकता है।

क्रॉस-सांस्कृतिक अनुसंधान का मूल्यांकन
(Evaluation of Cross-Cultural Research)

क्रॉस-सांस्कृतिक अनुसंधान के जहाँ कुछ लाभ हैं, वहीं इस प्रविधि की कुछ कमियाँ भी हैं। इस प्रविधि की निम्नलिखित उपयोगिताएँ हैं:—

(i) इस प्रविधि के द्वारा दो संस्कृतियों का तुलनात्मक अध्ययन किया जा सकता है तथा प्राप्त परिणामों के आधार पर संस्कृतियों के बारे में सामान्यीकरण किया जा सकता है।

(ii) यह अध्ययन सांस्कृतिक अध्ययन के समय किसी संस्कृति को वास्तविक जीवन की प्रयोगशाला (real life of laboratory) मानता है। (*In this way cross-cultural research studies provide a real life laboratory elegant scientific testing of theory*–Kline 1977)।

(iii) संस्कृतियों से प्राप्त परिणामों के आधार पर संस्कृतियों के सन्दर्भ में ऐसे सिद्धान्तों के सन्दर्भ में ऐसे सिद्धान्तों का प्रतिपादन किया जा सकता है जो सभी संस्कृतियों पर लागू हो सके (*Witkin*, 1977)

(iv) इस अनुसंधान में कई परिवर्त्यों का अध्ययन एक साथ किया जा सकता है।

(v) इस क्षेत्र में किये गये अनुसंधानों से प्राप्त परिणामों के आधार पर सिद्धान्त सामान्यीकरण (theory generalization) किया जा सकता है।

क्रॉस-सांस्कृतिक अनुसंधान के उपर्युक्त विशेषताओं के होते हुए भी इसकी कुछ सीमायें (limitations) हैं जिनका वर्णन निम्नवत है:—

(i) जनसंख्या की संक्रियात्मक परिभाषा (operational definition) प्रस्तुत करने में अनुसंधानकर्ता को इस बात को लेकर कठिनाई होती है कि वह जनसंख्या की संरचनात्मक इकाई का आधार किसे माने—प्रजाति को या भाषा को।

(ii) इस अनुसंधान प्रविधि द्वारा प्राप्त प्रदत्त में अपेक्षाकृत अधिक वैभिन्नयता देखी जाती है। परन्तु यह वैभिन्नयता अनुसंधानकर्ताओं के प्रशिक्षण की मात्रा से अपेक्षाकृत अधिक प्रभवित होती है। अनुसंधाकर्ताओं के प्रशिक्षण एवं अनुभव में विभिन्ता के कारण प्राप्त परिणामों में भी भिन्नता पाई जाती है। (*Zanden*, 1978)।

(iii) इस अनुसंधान में यादृच्छिकीकरण में कठिनाई होती है।

(iv) परिवर्त्यों के परिमाणन में कठिनाई होती है क्योंकि वैज्ञानिक अध्ययन की भाँति परिवर्त्यों का वस्तुनिष्ठ वर्गीकरण सम्भव नहीं हो पाता है।

(v) प्रदत्त संकलन में भी कठिनाई होती है क्योंकि भिन्न-भिन्न संस्कृतियों से समेलित तुलना समूह उपलब्ध नहीं हो पाता है (*Munore & Munroe*, 1973)।

(vi) इस प्रविधि में वैयक्तिक भिन्नताओं की उपेक्षा हो जाती है (*Cohan*, 1968)।

(vii) इसमें यादृच्छिक अशुद्धि (random error) ही नहीं, व्यवस्थित अशुद्धि (systematic error) भी पाई जाती है।

(viii) प्राप्त परिणाम की विश्वसनीयता का स्तर निम्न होता है (*Patterson*, 2001)।

अन्तर-विषयक अनुसंधान
(Inter-disciplinary Research)

प्रत्येक विज्ञान का अपना विषय-वस्तु है, तथा विषय से सम्बन्धित समस्याओं के अध्ययन हेतु अपनी विशिष्ट प्रविधियाँ हैं। सभी विज्ञान अपनी समस्याओं के अध्ययन के लिए वस्तुनिष्ठ

विधियों का प्रयोग करते हैं और समस्याओं का समाधान करते हैं। परन्तु समाज-विज्ञान की कुछ समस्याएँ ऐसी हैं जिनका अध्ययन विषय-विशेष के लोग तो करते हैं, कुछ अन्य विषय के अनुसंधानकर्ता भी अपने अनुसंधान-चातुर्य का प्रयोग इनके अध्ययन के लिए कर सकते हैं। परिणामस्वरूप अनुसंधान का स्वरूप अन्तराविषयक (Intra-disciplinary) न रह कर अन्तर-विषयक (Inter-disciplinary) हो जाता है। इस सन्दर्भ में व्यक्त करना अनुपयुक्त न होगा कि कुछ अनुसंधान समस्याएँ हमारे सामाजिक विज्ञानों का अभिन्न अंग होने के कारण वह किसी एक ही विषय के अनुसंधानकर्ता का ध्यान न आकर्षित करके अन्य विषय के अनुसंधानकर्ताओं का भी ध्यान आकर्षित करता है। परिणामस्वरूप अनुसंधान का स्वरूप अन्तर-विषयक हो जाता है।

किसी विज्ञान को अपने आप में पूर्ण नहीं माना जा सकता है। क्योंकि वह सभी समस्याओं का समाधान नहीं प्रस्तुत कर सकता है। परिणामस्वरूप अन्तर्विषयक अनुसंधान की आवश्यकता पड़ती है। ***P.V. Young*** के अनुसार, *''अन्तर्विषयक अनुसंधान की सबसे बड़ी विशेषता यह है कि यह वर्तमान जीवन में जटिलतापूर्वक बने हुए मनोवैज्ञानिक, आर्थिक कारकों के अध्ययन तथा विवेचन को सहज बना देता है।''* इसी प्रकार यह भी कहा जा सकता है कि कुछ समस्याओं का स्वरूप भी ऐसा होता है कि जिनके वैज्ञानिक अध्ययन के लिए अन्तरा-विषयक (intra-disciplinary) नहीं वरन् अन्तर-विषयक (inter-disciplinary) अनुसंधान की आवश्यकता होती है। अर्थात समस्या का स्वरूप ऐसा होता है, जिसका सम्बन्ध एक विषय (discipline) से न होकर किसी और दूसरे विषय (discipline) से भी होता है। परिणामस्वरूप समस्या का समाधान एक विषय (discipline) के अनुसंधानकर्ता से ही सम्बन्धित न होकर दूसरे विषय (discipline) के अनुसंधानकर्ताओं से भी होती है। ऐसी समस्याओं का अनुसंधान दो विषयों (disciplines) के अनुसंधानकर्ता कर सकते हैं। ऐसे अनुसंधान को अन्तर-विषयक अनुसंधान की संज्ञा दी जाती है।

अन्तर-विषयक अनुसंधान में एक से अधिक विषय (discipline) के विशेषज्ञ भाग लेते हैं और अनुसंधान करते हैं। ***Robert*** (1990) के अनुसार, *''अन्तर-विषयक अनुसंधान एक क्रमबद्ध, इन्द्रियानुभविक एवं आलोचनात्मक अनुसंधान है जिसका संचालन विभिन्न विशेषज्ञों द्वारा शोध-समस्या के समाधान हेतु द्वारा किया जाता है।''* *(Interdispciplinary research is a systematic, empirical and critical investigation carried out by experts from different disciplines to explore solution to a multidimensional research problem.)*

इस प्रकार यह कहा जा सकता है कि अन्तर-विषय अनुसंधान एक ऐसी अनुसंधान योजना है जिसमें विभिन्न विषय के विशेषज्ञों द्वारा एक अनुसंधान प्रणाली तथा सांख्यकीय प्रविधियों का प्रयोग करके अनुसंधान समस्याओं का समाधान किया जाता है। उपर्युक्त परिभाषा के आधार पर यह कहा जा सकता है कि अन्तर विषयक अनुसंधान की निम्नलिखित विशेषताएँ हैं:—

(i) सामाजिक विज्ञान की कुछ समस्याएँ ऐसी हैं, जिनका समाधान एक विषय विशेषज्ञ के द्वारा नहीं वरन् एक से अधिक विषय-विशेषज्ञों द्वारा समस्या का समाधान किया जाता है।

(ii) इस अनुसंधान में विभिन्न विषयों के विशेषज्ञों का प्रयास एक साथ किया जाता है।

(iii) सभी विषयों के विशेषज्ञों द्वारा एक प्रकार की अनुसंधान प्रविधि को अपनाकर समस्या का समाधान किया जाता है।

आज के समाज में अनेक ऐसी समस्याएँ हैं जिनकी अनेक विमाएँ हैं जैसे-धार्मिक,

सामाजिक, राजनीतिक, आर्थिक मनोवैज्ञानिक आदि। परिणामस्वरूप ऐसी समस्याओं के समाधान के लिए एक ही विशेष विशेषज्ञ की आवश्यकता नहीं होती है, वरन् अनेक विषय के विशेषज्ञों के समन्वित प्रयास (coordinated effects) की आवश्यकता होती है। सामाजिक विज्ञान में अनेक ऐसी समस्याएँ उदाहरणार्थ—साम्प्रदायिकता जातीय पूर्वाग्रह, वेश्यावृत्ति, मानसिक कुव्यवस्थाएँ, कुपोषण, सामाजिक संघर्ष, सामाजिक शक्ति, सामाजिक विभेदन, दीर्घकालीन वचन, सामाजिक हिंसा, निर्धनता, जनसंख्या विस्फोट, वितरणात्मक न्याय, हीन भावना की वृद्धि, जन्म नियन्त्रण, मनोवैज्ञानिक स्वास्थ्य, शोषण, बेरोजगारी है जिनका अध्ययन अन्तर-विषयक अनुसंधान द्वारा ही सम्भव है। ऐसे अनुसंधानों की आवश्यकता आज हमारे समाज को अधिक है क्योंकि ऐसे अनुसंधानों की आवश्यकता आज के जटिल समस्याओं के समाधान के लिए अति महत्त्वपूर्ण ही नहीं परम आवश्यक है। यही कारण है, वर्तमान अनुसंधान की दिशा परिवर्तित हो गई है, क्योंकि अनुसंधानकर्ताओं ने विषय-प्रधान अनुसंधान (undisciplinary research) की अपेक्षा अन्तर विषयक अनुसंधान को अधिक महत्त्व देने लगे है। इसका मुख्य कारण एक से अधिक विषयों के पारस्परिक सम्बन्धों की वृद्धि हुई है, जटिल समस्याओं का समाधान आसानी से सम्भव है, जटिल समस्याओं का वस्तुनिष्ठ समाधान प्राप्त किया जा सकता है, तथा बहुमुखी समस्याओं का समाधान किया जा सकता है।

अन्तर-विषयक अनुसंधान की पूर्वापेक्षाएँ

अन्तर-विषयक अनुसंधान के लिए कुछ आवश्यक शर्तें हैं जिनके अनुरक्षा करके ही अन्तर-विषयक अनुसंधान को सम्पादित करना चाहिए। इस सम्बन्ध में अन्तर-विषयक अनुसंधानकर्ता को निम्न बातों पर ध्यान देना चाहियेः—

1. समस्या का स्वरूप जटिल होना चाहिये।
2. समस्या का स्वरूप एक विषय से सम्बन्धित न होकर अन्य विषयों से भी सम्बन्धित होना चाहिए।
3. अनुसंधान विषय का क्षेत्र संकुचित नहीं, वरन् विस्तृत होना चाहिए।
4. विभिन्न विषयों के अनुसंधानकर्ताओं को आपस में सामजस्य बनाये रखने के लिए प्रयास करना चाहिए।
5. अनुसंधानकर्ताओं को अपने अन्दर ऐसी भावना विकसित करनी चाहिए कि अनुसंधान में सभी विषयों के अनुसंधानकर्ताओं का योगदान महत्त्वपूर्ण है।
6. अनुसंधान समस्या का सम्बन्ध एक से अधिक विषयों से होना चाहिए।
7. अनुसंधान समस्या में सभी विषयों को अनुसंधानकर्ताओं की रुचि समान होनी चाहिए।
8. सभी विषयों के अनुसंधानकर्ताओं को शोध प्रविधि की जानकारी समान रूप से होनी चाहिए।
9. प्रत्येक विषय के अनुसंधानकर्ता को यह विश्वास होना चाहिए कि इनके अनुसंधनत्मक प्रयास से समाज को एक नई दिशा मिलेगी।

मूल्यांकन (*Evalutional*)

गुण (*Merits*)

अन्तर-विषयक अनुसंधान के निम्नलिखित गुण हैः—

अन्तर-विषयक अनुसंधान के कुछ गुण एवं अवगुण हैं जिनका वर्णन प्रस्तुत है। इस प्रविधि के निम्नलिखित गुण हैः—

(i) इसमें शोध समस्या की 'सम्पूर्णता' (wholeness) अर्थात विभिन्न पक्षों का अध्ययन किया जाता है।

(ii) समस्या के बहुमुख स्वरूप का अध्ययन किया जाता है।
(iii) समस्या का गहन अध्ययन सम्भव है।
(iv) सामाजिक समस्याओं के अध्ययन के लिए यह एक उपयोगी विधि है
(v) अन्तर-विषयक अनुसंधान में सभी विषयों के अनुसंधानकर्ता अपने विषय की प्रविधियों तथा अनुसंधान उपकरणों का भरपूर उपयोग करते हैं।
(vi) पक्षपात के पाये जाने की सम्भावना कम रहती है।

दोष (*Demerits*)

अन्तर-विषयक अनुसंधान के निम्नलिखित अवगुण हैं:—

(i) इस विधि में समय का अव्ययय तो होता ही है, श्रम और धन भी अधिक खर्च होता है।
(ii) विभिन्न विषयों से क्षेत्र विशेषज्ञों के होने के कारण उनमें सामंजस्य और तालमेल का अभाव पाया जाता है। प्रत्येक विषय का विशेषज्ञ अपने प्रभुत्व के प्रदर्शन में अनुसंधान समस्या के अध्ययन के प्रति अपने उत्तरदायित्व को भूल जाते हैं।
(iii) अनेक पक्षों की दुर्बलातओं के कारण ऐसे अनुसंधानों की विश्वसनीयता और वैधता में ह्रास पाया जाता है।
(iv) ऐसे अनुसंधान में माननीय स्रोतों (human resources) की आवश्यकता अधिक पड़ती है जिसकी भरपूर व्यवस्था कर पाना अनुसंधानकर्ता के लिए सम्भव नहीं होता है।
(v) कभी-कभी समस्या का स्वरूप ऐसा होता है कि जिसके लिए प्रशिक्षित शोधकर्ता की ही आवश्यकता होती है।
(vi) विभिन्न विषय के अनुसंधानकर्ताओं के अभिवृत्तियों, विश्वासों, विचारों तथा आवश्यकताओं में समजातीयता का पाया जाना आवश्यक है।

❑

अध्याय 25

क्रियात्मक अनुसंधान
(ACTION RESEARCH)

आधुनिक युग की प्रमुख विशेषता विज्ञान एवं वैज्ञानिक चिन्तन है। जीवन का कोई भी क्षेत्र इस प्रभाव से मुक्त नहीं है। जीवन के प्रत्येक क्षेत्र में वैज्ञानिकोन्मुखता (Science-oriented) देखी जाती है। अब मानव अपने जीवन में किसी भी अवैज्ञानिक कार्य को प्राथमिकता नहीं देना चाहता है, परिणाम कुछ भी हो। इसीलिए सभी बुद्धिमान लोग वैज्ञानिक अनुसंधानों के द्वारा प्राप्त परिणामों का ही उपयोग करना चाहते हैं। वर्तमान शिक्षा प्रणाली भी इस प्रभाव से परे नहीं है। आज सभी शिक्षाशास्त्री शिक्षण प्रणालियों एवं पद्धतियों में वैज्ञानिक अनुसंधानों का सहारा लेकर प्रोन्नति लाना चाहते हैं तथा उत्पन्न शैक्षिक समस्याओं एवं कठिनाइयों को दूर करना चाहते हैं। इसलिए मानव जीवन में अनुसंधान की महत्ता बढ़ गई है।

क्रियात्मक अनुसंधान की उपयोगिता केवल शिक्षा एवं मनोविज्ञान के क्षेत्र में ही नहीं है वरन् संगठन तथा कारखानों में भी व्यवहारपरक समस्याओं के समाधान के लिए क्रियात्मक अनुसंधान की आवश्यकता है। *Lewin* (1946) ने शिक्षा, समाज तथा उद्योग के क्षेत्र में क्रियात्मक अनुसंधान के महत्त्व पर बल दिया है। क्रियात्मक अनुसंधान के प्रमुख प्रवर्तक ***S. M. Corey*** (1953) है। इन्होंने अनुसंधान के उद्देश्य के रूप में सैद्धान्तिक ज्ञान की रचना को नहीं माना है, वरन यह इसके विरोध में अपना मत प्रकट करते हैं। इनका मत है कि *''क्रियात्मक अनुसंधान शिक्षा के क्षेत्र में व्यवसायियों द्वारा किया जाने वाला एक प्रकार का अनुसंधान है जिससे वे अपने व्यवसाय में सुधार ला सकें''* (*Action research in education is research undertaken by practitioners in order that they may improve their practices–S. M. Corey, 1953*)। इसी प्रकार यह कहा जा सकता है कि क्रियात्मक शोध का उद्देश्य सैद्धान्तिक ज्ञान की खोज करना नहीं है, वरन् व्यावहारिक समस्याओं का समाधान ढूँढ़ना है।

यद्यपि *Collier* (1933) ने सर्वप्रथम अमरीका में क्रियात्मक अनुसंधान के संप्रत्यय को प्रस्तुत किया तथा इसके द्वारा विद्यालय की क्रिया प्रणाली में सुधार, औद्योगिक समस्याओं का समाधान तथा सामाजिक समस्याओं के निराकरण को सम्भव माना है। द्वितीय विश्वयुद्ध के समय यह सम्प्रत्यय *Collier* तथा *Lewin* द्वारा सर्वप्रथम प्रयोग किया गया जिसमें सामाजिक सम्बन्धों को बेहतर बनाने की अभिप्रेरणा से ऐसे अनुसंधान कार्य करने पर बल दिया गया।

क्रियात्मक अनुसंधान के सन्दर्भ में *S. M. Corey* का मत है कि विद्यालयों में किन विषयों को रखा जाय, किन्हें सम्मिलित किया जाय, किन्हें निकाल दिया जाय आदि समस्याओं का अध्ययन उन्हीं व्यक्तियों द्वारा किया जाना चाहिए जिन्हें अपने कार्य पद्धति में परिवर्तन लाना है। अतः इस प्रकार के कार्य शिक्षकों, निरीक्षकों एवं संरक्षकों द्वारा करना चाहिए ताकि मनोवांछित दशा एवं दिशा में सुधार लाया जा सके। अपने रचनात्मक एवं सृजनात्मक कल्पनाओं के आधार पर ऐसे परिवर्तन का प्रयास करना चाहिए। इसी प्रकार *Lewin* ने भी

अपने अनुसंधान में व्यक्ति के व्यवहारिक समस्याओं से सम्बन्धित ज्ञान पर अधिक बल दिया। इन्होंने सामाजिक परिवेश में व्यक्ति की उपलब्धता को महत्त्वपूर्ण बताया। इनका मत है कि प्रत्येक व्यक्ति को अपने किये गये कार्य की उन्नति-अवनति का ज्ञान अवश्य होना चाहिए।

क्रियात्मक अनुसंधान की परिभाषा विद्वानों ने अनेक प्रकार रो की है:—

Stephen M. Corey (1956) के अनुसार, *''क्रियात्मक अनुसंधान एक प्रक्रिया है जिसके द्वारा एक व्यवसायी अपने निर्णय में निर्देशित होने के लिए, सुधार लाने के लिए तथा मूल्यांकन के लिए अपनी समस्याओं का वैज्ञानिक ढंग से अध्ययन करता है।''* *(Action research is the process by which practitioners attempt to study their problems scientifically in order to guide and correct and correct and evaluate their decisions.)*

Reber (1978) के अनुसार, *''क्रियात्मक अनुसंधान वह अनुसंधान है जिसे उस गोचर को प्राप्त करने तथा समझने का प्रयास किया जाता है जिनसे यथार्थ जगत की समस्याओं के व्यवहारिक उपयोग सम्बन्धी समाधान प्राप्त हो सके।''* *(Action research is a research carried out with the express of achieving and undertstanding of phenomenon that leads to practical applications and solutions of real world problems.)*

Sara Balackwell (1985) के अनुसार, *''क्रियात्मक अनुसंधान का सम्बन्ध विद्यालयी समस्याओं से होता है जिसे विद्यालय के कर्मचारी विद्यालय क्रियाकलापों में प्रोन्नति लाने के लिए सम्पन्न करते हैं।''* *(Research concerned with school problems carried on by school personnel to improve school practice is action research.)*

Mc Threte (1982) के अनुसार, *''क्रियात्मक अनुसंधान किसी दिये गये क्रिया विशेष से सम्बन्धित संरचनात्मक परिवर्तन अथवा प्रोन्नति का अध्ययन करने के लिए किसी व्यक्ति या समूह द्वारा की गई एक संगठित तथा अनुसन्धानपरक क्रिया है।''* *(Action research is an organized and investigative activity aimed towards to study the constructive change of given endeavour by individual or group concerned with change and improvement.)*

क्रियात्मक अनुसन्धान की विशेषताएँ *(Characteristics of Action Research)*

क्रियात्मक अनुसंधान की निम्नलिखित विशेषताएँ हैं:—

(i) इसके द्वारा शैक्षिम समस्याओं का अध्ययन किया जाता है।
(ii) इससे सैद्धान्तिक ज्ञान (Theoretical knowledge) की वृद्धि नहीं होती है।
(iii) इससे व्यवसायी (practitioner) अपनी समस्याओं का अध्ययन कर सकते हैं।
(iv) नैदानिक कार्यो के लिए यह एक वैयक्तिक अनुसंधान है।
(v) यह वर्तमान व्यवहारों के परिमार्जन पर केन्द्रण करता है।
(vi) इस अनुसंधान के द्वारा वैयक्तिक एवं सामूहिक समस्याओं का अध्ययन होता है।
(vii) वर्तमान समस्याओं का व्यवहारपरक समाधान प्राप्त करने के लिए यह एक वैज्ञानिक प्रक्रिया है।
(viii) यह अनुसन्धान व्यावहारिक पक्ष (practical aspect) पर अधिक बल देता है।
(ix) इसके द्वारा व्यवसायों (practices) में सुधार लाया जाता है।
(x) इसमें निश्चित क्षेत्र से सम्बद्ध व्यक्तियों यथा शिक्षक, प्रबन्धक के द्वारा ही समस्या का समाधान करना चाहिए।

(xi) यह अनुसंधान किसी विशेष, संस्था, समुदाय या संस्थान तक ही सीमित होता है।

(xii) यह अनुसंधान रूढ़िवादी परम्पराओं के परिवर्तन पर बल देता है।

(xiii) यह अनुसंधान तात्कालिक समस्या के समाधान से ही सम्बन्धित है।

(xiv) ऐसे अनुसन्धान किसी संस्था, समुदाय अथवा संस्थान के दैनिक कार्यक्रम के अभिन्न अंग होते हैं।

(xv) यह अनुसंधान एक चक्रात्मक प्रक्रम है। इसके अन्तर्गत Research–Action–Research–Action–Research की क्रिया सतत् रूप से चलती रहती है।

क्रियात्मक अनुसन्धान की प्रक्रिया
(Procedure of Action Research)

क्रियात्मक अनुसन्धान के लिए निम्नलिखित सोपानों का प्रयोग होता है:—

1. समस्या का तादात्मीकरण एवं चयन (Identification and selection of the problem)
2. समस्या का कथन एवं मूल्यांकन (Statement and evaluation of the problem)
3. उपकल्पनाओं का निर्माण (Fromulation of hypotheses)
4. उपर्युक्त अभिकल्प का चयन (Selection of suitable design)
5. प्रदत्त संकलन (Data collection)
6. उपलब्ध प्रमाणों के आधार पर उपकल्पनाओं का परीक्षण (Testing hypotheses on the basis of available evidences)
7. परिणाम, निष्कर्ष एवं सुझाव (Results, Conclusions and Suggestions,)

क्रियात्मक अनुसंधान की उत्पत्ति
(Origin of Action Research)

1. आधुनिक मानव संगठन में उत्पत्ति (*Origin in Modern Human Organization*)—क्रियात्मक अनुसंधान का सम्प्रत्यय आधुनिक मानव संगठन सिद्धान्त (Modern Human Organization Theory) पर आधारित है जो कार्य (task) एवं सम्बन्ध (relationship) केन्द्रित (centered) है। इस सिद्धान्त का यह अभिग्रह है कि संगठन के कर्मचारी में समस्या के समाधान एवं निर्णय लेने की क्षमता पायी जाती है। इसलिए कर्मचारियों को इस बात का अवसर प्रदान करना चाहिये कि वे अपनी समस्याओं को समझे एवं समाधान का प्रयास करें। किसी संगठन की प्रभावोंत्पादकता कर्मचारियों के योग्यताओं (abilities) एवं कौशलों (skills) पर निर्भर करती है। वे जिन समस्याओं का सामना करते हैं उनके गुरुत्व (gravity) को समझते हैं। यदि उन्हें अपने व्यवहार में प्रोन्नति लाने तथा परिमार्जन का अवसर प्रदान किया जाय, तो वे इस कार्य में सक्षम सिद्ध होंगे।

2. मनोविज्ञान में उत्पत्ति (*Origin in Psychology*)—समाज मनोविज्ञान तथा मनोविज्ञान के अन्य क्षेत्रों से भी क्रियात्मक अनुसन्धान की उत्पत्ति हुई है। *Kurt Lewin* ने जीवन क्षेत्र (life space) को व्यक्ति (person) तथा लक्ष्य (goal) के रूप में वर्णन किया है। परन्तु व्यक्ति एवं लक्ष्य के बीच एक अवरोध (barrier) है। व्यक्ति को लक्ष्य प्राप्त करने के लिए अवरोध को दूर करना होगा। लक्ष्य प्राप्त करने का यह कार्य व्यक्ति की

योग्यता पर निर्भर करता है। व्यक्ति के क्रिया-कलाप उसके लक्ष्य द्वारा नियन्त्रित एवं निर्देशित होते हैं।

3. शिक्षा उत्पत्ति (*Origin in Education*)—1926 से ही इस सम्प्रत्यय का प्रयोग शिक्षा जगत में किया जाता रहा है। सर्वप्रथम Backingham ने अपनी पुस्तक *'Research for Teachers'* में इस सम्प्रत्यय का प्रयोग किया। *S. M. Corey* ने सबसे पहले शैक्षिक समस्याओं के समाधान के लिए इस सम्प्रत्यय का प्रयोग किया।

क्रियात्मक अनुसंधान के उद्देश्य
(Objectives of Action Research)

1. विद्यालय/संस्था की कार्य दशाओं (Working conditions) में सुधार लाना।
2. समस्याओं के अध्ययन के लिए शिक्षकों एवं प्राचार्यों में वैज्ञानिक अभिवृत्ति को विकसित करना।
3. छात्रों के निष्पादन स्तर एवं आकांक्षा स्तर को उच्च करने में सहायता करना।
4. विद्यालय के परम्परागत एवं रूढ़िग्रस्त अवैज्ञानिक वातावरण को दूरन करने में सहायता करना।
5. छात्रों के अध्ययन के लिए विद्यालय प्रणाली (School system) में परिवर्तन करके स्वस्थ वातावरण विकसित करना।
6. विद्यालय वातावरण को अधिक अधिगमोन्मुखी बनाने के लिए प्रशासकों में योग्यता एवं समझ को विकसित करना।
7. विद्यालय कर्मचारियों को अपने निष्पादन में उत्कर्षता-स्तर (level of excellence) लाने के लिए प्रेरित करना।
8. छात्रों एवं शिक्षकों में समस्याओं के सामाधान के लिए वैज्ञानिक अभिवृत्ति को विकसित करना।

क्रियात्मक अनुसन्धान के क्षेत्र
(Fields of Action Research)

1. कक्षा-शिक्षण व्यपदेश (strategies) एवं शिक्षण सहायक सामग्रियों (teaching aids) को परिमार्जित करना और उनमें उन्नति लाने का प्रयास करना।
2. विद्यालय परिस्थितियों (School situation) अथवा कुसमायोजन से सम्बन्धित छात्रों के वैयक्तिक समस्याओं का समाधान करना।
3. छात्रों में अपने अध्ययन के प्रति रुचियों एवं अभिवृत्तियों को विकसित करना।
4. विद्यालय में अनुपस्थिति एवं विलम्ब से आने वाले छात्रों की समस्याओं का अध्ययन करना।
5. अशुद्ध उच्चारण एवं वर्तनी त्रुटि (spelling errors) सम्बन्धी सुधार लाने का प्रयास करना।
6. छात्रों को गृहकार्य देने तथा उन्हें पूरा करने के लिए अभिप्रेरित करना।
7. परीक्षा में नकल प्रणाली बन्द कराने के लिए प्रयास करना।
8. कक्षा में बराबर जाने तथा नोट लेने के आदत को विकसित करना।
9. उत्तम चरित्रवान तथा अनुशासित बनाने के लिए छात्रों की समस्याओं का अध्ययन करना तथा उन्हें व्यक्तिगत निर्देश देना।
10. विद्यालय प्रशासन एवं संगठन से सम्बन्धित समस्याओं का अध्ययन करना।

अनुसंधानकर्त्ता की विशेषताएँ
(Characteristics of Investigator)

(i) **विवेक** (*Understanding*)—अनुसंधानकर्ता में अपने कार्य के प्रति पूरी समझ होनी चाहिए।

(ii) **चिन्तशनील विचार** (*Reflective thinking*)—अनुसंधानकर्ता को अपने क्रिया-कलाप तथा व्यवसाय के बारे में ठीक से चिन्तन करना चाहिए।

(iii) **कौशलपूर्ण** (*Skillful*)—अनुसंधानकर्ता को अनुसंधान में प्रयोग किये जा रहे मनोवैज्ञानिक-शैक्षिक उपकरणों तथा प्रारम्भिक सांख्यकी का ज्ञान होना चाहिए।

(iv) **निष्पक्ष** (*Open mind*)—अनुसंधानकर्ता को निष्पक्ष होना चाहिए तथा समस्या का अध्ययन करते समय उस क्षेत्र से सम्बन्धित विशेषज्ञों की राय लेनी चाहिए जिससे उत्पन्न कठिनाइयों का सरलता से निवारण हो सके।

(v) **वस्तुनिष्ठता** (*Objectivity*)—अनुसंधानकर्ता को अपने चिन्तन तथा क्रिया-कलाप में वस्तुनिष्ठता लाने का प्रयास करना चाहिए।

(vi) **धैर्य** (*Patience*)—अनुसंधानकर्ता में धैर्य एक प्रमुख गुण के रूप में पाया जाना चाहिए अन्यथा अनेक स्तरों पर आने वाली कठिनाइयों के कारण अपनी समस्या का अनुसन्धान सफलतापूर्वक नहीं कर सकेगा।

(vii) **अपने व्यवसाय के प्रति संवेदनशीलता** (*Sensitivity towards his job*)—अनुसंधानकर्ता में अपने कार्य एवं व्यवसाय के प्रति संवदेनशीलता पायी जानी चाहिए तभी वह अपनी अनुसंधान समस्या का ठीक से प्रत्यक्षीकरण कर सकेगा। कुछ अध्यापक ऐसे भी होते हैं जिनमें छात्रों की समस्याओं के प्रति संवेदनशीलता का अभाव पाया जाता है, ऐसे अध्यापक छात्रों की समस्याओं का प्रत्यक्षण नहीं करते हैं। परिणामस्वरूप उनमें अन्ध प्रभाव (blinding effect) पाया जाता है।

(viii) **सर्जनशील एवं कल्पनाशील**(*Creative and imaginative*)— अनुसंधानकर्त्ता में इस गुण का पाया जाना भी आवश्यक है क्योंकि इनके अभाव में वह अपनी समस्याओं के अध्ययन के लिए क्रियात्मक उपकल्पनाओं का निर्माण नहीं कर सकेगा।

(ix) **प्रजातान्त्रिक** (*Democratic*)—अनुसंधानकर्ता के व्यवहार में प्रजातान्त्रिकता पायी जानी चाहिए। अनुसंधानकर्ता को ऐसी समस्याओं को अध्ययन के लिए नहीं चुनना चाहिए जिनके अध्ययन से अन्य शिक्षकों के क्रिया-कलापों में बाधा पहुँचती हो।

(x) **वैज्ञानिक अभिवृत्ति** (*Scientific attitude*)—वस्तुओं/घटनाओं/परिस्थितियों के निरीक्षण एवं अध्ययन के लिए वैज्ञानिक अभिवृत्ति होनी चाहिए।

(xi) **ज्ञान एवं प्रशिक्षण** (*Knowledge and training*)—अनुसंधानकर्ता को केवल अनुसंधान प्रक्रिया का ही ज्ञान एवं प्रशिक्षण नहीं प्राप्त होना चाहिए वरन् क्रियात्मक अनुसंधान के क्षेत्र में भी ज्ञान एवं प्रशिक्षण प्राप्त होना चाहिए।

(xii) **अन्तर्दृष्टि** (*Insight*)—उसे अपने अनुसंधान क्षेत्र में अन्तर्दृष्टि विकसित करना चाहिए। अनुसंधानकर्ता चाहे तो अपने शिक्षण अनुभव के आधार पर वास्तविक समस्याओं के बारे में ज्ञान प्राप्त कर सकता है।

(xiii) **प्रकर्षता** (*Excellence*)—अनुसंधानकर्ता को अपने अनुसंधानकर्त्ता में प्रकर्षता स्तर लाने का प्रयास करना चाहिए।

(xiv) **मितव्ययता** (*Economical*)—अनुसंधानकर्ता को अपनी अनुसंधान योजना इस प्रकार से निर्मित करनी चाहिए कि कम-से-कम समय, श्रम एवं धन व्यय हो।

क्रियात्मक अनुसन्धान का महत्त्व
(Importance of Action Research)

भारत एक प्रजातान्त्रिक देश है। प्रत्येक प्रजातान्त्रिक देश का सुरक्षित भविष्य शिक्षण संस्थाओं पर ही निर्भर करता है। इन शिक्षण संस्थाओं के उन्नति एवं विकास के लिए इनमें क्रियात्मक अनुसंधान का होना नितान्त आवश्यक है। क्रियात्मक अनुसंधान की एक विधि अवश्य है परन्तु इसके लिए अपेक्षाकृत अधिक ज्ञान एवं अधिगम-प्रशिक्षण की आवश्यकता होती है। इसमें अनुसंधानकर्ता व्यावहारिक जीवन के अनेक समस्याओं के समाधान हेतु अनुसंधान कार्य करता है। यह अनुसंधान प्रजातान्त्रिक मूल्यों का पोषण करता है तथा विद्यालयों में पनप रही मतान्धी शक्तियों (dogmatic forces) को विकसित होने से रोकता है। इन अनुसंधानों के आधार पाठयेत्तर क्रियाकलापों (extracurricular activities) के सन्दर्भ में योजनाएँ तैयार की जा सकती हैं कि छात्रों का समुचित विकास हो सके, विद्यालयों में पाठयक्रमों, अनुशासन, शिक्षण-विधियों, किशोरापराध आदि के सम्बन्ध मे महत्त्वपूर्ण सुझाव दिये जा सकते हैं, शिक्षकों में वैज्ञानिक उन्मुखता को विकसित किया जा सकता है तथा विद्यार्थियों के ग्राह्यता एवं स्वीकार्यता को विकसित किया जा सकता है। इस प्रकार यह कहा जा सकता है कि क्रियात्मक अनुसंधान के माध्यम से विद्यालय के शिक्षकों, प्रधानाचार्यों एवं परीक्षकों को निश्चित निर्णय लेने में सहायता प्रदान की जा सकती है।

क्रियात्मक अनुसंधान का एन० सी० ई० आर० टी० अभिकल्प
(NCERT Paradigm of Action Research)

राष्ट्रीय शैक्षिक अनुसंधान एवं प्रशिक्षण परिषद् ने क्रियात्मक अनुसंधान से सम्बन्धित योजनाओं में अधिक रुचि दिखाई है। इस परिषद के अनेक विभागों में कार्यरत शिक्षकों के लिए सेमिनार तथा वर्कशॉप को आयोजित करके क्रियात्मक अनुसन्धान परियोजनाओं के बारे में अवगत कराने का प्रयास किया है। क्रियात्मक अनुसंधान परियोजनाओं के लिए इस परिषद ने निम्नलिखित सोपानों तथा उप सोपानों को प्रस्तावित किया है। (सक्सेना, मिश्रा एवं मोहन्ती की पुस्तक "*Fundamentals of Educational Research*" में प्रस्तुत विषय सामग्री पर आधारित)

1. Topic of the project.
2. Objective of the project.
3. The system of the project-work.
4. Evaluation of the project.
5. Estimation of Expenditure for the project.
6. Name of the institution, number of students enrolled with sections.
7. Number of teachers in different subjects.
8. The available facilities in school for the project work.
   (i) Background for the project work.
   (ii) The importance of the project for the school.
   (iii) Identification of problem.
   (iv) Defining and delimiting the problem.
   (v) Formulation of Action Hypothesis.
   (vi) Testing the action hypothesis.
   (vii) Conclusion of the project work.
   (viii) Remarks by the investigator.

❑

अध्याय 26

प्रेक्षण
(OBSERVATION)

मनोविज्ञान मानव के व्यवहार क्रियाओं और अनुभूतियों का क्रमबद्ध वर्णन (systematic description) और व्याख्या (explanation) है। किन्तु किसी तथ्य या घटना की व्याख्या के लिए उस घटना या तथ्य का प्रेक्षण व्यक्ति द्वारा किया जाना चाहिए। मनुष्य अथवा प्राणी के व्यवहार का वर्णनं करने के लिए उसके व्यवहार का प्रेक्षण आवश्यक है। इसलिए प्रेक्षण मनोविज्ञान की एक प्रमुख विधि है व्यक्ति की क्रियाओं के प्रेक्षण द्वारा ही हम मानवीय क्रियाओं का बोध प्राप्त कर सकते हैं। प्रेक्षण के द्वारा ही हम जान सकते हैं कि किन दशाओं में व्यक्ति कौन-कौन-सी क्रियाएँ करेगा। इस खोज से हम मानव व्यवहार की व्याख्या कर सकते हैं। अतः व्यवहार के वर्णन एवं व्याख्या हेतु मनोविज्ञान में प्रेक्षण विधि प्रयुक्त होती है।

P. V.Young (1954) के अनुसार, *''प्रेक्षण आँखों द्वारा किया गया, स्वाभाविक घटनाओं का वह क्रमबद्ध एवं स्वेच्छानुसार किया गया अध्ययन है, जो कि उनके घटित होने के समय किया जाता है, प्रेक्षण का उद्देश्य,जटिल सामाजिक घटनाओं, सांस्कृतिक प्रतिमानों अथवा मानव व्यवहारों के सार्थक अन्तर्सम्बन्धी तत्त्वों के स्वरूप तथा मात्रा को ज्ञात करना होता है।'' (Observation is a systematic and a deliberate study through the eyes of spontaneous occurrences at the time they occur the purpose of observation is to perceive the nature and extent of significant inter-related elements with in complex social phenomenon, cultural patterns or human conduct.)*

Moser (1958) के अनुसार, *''प्रेक्षण को उपर्युक्त रूप से वैज्ञानिक खोज की प्राचीन विधि कहा जा सकता है जिसमें कानों और वाणी से अधिक उपयोग आँखों का उपयोग होता है।'' (Observation can fairly be called the classic method of scientific inquiry. In the strict sense observation implies the use of eyes rather than of the ears and voice.)*

Chaplin (1975) के अनुसार, *''तथ्यों को एकत्र करने के उद्देश्य से किसी उद्देश्यपूर्ण परीक्षा को प्रेक्षण कहते हैं।'' (Observation is a purposive or intentional examination of some thing, particularly for purpose of gathering facts.)*

Reber & Reber (2001) के अनुसार, *''सामान्यतः घटनाओं व्यवहारों, प्रपत्रों आदि के परीक्षण को निरीक्षण कहते हैं।'' (Observation most generally, is any form of examination of events, behaviours, phenomenon, etc.)*

Reber & Reber (2001) ने एक स्थान पर पुनः लिखा है, *'प्रेक्षण विधियों का तात्पर्य उन कार्यप्रणालियों तथा प्रविधियों से है, जिनका व्यवहार अप्रायोगिक अनुसंधान में घटनाओं के यथार्थ निरीक्षण के लिए किया जाता है।'' (Observational methods, generally refer to* *any procedures and techniques that are used in non-experimental research to assist in making accurate observation of events.)*

अर्ध-सहभागी प्रेक्षण (*Semi-participant Observation*)

इस विधि में सहभागी और असहभागी दो ही प्रकार के प्रेक्षणों के त्रुटियों एवं दोषों को दूर करने के लिए ही इस विधि का प्रयोग किया जाता है। इस विधि में न तो प्रेक्षक सहभागी प्रेक्षण की भाँति समूह से अपना आत्मसात करता है और न असहभागी प्रेक्षण की भाँति पूर्ण रूप से तटस्थ ही रहता है। इस प्रकार वह समूह के कार्यकलापों में सक्रिय रूप से भाग लेता है परन्तु अपने को तटस्थ बनाये रखने का प्रयास भी करता है।

इस विधि में अनुसंधानकर्ता कम समय में ही प्रदत्त संकलन कर लेता है। इस विधि से अपेक्षाकृत अधिक श्रेष्ठ परिणाम प्राप्त होते हैं।

उपर्युक्त परिभाषाओं से प्रेक्षण की विधि के विषय में निम्नलिखित निष्कर्ष प्राप्त होते हैं:—

(i) प्रेक्षण, एक क्रमबद्ध एवं सचेष्ट अध्ययन है।

(ii) प्रेक्षण द्वारा घटनाओं का प्रत्यक्षीकरण किया जाता है।

(iii) आँखों का उपयोग अधिक होता है।

(iv) इसका उपयोग व्यक्ति या समूह दोनों के अध्ययन में होता है।

(v) सभी विज्ञानों में प्राथमिक अध्ययन सामग्री एवं प्रदत्त संग्रह में सहायक होती है।

(vi) यह एक अप्रायोगिक विधि (non-experimental method) है।

(vii) इसमें अनुमान (inference) के आधार पर निष्कर्ष प्राप्त किया जाता है।

(viii) ***Goode & Hatt*** का यह कथन निरीक्षण विधि के लिए अधिक उपयुक्त है, *''विज्ञान का प्रारम्भ निरीक्षण से होता है। अन्त में उस वैधकीकरण के लिए निरीक्षण पर ही वापस आना पड़ता है।'' (Science begins with observation and must ultimately return to observations for its validation.)*

(ix) ***Jahoda & Cook*** 1959) के अनुसार, *''सामाजिक वैज्ञानिक को एक साक्षी के रूप में अनेक प्रकार के तथ्य प्रत्यक्ष निरीक्षण के द्वारा प्राप्त करने होते हैं।'' (Many types of data required by the social scientist as evidence in research can be obtained through direct observation.)*

(x) ***Oxford Concise Dictionary*** के अनुसार, *''कारण तथा परिणाम या पारस्परिक सम्बन्धों के आधार पर जैसे प्रकृति में घटनाएँ घटित होती हैं, उन्हें शुद्धता से देखना और नोट करना ही निरीक्षण है।'' (Observation is accurate watching and noting of phenomenon as they occur in nature with regard to cause and effect or mutual relations.)*

(xi) ***Moser*** (1979) के अनुसार *''निरीक्षण में कानों तथा आवाज की अपेक्षा आँखों का प्रयोग अधिक किया जाता है।'' (Observation implies the use of the eyes rather than of the ears and the voice.)*

प्रेक्षण विधि के सोपान
(Steps in Observation Method)

प्रथम चरण में व्यवहार का प्रेक्षण अथवा निरीक्षण जिसके अन्तर्गत एक या अनेक प्रेक्षक व्यक्ति या व्यक्तियों के व्यवहार का प्रेक्षण एवं अवलोकन स्वभाविक एंव प्राकृतिक दशाओं में

करते हैं। दूसरे चरण में इस निरीक्षण के द्वारा प्राप्त प्रदत्तों एवं तथ्यों को अंकित किया जाता है, चाहे तत्काल या प्रेक्षण के तत्काल बाद। अंतिम चरण में प्रेक्षण द्वारा प्राप्त प्रदत्तों एवं प्रत्यक्षित व्यवहार की व्याख्या प्रेक्षक अपने विगत अनुभवों के आधार पर करता है। इसी के अन्तर्गत वह व्यवहार के विषय में सामान्यीकरण (generalization) करता है। यह सारा कार्य प्रेक्षक निष्पक्ष और तटस्थ भाव से करता है। वह अपने प्रेक्षण को वस्तुनिष्ठ बनाने के लिए प्राणी के व्यवहार का प्रेक्षण भिन्न-भिन्न परिस्थितियों में करता है अथवा एक या अनेक प्रेक्षक एक साथ प्रेक्षण कार्य करते हैं। वह प्राणी के वाह्य व्यवहार जैसे—रोना, चिल्लाना, दौड़ना तथा आन्तरिक व्यवहार जैसे रक्तचाप में परिवर्तन, हृदय की धड़कन में परिवर्तन आदि दोनों का प्रेक्षण प्रेक्षक करता है।

प्रेक्षण की समस्यायें
(Problems of Observation)

जब अनुसंधानकर्ता किसी घटना का निरीक्षण करना चाहता है तो उसे सबसे पहले उपकरणों एवं प्रविधियों (techniques) का चयन करना होता है। यदि उपकरण एवं प्रविधियाँ उपलब्ध हैं तो उसे उन उपकरणों एवं प्रविधियों की विशेषताओं की उपयोगिता का अवलोकन करना होगा। यदि कोई परीक्षण उद्देश्य-पूर्ति में समर्थ नहीं है, तो उद्देश्य पूर्ति के लिए परीक्षण का निर्माण करना होगा। ऐसे अनेक प्रश्न अनुसंधानकर्ता के समक्ष उत्पन्न होते हैं-इन प्रश्नों को हम मुख्यतया छः भागों में बाँट सकते हैं। ***Helen Peak*** (1953) के अनुसारः—

(1) किस व्यवहार का चयन किया जाना है, तथा लेखबद्ध करना है जिससे कि आवश्यक सूचना प्राप्त हो सके। *(What behaviour is to be selected and recorded in order to obtain the information required ?)*

(2) किन दशाओं के अन्तर्गत निरीक्षण किया जायगा तथा निरीक्षणात्मक परिस्थिति की सूचना किस प्रकार की जायगी। *(Under what conditions are the observations to be made? How is the observational situation structured ?)*

(3) इस बात का प्रमाण क्या होगा कि कुछ प्रक्रियाओं का निरीक्षण प्रकार्यात्मक एकता के साथ किया जा रहा है। *(What evidence is there that some process with functional unity is being observed ?)*

(4) क्या प्रेक्षित घटना को मात्रात्मक रूप प्रदान करने के प्रक्रम को सारांश के रूप में प्रस्तुत करने का प्रयास किया गया है? क्या उसे प्राप्तांकों के रूप प्रकट किया जा सकता है? प्राप्तांक के द्वारा मापन से सम्बन्धित विशेषताएँ क्या हैं? *(Has an attempt been made to summarize what is observed in quantitative terms ? Can a score be assigned and what are metrical characteristics of that score ?)*

(5) प्रेक्षित अथवा अनुमानित प्रक्रम का स्वरूप तथा अर्थ कया है? इसका शीर्षक क्या हो सकता है? इसकी वैधता क्या है? *(What is the nature and meaning of the process which has thus been observed or inferred? How is it to be labelled ? What is its validity ?)*

(6) प्रेक्षण कितना स्थिर है? क्या समान परिणाम उन स्थितियों में प्राप्त किये जा सकते हैं जो कि समान ही प्रतीत होती हैं? क्या यह माप विश्वसनीय हैं? *(How stable are the observations ? Can the same results be obtained under what appears to be the same condition ? Are measures reliable ?)*

उपर्युक्त प्रश्नों का वर्णन अधोप्रस्तुत चार खण्डों में किया जायगा:—

1. निरीक्षणात्मक परिस्थिति एवं महत्त्वपूर्ण व्यवहार का चयन *(The observational situation and the selection of significant behaviour)*—इस शीर्षक के अन्तर्गत प्रथम दो प्रश्नों से सम्बन्धित तथ्यों का वर्णन किया जायगा।

किसी घटना का निरीक्षण एवं मापन करने के लिए अनुसंधानकर्ता सबसे पहले उपकल्पना का निर्माण करता है और उपकल्पना का निर्माण इस प्रकार करता है कि जिस प्रकार (i) वह प्रक्रिया या घटना या व्यवहार का निरीक्षण करता है तथा (ii) वह दशाएँ जिनके अन्तर्गत प्रासांगिक व्यवहार घटित होता है।

इस प्रकार के अवसर अनुसंधानकर्ता के समक्ष अक्सर आते हैं जब वह केवल इस बात में इच्छुक होता है कि व्यक्ति क्या कर रहे हैं (क्योंकि वे परिस्थिति में कृत्रिम व्यवहार कर रहे हैं? किसी प्रश्न विशेष के प्रति वे क्या उत्तर दे रहे हैं? समूह निर्णय (group decision) क्या है? आदि वे शीलगुण (traits), अभिवृत्ति (attitudes), या प्रक्रियाओं (processes) के बारे में कोई अनुमान निकलने में इच्छुक नहीं होते हैं। यद्यपि अक्सर अनुसंधानकर्ता व्यवहार का निरीक्षण करके ही कुछ परिवर्त्य उदाहरणार्थ तनाव, अभिप्रेरणाओं, अभिवृत्तियों, शीलगुणों, प्रत्यक्षीकरणों, समूह मानकों (social norms) आदि के बारे में अनुमान (inferences) करता है।

जब ऐसा होता है तो अनुसंधानकर्ता अपने कार्य को किसी सिद्धान्त से उसी प्रकार प्रारम्भ करता है चाहे वह सिद्धान्त प्रत्यक्ष (explicit) हो या अप्रत्यक्ष (implicit)। जिस प्रकार वे घटनायें व्यवहार को प्रभावित करती हैं और उन प्रतिक्रियाओं का निरीक्षण करना होगा, जो उसके उद्देश्य के लिए उपर्युक्त होगा। यदि अनुसंधानकर्ता वस्तुनिष्ठ अध्ययन करना चाहता है तो उसे पहले यह वर्णन करना होगा कि किन अन्तर्क्रियाओं (interactions) को उसे नोट करना है।

अनुसंधानकर्ता को प्रामाणिक निरीक्षण परिस्थिति (standard observation situation) को भी तय करना होगा। प्रेक्षक को उस परिस्थिति के सम्पूर्ण संरचना (total structure) का वर्णन करना होगा जिसमें कोई विशेष प्रतिक्रिया (reaction) घटित कराना है, पूछे गये प्रश्नों या प्रस्तुत किये गये उद्दीपकों का वर्णन करना होगा, साथ ही दिये गये निर्देशों और टिप्पणियों (comments) का भी वर्णन करना होगा। साथ ही ऐसी प्रश्नावली (inventory) प्रयोग की जानी चाहिए जो व्यक्ति या सामाजिक इकाई (social unit) के प्रतिक्रियाओं (reactions) से सम्बन्धित सारी दशाओं को ध्यान में रखते हुए (cover) कार्य करें। विशेषकर उन मनोवैज्ञानिक विशेषताओं (psychological characteristics) और प्रक्रियाओं (processes) को सम्मिलित (cover) करे जो निरीक्षित घटना (observed events) को प्रभावित करते हैं और इसमें बहुत से सामाजिक परिवर्त्य (social variables) पाये जायेंगे जो व्यक्तियों के अन्तर सम्बन्धों (inter relations) से उत्पन्न होते हैं। प्रामाणिक निरीक्षणात्मक परिस्थिति में क्या स्थिर (constant) रहेगा और क्या परिवर्तनशील होगा, इसे भी वर्णित (specify) किया जाना चाहिए।

यदि हम यह कल्पना करते हैं कि प्रत्येक व्यवहार या प्रतिक्रिया बहुत से पूर्वगामी दशाओं (antecedent conditions) का प्रकार्य (function) है तो आदर्श वस्तुनिष्ठ मापन (ideal objective measurement) के लिए घटनाओं के बहुत से ऐसे प्रासांगिक पूर्वगामी दशाओं के तादात्मीकरण और निरीक्षण की आवश्यकता होगी जो स्थिर माप प्रदान करने के लिए आवश्यक है लेकिन ऐसे विशिष्ट प्रमाणीकरण (typical standardization)

की उपेक्षा अनुसंधानकर्ताओं द्वारा की जाती है। उदाहरणार्थ—बुद्धि का अर्थ उस समय तक निरर्थक होगा जब तक कि उन्हें शिक्षा एंव अभिप्रेरणा के ज्ञात दशाओं (known conditions) के अन्तर्गत न प्राप्त किया जाय। लेकिन लोग नियमानुसार परिस्थिति के सीमित पक्षों (limited aspects) को ही नियंत्रित करने और जाँचने में ही ध्यान देते हैं। उदाहरणार्थ दिया जाने वाला निर्देश, प्रयोग की जाने वाली समय सीमा, तथा पूछे जाने वाले प्रश्न।

समस्या के दूसरे पक्ष को अच्छी तरह समाधान (cope) करने की असफलता इस अप्रत्यक्ष अभिग्रह (implicit assumption) से जन्म लेती है कि अध्ययन की जाने वाली प्रक्रिया बहुत से ऐसे परिवर्त्यों से स्वतन्त्र है। इसलिए गतिहीन (static) और स्थिर (stable) है। इस तरह का अभिग्रह अभिवृत्ति, आवश्यकता, समायोजन क्रियाविधि अन्तर्क्रिया तथा दूसरे समूह विमाओं आदि प्रक्रियाओं के लिए स्पष्ट रूप से असत्य है। इसलिए अनियन्त्रित निर्धारकों के सत्ता (existence) के बारे में उसी प्रकार ज्ञान प्राप्त करना आवश्यक है जिस प्रकार चपायचय परीक्षण (metabolism test) से यह देखा जाता है कि रोगी सीढ़ियाँ चढ़कर आया है या नहीं (Peak 1970)। चपायचय में दो प्रक्रियाएँ आती हैं—उपचय (anabolism) एवं अपचय (catabolism)। एक प्रक्रिया में ऊर्जा का ह्रास होता है और दूसरे में ऊर्जा में वृद्धि होती है (*That the process being measured are independent of most variables and therefore relatively static and static an assumption which is clearly false for such processes as attitudes needs, adjustment mechanisms, interaction and other group phenomenon.*—Peak,1970)

इस प्रकार वस्तुनिष्ठ निरीक्षण (objective observation) के लिए कार्य (activity) के जटिल ढाँचे (complex matrics) से चुने जाने वाले व्यवहारों को प्रकट कराने वाली दशाओं का निश्चित वर्णन (definite specification) होना चाहिए जिससे सन्निहित परिवर्त्यों के बारे में अनुमान (inference) किया जा सके। लेकिन इन आवश्यकताओं (requirements) की पूर्ति के लिए किसी सरल विधि को नहीं बताया गया है। यह सैद्धान्तिक परिष्कृतता (theoretical sophistication), ज्ञान (knowledge), मौलिकता (originality) तथा कठिन श्रम (hard work) की आवश्यकता होती है जिसके द्वारा घटनाओं के अन्तर सम्बन्धों से सम्बन्धित सिद्धान्तों को प्रतिपादित किया जा सके तथा इन घटनाओं का इन्द्रियानुभविक परीक्षण (empirical test) किया जा सके क्योंकि महत्त्वपूर्ण परिवर्त्यों का तादात्मीकरण करना, पूछे जाने वाले प्रश्नों पर विचार करना, परिस्थिति का निर्माण करना, उपयुक्त व्यवहार का निरीक्षण करना आदि कार्यों के लिए ज्ञान, अनुभव और सूझ की आवश्यकता होती है।

2. प्रकार्यात्मक एकता का प्रमाण (*The evidence of functional unity*)— यह प्रश्न करना कि क्या किसी परीक्षण या प्रयोग के द्वारा किसी एकता (unity) में से किसी विशेषता या घटना को सफलतापूर्वक पृथक कर दिया गया है, इस तथ्य की ओर संकेत करता है कि मानव व्यवहार और अनुभव के निरीक्षणकर्ता लम्बे समय से बहुत-सी परिस्थितियों का अध्ययन कर रहे हैं। बहुत समय तक मानव व्यवहार को विभिन्न प्रकार से अलग-अलग भागों में बाँटा जाता रहा है लेकिन परिणामी भाग (resulting segments) कृत्रिम (artificial) और अक्रमबद्ध प्राप्त हुए हैं। जहाँ भी घटना या अनुभव की गुणवत्ता, या इसके तीव्रता और मात्रा, या सम्बन्धों में पाये जाने वाले अन्तर के आधार पर विभेदन किया जाता है, तो एक सीमा रेखा खिंच जाती हैं और उस वस्तु का तादात्मीकरण (identity) कर लेना सरल हो जाता है।

सामान्य रूप से कुछ प्रक्रियाएँ (processes), वस्तुएँ (objects) या घटनाएँ (events) इस प्रकार की होती है कि उनमें कुछ उभयनिष्ठ विशेषताओं (common characteristics) के पाये जाने के कारण एकता (unity) पाई जाती है। इसीलिए गोल वस्तुओं (round objects) के समूह में गोलाईपन (roundness) की एकता पाई जाती है। इसके अतिरिक्त हम यह भी कह सकते हैं कि एक ही विशेषता के कारण उन वस्तुओं में समजातीयता (homogeneity) पाई जाती है। इस प्रकार *Peak* (1970) के अनुसार प्रकार्यात्मक एकता घटनाओं में सतही समानताओं से अधिक (More than superficial similarities among events) की ओर संकेत करती हैं।

इस प्रकार जिन प्रक्रियाओं या व्यवहार घटनाओं में प्रकार्यात्मक संगठन (Functional Relation Organization) पाया जाता है, उनमें इन तीनों से कोई-न-कोई एक अर्थ अवश्य होता है:—

(i) वे एक साथ परिवर्तित होते है, या

(ii) वे गत्यात्मक रूप से एक-दूसरे पर निर्भर होते हैं या

(iii) एक प्रक्रिया दूसरे प्रक्रिया के परिवर्तन पर निर्भर करती है (cause & effect)

प्रकार्यात्मक एकता का सम्प्रत्यय अंकन प्रक्रिया से घनिष्ठतम रूप से सम्बन्धित है। अंकन प्रक्रिया के अनेक सोपान हैं यथा—व्यवहार पदों का किसी आधार पर वर्गीकरण योग्य होना उनका अंकन योग्य होना, अंकन के लिए किसी तार्किक आधार का होना, प्राप्तांकों का मापीय (metrical) एवं अनुप्रयोगीय महत्त्व का होना आदि। इन सब सोपानों का अप्रत्यक्ष सम्बन्ध प्रकार्यात्मक एकता से है।

प्रेक्षण के प्ररूप
(Types of Observation)

अनुसंधानकर्ता जब अपने अनुसंधान समस्या के लिए प्रेक्षण विधि को एक प्रदत्त संकलन प्रविधि के रूप में चुन लेता है तो उसके समक्ष अनेक समस्याएँ उत्पन्न होती हैं जिनमें तीन समस्या प्रमुख हैं। प्रथम, अनुसंधानकर्ता प्रदत्त संकलन कितनी स्वच्छन्दता (छूट) और कितना आत्म-नियन्त्रण (self control) का प्रयोग करे। इस दृष्टिकोण से प्रेक्षण को दो वर्गों अनियन्त्रित (uncontrolled) और नियन्त्रित (controlled) में वर्गीकृत किया जा सकता है। द्वितीय, यह समस्या अनुसंधानकर्ता के समक्ष उस समय उत्पन्न होती है जब उसे यह निर्धारित करना होता है कि प्रेक्षण के समय उसकी भूमिका कैसी हो, वह तटस्थ रहे या सक्रिय रूप से भाग ले। इस दृष्टिकोण से प्रेक्षण दो प्रकार का हो सकता है—तटस्थ (Neutral) अथवा असहभागी (Non-participant) एवं सहभागी (Participant)। तृतीय, यह समस्या उस समय उत्पन्न होती है जब अनुसंधानकर्ता को यह निर्णय लेना होता है कि प्रेक्षित व्यवहारों का अभिलेखन वह कैसे करें—वर्गीकरण व्यवस्था के अनुसार अथवा रेटिंग व्यवस्था के अनुसार। प्रेक्षण के इन विभिन्न प्रकारों का वर्णन अधोप्रस्तुत है—

Goode & Hatt (1952) ने प्रेक्षण को निम्न प्रकार वर्गीकृत किया है:—

1. अनियन्त्रित प्रेक्षण (Uncontrolled Observation)

   (i) सहभागी प्रेक्षण (Participant Observation)

   (ii) असहभागी प्रेक्षण (Non-participant Observation)

   (iii) अर्ध सहभागी प्रेक्षण (Semiparticipant Observation)

2. नियन्त्रित प्रेक्षण (Controlled Observation)

3. समूह प्रेक्षण (Mass Observation)

अनियन्त्रित प्रेक्षण
(Uncontrolled Observation)

Goode & Hatt (1952) का मत है कि, *''सामाजिक सम्बन्धों के सन्दर्भ में अधिकांश ज्ञान की उत्पत्ति अनियन्त्रित निरीक्षण पर ही आधारित होती है।''* (*Most of the knowledge which people have about social relations is derived from uncontrolled observation.*) इस विधि का प्रयोग करने पर निरीक्षण किये जाने वाले व्यक्तियों अथवा घटनाओं पर किसी प्रकार का नियन्त्रण नहीं रहता है।

P. V. Young (1966) के अनुसार, *''अनियन्त्रित निरीक्षण में हमें वास्तविक जीवन की परिस्थितियों की सूक्ष्म परीक्षा करनी होती है जिसमें यथार्थता के अंगों के प्रयोग या निरीक्षण की हुई घटना की शुद्धता की जाँच के लिए कोई प्रयत्न नहीं किया जाता।''* (*In noncontrolled observation, we resort to careful scruting of real life situations, making no attempt to use instruments of precision or check for accuracy of the phenomenon observed.*)

Goode & Hatt (1952) के अनुसार, *''व्यक्तियों का सामाजिक सम्बन्धों के बारे में अधिकतर ज्ञान अनियंत्रित परीक्षणों द्वारा ही किया गया है। चाहे वह निरीक्षण सहभागी हो या असहभागी।''* (*Most of the knowledge which people have about social relations is derived from uncontrolled observation whether participant or nonparticipant.*)

इन परिभाषाओं के आधार पर यह कहा जा सकता है कि अनियन्त्रित प्रेक्षण का स्वरूप निष्क्रिय होता है। इसमें अनुसंधानकर्ता सूक्ष्म तथा स्वतन्त्र निरीक्षण कर सकता है। ऐसे अध्ययनों में न तो प्रेक्षित घटना (observed event) पर ही कोई नियन्त्रण रहता है और न ही प्रेक्षणकर्ता (observer) पर। इसीलिए ऐसे अनुसंधान वैज्ञानिक नहीं होते हैं। लेकिन अनेक महत्त्वपूर्ण अनुसंधान बिना किसी योजना के तैयार किये बिना ही आकस्मिक रूप से हुए हैं।

फिर भी अनियंत्रित प्रेक्षण के अनेक दोष (demerits) हैं:—

(i) इसमें विश्वसनीयता और वैधता का अभाव पाया जाता है।

(ii) संवेगों का मूल्यांकन उपर्युक्त ढंग से सम्भव नहीं है।

(iii) मानव व्यवहार अपने वास्तविक रूप में प्रकट नहीं होता है और व्यक्ति दुखी होते हुए भी हँसता रहता है।

(iv) इस विधि द्वारा प्राप्त परिणामों का सत्यापन (verification) सम्भव नहीं है।

(v) व्यक्तिगत पक्षपात (personal bias) पाया जाता है। इस सन्दर्भ में *Dember* (1988) के इस कथन को उद्धृत करना अनुपयुक्त न होगा। *"We see the world not as it is but as we are."*

(vi) प्रेक्षण केवल हमारे कान और आँख की संवेदनशीलता पर ही निर्भर करता है।

(i) सहभागी प्रेक्षण
(Participant Observation)

Lindman (1924) ने अपनी पुस्तक *'Social Discovery'* में Participant Observation शब्द का प्रयोग किया था। इस विधि में प्रेक्षणकर्ता उस स्थिति का एक अंग बनकर एक सहभागी प्रेक्षक (pariticipant observer) बन जाता है। इस विधि में प्रेक्षणकर्ता अध्ययन समूह का एक सक्रिय (active) और सहभागी (participant) सदस्य बन जाता है और उस समूह का एक अंग बनकर अध्ययन समूह के मूल प्रक्रियाओं, अभिवृत्तियों तथा मूल्यों आदि का अध्ययन करता है। यदि कोई व्यक्ति अपरिचित है, तो वह समूह द्वारा स्वीकार नहीं किया जाता। *John A. Madge* ने अपनी पुस्तक *'Tools of Social Science'* में ठीक ही लिखा है कि, *''जब निरीक्षणकर्ता के हृदय की धड़कन समूह के अन्य व्यक्तियों के हृदय की धड़कनों के साथ मिल जाती है तो इस प्रकार का निरीक्षणकर्ता ही सहभागी प्रेक्षक कहलाने का अधिकारी है।''* ***Goode & Hatt*** (1952) ने इस सम्बन्ध में अपना विचार इस प्रकार प्रकट किया है कि, *''शोधकर्ता अपने आपको इस विधि से सम्बन्धित समूह के रंग-रूप के ऐसे समान बनाये कि उसको उस समूह के एक सदस्य के रूप में स्वीकार किया जा सके।''*

Lundberg (1951) के अनुसार, *''इसके अन्तर्गत निरीक्षणकर्ता अध्ययन किये जाने वाले समूह का सदस्य बन जाता है, वह उस समूह में निवास करने लगता है। तथा समूह जीवन के प्रत्येक कार्यों में भाग लेता है।'' (It consists of the observer's becoming as nearly as may be a member of the group, that is he settles in community and participates in every day life.)*

Goode & Hatt (1952) के अनुसार, *''इस प्रक्रिया का प्रयोग उसी समय करना चाहिए जब अनुसंधानकर्ता अपने आप को इस प्रकार छुपा ले कि वह समूह का सदस्य स्वीकार कर लिया जाय।'' (The procedure is used when the investigator can so disguise himself as to be accepted as a member of a group.)*

Hader & Lindman (1933) के अनुसार, *''सहभागी निरीक्षण इस सिद्धान्त पर निर्भर करता है किसी घटना की लगभग सही व्याख्या आन्तरिक और वाह्य दोनों दृष्टिकोणों को ध्यान में रखकर ही की जा सकती है।'' (Pariticipant observation is based on the theory that an interpretation of event can only be approximately correct when it is composite of two points of view the outside and the inside.)*

P. V. Young (1966) के अनुसार, *''अनियन्त्रित निरीक्षण में सहभागी निरीक्षणकर्ता अध्ययन किये जाने वाले समूह में सामान्यतया रहने लगता है और समूह जीवन में भाग लेने लगता है।'' (The participant observer using noncontrolled observation generally lives or otherwise shares in the life of the group which he is studying.)*

सहभागी प्रेक्षक के लिए आचार-संहिता *(Code of Conduct for the Participant Observer)*

(i) अध्ययन किये जाने वाले समूह के अतिप्रिय मूल्यों (cherished values) तथा अंध विश्वासों (taboos) का ज्ञान प्रेक्षक को होना चाहिए।

(ii) प्रेक्षक को मृदुभाषी एवं व्यवहार कुशल होना चाहिए।

(iii) प्रेक्षक को सावेंगिक नहीं होना चाहिए।

सहभागी प्रेक्षण के गुण ***(Strengths of Participant Observation)***

(i) प्रेक्षक समूह के बहुत निकट होता है इसलिए सूक्ष्म अध्ययन सम्भव होता है।

(ii) व्यवहार का प्रत्यक्ष निरीक्षण होता है।

(iii) घटना के आन्तरिक स्वरूप को समझने में सहायता मिलती है।

(iv) वास्तविक व्यवहार का अध्ययन किया जाता है।

(v) निरीक्षणों की पुनरावृत्ति (replication) भी की जा सकती है और पुष्टि (confirmation) भी।

(vi) गहन अध्ययन किया जा सकता है।

(vii) इसमें अनुसंधानकर्ता को अपने ध्यान को केन्द्रित करना होता है (*Brayfield & Crockett,* 1955, *Wicker,* 1969; *Brandt*, 1972; *Wernimont & Campbell,* 1968)।

(viii) यह निरीक्षण प्रेक्षक को इस बात के लिए बल प्रदान करता है कि वह सम्पूर्ण व्यक्ति सम्पूर्ण व्यवहार, सम्पूर्ण संगठन तथा सम्पूर्ण वातावरण का निरीक्षण करे (*Buckley,* 1967; *Barrien,* 1968)।

(ix) यह निरीक्षण प्रेक्षक को सामाजिक अनुसंधानों के लिए सुविधा प्रदान करता है (*Merton,* 1949)।

सीमाएँ ***(Limitations)***

(i) यह विधि केवल छोटे समूहों के लिए ही उपर्युक्त है क्योंकि बड़े समूहों में प्रेक्षक को आत्मसात करने में कठिनाई होती है।

(ii) इस विधि में समय और श्रम अधिक लगता है।

(iii) प्रेक्षक को संतुलन स्थापित करने में कठिनाई होती है क्योंकि उसे एक साथ दो भूमिकाओं प्रेक्षक की ओर समूह सदस्य की, का निर्वाह करना होता है।

(iv) *William Whyte* के अनुसार प्रेक्षक में सफल अभिनेता के गुण होने चाहिए।

(v) *Moser* के अनुसार, सहभागी निरीक्षण व्यक्ति प्रधान प्रक्रिया है।

(vi) प्रेक्षक जब समूह के सदस्यों से भावनात्मक एकीकरण स्थापित कर लेता है तो वैज्ञानिक दृष्टिकोण समाप्त हो जाता है। इसलिए प्रेक्षक को तटस्थ बनना पड़ता है।

(vii) प्रेक्षक की पूर्ण सहभागिता (Full participation) सम्भव नहीं है।

सहभागी प्रेक्षण में अभिलेख ***(Recording in Participant Observation)***

Selltiz et. al; (1960) के अनुसार अनुक्रिया अंकन के लिए कोई निर्धारित नियम (fined rule) नहीं है, लेकिन अभिलेखन के सन्दर्भ में कुछ चीजें मूलभूत रूप से आवश्यक है जिनका वर्णन उन्हीं के शब्दों में प्रस्तुत हैः—

(i) Time—Year, Month, Day, Hour, and Seconds if necessary.

(ii) Location—Rooms, Corridors

(iii) Participant—Who and in which roles ?

(iv) Purpose—Why are they there ?

(v) Function—What are they doing ?

(vi) Frequency and duration—How often and for how long ?

वस्तुनिष्ठता (*Objectivity*)

Bruyn (1963, 1966) का मत है कि वस्तुनिष्ठता ऐसा लक्ष्य है जिसे सभी अनुसंधानकर्ता प्राप्त करने का प्रयास करते हैं--इनके अनुसार वस्तुनिष्ठता लाने के लिए अनुसंधानकर्ता को निम्न प्रयास करने चाहिए:—

1. प्रदत्त की व्याख्या, संरचित एवं असंरचित साक्षात्कारों अभिलेखन चित्रों (recording pictures) के आधार पर की जानी चाहिए।
2. अनुसंधानकर्ता को व्यक्तियों के पूर्वाग्रहों पक्षपातों तथा रूढ़ियों से अवगत होना चाहिए (*Dalton,* 1967; *Schwrartz & Schwratz,* 1953)।
3. सामाजिक संरचना (social structure) में प्रेक्षक को अपनी स्थिति के प्रति अधिक संवेदनशील होना चाहिए (*Bain,* 1960)
4. उत्तरदाता के अभिप्रेरणा को ध्यान में रखना चाहिए (*Argyris,* 1952)
5. जहाँ तक सम्भव हो, प्रयोज्यों का निरीक्षण विभिन्न दृष्टिकोणों से होना चाहिए (*Becker,* 1954)
6. प्रेक्षक को चाहिए कि वह अपने संवेगों, विश्वासों अभिवृत्तियों में होने वाले परिवर्तनों पर ध्यान रखें (*Sullivan & Queen,* 1958, *Schwartz & Schwartz,* 1955)।
7. अत्यधिक परिचय (over rapport) से बचना चाहिए (*Miller,* 1954)।

(ii) असहभागी प्रेक्षण
(Non-Participant Observation)

सहभागी प्रेक्षण की कुछ अपनी सीमाएँ है तथा प्रेक्षक को तटस्थ बने रहने में भी कठिनाई होती है। जिन परिस्थितियों में प्रेक्षक की उपस्थिति परिणाम को दूषित कर देती है, वहाँ सहभागी प्रेक्षण प्रविधि का प्रयोग नहीं करना चाहिए। इसमें प्रेक्षक न तो समूह का सदस्य बनता है और न ही सामूहिक क्रियाओं (group activities) में उसकी सक्रिय सहभागिता (active participation) ही पायी जाती है वरन् वह समूह से अलग रहकर समूह व्यवहार (group behaviour) का निरीक्षण करता है। प्रेक्षक सामाजिक उत्सवों धार्मिक कार्यों तथा त्योहारों आदि अवसरों पर व्यवहार का निरीक्षण करता है। स्थान एवं व्यक्तिगत दृष्टिकोण से प्रेक्षक समूह के बीच ही रहता है, लेकिन सामाजिक दृष्टिकोण से वह समूह का अंग नहीं बन पाता है। असहभागी परीक्षण में व्यक्ति के व्यवहारों का प्रेक्षण स्वाभाविक स्थितियों में किया जाता है। ***Black & Champion*** (1976) ने असहभागी प्रेक्षण को परिभाषित करते हुए कहा है कि, *''असहभागी प्रेक्षण एक ऐसी प्रक्रिया है जिसमें अनुसंधानकर्ता स्वाभाविक परिस्थिति में अन्य व्यक्तियों के व्यवहार का प्रेक्षण करता है लेकिन प्रेक्षण किये जा रहे व्यवहार में उसकी सक्रिय सहभागिता नहीं होती है।''* (***"Non-participant observation is a procedure in which the investigator observes the behaviour of others in natural settings but is not an actual participant in the behaviour being examined."***)

Goode & Hatt (1978) का मत है कि असहभागी परीक्षण कभी भी पूर्णरूप से असहभागी परीक्षण हो ही नहीं सकता क्योंकि प्रेक्षक को कुछ-न-कुछ सहभागिता प्रदर्शित ही करनी होती है, वह पूर्णरूप से निष्पक्ष नहीं हो पाता है। इसीलिए *Goode & Hatt* (1987) ने यह अर्द्ध-सहभागी प्रेक्षण (Quasi-non-participant Observation) कहा है। अहसभागी परीक्षण संरचित (structured) होता है, इसलिए इस विधि द्वारा प्राप्त प्रदत्त में अधिक

विश्वसनीयता तथा प्रतिनिधित्यात्मकता पाई जाती है। इसमें प्रेक्षक को किसी विशेष पक्ष पर ध्यान देने का अवसर अधिक प्राप्त होता है तथा जाँच प्रश्नों (probe questions) के द्वारा समाधान प्राप्त करने का अवसर उसे अधिक प्राप्त होता है।

परन्तु इस विधि की कुछ कमियाँ भी हैं। उदाहरणार्थ—प्रेक्षित व्यक्तियों के व्यवहार में स्वाभाविकता का अभाव पाया जाता है क्योंकि इस बात से वह भिज्ञ होते हैं कि अनेक व्यवहार का निरीक्षण किया जा रहा है। परन्तु *Black & Champlin* (1976) इस आलोचना से सहमत नहीं है। कुछ अनुसंधानकर्ताओं का यह भी मत है कि असहभागी प्रेक्षण में प्रेक्षक को वैसी स्वाभाविक परिस्थिति उपलब्ध नहीं हो पाती है जैसी स्वाभाविकता सहभागी प्रेक्षण में पाई जाती है।

Goode & Hatt (1987) का मत है कि यह विधि श्रेष्ठ है क्योंकि प्रेक्षक को अपने को छिपा (disguise) पाना एक कठिन काम है।

Goode & Hatt (1987) इस विधि को श्रेष्ठ मानते हैं क्योंकि *"Most of knowledge which people have about social relations is derived from uncontrolled observation whether participant or non-participant."*

सहभागी तथा असहभागी प्रेक्षण में अन्तर
(Difference between Participant and Non-participant Observation)

इन दोनों प्रेक्षण विधियों में प्रमुख समानता यह पाई जाती है कि स्वाभाविक परिस्थितियों में ही दोनों प्रकार के निरीक्षण किये जाते हैं। फिर भी इन दोनों प्रेक्षणों में कुछ अन्तर पाये जाते हैं जिनका वर्णन निम्न है:—

1. सहभागी प्रेक्षण में प्रेक्षक स्थिति का एक भाग बनकर स्थिति का निरीक्षण करता है जबकि असहभागी प्रेक्षण में स्थिति से अलग रहकर उसका प्रेक्षण करता है।
2. गोचर की स्पष्टता सहभागी प्रेक्षण में अधिक और असहभागी में कम होती है।
3. अपरिचित लोगों के होने पर असहभागी परीक्षण तथा परिचित समूह होने पर सहभागी प्रेक्षण का प्रयोग किया जाता है।
4. असहभागी प्रेक्षण में प्रेक्षण का स्तर सतही और भ्रामक होता है जबकि स्वाभाविक परीक्षण में प्रेक्षण का स्तर गहन होता है।
5. सहभागी प्रेक्षण में 'व्यवहार का निरीक्षण स्वाभाविक रीति से होता है जबकि अस्वाभाविक प्रेक्षण में कृत्रिमता पाई जाती है।
6. सहभागी निरीक्षण में प्रेक्षक के उद्देश्य से समूह के सदस्य परिचित नहीं होते हैं जबकि असहभागी प्रेक्षण में समूह के सदस्य इस बात को जानते हैं।
7. सहभागी प्रेक्षण में अनौपचारिकता (informality) पाई जाती है जबकि असहभागी प्रेक्षण में प्रेक्षक एवं सदस्यों के बीच औपचारिक सम्बन्ध पाये जाते हैं।
8. सहभागी निरीक्षण में प्रेक्षक तथा अन्य सदस्यों के बीच गहरा सम्बन्ध होता है उनके बीच शारीरिक सामाजिक तथा मानसिक दूरी कम होती है।
9. सहभागी निरीक्षण में यथार्थता (realism) पायी जाती है जबकि असहभागी प्रेक्षण में यथार्थता की मात्रा अपेक्षाकृत कम पाई जाती है।
10. सहभागी प्रेक्षण का क्षेत्र सीमित होता है जैसे औषधि (drug) का प्रयोग करने वाले व्यक्तियों के साथ सहभागिता की भूमिका का निर्वाह प्रेक्षक के लिए सम्भव नहीं होता है।

11. प्रेक्षण पर सहभागी प्रेक्षण में अनुसंधानकर्ता के व्यक्तिगत पक्षपातों के प्रभावों के पड़ने की सम्भावना अपेक्षाकृत कुछ रहती जबकि असहभागी प्रेक्षण में प्रेक्षक का व्यक्तिगत पक्षपात प्रेक्षण को प्रभावित नहीं करता।
12. सहभागी प्रेक्षण असंरचित (unstructured) होता है जबकि असहभागी प्रेक्षण संरचित होता है।

नियंत्रित प्रेक्षण
(Controlled Observation)

इसे संरचित प्रेक्षण (structured observation) अथवा योजनाबद्ध प्रेक्षण (planned observation) अथवा क्रमबद्ध प्रेक्षण (systematic observation) भी कहते हैं। इसमें प्रेक्षक तथा सामाजिक घटना दोनों को नियंत्रित किया जाता है और पहले ही योजना तैयार कर ली जाती है। इसमें प्रेक्षक अपने उद्देश्य पूर्ति के लिए प्रासांगिक निरीक्षित व्यवहार के बारे में अधिक जानकारी रखता है। प्रदत्त संकलन से पहले प्रेक्षण को प्रकट कराने तथा अभिलेख (record) तैयार करने के लिए योजना तैयार कर ली जाती है। इस तरह के निरीक्षण क्षेत्र परिस्थिति (field setting) में भी होते हैं और प्रयोगशाला (lab setting) में भी। क्रमबद्ध निरीक्षण और अभिलेखन (recording) के लिए सबसे पहले क्रमबद्ध वर्गों (systematic categories) को तैयार कर लिया जाता है। इस वर्गीकरण योजना (classification scheme) को संतोषप्रद बनाने के लिए पहले एक छोटे समूह (pilot group) का अध्ययन करना होता है। नियंत्रित प्रेक्षण में प्रेक्षक एक निश्चित उद्देश्य की पूर्ति के लिए प्रेक्षण करता है। यह प्रेक्षण किसी निश्चित नियम पर आधारित होता है। प्रेक्षक का कार्य वैज्ञानिक एवं तार्किक क्रम (scientific and logical sequence) में करता है। इस विधि में प्रेक्षण एक वस्तुनिष्ठ विश्वसनीय तथा वैध प्रदत्तों का संकलन करता है। यह विधि अनियंत्रित प्रेक्षण से श्रेष्ठ मानी जाती है।

P. V. Young (1956) ने नियंत्रित प्रेक्षण को परिभाषित करते हुए कहा है कि, *''नियंत्रित प्रेक्षण उन निश्चित एवं पूर्व निर्धारित योजनाओं के अनुसार किया जाता है जिसमें प्रायोगिक प्रक्रिया भी सम्मिलित रहती है।'' (Controlled observation is carried on according to a definite prearranged plans which may include considerable experimental procedure.)*

Goode & Hatt (1952) के अनुसार, *''नियन्त्रित प्रेक्षण में प्रेक्षक और प्रेक्षण दोनों पर नियन्त्रण होता है।'' (Systematic observation controls over the observer and the observed.)*

इस विधि का प्रयोग केवल उन्हीं अध्ययनों में किया जाता है जिसमें किसी विशिष्ट उपकल्पना (Specific formulation) का उत्तर प्राप्त करने के लिए प्रयास किया गया हो। इसमे वरीयता की स्वतन्त्रता (Freedom of choice) कम रहती है। इसमें परिस्थिति (situation) और समस्या (problem) दोनों ही पहले से निर्धारित (specified) रहती है। इसलिए प्रेक्षक पहले ही वर्गों (categories) का निर्धारण कर लेता है। इस प्रकार कार्य प्रारम्भ करते समय प्रेक्षक के पास बहुत से वर्ग (categories) होते हैं। जब वह निरीक्षणों (observations) को इन वर्गों के अनुसार अभिलेखित (record) करने में अपने को असफल पाता है तो वह उन वर्गों को फिर से सयुंक्ति (recombine) बना लेता है। और जब उसे वास्तविक प्रेक्षण (real observation) करना होता है, वह प्रेक्षण चाहे प्रयोगशाला

(lab setting) में हो या क्षेत्र-प्रयोग (field setting) में, इन वर्गों से विश्वसनीय प्रदत्त प्राप्त होगा।

गुण *(Merits)*

(i) इस विधि में स्वतन्त्र परिवर्त्य पर पूर्ण नियन्त्रण पाया जाता है।

(ii) यह विधि सरल है।

(iii) अज्ञात भाषा वाले समूह का भी अध्ययन सम्भव है।

(iv) इसमें प्रत्यक्ष अध्ययन सम्भव होता है।

(v) इसमें परिवर्त्यों का प्रहस्तलन (manipulation) होता है।

(vi) प्राप्त परिणाम का सत्यापन सम्भव है।

(vii) प्राप्त परिणाम अधिक परिशुद्ध होते हैं।

(viii) प्राप्त परिणामों में वस्तुनिष्ठता पाई जाती है।

(ix) परिणाम अधिक विश्वसनीय होते हैं।

(x) परिणाम अधिक वैध होते हैं।

दोष *(Demerits)*

(i) इसका क्षेत्र सीमित होता है।

(ii) सभी सामाजिक गोचरों (social phenomenon) का अध्ययन सम्भव नहीं है।

(iii) प्रेक्षणात्मक स्थिति में दृढ़ नियन्त्रण बहुत अधिक सम्भव नहीं है।

(iv) संग्राहकों के अनुपयुक्त होने से यह विधि अनुपयोगी है।

(v) पक्षपात की सम्भावना बनी रहती है।

(vi) नम्यता (flexibility) का अभाव पाया जाता है।

(vii) यह विधि सभी परिस्थितियों में उपयोगी नहीं है।

(viii) ऐसे प्रेक्षण में अस्वाभाविकता (unnaturality) पाई जाती है।

सामूहिक प्रेक्षण
(Mass Observation)

प्रेक्षण में प्रेक्षक जब अकेले किसी व्यवहार, घटना, अथवा स्थिति का अवलोकन करता है तो अवलोकन में त्रुटियां के पाये जाने की सम्भावना बनी रहती है। इन त्रुटियों को कम करने के लिए तथा परिणाम में वस्तुनिष्ठता प्राप्त करने के लिए सामूहिक प्रेक्षण किया जाता है। सामूहिक प्रेक्षण में प्रेक्षण का कार्यएक ही प्रेक्षक के द्वारा नहीं किया जाता है वरन् अनेक प्रेक्षकों के द्वारा भी वही कार्य किया जाता है। इसमें एक व्यक्ति केन्द्रीय प्रेक्षक के रूप में होता है जो अन्य प्रेक्षकों के द्वारा संचित सूचनाओं का अभिलेखन एवं विश्लेषण करता है *(Mass observation depends on the observing and recording of information by a number of people and the pooling and treatment of their contribution by a central person—H. P.Young)*

इस विधि की प्रमुख विशेषता यही है कि इसमें प्रेक्षक के पक्षपात के प्रभाव से परिणाम दूषित नहीं हो पाता है।

वर्ग व्यवस्था एवं कोटि व्यवस्था विधि
(Category System and Rating System Method)

यह वर्गीकरण प्रेक्षण की तीसरी समस्या से सम्बन्धित है जिसमें प्रेक्षक को यह निर्णय लेना होता है कि प्रेक्षण का उपयोग किस प्रकार किया जाय। क्या प्रेक्षित व्यवहारों को विभिन्न वर्गों में बाँट कर प्रत्येक श्रेणी में घटित होने वाले व्यवहार की आवृत्ति को अंकित किया जाय अथवा प्रेक्षण किये जाने वाले व्यवहार की विभिन्न विशेषताओं की मात्रा को अंकित किया जाय। इस उद्देश्य की पूर्ति के लिए प्रेक्षण को दो वर्गों में वर्गीकृत किया जा सकता है–वर्ग व्यवस्था विधि एवं कोटि व्यवस्था विधि।

वर्ग व्यवस्था विधि की प्रमुख विशेषता यह है कि इस विधि में प्रेक्षक समूह के व्यक्तियों के व्यवहारों को विभिन्न वर्गों में वर्गीकृत करता है और उसका एक अभिलेख (record) तैयार करता है। समस्या स्वरूप पर वर्गों की संख्या निर्भर करती है। किसी भी स्थिति में घटित होने वाले व्यवहारों की संख्या अनेक होती है। जब तक इन व्यवहारों का वर्गीकरण न कर लिया जाय और इन्हें अलग-अलग वर्गों में व्यवस्थित न कर दिया जाय,तब तक प्रेक्षक की समस्या की संख्या का समाधान नहीं हो सकता। वर्ग व्यवस्था विधि में प्रेक्षक सर्वप्रथम वर्गों को इस प्रकार परिभाषित करता है कि उस वर्ग को परिभाषित करने वाली विशेषताओं से सम्बन्धित व्यवहार को ही उस वर्ग में रखा जा सके। कोई व्यवहार ऐसा नहीं होना चाहिए जिसे दो वर्गों में रखा जा सके। वर्ग की भी स्पष्ट परिभाषा होनी चाहिए तथा व्यवहार को भी दृढ़तापूर्वक परिभाषित होना चाहिए ताकि व्यवहारों को वर्गीकरण करने और उन्हें अभिलेखन (recording) करने में कोई कठिनाई न हो। प्रेक्षक को इस बात का बराबर ध्यान रखना चाहिए कि कोई व्यवहार असंदिग्ध रूप से एक ही वर्ग में न हो जाय। प्रत्येक वर्ग को एक अलग व्यवहार का प्रतिनिधित्व करना चाहिए। इसलिए वर्गों में किसी प्रकार का मात्रात्मक सम्बन्ध नहीं होना चाहिए।

इस सम्बन्ध में ***Heyns & Zander*** (1953) ने अपना मत इस प्रकार प्रकट किया है, *''वर्ग व्यवस्था का अर्थ उस कथन से है जो घटनाओं के एक समूह का वर्णन करता है, जिसमें प्रेक्षित व्यवहार कोटिबद्ध हो सकता है।'' (Category system is a statement describing a class of phenomenon into which observed behaviour may be coded.)*

अनेक अनुसंधानकर्ताओं ने वर्ग व्यवस्था विधि का प्रयोग अपने अध्ययन में किया है जिनमें ***Bales*** (1950) का वर्गीकरण अत्यन्त प्रचलित एवं प्रसिद्ध है। ***Bales*** (1950) ने समूह व्यवहार का अध्ययन करने के लिए कुल निम्नलिखित 12 वर्गों का प्रयोग किया:–

Category system proposed by Bales

Areas	
Emotionally Positive Responses	1. Shows Solidarities 2. Shows tension release. 3. Agrees
Problem Solving Responses	4. Gives Suggestion 5. Gives pinnion 6. Gives orientation

	7. Asks for orientation 8. Asks for opinion 9. Asks for suggestion
Emotionally Negative Response	10. Disagrees 11. Shows tension 12. Show antagonism

वर्ग व्यवस्था में प्रत्येक वर्ग दूसरे वर्ग से गुणात्मक रूप से भिन्न होता है। प्रत्येक वर्ग व्यवहार का एक क्षेत्र होता है। चुने गये वर्गों में किसी में मात्रात्मक सम्बध नहीं होता है।

वर्ग व्यवस्था दो प्रकार-असतत् वर्ग व्यवस्था (Discontinuous category system) एवं सतत् वर्ग व्यवस्था (Continuous category system) की होती है। असतत वर्ग व्यवस्था में प्रत्येक वर्ग एक-दूसरे से अलग ही नहीं होता है, वरन असम्बन्धित भी होता है। ठीक इसके विपरीत सतत वर्ग व्यवस्था में व्यवहार की विमा एक ही होती है। प्रेक्षक उस व्यवहार के विभिन्न मूल्यों के आधार पर व्यवहार की उस विमा को कई वर्गों में वर्गीकृत कर लेता है। अनुसंधानकर्ताओं का मत है कि जब अनेक प्रकार के व्यवहारों का प्रेक्षण आवश्यक हो तो असतत् वर्ग का प्रयोग अधिक उपयुक्त है, ठीक इसके विपरीत सतत् वर्ग का प्रयोग उस समय सर्वाधिक उपयुक्त माना जाता है जब एक या दो व्यवहारों का मात्रात्मक प्रेक्षण प्रेक्षक को करना हो।

कोटि व्यवस्था मापनी (Rating System Method) इसे कोटि मापनी (Rating Scale) भी कहते हैं। इसमें प्रेक्षणीय व्यवहार के प्रेक्षणीय विमा को पहले से निर्धारित कर लिया जाता है। प्रेक्षक प्रत्येक विमा को कई बिन्दु वाली मापनियों में वर्गीकृत कर लिया जाता है। यह बिन्दु 3, 4, 5, 7, या 11 हो सकते हैं। प्रेक्षक व्यवहार का प्रेक्षण करता है और सम्बन्धित विमा की मापनी पर उस व्यवहार की रेटिंग कर लेता है। रेटिंग का तात्पर्य है व्यवहार को उपर्युक्त वर्ग में रखना। रेंटिग में प्रेक्षक प्रेक्षित व्यवहार को मात्रात्मक रूप देता है। उदाहरणार्थ—अत्यधिक वाचाल, वाचाल, सामान्य, तटस्थ, निष्क्रिय वर्गों में विमा को वर्गीकृत कर लिया जाता है। तथा इन्हें संख्यात्मक मूल्य 5, 4, 3, 2, 1 प्रदान कर दिया जाता है। मूल्य 5 विमा की सबसे अधिक मात्रा को तथा मूल्य 1 सबसे कम मात्रा की ओर संकेत करता है। इस मापनी को प्रदर्शित को प्रदर्शित करने के लिए एक रेखा का प्रयोग किया जाता है जिस पर इन बिन्दुओं को अंकित किया जाता है।

यद्यपि रेटिंग मापनी का प्रयोग अधिक किया जाता है परन्तु सबसे बड़ी कमी इस मापनी की यह है कि बिना सोचे समझे उस मापनी का प्रयोग नहीं करना चाहिए। रेटिंग मापनी का प्रयोग मनोविज्ञान, समाजशास्त्र तथा शिक्षाशास्त्र की समस्याओं के समाधान के लिए प्रयोग किया जाता है। क्योंकि रेटिंग मापनी का निर्माण आसानी से किया जा सकता है तथा कम समय में ही प्रदत्त संकलन किया जा सकता है।

प्रेक्षण विधि के गुण *(Merits of Observation Method)*

(i) इस विधि के द्वारा व्यापक क्षेत्र का अध्ययन किया जा सकता है।

(ii) इस विधि में स्वाभाविकता का गुण पाया जाता है।

(iii) इस विधि के द्वारा यथार्थ तत्त्वों (realistic facts) का अध्ययन किया जाता है।

(iv) इस विधि से प्राप्त प्रदत्त अधिक विश्वसनीय (reliable) तथा वैध (valid) होते है।

(v) प्रेक्षक व्यक्ति के व्यवहार का निरीक्षण कर आसानी से शोध समस्या के सन्दर्भ में किसी निष्कर्ष पर पहुँच सकता है।

(vi) इस विधि का प्रयोग समस्त प्रकार के प्रयोज्यों उदाहरणार्थ—बच्चों, बूढ़ों, पागलों तथा पशुओं पर किया जा सकता है।

(vii) इस विधि द्वारा हम उन व्यक्तियों के व्यवहारों का अध्ययन कर सकते हैं, जो प्रेक्षक की भाषा नहीं जानते हैं।

(viii) इस विधि के द्वारा अनेक प्रकार की शोध समस्याओं का समाधान किया जा सकता है।

(ix) इस विधि द्वारा इन्द्रियानुभविक (empirical) अध्ययन सम्भव होता है।

(x) इस विधि के द्वारा व्यवहार का वास्तविक अध्ययन किया जा सकता है।

(xi) समस्या के गहन अध्ययन के पूर्व प्रारम्भिक अध्ययन के लिए यह विधि अधिक उपयोगी है।

(xii) प्रेक्षक के द्वारा सामूहिक व्यवहार (group behaviour) का भी अध्ययन सम्भव है।

(xiii) प्रेक्षण के द्वारा मूल प्रदत्तों (raw data) के स्रोत को अत्यधिक विश्वसनीयता से ज्ञात किया जा सकता है।

(xiv) इस विधि के द्वारा कार्य-कारण (causal relations) सम्बन्ध स्थापित करने में अधिक सहायता मिलती है।

(xv) इस विधि द्वारा समस्या का वस्तुनिष्ठ अध्ययन सम्भव है।

(xvi) इस विधि के द्वारा भविष्य कथन करने में सहायता मिलती है।

प्रेक्षण विधि के दोष *(Demerits of Observation Method)*

(i) प्रेक्षण में कठोर नियन्त्रण का अभाव पाया जाता है।

(ii) प्रेक्षण-प्रक्रिया से अवगत हो जाने पर व्यक्ति के व्यवहार में स्वाभाविकता का अभाव पाया जाने लगता है।

(iii) प्रेक्षण के सन्दर्भ में न तो समय ही निश्चित होता है और न ही स्थान।

(iv) इस विधि में अपेक्षाकृत आत्मनिष्ठता अधिक पाई जाती है।

(v) इस विधि के द्वारा व्यक्ति के केवल वाह्य व्यवहार का ही अध्ययन किया जाता है।

(vi) इस विधि के द्वारा समस्त व्यवहारों के अध्ययन में कठिनाई होती है।

(vii) इस विधि के द्वारा प्राणी के भावनाओं एवं संवेदनाओं का अनुभव नहीं किया जा सकता है।

(viii) निरीक्षक के पक्षपात द्वारा निरीक्षण के प्रभावित होने की सम्भावना पाई जाती है।

(ix) इस विधि के द्वारा दो घटनाओं के पारस्परिक सम्बन्धों का ही अध्ययन सम्भव है, कारण का अध्ययन नहीं हो पाता है।

(x) प्राप्त परिणामों के जाँच में कठिनाई होती है।

(xi) इसमें विश्वसनीयता सीमित होती है क्योंकि इसका सत्यापन सम्भव नहीं होता है।

(xii) इस विधि के द्वारा भविष्यकथन तो किया जा सकता है लेकिन क्षेत्र सीमित ही होता है।

प्रेक्षण विधि के दोषों को दूर करने के उपाय *(Method of Removing Demerits of Observation Method)*

(i) प्रेक्षक को प्रशिक्षित होना चाहिए।

(ii) प्रेक्षण में उपकरणों उदाहरणार्थ सूक्ष्म दर्शक यन्त्र (microscope), टेपरिकार्डर, (tape recorder) आदि का प्रयोग करना चाहिए।

(iii) प्रेक्षक को चाहिए कि वह अपने व्यक्तिगत पक्षपातों से निरीक्षण को प्रभावित न होने दे।

(iv) प्रेक्षकों की संख्या बढ़ा देनी चाहिए।

(v) प्रेक्षण की पुनरावृत्ति (replication) करनी चाहिए।

(vi) प्रेक्षक को चाहिए कि वह अपने को तटस्थ (neutral) बनाये रखे।

(vii) प्रेक्षक को चाहिए कि वह निरीक्षण किये जाने वाले घटना/व्यवहार/विशेषताओं का वर्गीकरण कर लेना चाहिए।

(viii) प्रेक्षक को इस बात का अनुभव होना चाहिए कि किसी अनुभव का अंकन (recording) कैसे किया जायेगा।

(ix) प्रेक्षक को अध्ययन सम्बन्धी समस्या का स्पष्ट ज्ञान होना चाहिए।

❑

अध्याय 27

साक्षात्कार
(INTERVIEW)

सामाजिक विज्ञानों में साक्षात्कार प्रविधि का महत्त्व बहुत अधिक है क्योंकि इसका उपयेाग अनेक क्षेत्रों यथा चिकित्सा, निदान, चयन आदि में किया जाता है। भौतिक विज्ञानों में मापन की विधियाँ दृढ़तापूर्वक परिभाषित होती हैं पर सामाजिक विज्ञानों में अनुसंधानकर्ता को अपनी आवश्यकतानुसार उपयुक्त अनुसंधान विधियों का प्रयोग कर सकता है। परन्तु कुछ प्रदत्त ऐसे होते हैं जो पूर्ण सूचना उपलब्ध नहीं कराते हैं। ऐसी स्थिति में अनुसंधानकर्ता को उत्तरदाता से कुछ अतिरिक्त सूचनाएँ प्राप्त करने के लिए उत्तरदाता से प्रत्यक्ष सम्पर्क स्थापित करना होता है जिनसे वह प्रश्न पूछ कर वांछित सूचना प्राप्त करता है। इस प्रकार यह कहा जा सकता है कि उद्देश्यपूर्ण ढंग से पूर्व निर्धारित योजना (Predetermined plan) के अनुसार सूचना प्राप्त करने के लिए किया गया वार्तालाप ही साक्षात्कार है। यह एक द्विमुखी प्रक्रिया (Bipolar process) है जिसमें साक्षात्कारकर्ता तथा साक्षात्कारदाता के बीच आमने-सामने का सम्बन्ध होता है, दोनों के बीच आमने-सामने की अन्तर्क्रिया होती है। इस सम्बन्ध में ***G.W. Allport*** का कहना है, *''यदि हम यह जानना चाहते हैं कि व्यक्ति कैसा अनुभव कर रहे हैं, उनका अनुभव और स्मृति क्या है? क्या उनके संवेग और अभिप्रेरणा समान है? तथा उनके व्यवहार का कारण क्या है? अगर व्यक्ति के बारे में यह सब जानना चाहते हैं तो क्यों न उन्हीं से पूछे।''* ***(If we want to know how people feel, what they experience and what they remember, what their emotions and motives are like, and the reasons, for acting as they do–why not ask them.)***

शब्द 'साक्षात्कार' अंग्रेजी शब्द 'Interview' का हिन्दी रूपान्तर है। शब्द "Interview" दो शब्दों Inter + view से मिलकर बना है। 'Inter' का तात्पर्य है 'आन्तरिक' तथा 'View'' का तात्पर्य है 'अवलोकन'। इस प्रकार 'Interview' का तात्पर्य है 'आन्तरिक अवलोकन करना'। साक्षात्कार दो व्यक्तियों के मध्य होने वाला ऐसा वार्तालाप है जिसका प्रारम्भ साक्षात्कारकर्ता करता है और अनुसंधान सम्बन्धी प्रासंगिक सूचनाओं को एकत्र करता है। अनुसंधानकर्ता सूचना प्राप्त करने के लिए साक्षात्कारकर्ता से एक से अधिक प्रश्नों को पूँछ सकता है।

साक्षात्कार की परिभाषा विद्वानों ने अनेक प्रकार से प्रस्तुत की है और साक्षात्कार के अनेक पक्षों पर बल दिया है।

Hader & Lindman (1975) के अनुसार, *''साक्षात्कार में दो या दो से अधिक व्यक्तियों का वार्तालाप या उनकी मौखिक अनुक्रियाएँ सम्मिलित होती हैं।'' ("Interview consists of dialogue, verbal responses, between two persons or between several persons.")*

P.V. Young (1966) के अनुसार, *''साक्षात्कार एक ऐसी व्यवस्थित विधि है जिसके द्वारा एक व्यक्ति न्यूनाधिक मात्रा में दूसरे अपरिचित व्यक्ति के जीवन में अपनी कल्पना के द्वारा प्रवेश लेता है।''* (*The interview may be regarded as a systematic method by which one person enters more or less imaginatvely into the inner life of another who is generally a comparative stranger to him.*)

Goode & Hatt (1962) के अनुसार, *''साक्षात्कार आधारभूत रूप से एक सामाजिक अन्तर्क्रिया है।''* (*Interview is fundamentally a process of social interaction.*)

Viteles (1964) के अनुसार, *''साक्षात्कार एक आमने-सामने का वार्तालाप है जो दो साक्षात्कारदाता तथा साक्षात्कारकर्ता के मध्य होता है।''* (*Interview is a face to face conference between the interviewer and the interviewee.*)

Kerlinger (2002) के अनुसार, *''साक्षात्कार आमने-सामने की वह भूमिका परिस्थिति है जिसमें एक व्यक्ति साक्षात्कारकर्ता उत्तरदाता से अनुसंधान समस्या से प्रासांगिक उत्तर प्राप्त करने के लिए नियोजित प्रश्न को पूछता है।''* (*Interview is a face to face interpersonal role situation in which one person, the interviewer, asks a person being interviewed the respondent, the question designed to obtain answer pertinent to the purposes of research problem.*)

Chaplin (1975)के अनुसार, *''साक्षात्कार आमने-सामने होने वाला एक वार्तालाप है जिसका उद्देश्य तथ्यपूर्ण सूचना प्राप्त करना होता है।''* (*Interview is a face to face conversation for the purpose of obtaining factual information.*)

Denzen (1970) के अनुसार, *''साक्षात्कार आमने-सामने किया गया एक वार्तालाप का आदान-प्रदान है जिसमें एक व्यक्ति दूसरे व्यक्ति से कुछ सूचनाएँ प्राप्त करता है।''* (*An interview is any face to face conversational exchange where one person elicits information from another.*)

V. M.Palmer (1981) *''साक्षात्कार दो व्यक्तियों के बीच एक सामाजिक स्थिति का निर्माण करता है, इसमें सन्निहित मनोवैज्ञानिक प्रक्रिया में दोनों व्यक्तियों को परस्पर उत्तर देने होते हैं।''* (*The interview constitutes a social situation between two persons, the psychological process involved requiring both individuals mutually responsible.*)

Maccoby & Maccoby (1972) के अनुसार, *''साक्षात्कार आमने-सामने मौखिक आदान-प्रदान की ओर संकेत करता है, जिसमें एक व्यक्ति साक्षात्कारकर्ता दूसरे व्यक्ति से मतों या सूचनाओं को प्रकट कराने का प्रयास करता है।''* (*Interview refers to a face-to-face verbal interchange in which one person, the interviewer, attempts to elicit information or expressions of opinion or belief from another person or persons.*)

इन परिभाषाओं के आधार पर यह कहा जा सकता है कि साक्षात्कार की अनेक विशेषताएँ हैं जिनका वर्णन निम्न है:—

साक्षात्कार की विशेषताएँ ***(Characteristics of Interview)***

(i) उत्तरदाता के वाह्य एवं आन्तरिक जीवन के बारे में सूचनाएँ प्राप्त की जाती हैं।

(ii) अनुसंधानकर्ता उत्तरदाता से प्रत्यक्ष सम्पर्क करता है।

(iii) अनुसंधानकर्ता उत्तरदाता के पारिवारिक स्थिति के बारे में सूचनाएँ प्राप्त करता है। ***P. V. Young*** का मत है कि, *"Interview enriches a study of persons and serves as check upon the informations secured through other sources and means."*

(iv) साक्षात्कार से गुणात्मक सूचनाएँ प्राप्त होती हैं। ***Goode & Hatt*** के अनुसार, *"Interviewing has become of greater importance in contemporary research because of the reassesment of the qualitative interview."*

(v) साक्षात्कारकर्ता साक्षात्कारदाता से प्रारम्भिक सम्पर्क (rapport) स्थापित करता है। ***P. V. Young*** के अनुसार, *"In the initial contact, after friendly greetings are exchanged in accordance with cultural pattern of the interviewee the purpose of the interview should be explained."* जब उत्तरदाता साक्षात्कारकर्ता के उद्देश्यों को समझ लेता है, तो उत्तर देने के लिए सहयोग करने लगता है, तो इसका तात्पर्य यह है कि उत्तरदाता और साक्षात्कारकर्ता के मध्य प्रारम्भिक सम्पर्क (Rapport) स्थापित हो गया है।

(vi) साक्षात्कार उद्देश्यपूर्ण होता है।

(vii) साक्षात्कार प्रक्रिया में कभी-कभी उत्तरदाता मुख्य विषय से हट जाता है ऐसी स्थिति में साक्षात्कारकर्ता जाँच प्रश्न (probe questions) पूछ कर प्रासंगिक सूचनाओं को प्राप्त कर सकता है।

(viii) साक्षात्कारकर्ता उत्तरदाता को बीच-बीच में प्रोत्साहित (encourage) करता रहता है ताकि उत्तरदाता को यह विश्वास बना रहे कि साक्षात्कारकर्ता उसमें रुचि ले रहा है। साक्षात्कारकर्ता को चाहिए कि उत्तरदाता का उत्तर सुनकर बीच-बीच में ऐसे वाक्यों का प्रयोग करता रहे—'आपका विचार आश्चर्यजनक हैं' 'आपने नई बात बताई है', 'इस विषय में मैंने सोचा नहीं था'। लेकिन इन वाक्यों का प्रयोग इस प्रकार न किया जाय कि उत्तरदाता की चापलूसी न लगे।

(ix) साक्षात्कारकर्ता को चाहिए कि साक्षात्कार-प्रक्रिया के समय वह सक्रिय भाग अवश्य ले परन्तु जहाँ तक सम्भव हो तटस्थ बने रहने का प्रयास करें।

(x) सूचनाओं का अभिलेखन (recording) करने के लिए संक्षिप्त शब्दों (abbreviations) का प्रयोग किया जाता है।

(xi) साक्षात्कार समाप्त कर लेने के तुरन्त बाद घर पहुँचकर अनुसंधानकर्ता को चाहिए कि वह संक्षिप्त शब्दों की व्याख्या लिख ले तथा उन सूचनाओं को भी लिख लेता है जिनके भूल जाने की सम्भावना रहती है।

(xii) ***Bogardus*** के अनुसार उपर्युक्त उत्तर प्राप्त करने के लिए यह आवश्यक है कि:—

(i) वर्णनात्मक शैली (descriptive style) में उत्तर प्राप्त किया जाय।

(ii) बीच में हस्तक्षेप न किया जाय।

(iii) उत्तरदाता को उचित सामाजिक महत्त्व दिया जाय।

(iv) उत्तरदाता के सुविधानुसार ही साक्षात्कार लिया जाय।

(v) उत्तरदाता के अनुक्रिया को उसी दृष्टिकोण से समझने का प्रयास करना चाहिए।

(vi) उत्तरदाता को इस प्रकार प्रोत्साहित किया जाय कि चापलूसी न लगे।

(vii) उत्तर देते समय उत्तरदाता के उत्साह को भंग न किया जाय।

(viii) उत्तरदाता की हर बात में रुचि प्रकट की जाय वह सूचना भले ही महत्त्वहीन हो।

(ix) उत्तरदाता के व्यक्तिगत जीवन के बारे में जानने का प्रयास न किया जाय।

साक्षात्कार के मनोवैज्ञानिक आधार
(Psychological Basis of Interview)

साक्षात्कार एक वैज्ञानिक प्रविधि है। इसका स्वरूप वैज्ञानिक होता है। इसका तात्पर्य यह है कि साक्षात्कार विधि में वैज्ञानिक सोपानों का अनुसरण किया जाता है। जिस प्रकार एक वैज्ञानिक प्रदत्त संकलन के लिए वैज्ञानिक विधि के द्वारा प्रयोग करता है और प्रदत्त संकलन करता है उसी प्रकार मनोवैज्ञानिक अनुसंधानों में भी वैज्ञानिक विधि का प्रयोग करके प्रदत्त संकलन किया जाता है और अनुसंधान समस्या का समाधान किया जाता है। वैज्ञानिक अनुसंधानकर्ता और साक्षात्कारकर्ता के कार्यों में समानता पाई जाती है, लेकिन यह समानता पूर्ण रूप से नहीं पाई जाती है। इसका मुख्य कारण यह है कि यदि साक्षात्कारकर्ता सभी साक्षात्कारदाताओं (interviewee) से प्रामाणिक प्रश्न (standard questions) ही पूछता है, तो वह स्पष्ट एवं पूर्ण उत्तर नहीं प्राप्त कर सकेगा। ऐसी परिस्थिति में उसे कुछ और प्रश्नों को भी पूछना होगा। इस प्रकार हम यह कह सकते हैं कि साक्षात्कारकर्ता वैज्ञानिक अनुसंधानकर्ता की भाँति अपरिवर्तनीय निश्चित प्रविधियों (unvarying specified set of techniques) का अनुसरण नहीं कर पाता है क्योंकि उसे व्यक्तिगत भिन्नता वाले व्यक्तियों से तथा भिन्नतापरक परिस्थितियों में प्रदत्त संकलन करना होता है।

जब रसायनशास्त्र का टेक्नीशियन किसी पदार्थ (Substance) का रसायनिक विश्लेषण (chemical analysis) करता है तो वह किसी और बात पर ध्यान न देकर केवल विश्लेषण पर ही ध्यान देता है जब कि साक्षात्कारकर्ता को अनेक मनोसामाजिक परिवर्त्यों को भी ध्यान रखना होता है जिनसे परिणाम के प्रभावित होने की सम्भावना पाई जाती है। परिणाम दूषित होने से बचाने के लिए ऐसे मनोसामाजिक परिवर्त्यों की पहचान साक्षात्कारकर्ता को करनी होगी। ऐसे परिवर्त्यों की पहचान जितनी ही सफलतापूर्वक की जायगी, साक्षात्कारकर्ता अपने परिणाम को दूषित होने से बचाने में उतना ही सफल हो सकेगा।

साक्षात्कार के सम्बन्ध में उपलब्ध साहित्य से केवल यह संकेत प्राप्त होता है कि साक्षात्कारकर्ता (Interviewer) और प्रश्न निर्माता (question framer) को क्या करना चाहिए और क्या नहीं करना चाहिए। साक्षात्कार अनुभव (interviewing experience) पर आधारित यह संकलन (compilation) अक्रमबद्ध (nonsystematic) है। इसे 'साक्षात्कार की कहानी' (folklore of interviewing) के रूप में समझा जा सकता है। यह अनुभव पर आधारित है इसलिए इसकी व्यावहारिक उपयोगिता (pragmatic utility) है तिसपर भी इसकी यह कमी है कि यह अव्यवस्थित (non-systematic) है तथा इसमें छिछले कथन (superficial statements) पाये जाते हैं। यह कथन साक्षात्कारकर्ता और उत्तरदाता के अन्तक्रिया को समझने में सहायक नहीं होते हैं।

साक्षात्कार प्रक्रिया को समझने के लिए जब तक कोई सैद्धान्तिक आधार (theoretical basis) उपलब्ध नहीं होगा तथा हम जब तक हम कथा-कहानियों (folk lores) का इन्द्रियानुभविक (empirical) परीक्षण नहीं कर लेंगे तब तक साक्षात्कार प्रक्रिया (interviewing process) के बारे में ज्ञान (knowledge) और अभ्यास (practice) में वृद्धि नहीं हो सकती है। इस प्रकार यह कहा जा सकता है कि साक्षात्कार प्रक्रिया को प्रदत्त संकलन के एक शक्तिशाली उपकरण (powerful instrument) के रूप में हमें तब तक संदेह करना चाहिए जब तक कि उसके सारे विभवों (potentials) और सीमाओं (limitations) के बारे में पूर्ण रूप से अवगत न हो जाय।

दुर्भाग्य से सामाजिक विज्ञानों ने अब तक किसी प्रकार के विस्तृत (comprehensive)

और संगठित (integrated) सिद्धान्तों को विकसित नहीं किया है जिसके द्वारा साक्षात्कारकर्ता और उत्तरदाता के बीच पाये जाने वाले संचार प्रक्रिया (communication process) तथा अन्तर्क्रिया (interaction) को समझा जा सके। इसके लिए हम अनुभव पर निर्भर रहते हैं तथा सम्प्रेषण सिद्धान्त (communication theory) और निर्देशन (counselling) से सम्बन्धित नये अनुसंधानों से कुछ सूचनाएँ प्राप्त कर लेते हैं। यह हम कुछ मनोवैज्ञानिक विमाओं (psychological dimensions) को ज्ञात करने का प्रयास करेंगे जिनका सम्बन्ध साक्षात्कार से है।

सबसे पहले प्रश्न यह उठता है कि साक्षात्कार के लिए उत्तरदाता सहमत है या नहीं। उत्तरदाता का लक्ष्य (goals) या अभिप्रेरणाएँ (motivations) क्या हैं? हम यह अभिग्रहित करते हैं कि मानव व्यवहार लक्ष्योन्मुख (goal oriented) होता है। इसलिए व्यक्ति किसी व्यवहार या क्रिया को इसलिए प्रकट करता है ताकि उसके लक्ष्य की प्राप्ति हो सके। वह व्यवहार उसके लक्ष्य प्राप्ति में सहायक हो सकता है। साक्षात्कार के सन्दर्भ में कई अभिप्रेरक प्रासांगिक (relevant) है। उदाहरणार्थ साक्षात्कार में उत्तरदाता इसलिए सहभागिता प्रदर्शित करता है, कि उसे धन प्राप्त (paid) होता है, उसमें वैज्ञानिक रुचि पाई जाती है जिससे वह अपनी सेवाओं को प्रदान करता है, या वह अनुसंधानकर्ता से प्रभावित हो गया है, इसलिए साक्षात्कार में भाग ले रहा है।

उत्तरदाता से नम्रता के साथ साक्षात्कार में भाग लेने के लिए अनुरोध किया जाता है तथा अभिप्रेरणा स्तर में वृद्धि करने के लिए उसे अनुसंधान योजना के उद्देश्य को समझाया जाता है और साक्षात्कार को आगे बढ़ाने के लिए पूछा जाता है। जब हम जनसंख्या का अध्ययन करते हैं तो साक्षात्कार की प्रारम्भिक प्रतिक्रियाओं को प्राप्त करते हैं क्योंकि बहुत से लोग साक्षात्कार में भाग लेने के लिए मना करते हैं लेकिन जब जनसंख्या का कुछ भाग साक्षात्कारकर्ता को प्राधिकार व्यक्ति (authority figure) के रूप में स्वीकार कर लेता है और प्रारम्भिक रूप से (customary manner) में प्रतिक्रिया करने लगता है। परिणामस्वरूप साक्षात्कारकर्ता साक्षात्कार में सफलता प्राप्त कर लेता है क्योंकि उत्तरदाता उसे प्राधिकार व्यक्ति के रूप में साक्षात्कारकर्ता को स्वीकार कर लेता है और इसी रूप में उसे आदर देने लगता है। उदाहरणार्थ उत्तरदाता साक्षात्कारकर्ता के निर्देशों के अनुकूल करने लगता है।

साक्षात्कारकर्ता उत्तरदाता से अपने सम्प्रेषण (communication) में इस बात का प्रयास करता है कि उसका अभिप्रेरणास्तर साक्षात्कारकर्ता के प्रिय लक्ष्य (cherished goal) से जुड़ जाय। इस प्रकार परिस्थिति का वर्णन करके साक्षात्कारकर्ता साक्षात्कार के प्रति उत्तरदाता के धनात्मक आकर्षण (positive valance) को बढ़ा देता है।

कुछ अध्ययनों मे उत्तरदाता के लक्ष्य को साक्षात्कार सम्बन्धित करने के लिए पहले से ही कुछ साधनों का प्रयोग किया जाता है जैसे पत्र, रेडियो, सामाचार पत्रों में घोषणा, साक्षात्कार का परिचय तथा अनुसंधान के उद्देश्य को भी पहले से घोषित कर दिया जाता है ताकि साक्षात्कार को सफल बनाया जा सके।

जब उत्तरदाता साक्षात्कार के लिए अपनी अनुमति दे देता है तो साक्षात्कारकर्ता उन प्रश्नों से साक्षात्कार को प्रारम्भ करता है जिसको उसने पहले से अभिकल्पित कर लिया है तथा जिनके द्वारा वह उत्तरदाता के सक्रिय सहभागिता को प्राप्त करता है। इन पदों को प्रारम्भिक परिचय निर्माता (Rapport builders) कहते हैं। इन प्रश्नों का उद्देश्य उत्तरदाता को इस बात के लिए अभिप्रेरित करना होता है, कि साक्षात्कार रोचक है अर्थात इस साक्षात्कार के विषय वस्तु और लक्ष्य उत्तरदाता से सम्बन्धित हैं। इसके अतिरिक्त प्रारम्भिक सम्पर्क के द्वारा उत्तरदाता की चिन्ता

को कम कर दिया जाता है क्योंकि उपर्युक्त प्रारम्भिक सम्पर्क स्थापित हो जाने पर साक्षात्कारदाता अपने बारे में यह प्रश्न करने लगता है कि वह साक्षात्कारकर्ता के प्रश्नों का उत्तर ठीक से दे सकेगा या नहीं। इसलिए प्रारम्भिक सम्पर्क के द्वारा उसे समस्या के बारे में बता दिया जाता है, उसे यह बताया जाता है कि उससे किस प्रकार के अनुक्रियाओं की आशा की जाती है तथा उसकी योग्यता को प्रकट करने का तरीका बताया जाता है। जब साक्षात्कार का प्रारम्भिक भाग (initial phase–rapport) सफल हो जाता है तो इस बात का विश्वास हो जाता है कि उत्तरदाता का पूर्ण सहयोग प्राप्त होगा।

'उत्तरदाता और साक्षात्कारकर्ता के सम्प्रेषण पर कुछ अनुसंधान कार्य हुए हैं जिनका सारांश इन शब्दों में इस प्रकार प्रस्तुत कर सकते हैं।' "A person will communicate in a given situation if he believes that such communication will bring about a change or affect an action, which he considers desirable."–Festinger, Schachter, Kelly & Thibaut (1952)

साक्षात्कार परिस्थिति में इसका तात्पर्य यह है कि साक्षात्कारकर्ता का प्रत्यक्षीकरण उस व्यक्ति के रूप में किया जा रहा है जो परिवर्तन ला सकता है या साक्षात्कार एक ऐसी महत्त्वपूर्ण प्रक्रिया (potential vehicle) है जो परिवर्तन ला सकती है। एक नैदानिक मनोवैज्ञानिक एक सामाजिक कार्यकर्ता, एक चिकित्सक का प्रत्यक्षीकरण 'प्रत्यक्ष परिवर्तन के प्रतिनिधि (Direct agent of change) के रूप में होता है, क्योंकि वह यह समझता है कि अपने लक्षणों (symptmons) या आर्थिक कठिनाइयों (financial difficulties) को बताकर कुछ परिवर्तन होगा। इस प्रकार की अभिप्रेरणा को उस समय विकसित किया जा सकता है, जब उत्तरदाता इन निष्कर्षों के अनुसार अनुसरण करेगा। ***Connell & Kahn*** (1970) के अनुसारः–

(i) साक्षात्कार का विषय-वस्तु ऐसा होना चाहिए जिससे साक्षात्कारदाता को यह विश्वास हो साक्षात्कार प्रासांगिक है तथा जिसके परिवर्तन की वह आकांक्षा करता है, वह साक्षात्कार के मध्यम से सम्भव हो सकेगा। (The perception of the content of the interview as relevant to a change which he desires)।

(ii) साक्षात्कारकर्ता का ऐसे व्यक्ति के रूप में प्रत्यक्षीकरण जो परिवर्तन ला सकता है या ऐसे माध्यम का प्रतिनिधि है जो परिवर्तन लाने में सक्षम है। (The perception of the interviewer as a person who can bring about change or as the representative of the agency which is able to bring about change.)

एक-दूसरे प्रकार की अभिप्रेरणा साक्षात्कारकर्ता और उत्तरदाता के व्यक्तिगत सम्बन्धों पर प्रत्यक्ष रूप से निर्भर करता है। इसको ***Connell & Kahn*** (1970) के शब्दों में इस प्रकार कह सकते हैं, *''एक व्यक्ति दूसरे व्यक्ति से सम्प्रेषण (वार्तालाप) करने के लिए उस समय तैयार होता है जब वह वार्तालाप तथा व्यक्तिगत सम्बन्धों से संतोष प्राप्त करता है।'' (An individual is motivated to communicate with another when he receives gratification from the communication process and the personal relationship.)*

यह अभिप्रेरणात्मक स्थिति अक्सर घटित होती रहती है क्योंकि साक्षात्कार में उत्तरदाता को उस शीर्षक (topic) पर बात करने का अवसर प्राप्त होता है जिसमें यह इच्छुक (interested) होता है। ऐसे सम्प्रेषण में वह आनन्द प्राप्त करता है।

साक्षात्कारकर्ता को साक्षात्कार परिस्थिति (research situation) में ऐसे अभिप्रेरणात्मक

परिस्थितियों का सामना करना पड़ सकता है यदि अनुसंधान साक्षात्कार (research interview) का संचालन (conduct) उपयुक्त ढंग से किया जाय तो इस प्रकार की अभिप्रेरणा को अक्सर प्राप्त किया जा सकता है। निर्देशन (counselling) तथा उपचार (therapy) के लिए इस प्रकार का सम्प्रेषण आवश्यक है। ***Rogers*** (1942) ने निर्देशन वातावरण (Counselling atmosphere) के लिए निम्न लक्षणों को महत्त्वपूर्ण बताया है जिसमें तीन अनुसम्बन्धी साक्षात्कार के लिए आवश्यक है:—

1. उत्साह एवं उत्तरदायित्व (*Warmth and Responsiveness*)—साक्षात्कारकर्ता को उत्साही एवं उत्तरदायी होना चाहिए तथा उसे उत्तरदाता में अपने विश्वास एवं रुचि को प्रकट करना चाहिए साक्षात्कारकर्ता को चाहिए कि वह उत्तरदाता को महत्त्वपूर्ण व्यक्ति के रूप में मान-सम्मान प्रकट करें।

2. अनुमोदन (*Permissiveness*)—साक्षात्कारकर्ता को चाहिए कि वह उत्तरदाता को उसके भावनाओं (Feelings) को प्रकट करने की अनुमति दे। उसे उत्तरदाता के सारे कथनों को स्वीकार करना चाहिए।

3. दबाव से मुक्ति (*Freedom for Pressure*)—साक्षात्कारकर्ता को चाहिए कि उत्तरदाता को अपनी प्रतिष्ठा से प्रभावित न होने दे साथ-ही-साथ अपनी इच्छाओं (wishes) अपने प्रतिक्रियाओं (reactions) तथा पक्षपातों (biases) को प्रकट न होने दें।

जब इस कसौटी (criteria) का प्रयोग साक्षात्कारकर्ता साक्षात्कार के लिए करता है तो वह यह कह सकता है कि साक्षात्कारकर्ता और उत्तरदाता के बीच संतोषप्रद वार्तालाप हो सकता है। इस प्रकार साक्षात्कारकर्ता का प्रत्यक्षीकरण 'प्रसार सीमा' (with in range) होने लगता है अर्थात उसका प्रत्यक्षीकरण ऐसे व्यक्ति के रूप में किया जाने लगता है जो उत्तरदाता के कथनों (statements) और अनुभवों (experiences) को स्वीकार करेगा। लेकिन इसका तात्पर्य यह नहीं है कि साक्षात्कारकर्ता को उत्तरदाता अपने समान समझने लगता है बल्कि वह यह समझने लगता है कि साक्षात्कारकर्ता उसके दृष्टिकोण को मानेगा। यह साक्षात्कारकर्ता के अभिवृत्ति पर निर्भर करता है तथा उन सम्बन्धों पर निर्भर करता है जिसे साक्षात्कारकर्ता अपने और उत्तरदाता के बीच में स्थापित करता है न कि उन कारकों पर जो उत्तरदाता के वस्त्र एवं मुखाकृति से सम्बन्धित होते हैं।

दुर्भाग्य से कुछ कारक ऐसे हैं जो उत्तरदाता के द्वारा दिये गये अनुक्रियाओं या सम्प्रेषण प्रक्रिया (communication process) में बाधा उत्पन्न करते हैं। जैसे हो सकता है कि उत्तरदाता साक्षात्कार के सर्वेक्षण लक्ष्य को न स्वीकार करे या वह यह सोच सकता है कि आलोचनात्मक मत (critical opinions) का प्रकट करना खतरनाक (dangerous) हो सकता है या वह अपने कार्य के नुकसान होने के बारे में अथवा प्रोमोशन न होने के बारे में वह सोच सकता है। लेकिन इसका तात्पर्य यह नहीं है कि वह साक्षात्कार में भाग लेने के लिए मना कर देता है, वरन् उस विषय-वस्तु का क्षेत्र सीमित हो जाता है, जिसके बारे में उत्तरदाता बात करता है। कर्मचारी मिल के कार्यदशाओं (working conditions) के वेतन, नीति आदि के बारे में स्पष्टता से वार्तालाप करेगा, लेकिन वह अपने व्यवसाय (job) के किसी पक्ष के बारे में बात करते समय सुरक्षित भाषा (guarded language) का प्रयोग करेगा, जिससे अधिकारियों द्वारा मिल की आलोचना न समझी जाय।

जिस प्रकार उत्तरदाता वार्तालाप में भाग लेने के लिए मना कर सकता है या वह अपने सम्प्रेषण (communication) को विकृत (distort) कर सकता है, क्योंकि वह साक्षात्कार के अनुसंधान लक्ष्य (research goal) को अस्वीकृत (reject) कर देता है। उसी प्रकार वह

सम्प्रेषण को प्रतिबन्धित (restrict) भी कर सकता है क्योंकि साक्षात्कारकर्ता ओर उसके बीच इस प्रकार का सम्बन्ध पाया जाता है कि सम्प्रेषण सम्भव ही नहीं हो पाता है अर्थात अनुसंधानकर्ता उत्तरदाता से प्रारम्भिक सम्पर्क (rapport) नहीं स्थापित कर पाता है। इस प्रकार के उत्तरदाता प्रतिक्रिया (respondent reaction) का कारण साक्षात्कारकर्ता के बारे में किसी पूर्वधारणा (stereotype) का होना है तथा उत्तरदाता अपने और साक्षात्कारकर्ता के बीच शिक्षा अथवा आर्थिक स्तर सम्बन्धी रिक्ति (gap) को समझता है और वह यह समझता है कि साक्षात्कारकर्ता उसके पारिवारिक परिस्थितियों को समझने में असमर्थ है। इस प्रकार की समस्या उस समय आती है जब उत्तरदाता अपने और साक्षात्कारकर्ता के बीच किसी विषय में मतभेद समझता है।

साक्षात्कारकर्ता और उत्तरदाता का सम्बन्ध तथा सूचना की विशेषता उत्तरदाता की रुढ़ियों के द्वारा नहीं निर्धारित होती है। बहुत से ऐसे अध्ययन हैं जिनमें यह परिणाम प्राप्त किया गया है कि साक्षात्कारकर्ता की अभिवृत्ति और उसका पक्षापात साक्षात्कार के परिणाम को निर्धारित करते हैं (*Hyman*, 1950)।

साक्षात्कार के नियम
(Principles of Interview)

साक्षात्कार के अनेक नियम है जिनका वर्णन निम्नवत है:—

1. साक्षात्कार की भूमिका (*The Introduction of Interview*)

इसमें प्रारम्भिक सम्पर्क (initial contact) स्थापित करना होता है जिससे उत्तरदाता को साक्षात्कार के लिए अभिप्रेरित किया जा सके। इसके लिए साक्षात्कारकर्ता को साक्षात्कार-प्रक्रम को सम्पन्न करने के लिए इन अनुक्रमों का अनुसरण करना होता है:—

(i) अनुसंधान के उद्देश्यों का वर्णन करें। (Explain the purpose and objectives of the research)

(ii) उत्तरदाता के चयन की विधि का वर्णन करें (Describe the method by which the respondent was selected)

(iii) अनुसंधान कराने वाले माध्यम का वर्णन करें (Identify the sponsor or the agency conducting the research)

(iv) साक्षात्कार के गोपनीय प्रकृति का वर्णन करें (State the anonymous or confidential nature of interview)

साक्षात्कारकर्ता को साक्षात्कार के प्रारम्भ में एक बहुत ही महत्त्वपूर्ण और स्वचालित (autonomous) भूमिका अदा करनी होती है। उसे साक्षात्कारदाता को अभिप्रेरित करने के लिए प्रयास करना होता है, जिससे वह उससे सूचनाओं को प्राप्त कर सके। यह केवल प्रारम्भिक सम्पर्क (rapport) स्थापित करने पर ही नहीं निर्भर करता है वरन् अनुसंधानकर्ता के अनुसंधान सम्बन्धी अनुभव (know how experience) पर निर्भर करता है। साक्षात्कारकर्ता में नैदानिक सूझ (clinical insight) और आत्मज्ञान (intuition) होना चाहिए।

सम्प्रेषण प्रक्रिया (communication process) पथ-लक्ष्य अनुक्रम (path-goal sequence) में होना चाहिए। जिससे कि उत्तरदाता से मनोवांछित लक्ष्य प्राप्ति हेतु प्रासंगिक सूचनाएँ प्राप्त कर सके। अनुसंधानकर्ता को चाहिए कि उत्तरदाता को इस प्रकार अभिप्रेरित करें कि वे परिशुद्ध (accurate) और पूर्ण सूचनाएँ (complete informations) देने में ही

संतोष अनुभव करे। अनुसंधानकर्ता को चाहिए कि साक्षात्कार-प्रक्रम में घटित होने वाले इन सारे अवरोधों (Barriers) को निकाल दे जिनके अन्तर्गत सम्प्रेषण प्रक्रिया के बाधित होने की सम्भावना है। अवरोधां का स्वरूप यह हो सकता है

प्रथम, जब साक्षात्कारकर्ता पहली बार उत्तरदाता से मिलता है तो बिना एक शब्द बोले हुए ही सम्बन्ध (relationship) के एक संरचना (structure) का निर्माण हो जाता है, उस समय उत्तरदाता बहुत विनम्र होता है लेकिन उनके अन्दर कुछ बाधाएँ (हिचक) पाई जाती हैं जिन्हें समाप्त करने का प्रयास करना चाहिए। द्वितीय, साक्षात्कारकर्ता को साक्षात्कारदाता से साक्षात्कार की अनुमति मिल जाने पर भी उत्तरदाता साक्षात्कार में कुछ रहस्य ही समझता है। इसलिए साक्षात्कारकर्ता को चाहिए कि उत्तरदाता को साक्षात्कार के गोपनीय प्रकृति(confidential nature) का वर्णन कर देना चाहिए। तृतीय, उत्तरदाता अक्सर यह समझते हैं कि उनके व्यवहारों की जाँच के लिए साक्षात्कार लिया जा रहा है। इसलिए इस अवरोध को दूर करने के लिए उत्तरदाता को अनुसंधान के उद्देश्य को अच्छी तरह समझा देना चाहिए।

अनुसंधानकर्ता को चाहिए कि वह उत्तरदाता को अच्छी तरह से स्पष्ट कर दे कि वह अनुसंधान से किस तरह सम्बन्धित है। उत्तरदाता के अभिलाषाओं (wishes) को और लक्ष्यों (goals) को साक्षात्कार के लक्ष्य से सम्बन्धित कर देना चाहिए।

साक्षात्कारकर्ता को उत्तरदाता के समक्ष अपने को इस प्रकार प्रस्तुत करना चाहिए कि उत्तरदाता उसे सम्प्रेषण या परिवर्तन के एक प्रतिनिधि (agent) के रूप में समझने लगे तथा साक्षात्कारकर्ता में वह स्वीकृति (acceptance) और समझ (understanding) के लक्षणों का प्रत्यक्षीकरण करने लगे।

प्रारम्भिक सम्पर्क (rapport) के द्वारा 'साक्षात्कारकर्ता साक्षात्कारदाता सम्बन्धों (interviewer- interviewee relationships) में वृद्धि अवश्य की जा सकती है लेकिन यह प्रविधि तब तक पूर्ण (perfect) नहीं है जब तक कि साक्षात्कार के गोपनीगता को स्पष्ट न कर दिया जाय। इसलिए साक्षात्कारकर्ता को उत्तरदाता से गहन वैयक्तिक सम्बन्ध (deeper personal relationship) स्थापित करना होगा तथा साक्षात्कार के शीर्षक (topic) को अधिक घनिष्ठ (more intimate) सांवेगिक रूप प्रभारित (emotionally charged) तथा अहम सन्निहित (ego involved) बनाना होगा।

2. प्रश्न पूछना (*Asking Questions*)

प्रश्नावली से प्रश्न पूछने की प्रक्रिया की तुलना वैज्ञानिक प्रक्रिया से की जा सकती है क्योंकि इसमें प्रामाणिक प्रश्न (standard questions) होते हैं और उन्हें प्रामाणिक ढंग (standard manner) से ही पूछा जाता है। प्रश्नों को इस प्रकार की भाषा प्रदान की जाती है कि उनका मनोवैज्ञानिक मूल्य (psychological value) सभी उत्तरदाताओं के लिए समान रहे। उत्तरदाता में अनिश्चित भिन्नताएँ पाई जाती हैं जो उनके प्रतिक्रियाओं पर भिन्नतापरक प्रभाव डाल सकती हैं।

चूँकि अनुसंधानकर्ता सभी उत्तरदाताओं के लिए भिन्न-भिन्न प्रकार के प्रश्नों की रचना करना सम्भव नहीं होता है, इसलिए प्रश्न रचना के लिए ऐसे उद्दीपक शब्दों का चयन और प्रयोग करता है कि वे दो अर्थी न हो। उनका अर्थ सभी पाठकों के लिए एक ही हो।

उत्तरदाता के अशिक्षित होने पर उनके भिन्न-भिन्न प्रकार के प्रश्न पूछे जा सकते हैं और वांछित सूचनाएँ प्राप्त की जा सकती हैं। यदि उत्तरदाता को प्रश्न समझने में कठिनाई हो रही है, तो साक्षात्कारकर्ता को चाहिए कि वह प्रश्नों की पुनरावृत्ति करें। यदि प्रश्नों की

पुनरावृत्ति करने पर भी उत्तरदाता उन्हें समझने में असमर्थ हो, तो उन प्रश्नों की व्याख्या करनी आवश्यक है।

3. पूर्ण उत्तर के लिए उद्दीप्त करना (*Stimulating Complete Responses*)

कभी-कभी ऐसा होता है कि उत्तरदाता से प्रश्नों का अपूर्ण एवं अस्पष्ट उत्तर प्राप्त होता है। ऐसी परिस्थिति में साक्षात्कारकर्ता को ऐसी प्रविधि (technique) का ज्ञान होना चाहिए जिससे वह उत्तरदाता से अधिक सूचनाएँ प्राप्त करने के लिए उन्हें उद्दीप्त कर सके। ऐसी परिस्थिति में साक्षात्कारकर्ता को चाहिए कि मुख्य प्रश्न (main question) के साथ-साथ आवश्यकता पड़ने पर उप-प्रश्न (sub-questions) को भी पूछें।

साक्षात्कारकर्ता को साक्षात्कार-प्रक्रिया में विशिष्ट प्रश्न (specific questions) पूछने की आवश्यकता कभी-कभी पड़ती है। यह विशिष्ट प्रश्न दो परिस्थितियों में पूछे जा सकते हैं जिनके लिए विशिष्ट प्रविधियों (specific techniques) के बारे में साक्षात्कार का ज्ञान होना चाहिए :—

(i) उत्तरदाता से अतिरिक्त सूचना प्रकट कराना जब अनुसंधान उद्देश्य के लिए अतिरिक्त सूचना की आवश्यकता हो (To elicit additional information from the respondent when further information is necessary to the research objective)।

(ii) उत्तरदाता द्वारा प्रकट की गई सूचना को अधिक विशिष्ट स्वरूप प्रदान करना (To clarify or to make more specific information which the respondent has already given) ।

इस उद्देश्य की पूर्ति के लिए छानबीन तकनीक (Probing technique) का प्रयोग करना चाहिए जिससे मनोवांछित सूचनाओं को प्राप्त किया जा सके। साक्षात्कारकर्ता को चाहिए कि छानबीन तकनीक का प्रयोग उत्प्रेरक (catalyst) की भाँति करें जिससे उद्दीपक प्रश्नों (stimulus questions) की तीव्रता (intensity) अथवा अनुक्रिया प्राप्ति शक्ति (response getting power) को और बढ़ाया जा सके।

विस्तृत सूचना (detailed information) प्राप्त करने के लिए ऐसे प्रश्न पूछना चाहिए?

(i) क्या इसके बारे में कुछ और बतायेंगे? (Would you tell me some more about that)

(ii) जो आप बता रहे थे, मैं उसमें इच्छुक हूँ, लेकिन थोड़ा और बताइयें (I am interested in what you are saying, could you give me little more about that....)

(iii) मैं आपका तात्पर्य समझ रहा हूँ लेकिन इसके बारे में आप अपने अनुभव को थोड़ा और बतायेंगे? (I see what you mean. Can you tell me little bit more about how you feel there ?)

इन प्रश्नों से यह संकेत प्राप्त होता है कि साक्षात्कारकर्ता साक्षात्कारदाता के उत्तर में रुचि रखता है और उसके समझने का प्रयास कर रहा है। इसी प्रकार जब उत्तरदाता द्वारा प्रकट की कई अनुक्रिया साक्षात्कारकर्ता के लिए अस्पष्ट हो, तो साक्षात्कारकर्ता को चाहिए कि उत्तरदाता द्वारा प्रकट किये गये उत्तर को दुहरा कर उसका अधिक स्पष्टीकरण करके उत्तरदाता से यह पूछे कि साक्षात्कारकर्ता द्वारा उसके उत्तर की की गई व्याख्या का तात्पर्य क्या वही है, जो उत्तरदाता समझता है।

4. अनुक्रियाओं का अंकन (*Recording the Response*)

साक्षात्कार प्रक्रम में साक्षात्कारकर्ता का यह महत्त्वपूर्ण उत्तरदायित्व है कि वह अनुक्रियाओं का अंकन अधिक विश्वास और अधिक परिशुद्धता से करे। यह अंकन साक्षात्कार के समय ही करना चाहिए। अंकन करने के लिए चाहे कोई यांत्रिक विधि (mechanical method) का प्रयोग किया जाय या विस्तृत नोट (extensive note) लिया जाय।

साक्षात्कार-प्रक्रम को वैज्ञानिक स्वरूप प्रदान करने के लिए यह आवश्यक है कि साक्षात्कारकर्ता उपर्युक्त सभी नियमों का दृढ़तापूर्वक पालन करे। साक्षात्कार-प्रक्रम में किसी प्रकार की असावधानी के कारण परिणाम दूषित हो सकता है।

साक्षात्कार के प्रारूप
(Types of Interview)

साक्षात्कार के प्ररूप का वर्गीकरण करने के लिए अनेक आधारों का प्रयोग किया गया है जिनका वर्णन निम्नवत है:–

(क) औपचारिकता के आधार पर वर्गीकरण (*Classification Based on Formality*)

औपचारिकता के आधार पर साक्षात्कार के दो प्रकार है–संरचित एवं असंरचित (Structured or Unstructured)। इसे मानकीकृत एवं अमानकीकृत (standardized and unstandardized) भी कहते हैं।

1. संरचित साक्षात्कार (*Structured Interview*)—संरचित साक्षात्कार के लिए साक्षात्काकर्ता को एक विशेष प्रकार की विस्तृत अनुसूची (schedule) तैयार करनी होती है जिसमें साक्षात्कार के लिए पूछे जाने वाले प्रश्नों को एक विशेष क्रम में रखा जाता है तथा उसकी भाषा सुनिश्चित की जाती है। ऐसे साक्षात्कार में साक्षात्कारदाता को कुछ स्वतन्त्रता प्राप्त होती है, लेकिन वह भी एक निर्धारित सीमा में ही। वह कहाँ स्वतन्त्रता प्राप्त करेगा और किस सीमा तक स्वतन्त्रता प्राप्त करेगा, यह पूर्व निर्धारित होता है। इस साक्षात्कार को कई नामों से पुकारते हैं–जैसे Structured interview, Standardized interview, Planned interview, Controlled interview, Guided interview, Standard interview, Closed interview, Formal interview, Fixed alternative, Directive interview आदि।

Reber & Reber (2001) ने इसे इस प्रकार परिभाषित किया है, *"संरचित साक्षात्कार वह है जिसमें शीर्षक, प्रश्न, इनके पूछे जाने का क्रम आदि पूर्वसंगठित होता है।"* (*Structured interview is any interview with a preset organization in which the topics, questions and their order of use are all determined in advance.*)

इस परिभाषा के आधार पर यह कहा जा सकता है कि संरचित साक्षात्कार मे साक्षात्कार को नोट करता है। इसमें साक्षात्कारकर्ता के ऊपर पूरा नियन्त्रण रहता है। इसमें साक्षात्कारकर्ता प्रश्नों की संख्या, भाषा, संरचना, प्रश्नों के क्रम आदि में किसी तरह का परिवर्तन नहीं कर सकता है। इसे औपचारिक साक्षात्कार इसलिए कहते हैं क्योंकि यह औपचारिक प्रश्नों (formal questions) पर आधारित होता है। इसमें प्रामाणिक प्रश्नों (standard questions) को पूछा जाता है।

इस साक्षात्कार में सब कुछ पूर्व निर्धारित होता है–पूछे जाने वाले प्रश्न, प्रश्नों का क्रम, अंकन विधि। इसलिए संरचित साक्षात्कार का संचालन (administration) सरल होता है। इस विधि द्वारा संकलित किये गये प्रदत्त अधिक विश्वसनीय (reliable) और वैध (valid) होते

हैं। परन्तु इसमें नम्यता (flexibility) का अभाव पाया जाता है, प्रश्नों की रचना में कठिनाई होती है, प्रश्नों की रचना में समय भी अधिक लगता है और श्रम भी। इसके अतिरिक्त जटिल समस्याओं के समाधान के लिए यह विधि अनुपयुक्त है।

2. असंरचित साक्षात्कार (*Unstructured Interview*)—इसे Uncontrolled interview, Unplanned interview, Unguided interview, Story type interview, Open ended question, Unstandard interview भी कहते हैं। इस विधि में किसी पूर्व-निर्मित सूची का प्रयोग नहीं किया जाता है। इसमें साक्षात्कारकर्ता किसी मुख्य विषय पर प्रश्न पूछता है और उत्तरदाता एक कहानी के रूप में उत्तर देता है। इसी असंरचित उत्तर से साक्षात्कारकर्ता वांछित सूचनाओं को प्राप्त करता है। इसमें कोई साक्षात्कार अनुसूची (interview schedule) नहीं उपयोग में लाई जाती है। इसमें साक्षात्कारंकर्ता को इस बात की स्वतन्त्रता रहती है कि वांछित सूचना को प्राप्त करे। इसके लिए वह प्रश्नों के क्रम, प्रश्नों की भाषा, प्रश्नों की संख्या आदि में अपने आवश्यकतानुसार परिवर्तन करने के लिए स्वतन्त्र होता है। इसीलिए इसे खुला साक्षात्कार (open interview) कहते हैं। इस साक्षात्कार में पूछे गये प्रश्न अमानकीकृत होते हैं, इसीलिए इसे अमानकीकृत साक्षात्कार (unstandard interview) कहते हैं।

Reber & Reber (2001) ने इसे परिभाषित करते हुए कहा है कि, *''असंरचित साक्षात्कार वह साक्षात्कार है जिसका शीर्षक अनिश्चित होता है और प्रश्नों का स्वरूप साक्षात्कार में भाग लेने वालों के बीच पारस्परिक अन्तर्क्रिया पर निर्भर करता है।''* (*Unstructured interview is an interview in which the topics to be covered are left unspecified at the outset and things and the things are left to the infolding interview action between the persons involved in the interview.*)

इस प्रकार यह कहा जा सकता है कि असंरचित साक्षात्कार में भी संरचित साक्षात्कार की भाँति ही योजना पहले से बना ली जाती है। इसमें भी साक्षात्कारकर्ता यह जानता है कि किस गहराई तक जाकर सूचना के किस स्तर को प्राप्त करना है तथा किस सूचना को एकत्र करना है। परन्तु उसे साक्षात्कार के लिए प्रयोग किये जाने वाले प्रश्नों के स्वरूप, उनके क्रम तथा उनकी भाषा एवं उनकी संख्या सन्दर्भ में स्वतन्त्र होता है।

इस साक्षात्कार में प्रश्नों की रचना में आसानी होती है, समय और श्रम कम लगता है पैसे भी कम खर्च होते हैं, इसमें नम्यता (flexibility) पाई जाती है तथा जटिल समस्याओं के अध्ययन के लिए यह विधि अधिक उपर्युक्त है। यह विधि एक स्वाभाविक परिस्थिति (natural situation) के समान होती है, तथा ऐसे साक्षात्कार में स्वाभाविकता (spontaneity) पाई जाती है। परन्तु इस विधि द्वारा प्राप्त प्रदत्त की तुलना अन्य विधियों से नहीं की जा सकती है, इसके प्रश्न अप्रामाणिक होते हैं, इसमें परिशुद्धता का अभाव पाया जाता है, प्रश्नों का स्वरूप अनौपचारिक (informal) होता है विश्वसनीयता (reliability) और वैधता (validity) में कमी पाई जाती है, पूछे जाने वाले प्रश्नों का स्वरूप पहले से निर्धारित नहीं होता है, उत्तरदाता को अधिक समय दिये जाने पर भी सारगर्भित सूचनाओं के प्राप्त करने में कठिनाई होती है तथा इस विधि द्वारा प्राप्त प्रदत्त का सांख्यिकीय विश्लेषण करने में कठिनाई होती है।

3. अर्द्ध संरचित साक्षात्कार (*Semi-structured Interview*)—इसे केन्द्रित साक्षात्कार (Focussed interview) भी कहते हैं। यह संरचित और असंरचित साक्षात्कारों का

मिश्रित रूप होता है। इसमें न तो साक्षात्कारकर्ता पर संरचित साक्षात्कार की भाँति कठोर प्रतिबन्ध होता है और न तो असरंचित साक्षात्कार की भाँति पूरी छूट ही होती है। इसमें दोनों प्रकार के साक्षात्कारों के गुण एवं अवगुण पाये जाते हैं।

(ख) सूचनादाताओं पर आधारित वर्गीकरण *(Classification Based on Informants)*

साक्षात्कार का यह वर्गीकरण उत्तरदाता की संख्या पर निर्भर करता है। इस आधार पर साक्षात्कार दो प्रकार का होता है—

1. वैयक्तिक साक्षात्कार *(Personal Interview)*—इसमें केवल एक ही व्यक्ति का साक्षात्कार होता है। Sin Pao Young का मत है कि वैयक्तिक साक्षात्कार एक व्यक्ति को दूसरे व्यक्ति से मिलाता है। इसमें भी क्रम से ही एक-एक प्रश्न का उत्तर प्राप्त किया जाता है। इसमें साक्षात्कारकर्ता व्यक्तिगत रूप से साक्षात्कार लेता है।

इस विधि में प्राप्त सूचनाओं का स्वरूप वास्तविक होता है, साक्षात्कारकर्ता आवश्यकतानुसार वांछित सूचनाओं को प्राप्त कर सकता है। वैयक्तिक सम्पर्क होने के कारण विवादग्रस्त प्रश्नों का भी उत्तर प्राप्त किया जा सकता है, साक्षात्कारकर्ता यदि चाहे तो उत्तरदाता की भावनाओं को उत्तेजित करके रहस्यपूर्ण सूचनाएँ प्राप्त कर सकता है तथा प्रश्नों के छूटने की सम्भावना नहीं रहती है। परन्तु इसमें समय और धन अधिक लगता है तथा साक्षात्कारकर्ता का पक्षपात परिणाम को प्रभावित कर सकता है।

2. सामूहिक साक्षात्कार *(Group Interview)*—इस साक्षात्कार में साक्षात्कारकर्ता एक ही समय पर तथा एक ही स्थान पर बहुत से उत्तरदाताओं से सूचना प्राप्त की जाती है। इस विधि में क्रम से प्रश्नों को नहीं पूछा जाता है परन्तु समय तथा स्थान पूर्व निर्धारित होते हैं। इसमें साक्षात्कारकर्ता एक साथ ही अलग-अलग व्यक्तियों से प्रश्न पूछ कर उत्तर प्राप्त करना चाहता है। समूह बड़ा (large) होता है, इसलिए परिणामों में विश्वसनीयता और वैधता का अभाव नहीं पाया जाता है। वैयक्तिक साक्षात्कार की तुलना में इसमें समय तथा श्रम अवश्य ही कम लगता है पर गहन अध्ययन सम्भव नहीं है। इस विधि में मुख्य समस्या से सम्बन्धित अन्य तथ्यों का भी संकलन हो जाता है। परन्तु इस विधि में गोपनीयता भंग हो जाती है तथा उत्तरदाता को प्रश्नों को समझाने मे कठिनाई होती है। इस विधि का प्रयोग करने पर व्यक्तिगत भावना/व्यक्तिगत दृष्टिकोण/व्यक्तिगत विचारधारा/व्यक्तिगत स्वभाव के बारे में सूचना नहीं प्राप्त की जा सकती है।

(ग) भूमिका पर आधारित साक्षात्कार के प्रकार *(Classification Based on Role)*

प्रक्रिया एवं प्रविधि पर आधारित साक्षात्कार के चार प्रकार है—निर्देशित, अनिर्देशित केन्द्रित साक्षात्कार, पुनरावृत्त साक्षात्कार।

1. निर्देशित साक्षात्कार *(Directive Interview)*—इसे नियन्त्रित साक्षात्कार (Directive interview) भी कहते हैं। इसमें साक्षात्कार प्रक्रम पर साक्षात्कारकर्ता का पूर्ण नियन्त्रण रहता है। इसमें प्रश्न तथा निर्देश पूर्व निर्धारित होते हैं।

2. अनिर्देशात्मक साक्षात्कार *(Non-directive Interview)*—इसमें पहले से निर्धारित कोई प्रश्न नहीं पूछे जाते हैं वरन् अव्यवस्थित रूप से मनगढ़न्त प्रश्न पूछे जाते हैं। इसमें साक्षात्कारकर्ता पूर्ण रूण से स्वतन्त्र होता है तथा उत्तरदाता पर भी कोई नियन्त्रण नहीं होता है। इसमें परिशुद्धता की मात्रा अधिक नहीं पाई जाती है। इसमें प्रश्न पहले से तैयार नहीं रहते हैं।

3. केन्द्रित साक्षात्कार (*Focussed Interview*)—इसका प्रयोग सर्वप्रथम *Merton & Kendall* (1946) ने किया। इसमें किसी परिस्थिति का उत्तरदाता पर क्या प्रभाव पड़ता है, देखा जाता है। इसमें साक्षात्कारकर्ता उस परिस्थिति के बारे में पहले से ही अनुभव प्राप्त कर लेता है जिस परिस्थिति का अध्ययन किया जा रहा है। *P. V. Young* के अनुसार इसमें व्यक्ति घटना विशेष से पहले से ही सम्बन्धित रहते हैं। इसमें घटनाओं का विश्लेषण साक्षात्कार से पहले ही कर लिया जाता है तथा इस विश्लेषण के आधार पर ही व्यक्ति के व्यवहार का अध्ययन किया जाता है इस विधि में प्राप्त प्रतिक्रियाएँ व्यक्ति के अनुभव पर आधारित होती हैं, तथा इस विधि में साक्षात्कारकर्ता एक साक्षात्कार निर्देशिका (Interview guide) का प्रयोग करता है जिसमें अनुसंधान समस्या से सम्बन्धित प्रश्न दिये रहते हैं, उन्हीं प्रश्नों को अनुसंधानकर्ता उत्तरदाता से पूछता है।

4. पुनरावृत साक्षात्कार (*Repetitive Interview*)—इसमें साक्षात्कार की पुनरावृत्ति होती है जब किसी प्रक्रिया पर समयान्तराल का प्रभाव बढ़ते हुये समय के अनुसार धीरे-धीरे पड़ता है, तो इसी विधि का प्रयोग अधिक श्रेयस्कर होता है। प्रगतिशील समस्याओं के अध्ययन के लिए इसी विधि का उपयोग करना चाहिए।

Lazarsfield के अनुसार, इस विधि के गुण के रूप में मौलिकता (originality) तथा सत्यापन (verification) को तथा अवगुण के रूप में खर्चीली विधि (expensive method) तथा उत्तरदाताओं के स्थिर संगठन (permanent organization of respondents) को अवगुण के रूप में बताया है।

(घ) सम्पर्क की लम्बाई पर आधारित साक्षात्कार का वर्गीकरण (*Classification Based on the Length of the Contact*)

सम्पर्क की लम्बाई पर साक्षात्कार के दो प्रकार हैं:—

1. अल्पकालीन साक्षात्कार (*Short Contact Interview*)—ऐसे साक्षात्कार आाकस्मिक रूप से अनायास ही घटित हो जाते हैं। उत्तरदाता कम समय के लिए ही मिलते हैं। यह उत्तरदाता कहीं भी मिल सकते हैं। चाय की दूकान पर मिल सकते हैं, पार्क, सिनेमा, रेलवे स्टेशन कहीं भी मिल सकते हैं। यह साक्षात्कार असंगठित होता है।

2. दीर्घकालीन साक्षात्कार (*Prolonged Interview*)—जब साक्षात्कारकर्ता को जटिल एवं गहन समस्या का अध्ययन करना होता है तो वह दीर्घकालीन साक्षात्कार का प्रयोग करता है। ऐसी परिस्थिति में उत्तरदाता से साक्षात्कारकर्ता मैत्रीपूर्ण व्यवहार स्थापित करता है। नैदानिक समस्याओं के समाधान के लिए दीर्घकालीन साक्षात्कार अधिक उपयोगी है।

(ङ) उद्देश्य पर आधारित साक्षात्कार का वर्गीकरण (*Classification Based on Purpose*)

उद्देश्य के आधार पर साक्षात्कार का वर्गीकरण तीन वर्गों में किया जा सकता है:—

1. नैदानिक साक्षात्कार (*Diagnostic Interview*)—इस साक्षात्कार के द्वारा रोग के कारणों की जानकारी प्राप्त की जा सकती है।

2. उपचार साक्षात्कार (*Treatment Interview*)—मानसिक रोग के निदान हो जाने पर रोगी का साक्षात्कार लिया जाता है।

3. शोध-साक्षात्कार (*Research Interview*)—इसका उद्देश्य अनुसंधान समस्या से सम्बन्धित शोध प्रदत्त का संकलन करना है।

साक्षात्कार प्रविधि के मुख्य सोपान
(Main steps of Interview Technique)

साक्षात्कार प्रविधि के निम्नलिखित सोपान हैं:—

1. साक्षात्कार की तैयारी (Preparation of Interview)
   (i) समस्या का पूर्ण ज्ञान (Full knowledge of the problem)
   (ii) साक्षात्कार निर्देशिका का निर्माण (Constructing the interview guide)
   (iii) उत्तरदाताओं का चयन (Selecting the respondents)
   (iv) उत्तरदाताओं के योग्यता व्यवसाय, अवकाश समय के बारे में ज्ञान (Detailed knowledge of about the respondents)
   (v) समय एवं स्थान का निर्धारण (Fixation of time and place)
2. साक्षात्कार की प्रक्रिया (Process of Interview)
   (i) प्रारम्भिक सम्पर्क स्थापित करना (Establishing Rapport)
   (ii) उद्देश्य के वर्णन के साथ ही साक्षात्कार का प्रारम्भ करना तथा सहयोग के लिए अनुरोध करना (beginning of interview by indicating objects and request for coorperation)।

   P. V. Young के अनुसार, *''उत्तरदाता यह जानने का आधिकारी है कि उसका साक्षात्कार क्यों लिया जा रहा है क्योंकि इस कार्य में उसका समय तथा शक्ति सन्निहित होती है।'' (He informant) is entitled to know why he is being interviewed partcularly since a considerable expenditure of his time and energy may be involved.)*

   (iii) कुछ प्रशंसात्मक वाक्यों का प्रयोग करना (Repeating some praising sentences)
   (iv) छानबीन (probing)
3. साक्षात्कार का नियन्त्रण एवं वैधकीकरण (Controlling and Validating the Interview):—
   (i) व्यवहार पर नियन्त्रण करना जिससे उत्तरदाता भावनाओं में बहकर विषय से हट न जाय (Controlling the behaviour)
   (ii) यह देखना चाहिए कि उत्तरदाता के कथन में विरोधाभास तो नहीं है (Validating the interview)
4. साक्षात्कार समाप्त करना (Closing the Interview)
5. प्रतिवेदन तैयार करना (Preparation of Report)

साक्षात्कार की वैधता
(Validity of Interview)

Mirra Komarovsky ने साक्षात्कार के वैधकीकरण के लिए निम्न विधियों के उपयोग को प्रस्तावित किया है:—

1. साक्षात्कार के शीर्षक के सन्दर्भ में जहाँ तक सम्भव हो, अधिक सूचनाएँ प्राप्त की जायें जिसके लिए अधिक खोजपूर्ण (Probing) प्रश्न पूछे जायें।

2. यदि साक्षात्कार के सन्दर्भ में कोई सूचना पहले से उपलब्ध है तो इसकी तुलना की जाय।
3. प्रारम्भिक सम्पर्क भलीभाँति स्थापित किए जायें।
4. सूचना संकलन के लिए अप्रत्यक्ष (indirect) तथा प्रक्षेपण प्रश्न (projective questions) को भी पूछना चाहिए।
5. उस भाग की जाँच की जाय जिसमें कारण कार्य (cause and effect) सम्बन्ध पाया जाय। Dean & White ने वैधकीकरण के लिए निम्न विधियां को प्रस्तावित किया है:—
6. यदि अनुसंधानकर्ता किसी बात को अप्रिय एवं अविश्वसनीय समझता है,तो उसकी छानबीन की जाय।
7. उत्तरदाता की मानसिक स्थिति को समझने का प्रयास किया जाय।
8. यदि साक्षात्कारकर्ता यह समझता है कि साक्षात्कार से सम्बन्धित कोई सूचना असत्य प्रतीत होती है, तो उसकी छानबीन करने का उत्तरदायित्व साक्षात्कारकर्ता का होगा।

साक्षात्कार की प्रविधि
(Techniques of Interviewing)

1. साक्षात्कार की तैयारी (Preparation of Interview)
2. साक्षात्कार निर्देशिका का निर्माण (Preparation of Interview Guide)
3. उत्तरदाताओं का चयन (Selection of Respondent)
4. प्रारम्भिक ज्ञान प्राप्त करना (Gaining Primary Knowledge)
5. समय का निर्धारण (Determination of Time)
6. स्थान का निर्धारण (Determination of Place)
7. प्रारम्भिक औपचारिकताएँ (नाम पता आदि पूछना) (Preliminary Formalities)
8. उद्देश्य का स्पष्टीकरण (Clarification of Objective)
9. सहयोग की प्रार्थना (Request of Cooperation)
10. वार्तालाप का प्रारम्भ (Starting the Interview)
11. प्रोत्साहन (Stimulation)
12. सहानुभूतिपूर्वक सुनना (Sympathetic Learning)
13. नियंत्रित तथा निर्देशित साक्षात्कार (Controlled and Directed Interview)
14. साक्षात्कार की समाप्ति (Closing the Interview)
15. साक्षात्कार को लिपिबद्ध करना (Recording the Interview)
16. साक्षात्कार का प्रतिवेदन (Reporting the Interview)

एक सफल साक्षात्कार के लिए आवश्यक परिस्थितियाँ
(Necessary Conditions for a Successful Interview)

Lindzey & Aranson (1968) ने साक्षात्कार की सफलता के लिए निम्न परिस्थितियां को आवश्यक बताया है:—

1. अभिगम्यता (*Accessibility*)—साक्षात्कार की सफलता इस बात पर निर्भर करती है कि साक्षात्कारकर्ता द्वारा पूछी गई सूचनाओं का स्वरूप ऐसा होना चाहिए जिनका उत्तर देना उत्तरदाता के लिए सम्भव हो सके तथा वह बिना किसी हिचक के अनुक्रिया प्रकट कर सके।

2. संज्ञान *(Cognition)*—उत्तरदाता को प्रश्न का संज्ञान होना चाहिए ताकि वह साक्षात्कारकर्ता द्वारा वांछित सूचनाओं को प्रकट कर सके। उसे यह ज्ञान होना चाहिए कि इससे क्या पूछा गया है, तथा उसके द्वारा प्रस्तुत किया गया उत्तर कितना उपयुक्त और प्रासांगिक है।

3. अभिप्रेरणा *(Motivation)*—साक्षात्कार सफल उसी समय होगा जब उत्तरदाता अनुक्रिया प्रकट करने के लिए अभिप्रेरित (motivated) होगा। Aranson (1982) का मत है कि साक्षात्कार के प्रारम्भ में उत्तरदाता में अभिप्रेरणा की मात्रा अपेक्षाकृत अधिक पाई जाती है, लेकिन जैसे-जैसे प्रक्रिया आगे बढ़ती है, उत्सुकता भी कम होती जाती है और औपचारिकता भी, परिणामस्वरूप अभिप्रेरणा मे कमी आने लगती है और साक्षात्कार की सफलता संदिग्धपूर्ण हो जाती है।

4. साक्षात्कारकर्ता की तरफदारी *(Interviewer's Biaslessness)*— साक्षात्कारकर्ता की संस्कृति में अन्तर पाये जाने के कारण उनकी अभिवृत्ति में भिन्नता पाई जा सकती है तथा पृष्ठभूमि सम्बन्धी विशेषताओं के कारण साक्षात्कार-प्रक्रम में घटित होने वाली सामाजिक अन्तक्रियाओं के तरीकों में भिन्नता पाई जा सकती है, जिससे साक्षात्कारकर्ता का पक्षपात उत्तरदाता से प्राप्त होने वाली सूचनाओं की मात्रा तथा प्रकार को प्रभावित कर सकता है और प्राप्त सूचना दूषित हो सकती है।

साक्षात्कार पद्धति की प्रमुख समस्याएँ
(Major Problems of Interview Technique)

साक्षात्कारकर्ता को साक्षात्कार-प्रक्रम में अनेक समस्याओं का सामना करना पड़ सकता है जिनमें से कुछ समस्याओं का वर्णन निम्नवत हैः—

(1) साक्षात्कार के प्रश्नों का शाब्दिक गठन *(Phrasing of Interview Questions)*

साक्षात्कारकर्ता को साक्षात्कार के लिए साक्षात्कार अनुसूची (interview schedule) के निर्माण की आवश्यकता होती है। एक अच्छे साक्षात्कार अनुसूची के निर्माण के लिए यह आवश्यक है कि साक्षात्कारकर्ता को साक्षात्कार को व्यावहारिक ज्ञान और अनुभव होना चाहिए। इसे *Kerlinger* 2002 ने यह मत प्रकट किया है—*'Interviewing itself is an art, but the planning and writing of interview schedule is even more of an art.'*

ज्यादातर साक्षात्कार अनुसूची में तीन प्रकार की सूचनाएँ प्राप्त की जाती हैः—

(i) Face sheet information.

(ii) Census type information

(iii) Problem information.

इसमें दो प्रकार के पदों का प्रयोग किया जाता हैः—

(i) Fixed alternative items (closed)

(ii) Open end items (open)

स्थिर विकल्प पद (Fixed alternative items/closed end questions) में प्रत्येक प्रश्न के लिए दो या तीन विकल्प दिये जाते हैं उत्तरदाता उसमें किसी एक को चुनकर अपनी अनुक्रिया प्रकट करता है। यह विकल्प 'हाँ' 'नहीं' 'अधिकतर' 'कभी-कभी' अथवा 'कभी नहीं' के रूप में हो सकते हैं। जबकि मुक्त अन्त प्रश्नों ('Free end questions) का उत्तर देने में उत्तरदाता पर कोई प्रतिबन्ध नहीं होता है। यह पद अनुसंधान समस्या से प्रत्यक्ष रूप से

सम्बन्धित होते हैं परन्तु उत्तरदाता उत्तर क्या देगा—इस पर कोई प्रतिबन्ध नहीं होता। यद्यपि मुक्त प्रश्न श्रेष्ठ होते हैं, क्योंकि उन पर कोई बन्धन नहीं होता है। अतः साक्षात्कारकर्ता उत्तरदाता के अभिप्रेरणा के गहन स्तर तक सूचनाएँ प्राप्त कर सकता है। इसमें उत्तरदाता उत्तर देने के लिए स्वतन्त्र होता है मुक्त प्रश्नों को 'चिमनी प्रकार के प्रश्न' (Funnel question) कहते हैं क्योंकि यह प्रश्न प्रारम्भ में बहुत विस्तृत होते हैं और जैसे-जैसे आगे बढ़ते हैं, प्रश्नों का स्वरूप विशिष्ट होता जाता है। अन्त में प्रश्न एक विशिष्ट बिन्दु (specific point) पर आकर केन्द्रित हो जाते हैं।

मापनी (scale) में ऐसे वाचिक प्रश्नों या पदों का प्रयोग किया जाता है जिनके प्रति उत्तरदाता अपनी सहमति या असहमति प्रकट करते हैं। इन उत्तरों के आधार पर मापन किये जाने वाले गुण की मात्रा का मापन होता है। इन मापनियों में विकल्प सुनिश्चित होते हैं।

साक्षात्कार में जो प्रश्न पूछे जाते हैं वे उद्देश्यों के वाचिक अनुवाद (verbal translation) होते हैं। प्रश्नों की रचना के लिए शब्दों का उपयुक्त गठन आवश्यक होता है। साक्षात्कारकर्ता को प्रश्नों की रचना के लिए सावधानीपूर्वक प्रश्नों की रचना पर ध्यान देना चाहिए क्योंकि प्रश्नों की रचना के लिए चयन किये गये उपर्युक्त पद ही वह माध्यम है जो साक्षात्कारकर्ता के लिए चयन किये गये प्रश्न तथा उनके लिए प्रयुक्त भाषा का स्वरूप ही साक्षात्कारकर्ता के उद्देश्य का भाषा रूपान्तर है जिससे उद्देश्य की प्राप्ति की जाती है।

साक्षात्कारकर्ता अपने उद्देश्य का अनुवाद करने के लिए दो विधियों प्रत्यक्ष एवं अप्रत्यक्ष का प्रयोग कर सकते है। इन प्रश्नों का स्वरूप प्रत्यक्ष और अप्रत्यक्ष हो सकता है। इन प्रश्नों का निर्धारण साक्षात्कारकर्ता साक्षात्कार के पहले भी कर सकता है और साक्षात्कार की अवधि में भी कर सकता है।

Stanley Payne (1951) ने अपनी पुस्तक *'The Art of Asking Questions'* में यह प्रस्तावित किया है कि प्रश्नों की भाषा ऐसी होनी चाहिए जिससे अध्ययन का उद्देश्य स्पष्ट हो जाय जहाँ तक सम्भव हो, प्रश्नों के अनुसंधान के स्पष्ट चित्र को प्रस्तुत करना चाहिए। लम्बे प्रश्नों का प्रयोग नहीं करना चाहिए, दो अर्थों वाले शब्दों का प्रयोग नहीं करना चाहिए, प्रश्नों के आगे अपेक्षित विकल्प देने चाहिए तथा पूछे गये प्रश्नों का स्वरूप साक्षात्कारकर्ता के अनुभव से सम्बन्धित होना चाहिए।

(2) साक्षात्कार सामग्री का अभिलेखन *(Recording of Interview Data)*

साक्षात्कारकर्ता के लिए साक्षात्कार के समय अनुक्रियाओं का अभिलेखन (recording of responses) एक महत्त्वपूर्ण समस्या है (Maccoby) फिर भी साक्षात्कारकर्ता साक्षात्कार-प्रक्रिया का उपयोग करता है और अनुक्रियाओं के अंकन के लिए निम्न विधियों का प्रयोग कर सकता है:—

(i) स्मृति के आधार पर लिखना (Write up from Memory)

(ii) फील्ड रेटिंग (Field Rating)

(iii) फील्ड कोडिंग (Field Coding)

(iv) अक्षरशः लेखन (Verbatim Note Taking)

(v) मशीन से अंकन (Mechanical Recording)

'स्मृति के आधार पर लिखने की विधि' (Write Up From Memory Method) में साक्षात्कारकर्ता उत्तरदाता द्वारा दिये गये उत्तरों को अधिकतम मात्रा में याद करके उन्हें लिखने का प्रयास करता है। लेकिन यह अंकन पक्षपात से भी प्रभावित हो सकता है और विषय-वस्तु

के भूलने की भी सम्भवना पाई जाती है। फील्ड रेटिंग्स (Field Ratings Method) में साक्षात्कारकर्ता को Field Ratings Proforma दे दिया जाता है। वह उत्तरदाता के कथनों को लिखता नहीं है वरन् वह कुछ निर्धारित विशेषताओं के आधार पर उत्तरदाता का श्रेणीकरण (rating) करता है जिसका मापन अनुसंधान का उद्देश्य है। यह रेटिंग किसी एक प्रश्न पर नहीं वरन् अनेक प्रश्नों पर आधारित होती है। इसी प्रकार फील्ड कोडिंग (Field coding) में प्रयोज्य के उत्तरों को प्रत्येक प्रश्न के लिए निर्धारित श्रेणियों में चिह्न लगाने के रूप में अंकित किया जाता है। इसमें साक्षात्कारकर्ता उत्तरदाता से किसी प्रश्न विशेष का उत्तर प्राप्त करने के लिए प्रत्येक प्रश्न के कई विकल्प प्रस्तुत करता है। उत्तरदाता उनमें से किसी एक का चयन करता है। तत्पश्चात् साक्षात्कारकर्ता उस विकल्प से सम्बन्धित खाने में चिह्न लगा लेता है। अक्षरशः लेखन (verbatim note taking) विधि में साक्षात्कारकर्ता साक्षात्कार के समय ही उत्तरदाता के उत्तरदाता को ज्यों-का-त्यों लिख लेता है। यदि साक्षात्कारकर्ता आशुलिपि (short hand) जानता है तो वह उत्तरों को और सरलता से लिख सकता है। जब उत्तरदाता मुक्त प्रश्नों का उत्तर देता है, तो अनुक्रियाओं के अभिलेखन में साक्षात्कारकर्ता के लिए कठिनाई बढ़ जाती है। जबकि मशीनों द्वारा अंकन (mechanical recording) विधि में उत्तरदाता एक माइक्रोफोन में बोलता है और उसे टेप कर लिया जाता है। टेप करने का कार्य खुले रूप में भी किया जा सकता है और गुप्त रूप से भी। टेप किये गये साक्षात्कार की रेटिंग करना एक कठिन कार्य है। क्योंकि रिकार्ड किये गये सामग्री को टाइप करना होगा, तब रेटिंग की जायगी। परन्तु यहाँ यह बात स्पष्ट नहीं हो सकेगी कि उत्तरदाता ने किस रूप में उत्तर दिया है—बोलते समय उसकी आवाज मन्द थी अथवा तीव्र। अथवा अनुक्रिया प्रकट करते समय उत्तरदाता की मुखाकृति कैसी थी? उसके चेहरे पर किस प्रकार के भाव थे?

(3) साक्षात्कारकर्ता-त्रुटि के स्रोत (*Sources of Interview Error*)

साक्षात्कार-प्रक्रम में अनेक स्रोतों से त्रुटियाँ उत्पन्न हो सकती हैं जिनमें साक्षात्कारकर्ता द्वारा उत्पन्न हुई त्रुटियाँ अधिक गम्भीर हैं। इन्हें साक्षात्कारकर्ता-त्रुटि (interview error) कहते हैं। साक्षात्कार के सन्दर्भ में साक्षात्कारकर्ता त्रुटि के स्वरूप हो सकते हैं, उदाहरणार्थ—प्रतिदर्श इकाइयों के चयन में साक्षात्कारकर्ता पक्षपात कर सकता है (*Maccoby & Maccoby*)। जब साक्षात्कारकर्ता विभिन्न सामाजिक-आर्थिक-स्तर (*Katz,* 1942) तथा विभिन्न प्रजातियों (नीग्रों-श्वेत *Cantrill,* 1944), के होते हैं, तो परिणाम दूषित हो सकता है, प्रश्नों की शब्दावली अनुपयुक्त होने पर अनुपयुक्त उत्तर प्राप्त होता है (*Guest,* 1947), साक्षात्कारकर्ता की अभिवृत्ति के कारण त्रुटि उत्पन्न हो जाती है (*Cantril,* 1940), साक्षात्कारकर्ता की प्रत्याशा चेतन अथवा अचेतन रूप से परिणाम को प्रभावित कर सकती है (*Smith & Hyman* 1950, *Hyman, Wyatt & Campbell* 1950), अनुक्रियाओं की गहन जाँच (probing) के लिए अलग-अलग साक्षात्कारकर्ता अलग-अलग विधियों का प्रयोग कर सकता है। (*Hyman, Feldman & Hart,* 1951-52) तथा साक्षात्कार-अंकन की दृष्टि से भी साक्षात्कारकर्ताओं में भिन्नताएँ पाई जा सकती है और त्रुटियों के पाये जाने की सम्भावना रहती है (*Guest,* 1947, *Stewart & Flowerman,* 1949)।

(4) साक्षात्कार-तथ्यों की वैधता (*Validity of Interview Data*)

अनुसंधानकर्ता प्रदत्त संकलन के लिए चाहे जिस विधि का प्रयोग करे वह तथा संकलन में वैधता लाने का पूर्ण प्रयास करता है। साक्षात्कारकर्ता भी साक्षात्कार-प्रक्रम में इस बात का प्रयास करता है कि वह प्रदत्त संकलन के लिए ऐसी विधि का प्रयोग करता है जिसे प्राप्त प्रदत्त वैध हो। इस उद्देश्य की पूर्ति के लिए वह प्राप्त सूचनाओं का समेलन वास्तविक वाह्य तथ्यों

से कर सकता है, अनुक्रियाओं में तार्किक संगति का अवलोकन कर सकता है अथवा वैधता निर्धारण के लिए किसी अन्य विधि का प्रयोग कर सकता है।

(5) साक्षात्कार-तथ्यों की विश्वसनीयता *(Reliability of Interview Data)*

साक्षात्कार-तथ्यों की विश्वसनीयता बनाये रखने का भरसक प्रयास करता है और इसके लिए वह इस बात का प्रयास करता है कि न तो साक्षात्कार की दशाओं में किसी प्रकार का अन्तर हो और न अंकन प्रक्रिया में असावधानी होने पर त्रुटि पाये जाने की सम्भावना हो। तथ्यों की विश्वसनीयता बनाये रखने के लिए वह विश्वसनीयता परीक्षण की अनेक विधियों-परीक्षण-पुनर्परीक्षण, आन्तरिक संगति (internal consistency) आदि विधियों का प्रयोग कर सकता है।

साक्षात्कार के गुण *(Merits of Interview)*

साक्षात्कार के गुण निम्नवत हैं:—

(i) अध्ययन का स्वरूप अधिक यथार्थपरक होता है।
(ii) इस विधि में लोचकता (flexibility) पाई जाती है।
(iii) इस विधि के द्वारा जटिल समस्याओं का अध्ययन किया जा सकता है।
(iv) गोपनीय अनुभवों तथा घटनाओं के बारे में जानकारी प्राप्त हो सकती हैं।
(v) अमूर्त तथा अदृश्य घटनाओं का निरीक्षण किया जा सकता है।
(vi) इस विधि में प्रेक्षणात्मक विधि का प्रयोग होता है।
(vii) इस विधि के द्वारा अनेक पक्षों का अध्ययन एक साथ सम्भव है।
(viii) इस विधि के द्वारा गहन अध्ययन सम्भव है।
(ix) अतीत की घटनाओं का अध्ययन किया जा सकता है।
(x) इस विधि में बच्चों तथा अशिक्षित व्यक्तियों से भी सूचनाएँ प्राप्त की जा सकती हैं।
(xi) इस विधि में अधिक परिशुद्धता (precision) पाई जाती है।
(xii) पुनरावृत्ति की सम्भावना पाई जाती है।
(xiii) इस विधि के द्वारा वस्तुनिष्ठ अध्ययन सम्भव है।

साक्षात्कार के दोष *(Demerits of Interview)*

साक्षात्कार के दोष निम्नवत हैं:—

(i) साक्षात्कारकर्ता भाषा की कठिनाई अनुभव कर सकता है।
(ii) उत्तरदाता वही उत्तर देना चाहता है, जो साक्षात्कारकर्ता चाहता है।
(iii) इसमें भावुकता पाई जाती है (*Helson*, 1969)
(iv) इसमें संवेग उत्तेजित हो जाते हैं।
(v) अधिक खर्चीली विधि है।
(vi) साक्षात्कारकर्ता का व्यक्तिगत पक्षपात परिणाम को प्रभावित कर सकता है (*Ganzer & Sarason*, 2001)
(vii) उत्तरदाता में घबराहट पाई जा सकती है (*Viteles*, 1964)
(viii) विश्वसनीयता एवं वैधता निर्धारित करने में कठिनाई होती है।
(ix) साक्षात्कारकर्ता में बुद्धि, वाकचातुर्य, मनोवैज्ञानिक कुशलता, परिश्रम एवं लगन पाया जाना चाहिए।
(x) अनुक्रियाओं के अभिलेखन (recording) में कठिनाई होती है।

(xi) उत्तरदाताओं पर निर्भर रहना पड़ता हे।

(xii) सूचना एकत्र करने में साक्षात्कारकर्ता को भटकना पड़ता है।

(xiii) साक्षात्कारकर्ता को स्थानीय भाषा (local dialects) का ज्ञान होना चाहिए।

(xiv) साक्षात्कारकर्ता प्रारम्भिक सम्पर्क स्थापित करने में कठिनाई अनुभव कर सकता है।

(xv) उत्तरों में कृत्रिमता पाये जाने की सम्भावना रहती है।

(xvi) संवेगों में उत्तार-चढ़ाव होने से अनुक्रियाओं का संतुलन बिगड़ जाता है।

(xvii) सूचनाओं का स्वरूप सन्देहास्पद हो सकता है।

(xviii) सभी साक्षात्कार आदर्श परिस्थितियों में सम्भव नहीं है।

(xix) अनुक्रियाओं के अंकन में कठिनाई हो सकती है।

❑

अध्याय 28

समाजमिति
(SOCIOMETRY)

समाजमितीय एक नई प्रविधि है जिसका समाःजिक मनोविज्ञान में काफी उपयेाग हो रहा है। इसके द्वारा किसी समूह में स्थिति सामाजिक सम्बन्धों का ज्ञान होता है। किसी समूह की संरचना, समूह की अन्तर्क्रिया का क्रम, दशा आदि का ज्ञान इसके द्वारा होता है। समूह संरचना के साथ-साथ इस विधि के द्वारा समूह के सदस्यों के स्थान तथा प्रतिष्ठा का भी ज्ञान होता है। इस विधि का प्रतिपादन *J. L. Moreno* ने (1934) में किया जिसका प्रकाशन उनकी पुस्तक *"Who Shall Survive"* में हुआ। इस विधि के द्वारा समूह गतिकी (group dynamics) का अध्ययन किया जाता है। इस प्रविधि के द्वारा समूह के सदस्यों के पारस्परिक सम्बन्धों (interrelationships) का अध्ययन किया गया। इस विधि के द्वारा समाज के सदस्यों में या समूह के सदस्यों में पारस्परिक अनुक्रियाओं पारस्परिक सम्बन्धों आदि का अध्ययन किया जा सकता है। 1956 में Sociometric Review नामक पत्रिका प्रकाशित हुई।

Moreno के पुस्तक के प्रकाशन ने अन्य समाज मनोवैज्ञानिकों के ध्यान को आकर्षित किया। 1937-38 में *"Sociometry : A Journal of Interpersonal Relations"* का प्रकाशन हुआ। परिणाम यह हुआ कि प्रसिद्ध मनोवैज्ञानिक *Gardner Murphy* तथा प्रसिद्ध समाजशास्त्री *Lundberg* ने 1937-38 में *'Sociometry'* नामक एक अनुसंधान पत्रिका का प्रकाशन कार्य प्रारम्भ किया। इसी प्रकार *Lundberg* (1943), *Jacobs* (1953) आदि ने भी इस क्षेत्र में कार्य किया। 1956 में इस पत्रिका के प्रकाशन तथा सम्पादन का भार American Sociological Association ने अपने ऊपर ले लिया। समाजमिति प्रविधि के विकास के कारण मनोवैज्ञानिकों और समाशास्त्रियों के बीच निकटता आई।

शब्द Sociometry का प्रयोग विभिन्न रूपों मे किया गया है। जीवशास्त्रियों (biometrics) तथा मनोमितिकों (psychometrics) के अनुसार समाजमितीय को उन मापन योग्य उपायों के रूप में माना जा सकता है जिनका सम्बन्ध सामाजिक व्यवहार के मापन से है। जबकि *Bain* (1943), *Chaplin* (1943), *Lundberg* (1943), *Sanders* (1943) ने कहा है कि इस विधि का प्रयोग सामाजिक व्यवहारों के मापन के लिए किया जाना चाहिए।

अनेक विद्वानों ने समाजमितीय प्रविधि को परिभाषित किया है:—

Stanley & Hopking (1972) ने समाजमितीय प्रविधि को परिभाषित करते हुए कहा है, *''समाजमिति एक समूह के अन्तर सम्बन्धों अर्थात् इसकी सामाजिक संरचना-प्रत्येक व्यक्ति द्वारा समूह का प्रत्यक्षीकरण का अध्ययन करता है।''* (Sociometry is the study of inter relationship among a members of a group that is, its social structure : how each individual is perceived by the group.)

Gardner Lindzey के अनुसार, *''साधारण भाषा में, समाजमितीय किसी समूह में आकर्षण या प्रत्याकर्षण के मापन का एक साधन हैं। साधारणतया इसमें समूह का हर सदस्य*

शामिल किया जाता है जो व्यक्तिगत रूप से अपनी पसन्द बताता है कि समूह के किन अन्य सदस्यों में से किन लोगों के साथ वह मिल-जुलकर किसी क्रिया विशेष में भाग ले सकता है।'' (In simplest term, a sociometric measure is a means of assessing the attraction or attractions and repulsions with in a given group)

Secord & Backman (1974) के अनुसार, *''समाजमितीय माप संरचना के विषय में एक ऐसे दृष्टिकोण की प्राप्ति की विधि है जिसे भाव संरचना या समाजमितीय संरचना कहते हैं।इस परीक्षण द्वारा समूह के सदस्यों में सहाचर्य हेतु उनकी वरीयताओं के आधार पर मात्रात्मक प्रदत्त की प्राप्ति होती है।'' (Sociometric test is a means of obtaining quantitative data on the preferences of group members for associating with other members.)*

Jennings के अनुसार, *''समाजमितीय किसी विशिष्ट समूह के बीच लिखित समय में पाये जाने वाले सम्बन्धों को सम्पूर्ण संरचना को सरल रेखा चित्रों में प्रदर्शित करने का साधन है।'' (Sociometry may be defined as a means of presenting simply and graphically the entire structure of relations existing at a given time.)*

Bronfenbrenner (1943) के अनुसार, *''समूह के सदस्यों में स्वीकृति तथा तिरस्कार द्वारा सामाजिक संस्थिति, संरचना और विकास का पता लगाने,विवरण देने तथा मूल्यांकन की विधि को समाजमितीय कहा जाता है।'' (Sociometry has been defined as the method for discovering, describing and evaluating social status, structure and development through measuring the extent of acceptance and rejection between individuals in groups.)*

Chaplin (1975) के अनुसार, *''समाजमिति वह प्रविधि है जिसके द्वारा समूह के सदस्यों के बीच आकर्षण एवं अस्वीकृति के सम्बन्धों का मानचित्रण किया जाता है।'' (Sociometry or sociometric method is a technique for mapping the relationships of attractions and rejections among members of a group.)*

इन परिभाषाओं के आधार पर यह कहा जा सकता है कि समाजमितीय प्रविधि के द्वारा सदस्यों के बीच परस्पर आकर्षण एवं विकर्षण का अध्ययन किया जाता है। इसके द्वारा समूह का संगठन (structure of group), समूह समग्रता (group cohesiveness), समूह गतिकता (group dynamics) तथा समस्त अन्तर सम्बन्धों का अध्ययन किया जा सकता है।

समाजमितीय माप के लिए आवश्यक दशाएँ
(Necessary Conditions for Sociometric Measure)

1. समूह के सदस्यों को समूह के विस्तार के बारे में ज्ञान होना चाहिए। सदस्यों के आकर्षण या विकर्षण के बारे में कोई प्रतिबन्ध नहीं है। The limits of the group should be indicated to the subjects.)।

2. अधिक-से-अधिक आकर्षणों और विकर्षणों को प्रकट कराना चाहिए (The subjects should be permitted an unlimited number of choices or rejections.)

3. किसी कार्य के सन्दर्भ में आकर्षणों और विकर्षणों को जानना चाहिए (The subjects should be asked to indicate the individuals they choose or reject in terms of specific criteria.)

4. समाजमितीय परिणामों के आधार पर समूह की पुनर्रचना की जाय (Results of sociometric questions should be used to restructure the group.)

5. प्रयोज्य से अनुक्रिया गुप्त रूप से प्रकट करानी चाहिए (The subjects should be permitted to make their choices privately.)

6. प्रश्न समूह के सदस्यों के समझ के अनुसार ही होना चाहिए। बड़े बच्चों और प्रोढ़ों के लिए प्रश्नावलियों का प्रयोग करना चाहिए तथा छोटे बच्चों के लिए वैयक्तिक रिपोर्ट प्राप्त करना चाहिए (The questions used should be ganged to the level of understanding of the members of the group.)

समाजमिति की प्रक्रिया में Lindzey & Borgatter (1954) ने कुछ परिवर्तन किया है- उदहारणार्थ—आकर्षण और विकर्षण प्रकट करने की संख्या निर्धारित कर देनी चाहिए जैसे 3 या 5 के बारे में ही अनुक्रिया प्रकट कराना, समूह छोटा होना चाहिए जिससे आमने-सामने अन्तर्क्रिया (face-to-face interaction) होती रहे।

समाजमिति की विशेषताएँ *(Characteristics of Sociometry)*

(i) अन्तरर्वैयक्तिक सम्बन्धों का अध्ययन आकर्षण और विकर्षण के रूप में किया जाता है।

(ii) छोटे समूह का अध्ययन किया जाता है।

(iii) अन्तर्वैयक्तिक अध्ययन के अध्ययन के लिए प्रयोग की जाने वाली समाजमितीय विधि में साक्षात्कार और निरीक्षण विधि का भी प्रयोग किया जाता है।

(iv) सामाजिक समस्याओं का अध्ययन किया जाता है।

समाजमितिक प्रदत्त का विश्लेषण
(Analysis of Sociometric Data)

अनुसंधानकर्ताओं ने समाजमितिक प्रदत्तों के विश्लेषण के लिए तीन प्रमुख विधियों रेखाचित्रिय विधि (Graphic Method), परिमाणात्मक विधि (Quantitative Method) एवं सांख्यकीय विधि (Statistical Method) को प्रस्तावित किया गया है। इन विभिन्न विधियों का प्रयोग करके समाजमितिक प्रदत्तों का विश्लेषण किया जाता है। समाजमितिक प्रदत्त के विश्लेषण के लिए अनुसंधानकर्ता कौन-सी विधि का प्रयोग करेगा, यह अध्ययन के उद्देश्य पर निर्भर करता है। इन विधियों का वर्णन निम्नवत् हैः—

1. रेखाचित्रिय विधि *(Graphical Method)*

(a) अत्यधिक अनुकूल प्रति अत्यधिक प्रतिकूल निरन्तरता विधि *(Strong tie* VS *Strong Aversion Continuum Method)*—समाजमितिय आरेख विश्लेषण का यह सबसे सरलतम रूप है। इस विधि में दो व्यक्तियों के अन्तरर्वैयक्तिक सम्बन्धों को 3 अनुक्रियाओं—पसन्द, तटस्थ एवं नापसन्द के आधार पर ज्ञात किया जाता है जिसमें अत्यधिक अनुकूल से अत्यधिक प्रतिकूल अनुक्रियायें प्राप्त होती है। इस सम्बन्ध में प्राप्त अनुक्रियाओं की संख्या व्यक्ति संख्या (2) तथा अनुक्रिया प्रकार (3) की गुणनफल ($2 \times 3 = 6$) के बराबर होती है।

(i) A $\rightleftarrows$ B (A B को पसन्द करता है और B A को)

(ii) A $\longrightarrow$ B (A B को पसन्द करता है परन्तु B A के प्रति तटस्थ है)

(iii) A ⇠⟶ B (A B के पसन्द करता है, परन्तु B A का नापसंद करता है)

(iv) A ———— B (दोनों एक-दूसरे के प्रति तटस्थ है)

(v) A ⇠—— B (A B के प्रति तटस्थ है परन्तु B A को नापसन्द करता है)

(vi) A ⇢⇠ B (A और एक दूसरे को नापसंद करते हैं)

इन अनुक्रियाओं के आधार पर इस प्रकार निरन्तरता मापनी (Continsuum scale) की रचना की जाती है—

1	2 3 4 5	6
↓	↓ ↓	↓
अत्यधिक अनुकूल (Strong tie)	पारस्परिक लगाव का अभाव (Lack of mutual tie)	अत्यधिक प्रतिकूल Strong aversion)

चित्र : अत्यधिक अनुकूल प्रति अत्यधिक प्रतिकूल निरन्तरता मापनी (Strong tie Vs. Strong Aversion Continuum Scale)

2. संघकन विधि या समाज आलोख विधि *(Sociogram Method or Directed Method)*

इस विधि का वर्णन *J. L. Moreno* (1934) ने अपनी पुस्तक *'Who shall Survive'* में किया है। **Lindzey** (1957) का मत है कि, *''समाज आलेख विधि वह रेखाचित्र जिससे समूह के सदस्यों के बीच पसन्दों एवं नापसन्दों का सारांश प्रस्तुत किया जाता है।'' (Sociogram is a diagramatic device for summarizing the choices and rejections among members of a group.)*। ***Lindzey & Brogatta*** (1954) का मत है कि समाज आलेखीय विधि में समूह सदस्यों को प्रकट करने के लिए ज्यामितीय चित्रों का प्रयोग किया जाता है तथा विभिन्न प्रकार की रेखाओं के द्वारा उन्हें जोड़कर उनके पसंदगी और नापसंदगी को प्रकट किया जाता है। *(It employs geometric figures to represent members of the group and the various kinds of lines joing the figures to represent choices and rejections.)*

Moreno (1934) का मत है कि समाज आलेखीय चित्र में कई स्थितियों को प्राप्त किया जाता है।

1. लोकप्रिय *(Popular)*—यह समूह का वह व्यक्ति होता है जिसे समूह के अधिकांश व्यक्ति चुनते हैं। *Moreno* ने इसे Star कहा है, *Chaplin* (1950), *Moreno* (1950), *Criswell & Jennings* (1953), *Jennings* (1947), 1950) के अनुसार लोकप्रिय को चुनने वाले व्यक्तियों की संख्या अधिक होती है, उसे अधिक लोग पसंद करते हैं, वह व्यक्तियों से घिरा होता है, लेकिन यह आवश्यक नहीं है कि वह समूह का नेता ही हो। वह समूह का शक्तिशाली व्यक्ति (Power figure) होता है। यह समूह का इकलौता व्यक्ति होता है। *Moreno* ने इसे Over chosen कहा है।

2. पारस्परिक सम्बन्ध *(Mutual pairs)*—जब दो व्यक्ति एक-दूसरे के लिए अपनी पसन्द प्रकट करें, तो वे व्यक्ति पारस्परिक जोड़े (mutual pairs) कहलाते हैं।

3. शृंखला *(Chains)*—ऐसी स्थिति में जैसे A, B, C, D, E, F कई व्यक्ति हैं और उनमें जब A, B को चाहता है, B, C को चाहता है, C, D को चाहता है, तो समाजामितीय

व्याख्या के अन्तर्गत ऐसे सम्बन्ध को शृंखलाबद्ध सम्बन्ध कहते हैं। इसकी सबसे बड़ी विशेषता यह है कि व्यक्तियों की पसन्द में क्रम और शृंखला पाई जाती है।

4. त्रिभुजीय सम्बन्ध (*Triangles*)—त्रिभुजीय सम्बन्ध को एक उदाहरण के द्वारा समझा जा सकता है। जैसे—तीन व्यक्ति XYZ है। X की पसन्द Y के लिए है और YZ को चाहता है और ZX को चाहता है, समाजमितीय विश्लेषण में जब यह परिस्थिति आती है, तो इसे त्रिभुजीय सम्बन्ध कहते हैं, जैसे Shakespeare के Twelfth Night में Duke Olivia को Olivia Voila को Voila Duke को पसन्द करती है। यह त्रिभुजाकार भी हो सकता है और चतुर्भुजाकार भी।

5. एकाकी (*Isolate*)—समूह का वह व्यक्ति एकाकी है, जो न किसी के प्रति अपने पसन्द या नापसन्द व्यक्त करता है और न वह समूह के अन्य सदस्यों के द्वारा पसन्द या नापसन्द किया जाता है। ऐसे व्यक्ति शारीरिक रूप से समूह के अंग होते हुए भी मानसिक रूप से विलग होते हैं। Moreno ने इसे Unchosen या Underchosen कहा है।

6. वहिष्कृत (*Neglectee*)—यह व्यक्ति समूह के सदस्यों के प्रति अपनी पसन्द तो प्रकट करता है लेकिन किसी भी सदस्य के द्वारा पसन्द नहीं किया जाता है, वह समूह में तिरस्कृत होता है।

7. दरार (*Cleavage*)—जब समूह के दो या दो से अधिक व्यक्ति एक-दूसरे को नापसन्द करते हैं, तो दरार पाई जाती है।

यहाँ संघकन का एक उदाहरण प्रस्तुत किया जा रहा है—

प्रथम वरीयता ————————————

द्वितीय — — — — — — — — — —

तृतीय -o-o-o-o-o-o-o-o-o-o-o-o-o-o-

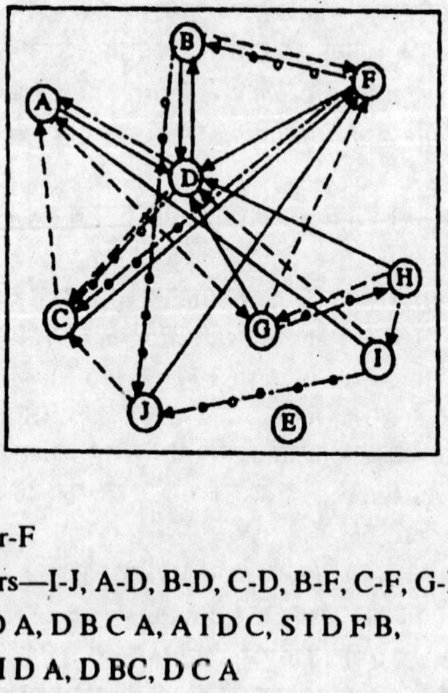

(1) Star -D

(2) Second Star-F

(3) Mutual Pairs—I-J, A-D, B-D, C-D, B-F, C-F, G-H

(4) Clique—ID A, D B C A, A I D C, S I D F B,

(5) Trianglc—I D A, D BC, D C A

(6) Chain relations—J-P-D-C-A, J-C-D-A, G-H-D-B-J.

(7) Neglectee—

(8) Isolate—E

3. लक्ष्य संघकन (*Target Sociogram*)

इस विधि का उपयोग सर्वप्रथम Northway (1940) ने किया जिसमें तीन एक केन्द्र वृत्तों (Concentric circles) का प्रयोग किया जाता है। सबसे वाह्य वृत्त में कम लोकप्रिय, उसके बाद अधिक लोकप्रिय, उसके बाद सबसे अधिक लोकप्रिय और उसके बाद लोकप्रिय (Popular star) होता है। इसमें व्यक्तियों की स्थिति इन्हीं चारों वृत्तों के द्वारा स्पष्ट की जाती है। इसके द्वारा Overchosen और unchosen व्यक्तियों को आसानी से ज्ञात किया जा सकता है। इसके प्रयोग के द्वारा रेखाओं को कम किया जा सकता है।

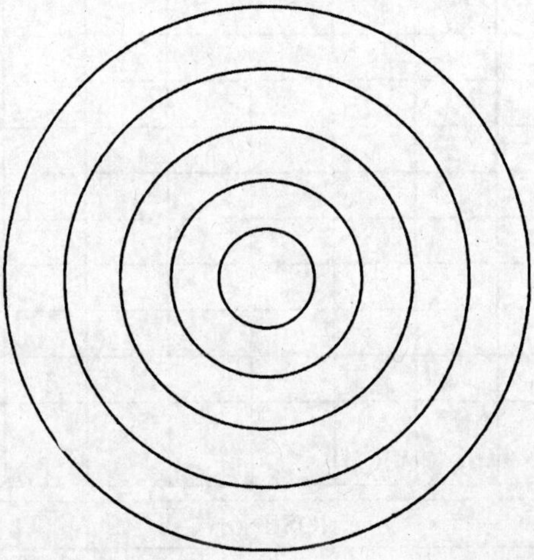

Indication (संकेत)

I	CHOICE =Red Ink
II	CHOICE = Green Ink
III	CHOICE= Blue Ink

Relations

Star		
Mutual Relations		
Triangle Relations		
Chain Relations		
Isolate		

4. परिमाणात्मक विधि (*Quantitative Method*)

इसमें सरल अंकगणितीय विधियों का प्रयोग किया जाता है और सरल अंकगणित के द्वारा समाजमितिक प्रदत्तों का विश्लेषण किया जाता है। इसकी सबसे प्राचीनतम विधि इसे माना जाता है। जिसमें पसंदों (choices) को तालिका के रूप में प्रस्तुत किया जाता है। इसका अत्यन्त

लोकप्रिय उदाहरण समाजमितीय तालिका (Sociometric matrix) है। इसका एक उदाहरण प्रस्तुत है:—

समाजमितीय चुनाव प्रपत्र
(Sociometric Chart)

(Chosen (Choices)										
	A	B	C	D	E	F	G	H	I	J
CHOSERS	A									
	B									
	C									
	D									
	E									
	F									
	G									
	H									
	I									
	J									
CHOICE	I									
	II									
	III									
भारित अंकों का योग										

CHOSEN											
		A	B	C	D	E	F	G	H	I	J
CHOSERS	A				1(3)			2(2)		3(1)	
	B				1(3)		2(2)				3(1)
	C	2(2)			3(1)		1(3)				
	D	3(1)	1(3)	2(2)							
	E										
	F		3(1)	2(2)	1(3)						
	G				1(3)		2(2)		3(1)		
	H				1(3)			2(2)		1(3)	
	I	1(3)			2(2)						1(3)
	J			2(2)			1(3)			3(1)	
भारित अंकों का योग।		6	4	6	18	0	10	4	1	3	2

अध्ययन वरीयताओं की समाजमितीय तालिका का अवलोकन करने से यह विदित होता है कि D लोकप्रिय (Star), F द्वितीय लोकप्रिय (Second star) तथा E एकाकी है, परन्तु समूह में पाये जाने वाले अन्य सम्बन्धों का ज्ञान सरलता से नहीं ज्ञात हो पाता है अतः संघ्रकन (Sociogram) बनाना आवश्यक होता है।

ऐसी तालिकाओं में हम पसंदों (Chosis) एवं नापसंदों (rejections) की सारांश तालिका तैयार की जाती है तथा सरल प्राप्तांकों के रूप में प्रदत्त को परिवर्तित कर लिया जाता है। उपर्युक्त तालिका में वरीयताओं (preferences) को प्रकट किया गया है। इसी तरह हम वरीयताओं और अस्वीकृतियां (Rejections) अर्थात पसंदगी और नापसंदगी के सन्दर्भ में भी Summary Table तैयार कर सकते हैं। इसमें Tabular method का प्रयोग होता है। यह तालिका N × N होती है। इसे N × N Table अथवा N × N भी कहते हैं। इस तालिका में बाई ओर प्रयोज्य (Subject) को लिखा जाता है और उनके आगे के खानों (cells) में उनकी अनुक्रियाओं को नोट कर लिया जाता है। इसमें प्रयोज्यों के पसंदगी (choices) और नापसंदगी (rejections) को सारांश प्रस्तुत किया जाता है। इसमें N का तात्पर्य प्रयोज्यों की (subject) की संख्या से है।

		A	B	C	D	E
	A		1	0	1	1
	B	1		0	1	1
	C	1	0		0	1
	D	0	1	2		1
	E	1	0	1	1	
Rating of atttraction →						
Ratio of Repulsions →						

Ratio of Attraction—"*Ratio of attractions is equal to the number of attractions divided by the total number of attractions and rejections, converted to a percentage.*"

Ratio of Repulsion as above

इसी प्रकार Matrix Approach का विकास *Forsyth & Katz* (1946) ने विकसित किया। इसमें भी N × N Table तैयार किया जाता है। दूसरा Matrix Approach *Luce & Perry* (1949) ने *Festinger* (1949) के साथ विकसित किया जो Matrix Multiplication पर आधारित है। तीसरी प्रकार के Matrix Approach को *Proctor & Loomis* (1951) ने विकसित किया। इन्होंने ने भी N × N Table को प्रयोग किया। इसमें

पसंदगी को 1 के द्वारा तथा नापसंदगी को –1 के द्वारा प्रकट किया जाता है:—

	1	2	3	4	5	6	7	8
1		1			1	–1		
2			1					
3					1		–1	
4	1		1					1
5	1	1	1	1			–1	–1
6		1	–1	1	–1			
7		1	1	–1				
8								

तालिका उपागम को अगले प्रकार में वरीयताओं (wighted scores) प्रदान किये जाते हैं।

(5) समाजमितीय सूचिकाएँ *(Sociometric Indices)*—समाजमितीय प्रदत्त की कुछ विशेषताओं के आधार पर इन सूचकांकों की गणना की जाती है। समूह के सदस्यों की स्वीकृति एवं अस्वीकृति के आधार पर निम्न सूचकांकों की गणना की जा सकती है।

1. पसंद स्थिति *(Choice Status)*

$$CSJ = \frac{\Sigma cj}{n-1} \quad WCJ$$ (*Proctor & Loomis,* 1951)

CSJ = व्यक्ति विशेष की पसंद स्थिति

acj = व्यक्ति विशेष के प्रति व्यक्ति की गई पसंद का योग

n –1 = समूह के व्यक्तियों की संख्या में से 1 घटाने पर प्राप्त संख्या का मान समूह में जितने सदस्य होंगे, समस्त सदस्यों की पसंद स्थिति अलग-अलग ज्ञात की जायेगी।

2. विकर्षण स्थिति *(Repulsion Status)*

$$RSJ = \frac{\text{No. of Rejections}}{(n-1)}$$ *(Proctor & Loomis, 1951)*

इस सूत्र का प्रयोग उस दशा में किया जायगा जब सदस्यों से किसी कार्य के सन्दर्भ में उसकी नापसंद भी ज्ञात की जाय।

3. समूह संसजनकता *(Group Cohesivenes) (Kerlinger, 2002)*

$$Co = \Sigma \frac{(i \leftrightarrow j)}{n(n-1)}$$

Co = रसंसजनकता

$\Sigma i \leftrightarrow j$) = पारस्परिक पसंद का योग

4. समूह प्रसारणयीता *(Group Expansiveness) (Proctor & Loomis)*

$$E = \Sigma \frac{cij}{n}$$

E = प्रसरणीयता

Σcij = समूह के समस्त व्यक्तियों द्वारा समस्त पसंदों का योग

5. **संवेगात्मक प्रसार** (*Emotional range*)

$$E\,R = \frac{\text{No. of attraction \& Repulsions}}{\text{No. of attractions}} = 100$$

6. आकर्षण अनुपात (Attraction Ratio)

$$AR = \frac{\text{No. of choice}}{\text{No. of choices + No. of rejections}}$$

7. **विकर्षण अनुपात** (*Attraction Ratio*)

$$RR = \frac{\text{No. of Rejections}}{\text{No. of choices + No. of rejections}}$$

8. **व्यक्ति के धनात्मक विस्तार** (*Persons positive expansiveness*)

$$PEp = \frac{\text{Person's choice}}{(N-1)}$$

(6) सांख्यिकीय विधि (*Statistical Analysis*)

इस विधि का प्रयोग समाजमितीय प्रदत्त के विश्लेषण के लिए किया जाता है। इसके द्वारा समाजमितीय प्रदत्त में प्राप्त अन्तरों (differences) एवं सार्थकताओं (significantness) को देखा जाता है तथा प्राप्त प्रदत्त के लिए व्युत्पन्न प्राप्तांकों (derived scores) को प्राप्त किया जाता है। इस उद्देश्य की पूर्ति के लिए 1943- 44 में Bronfenbrenner ने chance model को विकसित किया जिसमें समाजमितीय प्रदत्त के लिए द्विपद वितरण (binomial expansion) का प्रयोग किया गया। इनके अनुसार समूह के सदस्यों को यह स्वतन्त्रता दी जानी चाहिए कि वे जितनी अनुक्रियाएँ दे सकते हैं, जिससे परिणाम में विश्वसनीयता अधिक आ सके। 1951 में *Proctor & Loomis* ने Index analysis के द्वारा समूह संरचना का वर्णन किया है। 1952, 58 में Tagiuri ने Relational Analysis के विधि को विकसित किया। जिसमें व्यक्ति केवल अपनी पसंद ही नहीं प्रकट करते हैं वरन् यह भी अनुमान करते हैं कि उन्हें कौन पसंद करेगा। इसके अतिरिक्त सदस्य यह भी अनुमान करते हैं कि अन्य लोग किसे पसंद करेंगे।

समाजमितीय प्रविधियाँ
(Techniques of Sociometry)

Lindzey & Borgatta (1954) के अनुसार अन्तरर्वैयक्तिक सम्बन्धों के अध्ययन के लिए अनेक समाजमितीय प्रविधियों का प्रयोग किया जा सकता है:—

1. समाजमितीय स्वमूल्यांकन या सहसम्बन्धात्मक विश्लेषण (*Sociometric self-rating or Relational Analysis)—Moreno* (1942) ने सबसे पहले इस विधि का प्रयोग किया और प्रत्यक्षीकरण के प्रशिक्षण समाजमितीय अध्ययन किया। इसमें सदस्यों से यह पूछा जाता है कि तुम्हें कौन चुनेगा (Who do you think will choose you)। इस विधि में स्वमूल्यांकन कराया जाता है।

2 समूह सहभागिता मापनी (*Pepinsky, Siegel & Vanatta (1952)* ने *Thorstone* के समान मध्यान्तर मापनी (Method of equal appearing internals) के आधार पर समाजमितीय सूचिका (sociometric index) को विकसित करने के लिए इस प्रविधि का विकास किया। इसके द्वारा समूह सहभागिता की प्रभाविकता (Effectiveness of participation group activity) का मापन करते हैं।

3. समूह वरीयता आलेख (*Group Preference Record*)—इस प्रविधि को *Newsteller, Fieldstein & Newcomb* (1938) *Zelney* (1939,1940) ने विकसित किया। इस प्रविधि में समूह के सदस्य अपनी अनुक्रिया को प्रत्येक सदस्य के बारे में पसंद, नापसंद अथवा तटस्थ के रूप में प्रकट करते हैं, और इन अनुक्रियाओं को भारित अंक प्रदान किया जाता है।

4 बहुसम्बधीय समाजमितीय सर्वेक्षण (*Multirelational Sociometric Survey*)—*Weschler, Tannenbaum & Talbot* (1952), *Massarik, Tannen-baum, Kahane,, & Weschler* (1953) इस प्रविधि को विकसित किया। इसमें लक्ष्य निर्देशित (Goal directed) और अलक्ष्यनिर्देशित (non-gool directed) दो वर्गों से सम्बन्धित प्रश्न पूछे जाते हैं।

5. समय आकलन (*Estimates of time*)—*Moreno, Jennings & Sargent* (1940) ने इस विधि को प्रस्तावित किया। इसमें समय के अनुमान पर वरीयता की तीव्रता (intensity of choice) को ज्ञात किया है। सदस्यों को यह कहा जाता है कि किसी के लिए वह अन्य सदस्यों के साथ अन्तर्क्रिया में कितना समय व्यतीत करेंगे। इसमें कम समय या अधिक समय का व्यतीत करना आकर्षण और विकषर्ण की ओर संकेत करता है।

6. ''बताओ कौन है'' प्रविधि (*Guess who technique*)—*Harthshrone, May & Maller* (1929) ने इस विधि को प्रस्तावित किया है। इसमें पहचान प्रश्न (identification question) या बताओं कौन है (Guess who questions) प्रश्नों को पूछा जाता है। इसमें बहुत से व्यवहार वर्णनों (behaviour descriptions) को प्रस्तुत किया जाता है और व्यक्ति से यह कहा जाता है कि वह यह अनुमान करे कि यह विशेषतायें किस पर फिट बैठती हैं।

समाजमितीय मापों की विश्वसनीयता
(Reliability of Sociometric Measurements)

समाजमितीय मापों की विश्वसनीयता स्थापित करने में अनेक कठिनाइयाँ हैं :—

1. समाजमितीय प्रदत्त के विश्लेषण में उस समय विश्वसनीयता का अभाव पाया जाता है जब अनुक्रियाओं को प्राप्तांकों में रूपान्तरित नहीं किया जाता है तथा सभी अनुसंधानकर्ता प्रदत्त विश्लेषण के लिए एक ही प्रक्रिया का प्रयोग नहीं करते हैं।

2. यदि हम एक ही समूह पर एक लम्बे अन्तराल से दो बार समाजमितीय मापों का प्रयोग करें तो हमें दोनों समय के प्राप्त परिणामों में संगति प्राप्त करने की सम्भावना नहीं होगी क्योंकि समय बीत जाने के कारण लोग यह नहीं याद रख पाते हैं कि उन्होंने पहले कौन-सी अनुक्रिया प्रकट की थी। इसके अतिरिक्त सम्बन्धों में परिवर्तन भी आ जाता है। यही नहीं सामाजिक संरचना में भी परिवर्तन हो जाता है (समूह के सदस्य परिवर्तित हो जाते हैं)।

3. विश्वसनीयता प्राप्त करने के लिए समूह की पुनर्रचना (restructuring) करके समूह को पहले की तरह ही बनाना होता है।

4. समाजमितीय माप का प्रयोग मानव प्रयोज्यों के लिए किया जाता है जिनके आन्तरिक बनावट (internal composition) में परिवर्तन होता रहता है। गहन अध्ययन करने पर ही हमें विश्वसनीय परिणाम प्राप्त हो सकते हैं।

5. समाजमितीय मापों की विश्वसनीयता को स्थापित करने में ऊपर दी हुई तमाम कठिनाइयों के पाये जाने के बाद भी (*Bell & French* (1950) *Bonney* (1943), *Byard*

(1951), *Hurt & Soloner* (1942), *Jennings* (1950), *Moreno* (1934), *Northway* (1952), *Zeleny* (1939) ने इसकी विश्वसनीयता के बारे में कुछ प्रस्तावित किया है:—

(i) जब प्रदत्त को परिणामात्मक प्राप्तांकों में परिवर्तित कर लेते हैं, तो विश्वसनीयता प्राप्त की जा सकती है।

(ii) समाजमितीय मापों की विश्वसनीयता उस समय अधिक होगी, जब प्रयोज्य व्यस्क होते हैं। लेकिन यह स्पष्ट नहीं किया गया है कि इसका कारण प्रौढ़ों के अन्तर्वैयक्तिक सम्बन्धों में स्थायित्व पाये जाने के कारण है अथवा उनकी श्रेष्ठ स्मृति के कारण।

(iii) *Moreno* (1934) *Criswell* (1939) का मत है कि प्रयोज्यों के कम महत्त्वपूर्ण वरीयताओं (least important choices) में बहुत परिवर्तन होता है। *Moreno* (1934) ने 3 महीने बाद प्रथम वरीयता में 8 % तथा द्वितीय वरीयता में 18% परिवर्तन प्राप्त किया है।

(iv) *Hurt & Solomon* (1942) का मत है कि समूह संरचना की प्रारम्भिक अवस्था में प्राप्त समाजमितीय वरीयताओं में परिवर्तन पाया जाता है।

समाजमितीय मापों की वैधता
(Validity of Sociometric Measures)

जिस प्रकार समाजमितीय मापों की विश्वसनीयता ज्ञात करना कठिन है उसी प्रकार वैधता ज्ञात करने में भी कुछ कठिनाइयाँ हैं:—

1. प्रयोज्य अपने अनुक्रियाओं में अनुसंधानकर्ता को धोखा देने का प्रयास करते हैं तथा असत्य चित्र का प्रस्तुतीकरण करते हैं।
2. समाजमितीय मापों के असंवेदनशील होने पर वह उत्तर नहीं मिल पाता है जो अनुसंधानकर्ता चाहता है।
3. प्रश्नों की संख्या अधिक होने पर भी वैधता में कमी पाई जाती है, क्योंकि प्रयोज्य ऊब जाते हैं।
4. प्रयोज्यों में रुचि कम होने से वैधता कम हो जाती है।
5. अधिक परिवर्त्यों के प्रयोग करने से वैधता में कमी आ जाती है।

इन कठिनाइयों को दूर करके समाजमितीय मापों को वैध बनाया जा सकता है।

समाजमितीय मापों की अनुसंधान उपयोगिता
(Research utility of Sociometric Measures)

समाजमितीय मापों की उपयोगिता का वर्णन करते हुये ***Kerlinger*** (2002) ने अपना मत इस प्रकार प्रकट किया है, *''समाजमितीय निरीक्षण तथा प्रदत्त संकलन की एक सरल, मितव्ययी तथा प्राकृतिक विधि है। जब किसी समूह में पसंद करना, प्रभावित करना, प्रतिनिधित्व करना तथा सम्प्रेषण करने की क्रियाएँ सम्मिलित हों, तो समाजमिति विधि का प्रयोग किया जा सकता है।''* (*Sociometry is a simple, economical and naturalistic method of observation and data collection. Whenever such actions as choosing, influencing, dominating and communication in group situations are involved, sociometric method can usually be used.*)

Lindzey & Borgatta के अनुसार समाजमितीय मापों की निम्नलिखित उपयोगिताएँ हैं:—

1. यह एक निरीक्षण प्रविधि है।

2. नेतृत्व की कसौटी का अध्ययन किया जा सकता है। (*Jennings* 1937; 47,50; *Bell & French,* 1950; *Wherry & Freyer,* 1949; *Williams & Levitt,* 1947; *Stogdill,* 1949; *Gibb,* 1956; *Moreno,* 1934)।

3. अल्पसंख्यक समूह के प्रति पूर्वाग्रहों का अध्ययन किया जा सकता है (Moreno, 1934; *Criswell,* 1942; *Northway,* 1946; *Northway & Qarrington,* 1946; *Goodnow & Taiguri,* 1952)।

4. इसके द्वारा व्यक्ति के सामाजिक समायोजन को ज्ञात किया जा सकता है (*Northway,* 1944)।

5. सामाजिक संवेदनशीलता को ज्ञात किया जा सकता है (*Taiguri,* 1951)।

6. सामाजिक स्तर का मूल्यांकन कर सकते हैं (*Zelleny* 1940-41; *Lemann & Solomon,* 1952; *Loomis, Beegle & Longmore,* 1947)।

7. समूह के मनोबल का मूल्यांकन किया जा सकता है (*Zeleny* 1943; *Jenkins* 1947)।

8. समूह संरचना का अध्ययन किया जा सकता है (*Moreno* 1934; *Criswell* 1939-43)।

9. शिक्षकों को अनेक ऐसी समस्याओं का सामना करना होता है जिसका समाधान समाजमितीय विधियों द्वारा किया जा सकता है। इस विधियों के द्वारा समूह की अनेक विशेषताओं यथा पसंद स्थिति, विकर्षण स्थिति, समूह संसजनकता (group cohesiveness), समूह प्रसरणीयता (group expansiveness) आदि का अध्ययन किया जा सकता है।

10. इस विधि का उपयोग कर्मचारी समूह के संगठन, मनोबल, समूह एकता, प्राधिकार व्यक्तियों के साथ सम्बन्ध आदि का अध्ययन किया जा सकता है।

11. सेना में इस विधि का उपयोग है। सैनिक महत्त्व से सम्बन्धित समस्याओं जैसे रुचि, मनोबल, सामाजिक समायोजन अन्तरवैयक्तिक सम्बन्ध (*Sutherland & Fitzpatrick,* 1945) का अध्ययन किया जा सकता है।

12. मानसिक अस्पतालों में इस प्रविधि का उपयोग करके वैयक्तिक समायोजन, समाजमितीय स्थिति, अन्तरवैयक्तिक सम्बन्धों का अध्ययन किया जा सकता है।

❑

अध्याय 29

विषय-वस्तु विश्लेषण
(CONTENT ANALYSIS)

अनुसंधान का क्षेत्र चाहे मनोविज्ञान रहे, या समाजशास्त्र, कभी-कभी अनुसंधानकर्ता को आंकिक प्रदत्त नहीं उपलब्ध होते हैं। वरन् प्रदत्त स्वरूप उन्हें लिखित सामग्री प्राप्त होती है। ऐसी स्थिति में उसे लिखित सामग्री का ही विश्लेषण करना होता है और किसी निष्कर्ष पर पहुँचना होता है। मनोविज्ञान में अनुसंधानकर्ता कभी अनुक्रियास्वरूप उत्तरदाता द्वारा लिखित कहानियों को प्राप्त करता है। कभी उसे मुक्त अन्त (free-end) प्रश्नों का विस्तृत उत्तर प्राप्त होता है, अथवा कभी प्रदत्त के रूप में व्यक्ति द्वारा लिखित डायरियाँ प्राप्त होती हैं जिनके विषय-वस्तु का विश्लेषण करके अनुसंधानकर्ता व्यक्ति की समस्याओं, अभिवृत्तियों, प्रवृत्तियों आदि के बारे में सूचनाएँ प्राप्त करता है और समस्या का अध्ययन करता है। लिखित सामग्री के रूप में व्यक्ति की अभिव्यक्ति भी एक प्रकार की संचार-प्रक्रिया (communication process) का रूप है। संचार-प्रक्रिया में विषय-वस्तु का महत्त्वपूर्ण स्थान है। संचार विषय-वस्तु (communication content) में वाचिक (verbal) और अवाचिक (non verbal) दोनों प्रकार की सामग्री पाई जाती है जिनके द्वारा अर्थ ज्ञान होता है। इस प्रकार संचार-प्रक्रिया में, ***Berelson*** (1952) के अनुसार, *"Who says what to whom, how with what effect"* पाया जाता है। इस प्रकार विषय-वस्तु के द्वारा व्यक्ति दूसरे व्यक्ति से संचार (communicate) करने में सफलता प्राप्त करता है। ऐसे विषय-वस्तु को वैज्ञानिक प्रदत्त का स्वरूप प्रदान करने के लिए उसे क्रमबद्ध रूप से वर्गीकृत किया जाता है, वस्तुनिष्ठ ढंग से उसका प्रस्तुतीकरण किया जाता है, सांख्यकीय विश्लेषण किया जाता है, तथा उपयुक्त सामान्यीकरण किया जाता है। यही विषय-वस्तु विश्लेषण (content analysis) है।

किसी भी प्रकार के संचार में मुख्य रूप से 6 घटक (components) अथवा प्रखण्ड (segments) पाये जाते हैं:—

(i) संचार स्रोत अथवा प्रेषक (Sender)
(ii) सन्देश (Message)
(iii) प्रवाह पथ (channel)
(iv) संग्राहक (Receptor)
(v) प्रभाव (Effect)
(vi) उद्देश्य (Purpose)

सर्वप्रथम व्यक्ति (Sender) संचार करता है जिसकी अभिव्यक्ति (Message) भाषा के माध्यम से होती है (जो व्यक्ति के उद्देश्यों, अभिप्रेरणाओं से सम्बन्धित होती है)। यह अभिव्यक्ति किसी माध्यम-डायरी, पत्र-पत्रिकाओं में लेख, व्यक्तिगत पत्र (Channel) से होती है जिसे किसी के द्वारा ग्रहण (Receiver) किया जाता है। संदेश का व्यक्ति के ऊपर पड़ने

वाले प्रभाव को ही 'प्रभाव' (Effect) कहा जाता है जिसका कोई-न-कोई 'उद्देश्य' (Purpose) होता है। विषय-वस्तु विश्लेषण का तात्पर्य यहाँ केवल 'संदेश' (Message) के विश्लेषण से ही है।

विषय-वस्तु विश्लेषण सामाजिक अनुसंधान की एक विशिष्ट प्रविधि है जिसमें लिखित सामग्री का विश्लेषण करके इन्द्रियानुभविक प्रदत्तों (empirical data) को प्राप्त किया जाता है। इसके अनुसंधानकर्ताओं ने इस प्रकार परिभाषित किया है।

Waples & Berelson (1941) के अनुसार, *''क्रमबद्ध विषय-वस्तु विश्लेषण विषयवस्तु के अधिकतर कारणात्मक विवरणों को विशिष्टता प्रदान करने का प्रयास करता है जिससे पाठक अथवा श्रोता को दिये गये उद्दीपकों के प्रकृति एवं सापेक्षपरक शक्ति को वस्तुनिष्ठता से प्रस्तुत किया जा सके।'' (Systematic content analysis attempts to refine more casual descriptions of the content, so as to objectively the nature and relative strength of the stimuli applied to the reader or listeners.)*

Kaplan & Goldsen (1943) के अनुसार, *''विषय-वस्तु विश्लेषण का उद्देश्य किसी विषय-वस्तु का वर्गों के क्रम में परिणामात्मक वर्गीकरण है जो किसी विशिष्ट उपकल्पना के सम्बन्ध में प्रदत्त उपलब्ध कराता है।'' (The content analysis aims at a quantitative classification of a given body of a content, in terms of a system of categories devised to yield data relevant to specific hypothesis concerning that content.)*

Kaplan (1943) के अनुसार, *''विषय-वस्तु विश्लेषण एक विशेष सम्प्रेषण के अन्तर्गत निहित अर्थों का क्रमबद्ध एवं मात्रात्मक रूप से विशेषीकृत करता है।'' (Content analysis attemps to characterize the meaning in a given body of discourse in a systematic and quantitative fashion.)*

Kerlinger (2002) के अनुसार, *'विषय-वस्तु विश्लेषण परिवर्त्यों के मापन के लिए संचार के क्रमबद्ध, वस्तुनिष्ठ एवं परिमाणात्मक रूप से अध्ययन एवं विश्लेषण की एक विधि है।'' (Content analysis is the method of studying and analyzing communications in a systematic, objective and quantitative manner for the purpose of measuring variables.)*

Berelson (1952) के अनुसार, *''विषय-वस्तु विश्लेषण अनुसंधान की वह प्रविधि है जिससे संचार द्वारा प्राप्त व्यक्त विषय-वस्तु को वस्तुनिष्ठ, क्रमबद्ध तथा मात्रात्मक रूप प्रदान किया जाता है।'' (Content analysis is a research technique for objective, systematic and quantitative description of the manifest content of communication.)*

Chaplin (1975) के अनुसार, *''विषय-वस्तु विश्लेषण एक प्रविधि है जिसके द्वारा निश्चित पदों, विचारों अथवा सांवेगिक प्रतिक्रियाओं की अभिव्यक्ति की बारम्बारता के आधार पर प्रलेख या संचार का विश्लेषण किया जाता है।'' (Content analysis is the study of a document or a communication in terms of the frequency with which certain terms, ideas, or emotiona! reactions are expressed.)*

इन परिभाषाओं के आधार पर यह कहा जा सकता है कि विषय-वस्तु विश्लेषण एक शोध-प्रविधि है जिसके द्वारा संचार-संदेश का विश्लेषण करके प्रेषक के बारे में आवश्यक सूचनाएँ प्राप्त की जाती हैं।

विषय-वस्तु विश्लेषण की विशेषताएँ (*Characteristics of Content Analysis*)

Berelson (1954) ने विभिन्न अनुसंधानकर्ताओं द्वारा विषय-वस्तु विश्लेषण की प्रस्तुत की गई विशेषताओं का सारांश 6 बिन्दुओं के रूप में प्रस्तुत किया है :—

(i) इसका प्रयोग केवल सामाजिक विज्ञानों के सामान्यीकरण के लिए ही किया जाता है (It applies only to social science generalizations —*Leites & Pool,* 1942)।

(ii) इसका प्रयोग केवल संज्ञापन के प्रभाव के निर्धारण के लिए किया जाता है (It applies only or primarily to the determination of the effects of communication—*Walpes & Berelson,* 1941)।

(iii) इसका सम्बन्ध केवल भाषा के वाक्य रचना तथा शब्दार्थ-विषयक विमाओं से है (It applies only to the syntatic and semantic dimensions of the language—*Leites & Pool,* 1942)।

(iv) इसे वस्तुनिष्ठ होना चाहिए (It must be objective—*Walpes & Berelson,* 1941, *Leites & Poll* 1942; *Janis* 1943; *Kaplan,* 1943)।

(v) इसे शब्दार्थ-विषयक होना चाहिए (It must be semantic—*Leites & Pool* 1942; *Kaplan* 1943; *Kaplan & Goldsen,* 1943)।

(vi) इसे परिमाणात्मक होना चाहिए (It must be quantitative—*Walpes & Berelson,* 1941; *Leites & Pool,* 1942; *Kaplan,* 1943; *Janis,* 1943; *Kaplan & Goldeen,* 1943)।

उपर्युक्त वर्णित विशेषताओं में से पहली और दूसरी विशेषतायें विषय-वस्तु के क्षेत्र को करती है। तीसरी विशेषता का सम्बन्ध वाक्य रचना तथा शब्दार्थ-विषयक आवश्यकताओं से है। परन्तु विषय-वस्तु विश्लेषण केवल भाषागत वाक्य रचना अथवा शब्दार्थों तक ही सीमित नहीं है वरन् आवश्यकता पड़ने पर संचार के व्यक्त विषय-वस्तु के आधार पर उन अव्यक्त अर्थों का अनुमान ही नहीं लगाया जा सकता है वरन् विवेचना भी की जा सकती है जो परिणाम के दृष्टिकोण से महत्त्वपूर्ण है। विषय-वस्तु विश्लेषण की चौथी विशेषता वस्तुनिष्ठता की आवश्यकता इस तथ्य की ओर संकेत करती है कि विश्लेषण के वर्गों को इस प्रकार इतनी परिशुद्धता से विश्लेषण करना चाहिए कि विभिन्न प्रकार के विश्लेषक (analyst) उसे उसी प्रकार के प्रदत्त के लिए उपयोग कर सके। और वही परिणाम प्राप्त कर सके। अन्तर्वस्तु विश्लेषण की पाँचवीं विशेषता शब्दार्थ-विषयक आवश्यकता इस तथ्य की ओर इंगित करती है कि (i) अध्ययन की जाने वाली सामग्री को सभी प्रासंगिक वर्गों में विश्लेषण किया जाय, (ii) वैज्ञानिक समस्या या उपकल्पना से सम्बन्धित प्रासंगिक प्रदत्त को प्राप्त करने के लिए क्रमबद्ध विश्लेषण होना चाहिए। विषय-वस्तु विश्लेषण को छठवीं विशेषता परिमाणात्मकता से सम्बन्धित है जिसकी आवश्यकता के बारे में सभी सहमत हैं। परन्तु परिमार्जन का तात्पर्य यह नहीं है कि विश्लेषक वर्गों (analytical categories) को आंकिक मूल्य (numerical value) ही प्रदान किया जाय। वरन् इस उद्देश्य की पूर्ति के लिए परिमाणात्मक शब्दों (quantitative word) का प्रयोग किया जाय यथा—अधिकतर कभी-कभी कभी नहीं। लेकिन कुछ अनुसंधानकर्ताओं ने अपने अध्ययन में आंकिक मूल्यों का प्रयोग किया है।

विषय-वस्तु विश्लेषण की प्रक्रिया
(Procedure of Content Analysis)

विषय-वस्तु विश्लेषण एक तकनीकी प्रक्रिया है जिसके लिए विशेषज्ञ-ज्ञान (expert knowledge) की आवश्यकता होती है क्योंकि संचार (communication) तथा प्रलेखों (documents) के विषय-वस्तु (घटकों) का विश्लेषण करना एक कठिन समस्या है। ***Berelson*** (1954) एवं ***Helson*** (1967) ने विषय-वस्तु विश्लेषण के लिए निम्नलिखित आधारों का प्रयोग किया है:—

1. जनसंख्या निर्धारण (*Determination of Sample*)—सर्वप्रथम अनुसंधानकर्ता उस जनसंख्या का निर्धारण करता है जिससे चयन किये गये प्रतिदर्श का वह अध्ययन करना चाहता है। यदि अनुसंधानकर्ता प्रचलित विचारों अभिवृतियों एवं मूल्यों का अध्ययन करना चाहता है तो उसे ऐसे लेखकों और साहित्यकारों को अपने प्रतिदर्श के रूप में चयन करना होगा जो तटस्थ और निष्पक्ष लिखते हों, फिर हमें उनके साहित्य (विषय-वस्तु) का विश्लेषण करना होगा।

2. प्रतिदर्श का निर्धारण (*Determination of Sample*)—यह प्रतिदर्श निर्धारण की समस्या से सम्बन्धित है। अनुसंधानकर्ता को यह तय करना होता है कि प्रतिदर्श इकाइयों का निर्धारण वह कैसे करे? इस सन्दर्भ में उसे यह सुनिश्चित करना होगा कि किस काल के विषय-वस्तु में वह इच्छुक है? जिस काल के विषय-वस्तु में वह इच्छुक होगा, इस काल के लेखक एवं साहित्यकार ही प्रतिदर्श की इकाई होंगे।

3. विश्लेषण की इकाइयाँ (*Units of Analysis*)—Berelson (1954) के अनुसार विश्लेषण की 5 इकाइयाँ—मूलविषय (theme), एकांश (item), शब्द (words), चरित्र (character), स्थान एवं समय के मापदण्ड (measures of space and time)। विषय-वस्तु विश्लेषण के लिए इन्हीं पाँचों आधारों का प्रयोग किया जाता है। जिनका संक्षिप्त विवरण अधोप्रस्तुत है:—

(i) मूल विषय (*Theme*)—इसमें विषय-वस्तु के मूल विषय को निर्धारित किया जाता है। जैसे—सामाजिक व्यवस्था।

(ii) एकांश (*Item*)—विषय-वस्तु के विश्लेषण में पदों को ही आधार बनाया जाता है। पद (एकांश) कहानी/साहित्य के पात्रों की प्रतिक्रिया होती है।

(iii) चरित्र (*Character*)—अनुसंधानकर्ता इसमें नाटक, उपन्यास अथवा कहानी के पात्रों के चरित्र का निर्धारण करता है।

(iv) शब्द (*Words*)—संचार/प्रलेख में किस प्रकार की भाषा का प्रयोग किया गया है—सरल अथवा कठिन, तटस्थ अथवा संवेगात्मक।

(v) स्थान तथा समय का मापदण्ड (*Measures of space and time*)—इसमें काल तथा स्थान सम्बन्धी सूचनाओं को प्राप्त किया जाता है।

(4) परिमाणन एवं मापन (*Quantification and Measurement*)—इसमें सम्बन्धित साहित्य के विश्लेषण के द्वारा यह ज्ञात किया जाता है कि विचार, विश्वास, अभिवृत्ति आदि कितने बार घटित हुए हैं। इनके आवृत्तियों की गणना की जाती है।

विषय-वस्तु विश्लेषण के उपयोग
(The Uses of Content Analysis)

विषय-वस्तु विश्लेषण का क्षेत्र अब सीमित नहीं, वरन् बहुत विस्तृत हो गया है। विषय-वस्तु का क्षेत्र पहले प्रकाशित सामग्री ही था, परन्तु अब इसमें रेडियो वार्ता, फिल्म विश्लेषण

आदि को सम्मिलित कर लिया गया है। *Berelson* (1959) के अनुसार विषय-वस्तु विश्लेषण के निम्नलिखित उपयोग हैं:—

1. विषय-वस्तु की विशेषता : सारांश
(Characteristics of Content : Substance)

1. संचार विषय-वस्तु में प्रवृत्ति का वर्णन करना *(To describe trends in communication content)*—जब संचार विषय-वस्तु को सरल वर्गों में विभिन्न समय पर वर्गीकृत किया जाता है तो इससे हमें विषय-वस्तु प्रवृत्ति (content trend) का भी वर्णन इस रूप में प्राप्त होता है कि वह वर्ग (category) कितनी बार घटित हुआ है। इससे हमें प्रेषक (communicator) या श्रोता (audience) में होने वाले परिवर्तनों के बारे में ज्ञान प्राप्त होता है। इस सन्दर्भ में *Taeuber* (1932), *Yakobson & Lasswell* (1949), *Ojemann* (1948), *Kris & Leites* (1947) ने अध्ययन किया है।

2. सम्बन्धित साहित्य के विकास की खोज करना *(To trace the development of scholarship)*—विषय-वस्तु विश्लेषण के द्वारा किसी भी साहित्य के ऐतिहासिक विकास को देखकर समय विशेष तथा युग विशेष में प्रचलित परम्पराओं, मान्यताओं, तथा अभिरुचियों आदि कार्यकलापों के बारे में जानकारी प्राप्त कर सकते हैं। इस दिशा में *Rainoff* (1929), *Stevense* (1932), *Shaans* (1945), *Allport & Bruner* (1940) आदि के सार्थक प्रयास को उद्धृत किया जा सकता है।

3. संचार विषय-वस्तु के अन्तर्राष्ट्रीय मतभेदों को ज्ञात करना *(To disclose international differences in communication content)*—विषय-वस्तु विश्लेषण के द्वारा विभिन्न देशों के संचारों में पाये जाने वाले मतभेदों के बारे में सूचना प्राप्त की जा सकती है। इस उद्देश्य की पूर्ति के लिए अनुसंधानकर्ता समाचारपत्रों या रेडियों के विषय-वस्तु का विश्लेषण करके यह देखने का प्रयास करता है कि कौन-सा समाचार उभयनिष्ठ रुचि (common interest) का परिचायक है तथा उन्हें किस प्रकार समझा (treat) जा रहा है तथा किसी घटना (event) जैसे अन्तर्राष्ट्रीय संकट या युद्ध को अन्तर्राष्ट्रीय रूप किस प्रकार दिया जा रहा है। इसी प्रकार ब्रिटिश, अमेरिकन, फ्रेन्च तथा रूसी फिल्म में केन्द्रीय अन्तर (Central difference) क्या है? इस तरह की तुलनाएँ विषय-वस्तु विश्लेषण के द्वारा की जाती हैं। तथा राष्ट्रीय श्रोता (national audience) के अवधान में पाये जाने वाले अन्तरों को ज्ञात किया जाता है। Walworth (1938) ने युद्ध के ब्रिट्रिश एवं अमरीकी वृतान्तों (versions) की तुलना की। इसी प्रकार *Mc Granaham & Wayne* (1948) ने दो देशों के नाटकों के विषय-वस्तु (theme) की तुलना की और अमरीकी नाटकों के 60% विषय- वस्तु आसक्ति (love) तथा 36% नैतिकता (morality) से सम्बन्धित थे। इसी प्रकार इन्होंने जर्मन नाटकों के 44% विषय-वस्तु आदर्श तथा 33% शक्ति से सम्बन्धित थे।

इस प्रकार विषय-वस्तु विश्लेषण के द्वारा दो राष्ट्रीय चरित्रों (National characters) के अभिलेखीय अन्तरों का अध्ययन किया जा सकता है।

4. संचार साधनों अथवा स्तरों का तुलनात्मक अध्ययन *(To compare media or levels of communication)*—संचार के विभिन्न साधन अथवा स्तर केवल श्रोता (audience) को आकर्षित ही नहीं करते हैं वरन् एक ही शीर्षक (topic) की विभिन्न प्रकार से व्याख्या भी करते हैं। इन्हीं कारणों से संचार विषय-वस्तु का तुलनात्मक विश्लेषण करने के लिए विषय-वस्तु विश्लेषण करना आवश्यक हो जाता है। इससे हमें यह ज्ञात होता है कि संचार

प्रक्रिया कितनी प्रभावशील है, तथा यह संचार प्रक्रिया किसी विचारधारा के प्रति किस प्रकार का भाव रखती है—आलोचक या पोषक।

5. संचार विषय वस्तु के उद्देश्यों की जाँच करना *(To audit communication content against objectives)*—प्रत्येक संचार प्रक्रिया (Communication outlet) का कोई-न-कोई उद्देश्य होता है। यह उद्देश्य एक या एक से अधिक हो सकते हैं तथा इनका स्वरूप प्रत्यक्ष (explicit) भी हो सकता है और अप्रत्यक्ष (emplicit) भी। विषय-वस्तु के गुणवत्ता (quality) के मापन करने की एक विधि यह भी है कि यह देखा जाय कि विषय-वस्तु कितने विश्वास से उद्देश्यों को प्रकट करता है।

6. संचार मापदण्डों की रचना एवं अनुप्रयुक्ति *(To construct and apply communication standards)*—विषय-वस्तु विश्लेषण संचार का वर्णन अवश्य करता है लेकिन उसका मूल्यांकन नहीं कर सकता। मूल्यांकन (evaluation) के लिए एक या एक से अधिक मापदण्डों का प्रयोग किया जाता है तथा उसी के द्वारा संचार विषय-वस्तु का विश्लेषण किया जाता है। संचार का मूल्यांकन करने के लिए विषय-वस्तु विश्लेषण का प्रयोग तीन प्रकार से होता है:—

(i) पहले तय किये गये मापदण्ड या सामाजिक उद्देश्य के द्वारा निष्पादन का मूल्यांकन करना—ऐसे पूर्व-मापदण्ड (Prior standard) का प्रयोग Royal commission on the Press (1949) ने किया। तथा दमन (suppression), विकृति (distortion) आदि को सुनिश्चित किया। इसी प्रकार 1945 में *Sussman* ने Radio News Programme में Treatment of Labour तथा 1948 में Asch ने 50 पत्रिकाओं में Taft Hartley Act के प्रभाव का अध्ययन किया।

(ii) एक विषय-वस्तु की तुलना दूसरे विषय-वस्तु से करके निष्पादन का मूल्यांकन करना—मूल्यांकन के दूसरे आधार. में मापदण्डों को आन्तरिक मूल्यांकन के दूसरे आधार में मापदण्डों को आन्तरिक रूप से निर्मित किया जाता है तथा एक विषय-वस्तु की तुलना दूसरे विषय-वस्तु से की जाती है। इस सन्दर्भ में *Kingsbury & Hart* (1937) ने नैतिक एवं अनैतिक व्यवहारों के अध्ययन के लिए महत्त्वपूर्ण समाचार पत्रों का मूल्यांकन किया।

(iii) संचार स्रोत *(content source)* **की तुलना असंचार स्रोत** *(non- content source)* **से करके निष्पादन का मूल्यांकन करना**—इस सन्दर्भ में Berelson & Salter (1946) का अध्ययन उद्घृत किया जा सकता है।

7. तकनीकी अनुसंधान संक्रियाओं में सहायता करना *(To aid in technical research operations)*—अनुसंधान कार्यों में विषय-वस्तु विश्लेषण का प्रयोग किया जाता है। प्रदत्त विश्लेषण के लिए वैयक्तिक साक्षात्कार (personal interview) अथवा अभिलेखित निरीक्षण(recorded observation) का सहारा लिया जाता है। असंरचित साक्षात्कार में पूछताछ (probing) के द्वारा अनुक्रियाएँ प्राप्त की जाती हैं लेकिन वे कुछ उद्देश्यों की पूर्ति के लिए प्रश्नों द्वारा पूछताछ अति आवश्यक (indispensable) होने पर प्रश्नों की रचना वस्तुनिष्ठ ढंग तथा क्रमबद्ध ढंग से करनी होती है जिसमें प्रश्नों का कूट संकेतन(coding) तथा वर्गीकरण (categorization) से किया जाता है। इससे दो भिन्न समूहों की क्रियाओं का ज्ञान होता है। इसमें प्रतिदर्श सर्वेक्षण(sample survey) अथवा प्रायोगिक विधि(experimental method) के द्वारा भी गुणात्मक सामग्री का अंकन (coding) किया जाता है।

2. विषय-वस्तु की विशेषता : रूप

1. प्रचार प्रविधि की खोज करना *(.To expose propaganda technique)*—प्रचार विश्लेषण के रूप में भी विषय-वस्तु विश्लेषण प्रविधि का उपयोग किया जाता है। प्रचार में

किसी विवादग्रस्त जनसमस्या (controversial public issue) पर अभिवृत्तियों या व्यवहारों (behaviours) को विचारपूर्वक प्रभावित करने का प्रयास किया जाता है, जैसे समाचार पत्र का संपादकीय। इस विश्लेषण का विषय कई प्रकार का हो सकता है।

2. संचार सामग्री की पठनीयता का मापन करना *(To measure readability of communication materials)*—शिक्षाशास्त्रियों के लिए विषय-वस्तु विश्लेषण की उपयोगिता अधिक है क्योंकि उन्हें मुद्रित सामग्री के पठनीयता के मापन करने की आवश्यकता होती है क्योंकि उन्हें यह ज्ञात करने की आवश्यकता होती है कि कौन-सी सामग्री पढ़ने और समझने में कठिन हैं अथवा सरल तथा दो सामग्रियों की शैली में क्या अन्तर है। इन प्रश्नों के उत्तर के लिए शिक्षाशास्त्रियों के लिए यह आवश्यक होता है क्योंकि उसे विभिन्न योग्यताओं के पाठकों के लिए उपर्युक्त पुस्तकों का चयन करना होता है। इसी प्रकार समाचार पत्रों तथा अन्य संचार विषय-वस्तुओं को पठनीय बनाने का प्रयास किया जाता है जिसके लिए पाठकों की रुचि को उभारने का प्रयास किया जाता है। इसके अतिरिक्त वाक्य लम्बाई (sentence length), सरल वाक्यों आदि कारकों को भी विषय-वस्तु को पठनीय बनाने में ध्यान रखा जाता है।

3. साहित्य शैली के लक्षणों की खोज करना *(To discover on stylistic features)*—साहित्यक (literary) तथा भाषण सम्बन्धी शैली (Oratorical style) की समस्या हमेशा विद्यार्थियों को आकर्षित करती रही है। इसके सम्बन्ध में प्रश्न यह कहता है कि कविता की शैली क्या होनी चाहिए? लेखकों के लेखन शैली में किस प्रकार की भिन्नता पाई जाती है? समय व्यतीत होने पर किस प्रकार अलंकारिक शैली (thetorical style) में परिवर्तन पाये जाते हैं?

4. भाषा एवं साहित्य *(Language and Literature)*—शैली सम्बन्धी प्रतिरूपों (stylistic patterns) में विभेदीकरण के लिए चार प्रमुख क्षेत्रों का प्रयोग किया जाता है जिनमें विषय-वस्तु विश्लेषण किया जाता है—सम्पूर्ण भाषा (entire language) विभिन्न कालों के शैली सम्बन्धी प्रतिरूप (stylistic patterns of various periods), वार्तालाप का प्रकार (Types of discourse), व्यक्तिगत लेखक (individual author)।

5. अलंकारिक एवं वकृत्व शक्ति *(Rhetoric and Oratory)*—इसमें भी विषय-वस्तु विश्लेषण का प्रयोग किया जाता है। इस सन्दर्भ में *Runion* (1936) का अध्ययन उल्लेखनीय हैं जिसमें उन्होंने *Woodrow Wilson* के राजनीतिक भाषणों, धार्मिक उपदेशों, भोजनोपरान्त उपदेशों, में अलंकारिक शैलियों का विश्लेषणात्मक अध्ययन किया है।

3. विषय-वस्तु की प्रक्रिया
(Procedures of Content)

1. प्रेषकों के उद्देश्यों तथा विशेषताओं को ज्ञात करना *(To identify the intentions and other characteristics of the communicators)*—संचार के विषय-वस्तु विश्लेषण से प्रेषक के उद्देश्यों के बारे में जानकारी प्राप्त की जा सकती है। इसके पीछे तर्क यह है कि *"The content has such-and-such characteristics, therefore, the communicators have such-and-such intentions."*

2. व्यक्तियों एवं समूहों की मनोवैज्ञानिक स्थिति का निर्धारण करना *(To determine the psychological state of persons and groups)*—विषय-वस्तु विश्लेषण के द्वारा व्यक्ति अथवा समूह की मनोवैज्ञानिक स्थिति के बारे में सूचना प्राप्त की जा सकती है। इसमें व्यक्ति से मुक्त-प्रश्न (open ended) पूछे जाते हैं और प्रक्षेपी विधियों का भी प्रयोग किया जाता है।

3. प्रचार की स्थिति का पता लगाना (*To detect the existence of propaganda*) —प्रचार का विश्लेषण करना एक कार्य अवश्य है परन्तु प्रचार की स्थिति (existence) का विश्लेषण करना एक अलग कार्य है। प्रचार का विश्लेषण करके यह ज्ञात किया जाता है कि कौन से समाचार पत्र और रेडियो स्टेशन संदेहपूर्ण समाचार देते हैं तथा समाचार प्रस्तुत करने में पक्षपात का प्रयोग करते हैं। विधिक दृष्टिकोण (legal points) से विषय-वस्तु का विश्लेषण किया जाता है।

4. राजनीतिक एवं सैन्य सूचना को प्राप्त करना (*To secure political and military intelligence*)—युद्ध के समय ऐसी सूचनाओं की आवश्यकता प्रायः पड़ती है। इसकी आवश्यकता सर्वप्रथम द्वितीय विश्वयुद्ध में हुई जब विभिन्न प्रकार की सैन्य सम्बन्धी सूचनाओं की आवश्यकता का विश्लेषण किया गया और यह देखा गया कि शत्रु किस प्रकार के प्रचार के प्रति किस प्रकार की प्रतिक्रिया प्रकट कर रहा है? हमारे सैनिक गतिविधियों के बारे में वह क्या मूल्यांकन कर रहे हैं? वे आगे क्या करेंगे? आदि प्रकार के प्रश्न राजनीतिक एवं सैन्य दृष्टिकोण से महत्त्वपूर्ण हैं जिनका विषय-वस्तु विश्लेषण किया जाता है।

4. विषय-वस्तु के श्रोता
(Audience of Content)

इसके अन्तर्गत 'Spirt of the Age' का विश्लेषण किया जाता है। इसमें समूह के लिए प्रस्तुत किये गए विषय-वस्तु के आधार पर अनुमान करते हैं कि उनके द्वारा प्रस्तुत किये गये विषय-वस्तु के आधार पर। इन समस्याओं का समाधान अप्रत्यक्ष रूप से किया जाता है। यदि हम रुचियों, मूल्यों और अभिवृत्तियों का अध्ययन करना चाहते हैं तो इसके लिए हमें किसी उपर्युक्त मनोवैज्ञानिक परीक्षण का प्रयोग करना होगा। लेकिन परिस्थिति विशेष तथा प्रयोज्य विशेष के लिए हमें अप्रत्यक्ष विधि का ही प्रयोग करना होगा। विषय-वस्तु का प्रस्तुतीकरण किसी-किसी विशेष प्रतिनिधि (agent) के द्वारा कराया जाता है। विशेष प्रतिनिधि के रूप में लेखक, निर्माता, निर्देशक, सम्पादक आदि हो सकते हैं। लेकिन क्या घटित होता है, यह श्रोता के मूल्यों और अभिवृत्तियों पर निर्भर होता है। यही नहीं श्रोता की रुचि भी विषय-वस्तु की प्रकृति को प्रभावित और निर्धारित करती है।

5. विषय-वस्तु का प्रभाव
(Effect of Content)

आधुनिक समाज के व्यक्तियों का अवधान केन्द्र अब अपेक्षाकृत अधिक विकसित हो गया है। जब एक सरल समाज के व्यक्ति का अवधान अपने या अपने पड़ोसियों तक ही सीमित है। लेकिन तकनीकी साधनों में विकास के कारण एक सामान्य व्यक्ति के अवधान केन्द्र में सम्पूर्ण संसार आ गया हे। विषय-वस्तु विश्लेषण में व्यक्ति के अवधान के प्रतीकों तथा चिन्तन की दिशा को सम्मिलित कर लिया गया है। *Landis & Burt* (1924) ने पुरुषों और महिलाओं के विषय-वस्तु का विश्लेषण करके यह परिणाम प्राप्त किया है कि पुरुष अपने ध्यान को व्यवसाय सम्बन्धी कार्यों पर तथा महिलाएँ अपने ध्यान को वैयक्तिक मामलों तथा कपड़ों पर केन्द्रित करती है।

संसार का प्रभाव का व्यक्ति समूह, संस्था तथा समाज सभी पर पड़ता है, यह प्रभाव अल्पकालिक भी हो सकता है, और दीर्घकालिक भी। यह प्रभाव तात्कालिक भी हो सकता है और दूरस्थ भी। इस विश्लेषण के लिए हमें सूचना, ज्ञान, मत, रुचि आदि को अध्ययन स्वरूप लिया जा सकता है।

विषय-वस्तु विश्लेषण की इकाइयाँ
(The Units of Content Analysis)

विषय-वस्तु विश्लेषण में विषय-वस्तु तत्त्वों का परिमाणीकरण (quantification) होता है। विषय-वस्तु के कई महत्त्वपूर्ण प्रासंगिक पक्ष है जिन्हें कई महत्त्वपूर्ण प्रासंगिक पक्ष है जिन्हें कई उपभागों में विभाजित किया जा सकता है। इसके प्रमुख उपभाग तीन हैः—

1. अभिलेखन इकाई एवं जटिल इकाई में अन्तर *(Distiniction between recording unit and complex unit)*—अभिलेखन इकाई के रूप में एक शब्द को भी लिया जा सकता है। जबकि जटिल इकाई के रूप में पूरे वाक्य पर विचार करके यह देखा जाता है कि किसी 'शब्द' विशेष का प्रयोग 'सहमत' (favourable) अथवा 'असहमत' किस रूप में किया गया है।

2. इकाई के वर्गीकरण एवं इकाई के गणना में अन्तर *(Distiniction between the unit of classification and units of enumeration)*—इसमें केवल वहीं अन्तर आते हैं जिनके आधार पर विषय-वस्तु को विश्लेषण एवं वर्गीकरण ही नहीं किया जाता है वरन् तालिकाबद्ध भी किया जाता है तथा प्रतिवेदन तैयार किया जाता है।

3. विश्लेषण के स्तर में अन्तर *(Distinciton between the levels of analysis)*—यह स्तर सरल भी हो सकता है और जटिल भी।

संचार विषय-वस्तु के गुणात्मक रूप (qualitative form) को परिमाणात्मक रूप (quantitative form) प्रदान करने के लिए *Berelson* के अनुसार विश्लेषण की पाँच मुख्य इकाइयों का प्रयोग किया जा सकता है।

1. शब्द *(Words)*

विषय-वस्तु विश्लेषण की सबसे छोटी इकाई 'शब्द' है। यह इकाई *Lasswell* (1942) के 'symbol' या 'Unit symbol' तथा *Leites & Pool* (1942) के 'Term' के समान है। इसका प्रयोग तीन विभिन्न प्रकार के अध्ययनों में किया जाता हैः—

(i) अति आवश्यक प्रतीक *(Key symbol)* **के रूप में शब्द का प्रयोग**—इसका प्रयोग राजनीतिक प्रतीकों के रूप में *Laswell* ने किया। इन्होंने अपने World Attention Survey में आधुनिक राजनीति में घटित होने वाले अतिआवश्यक प्रतीकों (key symbols) का अध्ययन किया।

(ii) साहित्यक शैली *(Literary style)* **के रूप में शब्द का प्रयोग**—साहित्यक शैली की रचना के लिए भी शब्दों का प्रयोग किया जाता है। जैसे काव्य रचना में शब्दों का प्रयोग।

(iii) पठनीयता *(Readibility)* **के रूप में शब्द का प्रयोग**—पठनीयता के अध्ययन में भी शब्दों का प्रयोग यह निर्धारित करने के लिए किया जाता है कि संचार विषय-वस्तु कितनी सरल अथवा कितना कठिन है तथा उसे किस प्रकार समझने योग्य बनाया जाय। ऐसे अध्ययनों में व्यक्तिगत सन्दर्भों (personal references), उपसर्गीय वाक्यखण्डों/मुहावरों (prepositional phrases), कठिन शब्दों, पूर्व प्रत्यय (prefix), पर-प्रत्यय (suffix)आदि के आधार पर पठनीयता का सूत्र (readability formula) तैयार किया जाता है। ऐसा मत *Gray & Leasy* (1935), *Lorge* (1944), *Dale & Chall* (1948), *Flesch* (1951) का है।

2. प्रकरण *(Theme)*

विषय-वस्तु विश्लेषण की दूसरी बड़ी इकाई प्रकरण (theme) है। प्रकरण एक विषय-वस्तु या सरल वाक्य के रूप में होता है। यह ऐसे वाक्य के रूप में होता है, जो सारांश (abstract) होता है। अनुसंधानकर्ताओं ने Theme को कई नाम दिया गया है। जैसे *Leites & Pool* (1942) ने इसे *Assertion* तथा *Statement, Laswell* (1942) ने *Proposition, Walpes & Berelson* (1941) ने Issue तथा *Child, Potter & Levine* (1946) ने Theme कहा है। जनमत का अध्ययन Theme एक बहुत महत्त्वपूर्ण एवं लाभदायक इकाई के रूप में माना जाता है। क्योंकि यह ऐसे रूप में होता है जिसके अन्तर्गत विचारणीय प्रश्न (issue) की विवेचना की जाती है। जिससे व्यक्ति के अभिवृत्ति के बारे में ज्ञान प्राप्त होता है। Theme का रूप सामाजिक, राजनैतिक, धार्मिक, आर्थिक कुछ भी हो सकता है।

3. चरित्र *(Character)*

काल्पनिक (fictional) अथवा ऐतिहासिक (historical) चरित्र का इकाई के रूप में प्रयोग करना कहानियों (stories) नाटकों (dramas) एवं जीवन वृतान्तों (life sketches) के विश्लेषण के लिए उपर्युक्त है। यह सब ऐतिहासिक भी हो सकता है और काल्पनिक भी। यह सम्पूर्ण कहानी के विशिष्ट वर्गीकरण के लिए आधार प्रदान करता है। किसी ऐसे व्यक्ति के चरित्र की घटनाओं को समझना अपेक्षाकृत अधिक आसान रहता है जो परिचित होता है क्योंकि ऐसे व्यक्ति के विषय में हमें पहले से जानकारी होती है। ऐसे अध्ययन के लिए *Berelson & Salter* (1946) ने पत्रिकाओं की कहानियों, *Jones* (1942) ने फिल्मों की कहानियों *Arnheim* (1943) ने रेडियों नाटकों तथा *Lowenthal* (1943) ने जीवन वृतांतीय लेखों का विश्लेषण किया।

4. एकांश *(Items)*

विषय-वस्तु विश्लेषण में इसका प्रयोग बहुत अधिक होता है। माध्यम (media) के अनुसार-एकांशों में भी परिवर्तन पाया जाता है। जैसे यह पुस्तक के रूप में भी हो सकता है, और पत्रिका के लेख, कहानी, भाषण, रेडियों प्रोग्राम, पत्र, समाचार, संपादकीय आदि के रूप में भी। इसका प्रयोग अधिकतर किया जाता है क्योंकि विस्तृत सामग्री को वर्गीकृत कर देता है। विषय-वस्तु के आधार पर एकांश पारिवारिक, राजनीतिक, अन्तर्राष्ट्रीय सम्बन्ध, अपराध, श्रम आदि के रूप में हो सकते हैं।

5. स्थान एवं समय सम्बन्धी माप *(Space and Time Measures)*

संचार विषय-वस्तु का मापन कभी-कभी भौतिक मापों के आधार पर भी किया जाता है। जैसे मुद्रित सामग्री को कालम, इन्च या पृष्ठ या लाइन या पैराग्राफ के रूप में, फिल्म को फिट के रूप में, रेडियो प्रोग्राम को मिनट के रूप में मापा जा सकता है।

विषय-वस्तु विश्लेषण के वर्ग
(Categories of Content Analysis)

वर्गों के आधार पर ही विषय-वस्तु विश्लेषण किया जाता है। अध्ययन की जाने वाली समस्या के लिए वर्गों (categories) को अच्छी तरह अभिकल्पित (design) करने की आवश्यकता होती है। अतः हम वर्गों के उन मुख्य प्रकार का अवलोकन करेंगे जिनका प्रयोग

विभिन्न प्रकार के सामग्री के विश्लेषण के लिए किया जाता है। यह वर्ग दो प्रकार के होते हैं:—

(1) ''क्या कहा गया है'' पर आधारित वर्ग ('What is said' Categories)

(2) ''कैसे कहा गया है'' पर आधारित वर्ग ("How it is said" Categories)

(1) ''क्या कहा गया है'' पर आधारित वर्ग *("What is said" Categories)*

यह वर्ग विषय-वस्तु के कथ्य पर आधारित है। इसमें विषय-वस्तु या सारांश (Substance) पर अधिक महत्त्व दिया जाता है। इसमें कई वर्ग हैं:—

(i) विषय सामग्री *(Subject Matter)*—यह बहुत सामान्य वर्ग (general category) है, इस वर्ग से प्राप्त किये गये उत्तर का स्वरूप बहुत सरल होता है। संचार सामग्री में विभिन्न शीर्षक (topics) विषय सामग्री के वर्ग हैं। इसलिए इनका वर्गीकरण सरल होता है।

(ii) दिशा *(Direction)*—इस वर्ग को *Allport & Faden* (1940) ने उन्मुखता (orientation) तथा *Harris & Lewis* (1948) ने चरित्र (character) कहा है। यह विषय वस्तु के पक्ष (pro) अथवा विपक्ष (con) उन्मुखता की ओर संकेत करता है। इसमें वर्ग का सारांश (substance) शीर्षक (topic) के लिए धनात्मकता (plusness) अथवा ऋणात्मकता (minusness) की ओर संकेत करता है।

(iii) मानक *(Standard)*—इसे आधार (Ground) भी कहते हैं। यह इस आधार की ओर संकेत करता है जिसके आधार पर वर्गीकरण किया जाता है तथा यह देखा जाता है कि किस प्रकार मूल्यांकन किया गया है। *Loswell* (1941) *Kaplan & Golden* (1949) ने कई प्रकार के मानकों का वर्णन किया है जैसे सुरक्षा, शक्ति, आदर, सत्य, दया, स्वामिभक्ति आदि।

(iv) मूल्य *(Values)*—यह वर्ग मानक से घनिष्ठतम रूप से सम्बन्धित है। इसे *Berelson & Walter* (1946) ने लक्ष्य (Goals) तथा *Jones* (1942) ने आवश्यकता (Wants) कहा है। इसमें काल्पनिक सामग्री का विश्लेषण किया जाता है और देखा जाता है कि व्यक्ति क्या प्राप्त करना चाहता है। इससे व्यक्ति के अनेक प्रकार के मूल्यों, धन, प्रेम, सामाजिक स्थिति, स्वास्थ्य से सम्बन्धित सूचनाएँ प्राप्त की जा सकती हैं।

(v) विधियाँ *(Methods)* मूल्य कार्य समाप्ति से सम्बन्धित है जबकि विधियाँ उन साधनों से सम्बन्धित है जिनके द्वारा तथ्य को प्राप्त किया जाता है *(Values deal with the end of action : method deal with the means employed to realize the ends—Berelson)*। इन विधियों के द्वारा यह ज्ञात किया जाता है कि किन साधनों द्वारा मूल्यों (लक्ष्यों) को ज्ञात किया जायेगा।

(vi) शीलगुण *(Traits)*—इसे *Leites & Pool* (1942) ने योग्यता (Abilities) की संज्ञा दी है तथा इसे 'आत्मनिष्ठ दशा' (subjective states) कहा है। इसमें व्यक्तिगत विशेषताएँ तथा कुछ मनोवैज्ञानिक शीलगुण सम्मिलित होते हैं जिनके आधार पर व्यक्ति का वर्णन किया जाता है। इस वर्ग का प्रयोग व्यक्तियों के लिए तो किया ही जाता है, नीतियों (policies) और संस्थाओं को विशेषीकृत करने के लिए भी किया जाता है। इसके लिए काल्पनिक सामग्री का प्रयोग किया जाता है जिसमें लघु कथाएँ, रेडियो नाटक, फिल्में एवं जीवन वृतान्त आदि आते हैं। इनके द्वारा आयु, यौन भेद, व्यवसाय, वैवाहिक स्थिति, सामाजिक वर्ग, धर्म, राष्ट्रीयता आदि के बारे में ज्ञान प्राप्त किया जाता है (*Jones* ,1942; *Arnheim,* 1943; *Lowenthal,* 1943; *Berelson & Salter,* 1946; *McGranham & Wayne,* 1948)।

(vii) अभिनेता *(Actor)*—यह वर्ग उस व्यक्ति या समूह या वस्तु की ओर संकेत करता है जो केन्द्रीय स्थिति में क्रिया (action) के प्रारम्भकर्ता (initiator) के रूप में प्रकट होता है। यह व्यक्ति समूह के क्रिया-कलापों में केन्द्रीय भूमिका अदा करता है।

(viii) प्राधिकार *(Anthority)*—इस वर्ग को 'स्रोत' (source) कहते हैं। यह उस वस्तु या समूही या वस्तु की ओर संकेत करता है जिससे सूचना प्राप्त होती है। स्रोत के उदाहरण के रूप में व्यक्ति, समाचार पत्र, रेडियों स्टेशन, समूह, पुस्तकें, लेख आदि को लिया जा सकता है।

(ix) प्रारम्भ *(Origin)*—इसके अन्तर्गत संचार के प्रारम्भ को ज्ञात किया जाता है। यह प्रारम्भ कहीं से भी हो सकता है—स्थानीय, देश, राष्ट्र, विदेश आदि। (*Tauber*, 1932)

(x) लक्ष्य *(Target)*—*Walper & Berelson* (1942) ने इसे प्रेषिती (Addressee) कहा है। यह उस समूह की ओर संकेत करता है जिसकी ओर संचार की निर्देशित (direct) किया गया है। इसमें सामान्य जनता को सम्बोधित न करके विशिष्ट समूह को सम्बोधित किया जाता है जैसे भारतीय मजदूरों भारतीय किसानों या भारतीय साहित्यकारों को सम्बोधन किया जाय।

(2) ''कैसे कहा गया है'' पर आधारित वर्ग *("How it is said" Categories)*

1. संचार स्वरूप अथवा प्रकार *(Form or Type of Communication)*—इसके अन्तर्गत यह देखा जाता है कि संचार का माध्यम क्या है? यह माध्यम संगीत, वार्ता, रेडियों प्रोग्राम, नाटक आदि हो सकता है Punke (1937) ने काल्पनिक एंव अकाल्पनिक, (*Albig* (1938), *Bartlett* (1941) *Baker* (1949) ने रेडियों सामग्री एवं *Arnheim & Bayne* (1941) ने जर्मन इंगलिश इटैलियन, यीडिश आदि विदेशी भाषाओं के रेडियों कार्यक्रमों का विश्लेषण किया।

2 कथन का स्वरूप *(Form of Statement)*—यह वर्ग उस व्याकरणीय (grammatical) अथवा वाक्य रचना (syntatical) रूप की ओर संकेत करता है जिसमें संचार को प्रस्तुत किया गया है। अर्थात यह इसके संरचनात्मक घटकों (structural components) की ओर, संकेत करता है। यह वर्ग 'sentence-by-sentence' पर आधारित होता है। *Laswell* (1942) इस वर्ग के वर्गीकरण को त्रिगुण (threefold) माना है क्योंकि इसमें तीन प्रकार के वाक्य-तथ्य (fact), वरीयता (preference) एवं तादात्मीकरण (identification) होते हैं।

3. तीव्रता *(Intensity)*—*Walpes & Berelson* (1941) ने इसे 'Emotionalism' अथवा 'Sentimentalization' तथा *Jacob* (1942) ने 'Strength' अथवा 'Excitement Value' कहा है। इसमें विषय-वस्तु की तीव्रता को देखा जाता है क्योंकि यह कारक पाठक अथवा श्रोता को प्रभावित करता है। इससे कथनों (statements) के सांवेगिक घटकों की अधिकता अथवा कमी के बारे में सूचना प्राप्त की जाती है।

4. प्रविधि *(Device)*—इसमें विषय-वस्तु के वर्गीकरण का आधार प्रचार होता है। इसमें यह देखा जाता है कि प्रचार में किस प्रविधि का प्रयोग किया गया है। *Lie & Lee* (1939) ने इस वर्ग के उदाहरण के रूप में कुछ प्रचार तकनीकों जैसे नामकरण विधि (Name calling Method), आकर्षक सामान्यता (glitering generality), छल विज्ञापन विधि, (card staking), तथा लोक भावना का प्रभाव आदि बताया है। *Palmer* (1934) ने भाषणों को विश्लेषण भाषणों में दिये गये दलीलों के आधार पर की। इसी प्रकार *Runion* (1936) ने भाषणों में प्रयोग किये अलंकारों के आधार पर विश्लेषण किया।

विश्लेषण रूपरेखा की रचना
(Constructing the Analysis Outline)

Cartwright ने Festinger के *"Research Method in Behavioural Science"* में छः सोपान बताये हैं—

1. आवश्यक प्रदत्त का वर्णन *(Specify needed data)*—विषय वस्तु विश्लेषण के लिए रूप रेखा तैयार करते समय अनुसंधानकर्ता को यह ध्यान में रखना चाहिए कि अनुसंधान अभिकल्प के लिए किस प्रकार के प्रदत्त की आवश्यकता है। ऐसा कर लेने से भविष्य में उसे कम कठिनाई उठानी पड़ेगी। अनुसंधानकर्ता को पहले से तालिका (matrix) तैयार कर लेनी चाहिए जिससे वह अनुक्रिया का अंकन कर सके।

2. सारणीयन के लिए योजना तैयार करना *(Map out plans for tabulation)*—अंकित प्रदत्त (coded data) के सारणीयन के लिए पहले से ही स्पष्ट योजना तैयार करने से कठिनाइयों से बचा जा सकता है। इसके लिए Punched card का प्रयोग करना चाहिए। प्रदत्त सारणीयन के लिए पहले से ही योजना तैयार कर लेनी चाहिए।

3. रेखाचित्र की रूपरेखा तैयार करना *(Layout the skelton of outline)*—उन परिवर्त्यों की सूची पहले तैयार कर लेनी चाहिए जिनके बारे में नोट करना है। यदि साक्षात्कार का विश्लेषण किया जा रहा है तो इन परिवंर्त्यों (*बैरेलसन* का वर्गीकरण) के द्वारा उत्तरदाता के मनोवैज्ञानिक शीलगुणों से सम्बन्धित प्रश्नों का ही उत्तर नहीं दिया जाता है वरन् उत्तरदाता के आयु, आय, वैवाहिक स्थिति तथा दूसरे जनाकीय (demographic) या व्यवहारपरक विशेषताओं के बारे में भी बताया जा सकता है।

4. प्रत्येक परिवर्त्य के वर्गों की पूर्ति करना *(Fill in categories for each cell)*—किसी परिवर्त्य के लिए वर्गों के विभिन्न प्रणालियों का प्रयोग किया जा सकता है। यह अध्ययन के उद्देश्यों तथा प्रयोग किये जाने वाले मापों के प्रकार पर निर्भर करता है। इसके लिए किसी भी प्रणाली का प्रयोग किया जाय लेकिन *Lazarsfeld & Barton* (1951) के विश्लेषक को तार्किक शुद्धता (logical correctness) की आवश्यकताओं को अवश्य प्राप्त करना चाहिए। इसके लिए वर्गों के प्रत्येक प्रणाली को अन्तिम प्रयोग के पहले जांच करना चाहिए जिससे उसके संतोषप्रद होने का विश्वास हो सके।

5. सामग्री उपयोग के लिए प्रक्रिया स्थापित करना *(Establish procedure for utilizing the materials)*—विश्लेषण में प्रयोग की जाने वाली प्रक्रिया (working definition) को इस प्रकार स्पष्टतम रूप से प्रस्तुत किया जाय कि विभिन्न अंकनकर्ता (coders) एक ही प्रकार से एक ही सामग्री का अंकन करे। इसलिए अंकन निर्देश (coding instructions) स्पष्ट रूप से दिया जाय। इस प्रक्रिया को उन्हीं सैद्धान्तिक ढाँचे पर आधारित होना चाहिए जिस पर अनुसंधान अभिकल्प आधारित है। संचार अनुसंधान में सामान्यतया हम एकल शब्द (singleword) विषय-वस्तु (theme), विषय-वस्तु का अल्पतम भाग (smallest segments of the content value or judgment), चरित्र (character), गद्यखण्ड (paragraph) एवं एकांश (item) को अंकित (record) किया जाँता है।

6. विश्लेषण रूपरेखा की जाँच एवं प्रक्रिया का उपयोग करना *(Try out the analysis outline and utilizing procedure)*—विश्लेषण की रूपरेखा तथा प्रयोग करने की प्रक्रिया तैयार कर लेने के बाद विषय-वस्तु पर प्रारम्भिक रूप से प्रयोग करके यह देखना चाहिए कि किन परिमार्जनों की आवश्यकता है। इस प्रकार का प्रारम्भिक प्रयोग उन व्यक्तियों के प्रशिक्षण काल में करना चाहिए जिनका अन्तिम अंकन (final coding) करनी होती है।

विषय-वस्तु विश्लेषण की तकनीकी समस्याएँ
(Technical Problems of Content Analysis)

विषय-वस्तु विश्लेषण से सम्बन्धित कुछ तकनीकी समस्याएँ भी हैं जिन पर ध्यान देना आवश्यक है। यद्यपि यह समस्याएँ सामाजिक विज्ञान अनुसंधान की सामान्य समस्याएँ हैं तथा इससे भिन्न नहीं हैं लेकिन विषय-वस्तु विश्लेषण में कुछ समस्याएँ अनुभव की जाती हैं:—

1. गणना सावधानी से कब की जाय *(When to count carefully)*—विषय-वस्तु विश्लेषण में समय भी अधिक लगता और धन भी। घटित हुए वर्गों की सावधानीपूर्वक गणना के लिए अनुसंधानकर्ताओं को गणना की जटिलताओं को समझ लेना चाहिए। यह कार्य सरल नहीं है तथा इसके वास्तविक मूल्य को बिना पैसा खर्च किये (free labour) स्वैच्छिक (Voluntary) अथवा जबरन सेवा (enforced service) के द्वारा नहीं प्राप्त किया जा सकता है। इस विश्लेषण को गुणात्मक विश्लेषण (Qualitative analysis) कहते हैं। सावधानीपूर्वक गणना के लिए निम्नलिखित दशाएँ उस समय आवश्यक हैं जबः—

(i) जब परिणाम में अधिक सूक्ष्मता (precision) और परिशुद्धता (accuracy) आवश्यक हो।

(ii) जब आयास (effort) को न्यायोचित (justify) ठहराने वाले के लिए विश्लेषण की जाने वाली सामग्री प्रतिनिधित्व करती हो।

(iii) जब परिणाम में उच्च मात्रा में वस्तु-निष्ठता की आवश्यकता हो।

(iv) जब विश्लेषण की जाने वाली सामग्री इतनी अधिक हो कि बिना सारांश (summarize) किये विश्लेषण योग्य (managable) न हो।

(v) जब वर्गों की संख्या अधिक हो।

(vi) जब मात्रात्मक विश्लेषण की तुलना में गुणात्मक विश्लेषण जटिल सामग्री के विश्लेषण के लिए अधिक आवश्यक हो।

2. विश्वसनीयता की समस्या *(The problem of reliability)*—परिभाषा के दृष्टिकोण विषय-वस्तु विश्लेषण में वस्तुनिष्ठता पाई जाती है। फिर भी विश्लेषक (analyst) की आत्मनिष्ठता को संचार विषय-वस्तु से वस्तुनिष्ठ वर्णन द्वारा कम किया जा सकता है। वस्तुनिष्ठता (objectivity) या निकट वस्तुनिष्ठता (near objectivity) प्राप्त करने की आवश्यकता विश्वसनीयता की समस्या को जन्म देती है। विषय-वस्तु विश्लेषण में दो संगति (consistency) पाई जानी चाहिए:—

(i) विश्लेषकों में संगति *(Consistency among analysts)*—जब एक प्रकार के वर्गों को एक ही विषय-वस्तु पर विभिन्न आंकिकों (coders) के द्वारा प्रयोग किया जाय, तो उन्हें एक ही परिणाम प्राप्त करना चाहिए।

(ii) सामयिक संगति *(Consistency through time)*—जब एक आंकिक (coder) या आंकिक समूह (group of coders) एक प्रकार के वर्गों को एक ही विषय-वस्तु पर विभिन्न समयों में प्रयोग करे तो उसे एक ही परिणाम प्राप्त करना चाहिए। परिणामों की विश्वसनीयता इन दशाओं में उच्च होगी।

(a) वर्ग एवं इकाइयाँ जब सरल होगीं।

(b) जब आंकित (Coders) अनुभवी और प्रशिक्षित होंगे।

(c) जब अंकन नियम (coding rules) सूक्ष्म (precise) और पूर्ण (complete) होंगे।

(iv) जब उदहारण पूर्ण होंगे।

3. निदर्शन की समस्या (*The Problem of Sampling*)—विषय-वस्तु विश्लेषण में निदर्शन की समस्या का स्वरूप अपेक्षाकृत अधिक जटिल होता है क्योंकि प्रतिदर्शों के बारे में तीन प्रकार—शीर्षक, तिथि एवं विषय-वस्तु का निर्माण लेना आवश्यक होता है। अनुसंधानकर्ता को अध्ययन की जाने वाली समस्या के शीर्षक के बारे में ज्ञान प्राप्त करना होता है। गह शीर्षक या तो भौगोलिक क्षेत्र पर निर्भर करता है अथवा इन्हें समाचार पत्रों और रेडियो प्रोग्रामों से ज्ञात किया जाता है। शीर्षक के चयन हो जाने के बाद यह जानना आवश्यक होता है कि शीर्षक से सम्बन्धित सामग्री किन तिथियों में प्रकाशित हुई है। इसके बाद उस प्रकाशित सामग्री से प्रासंगिक सामग्री के बारे में सूचना प्राप्त कर ली जाती है। शीर्षक तथा तिथियों का चयन कर लेने के बाद उस विषय-वस्तु का विश्लेषण करना चाहिए जो समस्त सामग्री का प्रतिनिधित्व करता हो।

विषय-वस्तु के मापन के लिए अनेक भौतिक मापों का प्रयोग किया जा सकता है-जैसे *समाचार पत्रों में*, स्थान (Space), स्थिति (Location), पृष्ठ स्थान, शीर्षक का आकार, टाइप का रूप, रंग का प्रयोग, *रेडियो प्रोग्राम में* लम्बाई, क्रम, स्वर-विन्यास, ध्वनि, संगीत, तथा *फिल्मों में* लम्बाई, क्रम, रंग, स्वर विन्यास, ध्वनि, संगीत आदि प्रकार के मापों का प्रयोग किया जाता है।

4. अनुमान की समस्या (*The Problem of Inference*)—बहुत से अध्ययनों में अनुमान में कठिनाई नहीं होती है क्योंकि विषय-वस्तु का वर्णन वस्तुनिष्ठ होता है। ऐसे अध्ययनों में कारणों (causes) या परिणामों (consequences) के बारे में अप्रत्यक्ष अनुमान किये जाते हैं जबकि यही अनुमान कभी-कभी स्पष्ट भी होते हैं। समाचार पत्रों में धारा विश्लेषण (trend analysis) भी यहीं अनुमान करता है।

अनुमान के लिए ऐसे सामान्यीकरणों पर आधारित होना चाहिए जिनसे इस प्रकार की तुलनाए प्राप्त हुई हो:—

(i) धारा तुलना (*Trend comparison*)—समायानुसार वर्गों की आवृत्तियों में होनेवाले परिवर्तनों को देखते हुए निष्कर्ष निकालना चाहिए और अनुमान करना चाहिए

(ii) अन्तराविषय-वस्तु तुलना (*Intra content comparison*)—इसके अन्तर्गत विषय-वस्तु के दो या दो से अधिक विशेषताओं या भागों की तुलना की जाती है। अर्थात विषय-वस्तु के आकार (body of content) के अन्तर्गत ही तुलना की जाती है।

(iii) विषय-वस्तु के विभिन्न रूपों की तुलना (*Conparison of different body of content*)—इसके अन्तर्गत वर्गों में ही एक तुलना दूसरे से की जाती है।

(iv) मानक से विषय-वस्तु की तुलना (*Comparison of content with a standard*)—इसके अन्तर्गत विषय-वस्तु को किसी मानक से तुलना करके निष्कर्ष प्राप्त किया जाता है। मानक का स्वरूप अप्रत्यक्ष (implicit) और अभिग्रहीत (assumed) अथवा प्रत्यक्ष (explicit) और स्थापित (established) होना चाहिए।

❑

अध्याय 30

प्रश्नावली
(QUESTIONNAIRE)

साक्षात्कार के समान ही एक अन्य विधि मनोविज्ञान में प्रयुक्त होती है, जिसे प्रश्नावली विधि कहते हैं। इसके द्वारा एक समय में एक साथ अनेक लोगों की परीक्षा करना सम्भव होता है। इस विधि द्वारा विभिन घटनाओं, परिस्थितियों, विचारों, रुचियों, अरुचियों, अभिवृत्तियों या समस्याओं आदि के विषय में प्रश्न पूछ कर सूचनाएँ एकत्र करते हैं। प्रदत्त संग्रह में इसका सर्वाधिक अनुप्रयोग होता है। इसीलिए ***G. W. Allport*** ने प्रश्नावली के विषय में ठीक ही कहा है, *"If we want to know how people feel. What they experience and what they remember, what their emotions and motives are like, and the reasons for acting as they do–why not ask them."*

निरीक्षणपरक विधियों में हम व्यवहार को निरीक्षण उसी प्रकार करते हैं तथा उसी प्रकार समझते हैं जिस प्रकार वह घटित होता है। इसके द्वारा हम व्यक्ति के प्रत्यक्षीकरण, विश्वास, भाव, अभिप्रेरणा, प्रत्याशा, भविष्य योजना आदि के बारे में बहुत कम सूचनाएँ प्राप्त करते हैं। इसके अतिरिक्त गोपनीय व्यवहार (private behaviour) एवं विगत व्यवहार (past behaviour) के बारे में कोई सूचना प्राप्त करते हैं। इन व्यवहारों का न तो निरीक्षण किया जा सकता है और न प्रश्नावली। साक्षात्कार विधि/ प्रक्षेपी विधियों के अतिरिक्त किसी अन्य विधि के द्वारा यह सूचनाएँ प्राप्त की जा सकती हैं। ऐसी स्थिति में इन सूचनाओं को प्राप्त करने के लिए प्रश्नावली विधि का प्रयोग किया जाता है जिसमें प्रयोज्य के वचिक अनुक्रियाओं पर अधिक महत्त्व दिया जाता है।

Goode & Hatt (1962) के अनुसार, *सामान्य रूप से प्रश्नावली शब्द से तात्पर्य उस विधि से है जिसमें प्रश्नों का उत्तर प्राप्त करने के लिए प्रश्नों के एक प्ररूप का प्रयोग किया जाता है जिसे उत्तरदाता स्वयं भी भरता है। (In general, the word questionnaire refers to a device for securing answers to quotations by using a form which respondent fills in himself.)*

Bogardus (1936) के अनुसार, *प्रश्नावली प्रश्नों की एक सूची है जो कई व्यक्तियों को उत्तर हेतु दी जाती है। (A questionnaire is a list of questions given to a number of persons for answer.)*

Kerlinger (2002) के अनुसार, *प्रश्नावली का तात्पर्य उस यंत्र से है जिसमें ऐसे प्रश्न या पद होते हैं जिनका उत्तर व्यक्ति स्वंय देता है। (Questionnaire is a term used for almost any kind of instrument that has questions or items to which individual respond.)*

Lundberg (1942) के अनुसार, *प्रश्नावली मूल रूप से प्रेरणाओं का एक समूह है जिसके द्वारा शिक्षित लोग इन प्रेरणाओं के अन्तर्गत अपने मौखिक व्यवहार का अनुभव करने*

के लिए प्रकट होते हैं। *(Fundamentally, the questionnaire is a set of stimuli to which literate people are exposed in order to observe their verbal behaviour under these stimuli.)*

इस प्रकार स्पष्ट है कि प्रश्नावली किसी समस्या से सम्बद्ध प्रश्नों की शृंखला है जिसकी सहायता से आवश्यक तथ्यों का संकलन किया जाता है। प्रश्नावली सूचना प्राप्ति का एक सरल उपकरण है जिसमें पूछे गये प्रश्नों को उत्तरदाता स्वयं भरता है। प्रश्नावली के ऊपर उत्तरदाताओं के लिए आवश्यक निर्देश छुपे रहते हैं। डाक द्वारा भेजी गई प्रश्नावलियों को भरकर उत्तरदाता वापस अध्ययनकर्ता के पास भेज देते हैं। प्रश्नावली में दी गई सूचनाओं का विश्लेषण कर समस्या के विभिन पक्षों का ज्ञान प्राप्त किया जाता है।

प्रश्नावली विधि को शुभारम्भ का श्रेय *Stanley Hall* को है। उनके बाद 1914 में *Long* ने प्रश्नावली की सहायता से बच्चों को अनेक प्रकार के वांछित व्यवहारों का अध्ययन किया। विगत दशकों में बालकों के विषय में नाना प्रकार के तथ्यों को संकलित करने की एक बहुत ही उपयोगी और लोकप्रिय विधि बन गई है।

प्रश्न : विषय-वस्तु
(Question : Content)

प्रश्नावली और साक्षात्कार दोनों ही प्रविधियों में प्रश्न पूछकर सूचनाएँ प्राप्त की जाती हैं। प्रश्न इस प्रकार रखे जाते हैं कि उनसे अनेक प्रकार की सूचनाएँ प्राप्त हो सकें। जैसे व्यक्ति क्या जानता है? क्या विश्वास करता है? क्या प्रत्याशा करता है? क्या अनुभव करता है? उसकी इच्छा क्या है ? उसकी आवश्यकताएँ क्या हैं? वह क्या करता है? भूतकाल में उसने किया क्या है? तथा इनके कारण क्या हैं? इन्हीं प्रश्नों का उत्तर प्राप्त करना ही प्रश्नावली का विषय-वस्तु बन जाता है। प्रश्न-विषय-वस्तु का वर्गीकरण कई आधारों पर किया गया है:—

1. तथ्य को सुनिश्चित कराने वाले विषय-वस्तु *(Content aimed mainly at ascertaining at fact)*—प्रश्नावली विधि द्वारा सूचनाओं के बारे में प्रत्यक्ष जानकारी प्राप्त की जा सकती है। यदि हम ऐसे व्यक्ति से सूचनाएँ प्राप्त करें जिसे तथ्यों का ज्ञान हो, बुद्धिमान हो, तथा उत्तर देने के लिए इच्छुक हो, तो उससे महत्त्वपूर्ण तथ्यों के बारे में सूचनाएँ प्राप्त की जा सकती हैं। अनुसंधानकर्ता उत्तरदाता से व्यक्ति तथा वातावरण दोनों के बारे में सूचनाएँ प्राप्त करता है। अनुसंधानकर्ता प्राप्त सूचनाओं (reported facts) को हमेशा विश्वसनीय सूचनाओं के रूप में ही मूल्यांकन करता है। यदि अनुसंधानकर्ता प्रत्यक्ष निरीक्षण या अनुमान के द्वारा कोई सूचना प्राप्त करते हैं, तो प्राप्त परिणाम संदिग्ध हो सकते हैं। इसी प्रकार जब अनुसंधानकर्ता सम्बन्धित व्यक्ति से प्रश्न न पूछ कर दूसरे व्यक्ति से उसके बारे में प्रश्न पूछता है, तो भी संदिग्ध परिणाम पाये जाने की सम्भावना रहती है।

2. तथ्यों के बारे में विश्वस्त सूचनाएँ उपलब्ध कराने वाले विषय-वस्तु *(Content aimed mainly at ascertaining beliefs about what the facts are)*—इसमें हम व्यक्ति के बारे में वस्तुनिष्ठ तथ्य को जानने का प्रयास करते हैं कि वरन् यह जानने का प्रयास करते हैं कि तथ्यों के बारे में इसका क्या विश्वास है? Jahoda & Others का मत है *"Investigators may wish to learn what people believe to be the facts."* इस प्रकार हम व्यक्ति के विश्वास के बारे में ज्ञान प्राप्त करते हैं। Jahoda & Others का मत है कि *"The respondents answer is not used to establish what is objectively true, but rather to provide a pric true of his beliefs."* इसमें उत्तरदाता अपने विश्वासों का प्रक्षेपण करता है।

3. भावनाओं को सुनिश्चित कराने वाले विषय-वस्तु (*Content aimed mainly at ascertaining feelings*)—जब व्यक्ति तथ्य के बारे में अपने विश्वास को बताता है, तो अपनी भावनाओं और इच्छाओं का संकेत दे देता है। कभी-कभी यह भी होता है कि व्यक्ति इतना अधिक सांवेगिक हो जाता है कि वह अपनी भावनाओं को प्रकट करने के लिए शब्दों का प्रयोग नहीं कर सकता है। अनुसंधानकर्ता के लिए यह उतना ही आवश्यक है कि वह व्यक्ति के व्यवहार तथा भावों के बारे में ज्ञान प्राप्त करें जितना कि विश्वासों के बारे में ज्ञान प्राप्त करना। प्रश्नावली के द्वारा जब भावनाओं का अध्ययन किया जाता है, तो पदों (items) से विभिन्न प्रकार के सांवेगिक प्रतिक्रियाओं (emotional reactions) जैसे भय, अविश्वास, अरुचि, अपमान, घृणा, ईर्ष्या, सहानुभूति, प्रशंसा आदि सम्बन्धित होती हैं। यदि प्रयोज्य को अनुक्रियाओं को प्रकट करने के लिए स्वतन्त्र कर दिया जाय तो हम भावनाओं और अभिप्रेरणाओं का अध्ययन अच्छी तरह कर सकते हैं।

4. व्यवहार के स्तर से सम्बन्धित विषय-वस्तु (*Content aimed mainly a dicovering standards of action*)—विभिन्न सामाजिक परिस्थितियों में व्यक्ति से उपर्युक्त व्यवहार को परिभाषित करना दो बातों की ओर संकेत करता है:—

(i) प्रचलित जन व्यवहार की ओर संकेत करता है (Reflection of the prevailing climate of opinion)

(ii) व्यक्ति के सम्भावी व्यवहार के बारे में भविष्यवाणी की ओर संकेत करता है (Reflection of the basis for predicting his probabale behaviour)।

किसी भी उपर्युक्त व्यवहार को परिभाषित करने में दो घटक (components) पाये जाते हैं:—

(i) क्या करना चाहिए का नैतिक आदर्श (Ethical standards of what should be done.)

(ii) क्या करना सम्भव है का व्यवहारिक विचार (Practical considerations of what it is feasible to do.)

इनमें से किसी भी घटक की ओर प्रश्नों को निर्देशित होना चाहिए।

किसी व्यक्ति या समूह के प्रति व्यक्ति का व्यवहार केवल उसके विश्वासों, भावनाओं तथा सामाजिक अंतकरण (social conscience) से ही निर्धारित नहीं किया जाता है, वरन् उस सामाजिक परिस्थिति में वह किन व्यवहारों को सम्भव समझता है, से भी निर्धारित किया जाता है।

5. वर्तमान अथवा भूत-व्यवहार से सम्बन्धित विषय-वस्तु (*Content aimed mainly at present or past behaviour*)—व्यक्ति का वर्तमान अथवा भूत व्यवहार एक प्रकार का सत्य है, इसके आधार पर भावी व्यवहार (future behaviour) के बारे में भविष्यवाणी की जा सकती है। लेकिन ऐसे उत्तर प्राप्त करने के लिए विशिष्ट प्रश्न (specific questions) पूछे जाने चाहिए, सामान्य (general) नहीं।

6. विश्वासों, भावनाओं, नीतियों अथवा व्यवहारों के कारणों से भिज्ञ विषय-वस्तु (*Content aimed mainly at conscious reasons for beliefs, feelings, policies, or behaviours*)—अनुसंधानकर्ता को प्रश्नों की रचना इस प्रकार करनी चाहिए कि उत्तरदाता के भावनाओं, विश्वासों, नीतियों और व्यवहारों के बारे में सूचना प्राप्त हो सके। इसमें

अनुसंधानकर्ता 'Why' में इच्छुक होता है। 'Why' को निर्धारित करने के कई कारक हैं:—

(i) The histroy of the act or feeling.

(ii) The characteristics in a given entity. .

(iii) The support for the feelings, beliefs, etc. in a given entity.

(iv) The personal desires, motives, values or interests involved in a given reaction.

(v) The specific situations and circumstances in which a given reaction occur.

प्रश्नावली के प्रकार
(Kinds of Questionaire)

(क) संरचना पर आधारित वर्गीकरण (*Classification Based on Structure*)

P. V. Young के अनुसार संरचना पर आधारित प्रश्नावली दो प्रकार की होती है:—

1. संरचित प्रश्नावली (*Structured Questionnaire*)—संरचित प्रश्नावली वह है जिसमें निश्चित, ठोस तथा पूर्वनिर्धारित प्रश्नों के अतिरिक्त ऐसे आवश्यक सीमित प्रश्न भी रहते हैं जो अपर्याप्त उत्तरों के स्पष्टीकरण या अधिक विस्तृत उत्तर के लिए आवश्यक होते हैं। (*Structured questionnaires are those, in which there are definite, concrete and pre-ordained questions with additional questions limited to those necessary to clarify inadequate answers or to elicit a more detailed response.*)

इसमें प्रश्नों की रचना, सीमित एवं प्रतिबन्धित (close ended) होती है। प्रत्येक प्रश्न के आगे वैकल्पिक उत्तर दिये रहंते हैं जिनमें से किसी एक पर चिह्न लगाकर अनुक्रिया प्रकट करनी होती है।

2. असंरचित प्रश्नावली (*Unstructured questionnaire*)—प्राय: साक्षात्कार के लिए ऐसी प्रश्नावलियों का उपयोग किया जाता है। इसमें प्रश्नों की रचना पहले नहीं की जाती है। केवल विषय को पहले निर्धारित किया जाता है। उत्तरदाता पर उत्तर के लिए कोई प्रतिबन्ध नहीं होता है। उत्तरदाता के उत्तर वर्णनात्मक (descriptive) होते हैं। इसके प्रश्नों के रचना का स्वरूप मुक्त उत्तर (open-endow) होता है। इसमें गुणात्मक उत्तर प्राप्त किया जाता है। इसमें उत्तरदाता अनुक्रिया प्रकट करने के लिए अपनी भाषा का प्रयोग करता है। अनुक्रिया विकल्प (response alternative) नहीं दिया जाता है तथा इसमें उत्तर के साथ-साथ कारण एवं अभिवृत्ति के बारे में भी ज्ञान प्राप्त हो जाता है।

(ख) तथ्यों पर आधारित वर्गीकरण (*Classification Based on Facts*)

Lundberg के अनुसार यह दो प्रकार का होता है:—

1. तथ्यों से सम्बन्धित प्रश्नावली (*Questionnaires of facts*)—इसके द्वारा सामान्य सामाजिक तथ्यों के बारे में ज्ञान प्राप्त किया जाता है।

2. मत एवं अभिवृत्तियों के स्वरूप पर आधारित वर्गीकरण (*Questionnaires of opinion and attitudes*)—इसके द्वारा मतों, रुचियों अथवा दृष्टिकोणों के बारे में ज्ञान प्राप्त किया जाता है।

(ग) प्रश्नों के स्वरूप पर आधारित वर्गीकरण *(Classification Based on Nature of Questions)*

P.V. Young के अनुसार इसके दो प्रकार हैं:—

(i) **सीमित प्रश्नावली** *(Closed questionnaire)*

(ii) **मुक्त प्रश्नावली** *(Open ended questionnaire)*

अन्य *(Others)*

1. चित्रपरक प्रश्नावली *(Pictorial questionnaire)*—इसमें प्रश्नों के उत्तर चित्र के रूप में दिये रहते हैं। उत्तरदाता अनुक्रिया प्रकट करने के लिए किसी चित्र पर चिह्न लगा देता है इन प्रश्नावलियों का प्रयोग अशिक्षित तथा मानसिक रूप से मन्द व्यक्तियों के लिए किया जाता है। यह बहुत खर्चीली विधि है।

2. मिश्रित प्रश्नावली *(Mixed questionnaire)*—इस प्रश्नावली में संरचित तथा असंरचित दोनों प्रकार के पद होते हैं।

अच्छी प्रश्नावली के लक्षण
(Features of a good questionnaire)

A. L. Bowley के अनुसार:—

(1) प्रश्नों की संख्या कम होनी चाहिए।

(2) प्रश्नों का उत्तर संख्या में या हाँ/नहीं में होनी चाहिए।

(3) प्रश्न शिष्ट होने चाहिए।

(4) प्रश्न सरल तथा एकार्थी होने चाहिए।

(5) प्रश्नों से वांछित सूचनाएँ प्राप्त होनी चाहिए।

(6) प्रश्न भावनाओं को ठेस पहुँचाने वाले नहीं होने चाहिए।

(7) छपाई सुन्दर होनी चाहिए।

(8) प्रश्न वस्तुनिष्ठ होने चाहिए, दिशा सूचक नहीं।

(9) प्रश्नावली के साथ एक पत्र (accompanying letter/covering letter) भी होना चाहिए। जिससे अध्ययन के उद्देश्य के बताते हुए इस प्रकार निवेदन किया जाय कि उत्तरदाता प्रश्नावली को भर कर भेज दे।

(10) मिश्रित प्रश्नों का प्रयोग करना चाहिए।

(11) प्रश्नों को तार्किक अनुक्रम में रखना चाहिए जैसे सरल से कठिन की ओर, सरल से जटिल की ओर, सामान्य से विशिष्ट की ओर, औपचारिक से अनौपचारिक की ओर, अवैयक्तिक से वैयक्तिक की ओर

(12) प्रश्नों के विश्वसनीयता और वैधता का सूचकांक (index) उच्च होना चाहिए।

गुण *(Merits)*

(i) कम धन लगता है।

(ii) प्रशासक को अधिक कुशल होने की आवश्यकता नहीं है।

(iii) कम व्याख्या करने की आवश्यकता होती है।

(iv) बड़े प्रतिदर्श से प्रदत्त संकलन सम्भव है।

(v) चूँकि प्रश्नावली में प्रामाणिक भाषा (Standard wordings) का प्रयोग किया जाता

है, प्रश्न प्रामाणिक होते हैं, तथा अनुक्रियाओं के अंकन का तरीका एक ही होता है, इसलिए एकरूपता (uniformity) पाई जाती है।

(vi) उत्तरदाता के अज्ञात रहने की सम्भावना अधिक पाई जाती है।

(vii) तुरन्त अनुक्रिया प्रकट करने के लिए उत्तरदाता पर कोई दबाव नहीं रहता है, क्योंकि उत्तरदाता को इस बात का पर्याप्त समय मिल जाता है कि वह प्रश्नों को अच्छी तरह समझकर उत्तर दे न कि जो मन में सबसे पहली बार आये।

(viii) विस्तृत जनसंख्या के अध्ययन में उपयोगी है।

(ix) अनुसंधानकर्ता की उपस्थिति उत्तरदाता को प्रभावित नहीं करती है, इसलिए पक्षपात की सम्भावना नहीं पाई जाती है।

(x) विभिन्न प्रकार के प्रश्नों का प्रयोग किया जाता है।

❑

अध्याय 31

शब्दार्थ-विभेदक तकनीक
(SEMANTIC DIFFERENTIAL TECHNIQUE)

Osgood (1957) ने सर्वप्रथम अभिवृत्ति से सम्बन्धित सम्प्रत्ययों के मापन तथा विश्लेषण के लिए शब्दार्थ विभेदक मापनी (semantic differential scale) को विकसित किया। इसमें सम्प्रत्ययों के गुणात्मक अर्थों (Cannotative meanings) का मापन किया जाता है। *Osgood* ने इस सन्दर्भ में तीन अभिग्रहों को प्रस्तावित किया है। प्रथम किसी निर्णय या वरण (choice) प्रक्रम को दो छोर वाले विशेषण-जोड़ों (adjective-pairs) के द्वारा अनुभव सम्बन्धित विमा पर अनुक्रियाओं का मात्राकरण किया जा सकता है। द्वितीय, अनुभव सम्बन्धी विमाओं में प्रयुक्त किये गये शब्दार्थों में भिन्नता होने पर अथवा परिवर्तित होने पर निश्चित रूप से उनमें समानता पाई जाती है। और उन सभी को एक विमा के रूप में प्रस्तुत किया जा सकता है। इसका तात्पर्य यह है कि दो छोर वाले बहुत से विशेषण जोड़े एक-दूसरे के समान हैं जैसे आकर्षण-विकर्षण, प्रिय-अप्रिय, सुन्दर-कुरूप, अच्छा-खराब। तृतीय, इस प्रकार की विमाओं की सीमित संख्या का प्रयोग किया जाय और शब्दार्थ आकाश (semantic space) को इस प्रकार परिभाषित किया जाय कि उसके सीमा में आवश्यक सम्प्रत्यों के लिए स्थान निर्धारित हो सके। इन्हीं अभिग्रहों के आधार पर *Osgood, Susi & Tannenbaum* (1959) ने शब्दार्थ विभेदक तकनीक को मापनी का एक स्वरूप प्रदान किया जिसमें शब्दों के अर्थों के मापन एवं मात्राकरण के विधि का वर्णन किया गया।

शब्दार्थ-विभेदक मापनी में शब्दार्थों की महत्त्वपूर्ण भूमिका है। परन्तु इन शब्दार्थों की भी तीन विमायें (dimensions) है—मुख्यार्थ (Denotation), स्वगुणार्थ (Cannotation) एवं साहचर्य (Association)। मुख्यार्थ का सम्बन्ध उद्दीपक के भौतिक गुणों (physical properties) से है, जैसे जिराफ एक पशु है, ऊँचा होता है, लम्बी टांगें होती है, गर्दन की लम्बाई पेड़ की ऊँचाई के बराबर होती है तथा पूँछ होती है। स्वगुणार्थ का तात्पर्य वस्तु के प्रति उत्पन्न भाव अथवा मत से हैं। जैसे लम्बी गर्दन देखकर मन में भय के भाव उत्पन्न होते हैं। इसी प्रकार 'शब्द साहचर्य' उन शब्दों की ओर संकेत करता है जो शब्द 'जिराफ' के प्रस्तुत करने पर मन में जागृत होते हैं। जैसे 'जिराफ' शब्द के देने पर हमारे मन में कई शब्द उद्दीप्त हो सकते हैं—हाथी, घोड़ा, हिरण, शेर, चीता आदि क्योंकि यह सब जंगल में ही रहते हैं। इस सम्बन्ध में यह स्पष्ट कर देना अत्यन्त आवश्यक है कि शब्दार्थ विभेदक मापनी का सम्बन्ध शब्दार्थों के केवल स्वगुणार्थ (cannotation) विभा से ही है।

शब्दार्थ-विभेदक मापनी को परिभाषित करते हुए ***Kerlinger*** (2002) ने अपना मत इस प्रकार प्रकट किया है, *''शब्दार्थ-विभेदक मापनी वह विधि है जिसमें सम्प्रत्ययों के मनोवैज्ञानिक अर्थों का प्रेक्षण तथा मापन किया जाता है।'' (The semantic differential is a method of observing and measuring the psychological meaning of concepts.)*

Chaplin (1975) के अनुसार, *''शब्दार्थ-विभेदक मापनी वह प्रविधि है जिसका उपयोग*

शब्दों के अर्थों के अध्ययन में रेटिंग स्केल के उपयोग के लिए किया जाता है" (*Semantic differential is a technique for utilizing rating scales in the study of connotative meanings of words.*)

Freeman (1968) ने इस प्रविधि को परिभाषित करते हुए कहा है कि, "*अर्थ विभेदक प्रविधि वह प्रविधि है जिसके द्वारा व्यक्तियों, सम्प्रत्ययों, संगठनों, संस्थाओं, घटनाओं और विषयों के प्रतिनिधित्व करने वाले शब्दों के गुणार्थों का मापन किया जाता है। वास्तव में इसमें कुछ भी शब्द जिन्हें प्रयोगकर्ता या निदानकर्ता सार्थक समझता है, वह लिए जा सकते हैं।*" (*The semantic differential is a technique used to measure the connotations of words representing persons, concepts, organization, institutions, events and objects, infact, anything the experimenter or clinician might regard as relevant.*) इस प्रविधि के स्वरूप का वर्णन करते हुए ***Freeman,*** 1968 ने लिखा है कि "*किसी सीमा तक यह प्रविधि एक व्यक्ति के व्यक्तित्व के प्रक्षेपण के मापन का अवसर प्रदान करती है। वास्तविकता यह है कि व्यक्तित्व परीक्षण किसी सीमा तक यही मापन करते हैं। शब्दार्थ-विभेदक प्रविधि को यहाँ इसलिए सम्मिलित किया गया है क्योंकि यह विधि अभिवृत्ति तथा मूल मापनियों के अत्यधिक अनुरूप है।*" (*This technique provides, in some degree, a measure of an individual's projection of his personlity. As a matter of fact all personality tests do that to some extent. The semantic differential technique is included here because it most closely resembles seales of attitudes and values.*) इसमें कई मापनियाँ होती हैं।

इसके अन्तर्गत अभिवृत्ति का मापन दो छोरों वाले विशेषण प्रणाली (Bipolar Adjective Scale) के द्वारा करते हैं। यह विरोधी छोरों वाले विशेषण अर्थ के तीन तत्त्वों-मूल्यांकन (evaluation), क्षमता (potency) तथा सक्रियता (activity) से सम्बद्ध होते हैं। इन तत्त्वों से सम्बद्ध दो विरोधी छोरों के विशेषणों के उदाहरण इस प्रकार हैं:—

मूल्यांकन तत्त्व-सुन्दर-असुन्दर, अच्छा-बुरा, व्यवहारिक-अव्यवहारिक, सभ्य-असभ्य।

क्षमता तत्त्व-शक्तिशाली-शक्तिहीन, मोटा-पतला, लम्बा-नाटा, भारी-हल्का।

सक्रियता तत्त्व-सक्रिय-निष्क्रिय, शान्त-उद्दीप्त, तेज-सुस्त।

इस प्रकार दो छोर वाले विशेषण एक-दूसरे के विरोधी होते हैं। अभिवृत्ति जिसका मापन करना होता है वह प्रत्यय प्रयोज्यों के समक्ष प्रस्तुत करके उस पर प्रतिक्रिया व्यक्त करने का निर्देश देते हैं। प्रतिक्रियाएँ सात बिन्दु मापनी पर व्यक्त की जाती हैं। इन सात बिन्दुओं में चौथा बिन्दु तटस्थ अभिवृत्ति का द्योतक होता है। जैसे:—

मान ले विद्यार्थियों के प्रति शान्त-अशान्त विमा पर अभिवृत्ति मापन करना है तो अध्यापकों का चयन प्रयोज्य के रूप में करना होगा। यदि कोई प्रयोज्य विद्यार्थी को सातवें बिन्दु पर रखता है तो इसका अभिप्राय यह हुआ कि वह विद्यार्थियों को बहुत ही अशान्त समझता है। जब कोई प्रयोज्य चौथे बिन्दु से दाएँ निशान लगाता है तो वह विद्यार्थियों को अशान्त समझता है। इसी प्रकार जब वह इस बिन्दु से बाएँ निशान लगाता है, तो वह उन्हें शान्त समझता है। यह सात बिन्दु न केवल अभिवृत्ति वरन् उसकी मात्रा को भी व्यक्त करते हैं। इसका

उदहारण निम्न है:–

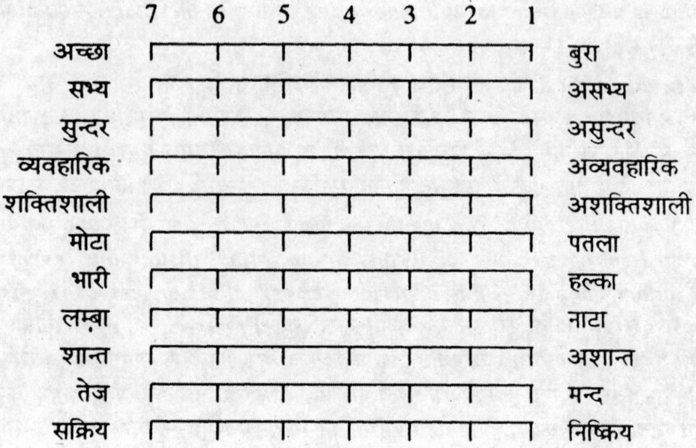

शिक्षक

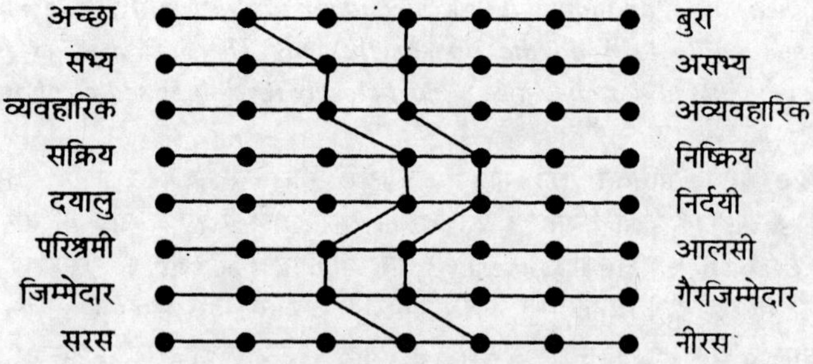

Semantic profile of two groups

इस प्रणाली द्वारा प्राप्त प्राप्तांकों के माध्यमान के आधार पर प्रोफाइल (Profile) तैयार करते हैं जिससे क्षण भर में ही अभिवृत्तियों का बोध हो जाता है।

इस अभिवृत्ति मापनी द्वारा अभिवृत्ति के संज्ञानात्मक और भावात्मक तत्त्वों की सफल मापन सम्भव है। (Osgood et. al; 1957)। इसकी विश्वसनीयता के अध्ययनों में Osgood (1957) ने यह मूल्य .83 से .91 तक प्राप्त की है। मापनी की वैधता निर्धारण हेतु उसकी तुलना थर्स्टन मापनी से की गई तथा .74 से .82 तक सहसम्बन्ध गुणक प्राप्त किया गया। अतः यह मापनी विश्वसनीय एवं वैध मानी जाती है।

अर्थ विभेदक प्रणाली/शब्दार्थ भेदक मापनी की उपयोगिता व्यवहारपरक विज्ञानों (behavioural sciences) में अत्यधिक है क्योंकि इस विधि के द्वारा अनेक अनुसंधानपरक समस्याओं का समाधान किया जाता है। यह विधि विश्वसनीय और वैध तो मानी ही जाती है, साथ-ही-साथ इसके प्रयोग में समय और धन कम खर्च होता है। अन्य प्रविधियों की तुलना में इसका प्रशासन एवं फलांकन सरल है। इस प्रविधि का उपयोग करके केवल व्यक्ति के संज्ञानात्मक पहलुओं का ही अध्ययन नहीं किया जा सकता है वरन् उनके पूर्वाग्रहों तथा रूढ़ियों का भी अध्ययन एवं मूल्यांकन किया जा सकता है। इस मापनी का उपयोग अभिवृत्ति परिवर्तन (*Osgood*, 1957), अनुबन्धन प्रभाव (*Staats* & *Staats*, 1958), मनोवृत्ति परिवर्तन

सामान्यीकरण (*Kerlinger*, 1978, *Tannenbaum*, 1966), संवेग तथा मनोभाव (*Block* 1957), अन्तर सांस्कृतिक अध्ययन (*Block*, 1957), *Heise*, (1969), सम्प्रययों का विकास (*Kerlinger*, 1978), मनोवृत्ति मापन (*Kerlinger*, 1978) आदि के लिए किया गया है। *Kerlinger* (1978) ने शिक्षा तथा मनोविज्ञान में इसे एक उपयोगी उपकरण के रूप में माना है। इसी प्रकार *Carrole* (1959) ने भी इस प्रविधि को अच्छी (good) सक्रिय (active) और प्रभावशाली (potent) प्रविधि कहा है।

शब्दार्थ विभेदक मापनी में सामान्यतया सात बिन्दुओं वाली मापनी (7-Point Scale) का प्रयोग किया जाता है। इस मापनी के दोनों छोर पर द्विध्रुवीय विशेषण होते हैं। यह द्विध्रुवीय विशेषण बिन्दु 1 और बिन्दु 7 पर होते हैं। व्यक्ति इन्हीं 7 बिन्दुओं वाली मापनी में किसी बिन्दु पर चिह्न लगाकर अपनी अनुक्रिया प्रकट करता है।

शब्दार्थ-विभेदक मापनी का प्रयोग करते समय अनुसंधानकर्ता को निम्न सोपानों का अनुसरण करना चाहिए:—

1. सम्प्रत्यय का चयन (*Selection of Concepts*)—सर्वप्रथम अनुसंधानकर्ता को किसी सम्प्रत्यय (शीर्षक) जैसे दहेज, विधवा विवाह, सहशिक्षा, भारतीय राजनीति आदि का चयन करना होगा। और उसके लिए 7 बिन्दुओं वाली मापनी की रचना करनी होगी। सम्प्रत्यय चुनते समय अनुसंधानकर्ता को दो बातों पर विशेष ध्यान देना होगा। प्रथम अनुसंधानकर्ता को ऐसे शीर्षक का चयन करना होगा जिसके बारे में विभिन्न प्रकार की अनुक्रियाएँ प्रकट की जा सकें। द्वितीय, जिन अनुक्रिया मापनियों का प्रयोग किया जाय, वह शीर्षक के सन्दर्भ मे प्रासंगिक हो।

2. विशेषण युग्मों का चयन (*Selection of Adjective Pairs*)—जब अनुसंधानकर्ता शीर्षक का चयन कर लेता है, तब वह विशेषणों-युग्मों (adjective pairs) का चयन करता है। विशेषण-युग्मों का चयन करते समय भी अनुसंधानकर्ता को दो बातों पर ध्यान देना होगा। प्रथम, विशेषण-युग्मों को किसी विशिष्ट कारक (Specific factor) का प्रतिनिधित्व करना चाहिए। *Osgood, Susi & Tannenbaum* (1959) ने यह प्रस्तावित किया है कि विशेषण-युग्मों को 3 प्रकार के कारकों का प्रतिनिधित्व करना चाहिए—मूल्यांकन (Evaluation-E), शक्ति (Potency-P) एवं क्रिया (Activity-A)। इन तीन कारकों को विशेषणों का समूह (Cluster of adjectives) कहा जाता है। यह समूह अर्थ के 3 पक्षों का प्रतिनिधित्व करता है। इन तीनों विभाओं को अर्थगत अन्तराल (semantic space) कहा जाता है। जब 'सुन्दर-कुरूप', 'अच्छा-बुरा', 'ईमानदार-बेईमान', 'सभ्य-असभ्य' विशेषण युग्मों का प्रयोग किया जाय तो उसमें मूल्यांकन कारक सन्निहित रहता है। 'छोटा-बड़ा', 'हल्का-भारी', लम्बा-छोटा' जैसे विशेषणों युग्मों में शक्ति कारक पाया जाता है। जबकि 'सक्रिय-निष्क्रिय', 'तेज-मन्द' जैसे विशेषण युग्मों से क्रिया कारक का संकेत प्राप्त होता है। इन तीनों कारकों में E-factor सर्वोत्तम माना जाता है क्योंकि इस कारक के विशेषण एक-दूसरे के पूर्णतः विरोधी होते हैं। उसे अपने मापनी में यह तय करना होगा कि इन तीनों कारकों में से किस कारक से सम्बन्धित विशेषण-युग्मों का प्रयोग वह करेगा।

3. 7-बिन्दु मापनी की रचना (*Construction of 7 point scale*)—अनुसंधानकर्ता तीसरे चरण में प्रत्येक सम्प्रत्यय को कागज के एक पृष्ठ पर अलग-अलग लिख लेता है और उसके नीचे 7 बिन्दुओं वाली मापनी को अंकित कर लेता है। विशेषण-युग्मों के एक किनारे बैक्रेट में E, P, या A लिख दिया जाता है जिससे विशेषण युग्मों की प्रकृत्ति के बारे मे ज्ञान प्राप्त हो सके। विधेयात्मक (Positive) पदों से प्रारम्भ होने वाले मापनी के लिए 7, 6, 5, 4, 3, 2, 1क्रम का प्रयोग होता है जबकि निषेधात्मक पदों से प्रारम्भ होने वाले मापनी के लिए 1, 2, 3,

4,. 5, 6, 7 क्रम का प्रयोग किया जाता है। उदाहरणार्थ :—

अच्छा	7	6	5	4	3	2	1	बुरा (P)
शक्तिशाली	7	6	5	4	3	2	1	कमजोर (E)
निष्क्रिय	1	2	3	4	5	6	7	सक्रिय (A)
दयालु	7	6	5	4	3	2	1	क्रूर (E)
सुन्दर	7	6	5	4	3	2	1	कुरूप (E)
मन्द	1	2	3	4	5	6	7	तेज (A)

अंकन करने के लिए प्रत्येक मापनी पर लगाये गये चिह्नों सम्बन्धी अंकों का योग ज्ञात कर लिया जाता है और उसे मापनियों की संख्या से विभाजित कर दिया जाता है। प्राप्त भजनफल ही उत्तरदाता का प्राप्तांक होता है।

गुण (*Merits*)

(i) अभिवृत्ति परिवर्तन का अध्ययन किया जा सकता है।
(ii) अनेक प्रकार की अनुसंधान समस्याओं का समाधान सम्भव है।
(iii) मनोवृत्ति परिवर्तन पर अनुकूलन के प्रभावों का अध्ययन किया जा सकता है (Staats & Staats 1958)]
(iv) मनोवृत्ति परिवर्तन का सामान्यीकरण किया जा सकता है (Kerlinger 2002)
(v) संवेगों तथा भावों का (emotions and sentiments) का अध्ययन किया जा सकता है।
(vi) अभिवृत्ति का मापन किया जाता है।
(vii) श्रम एवं धन कम खर्च होता है।
(viii) इस विधि में अपेक्षाकृत अधिक नम्यता (Flexibility पाई जाती है।
(ix) यह एक विश्वसनीय एवं वैध विधि है।
(x) इस विधि के द्वारा क्रॉस-सांस्कृतिक सत्यापन (Cross-cultural verification) किया जा सकता है।
(xi) मापनी की रचना सरलता से की जा सकती है।
(xii) इसकी प्रक्रिया में सहजता पाई जाती है।
(xiii) यह विधि रोचक है।
(xiv) अनुसंधान के दृष्टिकोण से बहुत उपयोगी है।

दोष (*Demerits*)

(i) प्रदत्त विश्लेषण में कठिनाई होती है।
(ii) विशेषण-युग्मों के चयन में कठिनाई होती है।
(iii) प्रासंगिक सम्प्रत्ययों को चयन करना एक कठिन कार्य है।

इन सब कठिनाइयों के बावजूद भी शब्दार्थ-विभेदक मापनी की उपयोगिता अधिक है। इसीलिए *Kerlinger* (2002) ने मनोविज्ञान तथा शिक्षा में अनुसंधान के लिए इसे एक महत्त्वपूर्ण उपकरण के रूप में माना है। *Carroll* (1954) का मत है कि *"Semantic differential is a good, it is active, it is potent."*

अध्याय 32

मापनी प्रविधियाँ
(SCALING TECHNIQUES)

मनोविज्ञान तथा शिक्षा के क्षेत्र में मनोवैज्ञानिक मापनियों की महत्त्वपूर्ण भूमिका है। मनोवैज्ञानिक मापनियों के द्वारा उद्दीपकों अथवा व्यक्तियों का परिमाणात्मक विश्लेषण (quantitative analysis)उनके विशेषताओं के आधार पर किया जाता है। इसमें किसी सातत्य (Continuum) पर व्यक्ति को उनके गुणों के आधार पर छाँटा जाता है। व्यक्ति के मूल्यांकन के लिए प्रयोग किये गये सातत्य को मापनी कहते हैं। मापनी का प्रयोग दो अर्थों में किया जाता है। मापनी का एक तात्पर्य वस्तुओं अथवा घटनाओं के मात्राओं के भौतिक प्रस्तुतीकरण से है (*Scale is physical measurement of a series of qualified values, such as yardstick, thermometer or a device for measuring blood pressure.– **Chaplin,*** 1975)। जबकि मापनी का दूसरा तात्पर्य मात्राओं के उस प्रग्रामी शृंखला की ओर संकेत करता है जिसके द्वारा किसी मनोवैज्ञानिक विमा का मापन होता है। (*Scale is any progressive series of values or magnitudes according to which a psychological phenomenon can be quantified–**Chaplin,*** 1975.) ऐसे मापनियों के रूप में मनोवैज्ञानिक मापनियों को लिया जा सकता है। जिनके अभिवृत्ति, बुद्धि, अभिक्षमता आदि का मापन हो सकता है। मापनी का प्रथम अर्थ मूर्तता (concreteness) तथा दूसरा अर्थ अमूर्ततता (abstractness) की ओर हो सकता है। यहाँ हमारा उद्देश्य मापनी के दूसरे अर्थ के सन्दर्भ में व्यवहार के मापन से है। इसीलिए ***Torgerson*** (1958) ने मनोवैज्ञानिक मापनी को इस प्रकार परिभाषित किया है, *''मनोवैज्ञानिक मापनी विधि मनोवैज्ञानिक गुणों के मापन के लिए मापनी बनाने की एक प्रविधि है।''* (*Psychological scaling methods are procedures for constructing scales for the measurement of psychological attributes.*)। मापनी को परिभाषित करते हुए ***Chaplin*** (1975) ने *मनोवैज्ञानिक मापनी बनाने की प्रक्रिया कहा है।* (*Scaling is the process of constructing a psychological scale*)। सारांश स्वरूप यह कहा जा सकता है कि मापनी-प्रविधि का तात्पर्य मापनी की कार्यप्रणाली (*Procedure for scaling.*–Reber & Reber, 2001) से है।

Murphy & David Shofer (1988) ने मापनी प्रविधि को दो प्रमुख वर्गों में इस प्रकार वर्गीकृत किया है:—

1. कोटिकरण विधि (Ranking Method)
2. श्रेणीकरण विधि (Rating Method)

इन विधियों का विवरण अधोप्रस्तुत है:—

कोटिकरण विधि
(Ranking Method)

कोटिकरण विधियों का तात्पर्य उन प्रविधियों अथवा प्रक्रियाओं से है जिनका प्रयोग

उत्तरदाताओं की तुलना दूसरे व्यक्तियों से करके कोई निर्णय लिया जाता है। यह कोटिकरण उच्चतम से निम्नतम की ओर किया जाता है। उत्तरदाताओं का कोटिकरण अनेक विधियों के द्वारा किया जाता है जिनमें निम्न तीन विधियाँ प्रमुख हैंः—

1. कोटि क्रमविधि (Rank Order Method)
2. युग्मित तुलना विधि (Method of Paired Comparison)
3. क्रमिक अन्तराल विधि (Method of Successive Intervals)

कोटिकरण विधि के विभिन्न उपविधियों को अधिक बोधगम्य बनाने के लिए इनका संक्षिप्त विवरण प्रस्तुत किया जा रहा है।

1. कोटिक्रम विधि
(Rank Order Method)

इस विधि का प्रयोग सर्वप्रथम *Cattell* (1903) ने किया। लेकिन बाद में *Spearman* (1904) ने व्यवहार के विभिन्न पक्षों को जानने के लिए इस विधि का प्रयोग किया। इस विधि में अनुसंधानकर्ता उत्तरदाता के समक्ष कुछ उद्दीपकों को प्रस्तुत करता है और किसी मापदण्ड के आधार पर उद्दीपकों को क्रम से व्यवस्थित करता है। इसीलिए इस विधि को योग्यता क्रमविधि की भी संज्ञा दी जाती है। इस विधि में जितने उद्दीपक होते हैं, उतने ही क्रम दिये जाते हैं। उत्तरदाता एक उद्दीपक को एक ही क्रम प्रदान करता है। सर्वाधिक पंसद वाले उद्दीपक को प्रथम स्थान तथा सबसे कम पसन्द वाले उद्दीपक को अन्तिम क्रम प्रदान किया जाता है। इस प्रकार प्रयोज्य उद्दीपकों का उच्चतम से न्यूनतम दिशा में अनुपस्थिति क्रम प्रदान करता है। यह अनुस्थिति किसी विशेष विमा के सन्दर्भ में प्रदान की जाती है। जो विमा पर उच्चतम स्थिति में होते हैं उन्हें एक अंक तथा निम्नतम स्थिति को अन्तिम अंक प्रदान किया जाता है। यदि क्रमों का निर्धारण एक ही व्यक्ति द्वारा बार-बार या अनेकों प्रयोज्यों द्वारा किया जाता है तो क्रमों का मान अधिक परिशुद्ध और निश्चित होता है। उदाहरणार्थ—यदि हम 5 छात्रों से 5 अध्यापकों के बारे में उनके अध्यापन शैली के सन्दर्भ में उनके अनुस्थित क्रम (rank order) को जानना चाहते हैं, तो प्रत्येक छात्र सर्वोत्तम अध्ययन शैली वाले व्यक्ति को प्रथम क्रम तथा सबसे खराब शैली वाले व्यक्ति को पाँचवाँ क्रम प्रदान करेगा।

इन क्रमों को निम्न तालिका में प्रस्तुत किया गया हैः—

छात्र/	अध्यापक				
छात्रा	अ	ब	स	द	इ
यशवर्धन	1	3	2	4	5
यशिता	2	4	1	3	5
वर्षा आनन्द	2	5	3	4	2
बानी आनन्द	5	1	4	3	1
विनती आनन्द	1	5	3	2	4
क्रम योग	11	18	13	16	17
औसत क्रम	2.2	3.6	2.6	3.2	3.4
निर्धारित क्रम	1	5	2	3	4

तालिका से स्पष्ट है कि छात्रों/छात्राओं ने पाँच अध्यापकों अ, ब, स, द तथा इ को उनके अध्यापन कौशल के आधार पर भिन्न-भिन्न क्रम प्रदान करने के लिए इन क्रमों को अन्तराल

मापनी में बदला जा सकता है। यह परिवर्तन कई विधियों द्वारा सम्भव है परन्तु अन्य विधियों की तुलना में युग्मित तुलना विधि में बताई कई गणनाविधि अपेक्षाकृत अधिक परिशुद्ध एवं उपयोगी है। यह गणना निम्नलिखित तरीके से की जाती है।

उपर्युक्त तालिकाओं से यह स्पष्ट है कि यशवर्धन ने 'ब' 'स' 'द' और 'इ' अध्यापकों की तुलना में 'अ' को अध्यापन कौशल के सन्दर्भ में सर्वश्रेष्ठ अनुस्थित क्रम प्रदान किया है तथा अन्य अध्यापकों को स, द, इ, तथा ब, क्रम में व्यवस्थित किया है। जिसका तात्पर्य यह है कि वह 'स' को दूसरे नम्बर पर द को तीसरे, इ को चौथे तथा ब को पाँचवें नम्बर पर रखा है। इसी प्रकार प्रत्येक क्रम को चयन प्राप्तांक (C-score) में बदल दिया जाता है। जब एक समूह द्वारा अनुस्थिति क्रम के प्रदान करने का कार्य किया जाता है तो समस्त लक्ष्य उद्दीपकों के सन्दर्भ में समूह से प्राप्त चयन क्रमों का औसत ज्ञात कर लिया जाता है और उन्हें चयन प्राप्तांक में परिवर्तित कर लिया जाता है। जैसेः—

$C = N - r$

$Mr = \Sigma rfN$

$Mc = N - Mr$

यहाँ

c = चयन प्राप्तांक (Choice score)

n = उद्दीपकों की संख्या जिन्हें कोटिबद्ध किया गया है (Number of stimuli which are ranked)

r = दिया गया कोटिक्रम (Rank assigned)

Mc = मध्यमान चयन प्राप्तांक (Mean choice score)

N = कोटिबद्ध किये गये उद्दीपकों की संख्या (Number of stimuli)

Mr = मध्यमान कोटि (Mean Rank)

Mr = उद्दीपकों की मध्यमान कोटि (Mean Rank of stimuli)

Σr = उद्दीपकों को दिये गये कोटिकार योग (Sum of ranks given by respondents)

N = निर्णायकों की संख्या (Number of Judges)

उपर्युक्त उदाहरण में मि॰ 'अ' का क्रम योग 11 है। किसी अध्यापक को प्राप्त अधिकतम क्रमों की संख्या = निर्णायक संख्या × उद्दीपक संख्या (5 × 5 = 25) है। इसके लिए चयन प्राप्तांक = 25 – 11 = 14 है। इसे 5 से विभाजित कर देने पर 14/5 = 2.8 प्राप्त होता है। औसत चयन प्राप्तांक को संज्ञा दी जा सकती है। औसत चयन प्राप्तांक को C अनुपातों (P) में परिवर्तित किया जा सकता है। जिसके लिए इस सूत्र का प्रयोग किया जाता हैः—

$$P = \frac{\text{Mean} \subset \text{Score}}{(N-1)}$$

$$P = \frac{2.8}{4} = .70$$

इसके पश्चात् P को Z तालिका की सहायता से मानक प्राप्तांक में परिवर्तित कर लेते है। तालिका देखने पर यह स्पष्ट हुआ कि P = .70 का मानक प्राप्तांक 0.52 होगा। अन्त में युग्मित तुलना विधि की भाँति C = प्राप्तांकों में 0.50 जोड़ दिया जाता है। इन परिवर्तित चयन प्राप्तांकों

को N से विभाजित करके P का मान ज्ञात किया जाता है। P और Z तालिका के आधार पर इन्हें मानक प्राप्तांकों में परिवर्तित किया जाता है। पाँचवें उद्दीपकों की निम्न तालिका में प्रस्तुत की गई है जो सबसे बड़े धनात्मक तथा सबसे बड़े ऋणात्मक मूल्य वाले उद्दीपक की स्थिति पर प्रकाश डालता है:—

अभिगणन सोपान	उद्दीपक अध्यापक (आरोही क्रम में)				
	अ	ब	स	द	इ
औसत कोटि (Mean Rank)	2.2	2.6	3.2	3.4	3.6
औसत चयन प्राप्तांक (M. C. Score)	2.8	2.4	1.8	1.6	1.4
अनुपात (P)	0.70	0.60	0.45	0.40	0.35
मानक प्राप्तांक (Z)	+ 0.52	+ 0.25	– 0.13	– 0.25	– 0.39
परिवर्तित चयन प्राप्तांक C = C+.050	3.3	2.9	2.3	2.1	1.9
परिवर्तित अनुपात P = C/N	0.66	0.58	0.46	0.42	0.38
परिवर्तित मानक प्राप्तांक	+ 0.41	+ 0.20	– 0.10	– 0.20	– 0.31

P को Z में बदलने के लिए इस तालिका का प्रयोग किया जाता है।

युग्मित तुलना विधि की भाँति ही एक अन्तराल मापनी की रचना कर ली जाती है। इस मापनी में सबसे अधिक ऋणात्मक मूल्य वाला अध्यापक 'इ' हैं। इसके ऊपर क्रम से 'द', 'स', 'ब' एवं 'अ' सबसे बड़ा धनात्मक मूल्य है। जिसे उपर्युक्त तालिका में देखा जा सकता है।

दूसरी सर्वोत्तम विधि वह है जिसमें मापनी के निचले सिरे पर शून्य मान लिया जाता है। इसके लिए न्यूनतम परिवर्तित मानक प्राप्तांक (Z) की सबसे बड़ी ऋणात्मक संख्या को प्रत्येक उद्दीपक हेतु अभिगणित करके Z प्राप्तांक में जोड़कर प्रत्येक उद्दीपक के लिए मान प्राप्त किये जाते हैं। इसे निम्नांकित मापनी में प्रदर्शित किया जाता है:—

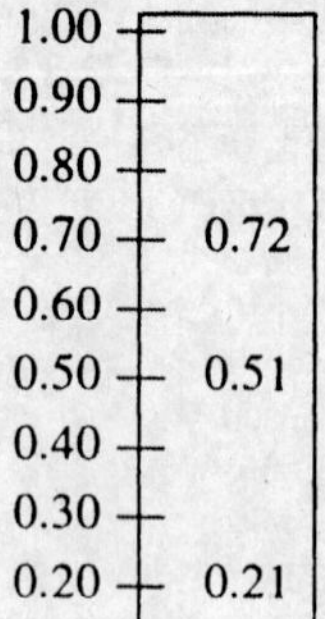

इस मापनी में 'इ' का मान 0.00 द का मान 0.11, स का मान 0.21, ब का मान 0.51 तथा अ का मान 0.72 प्राप्त हुआ है।

सुझाव *(Suggestions)*

उद्दीपकों के क्रम का निर्धारण उस समय कठिन एवं अव्यवहारिक हो जाता है जब उद्दीपकों की संख्या अधिक हो जाती है। ऐसी स्थिति में सभी उद्दीपकों का स्थान निर्धारण आवश्यक नहीं होता है। ऐसी स्थिति में पहले के केवल कुछ क्रमों के आधार पर मापनी निर्मित करनी चाहिए और इन्हीं चयनित कुछ विशेष क्रमों के आधार पर मापन किया जाना चाहिए। उद्दीपकों की संख्या बहुत अधिक होने पर निर्णायक को यह निर्देश देना चाहिए 5 (7 या 10) उद्दीपकों को चुनकर उनके लिए ही वह कोटि निर्धारण करे। इस बात की भी सम्भावना भी पाई जाती है कि निर्णय का आधार केवल प्रथम कोटि ही माना जाना चाहिए कुछ प्रथम कोटिया नहीं।

मूल्यांकन *(Valuation)*

यह विधि उपर्युक्त भी है और सरल तथा समीचीन भी (Garrett 1964)। उद्दीपकों की संख्या अधिक होने पर उपर्युक्त नहीं है क्योंकि उद्दीपकों को एक समय तथा एक साथ ही अनेक उद्दीपकों पर ध्यान देना सम्भव नहीं होता है। फिर भी यह विधि अधिक उपयोगी है क्योंकि इसमें सभय भी कम लगता है और श्रम भी। *Blum & Naylor* (1984) का मत है कि बड़े प्रतिदर्श (संख्या 50 अथवा 60 होने पर भी हम कोटिकरण विधि का प्रयोग कर सकते हैं तथा विश्वसनीय एवं वैध परिणाम प्राप्त कर करते है। इस विधि के द्वारा एक विधि की तुलना उपस्थित अन्य व्यक्तियों के साथ अलग-अलग की जा सकती है (*Guilford*, 1964)।

2. युग्मित-तुलना विधि
(Method of Paired-Comparison)

मनोवैज्ञानिक मापन विधियों में युग्मित तुलना विधि का महत्त्वपूर्ण स्थान है। सर्वप्रथम *Cohen* (1994) ने व्यक्तियों के रगों की पसंद के अध्ययन के लिए इस विधि का प्रयोग किया। तत्पश्चात् *Thurstone* (1927) ने इस विधि की वैज्ञानिक व्याख्या प्रस्तुत की। इस विधि में उद्दीपकों का जोड़ा बना लिया जाता है। प्रयोज्य इन उद्दीपकों की तुलना करता है और यह बताता है कि इन उद्दीपकों में से किसे अधिक पसंद करता है। इस विधि में प्रत्येक उद्दीपक की तुलना दूसरे विधि से की जाती हे। वास्तविकता यह है कि यह विधि सतत् उद्दीपक अन्तर विधि (Method of Constant Stimulus Difference) का एक विस्तृत रूप है। इसमें दो उद्दीपकों को एक साथ प्रस्तुत किया जाता है। एक उद्दीपक प्रामाणिक उद्दीपक (standard stimulus) होता है, तथा दूसरा तुलनीय (comparable stimulus)। प्रत्येक प्रस्तुतीकरण में एक तुलनीय उद्दीपक को प्रामाणिक उद्दीपक के साथ प्रस्तुत किया जाता है। चूँकि इस विधि में प्रत्येक उद्दीपक की तुलना दूसरे उद्दीपक से की जाती है। इसलिए प्रत्येक उद्दीपक दूसरे के लिए प्रामाणिक उद्दीपक के रूप में कार्य करता है। प्रयोज्य किसी मनोवैज्ञानिक गुण के (Psychological attribute) के आधार पर निर्णय न दें।

इस प्रकार यह कहा जा सकता है कि यह विधि तुलनात्मक नियम के निर्णय (Law of comparative judgment) पर आधारित है। ***Torgerson*** (1958) ने इस नियम को परिभाषित करते हुए कहा है कि, *''तुलनात्मक निर्णय का नियम समीकरणों का एक सेट है जो इस बात से सम्बन्धित होता है कि किसी मनोवैज्ञानिक सातत्य पर दो उद्दीपकों के भेद मूलक भिन्नता तथा मापनी मूल्यों के सन्दर्भ में कोई भी दिया गया उद्दीपक K दूसरे उद्दीपक J से कितने अनुपात में एक दिये हुए गुणा पर अधिक है।'' (The law of comparative judgment is* *a set of equations relating to the proportions of times any given stimulus K is judged greater on a given attribute, than any other stimulus J to the scale values and discriminal dispersions of the two stimuli on the psychological continuum)*

इस परिभाषा के आधार पर यह कहा जा सकता है कि तुलनात्मक निर्णय का नियम कुछ विशेष समीकरणों से प्रभावी होता है जिनकी उत्पत्ति निम्न अभिग्रहों से होती है:—

1. प्रयोज्य के सामने उपस्थित किया गया उद्दीपक एक अनुक्रिया उत्पन्न करता है। मनोवैज्ञानिक सातत्यक पर इसका एक मूल्य होता है। इस अनुक्रिया को 'भेदमूलक प्रक्रिया' (discriminal process) कहते हैं। इसे Si से संकेत करते हैं।
2. एक ही उद्दीपक को जब बार-बार प्रस्तुत किया जाता है तो Si का मान सदैव एक समान नहीं रहता है बल्कि वह घटता-बढ़ता रहता है। यह प्रयोज्य की मनोदशा में परिवर्त्तन के कारण होता है।
3. जब कोई उद्दीपक व्यक्ति के सामने कई बार प्रस्तुत किया जाता है तो उससे प्राप्त आवृत्ति वितरण प्रकृत होता है।
4. किसी भी उद्दीपक के Si के प्रकृति वितरण के मध्यमान को मापनी मूल्य कहा जाता है। इसके S. D. को विभेदमूलक विभिन्नता की संज्ञा दी जाती है।

थर्सटन ने ''तुलनात्मक निर्णयों के नियम'' के पाँच केसेज बतायें हैं जो निम्नांकित हैं:—

Case I—यहाँ पर इस नियम का उपयोग अपने सम्पूर्ण रूप में एक ही प्रयोज्य द्वारा उद्दीपकों के जोड़े के विषय में किये गये बार-बार कई निर्णयों के विश्लेषण हेतु किया जाता है। यह नियम अपने सम्पूर्ण रूप में निम्नांकित प्रकार से लिखा जाता है:—

$$\overline{Si}\ \overline{Sj} = Zij \sqrt{\sigma i^2 + \sigma ij^2 - 2rij\sigma\, \sigma\, ij}$$

Si = मापनी मूल्य (उद्दीपक i का)

Sj = उद्दीपक j का मापनी मूल्य

Zij = उद्दीपक i तथा j के तुलनात्मक निर्णय का Z मूल्य

σi = उद्दीपक i द्वारा उत्पन्न विभेद मूलक प्रक्रिया का S-D

σj = उद्दीपक j द्वारा उत्पन्न विभेद मूलक प्रक्रिया का SD

r ij = Si तथा Sj के बीच सहसम्बन्ध

Case II—द्वितीय केस में तुलनात्मक निर्णय के नियम का उपयोग समूह परिस्थिति में किया जाता है जहाँ समूह के प्रत्येक प्रयोज्य प्रत्येक जोड़े के विषय में एक ही बार निर्णय देते हैं। इसके लिए Case I की तरह प्रदत्त एकत्र लिए जाते हैं।

Case III—जब प्रयोग द्वारा उद्दीपकों की स्पष्ट पहचान नहीं हो पाती है तब r ij शून्य मान लिया जाता है। ऐसी स्थिति में सम्पूर्ण नियम का सूत्र घटकर छोटा हो जाता है जो निम्नांकित है:—

$$\overline{Si} - \overline{Sj} = Zj \sqrt{\sigma i^2 + \sigma j^2}$$

Case IV—थर्सटन ने तुलनात्मक निर्णय के नियम को आसान बनाने के लिए भेदमूलक विभिन्नताओं को समान मान लिया। ये विभिन्नताएँ उस परिस्थिति में समान होंगी जब सभी उद्दीपकों का कठिनाई स्तर लगभग एक समान हो। ऐसी परिस्थिति में तुलनात्मक निर्णय अधिक

सरल होकर इस प्रकार हो जाता है:—

$$\overline{Si} - \overline{Sj} = 707\ Zij\ (\sigma i + \sigma j)$$

Case V —तुलनात्मक निर्णय के नियम को सरलतम बनाने के लिए थर्सटन ने एक अतिरिक्त अवधारणा (additional assumption) का विकास किया। मान्यता यह थी कि सभी मानक विचलन समान हैं। अर्थात् $\sigma i + \sigma j$ है। अब यह नियम और भी अधिक सरल हो जाता है जिसे निम्नांकित ढंग से लिखा जा सकता है:—

$$\overline{Si} - \overline{Sj} = Zij\ \sigma i \sqrt{2}$$

यदि $\sigma i\ \sqrt{2}$ उद्दीपकों के विभिन्न जोड़े के स्केल पृथक्करण को मापन की सामान्य इकाई और यदि इस सामान्य इकाई को एक (1) सम्पूर्ण इकाई मान लिया जाय तो तुलनात्मक निर्णय का नियम अपने अन्तिम सरलतम रूप में इस प्रकार हो ज़ाता है:—

$$\overline{Si} - \overline{Sj}, = Zij \text{ or, } Zij = \overline{Si} - \overline{Sj}$$

युग्मित तुलना विधि द्वारा उद्दीपक के मापनी मूल्य ज्ञात करने की प्रविधि *(Technique of Calculating Scale Value of Stimuli by Paired Comparison Method)*

मापनी मूल्य ज्ञात करने के लिए सबसे पहले उद्दीपकों या कथनों की संख्या तथा उनसे बनने वाले युग्मों की सम्भावित संख्या मालूम कर लेते हैं। उदाहरण के लिए मान लिया जाय कि उच्च शिक्षा के प्रति पाँच उद्दीपकों का मापनी मूल्य ज्ञात करना है। अब पाँच उद्दीपकों से बनने वाले सम्भावित युग्मों संख्या मालूम करेंगे। इसकी गणना निम्नांकित सूत्र से की जाती है:—

पाँच उद्दीपकों से सम्भावित युगमों की संख्या = N (N–1) /2

= 5 (5 –1) / 2 = (5 × 4) / 2

= 20/2 = 10

अब इन युग्मों में से प्रत्येक को 100 प्रयोज्यों को एक-एक बार देकर उनका निर्णय प्राप्त किया गया। इन निर्णयों से प्राप्त आवृत्तियों को एक तालिका में लिख लिया गया। मान लिया जाय यह तालिका इस प्रकार बनीं—

पाँच उद्दीपकों पर 100 निर्णायकों द्वारा किये गये तुलनात्मक निर्णय की आवृत्ति

उद्दीपक	1	2	3	4	5
1	50	70	60	80	60
2	30	50	75	30	90
3	40	25	50	70	80
4	20	70	30	50	80
5	40	10	20	20	50

तालिका की आवृत्तियों से यह पता चलता है कि एक उद्दीपक को दूसरे उद्दीपक की तुलना में कितनी बार अधिक अनुकूल समझा गया। इस प्रकार की तालिका को F मैट्रिक्स कहते हैं। उपर्युक्त तालिका की आवृत्ति यह बताती है कि कॉलम वाले उद्दीपकों को पंक्ति वाले उद्दीपकों की तुलना में 100 से कितनी बार अधिक अनुकूल समझा गया। जैसे—कॉलम 4 में 1 के समानान्तर 80 अंकित है। इसका अभिप्राय हुआ कि जब 4 और 1 का जोड़ा दिया गया तो उद्दीपक 4 को उद्दीपक 1 की अपेक्षा 100 बार में 80 बार अनुकूल समझा गया। किसी उद्दीपक की अपने आप से तुलना नहीं की जाती है और उसे N/2 के बराबर मान लिया जाता है।

अब इस F मैट्रिक्स के आधार p मैट्रिक्स बनाई जाती है। F मैट्रिक्स की तालिका के आधार 1/N = 1/100 = 0.01 कर दिया जाता है। इस प्रकार P मैट्रिक्स तैयार हो जाती है। उपर्युक्त F मैट्रिक्स को P मैट्रिक्स में इस प्रकार बदला जा सकता है:—

F मैट्रिक्स के आधार पर तैयार किया गया P मैट्रिक्स

उद्दीपक	1	2	3	4	5
1	0.50	0.70	0.60	0.80	0.60
2	0.30	0.40	0.75	0.30	0.90
3	0.40	0.25	0.50	0.70	0.80
4	0.20	0.70	0.30	0.50	0.80
5	0.40	0.10	0.20	0.20	0.50

P मैट्रिक्स से यह ज्ञात होता है कि कॉलम उद्दीपकों की दो उद्दीपक की तुलना में आवृत्ति का अनुपात कितना है। P मैट्रिक्स में परिवर्तित कर प्रत्येक उद्दीपक का मापनी मूल्य निकाल लिया जाता है। P मैट्रिक्स को Z मैट्रिक्स में परिवर्तित करने की तालिका निम्नांकित हैं:—

P मूल्यों को Z मूल्यों में परिवर्तित करने की तालिका

P	01	02	03	040	05	06	07	08	09	10
Z	– 2033	–2.05	–1.05	–1.75	–1.64	–1.55	–1.48	–1.41	–1.34	–1.28
P	11	12	13	14	15	16	17	18	19	20
Z	–1.23	–1.18	–1.13	–1.03	–1.04	–.99	–.95	–.92	–.88	–.84
P	21	22	23	24	25	26	27	28	29	30
Z	–.81	–.77	–.74	–.71	–.67	–.64	–.61	–.58	–.55	–.52
P	31	32	33	34	35	36	37	38	39	40
Z	–.50	–.47	–.44	–.41	–.39	–.36	–.33	–.31	–.28	–.25
P	41	42	43	44	45	46	47	48	49	50
Z	–.23	–.20	–.18	–.15	–.13	–.10	–.08	–.05	–.03	00
P	51	52	53	54	55	56	57	58	59	60
Z	+.03	+.05	+.08	+.10	+.13	+.15	+.18	+.20	+.23	+.25
P	61	62	63	64	65	66	67	68	69	70
Z	+.28	+.31	+.33	+.36	+.39	+.41	+.44	+.47	+.50	+.52
P	71	72	73	74	75	76	77	78	79	80
Z	+.55	+.58	+.61	+.64	+.67	+.71	+.74	+.77	+.81	+.84
P	81	82	83	84	85	86	87	88	89	90
Z	+.88	+.92	+.95	+.99	+.104	+1.08	+1.13	+1.18	+1.23	+1.28
P	91	92	93	94	95	96	97	98	99	100
Z	+1.34	+1.41	+1.48	+1.55	+1.64	+1.75	+1.88	+2.05	+2.33	+2.58

P मूल्यों को इस तालिका की सहायता से Z मूल्यों में परिवर्तित कर लिया जाता है। उपर्युक्त P मैट्रिक्स के आधार पर Z मैट्रिक्स में इस प्रकार व्यवस्थित कर दिया जाता है:—

P मैट्रिक्स के आधार पर तैयार किया गया Z मैट्रिक्स

उद्दीपक	1	2	3	4	5
1	00	+.25	+.25	+.84	+.25
2	–.52	00	+.67	–.52	+1.28
3	–.25	–.67	00	+.52	+.84
4	–.84	+.52	+.52	00	+.84
5	–25	–1.28	–.84	–.84	00
Sums	–1.86	–.91	.44	00	3.21
N	5	5	5	5	5
Mean	–.372	–.182	–.088	000	.642
Mean +.372	000	.190	.284	.372	1.04

Check : Σ Mean = (–.372) + (.182) + (–0.88) + (.642)

= –. 642 + .642 = 00

Sum of Mean + .372 = 1.860, जो .372 × 5 = 1.860 के बराबर होना चाहिए।

इस तालिका के नीचे पहली पंक्ति में Z प्राप्तांकों का कॉलम वार जोड़ा गया है। दूसरी पंक्ति में उद्दीपकों की संख्या अंकित है। तीसरी पंक्ति में उद्दीपक की संख्या (5) से प्रत्येक कॉलम के योग को विभाजित कर मध्यमान निकाला गया है। ज्ञात मध्यमान का योग सदैव शून्य होना चाहिए अथवा समझा जायेगा कि गणना गलत हुई है। प्रत्येक उद्दीपक का इस तरह से प्राप्त मध्यमान को ही मापनी मूल्य कहा जाता है।

युग्मित तुलना विधि के गुण (*Merits*)

(i) इस विधि से उद्दीपकों का अध्ययन प्रत्येक सम्भावित जोड़े के रूप में तुलना करके किया जाना सम्भव होता है। इसलिए प्राप्त मापनी मूल्य विश्वसनीय होते हैं।

(ii) युग्मित तुलना विधि का उपयोग क्षेत्र व्यापक है। इस वजह से इससे कई तरह के मनोवैज्ञानिक समस्याओं का अध्ययन, सफलतापूर्वक किया गया है। संवेगात्मक मूल्य तथा सौन्दर्यात्मक मूल्यों के निर्धारण में सफलतापूर्वक इसका उपयोग किया गया है। विभिन्न रंगों, डिजाइनों, व्यक्ति के नामों तथा राष्ट्रीयता के नामों आदि के तुलनात्मक अध्ययन में यह लाभप्रद सिद्ध हुई है।

सीमाएँ (*Limits*)

(i) उद्दीपकों की संख्या अधिक होने पर तुलनात्मक अध्ययन सम्भव नहीं हो पाता है क्योंकि जटिलता बढ़ जाती है।

(ii) युग्मित तुलना विधि पर कुछ अभिनति प्रभाव पड़ता है जिससे स्थान त्रुटि, समय त्रुटि, थकान प्रभाव, अभ्यास प्रभाव प्रदत्तों पर पड़ते हैं। फलतः परिणाम दोषपूर्ण हो जाते हैं।

उपयोग (*Uses*)

सामान्यता इस विधि का उपयोग उस हर परिस्थिति में किया जा सकता है जहाँ यह सुविधा प्राप्त हो कि उद्दीपकों को एक साथ या बारी-बारी से जोड़े में प्रस्तुत किया जा सके। प्रमुख रूप से अनुभावात्मक तथा सौन्दर्यात्मक मूल्यों के निर्धारण इसका उपयोग किया जाता है।

विवादास्पद विषयों जैसे—धर्म, युद्ध, वेश्यावृत्ति के अध्ययन में भी इसका उपयोग हो सकता है। व्यक्तित्व के विभिन्न शीलगुणों तथा सामाजिक मूल्यों के मूल्यांकन में सरलतापर्वूक इस विधि का उपयोग होता है। वर्तमान समय में अधिगम के क्षेत्र की समस्याओं का अध्ययन करने में सफलतापूर्वक इस विधि का प्रयोग किया जा रहा है। मनोवैज्ञानिक मापनी विधियों में इसका सर्वश्रेष्ठ माना गया है।

मूल्यांकन *(Valuations)*

इस विधि में उद्दीपकों के प्रत्येक सम्भावित जोड़ों की तुलना की जा सकती है। इसलिए प्राप्त मापनी मूल्यों में विश्वसनीयता पाई जाती है। इस विधि का उपयोग व्यापक क्षेत्र में किया जाता है। इस विधि का प्रयोग करके अनेक मनोवैज्ञानिक समस्याओं का अध्ययन किया जा सकता है। संवेगात्मक तथा सौन्दर्यात्मक मूल्यों के निर्धारण में यह विधि अधिक उपयोगी सिद्ध हुई है। इस विधि के द्वारा अनेक रंगों, डिजाइनों, व्यक्ति के नामों तथा राष्ट्रीयता के नामों का तुलनात्मक अध्ययन सरलता से किया जा सकता है। इस विधि के द्वारा उद्दीपकों की निरपेक्ष तुलना की जा सकती है। इस विधि के द्वारा की गई तुलना यथार्थपरक होती है (*Blum & Naylor*, 1984)।

परन्तु इस विधि के कुछ अवगुण भी है। उदाहरणार्थ, इस विधि में समय तो अधिक लगता ही है, धन भी अधिक खर्च होता है। उद्दीपकों की संख्या अधिक होने पर इसकी जटिलता बढ़ जाती है (*Guilford* 1954; *Edwards*, 1957)। इसलिए इस विधि पर पक्षपात (bias) का प्रभाव पड़ता है जिससे अनेक प्रकार की त्रुटियों यथा स्थान त्रुटि, समय त्रुटि, थकान त्रुटि, अभ्यास प्रभाव के पाये जाने की सम्भावना रहती है। यह विधि बड़े प्रतिदर्श के लिए अनुपयुक्त है (*Blum & Naylor*, 1984)।

3. क्रमिक अन्तराल-विधि
(Method Successive Intervals)

इस विधि को क्रमिक श्रेणियों की विधि (Method of Successive Categories) भी कहते हैं। यह एक महत्त्वपूर्ण मनोवैज्ञानिक मापनी विधि है। इस विधि का प्रतिपादन Thurstone ने किया लेकिन *Saffer* (1954) के प्रयास से इसे लोकप्रियता प्राप्त हुई। इस विधि और समदृष्टि अन्तराल विधि (Method of Equal Appearing Intervals) में समानता पाई जाती है। इसमें उद्दीपकों अथवा पदों की संख्या 100 या 100 से अधिक हो सकती है। इन पदों को प्रयोज्य को प्रस्तुत किया जाता है और उनसे यह कहा जाता है कि प्रत्येक कथन के सम्बन्ध में अलग-अलग अपना निर्णय दे। प्रयोज्य से यह कहा जाता है कि वे दिये गये प्रत्येक उद्दीपक को दिये गये श्रेणियों में से किसी एक में जिसमें वे उपर्युक्त समझते हो रख दे। इस प्रकार प्रत्येक व्यक्ति को प्रत्येक उद्दीपक के बारे में एक बार अपना निर्णय देना होता है। प्रयोज्य 9 से 11 श्रेणियों में उनके अनुकूलता से प्रतिकूलता (unfavourableness) के आधार पर उद्दीपकों के बारे में निर्णय लेता है। मापनी में श्रेणियों की संख्या आवश्कतानुसार निर्धारित किया जाता है। प्रयोज्य किसी विशिष्ट गुण के सन्दर्भ में उद्दीपकों को विभिन्न श्रेणियों में छाँटता है। इस उद्देश्य की पूर्ति हेतु जिन 9 श्रेणियों का प्रयोग किया जाता है उनका उदाहरण प्रस्तुत है:—

1	2	3	4	5	6	7	8	9
A	B	C	D	E	F	G	H	I
प्रतिकूल (Unfavourable)				तटस्थ (Neutral)				अनुकूल (Favourable)

इस मापनी पर एक छोर पर प्रतिकूलता तथा दूसरे छोर पर अनुकूलता को अंकित किया जाता है। बीच में तटस्थ बिन्दु होता है। मापनी पर अंकित किये गये बिन्दु एक-दूसरे से मात्रात्मक रूप से भिन्न होते हैं। इस विधि में यह अभिग्रहित किया जाता है कि श्रेणियाँ सही कोटिक्रम में हैं तथा उनकी सीमाएँ (boundary lines) दृढ़ है। क्रमिक श्रेणियों की विधि में प्रत्येक उद्दीपक के मापनी मूल्य (scale value) की गणना की जाती है। उसके बाद मापनी के आन्तरिक संगति (internal consistency) की गणना की जाती है। इसकी विवेचना इस प्रकार की जाती है:—

(i) निर्णायकों को उद्दीपकों को प्रस्तुत किया जाता है कि वे मापनी की श्रेणियों में जिसे उपर्युक्त समझता हो, पर अपना निर्णय दे दें।

(ii) इसके बाद प्रत्येक वर्ग में आनेवाली आवृत्तियों का निर्धारण किया जाता है। इससे यह ज्ञात होता है कि निर्णायक ने कितने उद्दीपकों को किन-किन श्रेणियों में रखा है।

(iii) इसके बाद संचयीं आवृत्तियों (cf) की गणना की जाती है। यह गणना बाईं ओर से दाहिनी ओर की जाती है। इन संचयी आवृत्तियों को N के पारस्परिक (Reciprocal) से गुणा करके संचयी समानुपात की गणना करते हैं जिसे CP की संज्ञा दी जाती है।

(iv) प्रत्येक पद को प्रत्येक क्रमिक अन्तराल में दिये गये अनुपात को Pij कहते हैं। i का तात्पर्य उद्दीपक अथवा कथन से है जबकि j किसी विशेष श्रेणी की ऊपरी सीमा की ओर संकेत करता है। इसे jth श्रेणी भी कहते हैं। इस प्रकार यह कहा जा सकता है कि Pij का तात्पर्य निर्णायकों के उस अनुपात अथवा अंश से है जो कथन i को jth श्रेणी की ऊपरी सीमा के नीचे रखता है।

(v) Pij को सम्बन्धित सारणी की सहायता से सामान्य विचलन (Zij) में परिवर्तित कर लिया जाता है।

(vi) Zij के आधार पर प्रत्येक क्रमिक अन्तराल के विस्तृति (width) की गणना की जाती है जिसे Wij कहते हैं।

(vii) तत्पश्चात् प्रत्येक श्रेणी के अंकों के मध्यमान (mean) की गणना की जाती है जिसे W कहा जाता है।

(viii) इन मध्यमान मूल्यों को भी बायीं ओर से दाहिनी दिशा की ओर संचित किया जाता है जो मनोवैज्ञानिक सातत्य (psychological continuum) का आधार बनता है। इसे cum $\overline{W}$ कहा जाता है।

(ix) इसके बाद प्रत्येक कथन के मापनी मूल्य की गणना अधोलिखित सूत्र के माध्यम से की जाती है:—

$$Si = L + \left(\frac{0.50 - \Sigma Pb}{Pw} \right)$$

Si = किसी कथन का मापनी मूल्य

L = जिस अन्तराल पर मध्यांक (Medium) पड़ता है, उसके नीचे अनुपातों का योगफल

Pw = जिस अन्तराल में मध्यांक पड़ता है उसका अनुपात

W = उस अन्तराल का मध्यमान जिसमें मध्यांक पड़ता है।

(x) अन्त में प्रत्येक कथन के मापनी मूल्य (scale value) के आन्तरिक संगति (internal consistency) की जाँच कर ली जाती है। इस उद्देश्य की पूर्ति के लिए प्रत्येक

श्रेणी से प्राप्त आनुभविक संचयी समानुपात तथा उसी श्रेणी के प्रत्याशित या सैद्धान्तिक संचयी अनुपात का अन्तर ज्ञात किया जाता है। अन्तर जितना ही कम होगा। कथन का मापनी मूल्य उतना ही अधिक होगा। इसके लिए औसत मध्यमान विसंगति (average mean discrepancy) की गणना की जाती है। इसके लिए 400 प्रयोज्यों द्वारा 35 उद्दीपकों के प्रति 9 बिन्दुओं वाली मापनी पर निर्णय प्राप्त किया गया जिससे सम्बन्धित उदाहरण प्रस्तुत हैं

इस पूरी प्रक्रिया को एक उदाहरण द्वारा और अधिक स्पष्ट किया जा सकता है। मान लिया जाय 35 उद्दीपकों को 400 प्रयोज्यों ने 9 बिन्दु श्रेणियों पर निर्णय दिया। उदाहरण के रूप में उद्दीपक 1 और 2 के प्रदत्तों को नीचे दर्शाया जा रहा है—

आवृत्तियाँ, संचयी आवृत्तियाँ तथा संचयी अनुपात

उद्दीपक		प्रतिकूल			क्रमिक श्रेणियाँ					अनुकूल
		1	2	3	4	5	6	7	8	9
	f	0	0	0	20	40	100	200	30	0
1	*cf*	0	0	0	20	60	160	360	390	400
	cp	0	0	0	.050	.150	.400	.900	.975	1.00
	f	21	15	10	3	40	170	100	31	10
2	*cf*	21	36	46	49	89	259	359	390	400
	cp	.053	.090	.115	.122	.222	.648	.897	.975	1.00

संचित अनुपातों जो pij होता है अलग करके इस प्रकार दर्शाया जा सकता है।

दो उद्दीपकों का संचयी अनुपात

उद्दीपक	क्रमिक श्रेणियाँ								
	1	2	3	4	5	6	7	8	9
1	000	000	000	0.050	0.150	0.400	0.900	0.975	1.00
2	0.053	0.090	0.115	0.122	0.222	0.648	0.898	0.975	1.00

अब Pj को z तालिका की सहायता से सामान्य विचलनों में परिवर्तित किया गया। नीचे की तालिका में यह मूल्य अंकित हैं—

Pij के आधार पर सामान्य विचलन

उद्दीपक	क्रमिक अन्तराल								
	1	2	3	4	5	6	7	8	9
1	—	—	—	–1.64	–1.04	–025	+1.28	+2.05	—
2	–1.64	–1.34	–1.18	–1.18	0.77	+0.39	+0.128	+2.05	—

जब Pij का मान 0.02 से कम तथा 0.98 से अधिक होता है तब उसका Z नहीं निकाला जाता है। ऐसी स्थिति में Z मैट्रिक्स का एक अधूरा मैट्रिक्स हो जाता है क्योंकि इसके खाने में शून्य होता है। Pij को Zij में परिवर्तित करने से पूर्व उसे दो अंकों तक पूर्णांकन कर लिया जाता है। यहाँ स्पष्ट है कि Z मैट्रिक्स अधूरा है क्योंकि इसके कई खाने खाली हैं। प्रत्येक पंक्ति में अन्तरालों के क्रमिक घटाव द्वारा अन्तराल की विस्तृति (width) का अभिगणन होता है। जैसे—प्रथम उद्दीपक के 5th अन्तराल की विस्तृति (WIS) = 1.04 – (–1.64) = 0.60 है।

इसी प्रकार सभी अन्तरालों का Wij निकाला जाता है। इसक बाद W के मूल्य का बाँयी से दायीं ओर संचित किया जाता है जिसे cum w कहा जाता है। इसे तालिका में इस प्रकार दिखाया जा सकता है—

विस्तृति, माध्य तथा संचयी माध्य

उद्दीपक	क्रमिक अन्तराल						
	2–1	3–2	4.3	5–4	6.5	7–6	8–7
1.				0.60	0.79	1.53	0.77
2.	0.30	0.16	00	0.41	1.16	.89	0.77
Sums	1	1	1	2	2	2	2
N							
Mean $\overline{W}$	0.030	0.16	00	0.505	0.975	1.21	0.77
Cum $\overline{W}$	0.30	0.46	0.46	0.965	1.94	3.15	3.92

सूत्र द्वारा मापनी मूल्य

उद्दीपक	$1 + (0.50 - \sum Pb) \times \overline{W} = Si$
1	$1.94 + (.50–0.400)\ 0.500 \times 1.21 = 2.0005$
2	$0.965 + (0.50 - 0.222)\ 0.426 \times 0.975 = 2.119$

मूल्यांकन (*Valuation*)

इस विधि का प्रयोग उस समय किया जा सकता है जब उद्दीपकों की संख्या अधिक हो (*Guilford,* 1954)। इस विधि की प्रायोगिक संक्रियाएँ सरल तो है ही, मितव्ययी भी है। इस विधि का प्रयोग आसानी से किया जा सकता है। जब उद्दीपकों की संख्या कम होती है तो युग्मित तुलना विधि की तुलना में यह विधि अपेक्षाकृत अधिक श्रेष्ठ प्राप्त हुई है। अन्तराल प्रतिक्रियाओं को जानने के लिए यह विधि अधिक उपयोगी सिद्ध हुई है (*Nunnlly,* 1981)। इस विधि के द्वारा प्राप्त परिणाम अधिक विश्वसनीय होते हैं।

इस विधि के कुछ अवगुण भी है। इस विधि का प्रयोग करने के लिए अनुसंधानकर्ता को प्रशिक्षित होना चाहिए। इस विधि में समय अधिक लगता है क्योंकि स्केलिंग एक जटिल कार्य है। चूँकि अनुसंधानकर्ता को मूल प्राप्तांकों को f, cf, cp, pij तथा Zij में परिवर्तित करके मापनी मूल्य को ज्ञात करना होता है जिससे समय भी अधिक लगता है और श्रम भी। इस विधि में उद्दीपक के सामान्य वितरण की जाँच करना कठिन होता है।

अभिवृत्ति मापन
(Attitude Measurement)

यह ज्ञात करने के लिए कि लोगों में कौन अभिवृत्तियाँ हैं और कितनी प्रबल हैं, अभिवृत्ति मापन आवश्यक है। अभिवृत्ति मापन द्वारा व्यक्ति के व्यवहार का भविष्य कथन सुगम होता है। अभिवृत्तियों का प्रत्यक्षीकरण नहीं किया जा सकता। इसलिए इनका मापन अप्रत्यक्ष रूप से व्यक्ति की अनुक्रिया या व्यवहार के द्वारा होता है। किसी व्यक्ति के सम्मुख अभिवृत्ति से सम्बद्ध कथनों को प्रस्तुत कर उन पर उसकी अनुक्रियाएँ प्राप्त करते हैं जो अभिवृत्ति का सूचक होती हैं। व्यक्ति की अनुक्रियाओं के द्वारा अभिवृत्ति की दिशा एवं तीव्रता का मापन होता है। इस

प्रकार अभिवृत्ति मापन की सर्वाधिक लोकप्रिय विधि अभिवृत्ति मापनी कहलाती है। अभिवृत्ति मापन में मापनियों के अतिरिक्त अर्थभेदक प्रणाली, समाजमिति तथा सर्वे प्रणाली का उपयोग भी होता है।

मापनी की रचना हेतु अनेक कथन एकत्र किये जाते हैं और उनमें से कुछ का चयन अन्तिम रूप में किया जाता है। किसी मापनी में कथनों या पदों के चरण के समय इस बात पर विशेष ध्यान देते हैं कि केवल वे कथन रखें जाएँ जो सूक्ष्म विभेदनशील हों। यह विभेदनशीलता मापनी के प्रत्येक अंश पर होनी चाहिए। यह भी ध्यान देते हैं कि मापनी में कथनों की संख्या बहुत कम नहीं होनी चाहिए। कथनों या पदों की संख्या में ज्यों-ज्यों वृद्धि होती है मापनी की विश्वसनीयता में वृद्धि होती है। लेकिन संख्या बहुत अधिक होने पर मापनी के प्रशासन तथा अनुप्रयोग में कठिनाई होती है। अतः पदों की संख्या निश्चित करने में बड़ी सावधानी तथा सूझ-बूझ की आवश्यकता होती है।

अभिवृत्ति की विशेषताएँ

अभिवृत्ति मापनी के सफल उपयोग के लिए कुछ विशेषताओं जैसे विश्वसनीयता, वैधता, इकाई की समानता, शून्य बिन्दु तथा एक विमात्मकता आदि का होना आवश्यक है:—

1. विश्वसनीयता—यदि बार-बार प्रशासित करने पर मापनी से एक जैसे परिणाम प्राप्त होते हैं तो वह विश्वसनीय मानी जाती है। वह मापनी विश्वसनीय कही जाती है जिसमें एक ही अभिवृत्ति का मापन दो बार करने पर लगभग एक जैसे प्राप्तांक प्राप्त होते हैं। किसी मापनी की विश्वसनीयता की जाँच के लिए सामान्यतः तीन विधियाँ प्रयुक्त होती हैं (i) परीक्षण पुनर्परीक्षण विधि (Test Retest Method), (ii) समानान्तर फार्म विधि (Parallel Form Method) एवं (iii) अर्द्धविच्छेद विधि (Split Half Method)।

2. वैधता—कोई मापनी उस समय वैध कही जाती है जब वह उसी गुण का मापन करती है जिसके मापन के लिए वह निर्मित की गई है। कोई अभिवृत्ति मापनी मापी जाने वाली अभिवृत्ति का मापन जितनी मात्रा में करती है उसी मात्रा में वह वैध मानी जाती है। चार विधियों के द्वारा मुख्य रूप से मापनी वैधता का निर्धारण किया जाता है। (i) अन्तर्वस्तु वैधता (Content validity), (ii) समसामयिक वैधता (Concurrent Validity), (iii) भविष्यमूलक वैधता (Predictive Validity), (iv) सम्बोधमूलक वैधता (Construct Validity)।

3. इकाइयों की समानता *(Equality of Units)*—मापनी की विभिन्न इकाइयों में समानता का होना आवश्यक है । इसका अभिप्राय यह है कि 8 और 10 अंकों के बीच अन्तर वही होना चाहिए जो 13 और 15 प्राप्तांकों के मध्य है। ऐसा न होना इसका सूचक है कि मापनी की विभिन्न इकाइयों में समानता का अभाव है।

4. एक विमात्मकता *(Unidimensionality)*—इसका अभिप्राय यह देखना है कि क्या मापनी एक निश्चित अभिवृत्ति का मापनी करती है? जो मापनी एक से अधिक अभिवृत्तियों का मापन करती है, उसे बहुविमात्मक कहते हैं। शून्य बिन्दु अभिवृत्ति मापनी में धनात्मक और ऋणात्मक गुण होते हैं। इस मापनी में एक ऐसा स्थान आता है जहाँ धनात्मक अभिवृत्ति, ऋणात्मक रूप में और ऋणात्मक, धनात्मक अभिवृत्ति का रूप ले लेती है।

1. थर्स्टन मापनी
(Thurstone's Scale)

इसे समभासी मध्यान्तर प्रणाली (Method of Equal Appearing Intervals) भी कहते

है इस मापनी का विकास थर्स्टन ने अपने सहयोगी (Chave) की सहायता से (1929) में किया था। इन्होंने युद्ध, चर्च, मृत्युदण्ड, नीग्रो, उदविकास, जन्म निरोध आदि समस्याओं के प्रति विभिन्न समूहों की अभिवृत्तियों के मापन हेतु यह अभिवृत्ति मापन तैयार की। विभिन्न साधनों से 130 कथन एकत्र किये जो अभिवृत्ति के पक्ष और विपक्ष से सम्बद्ध थे। पर्याप्त संख्या में निर्णायकों का चयन कर यह कथन उन्हें दिये जाते थे। उन्हें A से K तक अंग्रेजी अक्षर लिखी हुई 11 कागज की पर्चियाँ भी देते थे। उन्हें यह निर्देश देते थे कि पर्ची A पर उस कथन को अंकित करें जो युद्ध का सर्वोत्तम मूल्यांकन करे। इसी तरह दूसरी पर्चियों पर भी युद्ध के विषय में पक्ष या विपक्ष से सम्बद्ध कथनों का उसकी मात्रा के अनुसार व्यवस्थित करने का निर्देश था। यह भी कहा गया कि पर्ची K पर उस कथन को लिखिये जो युद्ध का सर्वाधिक असम्मानित मूल्यांकन करे। इस प्रकार सभी निर्णायकों ने 11 बिन्दु मापनी पर प्रत्येक कथन को व्यक्त किया। फिर भी इसका मध्यांक (Median) ज्ञात किया गया। अन्तर्चतुर्थक विचलन (Interquartile range) की गणना द्वारा विभिन्न कथनों की द्विअर्थता की मात्रा को देखने का प्रयास किया गया। Q के मूल्य से निर्णायकों के बीच मतैक्य का निर्धारण करते है। Q के मूल्य के कम होने से निर्णायकों के बीच मतैक्य के अधिक होने का परिचय प्राप्त होता है। Q के मूल्य में वृद्धि मतैक्य में कमी अथवा अभिन्नता का सूचक है। थर्स्टन ने उन कथनों को मापनी से निकाल दिया जिनका Q मूल्य एक सीमा से अधिक था। तत्पश्चात् इन 130 कथनों को 300 प्रयोज्यों के समक्ष प्रस्तुत कर उन कथनों को चिह्नित करने को कहा गया जिनसे वे सहमत थे। इस प्रकार उनकी अनुक्रियाओं की आन्तरिक संगति (Internal consistency) निश्चित की गई। इस विधि द्वारा भी कुछ कथन छाँटकर मापनी से निकाल दिये गये।

थर्स्टन विधि द्वारा मापनी की रचना के चरण

1. सर्वप्रथम समस्या (अभिवृत्ति) से सम्बन्धित बहुत से कथनों को विभिन्न स्रोतों द्वारा एकत्र करते हैं। यह कथन समस्या के पक्ष और विपक्ष में होते हैं।

2. यह कथन 100–200 निर्णायकों को देते हैं। यह निर्णायक ऐसे होते हैं जिनमें मापी जा रही अभिवृत्ति भिन्न-भिन्न मात्रा में विद्यमान होती है।

3. 11 पर्चियों पर A से K तक लिखकर निर्णायकों को देते हैं। हर कथन के विषय में निर्णायकों का उत्तर प्राप्त करते हैं। A का अर्थ है तीव्र सहमति तथा F का अर्थ है तटस्थ और K का अर्थ है तीव्र असहमति। निर्णायकों को कथनों को इन 11 श्रेणियों में व्यवस्थित करने का निर्देश देते हैं।

4. कथनों का मापनी मूल्य (Scale value) ज्ञात करने के लिए 11 बिन्दु मापनी पर व्यस्त निर्णय का अभिवृत्ति-वितरण तैयार करके मध्यांक ज्ञात करते हैं।

5. मापनी के लिए कथनों के अन्तिम चयन हेतु विभिन्न कथनों के अन्तर्चतुर्थक विस्तार (Q) की गणना करते हैं। इससे विभिन्न निर्णायकों के बीच विचलनशीलता ज्ञात होती है। जो कथन अधिक विचलन प्रकट करते हैं उन्हें छाँट देते हैं।

6. हर कथन का मापनी मूल्य तथा Q निकालने के बाद सार कथन लगभग तीन सौ व्यक्तियों को देकर यह निर्देश देते हैं कि वे उन कथनों को ओ० के० कर दें जिनसे सहमत हैं। इस प्रकार आन्तरिक संगति (Internal consistency) मालूम करते हैं। आन्तरिक विषमता वाले कथनों को निकाल देते हैं।

7. इस प्रकार अभिवृत्ति विशेष के लिए उपरोक्त विधि चुने गये प्रश्नों या कथनों को मापनी में शामिल कर लेते हैं। वह मापनी का अन्तिम प्रारूप होता है जिसका उपयोग उस अभिवृत्ति के मापन में हो सकता है।

उदाहरणस्वरूप थर्स्टन विधि के आधार पर युद्ध के प्रति अभिवृत्ति मापनी के कुछ कथन मापनी मूल्य के साथ दिये जाते हैं जो *त्रिपाठी* एवं *सिंह* (1974) द्वारा संशोधित किये गये हैं:—

(6.9) युद्ध के कुछ लाभ हैं, किन्तु इसके लिए बड़ी कीमत चुकानी पड़ती है।
(9.7) युद्ध से व्यक्ति में अच्छे गुण जन्म लेते हैं।
(7.5) कुछ स्थितियों में, न्याय बनाए रखने के लिए युद्ध आवश्यक है।
(8.7) युद्ध राष्ट्रीय सम्मान का एक मात्र साधन है।
(6.8) यद्यपि युद्ध भयंकर है तथापित इसका कुछ मूल्य है।
(11.0) युद्ध गौरवशाली है।
(10.1) बिना युद्ध के प्रगति सम्भव नहीं है।
(10.3) युद्ध एक भयंकर गन्दगी है।
(10.1) युद्ध के लिए कोई तर्कसंगत औचित्य नहीं है।
(5.5) युद्ध के बारे में न सोचता हूँ और न उसमें मेरी रुचि है।
(1.4) युद्ध व्यर्थ की लड़ाई है जिसका परिणाम आत्मसंहार है।
(9.2) भयंकर त्रुटियों को सही करने का युद्ध ही एक रास्ता है।

जहाँ तक इस मापनी के प्रशासन का प्रश्न है, यह बहुत सरल है। परीक्षार्थी सभी कथनों को ध्यान से पढ़ते हैं और जिन कथनों से सहमत होते हैं उन पर सही (√) का निशान तथा जिससे सहमत नहीं होते उन पर गलत (×) का निशान लगाते हैं। अभिवृत्ति फलांक ज्ञात करने के लिए मापन मूल्यों के अनुसार क्रमशः कम से अधिक के क्रम रखते हैं और उनका मध्यांक मूल्य (Median value) निकालते हैं। यही परीक्षार्थी का अभिवृत्ति फलांक कहलाता है।

यह अभिवृत्ति मापनी अत्यन्त उपयोगी होती है क्योंकि समविस्तार पद्धति से किसी समूह के व्यकितयों की अनेक प्रकार की अभिवृत्तियों का मापन सम्भव है। जब मापनी में कथनों की संख्या अधिक होती है तब यह पद्धति विशेष उपयोगी सिद्ध होती है। जब युद्ध, देश भक्ति या किसी जाति/वर्ग की अभिवृत्तियों का मापन करना हो तब भी यह बड़ी उपयोगी पाई गई है। समविस्तार पद्धति द्वारा तैयार की गई अभिवृत्ति मापनी की विश्वसनीयता सन्तोषजनक प्राप्त हुई है (.75) पद्धति की वैधता भी सन्तोषजनक मिली है।

किन्तु इस पद्धति की सीमाएँ भी हैं:—

(i) निर्णायकों की अपनी अभिवृत्ति मापनी निर्माण को प्रभावित करती है (*हावलैण्ड* तथा *शेरिफ,* 1952)।
(ii) इस विधि द्वारा मापनी निर्माण में अधिक धन तथा समय की आवश्यकता होती है।
(iii) निर्णायकों का प्रशिक्षित होना आवश्यक है।
(iv) इस पद्धति द्वारा निर्मित मापनी में 11 बिन्दुओं के मध्य अन्तर करना कठिन है।
(v) यदि दो कथनों का मापनी मूल्य बराबर है तो यह जानना कठिन होता है कि कौन कथन उत्तम विभेदन करता है (*एडवर्ड्स,* 1957)।

2. लिकर्ट मापनी
(Likert's Scale)

लिकर्ट मापनी को संचयी कोर्ट निर्धारण (Summated Rating) विधि कहा जाता है। इसका विकास *लिकर्ट* ने 1932 में किया। यह एक 5 बिन्दु मापनी है-दृढ सहमत, सहमत, अनिश्चित असहमत और दृढ़ असहमत।

लिकर्ट पद्धति मापनी निर्माण के प्रमुख चरण इस प्रकार हैं:—

1. अभिवृत्ति से सम्बद्ध कथनों का संग्रह एवं चयन। अभिवृत्ति से सम्बद्ध अनुकूल और प्रतिकूल कथन एकत्र किये जाते हैं।

2. यह कथन प्रयोज्यों के समूह के प्रस्तुत किये जाते हैं। प्रयोज्य एक पाँच बिन्दु मापनी पर अपनी अनुक्रिया देते हैं इससे ज्ञात होता है कि वे अभिवृत्ति से सहमत हैं या असहमत तथा सहमति या असहमति की मात्रा क्या है। पाँच बिन्दु मापनी भिन्न होती है।

1	2	3	4	5
दृढ़ सहमत	सहमत	अनिश्चित	असहमत	दृढ़ असहमत

3. यदि कथन अभिवृत्ति के धनात्मक सम्बद्ध होता है तो क्रमशः 5, 4, 3, 2, 1 अंक दिये जाते हैं। किन्तु जब कथन अभिवृत्ति के ऋणात्मक पक्ष से सम्बद्ध होते हैं तो क्रमशः 1, 2, 3, 4, 5 अंक प्रदान करते हैं। प्रयोज्यों की अनुक्रिया के अनुसार उसे अंक प्रदान करते हैं। विभिन्न कथनों पर प्राप्त अंकों का योग सम्पूर्ण प्राप्तांक कहा जाता है।

4. अन्त में पद विश्लेषण (Item analysis) का उपयोग करके कथनों की विभेदनशीलता ज्ञात करते हैं। अधिक विभेदनशील कथनों का चयन मापनी में करते हैं। इस प्रकार चुने गये कथन मापनी में शामिल किये जाते हैं और यह मापनी का अन्तिम प्रारूप (Final form) कहलाता है।

उदाहरण के लिए मृत्युदण्ड के विषय में कथन और प्राप्तांक प्रस्तुत हैं:—

(क) हत्यारे को मृत्युदण्ड मिलना चाहिए।

5	4	3	2	1
दृढ़ सहमत	सहमत	अनिश्चित	असहमत	दृढ़ असहमत

(ख) हत्यारे को क्षमा करके सुधरने का अवसर देना चाहिए।

1	2	3	4	5
दृढ़ सहमत	सहमत	अनिश्चित	असहमत	दृढ़असहमत

इस अभिवृत्ति मापनी की सबसे बड़ी न्यूनता यह है कि "अनिश्चित" अनुक्रिया करने पर भी तीन अंक प्राप्त होते हैं। कहने का तात्पर्य यह है कि किसी कथन के विषय में प्रयोज्य जब निश्चित रूप से कोई उत्तर नहीं देता तो भी उसे 3 अंक देते हैं। एक अन्य कमी लिकर्ट मापनी में यह है कि प्राप्तांकों का कोई अर्थ नहीं होता अर्थात् इस मापनी द्वारा प्राप्त अंकों की तुलना दूसरों के प्राप्तांकों से की जाती है।

लिकर्ट मापनी की विश्वसनीयता और वैधता की परीक्षा हेतु अनेक अध्ययन हुए हैं। यह विश्वसनीयता .81 से 9.0 तक प्राप्त हुई है (Murphy & Likert, 1938)। विश्वसनीयता की भाँति सन्तोषजनक वैधता भी प्राप्त हुई (Six, 1938)।

अभिवृत्ति मापन में थर्स्टन और लिकर्ट पद्धति की तुलना

1. थर्स्टन विधि द्वारा अभिवृत्ति मापनी के निर्माण में लिकर्ट मापनी की अपेक्षा अधिक समय लगता है।
2. थर्स्टन विधि की अपेक्षा लिकर्ट विधि से अभिवृत्ति मापनी का निर्माण सरल एवं सुगम होता है।

3. थर्स्टन विधि की अपेक्षा लिकर्ट विधि से फलांकन सरल होता है और कम समय में हो जाता है।
4. थर्स्टन विधि में कथनी का चयन निर्णायकों के निर्णय पर निर्भर करता है जबकि लिकर्ट विधि में कथनों का चयन प्रयोज्यों के उत्तरों तथा पद विश्लेषण के द्वारा करते है।
5. थर्स्टन की विधि लिकर्ट-विधि सांख्यिकीय आधार पर कम शुद्ध है।

3. बोगार्ड्स की सामाजिक दूरी मापनी
(Social Distance Scale of Bogardus)

बोगार्ड्स (1925) ने एक सामाजिक दूरी मापनी विकसित की। उन्होंने इस मापनी का विकास राष्ट्रीयता की अभिवृत्ति के मापन हेतु किया था। उन्होंने इसका उपयोग अभिवृत्तियों की तुलनात्मक व्याख्या में भी किया था। इस मापनी का आधार सामाजिक निकटता (Social intimacy) की मात्रा है। अपिरिचित व्यक्तियों से प्रायः हम अधिक सामाजिक दूरी रखते हैं। परिचित व्यक्तियों से वह दूरी बहुत कम होती है। बोगार्ड्स मापनी के आधार पर मापनी बनाते समय सर्वप्रथम समस्या से सम्बद्ध अनेकानेक कथनों का चयन करते हैं। यह कथन किसी राष्ट्रीय समूह के प्रति व्यक्तियों की सामाजिक दूरी को प्रकट करते हैं। बोगार्ड्स ने कथनों का चयन तार्किक आधार पर किया था। इन कथनों के प्रत्युत्तरों से किसी राष्ट्रीय समूह की स्वीकृति की मात्र का परिचय प्राप्त होता है।

सामाजिक दूरी मापनी में सात श्रेणियों में प्रयोज्यों की अनुक्रिया प्राप्त करते हैं। इन बिन्दुओं पर दृष्टिपात करने से ज्ञात होता है कि बिन्दु 1 से आगे बढ़तें हैं तो सामाजिक दूरी बढ़ती जाती है। मापनी प्रस्तुत करने के पूर्व निम्न निर्देश देते हैं, *''अपनी प्रथम भावात्मक प्रतिक्रिया के अनुसार चिह्नित प्रजाति के व्यक्तियों को अपनी स्वेच्छानुसार अपने से निकट या दूर रखना चाहूँगा।''* प्रत्येक राष्ट्रीयता समूह के लिए प्रयुक्त सात वर्ग निम्नलिखित हैं:—

(1) विवाह द्वारा सम्बन्ध स्थापित कर सम्बन्धी के रूप में।
(2) क्लब में व्यक्तिगत मित्र के रूप में।
(3) मुहल्ले में पड़ोसी की तरह।
(4) अपने व्यवसाय में सहकर्मी की तरह।
(5) अपने देश में नागरिक की तरह।
(6) अपने देश में पर्यटक की तरह।
(7) अपने देश से निष्कासित कर दूँगा।

इस मापनी की प्रथम श्रेणी घनिष्ठतम सम्बन्ध की द्योतक है अर्थात् अत्यन्त अनुकूल अभिवृत्ति को बोध कराती है जबकि सातवीं देश से निष्कासित करने वाली प्रजातियों का बोध कराती है अर्थात् अत्यन्त प्रतिकूल अभिवृत्ति का परिचय कराती है। इस मापनी का प्रमुख गुण यह है कि इसके द्वारा किसी एक राष्ट्रीय समूह के प्रति विभिन्न लोगों की अभिवृत्तियों की तुलना तथा एक व्यक्ति की विभिन्न राष्ट्रीय समूहों के प्रति अभिवृत्तियों की तुलना कर सकते हैं। समाज-मनोविज्ञान के शोधों में इसका सफल उपयोग हुआ है। *क्रेप्सी*(1945) ने इसका संशोधन 'सोशल रिजेक्शन थर्मामीटर (Social Rejection Thermometer) के रूप में किया था।

बोगार्ड्स की सामाजिक दूरी मापनी की एक मुख्य कठिनाई यह बताई जाती है कि इसकी सात श्रेणियों के बीच समान दूरी नहीं है। साथ ही इस मापनी में थर्स्टन या लिकर्ट मापनी की भाँति कथनों के चयन का कोई ठोस आधार नहीं है। केवल तार्किक आधार पर कथनों का चयन पर्याप्त नहीं है। इसी प्रकार एक अन्य आपत्ति यह भी है कि सांख्यिकीय दृष्टि से यह मापनी शुद्ध नहीं है। साथ ही इसका उपयोग सीमित है।

भारतीय परिस्थितियों में यह मापनी विशेष रूप से उपयोगी परिणाम प्रदान कर सकती है क्योंकि यहाँ अनेक भाषा-भाषी, अनेक धर्मावलम्बी, अनेक क्षेत्रीय और अनेक संस्कृतियों के लोग रहते हैं। विभिन्न धर्मों, भाषाओं एवं संस्कृतियों के प्रति सामाजिक दूरी का अध्ययन, देश की सामाजिक समस्याओं के समाधान में उपयोगी हो सकता है।

4. गटमैन स्केलोग्राम
(Guttman's Scalogram)

इसे ***गटमैन*** (1950) ने निर्मित किया। इसे संचयी मापनी भी कहते हैं। इन्होंने अमेरिकी सैनिकों के नैतिक स्तर के मापन हेतु इसका विकास किया। इसे स्पष्ट करते हुए गटमैन ने कहा है कि, *''समान अन्तर्वस्तु के पदों के समूह को मापनी की संज्ञा देंगे यदि अन्य व्यक्ति से उच्चतर श्रेणी वाला एक व्यक्ति अन्य व्यक्ति से प्रत्येक पद में उच्च या उच्चतर है।''* (*"We shall call a set of items of common content a scale if a person with a higher rank than another person, is just as high or higher on every item than other person."*) जैसे भार से सम्बन्धित गटमैन स्केल का रूप निम्नलिखित होगा:—

1. मेरा भार 45 किलो से अधिक है।
2. मेरा भार 55 किलो से अधिक है।
3. मेरा भार 65 किलो से अधिक है।

यदि उपरोक्त उदाहरण में कोई व्यक्ति दूसरे पर 'हाँ' कहता है तो पहले पर भी वह हाँ उत्तर देगा क्योंकि जब उसका वजन 55 किलो से अधिक है तो निश्चित ही 45 किलो से अधिक होगा। इसी प्रकार यदि कोई तीसरे पद पर 'हाँ' उत्तर दे तो इसका अर्थ होगा कि उसका पहले तथा दूसरे पर भी हाँ उत्तर होगा। भार की ही तरह गटमैन मापनी में अभिवृत्ति की एक विमा का भी मापन होता है। इसी कारण इसकी विधि एक विमात्मक मापनी (Undimensional Scale) भी कहते हैं।

इस मापनी के मुख्य चरण निम्नलिखित होते हैं:—

1. यह देखना कि कोई कथन स्केल पर अंकित हो सकता है या नहीं।
2. स्केलोग्राम बनाना, इसमें दूसरा मुख्य चरण है इसके द्वारा पदों की संगति या स्थिरता (consistency) ज्ञात होती है।
3. समस्या से सम्बद्ध प्रश्नों को इस तरह पूछा कि यह ज्ञात हो सके कि प्रयोज्य की अभिवृत्ति में कितना स्थायित्व है।

इस मापनी में व्यक्ति के कुछ प्राप्तांक का मापनी के प्रत्येक कथनों या पदों से निश्चित सम्बन्ध होता है। इस प्रकार हम किसी व्यक्ति के सम्पूर्ण प्राप्तांकों के द्वारा सभी पदों पर उसकी प्रक्रियाओं की पुनः संरचना कर सकते हैं। इसके लिए पुनः (Reproducibility coefficient) गुणांक निकालते हैं।

$$\text{Rep. Coefficient} = \frac{\text{Total number of Errors}}{\text{Total number of Responses}}$$

कभी-कभी इस पुनः संरचना गुणांक को विश्वसनीयता का सूचक माना जाता है। गटमैन स्केलोग्राम में .85 सेमी अधिक विश्वसनीयता के परिणाम प्राप्त हुए हैं किन्तु इस स्केल में तत्त्व वैधता (Item Validity) का ठीक अनुमान नहीं हो पाता है। आरम्भिक अवस्था में ही कथनों के चयन में वैज्ञानिक आधार के अभाव के कारण मापनी की अन्तर्वस्तु वैधता का अनुमान दुर्लभ हो जाता है। इस प्रकार कथनों के चयन में सावधानी न बरतने के कारण परिणामों में दोषयुक्त होने की सम्भावना होती है।

❑

अध्याय 33

निर्धारण मापनियाँ
(RATING SCALES)

निर्धारण मापनी की परिभाषा एक ऐसे अनुसंधान उपकरण के रूप में की जा सकती है जिसके द्वारा प्रेक्षक किसी उद्दीपक, वस्तु, व्यक्ति अथवा घटना का मूल्यांकन एक वर्ग मापनी (Category Scale) के रूप में करता है। जब मापन का स्वरूप व्यक्तिगत होता है, तो निर्धारण मापनियों का उपयोग अधिक उपर्युक्त बताया गया है। मनोविज्ञान की अन्य शाखाओं की तुलना में व्यवहारिक मनोविज्ञान में यह विधि अधिक लोकप्रिय है। इस मापनी के द्वारा क्षेत्र विशेष (सामाजिक मूल्य, समयबद्धता, व्यक्तिगत आकर्षण, व्यवसायिक क्षमता) में व्यक्ति' का निर्धारण होता है।

Good & Scates (1941) के अनुसार, *''निर्धारण मापनी मूल्यांकन की जाने वाली वस्तु के विभिन्न खण्डों की ओर ध्यान आकर्षित करती है परन्तु इसमें इतने पद या वर्ग नहीं होते जितने कि जाँच सूची या प्राप्तांक कार्ड में होते हैं।'' (The rating scale typically directs attention to different parts or aspects of the thing to be evaluated but does not have as many items or categories as check list or score card.)*

Reber & Reber (2001) के अनुसार, *''सामान्यतया निर्धारण मापनी का तात्पर्य किसी ऐसी विधि से लिया जाता है जिसका उपयोग निर्धारण करने में निर्णायक की सहायता के लिए किया जाता है।''* (Generally, rating scale refers to any device used to assist a rater in making ratings.)

Van Dalen (1957) के अनुसार, *''निर्धारण मापनी किसी परिवर्त्य की मात्रा, तीव्रता तथा बारम्बारता को निर्धारित करती है।'' (A rating scale ascertains the degree, intensity and a frequency of a variable)*

Peter Stratton & Nicky Hayes (1991) के अनुसार, *''निर्धारण मापनी सामान्यतया अभिवृत्तियों के मापन की एक प्रणाली है जिसमें किसी उद्दीपक वस्तु अथवा विचार का मूल्यांकन एक पूर्व निर्धारित मापनी के आधार पर किया जाता है जिसमें पसंद या वरीयता का मात्रात्मक मापन होता है।'' (Rating scale is a system of measurement, usually of attitudes, in which a person is asked to evaluate some stimulus material or idea on the basis of predetermined scale which expresses degrees of liking or preference.)*

इन परिभाषाओं के आधार पर यह कहा जा सकता है कि निर्धारण मापनी में किसी वस्तु, व्यक्ति या घटना का मूल्यांकन कराया जाता है। इसमें किसी मानक (norm) के आधार (अच्छा, औसत, खराब) मूल्यांकन कराया जाता है (*Murphy & Davidshofer*, 1988)। इसमें निरपेक्ष आधार पर मूल्यांकन कराया जाता है। निर्धारण मापनी का प्रयोग करने पर दो से

अधिक व्यक्तियों को एक ही श्रेणी (rating) या मापनी मूल्य (scale-value) प्राप्त हो सकता है। इसमें उद्दीपक का मूल्यांकन उच्चतम से निम्नतम की ओर नहीं होता है।

निर्धारण मापनी की विशेषताएँ *(Characteristics of Rating Scales)*

Freeman (1962) के अनुसार निर्धारण मापनी की निम्नलिखित विशेषताएँ हैं:—

(i) निर्धारण की निश्चितता की सीमा निर्धारित होनी चाहिए। जैसे सहयोगी–असहयोगी, ईमानदार-बेईमान, सच्चा-झूठा, अर्न्तमुखी-बर्हिमुखी,। इस मापनी पर निर्णायकों की स्वीकृति अंतिम छोर पर स्पष्ट होनी चाहिए।

(ii) शीलगुण की परिभाषा स्पष्ट होनी चाहिए।

(iii) निर्धारण पर व्यक्ति के शीलगुणों का प्रभाव पड़ता है।

(iv) अव्यक्त (implicit) शीलगुणों की अपेक्षा व्यक्त (explicit) शीलगुणों का निर्धारण अधिक स्पष्ट होता है।

(v) शीलगुण की वांछनीयता और अवांछनीयता पर निर्धारण मापनी की विश्वसनीयता निर्भर करती है।

(vi) निर्धारण मापनियों की वैधता निर्धारित करने में कठिनाई होती है।

(vii) निर्णायकों के निर्णय में अधिक व्रिचलनशीलता होने पर मापनी की विश्वसनीयता कम हो जाती है।

निर्धारण मापनी के प्रकार
(Types of Rating Scale)

Blum & Naylor (1984), *Reber* (1987), *Murphy & Davidshofer* (1988)के अनुसार निर्धारण मापनियों के प्रमुख चार प्रकार हैः—

1. रेखाचित्रीय निर्धारण मापनी (Graphic Rating Scale)
2. चिह्नांकन सूची निर्धारण मापनी (Check List Rating Scale)
3. बाधित वरण निर्धारण मापनी (Forced Choice Rating Scale)
4. एक मिश्रित प्रामाणिक मापनी (A mixed standard Scale)

परन्तु निर्धारण मापनियों का निम्न वर्गीकरण अधिक लोकप्रिय हैः—

1. संख्यात्मक निर्धारण मापनी (Numerical Rating Scale)
2. रेखाचित्रिय निर्धारण मापनी (Graphic Rating Scale)
3. मानक निर्धारण मापनी (Standard Rating Scale)
4. संचयी बिन्दु निर्धारण मापनी (Rating by Cumulative Points)
5. बाधित-चयन निर्धारण मापनी (Forced-choice Rating Scale)
6. प्रतिशत निर्धारण मापनी (Percentage Rating Scale)

इन मापनियों का विवरण निम्नवत है।

1. संख्यात्मक निर्धारण मापनी *(Numerical Rating Scale)*

इस मापनी की प्रमुख विशेषता यह है कि इसमें भलीभाँति परिभाषित निश्चित अंकों के एक क्रम (sequence) को दिया जाता है तथा प्रेक्षक अपने अनुभव के आधार पर अंकों की परिभाषाओं के आधार पर किसी वस्तु/शीर्षक को अंक प्रदान करता है। इस मापनी में 3, 5, 7,

9, तथा 11 बिन्दुओं वाली मापनी होती है। मापनी के प्रत्येक बिन्दु पर निश्चित एवं पूर्व निर्धारित अंक होते हैं। बिन्दुओं वाली मापनी का एक उदाहरण् प्रस्तुत है।

आंकिक चिह्न (Numerical anchor)	अर्थ/परिभाषा (Meaning/Definition)
1.	अत्यधिक असहमत (Extremely disagree)
2.	प्रबल असहमत (Strongly disagree)
3.	साधारण असहमत (Moderately disagree)
4.	हल्का असहमत (Mildly disagree)
5.	तटस्थ (Neutral)
6.	हल्का सहमत (Mildly agree)
7.	साधारण सहमत (Moderately agree)
8.	प्रबल सहमत (Strongly agree)
9.	अत्यधिक सहमत (Exremely agree)

जिस प्रकार का निर्धारण उत्तरदाता से कराना है, उससे सम्बन्धित कई कथन निर्धारण मापनी में छपे रहते हैं। उत्तरदाता प्रत्येक कथन को पढ़ता है और 9 बिन्दुओं वाली मापनी में से जिस बिन्दु की परिभाषा वाक्य के सन्दर्भ में उपर्युक्त प्रतीत होती है, किसी एक पर चिह्न लगाता है। जिसे उत्तरदाता की प्रतिक्रिया समझा जाता है।

कुछ संख्यात्मक निर्धारण मापनियाँ ऐसी होती है जो 5 बिन्दुओं वाली होती है, तथा जिनके बीच में शून्य होता है। बिन्दुओं का विचलन धनात्मक तथा ऋणात्मक होता है। उदाहरण अधोप्रस्तुत है।

वर्ग	निर्धारण	चिह्न समाप्त करने पर
अधिक सुन्दर (Very beautiful)	2	5
सुन्दर (Beautiful)	1	4
सामान्य (Average)	0	3
कुरूप (Ugly)	–1	2
अत्यन्त कुरूप (Very ugly)	–2	1

कुछ संख्यात्मक निर्धारण मापनियों में एक अंक नहीं दिये रहते हैं केवल संकेतों के आधार पर ही उत्तरदाता को निर्णय देना होता है। उदहारणार्थ:—

वर्ग	अनुक्रिया
अधिक सुन्दर (Very beautiful)	
सुन्दर (Beautiful)	
सामान्य (Average)	
कुरूप (Ugly)	
अत्यन्त कुरूप (Very ugly)	

अनुसंधानकर्ता इन मापनियों की रचना आसानी से कर लेता है तथा आसानी से उसका उपयोग भी कर लेता है। परन्तु इस मापनी के निर्माण में पक्षपात की सम्भावना रहती है।

2. रेखाचित्रीय निर्धारण मापनी (*Graphic Rating Scale*)

1915 में इस मापनी का सर्वप्रथम प्रयोग *Boyce* (1915) ने किया। लेकिन इन मापनियां का वास्तविक विकास Scott Company Laboratory द्वारा किया गया। इस मापनी में बिन्दु रेखाचित्र के रूप में होते हैं। प्रत्येक बिन्दु का एक वर्णनात्मक संकेत (descriptive clue) दिया रहता है। इसमें हम 5 इंच लम्बी रेखा का प्रयोग करते हैं। इससे अधिक लम्बाई रेखा की नहीं होनी चाहिए। रेखा को 5 भागों में विभाजित किया जाता है, खण्डित नहीं। अन्यथा निरन्तरता समाप्त हो जायेगी। अनुकूल गुणों को रेखा के प्रथम छोर पर तथा प्रतिकूल गुणों को दूसरे छोर पर रखा जाता है। उत्तरदाता पहले अनुकूल गुणों के बारे में सोचता है, बाद में प्रतिकूल गुणों पर विचार करता है। विवरणात्मक गुणों का व्यवस्थापन आंकिक मूल्यों के निकट ही होना चाहिए। बिन्दुओं को समान दूरी पर रखना आवश्यक नहीं है। प्रतिकूल गुणों की अपेक्षा अनुकूल गुणों के बिन्दुओं के बीच की दूरी अपेक्षाकृत अधिक रखी जा सकती है। उदाहरणार्थः—

(i) सामाजिक समारोहों में आप बातचीत में कैसा रहते हैं।

1	2	3	4	5
बातूनी	बिना हिचक बात करने वाला	केवल आवश्यकता पर ही बोलने वाला	सुनना पसंद करने वाला	चुप रहने वाला

(i) की भाँति और भी कथनों को लिखा जाता है और उनके प्रति उत्तरदाता की अनुक्रिया को प्राप्त किया जाता है। यह रेखायें क्षैतिजीय (horizontal) भी हो सकती हैं और ऊर्ध्वाधर (vertical)भी। इस मापनी के सन्दर्भ में *Murphy & Davidshofer* (1988) ने यह प्रस्तावित किया है कि बिन्दुओं की 5 से 9 के बीच होनी चाहिए, मापनी का स्वरूप स्पष्ट (explicit) होना चाहिए तथा मापन किये जाने वाले शीलगुणों को स्पष्ट रूप से परिभाषित करना चाहिए। इस मापनी के द्वारा अनेक विभाओं का मापन अवश्य होता है। (*Murphy & Davidshofer* (1988) परन्तु विमाओं के अर्थ के अस्पष्ट होने की सम्भावना पाई जाती है (Murphy & *David Shofer* 1988) तथा मापनी-लंगर (Scale anchor) जैसे अच्छा, खराब और औसत की व्याख्या व्यक्ति अलग-अलग प्रकार से कर सकते हैं। (*Murphy & Davidshofer* 1988)

3. मानक निर्धारण मापनी (*Standard Rating Scale*)

इस मापनी में प्रेक्षक अथवा रेटर (Rater) को मानकों (Standard) अथवा उदाहरणों (examples) का एक सेट प्रस्तुत किया जाता है जिसका मापनी मूल्य (Scale value) पहले से ही निर्धारित होता है। इस मापनी का प्रयोग करने पर रेटर व्यक्तियों/उद्दीपकों को मानक से सुमेल (match) कराते हुये निर्धारण (rating) करता है। मानक के रूप में हस्तलेखन (Handwriting), व्यक्ति (photograph of a person—Man-to-Man Scale), चित्र-मिलाप-मापनी (Portrait matching scale) आदि का प्रयोग किया जाता है।

यह विधि सरल है। इस विधि की उपयोगिता अनेक दृष्टिकोणों से है उदाहरणार्थ—इसमें स्पष्टता का गुण (*Blum & Naylor,* 1984, *Murphy & Davidshofer,* 1980), वस्तुनिष्ठता (*Murphy & Davidshofer,* 1988), निर्धारण करने में सुविधा (*Murphy & Davidshofer,* 1988), अंकन के लिए मानक मूल्यों का उपयोग, तथा प्राप्त मूल्यांकन में यथार्थता (*Landy & Farr* 1980; *Diphoye & De Pontbriand,* 1981) पायी जाती है। परन्तु उस मापनी के कुछ दोष भी हैं। उदाहरणार्थ उपर्युक्त मानकों को प्राप्त कर पाना एक कठिन कार्य है (*Blum & Naylor,* 1984), तथा इसमें व्यक्तिगत पक्षपात पाया जाता है (*Latham & Wexley,* 1977)।

4. संचयी बिन्दु निर्धारण मापनी (*Rating by Cumulative Point*)

यह मापनी व्यवहारपरक विज्ञानों में अधिक लोकप्रिय है। इस विधि में उद्दीपक व्यक्ति का मूल्यांकन कराकर उसके द्वारा पाये गये अंकों का योग ज्ञात कर लिया जाता है। अंकों के योग के आधार पर व्यक्ति के बारे में निर्णय लिया जाता है। व्यक्ति का कुल प्राप्तांक (Total score) ही अनुसंधानकर्ता को एक निश्चित निष्कर्ष पर पहुँचाने में सहायता देता है।

इस मापनी की दो उपविधियाँ (submethods) हैं—जाँच सूची विधि (check list method) एवं अनुमान कौन विधि (Guess who technique)। जाँच सूची विधि में रेटर को एक सूची प्रदान की जाती है जिसमें या तो सम्पूर्ण वाक्य होते हैं, अथवा विशेषण होते हैं जो उद्दीपक के रूप में कार्य करते हैं। रेटर उन्हीं वाक्यों या विशेषणों के आधार पर व्यक्तियों का निर्धारण (rating) करता है।

Hartshrone & May (1930) ने सर्वप्रथम इस विधि का प्रयोग किया :–

	अनुकूल (1 अंक)	सामान्य (0 अंक)	प्रतिकूल (– 1 अंक)	प्राप्तांक
सहयोगी	√			1
दयालु		√		0
लालची			√	–1
अकृतज्ञ			√	–1
निर्दयी		√		0

इस विधि में धनात्मक (positive) तथा ऋणात्मक निर्धारण (negative) निर्धारण किया जाता है। धनात्मक निर्धारण के लिए +1 तथा ऋणात्मक निर्धारण के लिए –1 अंक प्रदान किया जाता है। 'सामान्य' को कोई अंक नहीं प्रदान किया जाता है। यदि धनात्मक प्राप्तांक अधिक होता है तो रेटर में विधेयात्मक अभिवृत्ति (Positive attitude) के पाये जाने का संकेत प्राप्त होता है। इसी प्रकार रेटर का अधिक ऋणात्मक प्राप्तांक उसके निषेधात्मक अभिवृत्ति (negative attitude) की ओर संकेत प्राप्त होता है। सभी अनुकूल कथनों को एक-एक अंक दिया जाता है। इन अंकों का योग ही रेटर का प्राप्तांक होता है।

'अनुमान कौन' (Guess who) प्रविधि का प्रयोग *Hartshrone & May* (1929) बच्चों के समूह व्यवहार के अध्ययन के लिए किया जाता है। इस विधि में अनुसंधानकर्ता मानव व्यवहारों से सम्बन्धित कुछ वाक्यों को प्रस्तुत करता है उदाहरणार्थ—

वह विद्यार्थी जो हमेशा प्रसन्न रहता है।
वह विद्यार्थी जो हमेशा चिन्तित रहता है।
वह विद्यार्थी जो हमेशा दूसरों को खुश रखता है।
वह विद्यार्थी जो हमेशा दूसरों की मदद करता है।

ऐसे वाक्यों को अनुसंधानकर्ता प्रस्तुत करता है। इन वाक्यों को प्रस्तुत करने से पहले यह निर्देश दे दिया जाता है कि ''यहाँ कुछ ऐसे विद्यार्थियों के शब्द-चित्र दिये गये हैं, जिनके बारे में आप जानते हैं। प्रत्येक वाक्य को ध्यान से पढ़िये और यह सोचिये कि यह वाक्य आपके सहपाठियों में किसके लिए सबसे अधिक उपयुक्त है। यदि कोई वाक्य उपयुक्त नहीं प्राप्त होता है, तो उसे छोड़कर आगे का वाक्य पढ़िये और पुनः अनुमान कीजिये कि वह लक्षण आपके किस सहपाठी के लिए सर्वाधिक उपर्युक्त हैं।''

ऐसे शब्द चित्रों का प्रस्तुतीकरण करके विद्यार्थियों का मूल्यांकन कराया जाता है। इस मापनी का उदाहरण (Ohio Recognition Scale) है।

5. बाधित चयन निर्धारण मापनी (*Forced Choice Rating Scale*)

इस विधि को Horst (1940) ने विकसित किया। सर्वप्रथम इसका प्रयोग व्यक्तित्व मूल्यांकन के लिए किया गया बाद में इस मापनी के द्वारा व्यवहार निष्पादन मूल्यांकन (performance appraisal) भी किया गया। इस विधि में जिस कथन का प्रयोग किया जाता है उसमें दो या दो से अधिक गुणों का एक समुच्चय (set) होता है और इसमें से किसी एक को चुनकर रेटर को निर्धारण (rating) करना होता है। कथन में पाये जाने वाले गुणों/अवगुणों में समान रूप से अनुकूलता या प्रतिकूलता दिखाई पड़ती है। रेटर उद्दीपक व्यक्ति में जिस गुण/अवगुण को उपर्युक्त समझता है उसका प्रत्यक्षीकरण करता है और उसको ही चुनने के लिए बाध्य होता है। ऐसे कथनों में दो वैकल्पिक चयन (Two alternative choice) तथा चार वैकल्पिक चयन (four alternative choice) का प्रयोग किया जाता है। यह वैकल्पिक चयन वांछित (desired) भी हो सकते हैं और अवांछित (undesired) भी।

उदाहरण

मिस्टर यश

(i) एक अच्छा और होनहार बालक है।

(ii) वह अच्छा लिखता है और मेहनत से पढ़ता है।

(iii) वह आज्ञाकारी और सबको सम्मान देने वाला है।

(iv) वह बुद्धिमान भी है और हजिर जबाव भी।

इस विधि की सर्वाधिक उपयोगिता है। इस मापनी का प्रयोग अभिरुचि (*Bending,* 1958; *Peel,* 1961), नेतृत्व प्रभावशीलता (*Izard & Rosenberg,* 1958; *Wallack,* 1959; कर्मचारियों की अभिवृत्ति (*Miller & Gekoski,* 1959), व्यक्तित्व (*Gordom,* 1951), *Denton,* 1954; *Hatch,* 1962), संवेदी कार्य (*Blackwell,* 1952), आदि के मापन के लिए किया जा सकता है। परन्तु इसके कुछ दोष भी हैं। इसमें समय, श्रम और धन अधिक लगता है। इसमें तकनीकी ज्ञान की अत्यधिक आवश्यकता होती है, तथा कृत्रिमता की सम्भावना (Karr, 1959; Taylor & Wherry, 1951; Izard & Rosenberg, 1958) पाई जाती है।

6. प्रतिशत निर्धारण मापनी (*Percentage Rating Scale*)

इसमें अनुसंधानकर्ता पहले ही विभिन्न प्रतिशत समूहों(Percentage groups) को निर्धारित कर लेता है और उनका निर्धारण(rating) रेटर से कराता है। अनुसंधानकर्ता ऐसे प्रतिशत समूहों का निर्धारण करता है :—

(i) उच्चतम 5% (Highest 5%)

(ii) द्वितीय उच्चतम 5% (Second Highest 5%)

(iii) उच्चतम 25% लेकिन उच्चतम 10% छोड़कर

(iv) ऊपर से आधा परन्तु ऊपर का 25% छोड़कर (Top half but not the top 25%)

(v) नीचे से आधा (Lower half)

इस विधि का प्रयोग उस समय किया जाता है जब अनुसंधानकर्ता कम-से-कम समय में व्यक्तियों के समूहों का निर्धारण इस प्रकार करवाना चाहता है कि दो प्रेक्षकों के निर्धारण (ratings) में एकरूपता (uniformity) पाई जाए।

❑

अध्याय 34

अनुसूची अथवा साक्षात्कार अनुसूची
(SCHEDULE OR INTERVIEW SCHEDULE)

अनुसंधान में अनुसूची (Schedule) का प्रयोग अधिकतर किया जाता है। अनुसूची प्रश्नों की एक शृंखला है जिन्हें अनुसंधानकर्ता पढ़कर उत्तरदाता को सुनाता है और उत्तरदाता से प्राप्त उत्तर का अभिलेखन (record) करता है। अनुसंधान समस्या से सम्बन्धित प्रासांगिक एवं तर्कसंगत प्रश्नों को अनुसूची में सम्मिलित किया जाता है। यह अनुसूची छात्रों द्वारा भी भरी जा सकती है और साक्षात्कारकर्ता/अनुसंधानकर्ता द्वारा भी।

Gooae & Hatt (1952) के अनुसार, *"प्रश्नों के समुच्चय को सामान्यतया अनुसूची कहा जाता है जो आमने-सामने की परिस्थिति में साक्षात्कारकर्ता प्रश्न पूछ कर स्वयं भरता है।"* *(Schedule is the name usually applied to a set of questions which are asked and filled in by an interviewer in a face to face situation.)*

Kerlinger (2002) के अनुसार, *"अनुसूची द्वारा प्राप्त सूचनाओं में तथ्यात्मक सूचनाएँ रहती हैं जिनका सम्बन्ध मतों तथा अभिवृत्तियों व्यवहारों का कारण भी निहित रहता है।"* *(Schedule information includes factual information opinions and attitudes and reasons for behaviour, opinions and attitudes.)*

P. V. Young के अनुसार, *"अनुसूची एक औपचारिक तालिका, एक सूची पत्र या प्रपत्र है जो गणना का एक माध्यम होती है। जिसका उपयोग औपचारिक तथा प्रामाणिक अनुसंधानों के लिए किया जाता है। इसका मात्र उद्देश्य प्रतिनिधि समूहों से परिमाणात्मक प्रदत्तों के संग्रह में सहायता करना होता है।"* *(Schedule is a formal list, a catalogue or inventory that is counting device used in formal and standarized inquiries, the sole purpose of which is aiding in the collection of quantitative cross sectional data.)*

Bogardus के अनुसार, *"अनुसूची संक्षिप्त प्रश्नों की एक रचना है जिसे सर्वेक्षणकर्ता स्वयं रखता है और अपने अन्वेषण के समय साथ-साथ भरता है"* *(A schedule is a form of abbrevbiated questions which the investigator usually keeps himself and fills out as he proceeds with his inquiry.)*

इन परिभाषाओं के आधार पर यह कहा जा सकता है कि:—

1. छोटे-छोटे प्रश्नों का प्रयोग अनुसूची में किया जाता है।
2. आमने-सामने की स्थिति में साक्षात्कारकर्ता उत्तरदाता से प्रश्न पूछता है और उसका अभिलेखन करता है।
3. अनुसंधान समस्या से सम्बन्धित प्रश्न अनुसूची में रखे जाते हैं।
4. प्रश्न क्रमबद्ध रूप से रखे जाते हैं।
5. साक्षात्कारकर्ता और उत्तरदाता दोनों को सक्रिय रहना पड़ता है।

6. प्रश्नों का उत्तर साक्षात्कारकर्ता तालिका में भरता है, उत्तरदाता नहीं।
7. अनुसंधान प्रश्न अनुसंधान समस्या के प्रासंगिक होते हैं।
8. अनुसूची की लम्बाई अधिक नहीं होनी चाहिए।
9. प्रश्नों की भाषा का स्वरूप तटस्थ होना चाहिए।

उपर्युक्त तथ्यों के सन्दर्भ में यह कहा जा सकता है कि यह तथ्य अनुसूची की विशेषताओं के रूप में भी वर्णित किये जा सकते हैं।

अनुसूची के प्रकार
(Types of Schedule)

अनुसूची के अनेक प्रकार हैं जिसका उपयोग अलग-अलग विधियों में अलग-अलग प्रकार से किया जाता है। अनुसूचियों का अलग-अलग उपयोग होता है। अनुसूचियों के निम्नलिखित प्रकार हैं:—

1. प्रेक्षण अनुसूची *(Observation schedule)*—जब प्राणी के व्यवहार का निरीक्षण किया जाय और प्रदत्त संकलन के लिए किसी अनुसूची का प्रयोग किया जाय, तो उसे प्रेक्षण अनुसूची कहते हैं। इसमें निरीक्षण व्यवहार के द्वारा प्राणी के व्यवहार का निरीक्षण किया जाता है।

2 साक्षात्कार अनुसूची *(Interview schedule)*—साक्षात्कार-प्रकम में जब साक्षात्कारकर्ता प्रदत्त संकलन के लिए किसी अनुसूची का प्रयोग करता है, तो उसे साक्षात्कार अनुसूची कहते हैं। साक्षात्कार अनुसूची के द्वारा अधिक विश्वसनीय परिणाम प्राप्त होते हैं। जिस साक्षात्कार में साक्षात्कार-अनुसूची का प्रयोग किया जाता है उसे संरचित साक्षात्कार (Structured Interview) कहते हैं।

3. निर्धारण अनुसूची *(Rating schedule)*—निर्धारण अनुसूची का प्रयोग किसी विशेष सामाजिक, आर्थिक, राजनीतिक, शैक्षिक समस्याओं के सन्दर्भ में जब व्यक्ति के पसन्द, नापसंद आदि से सम्बन्धित उत्तरों का श्रेणीकरण किया जाता है और उन्हें अभिलेखित किया जाता है।

4 प्रलेख अनुसूची *(Document schedule)*—यह अनुसूची व्यक्ति इतिहासों जीवन, कथाओं सरकारी तथा गैरसरकारी प्रलेखों से सम्बन्धित है। इन अभिलेखों के अन्तर्गत आते हैं।

5. संस्था सर्वेक्षण अनुसूची *(Institution survey schedule)*—इस अनुसूची का उद्देश्य किसी संस्था विशेष के समस्याओं के सर्वेक्षण तथा मूल्यांकन करना होता है। इसका मुख्य उपयोग अनुसूची का उपयोग किसी संस्था के सर्वेक्षण के लिए किया जाता है, तो उसे संस्था सर्वेक्षण अनुसूची कहते हैं।

अनुसूची के मुख्य उद्देश्य *(Main Objectives of Schedule)*

अनुसूची के निम्नलिखित मुख्य उद्देश्य हैं:—

(i) अनुसूची के वस्तुनिष्ठ प्रदत्तों का संकलन होता है।
(ii) इस विधि के द्वारा व्यवस्थित एवं तार्किक प्रदत्तों का संकलन होता है।
(iii) अध्ययन समस्या का विस्तृत अध्ययन होता है।

(iv) विश्वसनीय प्रदत्त प्राप्त होते हैं।
(v) वास्तविक प्रदत्त के संकलन में सुविधा होती है।

उत्तम अनुसूची की विशेषताएँ ***(Characteristics of a Good Schedule)***

(i) अनुसूची प्रामाणिक (Standard) होनी चाहिए।
(ii) अनूसूची देखने में आकर्षक होनी चाहिए।
(iii) अनुसूची में प्रश्नों की संख्या पर्याप्त होनी चाहिए।
(iv) प्रश्नों की भाषा, सरल, स्पष्ट तथा बोधगम्य होनी चाहिए।
(v) अनुसूची के प्रशासन की प्रक्रिया मानकीकृत होनी चाहिए।
(vi) प्रश्नों क़ा स्वरूप क्रमबद्ध होना चाहिए।
(vii) प्रश्न तार्किक रूप से प्रासांगिक होने चाहिए।
(viii) प्रश्नों में वस्तुनिष्ठता का गुण पाया जाना चाहिए।
(ix) अनुसूची संरचित (structured) होनी चाहिए।
(x) अनुसूची के लिए मुक्तोत्तर (Open ended) तथा प्रतिबन्धित (Closed ended) प्रश्नों का प्रयोग किया जा सकता है।
(xi) प्रश्नों की रचना इस प्रकार करनी चाहिए कि सम्प्रेषण अधिक परिशुद्धता से हो सके।
(xii) प्रश्नों का स्वरूप वैज्ञानिक होना चाहिए।
(xiii) आत्मनिष्ठ प्रश्नों का प्रयोग नहीं करना चाहिए।
(xiv) प्रश्नों का पूर्वपरीक्षण (pretested) करना चाहिए।
(xv) अनुसूची को 3 भागों—प्रारम्भिक भाग (Preparatory part), मुख्य भाग (main part) तथा क्षेत्र कार्यकर्ताओं के लिए निर्देश (directions to the field workers) में बँटा होना चाहिए।

प्रश्नावली एवं अनुसूची में अन्तर
(Distinction between Questionnaire and Schedule)

गोचर	प्रश्नावली	अनुसूची
1. समस्या का स्वरूप	अधिक गम्भीर समस्या का अध्ययन	साधारण तथा विशिष्ट समस्या का अध्ययन
2. अनुक्रिया प्रस्तुतीकरण	उत्तरदाता उत्तर देता है	साक्षात्कारकर्ता अनुक्रियाओं का अंकन करता है।
3. प्रशासन प्रकार	कम समय में अधिक उत्तरदाताओं का अध्ययन	एक व्यक्ति का अध्ययन व्यक्तिगत प्रशासन
4. अध्ययन प्रसार	अध्ययन क्षेत्र सामूहिक विस्तृत	अध्ययन क्षेत्र संकीर्ण
5. प्रश्न की रचना	दीर्घ तथा स्वाव्याख्यात्मक	लघु प्रश्न
6. अनुसंधानकर्ता की उपस्थित	अनावश्यक	आवश्यक
7. समय तथा श्रम	कम	अधिक

8. अनुसंधानकर्ता तथा उत्तरदाता के बीच की दूरी	अधिक	कम
9. विश्वसनीयता एवं वैधता	कम	अधिक
10. प्रतिदर्श का स्वरूप	जनसंख्या का उपयुक्त प्रतिनिधित्व नहीं	जनसंख्या का प्रतिनिधित्व
11. उत्तरदाता प्रकार	शिक्षित	शिक्षित तथा अशिक्षित
12. भौगोलिक क्षेत्र	विस्तृत भौगोलिक क्षेत्र	सीमित भौगोलिक क्षेत्र
13. सूचना प्राप्त करने की विधि	सूचना उत्तरदाता के द्वारा	वाचिक सूचना साक्षात्कार के द्वारा
14. सम्पर्क प्रकार	अप्रत्यक्ष एवं प्रत्यक्ष सम्पर्क	प्रत्यक्ष सम्पर्क
15. उत्तरदाता प्रकार	शिक्षित	अशिक्षित
16. भाषा-महत्त्व	भाषा का ज्ञान आवश्यक	भाषा का महत्त्व नहीं
17. अध्ययन प्रकार	गहन एवं पक्षपातहीन अध्ययन सम्भव नहीं।	गहन एवं पक्षपातहीन अध्ययन
18. निदर्शन प्रकार	यादृच्छिक निदर्शन सम्भव नहीं	यादृच्छिक निदर्शन सम्भव
19. अनुक्रिया प्रकार	विस्तृत उत्तर भी प्राप्त किये जा सकते हैं	संक्षिप्त उत्तर
20. परिणाम परिशुद्धता	परिणाम अशुद्ध होने की सम्भावना नहीं	अशुद्ध हो सकता है
21. प्रश्नों की संख्या	अधिक	कम
22. प्रश्नों के स्पष्टीकरण की सम्भावना	कम	अधिक
23. विश्वसनीयता एवं वैधता	अधिक	कम
24. प्रश्नों के न पूरा किये जाने की सम्भावना	अधिक	बिल्कुल कम

अनुसूची के गुण (*Merits of Schedule*)

अनुसूची के निम्न गुण हैं:—

(i) अनुसूची द्वारा अपेक्षाकृत अधिक सूचनाएँ प्राप्त की जाती हैं।

(ii) साक्षात्कारकर्ता उत्तरदाता से व्यक्तिगत सम्पर्क स्थापित करता है।

(iii) इसमें उत्तरदाता उत्तरों का अभिलेखन स्वयं करता है।

(iv) अनुसूची द्वारा अपेक्षाकृत अधिक परिशुद्ध उत्तर प्राप्त होते हैं।

(v) अनुसूची से यथार्थ तथा गहन अध्ययन सम्भव है।

(vi) वस्तुनिष्ठ प्रदत्त प्राप्त होते हैं।

(vii) अस्पष्ट प्रश्नों को स्पष्ट करने का अवसर साक्षात्कारकर्ता को प्राप्त होता है।

(viii) व्यापक क्षेत्र का अध्ययन सम्भव है।

(ix) सूचना की छानबीन गहन स्तर पर की जा सकती है।

(x) सूचनादाता का पूर्ण सहयोग प्राप्त होता है।

(xi) विश्वसनीयता एवं वैधता का स्तर उच्च होता है।

अनुसूची के दोष (*Demerits of Schedule*)

अनुसूची के निम्नलिखित दोष हैं:—

(i) समय, धन और परिश्रम अधिक लगता है।

(ii) विस्तृत जनसंख्या के लिए प्रयोग नहीं किया जा सकता है।

(iii) व्यक्तिगत पक्षपातों का प्रभाव पड़ता है।

(iv) अनुसंधानकर्ता की उपस्थिति के कारण उत्तरदाता अनुक्रिया प्रकट करने में कठिनाई अनुभव कर सकता है।

(v) शोधकर्ता को प्रशिक्षित होना चाहिए।

(vi) व्यक्तिगत पक्षपातों का प्रभाव पड़ सकता है।

(vii) अध्ययन का क्षेत्र सीमित होता है।

(viii) अध्ययनकर्ता की उपस्थिति के कारण अध्ययन की स्वाभाविकता समाप्त हो जाती है।

(ix) प्रश्नों के निर्माण में कठिनाई होती है।

(x) अनुसंधानकर्ता को प्रशिक्षित होना चाहिए।

व्यक्ति सूची अध्ययन
(Panel Studies)

इस विधि का प्रयोग उपभोक्ताओं की पसंद, सुनने और पढ़ने की आदतों तथा अभिवृत्तियों आदि के सम्बन्ध में सामग्री संकलन के लिए किया जाता है। यह सामाजिक परिवर्तन का एक बैरोमीटर है। ***Eulau*** ने अपनी पुस्तक *'Political Behaviour'* में व्यक्ति-सूची अध्ययन को इस प्रकार परिभाषित किया है, *"पैनल अध्ययन राजनीतिक संगठन के प्रभाव का अधिक संतोषजनक विश्लेषण सम्भव बनाता है।"* (*Panel studies makes possible a more satisfactory analysis of the impact of political organization.*) ***Lazarsfield*** के अनुसार, *"पैनल विधि के अन्तर्गत उन व्यक्तियों का निदर्शन किया जाता है जिनका अध्ययन करना होता है। इन लोगों के साक्षात्कार अध्ययन किये जाने वाले समस्या के सन्दर्भ में दो या दो से अधिक बार लिया जाता है"* (*The panel method involving. recruiting a sample of individuals representing the universe to be studied and interviewing these people at two or more different points in time on the problems under consideration.*) इस प्रकार यह कहा जा सकता है कि व्यक्ति सूची अध्ययन में एक ही प्रतिदर्श का समय-समय पर निरीक्षण किया जाता है। जब अनुसंधानकर्ता अपने अध्ययन में सामुदायिक परिवर्तनों का अध्ययन करना चाहता है तथा एक ही प्रतिदर्श का साक्षात्कार, परीक्षण तथा अवलोकन करता है, जो विषय प्रयोग किये गये हैं, वे पैनल कहलाते हैं। इस विधि के द्वारा सामाजिक प्रणाली का अध्ययन किया जाता है जिसमें घटनाओं का क्रम तथा व्यक्तिगत परिवर्तनों के बारे में ज्ञान प्राप्त किया जाता है। इस विधि के द्वारा उत्तरदाताओं के स्वाभाव,

उनकी प्रवृत्तियों और उनके आदतों के बारे में सूचना प्राप्त की जाती है। पैनल अध्ययन प्रणाली के मुख्य साधनों के रूप में सिनेमा, साक्षात्कार, विज्ञापन, टेलीविजन आदि को लिया जा सकता है जिनके द्वारा उत्तरदाताओं के अभिवृत्तियों एवं आदतों में पाई जाने वाली समानताओं, विभिन्नताओं तथा स्थिरता के बारे में ज्ञान प्राप्त किया जाता है। यह विधि उन तथ्यों की व्याख्या प्रदान करती है जिनके कारण व्यक्ति के सामाजिक और राजनीतिक प्रतिष्ठा में परिवर्तन होता है। इस प्रकार हम यह कह सकते हैं कि यह विधि उन घटनाओं के बारे में जानकारी प्राप्त करती है जो मनुष्य में व्यवहार परिवर्तन के लिए उत्तरदायी है।

क्षेत्रीय अध्ययन
(Area Studies)

क्षेत्र की किसी व्यवस्था के बारे में ज्ञान प्राप्त करने के लिए क्षेत्रीय अध्ययन किया जाता है। इसमें किसी क्षेत्र विशेष—आर्थिक, भौगोलिक, सांस्कृतिक, सामाजिक का चयन कर उसका अध्ययन किया जाता है। इसमें अनुसंधानकर्ता घटनास्थल पर जाकर समस्या का सूक्ष्म अध्ययन करता है। इन सूचनाओं को प्राप्त करने के लिए वह अनेक प्रकार के उपकरणों (Bag of tools) का प्रयोग करता है।

अनुसंधानकर्ता क्षेत्र निर्धारित करते कुछ प्रमुख आधारों का प्रयोग कर सकता है।

(i) **सामाजिक-सांस्कृतिक स्तर**—जाति, धर्म, त्योहार, शिक्षा, संस्था।

(ii) **आर्थिक स्तर**—श्रमिक, कृषक, पूंजीपति।

(iii) **प्रशासकीय स्तर**—पंचायत, नगरपालिका, तहसील, जिला, प्रान्त, देश।

(iv) **भौगोलिक स्तर**—मैदान, पहाड़ तथा तटीय क्षेत्र।

इस विधि का प्रयोग करते समय अनुसंधानकर्ता सर्वप्रथम उस क्षेत्र को चुनता है जिसमें उसकी रुचि होती है तथा जिसे वह जानता है। तत्पश्चात् वह उस क्षेत्र के आबादी, उद्योग-धन्धों, उधोग-धन्धों को संचालित करने वाले समुदायों, जनसंख्या तथा अन्य भौगोलिक जानकारी को प्राप्त करता है।

❑

अध्याय 35

क्यू-प्रविधि

(Q-TECHNIQUE)

Q–प्रविधि के लिए अनेक पर्यायवाची पदों Q -प्रणाली (Q-Methodology), Q-सार्ट (Q-Sorts) का प्रयोग किया जाता है। यह एक शोध प्रविधि है जिसको William Stephenson ने 1953 में अभिवृत्तियों, वरीयताओं (Preferences) आदि के मापन के लिए इस विधि को विकसित किया। आजकल व्यवहारपरक विज्ञानों में इस विधि का प्रयोग अपेक्षाकृत अधिक़ किया जाने लगा है। इस विधि में उत्तरदाता अनेक कथनों अथवा अनेक उद्दीपकों को विभिन्न भागों में छाँटता (sort) है। इन भागों को Q-sorts कहते हैं। यह विधि Thurston के समान मध्यान्तर विधि (Method of Equal Appearing Intervals) की भाँति है जिसमें पदों (Items) को मापनी मूल्य (scale value) निर्दिष्ट किया जाता है।

Chaplin (1975) के अनुसार, *''क्यू-सार्ट एक व्यक्तित्व प्रश्नावली है जिसमें प्रयोज्य बहुत सारे कथनों को ऐसे ढेरों में छाँटता है जो यह संकेत करते हैं कि कौन सा ढेर किस मात्रा में उस पर लागू होता है।'' (Q -sort is a personality questionnaire in which the subject sorts a large number of statements into piles which represent the degrees to which he believes the statements apply to him.)*

Kerlinger (2002) के अनुसार, *''क्यू-प्रविधि एक परिष्कृत शोध प्रविधि है। जिसमें कथनों, उद्दीपकों आदि को सांख्यिकीय उद्देश्यों की पूर्ति के लिए उन्हें कोटिबद्ध किया जाता है और उन प्रयोज्यों के उपपरीक्षणों को संख्यांक प्रदान किया जाता है।'' (Q-technique is mainly a sophisticated way of rank ordering objects (items, stimuli etc.) and them assigning numerals to sub-tests of subjects for statistical purposes)*

इन परिभाषाओं के आधार पर यह कहा जा सकता है कि Q- प्रणाली की निम्नलिखित विशेषताएँ हैं:—

(i) Q प्रविधि एक शोध प्रविधि है।

(ii) अन्य शोध प्रविधियों की भाँति इस प्रविधि के द्वारा भी प्रदत्त संकलन किया जाता है।

(iii) इसमें उद्दीपकों को कोटि-बद्ध (rank ordering) किया जाता है।

(iv) यह एक प्रकार की व्यक्तित्व प्रश्नावली है।

(v) इसमें व्यक्तित्व-शीलगुणों पर आधारित अनेक कथनों को विभिन्न ढेरों (Piles) में कोटिबद्ध करने के लिए उत्तरदाता से कहा जाता है। उत्तरदाता को यह निर्देशित (instruct) किया जाता है कि वह जिस कथन को अपने लिए सबसे अधिक वांछनीय (desirable) समझता हो, उसे प्रथम ढेर में तथा जिस कथन को सबसे कम वांछनीय समझता हो, उसे अंतिम ढेर में रखे। इस प्रकार उसे सभी कथनों को कोटिबद्ध करना है।

इस प्रकार वह सभी कथनों को कोटिबद्ध करता है और उन्हें विभिन्न श्रेणियों में छाँटने (sort) का कार्य करता है। कोटिबद्धता (rank ordering) का यह कार्य किसी कसौटी (criterion) के आधार पर होता है। इस प्रविधि में सामग्री के रूप में कथनों, वस्तुओं जैसे चित्रों, शब्दों आदि का प्रयोग किया जाता है। यह सामग्रियाँ अलग-अलग कार्ड पर प्रस्तुत की जाती हैं और उन्हें किसी एक प्रयोज्य द्वारा या प्रयोज्य समूह द्वारा 1 या 11 श्रेणियों में छँटवाया (sort) कराया जाता है।

Q प्रविधि से अधिक विश्वसनीय परिणाम प्राप्त हो, इस सम्बन्ध में Kerlinger (2002) का मत है कि इस प्रविधि में सांख्यिकीय स्थिरता (Statistical Reliability) लाने के लिए यह आवश्यक है कि उद्दीपकों की संख्या कम से कम 60 तथा अधिक-से-अधिक 140 होनी चाहिए। उद्दीपकों की संख्या न तो कम होनी चाहिए और न 140 से अधिक। प्रयोज्य को इस बात के लिए निर्देशित किया जाता है कि वह प्रत्येक श्रेणी के लिए एक निश्चित संख्या में ही उद्दीपकों को छाँटे। ऐसा करने से प्राप्त प्रदत्त वितरण निश्चित रूप से प्रसामान्य (normal) होगा। यदि ऐसा नहीं हुआ तो वह अर्द्ध-प्रसामान्य (Quasi-normal) अवश्य होगा। जब प्रदत्त वितरण में प्रसामान्यता पाई जाती है तो सांख्यकीय विश्लेषण में सरलता होती है। इसलिए इस विधि का प्रयोग करते समय अनुसंधानकर्ता उत्तरदाता से इस बात के लिए बराबर आग्रह करता रहता है कि वह छाँटने का कार्य इस प्रकार करें कि प्रत्येक श्रेणी में छाँटें गये उद्दीपकों की संख्या, जहाँ तक सम्भव हो, बराबर रहे। जब छाँटने का कार्य उत्तरदाता इस प्रकार करेंगे तो इसका तात्पर्य यह होगा कि छाँटे गये उद्दीपकों में समाजातीयता (homogeniety) पाई जायेगी। जब वितरण का स्वरूप इस प्रकार प्राप्त हो जाता है तो ऐसे वितरण को आयताकार वितरण (rectangular distribution) कहते हैं।

उदाहरण

मान लीजिये कि 5 उत्तरदाताओं से नेता के वांछनीय गुणों को छाँटने के लिए कहा गया और उन्हें इस बात का निर्देश दिया गया कि सबसे अधिक वांछनीय गुण को प्रथम क्रम उससे कम वांछनीय को द्वितीय क्रम तथा सबसे कम वांछनीय को अन्तिम क्रम प्रदान करें। उदाहरण नीचे की तालिका में प्रस्तुत किया जा रहा है।

क्यू-प्रविधि द्वारा नेता के शीलगुणों का अध्ययन

	व्यक्ति				
शीलगुण	A	B	C	D	E
मित्रवत	2	2	9	8	10
सहायक	3	4	8	7	7
संवदेनशील	5	6	7	6	6
प्रोत्साहक	7	7	5	4	5
आत्मविश्वासी	10	9	2	3	3
व्यवहार कुशल	11	11	1	1	1
उत्साही	9	10	3	2	2
रोचक	8	8	4	5	4
प्रसन्न	6	5	8	9	8
नियन्त्रित	4	3	10	10	9
ईमानदार	1	1	11	11	11

तालिका की व्याख्या

उपर्युक्त तालिका को देखने से इस तथ्य पर प्रकाश पड़ता है कि नेतृत्व के लिए वांछनीय गुणों के सन्दर्भ में A और B के श्रेणीकरण (Ranking) में काफी समानता है जबकि नेतृत्व के लिए वांछनीय गुणों के सन्दर्भ में C, D और E व्यक्तियों श्रेणीकरण में अत्यधिक समानता है। A और B के श्रेणीकरण में समानता तथा C, D और E के श्रेणीकरण में समानता इस तथ्य की ओर संकेत करती है कि नेतृत्व के लिए कौन से गुण वांछनीय हैं, इस सन्दर्भ में दो क्यू-सार्ट (Q-sorts) प्राप्त हुए हैं। एक Q- sort A और B का है तथा दूसरा Q- sort C, D और E का है। A और B ने नेता के वांछनीय गुणों में ईमानदार, मित्रवत,सहायक, नियंत्रित, संवदेनशील आदि को अधिक वांछनीय माना है जबकि C, D और E ने व्यवहार कुशल, आत्मविश्वास, उत्साही, रोचक, प्रोत्साहक आदि को अत्यधिक वांछनीय माना है। इसके बाद विभिन्न सार्ट (Sorts/श्रेणियों/ पूंजों (Clusters) (जैसे A और B के बीच, C और D के बीच) के मध्य सहसम्बन्ध निकाला जा सकता है।

Q-प्रणाली द्वारा प्राप्त प्रदत्त के सांख्यकीय विश्लेषण के लिए सहसम्बन्ध तथा प्रसरण विश्लेषण (Analysis of varinace) सांख्यिकीय प्रविधियों का प्रयोग किया जाता है।

Q प्रणाली के प्रकार
(Types of Q Technique)

Kerlinger, 2002 के अनुसार Q प्रणाली के दो प्रकार हैं—असंरचित Q प्रकार (un-structured Q- sort) तथा संरचित Q प्रकार (Q Structured Q-sort)। Kerlinger का मत है कि असंरचित Q प्रकार में ऐसे पदों (items) के सेट का प्रयोग किया जाता है जिनका आधार कोई विशिष्ट परिवर्त्य नहीं होता है। इसके पदों का चयन यादृच्छिक निदर्शन (random sampling) पर आधारित होता है (Nunnly 1970)। अनुसंधानकर्ता पदों के चयन के लिए पुस्तकों, पत्रिकाओं आदि स्रोत सामग्रियों (source materials) का प्रयोग करता है। ***Kerlinger*** (2002) का मत है कि, *''असंरचित Q-प्रकार पदों का एक ऐसा समुच्चय है जो किसी परिवर्त्य या कारक पर आधारित नहीं होता है।''* *(An unstructured Q sort is a set of items assembled without specific regard to the variables or factors underlying the items.)*

संरचित Q-प्रकार की प्रमुख विशेषता यह है कि इसमें प्रयोग किये गये पदों का समुच्चय (set) किसी विशिष्ट उपकल्पना परिवर्त्य अथवा कारक पर आधारित होता है। इसमें चयन किये गये सभी पद एक ही क्षेत्र (domain) से सम्बन्धित होते हैं। विश्लेषण के समय जब पदों का वर्गीकरण एक परिवर्त्य के आधार पर दो वर्गों में किया जाता है तो उसे एक मार्गी संरचित Q प्रकार (one way structured Q sort) कहा जाता है। जैसे प्राइवेट एवं पब्लिक सेक्टर में कार्यरत व्यक्तियों के कार्यकलाप का अध्ययन। इसी प्रकार जब पदों को दो परिवर्त्य वर्गीकरण (two-way classification) के आधार पर दो या दो से अधिक भागों में वर्गीकृत किया जाता है तो उसे द्विमार्गीय संरचित Q प्रकार (Two-way structured Q-sort) कहते हैं। जैसे प्राइवेट एवं पब्लिक सेक्टर कार्यरत महिला और पुलिस कर्मचारियों के कार्यतोष का अध्ययन।

गुण (*Merits*)

प्रदत्त संकलन की अन्य विधियों की भाँति क्यू-प्रविधि के निम्नलिखित गुण हैं:—

(i) इस विधि के द्वारा वस्तुनिष्ठ अध्ययन सम्भव है। (*Kerlinger*, 2002)।

(ii) बहुत सारे पदों का तुलनात्मक अध्ययन एक साथ किया जा सकता है। इसलिए यह एक विश्वसनीय विधि है।

(iii) सिद्धान्त रचना (theory building) में इस प्रविधि में सहायता मिलती है (*Kerlinger*, 2002)।

(iv) द्वि-मार्गी Q के प्रविधि से किसी सिद्धान्त अथवा उसके नियमों की जाँच की जा सकती है।

(v) इसमें नम्यता (Flexibility) का गुण पाया जाता है।

(vi) इसमें प्रदत्त विश्लेषण के लिए सह-सम्बन्धात्मक विधि और प्रसरण विश्लेषण सांख्यिकीय प्रविधि का प्रयोग किया जाता है।

(vii) अन्वेषणात्मक दृष्टिकोण से यह विधि अधिक उपयोगी है।

(viii) प्राप्त परिणाम अधिक विश्वसनीय और वैध होते हैं।

(ix) इस प्रविधि के द्वारा अभिवृत्तियों, मूल्यों कलात्मक निर्णय एवं रुचियों का मूल्यांकन किया जाता है।

(x) इसके द्वारा व्यक्ति अथवा व्यक्ति समूह का अध्ययन किया जा सकता है।

दोष (*Demerits*)

क्यू-प्रविधि के अनेक दोष हैं:—

(i) इस प्रविधि का प्रयोग बड़े प्रतिदर्श के लिए उपर्युक्त नहीं है (*Kerlinger*, 2002)

(ii) इस विधि के द्वारा शीलगुण का केवल तुलनात्मक अध्ययन होता है, मात्रात्मक नहीं।

(iii) बाधित चयन सार्टिंग (forced-choice sorting) में उत्तरदाता प्रतिबन्धित अनुभव करने से चिड़-चिड़ाहट अनुभव करता है।

(iv) प्रतिदर्श इकाइयों का यादृच्छिक चयन न होने से परिणाम की विश्वसनीयता कम हो जाती है।

(v) प्राप्त परिणाम के आधार पर सामान्यीकरण करना एक कठिन कार्य है।

❑

अध्याय 36

मनोवैज्ञानिक मापन

(PSYCHOLOGICAL MEASUREMENT)

व्यक्ति अपने दैनिक जीवन में जीवन को समस्त क्षेत्रों में वातावरण में विद्यमान वस्तुओं, व्यक्तियों तथा घटनाओं का मापन एवं मूल्यांकन करता रहता है; जिसका स्वरूप आत्मनिष्ठ भी होता है और वस्तुनिष्ठ भी। मानव विकास की सभ्यता का सिंहावलोकन करने पर इस तथ्य पर प्रकाश पड़ता है कि प्राचीन काल से ही मानव ने मूर्त (ठोस एवं तरल पदार्थ) एवं अमूर्त (वायवीय एवं समय) पदार्थों के मापन का प्रयास विभिन्न इकाइयों के माध्यम से करता रहा है। मापन की क्रिया बच्चे को जन्म से ही प्रारम्भ हो जाती है जो जीवनपर्यन्त चलती रहती है। प्रारम्भ में हम बच्चे लम्बाई तथा भार का मापन करते हैं। बाद में हम उसके मानसिक और सामाजिक गुणों का मापन करने लगते हैं। उसके मानसिक और सामाजिक गुणों के रूप में हम उसके वृद्धि, स्मरण शक्ति, सामाजिकता, अभिवृत्ति तथा व्यवहार के अन्य पक्षों को ले सकते हैं। इस प्रकार यह कहा जा सकता है कि व्यक्ति अपने वातावरण में पाये जाने वाली वस्तुओं के भौतिक गुणों यथा लम्बाई, चौड़ाई, भार, दूरी, रुपया इत्यादि तथा व्यक्तियों के मानसिक गुणों यथा व्यक्तित्व शीलगुण, अभिवृत्ति बुद्धि आदि के सम्बन्ध में निर्णय लेता रहता है जिसमें प्रत्यक्ष अथवा अप्रत्यक्ष मापन की क्रिया सन्निहित होती है।

मापन एवं मूल्यांकन का सम्बन्ध किसी क्षेत्र-विशेष ही नहीं है, वरन् यह एक सर्वव्यापक विशेषता है। हम लगभग सभी क्षेत्रों में मापन तथा मूल्यांकन का कार्य करते हैं। चाहे वह हमारे व्यक्तिगत जीवन से सम्बन्धित हो, या सामूहिक जीवन से, चाहे वह भौतिकशास्त्र से सम्बन्धित हो या रसायनशास्त्र से, चाहे वह वनस्पति शास्त्र से सम्बन्धित हो या कृषि विज्ञान से, चाहे वह मनोविज्ञान से सम्बन्धित हो या शिक्षाशास्त्र से। मापन का महत्त्व जीवन के समस्त क्षेत्रों में पाया जाता है। ***E. L Thorndike*** के इन शब्दों को निसन्देह स्वीकार किया जा सकता है, *"इस जगत में अल्पतम मात्रा में पाई जाने वाली वस्तु में भी परिमाण पाया जाता है। जिस वस्तु में परिणामात्मक सत्ता पाई जाती है, उसमें मापन योग्य गुण अवश्य विद्यमान होते हैं।"*

वस्तुओं का भौतिक मापन भी होता है और मनोवैज्ञानिक भी। परन्तु दोनों मापनों की प्रकृति में अन्तर है। भौतिक मापन की तुलना में मनोवैज्ञानिक मापन की प्रकृति अत्यन्त जटिल है। मनोवैज्ञानिक एवं शैक्षिक मापन मानव व्यवहारों तथा उसमें होने वाले परिवर्तनों का मापन एवं मूल्यांकन करते हैं तथा उनमें उपयुक्त सुधार लाकर बच्चों के सर्वोत्मुखी विकास करने में अपना सक्रिय प्रदान करते हैं। इस उद्देश्य की पूर्ति के लिए शिक्षा एवं मनोविज्ञान में मापन किया जाता है तथा व्यक्ति के व्यवहारों का मूल्यांकन मनोवैज्ञानिक परीक्षणों द्वारा किया जाता है। मनोवैज्ञानिक परीक्षणों को प्रशासित करके हमें प्राप्तांक प्राप्त होते हैं। यह प्राप्तांक संख्याओं के रूप में होते हैं। (*Tests do produce scores, and scores are numbers*–Thorndike & Hagen 1977)।

मापन को दो वर्गों में विभक्त किया जा सकता है—भौतिक मापन (physical measurement) एवं मनोवैज्ञानिक मापन अथवा व्यवहारपरक मापन (psychological measurement or behavioural measurement)। भौतिक मापन में व्यक्तियों/वस्तुओं के भौतिक गुणों का मापन होता है। भौतिक मापन का स्वरूप शुद्ध एवं वस्तुनिष्ठ होता है। इसकी इकाई सुनिश्चित होती है। इसका प्रारम्भ बिन्दु शून्य होता है तथा प्रत्येक माप एक ही विशेषता का मापन करता है जबकि मनोवैज्ञानिक मापन में व्यक्ति अथवा वस्तु के गुणों का अप्रत्यक्ष मापन होता है। इस मापन की इकाई न तो सुनिश्चित होती है और न मापनी में शून्य बिन्दु ही होता है। इसके द्वारा एक साथ अनेक गुणों का आकलन होता है, इसका रूप सापेक्ष होता है, तथा यह मापन व्यक्तिनिष्ठ होता है। यह कहना असत्य न होगा कि मनोविज्ञान का आधार व्यक्तिगत भिन्नता है तथा व्यक्तिगत भिन्नता का सही अध्ययन मापन के द्वारा ही सम्भव है। जहाँ मापन के द्वारा हमें अतीत के सम्बन्ध में ज्ञान प्राप्त होता है, वहीं भविष्य के समस्याओं के समाधान में भी मापन अत्यधिक सहायक है। इस प्रकार सारांश स्वरूप यह कहा जा सकता है कि मापन में किसी परिवर्त्य (variable) का परिमाणीकरण (quantification) किया जाता है। सामान्यतया मापन की प्रक्रिया में मुख्य रूप से तीन कार्य किये जाते हैं—परिवर्त्य की पहचान तथा उसका परिभाषीकरण, परिवर्त्य की अभिव्यक्ति के लिए क्रियाओं तथा व्यवहारों का निर्धारण एवं निरीक्षणों का परिमाणन अथवा प्राप्तांकों में रूपान्तरण। मापन के द्वारा किसी व्यक्ति अथवा वस्तु का मापन नहीं होता है, वरन् उसकी योग्यताओं (abilities), उपलब्धियों (achievements), अभिरुचियों (captitudes) एवं लक्षणों (traits) का मापन होता है।

मापन यथार्थ परिमाणात्मक मूल्यों की ओर से संकेत करता है। यह एक प्रक्रिया है, जिसमें किसी परिवर्त्य का परिमाणीकरण (quantification) होता है। यह प्रक्रिया किसी व्यक्ति या वस्तु में निहित विशेषताओं का आंकित वर्णन प्रस्तुत करती है।

"Measurement has been as the process of obtaining a numerical description of the extent to which a person or a thing possesses some characteristics."

—***Helmastader***, 1979)।

Stevens (1951) के अनुसार, *''स्वीकृत नियमों के अनुसार वस्तुओं के अंक प्रदान करने की क्रिया को मापन कहते हैं।''* (Measurement is the process of assigning number to objects according to certain agreed rules.)

Campbell (1951) के अनुसार, *''गुण धर्मों को संख्याओं के वितरण के रूप में प्रस्तुत करने की क्रिया को मापन कहते हैं।'' (Measurement is the assignment of numbers to represent properties.)*

इसी प्रकार ***Micheel & Karner*** (1982) ने मापन को परिभाषित करते हुए कहा है कि *''किसी भी प्रकार का मापन कितना अधिक तथा कितना कम से सम्बन्धित है।'' (Measurement of any kind is a matter of determining 'how much' or 'how little' or 'how great' or 'how small', 'how much more than, or how much less than'.)*

Chaplin, 1975 ने भी परिमाणन तथा मापन शब्दों का प्रयोग पर्याय के रूप में किया है। *(Measurement means quantification of variables.)*

Reber (1987) का मत है कि स्टीवेन्स द्वारा प्रस्तुत की गई परिभाषा अधिक उपर्युक्त है क्योंकि :—

(i) मापन में किसी वस्तु या घटना के विशेषता को संख्यात्मक रूप में प्रस्तुत किया

जाता है। जैसे किसी वस्तु की कोई लम्बाई, चौड़ाई, ऊँचाई, भार, चमक हो सकती है जिसके संख्यात्मक रूप में प्रस्तुत किया जाता है।

(ii) मापन में एक निश्चित नियम का प्रयोग किया जाता है। किसी नियम के अनुसार ही वस्तु की विशेषता को अंक प्रदान किया जाता है। मापन और परिमाण में कोई मूल अन्तर नहीं है, क्योंकि *''परिमाणन का अर्थ यह ज्ञान प्राप्त करना है कि किसी वस्तु में कोई विशेषता कितनी मात्रा में हैं तथा उसे प्रकट करने के लिए किस अंक का प्रयोग किया जाता है।''* (*Quantification concerns how much an attribute is present in an object, numbers around to communicate the amount—Nunnly,* 1981)

शब्द मूल्यांकन (evaluation) का अर्थ व्यापक है। इस शब्द का प्रयोग शिक्षा तथा मनोविज्ञान में किया जाता है। मूल्यांकन में हम गुणात्मक निर्णय (qualitative decision) लेते हैं। इसमें मूल्यांकन का आधार गुणात्मक होता है। विद्यालयों में छात्रों के व्यवहार परिवर्तनों के सम्बन्ध में प्रदत्तों का संकलन किया जाता है तथा उन्हें अर्थ प्रदान किया जाता है। उसी प्रक्रिया को मूल्यांकन कहते हैं।

Chaplin (1975) के अनुसार, *''मूल्यांकन का तात्पर्य, किसी घटना, प्राप्तांक या परीक्षण परिणाम के परस्पर महत्त्व के निर्धारण तथा तुलना से है।'' (Evaluation refers to a comparison and determination of the relative importance of a phenomenon, score of test result.)*

इसी प्रकार ***Reber*** (1987) ने इसे इस प्रकार परिभाषित किया है, *''सामान्यतः मूल्यांकन का तात्पर्य किसी वस्तु के मूल्य या महत्त्व को निर्धारित करने की प्रक्रिया से है।'' (Evaluation, generally, is the determining of the value or worth of something.)*

Gronlund (1962) के अनुसार, *''मूल्यांकन में छात्र-व्यवहार को गुणात्मक एवं मात्रात्मक वर्णन तथा उस व्यवहार की वांछनीयता के सम्बन्ध में मूल्यात्मक निर्णय निहित होते हैं।'' (Evaluation includes both qualitative and quantitaive descriptions of pupil behaviour plus value judgments concerning the desirability of the behaviour.)*

मूल्यांकन प्रक्रिया का उपयोग शिक्षण एवं अधिगम के उद्देश्यों की प्राप्ति है। उदाहरणार्थ, एक विद्यार्थी 3 घण्टे में 5 प्रश्नों का उत्तर देता है तथा 100 में 40 अंक प्राप्त करता है यह मापन का उदाहरण है। लेकिन जब हम इस प्राप्तांक की तुलना कक्षा के समस्त विद्यार्थियों से करके इस विद्यार्थी को 'औसत' की श्रेणी में वर्गीकृत करते है तो यह मूल्यांकन कहा जायगा। कपड़े की दुकान से अपने शरीर की बनावट के अनुसार आवश्यक मात्रा में कपड़े खरीदना मापन पर निर्भर करना है जबकि खरीदते समय अपने व्यक्तित्व के अनुसार कपड़े के बारे में निर्णय लेना मूल्यांकन है। ***Badfield & Murdock*** (1957) ने मापन एवं मूल्यांकन में अन्तर स्पष्ट करते हुए कहा है, *''किस गोचर की स्थिति को यथासम्भव परिशुद्ध रीति से विशेषीकृत करने के लिए गोचर के विमाओं को प्रतीक निर्दिष्ट करने की प्रकिया को मापन कहते हैं जबकि मूल्यांकन प्रक्रिया में गोचर को उसके गुणों के आधार पर किसी सामाजिक, सांस्कृतिक अथवा वैज्ञानिक प्रतिपादन के सन्दर्भ में प्रतीक निर्दिष्ट किया जाता है।'' (Measurement is the process of assigning symbols to dimensions of phenomenon in order to characterize the status of a phenomenon as precisely as possible. Evaluation is the assignment of symbols to phenomenon in order to characterize the worth or value of a phenomenon usually with reference to some social, cultural of scientific standard.)*

इस प्रकार यह कहा जा सकता है कि:—

1. मापन मात्राकरण के लिए नियमों को उपलब्ध कराता है।
2. इसमें अमूर्तीकरण की आवश्यकता होती है।
3. माप का किसी गुण से सम्बन्धित होना आवश्यक है।
4. परिमाणात्मक कथन के लिए अंकों का प्रयोग होता है।
5. मापन के पूर्व गोचर की विशेषताओं के बारे में पूर्व अनुभव आवश्यक है। जबकि मूल्यांकन की निम्नलिखित विशेषताएँ बतायी जा सकती हैं:—
   (i) इससे शिक्षार्थियों को पुनर्बलित किया जा सकता है।
   (ii) इससे यह ज्ञात होता है कि किन उद्देश्यों की प्राप्ति हो सकी है तथा कहाँ तक।
   (iii) इससे अधिकतम उद्देश्यों की प्राप्ति के आधार पर शिक्षण विधियों एवं प्रतिनिधियों का मूल्यांकन होता है।

मापन का स्वरूप अथवा विशेषताएँ *(Nature of Characteristics of Measurement)*

(i) वैज्ञानिक मापन की प्रक्रिया सरल होती है।

(ii) मनोवैज्ञानिक मापन के द्वारा प्राप्त परिणाम के आधार पर पूर्वकथन किया जा सकता है।

(iii) मापन में किसी परिवर्त्य के गुणधर्म (attributes) का मात्राकरण किया जाता है।

(iv) मापन में वस्तुनिष्ठता पाई जाती है।

(v) इसमें विश्वसनीयता पाई जाती है।

(vi) मापन में वैधता का गुण भी पाया जाता है।

(vii) मापन में मितव्यता (economy) पाई जाती है क्योंकि मापन का स्वरूप वैज्ञानिक होने से समय, श्रम और धन कम खर्च होता है।

(viii) वैज्ञानिक मापन में त्रुटि प्रसरण (error variance) की सम्भावना कम रहती है जिससे प्राप्त परिणाम अधिक परिशुद्ध होता है।

(ix) वैज्ञानिक मापन में व्यवहारिकता पाई जाती है।

(x) मनोवैज्ञानिक मापन में जहाँ हम परिवर्त्यों का मात्राकरण करते हैं वहीं हम यह भी कह सकते हैं कि मात्राकरण में यथार्थता भी पाई जाती है।

(xi) मापन के लिए किसी मापनी का प्रयोग किया जाता है जैसे चिन्ता मापन के लिए चिन्ता मापनी, तथा समायोजन के मापन के लिए समायोजन प्रश्नावली का प्रयोग किया जाता है।

(xii) इसमें इकाइयों (units) का प्रयोग किया जाता है, जैसे भौतिक माप के रूप में मीटर-सेंटीमीटर, ग्राम-किलोग्राम आदि का प्रयोग किया जाता है वैसे ही मनोवैज्ञानिक मापन में टी प्राप्तांक अथवा जेड प्राप्तांकों का प्रयोग किया जाता है।

(xiii) मापन में प्राप्तांकों की व्याख्या के लिए मानक (Norms) उपलब्ध होते हैं जिसके आधार पर यह बताया जा सकता है कि किसी विशेष योग्यता के सन्दर्भ में व्यक्ति उच्च/औसत/निम्न, किस श्रेणी में आता है।

मापन की विधियाँ
(Methods of Measurement)

मापन के लिए प्रयुक्त की जाने वाली विधियों को तीन वर्गों में बाँटा जा सकता है—परीक्षण विधि (Test Method), निरीक्षण विधि (Observation Method), तथा मिश्रित विधि (Mixed Method)। परीक्षण विधि में कार्य एवं समय परिभाषित होता है तथा व्यक्ति सही अथवा गलत अनुक्रियाएँ प्रकट करता है। सही अनुक्रिया के लिए एक अंक तथा गलत अनुक्रिया के लिए शून्य अंक प्रदान किया जाता है। बौद्धिक योग्यता, उपलब्धि आदि के मापन के लिए परीक्षण विधि का प्रयोग किया जाता है। जबकि निरीक्षण विधि में स्वाभाविक परिस्थितियों में व्यक्तियों के व्यवहार का निरीक्षण किया जाता है। यह निरीक्षण स्वतः निरीक्षण (Self-observation) भी हो सकता है और अन्य व्यक्तियों के द्वारा भी व्यवहार का निरीक्षण (observation by others) कराया जा सकता है। निरीक्षण के दोनों प्रकार भी दो-दो प्रकार के हो सकते हैं—योजनाबद्ध निरीक्षण (Planned observation) एवं पूर्व प्रभावी निरीक्षण (Retrospective observation)। योजनाबद्ध निरीक्षण के लिए पहले से योजना तैयार कर ली जाती है और परिस्थिति विशेष में व्यक्ति विशेष के व्यवहार का निरीक्षण किया जाता है जबकि पूर्वप्रभावी निरीक्षण में पूर्व अनुभव द्वारा प्राप्त सूचनाओं के आधार पर व्यक्ति के व्यवहार का मूल्यांकन किया जाता है।

मापन की उपयोगिता
(Utility of Measurement)

1. मापन के द्वारा उचित शैक्षणिक निर्णय लिये जा सकते हैं।

2. मापन के द्वारा यह ज्ञात करने में सहायता मिलती है कि उद्देश्यों की प्राप्ति कहाँ तक सम्भव हो सकी है।

3. मापन के द्वारा व्यक्ति के विभिन्न अभिक्षमताओं (Aptitudes) का वर्तमान योग्यताओं और विशेषताओं का मापन होता है (Freeman 1962)। अभिक्षमता परीक्षण के द्वारा छात्रों को अध्ययन करने के लिए वैकल्पिक विषयों के चयन के लिए परामर्श दिया जा सकता है।

4. मापन के द्वारा उपलब्धि-स्तर के बारे में सूचना प्राप्त की जा सकती है। जिससे यह ज्ञात हो सकता है कि किस क्षेत्र/विषय में वह कमजोर है।

5. मनोवैज्ञानिक मापों के द्वारा छात्रों की रुचियों के बारे में ज्ञान प्राप्त किया जा सकता है और कार्य-विशेष में रुचि होने पर उसके विकास के लिए उपयुक्त अवसर एवं प्रोत्साहन प्रदान किया जा सकता है।

6. मनोवैज्ञानिक मापों के द्वारा छात्रों की मानसिक योग्यताओं तथा तार्किक योग्यता, भाषा विषयक योग्यता, समस्या समाधान योग्यता आदि का अलग-अलग मूल्यांकन किया जा सकता है।

7. मनोवैज्ञानिक मापों के द्वारा छात्रों के समायोजन स्तर सामाजिकता, संवेगात्मक, परिपक्वता आदि के बारे में ज्ञान प्राप्त करके उन्हें परामर्श दिया जा सकता है।

8. अभिवृत्ति मापनियों के द्वारा विभिन्न व्यवसायों, विषयों आदि के प्रति व्यक्ति के अभिवृत्ति का मापन किया जा सकता है। प्राप्त प्रदत्त के आधार पर सकारात्मक अभिवृत्तियों को विकसित किया जा सकता है।

9. विभिन्न प्रकार की समस्याओं के कारणों और निवारण का ज्ञान प्राप्त करने के लिए मनोवैज्ञानिक भावों का प्रयोग किया जाता है।

10. शिक्षा एवं मनोविज्ञान दोनों के ही क्षेत्रों में मापन प्रक्रिया का प्रयोग करके छात्रों के व्यवहार का पता ही नहीं लगाया जा सकता है, वरन् उसमें परिवर्तन भी लाया जा सकता है।

11. व्यक्तित्व लक्षणों का अध्ययन मनोवैज्ञानिक मापों के द्वारा करके छात्रों में संगठित व्यक्तित्व को विकसित कर सकते है ताकि वे समाज कल्याण एवं राष्ट्रोत्थान की ओर उन्मुख हो सके।

12. मापन का प्रयोग शैक्षणिक उद्देश्यों की पूर्ति के लिए किया जाता है, जैसे–निदान, भविष्यवाणी अनुसंधान, वर्गीकरण तथा प्रशासन।

13. व्यक्ति के व्यक्त (overt) और अव्यक्त (covert) व्यवहार का मापन किया जा सकता है।

14. मापन के द्वारा व्यक्ति के वर्तमान विशेषता के आधार पर उनके बारे में भविष्यवाणी की जा सकती है।

15. मापन के द्वारा गुणों के सन्दर्भ में वैयक्तिक भिन्नता का अध्ययन किया जा सकता है। यह गुण व्यक्ति के रुचि, मूल्य, व्यक्तित्व आदि कुछ भी हो सकते हैं। इस प्रकार वैयक्तिक भिन्नताओं के मापन के आधार पर तुलना (comparison) किया जा सकता है।

16. मापन के द्वारा शैक्षणिक निदान (educational diagnosis) किया जा सकता है और आवश्यकतानुसार व्यक्ति/छात्रों की कठिनाइयों को दूर किया जा सकता है।

17. छात्रों के प्रवेश, औद्योगिक संस्थानों, सेवा सरकारी नौकरियां आदि में (selection and classification) किया जा सकता है।

18. अनुसंधान (Research) कार्यों में प्रयोग किए जाने वाले स्वतंत्र एवं आश्रित परिवर्त्यों का मापन किया जा सकता है।

मनोविज्ञान में मापन की समस्याएँ
(Problems of Measurement in Psychology)

1. मनोवैज्ञानिक मापन सम्बन्धित समस्त परिवर्त्यों (स्वतन्त्र एवं आश्रित) पर पूर्ण नियन्त्रण नहीं स्थापित कर पाता है जिसका एक कारण मानव-प्रकृति की चंचलता है।

2. मनोवैज्ञानिक मापन में प्रत्यक्ष माप का प्रयोग सम्भव नहीं होता है जैसे—बौद्धिक योग्यता, व्यक्तित्व, मूल्य, रुचियाँ, अभिरुचियाँ, आदि का प्रत्यक्ष मापन खुली आँखों द्वारा या उपकरण के द्वारा सम्भव नहीं है वरन् इसके लिए मनोवैज्ञानिक परीक्षणों का अप्रत्यक्ष प्रयोग करके इनका मापन किया जाता है।

3. इसकी प्रमुख समस्या के रूप में परिशुद्ध सम्प्रेषण का अभाव (lack of exact communication) को भी लिया जा सकता है क्योंकि यह आवश्यक नहीं है कि किसी परीक्षण/मापनी में किसी पद (item) का जो अर्थ परीक्षण-निर्माता समझता है, वहीं अर्थ उत्तरदाता भी समझे।

4. मनोवैज्ञानिक मापन पूर्णतः यथार्थ (exact) नहीं होता है क्योंकि जहाँ मनोवैज्ञानिक मापन में वस्तुनिष्ठता कम होने से मापन की यथार्थता(exactness) में ह्रास पाया जाता है, वहीं यथार्थता में ह्रास के लिए मनोविज्ञान का विषय-वस्तु (subject matter) भी उत्तरदायी है क्योंकि मापक-विषय का स्वरूप ही ऐसा है जिसका परिशुद्ध मापन सम्भव नहीं है।

5. मनोवैज्ञानिक मापन में पूर्ण वस्तुनिष्ठता नहीं पाई जाती है क्योंकि यह पूर्णतः पक्षपातरहित नहीं हो सकता। वस्तुनिष्ठता में ह्रास पाये जाने के कारण के रूप में परीक्षण निर्माता तथा प्रशासनकर्ता के व्यक्तिगत पक्षपात को लिया जा सकता है।

6. इसकी विश्वसनीयता सीमित होती है क्योंकि दो विभिन्न अवसरों पर किसी परीक्षण के प्राप्तांकों में संगति ही पाई जाय, यह आवश्यक नहीं है।

7. विश्वसनीयता की भाँति परीक्षण/मापन की वैधता भी सीमित होती है क्योंकि परीक्षणों में निर्मित वैधता (Construct validity) विषय-वस्तु वैधता तथा भविष्य कथनीय वैधता की मात्रा अपेक्षाकृत कम पाई जाती है।

8. प्राकृतिक विज्ञानों में जितना परिशुद्ध पूर्वकथन सम्भव है, उतना परिशुद्ध पूर्व कथन मनोवैज्ञानिक मापनों में सम्भव नहीं है।

9. मापन में त्रुटियों की सम्भावना भी उस समय पाई जाती है जब चयन किया गया प्रतिदर्श अपने जनसंख्या का वास्तविक प्रतिनिधित्व नहीं करता।

10. मनोवैज्ञानिक मापन में निरपेक्ष मापन (absolute measurement) सम्भव नहीं है। इसमें सापेक्ष मापन (relative measurement) किया जाता है।

मापन के सामान्य सिद्धान्त
(General Principles of Measurement)

मापन का गणित से घनिष्ठ सम्बन्ध है। जब तक हम गणित की प्रकृति को नहीं समझेंगे मापन को नहीं समझ सकेंगे। किसी भी विज्ञान की वैज्ञानिकता उसमें प्रयुक्त गणितीय सूत्रों से है जो विज्ञान गणित का जितना ही उपयोग करेगा उसके वैज्ञानिकता का स्तर उतना ही उच्च होगा। मापन तथा गणित के सम्बन्धों का स्पष्टीकरण करने के लिए ***Campbell*** (1959) के इस विचारधारा को उद्धृत करना अनुपयुक्त न होगा कि, *''नियमों के अनुसार वस्तुओं तथा घटनाओं को संख्या के रूप में व्यक्त करना ही मापन है।''* (*Measurement is the assignment of numerals to objects or events according to rules.*) सामान्यतया विद्वानों ने इस परिभाषा के प्रति अपनी सहमति प्रकट की है। Guilford (1965) भी इस परिभाषा को स्वीकार करते हैं लेकिन इसमें कुछ सुधार प्रस्तावित करते हैं तथा शब्द संख्यांक (numerals) के स्थान पर अंक (numbers) शब्द के प्रयोग को अधिक उपयुक्त मानते हैं। इस सम्बन्ध में मतभेद है। कुछ लोग संख्यांक और प्रतीक को समान मानतें हैं। कुछ लोग संख्यांक (numerals) को कागज पर केवल कुछ खरोचें (scratches) ही मानते हैं तथा यह मान खरोचें ही होते हैं तथा एक-दूसरे से पूर्णतया भिन्न होते हैं। चूँकि मापन में अंकों का प्रयोग होता है तथा गणित अंकों का खेल ही है (*Mathematics in not itself a science in the empirical sense, but a formal logical and symbolic system–a game of signs and rules*—***Stevens S. S.,*** 1951: *Handbook of Experimental Psychology*), अतः मापन एवं गणित में घनिष्ठ सम्बन्ध है।

मानव जीवन में मापन के अवर्णनीय महत्त्व को नकारा नहीं जा सकता है। जीवन के हर क्षेत्र में हम किसी-न-किसी प्रकार मापन का उपयोग करते ही हैं। मापन के द्वारा मनोवैज्ञानिक और शिक्षाशास्त्री मानव व्यवहारों का मापन एवं मूल्यांकन करते हैं तथा उनके बारे में यथार्थपरक भविष्यवाणी भी करते हैं। मानव के व्यवहारपरक विशेषताओं के रूप में हम उनके अभिरुचियों, अभिवृत्तियों, योग्यताओं, कौशलों, उपलब्धियों एवं समस्त जैविक एवं मनोवैज्ञानिक शीलगुणों को ले सकते हैं जिनका मापन सम्भव है। इस उद्देश्य की पूर्ति के लिए हमें गणित में प्रयुक्त अंकों और प्रतीकों का प्रयोग करना होगा जो मापन एवं गणित के आंकिक सम्बन्धों की ओर संकेत करता है। अन्य विद्वानों की भाँति मनोविज्ञान में भी वैज्ञानिक चिन्तन के लिए गणित की तार्किक भाषा का प्रयोग करना होगा (*Bertand Russell*)। गणित में अनेक प्रकार की समस्याओं

का हल किया जाता है जो मापन से प्रत्यक्ष /अप्रत्यक्ष सम्बन्धों पर प्रकाश डालती हैं। गणित में अध्ययन की जाने वाली समस्याएँ निम्नलिखित हैः—

1. गणितीय प्रारूप (*Mathematical Model*)

प्रकृति के विवरण के लिए गणित हमें सुविधा प्रदत्त प्रतिरूप उपलब्ध कराता है। चूँकि गणित संकेतों और नियमों का एक खेल है जो अपने औपचारिक, तार्किक एवं सांकेतिक व्यवस्था के द्वारा प्रकृति का वास्तविक नहीं, वरन् आनुभविक वर्णन प्रस्तुत करता है। मानव-व्यवहार के वर्णन के लिए हम सामान्य प्रायकिता वक्र (Normal probability curve) का प्रयोग करते हैं, यह पूर्ण रूप से गणितीय वक्र है, जिससे जैविक तथा मनोवैज्ञानिक घटनाओं का वर्णन किया जाता है। ***Guilford*** के अनुसार, *''Indeed normal probability curve is a good example of the general function of mathematics to provide couaviant and fruitful model for the description of nature".*

2. अभ्युपगम एवं प्रमेय (*Postulates and Theorems*)

अभ्युपगम का तात्पर्य ऐसे कथनों से जो चिह्नों तथा उनके सम्बन्धों के बारे में बिना किसी प्रमाण के ही प्रस्तुत किये जाते हैं। इनके लिए किसी भी प्रकार की पुष्टि की आवश्यकता नहीं होती है तथा परिणाम किसी भी प्रकार प्रभावित नहीं होता। जैसे A+b = B+ A। इस प्रकार यह कहा जा सकता है कि किन्हीं भी दो वस्तुओं के किसी भी संयोजन (combination) का प्रयोग क्यों न किया जाय, क्रम से परिणाम अप्रभावित रहता है जबकि प्रमेय की उत्पत्ति तार्किक अनुमानों (logical deduction) से होती है। इसमें भी चिह्नों तथा संकेतों का प्रयोग किया जाता है। यदि तर्कों तथा अभ्युपगमों में अनुरूपता पाई जाती है, तो प्रमेयों के भी उपर्युक्त होने की सम्भावना अधिक होगी क्योंकि आधार स्वरूप प्रयोग किये गये अभ्युपगमों में उपयुक्त पाई जाती है। चाहे हम अभ्युपगम की बात करें, या प्रमेय की, इनमें तार्किक वास्तविकता ही पाई जाती है, आनुभाविक वास्तविकता नहीं।

3. समआकृतिता (*Isomorphism*)

प्रकृति का वितरण प्रस्तुत करने के लिए गणितीय प्रारूप का प्रयोग किया जाता है। चूँकि प्राकृतिक संरचना की विशेषताएँ गणितीय प्रारूपों में निहित तार्किक संरचना व्यवस्था के अनुरूप होती हैं, अतः दोनों के मध्य कुछ समानता पाई जाती है जिसे समआकृतिता की संज्ञा दी जाती है। परन्तु समआकृतिता सभी स्थानों पर समान नहीं होती है। कहीं पर इसकी मात्रा कम होती हैं तो कहीं अधिक। समआकृतिता के द्वारा अनुसंधानकर्ताओं को निष्कर्ष निकालने तथा पूर्वकथन करने में सहायता मिलती है।

जब हमें कोई ऐसा प्रदत्त उपलब्ध होता है जो प्रसामान्य वितरण की परिकल्पना अनुरूप है तो कोई वर्ग परीक्षण द्वारा उत्तम औचित्यता का परीक्षण (test of goodness of fit) का प्रयोग कर सकते हैं। इस प्रकार उत्तम औचित्यता के परीक्षण द्वारा संगति का परीक्षण किया जा सकता है। जब कोई वर्ग का मूल्य कम होगा, तो प्रदत्तों के लिए प्रसामान्य वक्र प्रतिरूप को स्वीकार किया जा सकता है। संगति होने पर प्रसामान्य वक्र की गणितीय विशेषताओं का उपयोग करते हैं और निष्कर्ष निकालते हैं तथा भविष्यवाणी करते हैं।

4. अंकों की प्रकृत्ति (*The Nature of Numbers*)

मानव का मुख्य आधार अंक ही है, समआकृतिता के सिद्धान्त के अनुसार मापन में अंकों का प्रयोग किया जा सकता है। लेकिन यह प्रयोग उन्हीं दशाओं में सम्भव है जब वस्तुओं तथा घटनाओं की विशेषताएँ अंकों की विशेषताओं के समान हो। मापन के उद्देश्य से

अंकों की तीन विशेषताएँ हैं—(i) पहचान (identity), (ii) कोटिक्रम (rank order), (iii) यौगिकता (additivity)। पहचान इस बात की ओर संकेत करता है कि अंकों में समानता पाई जाती है या भिन्नता। कोटिक्रम वस्तुओं के क्रमिक व्यवस्थापन की ओर संकेत करता है। जब यौगिकता से अभिप्राय अंकों के अनुप्रयोग से सम्बन्धित चारों प्रक्रियाओं—जोड़, घटाव, गुणा, भाग से है। यौगिकता की क्रिया से ऐसे परिणाम प्राप्त होते हैं। जिनमें आन्तरिक स्थिति पाई जाती है।

अब हम मापन के 9 अभ्युपगमों (postulates) को प्रस्तुत करेंगे जिनमें पहचान से सम्बन्धित 3 कोटिक्रम से सम्बन्धित 2 तथा यौगिकता से सम्बन्धित चार अभ्युपगम हैं।

1. पहचान से सम्बन्धित अभ्युपगम

(i) तथा $a = b$ तथा $a \neq b$

(अंकों में समानता या भिन्नता पाई जाती है)।

(ii) यदि $a = b$ तो $b = a$

(समानता का सम्बन्ध प्रदर्शित करता है, कथनों को चाहे जिस प्रकार कहा जाय)।

(iii) यदि $a = b$ तो $b = c$ तो $a = b$

(समरूप वस्तुओं में आपस में समानता पाई जाती है)

2. कोटिक्रम से सम्बन्धित अभ्युपगम

(iv) यदि $a > b$ तो $b > a$

(दोनों वस्तुओं का सम्बन्ध समान नहीं है अतः इनमें परस्पर परिवर्तन सम्भव नहीं है।

(v) यदि $a > b$ तथा $b > c$ तो $a > c$

(यहाँ कोटिक्रम वृत्ताकार है)

3. यौगिकता से सम्बन्धित अभ्युपगम

(vi) यदि $a = p$ तथा $b = 0$, तो $a + b > p$

(यहाँ जोड़ की सम्भावना की ओर संकेत करता है। यदि जोड़ने के लिए शून्य का प्रयोग कर दिया जाय तो अंकों में कोई अन्तर नहीं आता है।)

(vii) $a + b = b + a$

(क्रम में वस्तुओं के जोड़ने से अन्तर नहीं आयेगा)।

(viii) यदि $a = p$ तथा $b = q$ तो $a + b = p + q$

(एक समान वस्तुओं के जोड़ने से एक-दूसरे को स्थानापन्न किया जा सकता है)।

(ix) $(a + b + c = a + (b + c)$

(जोड़ में मिश्रण का क्रम कोई अन्तर नहीं रखता है)।

इस विवरणों से स्पष्ट होता है कि मापन में गणित की भूमिका अत्यन्त महत्त्वपूर्ण है। मापन तथा गणित दोनों के ही द्वारा मात्रांकन सम्भव है परन्तु मापन तथा गणित में स्पष्ट अन्तर है। मापन भौतिक जगत के उद्दीपक एवं व्यक्तियों के गुणों का मात्राकंन करता है जबकि गणित चिह्नों एवं संकेतों का प्रयोग करके अनुमान करता है।

मानसिक एवं भौतिक मापन
(Mental and Physcial Measurement)

मनोवैज्ञानिक मापन दो प्रकार के होते हैं--मानसिक एवं भौतिक। मानसिक मापन का सम्बन्ध बुद्धि अभिक्षता उपलब्धि-रुचि, आदि के मापन से है जबकि भौतिक मापन का सम्बन्ध वस्तुओं तथा पदार्थों के भौतिक गुणों यथा भार, लम्बाई, ऊँचाई आदि के मापन से है। मानसिक तथा भौतिक दोनों प्रकार के मापनों के कुछ निश्चित नियम होते हैं जिनके आधार पर अंक प्रदान किया जाता है। परन्तु इन दोनों मापनों में निम्नलिखित अन्तर भी पाये जाते हैं:—

1. मानसिक मापन का प्रारम्भ बुद्धि के मापन के लिए *Alfred Binet* के प्रयासों द्वारा हुआ जबकि भौतिक मापन का प्रारम्भ प्रयोगात्मक मनोविज्ञान के किये गये प्रयासों के परिणामस्वरूप हुआ।
2. प्रकृति के आधार पर इन दोनों मापनों में भिन्नता पाई जाती है क्योंकि मानसिक मापन की प्रकृति सापेक्षिक (relative) होती है जबकि भौतिक की प्रकृति निरपेक्ष (absolute) होती है।
3. मानसिक मापन में अनिश्चितता पाई जाती है जबकि भौतिक मापन निश्चित होता है।
4. भौतिक मापन में यद्देच्छ शून्य बिन्दु (arbitrary zero point) होता है किन्तु मानसिक मापन में शून्य बिन्दु नहीं होता, क्योंकि किसी बुद्धि परीक्षण पर शून्य अंक प्राप्त करने का कतई तात्पर्य यह नहीं है कि विद्यार्थी में बुद्धि शून्य है।
5. भौतिक मापनों की विवेचना मानसिक मापनों की अपेक्षा अधिक सरलता से की जा सकती है।
6. भौतिक मापनों में वस्तुनिष्ठता (objectivity) पाई जाती है जबकि मानसिक मापनों में आत्मनिष्ठता (subjectivity) पाई जाती है।
7. भौतिक मापन में सम्पूर्णता पाई जाती है जबकि मानसिक मापन वस्तु के किसी आंशिक गुण के मापन से ही सम्बन्धित है।
8. भौतिक मापन स्थिर तथा मानसिक मापन परिवर्तनीय होते हैं।

मापन के आवश्यक तत्त्व
(Essential Elements of Measurement)

चूँकि मनोवैज्ञानिक मापन का सम्बन्ध व्यक्ति के बौद्धिक योग्यता, अभिक्षमता, रुचि, उपलब्धि आदि के मापन से है इसलिए हम व्यक्ति के इन व्यवहारपरक विशेषताओं से सम्बन्धित किसी भी क्षेत्र में मापन का कार्य कर सकते हैं। परन्तु हम व्यक्ति की उन्हीं विशेषताओं को मापन के लिए चयन करते हैं जिनका सम्बन्ध वर्तमान से होता है। व्यक्ति के किन्हीं भी विशेषताओं के मापन के लिए हम निम्नलिखित तीन सोपानों का प्रयोग करते हैं:—

1. गुण को पहचाना एवं परिभाषित करना *(Identifying and defining the attribute)*—मापन का कार्य प्रारम्भ करने से पूर्व सर्वप्रथम उसके गुणों की पहचान करना तथा उन्हें परिभाषित करना नितान्त आवश्यक है क्योंकि हम व्यक्ति के समस्त गुणों का नहीं, वरन् कुछ विशेष गुणों का ही मापन कर सकते हैं। इसलिए सर्वप्रथम हमें गुण की पहचान करनी चाहिए तत्पश्चात् उसे परिभाषित करना चाहिए। जैसे सबसे पहले हमें यह तय करना होगा कि हम व्यक्ति की बुद्धि का मापन करना चाहते हैं। तत्पश्चात् बुद्धि की क्या विशेषताएँ हैं, उनका वर्णन करना होगा। बुद्धि से सम्बन्धित प्रासंगिक तथा अप्रासंगिक तत्त्वों का वर्णन करना होगा।

2. गुणों की अभिव्यक्ति करने वाले संक्रिया-विन्यासों को निर्धारित करना (*Determining set of operations by which attributes may be expressed*) —मापन किये जाने वाले गुणों को निर्धारित एवं परिभाषित करने के पश्चात् उन संक्रियाओं का निर्धारण किया जाता है जिससे गुण विशेष का मापन किया जाता है। चूँकि मापन किये जाने वाले गुण की परिभाषा तथा उनके मापन के लिए प्रयोग की जाने वाली क्रियाओं में अन्तः क्रियात्मक सम्बन्ध पाया जाता है। मापन की प्रक्रिया के पक्ष में उन संक्रियाओं का वर्णन किया जाता है जिससे मापन किये जाने वाले गुणों की अभिव्यक्ति की जा सके। इस प्रकार मापन के लिए संक्रियाओं की उपयुक्तता एवं प्रासंगिकता का निर्धारित करना आवश्यक होता है। ये संक्रियाएँ अप्रत्यक्ष होती हैं।

3. गुणों को मात्रात्मक रूप में व्यक्त करना (*To express the trait quantitatively*) —मापन के इस चरण में मापनकर्ता गुणों के सन्दर्भ में मात्रात्मक निष्कर्ष प्राप्त करता है। इससे हमें यह सूचना प्राप्त होती है कि व्यक्ति में गुण विशेष की कितनी मात्रा पाई जाती है अर्थात् गुणों को मात्रांकित इकाइयों के रूप में प्रस्तुत किया जाता है।

मापन के कार्य
(Functions of Measurement)

मापन के निम्नलिखित कार्य हैः—

1. पूर्वकथन करना
2. तुलना करना
3. सामान्य एवं विशिष्ट कठिनाइयों का निदान करना।
4. चुनाव एवं वर्गीकरण करना।
5. अनुसंधान कार्य करना।

मापन की सीमाएँ
(Limitations of Measurement)

1. मापन व्यक्ति के गुण विशेष के बारे में केवल सूचनाएँ प्रदान करता है, निर्णय नहीं।
2. मापन की प्रक्रिया जटिल होती हैं।
3. मापन के लिए विश्वसनीय एवं वैध परीक्षण आवश्यक होते हैं।
4. इसका क्षेत्र संकुचित होता है।
5. व्यक्ति के कुछ पहलुओं का ही मापन एक समय में हो पाता है।

मनोवैज्ञानिक मापन के स्तर
(Levels of Psychological Measurement)

वर्तमान मनोवैज्ञानिकों ने मनोवैज्ञानिक समस्याओं में प्रयुक्त परिवर्त्यों के अध्ययन में काफी उत्साह दिखाया है और इस दिशा में बड़ी लगन से कार्य किया है। जब भी अनुसंधानकर्ता किसी परिवर्त्य को अध्ययन करना चाहता है तो इसके लिए यह आवश्यक है कि वह परिवर्त्य का मापन परिमाणात्मक रूप से करें। वैज्ञानिकों, गणितज्ञों, दार्शनिकों आदि सभी ने यह परामर्श दिया है कि किसी समस्या के अध्ययन में परिमाणात्मक मापन के आधार पर ही परिशुद्ध जाँच की जा सकती है। यह मापन कई प्रकार का होता है जिसे परिशुद्ध के विभिन्न अंशों तक ले जाया जा सकता है। जब किसी व्यक्ति या उद्देश्य को गुण या लक्षण के सन्दर्भ में क्रम सूचक में कोटिबद्ध या व्यवस्थित किया जाता है तो इसके लिए सरलतम मापनों की आवश्यकता होती

है। इस कार्य में परिणामों की विशेषताओं के अनुसार अंक दिया जाता है। मापन के सिद्धान्त का मनोविज्ञान में विशिष्ट स्थान है क्योंकि इनके बहुत से परिवर्त्यों का महत्त्वपूर्ण मापन व्यवहारिक पद्धतियों (customary ways) में प्राकृतिक विज्ञानों (natural sciences) के द्वारा नहीं सम्भव है। ***Gleitman*** (1983) के अनुसार, *''(Scaling is a procedure for assigning numbers to a subject's response.)*। ***Bruno*** (1980) ने मापनी को परिभाषित करते हुए अपना मत इस प्रकार प्रकट किया है, *''उद्दीपकों, घटनाओं अथवा व्यवहार के विमाओं के लिए वर्गों, स्तरों या मात्राओं के निर्धारण करने को मापनी कहा जाता है।'' (Scaling is a system of assigning classes, gradations or magnitudes to dimensions of stimuli, events or behaviour.)*

इस प्रकार हम कह सकते हैं कि लक्षणों को क्रम में कोटिबद्ध या व्यवस्थित करने के लिए मापन के चार स्तरों का प्रयोग कर सकते हैं। जिसका स्पष्ट वर्णन स्टीवेन्स (*Stevens*, 1946, 1951) ने किया है। निम्न से उच्च सीमा-स्तर के लिए चार मापनियों का प्रयोग किया जाता है- नाम वाचक मापनी (Nominal scale), कोटि सूचक मापनी (Ordinal scale), अन्तराल मापनी (Interval scale) तथा समानुपातिक मापनी (Ratio scale)। इन मापनियों की विभिन्न मान्यताएँ हैं। उच्चस्तरीय माप की बहुत-सी प्रतिबंधित मूल्य (restrictive values) हैं, जिनमें बहुत-से मूल अभ्युपगम (basic postulates) का प्रयोग किया जाता है। इसके अतिरिक्त इन मापनियों में जिन अंकों का प्रयोग होता है उनके लिए विभिन्न सांख्यिकीय विधियों का प्रयोग किया जाता है। जिस मापनी का स्तर जितना ही ऊँचा होगा उसका व्यवहारिक मूल्य उतना ही अधिक होगा।

1. नामवाचक मापनी *(Nominal Scale)*

केवल नामवाचक मापनी को गुणात्मक परिवर्त्यों के मापन के लिए प्रयोग किया जा सकता है। यह मापनी चारों मापनियों में प्राचीन (primitive) है। नामवाचक मापनी की विशेषताएँ बहुत सरल हैं। ***Bruno*** (1980) के अनुसार, *''नामवाचक मापनी मापन का वह प्रकार है जिसमें उद्दीपकों, घटनाओं अथवा व्यवहार को किसी आधार पर वर्गों में वर्गीकृत किया जाता है।'' (Nominal scale is a scale of measurement in which stimuli events or behaviour are assigned to classes.)*

गुणात्मक परिवर्त्य के प्रत्येक वर्ग के लिए प्रयोज्य को भिन्न-भिन्न अंक प्रदान करने होते हैं। इस प्रकार किसी वर्ग या कक्षा के स्तर को प्रकट करने के लिए केवल अंकों का प्रयोग करते हैं, वर्ग की इकाइयों को किसी विशेष गुणों में समान समझा जाता है। इनकों संकेत करने के लिए समूह 1 या समूह 2 कहा जाता है। इन समूहों के अंकों में परिवर्तन होने से प्राप्त परिणाम में संगति रहती है। इस मापनी में केवल इसी नियम को ध्यान में रखना होता है कि न तो एक ही अंक का प्रयोग दो वर्गों के लिए किया जाय, और न समान गुणों एवं समान स्तरों वाली इकाइयों को दो वर्गों में रखा जाय। जितने भी व्यक्ति समान गुण वाले होते हैं उन्हें एक ही वर्ग में रखा जाय। इस प्रकार यह स्पष्ट हो जाता है कि नामवाचक मापनी प्राचीन प्रकार का मापन है जिसका कार्य केवल समानता का निर्धारण है। *Stevens* (1951) तथा उनके अनुयायी Von *Neumann* और *Morgenslem* (1917) ने अपने मापन प्रकार में नामवाचक मापनी का प्रयोग किया है। लेकिन Trogerson (1950) ने अपने मापन विश्लेषण में नामवाचक मापनी की उपेक्षा इस आधार पर की है कि नामवाचक मापनी के विकास के लिए अंक आवश्यक पात्र (utensil) नहीं है, इसलिए यह मापनी अनुपयुक्त है।

जब गुणात्मक वर्गों में किसी परिवर्त्य का मापन किया जाता है तो उसके विश्लेषण के

लिए सांख्यिकीय विधियों का प्रयोग किया जाता है। आवृत्ति प्राप्त करने के लिए प्रत्येक वर्ग में आई हुई इकाइयों की गणना कर ली जाती है। यदि हमें यह मालूम करना है कि कौन-सा वर्ग अधिक लोकप्रिय है तो यह वर्ग वितरण का बहुलांक होगा। *Guilford* (1950) के अनुसार रूप विषयक वर्ग स्पष्टार्थ पूर्व कथन (modal class categorical predictions) के उद्देश्य से लाभदायक है। इस प्रकार वर्गात्मक प्रदत्त के लिए आवृत्ति, बहुलांक, सूचना माप (informations measure) तथा सम्भावना सम्बन्ध (contingency correlation) का प्रयोग कर सकते हैं।

2. कोटिसूचक मापनियाँ *(Ordinal Scales)*

किसी मनोवैज्ञानिक विशेषता या व्यवहार की मात्रा को जब कोटियों में सूचित करना होता है तो कोटिसूचक मापनियों का प्रयोग किया जाता है। ***Bruno*** (1980) के अनुसार, *''कोटिसूचक मापनी वह मापनी है जिसमें उद्दीपकों, घटनाओं अथवा व्यवहारों को किसी विमा या विशेषता के आधार पर श्रेणीकरण किया जाता है।'' (Ordinal scale is a scale of measurement in which stimuli events or behaviours are ranked according to some dimension or attribute of interest)*। वैसे परिमाणात्मक परिवर्त्यों का मापन तीन प्रकार की मापनियों कोटिसूचक मापनी, समान्तराली मापनी तथा समानुपातिक मापनी के द्वारा किया जाता है। इन तीनों मापनियों में कोटिसूचक मापनी सबसे अधिक दोषपूर्ण है क्योंकि कोटिसूचक मापनी के द्वारा केवल यही मालूम किया जाता है—कक्षा में अमुक छात्र पढ़ाई में प्रथम, अमुक द्वितीय तथा अमुक तृतीय हैं। ऐसे कार्यों की परिणात्मक सूचना इस प्रकार दी जा सकती है:—

$$अ > ब > स > द$$

इस उद्देश्य के लिए कोटि-सूचक अंकों का भी उपयोग किया जाता है। जैसे—1-2-3 कोटिसूचक मापनी के द्वारा अधिक या कम का विभेदन किया जा सकता है। जिन सांख्यिकीय विधियों का प्रयोग नामवाचक मापनियों के लिए किया जाता है, उन्हीं आवृत्तियों, बहुलांकों, सम्भाव्यता, सह-सम्बन्ध गुणांकों का प्रयोग कोटिसूचक मापनियों के लिए भी किया जाता है लेकिन कोटि के नियमों का प्रयोग होने के कारण इस मापनी के लिए कुछ और सांख्यिकीय विधियों का प्रयोग किया जाता है, जैसे मध्यांक, शतांश तथा अनुपस्थित क्रम सह-सम्बन्ध गुणांक। कोटिसूचक मापनी के अन्तर्गत अनेक विधियाँ आती हैं जिनमें से प्रमुख विधियाँ निम्नलिखित हैं:—

(i) युग्मित तुलना विधि *(Paired Comparison Method)*—सर्वप्रथम इस विधि का प्रयोग Cone ने 1984 में किया। लेकिन इसका विस्तृत प्रयोग तथा विकास Thustone (1927) ने किया। युग्मित तुलना विधि में उत्तेजनाओं को एक साथ प्रस्तुत किया जाता है। एक जोड़े उद्दीपक की तुलना के पश्चात् दूसरा जोड़ा प्रस्तुत किया जाता है। जोड़ों में प्रस्तुत की जाने वाली उत्तेजनाओं का स्वभाव एक ही होता है। इस प्रकार जितने भी उद्दीपक होते हैं उनसे बनने वाले सभी समान जोड़ों की संख्या निम्नलिखित सूत्र के द्वारा ज्ञात की जाती है:—

$$\frac{n(n-1)}{2}$$

इस विधि में सभी उत्तेजकों की तुलना सभी उत्तेजकों से दो-दो के जोड़े में की जाती है और जोड़ों के अनुक्रम (sequence) को पूर्व निर्धारित कर लिया जाता है। जब सभी उद्दीपकों की तुलना कर ली जाती है तो उनसे कई निर्णय लब्धियाँ प्राप्त होती हैं जिन्हें C-score कहते

हैं। इनका अलग-अलग मध्यमान निकालकर अनुपात-लब्धि और जेड-लब्धि में परिवर्तित कर लिया जाता है। मध्यमान निकालने के लिए उद्दीपक की लब्धियों का योग प्राप्त कर (N–1) से विभाजित कर दिया जाता है।

युग्मित तुलना विधि का प्रयोग उन सभी प्रयोगात्मक दशाओं में किया जाता है जहाँ उत्तेजना को जोड़ों में या एक साथ प्रस्तुत किया जाता है या एक-एक करके। इसका प्रयोग प्रधानतः भावात्मक मूल्यों तथा सौन्दर्यात्मक मूल्यों के निर्धारण में किया जाता है। इसके अतिरिक्त अधिगम प्रदत्त पर भी इसका प्रयोग किया जाता है।

(ii) अनुपस्थिति क्रम विधि *(Rank Order Method)*—इस विधि को कोटि निर्धारण विधि (Determination of order method) भी कहते हैं। यह विधि बहुत ही लोकप्रिय है जिसका मनोमिति विधियों (Psychometric method) में बहुत व्यवहारिक प्रयोग होता है। इस विधि में जिस भी उद्दीपक विमा से सम्बन्धित उद्दीपकों को एक-दूसरे उद्दीपक के सन्दर्भ में प्रयोज्य कोटि प्रदान करता है और प्रयोगकर्ता प्रयोज्य के विभेदन सूचना को प्राप्त करता है। इस विधि में जितने भी उद्दीपक होते हैं प्रयोज्य उन्हें उतने ही कोटियों में रखता है और प्रत्येक उद्दीपक के लिए एक कोटि प्रदान करता है। यह उद्दीपक भार, वैज्ञानिकों के नाम, कलात्मक अभिकल्प आदि कुछ भी हो सकते हैं। अनुपस्थिति क्रम विधि, युग्मित तुलना विधि और क्रमिक वर्ग विधि के समान है क्योंकि इस विधि में युग्मित तुलना विधि की तरह उद्दीपकों की तुलना उद्दीपक विमा के समस्त उद्दीपकों से की जाती है। युग्मित तुलना विधि में केवल दो उद्दीपकों को जोड़ों में प्रस्तुत किया जाता है जबकि इस विधि में सभी उद्दीपक एक साथ प्रयोज्य के सम्मुख प्रस्तुत किये जाते हैं। कोटि निर्धारण विधि में सहायक विमा के उद्दीपकों को केवल कोटि (ranks) ही प्रदान करना होता है जबकि क्रमिक वर्ग विधि में आन्तरिक सम्बद्धता का भी ध्यान रखना होता है।

(iii) उद्दीपक मूल्यांकन विधि *(Stimulus Rating Method)*—उन मनोवैज्ञानिक अपने विधियों में, जो मानव निर्णय पर आधारित होती है, उद्दीपक मूल्यांकन विधियों का अधिक महत्त्व और प्रचलन है। यद्यपि तार्किक रूप से उद्दीपक मूल्यांकन विधि क्रमिक वर्गों की विधि के झण्डे तले आती है। इस विधि, का प्रयोग Galton (1863) ने पहली बार किया। Guilford (1954) ने उद्दीपक मूल्यांकन विधि से निर्मित मापनियों के अनेक रूप बताये हैं—

(i) आंकिक (numerical), (ii) चित्रपरक (graphic), (iii) प्रामाणिक (standard), (iv) संचित बिन्दु (cumulative points), (v) बाधित विकल्प (forced choice)।

आंकिक मापनियों में प्रयोज्य प्रत्येक उद्दीपक के सामने पूर्व निर्धारित अंक लिखता है। चित्रपरक मापनी में उद्दीपक मूल्यांकन के लिए दिये हुए कथन के समक्ष विभिन्न मतों में से किसी एक पर सही का निशान लगाना होता है। प्रामाणिक मापन में मापनीय विशेषता के कुछ परख दिये जाते हैं और प्रयोज्य उन पर सही का निशान लगाता है। धनात्मक विशेषताओं के लिए +1 तथा निषेधात्मक विशेषणों के लिए –1 का अंक देकर योग ज्ञात कर लिया जाता है। इस विधि के समर्थन के लिए दो और विधियाँ हैं जिन्हें हम Man-to-Man Scale तथा Portrait Matching Scale कहते हैं। बाधित विकल्प का विकास शीघ्र ही व्यक्तिगत मूल्यांकनों के लिए हुआ है। इस विधि में प्रयोज्य को प्रत्येक प्रयास पर दो तीन विकल्प देकर यह ज्ञात करने का प्रयास किया जाता है कि मापनीय इकाई में एक विकल्प की मात्रा अधिक है या दूसरे की।

(iv) क्रमिक वर्गों की विधि *(Method of Successive Categories)*—इस विधि को क्रमिक अन्तराल की विधि (Method of successive intervals) भी कहते हैं। निर्णय प्राप्त करने के लिए प्रयोगात्मक प्रक्रियाओं के दृष्टिकोण से यह विधि सामान्य है। इस विधि में प्रयोज्य को किसी उद्दीपक विमा के आधार पर मात्रात्मक रूप से भिन्न विविध वर्गों में ही दिये गये उद्दीपकों को क्रमशः विभक्त करना है। वर्गों के मनोवैज्ञानिक समानता के बारे में किसी अभिकल्पना की रचना नहीं करनी होती है और यह मान लिया जाता है कि वर्ग शुद्ध योग्यता क्रम है, मापनी में 5, 7, 9 वर्गों को सम्मिलित किया जाता है। यह प्रयोगकर्ता के चुनाव पर निर्भर करता है।

3. अन्तराल मापनियाँ *(Interval Scales)*

अन्तराल मापनियों को समान इकाई मापनी (Single unit scales) भी कहते हैं। ये मापनियाँ अधिक परिशुद्ध मापन करती हैं। ***Bruno*** (1980) के अनुसार, *''अन्तराल मापनी वह मापनी है जिसमें विभिन्न मूल्यों के बीच समान मध्यान्तर पाया जाता है।'' (Interval scale is a scale of measurement characterized by equal distance between its values.)* कोटि सूचक मापनियों में हमें उद्दीपक विमाओं का केवल योग्यता क्रम ही ज्ञात होता है जबकि समानान्तराली मापनियों के द्वारा उद्दीपक विमाओं के बीच विद्यमान अन्तराल की मात्रा भी ज्ञात हो जाती है। जैसे, अ—ब = ब—स = स—द या अ—ब = ब—स या अब + बस = अस। इस मापनी के द्वारा इकाइयों में विद्यमान अन्तर या समानता का मापन किया जाता है। तब हमें यह देना होगा कि समान्तराली मापनियों के लिए किन सांख्यिकीय प्रक्रियाओं का प्रयोग किया जाएगा। इस मापनी से प्राप्त प्रदत्त पर सभी सामान्य सांख्यिकीय प्रक्रियाओं का प्रयोग किया जा सकता है। लेकिन मुख्य यह है कि-मध्यमान, प्रामाणिक विचलन, प्रोडक्ट मोमेंट सह-सम्बन्ध। ***गिलफोर्ड*** (1951) ने समानुपातिक और अन्तराली निर्णयों के आधार पर इसकी निम्नलिखित विधियाँ बताई हैं:—

(i) समान संवेदनान्तर विधि *(Method of Equal Sense Distance)*—इस विधि में प्रयोज्य को बिन्दु का निर्णय देना होता है जहाँ मनोवैज्ञानिक सातत्य (Psychological continum) दो भागों में विभाजित होता है। इसलिए इस विधि को द्विखंडन विधि (Bisection Method) भी कहते हैं। इस विधि में जब प्रयोज्यों को यह निर्देश दिया जाता है कि वे प्रामाणिक उद्दीपक को दो भागों में विभाजित न करें वरन् तीन, चार या पाँच भागों में विभाजित करें तो इस विधि को प्रभाजन विधि (Method of Fractionation) कहते हैं।

(ii) समभाषी अन्तरालों की विधि *(Method of Equal Appearing intervals)*—इस विधि में प्रयोज्यों के सम्मुख सभी उद्दीपक प्रस्तुत किये जाते हैं और प्रयोज्य को उन उद्दीपकों का मूल्यांकन करना होता है। मूल्यांकन करने के लिए प्रयोज्य प्रयोगकर्ता द्वारा बताये गये वर्गों में उन सभी उद्दीपकों को विभाजित कर देते हैं। इस विधि को सरलतापूर्वक तब ही किया जा सकता है जब प्रयोज्य के द्वारा उद्दीपकों का प्रहस्तलन (manipulation) किया जा सके। इस विधि में जो वर्ग दिये जाते हैं वह किन्हीं भी वर्गों के बीच की दूरी के बराबर होते हैं। इसका हस्तलेख, चित्रकारी आदि के मापन में किया जाता है।

(iii) प्रभाजन विधि *(Method of Fractionation)*—इस विधि की प्रधान विशेषता यह है कि प्रयोज्य को बहुत-से उद्दीपकों में से एक तुलनीय उद्दीपक का चुनाव करना होता है। यह तुलनीय उद्दीपक प्रामाणिक उद्दीपक का कोई भी निश्चित अंश (आधा, तिहाई, चौथाई) होना चाहिए। इस विधि में अनेक दोष हैं। उद्दीपक विमा की प्रकृति इस प्रकार की होनी चाहिए

मनोवैज्ञानिक मापनियों की विशेषताओं का सारांश

मापनी	परिभाषित सम्बन्ध	आयाम (Magintude)	समान अन्तराल	निरपेक्ष शून्य बिन्दु (Absolute)	सांख्यिकी उदाहरण	उपयुक्त सांख्यिकी परीक्षण	उदाहरण
नामवाचक (Nominal)	समतुल्यता	अनुपस्थित	अनुपस्थित	अनुपस्थित	बहुलांक आवृत्ति गणक सम्भाव्यता गुणक (c)	अप्राचल	व्यक्तियों के नाम, कक्षाओं के नाम, रोग या व्यक्तित्व या संस्कृति आधार पर व्यक्तियों का वर्गीकरण
कोटिसूचक (Ordinal)	1 समतुल्यता 2 उससे अधिक	उपस्थित	अनुपस्थित	अनुपस्थित	मध्यांक शतांशीय मान स्पीयरमैन सह-सम्बन्ध केन्डाल विधि	अप्राचल	किसी विशेषता तथा सुन्दरता, ईमानदारी, पढ़ाई के आधार पर दिया क्रम।
अन्तराल (Interval)	1 समतुल्यता 2 उससे अधिक 3 दो अन्तरालों के बीच ज्ञात समानुपात	उपस्थित	अनुपस्थित	अनुपस्थित	मध्यमान, प्रामाणिक विचलन, पियर्सन सह-सम्बन्ध, टी॰ परीक्षण, एफ॰ परीक्षण	अप्राचल तथा प्राचल	व्यक्तित्व परीक्षण या बुद्धि परीक्षण पर प्राप्त प्राप्तांक।
समानुपातिक (Ratio)	1 समतुल्यता 2 उससे अधिक 3 दो अन्तरालों के बीच ज्ञात समानुपात 4 दो मापनियों के बीच ज्ञात समानुपात	उपस्थित	उपस्थित	उपस्थित	सभी परीक्षण उपयुक्त अन्तराल मापनी के सभी परीक्षण, ज्यामितिय मध्यमान, विचलन का गुणक	अप्राचल तथा प्राचल	समस्त भौतिक माप तथा भार, ऊँचाई इत्यादि कक्षा में विद्यार्थियों की संख्या, पुस्तकालय में पुस्तकों की संख्या

कि प्रामाणिक उद्दीपक और तुलनीय उद्दीपक की तुलना और मूल्यांकन की जा सके। उद्दीपकों की संख्या छोटी होनी चाहिए ताकि प्रयोज्य अच्छी तरह से तुलना कर सके।

(iv) बहुत उद्दीपकों की विधि *(Method of Multiple Stimuli)*—इस विधि की प्रमुख विशेषता यह है कि प्रयोज्य को प्रस्तुत किये गये उद्दीपकों में से ऐसे तुलनीय उद्दीपक का चुनाव करना होता है जो मानक उद्दीपक का निश्चित गुणनफल हो जैसे—दुगुना, तिगुना। यह विधि प्रभाजन विधि के बिलकुल विपरीत है।

4. समनुपातिक मापनी *(Ratio Scale)*

Bruno (1980) के अनुसार, *''मापनी के उस प्रकार को अन्तराल मापनी की संज्ञा दी जाती है जिसमें वास्तविक शून्य की विशेषता पाई जाती है। अन्तराल मापनी की भाँति अनुपात मापनी में भी विभिन्न मूल्यों के बीच समान दूरी पाई जाती है।'' (Ratio scale is a scale of measurement characterized by the possession of a true zero. Like the interval scale, the ratio scale has equal distances between its values.)* यह सभी मापनियों में श्रेष्ठ है। यह मापनी सर्वश्रेष्ठ इस दृष्टिकोण से है कि इसमें सभी मापनियों—नामवाचक मापनी, कोटि सूचक मापनी तथा समान्तराली मापनी के गुण पाये जाते हैं। इस विधि में हम समानुपात को बनाये रख सकते हैं। जैसे-अ ब का दूना है। उनकी इकाइयों का प्रारम्भ शून्य बिन्दु से होता है। शून्य के आगे समान इकाइयों को अंकित किया जाता है, और समानुपात का निर्धारण किया जाता है। बाहुल्य (numerousness) का मापन समानुपातिक मापनियों के द्वारा होता है तथा इनसे प्राप्त आँकड़ों पर ज्यामिति मध्यमान (geometric mean), हरात्मक मध्यमान (harmonic mean) प्रतिशत भेद (percent variation) आदि सांख्यिकीय विधियों का प्रयोग किया जाता है।

उपर्युक्त चारों मापनियों की प्रमुख विशेषताओं को संक्षिप्त में हम इस प्रकार भी प्रस्तुत कर सकते हैं:—

मनोवैज्ञानिक मापनियों की विशेषताओं का सारांश

मापनियाँ (Scales)

विशेषताएँ (Properties)	नामवाचक (Nominal)	कोटिसूचक (Cordinal)	अन्तराल (Interval)	समानुपातिक (Ratio)
वर्गीकरण (Classification)	×	×	×	×
क्रम (order)		×	×	×
समान इकाइयाँ (equal units)			×	×
वास्तविक शून्य (absolute zero)				×

❑

अध्याय 37

मनोभौतिकी-समस्याएँ एवं विधियाँ
(PSYCHOPHYSICS–PROBLEMS AND METHODS)

फेकनर के अनुसार, *"मनोभौतिकी, मन तथा शरीर के बीच निर्भरता के प्रकार्यात्मक सम्बन्धों का विज्ञान है।" (Psychophysics is an exact science of functional relations of dependency between mind and body.)*

अभिप्राय यह है कि मन और शरीर किस मात्रा में एक-दूसरे पर निर्भर है? यही ज्ञात करना इसका मुख्य उद्देश्य है।

स्टीवेन्स (Stevens) के अनुसार, *"मनोभौतिकी वह विज्ञान है जिसमें भौतिक और मानसिक घटनाओं में एक निश्चित भावात्मक सम्बन्ध निर्धारित करने का प्रयास किया जाता है।" (Psychophysic atleast as it was conceived by its creator, is the exact science of the functional relations between mind and body.)*

इंगलिश तथा ***इंगलिश*** (*English* and *English*) के अनुसार, *"मनोभौतिकी उद्दीपक के भौतिक गुणों और सम्वेदना के परिमाणात्मक गुणों के सम्बन्धों का अध्ययन है।" (Psychophysics, is the study of relation between the physical attributes of the stimulus and the quantitative attributes of sensation.)*

जेम्स ड्रेवर (*James Drever*) ने मनोभौतिकी की परिभाषा, प्रायोगिक मनोविज्ञान की *"उस शाखा के रूप में दी है जो भौतिक उद्दीपकों तथा संवेदी घटनाओं के बीच प्रकार्यात्मक तथा मात्रात्मक सम्बन्धों का अन्वेषण करती है।" (Psychophysics is that branch of experimental psychology which investigates the functional and quantitative relations between physical stimuli and sensory events.)*

उपर्युक्त सभी परिभाषाएँ मन तथा शरीर अथवा अनुक्रिया—उद्दीपक या मानसिक एवं शारीरिक क्रियाओं के बीच प्रकार्यात्मक एवं मात्रात्मक सम्बन्धों के अध्ययन पर बल देती हैं। यह एक ऐसा विज्ञान है जो भौतिक घटनाओं तथा उनसे सम्बद्ध मनोवैज्ञानिक क्रियाओं में मात्रात्मक सम्बन्ध स्थापित करने का प्रयास करता है। इस तथ्य को और व्यापक रूप देने के उद्देश्य से हम कह सकते हैं कि मनोभौतिकी में उद्दीपक और अनुक्रिया के बीच मात्रात्मक सम्बन्धों के अलावा उस सम्बन्ध का अन्वेषण ऐसे कारकों के प्रसंग में करते है जो उस सम्बन्ध को निर्धारित एवं निश्चित करते है। उद्दीपक—अनुक्रिया के मात्रात्मक सम्बन्धों के विषय में अनेक प्रश्न उठाए गए हैं। इन प्रश्नों के सामूहिक रूप को ही मनोभौतिकी समस्याएँ कहा जाता है।

मनोभौतिकी की समस्याएँ
(Problems of Psychophysics)

मनोभौतिकी की समस्याओं का संकेत इसकी परिभाषाओं में निहित है कि भौतिक तथा मानसिक घटनाओं के निश्चित सम्बन्धों को जानना इसकी प्रमुख समस्या है। संवेदनाओं के

मापन की समस्याएँ (तीव्रता, सत्ताकाल तथा व्याप्ति) दो वर्गों में विभक्त की जाती हैं—देहली की समस्याएँ (problems of threshold) तथा आभासी समानता की दशाएँ (Conditions of apparent equality) देहली की समस्याएँ भी दो प्रकार की होती हैं—उद्दीपक देहली और भिन्नता देहली, जिनकी चर्चा यहाँ की जाएगी।

1. उद्दीपक देहली (*Stimulus Threshold*)

कोई व्यवहार अथवा अनुक्रिया किसी उद्दीपक या किसी ज्ञानेन्द्रिय द्वारा ग्रहण की गई भौतिक ऊर्जा परिवर्तन के चलते होती है। यह सर्वविदित है कि अनुक्रिया उद्दीपक के बिना नहीं हो सकती। अतः किसी अनुक्रिया के घटित होने के लिए उद्दीपक अथवा भौतिक ऊर्जा में परिवर्तन की कोई न्यूनतम मात्रा का होना अनिवार्य है। यदि ऊर्जा परिवर्तन की मात्रा दी हुई न्यूनतम मात्रा से भी कम होगी तो अनुक्रिया की उत्पत्ति नहीं होगी। ऐसी दशा में उद्दीपक की मात्रा इतनी कम होगी कि उसकी उपस्थिति का आभास नहीं होगा, फलस्वरूप, अनुक्रिया के घटित होने की सम्भावना भी नहीं होगी।

निरपेक्ष देहली का तात्पर्य उद्दीपक की उस मात्रा से है जो एक उद्दीपक को किसी अन्य उद्दीपक से अलग करती है। जब उद्दीपक की प्रबलता एक निश्चित मात्रा से भी न्यून होती है तो व्यक्ति उसका अनुभव नहीं करता और अनुक्रिया या संवेदना भी उत्पन्न नहीं होती। इस प्रकार निरपेक्ष देहली उद्दीपक की वह न्यूनतम मात्रा है जो अनुक्रिया उत्पन्न करने में सक्षम हो। यदि एक ग्लास पानी में शक्कर के दो कण डालें तो इस पानी तथा अन्य पानी में कोई अन्तर न होगा। ग्लास के पानी में एक-एक कण उस समय तक डालें जब तक कि सादे पानी से वह भिन्न न प्रतीत होने लगे, तो न्यूनतम कणों की संख्या उद्दीपक देहली कही जायेगी। जब पानी सादे पानी से भिन्न प्रतीत होने लगे, अर्थात् शक्कर की वह न्यूनतम मात्रा एक ग्लास पानी के लिए उद्दीपक देहली होगी जिसके डालने से ग्लास का पानी अन्य ग्लास के सादे पानी से भिन्न प्रतीत होने लगे, जो उद्दीपक इस उद्दीपक देहली के ऊपर होते हैं या अधिक होते हैं वे सर्वदा अनुक्रिया उत्पन्न करते हैं। दूसरी ओर उससे नीचे या उसके कम मात्रा वाले उद्दीपक अनुक्रिया की उत्पत्ति नहीं करते। उद्दीपक देहली को ही निरपेक्ष देहली (absolute threshold), निम्न देहली (lower threshold or Reiz Limen) भी कहते हैं।

आइजेंक (*Eysenek*; 1972) के अनुसार, *"उद्दीपक देहली मात्रात्मक परिवर्त्य का वह मूल्य है जिस पर वह उद्दीपन पहचाना जा सकता है।" (Stimulus threshold is the value of a quantitative variable at which a stimulus is just detectable.)* अर्थात् उद्दीपक का वह सीमान्त जिससे अधिक मात्रा का उद्दीपन, अनुक्रिया उत्पन करता है तथा उस सीमा बिन्दु से कम मूल्य का उद्दीपन अनुक्रिया उत्पन्न करने में असमर्थ होता है। अतः अनुक्रिया उत्पन्न करने के लिए प्राणी में उद्दीपन की एक न्यूनतम मात्रा होनी चाहिए। यही उद्दीपक देहली कहलाती है और इस न्यूनतम मात्रा से कम मात्रा वाले उद्दीपक अनुक्रिया उत्पन्न नहीं करते।

इंग्लिश तथा ***इंग्लिश*** के अनुसार, *"सांख्यिकीय रूप से निर्धारित उस बिन्दु को निरपेक्ष देहली कहते हैं, जिस पर उद्दीपक एक विशिष्ट अनुक्रिया की प्राप्ति के लिए कठिनता से प्राप्त हो।" (The statistically determined point at which a stimulus is just barely adequate to elicit a specified organismic response is absolute threshold.)*

गिलफोर्ड (Giulford) के अनुसार, *"निरपेक्ष देहली उद्दीपन की वह न्यूनतम मात्रा है जिसका अनुभव 50% बार हो तथा 50% बार न हो।" (It is defined as that low stimulus quantity that arouses a response 50% of the time.)* अर्थात् यह उद्दीपक की कम-से-कम मात्रा है जिसके द्वारा अनुक्रिया की उत्पत्ति की प्रसम्भाव्यता 50% होती है।

सामान्यतः उद्दीपक देहली, चंचल, अस्थायी तथा परिवर्तनशील होती है। इसमें प्रत्येक क्षण परिवर्तन की सम्भावना होती है। अतः इसका मापन सरल नहीं होता। इन कठिनाइयों के निवारण के लिए सांख्यकीय विधियों का सहारा लिया जाता है।

2. भिन्नता देहली *(Difference Threshold or DL)*

इसे 'न्यूमतम अनुभूति भिन्नता' (Just Noticeable Difference J.N.D) भी कहा जाता है। *स्टीवेन्स (Stevens)* के अनुसार, मनोभौतिकी का काम केवल इतना ही नहीं है कि किसी उद्दीपक की न्यूनतम या अधिकतम देहली का बोध प्राप्त किया जाए जिससे क्रमशः कम या और अधिक पर उसकी उपस्थिति का अनुभव न हो और क्रमशः अधिक, या, और कम पर अनुभव न हो। यह भी एक प्रमुख समस्या है कि किसी पहले से विद्यमान उद्दीपक की मात्रा में कितनी वृद्धि या कमी की जाए कि इस कमी या वृद्धि का व्यक्ति को अनुभव हो। दूसरे शब्दों में दो उद्दीपकों के मूल्यों में कितनी भिन्नता हो कि उसका अनुभव व्यक्ति करें।

डी अमेटो (D'Amato; 1970) ने कहा कि, *''उद्दीपक परिवर्तन की वह न्यूनतम मात्रा ही भिन्नता देहली है जो संवेदना के अन्तर को उत्पन्न करती है।'' (Difference limen is the minimum amount of stimulus change required to produce a sensation difference.)*

जेम्स ड्रेवर (James Drever) के अनुसार, *''न्यूनतम अनुभूति भिन्नता (Just Noticeable, Difference, J.N.D) वह न्यूनतम मात्रा है जिसके द्वारा दो उत्तेजनाएँ इस प्रकार भिन्न हो जाती हैं जिससे उनको व्यक्ति द्वारा भिन्न ग्रहण किया जा सके।''*

यह हमारा सामान्य अनुभव है कि कमरे में रोशनी कम होने पर उसे बढ़ाते हैं। चाय फीकी लगने पर थोड़ी अतिरिक्त शकर डालते हैं। मान लें आप एक ग्लास पानी में आधा ग्राम शकर डालते हैं तो एक विशेष स्तर की मिठास प्राप्त होती है। उस ग्लास में कम-से-कम कितनी शकर डालें कि शर्बत पहले की अपेक्षा अधिक मीठा लगे। यदि शकर के 2-3 और कण डालें तो मिठास में अन्तर का आभास नहीं होगा। हाँ यदि 2-3 कण अतिरिक्त डालने का क्रम जारी रखें तो एक ऐसी स्थिति आएगी कि मिठास में परिवर्तन का अनुभव होने लगेगा। शकर की वृद्धि की यही 'न्यूनतम अनुभूति भिन्नता' (JND) कहलाएगी। तात्पर्य यह है कि न्यूनतम अनुभूति भिन्नता उत्पन्न करने के लिए उद्दीपक में जितना न्यूनतम परिवर्तन जरूरी होता है उसी को देहली (DL) कहते हैं।

3. उद्दीपक समानता *(Stimulus Equality)*

तीसरी प्रमुख समस्या समानता की है। उद्दीपकों में भिन्नता होते हुए भी वे समान प्रतीत होते हैं जिससे इस समस्या का उद्भव होता है। इसका अनुभव सभी प्रकार के संवेदनाओं में होता है। हम अनुभव करते हैं कि भौतिक दृष्टि से समान उद्दीपक अलग-अलग दशाओं में समान प्रत्यक्षित नहीं होते अथवा एक जैसे नहीं दृष्टिगोचर होते। उदाहरण के लिए जब समान लम्बाई की दो रेखाएँ जिसमें एक खड़ी और अन्य पड़ी हो तो खड़ी रेखा पड़ी की अपेक्षा बड़ी प्रतीत होती हैं। यदि खड़ी रेखा की लम्बाई थोड़ी घटा दी जाए या पड़ी रेखा की लम्बाई थोड़ी बढ़ा दी जाए तो दोनों समान दिखाई देंगी जबकि उनकी लम्बाई में वास्तव में भिन्नता होगी। यह समानता भौतिक या वास्तविक नहीं है, केवल आभासी समानता है। अतः दो उद्दीपकों में समानता का प्रत्यक्षीकरण उनकी भौतिक या वास्तविक समानता पर निर्भर नहीं करता, अर्थात् समानता का अनुभव प्राप्ति के लिए उद्दीपकों में वास्तविक समानता का होना अनिवार्य नहीं है। इस समस्या के अध्ययन के लिए दो में से एक उद्दीपक को लेकर उसकी विशेषताओं अथवा

उसकी विभिन्न विमाओं में वह अन्तर निश्चित किया जाता है जिससे कम अन्तर होने पर भी दोनों उद्दीपक समान प्रतीत होते हैं। उदाहरण के लिए यह जानने का प्रयास करना कि कितनी भिन्नता होने के बाद भी दो ध्वनियाँ, दो गन्ध, प्रकार के दो प्रकार के स्पर्श आदि समान अनुभव किए जाते हैं। उद्दीपक समानता का अनुभव सभी ज्ञानेन्द्रियों से सम्बद्ध संवेदनाओं मे होता है।

4. श्रेणी निर्धारण (*Determination of Order*)

श्रेणी-निर्धारण एक अत्यन्त जानी मानी मनोभौतिक समस्या है। हमारे दैनिक जीवन में प्रायः विविध प्रकार के उद्दीपक विद्यमान होते हैं जिन्हें उनकी विशेषताओं के आधार पर श्रेणीबद्ध किया जाता है। उदाहरण के लिए किसी विद्यार्थी को अनेक अध्यापक पढ़ाते हैं। वह उनकी विशेषताओं के आधार पर श्रेणीबद्ध कर सकता है। किन्तु अध्यापन योग्यता कोई पदार्थ नहीं है और इसे किसी यन्त्र या उपकरण मापित नहीं किया जा सकता। इसके लिए मनोभौतिकी विधि का सहारा लेना आवश्यक है। कोई विद्यार्थी अपने आत्मपरक अनुभवों (subjective experiences) के द्वारा किसी अध्यापक की शिक्षण योग्यता का निर्धारण कर उन्हें श्रेणी-बद्ध कर सकता है। वह निश्चित कर सकता है कि कौन सर्वोत्तम है या प्रथम, द्वितीय, तृतीय आदि क्रम उन्हें प्रदान कर सकता है। ऐसा करने में वह श्रेणी निर्धारण क्रा कार्य करता है।

5. समान-मध्यान्तरों की समस्या (*Equality of Intervals*)

मनोभौतिकी की एक अन्य प्रमुख समस्या समान मध्यान्तरों की समस्या है जिसमें अनुभव, भावना, अनुक्रिया इत्यादि के आधार पर समान मध्यान्तरों का निर्धारण किया जाता है। ज्ञानेन्द्रिय अनुभव के प्रत्येक क्षेत्र में समान मध्यान्तरों की समस्या प्राप्त होती है। मनोवैज्ञानिक मापन एवं मूल्यांकन में यह समस्या सर्वाधिक उभयनिष्ठ है। इसके अन्तर्गत अनुभव तथा भावना के मापन की इकाइयों का निर्धारण किया जाता है। इसलिए मनोवैज्ञानिक परीक्षणों की रचना में यह अपरिहार्य है। यह अनुक्रियाओं के मापन में भी प्रयुक्त होती है, मान लें आप के पास कागज के दो नीले रंग के टुकड़े हैं—एक गाढ़ा तथा अन्य हल्का है। यदि आपको इन दो रंगों के मध्य अनेक समान मध्यान्तर निश्चित करना हो, तो समस्या यह होगी कि कुल नीले रंग के टुकड़ों में से ऐसा नीला टुकड़ा कैसे अलग करें कि अलग किए गए नीले और हल्के नीले के ठीक बीचों-बीच वाले रंग का हो। यह विभाजन निम्न हो सकता है।

गहरा नीला   नीला   बीच का नीला   कम हल्का नीला   हल्का नीला

उपर्युक्त मानदण्ड समान मध्यान्तरों की समस्या को स्पष्ट करता हैं। इसमें सभी मध्यान्तर एक दूसरे से समान अन्तर पर है। हर प्रकार की संवेदना तथा प्रत्यक्षीकरण में यह समस्या विद्यमान होती है।

6. समान अनुपात की समस्या (*Problem of Equal Ratio*)

यह समस्या अनुभवों और अनुक्रियाओं के मापन और संख्याकरण अथवा मात्राकरण (Quantification) से सम्बद्ध है। यह प्रत्येक अनुक्रिया तथा अनुभव के मापन के लिए अनिवार्य है। यह भी अनिवार्य है कि मापनी में शून्य बिन्दु का निर्धारण किया जाय; और इसी बिन्दु से मापनी की पहली इकाई प्रारम्भ हो। शून्य बिन्दु तथा दूसरी इकाइयों के बीच मध्यान्तर का समान होना भी अनिवार्य है। ऐसी मापनी द्वारा हम दो संवेदनाओं अथवा अनुभवों के समानुपात निर्धारित कर सकते हैं। इसके अन्तर्गत दो अनुपातों में समानता एवं बराबरी उत्पन्न की जाती है। तात्पर्य यह है कि दो उद्दीपकों में उस अनुपात को ज्ञात करते हैं जिसके चलते अनुक्रिया एक निश्चित अनुपात में हो।

समान अनुपात समस्या का अनुप्रयोग पीड़ा, स्वाद, उष्मा, दबाव, चमक तथा ध्वनि प्रत्यक्षीकरण के अनेक क्षेत्रों में हुआ है।

7. उद्दीपक मूल्यांकन (*Stimulus Rating*)

उद्दीपक मूल्यांकन हमारे दैनिक जीवन की एक अत्यन्त उभयानिष्ठ या आत्मगत निर्णयों के अनुसार करते हैं। ऐसे निर्णय अनुमान पर आधारित होते हैं। ऐसी अनेक परिस्थितियों में उद्दीपक मात्रा या मूल्य का निर्धारण भावनाओं अथवा अनुभवों के आधार पर किए जाते हैं। उद्दीपक के रंग, आकार, भार, गति, दूरी आदि के अनुसार उद्दीपक मूल्य का निर्धारण करने के लिए भौतिक मापन उपलब्ध नहीं होते। अतः व्यक्ति उनके मूल्य अथवा मात्रा का अनुमान अपने आत्मनिष्ठ अनुभवों एवं भावनाओं के आधार पर करते हैं। इसी को मनोभौतिकी में उद्दीपक मूल्यांकन की समस्या कहा जाता है

मनोभौतिकी विधियाँ
(Psychophysical Methods)

मनोभौतिक-समस्याओं के समाधान में हुए अन्वेषणों के फलस्वरूप उद्दीपक तथा अनुक्रिया के मात्रात्मक सम्बन्धों की स्थापना हेतु हुए प्रयासों द्वारा मनोभौतिक विधियों का विकास हुआ है। इन विधियों के द्वारा शोधकर्त्ताओं ने न केवल विभिन्न प्रकार के परिणाम प्राप्त किए हैं वरन् मनोभौतिक समस्याओं की व्याख्या में भी योगदान दिया है। इन्हीं कारणों से यह विधियाँ बहुत महत्त्वपूर्ण हैं। इन विधियों में-न्यूनतम उद्दीपक परिवर्तन विधि (Method of Minimal Changes), अभियोजन विधि (Adjustment Method), स्थिर उद्दीपकों की विधि (Method of Constant Stimuli), तथा मापनी निर्माण विधियाँ (Scale Construction Method) प्रमुख हैं।

इनमें से प्रत्येक विधि में प्रयोज्य को बहुत ही साधारण निर्णय करना होता है—जैसे, उद्दीपक का अनुभव हो रहा है अथवा नहीं, एक उद्दीपक अन्य उद्दीपक से बड़ा, छोटा या बराबर है आदि। प्रयोग करने वाला यह मानकर चलता है कि प्रयोज्य ऐसे साधारण निर्णय कर सकते हैं, और उन्हें अभिव्यक्त भी कर सकते हैं। इसके अतिरिक्त एक अन्य मान्यता और निहित होती है कि विभिन्न विधियों से प्राप्त देहलियाँ, समानताएँ, मध्यान्तर और अनुपातों के माप एक-दूसरे से भिन्न होते हैं। तीसरी मान्यता यह होती है कि अलग-अलग प्रयोज्यों से प्राप्त परिणाम और विभिन्न समय और विभिन्न दशाओं में एक ही प्रयोज्य से प्राप्त परिणाम भिन्न होते हैं। उपर्युक्त में कुछ अभिग्रहों का उल्लेख करने के पश्चात् प्रमुख विधियों की चर्चा की जाएगी।

1. न्यूनतम उद्दीपक परिवर्तन विधि (*Method of Minimal Changes*)

इस विधि के अनेक नाम हैं—क्रमिक अनुसंधान विधि (Serial exploration) समानं अन्तराल विधि, (Equal appearing intervals), न्यूनतम अनुभूति भिन्नता (just noticeable difference) इस विधि का आविर्भाव न्यूनतम अनुभूति भिन्नता से हुआ है, जिसमें निहित मुख्य अभिग्रह यह है कि जब किसी उद्दीपक का अनुभव होता है, तो उसमें होने वाले या हो रहे न्यूनतम परिवर्तन का अनुभव भी हो सकता है। जैसे दो उद्दीपक में कम-से-कम कितना अन्तर हो कि व्यक्ति को उनका अनुभव हो सके?

इस विधि द्वारा उद्दीपक देहली (stimulus threshold) भिन्नता देहली (DL) और उद्दीपक समानता जैसी समस्याओं का मापन होता है। इसे न्यूनतम परिवर्तन विधि कहे जाने के कारण यह है कि इसमें प्रयुक्त उद्दीपक में न्यूनतम परिवर्तन लाकर प्रयोज्य से निर्णय कराते हैं।

उद्दीपक में यह परिवर्तन उद्दीपक मूल्य को घटा-बढ़ा कर किया जाता है। इसी प्रकार उद्दीपक में क्रमिक रूप से कमी या वृद्धि करने के कारण इसे क्रमिक अन्वेषण विधि कहा जाता है। इसके अन्तर्गत हर प्रयास पर प्रयोगकर्त्ता कम-से-कम मात्रा में किया जाता है। इसका उद्देश्य अनुभूति में भिन्नता करना है। इसी कारण इसे न्यूनतम अनुभूति भिन्नता विधि कहा जाता है। इस विधि में प्रथम प्रयास में उद्दीपक का मूल्य बहुत कम या बहुत अधिक रखते हैं—जैसे देहली मूल्य 70 ग्राम होने पर प्रथम प्रयास में उद्दीपक मूल्य 40 ग्राम या 100 ग्राम रख सकते हैं और प्रयोज्य अपना निर्णय किसी बिन्दु पर परिवर्तित कर सकता है। इस प्रकार इसके अन्तर्गत दो प्रसम्भाव्य अनुक्रियाओं के मध्य सीमा रेखा या सीमा बिन्दु निश्चित किया जाता है। इसकी मुख्य अवधारणा यह है कि जब व्यक्ति किसी उद्दीपक का अनुभव करता है तो वह उस उद्दीपक के कारण हुए परिवर्तन का भी अनुभव कर सकता है। इस प्रकार दो उद्दीपकों में कम-से-कम भिन्नता जिसका व्यक्ति अनुभव कर सके वही न्यूनतम परिवर्तन विधि है।

उद्दीपक या निरपेक्ष देहली का मापन (*Measurement of absolute or stimulus threshold*)—इस विधि द्वारा उद्दीपक देहली के मापन हेतु उद्दीपक आयाम में उस विस्तार का चयन करते हैं जिसके भीतर उद्दीपक या निरपेक्ष देहली के होने की सम्भावना हो। इस विधि के अन्तर्गत प्रयोगकर्ता उद्दीपक देहली के काफी ऊपर के उद्दीपक मूल्य से आरम्भ करता है। प्रत्येक प्रयास में उद्दीपक के प्रस्तुतीकरण पर प्रयोज्य निर्णय करता है कि उसे उद्दीपक का अनुभव हो रहा है अथवा नहीं। ज्यों-ज्यों उद्दीपक की तीव्रता घटती जाती है, उसी के साथ प्रयोगकर्ता यह मानता है कि 'कोई अनुक्रिया नहीं' मूल्य तथा उसके ठीक पहले वाले उद्दीपक मूल्य के बीच किसी जगह उद्दीपक देहली होगी। उद्दीपक प्रस्तुत के उपर्युक्त क्रम को जब देहली के काफी ऊपर की उद्दीपक मात्रा से प्रारम्भ करते हैं तो इसे अवरोही क्रम (Descending order) कहते हैं।

इसके बाद प्रयोगकर्ता उद्दीपक की मात्रा/तीव्रता इतनी कम रखता है कि प्रयोज्य को सर्वदा उसकी अनुपस्थिति का आभास हो, अर्थात् जब उद्दीपक की मात्रा निर्धारित देहली से बहुत नीचे या कम रखी जाती है जिसका अनुभव प्रयोज्य को नहीं होता। उद्दीपक मूल्य को धीरे-धीरे उस समय तक बढ़ाते हैं जब तक प्रयोज्य सर्वदा उसका अनुभव करने लगे। इसे आरोही क्रम (Ascending series) कहा जाता है। इस श्रृंखला में भी देहली, अन्तिम उद्दीपक मूल्य (जिसके प्रति अनुक्रिया नहीं होती) तथा उसके ठीक पहले वाले उद्दीपक मूल्य के मध्य बिन्दु पर प्राप्त होती है। अब वास्तविक उद्दीपक देहली ज्ञात करने के लिए अवरोही तथा आरोही श्रृंखलाओं को कई बार दुहराया जाता है, तथा प्रत्येक श्रृंखला के लिए औसत देहली मूल्य ज्ञात कर लेते हैं। अन्त में अन्तिम देहली मूल्य ज्ञात करने के लिए दो अलग-अलग देहलियों के औसत मान की गणना करते हैं।

इस विधि के अन्तर्गत आधे प्रयास अवरोही तथा शेष आधे आरोही श्रृंखला में किए जाते है। आधे प्रयासों में उद्दीपक मूल्य इतना रखते हैं कि प्रयोज्य हमेशा उसकी अनुभूति कर सके और क्रमानुसार मूल्य को इस प्रकार घटाते हैं कि उसका अनुभव समाप्त हो जाए। शेष आधे प्रयासों में उद्दीपक मूल्य इतना न्यून रखकर प्रयोग आरम्भ करते हैं कि प्रयोज्य उसकी उपस्थिति का अनुभव न करे, किन्तु धीरे-धीरे उद्दीपक मूल्य को उस समय तक बढ़ाया जाता है कि जब तक कि उसका अनुभव होने लगे। परम्परा के अनुसार किसी भी संवेदना में उद्दीपक देहली के मापन हेतु आरोही तथा अवरोही श्रृंखलाओं में कम-से-कम 5-5 प्रयास कराये जाते हैं।

2. भिन्नता देहली का मापन (***Measurement of DL***)

न्यूनतम भिन्नता विधि द्वारा उद्दीपक भिन्नता देहली तथा आत्मपरक समानता बिन्दु (Point of subjective equality PSE) का भी मापन किया जाता है। इसके अन्तर्गत एक

मानक उद्दीपक (Standard stimulus, SS) लिया जाता है जो प्रत्येक प्रयास में प्रस्तुत किया जाता है तथा अन्य तुल्य उद्दीपक (comparable stimulus, CS) लेते हैं। इस प्रकार प्रत्येक प्रयास में प्रयोज्य को दो उद्दीपक प्रस्तुत किए जाते हैं, और प्रयोज्य को यह निर्णय करना होता है कि तुल्य उद्दीपक, मानक से अधिक, कम या समान है। बहुधा मानक उद्दीपक पहले तथा तुल्य उद्दीपक बाद में प्रस्तुत करते हैं। भिन्नता देहली के मापन की शेष प्रक्रिया उद्दीपन देहली के मापन की प्रक्रिया के समान होती है। इसमें भी अवरोही तथा आरोही शृंखलाएँ होती है। तुल्य उद्दीपक के विस्तार का निर्धारण वास्तविक प्रयोग आरम्भ करने के पूर्व कर लेते हैं। मानक की अपेक्षा तुल्य उद्दीपक का न्यूनतम मूल्य इतना होता है कि उसका प्रयोज्य को ***शतप्रतिशत 'कम' अनुभव होता*** है तथा सर्वाधिक मूल्य वाले तुलनीय उद्दीपक को हमेशा अधिक बताता है। तुल्य उद्दीपक की मात्रा को सर्वाधिक और न्यूनतम के बीच घटाकर अथवा बढ़ाकर प्रस्तुत करते हैं।

प्रयोग दो भागों में बाँटकर आधे प्रयासों में मानक को पहले तथा शेष आधे में तुल्य उद्दीपक को पहले तथा मानक उद्दीपक बाद में प्रस्तुत करते हैं। इस प्रक्रिया द्वारा 'क्रम प्रभाव' (order effect) नियन्त्रित किया जाता है। कम, बराबर, तथा अधिक प्रत्युत्तर को गणितीय चिह्नों (=, –, +) द्वारा तालिका में इंगित करते हैं।

यहाँ अनुप्रयुक्त पदों की संक्षिप्त व्याख्या वांछित है:–

1. उच्चतर भिन्नता देहली (*Upper differential threshold*)—उ॰ भि॰ दे॰ प्राप्त करने के लिए मानक से अधिक मूल्य वाले तुल्य उद्दीपकों की प्रस्तुति पर 'अधिक' तथा 'बराबर' अनुक्रिया के संक्रमण बिन्दुओं (+ और =) को जोड़कर, दो से भाग देकर ज्ञात करते हैं।

2. निम्नतर भिन्नता देहली (*Lower differential threshold*)—नि॰ भि॰ दे॰ ज्ञात करने के लिए विभिन्न प्रयासों में 'बराबर' तथा 'कम' अनुक्रियाओं के बीच संक्रमण बिन्दु के मध्यमान की गणना करते हैं।

3. आत्मपरक समानता बिन्दु (*Point of subjective equality*)—उद्दीपक समानता के मूल्य को व्यक्त करने वाले इस बिन्दु को प्राप्त करने के लिए उच्चतर संक्रमण बिन्दुओं तथा निम्नतर संक्रमण बिन्दुओं के मध्यमान के योग में दो से भाग देकर आत्मपरक समानता बिन्दु (PSE) ज्ञात करते हैं।

4. सतत त्रुटि (*Constant error*)—आतमपरक समानता बिन्दु तथा मानक के अन्तर को सतत त्रुटि कहा जाता है।

5. अनिश्चितता मध्यान्तर (*Interval of uncertainty—IU*)—उच्चतर तथा निम्नतर भिन्नता देहलियों के अन्तर को अनिश्चित मध्यान्तर कहते हैं। ऐसा इसलिए है कि बीच वाले किसी भी उद्दीपक मूल्य के विषय में प्रयोज्य निश्चित रूप से मानक की तुलना 'अधिक' या 'कम' नहीं कहता है।

विधि की न्यूनताएँ—आरोही और अवरोही शृंखलाओं में अलग-अलग संक्रमण बिन्दुओं के मूल्यों में अन्तर प्राप्त होता है। इसका कारण अनेक प्रकार की त्रुटियाँ हैं। एक ऐसी ही त्रुटि आदत की त्रुटि (error of habituation) कही जाती है। एक ही प्रकार की अनुक्रिया बार-बार करने के कारण प्रयोज्य में आदत के कारण उस अनुक्रिया के घटित होने की सम्भावना बढ़ जाती है।

उद्दीपक देहली के मापन में आरोही क्रम के आरम्भिक प्रयासों में बार-बार 'नहीं' अनुक्रिया करने के कारण प्रयोज्य को नहीं कहने की आदत पड़ जाती है। अतः उसकी आदत के कारण

'नहीं' कहने की सम्भावना हो सकती है, जबकि वास्तव में उसे 'हाँ' कहना चाहिए। ऐसी दशा में उस प्रयास में 'संक्रमण बिन्दु, वास्तविक बिन्दु से उच्च हो जाता है। यही स्थिति आरोही श्रृंखला में आदत के कारण 'हाँ' अनुक्रिया के रूप में हो सकती है, जिसके कारण 'संक्रमण बिन्दु' साधारण से निम्न हो जाता है।

एक अन्य त्रुटि पूर्वानुमान त्रुटि' (anticipation error) कहलाती है। उद्दीपक तथा भिन्नता देहलियों का मापन करते समय आरोही या अवरोही श्रृंखला में लगभग एक जैसी (हाँ/नहीं) अनुक्रियाएँ करने के कारण अनेक बार पूर्वानुमान के आधार पर अनुक्रिया करता है। पूर्वानुमान त्रुटि के कारण आरोही क्रम में संक्रमण बिन्दु का मूल्य उच्च तथा अवरोही क्रम में निम्न हो जाता है। उद्दीपक का वास्तविक अनुभव होने के पूर्व अनुक्रिया अनुमान पर आधारित होती है। किन्तु आरोही तथा अवरोही क्रमों के प्रभावों के विपरीत होने के कारण पूर्वानुमान त्रुटि का सन्तुलन हो जाता है। इसी कारण इस विधि में आरोही तथा अवरोही क्रमों में मापन किया जाता है।

किन्तु इस विधि का देहलियों के मापन में विशेष महत्त्व है क्योंकि इसका उपयोग सभी ज्ञानेन्द्रियों के देहलियों के मापन में होता है। साथ ही इस विधि का लचीलापन एक अन्य प्रमुख विशेषता हैं।

3. स्थिर उद्दीपकों की विधि (*Method of Constant Stimuli*)

सर्वाधिक शुद्ध परिणाम प्रदान करने के कारण इसका उपयोग अन्य विधियों की अपेक्षा अधिक होता है। इसका अनुप्रयोग उद्दीपक देहली, भिन्नता देहली, उद्दीपक समानता तथा समान मध्यान्तरों के मापन में होता है। किन्तु इसका सबसे व्यापक उपयोग देहली के मापन में होता है। किन्तु जब उद्दीपक तथा भिन्नता देहलियों के मापन के लिए न्यूनतम भिन्नता विधि के होते हुए इस विधि की आवश्यकता क्यों होती है? स्थिर उद्दीपकों तथा न्यूनतम भिन्नता विधि में **डी अमेटो (*D' Amato*)** के अनुसार मुख्य अन्तर यह है कि, *''प्रयोज्य द्वारा निर्णय की जाने वाली उत्तेजनाएँ (उद्दीपक मूल्य) क्रमिक रूप (Serial order) में नहीं वरन् अर्द्ध यादृच्छिक रीति (quasi random order) में प्रस्तुत की जाती है।'' (The fundamental difference between the methods of constant stimuli and the method of limits is that stimuli which the 'S' judges are presented not in serial order but in a random or quasi random fashion.)*

गिल्फोर्ड *(Guilford)* के अनुसार, *''स्थिर उद्दीपक विधि सभी मनोभौतिक विधियों में सर्वाधिक शुद्ध तथा व्यापक रूप से प्रयुक्त विधि है।'' (The constant stimuli method are generally regarded as the most accurate and most widely applicable of all the psychological methods.)*

यह विधि अनेक नामें से पुकारी जाती है—आवृत्ति विधि (Frequency method) क्योंकि इसमें उद्दीपक मूल्य अनेक बार प्रस्तुत किए जाते हैं। इसी प्रकार सही (हाँ) और गलत (नहीं) प्रतिक्रियाएँ प्राप्त करने के कारण यह सही-गलत निर्णयों की विधि (Method of Right and Wrong cases) कहलाती है। ऐसे ही उद्दीपकों मूल्यों के पूर्व निश्चित होने के कारण इसे स्थिर उद्दीपक विधि (Method of constant stimuli) कहते हैं।

इस विधि की प्रक्रिया सरल है। इसमें प्रारम्भिक प्रयासों के अनुसार सम्बद्ध उद्दीपक विमा से कुछ सीमित मूल्य चुन लिए जाते हैं। सबसे छोटा उद्दीपक मूल्य ऐसा होता है कि उसका अनुभव प्रयोज्य को लगभग कभी न हो तथा सबसे बड़ा मूल्य ऐसा होता है जिसका अनुभव हमेशा होता है। उद्दीपक प्रस्तुति की संख्या 50 से 200 बार के बीच होती है। विभिन्न उद्दीपक

मूल्यों की प्रस्तुति का क्रम पूर्व निश्चित एवं पूर्वनियोजित होता है। जिसका पूर्व ज्ञान प्रयोज्य को नहीं होता। उद्दीपक देहली के मापन में चुने हुए मूल्य ही प्रस्तुत करते हैं। उनकी उपस्थिति का बोध होने पर 'हाँ' और अनुपस्थिति का बोध पर प्रयोज्य 'नहीं' कहता है भिन्नता देहली के मापन में प्रत्येक उद्दीपक मूल्य एक मानक उद्दीपक के साथ प्रस्तुत करते हैं। प्रयोज्य यह बताता है कि मानक की अपेक्षा अन्य उद्दीपक मूल्य से 'अधिक' या 'कम' हैं। जब उसे अधिक या कम का बोध होता तो वह 'अनिश्चित' की अनुक्रिया करता है। उद्दीपक की उपस्थिति का यादृच्छिक क्रम प्रयोगकर्ता पहले से निश्चित कर लेता है, और तदनुसार उद्दीपक मूल्यों को प्रस्तुत करता है। यह ध्यान रखते हैं कि उद्दीपक बराबर-बराबर (equal number of time) प्रस्तुत किए जायँ।

1. उद्दीपक देहली का मापन (*Measurement of Stimulus Threshold*)—इस विधि के अनुप्रयोग में यह अभिग्रह निहित है कि उद्दीपक देहली, उद्दीपक विमा का वह कम-से-कम मूल्य है जिसकी उपस्थिति पर 50 प्रतिशत प्रयासों में उसकी उपस्थिति का अनुभव होता है—और प्रयोज्य द्वारा 'हाँ' अनुक्रिया की जाती है तथा शेष 50% प्रयासों में उद्दीपक का अनुभव न होने पर वह 'नहीं' की अनुक्रिया करता है। उद्दीपक मूल्यों के चयन के समय प्रयोगकर्ता 5-7 ऐसे मूल्यों का चयन करता है कि कुछ मूल्य सम्भावित देहली से अधिक तथा अन्य कम हों, और उनके भौतिक मध्यातर समान हों। इन चुने गए मूल्यों में सबसे न्यून मूल्य पर प्रयोज्य शत प्रतिशत 'नहीं' और सबसे बड़े मूल्य पर शत-प्रतिशत 'हाँ' अनुक्रिया करते हों।

इसकी गणना के लिए स्पीयरमैन वितरण विधि (Searman's distribution method) वुडवर्थ की संकलन विधि (Woodworth's Summation method), न्यूहाल की प्रकृति अन्तरावेशन विधि (Newhall's Normal Interpolation method) आदि का प्रयोग भी होता है।

2. भिन्नता देहली का मापन (*Measurement of Differential Threshold*)—इस विधि के द्वारा भिन्नता देहली का मापन दो उद्दीपकों में तुलनात्मक निर्णयों के आधार पर किया जाता है। इसमें सर्वप्रथम एक मानक उद्दीपक का चयन करते हैं। इसके पश्चात् मानक से अधिक मूल्य वाले 3-4 उद्दीपकों का और मानक से कम मूल्य वाले 3-4 उद्दीपकों का चयन करते हैं। इस बात को ध्यान में रखते हैं कि तुलनीय उद्दीपकों का अधिकतम मूल्य इतना रहे कि प्रयोज्य को मानक से हमेशा अधिक होने का अनुभव हो, और न्यूनतम मूल्य इतना कम हो कि हमेशा मानक से कम का अनुभव हो। प्रत्येक प्रयास में प्रयोगकर्ता मानक तथा एक तुल्य उद्दीपक को प्रस्तुत करता है। दोनों की तुलना कर प्रयोज्य यह बताता है कि तुल्य उद्दीपक मानक से अधिक (+), कम (–) या बराबर (=) है।

भिन्नता देहली के मापन की दो प्रणालियों में से पहली के अन्तर्गत प्रयोज्य केवल दो अनुक्रियाएँ—अधिक और कम करता है जबकि दूसरी प्रणाली में उसे तीन में से कोई एक (अधिक; कम; समान) अनुक्रिया करनी पड़ती है। बाद वाली प्रणाली अधिक शुद्ध होने के कारण व्यापक रूप से प्रयुक्त होती है।

$$\text{भिन्नता देहली (DL)} = \frac{30\,\text{भि. दे. नि. भि. दे.}}{2}$$

निम्नतर तथा उच्चतर भिन्न देहलियों के अन्तर अथवा दूरी को अनिश्चितता का मध्यान्तर (IUG) कहते हैं। ऐसा कहने का कारण यह है कि भिन्नता देहली इन्हीं दो बिन्दुओं के बीच

कहीं हो सकती है। इसका ज्ञान सांख्यकीय गणना द्वारा होती है। अ० म० (IUG) ज्ञात करने के लिए निम्न सूत्र प्रयुक्त होता है:—

अनिश्चितता मध्यान्तर (IUC) = 30 भि० दे०—नि० भि० दे०

आत्मपरक समानता बिन्दु (PSE), तुलनीय उद्दीपक मूल्यों के उस बिन्दु को कहते हैं जिसे प्रयोज्य मानक के बराबर महसूस करता है। समान अनुक्रियाओं के मध्यांक से आ० स० बिन्दु ज्ञात होता है।

भारी (अधिक) और हल्का (कम) केवल दो श्रेणियों में प्राप्त प्रदत्तों द्वारा उच्चतर एवं निम्नतर भिन्नता देहलियों का मापन हो सकता है। इन दोनों के बीच के अन्तर को अन्तः श्रेणी देहली (Woodworth and Schlosberg) का मत है कि इस प्रकार प्राप्त देहली भिन्नता देहली का आधार नहीं बन सकती। *गिल्फोर्ड (Guilford)* भारी-हल्की अनुक्रियाओं की आवृत्ति वितरण की प्रायिक त्रुटि (PE) या मानक विचलन (SD) को भिन्नता देहली के रूप में देखने की बात करते हैं। सामान्यतः इस विधि से शुद्ध भिन्नता देहली का मापन नहीं होता।

4. अभियोजन विधि *(Method of Adjustment)*

मनोभौतिकी की एक अन्य प्राचीन विधि अभियोजन विधि है यह विधि उद्दीपक समानता, भिन्नता देहलियों, समान अनुपातों और समान अध्यान्तरों के निर्धारण में प्रयुक्त हो सकती है, परन्तु इसका मुख्य उपयोग उद्दीपक समानता ज्ञात करने में होता है। इसका एक अन्य नाम समीकरण विधि (Method of Equation) भी है। इस नामकरण का कारण यह है कि प्रयोज्य तुल्य उद्दीपक को घटा-बढ़ा कर मानक उद्दीपक के बराबर बनाता है। इसी कारण लोग इसे अभियोजन विधि भी कहते हैं। प्रयोज्य द्वारा तुल्य उद्दीपक को मानक के बराबर करने में त्रुटियों का मध्यमान लेने की आवश्यकता होने के कारण कुछ लोग इसे मध्यमान त्रुटि विधि (Method of average error) भी कहते हैं।

इस विधि का मूल उद्देश्य यह जानना है कि किसी निर्णय, निरीक्षण, या अन्य तुलना प्रक्रिया से कितनी शुद्धता एवं सुक्ष्मता है। इसकी सर्वाधिक प्रचलित प्रक्रिया में प्रयोज्य के सम्मुख एक मानक उद्दीपक प्रस्तुत कर उससे परिवर्त्य उद्दीपक (variable stimulus) के हस्तादि प्रयोग द्वारा बराबर करने को कहा जाता है। म्यूलर लायर भ्रम (Muller Lyer Illusion) इसका एक उपर्युक्त उदाहरण है। जिसमें समान लम्बाई की दो रेखाएँ जिसमें एक के दोनों छोरों पर तीर नथा अन्य के दोनों छोर पंख के समान हों तो तीरवत रेखा पंखवत रेखा से छोटी दिखायी देती है।

इस प्रयोग में निम्न गणनाएँ की जाती हैं:—

(क) आत्मपरक समानता बिन्दु (PSE) अथवा उद्दीपक समानता का मापन—सभी प्रयासों से प्राप्त मापों के मध्यमान को आ० स० ब० (PSE) कहते हैं। इस मध्यमान का मानक विचलन आ० स० बि० की परिवर्त्य त्रुटि (variable error) कहलाती है जिससे उक्त बिन्दु की अस्थिरता या स्वभाव की चंचलता का बोध होता है।

(ख) स्थिर त्रुटि *(Constant error)*—यह भ्रम की मात्रा का द्योत्तक है, जिसकी गणना के लिए मानक उद्दीपक के मूल्य तथा प्रत्यक्षित समानता (perceived similarity) में अन्तर ज्ञात करते हैं और यही भ्रम की मात्रा मानी जाती है। इसके ऋणात्मक होने की दशा में यह समझा जाता है कि प्रयोज्य ने मानक उद्दीपक का न्यूनांकन (underestimation) तथा धनात्मक होने का तात्पर्य अत्यांकन (overestimation) किया है। किन्तु ऋणात्मक और धनात्मक त्रुटियों का योग ज्ञात करने का वे एक-दूसरे को कम कर देती हैं। अतः सतत त्रुटि के मूल्य को भ्रम की मात्रा का शुद्ध परिचायक नहीं कहा जा सकता। इसी कारण मानक विचलन की गणना द्वारा भ्रम की विचलनशीलता ज्ञात की जाती है।

(ग) स्थान तथा गति त्रुटि (*Place and movement error*)—मानक रेखा प्रयोज्य के दायें रहने पर प्राप्त अभियोजन सम्बन्धी मापों तथा बाएँ रहने पर प्राप्त मापों का अलग-अलग मध्यमान ज्ञात कर उनके अन्तर को दो से विभाजित करने पर स्थान त्रुटि प्राप्त होती है। ऐसी ही आरोही और अवरोही क्रमों में तुलनीय उद्दीपकम के अभियोजन के कारण हुई त्रुटियों-अर्थात् दोनों शृंखलाओं में प्राप्त मापों के मध्यमानों के अन्तर को दो से विभाजित कर गति त्रुटि प्राप्त की जाती है।

संकेत संज्ञापन सिद्धान्त
(Signal Detection Theory)

उपर्युक्त विवरण से विदित होता है कि प्राचीन मनोभौतिकी विधियों से संवदेना का मापन हो सकता है। लेकिन यह विधियाँ उद्दीपक तथा भिन्नता देहलियों का शुद्ध मापन नहीं करतीं। देहली उद्दीपक मूल्यों तथा अन्य कारक देहली मापन को प्रभावित करते हैं। आदत, पूर्वानुमान, गति, स्थान तथा काल से सम्बद्ध कारकों से देहली को पूर्णरूप से प्रभाव मुक्त कर पाना सम्भव नहीं है। इस दिशा में अधिक नियन्त्रित प्रायोगिक अध्ययनों के द्वारा एक नवीन विचारधारा का उदय हुआ जिसे संकेत संज्ञापन सिद्धान्त (Signal Detection Theory; SDT) कहा गया। मनोविज्ञान में इस नवीन विचारधारा का जन्म *टैनर* तथा *स्वेट्स* (*Tonner* and *Swets*, 1954) के प्रयासों द्वारा हुआ। मनोभौतिकी पर इस विकास का सर्वाधिक प्रभाव पड़ा। स्वेट्स (Swets, 1954 के अनुसार प्राचीन मनोभौतिकी विधियों के अन्तर्गत प्रयोज्य की अनुक्रिया मात्र उद्दीपक प्रत्यक्षीकरण पर निर्भर न होकर उसके निजी मापदण्ड पर निर्भर करती है। जिसका मापन नहीं किया जाता है। अतः देहली मूल्य शुद्ध संवेदनशीलता का नहीं वरन् प्रयोज्य की अनुक्रिया मापदण्ड को भी इंगित करता है।

संवेदनशीलता तथा अनुक्रिया मापदण्ड (response criterion) में भेदों पर स्वेट्स ने प्रकाश डाला। केवल यही नहीं उसने अनुक्रिया मापदण्ड को प्रभावित करने वाले कारकों-अभिप्रेरणा स्तर, उद्दीपक की प्रस्तुति सम्भावना का ज्ञान, अनुक्रिया से अर्जित लाभ और हानि, आदि पर भी प्रकाश डाला। इन्होंने अनुक्रिया मापदण्ड के प्रभावों को अलग करके उद्दीपक और संवेदनशीलता के विशुद्ध सम्बन्धों को स्वरूप को निश्चित करने का प्रयास किया। इस प्रकार संकेत संज्ञापन संवेदना और उद्दीपकों के सम्बन्धों के मापन की आधुनिक विधि है।

उद्दीपक देहली : संकेत संज्ञापन
(Stimulus Threshold : Signal Detection)

इस सिद्धान्त की मूल अवधारणा के अनुसार उद्दीपक देहली की समस्या मुख्य रूप से संकेत संज्ञापन की समस्या है। मालें न्यूनतम परिवर्तन विधि से संकेत का मापन कर रहे हैं। और प्रयोज्य ध्यान को एकाग्र करके उद्दीपक के प्रस्तुत होने की प्रतीक्षा में है। उद्दीपक प्रस्तुति के पूर्वकाल में प्रयोज्य के केन्द्रीय तंत्रिका तंत्र में किसी-न-किसी तरह की क्रियाएँ चलती रहती हैं। यही नहीं वरन् परिवेशजन्य उद्दीपक भी उसे उद्दीप्त करते रहते हैं। अर्थात् प्रयोगकर्त्ता द्वारा प्रस्तुत उद्दीपक प्राप्त होने के समय उसके केन्द्रीय तांत्रिका तंत्र में स्नायविक क्रियाएँ तथा अन्य पृष्ठभूमि सम्बन्धी उद्दीपक भी उपस्थित रहते हैं। जो उसकी एकाग्रता में विघ्न डालते हैं अर्थात् कोलाहल (Noise) उत्पन्न करते हैं। प्रयोज्य इसी कोलाहल के बीच उद्दीपक का अनुभव करता है, क्योंकि सभी परिवेशजन्य उद्दीपकों—जैसे सड़क पर चल रहे वाहनों, कमरे में टिक-टिक करती हुई घड़ी, कक्ष के बाहर लोगों के बातचीत को रोका नहीं जा सकता। यही नहीं उद्दीपक की उपस्थिति की प्रतीक्षा अवधि में प्रयोज्य के मन में न आने वाले विचार और आन्तरिक क्रियाएँ भी कोलाहल मानी जाती हैं।

उपर्युक्त स्थिति में इस सिद्धान्त की एक मान्यता के अनुसार प्रायोगिक दशा में यद्यपि कोलाहल (Noise, N) और संकेत उद्दीपक दोनों स्थिर होते हैं फिर भी उनका संवेदी प्रभाव प्रत्येक प्रयास में स्थिर न होकर परिवर्तित होता है, जो प्रकृत वितरण वक्र (Normal distribution curve) के अनुसार होता है। सिद्धान्त के एक अन्य अभिग्रह के आधार पर कोलाहल तथा संकेत दोनों के प्रभाव मानसिक अथवा स्नायविक स्तर पर अभिव्यक्त होते हैं। जो प्रकृत रूप में वितरित होते हैं। इसलिए दोनों के विचलन का स्वरूप समान होता है जैसा कि निम्न चित्र में दर्शाया गया है:—

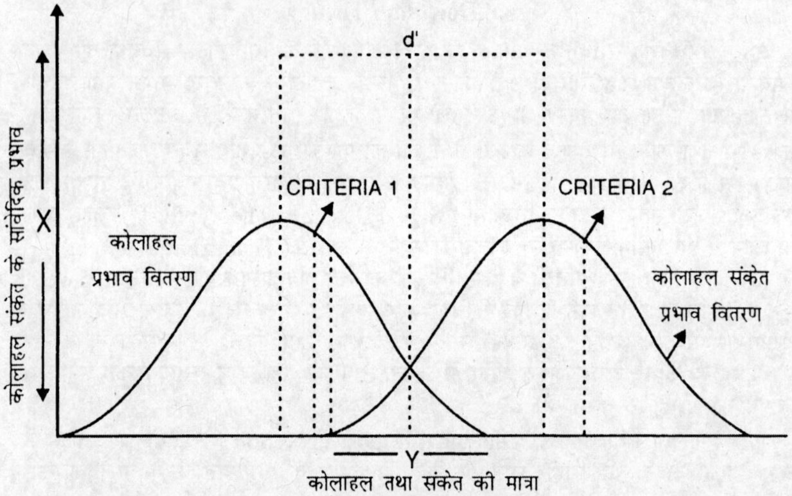

उपर्युक्त चित्र X (एक्स) अक्ष पर कोलाहल तथा संकेत के संवेदी प्रभाव दर्शाए गए हैं जो स्नायविक क्रिया की मात्रा का सूचक हैं जबकि वाई अक्ष (Y axis) पर कोलाहल तथा संकेत की मात्रा दिखाई गई है। उपर्युक्त चित्र में ऐसे दो वितरण चित्रित किए गए हैं जिन्हें आधार मानकर विभेदनशीलता (discrimination) या संज्ञापनशीलता को परिभाषित करते हैं। प्रस्तावकों के अनुसार, संज्ञापनशीलता दोनों वितरणों के मध्यमानों के मध्य का अन्तर है जिसे तकनीकी रूप में प्राइम डी (d') कहा जाता है। जो संवेदना की तीक्ष्णता तथा संकेत—दोनों पर निर्भर करता है।

अनुक्रिया मापदण्ड *(Response Criterion)*

ऐसे प्रयोगों में उद्दीपक तथा कोलाहल के कारण प्रयोज्य के मस्तिष्क में उत्पन्न केन्द्रीय प्रभावों के विषय में उसे यह निर्णय करना पड़ता है कि यह प्रभाव संकेत से उत्पन्न हुआ था या केवल कोलाहल से उत्पन्न हुआ था। ऐसा निर्णय करने के लिए व्यक्ति केन्द्रीय प्रभाव के किसी निश्चित प्रभाव को अपना मापदण्ड या आधार बना लेता है, और केन्द्रीय प्रभाव को उससे न्यून होने पर वह 'नहीं' अनुक्रिया करता है। दूसरी ओर जब किसी प्रयास पर केन्द्रीय स्नायविक प्रभाव उसके मापदण्ड के बराबर या अधिक होता है तो व्यक्ति 'हाँ' अथवा संकेत के विद्यमान होने का संकेत देता है। जिस प्रयोज्य का मापदण्ड अधिक कड़ा होगा वह अपेक्षाकृत अधिक सतर्क होगा। अर्थात संकेत के उपस्थित न होने की दशा में 'हाँ' अनुक्रिया नहीं देगा। दूसरी ओर निम्नस्तरीय मापदण्ड वाले व्यक्ति संकेत की अनुपस्थिति में भी 'हाँ'

अनुक्रिया कर सकते हैं। फलस्वरूप इन दो प्रकार के मापदण्डों वाले व्यक्तियों के संकेत संज्ञापनशीलता में अन्तर का सूचक नहीं है वरन् मात्र इस बात का सूचक है कि उनके अनुक्रिया मापदण्ड भिन्न हैं। व्यक्ति से उम्मीद की जाती है कि वह केवल केन्द्रीय स्नायविक प्रभाव के आधार पर अनुक्रिया करे। अतः इस प्रसंग में अभीष्ट मापदण्ड क्या होना चाहिए जिसके अनुसार वह केवल संकेत की उपस्थिति पर ही 'हाँ' अनुक्रिया करे।

अभीष्ट मापदण्ड के द्वारा विशुद्ध संवेदनशीलता का मापन होता है क्योंकि सम्भाव्यता समानुपात (likelihood ratio) का मापन सम्भव है। डी अमेटो (D' Amato) के अनुसार, 'सम्भाव्यता समानुपात दो भिन्न उपकल्पनाओं के अन्तर्गत भिन्न-भिन्न सम्भावनाओं का अनुपात है।' (Likelihood ratio, which is the ratio of the probabilities of an event under two hypsotheses) इसको एक उदाहरण से समझा जा सकता है। मान लीजिए एक सामान्य सिक्का है तथा दूसरा थोड़ा टेढ़ा है। सामान्य सिक्के को उछाला जाए तो उसके चित या पट गिरने की सम्भावना .5 होगी। किन्तु टेढ़े सिक्के को उछालने पर उसके चित गिरने की सम्भावना .8 और पट गिरने की सम्भावना .2 होगी। यदि यादृच्छिक रीति से इन दोनों को उछाला जाए तो इसके चित या पट गिरने की सम्भावना का अनुपात .8/5 = 1.6 होगा। इस तरह हम कह सकते हैं कि अभीष्ट मापदण्ड (optimal criterion) एक सांख्यकीय प्रत्यय है जिसे संकेत संज्ञापन प्रयोग में प्रदत्तों के अनुसार ज्ञात कर सकते हैं।

प्रयोज्य की अनुक्रियाओं का संकेत संज्ञापन सिद्धान्त की मान्यताओं के अनुरूप होने के लिए आवश्यक है कि कोलाहल और कोलाहल संकेत वितरणों की पूर्व नियोजित सम्भावनाओं और अनुक्रिया के परिणामों का बोध हो। यदि ऐसा न होगा तो प्रयोज्य दोनों उपर्युक्त वितरणों से अनभिज्ञ होने के कारण अपनी अनुक्रिया मापदण्ड को यादृच्छिक तौर पर परिवर्तित करेगा तथा प्रयोग में वांछित तत्परता भी न होगी। आदर्श प्रेक्षक अभीष्ट तौर पर संकेत का ज्ञापन करता है। परन्तु इस वांछितता को सभी मनोवैज्ञानिक आवश्यक नहीं समझते।

ग्रहीता संकारक लक्षण *(Receiver Operating Characteristic)*

प्रयोज्य अनुक्रिया के लिए चाहे जो मापदण्ड प्रयुक्त करे उसके द्वारा अपनाए मापदण्ड के स्थान तथा संवेदनशीलता का मूल्यांकन किया जा सकता है। उसकी अनुक्रियाओं के मूल्यांकन के कारण दो प्रकार के संख्यात्मक परिणाम मिल सकते हैं—प्रथम 'हाँ' अनुक्रिया का अनुपात जो को/सं॰ के घटित होने पर निर्भर है और द्वितीय 'हाँ' अनुक्रिया का वह समानुपात जो केवल कोलाहल की उपस्थिति की स्थिति में मिलता है जिसे निम्न सूत्र द्वारा अभिव्यक्त किया जाता है:—

PSN (A) और PN (A)

जहाँ P (पी॰) = प्रसम्भाव्यता (Probability)

N (एन॰) = कोलाहल (Noise)

S (एस॰) = संकेत (Signal)

A (ए॰) = चित्र सं॰ का वह क्षेत्र जिसमें प्रयोज्य 'हाँ' अनुक्रिया करता है।

PSN (पी॰ एस॰ एन॰) = कोलाहल संकेत समानुपात

PN (पी॰ एन॰) = कोलाहल समानुपात

इन दोनों के द्वारा व्यक्ति की संवेदनशीलता तथा अनुक्रिया मापदण्ड का मापन करते हैं।

उपर्युक्त दो प्रकार की सम्भावनाओं की अलग-अलग मात्राओं के सहारे ग्रहीता संकारक

लक्षणों का वक्र निर्मित करते हैं। संवेदनशीलता का माप ज्ञात करने के लिए निम्न सूत्र प्रयुक्त होता है:—

$$D = \frac{MfSN(n) - MfN(x)}{dfn(x)}$$

जहाँ

D = संवेदनशीलता का माप,
m = मध्यमान,
fsn = संकेत कोलाहल का घनत्व प्रकार्य
(n) = मापदण्ड मूल्य
fn = कोलाहल घनत्व प्रकार्य

सिद्धान्त की उपयोगिता

मनोविज्ञान में यह सिद्धान्त अनेक क्षेत्रों में समस्त उपयोगी है। पशु मनोविज्ञान के क्षेत्र में होने वाले शोधों में इसका बहुत महत्त्व है, यद्यपि इसका अनुप्रयोग सीमित रूप से हुआ है। ब्लाउ (Blau, 1967) के अनुसार उद्दीपक सामान्यीकरण (Stimulus gradient) की व्याख्या में इसका विशेष महत्त्व है। इन्होंने विभेदन अधिगम के क्षेत्र में भी इसकी उपयोगिता पर काफी प्रकाश डाला है। सुबोस्की तथा ग्राइस (Suboski, 1967 and Grice 1968) ने प्राची अनुबन्धन में इसके महत्त्व का उल्लेख किया है। प्राइस (Price 1966) ने प्रत्यक्षीकरण तथा व्यक्तित्व सम्बन्धी अध्ययनों में इसके उपयोग की चर्चा की है। उसने इरिक्सन (1966) के साथ एक अध्ययन सामान्य तथा मनोविदलन रोगियों के प्रत्यक्षीकरण में किया और महत्त्वपूर्ण अन्तर प्राप्त किया। मापदण्ड की परिवर्तनशीलता के प्रभावों को अलग करके विशुद्ध संवेदनशीलता के मापन की सम्भावना का उल्लेख किया। यही नहीं स्मृति में पहचान सम्बन्धी प्रयोगों तथा ध्वनि की चयनात्मकता के अध्ययनों में भी यह सिद्धान्त उपयोगी है। इस प्रकार मनोविज्ञान की विभिन्न समस्याओं के प्रायोगिक अध्ययनों में संकेत संज्ञापन का विशेष महत्त्व है।

❑

अध्याय 38

मनोवैज्ञानिक परीक्षण
(PSYCHOLOGICAL TESTS)

भौतिक विज्ञान एवं प्राकृतिक विज्ञानों की भाँति व्यवहारपरक विज्ञानों में मापन का कार्य किया जाता है। भौतिक विज्ञान में मापन के लिए भौतिक मापों का प्रयोग किया जाता है परन्तु सामाजिक विज्ञानों में व्यवहारों के मात्राकरण के लिए मनोवैज्ञानिक परीक्षणों का प्रयोग किया जाता है। चूँकि वैयक्तिक भिन्नताओं (individual differences) पाया जाना एक सार्वभौमिक तथ्य है जिसके आधार पर निसंदेह यह कहा जा सकता है कि हमारे जीवन के विभिन्न पक्षों यथा बौद्धिक योग्यता, व्यक्तित्व, शीलगुण, अभिरुचियों, रुचियों, मूल्यों आदि के सन्दर्भ में वैयक्तिक भिन्नताओं का पाया जाना स्वाभाविक है। परिणामस्वरूप इन वैयक्तिक भिन्नताओ के मापन की आवश्यकता अनुभव की जाने लगी और मनोवैज्ञानिक परीक्षणों का विकास हुआ। मनोवैज्ञानिक परीक्षण ऐसे मानकीकृत उपकरण हैं, जिस पर उत्तरदाता से अनुक्रिया प्राप्त की जाती है।

मनोवैज्ञानिक परीक्षणों का उपयोग मुख्यतः दो उद्देश्यों की पूर्ति के लिए किया जाता है जिनके द्वारा मानसिक गुणों का निरपेक्ष (absolute) तथा सापेक्ष (relative) मापन किया जाता है। व्यक्ति के निरपेक्ष योग्यताओं के मापन का तात्पर्य व्यक्ति में निहित योग्यताओं, क्षमताओं एवं शीलगुणों के मापन से है जबकि सापेक्ष योग्यताओं के मापन का सम्बन्ध किसी योग्यता के सन्दर्भ में दो या दो से अधिक व्यक्तियों के योग्यता की परस्पर तुलना से है। बालक के बौद्धिक योग्यता का मापन करके उसे सामान्य या 'मंद बुद्धि' में वर्गीकृत करना उसके निरपेक्ष योग्यता का मापन है, जबकि सापेक्ष मापन में दो या दो से अधिक व्यक्तियों पर बौद्धिक योग्यता सम्बन्धी परीक्षण में प्रशासित करके किसी को 'प्रतिभावान' तो किसी को 'सामान्य बुद्धि' तथा किसी को 'मंद बुद्धि' में वर्गीकृत किया जाता है। मनोविज्ञान में वैयक्तिक भिन्नताओं के मापन के लिए ही मानसिक मापनों और मनोवैज्ञानिक परीक्षणों का प्रयोग किया गया। अनेक मनोवैज्ञानिकों ने मनोवैज्ञानिक परीक्षणों को इस प्रकार परिभाषित करने का प्रयास किया है:—

Anastasi (1976) के अनुसार, *''मनोवैज्ञानिक परीक्षण आवश्यक रूप से व्यवहार के प्रतिदर्श का वस्तुनिष्ठ एवं प्रभावीकृत माप है।'' (A psychological test is essentially an objective and standardized measure of a sample of behaviour.)*

Chaplin (1975) के अनुसार, *''मनोवैज्ञानिक परीक्षण एक सामान्य सम्प्रत्यय है जिसमें मानसिक योग्यता परीक्षण, उपलब्धि परीक्षण, अभिवृत्ति परीक्षण एवं व्यक्तित्व परीक्षण को सम्मिलित किया जा सकता है।'' (Psychological test is a general concept including mental ability scales, achievement tests, various kinds of special aptitude tests and tests by personality.)*

Freeman (1975) के अनुसार, *''मनोवैज्ञानिक परीक्षण वह प्रमाणीकृत उपकरण है जिसका निर्माण सम्पूर्ण व्यक्तित्व के एक या एक से अधिक पक्षों के वस्तुनिष्ठ रूप से वाचिक*

अनुक्रियाओं अथवा दूसरे व्यवहार प्रतिदशों के मापन हेतु किया जाता है।'' (A psychological test is a standardized instrument designed to measure objectively one or more aspects of total personality by means of a samples of verbal or non-verbal responses or by means of other behaviour.)

Sax (1974) के अनुसार, *''एक परीक्षण को ऐसे कार्य या कार्यों की शृंखला के रूप में परिभाषित किया जा सकता है जिसके द्वारा ऐसे क्रमबद्ध निरीक्षण प्राप्त किये जाते हैं जो किसी मनोवैज्ञानिक अथवा शैक्षिक गुण का प्रतिनिधित्व करते हैं।'' (A test may be defined as a task or series of task to obtain systematic observations presumed to be representative of educational or psychological traits or attributes.)*

Cronbach (1984) के अनुसार, *''एक मनोवैज्ञानिक परीक्षण एक क्रमबद्ध प्रक्रिया है जिसके द्वारा दो या दो से अधिक व्यक्तियों के व्यवहार द्वारा दो या दो से अधिक व्यक्तियों के व्यवहार का तुलनात्मक अध्ययन किया जाता है।'' (A test is a systematic procedure for comparing the behaviour of two or more persons.)*

इन परिभाषाओं के आधार पर यह कहा जा सकता है कि मनोवैज्ञानिक परीक्षण एक ऐसा उपकरण है जिसमें मानकीकृत प्रश्नों, अथवा कथनों को ही नहीं सम्मिलित किया जाता है वरन् अवाचिक पदों को भी सम्मिलित किया जाता है जिनके द्वारा सम्पूर्ण व्यक्तित्व के एक या एक से अधिक पक्षों का मात्रात्मक मापन किया जाता है तथा यह परीक्षण विश्वसनीय और वैध भी होते हैं।

मनोवैज्ञानिक परीक्षणों की विशेषताएँ *(Characteristics of a Psychological Test)*

(i) मनोवैज्ञानिक परीक्षण वस्तुनिष्ठ होते हैं।

(ii) इनमें विश्वसनीयता पाई जाती है।

(iii) ऐसे परीक्षण वैध होते हैं।

(iv) अच्छे मनोवैज्ञानिक परीक्षण प्रमाणीकृत होते हैं।

(v) अच्छे मनोवैज्ञानिक परीक्षण में मानक विकसित किये जाते हैं।

(vi) मनोवैज्ञानिक परीक्षण में ऐसे पदों का चयन किया जाता है जिनके कठिनाई का स्तर 25% से 75% तक होता है।

(vii) एक उत्तम परीक्षण से प्राप्त प्राप्तांकों में यथार्थता (exactness) पायी जाती है।

(viii) एक अच्छे परीक्षण में समग्रता (Comprehensiveness) पाया जाता है अर्थात् जिस योग्यता के मापन के लिए परीक्षण का निर्माण किया गया है, यह परीक्षण उस योग्यता के सभी पहलुओं का मापन करता है।

(ix) ऐसे परीक्षणों में व्यवहारिक कठिनाइयों का अभाव पाया जाता है अर्थात् परीक्षण प्रशासनकर्ता को न तो उनके प्रशासन में कठिनाई होती है और न अंकन में ही।

(x) अच्छा परीक्षण वही है जिसमें न तो अनावश्यक रूप से श्रम व्यय हो और न समय तथा धन ही।

(xi) परीक्षण ऐसा होना चाहिए जिसके पदों के प्रति अनुक्रिया प्रकट करते समय उसमें अरुचि न उत्पन्न हो।

(xii) परीक्षण में विभेदन क्षमता (discrimination capacity) अवश्य पाई जानी चाहिए।

(xiii) इनके द्वारा एक से अधिक पक्षों का मापन किया जा सकता है।

(xiv) यह शाब्दिक-अशाब्दिक, वस्तुनिष्ठ-प्रक्षेपी, गति-शक्ति, वैयक्तिक सामूहिक, पेपर-पेंसिल-निष्पादन आदि प्रकार के होते हैं।

(xv) व्यवहार प्रतिदर्श (Sample of behaviour) के उपर्युक्त माप होते हैं।

मनोवैज्ञानिक परीक्षणों के प्रकार
(Types of Psychological Tests)

व्यक्तित्व के अनेक पक्षों के मापन के लिए अनेक परीक्षणों यथा बुद्धि परीक्षण, उपलब्धि परीक्षण, अभिवृत्ति परीक्षण, व्यक्तित्व परीक्षण को विकसित किया है जिनके द्वारा हम बच्चों के बुद्धि उपलब्धि, अभिवृद्धि, व्यक्तित्व आदि का मापन करते हैं। इनके मापन के लिए अनेक प्रकार के परीक्षणों को विकसित एवं प्रमाणीकृत किया गया है। इन परीक्षणों को कई वर्गों में वर्गीकृत किया जा सकता है:—

1. पेपर पेंसिल परीक्षण प्रति निष्पादन परीक्षण (*Paper Pencil test* vs *Performance Tests*)—पेपर पेंसिल परीक्षण में विद्यार्थी को प्रश्नों को पढ़कर उनका उत्तर देना होता है जबकि निष्पादन परीक्षण में परिक्षार्थी को कुछ करके अपनी अनुक्रिया प्रकट करनी होती है।

2. योग्यता परीक्षण प्रति प्ररूपी व्यवहार परीक्षण (*Ability Tests* vs *Typical Behaviour Tests*)—योग्यता परीक्षण के द्वारा व्यक्ति के बौद्धिक योग्यता, उपलब्धि आदि का मापन किया जाता है जबकि प्ररूपी व्यवहार परीक्षण के द्वारा व्यक्तित्व की विशेषताओं यथा रुचियों, मूल्यों,व्यक्तित्व की विशेषताओं यथा रुचियों, मूल्यों, व्यक्तित्व शीलगुणों आदि का मापन किया जाता है।

3. वैयक्तिक परीक्षण प्रति सामूहिक परीक्षण (*Individual Test* vs *Group Tests*)—जिस परीक्षण का प्रशासन एक समय में एक ही व्यक्ति पर किया जाता है उसे वैयक्तिक परीक्षण कहते हैं लेकिन जब एक समय में एक परीक्षण पूरे समूह पर प्रशासित किया जाता है तो सामूहिक परीक्षण कहते हैं।

4. गति परीक्षण प्रति शक्ति परीक्षण (*Speed Tests* vs *Power Tests*)—गति परीक्षण की परिभाषा उन परीक्षणों के रूप में की जा सकती है जिनका उद्देश्य यह ज्ञान प्राप्त करना होता है कि परीक्षार्थी के निर्धारित समय में परीक्षण के कितने पदों के प्रति अनुक्रिया प्रकट की है। ऐसे परीक्षणों में सभी पदों का कठिनाई स्तर लगभग समान ही रखा जाता है। यह पद प्रायः सरल प्रकृति के होते हैं। पर्याप्त समय देने पर परीक्षार्थी सभी प्रश्नों के उत्तर सफलता से दे सकते हैं। परन्तु परीक्षण की समय-सीमा इतनी कम होती है कि परीक्षार्थी प्रायः सभी प्रश्नों का उत्तर निर्धारित समय में नहीं दे सकते हैं, जबकि शक्ति परीक्षण का उद्देश्य यह सूचना प्राप्त करना होता है कि परीक्षार्थी में कोई विशेष योग्यता कितनी मात्रा में पाई जाती है। शक्ति परीक्षण में पदों को बढ़ती हुई कठिनाई के क्रम में व्यवस्थित किया जाता है।

5. शाब्दिक परीक्षण प्रति अशाब्दिक परीक्षण (*Verbal Tests* vs *Non-Verbal Tests*)—जिन परीक्षणों में भाषा का प्रयोग किया जाता है, उन्हें शाब्दिक या वाचिक परीक्षणों में भाषा का प्रयोग न करके चित्रों, डिजाइनों एवं रेखाओं का प्रयोग किया जाता है।

6. वस्तुनिष्ठ प्रति प्रक्षेपी परीक्षण (*Objective* vs *Projective Tests*)—जिन परीक्षणों के द्वारा व्यक्ति के क्षमताओं, योग्यताओं, अथवा व्यक्तित्व की विशेषताओं का प्रत्यक्ष मापन किया जाता है, उन्हें वस्तुनिष्ठ अथवा मनोमितीय परीक्षण (Psychometric test)

परीक्षण कहते हैं। ऐसे परीक्षणों के उदाहरण के रूप में व्यक्तित्व प्रश्नावलियों, अभिक्षमता, बुद्धि एवं उपलब्धि परीक्षणों को लिया जा सकता है। जबकि प्रक्षेपी परीक्षणों में व्यक्ति के उन भावनाओं, संवेगों, इच्छाओं, ग्रन्थियों आदि के बारे में ज्ञान प्राप्त किया जाता है जिनके बारे में परीक्षार्थी स्वयं अनभिज्ञ रहता है। मानसिक रोगों के निदान में ऐसे परीक्षणों का उपयोग किया जाता है।

परीक्षण रचना एवं मानकीकरण
(Test Construction and Standardization)

सामाजिक विज्ञानों में परिवर्त्यों के मात्राकरण हेतु अनेक परीक्षणेां एवं मापनियों (Tests and Scales) का विकास मनोवैज्ञानिकों ने समय-समय पर किया है, जिनके द्वारा व्यक्ति के बौद्धिक योग्यता, व्यक्तित्व शीलगुण, अभिवृत्तियाँ रुचियाँ, अभिक्षमताएँ, अर्जित ज्ञान एवं कौशल, शैक्षिक उपलब्धियों आदि का मापन कर उनके बारे में पूर्वकथन किया जाता है। इन उद्देश्यों की पूर्ति के लिए अनेक प्रकार के मनोवैज्ञानिक परीक्षणों एवं मापनियों को निर्मित एवं विकसित किया गया है। इन परीक्षणों के निर्माण एवं मानकीकरण की प्रक्रिया सरल नहीं वरन् अत्यधिक जटिल एवं श्रम-साध्य है। परीक्षण के मानकीकरण के लिए परीक्षण रचना की प्रक्रिया है, तत्पश्चात् मानकीकरण की प्रक्रिया का अनुप्रयोग किया जाता है।

परीक्षण रचना *(Test Construction)*

श्रेष्ठ कोटि के मनोवैज्ञानिक और शैक्षिक परीक्षणों की रचना के लिए परीक्षण निर्माता को परीक्षण निर्माण प्रक्रिया के वैज्ञानिक पद्धति का अनुसरण करना होता है। मनोवैज्ञानिक एवं शैक्षिक परीक्षणों की रचना में सन्निहित विभिन्न चरणों/सोपानों का वर्णन निम्नवत है:—

1. परीक्षण योजना बनाना *(Planning the Test)*—इस शीर्षक के अन्तर्गत यह तय कर लिया जाता है कि परीक्षण का उद्देश्य, विषय-वस्तु, स्वरूप, माध्यम प्रशासन विधि, परीक्षण की लम्बाई, समय-सीमा, जनसंख्या एवं प्रतिदर्श आकार तथा परीक्षार्थियों की आयु, जाति, शैक्षिक स्तर, यौन, भाषा, सामाजिक आर्थिक स्तर क्या होगा। इसके अतिरिक्त परीक्षण घटकों/क्षेत्रों का भी पूर्व निर्धारण कर लिया जाता है।

2. पद लेखन *(Item Writing)*—परीक्षण योजना तैयार कर लेने के बाद परीक्षण के पदों/एकाक्षों (items) को लिखा जाता है। पदों की भाषा सरल और स्पष्ट होती है। उनका उत्तर 'हाँ', 'नहीं', 'सही', 'गलत' अथवा बहुविकल्पी पदों (multiple items) का प्रयोग किया जाता है।

3. परीक्षण के प्रारम्भिक रूप की जाँच *(Trying out of the preliminary draft or pilot study of the test)*—परीक्षण पदों को एकत्र कर लेने के बाद परीक्षण निर्माता उन पदों के विषय-वस्तु की जाँच तो करता ही है साथ-ही-साथ उन पदों के बारे में कुछ विषय विशेषज्ञों से परामर्श लेता है और उन पदों की जाँच करा लेता है। परीक्षार्थी तथा परीक्षण प्रशासन के लिए अलग-अलग निर्देश तैयार कर लेता है। इसी स्तर पर दो पदों की व्यवस्था, विशेषज्ञों के सुझाव के आधार पर संशोधन, प्रशासन फलांकन प्रक्रिया तथा फलांकन कुंजी (scoring key) का निर्माण कर लेना चाहिए। प्रारम्भिक जाँच (pilot study) के लिए निर्मित परीक्षण को 15-20 व्यक्तियों पर प्रशासित कर परीक्षण की कमियों को ज्ञात करके उन्हें दूर करने का प्रयास करना चाहिए। यदि परीक्षण के प्राप्तांकों पर अनुमान (guess) का प्रभाव पड़ने की सम्भावना हो, तो ऐसी स्थिति में शुद्धिकरण सूत्र (Correction formula) का प्रयोग करना चाहिए।

$$S = R - \frac{W}{N-1}$$

S = अनुमान के लिए शुद्ध किया फलांक

R = सही प्रत्युत्तरों की संख्या

W = गलत प्रत्युत्तरों की संख्या

N = उपस्थित प्रत्युत्तरों की संख्या

पद-विश्लेषण *(Item Analysis)*

पद-विश्लेषण का उद्देश्य परीक्षण के लिए चयन किये गये पदों का अलग-अलग अध्ययन करना है ताकि परीक्षण प्रभावशाली बन सके। इस सोपान में समस्त पदों का व्यक्तिगत अध्ययन किया जाता है। *Freeman* (1965) का मत है कि इस सोपान में प्रत्येक पद का कठिनता स्तर (difficulty level) तथा उन पदों की विभेदन शक्ति (discriminating power) को ज्ञात किया जाता है।

1. कठिनता स्तर *(Difficulty level)*—इससे हमें यह ज्ञात होता है कि कौन पद कठिन है और कौन सरल है तथा किस पद का कठिनता स्तर औसत है। कठिनता स्तर ज्ञात करने के लिए कई विधियों का प्रयोग किया जाता है जैसे 27% निम्न समूह के सही प्रत्युत्तर द्वारा हार्पर फैसीलिटी इन्डेक्स (Harper Facility Index), सामान्य वक्र आदि।

2. पद की विभेदन शक्ति *(Discrimination power of the test)*—पद की विभेदन शक्ति से तात्पर्य परीक्षण की उस विशेषता से है, जो व्यक्तियों की योग्यता की मात्रा के आधार पर उनमें अन्तर कर सके क्योंकि मापन की जाने वाली विशेषता सभी व्यक्तियों में समान नहीं पाई जाती है, वरन् किसी में कम और किसी में अधिक होती है। ऐसी परिस्थिति में किसी विशेषता के सन्दर्भ में व्यक्तियों को उच्च सामान्य, एवं औसत में सफलतापूर्वक वर्गीकरण परीक्षणों के विभेदन शक्ति पर ही निर्भर करता है। विभेदन शक्ति के निर्धारण के लिए अनेक विधियों यथा Flanagan product moment correlation method, Davis item analysis chart, Symond method, Kelly method, Guilford's X^2 Method, आदि का प्रयोग किया जाता है।

❑

अध्याय 39

परीक्षण प्राप्तांकों की वैधता
(VALIDITY OF TEST SCORES)

वैधता किसी भी मनोवैज्ञानिक परीक्षण का एक प्रमुख गुण माना जाता है। परीक्षण वैधता का तात्पर्य परीक्षण के विशिष्ट एवं सामान्य उद्देश्यों का शुद्धता (accuracy) तथा प्रभावकता (effectiveness) से मापन से है। जो परीक्षण जितनी ही कुशलता से तथ्य का मापन करता है जिसके मापन के लिए उसका निर्माण किया गया है वह परीक्षण उतना ही अधिक वैध होगा। परीक्षण-वैधता से यह संकेत प्राप्त होता है कि जिस उद्देश्य के लिए परीक्षण का निर्माण किया गया है, उस उद्देश्य की पूर्ति हो रही है या नहीं, यदि हो रही है, तो कितनी?

Freeman (1978) के अनुसार, *''वैधता का सूचकांक उस सीमा को व्यक्त करता है जहाँ तक परीक्षण उस तथ्य का मापन करता है जिसके हेतु उसे निर्मित किया गया है जबकि किसी स्वीकृत कसौटी से उसकी तुलना की जाती है।'' (An index of validity shows the degree to which a test measures what it purports to measure, when compared with accepted criteria.)*

Cronbach (1960) के अनुसार, *''किसी परीक्षण की वैधता उसकी वह सीमा है जिस सीमा तक वह, वहीं मापता है जिसके लिए उसका निर्माण किया गया है।'' (Validity is the extent to which a test measures what its purports to measure.)*

Gulliksen (1920) के अनुसार, *''किसी कसौटी के साथ परीक्षण का सह-सम्बन्ध ही वैधता है।'' (It is the correlation of test with some criterion)*

Thorndike & Hagen (1969) का मत है कि *''कोई भी मापन विधि उस सीमा तक वैध है जिस सीमा तक वह किसी कार्य के सफल मापन से सह-सम्बन्धित है जिसके विषय में पूर्वमापन हेतु उसकी रचना की गई है।'' (A measurement procedure is valid in so far as it correlates with some measurement of success in the job for which it is being used as a predictor.)*

Chaplin (1975) के अनुसार, *''वैधता का तात्पर्य किसी परीक्षण के उस गुण से है जो उस विशेषता का मापन करता है जिसको मापन करना उसका उद्देश्य है।'' (Validity is the property of a measuring device that it measures in fact what it is intended to measure.)*

Nunnally (**1981**) के अनुसार, *''सामान्य दृष्टिकोण से वैध परीक्षण उस विशेषता का मापन करता है जिस विशेषता का वह मापन करना चाहता है।'' (In a very general sense, measuring instrument is valid if it does what it is intended to do.)*

Reber (1987) ने वैधता को परिभाषित करते हुए कहा है, *''मनोवैज्ञानिक परीक्षण में वैधता का अर्थ किसी परीक्षण का वह गुण है कि वह उसी विशेषता का मापन करता है जिस*

विशेषता का मापन उसका उद्देश्य होता है।" (In testing validity is the property of any measuring instrument, device or test that it measures what it purports to measure.)

Stratton & Heys (1991) ने वैधता को इस प्रकार परिभाषित किया है, *"वैधता का तात्पर्य परीक्षण की उस विशेषता से है जो उस विशेषता का ही मापन करता है जिसका मापन इसका उद्देश्य है।" (Validity refers to how far a given measure assesses what it was intended to measure.)*

Ghisselli (1964) के अनुसार, *"वैधता की सम्भव परिभाषा यह है कि एक परीक्षण किसी सीमा तक प्रस्तावित उद्देश्यों का मापन करता है।" (Validity refers to the extent to which a test or a set of operating measures what it purports to measure.)*

इन परिभाषाओं पर दृष्टिपात करने से यह संकेत प्राप्त किया जा सकता है कि इन परिभाषाओं में कोई विशेष अन्तर नहीं है। सभी परिभाषाएँ लगभग एक ही तथ्य पर बल देती हैं।

उपर्युक्त परिभाषाओं के आधार पर निस्संदेह यह कहा जा सकता है कि *वैधता से तात्पर्य यह है कि परीक्षण किस सीमा तक अपने उद्देश्यों की पूर्ति करता है।*

वैधता सूचकांक (validity index) से यह संकेत प्राप्त होता है कि परीक्षण में सतत् त्रुटि (constant error) कितनी है। सतत् त्रुटि एवं परीक्षण वैधता सूचकांक में घनिष्ठ सह-सम्बन्ध है। परीक्षण में सतत त्रुटि की मात्रा जितनी ही कम होगी, परीक्षण उतना ही वैध होगा। ठीक इसके विपरीत परीक्षण की सतत त्रुटि अधिक होने पर परीक्षण की वैधता में ह्रास पाया जाता है। इसी प्रकार जब वैधता सूचकांक अधिक होता है तो वह इस तथ्य की ओर संकेत प्रदान करता है कि परीक्षण में सतत त्रुटि कम है लेकिन जब वैधता सूचकांक कम होगा, तो परीक्षण में सतत त्रुटि अधिक पाई जायेगी। वैधता गुणांक का तात्पर्य वाह्य सह-सम्बन्ध (external correlation) से है जिसमें प्राप्तांकों में सह-सम्बन्ध गुणांक की गणना की जाती है। वैधता ज्ञात करने की एक प्रमुख विधि के रूप में सह-सम्बन्ध गुणांक को माना जाता है। सामान्यतया जब सह-सम्बन्ध गुणांक .5 के आसपास होता है, तो वह वैध माना जाता है।

वैधता-कसौटी
(Validity-Criterion)

जिस प्रकार एक सुनार सोने की शुद्धता को परखने के लिए एक कसौटी का प्रयोग करता है, उसी प्रकार परीक्षण निर्माता भी अपने परीक्षण की वैधता को परखने के लिए किसी कसौटी का प्रयोग करता है, और वैधता को ज्ञात करता है। परीक्षण वैधता ज्ञात करने में दो कसौटियों का प्रयोग किया जाता है—आन्तरिक कसौटी (internal criteria) एवं वाह्य कसौटी (external criteria)। आन्तरिक कसौटी में सम्पूर्ण परीक्षण के पदों तथा उसके उपवर्गों (sub sections)/घटकों में सहसम्बन्ध की गणना की जाती है। जबकि वाह्य कसौटी में परीक्षण निर्माता एक ही समूह पर अपने परीक्षण तथा उससे सम्बन्धित अन्य व्यक्तियों द्वारा निर्मित परीक्षण को प्रशासित करता है। इन दो परीक्षणों के बीच सह-सम्बन्ध जितना ही अधिक होगा, परीक्षण उतना ही वैध होगा। वाह्य कसौटी के रूप में किसी अन्य व्यक्ति द्वारा निर्मित परीक्षण के अतिरिक्त परीक्षार्थियों का विद्यालयी संचयी अभिलेख (School's Cumulative Records), अध्यापक का मूल्यांकन आदि को लिया जा सकता है। यद्यपि परीक्षण निर्माता वैधता ज्ञात करने के लिए दोनों प्रकार की कसौटियों का प्रयोग किया जाता है। जैसे बुद्धि परीक्षण में आन्तरिक और वाह्य दोनों कसौटियों का प्रयोग किया जाता है।

बुद्धि परीक्षण के लिए विद्यालय में विभिन्न विषयों में अंक अथवा कुल अंक, परीक्षार्थी की योग्यता के बारे में अध्यापकों के निर्णय, स्कूल में प्रगति, पूर्व निर्मित एवं प्रमाणीकृत परीक्षणों से सहसम्बन्ध, निष्पादन में सफलता, अभिक्षमता परीक्षण में प्रशिक्षण के दौरान प्राप्त अंक एवं वास्तविक निष्पादन में सफलता, निष्पादन परीक्षण में स्कूल के प्राप्तांक तथा अध्यापकों के निर्णय, तथा व्यक्तित्व परीक्षण के लिए परीक्षार्थियों के वास्तविक व्यवहार एवं औपचारिक निदान को कसौटियों के रूप में लिया जाता है।

Thorndike (1969) ने तीन प्रकार के वैधता कसौटियों का वर्णन किया हैं— तात्कालिक (Immediate), अन्तःवर्ती (Intermediate) एवं अन्तिम (Ultimate)। तात्कालिक कसौटी का तात्पर्य किसी विशिष्ट योग्यता परीक्षण पर प्राप्त अंक से लिया जाता है। जबकि अन्तःवर्ती कसौटी का तात्पर्य पूरे प्रशिक्षण पाठ्यक्रम में प्राप्त औसत अंक से लिया जाता है। अन्तिम कसौटी किसी कार्य-विशेष के सन्दर्भ में प्रयोज्य के अंतिम निष्पादन की ओर संकेत करता है।

उपर्युक्त कसौटी वह मानी जाती है जो प्रसांगिक (relevant) हो पक्षपातपूर्ण न हो (freedom from bias),विश्वसनीय(reliable) हो तथा उसकी उपलब्धता(availability) सरल हो। ***Brown*** (1962) का मत है कि, *"अन्य दशाओं के समान होने पर सर्वोत्तम कसौटी माप वही है जिसका व्यवहारिक महत्त्व सबसे अधिक हो।" (Other things being equal the best criterion measure is the one that has the most practical advantages.)*

परीक्षण वैधता के प्रकार
(Types of Test Validity)

परीक्षण वैधता के प्रकारों के सम्बन्ध में मनोवैज्ञानिकों में मतैक्य नहीं है। चूँकि परीक्षण वैधता की कसौटियों, उसके प्रकार तथा वैधता ज्ञात करने की विधियों में महत्त्वपूर्ण सम्बन्ध पाया जाता है। अतः किसी भी प्रकार की वैधता का निर्धारण करने के लिए हमें वैधता की कसौटियों तथा वैधता ज्ञात करने की विधियों पर निर्भर रहना होगा। यद्यपि *Cronback, Thorndike, Gulliksen Ghisselli, Anastasi, Goode & Hatt, Ross* आदि मनोवैज्ञानिकों ने वैधता के अनेक प्रकारों का वर्गीकरण प्रस्तुत किया है परन्तु हम आन्तरिक एवं वाह्य कसौटियों के आधारों पर वर्गीकृत वैधता प्रकारों का वर्णन प्रस्तुत कर रहे हैः—

(अ) आन्तरिक कसौटी के आधार पर परीक्षण वैधता के प्रकार *(Types of validity based on Internal Criteria)*

1. संक्रिया वैधता *(Operational Validity)*—संक्रिया वैधता ज्ञात करने के लिए हमें परीक्षण के पदों का पद-विश्लेषण (item-analysis) करना होता है। परीक्षण की प्रक्रिया संक्रिया में ही परीक्षण निर्माता यह देखने का प्रयास करता है कि परीक्षण में चयन किये गये परीक्षण के उद्देश्यों की पूर्ति करते हैं या नहीं। इस वैधता के द्वारा किसी परिभाषित मनोवैज्ञानिक क्रिया का मापन होता है। इस प्रकार की वैधता ज्ञात करने के लिए निरीक्षण विधि का भी प्रयोग किया जाता है *Mosier* के अनुसार यह भी चार प्रकार की होती है (i) मान्यता से (by assumption, (ii) परिभाषा से (by definition), (iii) देखकर (by appearance), एवं (iv) उपकल्पना से (by hypothesis)। प्रथम में यह मान लिया जाता है कि अमुक परीक्षण किसी निश्चित विशेषता के मापन के लिए निर्मित किया गया है द्वितीय में, परिभाषा के आधार पर निर्णय/अनुक्रिया को प्राप्त किया जाता है। तृतीय में यह परीक्षण देखने में ही अपने उद्देश्य

को प्रकट करता दिखाई देता है। चतुर्थ में अनुसंधानकर्ता को यह विश्वास होना चाहिए कि अपूर्ण परिणाम तथा अछूते क्षेत्र पर भी भविष्य में अनुसंधान की सम्भावना है।

Freeman ने वैधता के चार प्रकार-संक्रिया (Operational), कार्यात्मक (Functional), कारक (Factorial) तथा अंकित (Face), *Jordan* ने दो प्रकार—आन्तरिक (internal) तथा वाह्य (External), *Anastasi* ने चार प्रकार—अंकित (Face), विषय-वस्तुगत (Content), कारक (Factorial) तथा इन्द्रियानुभविक (Empirical); *Ross* ने वैधता के चार प्रकार-पूर्व कथनात्मक (Predictive), समवर्ती (Concurrent or Status), विषय-वस्तुगत (Content) तथा अन्वय (Congruent or construct); *Goode & Hatt* ने अंकित (Face), विशेषज्ञ मत (Jury opinion), विरोधी समूह (Opposed Groups) तथा स्वतन्त्र कसौटी (Independent criterion) तथा *Green, Jorgenson & Gerberich* (1975) ने तीन प्रकार—पाठ्य विषयात्मक (Curricular), सांख्यिकी (Statistical) एवं तर्कसंगत (Logical) बताये हैं। सुविधा के लिए इनका वर्गीकरण इस प्रकार किया जा सकता है:—

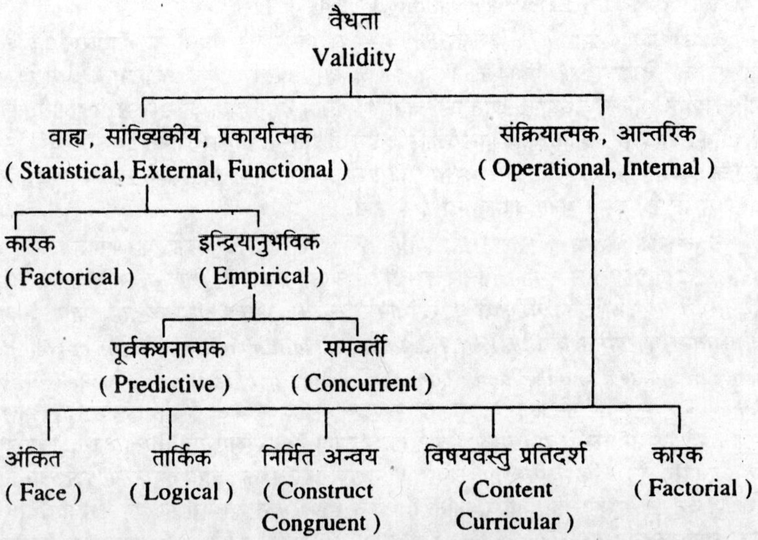

2. तार्किक वैधता *(Logical Validity)*—परीक्षण के पदों के चयन अथवा रचना करते समय जब परीक्षण निर्माता परीक्षण के उद्देश्यों से सम्बन्धित सम्प्रत्ययों (concepts) तथा इकाइयों (units) का चयन करता है, तो परीक्षण में तर्कसंगत (तार्किक) वैधता पाई जाती है। यदि व्यक्तित्व-परीक्षण की रचना हम कर रहे हैं, तो चयन किये गये पद ऐसे होने चाहिए जो व्यक्तित्व विशेषताओं/शीलगुणों से ही सम्बन्धित हो।

3. विषय-वस्तु वैधता *(Content Validity)*—जिस परीक्षण में विषय-वस्तु वैधता पाई जाती है, उस परीक्षण के पद/विषयवस्तु उससे सम्बन्धित पाठ्यक्रम का प्रतिनिधित्व करते हैं। अर्थात् सम्बन्धित पाठ्यक्रम से ही परीक्षण के सम्पूर्ण पदों/कथनों का चयन होता है। परीक्षण के पद अपने पाठ्यक्रम के प्रतिदर्श होते हैं। इसीलिए इसे प्रतिदर्श वैधता (Sample validity) भी कहते हैं। चूँकि परीक्षण के प्राप्तांकों का अर्थ किसी परिभाषित पाठ्यक्रम के सन्दर्भ में प्राप्त किया जाता है, इसलिए इसे पाठ्य विषयात्मक वैधता (Curricular validity) भी कहते हैं।

Anastasi के अनुसार, *"Test score can be interpreted in terms of school ability the performance of today is well defined type of situation or subject matter thus called content validity."*। यह विधि प्रायः उपलब्धि परीक्षणों में ही प्रयोग की जाती है। विषय-वस्तु वैधता का और अधिक स्पष्टीकरण करते हुए ***Anastasi*** ने अपना मत इस प्रकार प्रकट किया है, *''विषय वस्तु वैधता में आवश्यक रूप से परीक्षण विषय-वस्तु का क्रमबद्ध परीक्षण निहित होता है ताकि यह निर्धारित किया जा सके कि परीक्षण मापे जाने वाले व्यवहार क्षेत्र का प्रतिनिधिपूर्ण प्रतिदर्श सम्मिलित करता है या नहीं।''* (*Content validity involves essentially the systematic examination of the test content to determine whether it covers a representative sample of the behaviour domain to be measured.*) इसीलिए ***Brown*** ने अपना मत इस प्रकार प्रकट किया है, *''प्रतिनिधिपूर्ण प्रतिदर्श का तात्पर्य पदों के बल या महत्त्व के अनुपात में चयन करने से है।''* इस प्रकार यह कहा जा सकता है कि विषय-वस्तु वैधता में परीक्षण के विषय-वस्तु की तुलना मापे जाने वाले विषय-वस्तु से की जाती है। इसे आन्तरिक वैधता (Intrinsic validity), वृत्तीय वैधता (Circular validity) तथा सुसंगति वैधता (Relevance validity) भी कहते हैं।

4. अंकित वैधता (*Face Validity*)—इस प्रकार की वैधता का निर्धारण प्रश्नों के स्वरूप को देखकर ही निर्धारित किया जाता है। उपलब्धि एवं व्यक्तित्व परीक्षणों में अधिकांशतः अंकित वैधता ही ज्ञात की जाती है। यद्यपि इस वैधता के सम्बन्ध में मनोवैज्ञानिकों में मतैक्य नहीं है क्योंकि कुछ मनोवैज्ञानिक इसे वैधता का प्रकार मानते हैं और कुछ नहीं। क्योंकि इसके लिए कोई तार्किक आधार नहीं प्रस्तुत किया गया है। इसका महत्त्व व्यवसायिक दृष्टि से तो है, परन्तु मनोवैज्ञानिक दृष्टि से नहीं।

5. कारक वैधता (*Factorial Validity*)—कारक वैधता को परिभाषित करते हुए ***Anastasi*** (1957) ने अपना विचार इस प्रकार प्रकट किया है, *''किसी परीक्षण की कारक वैधता परीक्षण तथा अन्य परीक्षणों के उभयनिष्ठ कारकों अथवा अन्य व्यवहार मापों के मध्य सह-सम्बन्ध को इंगित करती है।''* (***The factorial validity of a test is the correlation between that test and the factor common to a group of tests or other measures of behaviour.***) इनके परिभाषा के आलोक में यह कहा जा सकता है कि कारक विश्लेषण में अनेक परीक्षणों में परस्पर सह-सम्बन्ध ज्ञात किया जाता है। इसलिए यह वैधता कारक विश्लेषण पर आधारित है। चूँकि कारक विश्लेषण में मुख्य कारकों को ज्ञात करके प्रत्येक कारक से परीक्षण का सह-सम्बन्ध ज्ञात किया जाता है। प्राप्त सह-सम्बन्ध ही परीक्षण की कारक वैधता है। इसे कारक उद्‌गार (factor loading) भी कहते हैं क्योंकि इसके द्वारा उस सीमा का मापन होता है जिस सीमा तक कोई परीक्षण किसी कारक से उद्‌भारित (loaded) होता है। *Anastasi* (1957) का मत है कि, मनोवैज्ञानिक परीक्षणों में कारक विश्लेषण का प्रयोग करके मनोवैज्ञानिक शीलगुणों के बारे में ज्ञान प्राप्त किया जाता है। *Guilford* का मत है कि कारक विश्लेषण से हमें यह संकेत प्राप्त होता है कि किस परीक्षण के द्वारा क्या मापन किया जाता है। इसलिए यह वैधता अन्य वैधता प्रकारों की तुलना में अपेक्षाकृत अधिक महत्त्वपूर्ण एवं उपयोगी है। फिर भी *Anastasi* (1957) इस वैधता को दोषरहित नहीं मानते हैं अर्थात् इसकी भी अपनी कुछ सीमाएँ हैं—उदाहरणार्थ-तथ्यों के अभाव में कारक वैधता की गणना नहीं की जा सकती है, बहुत कम क्षेत्रों में कारक विश्लेषण प्रविधि का प्रयोग नहीं किया गया है, तथा यह भी शत प्रतिशत विश्वास से नहीं कहा जा सकता कि किसी घटक में उच्च वैधता होने पर वे उससे सम्बन्धित सार्थक पूर्वकथन ही करेंगे।

(ख) वाह्य कसौटी के आधार पर परीक्षण वैधता के प्रकार *(Types of Validity Based on External Criteria)*

1. पूर्वकथनात्मक वैधता *(Predictive Validity)*—जब हम किसी परीक्षण से प्राप्त प्राप्तांकों के आधार पर व्यक्ति के बारे में, उसकी भावी योग्यता के बारे एवं उसके भावी सामथर्य के बारे में पूर्व कथन करते हैं, तो परीक्षण में पूर्वकथनात्मक वैधता पाई जाती है। इस विधि से वैधता ज्ञात करने के लिए परीक्षण प्रशासनकर्ता सर्वप्रथम परीक्षण को प्रशासित करता है और परीक्षण प्राप्तांक को प्राप्त करता है। तत्पश्चात् किसी कसौटी के आधार पर हम उसी पूर्व परीक्षित समूह का मूल्यांकन करते हैं और प्राप्त प्राप्तांक को लिख लेते हैं। उसके बाद ऐसे प्राप्तांकों की श्रृंखलाओं में सह-सम्बन्ध ज्ञात किया जाता है। इस प्रकार कहा जा सकता है कि किसी परीक्षण पर विद्यार्थी के प्राप्तांक (Score) के आधार पर भविष्य में उसके निष्पादन सफलता/असफलता के बारे में भविष्यवाणी करना ही परीक्षा की पूर्वकथनीय वैधता है। ***Chaplin*** (1975) ने पूर्वकथनीय वैधता को परिभाषित करते हुए यह कहा है कि, *''पूर्वकथनीय वैधता का तात्पर्य उस मात्रा से है जितनी मात्रा में वह परीक्षण उस विशेषता को मापता है जिसके मापन के लिए उसे अभिकल्पित किया गया था'' (Predictive validity is the degree to which a test measure for what it was designed, as determined by actually correlating it with an independent sample of behaviour.)* इसी प्रकार ***Reber*** (1987) ने पूर्वकथनीय वैधता को परिभाषित करते हुए कहा है कि, *''पूर्वकथनीय वैधता इन्द्रियानुभविक वैधता का एक प्रकार है जो यह निर्धारण करता है कि परीक्षण पर प्राप्त प्राप्तांक किस सीमा तक वास्तविक निष्पादन का भविष्यकथन करते हैं ।'' ("Predictive validity is a type of empirical validity based on determining the extent to which the scores on test are predictive actual performance.")* इसे कसौटी-सम्बद्ध वैधता (Criterion related validity) भी कहते हैं। जिसका तात्पर्य यह है कि परीक्षण प्राप्तांक (test score) किसी स्वतन्त्र तथा वास्तविक निष्पादन प्राप्तांक (actual performance score) के बीच अनुकूलता (correspondence) की मात्रा द्वारा निर्धारित होती है अर्थात् दोनों प्रकार के प्राप्तांकों में सह-सम्बन्ध होना आवश्यक है।

परीक्षण प्राप्तांक और कसौटी प्राप्तांक (criterion test) के मध्य पाये जाने वाले सह-सम्बन्ध को पूर्वकथनीय वैधता गुणांक कहते हैं। निम्नलिखित सूत्र के द्वारा कसौटी व्यवहारों एवं मापदण्ड व्यवहारों के बारे में भविष्यवाणी किया जा सकता है। इसके लिए निम्नलिखित समीकरण को विकसित किया जा सकता है:—

$$Y = r_{xy}\frac{\sigma_y}{\sigma_x}(x - M_x)M_y$$

यहाँ r_{xy} = परीक्षण और मानदण्ड प्राप्तांकों में सहसम्बन्ध गुणांक

X = परीक्षण पर प्राप्तांक

M_x = परीक्षण प्राप्तांकों का मध्यमान

σ_x = परीक्षण प्राप्तांकों का प्रामाणिक विचलन

M_y = मानदण्ड परीक्षण के प्राप्तांकों का मध्यमान

σ_y = मानदण्ड परीक्षण के प्राप्तांकों का प्रामाणिक विचलन

Y = मानदण्ड प्राप्तांक

2. निर्मित या अन्वय वैधता (*Construct Validity*)—इस विधि का प्रतिपादन *Cronback* ने किया। वैधता प्राप्त करने की नवीन प्रवृत्ति के रूप में इसकी गणना की जाती है। चूँकि इसमें किसी परीक्षण को किसी विशेष रचना या सिद्धान्त के रूप में जाँचा जाता है। इसलिए इसका स्वरूप अपेक्षाकृत जटिल होता है। जब परीक्षण निर्माता यह जानना चाहता है कि किसी प्राप्तांक का मनोवैज्ञानिक अर्थ क्या है तो इसका तात्पर्य यह है कि परीक्षण निर्माता यह जानना चाहता है कि परीक्षण प्राप्तांक किन मानसिक योग्यताओं से सम्बन्धित है, अथवा व्यवहार किन मानसिक योग्यताओं पर आधिारित है। चूँकि इस प्रकार की वैधता मनोविज्ञानिक तथ्यों (psychological facts) पर आधारित होती है, इसलिए इसे मनोवैज्ञानिक वैधता (psychological validity) भी कहते हैं ***Anastasi*** (1957) का मत है कि, *''परीक्षण प्राप्तांकों की व्याख्या मनोवैज्ञानिक सिद्धान्त अथवा संज्ञानात्मक योग्यता के रूप में की जा सकती है अर्थात मनोवैज्ञानिक परीक्षण में मनोवैज्ञानिक भाषा (मानसिक शीलगुण) पाये जाते हैं, जिसे निर्मित वैधता की संज्ञा दी जाती है।''* मनोवैज्ञानिक परीक्षणों में निर्मित वैधता का पाया जाना आवश्यक है। विशेष रूप से बुद्धि परीक्षण, सर्जनशीलता परीक्षण एवं योग्यता परीक्षण में निर्मित वैधता का पाया जाना अत्यावश्यक है क्योंकि इन परीक्षणों में संज्ञानात्मक क्षमताओं तथा योग्यताओं का मापन होता है जिनके प्रकृति को समझने के लिए मनोवैज्ञानिक सिद्धान्तों की आवश्यकता होती है। इसीलिए इस वैधता को सैद्धान्तिक वैधता (theroetical validity) भी कहते हैं। चूँकि मनोवैज्ञानिक परीक्षण का आधार अनेक संप्रत्यय (concepts) होते हैं जिन्हें निर्मित (constructs) भी कहा जाता है, इसलिए इसे निर्मित वैधता भी कहते हें। चूँकि निर्मित वैधता का सम्बन्ध उपकल्पित गुण या शीलगुण (hypothetical quality or trait) अथवा मनोवैज्ञानिक शीलगुण (psychological traits) यथा बौद्धिक योग्यता, सर्जनशीलता, अहं शक्ति (इन्हें निर्मित कहते हैं) से है, इसलिए जब निर्मित परीक्षण शीलगुणों (निर्मितियों constructs) के मापन से सम्बन्धित होगा तो उसमें निर्मित वैधता पाई जायेगी। इसीलिए इसे शीलगुण वैधता (trait validity) अथवा कारक वैधता (factorial validity) भी कहते हैं। शीलगुण वैधता का तात्पर्य यह है कि परीक्षण में जिन शीलगुणों के मापन की बात की गई है, उन शीलगुणों का मापन होता है या नहीं। इसे कारक वैधता इसलिए कहते हैं क्योंकि यह परीक्षण अनेक कारकों (शीलगुणों) का मापन करता है जिनके द्वारा यह देखा जाता है कि वे एक ही निर्मित वैधता से सम्बन्धित हैं या नहीं। अन्त में हम ***Reber*** (1987) के शब्दों में निर्मित वैधता के सम्बन्ध में सारांश स्वरूप यह कह सकते हैं, *''निर्मित वैधता का तात्पर्य उन प्रक्रियाओं से है जिसके द्वारा किसी परीक्षण-उपकरण की वैधता का मूल्यांकन इस आधार पर किया जाता है कि परीक्षण के पद/एकांश किस मात्रा में किस परिकल्पित गुण या शीलगुण (निर्मित) को मापते हैं जिसके मापन के लिए उसे अभिकल्पित किया गया था।''* (*Construct validity refers to a set of procedures for evaluating the validity of testing instrument based on the determination of the degree to which the test items capture the hypothetical quality or trait (construct) it was designed to measure.—Reber*)

निर्मित वैधता ज्ञात करने की अनेक उपयुक्त विधियाँ हैं:—

(i) आयु विभेदीकरण—स्टैनफोर्ड-बिने तथा अन्य विद्यालय परीक्षणों की जाँच आयु के सन्दर्भ में होती है, जिससे यह ज्ञात किया जा सके कि क्या आयु बढ़ने के साथ-साथ परीक्षण प्राप्तांक भी बढ़ते हैं।

(ii) अन्य परीक्षणों से सहसम्बन्ध—किसी मान्य प्रमाणीकृत एवं नवीन परीक्षण के मध्य सह-सम्बन्ध को प्रकट करता है कि नवीन परीक्षण उस गुण का मापन करता है जिसे मान्य प्रमाणीकृत करता है।

(iii) आन्तरिक संगति—वास्तविकता यह है कि आन्तरिक संगति समजातीयता (homogeneity) का माप है। इस विधि का संकुचित रूप से प्रयोग किया जाता है क्योंकि वाह्य तथ्यों की उपस्थिति में यह कहना कठिन होता है कि वह किन प्रत्ययों का माप करता है।

(iv) एकीभूत या समवर्ती वैधता (*Concurrent validity*)—एकीभूत वैधता ज्ञात करने के लिए परीक्षण निर्माता परीक्षण को वर्तमान सूचनाओं से सह-सम्बन्धित करने का प्रयास करता है। जैसे बुद्धि परीक्षण के प्राप्तांकों को उपलब्धि प्राप्तांकों से चिन्ता परीक्षण पर प्राप्त प्राप्तांकों को मनोचिकित्सकों द्वारा मूल्यांकित चिन्ता की मात्रा से, अभिवृत्ति मापनी पर प्राप्त प्राप्तांकों को उस समय के तात्कालिक व्यवहार से तथा बी॰एड॰ में प्रवेश के समय प्राप्त प्राप्तांकों को शिक्षण अभिवृत्ति पर प्राप्तांकों से सह-सम्बन्धित किया जाता है। इस प्रकार हम कह सकते हैं कि एकीभूत वैधता का तात्पर्य अनुकूलता (correspondence) के उस मात्रा से है जिसे किसी परीक्षण पर परीक्षार्थी अपने प्राप्तांक तथा परिस्थिति में तात्कालिक व्यवहार में प्रकट करता है।

वैधता के आकलन की विधियाँ
(Methods of Estimating Validity)

1. निरीक्षण विधि (*Observation Method*)—वैधता के अनेक प्रकारों तथा अंकित वैधता, आंतरिक वैधता आदि को निर्धारित करने के लिए निरीक्षण विधि का प्रयोग किया जाता है। परीक्षण निर्माता परीक्षण के पदों/एकांशों का अलग-अलग निरीक्षण करता है। और यह मूल्यांकन करता है कि जिस उद्देश्य की पूर्ति के लिए परीक्षण में इन पदों को सम्मिलित किया गया है, वे पद परीक्षण के उद्देश्य की पूर्ति किस सीमा तक करते हैं। यद्यपि यह विधि अन्य विधियों की तुलना में सरल है परन्तु वैधता के समस्त प्रकारों का आकलन विधि के द्वारा सम्भव नहीं है।

2. विशेषज्ञ दृष्टिकोण (*Expert's View*)—इस विधि में परीक्षण की वैधता के आकलन के लिए विशेषज्ञों को परीक्षण देकर उनके कथनों का अध्ययन एवं विश्लेषण करने को कहा जाता है। विषय-विशेषज्ञों के दृष्टिकोण का महत्त्व सभी प्रकार के वैधता प्रकारों में नहीं है। केवल अंकित वैधता और विषय-वस्तु वैधता के आकलन के लिए ही विशेषज्ञों का दृष्टिकोण महत्त्वपूर्ण है। विशेषज्ञों का कार्य यही होता है कि वह परीक्षणों के पदों को देखकर यह निर्धारित करता है कि उन पदों के द्वारा परीक्षण के उद्देश्य की प्राप्ति की जा सकती है या नहीं। परन्तु *Nunnlly* (1981) एवं *Reber* (1987) इस विधि को केवल अंकित और विषय-वस्तु वैधता के लिए ही उपयुक्त मानते हैं, वैधता के अन्य प्रकारों के लिए नहीं। इन्होंने इस विधि को आत्मनिष्ठ (subjective) माना है तथा यह कहा है कि विशेषज्ञों के व्यक्तिगत पक्षपातों का प्रभाव उनके निर्णय पर पड़ सकता है।

3. विभेदन विधि (*Discrimination Method*)—यह विधि एक भूत वैधता के लिए ही उपयुक्त है। इस विधि के द्वारा यह देखने का प्रयास किया जाता है कि जिस योग्यता/क्षमता के मापन के लिए किसी विशेष परीक्षण का निर्माण किया गया है, वह परीक्षण उस योग्यता रखने वाले और न रखने वाले व्यक्तियों में अन्तर पैदा करने में सक्षम हैं या नहीं।

4. वास्तविक निष्पादन विधि (*Actual Performance Method*)—इस विधि में यह देखने का प्रयास किया जाता है कि किसी परीक्षण विशेष पर व्यक्ति के प्राप्तांकों और उसके

वास्तविक निष्पादनों में अनुकूलता/संवाद (correspondence) पाया जाता है या नहीं। परीक्षणों पर प्राप्त प्राप्तांकों तथा व्यक्ति के उपलब्धियों में जितनी ही अधिक समानुरूपता होगी, परीक्षण की वैधता उतनी ही आंकी जायेगी। इस विधि का उपयोग सामान्यतया पूर्वकथनीय के आकलन के लिए किया जाता है।

5. प्रासांगिक सिद्धान्त (*Relevant Theory*)—इस विधि का उपयोग निर्मित वैधता के आकलन के लिए किया जाता है। इस विधि में यह देखा जाता है कि जिस उद्देश्य (सम्प्रत्यय) के पूर्ति के लिए परीक्षण का निर्माण किया गया है, उस सम्प्रत्यय के घटकों का सम्बन्ध प्रासंगिक सिद्धान्त से है या नहीं। प्रासांगिक सिद्धान्त तथा परीक्षणों के घटकों में जितनी ही सम्बद्धता पाई जायेगी, परीक्षण उतना ही वैध होगा।

6. सह-सम्बन्ध विधियाँ (*Correlational Method*)—यह विधि अन्य विधियों की अपेक्षा अधिक उपयोगी ही नहीं वरन् अधिक वैज्ञानिक भी है। सामान्यतया इस विधि का सर्वाधिक प्रयोग किया जाता है। सह-सम्बन्ध ज्ञात करने के लिए दो प्रकार के प्राप्तांकों के मध्य सह-सम्बन्ध ज्ञात किया जाता है उदाहरणार्थ परीक्षण प्राप्तांकों (test scores) और निष्पादन प्राप्तांकों (performance scores) के बीच अथवा निर्मित परीक्षण तथा निष्पादन के बीच अथवा निर्मित परीक्षण तथा उसी प्रकार के मानकीकृत अन्य परीक्षण के बीच सह-सम्बन्ध की गणना की जाती है। सह-सम्बन्ध गुणांक एवं वैधता के बीच धनात्मक सह-सम्बन्ध पाया जाता है! सह-सम्बन्ध गुणांक जितना ही अधिक होगा, परीक्षण उतना ही अधिक होगा। सह-सम्बन्ध की गणना के लिए इसके अनेक विधियों यथा Spearman's Rank Order Method, Kendall's Rank Correlation Method, Pearson's Product Moment Method, Biserial Correlation Method. Tetrachoric Correlation Method, Point Biserial Method. तथा Phicoefficient Method का प्रयोग किया जाता है।

परीक्षण वैधता को प्रभावित करनेवाले कारक
(Factors Affecting the Validity of the Test)

1. पदों का स्वरूप (*Nature of items*)—परीक्षण के पद जितने ही अधिक विषम जातीय (hetreogeneous) होंगे, परीक्षण की वैधता उतनी ही अधिक होगी। ठीक इसके विपरीत, परीक्षण के पदों के समजातीय (homogeneous) होने पर वैधता की मात्रा कम हो जाती है।

2. परीक्षण की लम्बाई (*Length of the test*)—परीक्षण में प्रयुक्त किये गये पदों की संख्या जितनी ही अधिक होगी, परीक्षण की वैधता तो अधिक होगी ही, परीक्षण के विश्वसनीयता में भी वृद्धि पाई जायेगी। लेकिन इस सन्दर्भ में यह नहीं कहा जा सकता है कि जिस अनुपात में परीक्षण की लम्बाई बढ़ाई जायेगी, उसी अनुपात में वैधता में भी वृद्धि होगी। अतः परीक्षण की लम्बाई बढ़ाने पर वैधता में कितनी वृद्धि होगी, यह ज्ञात करने के लिए हम निम्नलिखित सूत्र का प्रयोग कर सकते हैंः—

$$r_c(nx) = \frac{(n)(rcx)}{\sqrt{n + n(n-1)rtt}}$$

यहाँ rc (nx) = बढ़े हुए परीक्षण की वैधता

cx = वर्तमान परीक्षण की वैधता परीक्षण की लम्बाई बढ़ाने के गुणा की संख्या

rtt – नर्तमान गरीक्षण की विश्वसनीयता

3. निर्देश का स्वरूप (Nature of instruction)—परीक्षण निर्माता को चाहिए कि वह परीक्षण के लिए वस्तुनिष्ठ निर्देशों का प्रयोग करे जिससे सभी परीक्षार्थी उस परीक्षण में क्या करना है वैसे करना है, का एक ही अर्थ लगाये। ऐसा होने पर परीक्षण की वैधता में वृद्धि पाई जायेगी।

4. सामाजिक सांस्कृतिक कारक (*Socio-cultural factors*)—सामाजिक और सांस्कृतिक विभिन्नताओं के पाये जाने पर वैधता की मात्रा में भी परिवर्तन पाया जाता है। परीक्षण के पदों पर सामाजिक-सांस्कृतिक कारकों का प्रभाव नहीं पड़ना चाहिए।

5. परीक्षण की गतिशीलता (*Speededness of the test*)—जब परीक्षण की प्रशासन अवधि को बढ़ा दिया जाता है, तो परीक्षण की गतिशीलता कम हो जाती है और वैधता गुणांक में वृद्धि पाई जाती है।

6. परीक्षण पदों का कठिनाई स्तर (*Difficulty level of the items*)—परीक्षण में चयनित पदों के कठिनाई स्तर का विस्तार बहुत अधिक होने पर वैधता की मात्रा में ह्रास पाया जाता है।

7. अनुक्रिया प्रवृत्ति (*Response set*)—वस्तुनिष्ठ प्रश्नों में परीक्षार्थी अनुमान का सहारा लेकर अधिक अंक प्राप्त कर सकता है जिससे वैधता गुणांक की मात्रा में कमी पाई जा सकती है। ऐसी स्थिति में शुद्धिकरण सूत्र (Correction formula) का प्रयोग करना चाहिए।

8. वैधता के स्थान पर विश्वसनीयता में बढ़ोत्तरी (*Increase in reliability of the cost of validity*)—परीक्षण की लम्बाई बढ़ाने पर परीक्षण की विश्वसनीयता अवश्य बढ़ेगी, परन्तु वैधता में कमी आ सकती है, क्योंकि इस बात की सम्भावना पाई जा सकती है कि प्रयोज्य को परीक्षण के पद याद हो जाय।

9. शुद्धता पर बल (*Emphasis on accuracy*)—कुछ परीक्षण निर्माता परीक्षण की शुद्धता पर इतना अधिक बल देते हैं कि परीक्षार्थी के निष्पादन की गति मंद हो जाती है और गति परीक्षण की वैधता घट जाती है।

10. श्रेणीकरण में अनुपयुक्त श्रेणियाँ (*In appropriate categories on rating*) —यदि परीक्षण पदों के प्रति अनुक्रिया प्रकट करने के लिए उपर्युक्त अनुक्रिया श्रेणियां (अक्सर, कभी-कभी, कभी नहीं) का प्रयोग नहीं किया गया है, तो वैधता में कमी आने की सम्भावना रहती है।

11. अत्यधिक कठिन शब्दों में वाक्यों का प्रयोग (*Use of more difficult words and sentences*)—अत्यधिक कठिन शब्दों एवं वाक्यों का प्रयोग करने पर परीक्षार्थी उनका अर्थ ठीक से नहीं समझ पाते हैं परिणामस्वरूप वैधता गुणांक में कमी हो जाती है।

12. परीक्षण पदों की अनुपयुक्तता (*Inappropriateness of test items*)—परीक्षण के पद परीक्षण उद्देश्य के अनुरूप अथवा परीक्षण वैधता पर कुप्रभाव पड़ेगा।

13. अन्य कारक (*Other factors*)

(i) तीव्र संवेगात्मक में परीक्षण को प्रशासित न करना

(ii) परीक्षण प्रशासन एवं फलांकन की क्रिया की वस्तुनिष्ठता।

(iii) उत्तरों को एक ही क्रम में रखने पर वैधता में ह्रास। (यदि उत्तर को ABCD, ABCD, ABCD क्रम में प्रस्तुत किया जायेगा, तो वैधता में कमी पाई जायेगी।

(iv) परीक्षण में पदों की उपयुक्त व्यवस्था सरल प्रश्न पहले, कठिन प्रश्न बाद में रखा जाय।

वैधता तथा विश्वसनीयता में सम्बन्ध
(Relationship between Validity and Reliability)

(1) एक प्रमाणीकृत परीक्षण के दो प्रमुख गुणों के रूप में वैधता एवं विश्वसनीयता को माना जाता है, इसलिए प्रत्येक परीक्षण में इन दोनों के अधिक गुणांकों का होना अत्यन्त आवश्यक है।

(2) जब परीक्षण में विषम जातीय पद होते हैं तो परीक्षण के वैधता में वृद्धि पाई जाती है। इसका तात्पर्य यह है कि परीक्षण पदों द्वारा भिन्नतापरक शीलगुणों के मापन के परिणामस्वरूप वैधता बढ़ती है। परीक्षण भी यह विशेषता उसके विश्वसनीयता पर निर्भर नहीं करती है।

(3) जब परीक्षण के पदों में विषम जातीयता घटती है और समजातीयता बढ़ती है तो वैधता घटती है और विश्वसनीयता बढ़ती है।

(4) परीक्षण की वैधता उच्च होने के लिए यह आवश्यक है कि परीक्षण पदों के मध्य सह-सम्बन्ध गुणांक का स्तर निम्न होना चाहिए अर्थात् पदों का कठिनता स्तर भिन्न-भिन्न होना चाहिए। जबकि परीक्षण की विश्वसनीयता के लिए पदों के मध्य उच्च सह-सम्बन्ध होना चाहिए अर्थात् पदों का कठिनता स्तर समान होना चाहिए।

(5) परीक्षण की विश्वसनीयता ज्ञात करने के लिए एक ही परीक्षण को एक ही समूह पर एक अन्तराल के बाद दो बार प्रशासित किया जाता है। दोनों प्रशासनों का प्राप्त सह-सम्बन्ध गुणांक जितना ही अधिक होगा, परीक्षण उतना ही विश्वसनीय होगा। जबकि परीक्षण की वैधता ज्ञात करने के लिए नवनिर्मित परीक्षण और किसी अन्य प्रमाणीकृत परीक्षण को एक ही समूह पर प्रशासित किया जाता है। दोनों-प्रशासनों के प्राप्तांकों का उच्च सह-सम्बन्ध गुणांक उच्च वैधता का प्रतीक होगा।

(6) जब परीक्षण के पदों में संगति (consistency) या स्थिरता (stability) पाई जाती है, तब परीक्षण विश्वसनीय होता है, लेकिन जब परीक्षण के पदों में भविष्यवाणी करने की क्षमता अधिक हो जाती है, तो परीक्षण अधिक वैध होता है।

(7) जब परीक्षण के पदों का कठिनता स्तर समान होता है, तो परीक्षण विश्वसनीय होता है लेकिन वैधता घट जाती है। ठीक इसके विपरीत जब परीक्षण के पदों के कठिनता स्तर में अत्यधिक असमानता पाई जाती है, तो परीक्षण की वैधता तो बढ़ जाती है परन्तु विश्वसनीयता घट जाती है।

(8) अत्यधिक विश्वसनीयता प्राप्त करने के लिए परीक्षण पदों में आन्तरिक सह-सम्बन्ध का अत्यधिक होना आवश्यक है। परन्तु अत्यधिक वैधता प्राप्त करने के लिए परीक्षा के पदों में आन्तरिक सह-सम्बन्ध का उतना ही कम होना आवश्यक है।

(9) विश्वसनीयता ज्ञात करने के लिए स्व-सह-सम्बन्ध (self-correlation) की गणना की जाती है जबकि वैधता गुणांक की गणना के लिए नव-निर्मित परीक्षण तथा वाह्य कसौटी (उसी प्रकार के अन्य परीक्षण) के मध्य सह-सम्बन्ध की गणना की जाती है।

(10) परीक्षण की दो विशेषताओं-विश्वसनीयता और वैधता में तुलना करना उपयुक्त नहीं है क्योंकि दोनों की विशेषताएँ और उद्देश्य अलग-अलग हैं।

❑

अध्याय 40

परीक्षण प्राप्तांकों की विश्वसनीयता

(RELIABILITY OF TEST SCORES)

विश्वसनीयता

(Reliability)

वैधता की भाँति विश्वसनीयता भी परीक्षण का एक महत्त्वपूर्ण एवं केन्द्रिय गुण है। जब परीक्षण प्राप्तांक संयोग त्रुटि (chance error) से मुक्त (free) होता है तथा प्राप्तांक वास्तविक योग्यता (true ability) का सूचकांक (index) हो, तो परीक्षण विश्वसनीय माना जाता है। इसका तात्पर्य यह है कि परीक्षण विश्वसनीयता का तात्पर्य यह है कि परीक्षण प्राप्तांकों की व्यक्तिगत भिन्नता (individual differences) के लिए संयोग त्रुटि (chance error) कितना उत्तरदायी है? परीक्षण विश्वसनीयता से हमें यह संकेत प्राप्त होता है कि परीक्षण प्राप्तांकों के कुल प्रसरण (total variance) का कौन-सा अनुपात त्रुटि प्रसरण (error variance) है।

विश्वसनीयता ज्ञात करने के लिए हम एक ही परीक्षण को एक ही समूह पर दो बार प्रशासित करते हैं, तो प्रशासनों से प्राप्त प्राप्तांकों में जितनी ही अनुरूपता पाई जायेगी अर्थात् जितना ही कम अन्तर होगा अर्थात जितना ही सह-सम्बन्ध गुणांक उच्च होगा, परीक्षण उतना ही विश्वसनीय होगा। विश्वसनीय परीक्षण की प्रमुख विशेषता यह है कि भिन्न-भिन्न अवसरों पर प्राप्त प्राप्तांकों में एकरूपता पाई जाती है। विश्वसनीयता निरीक्षित प्राप्तांकों (observed scores) एवं सत्य प्राप्तांकों (true scores) के मध्य अन्तरों का मापन करता है। निरीक्षित प्राप्तांक परीक्षार्थी के वास्तविक प्राप्तांक है, जबकि सत्य प्राप्तांक वह सैद्धान्तिक प्राप्तांक है जिसे परीक्षार्थी को मापन में किसी प्रकार की त्रुटि न होने पर प्राप्त करना चाहिए था। ***Brown*** (1970) के अनुसार, *''सत्य प्राप्तांक व्यक्ति का वह औसत प्राप्तांक है जो विभिन्न समानान्तर प्रारूपों पर प्राप्त अंकों का औसत होता है।''* ***(A true score is the person's average score on a large number of equivalent forms of a test.)***। सत्य प्राप्तांक के आधार पर ही निरीक्षित प्राप्तांक का अनुमान किया जाता है। सत्य प्राप्तांक और निरीक्षित प्राप्तांक में विचलनशीलता के पाये जाने पर विश्वसनीयता की मात्रा कम हो जाती है। यह विचलनशीलता जितनी ही अधिक होगी, विश्वसनीयता की मात्रा उतनी ही कम होगी अर्थात् परीक्षण में अविश्वसनीयता की मात्रा उतनी ही अधिक होगी। *Guilford* (1954) का मत है कि परीक्षार्थी का प्राप्तांक (obtained score) सत्य प्राप्तांक (true score) तथा त्रुटि प्राप्तांक (error score) का यौगिक मिश्रण है।

$$X = T + E$$

यहाँ X = प्राप्त प्राप्तांक
T = सत्य प्राप्तांक
E = त्रुटि प्राप्तांक

प्रसरण के रूप में विश्वसनीयता की व्याख्या उपर्युक्त सूत्र के द्वारा की जाती है जिससे हमें व्यक्ति के निरीक्षित प्राप्तांक, सत्य प्राप्तांक तथा मापन की त्रुटि पर प्रकाश पड़ता है। विश्वसनीयता परीक्षण का गुण है, किसी व्यक्ति के प्राप्तांकों की विशेषता नहीं। विश्वसनीयता की व्याख्या के लिए इस सूत्र का प्रयोग किया जा सकता है:—

$SX^2 = ST^2 + SE^2$

यहाँ SX^2 = सम्पूर्ण प्रसरण

ST^2 = सत्य प्रसरण

SE^2 = त्रुटि प्रसरण

इसका तात्पर्य यह है कि परीक्षण प्राप्तांकों में पाया जाने वाला सम्पूर्ण प्रसरण दो प्रकार के प्रसरण—सत्य प्रसरण (True variance) एवं त्रुटि प्रसरण (Error variance) के कारण पाया जाता है। सत्य प्रसरण के स्रोत क्रमबद्ध स्रोत (Systematic source) माना जाता है, जो वैयक्तिक भिन्नता (individual differences) के कारण पाया जाता है जबकि त्रुटि प्रसरण के स्रोत वे अक्रमबद्ध स्रोत (unsystematic source) होते हैं जो अनुमान (guessing) फलांकन त्रुटि (Scoring errors) तथा अभिलेखन त्रुटि (Recording errors) के कारण उत्पन्न होते हैं। *Helmstadter* (1964) ने विश्वसनीयता को समझने के लिए इस सरल सूत्र को प्रस्तुत किया है:—

$X_i = t_i \times e_i$

यहाँ X_i = व्यक्ति का प्राप्तांक

t_i = व्यक्ति का सत्य प्राप्तांक

ei = व्यक्ति का त्रुटि प्राप्तांक

सांख्यिकी सिद्धान्त के अनुसार जब दो प्राप्तांकों में प्रसामान्य विरतण पाया जाता है तो प्राप्तांकों का योग भी प्रसामान्य वितरण के रूप में होगा तथा उन दोनों युग्मों (pairs) का विचरण (प्रसरण) (variance) दो तत्त्वों के विचरणों (प्रसरणों) के समान होगा।

$\sigma_x^2 = \sigma_t^2 \times \sigma_e^2$

यहाँ σ_x^2 = निरीक्षित प्राप्तांकों का प्रसरण

σ_t^2 = सत्य प्राप्तांकों का प्रसरण

σ_e^2 = त्रुटि प्राप्तांकों का प्रसरण

इस प्रकार यह कहा जा सकता है कि *Guilford* (1954) एवं *Helmstadter* (1964) के अनुसार विश्वसनीयता को निरीक्षित प्राप्तांकों (obtained scores) से सत्य प्राप्तांकों के प्रसरण (true scores variance) के रूप में परिभाषित किया जा सकता है:—

$$rtt = \frac{\sigma_t^2}{\sigma_x^2} \; or \; \frac{\sigma_x^2 - \sigma_x^2}{\sigma_x^2}$$

उपर्युक्त सामग्री के अवलोकन से इस तथ्य पर प्रकाश पड़ता है कि विश्वसनीयता की परिभाषा सम्पूर्ण अथवा प्राप्त प्रसरण में से परीक्षण प्राप्तांकों के समुच्चय में से सत्य प्रसरण के रूप में की जा सकती है *(Reliability can be defined as the ratio of true variance in a set of test scores to the total, or obtained, variance.)* । सत्य प्रसरण (true variance) की मात्रा जितनी ही अधिक होगी, त्रुटि प्रसरण (error variance) उतना ही कम होगा। परिणामस्वरूप परीक्षण में विश्वसनीयता की मात्रा उतनी ही अधिक होगी। परन्तु सत्य प्राप्तांक या सत्य प्रसरण (true score या true variance) ऐसे सम्प्रत्यय जिनका केवल हम अनुमान (estimation) कर सकते हैं, प्रत्यक्ष मापन नहीं कर सकते हैं। इसलिए *सारांश स्वरूप यह कहा जा सकता है कि विश्वसनीयता एक ऐसी निर्मित (construct) है, यह परीक्षण प्राप्तांकों की एक परिकल्पनात्मक विशेषता (hypothetical property) है।*

परन्तु विश्वसनीयता की यह परिभाषा कठिन है। अन्य मनोवैज्ञानिकों ने विश्वसनीयता की परिभाषा इस प्रकार की है:—

Kerlinger (1964) ने विश्वसनीयता की परिभाषा अत्यन्त सरलतम शब्दों में की है और कहा है कि, *''विश्वसनीयता का पर्याय है निर्भरता, स्थिरता, संगति, भविष्यवाणी एवं परिशुद्धता।'' (Synonyms for reliability are dependently, stability, consistency, predictability and accuracy.)*

Chaplin (1975) ने विश्वसनीयता को इस प्रकार परिभाषित किया हैं, *''विश्वसनीयता का तात्पर्य परीक्षण के उस निर्भरता से है जिसकी अभिव्यक्ति किसी परीक्षण विशेष द्वारा एक समूह पर अनेक मापनों से प्राप्त प्राप्तांकों संगति से होती है।'' (Reliability refers to the dependibility of test as reflected in the consistency of its scores upon repeated measurements of the same group.)*

Stratton & Heys (1991) ने विश्वसनीयता को परिभाषित करते हुए कहा है कि, *''विश्वसनीयता किसी परीक्षण के संगति की ओर संकेत करती है जिसके आलोक में यह ज्ञात होता है कि उसी परिस्थिति में परीक्षण की पुनरावृत्ति करने पर समान परिणाम प्राप्त होने की संभावना कितनी है।'' (Reliability is the consistency of a measure, how likely it is to produce the same results if used again in the same circumstances.)*

Garrett (1985) के अनुसार, *''किसी परीक्षण या मापन यंत्र की विश्वसनीयता उस संगति पर निर्भर करती है जो उन व्यक्तियों की योग्यता का अनुमान लगाती है जिनके लिए उनका प्रयोग किया गया है।'' (The reliability of a test or any measuring instrument depends upon the consistency with which it gauges the ability to which it is applied.)*

Anastasi (1988) के अनुसार, *''परीक्षण विश्वसनीयता उन प्राप्तांकों की संगति की ओर संकेत करता है जिसे एक ही व्यक्ति द्वारा विभिन्न अवसरों पर अथवा समान पदों के विभिन्न समुच्चय से प्राप्त किया गया हो।'' (The reliability of test refers to the consistency of scores obtained by the same individual on diferent occasion or with different sets of equivalent items.)*

Stodola & Stordahl (1972) के अनुसार, *''किसी परीक्षण की विश्वसनीयता को एक ही व्यक्ति द्वारा समरूप परीक्षण पर प्राप्त प्राप्तांकों अथवा दो या से अधिक प्राप्तांकों के समुच्चय के मध्य प्राप्त सहसम्बन्धों के रूप में परिभाषित किया जा सकता है।'' (The reliability of test can be defined as the correlation between two or more sets of scores on equivalent tests from the same group of individuals.)*

Ghiselli (1964) का मत है कि, *''परीक्षण विश्वसनीयता की परिभाषा व्यक्ति में किसी विशेष गुण पर प्राप्तांकों से अक्रमबद्ध विचलन की सीमा के रूप में की जा सकती है जब उस शीलगुण का मापन अनेक बार किया गया हो।'' (Defined reliability of measurement as* *the extent of unsystematic variation in scores of an individual on some traits when that trait is measured a number of times.)*

Guilford (1954) के अनुसार, *"विश्वसनीयता प्राप्त परीक्षण प्राप्तांकों में वास्तविक प्रसरण का अनुपात है।"* *(Reliability is the proportion of the true variance in obtained test scores.)*

इन परिभाषाओं के आधार पर सारांशस्वरूप यह कहा जा सकता है कि शब्द विश्वसनीयता का उपयोग तीन अर्थों में किया गया है-स्थिरता (Stability) के रूप में, यथार्थता (Acuracy) के रूप में तथा विचलन/प्रसरण (Variance) के रूप में। स्थिरता के रूप में विश्वसनीयता की परिभाषायें परीक्षण प्राप्तांकों में स्थिरता (संगति) की ओर संकेत करती है। यदि दो प्राप्तांक श्रृंखलाओं में संगति पाई जाती है, तो परीक्षण विश्वसनीय है, अन्यथा अविश्वसनीय है। इसी प्रकार जिन परिभाषाओं में यथार्थता पर बल दिया गया है, वे परिभाषायें परीक्षण की उपयुक्तता पर बल देती है। यदि परीक्षण विशेष के द्वारा गुण विशेष का मापन सम्भव है, तो परीक्षण विश्वसनीय माना जायेगा। प्रसरण/विचलन के रूप में विश्वसनीयता की प्रस्तुत की गई परिभाषा त्रुटि विचलन (error variance) पर बल देती है। प्राप्तांकों में विचलन दो प्रकार के पाये जा सकते हैं। एक विचलन व्यवस्थित (systematic) होता है जो केवल एक ही दिशा में होता है चाहे वह दिशा धनात्मक हो या ऋणात्मक। इसमें सभी प्राप्तांक या तो उच्च होते हैं या तो निम्न होते हैं। इसे क्रमिक विचलन भी कहते हैं। जबकि दूसरे विचलन को यादृच्छिकविचलन (random variance/random error) की संज्ञा दी जाती है जो कभी धनात्मक, तो कभी ऋणात्मक होता है। इसी प्रकार कभी इसका मूल्य उच्च होता है, तो कभी निम्न। इस प्रकार यह कहा जा सकता है कि मनोवैज्ञानिकों ने विश्वसनीयता को परिभाषित करने के उपर्युक्त तीन कसौटियों का प्रयोग किया है। यद्यपि इन तीनों कसौटियों में घनिष्ठ सह-सम्बन्ध है। किसी परीक्षण के विश्वसनीय होने के लिए उसमें इन तीनों कसौटियों का पाया जाना आवश्यक है। अर्तात्, परीक्षण के प्राप्तांकों में स्थिरता (संगति) होनी चाहिए, परिणाम यथार्थपरक होने चाहिए तथा उसमें अपेक्षाकृत त्रुटि का अभाव होना चाहिए इसीलिए ***Kerlinger*** (1978) ने यह कहा है कि, *"विश्वसनीयता की परिभाषा किसी परीक्षण में मापन के सापेक्ष त्रुटियों के अभाव के अर्थ में किया जा सकता है।"* *(Reliability can be defined as the relative absence of errors of measurement in a measuring instrument.)*

इस प्रकार यह कह सकते हैं कि विश्वसनीयता का तात्पर्य स्वयं किसी परीक्षण की विश्वसनीयता से नहीं है, वरन् विश्वसनीयता का तात्पर्य परीक्षण प्राप्तांकों की अनुरूपता/संगति से है। विश्वसनीयता से किसी परीक्षण की संगति का संकेत प्राप्त होता है।

परीक्षण विश्वसनीयता ज्ञात करने की विधियाँ
(Methods of Determining Test Reliability)

विश्वसनीयता से सम्बन्धित साहित्य के आलोक में यह कहा जा सकता है कि मनोवैज्ञानिकों ने विश्वसनीयता को ज्ञात करने के लिए अनेक विधियों को विकसित किया है जिनके द्वारा विश्वसनीयता गुणांक की गणना की जाती है, परन्तु विश्वसनीयता गुणांक की गणना करते समय हमारे सामने समस्या यह उत्पन्न होती है कि विश्वसनीयता गुणांक (Reliability coefficient) की गणना करनी होगी। इसके लिए हमें व्यक्तियों के दो प्राप्तांक प्राप्त करने होते हैं और उनके मध्य सह-सम्बन्ध की गणना की जाती है या प्रसरण विश्लेषण किया जाता है। इस प्रसरण को मापने के लिए मनोवैज्ञानिकों ने अनेक विधियों को प्रस्तावित किया है जिनमें प्रसरण (variance) मापन के लिए भिन्नतापरक प्रक्रियाओं का प्रयोग करके

त्रुटि प्रसरण (error variance) को दूर किया जाता है। इस प्रकार विश्वसनीयता ज्ञात करने के लिए प्रयुक्त विधियों द्वारा वास्तविक अंकों के प्रसरण का अनुमान परिशुद्ध रूप में किया जाता है अथवा त्रुटि प्रसरण का परिशुद्ध अनुमान करके वास्तविक अंक प्रसरण का अनुमान करते हैं। विश्वसनीय ज्ञात करने की विधियों में यही अनुगान लगागा जाता है कि प्राप्तांक प्रसरण में वास्तविक अंक प्रसरण कितना है। उदाहरणार्थः—

प्राप्तांक प्रसरण = वास्तविक अंक प्रसरण + त्रुटि प्रसरण

(Score variance = True score variance + Error variance)

विश्वसनीयता गुणांक (Reliability coefficient)

$$= \frac{\text{वास्तविक अंक प्रसरण (True score variance)}}{\text{प्राप्तांक प्रसरण (Score variance)}}$$

विश्वसनीयता गुणांक (Reliability coefficient)

$$= \frac{\text{प्राप्तांक प्रसरण (Score variance) − त्रुटि प्रसरण (Error variance)}}{\text{प्राप्तांक प्रसरण (Score variance)}}$$

$$\text{rtt} = \frac{\sigma_x^2 - \sigma_e^2}{\sigma_x^2} = \frac{\sigma_x^2}{\sigma_x^2}$$

$$(\sigma_x^2 = \sigma_t^2 + \sigma_e^2)$$

मनोवैज्ञानिकों ने विश्वसनीयता के निर्धारण (determination) अथवा आकलन के लिए सामान्यतया चार प्रकार के विधियों को विकसित किया है, जिनका वर्गीकरण इस प्रकार हैः—

विश्वसनीयता के प्रकार
(Types of Reliability)

- सापेक्षिक विश्वसनीयता (Relative Reliability)
  - परीक्षण पुनर्परीक्षण विधि (Test-Retest Method)
  - समानान्तर प्रारूप विधि (Parallel Form Method)
  - अर्द्ध विच्छेद विधि Split Half Method)
  - तर्कयुक्त समानता विधि Method of Rational Equivalance)
- निरपेक्ष विश्वसनीयता (Absolute Reliability)
  - मापन की प्रामाणिक त्रुटि (Standard Error of Measurement)

1. परीक्षण-पुनर्परीक्षण विधि (*Test-Retest Method*)

मनोवैज्ञानिक इस विधि का प्रयोग परीक्षण विश्वसनीयता ज्ञात करने के लिए अधिक करते हैं। इस विधि में एक समूह पर एक ही परीक्षण दो बार प्रशासित किया जाता है। दो प्रशासनों के बीच एक निश्चित समयान्तराल का प्रयोग किया जाता है। यह अन्तराल कुछ समय का होता है जो दिन और महीनों के रूप में हो सकता है। जब एक ही परीक्षण दो भिन्न-भिन्न अवसरों पर प्रशासित करके दो समूहों के प्राप्तांकों को प्राप्त कर लिया जाता है, तो उनके मध्य सह-सम्बन्ध गुणांक (r) की गणना की जाती है, प्राप्त सह-सम्बन्ध गुणांक को ही विश्वसनीयता गुणांक (coefficient of reliability) कहते हैं। सह-सम्बन्ध उच्च होने पर परीक्षण की विश्वसनीयता अधिक तथा निम्न होने पर विश्वसनीयता कम होती है। विश्वसनीयता गुणांक को स्थिरता गुणांक (coefficient of stability) भी कहते हैं। परीक्षण-पुनर्परीक्षण विधि को *Cronback* (1972) में स्थायित्व गुणांक (coefficient of stability) कहते हैं।

इस विधि के प्रमुख अभिग्रह निम्नलिखित हैंः—

(i) परीक्षण में पदों की संख्या अधिक होनी चाहिए।

(ii) परीक्षण पदों का कठिनाई स्तर समान होना चाहिए।

(iii) पुनर्परीक्षण की अवधि 6 माह से कम होनी चाहिए।

(iv) यह विधि गति परीक्षणों के लिए उपर्युक्त है।

इस विधि का सबसे प्रमुख गुण यह है कि यह विधि अत्यन्त सरल है। विश्वसनीयता गुणांक बहुत सरलता से ज्ञात किया जा सकता है। कम परिश्रम तथा कम समय और कम खर्च होता है (*Garrett,* 1964)। परीक्षण की दीर्घकालीन स्थिरता ज्ञात करने के लिए यह विधि अधिक उपयोगी है (*The test retest method is most useful when one is interested in the long term stability of a measure.*–Murphy & Davidshofer, 1988)। इस विधि के द्वारा परीक्षणों की विश्वसनीयता का आकलन ही अधिक नहीं होता है, वरन् यह विधि विषमजातीय परीक्षणों (heterogeneous test) के लिए अधिक उपयुक्त है (*Garrett,* 1964)।

परन्तु इस विधि की कुछ अपनी सीमाएँ भी हैं। उदाहरणार्थ—जब एक ही समूह पर एक परीक्षण दो बार प्रशासित किया जाता है तो परीक्षार्थी को परीक्षण पदों का अनुभव प्राप्त हो जाता है, उसे परीक्षण पद याद भी हो जाते हैं, जिससे द्वितीय प्रशासन पर प्राप्त प्राप्तांक अधिक परिशुद्ध नहीं होते क्योंकि उन पर अनुभव एवं स्मृति का प्रभाव पड़ता है (*Garrett,* 1964)। जब दो प्रशासनों के मध्य व्यतीत होने वाले समय को कम रखा जाता है अर्थात् परीक्षण दूसरी बार शीघ्र ही प्रशासित कर दिया जाता है तो इस बात की सम्भावना अधिक पाई जायेगी कि प्रयोज्य द्वितीय प्रशासन के अवसर पर पहले की भाँति ही उत्तर दें। लेकिन यह भी हो सकता है कि इस अवधि में परीथार्थी के अभिवृत्ति में परिवर्तन हो जाय, मनःस्थिति में परिवर्तन हो जाय अथवा उसकी क्षमताओं में वृद्धि या ह्रास पाया जाय, जिससे द्वितीय प्रशासन पर परीक्षण प्राप्तांक प्रभावित हो सकते हैं। (*Murphy & Davidshofer*, 1988)।

इस विधि का प्रयोग सामान्यतया व्यक्तित्व प्रश्नावली, अभिवृत्ति मापनी, रुचिमापनी, चिन्ता मापनी के विश्वसनीयता को निर्धारित करने के लिए उपयुक्त नहीं है क्योंकि इनमें कालावधि में परिवर्तन की सम्भावना अधिक पाई जाती है (*Murphy & Davidshofer,* 1988)। इस विधि के अतिरिक्त दोषस्वरूप जहाँ यह कहा जा सकता है कि इस विधि में श्रम समय और धन अधिक खर्च होता है, तहाँ गह भी कहा जा सकता है कि द्वितीय परीक्षण अवाध लम्बी होने पर परीक्षार्थी कुछ अधिक परिपक्व हो जाता है, इसलिए द्वितीय प्रशासन के समय

प्राप्त वास्तविक प्राप्तांक के परिवर्तित होने की सम्भावना पाई जाती है। इस प्रकार सारांश स्वरूप यह कहा जा सकता है कि पुनर्परीक्षण विधि द्वारा प्राप्त विश्वसनीयता गुणांकों के अनेक कारकों यथा कौशल, स्मृति, परिपक्वता, स्मृति, अभ्यास एवं अनुभ्व द्वारा प्रभावित होने की सम्भावना पाई जाती है। जब परीक्षण का द्वितीय प्रशासन किया जाता है तो इस बात की भी सम्भावना पाई जा सकती है कि प्रथम परीक्षण के समय जो परीक्षार्थी उपलब्ध थे, द्वितीय परीक्षण के समय वह हमें उपलब्ध ही हों।

2. समानान्तर प्रारूप विधि (*Parallel Form Method*)

Cronback (1972) ने इस विधि को तुलना गुणांक (coefficient of Equivalance) नाम दिया है। कुछ मनोवैज्ञानिक इसे विकल्प प्रारूप विधि (Alternative From Method) भी कहा है। परीक्षण पुनर्परीक्षण विधि का यह एक विकसित रूप है। इस विधि पुनर्परीक्षण विधि की कमियों को दूर करके विकसित किया गया है ताकि परीक्षार्थी के प्राप्तांकों पर अभ्यास, कौशल, स्मृति एवं परिपक्वता आदि कारकों का प्रभाव न पड़ सके। इस विधि में एक ही परीक्षण से सम्बन्धित दो प्रारूप (forms) तैयार किये जाते हैं जिसे Form A तथा Form B कहते हैं। इन दोनों प्रारूपों की रचना करते समय यह ध्यान में रखा जाता है कि दोनों प्रारूपों के तत्त्वों (elements) घटकों (components)/ कारकों (factors), विशेषताओं (characteristics) को समान करने का प्रत्येक सम्भव प्रयास किया जाता है। एक समूह पर पहले Form A को प्रशासित किया जाता है फिर कुछ समय बाद B दिया जाता है। दोनों प्रारूपों के मध्य सह-सम्बन्ध की गणना करके विश्वसनीयता ज्ञात की जाती है। प्राप्त सह-सम्बन्ध गुणांक ही विश्वसनीयता गुणांक हेाता है। इस विधि का प्रमुख अभिग्रह यह है कि इस विधि से विश्वसनीयता ज्ञात करने के लिए परीक्षण निर्माता एक ही परीक्षण के दो समानान्तर प्रारूप तैयार किये जाते हैं जो कठिनाई स्तर, विभेदीकरण, प्रयुक्त कारक, प्रशासन, अनुक्रिया प्रकार तथा अंकन के दृष्टिकोण से एक-दूसरे के बिल्कुल समान हो।

इस विधि की विशेषताओं के रूप में यह कहा जा सकता है कि समानान्तर प्रारूप विधि में परीक्षण-पुनर्परीक्षण विधि में पाई जाने वाली कमियों को दूर करने का प्रयास किया गया है तथा एक ही दिन एक ही प्रतिदर्श पर परीक्षण को दो बार प्रशासित करने से समय की बचत होती है (*Murphy & Davidshofer,* 1988)।

परीक्षण-पुनर्परीक्षण विधि की तुलना में समानान्तर प्रारूप विधि श्रेष्ठ एवं विकसित रूप अवश्य है, लेकिन इसका तात्पर्य यह नहीं है कि यह विधि पूर्णतया दोषमुक्त है। इस विधि के भी कुछ दोष हैं। उदाहरणार्थ, समानान्तर प्रारूप विधि में Form A और Form B का समानान्तर प्रारूप तैयार आदि असम्भव नहीं है, तो कठिन अवश्य ही है जिसमें समय भी अधिक लगता है और धन भी अधिक खर्च होता है। *Murphy & Davidshofer* (1988) का मत है समानान्तर प्रारूप तैयार करना व्यवहारिक रूप से सम्भव नहीं है। Form B पर स्थानान्तरण प्रभाव (transfer-effect) का प्रभाव भी पड़ता है। इसके अतिरिक्त एक ही प्रकार के परीक्षण को पुनः प्रशासित करने पर परीक्षण में परीक्षार्थी की रुचि कम हो जाती है। यह विधि अधिक उपयुक्त इसलिए भी नहीं है कि *Guilford* (1954) जैसे विद्वानों ने दोनों प्रारूपों के सह-सम्बन्ध गुणांक को स्व-गुणांक (Self-correlation) की संज्ञा दी जाती है।

3. अर्द्ध-विच्छेद विधि (*Split-Half Method*)

इस विधि को *Cronback* (1972) ने स्थायित्व एवं तुल्यता गुणांक (Coefficient of Stability and Equaivalance) नाम दिया है। इस विधि में परीक्षण को दो वर्गों में विभक्त

किया जाता है। परीक्षण को दो वर्गों में विभक्त करने के लिए दो प्रक्रियाओं का प्रयोग किया जाता है। प्रथम प्रक्रिया में परीक्षण के सम (even) और विषम (odd) अलग-अलग करके दो भागों में बाँट दिया जाता है। द्वितीय प्रक्रिया में परीक्षण के प्रथम आधे भाग (प्रथम 50 पद) तथा द्वितीय आधे भाग (द्वितीय 50 पद) अलग-अलग कर लिया जाता है। तत्पश्चात् परीक्षण के सम-विषम अथवा प्रथम आधे एवं द्वितीय सेटों के बीच सह-सम्बन्ध ज्ञात किया जाता है। सह-सम्बन्ध के उच्च होने पर विश्वसनीयता उच्च तथा निम्न पाई जाती है। चूँकि इस विधि में सम और विषम अंकों वाले पदों को अलग-अलग भागों में रखा जाता है, इसलिए इसे सम-विषम विधि (odd-even method) भी कहते हैं। इसके अतिरिक्त इस विधि द्वारा विश्वसनीयता गुणांक की गणना के लिए परीक्षण को प्रथम आधा (First Half) एवं द्वितीय आधा (Second Half) में अलग-अलग बाँट कर सह-सम्बन्ध की गणना की जाती है, इसलिए इसे प्रथम अर्द्ध प्रति द्वितीय अर्द्ध विधि (First Half vs. Second Half Method) भी कहते हैं। लेकिन मनोवैज्ञानिक इस विधि के द्वारा परीक्षण विश्वसनीयता ज्ञात करने के लिए प्रथम अर्द्ध प्रति द्वितीय अर्द्ध विधि की तुलना में सम-विषम विधि के प्रति अपनी वरीयता अधिक प्रकट करते हैं। विश्वसनीयता ज्ञात करने के लिए उपर वर्णित दोनों प्रक्रियाओं में से द्वितीय का प्रयोग करने पर परीक्षण के दोनों भागों का वर्गीकरण उपयुक्त नहीं हो पाता। क्योंकि अधिकांशतः परीक्षणों की प्रकृति यह होती है कि परीक्षण को बढ़ते हुए कठिनाई क्रम में रखा जाता है। अतः परीक्षण को उनके सम-विषम संख्या के आधार पर वर्गीकृत करना ही उपयुक्त है। जब दोनों भागों से प्राप्तांकों को प्राप्त कर लिया जाता है तो सह-सम्बन्ध गुणांक की गणना के लिए Spearman Brown Formula का प्रयोग किया जाता है।

$$r_{11} = \frac{2r'_{11}}{1 + r'_{11}}$$

यहाँ r_{11} = सम्पूर्ण परीक्षण का विश्वसनीयता गुणांक

r'_{11} = परीक्षण के दोनों अर्द्धों का विश्वसनीयता गुणांक

जब परीक्षण को 2 बराबर भागों में बाँटा जाता है तो दोनों भागों में परीक्षण पदों की संख्या कम हो जाती है अर्थात् उनकी लम्बाई कम हो जाती है। परीक्षण को लम्बाई बढ़ने से परीक्षण की विश्वसनीयता में भी वृद्धि होती है। लेकिन जब परीक्षण की लम्बाई घटती है तो विश्वसनीयता भी घट जाती है। ऐसी स्थिति में Spearman-Brown Prophecy Formula का प्रयोग किया जाता है:—

$$r_{11} = \frac{nr'_{11}}{1 + (n-1)r'_{11}}$$

यहाँ r_{11} = अनुमानित गुणांक

r'_{11} = विभक्त भागों के मध्य प्राप्त सह-सम्बन्ध

n = परीक्षण की लम्बाई छोटी करने पर पदों की संख्या

Guttman (1945) का मत है कि अर्द्धविच्छेद विश्वसनीयता ज्ञात करने के लिए परीक्षण के दोनों अर्द्ध-भागों में सह-सम्बन्ध ज्ञात करने की आवश्यकता नहीं। बिना इन्हें ज्ञात किए भी विश्वसनीयता गुणांक की गणना की जा सकती है। इस उद्देश्य की पूर्ति के लिए उन्होंने निम्नलिखित सूत्र को प्रस्तावित किया है:—

$$r_{11} = 2\left[1 - \frac{\sigma_a^2 + \sigma_b^2}{\sigma_t^2}\right]$$

यहाँ r_{11} = अनुमानित गुणांक

σ_a एवं r_b = अर्द्ध परीक्षणों के प्राप्तांकों का प्रामाणिक विचलन

σ_t = सम्पूर्ण परीक्षण के प्राप्तांकों का प्रामाणिक विचलन

इसी प्रकार अर्द्ध-विच्छेद विश्वसनीयता ज्ञात करने के लिए Rulon ने भी निम्नलिखित सूत्र का प्रतिपादन किया है:—

$$r_{tt} = 1 - \frac{\sigma_d^2}{\sigma_t^2}$$

यहाँ d = दो अर्द्धभागों के प्राप्तांकों का अन्तर

σ_d = दोनों भागों के अन्तरों का प्रामाणिक विचलन

σ_t = सम्पूर्ण प्राप्तांकों का विचलन

Rulon की भाँति Flanagon ने भी एक सूत्र का प्रतिपादन किया।

$$r_{tt} = 2\left[1 - \frac{\sigma_1^2 + \sigma_2^2}{\sigma_t^2}\right]$$

अर्द्ध-विच्छेद के प्रमुख अभिग्रह (assumptions) के रूप में यह कहा जा सकता है कि:—

1. परीक्षण के सभी पदों का कठिनाई स्तर समान होना चाहिए। प्राप्त सह-सम्बन्ध गुणांक को तुल्यता गुणांक कहते है।
2. इसके दोनों खण्डों का पाठ्यवस्तु समान होना चाहिए। इसलिए इसे प्राप्त सह-सम्बन्ध गुणांक को स्थायित्व गुणांक (stability coefficient) कहते हैं।
3. दोनों अर्द्धभागों के पदों की संख्या समान होनी चाहिए।
4. दोनों अर्द्धभागों के समाधान में समान समय लगना चाहिए।
5. सम्पूर्ण परीक्षण का विश्वसनीयता गुणांक ज्ञात करने के लिए Spearman Brown Phophecy Formula का प्रयोग करना चाहिए।

इस विधि के अनेक गुण (merits) हैं:—

1. यह विधि पुनर्परीक्षण तथा समानान्तर प्रारूप विधि से श्रेष्ठ है।
2. द्वितीय प्रशासन के प्राप्तांकों पर स्थानान्तरण प्रभावों (transfer effects) का प्रभाव नहीं पड़ता है।
3. इस विधि में पुर्नपरीक्षण एवं समानान्तर प्रारूप विधियों की सीमाओं को दूर कर दिया है।
4. विश्वसनीयता गुणांक पर अनुभव, अभ्यास, स्मृति, कौशल, आदि का प्रभाव नहीं पड़ता है।
5. चूँकि इस विधि में परीक्षण एक ही बार में प्रशासित किया जाता है, इसलिए श्रम, समय एवं धन की बचत होती है।
6. यह विधि गति परीक्षण (speed test) एवं समाजतीय परीक्षण (homogeneous test) के लिए अधिक उपयुक्त है।

7. इस विधि में प्रतिक्रिया प्रभाव (reactivity effect) नहीं पाया जाता है। इसका तात्पर्य यह है कि एक परीक्षण पर प्राप्त अनुभव से द्वितीय प्रशासन पर प्राप्त प्राप्तांकों पर प्रभाव नहीं पड़ता है (*Murphy & Davidshofer*, 1988)।
8. यह विधि व्यक्तित्व प्रश्नावली, चिन्ता मापनी आदि की विश्वसनीयता ज्ञात करने के लिए अत्यधिक उपयोगी है (*Garrett*, 1964)।
9. चूँकि परीक्षण का प्रशासन एक ही बार होता है, इसलिए इसमें उन प्रसरणों का अभाव होता है जो उन परीक्षणों में पाया जाता है जिनका प्रशासन दो बार करके विश्वसनीयता गुणांक की गणना की जाती है।
10. यह विधि प्रश्नावली, साक्षात्कार एवं निरीक्षण के लिए अधिक उपयुक्त है।
11. यह विधि उन परीक्षणों के लिए भी उपयोगी है, जिनके विषय-वस्तुओं (contents) में समानता पाई जाती है।

अर्द्ध-विच्छेद विधि की अनेक विशेषताओं के होते हुए इसकी कुछ अपनी कमियाँ हैं जिनका वर्णन निम्नवत हैं:—

दोष *(Demerits)*

1. इस विधि में आकस्मिक त्रुटि के कारण विश्वसनीयता गुणांक के बढ़ने की सम्भावना पाई जाती है।

2. चूँकि इस विधि में परीक्षण को दो भागों में वर्गीकृत करने के लिए अनेक विधियों का प्रयोग किया जा सकता है, परिणामस्वरूप विश्वसनीयता गुणांक अज्ञात परिवर्त्यों से प्रभावित हो जाता है और वह अनावश्यक रूप से उच्च हो जाता है। परीक्षण विश्वसनीयता इस विधि पर निर्भर करती है कि परीक्षण को दो भागों में वर्गीकृत करने के लिए कौन-सी विधि का प्रयोग किया गया है (*Murphy & Davidshofer*, 1988)। परीक्षण को दो वर्गों में वर्गीकृत करने के लिए सम-विषम, प्रथम आधा, द्वितीय आधा, लॉटरी विधि (Lottery Method) आदि का प्रयोग किया जाता है। परीक्षण को वर्गीकृत करने के लिए अनेक विधियों का प्रयोग करने पर विश्वसनीयता गुणांक भी अलग-अलग ही प्राप्त होता है। ऐसी परिस्थितियों में परीक्षण निर्माता के समक्ष एक समस्या उत्पन्न होती है कि किस विधि द्वारा प्राप्त सह-सम्बन्ध गुणांक उत्पन्न होती है कि किस विधि द्वारा प्राप्त सह-सम्बन्ध गुणांक को विश्वसनीयता गुणांक के रूप में मानें।

3. किसी भी परीक्षण को दो समान खण्डों में विभाजित करना सम्भव ही नहीं है। (*Young*, 1988)। लेकिन *Nunnally* (1970) का मत है कि गति परीक्षणों में भी अर्द्ध-विच्छेद विधि का प्रयोग भ्रामक मानते हैं (It is particularly misleading to use the subdivided test method on a highly "Speeded" test.)।

4. इस विधि के द्वारा विश्वसनीयता गुणांक की गणना उस समय नहीं की जा सकती है जब परीक्षण शक्ति परीक्षण (power test) के रूप में हो अथवा परीक्षण में विजातीय पदों (heterogeneous items) का प्रयोग किया गया हो।

फिर भी सारांश स्वरूप यह कहा जा सकता है कि अर्द्ध-विच्छेद विधि में इन कमियों के होते हुए भी यह विधि पुनर्परीक्षण विधि एवं समानान्तर प्रारूप विधि से अधिक उपयोगी एवं श्रेष्ठ है।

4. तर्कयुक्त समानता विधि *(Method of Rational Equivalance)*

Cronback (1972) ने इस विधि को आन्तरिक स्थायित्व गुणांक (Coefficient of Internal Consistency) भी कहा है। इस विधि को Kunder-Richardson Method भी

कहते हैं। चूँकि यह विधि *Kuder & Richardson* (1937) के द्वारा विकसित किया गया है इसलिए *Kuder & Richardson* (1937) इस विधि में उपर्युक्त तीनों विधियों की कमियों को दूर करने का प्रयास किया है। इसलिए इस विधि की गणना सर्वश्रेष्ठ विधियों में की जाती है। यह विधि अर्द्धविच्छेद विधि का परिमार्जित रूप है। *Kunder & Richardson* (1937) ने इस विधि में सांख्यिकीय विधियों तथा सूत्रों का प्रयाग किया है। इस विधि में पदों के पारस्परिक सम्बन्ध तथा पदों का समस्त परीक्षण से सह-सम्बन्ध की गणना की जाती है। इस विधि में प्रसरण के योग का मापन होता है।

इस विधि से विश्वसनीयता गुणांक ज्ञात करने की प्रक्रिया बहुत सरल है। सर्वप्रथम हम सम्पूर्ण समूह के प्रामाणिक विचलन की गणना करते हैं तत्पश्चात् यह देखते हैं कि उत्तीर्ण होने वाले प्रत्येक पद का अनुपात (p) तथा अनुत्तीर्ण होने वाले प्रत्येक पद का अनुपात (q) क्या है। यह अनुपात ज्ञात कर लेने के बाद p तथा q की गणना कर ली जाती है ओर उनका योग Σpq ज्ञात कर लेते हैं। अन्त में (Kuder-Richardson Formula No. 20 का प्रयोग करते हैं:—

$$r_{tt} = \frac{n}{(n-1)} \times \frac{\sigma^2 - \Sigma pq}{\sigma_t^2}$$

यहाँ r_{tt} = सम्पूर्ण परीक्षण का विश्वसनीयता गुणांक

n = सम्पूर्ण पदों की संख्या

σ_t^2 = सम्पूर्ण समूह के प्राप्तांकों का प्रसरण

p = प्रत्येक पद पर सफलता प्राप्त करने वाले व्यक्तियों का प्रतिशत

q = प्रत्येक पद पर असफलता प्राप्त करने वाले व्यक्तियों का प्रतिशत

(1–p)

Σpq = pq के गुणनफल का योग

Kunder-Richardson (1937) formula No. 20 अत्यधिक परिशुद्ध एवं व्यवहारिक है। सामान्यतया परीक्षण निर्माता परीक्षण की विश्वसनीयता ज्ञात करने के इस विधि का प्रयोग करते हैं जो सरल और उपयोगी अवश्य है लेकिन विश्वसनीयता का अत्यधिक परिशुद्ध मापन नहीं करता K-R-formula - 21 निम्नलिखित है:—

$$r_{tt} = \frac{n\sigma_t^3 - M(N-M)}{\sigma_t^2\ (n-1)}$$

यहाँ r_{tt} = विश्वसनीयता गुणांक

n = परीक्षण पदों की संख्या

σ_t = प्राप्तांकों का प्रामाणिक विचलन

M = प्राप्तांकों का मध्यमान

इस विधि का प्रमुख अभिग्रह यह है कि परीक्षण के सभी पदों का कठिनाई स्तर समान होना चाहिए। जो परीक्षार्थी पदों का उत्तर जानता है उनके लिए वह पद सरल होगा। न जानने पर परीक्षण के पद उसके लिए कठिन होंगे। परन्तु यह आवश्यक नहीं है कि पदों का कठिनता समान आवश्य हो, और परीक्षार्थी प्रत्येक पद का सही उत्तर दे ही लें।

यह विधि अन्य विधियों से श्रेष्ठ है क्योंकि इसमें अन्य विधियों की कमियों को दूर किया गया है। अन्य विधियों की तुलना में इस विधि से सरलता से गणना की जाती है। K-R formula-20 के द्वारा शीघ्रता से विश्वासनीयता गुणांक की गणना की जा सकती है। गति परीक्षणों के लिए यह विधि अधिक उपयुक्त है। इस विधि में श्रम, धन और समय कम खर्च होता है।

यह विधि अन्य विधियों से श्रेष्ठ अवश्य है लेकिन त्रुटिरहित नहीं है। आलोचना स्वरूप यह कहा जाता है कि इस विधि में परीक्षण-निर्माता पदों के कठिनता स्तर को महत्त्व नहीं देते हैं और यह मान लेते हैं कि सभी पदों का कठिनता स्तर समान ही होगा। इस विधि का प्रयोग करके जो विश्वसनीयता गुणांक ज्ञात किया जाता है, वह वास्तविक नहीं होता है वरन् विश्वसनीयता गुणांक का जो मूल्य प्राप्त होगा, वह वास्तविक विश्वसनीयता गुणांक से कम होता है क्योंकि KR-20 के द्वारा पदों में पाये जाने वाले प्रसरण को अलग नहीं किया जा सकता। इस विधि के द्वारा शक्ति परीक्षणों (Power tests) का ही विश्वसनीयता नहीं ज्ञात किया जा सकता है वरन् उन परीक्षणों के विश्वसनीयता गुणांक की भी गणना नहीं की जा सकती है जिनमें विषमजातीय पदों (heterogenous items) का प्रयोग किया गया हो।

Anastasi (1968) ने ऊपर वर्णित विश्वसनीयता ज्ञात करने की चारों विधियों को इस प्रकार तालिकाबद्ध किया है:—

परीक्षण सत्र (Testing Session)	परीक्षण रूप (Test Forms)	
	एक	दो
एक	अर्द्ध-विच्छेद कूडर-रिचर्डसन	समानान्तर प्रारूप (तुरन्त)
दो	परीक्षण-पुनर्परीक्षण	समानान्तर प्रारूप (विलम्ब)

5. प्रसरण विश्लेषण विधि या होयट विधि *(Analysis of Variance Method of Hoyt's Method)*

यह विधि भी *Kuder & Richardson* (1937) के विधि की भाँति ही विश्वसनीयता गुणांक का मापन करती है जिसका प्रतिपादन *Hoyt* (1941) ने किया। *Hoyt* (1941) का मत है कि यह अभिग्रहित करना, कि परीक्षण के पदों का कठिनता स्तर समान होता है, और पद का कठिनता स्तर परीक्षार्थी के ज्ञान पर निर्भर करता है, उचित नहीं है, क्योंकि किसी परीक्षण के लिए पदों का चयन करते समय उसका पद-विश्लेषण करके उसके कठिनता स्तर (difficulty level) तथा पद वैधता अथवा विभेद शक्ति (item validity or discriminating power) को ज्ञात करते हैं और पदों को कठिनता स्तर के आधार पर व्यवस्थित करते हैं। सबसे सरल प्रश्न पहले और सबसे कठिन प्रश्न अन्त में रखाा जाता है। उपर्युक्त चारों विधियाँ ऐसे परीक्षणों (गति परीक्षणों) के लिए अधिक उपयुक्त है। परन्तु *Hoyt* ने अपने प्रसरण विश्लेषण विधि में दो प्रसरणों-पद प्रसरण और परीक्षार्थी प्रसरण को महत्त्व दिया है। प्राप्तांकों के प्रसरण में से पदों का प्रसरण घटाया जाता है और विश्वसनीयता गुणांक की गणना की जाती है। *Hoyt* ने विश्वसनीयता गुणांक ज्ञात करने के लिए निम्नलिखित सूत्र प्रस्तुत किया है:—

$$\text{विश्वसनीयता गुणांक} = \frac{\text{वास्तविक प्राप्तांक प्रसरण}}{\text{प्राप्तांक प्रसरण} - \text{पदों का प्रसरण}}$$

$$r_{tt} = \frac{\sigma_t^2}{\sigma_x^2 - \sigma_i^2}$$

यहाँ σ_i^2 = पद प्रसरण

उपरोक्त सूत्र में यह प्रदर्शित किया गया है कि प्राप्तांक प्रसरण में से पदों का प्रसरण घटा देंगे और प्राप्त मूल्य से वास्तविक प्राप्तांक प्रसरण को भाग दे देंगे। प्राप्तांक प्रसरण में से पदों का प्रसरण घटा देने से उसका मूल्य कम हो जायेगा ओर प्राप्त भजनफल(विश्वसनीयता गुणांक) वास्तविक विश्वसनीयता गुणांक के अधिक निकट होगा जो अधिक परिशुद्ध(accurate) होगा।

Hoyt (1941) का मत है कि एक पद से दूसरे पद पर व्यक्ति के निष्पादन में पाई जाने वाली भिन्नताएँ या विचलन त्रुटियाँ नहीं है, वरन् यह वास्तविक अन्तर है जिन्हें, *''अतः व्यक्ति अन्तर'' (intra individual differences)* कहते हैं। *विश्वसनीयता गुणांक ज्ञात करते समय इस अन्तर को महत्त्व नहीं दिया जाता है।* ***Hoyt*** *ने विश्वसनीयता को इस प्रकार परिभाषित किया है, "........Total variation observed is conceived to be make up of three components : true individual differences, intra-individual differences measured by item variance and error inter individual differences."* **Hoyt** के अनुसार विश्वसनीयता गुणांक को निम्नलिखित समीकरण के द्वारा प्रस्तुत किया जाता है:—

$$\sigma_x^2 = \sigma_t^2 + \sigma_i^2 + \sigma_e^2$$

यहाँ σ_x^2 = प्राप्तांकों का प्रसरण

σ_i^2 = पद प्रसरण

σ_e^2 = त्रुटि प्रसरण

σ_t^2 = योग प्रसरण

अतः **Hoyt** के अनुसार विश्वसनीयता का तात्पर्य निम्न से है जिसका वर्णन ऊपर प्रस्तुत किया जा चुका है:—

$$V_{x'} = \frac{\sigma^2}{\sigma_x^2 - \sigma_i^2} = \frac{(\sigma_x^2 - \sigma_i^2) - \sigma_e^2}{\sigma_x^2 - \sigma_i^2}$$

इसी प्रकार प्रसरण विधि का प्रयोग करके निम्न सूत्र के द्वारा विश्वसनीयता की गणना की जा सकती है—

$$V_{xx'} = \frac{M\,\text{sind} - M\ sresi}{M\ Sind}$$

यहाँ M sind = व्यक्ति के औसतांकों के विचलन का औसत वर्ग

M sresi = पद तथा व्यक्ति विचलन को हटाने के पश्चात् बने हुए विचलनों का औसत वर्ग

6. विश्वसनीयता देशनांक (*Index of Reliability*)

विश्वसनीयता देशनांक उस सह-सम्बन्ध को कहते हैं जो किसी परीक्षण पर व्यक्ति के प्राप्त प्राप्तांक (obtained scores) तथा सत्य प्राप्तांक (true scores) के मध्य पाया जाता है। इस सह-सम्बन्ध गुणांक की गणना निम्न सूत्र के द्वारा किया जाता है:—

$$r_1 = \sqrt{r_{11}}$$

यहाँ r_1 = प्राप्त प्राप्तांक तथा सत्य प्राप्तांकों सह-सम्बन्ध

r_{11} = परीक्षण का विश्वसनीयता गुणांक

r_1 को ही विश्वसनीयता देशनांक कहते हैं।

7. मापन की प्रमाणिक त्रुटि *(Standard Error of Measurement)*

इस विधि में मापन के प्रामाणिक त्रुटि (Standard error) की गणना की जाती है। कोई भी मापन पूर्णतया परिशुद्ध (accurate) नहीं होता। प्रत्येक मापन में कुछ-न-कुछ त्रुटियाँ अवश्य पाई जाती हैं। इसलिए प्रामाणिक त्रुटि की गणना करके त्रुटि प्रसरण (error variance) का मापन किया जाता है। त्रुटि प्रसरण के आलोक में हम यह कह सकते हैं कि वास्तविक प्राप्तांक तथा उपलब्ध प्राप्तांक में कितना विचलन है। त्रुटियों की मात्रा जितनी ही कम होगी, विचलन की मात्रा भी उतनी ही कम होगी और सह-सम्बन्ध (r) उतना ही अधिक होगा। सत्य प्राप्तांकों पर न तो अवसर कारक का प्रभाव पड़ता है और न तो किसी प्रकार की त्रुटि ही पाई जाती है। इनमें स्थिरता पाई जाती है जबकि उपलब्ध प्राप्तांकों (obtained scores) पर कालावधि का प्रभाव पड़ता है और समय-समय पर उनमें परिवर्तन पाया जाता है। किसी भी परीक्षण के मापन की प्रामाणिक त्रुटि की गणना निम्न सूत्र के द्वारा की जाती है:—

$$SE_{(Meas.)} = St\sqrt{1 - r_{11}}$$

यहाँ $Se_{(Meas)}$ = मापन की प्रामाणिक त्रुटि

St = उपलब्ध प्राप्तांकों का प्रामाणिक विचलन

r_{11} = विश्वसनीयता गुणांक

विश्वसनीयता गुणांक
(Coefficient of Reliability)

विश्वसनीयता गुणांक एक संख्यात्मक सूचकांक (numerical index) है जिसके द्वारा दो मापनों (measurements) सह-सम्बन्ध की गणना की जाती है या प्रामाणिक त्रुटि (Standard error) अथवा सम्भाव्य त्रुटि (probable error) की गणना की जाती है जिससे हमें मापन की विश्वसनीयता के बारे में ज्ञान प्राप्त होता है। विश्वसनीयता गुणांक को अनेक विधियों में अनेक नामों से पुकारा जाता है जैसे पुनर्परीक्षण विधि में स्थिरता गुणांक (Coefficient of stability), समान प्रारूप विधि में तुल्यता गुणांक (Coefficient of equivalance), अर्द्ध-विच्छेद विधि तथा तर्कयुक्त समानता विधि में आन्तरिक संगति गुणांक (Coefficient of internal consistency) कहते हैं। इसी प्रकार अन्य विधियों में इसे Coefficient of SEm या PEm नाम दिया गया है।

परीक्षण विश्वसनीयता को प्रभावित करने वाली स्थितियाँ
(Conditions Affecting the Reliability of the Test)

परीक्षण विश्वसनीयता अनेक परिस्थितियों में प्रभावित होती हैं उदाहरणार्थ:—

1. जब उत्तरों में अनुमान किये जाने की सम्भावना हो।
2. जब प्राप्तांकों पर अभ्यास या प्रशिक्षण के प्रभाव के पड़ने की सम्भावना हो।
3. जब परीक्षार्थी के फलांकन में विचलन पाया जाता हो।
4. जब व्यक्ति के विशिष्ट गुणों एवं क्षमताओं में अन्तर पाया हो।
5. जब व्यक्ति के सामान्य गुणों और योग्यताओं में अन्तर पाया जाय।

6. जब परीक्षार्थी की व्यक्तिगत विशेषताओं जैसे ध्यान, प्रेरणा स्तर, स्तास्थ्य, संवेगात्मक स्थिति का प्रभाव पड़ने की सम्भावना हो।
7. जब वातावरणीय कारकों के कारण व्यवधान उत्पन्न हो जैसे कोलाहल, बिजली का जाना, पेंसिल टूटना, निर्देशों को ठीक से न समझना आदि।
8. जब पाठ्यवस्तु का सही प्रतिनिधित्व एकांश न करते हों।
9. जब पदों की संख्या कम हो।
10. जब पद ठीक से व्यवस्थित न हो।
11. जब पदों को कठिनाई स्तर अनुपयुक्त हो।
12. जब परीक्षण अप्रभावीकृत होते हैं।
13. जब कालावधि अस्थिर होती है।

विश्वसनीयता गुणांक को प्रभावित करने वाले कारक
(Factors Affecting Reliability Coefficient)

1. आयु प्रसार *(Age range)*—परीक्षण का आयु प्रसार जितना ही अधिक होगा, उसका विश्वसनीयता गुणांक भी उतना ही अधिक होगा। जैसे एक परीक्षण केवल 10 वर्ष की आयु के लिए है, लेकिन दूसरा परीक्षण 8-12 वर्ष की आयु के लिए है। ऐसी स्थिति में दूसरा परीक्षण अधिक विश्वसनीय होगा।

2. प्राप्तांक प्रसार *(Range of scores)*—परीक्षणों के प्राप्तांकों का प्रसार जितना ही अधिक होगा, परीक्षण की विश्वसनीयता भी उतनी ही अधिक होगी। जैसे यदि एक परीक्षण के प्राप्तांकों का प्रसार 30-35 जबकि दूसरे परीक्षण के प्राप्तांकों का प्रसार 30 से 50 है, तो तो निश्चित रूप से दूसरा परीक्षण अत्यधिक विश्वसनीय है।

3. परीक्षण प्रशासनों के बीच का कालान्तर *(The time intervals between test administration)*—दो परीक्षण प्रशासनों के बीच कालान्तर अधिक हो जाने पर विश्वसनीयता गुणांक में कमी पाई जाती है। *Freeman* (1971) के कालान्तराल और विश्वसनीयता गुणांक के सम्बन्धों का सारांश निम्न तालिका में प्रस्तुत किया जा रहा है:—

समयान्तराल (time interval)	विश्वसनीयता गुणांक (Reliability coefficient)
तुरन्त पुनः परीक्षण	.90 – .95
1 वर्ष बाद	.85
2 – 2½ वर्ष बाद	.80
5 वर्ष बाद	.75 – .80
9 वर्ष बाद	.78

4. समूह प्रसार *(Range of group)*—जब समूह का प्रसार अधिक होता है अर्थात् विशाल जनसंख्या पर समूह का प्रशासन होता है तो परीक्षण का विश्वसनीयता गुणांक अधिक होता है। जब समूह विषमजातीय होता है, तो समजातीय समूह की तुलना में विश्वसनीयता गुणांक अधिक होगा। इसी प्रकार जब समूह के शीलगुणों एवं योग्यताओं में विचलन अधिक पाया जाता है, तो भी विश्वसनीयता गुणांक की मात्रा में वृद्धि पाई जाती है।

5. अभ्यास एवं अधिगम का प्रभाव *(The effects of practice and learning)*—परीक्षण के पदों की संख्या अधिक होने पर अभ्यास और अधिगम का प्रभाव नहीं पड़ता है।

6. परीक्षण की लम्बाई (*Length of the test*)—परीक्षण की लम्बाई जब अधिक होती है, तो उसकी विश्वसनीयता बढ़ जाती है। इस प्रकार हम कह सकते हैं कि विश्वसनीयता गुणांक पर परीक्षण की लम्बाई का प्रभाव पड़ता है। परीक्षण की लम्बाई बढ़ाने का विश्वसनीयता पर क्या प्रभाव पड़ता है, निम्न सूत्र के द्वारा जान सकते हैं:—

$$r = \frac{nr_{11}}{1+(n-1)r_{11}}$$

यहाँ r = परीक्षण का विश्वसनीयता गुणांक

n = परीक्षण को जितने गुणा बढ़ाया गया है।

r_{11} = मौलिक परीक्षण का विश्सनीयता गुणांक

7. प्राप्तांकों की संगति (*Consistency of scores*)—किसी परीक्षण पर दो या दो से अधिक प्रशासनों में जितनी ही संगति पाई जायेगी, परीक्षण की विश्वसनीयता उतनी ही अधिक होगी।

8. परीक्षण का कठिनाई स्तर (*Difficulty level of the test*)—जब परीक्षण बहुत सरल या बहुत कठिन होता है, तो अधिकतर प्राप्तांक वक्र के किसी एक छोर पर केन्द्रित हो जाते हैं जिससे प्राप्तांकों का प्रसार कम हो जाता है और विश्वसनीयता गुणांक की मात्रा कम हो जाती है। जब परीक्षण का कठिनता स्तर उपर्युक्त होता है तो विश्वसनीयता गुणांक की मात्रा में वृद्धि पाई जाती है।

अविश्वसनीयता के स्रोत (*Sources of Unreliability*)

परीक्षण अविश्वसनीयता के पाये जाने का कारण अनेक प्रकार की त्रुटियाँ है, जो विश्वसनीयता गुणांक पर कुप्रभाव डालती हैं:—

1. निर्देशों की अस्पष्टता।
2. व्यक्ति की अनुपयुक्त मनोदशा।
3. परीक्षण स्थिति की असामान्यता।
4. अंकन में वस्तुनिष्ठता का अभाव।
5. पदों का अनुपयुक्त व्यवस्थापन।
6. पदों की संख्या का कम होना।
7. त्रुटिपूर्ण निर्देशों का प्रयोग करना।
8. अनुमान के कारण त्रुटियों का पाया जाना। जब अनुमान के कारण त्रुटियों के पाये जाने की सम्भावना हो, तो शुद्धिकरण सूत्र (Correction formula) का प्रयोग करना चाहिए।
9. विषय-वस्तु के निदर्शन के कारण उत्पन्न त्रुटियाँ।
10. परीक्षण के अपूर्ण होने पर उत्पन्न त्रुटियाँ।
11. परीक्षण के लिए अनुपयुक्त पदों का चयन।
12. जनसंख्या से अनुपयुक्त प्रतिदर्श का चयन।

9. विश्वसनीयता आकलन की विधियाँ (*Methods of estimating reliability*) —विश्वसनीयता गुणांक ज्ञात करने के लिए अलग-अलग विधियों का प्रयोग करने पर अलग-अलग विश्वसनीयता गुणांक प्राप्त होता है। जैसे परीक्षण-पुनर्परीक्षण तथा समान-प्रारूप विधि का प्रयोग करने पर वास्तविक विश्वसनीयता गुणांक की तुलना में कम मूल्य प्राप्त होता है जबकि कूडर-रिचर्डसन विधि तथा अर्द्ध-विच्छेद विधि द्वारा विश्सनीयता गुणांक ज्ञात करने पर वास्तविकता से अधिक मूल्य प्राप्त होता है।

10. समूह की विषम जातीयता (*Heterogeneity of group*)—जब समूह में विषम जातीयता अधिक पाई जाती है, तो प्राप्तांकों का प्रसरण अधिक होता है, परिणामस्वरूप परीक्षण का विश्वसनीयता गुणांक वास्तविक मान से कम प्राप्त होगा। ठीक इसके विपरीत जब समूह में समजातीयता पाई जाती है, तो प्रसरण की मात्रा कम हो जाती है और विश्वसनीगता गुणांक उच्च हो जाता है। इसके लिए इस सूत्र का प्रयोग किया जाता है:—

$$r_{tt} = \frac{\sigma_t^2}{\sigma_x^2}$$

यहाँ r_{tt} = विश्वसनीयता, σ_t^2 = वास्तविक अंक प्रसरण

σ_x^2 = प्राप्तांक प्रसरण

11. परीक्षण की गत्यात्मकता (*Speedness of the test*)—यदि परीक्षण की गत्यात्मकता .50 से अधिक होती है, तो विश्वसनीयता गुणांक में ह्रास पाया जाता है। ठीक इसके विपरीत जब गत्यात्मकता घटती है, तो विश्वसनीयता बढ़ जाती है।

12. प्रतिदर्श इकाइयों के प्राप्तांकों में उतार-चढ़ाव की सम्भावना।

विभिन्न परीक्षणों के लिए विश्वसनीयता का मान
(Value of Reliabilities for Various Type of Tests)

Helmstadter (1964) ने अपनी पुस्तक Principle of Psychological Measurement में विभिन्न प्रकार के परीक्षणों के विश्वसनीयता मानों को प्रस्तुत किया है जिनके द्वारा परीक्षण की विश्वसनीयता की व्याख्या की जा सकती है।

परीक्षण के प्रकार	विश्वसनीयता का मान		
	निम्न	मध्य	उच्च
1. उपलब्धि परीक्षण	0.66	0.92	0.98
2. शैक्षिक योग्यता परीक्षण	0.56	0.90	0.97
3. अभिरुचि परीक्षण	0.26	0.88	0.96
4. व्यक्तित्व परीक्षण	0.46	0.85	0.97
5. रुचि परीक्षण	0.42	0.84	0.93
6. अभिवृत्ति मापनी	0.47	0.79	0.98

परीक्षण विश्वसनीयता को प्रभावित करने वाले कारक
(Factors Influencing Test Reliability)

विगत 80 वर्षों के ऐतिहासिक सिंहावलोकन से यह स्पष्ट होता है कि शैक्षिक जगत में अनेक मानकीकृत परीक्षणों का विकास तथा अनुप्रयोग हुआ है। परन्तु यह सफलता आलोचनाविहीन नहीं है। इस सन्दर्भ में अनेक रचनात्मक आलोचनाएँ की गई हैं जो इनके मानकीकरण प्रक्रिया से सम्बन्धित है। मानकीकरण प्रक्रिया में परीक्षण के विभिन्न पक्ष यथा रचना, प्रशासन, अंकन, आख्या लेखन आदि सम्मिलित हैं। प्रयोग किये गये परीक्षण की अनेक विशेषताओं में उसकी विश्सनीयता तथा वैधता अनेक महत्त्वपूर्ण गुणों के रूप में मानी जाती है।

मापक उद्देश्यों के लिए विश्वसनीयता का सम्प्रत्यय पिछले कई दशकों से महत्त्वपूर्ण

विषय रहा है। विद्वानों ने विश्वसनीयता ज्ञात करने की अनेक विधियाँ विकसित की है तथा उन कारकों का पता लगाया है जो परीक्षण विश्वसनीयता पर प्रत्यक्ष-अप्रत्यक्ष रूप से प्रभाव डालते हैं। यह हम अब विश्वसनीयता को प्रभावित करने वाले कारकों की विवेचना करेंगे:—

1. परीक्षण विश्वसनीयता को प्रभावित करने वाले अनेक महत्त्वपूर्ण कारकों में सर्वप्रथम परीक्षण पदों की संख्या (number of test items) को लेना ही अधिक न्यायसंगत होगा। जिसका तात्पर्य यह है कि परीक्षण में पदों की संख्या जितनी ही अधिक होगी, परीक्षण उतना ही अधिक विश्वसनीय होगा (*The greater the number of items in a test more reliable the test.—**Symonds**,* 1967) इस सन्दर्भ में निगमनात्मक (deductive) तथा प्रायोगिक (experimental) दोनों ही प्रकार के प्रमाण उपलब्ध हैं। Spearman-Brown Formula के अनुसार विश्वसनीयता की यह वृद्धि गणितीय सम्बन्धों की ओर इंगित करती है।

2. परीक्षण विश्वसनीयता को प्रभावित करने वाले दूसरे कारक के रूप में यह कहा जा सकता है कि अन्य चीजों के समान रहने पर परीक्षण पद की कठिनता का प्रसार जितना ही संकीर्णतर होगा, उस परीक्षण की विश्वसनीयता उतनी अधिक होगी (*The narrower the range of difficulty of items of a test, the greater the reliability.—**Symonds.*** 1967) यदि परीक्षण में कोई पद इतना कठिन है कि समूह के किसी भी व्यक्ति द्वारा उसका समाधान सम्भव नहीं है, तो परीक्षार्थी के प्राप्तांकों में परिवर्तन किये बिना ही ऐसे पदों को छोड़ देना चाहिए। परिणामस्वरूप परीक्षण की विश्वसनीयता नहीं प्रभावित होगी तथा यह परीक्षण उस परीक्षण के समान ही होगा जिसमें एक पद कम रखा गया है। यही बात उस समय भी प्राप्त होगी, जब परीक्षण के ऐसे पद को निकाल दिया जाय, जिसका शुद्ध उत्तर सभी सदस्यों के द्वारा दिया जाता हो।

3. परीक्षण की विश्वसनीयता मापनी की समता के द्वारा भी प्रभावित होती है (*Events in scaling is a factor influencing the reliability of a test*—Symonds, 1967) यदि अन्य बातें समान हैं, तो सम-मापित (evenly scaled) उस परीक्षण की तुलना में अधिक विश्वसनीय है, जिसके पद कठिनता में अन्तर (gap) पाया जाता है। कठिनता क्रम में पदों का गुच्छन परीक्षण की विश्सनीयता को प्रभावित करता है।

4. यदि अन्य बातें समान हैं, तो परीक्षण की विश्वसनीयता अन्योन्याश्रित पदों के कारण कम होगी (*Interdependent items tend to decrease the reliability of a test*— **Symonds.** 1967) यदि किसी एक पद का उत्तर दूसरे पद में सुझाया (Suggested) गया है, अथवा किसी परीक्षण का अर्थ पहले पद के अर्थ पर निर्भर करता है, तो यह कारण परीक्षण की विश्वसनीयता को कम करते है।

5. परीक्षण का फलांकन जितना ही वस्तुनिष्ठ होगा, वह परीक्षण उतना ही विश्वसनीय होगा (*The more objective the scoring of a test the more reliable is the tests*— **Symonds,** 1967) परीक्षण प्राप्तांकों की विश्वसनीयता पर अनुक्रियाओं की अपूर्वता (uniqueness) का भी प्रभाव पड़ता है। यदि परीक्षण पूर्णतया वस्तुनिष्ठ है, तो परीक्षण में विश्वसनीयता पाई जायेगी क्योंकि फलांकन की प्रक्रिया पूर्णतया परिभाषित है जिसके अनुसार अंक (credit) प्रदान करना होगा। परन्तु जब फलांकनकर्ता को उत्तर की स्वीकार्यता (acceptability) अथवा उपयुक्तता (fitness) को निर्धारित करना होता है, तो यह कारक परीक्षण में अविश्वसनीयता के स्रोत बन जाते हैं।

6. परीक्षण विश्वसनीयता को प्रभावित करने वाले अनेक कारकों में से एक कारक अशुद्ध फलांकन भी है। (*Scoring in accuracy is a factor in test reliability.—**Symonds.***

1967) इस कारक के प्रभाव को समाप्त करने के लिए परीक्षणकर्त्ता को चाहिए कि वह शुद्ध फलांकन की व्यवस्था करे। फलांकन में होने वाले त्रुटियों से प्राप्तांकों के विचलनशीलता में वृद्धि पाई जाती है परिणामस्वरूप परीक्षण की विश्वसनीयता घट जाती है।

7. शुद्ध अनुक्रिया प्रकट करने का अवसर परीक्षण विश्वसनीयता को प्रभावित करता है (*Chance in getting the correct answer to an item is a factor in the reliability.*—**Symonds,** 1967)। परीक्षण में पदों के प्रति उत्तर देने का अवसर परीक्षण प्राप्तांकों को प्रभावित करता है। 'सत्य-असत्य' परीक्षण पद का प्रयोग करने पर प्राप्तांकों का निर्धारण अधिक मात्रा में प्रभावित होता है। बहुल अनुक्रिया परीक्षण का पद प्रयोग करने पर अवसर का प्रभाव अपेक्षाकृत कम हो जाता है।

8. अन्य बातों के समान रहने पर परीक्षण सामग्री में जितनी ही समजातीयता पाई जायेगी परीक्षण की विश्वसनीयता उतनी ही अधिक होगी (*The more homogeneous the material of a test the greater its reliability*—**Symonds,** 1967)। यदि परीक्षण के विषय-वस्तु में विषमजातीयता (heterogeneity) हो तो विश्वसनीयता में कमी आ जाती हैं। इसी प्रकार यदि कारक B.D तथा E कारक A तथा C की तुलना में अधिक है, तो विश्वसनीयता अपेक्षाकृत कम हो जायेगी। यदि परीक्षणकर्ता अपने परीक्षण में विभिन्न प्रकार्यों के मापन हेतु भिन्नतापरक परीक्षण पदों का प्रयोग करता है तो विषमजातीयता के बढ़ने से परीक्षण की विश्वसनीयता कम हो जाती है।

9. सायोगिक कारकों (Chance factors) के रूप में प्राप्त उभयनिष्ठता (Commonness) अथवा अपूर्वता (uniqueness) भी परीक्षण विश्वसनीयता को प्रभावित करते हैं। अन्य बातों के समान रहने पर परीक्षण प्रशासित किये जाने वाले समूह के अनुभवों में जितनी ही अधिक उभयनिष्ठता पाई जायगी, परीक्षण उतना ही विश्वसनीय होगा। (*Other things being equal the more common the experiences called for in a test are to the members of a group taking the test the more reliable the test.*—**Symonds,** 1967) इस बिन्दु का स्पष्टीकरण करते हुए यह कहा जा सकता है कि कक्षा में प्रशासित किये गये परीक्षण में अधिक विश्वसनीयता पाई जायेगी, अपेक्षाकृत उस परीक्षण के जिसका प्रशासक कक्षा के बाहर हुआ है। सामान्य रूप से यह प्राप्त किया गया है कि चरित्र अथवा आचार से सम्बन्धित परीक्षण योग्यता परीक्षण की तुलना में कम विश्वसनीय होते हैं। उभयनिष्ठ वातावरण (common environment) से चयन की गई सामग्री वाले परीक्षण अधिक विश्वसनीय होते हैं।

10. अन्य बातों के समान रहने पर सत्रान्त में प्रशासित किया गया, परीक्षण सत्रारम्भ में प्रशासित किये गये परीक्षण की तुलना में अधिक विश्वसनीय होगा। (*Other things being equal the same test given late in the school year is more reliable than when given early in the year.*—**Symonds,** 1967) सत्र के प्रारम्भ में दिये गये परीक्षण का विषय-वस्तु औपचारिक रूप से कक्षा में पूरा (cover) नहीं हो पाता है जबकि सत्र की समाप्ति तक पूरे विषय-वस्तु के समाप्त हो जाने की सम्भावना अधिक पाई जाती है।

11. परीक्षण में प्रयुक्त किया गया वाह्य विषय-वस्तु निष्क्रिय विषय-वस्तु का प्रभाव परीक्षण विश्वसनीयता पर पड़ता है। (*The inclusion of extraneous or dead material in the test.*—**Symonds,** 1967) यदि परीक्षण में ऐसी सामग्री का प्रयोग किया गया है, जिसे कक्षा में पढ़ाया नहीं गया है, अथवा पाठ्य-पुस्तक में नहीं दिया हुआ है तो परीक्षण में विश्वसनीयता का अभाव पाया जायगा।

12. अन्य बातों के समान रहने पर परीक्षण में परीक्षण प्रश्न परीक्षण की विश्वसनीयता को कम करते हैं (*Other things being equal. catch questions in a test lower the reliability of the test.*—**Symonds,** 1967)। किसी परीक्षण में अनुभवों/तथ्यों का कराया गया क्रमिक पुनः स्मरण अथवा प्रत्याभिज्ञा परीक्षण की विश्वसनीयता को बढ़ाता है, लेकिन जिस परीक्षण में नवीनता की प्रधानता पाई जाती है, तथा परीक्षार्थी को अचानक उत्पन्न हुए सूझ (insight) के आधार पर उत्तर देना होता है, वहाँ विश्वसनीयता में कमी पाई जाती है (*Thorndike,* 1975)।

13. यदि परीक्षण के पदों में सांवेगिकता की आभा (emotinal tinge of words in items) दिखाई पड़ती है, तो ऐसे पदों की गलत व्याख्या किये जाने की सम्भावना पाई जाती है जिससे परीक्षण की विश्वसनीयता में कमी पाई जाती है।

14. परीक्षण पद जितना ही लम्बा (length of a test item) होगा, इस बात की सम्भावना उतनी ही अधिक पाई जायेगी कि या तो परीक्षण परिणामों की व्याख्या गलत की जायेगी अथवा परीक्षण में न्यूनांकन/अति मूल्यांकन होगा।

15. परीक्षण पदों के लिए चयन किये गये शब्दों (choice of words) के सम्बन्ध में यह सावधानी बरतनी चाहिए कि परीक्षण पदों में विचित्र (strange) अथवा असामान्य शब्दों का प्रयोग नहीं करना चाहिए अन्यथा परीक्षण की अविश्वसनीयता में वृद्धि पाई जायेगी।

16. परीक्षण पद की रचना करते समय इस बात का ध्यान रखना चाहिए कि वाक्य संरचना कमजोर (poor sentence structure) नहीं होनी चाहिए, क्योंकि इससे परीक्षण पदों की गलत व्याख्या हो जाती है जिससे परीक्षण में अविश्वसनीयता बढ़ जाती है।

17. जब परीक्षण में अनुपयुक्त अथवा त्रुटिपूर्ण निर्देशों (inadequate or faulty directions) का प्रयोग किया जाता है अथवा परीक्षण में उपर्युक्त उदाहरणों (lack of approapriate illustrations) का अभाव पाया जाता है, तो परीक्षण के अविश्वसनीयता में वृद्धि पाई जाती है।

18. जब किसी कारण से परीक्षणकर्त्ता किसी पद की अनुपयुक्त व्याख्या करता है तो परीक्षण अविश्वसनीय हो जाता है (*Any factor which makes one misinterpret the intentions in a test item tends to make that item and hence the whole test unreliable.*—**Symonds,** 1967)।

19. जब परीक्षण प्रशासित किया जाता है तो प्रायः यह देखा जाता है कि सभी परीक्षार्थी एक ही गति (speed of taking a test) से परीक्षण को सम्पादित नहीं करते हैं जिससे परीक्षण की विश्वसनीयता प्रभावित होती है। यह परीक्षार्थी कभी मन्द गति तो कभी तीव्रगति से परीक्षण पदों के प्रति अनुक्रिया प्रकट करते हैं। चूँकि व्यक्ति कार्य करने की गति में एक-दूसरे से भिन्न होते हैं, इसलिए परीक्षण पदों पर अनुक्रिया प्रकट करने में भी वे वैभिन्नयता को प्रदर्शित करते हैं। इसका मुख्य कारण सामान्य मानसिक दक्षता (agility) अथवा परीक्षण के प्रति अनुक्रिया प्रकट करने का अनुभव है। परीक्षण के बारे में अभ्यास तथा अनुभव परीक्षण की विश्वसनीयता को कम कर देते हैं।

20. कितनी शुद्धता से परीक्षण के प्रति अनुक्रिया किया गया है (accuracy in taking a test) भी विश्वसनीयता की मात्रा को प्रभावित करती है। परीक्षण की शुद्धता के सन्दर्भ में यह कहा जा सकता है कि एक ही परीक्षण पर एक ही छात्र दो बार मे अंक प्राप्त करता है। इसका मुख्य कारण दो भिन्न प्रशासन के समय दिये गये निर्देशों में भिन्नता का पाया जाना है। छात्र बिना अच्छी तरह पदों को समझे हुए आगे बढ़ जाता है।

21. प्रलोभन (incentive) अथवा आयास (effort) में अन्तर भी परीक्षण की अविश्वसनीयता को बढ़ा देते हैं। परीक्षार्थी के लिए परीक्षण में की गई अपील किसी के लिए प्रबल होती है और किसी के लिए दुर्बल। यद्यपि परीक्षण में एकीकृत अपील (uniform appeal) की जाती है परन्तु स्थिति कुछ भिन्न प्रतीत होती है। जब कोई छात्र चारित्रिक अथवा व्यकितत्व सम्बन्धी परीक्षणों पर अपनी अनुक्रिया प्रकट करता है तो वह अपने उत्तर को बढ़ा-चढ़ाकर प्रस्तुत करता है।

22. परीक्षण में अविश्वसनीयता आने के प्रमुख कारण के रूप में प्रतियोगी विचारों का अनाधिकृत प्रवेश (obtrusion of competing ideas) है। पूर्व अनुभव की धारणा परीक्षण की अनुक्रियाओं को प्रभावित करती है। बच्चे जब स्कूल आते हैं तो फिल्मों, पारिवारिक जीवन, खेल के मैदान आदि के बारे में पूर्व धारणाएँ एवं अनुभव रखते हैं। सुखद-दुखद अुनभवों की यह मात्रा छात्रों में भिन्न-भिन्न मात्रा में पाई जाती हैं, जो अविश्वसनीयता का कारण बनती है।

23. परीक्षण प्रशासन के समय उत्पन्न हुए व्यवधान (distractions) के कारण परीक्षण की अविश्वसनीयता बढ़ जाती है। परीक्षण प्रशासित करते समय जब कक्षा में कोई घटना घटित हो जाती है, या प्रशासन के समय खेल के मैदान में छात्र कोलाहल करने लगते हैं अथवा बरामदे में कोलाहल होने लगता है, तो यह दशायें अच्छे परीक्षण परिणाम के लिए अनुपयुक्त होती है। अतः व्यवधान उत्पन्न करने वाली घटनाओं से बचने का प्रयास करना चाहिए तथा परीक्षार्थियों को अपनी सीट से उठने नहीं देना चाहिए।

24. परीक्षण प्रशासन के समय उत्पन्न हुई घटनाएँ (accidents occuring during the examination) जैसे पेंसिल का टूटना, रोशनाई का खत्म होना, परीक्षण पुस्तिकाओं का दोषपूर्ण होना आदि परीक्षण की अविश्वसनीयता में वृद्धि करती है। परीक्षक को इन घटनाओं के घटित होने का आभास होते ही उसे दूर करने का प्रयास करना चाहिए।

25. परीक्षण विश्वसनीयता पर बीमारी (illness), चिन्ता (worry) तथा उत्तेजना (excitement) आदि छोटे-छोटे कारक भी परीक्षण विश्वसनीयता को प्रभावित करते हैं और अविश्वसनीयता का कारण बनते हैं।

26. परीक्षण विश्वसनीयता पर नकल (cheating) का भी प्रभाव पड़ता है। नकल से प्राप्तांकों में वृद्धि अथवा ह्रास की सम्भावना पाई जाती है।

❑

अध्याय 41

मानक

(NORMS)

परीक्षण मानकीकरण के अंतिम चरण के रूप में मानक को लिया जा सकता है। इस प्रक्रिया के अन्तिम चरण में निर्मित परीक्षण को एक विशाल प्रतिदर्श पर प्रशासित करते हैं और प्राप्त प्रदत्त के आधार पर मानकीकरण करते हैं। परीक्षण रचना में परीक्षण निर्माता व्यक्ति-विशेष का मापन करके उस विशेषता के सन्दर्भ में उसके स्तर को ज्ञात किया जाता है क्योंकि प्राप्तांकों का कोई अर्थ नहीं होता है। उन्हें सार्थकता प्रदान करने के लिए मानकों (norms) का विकास किया जाता है। इसी मानक के आधार परीक्षण पर प्राप्त मूल प्राप्तांकों की व्याख्या की जाती है। परीक्षण के प्रमाणीकरण के लिए मानक ज्ञात करना अत्यन्त आवश्यक है। बिना मानक के किसी परीक्षण के प्रमाणीकरण (standardization) की प्रक्रिया पूरी नहीं होती। इस प्रकार यह कहा जा सकता है कि मानक का सन्दर्भ बिन्दु वर्तमान होता है जो यह संकेत करता है कि किसी समूह के विशेष में परीक्षण विशेष पर निष्पादन क्या है? इस प्रकार यह कहा जा सकता है कि परीक्षण प्राप्तांकों की व्याख्या मानक के आधार पर की जाती है। मानक का प्रयोग करने पर परीक्षण प्राप्तांक की व्याख्या में सम्भावित त्रुटियों की मात्रा कम हो जाती है। यह परीक्षण के लिए मानदण्ड (criterion) निर्धारित करता है। जिस समूह पर परीक्षण को प्रशासित करके मानक को विकसित किया गया है, वह समूह विशिष्ट जब संख्या का प्रतिनिधित्व करता है। इसके आधार पर परीक्षार्थी का स्तर निर्धारित किया जाता है। जिस समूह पर परीक्षण को प्रमाणीकृत (standardize) किया जाता है उस प्रतिदर्श (समूह) को प्रमाणीकृत समूह (standardize group) कहते हैं। इसमें परीक्षार्थी के प्राप्तांकों को प्रामाणिक प्राप्तांकों में परिवर्तित किया जाता है। उदाहरणार्थ यदि किसी विद्यार्थी को चिन्ता मापनी पर 60 अंक प्राप्त होता है तो यह प्राप्तांक तब तक सार्थक नहीं होगा जब तक कि परीक्षण प्राप्तांक की तुलना किसी मानक (norms) से न की जाय। मानक से यह व्याख्या करने में हम समर्थ हो जाते हैं कि 60 अंक प्राप्तांक करने वाले परीक्षार्थी में चिन्ता का स्तर उच्च/औसत/निम्न है।

मानक (norms) की परिभाषा अनेक विद्वानों ने प्रस्तुत की है। ***Freeman*** (1971) के अनुसार, *''किसी परीक्षण पर समूह विशेष द्वारा प्राप्त प्राप्तांकों के औसत मूल्य को मान कहते हैं। यह एक विशिष्ट प्राप्तांक, मध्यमान अथवा मध्यांक होता है जो किसी विशिष्ट जनसंख्या से विशिष्ट प्रतिदर्श द्वारा प्राप्त किया जाता है।''* *(Norm is a normal or average performance of a certain group individuals on a given test. It is a typical score, mean or median on a particular test made by a specified population.)*

Green & others (1954) ने मानक को परिभाषित करते हुए कहा है कि, *''परीक्षण परिणामों की व्याख्या करने के लिए मानक निश्चित रूप से प्रमाणीकरण का एक महत्त्वपूर्ण पक्ष है। मानकों के अभाव में परीक्षण प्राप्तांकों को व्याख्या नहीं की जा सकती है।''* *(The matter of securing norms that facilitate the inter pretation of the test result is* *undoubtedly the most important phase of standardization....without norms test scores can not be interpted.)*

Chaplin (1975) के अनुसार, *''मानक का तात्पर्य उस एकाकी मूल्य या मूल्यों के प्रसार से है जिससे किसी विशिष्ट समूह के निष्पादन से व्यक्ति के प्राप्तांक की तुलना की जाती है। मानक की अभिव्यक्ति आयु, शतांशीय अथवा सरल औसत के रूप में की जा सकती है।'' (A norm may be a single value or range of value expressing the typical performance of a group against which any individual can be compared. Norms may be expressed in terms of age. precentile or simple average.)*

Reber (1987) ने मानक को इस प्रकार परिभाषित किया है, *''सांख्यिकी दृष्टिकोण से मानक का तात्पर्य किसी संख्या, मूल्य, स्तर या संख्याओं के प्रसार से है जो समूह का प्रतिनिधि होता है जिसका उपयोग व्यक्तिगत घटनाओं की तुलना के लिए आधार स्वरूप किया जा सकता है।'' (Statistically, norm refers to a number, value or level or a range of numbers, values or level that is representative of a group and may by used as a basis for comparison of individual cases.)*

इन परिभाषाओं के आधार पर सारांश स्वरूप यह कहा जा सकता है कि:—

1. मानक अपने स्वरूप में विशिष्ट (specific) होते हैं क्योंकि यह किसी विशिष्ट समूह यथा आयु, कक्षा, यौन आदि के लिए तैयार किये जाते हैं (*Norms are not absolute, universal or permanant*—**Freeman**)।
2. मानक कभी-कभी संख्या के अर्थ में किया जाता है और कभी-कभी मूल्य के अर्थ में उपयोग किया जाता है। उदाहरणार्थ—15 वर्ष के 50 बच्चों पर एक बुद्धि परीक्षण प्रशासित करने पर यदि उनका मध्यमान 30.50 प्राप्त हुआ तो यह उक्त समूह का मानक होगा। 'पुनर्जन्म' की धारणा हिन्दू धर्म का एक अभिग्रह है, अतः यह हिन्दूधर्म का मानक माना जायेगा।
3. मानकों का स्वरूप अस्थाई होता है। इसलिए समय-समय पर मानकों में परिमार्जित करना चाहिए।
4. इसको संख्याओं और मूल्यों के रूप में प्रकट किया जा सकता है।
5. मानकों के निर्धारण के लिए बड़े समूह का प्रयोग करना चाहिए। बड़े समूह के आधार पर तैयार किये गये मानक अधिक उपयुक्त और विश्वसनीय होते हैं। 100 व्यक्तियों की तुलना में 500 व्यक्तियों का प्रयोग करके निर्मित किया गया मानक अधिक सार्थक, उपयुक्त और विश्वसनीय होता है।
6. मानकों के आधार पर व्यक्ति विशेष की तुलना प्रासंगिक समूह के सन्दर्भ में की जाती है।
7. मानक इन्द्रियानुभविक प्रदत्त (empirical data) पर ही निर्भर करते हैं।
8. निरीक्षण, प्रयोग या परीक्षण से एकत्र किये गये प्रदत्तों के आधार पर ही मानक तैयार किये जाते हैं।
9. परीक्षण के अंकों/प्राप्तांकों की व्याख्या के लिए मानक का प्रयोग किया जाता है।
10. परीक्षण की व्याख्या में त्रुटि को कम करने के लिए मानकों का प्रयोग किया जाता है।
11. मानक एक प्रकार का परिमाणात्मक मानदण्ड (quantitative criterion) है।

12. परीक्षण के प्रमाणीकरण के लिए मानक की आवश्यकता होती है।
13. परीक्षण के प्राप्तांकों का तब तक कोई अर्थ नहीं है, जबतक कि मानकों के आधार पर तुलना करके उन्हें सार्थक स्वरूप न प्रदान किया जाय।
14. एक ही प्रतिदर्श के विभिन्न सदस्यों की तुलना में किसी परीक्षार्थी विशेष के सापेक्षिक स्थिति (relative position) के बारे में ज्ञान प्राप्त होता है।
15. मानक के द्वारा एक ही व्यकित के दो या दो से अधिक योग्यताओं की तुलना कर सकते हैं।
16. किसी समूह के वर्गीकरण के लिए मानक का प्रयोग करते हैं।

मानकों के प्रकार
(Types of Norms)

मनाकों का वर्गीकरण मुख्यतया दो भागों में विभाजित किया जा सकता है-राष्ट्रीय मानक (National Norms) एवं स्थानीय मानक (Local Norms)। राष्ट्रीय मानक स्थापित करने के लिए बहुत वृहद् क्षेत्र का प्रयोग करना होता है। ऐसे मानक संस्कृति स्वतन्त्र (culture free) होते हैं। इसके द्वारा विभिन्न देशों के व्यक्तियों के व्यक्तिगत अंकों की व्याख्या की जा सकती है। जबकि स्थानीय मानक का क्षेत्र सीमित होता है। ऐसे मानक संस्कृतिबद्ध (culture bound) होते हैं इसके आधार पर स्थानीय व्यक्ति-विशेष के प्राप्तांकों की व्याख्या तो की जा सकती है परन्तु किसी भी देश या किसी भी समूह के परीक्षार्थी/व्यक्ति के प्राप्तांक की तुलना स्थानीय मानकों से नहीं की जा सकती है। मानक चाहे राष्ट्रीय हो या स्थानीय, उन्हें चारों प्रकारों में वर्गीकृत किया जा सकता है। (*Lyman*, 1963):—

(1) आयु मानक *(Age Norms)*

आयु मानकों का प्रयोग उन्हीं परीक्षणों के लिए किया जाता है जहाँ आयु के कारण प्राप्तांकों में परिवर्तन दिखाई देता है तथा यह परिवर्तन वृद्धि को प्रदर्शित करता है। जैसे बौद्धिक योग्यता, बच्चे का भार, बच्चे का भाषा-विकास, बच्चे को पहचानने की योग्यता, मानसिक, आयु, शैक्षिक आयु। यह मानक किसी आयु विशेष के सन्दर्भ में समूह के विशेष योग्यता के सन्दर्भ में औसत निष्पादन होता है। ***Chaplin*** (1975) का मत है कि, *''आयु मानक किसी प्रमाणीकृत परीक्षण पर बच्चों के एक बड़े तथा प्रतिनिधि प्रतिदर्श द्वारा प्राप्त औरात अंक अथवा सामान्य अंक हैं।'' (Age norm is the average or normal score made by a large representative sample of children on standardized test.)* ***Reber*** (1987) का मत है कि, *''आयु मानक का तात्पर्य उस औसत अंक से है जो किसी आयु विशेष में किसी प्रमाणीकृत परीक्षण पर बच्चों के एक बड़े प्रतिदर्शन के रूप में निश्चित किया जाता है।'' (Age norm is the average score on a standardized test observed in a large, representative sample of children at a particular age.)*

जैसे-जैसे बच्चे की आयु का विकास होता है, उसके शब्द-ज्ञान की मात्रा बढ़ती जाती है।

आुय मानक भी दो प्रकार के होते हैं-मानसिक आयु (Mental Age-M. A.) एवं शैक्षिक आयु (Educational Age-EA)।

बुद्धि परीक्षणों में आयु मानकों के रूप में मानसिक आयु का प्रयोग किया जाता है। एक बच्चे के प्राप्तांक को मानसिक आयु में परिवर्तित करके आयु मानक से तुलना करके यह ज्ञात किया जाता है कि उसकी मानसिक आयु औसत बालकों से कम या है अधिक। यदि 10 वर्ष

का बालक 15 वर्ष की आयु के बालक के समान किसी बुद्धि परीक्षण पर अंक प्राप्त करता है या क्रियाएँ करता है, तो उसकी मानसिक आयु 15 वर्ष मानी जायगी। निम्नलिखित तालिका में *R. P. Srivastava & Kiran Saxena* (1985) ने 7 से 11 वर्ष के लिए निर्मित सामान्य मानसिक योग्यता परीक्षण x में मानसिक आयु मानक ज्ञात किया है।

मानसिक आयु मानक

मूल प्राप्तांक	मानसिक आयु	
	वर्ष	महीना
1	4	8
5	5	4
10	6	2
15	7	—
20	7	10
25	8	8
30	9	6
35	10	4
40	11	3
45	12	—
60	14	6
80	19	6
100	26	6

शैक्षिक आयु ज्ञात करने के लिए किसी उपलब्धि परीक्षण को एक विशाल प्रतिदर्श पर प्रशासित किया जाता है तत्पश्चात् प्रत्येक आयु स्तर के बालकों के औसत प्राप्तांकों को ज्ञात कर लिया जाता है। भविष्य में परीक्षा की उपयोगिता ज्ञात करने के लिए किसी बालक के प्राप्तांकों की तुलना उसकी आयु मानकों से की जाती है। उदाहरणार्थ यदि 8 वर्ष का विद्यार्थी 10 वर्ष के विद्यार्थी की भाँति अंक प्राप्त करता है तो इससे हमें यह संकेत प्राप्त होता है, वह बालक आपके आयु-समूह के बालकों के किसी विशेष शैक्षिक योग्यता के सन्दर्भ में आगे हैं।

आयु मानक की सबसे बड़ी विशेषता यह है कि इस मान की गणना सरलता से भी की जा सकती है। इसका प्रयोग बुद्धि परीक्षणों और उपलिब्ध परीक्षणों में किया जाता है। यह मानक उन परीक्षणों के लिए उपयोगी है जिनमें आयु वृद्धि के साथ-साथ बुद्धि वृद्धि पाई जाती है।

परन्तु इस मानक की कुछ सीमाएँ भी हैं। जैसे सभी गुण में आयु के वृद्धि के साथ-साथ वृद्धि नहीं पाई जाती है जैसे बौद्धिक योग्यता। दूसरी आलोचना यह की जाती है कि मनोवैज्ञानिक गुणों के विकास की गति की तुलना नहीं की जानी चाहिए। तृतीय, आयु मानकों का प्रयोग कुछ सीमित गुणों के मापन के लिए ही किया जाता है। उपलब्धि परीक्षणों के लिए आयु मानक उपयुक्त नहीं है क्योंकि यह आवश्यक नहीं है कि आयु में वृद्धि के साथ-साथ उपलब्धि में भी वृद्धि हो। इसके साथ यह भी कहा जा सकता है कि एक ही आयु के बालकों में उपलब्धि के विकास की गति भी समान ही हो।

(2) श्रेणी मानक (*Grade Norms*)

श्रेणी मानक में आयु मानक की सारी विशेषताएँ पाई जाती है। इन दोनों मानकों केवल यह भिन्नता पाई जाती है कि आयु मानक का तात्पर्य किसी विशेष आयु समूह के औसत निष्पादन से है जबकि श्रेणी मानक का तात्पर्य किसी विशेष श्रेणी समूह के औसत निष्पादन से है। इसका प्रयोग शैक्षिक योग्यता के सन्दर्भ में किया जाता है। किसी श्रेणी विशेष (कक्षा 8 कक्षा 9, कक्षा 10) के औसत निष्पादन के आधार पर इस मानक को विकसित किया जाता है। इस औसत निष्पादन को ही श्रेणी मानक (Grade Norms) कहते हैं। इसे शैक्षिक आयु (Educational Age) भी कहते हैं। शैक्षिक परिस्थितियों में इसकी उपयोगिता अधिक है। अमेरिका की शिक्षा-व्यवस्था में इस मानक का प्रयोग अधिक होता है। इसमें प्रत्येक विषय के पाठ्यक्रमों को स्तर के अनुसार निर्धारित कर लिया जाता है और प्रत्येक स्तर के उपयुक्त प्रामाणिक परीक्षणों को निर्मित कर लिया जाता है। यदि बच्चा किसी विशेष श्रेणी के प्रामाणिक परीक्षण पर अपने सफल निष्पादन को प्रदर्शित करता है तो उसको कक्षा में प्रवेश दे दिया जात है क्योंकि उसमें उस श्रेणी के परीक्षण पर सफलता प्राप्त करने की प्रतिभा/योग्यता पाई जाती है, भले ही उसकी आयु कम हो। जब छात्र अपने को किसी श्रेणी-विशेष के उपयुक्त समझता है तो वह उस श्रेणी के प्रामाणिक परीक्षण को पास करता है और अगले कक्षा में प्रवेश प्राप्त कर लेता है। वहाँ कक्षाएँ नहीं होती है, वरन् विषयों के स्तर होते हैं और उन स्तरों के लिए अलग-अलग प्रामाणिक परीक्षाएँ होती हैं।

एक समय में एक छात्र मनोविज्ञान में 10वीं श्रेणी, गणित में तीसरी श्रेणी तथा भूगोल में पाँचवीं श्रेणी प्राप्त कर सकता है। इसमें समय का कोई प्रतिबन्ध नहीं होती। ***Chaplin*** (1975) ने इसे इस प्रकार पभाषित किया है, *"श्रेणी मानक का तात्पर्य कसौटी है जो किसी विशेष श्रेणी के छात्रों के एक समूह के औसत निष्पादन को प्रदर्शित करता है।" (Grade norm is a standard of performance which represents the average performance of a group of pupils in a given grade.)* ***Reber*** (1987) ने श्रेणी मानक की परिभाषा को और अधिक विशिष्ट रूप प्रदान करते हुए अपना मत इस प्रकार प्रकट किया है, *"श्रेणी मानक का तात्पर्य उस अंक या अंकों के प्रसार से है जो विद्यालय जनसंख्या के किसी श्रेणी विशेष के लिए उपलब्धि के विशिष्ट स्तर का प्रतिनिधि होता है।" (Grade norm is the score or a range of scores that is representative of the typical level of achievement in school population for any given grade.)*

श्रेणी मानक की गणना के लिए निम्न सूत्र का प्रयोग किया जाता है:—

$$\text{शैक्षिक लब्धि (E. Q.)} \quad \frac{\text{शैक्षिक आयु (E. A.)}}{\text{वास्तविक आयु C.A.)}} \times 100$$

Dr. Pramila Ahuja (1976) ने कक्षा 7 से कक्षा 11 के लिए सामूहिक बुद्धि परीक्षण को प्रमाणीकृत (Standardize) किया और उनके लिए श्रेणी मानकों को विकसित किया।

श्रेणी मानक

श्रेणी	श्रेणी मानक	
	छात्र	छात्राएँ
कक्षा—5	27	27
कक्षा—6	38	38
कक्षा—7	50	48
कक्षा—8	58	58

श्रेणी मानक की अनेक विशेषताएँ हैं। इसका प्रयोग सरलता से किया जाता है। इसके द्वारा शैक्षिक योग्यता की व्याख्या में आसानी होती है। जैसे-जैसे आयु में वृद्धि होती है, शैक्षिक योग्यता में भी बृद्धि पाई जाती है। श्रेणी मानक को ज्ञात करने के लिए किसी श्रेणी के किसी प्रातिनिध प्रतिदर्श के औसत अंक को ज्ञात करते हैं। लेकिन इन अंकों का एक निश्चित प्रसार भी होता है। *Chaplin* (1975) ने 40 से 60 शतांशीय (percentile) तथा हो जाती है। उसके अतिरिक्त एक ही छात्र का *Reber* (1987) ने 50 शतांशीय से कुछ कम तथा कुछ अधिक के प्रसार को माना है।

परन्तु श्रेणी मानक की कुछ कमियाँ भी है। यह मानक इन शीलगुणों अथवा क्षमताओं के मापन के लिए उपयुक्त नहीं है जिनमें विकास की गति असमान होती है। जैसे प्रारम्भिक कक्षाओं में उच्चारण की योग्यता का विकास तीव्र गति से होता है, बाद में इसकी गति मन्द श्रेणी मानक भिन्न-भिन्न विषयों में एक ही नहीं होता है वरन् भिन्न-भिन्न होता है।

(3) शतांशीय मानक (*Percentile Norms or Centile Norms*)

Chaplin (1975) के अनुसार, *''शतांशीय मानक का तात्पर्य उस मानक से है जो किसी परीक्षण अथवा माप पर शतांशीय स्थितियों की ओर संकेत करता है।''* (*Percentile norm is a norm given in terms of percentile standings on the test or measure in question.*) शतांशीय मापनी पर ऐसा बिन्दु है जिसके नीचे वितरण का निश्चित प्रतिशत पड़ता है। शतांशीय मानक तैयार करने के लिए एक शतांशीय मापनी का उपयोग किया जाता है जिस पर 100 बिन्दु होते हैं। इस मापनी में यह अभिग्रहित कर लिया जता है कि 100 व्यक्तियों के समूह में प्रत्येक व्यक्ति का एक निश्चित क्रम, स्थिति या बिन्दु होता है। जिस व्यक्ति का शतांशीय क्रम (Percentile Rank) 20 (P_{20}) है, तो इसका तात्पर्य यह है कि 100 व्यक्तियों के समूह में उस व्यक्ति की स्थिति नीचे से बीसवें स्थान पर है। इसी प्रकार जिसका शतांशीय क्रम (P_{30}) है तो इसका तात्पर्य है कि 100 व्यक्तियों के समूह में नीचे से 70वें स्थान पर है।

इस प्रकार सारांश स्वरूप यह कहा जा सकता है कि शतांशीय मानक किसी परीक्षण पर व्यक्ति के प्राप्तांकों की व्याख्या शतांशीय क्रम (Percentile Rank) के आधार पर करते हैं। विभिन्न वितरणों के प्राप्तांकों के मध्य तुलना करने के लिए शतांशीय क्रम का प्रयोग किया जाता है जिससे यह सूचना प्राप्त हो जाती है कि उसका शतांशीय मूल्य क्या है?

शतांशीय मानक की अनेक उपयोगिताएँ हैं। प्रथम, शतांशीय मानक किसी समूह विशेष में व्यक्ति के प्राप्तांकों की व्याख्या के लिए आधार प्रदान करते हैं। द्वितीय, इसकी गणना सरल है तथा सुगमता से मानकीय प्रदत्त (Normative data) प्राप्त हो जाता है। तृतीय, शैक्षिक योग्यता की व्याख्या सरलता से की जा सकती है। चतुर्थ, इसका प्रयोग उपलब्धि परीक्षण, बुद्धि परीक्षण, व्यक्तित्व परीक्षण के लिए किया जा सकता है।

शतांशीय मानक की कुछ सीमाएँ (limitations) भी हैं। प्रथम, शतांशीय मानकों का वितरण असमान होता है। द्वितीय, इस मानक के द्वारा प्रमाणीकृत प्रतिदर्श में निरपेक्ष स्थिति (absolute position) के बारे में ज्ञान प्राप्त होता है। इन मानकों के द्वारा केवल सापेक्ष स्थिति (relative position) के बारे में ही ज्ञान प्राप्त होता है।

कभी-कभी शतांशीय मानकों की गणना के लिए रेखाचित्र का भी सहारा लिया जाता है और तोरण (ogire) की रचना की जाती है। तोरण के आधार पर यह ज्ञात हो जाता है कि किसी प्राप्तांक को प्राप्त करने वाले व्यक्ति का शतांशीय क्रम (Percentile Rank) क्या होगा।

(4) प्रामाणिक प्राप्तांक मानक (*Standard Score Norms*)

Chaplin (1975) ने प्रामाणिक प्राप्तांक मानक की परिभाषा इस प्रकार दी है, *''प्रामाणिक प्राप्तांक वह व्युत्पन्न प्राप्तांक है जो अपनी इकाई के रूप में उस जनसंख्या के प्रामाणिक विचलन का प्रयोग करता है जिस पर परीक्षण का प्रमाणीकरण किया गया था।''* *(Standard score is a derived score which uses as its unit the standard deviation of the population upon which the test was standardized.)*। ***Reber*** (1987) ने प्रामाणिक प्राप्तांक मानक की अत्यन्त संक्षिप्त परिभाषा इस प्रकार प्रस्तुत की है, *''प्रामाणिक प्राप्तांक सामान्यतया वह व्युत्पन्न प्राप्तांक हैं जो प्रामाणिक विचलन पर आधारित होता है।''* *(Standard score generally, is any derived score that is based on the standard deviation.)*

इस प्रकार यह कहा जा सकता है कि प्रामाणिक प्राप्तांकों पर आधारित मानक को प्रामाणिक प्राप्तांक मानक कहते हैं। इसमें मापनी को इकाई पूर्ण रूप से समान होती है। इसमें सभी इकाइयों का अर्थ एक समान होता है। इस मानक को Z प्राप्तांक मान भी कहते हैं क्योंकि यह प्रामाणिक प्राप्तांकों अथवा Z प्राप्तांकों पर आधारित होता है। प्रामाणिक प्राप्तांकों का वितरण प्रसामान्य वक्र (normal curve) पर आधारित होता है। Z प्राप्तांक मानक की गणना $\frac{X-M}{\sigma}$ सूत्र द्वारा की जाती है। प्रामाणिक प्राप्तांक मानकों का आधार सामान्यीकृत समूह होता है, प्रामाणिक प्राप्तांक एक प्रकार का व्युत्पन्न प्राप्तांक है जिसका एक निश्चित मध्यमान और निश्चित प्रामाणिक विचलन होता है। इसे Z प्राप्तांक तथा T- प्राप्तांक भी कहते हैं। प्रामाणिक प्राप्तांकों की मुख्य विशेषता यह है कि इसमें मूल प्राप्तांकों का प्रामाणिक प्राप्तांकों में रूपान्तरित कर लिया जाता है तथा प्रामाणिक अंकों के मापन की इकाई समान होती है।

प्रामाणिक प्राप्तांकों की आवश्यकता उस समय पड़ती है जब हमें किसी परीक्षार्थी के विभिन्न प्राप्तांकों की आपस में तुलना की जाती है। ऐसी स्थिति में प्राप्तांकों को प्रामाणिक प्राप्तांकों (standard scores) में रूपान्तरित किया जाता है, तत्पश्चात् उनकी तुलना की जाती है। प्रामाणिक प्राप्तांकों के कई प्रकार हैं-Z प्राप्तांक मानक (Z-score Norm), T प्राप्तांक मान (T-score Norm), स्टेनाइन प्राप्तांक मानक (Stanine score Norm(, स्टेन प्राप्तांक मानक (Sten Score Norm), C- प्राप्तांक मानक (C-Score Norm) एवं बुद्धि लब्धि-विचलन मानक (Deviation I. Q. Norm)।

प्रामाणिक प्राप्तांक मानक का सबसे बड़ा गुण यह है कि मापन की इकाइयों से समरूपता (uniformity) पाई जाती है, इसलिए ऐसे मानकों का स्वरूप वैज्ञानिक होता है। इसके लिए प्रसामान्य वक्र का प्रयोग किया जाता है। इसमें मूल प्राप्तांकों को प्रामाणिक प्राप्तांकों में सरलता से परिवर्तित कर लेते हैं। इसकी व्याख्या भी सरल होती है।

परन्तु इन मानकों के कुछ दोष भी हैं। यथा ऐसे मानकों के निर्धारण के लिए मनोवैज्ञानिक को प्रशिक्षित होना चाहिए तथा सांख्यिकीय का पर्याप्त ज्ञान होना चाहिए। प्रामाणिक प्राप्तांकों की गणना में अधिक समय और श्रम लगता है। उपलब्धि परीक्षणों में ऐसे मानकों का उपयोग नहीं किया जाता है। वास्तविकता यह है कि प्राप्तांकों का वितरण पूर्ण रूप से सामान्यीकृत नहीं होता।

❑

अध्याय 42

अनुसंधान प्रतिवदेन
(THE RESEARCH REPORT)

अनुसंधान की महत्त्वपूर्ण अवस्था अनुसंधान प्रतिवेदन का प्रस्तुतीकरण है। अनुसंधान का महत्त्व उसी समय सिद्ध होगा जब उसे लिखित स्वरूप प्रदान किया जाय। अनुसंधान प्रतिवदेन अनुसंधान प्रक्रिया का लिखित रूप है। इसके लेखन की एक विशेष शैली है और इसका विशेष महत्त्व है। क्योंकि जब तक अनुसंधानकर्ता अनुसंधान प्रतिवेदन लिखित रूप में नहीं प्रस्तुत करता है, तब तक अनुसंधान कार्य सम्पूर्ण नहीं माना जाता है। अनुसंधान प्रतिवेदन में अनुसंधानकर्ता समस्या, उपकल्पना, परिवर्त्य नियन्त्रण, उपकरण एवं प्रायोगिक सामग्री, प्रायोगिक प्रक्रिया, परिणाम विश्लेषण एवं परिणाम व्याख्या आदि के बारे में विवरण प्रस्तुत करता है। इस प्रकार यह कहा जा सकता है कि अनुसंधान कार्य में अनुसंधान प्रतिवेदन का प्रस्तुतीकरण अनुसंधान का अंतिम चरण है। अनुसंधान प्रतिवेदन के बिना अनुसंधान प्रक्रिया अधूरी है। अनुसंधान प्रतिवेदन का लेखन इसलिए आवश्यक है ताकि अन्य लोगों को भी अनुसंधान कार्य से प्राप्त परिणाम का ज्ञान हो सके।

American Marketing Society के मत को ***Goode & Hatt*** (1962) ने अपनी पुस्तक *'Methods of Social Research'* में उद्घृत करते हुए लिखा है कि, *''प्रतिवेदन तैयार करना अनुसंधान की अंतिम अवस्था है ओर इसका उद्देश्य रुचि रखने वाले लोगों को परिणाम को पर्याप्त विस्तार से अवगत कराना है एवं इस तरह व्यवस्थित करना है कि पाठकगण तथ्यों को समझने और स्वयं के लिए निष्कर्षों की प्रामाणिकता को निश्चित करने के योग्य बन जाय।''* ***(The preparation of the report is then the final stage of research and its purpose is to convey to interested persons the whole result of the study in the sufficient detail and so arranged as to enable each reader to comprehend the data and to determine for himself the validity of the conclusions.)***

इसी प्रकार **Kerlinger** (2002) ने अनुसंधान प्रतिवेदन को इस प्रकार परिभाषित किया है, *''अनुसंधान प्रतिवेदन का उद्देश्य पाठक को यह अवगत कराना है कि किस समस्या पर अनुसंधान किया गया है, समस्या के समाधान के लिए किन विधियों का उपयोग किया गया है, अनुसंधान से क्या परिणाम प्राप्त हुआ है तथा उन परिणामों के आधार पर क्या निष्कर्ष प्राप्त हुआ है।''* ***(The purpose of the research report is to tell readers the problem investigated, the methods to solve the problem, the results of the investigation, and the conclusions inferred from the results.)***

Selitiz, Jahoda, Deutsch & Cook (1961) के अनुसार, *''प्रतिवेदन का उद्देश्य स्व-संचार नहीं है वरन् उस ज्ञान को अन्य लोगों को अवगत कराना है।''* ***(The purpose of the report is not communication with oneself but communication with the audience.)***

इस प्रकार यह कहा जाता सकता है कि अनुसंधान प्रतिवेदन कई उद्देश्यों की पूर्ति के लिए तैयार किया जाता है:—

1. अनुसंधान से प्राप्त परिणाम एवं निष्कर्ष से दूसरों को अवगत कराना।
2. प्रतिवेदन तैयार करें अपने अनुसंधान विवरण को दूसरों तक पहुँचाना।
3. दूसरों के निष्कर्ष के वैधता की जाँच करना।
4. भावी अनुसंधान में सहायता प्राप्त करना
5. वैधता की जाँच करना।
6. अनुसंधान को सुव्यवस्थित रूप से प्रस्तुत करना।
7. अनुसंधान प्रतिवेदन से नई दिशा का बोध होना।

Publication Manual of the American Psychological Association (1983) ने यह प्रस्तावित किया है कि कोई अनुसंधान कार्य तभी पूर्ण माना जायेगा जब उसे वैज्ञानिक समुदाय को अवगत करा दिया जाय। यद्यपि अवगत कराने के लिए अनेक तरीकों का प्रयोग किया जा सकता है जिसमें से कुछ औपचारिक (formal) होती है और कुछ अनौपचारिक (informal)। अनुसंधान से प्राप्त परिणामों को विज्ञान जगत से अवगत कराने की मुख्य पारम्परिक प्रविधि के रूप में वैज्ञानिक पत्रिकाओं को लिया जा सकता है।

मनोविज्ञान के क्षेत्र में मानव व्यवहार के बारे में ज्ञान वृद्धि के लिए अनुसंधान किया जाता है। अनुसंधान से प्राप्त परिणामों को हम प्रकाशित अनुसंधान प्रतिवेदनों के रूप में अन्य व्यक्तियों तक सम्प्रेषित करते हैं। इस संचार (सम्प्रेषण communication) को अधिक प्रभावी बनाने के लिए American Psychological Association ने अनुसंधान प्रतिवेदन को सुगठित रूप प्रदान करने के लिए एक अनुसंधान निर्देशित (research guide) प्रकाशित की है जिससे पाठकगण को अनुसंधान के बारे में वांछित सूचना समयानुसार प्राप्त हो सके। केवल अनुसंधानकर्ता को ही नहीं, मनोविज्ञान के विद्यार्थियों को भी अपने प्रयोगों का प्रतिवेदन भी A P A Style में लिखनी चाहिए ताकि वे सूचनाओं को सम्प्रेषित कर सके।

American Psychological Association द्वारा प्रकाशित सभी अनुसंधान पत्रिकाओं शोध लेखों के प्रस्तुतीकरण में A P A guideline का प्रयोग किया जाता है। यहाँ हम अनुसंधान प्रतिवेदनों के तैयार करने के निर्देशों का वर्णन करेंगे।

अनुसंधान प्रतिवदेन के खण्ड
(Sections of the Research Report)

अनुसंधान प्रतिवेदन में निम्नलिखित खण्डों का प्रयोग करना चाहिए। नीचे कुछ खण्डों एवं उपखण्डों को प्रस्तुत किया गया है:—

1. शीर्षक (Title)
2. लेखक का नाम एवं सम्बद्धता (Author's name and affiliation)
3. सारांश (Abstract)
4. भूमिका (Introduction)
5. विधि (Method)
   (a) प्रयोज्य (Subjects)
   (b) उपकरण एवं सामग्री (Apparatus and Materials)
   (c) प्रक्रिया (Procedure)

6. परिणाम (Results)

7. व्याख्या (Discussion)

8. सन्दर्भ (References)

एक अच्छे अनुसंधान प्रतिवेदन को प्रयोग के बारे में सम्प्रेषित करना चाहिए:—

(i) आपने क्या किया है? (What you did)

(ii) आपने ऐसा क्यों किया है? (Why you did it)

(iii) आपको क्या प्राप्त हुआ है? (What you found)

(iv) आपने कैसे व्याख्या की है? (How you interpret your findings)

अनुसंधान के 'क्यों' (why) को 'भूमिका' में प्रस्तुत करना चाहिए तथा 'क्या' (What) को विधि में प्रस्तुत किया जाना चाहिए। इसी प्रकार परिणाम खण्ड में परिणाम को तथा व्याख्या में विश्लेषण को प्रस्तुत करना चाहिए।

Anderson (1971) के अनुसार अनुसंधान प्रतिवेदन द्विमुखी चिमनी (double funnel) की भाँति है जिसको निम्न चित्र में प्रस्तुत किया गया है:—

The research report as a double funnel

भूमिका (introduction) को प्रारम्भ विस्तार से होना चाहिए जिसमें प्रयोग के ऐतिहासिक पृष्ठभूमि (historical background) तथा संप्रत्ययपरक पृष्ठभूमि (conceptual background) का वर्णन करना चाहिए। भूमिका में इन तथ्यों को विस्तार से वर्णन करते हुए अनुसंधानकर्ता को अपने ध्यान को सामान्य से विशिष्ट की ओर केन्द्रित करने के लिए संकीर्णता (narrowness) की ओर बढ़ना चाहिए और प्रयोग के तार्किक आधार (rationale) को प्रस्तुत करना चाहिए। विधि (method) एवं परिणाम (results) खण्ड को चिमनी में संकीर्ण भाग में प्रदर्शित करना चाहिए। इन खण्डों को सूक्षम (precise) रूप से वर्णित करना चाहिए। इसके पश्चात् अनुसंधान प्रतिवेदन का स्वरूप विस्तृत होना चाहिए अर्थात् 'परिणाम व्याख्या' (Discussion) का प्रस्तुतीकरण विस्तृत रूप से होना चाहिए। जिसमें इन बातों का विवरण प्रस्तुत करना चाहिए:—

(i) प्रयोग के परिणाम की व्याख्या करनी चाहिए, इसके बाद

(ii) उपकल्पना परीक्षण के लिए इसके तात्पर्यों (Implications) का वर्णन करना चाहिए, इसके बाद

(iii) विगत अनुसंधानों तथा प्रतियोगी सिद्धान्तों के सन्दर्भ में अनुसंधान की प्रासंगिकता का वर्णन करना चाहिए, इसके बाद

(iv) भावी अनुसंधान के लिए सुझाव प्रस्तुत करना चाहिए।

1. शीर्षक (*Title*)

शीर्षक के रूप में समस्या का प्रस्तुतीकरण संक्षिप्त और आकर्षक ढंग से करना चाहिए। शीर्षक का स्वरूप ऐसा होना चाहिए कि वह अनुसंधान के मूल उद्देश्य को प्रकट करें American Psychological Association (1983) के अनुसार, *"A title should summarize the main idea of the paper simply and, if possible, with style."* अनावश्यक (redundant) शब्दों के प्रयोग से बचना चाहिए। शीर्षक के पहले An experimental study of......लिखना आवश्यक नहीं है।

2. लेखक का नाम एवं संस्थागत सम्बद्धता (*Author's Name and Institutional Affiliation*)

इस शीर्षक के अन्तर्गत लेखक अथवा लेखकों के नाम बिना किसी पद (डॉ॰ अथवा प्रोफेसर) का प्रयोग किये देना चाहिए। साथ-ही-साथ उस संस्था का नाम भी देना चाहिए जहाँ वह अनुसंधान कार्य सम्पन्न किया गया हो। एक या एक से अधिक लेखकों के नवीन सम्बद्धता को दर्शाने के लिए पाद टिप्पणी (footnote) का प्रयोग करना चाहिए। इसके अतिरिक्त फुटनोट में उन लोगों का भी वर्णन करना चाहिए जिन्होंने अनुसंधान में किसी भी तरह से सहायता की हो। ऐसे व्यक्तियों के रूप में विद्यालय के प्रचार्य, प्रयोग में भाग लेने वाले प्रयोज्य अनुसंधान सहायक, कम्प्यूटर प्रोग्रामर, पाण्डुलिपि को आलोचनात्मक दृष्टिकोण से पढ़ने वाले लोग हो सकते हैं। जिन संस्थाओं से अनुसंधान में आर्थिक सहायता प्राप्त हुई है, उनके प्रति भी आभार फुटनोट में ही प्रकट करना चाहिए।

3. सारांश (*Abstract*)

प्रयोग के संक्षिप्त रूप को सारांश कहते हैं। पाठकगण सारांश पढ़कर यह तय करते हैं कि उन्हें पूरे लेख को पढ़ना है या नहीं। 'सारांश' पाठकगण को यह सम्प्रेषित (communicate) करते हैं कि प्रयोग क्या है? प्रयोग में क्या किया गया है? क्या परिणाम प्राप्त हुआ है? तथा कैसे परिणाम प्राप्त किया गया है?

सारांश 150 शब्द से अधिक लम्बा नहीं होना चाहिए। सारांश में प्रयोग के महत्त्वपूर्ण पक्षों-उद्देश्य (purpose), आश्रित परिवर्त्य (D.V.), प्रमुख परिणाम (major results) एवं निष्कर्ष (conclusions) का वर्णन आवश्यक रूप से करना चाहिए। प्रक्रियात्मक विवरण (procedural details) जैसे प्रयोज्य संख्या (number of subjects), प्रयास संख्या, प्रतिसंतुलन प्रकार (type of counterbalancing) का वर्णन तब तक नहीं करना चाहिए जब तक उसका वर्णन महत्त्वपूर्ण न हो। यदि विरले (unusually) रूप से अधिक प्रयोज्यों का प्रयोग कर लिया गया हो, तो उनकी संख्या का वर्णन कर देना चाहिए। परिणाम के सांख्यीय विवरणों (Statistical details) देने की आवश्यकता नहीं है। परिणाम का उल्लेख सारांश में उसी समय किया जाय जब वह सांख्यिकी दृष्टिकोण से सार्थक हो।

यदि सारांश में यह प्रस्तुत किया जाता है कि "कम आवृत्ति वाले शब्दों की तुलना में अधिक आवृत्ति वाले शब्दों का पुनः स्मरण अधिक प्राप्त हुआ तो इसका तात्पर्य यह होगा कि सांख्यकीय विश्लेषण यह प्रदर्शित करते हैं कि अधिक आवृत्ति वाले पद सांख्यकीय दृष्टिकोण से निम्न आवृत्ति के पदों की तुलना में श्रेष्ठ प्राप्त हुए हैं। सारांश में किसी सन्दर्भ (reference) का जिक्र तब तक नहीं किया जाता है जब तक कि वह अध्ययन का केन्द्र बिन्दु न रहा हो।

स्वीकार्य योग्य सारांश (aceptable abstract) लिखने में कुछ अनुसंधानकर्ता अनेक कठिनाई अनुभव करते हैं क्योंकि वे प्रक्रिया एवं परिणाम का वर्णन विस्तृत रूप से करने लगते हैं और अध्ययन के मुख्य बिन्दु पर ध्यान नहीं देते हैं। सामान्यतया उनका सारांश बहुत लम्बा होता है फिर वे प्रयोग के बहुत महत्त्वपूर्ण परिणाम का वर्णन छोड़ देते हैं। उत्तम सारांश प्रस्तुत करने के लिए यह आवश्यक है कि सारांश अनेक बार लिखा जाय, अनावश्यक शब्दों को निकाल दिया जाय, तथा साराश को संक्षिप्त रूप प्रदान किया जाय।

4. भूमिका (*Introduction*)

भूमिका पाठक को प्रयोग के तार्किक आधार (rational) एवं उद्देश्य (Objective) से अवगत कराती है, इसलिए इस दृष्टिकोण से 'भूमिका' की केन्द्रिय भूमिका है। भूमिका पढ़कर पाठक को यह ज्ञात हो जायेगा कि समस्या की सामान्य पृष्ठभूमि के क्या है? प्रयोग ऐसे अनुसंधान को क्या योगदान प्रदान करेगा? प्रत्याशित परिणाम (expected results) क्या होंगे? एवं एसे विशिष्ट परिणामों (specific reuslts) की प्रत्याशा क्यों की जायगी?

भूमिका के प्रथम भाग में सामान्य रूप से सम्बन्धित साहित्य के सर्वेक्षण को प्रस्तुत किया जाता है। इसमें सम्बन्धित क्षेत्र में किये गये अनुसंधानों का सारांश इस प्रकार प्रस्तुत किया जाता है कि इन अध्ययनों में क्या परिणाम प्राप्त किया गया और वर्तमान प्रयोग के उद्देश्य के सम्बन्ध में कितना प्रासंगिक है। विगत अनुसंधानों का सारांश प्रस्तुत करते हुए मुख्य निष्कर्ष पर बल देना चाहिए और अनावश्यक विवरणों के प्रस्तुतीकरण से बचना चाहिए। यदि अनेक अनुसंधानकर्ताओं ने लगभग समान परिणाम प्राप्त किया है तो परिणामों का सारांश एक सामान्य कथन के रूप में करना चाहिए साथ-साथ प्रासांगिक अनुसंधानों को भी उद्धृत करना चाहिए।

विगत अध्ययनों का सारांश प्रस्तुत करने के लिए अपने शब्दों का प्रयोग करना चाहिए, प्रकाशित प्रतिवेदनों (published reports) को नहीं उद्धृत करना चाहिए। उद्धरणों (Citations) के चयन में सावधानी बरतनी चाहिए। उद्धरणों को अध्ययन की जाने वाली समस्या विशिष्ट से सम्बन्धित होना चाहिए।

समस्या की प्रस्तावना एंव उसके पृष्ठभूमि को प्रस्तुत करने के उपरान्त, प्रयोग के तार्किक आधार का वर्णन करना चाहिए। यदि प्रयोग मं किसी उपकल्पना की जाँच की जाती है या दो विरोधी उपकल्पनाओं की तुलना की जाती है, तो उपकल्पना (उपकल्पनाओं) का वर्णन प्रारम्भ में कर देना चाहिए और यह प्रदर्शित करना चाहिए कि प्रयोग में उपकल्पना की जाँच कैसं की जायेगी।

भूमिका के अन्तिम भाग में प्रयोग के सामान्य योजना (general plan) का वर्णन करना चाहिए। तत्पश्चात् जाँच की जाने वाली उपकल्पना के सन्दर्भ में अनेक परिणामों के आशय (inplications) का वर्णन करना चाहिए।

साहित्य-अन्वेषण (*The Literature Search*)

प्रयोग प्रारम्भ करने से पूर्व अनुसंधानकर्ता सम्बन्धित साहित्य की खोज करता है। उस खोज का उद्देश्य अनुसंधान शीर्षक से सम्बन्धित अति नवीन एवं प्रासंगिक अनुसंधान पत्रों की खोज करता है। प्रयोग प्रारम्भ करने से पूर्व यदि साहित्य खोज (literatues search) कर लिया गया है, तो अनुसंधान में नये प्रयोग (अनुसंधान) की योजना प्रस्तावित की जाती है तथा अनुसंधान के पुनरावृत्ति की सम्भावना कम हो जाती है। इसी प्रकार जब प्रयोग समाप्त करने के बारे में साहित्यक खोज की जाती है तो अनुसंधानकर्ता प्रयोग के पश्चकारणों (post hoc) का वर्णन कर सकता है। यद्यपि सैद्धान्तिक रूप से यह कहा जा सकता है कि प्रत्येक प्रयोग के लिए साहित्यक खोज की आवश्यकता होती है। परन्तु व्यवहारिक रूप से यह पाया गया है कि सम्पूर्ण साहित्य का सर्वेक्षण किये बिना ही प्रयोग की योजनाएँ बना ली जाती है।

साहित्यक सर्वेक्षण के लिए हमें विभिन्न शोध पत्रिकाओं का अवलोकन करना होगा। इन शोध पत्रिकाओं में प्रकाशित प्रासांगिक शोध पत्रों के अवलोकन से हमें अपने प्रयोग की योजना

बनाने में दिशा निर्देश प्राप्त हो सकेगा। इस उद्देश्य की पूर्ति के लिए हम साप्ताहिक पत्रिका (Current contents for the social and behavioral sciences) का सहारा ले सकते हैं। इसके अतिरिक्त Citation Index का भी उपयोग किया जा सकता है। प्रयोग योजना तैयार करने के लिए तथा शीर्षक से सम्बन्धित शोध पत्रों के अवलोकन के लिए अनुसंधान क्षेत्र के अनुसार उससे सम्बन्धित शोध पत्रिकाओं का अवलोकन किया जा सकता है जिसका उदाहरण प्रस्तुत है:—

Experimental Reports of Human Experimental Research

Journal of Experimental Psychology : General (APA)
Journal of Experimental Psychology : Learning, Memory, and Cognition (APA) (formerly journal of Experimental Psychology: Human Learning and Memory)
Journal of Experimental Psychology : Human Perception and Performance (APA)
Cognitive Psychology (Academic Press)
Journal of Language and Memory (Academic Press) (formerly Journal of Verbal Learning and Verbal Behavior)
Memory & Cognition (Psychonomic Society)
Bulletin of the Psychonomic Society (Psychonomic Society [short reports]
Developmental Psychology (APA)
Journal of Abnormal Psychology (APA)
Journal of Applied Psychology (APA)
Journal of Consulting and Clinical Psychology (APA)
Journal of Counseling Psychology (APA)
Journal of Educational Psychology (APA)
Journal of Personality and Social Psychology (APA)

Experimental Reports of Animal Experimental Research

Journal of Experimental Psychology : Animal Behavior Processes (APA)
Journal of Comparative Psychology (APA) (formerly contained within Journal of Comparative and Physiological Psychology)
Behavioral Neuroscience (formerly contained within Journal of Comparative and Physiological Psychology)
Animal Learning and Behavior(Psychnomic Society)

General Review Papers

American Psychologist (APA)
Psychological Bulletin (APA)
Psychological Review (APA)

मनोवैज्ञानिक अनुसंधानों में दो प्रकार के उद्धरण सूचियों (citation Indies) का प्रयोग किया जाता है—Science Citation Index एवं Social Science Citation Index। इन दोनों के क्षेत्र में प्रमुख्व मनोवैज्ञानिक शोध पत्रिकाओं को सम्मिलित किया जा सकता है। परन्तु Science Citation Indexमें मुख्यतया भौतिक विज्ञानों तथा Social Science Citation

Index में मुख्यतया सामाजिक विज्ञानों को ही सम्मिलित किया जाता है। Citation Index के पूरक के रूप में Source Index को लिया जा सकता है जिसमें उद्धरक (citors) पत्रिका तथा लेख के नाम के आधार पर सूची दी रहती है और अनुसंधानकर्ता अपनी-अपनी आवश्यकतानुसार सूची (index) से सामग्री का सन्दर्भ प्राप्त कर लेता है। इसी प्रकार सूची/निर्देशिका के रूप में Permuterm Subjects Index का भी प्रयोग किया जा सकता है जिसमें क्रम परिवर्तन जोड़ों (Permuted pairs) में शीर्षक शब्दों (title words) को रखा जाता है। प्रासंगिक साहित्य का अवलोकन करने के लिए सामान्यतया Psychological Abstracts का सहारा लिया जाता है जिसमें शोध यंत्रों के सारांश को प्रस्तुत किया जाता है। साहित्यावलोकन के लिए यह विधि अपेक्षाकृत अधिक प्रत्यक्ष है।

5. विधि *(Method)*

इस खण्ड में पर्याप्त विवरण प्रदान किया जाता है ताकि (i) दूसरे अनुसंधानकर्ता द्वारा प्रयोग की पुनरावृत्ति की जा सके (ii) प्रक्रिया को विधिपरक मूल्यांकन किया जा सके। इस खण्ड को 3 उपखण्डों में विभाजित किया जाता है:—

1. प्रयोज्य *(Subjects)*—इस खण्ड में प्रयोज्यों की संख्या तथा जनसंख्या का वर्णन किया जाता है। इसके अतिरिक्त प्रयोज्य की अन्य विशेषताओं का भी वर्णन किया जा सकता है जिनसे परिणाम के प्रभावित होने की सम्भावना पाई जाती है।

2. उपकरण *(Apparatus)*—अनुसंधान हेतु प्रामाणिक उपकरणों (standard apparatues) का प्रयोग करना चाहिए। प्रामाणिक उपकरणों को प्राप्त करने के लिए फर्म का नाम तथा माडल नम्बर पर अवश्य ध्यान देना चाहिए।

3. सामग्री *(Materials)*—इस खण्ड में जहाँ उद्दीपक सामग्री की विशेषताओं का वर्णन किया जाता है, वहीं उस सामग्री के प्रस्तुत करने की विधि का भी विवरण दिया जाता है। यदि सामग्री के रूप में शब्दों का प्रयोग किया जाना है, तो शब्द प्रतिदर्श (sample of words) का वर्णन तो करना ही चाहिए साथ-ही-साथ उस स्रोत का भी वर्णन करना चाहिए जहाँ से उसे लिया गया है। शब्द की अन्य विशेषताओं जैसे आवृत्ति (frequency), लम्बाई (length) विम्ब मूल्य (imageery value), मूर्तता मूल्य (concreteness value) आदि का भी वर्णन प्रस्तुत करना चाहिए। इसी प्रकार प्रयोग में प्रयुक्त सामग्री का वर्णन करना चाहिए चाहे वह निरर्थक पद के रूप में हो अथवा चित्र के रूप में हो।

4. प्रक्रिया *(Procedure)*— 'प्रक्रिया' खण्ड में प्रक्रिया का वर्णन उसी अनुक्रम में एक कहानी की भाँति किया जाता है जिस अनुक्रम में प्रयोग को सम्पन्न किया गया है। इस खण्ड में सबसे पहले निर्देश, उसके बाद पूर्वपरीक्षण (pretest) प्रक्रिया यदि प्रयोग की गई हो, का वर्णन किया जाता है। अन्त में, सम्पूर्ण प्रायोगिक प्रक्रिया का वर्णन प्रस्तुत किया जाता है।

6. परिणाम *(Result)*

इस खण्ड में परिणाम को प्रस्तुत किया जाता है और उसका गुणात्मक वर्णन (qualitative description) किया जाता है। इसके बाद सांख्यकीय विश्लेषण का विवरण पर प्रस्तुत करना चाहिए। सामान्यतया मध्यमानों (averages), अनुपातों अथवा विचलनों (variances) के सारांश तालिका को प्रस्तुत किया जाता है न कि प्रयोज्य से प्राप्त प्रदत्त को। यदि दशओं की संख्या (number of conditions) कम है, तो इस सांख्यकीय को विषय-

वाक्य (text) के रूप में प्रस्तुत करना चाहिए लेकिन दशाओं की संख्याएँ रेखा चित्र के रूप में प्रस्तुत करना चाहिए लेकिन दोनों रूपों में प्रस्तुत करने की सामान्य रूप से आवश्यकता नहीं है। सांख्यकीय का सारांश प्रस्तुत करने के बाद परिणमा प्रतिरूप (pattern of results) का वर्णन करना चाहिए। परिणाम के सार्थक न होने पर भी सांख्यकीय को अवश्य प्रस्तुत करना चाहिए, जिससे पाठक वास्तविक मूल्यों से अवगत हो सके।

तालिका एवं चित्र *(Tables and Figures)*—प्रदत सारांश सामान्यतया तालिका अथवा रेखाचित्रिय प्रदर्शन (graphical representation) के रूप में प्रस्तुत किया जाता है परन्तु, दोनों में नहीं। प्रस्तुतीकरण की स्पष्टता के लिए चित्रपरक प्रस्तुतीकरण को वरीयता दी जाती है। परन्तु दशाओं (conditions) की संख्या अधिक होने पर प्रदत्तों को तालिका में ही प्रस्तुत करना अधिक उपर्युक्त रहता है। यदि तालिका और चित्र दोनों को प्रस्तुत करना आवश्यक है, तो उन्हें अलग-अलग पृष्ठों पर प्रस्तुत करना चाहिए और ऐसे शीर्षकों (titles) तथा अनुशीर्षकों (captions) का प्रयोग करना चाहिए जो स्वत्याख्यात्मक (self explanatory) हो जिससे पाठकगण को तालिकाओं के बारे में विवरण प्राप्त करने के लिए प्रतिवेदन को प्रारम्भ से न पढ़ना पड़े।

पृष्ठ के ऊपर ही तालिका संख्या एवं शीर्षक प्रस्तुत करना चाहिए। शीर्षक एक वाक्य (single phase) में होना चाहिए। तालिका के सन्दर्भ में अतिरिक्त व्याख्यापरक टिप्पणी (additional notes) देना है, तो उसे फुटनोट में दे। दो स्वतन्त्र परिवर्त्य वाले प्रयोग में एक परिवर्त्य के स्तर को पंक्ति (row) में तथा दूसरे परिवर्त्य के स्तर को खाने (column) में प्रस्तुत करना चाहिए।

चित्र संख्या एवं अनुशीर्षकों चित्र के नीचे प्रस्तुत करना चाहिए। विभिन्न दशाओं के प्रदत्त का प्रस्तुतीकरण पृथक-पृथक करना चाहिए। रेखाचित्र बनाने के लिए विभिन्न प्रकार की रेखाओं तथा विभिन्न रंगों का प्रयोग करना चाहिए। लेकिन जब शोध पत्रिका का प्रकाशन श्याम-श्वेत में होता हो, तो रंगीन चित्रों का प्रयोग नहीं करना चाहिए।

प्रदत्त विश्लेषण के लिए प्रदत्त के प्रकृति के अनुसार ही 'टी परीक्षण, प्रसरण-विश्लेषण, काई-वर्ग, पियरसन सह-सम्बन्ध, आदि सांख्यिकीय प्रविधियों का प्रयोग किया जा सकता है।

7. व्याख्या *(Discussion)*

उस उपकल्पना के आलोक में परिणाम का संक्षिप्त कथन करने के साथ ही व्याख्या का प्रारम्भ होता है जिसे भूमिका में प्रस्तुत किया गया है। यदि प्राप्त परिणाम उपकल्पना के आधार पर की गई भविष्यवाणी के अनुकूल है तो व्याख्या अधिक स्पष्ट होगी और अनुसंधानकर्ता भावी-अनुसंधान के लिए प्रस्तावित कर सकता है। ठीक इसके विपरीत स्थिति भी पाई जा सकती है कि प्राप्त परिणाम कुछ उपकल्पनाओं की संगति में है और कुछ के नहीं। इसी प्रकार कुछ परिस्थितियों में प्रस्तावित उपकल्पना के ठीक विपरीत प्राप्त परिणाम हो सकता है अर्थात् आन्तरिक असंगति (internal in consistency) पाई जाती है। असंगतियों का निवारण अनुसंधानकर्ता के लिए सम्भव नहीं है, वह केवल प्राप्त परिणाम की व्याख्या कर सकता है। अनुसंधानकर्ता प्राप्त परिणाम के आधार पर अन्य अध्ययनों का समर्थन और विरोध कर सकता है।

8. सन्दर्भ *(References)*

प्रत्येक शोध-पत्र का अन्त उसमें प्रस्तुत किये गये सन्दर्भों की सूची रो होता है। सन्दर्भ सूची तैयार करते समय इस बात का ध्यान रखना चाहिए कि शोध पत्र में उद्घृत सन्दर्भ-सन्दर्भ-

सूची में अवश्य ही सम्मिलित किया गया हो तथा सन्दर्भ सूची में ऐसे सन्दर्भ का उल्लेख नहीं करना चाहिए जिसको शोधपत्र में उद्धृत न किया गया हो। (*Every reference cited should be included but no references should be listed that are not cited in the experiment.*)। एक लेखक होने पर दो या दो से अधिक लेखकों के होने पर, पुस्तक में अध्याय अथवा पुस्तक का सन्दर्भ निम्न प्रकार से प्रस्तुत किया जा सकता है।

Journal Article–Single Author

Dyer, F. N. (1973). The stroopo phenomenon and its use in the study of perceptual, cognitive, and response processes. Memory & Cognition, 1, 106-120.

Journal Article–Two or More Authors

Eimas, P. D. Cooper, W. E. & Corbit, J. D. (1973), Some properties of Linguistic feature detectors. Perception & Psychophyscis, 13, 247-252.

Chapter in Book

Atkinson, R. C; & Shiffrin, R. M. (1968). Human memory; A proposed system and its control processes. In K. W. Spence & J. T. Spence (Eds.) *The psychology of learining and motivation: Advances in research and theory* (Vol. 2, pp. 84-115), New York ; Acadmic Press.

Book

Chomsky, C. S. (1969). The acquistion of syntax in children from 5 to 10. Cambridge, MA : MIT Press.

परिशिष्ट
(Appendices)

वैसे किसी विशिष्ट अनुसंधान प्रतिवेदन में परिशिष्टियों की आवश्यकता नहीं होती है परन्तु अनुसंधान प्रतिवदेन में परिशिष्ट खण्ड का प्रस्तुतीकरण उपयुक्त माना जाता है जैसे प्रायोगिक सामग्री। प्रायोगिक प्रयोगशाला में अनेक निर्देशक (instructors) चाहते हैं कि प्रतिवेदन के अन्त में प्रयोग में प्रयुक्त की गई सामग्री प्रदत्त विवरण तथा परीक्षण का प्रस्तुतीकरण करे परन्तु प्रकाशित अनुसंधान प्रतिवेदन में यह सब सामग्रियाँ अनावश्यक है।

अनुसंधान प्रतिवेदन की लेखन शैली
(Writing style of a Research Report)

प्रायोगिक मनोविज्ञान के विद्यार्थियों को कभी-कभी अपने विचारों (Thoughts) कार्यों (deeds) एवं विश्लेषणों (Interpretations) को प्रस्तुत करने में स्पष्ट भाषा के प्रयोग में कठिनाई होती है क्योंकि उनमें लेखन कौशल (Writing skill) का अभाव पाया जाता है। अनुसंधान प्रतिवेदन की लेखन शैली का ज्ञान सभी लोगों को नहीं होता है। इसलिए अनुसंधानकर्ता को अनुसंधान प्रतिवेदन के लेखन कौशल से भली-भाँति परिचित होना चाहिए ताकि वह प्रभावशाली संचार (effective communication) कर सके। यद्यपि अनुसंधान प्रतिवेदन एक संरचित अभिलेख (structured document) होता है, इसलिए अनुसंधान प्रतिवेदन का प्रत्येक भाग लेखन शैली के किन्हीं निश्चित प्रामाणिक नियमों (staindard principles) के अनुरूप होना चाहिए। ऐसे तकनीकी लेखन के सन्दर्भ में अनेक विचार-विमर्श

(American Psychological Association 1983; *Burnstein* 1971; *Boring* 1957; *Harlow,* 1962; *Strunk & White,* 1979; *Woodford* (1967) हुए है और अनुसंधान प्रतिवेदन के लेखन शैली के सन्दर्भ में नियमों का प्रतिपादन हुआ है। नीचे हम कुछ नियमों का प्रस्तुतीकरण कर रहे हैं जिसका आधार *Strunk & White* (1979) का elements of style है। स्पष्ट एवं संक्षिप्त लेखन के लिए 7 नियमों को प्रस्तावित किया गया है जिसका वर्णन अधोप्रस्तुत है:—

नियम : 1. निश्चित, विशिष्ट एवं मूर्तभाषा का प्रयोग (*Use definite, specific and concrete language*)—अनुसंधानकर्ता को अनुसंधान प्रतिवेदन अपनी भाषा को ओजस्वी एवं प्रवाहमय बनाना चाहिए तथा पण्डित्य प्रदर्शन करने वाली एवं शब्दाडम्बरपूर्ण भाषा का प्रयोग नहीं करना चाहिए। यह नियम प्रयोग करना कोई सरल कार्य नहीं है। यह एक स्वीकारयोग्य तथ्य है कि वैज्ञानिक सम्प्रेषण के (scientific communication) के लिए विशिष्ट शब्दों वाली भाषा (jargon language) का प्रयोग करना चाहिए। अनुसंधानकर्ता को अपनी भाषा में परिशुद्धता का प्रयोग करना चाहिए।

नियम : 2. कर्मवाच्य का न प्रयोग करके कर्तृवाक्य का प्रयोग करें (*Use the active rather than poassive voice*)—कर्तृवाच्य का प्रयोग करने से भाषा सरल हो जाती है। परिणाम-व्यवस्था में कर्तृवाच्य (active voice) का प्रयोग करना चाहिए। वाक्य के कर्त्ता (subject) के रूप में 'I' अथवा 'We' का प्रयोग किया जा सकता है।

नियम : 3. अनावश्यक शब्दों को छोड़ दें (*Omit needless words*)—अनावश्यक शब्दों का प्रयोग न करने से अनुसंधान प्रतिवेदन का स्वरूप अधिक संक्षिप्त एवं परिशुद्ध हो जाता है। भाषा में स्पष्टता एवं परिशुद्धता लाने के प्रयास में प्रयोगकर्ता में चिन्तन धैर्य एवं पुनर्लेखन की क्षमता पाई जानी चाहिए। संक्षिप्तता के लिए अनुसंधानकर्ता को पहले प्रस्तुत किये जाने वाले विचार को अच्छी तरह समझ लेना चाहिए। तत्पश्चात् विचारों को अत्यधिक सुनिश्चितता (precision) से प्रस्तुत करने के लिए उपर्युक्त शब्दों का प्रयोग करना चाहिए। अधिक (write long) लिखने की तुलना में कम लिखने (Write short) में अपेक्षाकृत अधिक समय लगता है। अनुसंधान प्रतिवेदनों के 'भूमिका' एवं 'व्याख्या' भाग के लिए विशिष्ट शब्दों वाली भाषा (verbose) का प्रयोग करना चाहिए। इस उद्देश्य की पूर्ति प्रतिवेदन का पुनर्लेखन करना चाहिए।

नियम : 4. सरल वाक्यों का प्रयोग करें (*Use simple sentences*)—जहाँ तक सम्भव हो, एक लम्बे की तुलना में दो छोटे वाक्यों का प्रयोग करें। लेकिन वह छोटे वाक्य बोधगम्य (intelligible) होना चाहिए, लेकिन तार-भाषा (telegraphic) नहीं। जटिल वाक्य का प्रयोग न करके सरल भाषा का प्रयोग करना चाहिए। वाक्य में कम-से-कम अधीनस्थ उपवाक्य (subordinate clause) का प्रयोग करना चाहिए।

नियम: 5. समान संरचना का प्रयोग करें (*Use parallel construction*)—जब संयुक्त वाक्यों का प्रयोग करे तो समान संरचना का प्रयोग करे। शेष आधे वाक्य के स्वरूप को परिवर्तित न करें। यदि किसी सम्प्रत्यय के बड़े वर्णन के लिए संयुक्त वाक्यों की आवश्यकता है, तो वाक्यों के उपवाक्यों की समान संरचना होनी चाहिए।

नियम : 6. सम्बन्धित शब्दों का प्रयोग एक साथ करें (*Keep related words together*)—कर्त्ता (subject) और कर्म (object) में उपयुक्त सम्बन्धों को प्रदर्शित करने के लिए विशेष ध्यान देना चाहिए विशेष रूप से उस समय वाक्य लम्बे हो। वाक्य के प्रभावी एवं अप्रभावी भाग को उपयुक्त स्थान देना चाहिए।

नियम : 7. संक्षेपण का कम प्रयोग करें *(Use abbreviations sparingly)*— संक्षेपण का प्रयोग कम-से-कम करें। उन्हीं संक्षेपणों का प्रयोग करे जो सर्वमान्य एवं स्वीकार योग्य हों। संक्षेपण का प्रयोग बहुत आवश्यक नहीं है, क्योंकि इन्हें समझने में पाठकगण को अपनी स्मृति पर अधिक बल देना पड़ता है। अनुसंधान प्रतिवेदनों को लिखते समय उन्हीं संक्षेपणों का प्रयोग किया जाय जिनका American Psychological Association Publication Manual में प्रस्तावित किया गया हो। जिन संक्षेपणों का प्रयोग किया जाय वह प्रमाणित हो जैसे:—

संक्षिप्त	पूर्ण शब्द	संक्षिप्त	पूर्णशब्द
anon.	anonymous	e.g.	'for example'
bk;bks	book, books	edn. edns.	edition, editions
chap; chaps.	chapter, chapters	ed. eds.	editor, editors
cf	compare	et. al.	'and others'
col; cols.	column, columns	f. ff.	and the following (passage, lines etc.)
intro.	introduction	n.d.	no date of publication
ilius.	illustrated	n. n.	no name
mimeo	mimeographed	n.p.	no ploce
MS. MSS	manuscript	no. nos.	number, numbers
n nn.	note, notes	NS	new series, newly style
		NB	please note
fig, figs	figure, figures	pt; pts.	part, parts.
I; II.	line, lines	p; pts.	page, pages
loc, cit	'in the place or passage cited'	pl; pls.	plate, plates
		prief.	preface
idem	same person	passim	scattered
i; e.	that is	rev	revised, revision
ibid	same reference	sec,	secs section, selections
		sic	thus
		trans.	translator translated
		vide	see
		viz.	namely
		vol,	vols. volume, volumes
		vs; vss.	verse, verses

इन उपर्युक्त नियमों के अतिरिक्त अनुसंधान प्रतिवेदन में कुछ अन्य निम्न नियमों का भी अनुसरण करना चाहिए:—

1. उद्धरणों (quotations) का प्रयोग कम-से-कम करना चाहिए।
2. उद्धरणों को कामा (inverted comma) के द्वारा बन्द कर देना चाहिए।
3. यदि उद्धरण 3 पंक्ति का है तो उसे अलग अनुच्छेद में प्रस्तुत करना चाहिए।

4. यदि उद्धरण के प्रारम्भिक अथवा अंतिम भाग को नहीं प्रस्तुत करना है तो वहाँ बिन्दुगत रेखा (dotted line) का प्रयोग करना चाहिए।

5. उद्धृत कथन में किसी प्रकार की अशुद्धि होने पर लैटिन शब्द Sic (अशुद्धि के स्थान पर (❑) अथवा ([ ]) का प्रयोग) का प्रयोग करना चाहिए।

6. प्रत्येक पृष्ठ के नीचे एक अक्षर को छोड़कर दो की क्षैतिज रेखा खींचकर उसके नीचे फुटनोट लिखना चाहिए—1 फुटनोट में निम्न बातों को ध्यान में रखना चाहिए :—

(i) लेखक के नाम के बाद कामा (,)

(ii) पुस्तक का नाम रेखांकित रहेगा, उसके बाद पूर्ण विराम (.)

(iii) प्रकाशन का स्थान उसके बाद कोलन (:)

(iv) प्रकाशक का नाम उसे बाद कामा (,)

(v) प्रकाशन की तिथि उसके बाद कामा (,)

(vi) पृष्ठ संख्या उसे बाद पूर्ण विराम (.)

जैसे फादर कामिल बुल्के, अंग्रेजी-हिन्दी कोश नई दिल्ली : एस॰ चन्द एण्ड कम्पनी लि॰, 2003 पृष्ठ 280.

7. जब फुटनोट में वही रचना दुबारा दुहराई जाती है तो उसके लिए 3 प्रकार के संक्षेपणों (abbreviations) का प्रयोग किया जाता है-आइबिड (Ibid), ओपसिट (op. cit) एवं लाक सिट (Loc cit)।

(i) जब एक लेखक की रचना के बाद फुटनोट में वही रचना दुहराई जाती है लेकिन इस बीच किसी और लेखक की रचना नहीं उद्घृत की जाती है तो उसी रचना की पुनः पुनरावृत्ति न करके Ibid लिखकर कामा लगा दिया जाता है और उसके आगे पृष्ठ संख्या लिख दिया जाता है। आइबिड का तात्पर्य 'वहीं' से है।

जैसे-फादर कामिल बुल्के : अंग्रेजी हिन्दी कोश. नई दिल्ली : एस॰ चन्द एण्ड कम्पनी लि॰ 2003 पृष्ठ 280, Ibid. p; 299

(ii) जब किसी लेखक की रचना के बाद दूसरे लेखक की रचना उद्घृत की गई हो, तो पहले लेखक की रचना को उद्घृत की गई हो, तो पहले लेखक की रचना को उद्घृत करने के लिए इस प्रकार लिखा जायेगा।

Bulke op. cit. p. 280.

यदि लेखक के Surname से मिलते-जुलते अन्य सन्दर्भ भी है, तो लेखक का पूरा नाम इस प्रकार दिया जा सकता है :—

F. K. Bulke, op. cit 280

op. cit. के नीचे रेखांकित कर देना चाहिए।

op. cit एक लैटिन शब्द है जिसका तात्पर्य है 'वहीं कृति जिसे पहले उदघृत किया जा चुका है।'

(iii) कभी-कभी ऐसा भी होता है कि एक ही पृष्ठ से सम्बन्धित दो या दो से अधिक सन्दर्भ लगातार आते हैं, तो loc. cit. संक्षेपण का प्रयोग किया जाता है जिसका तात्पर्य है उद्घृत स्थान। loc. cit को भी op.cit. की भाँति रेखांकित कर दिया जाता है। जैसे :—

Bulke, loc. cit

इसमें पृष्ठ संख्या की पुनरावृत्ति नहीं की जाती है।

8. यदि किसी प्रकोष्ठ में प्रदत्त उपलब्ध नहीं है तो वहाँ शून्य न लिखकर डैश (—) लगाया जाय।

9. शीर्ष के अन्त में विराम चिह्न का प्रयोग नहीं करना चाहिए।

10. सारणी के बाद चित्र को प्रस्तुत करना चाहिए।

11. सारणी का वर्णन करने के बाद चित्र प्रस्तुत करना चाहिए।

12. प्रतिवेदन को भूतकाल में लिखना चाहिए।

13. पंक्ति के अन्त में पूर्ण शब्द को ही रखना चाहिए, खण्डित शब्द को नहीं। अर्थात् एक शब्द के आधे-आधे भाग को दो पक्तियों में नहीं प्रस्तुत करना चाहिए।

14. प्रतिवेदन में किसी अनुसंधानकर्ता का नाम उद्धृत करते समय समान सूचक शब्दों डा०, श्री, प्रो० आदि शब्दों का प्रयोग नहीं करना चाहिए।

15. प्रत्येक रेखाचित्र बोधगम्य होना चाहिए।

16. प्रतिवेदन में रेखाचित्र के वर्णन के लिए उपर्युक्त रेखाचित्र अथवा निम्न रेखाचित्र जैसे शब्दों का प्रयोग नहीं करना चाहिए।

17. रेखाचित्र के शीर्षक को रेखाचित्र के नीचे उल्टे पिरामिड के आकार में प्रस्तुत करना चाहिए :—

चित्र संख्या—5 हाई स्कूल स्तर पर अध्ययनरत 550 छात्रों एवं छात्राओं के मध्यमान प्राप्तांकों पर आधारित दण्ड आरेख

18. सारणी के मध्य में कैपिटल अक्षरों में TABLE–3 लिखना चाहिए। उसके नीचे सारणी का शीर्षक लिखना चाहिए।

19. सारणी का प्रस्तुतीकरण सुन्दर ढंग से करना चाहिए। उसके तिरछे टाइप (italic type) का प्रयोग करना चाहिए।

20. इस बात का प्रयास करना चाहिए कि सारणी एक ही पृष्ठ पर आ जाय।

❑

अध्याय 43

शोध में नैतिक समस्याएँ एवं नियम
(ETHICAL ISSUES AND PRINCIPLES IN RESEARCH)

मनोवैज्ञानिक अनुसंधान में अनुसंधानकर्ता अपनी समस्याओं के समाधान के लिए मानव और पशु दोनों प्रकार के प्रयोज्यों का प्रयोग करता है। अनुसंधान कार्य करते समय अनुसंधानकर्ता को अनेक नैतिक समस्याओं (ethical issues) का सामना करना पड़ता है। यह समस्याएँ मानव तथा पशु प्रयोज्यों से सम्बन्धित हो सकती है, प्रयोग की गोपनीयता से सम्बन्धित हो सकती है, तथा अनुसंधान प्रक्रिया के अनेक पक्षों यथा विधिपरक आवश्यकताएँ (methodological requirements), प्रयोज्य एवं प्रयोगकर्ता उत्तरदायित्व से सम्बन्धित हो सकती है। जिस प्रकार नीतिशास्त्र मानव व्यवहार के सन्दर्भ में उपयुक्त-अनुपयुक्त, सत्य-असत्य, गलत-सही आदि का मार्ग दर्शन कराता है उसी प्रकार मनोविज्ञान अनुसंधान के क्षेत्र में भी। American Psychological Association (1973) ने भी अनुसंधान के कुछ समस्याओं एवं नैतिक पक्षों पर प्रकाश डाला है और नैतिक दिशा निर्देश (ethical guidelines) प्रदान किया है, जिनका पालन मनोवैज्ञानिक शोधकर्ता को करना होता है। मनोवैज्ञानिक अनुसंधानकर्ता अपने प्रयोग को चाहे मानव प्रयोज्य पर सम्पादित कर रहा हो, या पशु प्रयोज्य पर उसे नीतिशास्त्र की संहिताओं (code of ethics) को अवश्य सीखना और पालन करना होगा। American Psychological Association (1993) मनोवैज्ञानिक अनुसंधान में निम्नलिखित नियमों का पालन अनिवार्य रूप से करने का निर्देश दिया है।

Commitee on Ethical Standards in Psychological Research ने मनोविज्ञान में अनुसंधानकर्ताओं के लिए कुछ नियमों का प्रतिपादन किया है जिसका प्रकाशन American Psychological Association (1973) ने 'Ethical Principles in the Conduct of Research with Human Participants' नामक शीर्षक से प्रकाशित किया है।

मानव सहभागियों के साथ नैतिक समस्याएँ
(Ethical Issues with Human Participants)

American Psychological Association (1992) ने सामाजिक विज्ञानों में अनुसंधान के लिए जिन नियमों का प्रतिपादन किया है, उनके अवलोकन से पूर्व (Tuskegee Study (1932) तथा Milgram (1960-1972) का उल्लेख अनुपयुक्त न होगा। इन अध्ययनों में अनैतिक सोपानों (unethical steps) का प्रयोग किया गया था जिसके कारण नैतिक नियमों के प्रतिपादन की आवश्यकता अनुभव की गई। Tuskegee Study में अनुसंधानकर्ताओं ने सिफलिस (syphilis) के रोगियों को उनके उपचार का विश्वास दिलाकर अनुसंधान में भाग लेने के लिए प्रोत्साहित किया गया। उन रोगियों का उपचार पेन्सीलिन इन्जेक्शन द्वारा किया जा सकता था। परन्तु उपचार नहीं किया गया और उन्हें अंधेरे में रखा गया। इसी प्रकार Milgram Study में भी प्राधिकार (authority) के प्रति आज्ञापालन (obedience) का अध्ययन करना

था। प्रयोज्यों (शिक्षकों) को यह निर्देश दिया गया कि प्रयोज्यों के त्रुटि करने पर उन्हें गम्भीर आघात दिया जाय जबकि प्रयोग में ऐसा नहीं किया गया। इन दोनों अनुसंधानों में अनुसंधानकर्ताओं ने अनैतिक अनुसंधान सोपानों (unethical research steps) का प्रयोग किया। इसका परिणाम यह हुआ कि मनोवैज्ञानिक एवं सामाजिक अनुसंधानों में अनैतिकता को रोकने के लिए संघीय विनियमन (Federal Regulations) की स्थापना की गई और अनुसंधानपरक अनियमितताओं को रोकने के लिए नैतिक निर्देशनों (ethical guidelines) को निर्धारित किया गया। इसी श्रृंखला में American Psychological Association (1973) ने कुछ नैतिक नियमों को प्रकाशित किया जिनका वर्णन अधोप्रस्तुत है:—

1. अनुसंधान योजना बनाते समय अनुसंधानकर्ता का यह वैयक्तिक उत्तरदायित्व (personal responsibility) है कि वह नैतिक स्वीकार्यता (ethical acceptibility) का मूल्यांकन सवाधानीपूर्वक करे और मानव प्राणी (human subjects) के प्रति अनुसंधान सम्बन्धी नियमों का पालन करे। जिस सीमा तक यह मूल्यांकन (appraisal) परिशुद्ध होगा तथा वैज्ञानिक एवं मानव मूल्यों को महत्त्व दिया जायगा, उस सीमा तक वह नैतिक उत्तरदायित्व का निर्वहन करेगा।

ऐसी स्थिति में अनुसंधानकर्ता को विषय विशेषज्ञों से नैतिक परामर्श (ethical advice) लेना चाहिए तथा मानव प्रयोज्यों के सन्दर्भ में अत्यन्त दृढ़ सुरक्षा उपायों (stringent safeguards) का प्रयोग करें।

2. अनुसंधान में अनुसंधानकर्ता यह नैतिक उत्तरदायित्व है कि वह प्रयोज्य को अनुसंधान के सभी पक्षों से अवगत करा दे। इसका प्रभाव प्रयोज्य के निर्णय पर पड़ता है। शोध के स्तर का सम्पूर्ण उत्तरदायित्व उत्तरदाता पर नहीं, वरन् अनुसंधानकर्त्ता पर निर्भर करता है।

3. अनुसंधानकर्ता का यह नैतिक उत्तरदायित्व है कि वह प्रयोज्य को अनुसंधान के समस्त पक्षोंा का वर्णन कर दे जिससे प्रयोज्य प्रयोग में भाग लेने के लिए अपनी स्वीकृति प्रदान कर दे। प्रयोज्य के प्रश्न पूछने पर अनुसंधानकर्ता को चाहिए कि वह उसके प्रश्नों का उत्तर संतोषजनक ढंग से दे ताकि प्रयोज्य की जिज्ञासा शांत हो सके। ऐसे स्पष्टीकरण में असफलता पाये जाने पर अनुसंधानकर्ता को गोपनीयता (confidentiality) बनाये रखने के लिए पूर्ण प्रयास करना होगा तथा प्रयोज्यों के कल्याण (welfare) तथा सम्मान (dignity) की सुरक्षा के लिए प्रयास करना होगा।

4. अनुसंधानकर्ता एवं प्रयोज्य के सन्दर्भों में जितनी ही अधिक स्पष्टता (openness) एवं ईमानदारी (honesty) पायी जाय, श्रेयस्कर होगा। यदि अध्ययन की विधिपरक आवश्यकताएँ (methodological requirements) ऐसी होनी चाहिए कि यदि कुछ गोपनीय रखने की आवश्यकता हो, तो ऐसा करने का कारण प्रयोज्य को अनुसंधानकर्ता द्वारा स्पष्ट कर देना चाहिए। ऐसे सम्बन्ध को बनाये रखने का प्रयास अनुसंधानकर्त्ता को करना होगा। इसलिए अनुसंधानकर्त्ता को चाहिए कि प्रयोज्यों से किये गये सभी वचनबद्धताओं (commitments) का आदर करें।

5. अनुसंधानकर्ता के नैतिक व्यवहार (ethical practice) में यह सम्मिलित होना चाहिए कि वह प्रयोज्य को इच्छा का आदर करे और जब वह प्रयोग में भाग लेने के प्रति अनिच्छा प्रकट करे, तो वह प्रयोग में सहभागिता से मुक्त कर दे। ऐसी स्थिति में अनुसंधानकर्त्ता को प्रयोज्य के प्रति सतर्क रहना चाहिए। ऐसा करने से प्रयोज्य के कल्याण एवं सम्मान में वृद्धि होगी।

6. नैतिक रूप से स्वीकार्य योग्य अनुसंधान का प्रारम्भ उसी समय होगा जब अनुसंधानकर्त्ता और प्रगोज्य के बीच स्पष्ट एवं निष्पक्ष अनुबन्ध (contract) होगा। दोनों के

उत्तरदायित्व का स्पष्टीकरण होना चाहिए। ऐसी स्थिति में अनुसंधानकर्त्ता को किये समझौतों और वायदों को निभाने का प्रयास करना चाहिए।

7. जिस अनुसंधानकर्ता में नैतिक उत्तरदायित्व पाया जाता है, वह प्रयोज्य को शारीरिक एवं मानसिक असुविधाओं (physical and mental discomfort) हानियों (harm) एवं खतरों (danger) से सुरक्षित रखता है। यदि ऐसे खतरों की सम्भावना बनी रहती है, तो अनुसंधानकर्त्ता को चाहिए कि वह उत्तरदाता को तथ्य से अवगत करा दे, प्रयोग प्रारम्भ करने के पूर्व उत्तरदाता की अनुमति प्राप्त कर ले तथा कठिनाइयों को दूर करने के लिए प्रत्येक सम्भव उपाय कर ले।

8. प्रदत्त संकलन के पश्चात अनुसंधानकर्त्ता का यह नैतिक दायित्व है कि वह अनुसंधान की प्रकृति के बारे में उत्तरदाता को अवगत करा दे तथा उत्पन्न शंकाओं (misconceptions) को दूर कर दे। यदि उत्तरदाता अनुक्रियाएँ प्रकट करने में विलम्ब करता है, तो अनुसंधानकर्त्ता यह विशेष उत्तरदायित्व है कि वह उत्तरदाता को इस सन्दर्भ में अपने विश्वास में लेवे कि उत्तर गोपनीय रहेंगे और इससे किसी प्रकार की हानि नहीं होगी।

9. जब उत्तरदाता के लिए अनुसंधान प्रक्रिया अवांछनीय (undesirable) प्रतीत होती है, तो अनुसंधानकर्त्ता को चाहिए कि वह उन कारकों को दूर करने का प्रयास करे जिससे उत्तरदाता को असुविधा हो रही है।

10. अनुसंधान अवधि में उत्तरदाता से प्राप्त सूचनाओं को गोपनीय ही नहीं रखना चाहिए वरन् सुरक्षित भी रखना चाहिए।

पशु अनुसंधान के लिए नैतिक सिद्धान्त
(Ethical Principles for Animal Research)

American Psychological Association (1981) ने पशु-अनुसंधान के सन्दर्भ में कुछ नियमों को प्रस्तावित किया है जिनका वर्णन अधोप्रस्तुत है:—

1. अनुसंधानकर्ता को चाहिए कि पशु प्रयोज्यो को लेकर अनुसंधान योजना बनाते समय उन सारे नैतिक नियमों का अध्ययन कर ले जो पशु प्रयोज्यों के उपयोग उनकी सुरक्षा तथा उनके प्रति अनुकूल व्यवहार से सम्बन्धित है।

2. अनुसंधानकर्ता को चाहिए कि वह पशु-प्रयोज्यों के प्रति मानवीय व्यवहार करें।

3. अनुसंधानकर्ता को चाहिए कि पशुओं के सुरक्षा तथा उपयोग से सम्बन्धित संस्थाओं द्वारा प्रस्तावित नियमों की जानकारी करें तथा उनका उपयोग इस प्रकार करे कि उनकी समुचित सुरक्षा सुनिश्चित हो सके।

4. जो अनुसंधानकर्त्ता पशु-प्रयोज्यों को लेकर अनुसंधानरत हो उन्हें चाहिए कि वे American Psychological Association, American, Physiological Society आदि प्रकार के संस्थाओं द्वारा प्रस्तावित निर्देशन-नियमों (guide lines) का अनुसरण करे।

5. अनुसंधानकर्त्ता को चाहिए कि पशु प्रयोज्यों का विवरण रखे तथा पशु के सुविधाओं की जाँच साल में दो बार अवश्यक कराये।

6. जब पशुओं की उपयोगिता समाप्त हो जाय तो अनुसंधानकर्त्ता को चाहिए कि पशु प्रयोज्यों का वितरण अपने सहकर्मियों के बीच वितरित कर दे, ताकि उनका उपर्युक्त उपयोग हो सके तथा उन्हें सुख-मृत्यु (euthansia) प्राप्त हो सके।

सारांश

American Psychological Association (1973) प्रस्तावित नियमों को सारांश स्वरूप इस प्रकार प्रस्तुत किया जा सकता है:—

1. सूचित सहमति का नियम (*Principle of Inforned consent*)—इस नियम में इस तथ्य पर बल दिया गया है कि अनुसंधानकर्त्ता प्रयोज्य को 3 बातों के बारे में अवश्य सूचित करे:—

(i) अनुसंधान का स्वरूप क्या है?

(ii) जिन कारकों का प्रभाव यथा जोखम, दुखद अनुभूतियाँ, सांवेगिक उत्तरदाता की इच्छा पर पड़ सकती है, उनके बारे में उत्तरदाता को अवगत करा देना चाहिए।

(iii) अनुसंधानकर्त्ता को उत्तरदाता को यह सूचित कर देना चाहिए कि वह अनुसंधान में अपनी सहभागिता न देने के लिए स्वतन्त्र है।

2. गोपनीयता का नियम (*Principle of confidentiality*)—यह नियम इस तथ्य पर बल देता है कि अनुसंधानकर्त्ता अपने अनुसंधान में जिन सूचनाओं को प्राप्त करता है उनकी गोपनीयता बनाये रखे।

3. कपट का नियम (*Principles of deception*)—अनुसंधानकर्ता को चाहिए कि शोध के विभिन्न पक्षों—उपकल्पना, उद्देश्य आदि के बारे में सही सूचनायें अपने उत्तरदाताओं को बता दें। परिणाम यह होता है कि उत्तरदाता उपकल्पना के अनुसार ही उत्तर देना (अनुक्रिया प्रकट करना) प्रारम्भ कर देता है, जिससे अनुसंधान की वैधता कम हो जाती है। ऐसी स्थिति में अनुसंधानकर्ता को कपट (deception) का उपयोग करना चाहिए और इस बात का प्रयास करना चाहिए कि उत्तरदाता को अनुसंधान के उद्देश्य, उपकल्पना आदि के बोर में भनक न लगने पाये।

यद्यपि अनुसंधानकर्ताओं में यह विवाद का विषय है कि अनुसंधानकर्ता कपट का प्रयोग करे या नहीं। *Baumrind* (1985) ने कपट-प्रयोग का खुलकर विरोध किया है। American Psychological Association (1992) ने मनोवैज्ञानिक अनुसंधानों में कपट के प्राविधान का समर्थन निम्नलिखित तीन दशाओं में किया है:—

(i) यदि अनुसंधानकर्ता को इस बात का आभास होता है कि कपट का प्रयोग न करने पर उत्तम परिणाम नहीं प्राप्त होगा तो वह इस विधि का प्रयोग कर सकता है।

(ii) यदि कपट का सम्बन्ध उत्तरदाताओं के सांवेगिक अनुभूतियों से सम्बन्धित हो तो इस विधि का प्रयोग नहीं करना चाहिए।

(iii) अनुसंधानकर्ता को चाहिए कि अनुसंधान की समाप्ति के पश्चात् उद्देश्य, उपकल्पना आदि का स्पष्टीकरण (debriefing) कर दिया जाय। यदि अनुसंधान कार्य में किसी प्रकार के कपट का प्रयोग किया गया है, तो अनुसंधान के समाप्ति के पश्चात इसी गोपनीयता का स्पष्टीकरण उत्तरदाता के समक्ष कर देना चाहिए।

❑

अध्याय 44

मापन में सांख्यिकीय विधियाँ

(STATISTICAL METHODS IN MEASUREMENT)

प्रदत्त मौन एवं निर्जीव होते हैं जिन्हें सांख्यकीय वाणी तथा जीवन प्रदान करता है। *प्रदत्त गीली-मिट्टी के समान सांख्यिक के हाथ में होते हैं जिनसे वह देवता तथा दानव कुछ भी बन सकता है (Statistics are clay out of which you can make a god or devil as you please.)* सांख्यिक के हाथ में प्रदत्त एक ऐसे तलवार की भाँति है जिसका उपयोग वह आत्महत्या के लिए भी कर सकता है तथा जीवन रक्षा के लिए भी। इसलिए सांख्यिक को सोच-समझ कर सांख्यिकीय विधियों का प्रयोग करना चाहिए। *Dr. Bowley* का कथन है कि सांख्यिकी प्रविधियाँ एक अकुशल व्यक्ति के हाथ में एक खतरनाक उपकरण की भाँति है। इसलिए उपयोगकर्ता को कला की भाँति आत्मसंयम (Self restraint) बरतना चाहिए। ***H.G. Wells*** ने सांख्यकी के महत्त्व को बताते हुए यह कहा है कि, *''एक दिन सांख्यकीय चिन्तन कुशल नागरिकता के लिए उतना ही आवश्यक हो जायेगा जितना की पढ़ने-लिखने की योग्यता।''*

आधुनिक युग में सांख्यकी का महत्त्व दिन-प्रतिदिन इतना बढता जा रहा है कि सभी विज्ञान अपने स्वरूप को वैज्ञानिकता प्रदान करने के लिए सांख्यकी का अत्यधिक प्रयोग करने लगे हैं। चूँकि विज्ञान निरीक्षणों (observations) तथा सूचनाओं (informations) पर आधारित होते हैं तथा वे किसी गोचर से सम्बन्धित सूचनाओं, अनुभवों तथा निरीक्षणों का संकलन करते हैं। किसी गोचर का निरीक्षण करना मापन की एक सर्वोत्तम विधि है। समस्त विज्ञान गणित एवं सांख्यकी का प्रयोग सार्वभौमिक भाषा (universal language) के रूप में करते हैं निरीक्षणों (observations) को सूक्ष्मता (preciseness) एवं वस्तुनिष्ठता (objectivity) प्रदान करने के लिए भौतिक विज्ञानों में गणित का प्रयोग किया जाता है जबकि व्यवहारपरक (behavioural) एवं सामाजिक विज्ञानों में निरीक्षणों को वस्तुनिष्ठता एवं परिशुद्धता प्रदान करने के लिए सांख्यकीय विधियों का प्रयोग किया जाता है। गणित की सन्दर्भ रचना (frame of reference) सदैव शून्य होता है जबकि सांख्यकी की सन्दर्भ रचना (frame of reference) समूह (group) है तथा प्राप्त प्रदत्त निरर्थक (meaningless) होते हैं जब तक कि उनकी व्याख्या के लिए उन्हें प्रामाणिक प्राप्तांकों (standard scores) में उन्हें परिवर्तित न कर दिया जाय। इस उद्देश्य की पूर्ति के लिए सांख्यकीय विधियों एवं प्रविधियों का प्रयोग किया जाता है। सांख्यिकी प्रदत्त अथवा मापन को कथनीय/सूचनीय (communicable) बना देते हैं। मापन (measurement) एवं सांख्यकी (statistics) एक-दूसरे के पूरक (complementary) है जिससे निरीक्षणों को अधिक परिशुद्धता एवं वस्तुनिष्ठता से अधिक कथनीय बनाया जा सके। इस प्रकार यह कहा जा सकता है कि सांख्यकी का प्रयोग अब केवल भौतिक विज्ञान तथा जीव विज्ञान तक ही सीमित नहीं है, वरन् इसका प्रयोग अर्थशास्त्र, वाणिज्य तथा सामाजिक विज्ञान सम्बन्धी अनुसंधानों में भी प्रवेश कर गया है। शिक्षा, मनोविज्ञान तथा समाजशास्त्र में अब इसका प्रयोग अनिवार्य रूप से किया जाने लगा है।

सांख्यकीय विधियों का उपयोग मनोवैज्ञानिक प्रतिदर्श चयन., पद विश्लेषण, विश्वसनीयता, वैधता, भविष्य कथन आदि के लिए करते हैं। जबकि शैक्षिक मनोवैज्ञानिक सांख्यकीय विधियों का उपयोग मनोवैज्ञानिक परीक्षणों के प्रमाणीकरण के लिए तो करते ही है, साथी-ही-साथ शैक्षिक एवं व्यवसायिक निर्देशन के लिए भी सांख्यकी का प्रयोग करते हैं। शैक्षिक मापन को अर्थ प्रदान करने के लिए सांख्यकी का प्रयोग किया जाता है।

शिक्षाशास्त्री अथवा मनोवैज्ञानिक अपने अध्ययनों में तार्किक अनुमान (logical inference) के रूप में उपकल्पनाओं का प्रयोग करते हैं। इन उपकल्पनाओं की स्वीकृत/अस्वीकृति यह निर्धारित करती है कि शिक्षा मनोविज्ञान के विकास में इस अध्ययन का योगदान कितना है। प्रदत्त विश्लेषण में इस बिन्दु पर अधिक बल दिया गया है।

प्रदत्त विश्लेषण का सम्बन्ध अनुसंधान प्रक्रिया के निगमनात्मक (deductive) एवं आगमनात्मक (inductive) तर्क से है। सामान्यता प्रदत्त का विभाजन उपसमूहों (sub groups) में किया जाता है। तत्पश्चात् प्रदत्त का विश्लेषण उस उद्देश्य की पूर्ति के लिए किया जाता है कि उपकल्पना की जाँच की जा सके तथा उसे स्वीकृति/अस्वीकृति किया जा सके। अंतिम परिणाम नये नियंम (principle) तथा सामान्यीकरण (generalization) के रूप में होता है। प्राप्त प्रदत्त की जाँच दो समजातीय (homogenous) समूहों की तुलना करके की जाती है अथवा किसी वाह्य कसौटी (outside criterion) से की जाती है। यही नहीं, विभिन्न दशाओं (treatments) के परिणामों की तुलना करके भी प्रदत्त विश्लेषण किया जाता है। उपकल्पना के सन्दर्भ में प्रासांगिक प्रदत्त को संख्यात्मक रूप से प्रस्तुत किया जाता है तथा उनकी जाँच करके प्रायोगिक एवं नियन्त्रित के परिणामों की तुलना की जाती है। परन्तु यह तब तक सम्भव नहीं है जब तक कि प्रदत्तों का सांख्यकीय संसाधन (statistical processing) नहीं कर लिया जाय। अन्तरों की सार्थकता के परीक्षण के लिए आनुमानिक सांख्यकी (inferential statistics) का प्रयोग किया जाता है। जब अनुसंधानकर्ता किसी जनसंख्या का अध्ययन करना चाहता है तो उसके लिए यह सम्भव नहीं है कि वह सम्पूर्ण जनसंख्या के किसी गुण का अध्ययन कर सके। ऐसी दशा में वह उस जनसंख्या से एक प्रतिनिधि भाग, जिसे प्रतिदर्श (sample) कहते हैं, का चयन कर लेता है और यह कल्पना करके उस प्रतिदर्श का अध्ययन करता है कि जनसंख्या के सभी गुण प्रतिदर्श में विद्यमान है। प्रतिदर्श से प्राप्त प्रदत्त के आधार पर जनसंख्या के बारे में अनुमान करते हैं। प्रतिदर्श विशेषताओं के आधार पर जनसंख्या की विशेषताओं का अनुमान करने के लिए मध्यमान की प्रामाणिक त्रुटि (standard error of mean), प्रसामान्यता नियमों (laws of probability) तथा विश्वास स्तरों (levels of confidence) आदि मापदण्डों का प्रयोग किया जाता है। इसके अन्तर्गत प्रामाणिक त्रुटि, टी परीक्षण, एफ परीक्षण, काई वर्ग आदि की गणना की जाती है। प्रत्येक सांख्यकीय प्रविधि के अपने विशिष्ट अभिग्रह (assumptions) होते हैं जो प्रतिदर्श, जनसंख्या तथा अनुसंधान दशाओं से सम्बन्धित होते हैं। जब तक अनुसंधानकर्ता इन कारकों पर पहले ही विचार नहीं कर लेगा, तब तक वह अनुमान के उद्देश्य से वैध तुलना नहीं कर सकेगा।

प्रदत्त विश्लेषण की आवश्यकता
(Need for Analysis of Data)

यह सामान्यतया माना जाता है कि परीक्षण प्राप्तांक का अकेले ही कोई महत्त्व नहीं है जब तक कि इसके लिए किसी सन्दर्भ रचना (frame of reference) का प्रयोग न किया जाय। ऐसा न करने से उक्त प्राप्तांक की न तो कोई वैज्ञानिक सार्थकता होगी और न उसका कोई सामाजिक महत्त्व होगा। इसके लिए अनेक महत्त्वपूर्ण सन्दर्भ रचनाओं का प्रयोग किया जाता

है जो परीक्षण द्वारा चयनित विशिष्ट विषय-वस्तु (specific content sampled by the test) के रूप में हो सकती है अथवा प्रयोज्य समूहों का विशिष्ट निष्पादन हो सकता है।

प्रायः अनेक परीक्षण निर्माता मूल प्राप्तांकों की व्याख्या के लिए तालिकाओं का प्रयोग करते हैं। यह रूपान्तरण तालिकाएँ (conversion tables) आदर्शपरक (normative) अथवा प्रामाणिक समूहों (standardization groups) पर निर्भर होती है। इस प्रकार यह कहा जा सकता है कि मूल प्राप्तांक वास्तविक रूप से न तो छोटा होता है न बड़ा, न अच्छा न खराब। उसे सार्थकता प्रदान करने के लिए किसी सन्दर्भ रचना की आवश्यकता होती है।

प्राप्त प्रदत्त के विश्लेषण के लिए उसका सांख्यकीय विश्लेषण किया जाता है। प्रदत्त विश्लेषण में अमान्य परिकल्पना (null hypothesis) की जाँच की जाती है। प्रदत्त विश्लेषण के निम्नलिखित प्रकार्य है:—

(i) मूल प्रदत्त सार्थकता प्रदान करना।

(ii) अमान्य परिकल्पना की जाँच करना।

(iii) महत्त्वपूर्ण परिणाम प्राप्त करना।

(iv) अनुमान (inference) करना अथवा सामान्यीकरण (generalization) करना।

(v) प्राचल (parameters) का अनुमान करना।

सांख्यकी का विभाजन जब इसकी प्रक्रिया के आधार पर होता है तो इसके दो रूप—प्राचल (parametric) तथा अप्राचल (nonparametric) सांख्यकी है। प्राचल सांख्यकी के अन्तर्गत वे प्रदत्त आते हैं जिनकी जनसंख्या प्रसामान्य रूप से वितरित (normally distributed) हो। यह सांख्यकी इस मान्यता पर आधारित है कि अध्ययन किये जाने वाले समूह में कुछ ऐसी विशेषताएँ होती है, जो अपरिवर्तनशील होती है। इस सांख्यकीय के प्रयोग के लिए यह आवश्यक है कि प्रतिदर्शों में अनियमितता पाई जाय, विचलन में समजातीयता हो, वितरण प्रसामान्य हो आदि। इन विशेषताओं के होने पर क्रान्तिक अनुपात (C. R), टी-परीक्षण ('t' test) तथा एफ परीक्षण ('F' test) का प्रयोग किया जाता है। परन्तु जो प्रदत्त प्रसामान्य वितरण पर आधारित नहीं होते हैं, उनके विश्लेषण के लिए अप्राचल (non-parametric test) का प्रयोग किया जाता है। इसका प्रयोग वही उचित है जहाँ प्राचल सांख्यकी की मान्यताओं का पालन नहीं होता है। इसके लिए कई सांख्यकीय विधियों यथा स्पीयरमैन का सह-सम्बन्ध गुणांक, काई वर्ग परीक्षण, मध्यांक परीक्षण, चिह्न परीक्षण, चिह्न क्रम परीक्षण आदि का प्रयोग किया जाता है।

प्रदत्त-स्तर का चयन अथवा प्रदत्त-प्रकार
(Selecting the Level of Data or Types of Data)

जब भी अनुसंधानकर्ता किसी परिवर्त्य का अध्ययन करना चाहता है तो उसके लिए यह आवश्यक है कि वह परिवर्त्य का मान परिमाणात्मक रूप से करें। यह मापन कई प्रकार का होता है जिसे परिशुद्ध के विभिन्न अंशों तक ले जाया जा सकता है। निम्न से उच्च सीमा स्तर के लिए 4 मापनियों का प्रयोग किया जाता है:—

1. नामवाचक मापनी *(Nominal Scale)*—इस मापनी का प्रयोग गुणात्मक परिवर्त्यों के मापन के लिए किया जाता है। इसमें गुणात्मक परिवर्त्य के प्रत्येक वर्ग के लिए भिन्न-भिन्न अंक प्रदान किये जाते हैं। इनकों संकेत करने के लिए समूह-1 या समूह-2 कहा जाता है। इस मापनी में केवल इस नियम को ध्यान में रखना होता है कि न तो एक ही अंकों का प्रयोग दो वर्गों के लिए किया जाय और न समान गुणों एवं समान स्तरों वाली इकाइयों को दो वर्गों में

रखा जाय। ऐसे प्रदत्त के लिए आवृत्ति, बहुलांक, सूचना माप (information measures), तथा सम्भावना सम्बन्ध (Contingency correlation) का प्रयोग कर सकते हैं।

2. कोटिसूचक मापनियाँ *(Ordinal Scales)*—किसी मनोवैज्ञानिक विशेषता या व्यवहार की मात्रा को जब कोटियों में सूचित करना होता है तो इस मापनी का प्रयोग किया जाता है। जैसे कक्षा में अमुक छात्र पढ़ाई में प्रथम, अमुक द्वितीय तथा अमुक तृतीय (अ > ब > स > द)। इस मापनी के लिए आवृत्ति, मध्यांक, बहुलांक, शतांश, सम्भाव्यता, सह-सम्बन्ध गुणांक, आदि सांख्यकीय प्रविधियों का प्रयोग किया जाता है।

3. अन्तराल मापनियाँ *(Interval Scales)*—यह मापनी अधिक परिशुद्ध मापन करती है। इसके द्वारा उद्दीपक विमाओं के बीच अन्तराल की मात्रा ज्ञात हो जाती है। जैसे-अ-ब = ब-स = स-द या अ-ब = ब-स या अ ब +ब स = अस। इस मापनी से प्राप्त प्रदत्त पर मध्यमान, प्रामाणिक विचलन, प्रोडक्ट मोमेन्ट सहसम्बन्ध का प्रयोग किया जाता है।

4. समानुपातिक मापनी *(Ratio Scale)*—यह सभी मापनियों में सर्वश्रेष्ठ है। इसमें सभी मापनियों-नामवाचक, कोटिसूचक, समान्तराली के गुण पाये जाते हैं। इस विधि में हम समानुपात बनाये रख सकते हैं। जैसे-अ, ब का दूना है। इनसे प्राप्त आँकड़ों पर ज्यामितीय मध्यमान (geometric mean), हरात्मक मध्यमान (Harmonic mean), प्रतिशत भेद (percent variation) आदि सांख्यकीय विधियों का प्रयोग किया जाता है।

प्रदत्त-विश्लेषण
(Analysis of Data)

प्रदत्त विश्लेषण का तात्पर्य तालिकाबद्ध सामग्री में अन्तर्निहित तथ्यों को निर्धारित करना तथा उन्हें अर्थ प्रदान करने से है। यह जटिल तथ्यों को अनेक सरल तथ्यों में वर्गीकृत करता है तथा विश्लेषण के उद्देश्य से उनका नवीन ढंग से व्यवस्थापन भी करता है। प्रदत्त संकलन के पूर्व ही प्रदत्त विश्लेषण की योजना तैयार कर लेनी चाहिए। प्रदत्त के अन्तिम विश्लेषण से पूर्व उस प्रदत्त का प्रारम्भिक विश्लेषण करना चाहिए। ऐसा करते समय व्यक्ति को अधिक सावधान, लोचक तथा अपने मस्तिष्क को खुला (तटस्थ/निष्पक्ष) रखना चाहिए। प्रदत्त विश्लेषण के चार प्रकार्य है:—

(i) महत्त्वपूर्ण तालिकाओं के रूप में प्रदत्तों पर विचार।

(ii) समस्या का सावधानी से निरीक्षण।

(iii) प्रदत्त से हटकर समस्या के बारे में अनजान की भाँति सोचकर।

(iv) सरल सांख्यकीय गणनाओं का प्रयोग करके प्रदत्त विश्लेषण करना।

सांख्यकीय विश्लेषण के प्रकार
(Types of Statistical Analysis)

आंकिक प्रदत्तों (numerical data) को संकलित करने, वर्णन करने, संगठित करने एवं विश्लेषण करने के लिए गणितीय प्रविधियों एवं प्रक्रियाओं के मुख्य भाग को सांख्यकी कहते हैं। चूँकि अनुसंधानों से हमे परिमाणात्मक प्रदत्त (quantitative data) प्राप्त होता है जिनके लिए सांख्यकीय का प्रयोग मापन उपकरण के रूप में किया जाता है जब अनुसंधानकर्ता सांख्यकीय प्रविधियों का प्रयोग करता है तो वह अपने अनुसंधान उद्देश्य की पूर्ति हेतु उपर्युक्त विधियों का प्रयोग करना जानता है। मनोविज्ञान एवं शिक्षाशास्त्र में अनुसंधानकर्ता प्रदत्त

विश्लेषण के लिए दो प्रकार के सांख्यकीय विधियों का प्रयोग करते हैं:—

1. वर्णनात्मक सांख्यकीय विश्लेषण *(Descriptive Statistical Analysis)*

जब अनुसंधानकर्ता किसी समस्या के अन्तर्गत शोध करता है तो उसे ऐसे प्रदत्त प्राप्त होते हैं जो वृहद और असंगठित होते हैं। इस प्रकार के प्रदत्तों के आधार पर अनुसंधानकर्ता प्रदत्तों की सार्थकता का वर्णन नहीं कर सकता। ऐसी परिस्थिति में यह नितान्त आवश्यक हो जाता है कि उनका कोई संक्षिप्त माप निकाल लिया जाय। इस सांख्यकी के अन्तर्गत प्रदत्तों का आंकिक वर्णन किया जाता है। केन्द्रिय प्रवृत्ति के माप, विचलनशीलता के माप, शंताशीय मान, शतांशीय बिन्दु, प्रदत्तों का चित्रपरक प्रस्तुतीकरण आदि इसी सांख्यकीय के अन्तर्गत आते हैं।

2. आनुमानिक सांख्यकीय विश्लेषण *(Inferential Statistical Analysis)*

जब अनुन्धानकर्ता किसी ऐसे जनसंख्या का अध्ययन करना चाहता है, जिसके बारे में यह सम्भव नहीं है किसी गुण के सन्दर्भ में सम्पूर्ण जनसंख्या का अध्ययन कर सके, तो वह उस जनसंख्या के सम्पूर्ण भाग का अध्ययन न करके उसके एक प्रतिनिधि भाग, जिसे प्रतिदर्श (sample) कहते हैं, का ही चयन कर लेता है तथा यह कल्पना करके उस प्रतिदर्श का अध्ययन करता है कि जनसंख्या के सभी गुण प्रतिदर्श में विद्यमान है। प्रतिदर्श से प्राप्त इकाइयों के आधार पर अनुसन्धानकर्ता जनसंख्या के बारे में अनुमान करता है।

इस प्रक्रिया को आनुमानिक सांख्यकी कहते हैं। प्रदत्त विशेषताओं के आधार पर जनसंख्या की विशेषताओं का अनुमान करने के लिए मध्यमान की प्रामाणिक त्रुटि (standard error of mean), प्रसामान्यता नियमों (laws of probability) तथा विश्वास स्तरों (levels of confidence) आदि मापदण्डों का प्रयोग किया जाता है। इसके अन्तर्गत प्रामाणिक त्रुटि, टी परीक्षण, एक परीक्षण, काई वर्ग आदि की गणना की जाती है।

पैरामीटर एवं सांख्यकी
(Parameter and Statistics)

यदि जनसंख्या की सभी इकाइयों का मापन करना हो, और केन्द्रिय प्रवृत्तियां और सह-सम्बन्ध के इनडिसेज की गणना करनी हो, जिस तरह हम प्रतिदर्शों के लिए करते हैं तो हमें पैरामीटरों की गणना करनी चाहिए। जनसंख्या में पैरामीटर विद्यमान रहते हैं चाहे उनकी गणना की जाय या नहीं।

पृष्ठ संख्या 409 के चित्र में जनसंख्या पैरामीटर (population parameter) और प्रतिदर्श सांख्यकी (sample statistics) को प्रदर्शित किया गया है। वृहद जनसंख्या सम्पूर्ण वितरण के लिए है जबकि छोटी जनसंख्या प्रतिदर्श के लिए है, जिसे जनसंख्या से इच्छित रीति से प्राप्त किया गया है। *जनसंख्या की विशेषताओं को पैरामीटर कहते हैं तथा प्रतिदर्श के तत्सवांदी विशेषताओं को सांख्यकी कहते हैं (The characteristics of a population are called parameter of the corresponding characteristics of a sample are called statistics–**Walker & Lev.**)*।

जनसंख्या पैरामीटरों, मध्यमान और प्रामाणिक विचलन, के लिए $\overline{X}$ और $\overline{\sigma}$ प्रतीकों का प्रयोग करते हैं। प्रतीकों के ऊपर Bar का अर्थ प्रकट करते हुए ***Guilford*** (1956) ने लिखा है, कि *"The bar over a quantity often indicates "The man of" for example, X is sometimes used to indicate the "mean of X"* यह ध्यान देने योग्य बात है कि इस विशिष्ट प्रतिदर्श के मध्यमान और प्रामाणिक विचलन अपने तत्संवादी पैरामीटरों (corresponding parameters) के साथ वास्तविक आकार में सहमत (coincide) नहीं

होते हैं। यह इसकी विशेषता है। एक-दूसरे प्रतिदर्श से भी यही आशा की जा सकती है। इसी प्रकार हम अनुपातों ($\bar{P}$ तथा P), चतुर्थांशों ($\bar{Q}$ तथा Q) तथा सहसम्बन्ध गुणकों ($\bar{R}$ तथा r) को भी उद्घृत कर सकते हैं जो तत्संवादी पैरामीटरों को बहुत ही निकटता से अनुमान करता

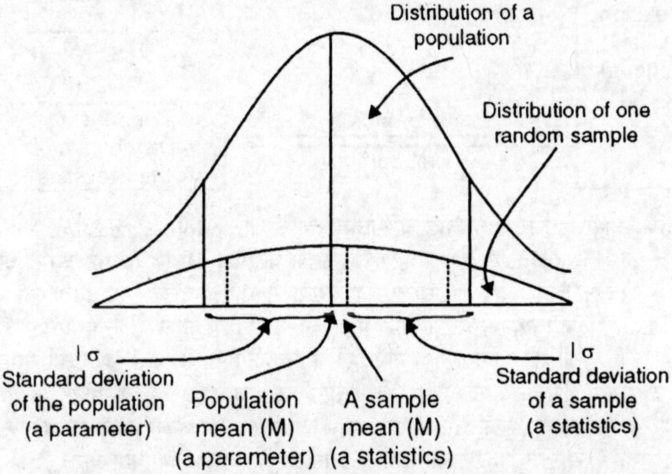

A comparison of a population distribution and a sample distribution, also of population parameters and sample statistics.

है। प्रतिदर्श की सांख्यकीय गणनाओं (M, σ, Q, r, p,) को Statistics या Estimate कहते हैं। प्रामाणिक त्रुटि तथा अन्य दूसरे निदर्शन सांख्यकीय विधियों का प्रयोग करके हम यह अनुमान लगा सकते हैं कि प्राप्त सांख्यकीय और तत्संवादी पैरामीटरों में कितना विचलन है। इस प्रकार जब हम जनसख्या के गुणों का अध्ययन करते हैं तो उसे जनसंख्या पैरामीटर कहते हैं जो प्रतिदर्श सांख्यकी से तत्संवाद करता है जैसे मध्यमान, प्रामाणिक विचलन, चतुर्थक विचलन आदि। यह सामान्य सिद्धान्त है कि प्रतिदर्श सांख्यकीय को एक प्रतिदर्श से दूसरे प्रतिदर्श में अस्थिरता की आशा की जा सकता है लेकिन पैरामीटर जनसंख्या के गुणों के रूप में विद्यमान रेहते हैं।

सांख्यकी से पैरामीटर का अनुमान
(Estimation of Parameters from Statistics)

प्रतिदर्श सांख्यकी के आधार पर जनसंख्या पैरामीटर के बारे में अनुमान करना ही आनुमानिक संख्यकी का मुख्य कार्य है जिसकी महत्त्वपूर्ण भूमिका शैक्षिक अनुसंधानों में मानी जाती है। इसमें सांख्यकीय विधियों का प्रयोग करके उपकल्पनाओं का परीक्षण किया जाता है। आनुमानिक सांख्यकी की यही प्रमुख भूमिका है।

चित्र (संख्या 410) में चार तर्क श्रृंखलाएँ (chain of reasoning) पायी जाती है :—

(i) जनसंख्या के पैरामीटर के बारे में अनुमान करना।

(ii) यादृच्छिक प्रतिदर्श से प्रतिदर्श मापों (सांख्यकी) की गणना करना।

(iii) सांख्यकी (statistics) का प्रयोग निदर्शन उच्चावच (sampling fluctuation) के साथ पैरामीटर के बारे में अनुमान करना।

(iv) प्रतिदर्श सांख्यकी को प्राप्त करना।

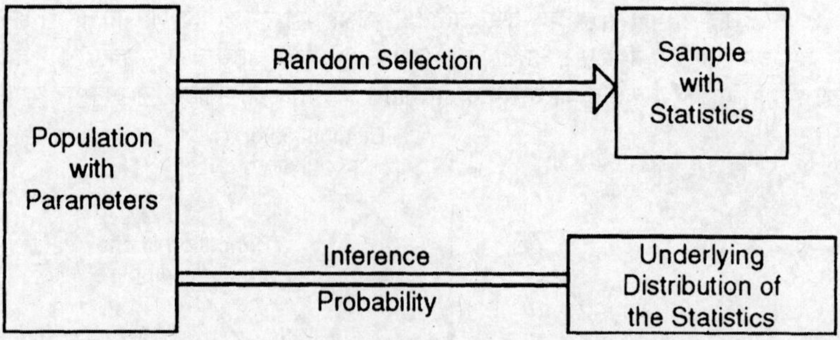

जब हम अपनी जनसंख्या के कुछ वर्णनात्मक मापों (descriptive measures) के बारे में ज्ञान प्राप्त करना चाहते हैं, तो हमें सम्पूर्ण जनसंख्या का मापन एवं अध्ययन करना चाहिए परन्तु ऐसा सम्भव नहीं हो पाता है। इसलिए जनसंख्या से एक यादृच्छिक प्रतिदर्श का चयन कर लिया जाता है। प्रतिदर्श के वर्णनात्मक मापों को सांख्यकी कहते हैं तथा सांख्यकी का निर्धारण सम्भव है। चूँकि चयन किया गया प्रतिदर्श यादृच्छिक होता है, अतः प्रतिदर्श सांख्यकी का प्रयोग जनसंख्या पैरामीटर के अनुमान के लिए किया जाता है। हम पैरामीटर के बारे में निश्चित ज्ञान नहीं प्राप्त कर सकते हैं क्योंकि सम्पूर्ण जनसंख्या का अध्ययन करना सम्भव नहीं है। ऐसी अवस्था में सांख्यकी का प्रयोग करके पैरामीटर के बारे में अनुमान करते हैं।

उपयुक्त सांख्यकी का चयन
(Selecting the Suitable Statistics)

प्रदत विश्लेषण योजना में अनुसंधानकर्ता उपयुक्त सांख्यकी के उपयोग पर ध्यान देता है। इसके लिए वह समूह की विशेषताओं पर ध्यान देता है जिससे प्रदत्त को प्राप्त किया गया है। उत्तरदाताओं की प्रकृति के बारे में अनुसंधानकर्ता को आसानी से ज्ञान उस समूह के मौलिक वर्णनात्मक सांख्यकी के सारांश के द्वारा ज्ञात किया जा सकता है। केन्द्रीय प्रवृत्ति तथा विचलनशीलता के मापों के द्वारा अनुसंधानकर्ता को कुछ सूझ प्राप्त हो सकती है। इस प्रकार अनुसंधानकर्ता उत्तरदाता के अनेक जनांनिकी परिवर्त्यों (demographic variable) यथा यौन भेद, आयु, व्यवसाय, शैक्षिक स्तर, जन्म क्रम, संस्कृति तथा धर्म आदि के बारे में सूचनाएँ प्राप्त कर लेता है।

प्रदत्त संकलन के बाद अनुसंधानकर्ता को आनुमानिक सांख्यकी यथा टी-परीक्षण एवं काई-वर्ग का प्रयोग करना चाहिए ताकि वह यह निर्धारित कर सके कि जनसंख्या से चयन किया प्रतिदर्श, जिससे प्रदत्त का संकलन किया गया है, जनसंख्या का प्रतिनिधित्व कर रहा है या नहीं अथवा यदि एक और प्रतिदर्श का चयन उसी जनसंख्या से कर लिया जाय, तो उसकी विशेषताएँ क्या होगी अथवा एक ही जनसंख्या से चयन किये गये दो समूहों के विशेषताओं का अन्तर कितना सार्थक होगा।

CLASSIFICATION OF TOOLS AND STATISTICS WITH REGARD TO THE LEVEL OF MEASUREMENT

No.	Level	Properties research	Tools	Assumptions	Statistics	Appropriate statistical test	Examples
1.	Norminal Scale	Classification Equate non- equate	Questionnaire Interview schedule Obeservation	All member of set are assigned the same numeral and no two sets are assigned the same numeral	Mode Frequency distribution Coefficient of association	Non-parametric	Name of persons. Name of classes. classification of person on the basis of disease, personality culture etc.
2.	Ordinal Scale	Classification order equate Non-equate	Scale observation Rank scale	(1) As above (2) Objects can be rank ordered on the basis of an operationally defined characteristics of property	Median, Percentile Spearman's correlation kendall Method	Non-Parametric	Order : On basis of specific characteristics-beauty, hoensty, ability
3.	Interval Scale	Classification order, Equal units, equate Non-equate Add, substract Multiply, Divide	Psychological and Educational tests Observation scale	(1) As above (2) As above (3) Distances on the scale represent equal intervals	Mean Standard Deviation r, t and F	Parametric and Non parametric	Series obtained on Intelligence and personality tests
4.	Ratio Scale	Classification Order, Equal units Absolute zero, Equate Non-Equate, Add substract Multiply, Divide.	Physical measurement	(1) As above (2) As above (3) As above (4) Scale has an absolute or natural zero	Mode, Median, Percentiles Coefficient of association, Ranking coefficient, r, t, F. Standard deviation	Parametric and Non parametric	All physical measures e.g. weight, length,etc No. of students in the class. No. of books in the library.

तत्पश्चात अनुसंधानकर्ता को अपनी उपकल्पनाओं के परीक्षण के लिए उपयुक्त सांख्यकीय विधियों का प्रयोग करना होगा। इस उद्देश्य की पूर्ति के लिए सर्वप्रथम यह निर्धारित करना होगा कि प्राप्त प्रदत्त किस मापनी पर आधारित है जिसके लिए इस तालिका का प्रयोग किया जा सकता है:—

COMMONLY USED MEASURES OF ASSOCIATION FOR DIFFERENT TYPES OF VARIABLES

Measures of Association to Use	Nature of Variables Involved	Restrictions Assumptions, or Comments
1. Person Product moment correlation.	2. continuous variables	liner relationship Interval or ratio scale
2. Rank-order correlation or Kendall's tau	2. Continuous variables	Ordinal Scales
3. Tetrachoric correlation	2. continuous variables both of which have been dichotomized	normal bivariate distribution of the two variables
4. Correlation ratio (eta coefficient)	1. continuous variable variable, either continuous or a discrete set of categories	non-linear relationship
5. Intraclass correlation	1. continuous variable 1 variable, a discrete set of categories	intent is to ascertain degree of similarity within groups interval or ratio scale.
6. Biserial correlation	1. continuous variable 1. continuous variable which has been dischotomized.	interval or ratio scale.
7. Point biserial correlation	1. continuous variable 1. true dischotomy	interval or ratio scale.
8. Fourfold point correlation (phi-coefficient)	2. true dichotomies	nominal or ordinal scale
9. Contingency coeffcient	2. sets of unordered categories	nominal scale
10. Mahalanobis' D2 (from linear	1. Sets of unordered categories	inetent is to determine degree of

discriminant function) or multiple biserial correlation	1. or more variable of any sort	similarity among the group on basis of several measures.
11. Partial correlation	3. or more continuous variable	intent is to find the degree of relationship between any two with the effect of the others held constant.
12. Multiple correlation (from multiple regression)	3. or more continuous variable	intent is to determine predictability of one variable on basis of several others linear relationships.
13. Kendall's coefficient or concordance	3. or more continuous variables	intent is to determine the overall amount of agreement ordinal scale
14. Intraclass correlation	3. or more continuous variable	estimates average of intercorrelations between pairs.

प्रदत विश्लेषण हेतु प्रारम्भिक सांख्यकीय प्रविधियों (elementary statistical techniques) के रूप में आवृत्ति वितरण (frequency distribution), वितरण के प्रसामान्यता का परीक्षण-विषमता (skewness), ककुदता (kurtosis) तथा बहुलांक का मापन, शतांशीय (percentiles) एवं शतांशीय क्रम (percentile rank) की गणना, केन्द्रीय प्रवृत्ति के मान-मध्यमान, मध्यांक एवं बहुलाक की गणना तथा मानकों (norms) का निर्धारण, विचलनशीलता प्रसार, चतुर्थक विचलन-मध्यमान विचलन तथा प्रामाणिक विचलन की गणना, अनुस्थित क्रम (rank order) तथा गुणन आघूर्ण विधि के द्वारा सह-सम्बन्ध गुणक की गणना एवं रेखाचित्रीय प्रस्तुतीकरण-आवृत्ति बहुभुज, स्तम्भाकृति, तोरण आदि का प्रयोग किया जाता है।

अपने प्रदत्त के विश्लेषण के लिए अनुसंधानकर्ता सामान्य रूप से इन सरल सांख्यकीय प्रविधियों का प्रयोग आवश्यकतानुसार एवं उद्देश्यानुसार करता है। परन्तु अनुसंधानकर्ता विशिष्ट प्रायोगिक अभिकल्पों के कुछ जटिल सांख्यकीय प्रविधियों का प्रयोग करता है। इन जटिल प्रविधियों के रूप में टी परीक्षण, काई वर्ग, कारक विश्लेषण, प्रसरण विश्लेषण आदि का प्रयोग किया जाता है। दो मध्यमानों के अन्तर की सार्थकता के परीक्षण के लिए क्रान्तिक अनुपात/टी परीक्षण का प्रयोग किया जाता है। उसी प्रकार अमान्य परिकल्पना का परीक्षण काई वर्ग के द्वारा करते हैं। प्रतिगमन समीकरण (regression equation) के द्वारा किसी एक परिवर्त्य में ज्ञात प्राप्तांक के आधार पर दूसरे परिवर्त्य में संभावित प्राप्तांक के बारे में भविष्यकथन किया जाता है। दो से अधिक मध्यमानों के मध्य अन्तर की सार्थकता के परीक्षण के लिए डन्कन प्रसार परीक्षण अधिक उपयुक्त है। जटिल गोचर के विश्लेषण के लिए कारक विश्लेषण सांख्यकीय प्रविधि का प्रयोग होता है। इसी प्रकार सरल प्रसरण विश्लेषण विधि के

NON-PARAMETRIC STATISTICS FOR THE BEHAVIOURAL SCIENCES
Sidney Siegel

Level of measur-ement	Non-parametric Statistical test					Non- parametric measures of correlation
	One-sample Case	Two Sample Case		K-sample Case		
		Related Samples	Independent Smaples	Related Samples	Independent Samples	
Norminal	Binominal test X2-one sample test	Mc Nemar test for the significance of change	Fisher exact probability test X2-test for two indepedent samples	Cochran Q test	X2 test for independent samples	Contigency coefficient; C
Ordinal	Kolmogrov Smirnov One-sample test One sample runs test	Sign test wilcoxon matched-pairs signed-ranks test	Median test, MannWhitney U-test, Kolmogrov Smirnov two-sample test Wald-Walfowitz runs test Moses test of extreme reactions	Friedman two way analysis of variance	Extension of the Median test Kruskal-Wallis one-way analysis of variance,	Spearman correlation coefficient; rs Kendall rank correlation coefficient; r Kendall partial rank correlation coefficient Tny, z Kendall coefficient of concordance, W,
Interval		Wash test Randomization test for matched	Randomization test for two independent samples			

द्वारा एक ही प्रयोगात्मक परिवर्त्य पर दो या दो से अधिक समूहों के मध्य अन्तरों की सार्थकता का परीक्षण कर सकते हैं। सहप्रसरण विश्लेषण विधि (analysis of covariance method) में प्रसरण विश्लेषण एवं सह-सम्बन्धात्मक विश्लेषण के मौलिक विचारों को उन समस्याओं के समाधान के लिए संयुक्त किया जाता है जिसमें किसी नामवाचक (nominal) मापनी के संयोग (combination) में एक से अधिक अन्तराल मापनियाँ सम्मिलित रहती है। इस विधि के प्रयोग के द्वारा स्वतन्त्र परिवर्त्य के रूप में प्रयुक्त अनेकों नामवाचक एवं अन्तराल मापनियों के लिए किया जाता है।

प्रदत्त विश्लेषण की योजना बनाना
(Planning for Data Analysis)

प्रदत्त विश्लेषण के लिए सर्वप्रथम प्रदत्त योजना तैयार करनी चाहिए जिसमें प्रदत्त की बारीकी से जाँच के लिए उपयुक्त उपकरणों के चयन की आवश्यकता होती है। विधि एवं प्रविधि के चयन के समय अनुसंधानकर्ता में विषय एवं प्रक्रिया के प्रति इतनी उन्मुखता पायी जाती है कि वह अनेक महत्त्वपूर्ण तथ्यों की उपेक्षा कर जाता है। जैसे उत्तरदाता के नाम, शिक्षा, आयु, संस्कृति, वैवाहिक स्थिति आदि पक्षों के बारे में सूचनाएँ प्राप्त करना भूल जाता है। जबकि प्रदत्त विश्लेषण में इनकी आवश्यकता होती है। यदि अनुसंधानकर्ता ने पहले ही Personal data sheet के द्वारा इन सूचनाओं को नहीं प्राप्त कर सकता है। इसलिए जनांनिकी विशेषताओं सम्बन्धी की सूचना अनुसंधानकर्ता को पहले ही प्राप्त कर लेना चाहिए। इसके अतिरिक्त अनुसंधानकर्ता को यह भी निर्धारित कर लेना चाहिए कि वह प्रदत्त संकलन तथा प्रदत्त विश्लेषण के लिए किस विधियों का प्रयोग करेगा तथा प्रदत्त विश्लेषण के द्वारा किन-किन उपकल्पनाओं का परीक्षण करेगा।

सांख्यकीय विश्लेषण पर विचार
(Considerations for Statistical Analysis)

परिणाम विश्लेषण एवं व्याख्या के लिए दो मुख्य प्रकार के सांख्यकीय परीक्षणों का प्रयोग किया जाता है—प्राचल सांख्यकी/परीक्षण तथा अप्राचल सांख्यकी/परीक्षण। प्राचल सांख्यकी इस मान्यता पर आधारित है कि अध्ययन किये जाने वाले समूह में कुछ ऐसी विशेषताएँ होती है जो अपरिवर्तनशील होती है। इस सांख्यकी के प्रयोग में हम उस समय सफल होंगे जबः—

(i) प्रसामान्य/प्रतिनिधि प्रतिदर्श (probability/representative sample) अध्ययन में प्रयुक्त किया गया हो।

(ii) परिवर्त्यों का मात्राकरण अन्तराल मापनी (interval scale) पर किया गया हो।

(iii) विशिष्ट अभिग्रहों की पूर्ति हो गई हो।

(iv) प्राप्त प्रदत्त प्रसामान्य रूप से वितरित हो।

(v) जनसंख्या पूर्णतः परिभाषित हो।

(vi) अनुसंधान उद्देश्यों की यह स्पष्ट व्याख्या की गई हो।

इस उपागम के अनुसार निम्नलिखित सांख्यकीय प्रविधियों का प्रयोग किया जायगाः—

(1)दो या दो से अधिक परिवर्त्यों के मध्य वर्णनात्मक सम्बन्धों के अध्ययन के लिए पियर्सन गुणन आघूर्ण सहसम्बन्ध, बहुल (multiple) सह-सम्बन्ध, आंशिक सह-सम्बन्ध, कारक विश्लेषण आदि विधियाँ उपयुक्त हैं।

(2)परिवर्त्यों को प्रकार्यात्मक सम्बन्धों (functional relationship) के विश्लेषण के लिए हम दो दशाओं, दो से अधिक मुख्य दशाओं, दो या दो से अधिक परिवर्त्यों के अन्तक्रिया

प्रभाव तथा दो दशाओं के हानि (Loss)/ लाभ के अध्ययन के लिए क्रमशः टी परीक्षण, एफ परीक्षण, एफ परीक्षण द्विदिश/त्रिदिश प्रसरण विश्लेषण प्रविधि तथा सहप्रसरण विश्लेषण विधि का प्रयोग किया जाता है।

अप्राचल सांख्यकी में किसी मान्यता का प्रबिन्ध नहीं होता है। इसे वितरण मुक्त सांख्यकी भी कहते हैं। अप्राचल सांख्यकी का प्रयोग वही उचित है जहाँ प्राचल सांख्यकी की मान्यताओं का पालन नहीं होता है। प्रायः ऐसे वितरण का प्रदत्त विषम (skewed) होता है। जब प्रदत्त अप्रसामान्य (non-probable) हो, जब प्रदत्त का मात्राकरण किसी स्तर पर नामवाचक तथा कोटिसूचक मापनियों के आधार पर किया गया हो, तथा किसी उपागम (मान्यता) की आवश्कता न हो, तो अप्राचल सांख्यकी का प्रयोग होता है। दो या दो से अधिक परिवर्त्यों के सम्बन्धों के अध्ययन के लिए स्पीयरमैन सह-सम्बन्ध गुणांक तथा काई वर्ग परीक्षणों का प्रयोग किया जाता है। दो या दो से अधिक समूहों के अन्तरों के विश्लेषण के लिए छोटे प्रतिदर्श के लिए मध्यांक परीक्षण, बड़े तथा छोटे प्रतिदर्श के लिए काई वर्ग परीक्षण, चिह्न परीक्षण तथा चिह्न क्रम परीक्षणों का प्रयोग होता है।

प्रदत्त प्रस्तुतीकरण
(Presentation of Data)

प्राप्तांकों का रेखाचित्रीय प्रदर्शन करने से उनकी सरलता, बोधगम्यता तथा स्पष्टता बढ़ जाती है। प्राप्तांकों का रेखाचित्रीय प्रदर्शन आवश्यक है क्योंकि अधिकतर लोगों के लिए शुष्क संख्याएँ प्रेरणानीत होती है, जिस प्रकार मानचित्र हमारे समक्ष किसी विशाल देश का वृहत चित्र प्रस्तुत करता है उसी प्रकार रेखाचित्र भी जटिल समस्याओं को एक ही दृष्टि में समझने में हमारी सहायता करते हैं। प्रदत्तों का रेखाचित्रीय प्रदर्शन करने के लिए आवृत्ति बहुभुज (frequency polygon) स्तम्भाकृति (histogram), स्तम्भचित्र (bargraph), संचयी आवृत्ति वक्र (cumulative frequency curve), संचयी प्रतिशत वक्र (cumulative percentage frequency curve) तथा वृत्त ग्राफ (circle graph) आदि की रचना करते हैं।

प्रतिदर्श चयन त्रुटि
(Sampling Error)

Ferguson के अनुसार, *''जनसंख्या मूल्य या पैरामीटर तथा प्रतिदर्श मूल्य में प्राप्त अन्तर को प्रतिदर्श चयन त्रुटि कहते हैं।'' (A sample error is a difference between a population value, or parameter and particular sample value.)* यदि सम्पूर्ण जनसंख्या का मध्यमान मूल्य अ है और प्रतिदर्श मूल्य ब है तो प्रतिदर्श चयन त्रुटि अ-ब होगी। किसी भी सन्दर्भ में त्रुटि का आशय उस मूल्य से लिया जाता है जो प्रामाणिक मूल्यों से अवलोकित मूल्य धनात्मक या ऋणात्मक रूप से भिन्न होता है। इस प्रकार यह स्पष्ट हो जाता है कि किसी भी सन्दर्भ में त्रुटि का प्रत्यय उन पैरामेट्रिक, स्थिर तथा प्रामाणिक मूल्यों की ओर संकेत करता है जिससे अवलोकित मूल्य धनात्मक या ऋणात्मक रूप से भिन्न होता है। पैरामेट्रिक या वास्तविक मूल्य के स्वभाव में निहित विचार को ही त्रुटि प्रत्यय के रूप में परिभाषित किया जा सकता है। उपर्युक्त परिभाषा के बिना न तो त्रुटि के प्रत्यय का कोई अर्थ ही है, और न किसी त्रुटि के सिद्धान्त की सम्भावना है और न किसी विज्ञान की सम्भावना है।

त्रुटि अनुमान की समस्याओं का अध्ययन करने के लिए दो उपागमों (approaches) सैद्धान्तिक (theoretical) एवं प्रयोगात्मक (experimental) को प्रयोग में लाया जाता है।

प्रयोगात्मक उपागम के आधार पर जब त्रुटियों का अनुमान लगाया जाता है तो प्रतिदर्श संख्या को ज्ञात किया जाता है और प्रयोगात्मक अध्ययन से त्रुटि को प्रतिदर्श-प्रतिदर्श उच्चावच (sample to sample fluctuation) के द्वारा ज्ञात करते हैं। यह समस्या सम्भाव्यता के सैद्धान्तिक परिवर्तन (theoretical change of probability) का प्रयोग करते हुए समझा जा सकता है। सैद्धान्तिक निदर्शन वितरण का सांख्यकी में बहुत प्रयोग होता है। निदर्शन वितरण का प्रामाणिक विचलन ही प्रामाणिक त्रुटि (standard error) कहलाता है।

प्रामाणिक त्रुटि
(Standard Error)

जब हम किसी प्रतिदर्श का मध्यमान ज्ञात करते हैं, तो प्राप्त मूल्य के प्रति यह शंका उठती है कि यह मूल्य किस सीमा तक विश्वसनीय है। अर्थात प्रतिदर्श मूल्य उस जनसंख्या के मूल्य से कितना कम या अधिक है जिससे उसको लिया गया है। प्रतिदर्श और जनंसख्या कें अन्तर को ही प्रामाणिक त्रुटि कहते हैं। ***Walker & Lev*** के अनुसार, *''सांख्यकीय वितरण का प्रामाणिक विचलन ही उस जनसंख्या की प्रामाणिक त्रुटि कही जाती है।'' (The standard deviation of the distribution of statistics is called standard error of statistics.)* ***Siegel*** के अनुसार, *''निदर्शन वितरण के प्रामाणिक विचलन को ही प्रामाणिक त्रुटि कहते हैं।'' (The standard diviation of a sampling distribution is usually called a standard error.)*

प्रामाणिक त्रुटि का महत्त्व उस अवस्था में अधिक होता है जब जनसंख्या सामान्य रूप से वितरित होती है। इन परिभाषाओं के आधार पर यह कहना न्यायसंगत ही होगा कि प्रामाणिक त्रुटि इस बात की ओर संकेत करता है कि प्रतिदर्श का मध्यमान और प्रामाणिक विचलन जनसंख्या के मध्यमान तथा प्रामाणिक विचलन से कितना कम और अधिक है। इस प्रकार प्रामाणिक त्रुटि के द्वारा जनसंख्या से निकटता स्पष्ट हो जाती है। प्रामाणिक त्रुटि जितनी ही कम होगा, प्रतिदर्श जनसंख्या का प्रतिनिधित्व उसी मात्रा में करता है। विभिन्न मापों की प्रामाणिक त्रुटि की गणना के लिए विभिन्न सूत्रों का प्रयोग किया जाता है।

(1) वृहद आकार वाले प्रतिदर्श मध्यमान से जनसंख्या मध्यमान का अनुभाव

$$SE_m = \frac{\sigma}{\sqrt{N}}$$

(2) प्रतिदर्श मध्यांक से जनसंख्या मध्यांक का अनुमान

$$SE_{mdn} = \frac{1.253\sigma}{\sqrt{n}}$$

अथवा

$$SE_{mdn} = \frac{1.858Q}{\sqrt{n}}$$

(3) प्रतिदर्श प्रामाणिक विचलन से जनसंख्या प्रामाणिक विचलन का अनुमान

$$SE_\sigma = \frac{0.71\sigma}{\sqrt{n}}$$

(4) प्रतिदर्श चतुर्थक विचलन से जनसंख्या विलचन का अनुमान

$$SE_Q = \frac{1.17\sigma}{\sqrt{n}}$$

अथवा

$$SE_Q = \frac{.7865}{\sqrt{n}}$$

(5) प्रतिदर्श से जनसंख्या प्रतिशत का अनुमान

$$SE\% = \sqrt{\frac{PQ}{N}}$$

शून्य परिकल्पना
(Null Hypothesis)

Null शब्द जर्मन भाषा का एक शब्द है, जिसका अर्थ शून्य है। कुछ विद्वानों का मत है कि Null शब्द की उत्पत्ति लैटिन भाषा के Nullus से हुई है जिसका अर्थ "कोई नहीं" (Not Any) से लिया जाता है। अमान्य परिकल्पना (Null Hypothesis) शब्द का सर्वप्रथम प्रयोग ***Sir Ronald A Fisher*** (1942) ने किया था और यह कहा था, *"Every experiment may be said to exist only in order to give the facts a chance of disproving the Null Hyptothesis."* अमान्य परिकल्पना इस अभिग्रह पर आधारित है कि दोनों समूहों के मध्यमानों का अन्तर न तो वास्तविक है और न किसी परिवर्त्य के प्रभाव के कारण है वरन् संयोगवश है (*due to chance*) (*Null hypothesis assorts that there is no true difference between two population means and the difference found between sample means is, therefore, accidental and unimportant*—**Garrett,** 1967) जब भी कोई अनुसंधान कार्य प्रारम्भ किया जाता है तो हमें एक अमान्य परिकल्पना की रचना करनी होती है। अनुसंधान के दौरान जो प्रदत्त हमें प्राप्त होते हैं उसी के आधार पर हम अपनी परिकल्पना को स्वीकृत या अस्वीकृत करते हैं। वस्तुनिष्ठ परीक्षण के लिए यह आवश्यक है कि किसी परिकल्पना को स्वीकृत या अस्वीकृत करने के लिए अमान्य परिकल्पना की रचना की जाय। जब हमें किसी अन्तर के बारे में कोई निर्णय लेना होता है तो शोध परिकल्पना जिसे विकल्प परिकल्पना (aleternative hypothesis) कहते हैं, के विरुद्ध अमान्य परिकल्पना स्वतः अस्वीकृत हो जाती है। **सीगेल** महोदय ने अमान्य परिकल्पना को परिभाषित करते हुए कहा है कि, अमान्य परिकल्पना शून्य अन्तर की परिकल्पना है। यह सामान्यतया अस्वीकृत करने के लिए ही निर्मित की जाती है। यदि शून्य परिकल्पना अस्वीकृत होती है तो विकल्प परिकल्पना स्वीकृत हो जाती है। विकल्प परिकल्पना प्रयोगकर्ता के शोध परिकल्पना का संक्रियात्मक कथन होता है। (*"The null hypothesis is a hypothesis of no difference. It is usually formulated for the express purpose of being rejected. It is rejected the alternative hypothesis may be accepted. The atternative hypothesis is the operational statement of the experimenter's research hypothesis."*)

इसी प्रकार ***गिलफोर्ड*** (1973) ने शून्य परिकल्पना को परिभाषित करते हुए बताया है कि, शून्य परिकल्पना यह बताती है कि प्रायोगिक या अप्रायोगिक स्थिति में जिन घटनाओं का मापन किया जाता है उनके बारे में यह कल्पना की जाती है कि अन्तर का कारण कुछ नहीं है वरन् स्वतन्त्र या बन्धमुक्त नियमों के कारण ऐसा प्रभाव प्राप्त हो रहा है। (*A null hypothesis merely states that in an experimental situation, or even in non experimental situation whenever uses are enumerated or measured, it is assumed that nothing but the laws of chance are operating in a free unrestricted manner—Guilford, 1973*)।

अमान्य परिकल्पना के अन्तर्गत अनुसंधानकर्ता यह मानकर चलता है कि दो समूहों से प्राप्त प्रदत्त में अन्तर उन समूहों के किसी गुण विशेष के कम या अधिक होने के कारण नहीं है वरन् प्रतिचयन त्रुटि के कारण है। अमान्य परिकल्पना का परीक्षण अनुसंधानकर्ता करता है। इसलिए इसे परीक्षणाधीन परिकल्पना (trial hypothesis) भी कहते हैं। अमान्य परिकल्पना में इस बात पर विशेष बल दिया जाता है कि जनसंख्या के पैरामीटरों में सार्थक अन्तर नहीं है। जब अनुसंधानकर्ता सांख्यिकीय प्रविधियों के द्वारा दोनों प्रतिदर्शों से प्राप्त मध्यमानों के अन्तर को संभाव्यता (probability) अमान्य परिकल्पना के सन्दर्भ में निर्धारित करने का प्रयत्न करता है। यदि संभाव्यता कम है; .05 या .01 से कम है, तब अमान्य परिकल्पना को स्वीकृत कर दिया जाता है। लेकिन जब सम्भाव्यता .05 या .01 से बड़ी होती है तब अमान्य परिकल्पना को अस्वीकृत हो जाती है। अमान्य परिकल्पना के अस्वीकृत न होने पर यह धारणा नहीं बनानी चाहिए कि अमान्य परिकल्पना सत्य ही है। अनुसंधानकर्ता अमान्य परिकल्पना के आधार पर दो सांख्यिकियों के अन्तर की सार्थकता का परीक्षण करता है और विकल्प परिकल्पना या शोध परिकल्पना की जाँच के लिए प्रदत्त संग्रह करता है।

अमान्य परिकल्पना :

$Ho = M_1 - M_2 = O$ अथवा $M_1 = M_2 = O$

शोध परिकल्पना

$H_A = M_1 - M_2 \neq 0$ अथवा $M_1 \neq M_2$

$H_B = M_1 < M_2$ अथवा $M_1 > M_2$

= बराबर नहीं है

> से बड़ा है

< से छोटा है

यहाँ अमान्य परिकल्पना के अन्तर्गत यह दर्शाया गया है कि दोनों मध्यमानों का अन्तर शून्य है जबकि शोध परिकल्पना के दोनों विकल्पों में यह बताया गया है कि दोनों मध्यमानों का अन्तर शून्य के बराबर नहीं है अर्थात् एक मध्यमान दूसरे मध्यमान के बराबर नहीं है तथा पहला मध्यमान दूसरे मध्यमान से बड़ा है अथवा दूसरा मध्यमान पहले मध्यमान से छोटा है : H_A शोध परिकल्पना के लिए द्वियुच्छीय परीक्षण Two tailed test) तथा H_B के लिए एक पुच्छीय परीक्षण [one tailed test] का प्रयोग किया जाता है।

एक पुच्छीय एवं द्विपुच्छिय परीक्षण
(One-Tailed and Two-Tailed Test)

वैज्ञानिक अध्ययनों में अमान्य परिकल्पना के द्वारा दो प्रतिदर्शों के मध्यमानों के अन्तर की सार्थकता की जाँच की जाती है। अमान्य परिकल्पना की रचना करते समय यह मध्यमान अन्तरों पर ही ध्यान देते हैं। हम यह नहीं देखते हैं कि किस प्रतिदर्श का मध्यमान कम है और किसका अधिक। दो मध्यमानों का अन्तर धनात्मक भी हो सकता है और ऋणात्मक भी जब हम मध्यमान अन्तर के धनात्मकता या ऋणात्मकता को ध्यान में रखकर केवल मध्यमान अन्तर के बारे में ही जाँच करते हैं अर्थात् दिशात्मकता का अभाव रहता है, तब हम उसे द्विपुच्छीय परीक्षण (Two-Tailed Test) कहते हैं। इसी प्रकार जब हम परिकल्पना बनाते समय मध्दमापन अन्तर के धनात्मकता या ऋणात्मकता पर ध्यान देते हैं अर्थात् दिशात्मकता पायी जाती है, जब वह परीक्षण एक-पुच्छीय होता है। **फरग्यूसन** (1976) के शब्दों में, *"A test of this kind is sometimes called a two tailed or two sided test or non-directional test, because if* *the normal distribution, or the distribution of +, is the two tails or the two sides, of the distribution are employed in the estimation or probabilities."*

एक पुच्छीय एवं द्विपुच्छीय परीक्षण का वर्णन हम इस प्रकार कर सकते हैं:—

$Ho_A = M_1 - M_2 \neq O$ द्विपुच्छीय परीक्षण (दिशाहीनता)

$HO_B = M_1 > M_2$ या $M_1 < M_2$ एकपुच्छीय परीक्षण (दिशात्मकता)

परीक्षण चाहे एक पुच्छीय हो या द्विपुच्छीय उसके लिए CR या t की गणना की जा सकती है। इनके लिए गणना किये जाने वाले CR तथा t के गणितीय प्रक्रिया में कोई अन्तर नहीं है। अन्तर केवल सार्थकता के परीक्षण में है।

द्विपुच्छीय परीक्षण में जो मान .01 विश्वास स्तर पर सार्थक होगा वह एक-पुच्छीय परीक्षण में .05 स्तर पर सार्थक माना जायगा। इस प्रकार द्विपुच्छीय परीक्षण में मान .02 स्तर पर सार्थक होगा, वह एकपुच्छीय परीक्षण में .01 पर सार्थक माना जायेगा।

प्रथम प्रकार एवं द्वितीय प्रकार की त्रुटि
(Type I and Type II Error)

मध्यमानों के अन्तर की सार्थकता के परीक्षण के लिए सांख्यिक सामान्यतया .05 और .01 सार्थकता स्तरों का प्रयेाग करते हैं। यदि प्राप्त टी अनुपात तालिका मूल्य से अधिक है तो अमान्य परिकल्पना स्वीकृत हो जाती है। जब गणना मूल्य तालिका मूल्य से कम होता है, तो अमान्य परिकल्पना स्वीकृत हो जाती है और विकल्प परिकल्पना अस्वीकृत हो जाती है। कभी-कभी अनुसंधानकर्ता अपने विश्वास स्तर को इच्छानुसार अत्यधिक नीचा या अत्यधिक ऊँचा कर लेता है, ऐसी अवस्था में अनुमान करने में त्रुटियाँ होती है। यह त्रुटियाँ दो प्रकार की होती है:—

1. प्रथम प्रकार की त्रुटि (*Type I error*)—जब अनुसंधानकर्ता अमान्य परिकल्पना को असत्य सिद्ध करने के लिए विश्वास स्तर को इच्छानुसार नीचा कर देता है अर्थात् वह .05 स्तर (5%) पर अमान्य परिकल्पना को अस्वीकृत न करके .10 स्तर (10%) पर अस्वीकृत करता है तो अमान्य परिकल्पना के अस्वीकृति में प्रथम प्रकार की त्रुटि पायी जाती है। **गैरेट** के शब्दों में, *"Type I errors are made when we reject a null hypothesis by marking a difference significant although no true difference exsits."* इसमें अमान्य परिकल्पना सत्य होती है, लेकिन अस्वीकृत कर दी जाती है।

2. द्वितीय प्रकार की त्रुटि (*Type II error*)—यह त्रुटि उस समय होती है जब अनुसंधानकर्ता गलत परिकल्पना को अस्वीकार नहीं करता है। ऐसी स्थिति में अनुसंधानकर्ता अनावश्यक रूप से अपने विश्वास स्तर को इतना ऊँचा कर देता है कि अमान्य परिकल्पना .05 और .01 विश्वास स्तर पर असत्य होते हुए भी सत्य मान ली जाती है। उदाहरणार्थ—टी की गणना मूल्य .05 तथा .01 स्तर पर सार्थक है। परिणामस्वरूप अमान्य परिकल्पना अस्वीकृत हो जाएगी। परन्तु जब अनुसंधानकर्त्ता विश्वास स्तर को .05 तथा .01 से बढ़ाकर .001 कर देता है तो टी का मूल्य असार्थक हो जाएगा और अमान्य परिकल्पना सत्य सिद्ध हो जायेगी। ऐसी स्थिति में द्वितीय प्रकार की त्रुटि पायी जाती है। **गैरेट** (1967) के शब्दों में, *"Type II errors are made when we accept a null hypothesis by making a difference not significant, when a true difference actually exists."*

Decision Table

Decision	Null Hypothesis	
	True	False
Reject	Type I error (Alpha error)	Correct decision
Accept	Correct decision	Type II error (Beta error)

सार्थकता स्तर
(Level of Significance)

शून्य उपकल्पना को स्वीकृत अथवा अस्वीकृत करने के लिए अनुसंधानकर्ता दो विश्वास स्तरों का चयन करता है—95% तथा 99% विश्वास स्तर। मनोविज्ञान तथा शिक्षा के क्षेत्र में अनुसंधानकर्ता प्रायः .05 तथा .01 सार्थकता स्तर पर ही उपकल्पनाओं का परीक्षण करते हैं। .05 तथा .01 सार्थकता स्तरों के लिए क्रमशः 95% वर्गान्तर सीमा (95% confidence interval) तथा 99% वर्गान्तर सीमा (99% Confidence interval) जैसे शब्दों का प्रयोग किया जाता है। .01 सार्थकता स्तर का तात्पर्य है कि मध्यमान प्राचल (mean parameter) का मान 99% इस सीमा के अन्तर्गत है तथा शेष 1% के इस सीमा से बाहर होने की सम्भावना है। इसी प्रकार .05 सार्थकता स्तर का तात्पर्य है कि मध्यमान प्राचल का मान 95% इस सीमा के अर्न्तगत है तथा शेष 5% के इसके बाहर होने की सम्भावना है।

95% विश्वास स्तर पर विश्वास सीमाओं (confidence limits) के निर्धारण के पहले हमें यह निश्चित करना नितान्त आवश्यक होगा कि यदि प्रसामान्य सम्भावना वक्र (normal probability curve) के क्षेत्र को केवल 1 माना जाता है तो वक्र का 95% भाग किन सीमाओं के अन्तर्गत पड़ेगा अथवा यदि वक्र के क्षेत्र को 100 माना जाता है तो 95% क्षेत्र किन सीमाओं के अन्तर्गत पड़ते हैं। प्रसामान्य वितरण से सम्बन्धित तालिका को देखने पर यह स्पष्ट होता है $\pm 1.96\sigma$ के बीच 95% तथा $\pm 2.58\sigma$ के बीच 99% प्रतिशत प्राप्तांक पड़ते हैं। इस प्रकार यह कहा जा सकता है कि प्रसामान्य संभावना वक्र में 95% तथा 99% क्षेत्र क्रमशः $M \pm 1.96\sigma$ तथा $M \pm 2.58\sigma$ के अन्तर्गत पड़ते हैं।

टी वितरण
('t' Distribution)

सांख्यकी में अनुमान केवल इसलिए किया जाता है कि प्रतिदर्श का अध्ययन करके एक विशाल जनसंख्यां में सामान्यीकरण (generalization) किया जा सके। जब हम कोई अनुसंधान प्रारम्भ करते हैं तो पूरी जनसंख्या का अध्ययन न करके एक चुने प्रतिदर्श का अध्ययन करते हैं, इन प्रतिदर्शों का आकार छोटा भी हो सकता है और बड़ा भी। जब 30 या इससे कम होता है तो ऐसे प्रतिदर्शों के मध्यमानों का निदर्शन वितरण प्रसामान्य वक्र से भिन्न होता है। बड़े आकार के प्रतिदर्श मध्यमान से जनंसख्या मध्यमान का अनुमान करने के लिए प्रसामान्य वक्र का उपयोग होता है। परन्तु लघु आकार के प्रतिदर्श मध्यमान से जनंसख्या मध्यमान का अनुमान करने के लिए प्रसामान्य वितरण का प्रयोग न करके टी वितरण का प्रयोग किया जाता है।

'टी' सैद्धान्तिक वितरण की स्थापना Student (pen name of *W.S. Gossett*) ने 1908 में की। जब लघु प्रतिदर्श से निदर्शन वितरण प्राप्त करते हैं तो यह प्रवृत्ति दिखाई पड़ती है कि जैसे-जैसे प्रतिदर्श का आकार छोटा होता जाता है, उसका निदर्शन वितरण प्रसामान्य वितरण

से उतना ही भिन्न होता जाता है जिसे हम वक्र की ऊँचाई (leptokurtic) तथा प्रसार (platykurtic) को देखकर अनुमान कर सकते हैं। बहुत से छोटे प्रतिदर्श सांख्यकीय परीक्षण Student के 't' test पर निर्भर करते हैं। 't' को 'z' की तरह ही परिभाषित किया जा सकता है। जब प्रतिदर्श छोटा होता है तो 't' का प्रयोग किया जाता है जबकि 'z' प्रसामान्य वितरित होता है। 'z' का प्रयोग बड़े प्रतिदर्श के लिए किया जाता है। 'z' तथा 'CR' समान है लेकिन 'CR' है और 't' में अन्तर है। N बड़ा होने पर 'CR' की गणना तथा छोटा होने पर 't' की गणना की जाती है। उसके अतिरिक्त 'CR' में df नहीं ज्ञात किया जाता है, जबकि 't' में 'df' ज्ञात करना आवश्यक है। 't' 'CR' हो सकता है, लेकिन सभी 'CR' 't' नहीं होते। 't' वितरण 'df' की संख्या पर निर्भर करता है। 'df' में जैसे-जैसे ह्रास होता जाता है, 't' वितरण वैसे-वैसे तुंग वक्र (leptokurtic) होता जाता है, 't' वितरण लेकिन df के बड़ा होने पर 't' वितरण प्रसामान्य वितरण के अनुसार होता है। प्रसामान्य वक्र को σ unit, Standard Score, या z-score के रूप में लिखा जाता है जबकि टी-वितरण वक्र बनाते समय टी अनुपात लिखा जाता है।

शक्तिशलाी परीक्षण वही कहा जाता है जिसकी कल्पनाएँ अधिक शक्तिशाली और अधिक विस्तृत होती है। पैरामेट्रिक परीक्षणों में 't' तथा 'F' परीक्षण की परिकल्पनाएँ बहुत ही शक्तिशाली है। जब कल्पनाएँ वैध होती है तो शून्य उपकल्पना अस्वीकृत हो जाती है। इसका तात्पर्य यह है कि शोध आँकड़ों पर जब पैरामेट्रिक परीक्षण का प्रयोग किया जाता है तो अमान्य परिकल्पना के अज्ञात होने पर यह परिकल्पना अस्वीकृत हो जाती है। ऐसे उद्देश्यों के लिए इस परीक्षण को सर्वोत्तम माना जाता है। लेकिन ध्यान देने योग्य बात यह है कि शोध प्रयत्न परीक्षण के अनुकूल होना चाहिए। टी परीक्षण को शक्तिशाली बनाने के लिए निम्नलिखित दशाएँ आवश्यक होनी चाहिएः—

(i) निरीक्षण स्वतन्त्र होना चाहिए।
(ii) निरीक्षण सामान्य वितरित जनसंख्या से लिए गये हो।
(iii) जनसंख्या का प्रसरण (variance) अवश्य ही एक होना चाहिए।
(iv) जिन परिवर्त्यों का मापन किया जाता है वह अन्तराल मापनी पर आधारित हो, कि गणित, जोड़, भाग, मध्यमान आदि का प्रयोग किया जा सके।
(v) योगशीलता (additivity) पायी जानी चाहिए।

प्रदत्त को देखकर यदि ऐसा विश्वास हो जाता है कि जनसंख्या वितरण प्रसामान्य नहीं है लेकिन गम्भीर रूप से विषम (Seriously skewed) है, तथा प्रतिदर्श छोटे हैं, तो टी परीक्षण का प्रयोग नहीं करना चाहिए। विषम वितरण के लिए Festinger तथा दूसरे मनोवैज्ञानिकों ने वितरण मुक्त विधियों (distribution methods) को प्रयोग करने का निर्देश दिया है जैसे चिह्न परीक्षण, मध्यांक परीक्षण, चिह्न क्रम परीक्षण आदि।

प्रसरण विश्लेषण
(Analysis of Variance)

जब प्रदत्त समूह दो या दो से अधिक होते हैं, तो हम टी परीक्षण का प्रयोग न करके प्रसरण विश्लेषण का प्रयोग करते हैं। जब अनुसंधानकर्ता को एक ही प्रयोगात्मक परिवर्त्य पर दो या दो से अधिक समूहों में प्रदत्त उपलब्ध होते हैं, और अनुसंधानकर्ता एक साथ ही यह ज्ञात करना चाहता है कि इन समूहों में विद्यमान अन्तर सार्थक है या नहीं, तो प्रसरण विश्लेषण की गणना करनी होगी।

प्रसरण विश्लेषण टी परीक्षण तथा प्रामाणिक विचलन में घनिष्ठतम सम्बन्ध है। प्रसरण

विश्लेषण तथा टी परीक्षण एक विकसित रूप है। दोनों परीक्षणों में यह समानता है कि हम इन दोनों से एक ही अनुमान निकालते हैं। क्योंकि $t^2 = F$ होता है अर्थात् $\sqrt{F} = t$ होता है। कुछ इसी प्रकार का सम्बन्ध प्रसरण विश्लेषण और प्रामाणिक विचलन में भी पाया जाता है क्योंकि प्रामाणिक विचलन $\left(\sigma = \sqrt{\frac{\Sigma x^2}{N}}\right)$ का वर्ग $\left(\sigma^2 = \frac{\Sigma x^2}{N}\right)$ ही प्रसरण होता है। प्रसरण को मध्यमान वर्ग (mean square) भी कहते हैं।

दो या दो से अधिक प्रदत्त समूहों के होने पर प्रयुक्त प्रसरण विश्लेषण के मान को F-ratio के द्वारा प्रकट किया जाता है। एफ-अनुपात प्रदत्त समूहों के मध्यमानों में विद्यमान विचलनशीलता (variability between groups) तथा प्रदत्त समूहों के अन्तर्गत उपलब्ध प्रत्येक प्राप्तांकों की विचलनशीलता (variability within groups) को व्यक्त करता है। यदि प्रदत्त समजातीय (homogenous) है, तो प्रसरण बहुत कम होगा। लेकिन प्रसरण की मात्रा उस समय अधिक हो जाती है, जब प्रदत्त विषमजातीय (heterogeneous) होता है। प्रसरण विश्लेषण में निहित अभिग्रह (assumptions) निम्नलिखित है:—

(i) चयन किये गये प्रतिदर्श की मापन की जाने वाली विशेषता जनसंख्या में प्रसामान्य रूप से वितरित होनी चाहिए।

(ii) जिस जनसंख्या से प्रतिदर्श का चयन किया गया हो, उस जनसंख्या में प्रसरण समजातीय होना चाहिए।

(iii) चुने गये प्रतिदर्श एक ही जनसंख्या से होने चाहिए।

(iv) प्रायोगिक दशाओं का प्रभाव योगात्मक (additive) होता है, इसलिए प्रसरण को विभाजित कर दिया जाता है।

(v) प्रदत्त में स्वतनत्र निरीक्षणों का प्रयोग किया गया हो।

(vi) चुने हुए समूहों में समान विचरण (variance) होना चाहिए।

(vii) समूह की इकाइयों का चयन यादृच्छिक निदर्शन (random sampling) के आधार पर किया गया हो।

सहप्रसरण विश्लेषण
(Analysis of Covariance)

सहप्रसरण विश्लेषण प्रसरण विश्लेषण का एक विस्तृत रूप है जो विश्लेषण के प्रसार का प्रारम्भिक और अन्तिम प्राप्तांकों के मध्य सह-सम्बन्ध की ओर संकेत करता है। यह प्रविधि प्रायोगिक मनोविज्ञान के अनुसंधानकर्ताओं के लिए अधिक उपयुक्त है। सहप्रसरण विश्लेषण में प्रसरण विश्लेषण एवं सह-सम्बन्धात्मक विश्लेषण के मौलिक विचारों को उन समस्याओं के समाधान के लिए संयुक्त किया जाता है जिनमें किसी नामवाचक मापनी के संयोग (combination) में एक से अधिक अन्तराल मापनियाँ सम्मिलित रहती है। इस प्रकार सहप्रसरण विश्लेषण इन दोनों प्रक्रियाओं का सैद्धान्तिक विस्तार (theoretical extension) है। इस विधि का प्रयोग स्वतन्त्र परिवर्त्य के रूप में प्रयुक्त अनेकों नामवाचक एवं अन्तगल मापनियों के लिए किया जा सकता है। परन्तु आश्रित परिवर्त्य अन्तराल मापनी पर ही आधारित होना चाहिए। स्वतन्त्र परिवर्त्य के रूप में हम 3-4 परिवर्त्यों का चयन कर सकते हैं। सहप्रसरण

विश्लेषण का प्रयोग उस समय किया जाता है जबः—

(i) X तथा Y में रेखीय सहसम्बन्ध पाया जाय।
(ii) योगशीलता के प्रभाव विद्यमान हो।
(iii) वितरण में प्रसामान्यता पाई जाय।
(iv) प्रतिगमन में समजातीयता हो।
(v) जब निरीक्षित आवृत्तियों तथा प्रत्याशित आवृत्तियों में विद्यमान अन्तर की सार्थकता का परीक्षण करना हों, तब काई-वर्ग परीक्षण का प्रयोग होता है।

चिह्न परीक्षण
(Sign Test)

समस्त वितरण मुक्त विधियों/अप्राचल विधियों में चिह्न परीक्षण एक सरलतम विधि है। जिसकी सामान्य उपयोगिता अधिक है। कोटि सूचक मापनी से प्राप्त प्रदत्त पर ही इस परीक्षण का प्रयोग होता है। इस परीक्षण का प्रयोग सामान्यतया उन स्थितियों में होता है जहाँ सहसम्बन्धित प्रतिदर्शों (correlated samples) के लिए क्रान्तिक अनुपात या टी परीक्षणों का प्रयोग नहीं किया जाता है क्योंकि प्रसामान्यता अभिग्रह पूरे नहीं होते हैं। इस परीक्षण के द्वारा दो सम्बन्धित प्रतिदर्शों के बीच के अन्तर की दिशा (direction) की जाँच की जाती है। इस परीक्षण के द्वारा यह ज्ञात किया जाता है कि दोनों प्रतिदर्शों के बीच का अन्तर ऋणात्मक है अथवा धनात्मक। कुछ सांख्यिकों का मत है कि इस परीक्षण के प्रदत्त प्रायः दो समूहों—प्रायोगिक एवं नियंत्रित से सम्बन्धित रहते हैं या एक-समूह से दो अलग-अलग दशाओं में परिणाम प्राप्त होते हैं तथा उन्हें जोड़ों में प्रस्तुत किया जाता है। ऐसे प्रदत्तों के अन्तर की जाँच चिह्नों के द्वारा की जाती है। सामान्यतया जोड़ों में प्राप्त प्रदत्त के लिए इस परीक्षण का प्रयोग किया जाता है और यह परिकल्पना कर लिया जाता है कि परिवर्त्य में सात्यता है। जिन परिवर्त्यों का मात्रात्मक मापन नहीं हो सकता है, उनके लिए चिह्न परीक्षण में प्राप्तांकों के मध्य विद्यमान अन्तरों के वितरण के बारे में कोई अभिग्रह नहीं बनाया जाता है और न एक ही जनसंख्या से सभी प्रयोज्यों के चुने जाने की कल्पना की जाती है परन्तु प्रयोगकर्ता को प्रासांगिक वाह्य परिवर्त्यों यथा आयु, यौन, बुद्धि के अनुसार प्रत्येक जोड़े का मेल कराया जाता है। चिह्न परीक्षण का प्रयोग करते समय एक परीक्षण के प्राप्तांकों को धनात्मक तथा दूसरे परीक्षण के प्राप्तांकों को ऋणात्मक मान लिया जाता है।

मध्यांक परीक्षण
(Median Test)

मध्यांक परीक्षण से दो स्वतन्त्र प्रतिदर्शों के मध्यांकों (medians) की तुलना की जाती है। दो स्वतंत्र प्रतिदर्शों के मध्यमानों की तुलना करने के लिए प्राचल टी परीक्षण के स्थान पर अप्राचल मध्यांक परीक्षण का प्रयोग करते हैं। इस परीक्षण के द्वारा दो स्वतन्त्र प्रतिदर्शों के केन्द्रीय प्रकृति में अन्तर की सार्थकता की जाँच की जाती है। इस परीक्षण का प्रयोग दोनों समूहों के N के असमान होने पर भी किया जा सकता है तथा प्रयुक्त की जाने वाली उपकल्पना द्विपुच्छीय या एक पुच्छीय हो सकती है। अनुसंधानकर्ता को यह ध्यान में रखना चाहिए कि कोटि सूचक मापनी से प्राप्त प्रदत्त पर ही मध्यांक परीक्षण का प्रयोग करना चाहिए। मध्यांक परीक्षण से यह ज्ञात किया जाता है कि दोनों स्वतन्त्र प्रतिदर्शों, जिनकी संख्या भिन्न-भिन्न हो सकती है के मध्यांक एक समान है, जिसके सम्बन्ध में यह अमान्य परिकल्पना होगी कि *''दोनों प्रतिदर्शों के मध्यांक एक समान है।''* वैकल्पिक परिकल्पना के रूप में इन कथनों का प्रयोग किया जा सकता है, *''एक जनसंख्या का मध्यांक दूसरे जनसंख्या से भिन्न है।''* (द्विपुच्छीय

परीक्षण) या ''एक जनसंख्या का मध्यांक दूसरे जनसंख्या के मध्यांक से उच्च है।'' (एक पुच्छीय परीक्षण)।

मैन-ह्विटने यू परीक्षण
(Mann-Whitney U Test)

अप्राचल विधियों में यह एक प्रमुख एवं शक्तिशाली परीक्षण माना जाता है। इस परीक्षण का प्रयोग 'टी' के स्थान पर किया जा सकता है परन्तु 't' परीक्षण के स्थान पर U परीक्षण का प्रयोग उसी समय किया जा सकता है, जब प्रतिदर्श स्वतन्त्र हो। सह-सम्बन्धित समूह (correlated groups) तथा समेल समूह (matched groups) के लिए U परीक्षण का प्रयोग वर्जित है। इस परीक्षण का प्रयोग यह देखने के लिए किया जाता है कि दो स्वतन्त्र प्रतिदर्श एक ही जनसंख्या से लिए गए हैं या नहीं। इस विधि के द्वारा दोनों दशाओं के क्रमों (ranks) के योग के अन्तर की सार्थकता की जाँच क्रमों के मध्यमान से 2- विलचन के आधार पर की जाती है। इस परीक्षण के प्रयोग में यह तार्किक आधार निहित है कि यदि दो समूह एक ही जनसंख्या से लिए गए हैं तो दो क्रमों के योग का अनुपात (the ratio of the sum of ranks) दोनों समूहों में प्राप्तांकों की संख्या के अनुपात (ratio of the number of cases) के समान होगा। यदि क्रमों का योग (sum of ranks) इस अनुपात में नहीं है, तो अमान्य परिकल्पना अस्वीकृत हो जाएगी और हम यह निष्कर्ष निकाल लेंगे कि दोनों समूहों में सार्थक अन्तर है। इस परीक्षण के निम्नलिखित अभिग्रह हैं:—

(i) प्रदत्त स्वतन्त्र प्रतिदर्श के होने चाहिए।

(ii) प्रदत्त कोटि सूचक मापनी (ordinal scale) से सम्बन्धित हो।

(iii) एक जनसंख्या से स्वतन्त्र यादृच्छक प्रतिदर्श (independent random sample) चुने गए हो।

(iv) समूहों की संख्या दो होना अनिवार्य है। समूहों की संख्या दो से अधिक होने पर Kurskal Wallis H Test का प्रयोग होता है।

(v) दोनों समूहों का N असमान होना चाहिए। परन्तु N समान होने पर भी परीक्षण का प्रयोग किया जा सकता है।

❑

अध्याय 45

काई वर्ग परीक्षण एवं अन्य अप्राचल विधियाँ

(χ^2 TEST AND OTHER NON-PARAMETRIC METHODS)

सामाजिक विज्ञानों में χ^2 परीक्षण का विशेष महत्त्व है। इस परीक्षण का प्रयोग बहुत-सी दशाओं में पूर्व निरीक्षित तथ्य और उपकल्पना में पायी जाने वाली सहमति या भिन्नता के अध्ययन के लिए किया जाता है। इस परीक्षण को हम परिमाणात्मक तथा गुणात्मक प्रदत्तों पर उस समय प्रयोग कर सकते हैं जब हम दो तरह की आवृत्तियों में पाये जाने वाले सम्बन्धों की सार्थकता का मापन करने में रुचि रखते हैं। इसका आविष्कार *Helmert* (1876) और *Karl Pearson* (1900) ने किया जिसका प्रयोग वास्तविक और अवलोकित आवृत्तियों में विद्यमान भिन्नता (divergence) के लिए किया जाता रहा है। इसके द्वारा अवलोकित और वास्तविक आवृत्तियों की भिन्नता के स्वरूप और मात्रा का परिचय प्राप्त होता है।

गैरेट (1973) के अनुसार, *''निरीक्षित एवं प्रत्याशित आवृत्तियों के अन्तर का वर्ग किया जाता है और फिर उनकी प्रत्याशित आवृत्तियों से भाग दिया जाता है, इस प्रकार के लब्धियों का वर्ग ही काई वर्ग है।'' (The difference between observed and expected frequencies are squared and divided by the expected number in each case, and the sum of these quotients is χ^2.)*

काई वर्ग की परिभाषा इसी प्रकार **गिलफोर्ड** (1973) ने भी दी है। *''काई-वर्ग अनुपातों का योग है। यह अनुपात निरीक्षित एवं प्रत्याशित आवृत्तियों के अन्तर के वर्ग को प्रत्याशित आवृत्तियों से भाग देने पर प्राप्त होता है।'' (By definition, a χ^2 is that sum of ratio (any number can be summed) Each ratio is that between a squared discrepancy of difference and an expected frequency.)*

फरग्यूसन (1976) के अनुसार, *''काई-वर्ग निरीक्षित और प्रत्याशित आवृत्तियों के भिन्नताओं की मात्रा का वर्णनात्मक माप है।'' (χ^2 is a descriptive measure of the magnitude of the discrepancies between the observed and expected frequencies.)*

इस प्रकार के परीक्षणों के प्रयोग का महत्त्व निर्देशन अध्ययनों में बहुत बढ़ जाता है क्योंकि इस परीक्षण के द्वारा सिद्धान्त और तथ्य में पाये जाने वाले भिन्नता का मापन किया जाता है। निर्देशन अध्ययनों में हम यह कभी नहीं आशा करते हैं कि वास्तविक और अवलोकित आवृत्तियों में पूर्ण अनुरूपता (coincidence) होगी। इस प्रकार हम कह सकते हैं कि χ^2 अवलोकित आवृत्तियों और प्रत्याशित आवृत्तियों में अन्तर या भिन्नता वास्तविक है या नहीं। यदि अवलोकित आवृत्तियों और प्रत्याशित आवृत्तियों में कोई अन्तर नहीं है तो काई वर्ग शून्य होता है। लेकिन अवलोकित आवृत्तियों और वांछित आवृत्तियों में अन्तर अधिक होने से काई

वर्ग का मूल्य शून्य से अधिक होगा। कभी-कभी प्रतिदर्श चयन में अस्थिरता होने के कारण अन्तर आ सकता है। इससे काई वर्ग का मूल्य बढ़ सकता है। इस तरह के प्रदत्त हमें तालिकाओं में प्राप्त होते हैं। यदि काई वर्ग का मूल्य-तालिका मूल्य से अधिक है तो यह इस तथ्य की ओर संकेत करता है कि अवलोकित आवृत्तियों और प्रत्याशित आवृत्तियों में पाये जाने वाले अन्तर का मूल कारण निर्देशन अस्थिरता नहीं है बल्कि इसके मौलिक कारण कुछ और है। ठीक इसके विपरीत यदि काई वर्ग का गणना-मूल्य (calculated value) तालिका मूल्य (tabulated value) से कम है तो इससे हमें यह संकेत प्राप्त होता है कि अवलोकित आवृत्तियों और प्रत्याशित आवृत्तियों में पाया जाने वाला अन्तर आकस्मिक अस्थिरता (chance fluctuation) के कारण है जिसको हम उपेक्षा कर सकते हैं। इस प्रकार स्पष्ट हो जाता है कि χ^2 परीक्षण के द्वारा सिद्धान्त और तथ्य या अवलोकित तथा प्रत्याशित आवृत्तियों में विद्यमान विचलन सार्थक है या नहीं।

काई-वर्ग वर्ग परीक्षण के अभिग्रह

(i) यह एक अप्राचल सांख्यकीय विधि है जिसका उद्देश्य अन्तर की सार्थकता का परीक्षण करना है। इस प्रकार यह t और F परीक्षण के समान है।

(ii) जब प्रदत्त आवृत्ति (f), समानुपात (proportion) तथा प्रतिशत के रूप में होते हैं।

(iii) इसके लिए प्रदत्त का प्रसामान्य रूप से वितरित जनसंख्या से प्राप्त होना आवश्यक नहीं है।

(iv) निरीक्षित आवृत्तियों और परिकल्पना पर आधारित प्रत्याशित आवृत्तियों की तुलना की जाती है।

(v) जब निरीक्षित आवृत्तियों और प्रत्याशित आवृत्तियों में विद्यमान अन्तर की सार्थकता का परीक्षण करना हो, तब काई वर्ग परीक्षण का प्रयोग होता है।

काई वर्ग का प्रतिदर्श चयन वितरण
(Sampling Distribution of Chi-Square)

जिस प्रकार टी वितरण में एक प्रकार की प्रतिदर्श चयन वाली सांख्यकी है,उसी प्रकार काई वर्ग वितरण में भी प्रतिदर्श चयन वाली सांख्यिकी का प्रयोग किया जाता है। जब यादृच्छिक प्रतिदर्शो का चयन बार-बार करके प्रत्याशित घटनाओं की आवृत्ति से काई वर्ग की गणना की जाती है, तो प्राप्त काई वर्ग का वितरण का रूप सैद्धान्तिक होता है। काई वर्ग गणना तथा स्वतत्राशों (df) में घनिष्ठ सम्बन्ध पाया जाता है। यदि एक रुपये के सिक्के को उछाला जाय तो Head या Tail में से किसी एक की प्रसम्भाव्यता (p) .5 होगी। इसी प्रकार जैसे-जैसे सिक्के के उछालने की संख्या बढ़ती जायेगी। Head और Tail प्राप्त होने की संख्या भी बढ़ती जायेगी। लेकिन सिक्का उछालने पर किसी एक के घटित होने तथा दूसरे के न घटित होने की सम्भावना पाई जायेगी। Head ओर Tail में से किसी एक के घटित होने की स्वतन्त्रता है। जब आवृत्तियाँ भिन्न-भिन्न होती है, तो काई वर्ग का मूल्य भी भिन्न-भिन्न होता है। इन आवृत्तियों का वितरण df = 1 पर काई वर्ग का इन्द्रियानुभवित वितरण (empirical distribution) होता है। अतः स्वतंत्राश (df = 1) होगा। df = 1 पर काई वर्ग का सैद्धान्तिक वितरण गणितीय रीति से प्राप्त किया गया है। इन दोनों वितरणों इन्द्रियानुभाविक एवं सैद्धान्तिक में अत्यधिक घनिष्ठता पाई जाती है।

अनेक स्वतंत्राशों (dfs) के लिए सैद्धान्तिक वितरण परिशिष्ट तालिका में दिया गया है। काई वर्ग के सैद्धान्तिक आवृत्ति वितरण से भिन्न-भिन्न प्रकार की आकृतियाँ प्राप्त होती हैं। जैसे-

जैसे स्वतंत्रांशों में वृद्धि पाई जाती है, वैसे-वैसे काई वर्ग का वितरण प्रसामान्य वक्र का रूप धारण करने लगता है। काई वर्ग का मूल्य सदा धनात्मक होता है। शून्य के नीचे (ऋणात्मक मूल्य) होने पर तथा स्वातन्त्रातांश के कम होने पर काई वर्ग शून्य के निकट अधिक आवृत्तियों के साथ संचित हो जाता है।जब स्वातत्रांश में वृद्धि होती है और यह जब 100 से ऊपर पहुँच जाता है तो काई वर्ग का वितरण लगभग प्रसामान्य वक्र हो जाता है।

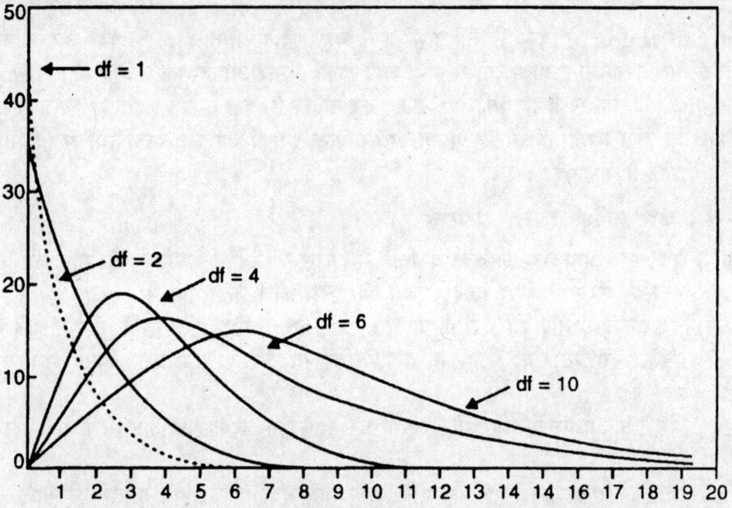

विभिन्न स्वायतत्ता अंशों के लिए काई वर्ग का प्रतिदर्श चयन वितरण

टी परीक्षण के सम्बन्ध में यह कहा जाता है कि दिशाहीनता के पाये जाने पर यह द्विपुच्छीय होता है तथा दिशात्मकता के पाये जाने पर एकपुच्छीय परीक्षण होता है। प्रसामान्य वक्र में ± .05 . +1.96σ तथा ± .01 = ± 2.58σ का क्षेत्र ज्ञात किया जाता है। काई वर्ग परीक्षण में काई वर्ग प्रतिदर्श चयन वितरण से .05 या .01 स्तर की सीमा का निर्धारण काई वर्ग वितरण के एक पुच्छ का ही प्रयोग किया जाता है। अतः काई वर्ग एकपुच्छीय परीक्षण है। परन्तु काई वर्ग परीक्षण इस दृष्टिकोण से द्विपुच्छीय परीक्षण भी है कि .05 क्षेत्र का निर्धारण काई वर्ग वितरण के दाहिनी छोर से ही ले लिया जाता है। इस प्रकार काई वर्ग परीक्षण एक-पुच्छीय परीक्षण होते हुए भी द्विपुच्छीय परीक्षण है।

काई वर्ग के दो अनुप्रयोग
(Two Uses of χ^2)

काई वर्ग का प्रयोग दो प्रकार के परीक्षणों के लिए किया जाता है:—

(1)उत्तम औचित्यता का परीक्षण (Test of Goodness of Fit)

(2)स्वतन्त्रता का परीक्षण (Test of Independence)

(1) उत्तम औचित्य का परीक्षण
(Test of Goodness of Fit)

जब भी कोई अनुसंधान कार्य प्रारम्भ किया जाता है तो शोधकर्त्ता बहुत से प्रयोज्यों का प्रयोग करना चाहता है ताकि वह सामान्यीकरण कर सके। इसके अतिरिक्त बहुत-से उद्देश्यों

और अनुक्रियाओं में इच्छुक रहता है जिनको कई वर्गों में वर्गीकृत कर दिया जाता है ताकि उपकपना का परीक्षण करते समय यह ज्ञात किया जा सके कि किस समूह विशेष की अनुक्रियाएँ किस समूह विशेष की अनुक्रियाओं से आवृत्तियों के रूप में भिन्न है। इस प्रकार के प्रदत्तों के विश्लेषण के लिए काई वर्ग परीक्षण का प्रयोग किया जाता है। यह वर्ग दो या दो से अधिक हो सकते हैं। यह प्रविधि Goodness of fit प्रकार की है। इसके प्रयोग से यह ज्ञात करते हैं कि वस्तुओं की अवलोकित संख्याएँ या अनुक्रियाएँ जो कई वर्गों में विभक्त की गई हैं तथा अमान्य परिकल्पना पर आधारित प्रत्याशित संख्याओं या अनुक्रियाओं में अन्तर है या नहीं। यदि काई वर्ग का गणना-मूल्य तालिका-मूल्य से छोटा है, तो इससे हमें यह संकेत मिलता है कि अवलोकित और प्रत्याशित आवृत्तियों में विचलन बहुत कम है। तदनुसार 'fit' अच्छा है। इसके विपरीत यदि गणना-मूल्य तालिका-मूल्य से बहुत बड़ा है तो इसका तात्पर्य यह है कि अवलोकित आवृत्तियों और प्रत्याशित आवृत्तियों में विचलन बहुत बड़ा है और 'fit' बहुत खराब है। इसे सहमति परीक्षण (Test of agreement) भी कहते हैं।

इस प्रकार यह कहा जा सकता है कि जब निरीक्षित और प्रत्याशित आवृत्तियों (प्रत्याशित आवृत्तियाँ समान वितरण या सामान्य वितरण की उपकल्पना पर आधारित होंगी) के बीच सहमति (agreement) का परीक्षण किया जाता है, तब वह परीक्षण उत्तम औचित्यता का परीक्षण कहलाता है। **फरग्यूसन** (1976) के अनुसार, *''सामान्यतया उत्तम औचित्यता के परीक्षण में किसी परिवर्त्य के निरीक्षित आवृत्तियों की तुलना संवादी प्रत्याशित या सैद्धान्तिक आवृत्तियों से की जाती है।''* *(Usually in test of goodness of fit a set of observed frequencies on a single variable is compared with a corresponding set of expected or theoretical frequescies.)*

(2) स्वतन्त्रता परीक्षण *(Test of Independence)*

एक अन्य परिस्थिति में भी काई वर्ग का प्रयोग किया जाता है। इसके अन्तर्गत यह ज्ञात करते हैं कि दो प्रकार के गुण एक-दूसरे से स्वतन्त्र हैं या एक-दूसरे पर निर्भर करते हैं। **फरग्यूसन** (1973) के अनुसार, *"In test of independence two variables are involved, and observed and expected frequencies compared."* इस कार्य हेतु दो नामिक परिवर्त्यों की परीक्षा करते हैं। इनसे प्राप्त अवलोकित आवृत्तियों को ज्ञात करके इनसे-आसंग तालिका का रूप प्रदान करते हैं। तत्पश्चात आसंग तालिका में दोनों परिवर्त्यों की अवलोकित आवृत्तियों की सहायता से प्रत्याशित आवृत्तियाँ ज्ञात की जाती है। इन्हीं प्रत्याशित आवृत्तियों को आसंग तालिका के कोषों का स्वतन्त्र मूल्य माना जाता है। इस प्रकार दो प्रकार के गुणों की एक-दूसरे पर निर्भरता अथवा स्वतन्त्रता का मापन करने हेतु इसका अनुप्रयोग होता है।

काई वर्ग वितरण अविच्छिन्न वितरण (Continuous distribution) है। लेकिन घटित होने वाली आवृत्तियाँ जिनपर इसका प्रयोग किया जाता है, विच्छिन्न (discontinuous) या अनिरन्तर (discrete) होती है। यदि आवृत्तियाँ कम हैं तो अशुद्धियाँ पैदा हो जाती है। ऐसी समस्याओं के समाधान के लिए निम्नलिखित उपाय किये जा सकते हैं:—

(i) *Fisher* के सुझाव का अनुसरण करना चाहिए कि किसी भी कोष में प्रत्याशित संख्या 5 से कम नहीं है।

(ii) 2 × 2 तालिका में येट्स शुद्धि (Yate's correction) का प्रयोग करना चाहिए।

(iii) किन्हीं परिस्थितियों में जैसे 2 × 2 तालिका की आवृत्तियाँ, इनका समुचित समाधान करना चाहिए, जिससे इन त्रुटियों को अनावश्यक ठहराया जा सके।

काई वर्ग परीक्षण अप्राचल प्रविधि (Nonparametrical technique) है। इसका प्रयोग उसी परिस्थिति में किया जाता है जब मापित गुण (measured traits) नाम वाचक मापनी पर आधारित हो। इस परीक्षण का सामान्य प्रयोग आवृत्तियों के रूप में प्रदत्त के सम्बन्ध में है। इस परीक्षण के द्वारा प्रदत्त को आवृत्तियों के रूप में क्रम में कर सकते हैं। इसमें अनुपात और सम्भाव्यताएँ भी सम्मिलित रहती है। काई वर्ग परीक्षण का मुख्य लाभ यह है कि इसमें योगशीलता के गुण (additive properties) पायी जाती है। इससे कई परिवर्त्यों की सार्थकता एक साथ ज्ञात की जा सकती है। जिस उपकल्पना में एक से अधिक प्रदत्त विन्यास संयुक्त रहते हैं, इस परीक्षण का प्रयोग किया जाता है।

स्वतंत्रांश *(Degrees of freedom)*—जब हम काई वर्ग प्राप्त कर लेते हैं तो इसे प्रयोग करने से पहले स्वतंत्रांश (df) ज्ञात करने की आवश्यकता पड़ती है। इस शब्द का तात्पर्य किसी प्रदत्त विन्यास में पाये जाने वाले अनाश्रित प्रतिबन्धता (Independent constraints) की संख्या से है जब किसी तालिका से df ज्ञात करना होता है तो अधोलिखित सूत्र का प्रयोग किया जाता है।

$$df = (c - 1) (r - 1) \text{ यहाँ } c = \text{स्तम्भ } r = \text{पंक्ति}$$

सार्थकता स्तर *(Level of significance)*—जैसा कि हम पहले कह चुके हैं कि काई वर्ग के गणना मूल्य की तुलना तालिका के मूल्य से यह देखने के लिए की जाती है कि अवलोकित आवृत्तियों और वांछित आवृत्तियों में जो विचलन है वह निर्देशन अस्थिरता के कारण है या और कारण से। जब हमें अवलोकित आवृत्तियों तथा प्रत्याशित आवृत्तियों या सिद्धान्त तथा तथ्य में विचलन को सम्भाव्यता के रूप में देखते हैं। इन सम्भाव्यताओं को देखकर हमें सार्थकता स्तर ज्ञात हो जाता है जिसके आधार पर हम निष्कर्ष निकाल सकते हैं। काई वर्ग की गणना के पश्चात् निश्चित तालिका से यह देखा जाता है कि काई वर्ग के मूल्य की सम्भाव्यता कितनी है। सम्भाव्यता को देखने के लिए दो तालिकाओं की सहायता ली जाती है। एक तालिका Elderton की है, जिसका प्रयोग सांख्यिक और वायोमेट्रिशियन्स करते हैं लेकिन दूसरी तालिका R. A. Fisher की है जिसका प्रयोग सामान्यता सभी लोग करते हैं। यदि सम्भाव्यता का मूल्य .05 सार्थकता स्तर पर सार्थक है तो दोनों आवृत्तियों में अन्तर .01 सार्थकता स्तर की तुलना में बहुत महत्त्वपूर्ण नहीं है। यदि काई वर्ग का मूल्य .01 सार्थकता स्तर पर सार्थक है तो यह अवलोकित आवृत्तियों और वांछित आवृत्तियों में अन्तर की ओर संकेत करता है। जब काई वर्ग का मूल्य .05 स्तर पर भी सार्थक नहीं होता है तो अमान्य परिकल्पना को स्वीकार कर लिया जाता है। लेकिन .02 या .01 सार्थकता स्तर पर सार्थक होने पर अमान्य परिकल्पना को अस्वीकार कर दिया जाता है।

अप्राचल सांख्यिकी की कल्पनाएँ
(Assumptions of Non-Parametric Statistics)

1. निरीक्षण अनाश्रित होते हैं।
2. जिस परिवर्त्य का अध्ययन किया जाता है उसमें अविच्छिन्नता पाई जाती है।
3. कोटि-सूचक मापनी और नाम वाचक मापनी के आँकड़ों पर इस सांख्यिकी का प्रयोग करते हैं।
4. N छोटा होता है।
5. यदि जनसंख्या से सम्बन्धित कल्पनाएँ सन्देहप्रद है।
6. जब प्रदत्त को केवल क्रमों में ही प्रकट किया जा सकता है।

अप्राचल परीक्षण का महत्त्व ***(Importance of Non-parametric Statistics)***

(i) इस परीक्षण के द्वारा जो सम्भाव्यता कथन प्राप्त होता है वह परमशुद्ध होते हैं।

(ii) यदि प्रतिदर्श आकार 6 या 6 से छोटा होता है, तो इस परीक्षण के अतिरिक्त और कोई विकल्प नहीं है जब तक कि हमें जनसंख्या वितरण की यथार्थ प्रकृति (exact nature) न मालूम हो।

(iii) बहुत से ऐसे अप्राचल परीक्षण हैं जिनका प्रयोग विभिन्न जनसंख्या वाले निरीक्षण प्रतिदर्शों पर प्रयोग कर सकते हैं। लेकिन इस प्रकार के प्रदत्त के लिए कोई भी ऐसा अप्राचल परीक्षण नहीं है जिनका प्रयोग बिना असत्य कल्पनाओं (unrealistic assumptions) के ही कर सके।

(iv) अप्राचल विधियों का प्रयोग उन प्रदत्तों पर किया जाता है जो वर्गीकृत हो अर्थात् नामिनल स्केल पर मापन किया गया हो।

(v) यह विधि बहुत सरल है।

अप्राचल सांख्यिकी के दोष ***(Demerits of Non-Parametric Statistics)***

(i) यदि अप्राचल सांख्यिकी मॉडल की सभी कल्पनाएँ प्रदत्त के अनुकूल होती हैं तो अप्राचल परीक्षण का ही प्रयोग करना चाहिए।

(ii) कोई ऐसी अप्राचल विधि नहीं है जिसके द्वारा हम प्रसरण विश्लेषण मॉडल (Analysis of variance model) की अन्तरक्रियाओं का परीक्षण कर सके जब तक कि किसी विशिष्ट कल्पना की रचना न की जाए।

(1) उत्तम औचित्यता का परीक्षण
(Test of Goodness of Fit)

(क) समान वितरण की परिकल्पना (Hypothesis of Equal Distribution)

(ख) सामान्य वितरण की परिकल्पना (Hypothesis of Normal Distributions.)

(क) समान वितरण की परिकल्पना *(Hypothesis of Equal Distribution)*

इस विधि में तालिका बनाई जाती है। तालिका की पहली पंक्ति (Row) में अवलोकित आवृत्तियाँ होती हैं और दूसरी पंक्ति में प्रत्याशित आवृत्तियाँ अमान्य परिकल्पना पर निर्भर करती हैं। इस विधि में यह अमान्य परिकल्पना बना ली जाती है कि प्रत्याशित आवृत्तियाँ सभी वर्गों में समान हैं। तालिका के दोनों पंक्तियों में जब आवृत्तियाँ भर दी जाती हैं तो अवलोकित आवृत्तियों तथा प्रत्याशित आवृत्तियों में पाये जाने वाले सभी अन्तर के वर्ग को प्रत्याशित आवृत्तियों से विभक्त कर दिया जाता है। इन सब कोषों (cells) से प्राप्त भजनफल का योग ही काई वर्ग है।

उदाहरण—48 व्यक्तियों से यह प्रश्न पूछा गया ''क्या आप वर्तमान राजनैतिक नेताओं की प्रतिष्ठिा को दृष्टिपात करते हुए राजनीति में प्रवेश करना पसन्द करेंगे'' इस प्रश्न का उत्तर हमें इस प्रकार प्राप्त हुआ। 24 उत्तर पक्ष, 12 विपक्ष और 12 तटस्थ। इसका तात्पर्य यह है कि 24 व्यक्ति राजनीति में प्रवेश चाहते हैं, 12 बिलकुल नापसन्द करते हैं, जबकि शेष उदासीन हैं। क्या यह प्राप्तांक सार्थक मत की ओर संकेत करते हैं। इस प्रश्न के समाधान के लिए अवलोकित आवृत्तियों के योग को वर्गों के अनुसार विभिन्न वर्गों में विभाजित कर दिया जायेगा। इस प्रकार हमें प्रत्याशित आवृत्तियाँ प्राप्त हो जायेंगी। अवलोकित आवृत्तियों और प्रत्याशित अवृत्तियों के अन्तर वर्ग मालूम करके प्रत्याशित आवृत्तियों से विभाजित करने पर प्राप्त भजनफल को जोड़ देंगे। भजनफलों का योग ही काई वर्ग है।

		पक्ष	तटस्थ	विपक्ष	योग
अवलोकित	(f_0)	24	12	12	48
प्रत्याशित	(f_e)	16	16	16	48
	$f_0 - f_e$	8	4	4	
	$(f_o - f_e)^2$	64	16	16	
	$X^2 = \Sigma\left(\frac{f_o - f_e}{f_e}\right)^2$	4	1	1	

$$X^2 = \Sigma \frac{(f_o - f_e)^2}{f_e}$$

$$X^2 = 6, p = .05$$

$$dr = (r-1)(c-1) = (3-1)(2-1) = 2$$

प्राप्त प्रदत और प्रत्याशित प्रदत्त में सार्थक अन्तर है और अन्तर का सार्थकता स्तर .05 है। क्योंकि .05 स्तर पर दिये गये तालिका-मूल्य से गणना-मूल्य अधिक है। इसलिए अमान्य परिकल्पना .05 स्तर पर अस्वीकृत होती है।

उपर्युक्त प्रदत्त पर X^2 की गणना के लिए इस सूत्र का भी प्रयोग कर सकते हैं:—

$$X^2 = \Sigma \frac{O^2}{E} - N$$

$$= \Sigma\left\{\frac{(24)^2}{16} + \frac{(12)^2}{16} + \frac{(12)^2}{16}\right\} - 48 = 36 + 9 + 9 - 48 = 6$$

जब हमें समान सम्भाव्यता की अमान्य परिकल्पना पर प्रत्याशित आवृत्तियाँ प्राप्त करना होता है तो हम अवलोकित आवृत्तियों के योग को उतने ही भागों में विभाजित करते हैं जितने कोषों में अवलोकित आवृत्तियों को दिया गया है। इस प्रकार प्रत्येक कोष के लिए अवलोकित आवृत्तियाँ मिल जाएँगी। इसके पश्चात् सूत्र का प्रयोग करेंगे और df ज्ञात करके परिशिष्ट में काई वर्ग को दी हुई तालिका के द्वारा यह ज्ञात करेंगे कि काई वर्ग का मूल्य किस सार्थकता स्तर (95% या 99%) पर सार्थक है।

(ख)सामान्य वितरण की परिकल्पना ***(Hyspothesis of Normal Distribution)*** —काई वर्ग का एक और सरल प्रयोग यह है कि हम इस परीक्षण के द्वारा यह ज्ञात करने का प्रयास करते हैं कि प्राप्त प्रदत्त सामान्य वितरित जनसंख्या से है या नहीं। इस विधि में हम इस परिकल्पना का निर्माण करते हैं कि अवलोकित आवृत्तियों में सामान्य वितरण पाया जाता है। इस प्रकार यह स्पष्ट हो जाता है कि सामान्य वितरण की परिकल्पना का सहारा लेने पर यह कल्पना इस बात पर बल देती है कि जिस घटना का अवलोकन हमने किया है उसमें सामान्य वितरण पाया जाता है। काई वर्ग के इस परिकपना की जाँच अग्रांकित प्रकार से की जाती है:—

(i) जब प्रदत्त आवृत्ति के रूप में होते हैं *(When data are in the form of frequency alone)*—इस विधि का प्रयोग करते समय हम सामान्य सम्भावना वक्र के आधार को केवल 6 भागों में विभाजित करते हैं। ऐसा करने के लिए कोई प्रतिबन्ध नहीं है वरन् हम अपनी सुविधा के लिए ऐसा करते हैं ताकि गणना में कठिनाई न हो। इसके अतिरिक्त जब 30

तक ही लगभग 50% क्षेत्र प्राप्त कर लेते हैं तो 50 तक वितरण को विभाजित करना तर्कसंगत नहीं है। वैसे इसे हम 10 भागों में भी विभाजित कर सकते हैं। इसके सन्दर्भ में यह जान लेना आवश्यक है कि Table A में दिया हुआ क्षेत्र केवल 50% केसेज के लिए ही है जिसे 5 भागों में विभक्त किया गया है। सामान्य सम्भावना वक्र के आधार पर किस भाग में कितनी जनसंख्या आनी चाहिए, निम्न चित्रों का सहारा लेना होगा।

यदि अवलोकित आवृत्तियाँ 3 वर्गों में विभाजित हैं तो तीन वर्गों में ही प्रत्याशित आवृत्तियों को प्राप्त करना होगा। प्रत्याशित आवृत्तियों की गणना के लिए सामान्य सम्भावना वक्र को 3 भागों में विभाजित करना होगा और उनके क्षेत्र के आधार पर अनुपात की जाएगी, सामान्य सम्भावना वक्र के आधार को विभाजित करने का नियम यह है कि अवलोकित आवृत्तियों के वर्गों की संख्या से 6 को विभाजित कर देते हैं।

उदाहरण

एक कक्षा के 60 विद्यार्थियों को उनके आर्थिक स्तर के आधार पर वर्गीकृत किया गया। जिसमें 18 छात्रों का स्तर उच्च, 30 का औसत और शेष का निम्न था। क्या यह वर्गीकरण सामान्य वितरण के अनुरूप है?

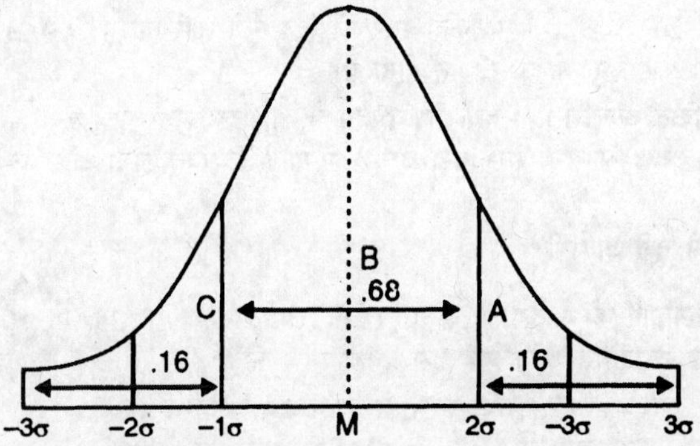

चूँकि वितरण में प्रापतांकों का प्रसार मध्यमान से ± 3 σ तक है जिसमें पूरे वितरण का लगभग 100% क्षेत्र आता है। इस प्रकार पूरे वक्र में कुल 6σ है और हमें वक्र को 3 वर्गों में वर्गीकृत करता है। अतः प्रत्येक भाग में $\frac{6\sigma}{3} = 2\sigma$ आयेगा। अब हम प्रसामान्य वक्र को 3 भागों में बाँट कर यह ज्ञात करने का प्रयास करेंगे। तत्पश्चात् fe की गणना करेंगे।

सामान्य सम्भावना वक्र में क्षेत्र ज्ञात करने के लिए हम Table A का सहारा लेते हैं। जिसमें 1 σ का क्षेत्र 3413 दिया गया है। लेकिन यह क्षेत्र 10000 के अन्तर्गत दिया गया है। यदि हम यह मानकर चलते हैं कि उपर्युक्त वक्र केवल 1 क्षेत्र का प्रतिनिधित्व करता है तो 1 के अन्तर्गत 1 σ का क्षेत्र .3413 हो जायेगा। इस क्षेत्र में से .34 के बाद के दो अंकों की उपेक्षा कर सकते हैं क्योंकि दशमलव के बाद के अंकों का कोई महत्त्व नहीं होता। इस प्रकार सामान्य सम्भावना वक्र में 'औसत स्तर वाले विद्यार्थियों' का क्षेत्र .34 + .34 . .68 हुआ। उच्च और निम्न स्तर वाले विद्यार्थियों का क्षेत्र ज्ञात करने के लिए .5 में से .3413 को घटा देंगे। शेष क्षेत्र ही उच्च और निम्न स्तर वालों का क्षेत्र होगा। इस प्रकार इन दोनों का क्षेत्र .16, .16 होगा।

प्रथम वर्ग = + 1σ और + 3σ के मध्य स्थित क्षेत्र = .016 × 60 = 9.60

द्वितीय वर्ग = – 1σ और + 1σ के मध्य स्थित क्षेत्र = .68 × 60 = 40.80

तृतीय वर्ग = – 1σ और – 3σ के मध्य स्थित क्षेत्र = .16 × 60 = 9.60

1.00 60.00

इन अनुपातों के आधार पर प्रत्याशित आवृत्तियों की गणना इस प्रकार की जाती है:—

	उच्च	औसत	निम्न	योग
अवलोकित (f_0)	18	30	12	60
प्रत्याशित (f_e)	9.60	40.80	9.60	60
$(f_o - f_e)$	8.40	10.80	2.60	
$(f_o - f_e)^2$	70.56	116.64	5.76	
$\frac{(f_0 - f_e)^2}{f_e}$	7.35	2.86	.60	

$$\chi^2 = 10.81, \text{df} = 2\ p = .01$$

$\chi^2 = 10.81$, $2df$ तथा .01 सार्थकता स्तर पर दिये गये तालिका मूल्य 9.21 से अधिक है। इसलिए अमान्य परिकल्पना अस्वीकृत होती है।

यदि अवलोकित आवृत्तियाँ 4 वर्गों में विभक्त हैं तो प्रत्याशित आवृत्तियाँ भी 4 वर्गों में प्राप्त की जायेगी। अतः सामान्य सम्भावना वक्र 4 भागों में विभक्त होगा और प्रत्येक भाग में $\left(\frac{6}{4}\right) = 1.5\sigma$ की दूरी आयेगी।

यदि अनुसंधानकर्ता को 4 वर्गों A, B, C, D के लिए क्रमशः 18, 25, 35, 10 आवृत्तियाँ प्राप्त हैं तो उनकी प्रत्याशित आवृत्तियाँ इस प्रकार ज्ञात करेंगे:—

प्रथम वर्ग = + 1.5σ तथा + 3σ के मध्य स्थित क्षेत्र = .07

द्वितीय वर्ग = मध्यमान तथा + 1.5σ के मध्य स्थित क्षेत्र = .43

तृतीय वर्ग = मध्यमान तथा – 1.5σ के स्थित क्षेत्र = .43

चतुर्थ वर्ग = 1.5σ तथा – 3σ के मध्य स्थिति क्षेत्र = .07

1.00

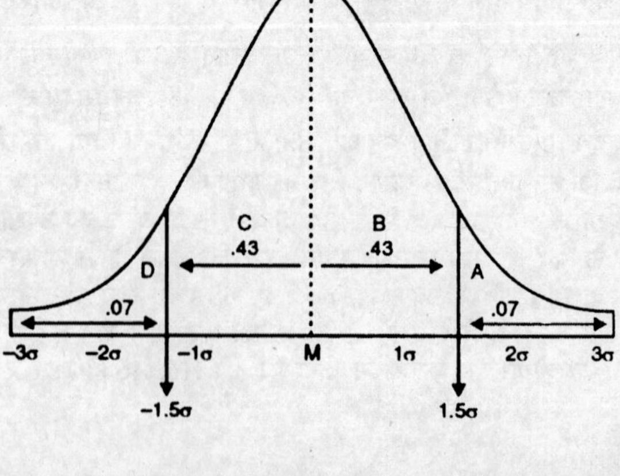

प्रत्याशित आवृत्तियों की गणनाः—

A =.07 × 88 = 6.16
B = .43 × 88= 37.84
C = .43 × 88 = 37.84
D = .07 × 88 = 6.16
88.0

	A	B	C	D	
f_o	18	25	35	10	88
f_e	6.16	37.84	37.84	6.16	88
$f_o - f_e$	11.84	12.84	2.84	3.84	
$(f_o - f_e)^2$	140.18	164.86	8.06	14.74	
$X^2 = \Sigma\left(\frac{f_o - f_e}{f_e}\right)$	22.76	4.36	.21	2.39	

$X^2 = 29.72$ df = 3 P= .01

अमान्य परिकल्पना .01 स्तर पर अस्वीकृत

यदि अवलोकित आवृत्तियाँ 5 वर्गों में उपलब्ध हैं, तो प्रत्याशित आवृत्तियों को भी 5 वर्गों में प्राप्त करेंगे। इस प्रकार समान सम्भावना वक्र 5 भागों में विभक्त किया जायेगा और प्रत्येक भाग में $\frac{6}{5} = 1.2\sigma$ की दूरी आयेगी।

अवलोकित आवृत्तियों की स्थिति तालिका में इस प्रकार हैः—

प्रत्याशित आवृत्तियों की गणना

प्रथम वर्ग = + 1.8σ तथा + 3σ के मध्य स्थिति क्षेत्र = .0359
द्वितीय वर्ग = = .6σ तथा + 1.8σ के मध्य स्थित क्षेत्र = .2384
तृतीय वर्ग = – .6σ तथा + .6σ के मध्य स्थित क्षेत्र = .4514

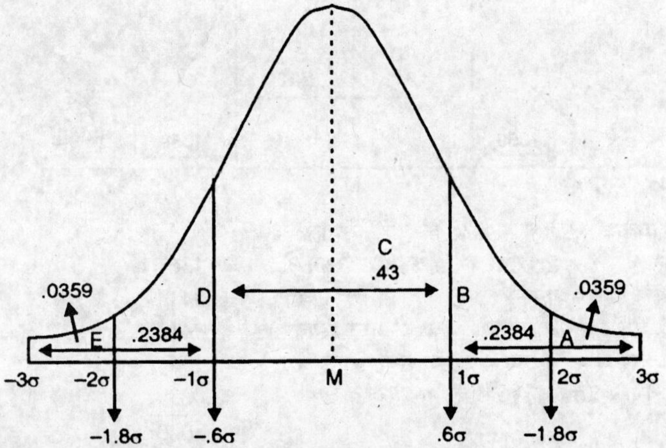

चतुर्थ वर्ग = – .6 σ तथा –1.8σ के मध्य स्थित क्षेत्र = .2384

पंचम वर्ग = – 1.8 तथा –3σ के मध्य स्थित क्षेत्र = .0359

1.0000

प्रथम वर्ग = 100 × .0359 = 3.59

द्वितीय वर्ग = 100 × .2384 = 23.84

तृतीय वर्ग = 100 × .4514 = 45.14

चतुर्थ वर्ग = 100 × .2384 = 23.84

पंचम वर्ग = 100 × .0359 = 3.59

100.00

प्रत्याशित आवृत्तियों की गणना के पश्चात् सूत्र का प्रयोग करेंगे।

f_o	25	30	10	25	10	100
f_e	3.59	23.84	45.14	23.84	3.59	100
$(f_o - f_e)$	21.41	6.16	35.14	1.16	6.4	
$(f_o - f_e)^2$	458.88	37.945	1234.819	1.3458	41.088	
$\frac{(f_o - f_e)^2}{f_e}$	127.68	1.59	27.35	.056	11.44	

$X^2 = 168.116$ df = 4 p = .01

इसी प्रकार यदि अवलोकित आवृत्तियाँ 6 वर्गों में विभक्त हैं तो प्रत्याशित आवृत्तियों के लिए निम्न प्रकार की सम्भावना वक्र के विभाजन का प्रयोग वैध होगा।

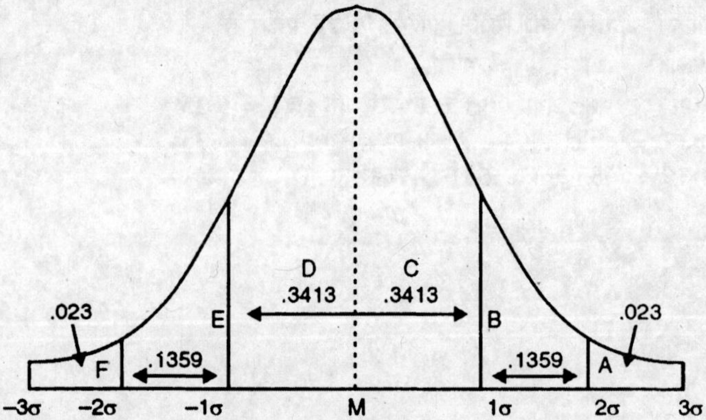

प्रथम वर्ग = + 2σ तथा + 3σ के मध्य स्थित क्षेत्र = .023

द्वितीय वर्ग = + 2σ तथा + 2σ के मध्य स्थित क्षेत्र = .136

तृतीय वर्ग = मध्यमान के 1σ के मध्य स्थित क्षेत्र = .341

चतुर्थ वर्ग = मध्यमान तथा – 1σ के मध्य स्थित क्षेत्र = .341

पंचम वर्ग = – 1σ तथा – 2σ के मध्य स्थित क्षेत्र = .136

षष्ठ वर्ग = 2σ तथा – 3σ के मध्य स्थित क्षेत्र = .023

1.000

प्रत्याशित आवृत्तियों की गणना

प्रथम वर्ग = 384 × .023 = 8.83
द्वितीय वर्ग = 384 × . 136 = 52.22
तृतीय वर्ग = 384 × .341 = 130.95
चतुर्थ वर्ग = 384 × .341 = 130.95
पंचम वर्ग = 384 × .136 = 52.22
षष्ठ वर्ग = 384 × .23 = 8.83
384.00

f_0	48	61	82	91	57	45	384
f_e	8.83	52.22	130.95	130.95	25.22	8.83	384

निरन्तरता के लिए संशोधन
(Correction for Continuity)

मनोवैज्ञानिक सांख्यिकों का कहना है कि जब निरीक्षित आवृत्तियाँ प्रत्याशित आवृत्तियों से बड़ी होती हैं तो अन्य विधियों द्वारा ज्ञात सार्थकता की सम्भाव्यता X^2 द्वारा ज्ञात सार्थकता के सम्भाव्यता के समान ही होती है। जब अवलोकित आवृत्तियाँ प्रत्याशित आवृत्तियों से बड़ी होती हैं तो X^2 त्रुटिरहित समझा जाता है। लेकिन जब अवलोकित आवृत्तियाँ 5 या 5 से कम होती हैं तब X^2 का मूल्य बहुत अस्थिर होता है। इसके अतिरिक्त जब तालिका 2 × 2 आकार की होती है अर्थात् df = 1 होता है तब भी X^2 का मूल्य बहुत स्थिर होता है। इस प्रकार हम कह सकते हैं कि जब निरीक्षित आवृत्तियाँ 5 या 5 से कम हों या df = 1 हो X^2 में महत्त्वशील त्रुटि आ जाती है। इस त्रुटि के निराकरण के लिए येट्स संशोधन (Yates Corrections) का प्रयोग किया जाता है। इसके लिए अवलोकित और प्रत्याशित आवृत्तियों के अन्तर में 5 घटा देते हैं। आवृत्तियों में संशोधन कर देने से X^2 का मूल्य घट जाता है। जिससे उसके सार्थकता स्तर में वृद्धि हो जाती है। येट्स संशोधन के सम्बन्ध में यह स्पष्ट कर देना उचित है कि सांख्यिक इस बात से सहमत हैं कि जहाँ df = 1 हो, येट्स संशोधन प्रयोग किया जायेगा। लेकिन इस बात को लेकर बड़ा मतभेद रहा है कि प्रत्याशित और अवलोकित आवृत्तियों की संख्या कितनी होनी चाहिए। गिलफोर्ड प्रतयाशित आवृत्तियों के 10 या 10 से कम होने पर, गैरेट निरीक्षित आवृत्तियों के 5 या 5 से कम होने पर, सीगेल प्रत्याशित आवृत्तियों के 5 या 5 से कम होने पर येट्स संशोधन प्रयोग करने की सलाह देते हैं। यहाँ गैरेट के दृष्टिकोण का ही अनुसरण कर रहे हैं

काई वर्ग परीक्षण जब तालिका की प्रविष्टियाँ होती हों (χ^2 *Test when enteries are small*)

उदाहरण—एक विद्यार्थी ने 20 प्रश्नों में से 15 प्रश्नों में सही उत्तर दिये। χ^2 परीक्षण का प्रयोग करके यह ज्ञात कीजिये कि प्राप्त परिणाम अमान्य परिकल्पना के अनुरूप है।

	सही उत्तर	गलत उत्तर	योग
f_o	15	5	20
f_e	10	10	20
$f_o - f_e =$	5	5	

संशोधन (–.5)	4.5	4.5
$(f_o - f_e)^2 =$	20.25	20.25
$\left(\dfrac{f_o - f_e)^2}{f_e}\right) =$	$\dfrac{20.25}{10}$	$\dfrac{20.25}{10}$

$$X^2 = 2.25 + 2.25 = 4.5$$

df = 1 $\quad$ p<.05 अमान्य परिकल्पना .05 स्तर पर अस्वीकृत

χ^2 ज्ञात करने के लिए इस सूत्र का भी प्रयोग किया जाता है जब प्रत्याशित आवृत्तियाँ 2 × 2 तालिका में समान होती है।

$$\chi^2 = \frac{\Sigma(fo - fe)^2}{fe}$$

उदाहरण—एक परीक्षार्थी पर बुद्धि-परीक्षण प्रशासित किया गया। जिनमें 100 शुद्ध-अशुद्ध पदं थे। यदि परीक्षार्थी ने 65 प्रश्नों का उत्तर सही दिया तो χ^2 परीक्षण से यह निर्धारित कीजिये कि अनुमान का सहारा लिया गया है या नहीं।

	शुद्ध	अशुद्ध	योग
f_0	65	35	100
f_e	50	50	100
$f_0 - f_e$	15	15	
संशोधन (–.5)	14.5	14.5	
$(f_0 - f_e)^2 =$	210.25	210.25	

$$\chi^2 = \Sigma\left(\frac{f_o - f_e}{f_e}\right)^2 = \frac{1190.25}{25} \quad \frac{1190.25}{75}$$

$\chi^2 =$ 4.205 + 4.205 = 8.41

$df = 1$ $p < .01$

अमान्य परिकल्पना .01 सार्थकता स्तर पर अस्वीकृत

उदाहरण—एक विद्यार्थी ने 100 पदों वाले परीक्षण में 60 अंक प्राप्त किये, प्रत्येक पदों के शुद्ध उत्तर पर उसे 1 अंक मिलता है। प्रत्येक पद के आगे 4 उत्तर दिये गये हैं जिसमें से केवल 1 सही है। χ^2 परीक्षण की सहायता से यह सिद्ध कीजिये कि विद्यार्थी ने अपने वास्तविक ज्ञान के आधार पर अंक प्राप्त किये हैं और उसने अनुमान का सहारा नहीं किया है।

	शुद्ध	अशुद्ध	योग
f_0	60	40	100
f_e	25	75	100
$f_0 - f_e$	35	35	
संशोधन (–.5)	34.5	34.5	
$(f_0 - f_e)^2$	= 1190.25	1190.25	

$$\chi^2 = \Sigma\left(\frac{f_0 - f_e}{f_e}\right)^2 = \frac{1190.25}{25}\frac{1190.25}{75}$$

$\chi^2 = 47.61 + 15.8763.48$

df = 1 $p < .01$

अमान्य परिकल्पना .01 सार्थकता स्तर पर अस्वीकृत

उपर्युक्त उदाहरण पर χ^2 परीक्षण प्रयोग करने पर $\chi^2 = 63.48$ प्राप्त हुआ जो .01 सार्थकता स्तर पर सार्थक है। एक पुच्छीय परीक्षण में χ^2 के लिए p/2 को ही ज्ञात किया जाता है। इस प्रकार हम यह कह सकते हैं कि विद्यार्थी ने उत्तर देने के लिए अनुमान का सहारा न लेकर वास्तविक ज्ञान का सहारा लिया है क्योंकि अवलोकित आवृत्तियों और प्रत्याशित आवृत्तियों का अन्तर सार्थक है। यदि यह अन्तर बहुत कम होता, तो प्राप्त अन्तर की व्याख्या की जा सकती थी कि विद्यार्थी ने अनुभव का सहारा लिया है।

काई वर्ग परीक्षण की प्रविष्टयाँ जब प्रतिशत में हों (*χ^2 Test When Enteries are in Percentage*)—χ^2 के उपर्युक्त उदाहरणों में हमने जिन संख्याओं का प्रयोग किया है वह वास्तविक आवृत्तियाँ हैं, प्रतिशत नहीं। कभी-कभी ऐसा नहीं होता है कि प्रदत्त प्रतिशत में प्राप्त होते हैं, वास्तविक आवृत्तियों में नहीं। लेकिन यह सदैव स्मरण रखना चाहिए कि किसी घटना की महत्त्वशीलता उसके वास्तविक आवृत्तियों से ज्ञात करना सम्भव है, प्रतिशत से नहीं। जब प्रदत्त प्रतिशत में उपलब्ध होते हैं तो χ^2 की तालिका में वास्तविक आवृत्तियाँ न लिखकर उन्हें प्रतिशत में लिखा जाता है। χ^2 गणना के लिए वही विधि प्रयुक्त होती है जिसका वर्णन हम ऊपर कर चुके हैं। अन्तर केवल इतना है कि संशोधन के लिए .5 को न घटाकर 5% को घटाते हैं। χ^2 प्राप्त हो जाने पर उसे $\frac{N}{100}$ से गुणा कर दिया जाता है। ऐसा करने से χ^2 का मूल्य उतना ही कम ही होकर रह जाता है जितना कि मूल्य आवृत्तियों से आता है।

उदाहरण—एक स्नातक ने 10 प्रश्नों में से 70% प्रश्नों के सही उत्तर तथा 30% प्रश्नों के गलत उत्तर दिये। प्राप्त विवरण की तुलना अमान्य परिकल्पना के वितरण से कीजिये।

	शुद्ध	अशुद्ध	योग
f_0	70%	30%	100%
f_e	50%	50%	100%
$f_0 - f_e$	20%	20%	
संशोधन (–5%)	15%	15%	
$(f_e - f_0)^2$	225%	225%	
$\chi^2 = \Sigma\left(\frac{f_o - f_e}{f_e}\right)^2$	4.5%	4.5%	

$\chi^2 = 4.5\% + 4.5\% = 9\%$

$$\chi^2 = \frac{9 \times 10}{100} = .9$$

$df = 1$ $p = 6/2 = p/2 = .178$

(ii)जब प्रदत्त वर्गान्तर एवं आवृत्ति वितरण के रूप में होते हैं (*When data are in the form of class intervals and frequencies*)

जब प्रदत्त व्यवस्थित होते हैं अर्थात् वर्गान्तर एवं आवृत्तियों के रूप में होते हैं, तो fe ज्ञात करने के लिए भिन्न विधि का प्रयोग किया जाता है। ऐसी परिस्थिति में fe ज्ञात करने के लिए निम्नलिखित उदाहरण को समझा जा सकता है।

उदाहरण—100 छात्रों पर बुद्धि-परीक्षण प्रशासित किया गया। प्राप्त आवृत्ति वितरण इस प्रकार है:—

वर्गान्तर	आवृत्ति
60-64	2
55 -59	5
50-54	10
45-49	25
40-44	20
35-39	18
30-34	10
25-29	8
20-24	2
	N = 100

क्या अवलोकित आवृत्तियों (f_0) और प्रत्याशित आवृत्तियों (f_e) में सार्थक अन्तर है?

$$M = A, M + \left(\frac{\Sigma fx}{N}\right) \times i$$

$$= 47 + \left(-\frac{102}{100}\right) \times 5 = 47 + (-5.1) = 41.9$$

$$\sigma = i\sqrt{\frac{\Sigma fx^2}{N} - \left(\frac{\Sigma fx}{N}\right)^2}$$

$$= 5\sqrt{\frac{148}{100} - \left(\frac{128}{100}\right)^2}$$

$$= 5\sqrt{\frac{408}{100} - \frac{16384}{10000}}$$

$$= 5\sqrt{4.08 - 1.64} = 5 \times 1.56 = 7.81$$

व्यवस्थित प्रदत्त से X^2 की गणना

1 वर्गान्तर (C.I.)	2 f (f_0)	3 X मध्यबिन्दु	4 x'	5 fx'	6 fx'^2	7 वास्तविक $X - M$ विचलन	8 Z score $\frac{X - M}{\sigma}$	9 Cumulative proportion	10 cf $(P \times N)$	11 fe	
60 – 64	2	62	3	6	18	20.1	2.57	.9949	99. 49	2.17	उच्च
55 – 59	5	57	2	10	20	15.1	1.93	.9732	97. 32	7.17	
50 – 54	10	52	1	10	10	10.1	1.29	.9015	90. 15	15.93	
45 – 49	25	47	0	0	0	5.1	65	.7422	47. 22	23.97	औसत
40 – 44	20	42	–1	–20	20	0.1	.013	.50.40	50. 40	23.97	
35 –39	18	37	–2	–36	72	–4.9	–.63	.2643	26. 43	16.23	निम्न
30 –34	10	32	–3	–30	90	–9.9	–1.27	.1020	10.20	7.39	
25 –29	8	27	–4	–32	128	–14.9	–1.91	.0281	2.81	2.27	
20 –24	2	22	–5	–10	50	–19.9	–2.55	.0054	.54	.54	
	N = 100	$\Sigma(f(x')) = +26$				$\Sigma fx'^2 = 408$				99.47	

M = 41.9 $\quad = -128$

σ = 7.81 $\quad -102$

χ^2 की गणना

	उच्च	औसत	निम्न	
f_o	17	45	38	100
f_e	25.27	47.77	26.43	99.47
$f_o - f_e$	8.27	2.77	11.53	
$(f_o - f_e)^2$	68.39	7.67	133.86	
$\frac{(f_o - f_e)}{f_e}$	2.17	.16	5.06	

$\chi^2 = 2.71 + .16 + 5.06 = 7.93$

$df = (r-1)(c-1)$

$(2-1)(3-1) = 2$

$df = 2$ तालिका मूल्य

.05 . 5.991

.01 . 9.110

शून्य परिकल्पना .05 सार्थकता स्तर पर अस्वीकृत ($p < .05$)

χ^2 गणना में निहित सोपान जब प्रदत्त वर्गान्तर तथा आवृत्ति के रूप में होते हैं।
(Steps involved in calculation of χ^2 when data are in the form of class interval and frequencies.)

1. सर्वप्रथम, कॉलम 1 और 2 में वर्गान्तरों और आवृत्तियों को व्यवस्थित कर देते हैं।

2. कॉलम 3, 4, 5 तथा 6 का प्रयोग करके मध्यमान = 41.9 तथा प्रामाणिक विचलन = 7.81 की गणना कर लेते हैं।

3. कॉलम 7 में वास्तविक विचलन को प्रस्तुत किया गया है जिसके लिए मध्यबिन्दु (X) में से मध्यमान (M) को घटाया गया है।

4. कॉलम 8 में Z-प्राप्तांक को प्रस्तुत किया गया है जिसका सूत्र $\frac{X - M}{\sigma}$ है। इसे प्राप्त करने के लिए कॉलम 7 में प्रस्तुत मूल्यों को प्रामाणिक विचलन से भाग दिया गया है। प्राप्त भजनफल को कॉलम 8 में प्रदर्शित किया गया है।

5. कॉलम 9 में संचयी समानुपात ज्ञात करने के लिए Z प्राप्तांक पर आधारित प्रसामान्य वक्र के क्षेत्र (Areas of the Normal curve at different Z score की तालिका का उपयोग करते हैं जिसमें धनात्मक जेड प्राप्तांक (+2 score) के होने पर बड़े अंश (larger portion) तथा ऋणात्मक जेड प्राप्तांक (Z score) के होनें पर छोटे अंश (smaller portion) के क्षेत्र को देखकर संचयी अनुपात लिख दिया जाता है। प्राप्त क्षेत्र ही उसका संचयी अनुपात होता है। जैसे तालिका में 2.57 के लिए बड़ा अंश = .9949 तथा –2.55 के लिए छोटा अंश = .0054 संचयी समानुपात होगा। सम्बन्धित तालिका से इसी प्रकार समस्त Z-प्राप्तांकों की संचयी समानुपात ज्ञात कर लिया जायेगा।

6. कॉलम 10 में संचयी आवृत्तियों की गणना की जायेगी। इसके लिए ($P \times N$) ज्ञात करना होगा।

7. *fe* की गणना के लिए एक विशिष्ट प्रक्रिया अपनाई जाती है। कॉलम 10 में नीचे से पहली संचयी आवृत्ति .54 है। यही मूल्य *fe* के कॉलम वर्गान्तर 20 – 24 के *fe* के रूप में लिख

दिया जायेगा। वर्गान्तर 25–29 का fe ज्ञात करने के लिए इसके संचयी आवृत्ति में से 20–24 वर्गान्तर के संचयी आवृत्ति को घटा दिया जायेगा। प्राप्त मूल्य (2.81 –.54) = 2.27), वर्गान्तर 25–29 के आगे *fe* ज्ञात करने के लिए वर्गान्तर 30–34 के संचयी आवृत्ति = 10.20 में से वर्गान्तर 25 –29 के संचयी आवृत्ति = 2.81 को घटा दिया जायेगा। प्राप्त मूल्य 7.39 होगा जो वर्गान्तर 30–34 का *fe* होगा। इसी प्रकार सभी वर्गान्तरों के लिए *fe* की गणना करती जायेगी।

8. प्राप्त *fe* का योग *N* के बराबर होना चाहिए। *fe* ज्ञात कर लेने के बाद *fe* को आवश्यकतानुसार 3, 4, 5 या वर्गों में बाँट दिया जाता है लेकिन जब *fe* का गणना 5 से कम होता हैं तो अन्य वर्गान्तरों के *fe* के साथ उसे जोड़ दिया जाता है, ताकि *fe* का मूल्य 5 या इससे अधिक हो जाय। इसके बाद X^2 के सामान्य प्रक्रिया के अनुसार X^2 की गणना कर ली जाती है। जैसा कि ऊपर उदाहरण में प्रस्तुत किया गया है।

(2) स्वतंत्रता का परीक्षण
(Test of Independence)

स्वतन्त्र विवरण की परिकल्पना (*Hypothesis of Independent Distribution*)

काई वर्ग के इस विधि का प्रयोग इस अवस्था में होता है जब गुणों के मध्य सम्बन्धों की खोज दो या दो से अधिक वर्गों में करने की आवश्यकता होती है। इसमें हम यह ज्ञात करते हैं कि दो कोषों की प्रविष्टियाँ एक-दूसरे पर निर्भर है या नहीं। इसमें गणितीय सिद्धान्त के आधार पर प्रत्याशित आवृत्तियों की गणना की जाती है।

उदाहरण—शिबली-नेशनल विद्यालय के 100 छात्र तथा 60 छात्राओं से यह प्रश्न पूछा गया कि परीक्षाओं में अनुचित साधन के उपयोग के बारे में आपका क्या दृष्टिकोण है। प्राप्त परिणाम इस प्रकार था:—

	पूर्ण सहमत	सहमत	उदासीन	असहमत	पूर्ण असहमत	योग
लड़के	25	30	10	25	10	100
लड़कियाँ	10	15	5	75	15	60

क्या यह प्रदत्त उपर्युक्त समस्या के बारे में छात्र और छात्राओं की अभिवृत्ति में सार्थक यौन भेद प्रकट करता है।

	पूर्ण सहमत	सहमत	उदासीन	असहमत	पूर्ण असहमत	योग
	(A)	(B)	(C)	(D)	(E)	
छात्र	25 (21.875)	30 (28.125)	10 (9.375)	25 (25)	10 (15.625)	100
	(F)	(G)	(H)	(I)	(J)	
छात्राएँ	10 (13.125)	15 (16.875)	5 (5.625)	15 (15)	15 (9.375)	60
योग	35	45	15	40	25	=160

1. स्वतन्त्र मूल्यों (*fe*) की गणना

$$Fc = \frac{(\Sigma fr)\,(\Sigma fc)}{N}$$

यहाँ Σfr = पंक्ति विशेष के आवृत्तियों का योग

Σfc = स्तम्भ विशेष के आवृत्तियों का योग

A. $\frac{35 \times 100}{160} = 21.875$ B. $\frac{45 \times 100}{160} = 28.125$

C. $\frac{15 \times 109}{160} = 9.375$ D. $\frac{40 \times 100}{160} = 25$

E. $\frac{25 \times 100}{160} = 15.675$ F. $\frac{35 \times 60}{160} = 13.125$

G. $\frac{45 \times 60}{160} = 16.875$ H. $\frac{15 \times 60}{160} = 5.625$

I. $\frac{40 \times 60}{160} = 15$ J. $\frac{25 \times 60}{160} = 9.325$

2. काई वर्ग की गणना

A. $\frac{(3.125)^2}{21.872} = .48$ B. $\frac{(1.875)^2}{28.125} = .12$

C. $\frac{(.625)^2}{9.375} = .04$ D. $\frac{(0)^2}{25} = 0$

E. $\frac{(-5.625)^2}{15.625} = 2.01$ F. $\frac{(-3.125)^2}{13.125} = .76$

G. $\frac{(-1.875)^2}{16.875} = .21$ H. $\frac{(-.625)^2}{5.625} = .07$

I. $\frac{(0)^2}{15} = 0$ J. $\frac{(5.625)^2}{9.375} = 3.34$

$\chi^2 = 7.03$ $df = u$

सम्भाव्यता .20 और .10 के बीच पड़ती है।

जब 2 × 2 आसंग तालिका का प्रयोग किया जाता है तो बिना प्रत्याशित आवृत्तियों को ज्ञात किए हुए ही χ^2 की गणना की जा सकती है। इसके लिए अधोलिखित सूत्र का प्रयोग किया जाता है:—

$$\chi^2 = \frac{(N\,(AD - BC)^2}{(A + B)\,(C + D)\,(A + C)\,(B + D)}$$

जब 2 × 2 आसंग तालिका में प्रविष्टियाँ बहुत छोटी होती हैं। अर्थात् 5 या 5 से कम होती है तो निरन्तरता के संशोधन के लिए दूसरे सूत्र का प्रयोग किया जाता है। संशोधन सूत्र इस प्रकार है:—

$$X_c^2 = -\frac{(N\,|AD - BC| - N/2)^2}{(A + B)\,(C + D)\,(A + C)\,(B + D)}$$

केन्डाल कोटि सह-सम्बन्ध या केन्डाल टाऊ
(Kendall's Rank Correlation Method or Kendall's Tau. T)

केन्डाल ने दो परिवर्त्यों के बीच सह-सम्बन्ध ज्ञात करने के लिए इस अप्राचल विधि (Nonparametric technique) को विकसित किया जिसे (Kendall's Rank Correlation या Kendall's Tau की संज्ञा दी जाती है। केण्डाल कोटि सह-सम्बन्ध के लिए T प्रतीक का प्रयोग किया जाता है, जो अभिग्रह स्पीयरमैन अनुपस्थिति क्रम विधि (Spearman's Rank Order Method) के हैं, लगभग वहीं अभिग्रह केन्डाल कोटि सह-सम्बन्ध विधि के भी है। दोनों सह-सम्बन्ध प्रविधियों के अभिग्रह में बहुत कम मौलिक अन्तर है। इस प्रकार यह कहा जा सकता है कि जो दशाएँ स्पीयरमैन सह-सम्बन्ध विधि के लिए आवश्यक है, लगभग वहीं दशाएँ केन्डाल कोटि सह-सम्बन्ध के लिए भी आवश्यक हैं। जिन परिस्थितियों में स्पीयरमैन विधि का प्रयोग किया जाता है उन परिस्थितियों में केन्डाल विधि से स्पीयरमैन विधि श्रेष्ठ है और कुछ परिस्थितियों में स्पीयरमैन विधि केन्डाल विधि से श्रेष्ठ प्राप्त हुआ है। केण्डाल टाऊ स्पियरमैन के रो (Rho) से इसलिए अधिक उपयोगी एवं श्रेष्ठ हैं क्योंकि केण्डाल टाऊ से आंशिक सह-सम्बन्ध गुणक (partial यह मूल धनात्मक (+) भी हो सकता है और निषेधात्मक (–) भी। इसी प्रकार Y की प्रत्येक कोटि के S की गणना की जायेगी और उसका योगफल ज्ञात कर लिया जायेगा कुल योगफल को ही (actual total) कहते हैं। S की गणना के लिए हम Y परिवर्त्य को लेते हैं। इस परिवर्त्य की पहली कोटि 3 है। 3 से आगे (नीचे) की संख्याओं को देखेंगे। इससे हमें यह सूचना प्राप्त होता है 3 से 7 बड़ी संख्याएँ तथा 2 छोटी संख्याएँ हैं। अतः पहली कोटि का S मूल्य (7 - 2) 5 होगा। इसी प्रकार दूसरी कोटि का S ज्ञात करने के लिए 7 से आगे (नीचे) की ओर दखेंगे। 7 से बड़ी संख्याएँ 3 तथा छोटी संख्याएँ 5 हैं। अतः द्वितीय कोटि का S (3–5) = –2 होगा। इसी तरह Y के सभी कोटियों का S ज्ञात कर लेंगे और फिर समस्त S के कुल योगफल (actual total) को ज्ञात करेंगे। यहाँ यह बात स्मरण रखने योग्य है कि जब कोटि शृंखला में कोई कोटि (अनुक्रम) अन्तर्बद्ध कोटि (tied rank) होता है अर्थात् जब दो कोटियों (अनुक्रमों) में समानता पायी जाती है, तो उनकी गणना नहीं की जाती है।

उदाहरण

केण्डाल टाऊ की गणना

विधार्थी	मनोविज्ञान के प्राप्तांक X	भूगोल के प्राप्तांक Y	R_1	R_2	स्वाभाविक क्रम में कोटियों का व्यवस्थापन			S
					विद्यार्थी	R_1X	R_2Y	
A	65	56	4	6	H	1	3	5
B	42	48	10	10	G	2	7	–2
C	72	60	3	4	C	3	4	3
D	59	50	7	9	A	4	6	0
E	45	51	9	8	I	5	2	3
F	52	67	8	1	J	6	5	2
G	80	55	2	7	D	7	9	–1
H	82	62	1	3	F	8	1	2
I	64	63	5	2	E	9	8	1
J	60	58	6	5	B	10	10	

S = +16

–3

=13

$$T = \frac{2S}{N(N-1)} = \frac{2 \times 13}{10(10-1)} = .288$$

Correlation coefficient) की गणना की जा सकती है जबकि स्पीयरमैन रो (Rho) के द्वारा आंशिक सह-सम्बन्ध की गणना सम्भव नहीं है। केन्डाल टाऊ से स्पीयरमैन विधि इसलिए श्रेष्ठ है क्योंकि रो (Rho) की अपेक्षा टाऊ (T) की गणना अपेक्षाकृत कठिन है। केन्डाल टाऊ की गणना के लिए इस सूत्र का प्रयोग किया जाता है:—

$$T = \frac{2S}{N(N-1)}$$

यहाँ, T = केन्डाल कोटि सह-सम्बन्ध
S = वास्तविक योगफल
N = प्राप्तांकों की संख्या

केन्डाल टाऊ की गणना के चरण *(Steps Involved in Calculation of Kendall's Tau)*

(i) स्पियरमैन विधि की भाँति इसमें भी प्राप्तांकों का कोटि क्रम (rank order) ज्ञात किया जायेगा।

(ii) कोटियों को स्वाभाविक क्रम में व्यवस्थित करेंगे।

(iii) वास्तविक योगफल (actual total) की गणना की जायेगी। S अर्थात् वास्तविक योगफल की गणना के लिए बाई ओर से प्रत्येक कोटि (Rank) के S की गणना की जाती है। इसमें हमें सर्वप्रथम यह देखना होगा कि जिस कोटि (Ranks) के S की हमें गणना करनी है उसके दाहिनी और कौन-कौन-सी कोटियाँ बड़ी (larger) एवं छोटी (smaller) है। सभी बड़ी कोटियों की संख्या को घटाने पर जो शेष बचता है, वहीं S है। T की सार्थकता की जाँच के लिए हम T को Z में परिवर्तित करना होगा। यदि Z का मूल्य 1.96 से कम है, तो T असार्थक माना जायेगा। जब यह मूल्य 1.96 या इससे अधिक होगा तो T .05 स्तर पर सार्थक होगा। इसी प्रकार जब यह मूल्य 2.58 या इससे अधिक होगा तो .01 सार्थकता स्तर पर T सार्थक होगा। T के सार्थक होने पर अमान्य परिकल्पना अस्वीकृत हो जायेगी अन्यथा स्वीकृत हो जायेगी।

$$Z = \frac{T}{\sqrt{\frac{2(2N+5)}{9N(N-1)}}} = \frac{.288}{\sqrt{\frac{2(2\times10+5)}{9\times10(10-1)}}} = \frac{.31}{\sqrt{.0617}} = \frac{.31}{.248} = 1.25$$

यहाँ प्राप्त Z मूल्य 1.96 से भी कम है जिससे अमान्य परिकल्पना स्वीकृत होती है। इसका तात्पर्य यह है कि विद्यार्थियों के मनोविज्ञान तथा भूगोल विषयों प्राप्तांकों में सार्थक अन्तर नहीं है।

केण्डाल संगति गुणांक *(Kendall's Coefficient of Concordance : W)*

जब प्रदत्त स्वरूप हमें 3 या 3 से अनुस्थितियाँ (rankings) उपलब्ध होती है, तो उनके मध्य सह-सम्बन्ध की गणना के लिए केण्डाल संगति गुणांक की गणना की जाती है। इसका प्रतीक W है। W का प्रयोग करने से गणना में आसानी होती है तथा एक बार में ही ठीक से

पूरे सह-सम्बन्ध का ज्ञान प्राप्त हो जाता है। W इस तथ्य पर प्रकाश डालता है कि अनुस्थितियों के सेटों (Set of Ranks) सम्भावित पूर्ण सहमति (possible perfect agreement) से प्राप्त सहमति (obtained agreement) कितना विलग (divergent) है। W एक ऐसा सूचक (index) है जो कभी ऋणात्मक (negative) नहीं होता है क्योंकि दो अनुस्थितियों के सेटों के बीच पूर्ण असहमति (disagreement) कभी असम्भव ही नहीं है। W या तो शून्य होता है या धनात्मक।, यदि W ऋणात्मक प्राप्त होता है, तो इसका तात्पर्य यह है कि गणना में कहीं त्रुटि (error) हो गई है।

W का सूत्र यह है:—

$$W = \frac{S}{\frac{1}{2}k^2(N^3 - N)}$$

यहाँ W = संगति गुणांक (coefficient of concordance)

S = कोटि ((Rj) के मध्यमान से विचलन के वर्गों का योग (Sum of squares of deviations form the mean of Rj)

K = श्रेणीकरणकर्ताओं के सेटों की संख्या (No. of judges of sets of Rankings)

N = वस्तुओं अथवा व्यक्तियों की संख्या जिनका श्रेणीकरण किया गया है (No. of objects or individuals which havebeen ranked).

उदाहरण

	छात्र							
शिक्षक	a	b	c	d	e	f	g	h
A	2	3	6	4	7	5	1	8
B	1	3	4	5	7	6	2	8
C	3	4	2	5	8	7	1	6
D	3	4	2	6	5	8	1	7
Rj	9	14	14	20	27	26	5	29

$$\text{Mean of Rj} = \frac{9+14+14+20+27+26+5+29}{8} = \frac{144}{8} = 18$$

$$\left[\left(Rj - \frac{\Sigma Rj}{N}\right)^2\right]$$

S ज्ञात करने के लिए प्रत्येक सेट की कोटि का उनके मध्यमान से विचलन ज्ञात करके इनका वर्ग करते हैं और उन्हें जोड़ देते हैं।

$$= (9-18)^2 + (14-18)^2 + (18-18)^2 + (20-18)^2 + (30-18)^2 + (25-18)^2 + (6-18)^2 + (22-18)^2$$

$$= 81 + 16 + 0 + 4 + 144 + 49 + 144 + 16 = 454$$

S का मूल्य ज्ञात हो जाने पर W का मूल्य ज्ञात कर सकते हैं

$$W = \frac{S}{\frac{1}{12}k^2(N^3 - N)} = \frac{454}{\frac{1}{12}(4)^2(8^3 - 8)}$$

$$= \frac{454}{\frac{1}{12}(16)(512 - 8)} = \frac{454}{\frac{(16)(504)}{12}} = \frac{454}{\frac{8064}{12}} = \frac{454}{672} = .675$$

यहाँ $W = .675$ प्राप्त हुआ है परन्तु यह तब तक महत्त्वपूर्ण नहीं है जब तक कि इसके सार्थकता की जाँच न कर ली जाय। जब N सात से अधिक $N > 7$ होता है तब W को X^2 में बदल कर इसके सार्थकता की जाँच की जाती है। जब X^2 सार्थक होता है तो W भी सार्थक होता है। जब X^2 असार्थक होता है तो W भी असार्थक होता है। निम्न सूत्र के द्वारा X^2 की गणना की जाती है—

$X^2 = k(N-1)W$

$X^2 = 4(8-1).675 = 18.9$

$df = (N-1) = 7$

$df = 7$ तालिका मान $= .05 = 14.067$

$.01 = 18.475$

$X^2 = .01$ सार्थकता स्तर पर सार्थक अमान्य परिकल्पना .01 सार्थकता स्तर पर अस्वीकृत इसका तात्पर्य यह है कि अनुस्थितियों के चारों सेटों में सार्थक सहमति (significant agreement) पाया जाता है। इस प्रकार यह कहा जा सकता है चारों शिक्षकों ने 8 छात्रों के बारे में जो अनुस्थितियाँ (rankings) प्रकट की है, उनमें काफी सहमति पाई जाती है। अमान्य परिकल्पना अस्वीकृत होती है जो यह अभिग्रहित करती है कि चारों शिक्षकों की अनुस्थितियाँ (rankings) असम्बन्धित है।

अंतर चिह्न कोटि परीक्षण
(Sign Rank Test of Difference)

इसे Wilcoxon- Matched-Pairs Signed Rank Test तथा T-test भी कहते हैं। अप्राचल सांख्यिकियों में यह एक महत्त्वपूर्ण प्रकार की अवधि है। चिह्न परीक्षण की तुलना में इस परीक्षण की उपयोगिता अधिक है क्योंकि चिह्न परीक्षण परीक्षण में केवल निरीक्षित युग्मों (Observed pairs) के अन्तर की व्याख्या धनात्मक तथा ऋणात्मक चिह्नों के आधार पर की जाती है जबकि क्रम अन्तर चिह्न परीक्षण (Sign Rank Test of Difference) में दोनों अनुस्थितियों में पहले वास्तविक अन्तरों की गणना करते हैं। तत्पश्चात् समस्त मानों को उनकी निरपेक्ष मात्रा (Absolute size) के आधार पर क्रम प्रदान करते हैं। इस विधि में सबसे छोटे अंक को, उससे बड़े को 2, उससे बड़े को आदि के क्रम में Rank प्रदान करते हैं। जब दिये गये अंकों में दो-तीन अंकों में समानता (tied) पाई जाती है तब क्रम संख्या को उसी प्रकार विभाजित करते हैं। (1 + 2 + 3 = 6) अनुस्थितियों को धनात्मक अथवा ऋणात्मक रूप में प्रस्तुत किया जाता है और उनका योगफल अलग-अलग ज्ञात कर लिया जाता है। जब धनात्मक तथा ऋणात्मक योगफलों को ज्ञात कर लिया जाता है, तो इन दोनों योगों में जो अपेक्षाकृत कम होता है, उस योग के लिए T प्रतीक का प्रयोग किया जाता है। T का जो मूल्य प्राप्त होता है, उसके आधार पर ही निरीक्षित संख्या (observed N) के सन्दर्भ में प्रयोग की गई दोनों स्थितियों के अन्तर की सार्थकता की जाँच की जाती है। जहाँ अन्तर शून्य होता है, तो उसे छोड़

दिया जाता है और उसका विश्लेषण नहीं किया जाता है। अगर दोनों समूहों के योगफल में कोई अन्तर नहीं होता है तो $T = \overline{T}$ जहाँ $\overline{T}$ का तात्पर्य अनुस्थितियों (Ranks) के योग के मध्यमान से होता है। $\overline{T}$ इस सूत्र के द्वारा ज्ञात किया जाता है।

$$\overline{T} = \frac{N(N+1)}{4}$$

यदि प्राप्त T, T से सार्थक रूप से अलग होता है तो अमान्य परिकल्पना अस्वीकृत हो जाती है। चूँकि इसकी प्रक्रिया जटिल है अतः अधिक उपयोग में नहीं लाई जाती है। जब N का प्रसार 7 से 25 तक होता है तो T के सार्थकता की जाँच सीधे सम्बन्धित तालिका के आधार पर ही किया जाता है कि जिसमें T के ऋण चिह्नों को भी धन के चिह्नों के समान लिया जाता है और तालिका के आधार पर T के सार्थकता की जाँच की जाती है। लेकिन जब N 25 से अधिक होता है तो विभिन्न सार्थकता स्तरों पर T की सार्थकता की जाँच के लिए निम्न सूत्रों का प्रयोग किया जाता है।

$$T_{.05} = T - 1.960 \frac{\sqrt{(2N+1)\,\overline{T}}}{6}$$

$$T_{.01} = T - 2.576 \frac{\sqrt{(2N+1)\,\overline{T}}}{6}$$

उदाहरण

क्रम-अन्तर चिह्न परीक्षण

छात्र	स्थिति X	स्थिति Y	अन्तर X–Y	(Absolute Ranks) निरपेक्ष क्रम	R+	R–
A	8	13	–5	6.5	–5	6.5
B	6	11	–5	6.5	–5	
C	4	8	–4	2.5	–4	
D	10	13	–3	1.5	–3	
E	6	9	–3	1.5	–3	
F	8	18	–10	10	–10	
G	6	13	–7	9	–7	
H	14	8	6	8		+6
I	8	10	–2	1	–2	
J	5	9	–4	2.5	–4	
					$\Sigma R = +6$	$\Sigma R = -43$

यहाँ ऋणात्मक चिहों की तुलना में धनात्मक चिह्नों वाले क्रमों की संख्या कम है। केवल एक अन्तर ही धनात्मक प्राप्त हुआ है। अतः इस अंक को प्रतीक T प्रदान किया जायेगा। अगर किसी छात्र को दोनों स्थिति में समान प्राप्तांक प्राप्त होते, तो उसका अन्तर शून्य होता। शून्य अन्तर वाले पदों की गणना नहीं की जाती और न उसे कोई अनुपस्थिति (Rank) ही प्रदान किया जाता है। शून्य अन्तर वाले पदों को कुल याग (Total N) में से घटा दिया जाता है।

इस उदाहरण में T का मान 6 है। सम्बन्धित तालिका देखने से यह स्पष्ट होता है कि N = 10 पर .05 तथा .01 पर दिया गया तालिका मान इस प्रकार प्राप्त हुआ है:—

	.05	.02	.01
N = 10	8	5	3

प्राप्त T = 6 है, इसे .05 स्तर पर सार्थक होने के लिए 8 या इससे कम होना चाहिए। चूँकि प्राप्त T = 6, 8 से कम है। इसलिए यह .05 स्तर पर सार्थक है।

फ्रीडमैन द्विमार्गी प्रसरण विश्लेषण (कोटि द्वारा)
(Friedman's Two-Way Analysis of Variance : By Ranks)

Friedman ने इस अप्राचल विश्लेषण सांख्यिकीय प्रविधि (Non parametric analysis of variance technique) को विकसित किया। इस विधि का प्रयोग उस समय किया जाता है, जब:—

(i) प्रतिदर्श समेल (Sample matched) हो,
(ii) प्रदत्त कोटियों (Ranks) में प्राप्त हो
(iii) यदि प्रदत्त प्राप्तांक के रूप में हो तो उन्हें अनुपस्थितियों (Ranks) में बदलना सम्भव हो।
(iv) प्रदत्त में प्रसरण की समजातीयता (Homogoneity of variance) कम हो।

उदाहरण

Null Hypothesis—सभी समेल समूह एक ही जनसंख्या से लिये गये हैं। अतः इनमें कोई अन्तर नहीं है।

Alternative Hypothesis—सभी समेल समूह एक दूसरे से भिन्न है।

यहाँ 4 समेल समूहों का 6 विभिन्न परिस्थितियों में प्रयोज्यों से पुनःस्मरण कराया गया। प्रयोज्यों के अशुद्ध अनुक्रियाओं को अग्रांकित तालिका में प्रस्तुत किया गया है:—

EXPERIMENTAL CONDITIONS

GROUPS

Groups	I	II	III	IV	V
A	15	7	9	14	12
B	10	9	8	11	14
C	12	17	10	11	9

प्राप्त प्रदत्त के आधार पर द्विमार्गी प्रसरण विश्लेषण की गणना के लिए इन प्राप्तांकों का अनुस्थिति क्रम ज्ञात किया जायेगा। प्रत्येक समूह को अलग-अलग अनुस्थितियाँ (Ranks) प्रदान किया जायेगा।

EXPERIMENTAL CONDITIONS

GROUPS

Groups	I	II	III	IV	V
A	5	1	2	4	3
B	3	2	1	4	5
C	4	5	2	3	1
Rj	12	8	5	11	9

Friedman's Two-Way Analysis of Variance के द्वारा यह देखा जाता है कि प्राप्त विभिन्न Rj में सार्थक अन्तर है या नहीं। Friedman Two Way Analysis of variance का प्रतीक X^2r है।

$$X_r^2 = \frac{12}{NK(k-1)}(R_j)^2 - 3N(k-1)$$

यहाँ X^2r = फ्रीडमैन प्रसरण विश्लेषण

N = समूहों (Row) की संख्या

K = कालम की संख्या

$$x_r^2 = \frac{12}{Nk(k+1)}(Rj)^2 - 3N(k+1)$$

$$= \frac{12}{3 \times 55 + 1)}((12)^2 + (8)^2 + (5)^2 + (11)^2 + (9)^2)) - 3 \times 3(5+1)$$

$$= \frac{12}{15 \times 6}(144 + 64 + 25 + 121 + 81) - 9 \times 6$$

$$= \frac{12}{90}(435) - 54 = \frac{12 \times 435}{90} - 54 = 4.00$$

चूँकि $k = 5$ तथा N = 3 है।

अतः df = (k –1) = (5 –1) = 4 होगा।

df = 4 तालिका मूल्य .05 = 9.49

.01 = 13.28

चूँकि प्राप्त $x_r^2 = 4$ प्राप्त हुआ है जो .05 स्तर पर दिये गये तालिका मूल्य से कम है। अतः अमान्य परिकल्पना स्वीकृत होती है जिसका तात्पय यह है कि तीनों समूह एक ही जनसंख्या से लिए गए हैं।

जब k= 5 तथा N = 2 हो या उससे अधिक हो, तो x_r^2 के सार्थकता की जाँच सामान्य X^2 तालिका का प्रयोग किया जाता है। लेकिन जब $k = 3$ तथा N 2 से 9 तक या $k = 4$ तथा N 2 से 4 के बीच हो तो $x^2 r$ के सार्थकता की जाँच के सीगेल द्वारा प्रस्तुत तालिका का प्रयोग किया जायेगा।

कुश्कल-वालिस एच परीक्षण
(Kruskal-Wallis H Test)

Mann = Whitney U Test का एक विस्तृत Kruskal – Wallis H Test है। यह एक प्रकार का अप्राचल परीक्षण है। जब प्राप्त प्रदत्त टी परीक्षण के अभिग्रह के आधार पर खरे नहीं उतरते हैं तो Mann-Whintney परीक्षण का उपयोग किया जाता है। लेकिन जब आँकड़े अनुस्थितियों में होते हैं या यदि प्राप्तांकों के रूप में हों तो उन्हें अनुस्थितियाँ प्रदान की जा सकती हैं, अथवा जब समूह स्वतन्त्र हों तथा प्राप्त प्रदत्त में समजातीयता (homogeneity of variance) की मात्रा कम पायी जाय तो इस परीक्षण का प्रयोग किया जा सकता है। इस परीक्षण का प्रमुख अभिग्रह यह है कि अध्ययन किया जाने वाला आश्रित परिवर्त्य (D. V.) को एक सतत परिवर्त्य (continuous variable) के रूप में अवश्य होना चाहिए। इसका सूत्र

निम्नलिखित है:—

$$H = \frac{12}{N(N+1)}\left[\Sigma \frac{R_j^2}{N_j}\right] - 3(N+1)$$

यहाँ $H = H$ परीक्षण समूहों के

$N =$ सभी समूहों के निरीक्षणों या प्राप्तांकों के संख्या का योग

$R_j =$ प्रत्येक कॉलम के अनुस्थितियों (Rank) का योग

$N_j =$ प्रत्येक कॉलम के निरीक्षणों या प्राप्तांकों की संख्या

उदाहरण

समूह 'अ'	समूह 'ब'	समूह 'स'
34	26	45
30	29	44
28	31	39
27	19	37
25	17	36
20	16	35
15	14	21
10	9	11
	7	8
	5	23
		24
		12
		13
Nj = 8	10	13

उपर्युक्त तालिका में प्रस्तुत मूल प्राप्तांकों की अनुस्थितियाँ (Rankings) निम्न तालिका में प्रस्तुत की जायेगी। यह अनुस्थितियाँ तीनों समूहों के प्राप्तांकों को एक साथ मिला कर दिया जायेगा जिस प्रकार Mann-Whitney U Test में किया जाता है। इसमें सबसे छोटे प्राप्तांक को प्रथम क्रम, उससे बड़े प्राप्तांक को द्वितीय क्रम दिया जाता है। इस प्रकार सबसे बड़े क्रम को अन्तिम क्रम प्रदान किया जाता है। जहाँ प्राप्तांक समान होते हैं वहाँ औसत अनुस्थिति (Average Rank) की गणना की जाती है।

Null Hypothesis—सभी स्वतन्त्र समूह एक ही जनसंख्या से लिए गये हैं। अतः इन समूहों में कोई वास्तविक अन्तर नहीं है। जो अंतर है, संयोग के कारण है।

Alternative Hypothesis—सभी समूह अलग-अलग जनसंख्या से लिए गये हैं। अतः इनमें सार्थक अन्तर है।

समूह 'अ'	समूह 'ब'	समूह 'स'
25	19	31
23	22	30
21	24	29

20	13	28
18	12	27
14	11	26
10	9	15
5	4	6
	1	16
		17
		7
		8
Rj = 136	117	243

$$H = \frac{12}{N(N+1)}\left[\Sigma \frac{R_j^2}{N_j}\right] - 3(N+1)$$

$$= \frac{12}{31(31+1)}\left[\frac{136)^2}{8} + \frac{(117)^2}{10} + \frac{(243)^2}{13}\right] - 3(31+1)$$

$$= \frac{12}{31 \times 32}\left[2312 + 1368.9 + 4542.23\right] - 3 \times 32$$

$$= \frac{12}{992}\left[8223.13\right] - 96 = \frac{12 \times 8223.13}{992} - 96 = \frac{98677.56}{992} - 96$$

$$= 99.47 - 96 = 3.47$$

H की सार्थकता की जाँच दो प्रकार से की जाती है। प्रथम जब समूह का $k = 3$ हो और प्रत्येक समूह में प्राप्तांकों की संख्या 5 या 5 से कम हो, तो H के सार्थकता की जाँच के लिए तालिका 'Distribution of H test' का उपयोग करते हैं। परन्तु जब $k = 3$, या उससे अधिक हो, तथा प्रत्येक समूह में प्राप्तांकों की संख्या 6 या उससे अधिक हो, तो H के सार्थकता की जाँच X^2 तालिका के द्वारा की जाती है। यहाँ df ज्ञात करने सूत्र $(k-1)$ होता है।

$df = (k-1)(3-1) = 2$

$df = 2$ तालिका मूल्य $.05 = 5.999$

$.01 = 9.21$

यहाँ H का गणना-मूल्य 3.47, .05 स्तर पर दिये गये तालिका-मूल्य से भी कम है, अतः असार्थक है। इस प्रकार हम यह कह सकते हैं कि अमान्य परिकल्पना स्वीकृत होती है $(p > .05)$।

नोट—जब k = 3 तथा तीनों समूहों के प्राप्तांक क्रमशः 4, 3 तथा 2 हैं, और H = 6 है, तो 'Distribution of H Test' तालिका में बायीं ओर लिखे गये N के आकारों को देखेंगे और फिर दायीं ओर .05 तथा .01 स्तरों पर दिये गये तालिका-मूल्यों को देखेंगे।

N_1	N_2	N_3	.05	.01
4	3	2	5.44	6.30

इस प्रकार तालिका-मूल्यों को प्राप्त करेंगे, गणना-मूल्य जब तालिका-मूल्य से अधिक होगा, तब अमान्य परिकल्पना अस्वीकृत हो जायेगी। कम होने पर अमान्य परिकल्पना स्वीकृत हो जायेगी।

चिह्न परीक्षण
(Sign Test)

समस्त वितरण-मुक्त विधियों (Distribution free-methods) या अप्राचल विधियों (Nonparametric Methods) में चिह्न परीक्षण एक सरलतम विधि है जिसकी सामान्य उपयोगिता बहुत अधिक है। इस विधि को डिक्सन तथा मूड (1946) ने ज्ञात किया। कोटिसूचक मापनी से प्राप्त प्रदत्त पर ही इस परीक्षण का प्रयोग होता है। इस परीक्षण का प्रयोग सामान्यतया उन परिस्थितियों में होता है जहाँ सह-सम्बन्धित प्रतिदर्शों (correlated sample) के लिए क्रान्तिक अनुपात (C.R.) या टी परीक्षणों का प्रयोग नहीं किया जाता है क्योंकि प्रसामान्यता (normality) के अभिग्रह पूरे नहीं होते हैं। इस परीक्षण के द्वारा दो सम्बन्धित प्रतिदर्शों के बीच के अन्तर की दिशा (direction) की जाँच की जाती है। इस परीक्षण के द्वारा यह ज्ञात किया जाता है कि दोनों प्रतिदर्शों के बीच का अन्तर ऋणात्मक है या धनात्मक। कुछ सांख्यिकों का मत है कि इस परीक्षण के प्रदत्त प्रायः दो समूहों—प्रयोगिक एवं नियंत्रित से सम्बन्धित रहते हैं या एक समूह से दो अलग दशाओं (treatments) में परिणाम प्राप्त होते हैं और उन्हें जोड़ों (pairs) में प्रस्तुत किया जाता है। ऐसे प्रदत्तों के अन्तर की जाँच चिह्नों के द्वारा की जाती है।सामान्यतया जोड़ें में प्राप्त प्रदत्त के लिए इस परीक्षण का प्रयोग किया जाता है और यह परिकल्पना कर लिया जाता है कि परिवर्त्य में सातत्यता है। ***Kurtz & Mayo*** (1980) के अनुसार, *"Use the sign test when the available records consists of differences between paired scores and one wishes to determine whether the proportion of differences in one direction departs appreciably from 50"* । जिन परिवर्त्यों का मात्रात्मक मापन नहीं होता है, उनके लिए चिह्न परीक्षण मे प्राप्तांकों के मध्य विद्यमान अन्तरों के वितरण के बारे में कोई अभिग्रह नहीं बनाया जाता है और न एक ही जनसंख्या से सभी प्रयोज्यों के चुने जाने की कल्पना की जाती है, परन्तु प्रयोगकर्त्ता को प्रासांगिक वाह्य परिवर्त्यों यथा आयु, यौन, बुद्धि के अनुसार प्रत्येक जोड़े का मेल (match) कराया जाता है। चिह्न परीक्षण का प्रयोग करते समय एक परीक्षण के प्राप्तांकों को धनात्मक तथा दूसरे परीक्षण के प्राप्तांकों को ऋणात्मक मान लिया जाता है। पहले परीक्षण के प्राप्तांकों की तुलना में दूसरे परीक्षण के प्राप्तांकों को बड़ा होने पर ऋण का चिह्न तथा छोटा होने पर धन का चिह्न दिया जाता है, और जब दोनों प्राप्तांक समान होते हैं तो शून्य लिखा जाता है और सांख्यिकीय विश्लेषण करते समय शून्य चिह्न वाले पदों की उपेक्षा कर दी जाती है, और सूत्र का प्रयोग किया जाता है। N = 100 होने तक चिह्न परीक्षण का प्रयोग किया जा सकता है। परन्तु N कम होने पर ही चिह्न परीक्षण का प्रयोग करना चाहिए। N अधिक होने पर t अधिक होने पर t परीक्षण ही उपयुक्त रहता है।

उदाहरण—बी॰ ए॰ प्रथम वर्ष के 10 छात्रों को एक विषय सामग्री को कंठस्थ करने के लिए पूर्ण एवं अंश विधि का प्रयोग किया गया और उनके प्राप्तांकों को प्राप्त किया गया। क्या दोनों विधियों से प्राप्त परिणामों की तुलना करने पर अंश विधि पूर्ण विधि से श्रेष्ठ हैं?

पूर्ण एवं अंश विधि के प्राप्तांक

छात्र	पूर्ण विधि में प्राप्तांक X	अंश विधि में प्राप्तांक Y	अन्तर
A	18	20	+
B	20	21	+
C	20	21	+
D	22	22	0

E	17	18	–
F	15	16	–
G	14	15	–
H	23	24	+
I	22	23	+
J	21	22	+

सांख्यिकीय विश्लेषण (*Statistical Analysis*)

(1) अमान्य परिकल्पना (*Null Hypothesis*)

$$p\ (\ XA > XB\ ) = p\ (\ XA < XB\ ) = \frac{1}{2}$$

(अर्थात् X के Y से अधिक होने की प्रसम्भाव्यता उतनी ही है जितनी Y के X से अधिक होने की अर्थात् दोनों की प्रसम्भाव्यता समान है अर्थात् + और – चिह्न समान हैं।)

(2) सांख्यिकीय परीक्षण (*Statistical Analysis*)

Total Observation	= 10
O signs	= 1 discarded
+ signs	= 6 sign
–signs	= 3 variations
	9 signs

अब विचरण (variations) की प्रसम्भाव्यता ज्ञात करेंगे कि + और – चिह्नों के बीच अधिक-से-अधिक कितने विचरण हो सकते हैं और विचरण सार्थक हैं या नहीं।

$$^{n}C_{r} = \frac{n!}{r!(n-r)!} \quad \text{या} \quad ^{n}C_{r} = \frac{\angle n}{\angle r \times \angle n-r}$$

यहाँ ! = फैक्टोरियल का चिह्न

$\angle$ = फैक्टोरियल चिह्न

जो चिह्न कम होगा उसे r या x मानेंगे। n का तात्पर्य धन एवं ऋण चिह्नों के योग से है। n अन्तर प्रदर्शित करने वाले जोड़ों की संख्या की ओर संकेत करता है।

$^{n}C_{r}$ = number of combinations of things taken at a time.

$$p = \frac{^{n}C_{o} + ^{n}C_{1} + ^{n}C_{2} + ^{n}C_{3}}{2^{n}}$$

$$p = \frac{^{9}C_{3}}{2^{9}} = \frac{^{9}C_{0} + ^{9}C_{1} + ^{9}C_{2} + ^{9}C_{3}}{2^{9}}$$

$$^{9}C_{0} = \frac{\angle 9}{(\angle 0) \times (\angle(9-0))}$$

$$= \frac{9 \times 8 \times 7 \times 6 \times 5 \times 4 \times 3 \times 2 \times 1}{(1) \times [9 \times 8 \times 7 \times 6 \times 5 \times 4 \times 3 \times 2 \times 1]} = 1$$

$$^{9}C_{01} = \frac{\angle 9}{(\angle 1) \times (\angle 9 - 1)}$$

$$= \frac{9 \times 8 \times 7 \times 6 \times 5 \times 4 \times 3 \times 2 \times 1}{1 \times 8 \times 7 \times 6 \times 5 \times 4 \times 3 \times 2 \times 1} = 9$$

$$^{9}C_{2} = \frac{\angle 9}{\angle 3 \times \angle (8-2)}$$

$$= \frac{9 \times 8 \times 7 \times 6 \times 5 \times 4 \times 3 \times 2 \times 1}{2 \times 1 \times 7 \times 6 \times 5 \times 4 \times 3 \times 2 \times 1} = 36$$

$$^{9}C_{3} = \frac{\angle 9}{\angle 3 \times \angle (9-3)}$$

$$= \frac{9 \times 8 \times 7 \times 6 \times 5 \times 4 \times 3 \times 2 \times 1}{3 \times 2 \times 1 \times 6 \times 5 \times 4 \times 3 \times 2 \times 1} = 84$$

$$= \frac{1 + 9 + 36 + 84}{2 \times 2 \times 2 \times 2 \times 2 \times 2 \times 2 \times 2 \times 2} = \frac{130}{512} = .254$$

.254 मूल्य एकपुच्छीय परीक्षण के लिए होगा।

.508 मूल्य द्विपुच्छीय परीक्षण के लिए होगा।

यह उदाहरण एकपुच्छीय परीक्षण है द्वि-पुच्छीय परीक्षण होने पर प्राप्त मूल्य का दुगना कर दिया जाता है।

(3) निर्णय *(Decision)*

तालिका I के आधार पर यह कहा जा सकता है कि अमान्य परिकल्पना स्वीकृत हो रही है, क्योंकि तालिका में 6 और 3 N पर .656 मूल्य दिया गया है। जिससे गणना-मूल्य .254 कम है। अतः अमान्य परिकल्पना स्वीकृत हो रही है।

कुछ अनुसंधानकर्ताओं (*Kurtz & Mayo*, 1980) ने उपर्युक्त उदाहरण के लिए एक अन्य सरलतम विधि प्रयोग करने का सुझाव किया है। जिसके लिए हमें परिशिष्ट तालिका $\frac{G}{b}$ का प्रयोग करना होगा।

Total Observations	= 10
O signs	= 1 discarded
+ signs	= 6
– signs	= 3
	9 signs

इस विधि में शून्य चिह्न के आधे भाग को धनात्मक तथा शेष आधे को ऋणात्मक चिह्न में जोड़ देते हैं। यदि शून्य चिह्नों की संख्या चार है तो दो धनात्मक चिह्न में तथा दो ऋणात्मक चिह्न में जोड़ दिया जायेगा। प्रस्तुत उदाहरण में शून्य का एक चिह्न है इसलिए धनात्मक चिह्न तथा ऋणात्मक चिह्न में अलग-अलग .05 जोड़ दिया जायेगा।

$$+ \text{ signs} = 6 + .5 = 6.5$$

$$- \text{ signs} = 3 + .5 = 3.5$$

Total observations = 10

$$r = 3.5$$

जिस चिह्न का मूल्य कम होगा उसके लिए r का संकेत प्रयोग किया जायेगा। परिशिष्ट तालिका N में $N = 10$ पर .01 और .05 स्तर पर निम्न मूल्य प्रदर्शित किये गये हैं:—

.01 सार्थकता स्तर = 0

.05 सार्थकता स्तर = 1

यहाँ $r = 3.5$ प्राप्त हुआ है। $N = 10$ पर .05 सार्थकता स्तर पर r का मूल्य अधिक-से-अधिक 1 होना चाहिए था जबकि $r = 3.5$ प्राप्त हुआ है। इस प्रकार दोनों प्राप्तांकों में अन्तर सार्थक नहीं है।

यदि r का मूल्य तालिका में r के मूल्य के बराबर या कम है तो दोनों दशाओं में चिह्न परीक्षण के अनुसार अन्तर सार्थक होता है। अर्थात् दोनों दशाओं के बारे में निर्मित उपकल्पना अस्वीकृत हो जाती है।

Garrett (1966) का मत है कि द्विपदीय प्रसार (Binomial expansion) के द्वारा चिह्न परीक्षण में सार्थकता की जाँच की जा सकती है परन्तु द्विपदीय प्रसार के द्वारा सार्थकता की जाँच उसी समय की जा सकती है जब $N = 10$ या उससे कम हो। यदि संख्या 10 से अधिक हो तो 2 या X^2 के द्वारा इसके सार्थकता की जाँच की जाती है। प्रस्तुत उदाहरण में निरीक्षणों की संख्या = 9 है। इसका द्विपद-प्रसार इस प्रकार होगा:—

$$(p+q)^9 = p^n + \frac{n}{1} p^{n-1)} q + \frac{n(n-1)}{1\times 2} p^{(n-2)} q^2$$

$$+ \frac{n(n-1)(n-2)}{1\times 2\times 3} p^{(n-3)} q^3 + \frac{n(n-1)(n-2)(n-3)}{1\times 2\times 3\times 4} + p^{(n-4)} q^4 + \ldots + q^n$$

$$(p+q)^9 = \left(\frac{1}{2}+\frac{1}{2}\right)^9 = \left(\frac{1}{2}\right)^9 + 9\left(\frac{1}{2}\right)^8\left(\frac{1}{2}\right) + \frac{9\times 8}{1\times 2}\left(\frac{1}{2}\right)^7\left(\frac{1}{2}\right)^2$$

$$+ \frac{9\times 8\times 7}{1\times 2\times 3}\left(\frac{1}{2}\right)^6\left(\frac{1}{2}\right)^3 + \frac{9\times 8\times 7\times 6}{1\times 2\times 3\times 4}\left(\frac{1}{2}\right)^5\left(\frac{1}{2}\right)^4$$

$$+ \frac{9\times 8\times 7\times 6\times 5}{1\times 2\times 3\times 4\times 5}\left(\frac{1}{2}\right)^4\left(\frac{1}{2}\right)^5 + \frac{9\times 8\times 7\times 6\times 5\times 4}{1\times 2\times 3\times 4\times 5\times 6}$$

$$\left(\frac{1}{2}\right)^3\left(\frac{1}{2}\right)^6 + \frac{9\times 8\times 7\times 6\times 5\times 4\times 3}{1\times 2\times 3\times 5\times 6\times 7}\left(\frac{1}{2}\right)^3 + \left(\frac{1}{2}\right)^7$$

$$+\frac{9\times8\times7\times6\times5\times4\times3\times2}{1\times2\times3\times4\times5\times6\times7\times8}\left(\frac{1}{2}\right)\left(\frac{1}{2}\right)^3+\left(\frac{1}{2}\right)^9$$

$$=\frac{1}{512}+\frac{9}{512}+\frac{36}{512}+\frac{84}{512}+\frac{126}{512}+\frac{84}{512}+\frac{36}{512}+\frac{9}{512}+\frac{1}{512}$$

$$=\frac{512}{512}=1$$

$(p+q)^9 = p^9 + 9p^8q + 36p^7q^2 + 84p^6q^3 + 126p^5q^4 + 126p^4q^5 + 84p^3 + q^6 + 36p^2q^7 + 9pq^8 + q^9$

इस प्रसार में संयोजनों की कुल संख्या = 512 (1+ 9 + 36 + 84 + 126 + 126 + 84+ 36 + 9 + 1) है। यदि पहले के चार पदों का योग ज्ञात करें तो (1 + 9 + 36 + 84) = 130 प्राप्त होगा। जिसका तात्पर्य यह है कि 512 प्रयासों में 130 बार 9 चिह्नों में 6 चिह्न धन का होगा।

अतः धन के 6 चिह्न की प्रसम्भाव्यता $\frac{130}{512}=.25$ है जो सार्थक नहीं है क्योंकि यह मूल्य .05 से अधिक है। यह उदाहरण एकपुच्छीय परीक्षण का है। द्विपुच्छीय परीक्षण होने पर .25 को दुगना कर दिया जायेगा।

अधोलिखित उदाहरण की जाँच X^2 द्वारा की जायेगी।

सत्र के प्रारम्भ एवं अन्त के प्राप्तांक

छात्र	सत्र के प्रारम्भ के प्राप्तांक	सत्र की समाप्ति के प्राप्तांक	अन्तर
1	12	14	+
2	13	15	+
3	15	15	0
4	15	16	+
5	16	18	+
6	14	12	–
7	15	13	–
8	12	14	+
9	18	20	+
10	17	18	+
11	12	14	+
12	13	11	–
13	15	16	+
14	14	15	+
15	17	16	–

Total Observations = 15
+ Signs = 10
– Signs = 4

= 14 Signs

उपर्युक्त प्रदत्त के आधार पर X^2 की गणना।

	+	–
f_0	10	4
f_e	7	7
$f_0 - f_e$	3	3
$(f_0 - f_e)^2$	9	9
$\frac{f_0 - f_e)^2}{f_e}$	1.28	1.28

$X^2 = 2.56$

$df = (r-1)(c-1)$

$(2-1)(2-1) = 1 \; p > .05$

अमान्य परिकल्पना अस्वीकृत

उपर्युक्त प्रदत्त की व्याख्या Z Mc Nemar Test द्वारा भी की जा सकती है। गणना को सरल करने के लिए X^2 की अपेक्षा Z की गणना करनी चाहिए।

$$Z = \frac{(x \pm .5) - \frac{1}{2}N}{\frac{1}{2}\sqrt{N}} \qquad (\textit{Siegel}, 1956)$$

X = कम चिह्नों की संख्या

$$Z = \frac{|D| - 1}{\sqrt{N}} \qquad (\textit{Ferguson}, 1981)$$

D = धन एवं ऋण चिह्नों का अन्तर।

Mc Nemar का परीक्षण

$$X^2 = \frac{(A - D1 - 1)^2}{A + D} \qquad (\textit{Siegel}, 1956)$$

मध्यांक परीक्षण
(Median Test)

मध्यांक परीक्षण से दो स्वतन्त्र प्रतिदर्शों के मध्यांकों (medians) की तुलना की जाती है। दो स्वतन्त्र प्रतिदर्शों के मध्यमानों की तुलना करने के लिए प्राचल टी परीक्षण के स्थान पर अप्राचल मध्यांक परीक्षण का प्रयोग करते हैं। इस परीक्षण के द्वारा दो स्वतन्त्र प्रतिदर्शों के केन्द्रीय प्रवृत्ति में अन्तर की सार्थकता की जाँच की जाती है। ***Kurtz*** **and** ***Mayo*** (1980) के अनुसार, *"Use the median test to determine whether the medians of two groups differ significantly."* **फरग्यूसन** (*Freguson*, 1981) के अनुसार, *"The median test is based on the idea that in two samples drawn from the same population the expectation is that as many observation in each sample will fall above as below the joint median."* (p. 400). इस परीक्षण का प्रयोग दोनों समूहों के N के असमान (unequal) होने पर भी किया जा सकता है और प्रयुक्त की जाने वाली उपकल्पना द्विपुच्छीय

(nondirectional) या एकपुच्छीय (directional) हो सकती है। अनुसंधानकर्त्ता को यह ध्यान में रखना चाहिए कि कोटि सूचक मापनी (ordinal scale) से प्राप्त प्रदत्त पर ही मध्यांक परीक्षण का प्रयोग करना चाहिए। मध्यांक परीक्षण से यह ज्ञात किया जाता है कि दोनो स्वतन्त्र प्रतिदर्शों,जिनकी जनसंख्या भिन्न-भिन्न हो सकती है के मध्यांक एक समान है, जिसके सम्बन्ध में यह अमान्य परिकल्पना होगी कि, *''दोनों प्रतिदर्शों के मध्यांक एक समान हैं।''* वैकल्पिक परिकल्पना के रूप में इन कथनों का प्रयोग किया जा सकता है, *''एक जनसंख्या का मध्यांक दूसरे मध्यांक से भिन्न है।'' (द्विपुच्छीय परीक्षण) या* ''एक जनसंख्या का मध्यांक दूसरे से उच्च है'' (एकपुच्छीय परीक्षण)।

मध्यांक परीक्षण का प्रयोग करने के लिए हमें संयुक्त समूह (combined group) का संयुक्त मध्यांक (combined median) या उभयनिष्ठ मध्यांक (common median) ज्ञात करना होगा। तत्पश्चात् दोनों प्रतिदर्शों के प्राप्तांकों में चिह्न लगाना होगा। इसी प्रकार उभयनिष्ठ मध्यांक से अधिक होंगे, उनके आगे + (धन) का चिह्न लगाना होगा। इसी प्रकार उभयनिष्ठ मध्यांक से कम प्राप्तांकों के आगे – (ऋण) का चिह्न लगाना होगा। धन और ऋण चिह्नों का योग ज्ञात करेंगे और उनके योग के आधार पर 2 × 2 तालिका तैयार करके X^2 परीक्षण का प्रयोग करेंगे।

मध्यांक परीक्षण में प्रदत्त प्रस्तुत करने के लिए अधोलिखित प्रारूप (form) का प्रयोग किया जाता है:—

	प्रथम समूह	द्वितीय समूह	योग
संयुक्त मध्यांक से ऊपर प्राप्तांकों की संख्या	A	B	$A + B$
संयुक्त मध्यांक से नीचे प्राप्तांकों की संख्या	C	D	$C + D$
	$A + C$	$B + D$	$N = n_1 + n_2$

यदि प्रथम एवं द्वितीय समूह ऐसे प्रतिदर्श हैं, जो ऐसी जनसंख्या से लिए गये हैं जिनका मध्यांक समान है, तो हम यह आशा कर सकते हैं कि प्रत्येक समूह का आधा प्राप्तांक संयुक्त मध्यांक के ऊपर और आधा प्राप्तांक संयुक्त मध्यांक के नीचे होगा। अर्थात् A और C की आवृत्तियाँ B और D की आवृत्तियों के समान होगी। यदि दोनों समूहों ($n^1 + n^2$) का N कम है तो उपकल्पना परीक्षण के लिए फिशर का परीक्षण (Fisher's Test) प्रयोग करना चाहिए। यदि N ($n^1 + n^2$) संतोषजनक मात्रा में बड़ा है, तो अमान्य परिकल्पना की जाँच X^2 ($df = 1$) के द्वारा की जा सकती है।

यदि प्रदत्त को मध्यांक से बाँट (split) कर विश्लेषित किया जा रहा है, तो अनुसंधानकर्ता को फिशर परीक्षण और X^2 परीक्षण में से किसी एक का चयन करते समय निम्नलिखित तथ्यां पर ध्यान देना चाहिए:—

(i) जब $n_1 + n_2 = N = 40$ से अधिक होगा, तो संशोधन के साथ X^2 परीक्षण का प्रयोग करना होगा।

$$X_c^2 = \frac{N\left([AD - BC]\frac{N}{2}\right)^2}{(A+B)(C+D)(A+C)(B+D)}$$

(ii) जब $n_1 + n_2$ 20 से 40 के बीच होगा तथा जब किसी खाने (cell) का fe 5 से कम नहीं होगा तो X_c^2 का प्रयोग करें और जब सबसे छोटी fe 5 से कम होगी, तो फिशर परीक्षण प्रयोग करना होगा।

(iii) जब $n_1 + n_2$ 20 से कम होगा तो फिशर परीक्षण प्रयोग करना चाहिए।

मध्यांक परीक्षण की गणना में एक कठिनाई उस समय यह उत्पन्न हो सकती है जब संयुक्त मध्यांक के पास कई प्राप्तांक पाये जाते हैं। यदि ऐसा है, तो अनुसंधानकर्ता के पास दो विकल्प हैं (1) यदि $n_1 + n_2$ बड़ा है, तथा कुछ कम प्राप्तांक (cases) मध्यांक के पास हैं तो उन कुछ कम प्राप्तांकों को प्रदत्त विश्लेषण में सम्मिलित नहीं किया जायेगा। (2) मध्यांक के आधार पर समूह का द्विविभाजन किया जा सकता है। एक ओर मध्यांक से ऊपर के प्राप्तांक होंगे तथा दूसरी ओर मध्यांक से नीचे के प्राप्तांक होंगे। कठिनाई उत्पन्न करने वाले प्राप्तांकों को दूसरे वर्ग में रखा जायेगा।

उदाहरण

शिबली नेशनल स्नातकोत्तर महाविद्यालय आजमगढ़ के बी० ए० द्वितीय वर्ष मनोविज्ञान के 15 छात्रों तथा 15 छात्राओं पर वितरणशील निर्णय मापनी distribution Justice Scale) को प्रशासित किया गया। क्या दोनों समूह समान मध्यांक वाली जनसंख्या से लिए गये हैं।

वितरण मापनी पर छात्रों एवं छात्राओं के प्राप्तांक

छात्र	चिह्न	छात्राएँ	चिह्न
15	–	18	–
18	–	20	–
14	–	25	–
20	–	27	+
28	+	29	–
16	–	31	+
17	–	33	+
19	–	32	+
30	+	34	+
32	+	36	+
28	+	38	+
26	–	30	+
25	–	28	+
27	+	26	–
29	+	24	–

इन प्राप्तांकों का उभयनिष्ठ या संयुक्त मध्यांक (Common median, या Combined median या Grand median) इस प्रकार ज्ञात किया जायेगा।

वर्गान्तर	आवृत्तियाँ
34-38	3
29 –33	8

$$\text{Mdn} = L + \left[\frac{\frac{N}{2} - F}{fm}\right] \times i$$

24–28	10	$= 23.5 + \left[\dfrac{\frac{30}{2} - 9}{10}\right] \times 5$
19-23	3	$= 26.3$
14-18	6	$mdn = U - \left[\dfrac{\frac{N}{2} - Fa}{fm}\right] \times i$
	N = 30	$= 28.5 - \left[\dfrac{\frac{30}{2} - 11}{10}\right] \times 5 = 26.5$

मध्यांक ज्ञात करने के पश्चात् दोनों समूहों में मध्यांक से ऊपर (Above median) तथा मध्यांक से नीचे (Not above the median) कितने प्राप्तांक हैं, ज्ञात किया जाता है। यदि कोई प्राप्तांक मध्यांक के बराबर है तो ''मध्यांक से ऊपर नहीं'' (Not above the median) के वर्ग में सम्मिलित किया जाता है। यहाँ ''मध्यांक से नीचे'' (Below median) शब्द का प्रयोग करना उपयुक्त नहीं है। इस शब्द का प्रयोग करने पर मध्यांक के समान प्राप्तांकों को इस वर्ग में नहीं रखा जा सकता है। इसके पश्चात् प्राप्त धनात्मक और ऋणात्मक चिह्नों से सम्बन्धित आवृत्तियों के लिए 2 × 2 आसंग तालिका तैयार कर लेते हैं और X^2 की गणना करते हैं।

(1) अमान्य परिकल्पना *(Null Hypothesis)*

Ho = दोनों प्रतिदर्शों के मध्यांक समान है।

H_1 = छात्राओं के मध्यांक छात्रों के मध्यांक से अधिक है।

(2) सांख्यिकीय परीक्षण *(Statistical Test)*

	मध्यांक से नीचे	मध्यांक से ऊपर	
प्रथम समूह (छात्र)	9 A	6 B	15 A + B
द्वितीय समूह (छात्राएँ)	C 5	D 10	15 C + D
	A + C = 14,	B + D = 16	30

$$X^2 = \frac{N\,(AD - BC)^2}{(A+B)\;(C+D)\,(A+C)\,(B+D)}$$

$$= \frac{30(90-30)^2}{15\times15\times14\times16} = 2.14$$

$df = (r-1)(c-1) = (2-1)(2-1) = 1$

I df पर तालिका मूल्य .05 = 3.841

.01 = 6.635

(3) निर्णय *(Decision)*

प्राप्त $X^2 = 2.14$ .05 सार्थकता स्तर पर दिये गये तालिका मूल्य से कम है। अतः अमान्य परिकल्पना स्वीकृत होती है और विकल्प परिकल्पना अस्वीकृत होती है अर्थात् दोनों प्रतिदर्शों का मध्यांक एक समान है।

जब 2×2 आसंग तालिका में प्रविष्टियाँ बहुत छोटी होती है, अर्थात् 5 या 5 से कम होती हैं तो निरन्तरता के संशोधन के लिए दूसरे सूत्र का प्रयोग किया जाता है। संशोधन सूत्र इस प्रकार है:—

$$X_c^2 = \frac{N(/AD - BC/ - N/2)^2}{(A+B)\ (C+D)(A+C)(B+D)}$$

जब प्रदत्त में k प्रतिदर्श होते हैं और उनमें $n_1, n_2, \ldots. n_2 \ldots\ldots n_n$ प्राप्तांक होते हैं, तो उनके मध्यांक अन्तरों की सार्थकता की जाँच के लिए भी मध्यांक परीक्षण का ही प्रयोग किया जाता है। इसके लिए हम $n_1 + n_2 \ldots. + n_k$ निरीक्षणों का संयुक्त मध्यांक (Combined Median) की गणना करेंगे और प्रत्येक निरीक्षण के लिए + या – चिह्न लगाते हैं। जो प्राप्तांक संयुक्त मध्यांक से कम है, उनके लिए ऋण का चिह्न तथा जो अधिक है, उनके लिए पहले उदाहरण की भाँति धन का प्रयोग किया जायेगा। प्रदत्त को $2 \times k$ आसंग तालिका में व्यवस्थित किया जायेगा और X^2 की गणना की जायेगी।

उदाहरण

प्रथम प्रतिदर्श	5	7	24	17	22	13	30	15	29	40
द्वितीय प्रतिदर्श	27	19	6	22	8	21	28	12		
तृतीय प्रतिदर्श	26	10	41	18	9	16	35	36	37	
चतुर्थ प्रतिदर्श	20	14	31	25	32	33	11	34	38	39

संयुक्त मध्यांक के आधार पर उपर्युक्त प्राप्तांकों को चिह्न प्रदान किया जायेगा।

प्रथम प्रतिदर्श	–	–	+	–	–	–	+	–	+	+
द्वितीय प्रतिदर्श	+	–	–	–	–	–	+	–		
तृतीय प्रतिदर्श	+	–	+	–	–	–	+	+	+	
चतुर्थ प्रतिदर्श	–	–	+	+	–	+	–	+	+	+

वर्गान्तर आवृत्तियाँ

40-44	2
35-39	5
30-34	5
25-29	5
20-24	5

$$\text{Mdn} = L + \frac{\left(\frac{N}{2} - F\right) \times i}{fm}$$

$$= 19.5 + \left[\frac{\frac{37}{.2} - 15}{5}\right] \times 5$$

$$= 23$$

15-19	5
9-5	5
	N = 37

$$Mdn = U - \left[\frac{\frac{N}{2} - Fa}{fm}\right] \times i$$

$$= 24.5 - \left[\frac{\frac{37}{5} - 17}{5}\right] \times 5 = 23$$

सांख्यिकीय विश्लेषण (*Statistical Analysis*)

(1) अमान्य परिकल्पना (*Null Hypothesis*)

Ho = जनसंख्या से लिए गये चारों प्रतिदर्शों में कोई अन्तर नहीं है।

(2) सांख्यिकीय परीक्षण (*Statistical Test*)

	+	–	
प्रथम प्रतिदर्श	4 A	6 B	10
द्वितीय प्रतिदर्श	C 2	D 6	8
तृतीय प्रतिदर्श	E 5	F 4	9
चतुर्थ प्रतिदर्श	G 7	H 3	10
	18	19	37

प्रत्याशित आवृत्तियों की गणना

$$A = \frac{18 \times 10}{37} = 4.86 \qquad B = \frac{19 \times 10}{37} = 5.13$$

$$C = \frac{18 \times 8}{37} = 3.89 \qquad D = \frac{19 \times 8}{37} = 4.10$$

$$E = \frac{18 \times 9}{37} = 4.38 \qquad F = \frac{19 \times 9}{37} = 4.62$$

$$G = \frac{18 \times 9}{37} = 4.86 \qquad H = \frac{19 \times 10}{37} = 5.13$$

$$A = \frac{(4 - 4.86)^2}{4.86} = .152 \qquad B = \frac{(6 - 5.13)^2}{5.13} = .147$$

$$C = \frac{(2-3.89)^2}{3.89} = .918 \qquad D = \frac{(6-4.10)^2}{4.10} = .88$$

$$E = \frac{(5-4.38)^2}{4.38} = .087 \qquad F = \frac{(4-4.62)^2}{4.62} = .08$$

$$G = \frac{(7-4.86)^2}{4.86} = .94 \qquad H = \frac{(3-5.13)^2}{5.13} = .88$$

$$X^2 = 4.084$$

$$df = (r-1)(c-1) = (4-1)(2-1) = 3$$

3 *df* पर तालिका मूल्य

.05 = 7.815

.01 = 11.341

(3) निर्णय *(Decision)*

प्राप्त $\chi^2 = 4.084$, .05 सार्थकता स्तर पर दिये गये तालिका मूल्य से कम है, अतः अमान्य परिकल्पना स्वीकृत होती है।

मैन ह्निटने यू परीक्षण
(Mann-Whitney U Test)

मैन-ह्निटने यू परीक्षण को H. B. Mann तथा D. R. Whitney ने विकसित किया। अप्राचल विधियों में यह परीक्षण प्रमुख एवं शक्तिशाली (powerful) माना जाता है। U परीक्षण का प्रयोग t परीक्षण के स्थान पर किया जा सकता है परन्तु t परीक्षण के स्थान पर U परीक्षण का प्रयोग उसी समय किया जा सकता है, जब प्रतिदर्श स्वतन्त्र हो। सहसम्बन्धित समूह (Correlated groups) तथा समेल समूह (methed groups) के लिए U का परीक्षण वर्जित है। मैन ह्निटने यू परीक्षण का प्रयोग यह देखने के लिए किया जाता है कि दो स्वतन्त्र प्रतिदर्श एक ही जनसंख्या से लिए गये हैं या नहीं। इस विधि के द्वारा दोनों दशाओं के क्रमांक (Ranks) के योग के अन्तर की सार्थकता की जाँच क्रमों के मध्यमान से Z- विचलन के आधार पर गणना की जाती है। ***Kurtz & Mayo*** (1980) का मत है कि *"The test is some times referred to as the rank or the sum of rank test: and if the two groups are equal it is the same as Wilcoxon T test."* (**Kurtz & Mayo.** (1980) कहना है कि *"Use the Mann-Whitney U test when there are scores for two groups such that all score may be placed in central tendency between the two groups."*

इस परीक्षण के प्रयोग में यह तार्किक आधार निहित है कि यदि दो समूह एक ही जनसंख्या से लिए गए हैं तो दो क्रमों के योग का अनुपात (the ratio of the sum of ranks) दोनों समूहों में प्राप्तांकों की संख्या के अनुपात (ratio of the number of cases) के समान होगा। यदि क्रमों का योग (sum of ranks) इस अनुपात में नहीं हैं, तो अमान्य परिकल्पना अस्वीकृत हो जायेगी और हम यह निष्कर्ष निकालेंगे कि दोनों समूहों में सार्थक अन्तर है। मैन-ह्निटने यू परीक्षण के निम्नलिखित assumptions हैं:—

(i) प्रदत्त स्वतन्त्र प्रतिदर्श के होने चाहिए।

(ii) प्रदत्त कोटि सूचक मापनी (ordinal scale) से सम्बन्धित हो।

(iii) एक जनसंख्या से स्वतन्त्र यादृच्छिक प्रतिदर्श (Independent random sample) चुने गए हों।

(iv) समूहों की संख्या दो होना अनिवार्य है। समूहों की संख्या दो से अधिक होने पर Kurskal-Wallis H Test का प्रयोग होता है।

(v) दोनों समूहों का *N* असमान होना चाहिए। परन्तु *N* समान होने पर भी परीक्षण का प्रयोग किया जा सकता है *(Mann-Whitney U test is used with independently drawn samples, the size of which need not be the same.*
(**Downie & Heath**, 1970)

इस परीक्षण के गुण-अवगुणों पर प्रकाश डालते हुए **Kurtz & Heath & Mayo** (1980) का कहना है कि, *"This test is better than the runs test and is also superior to the median test. but it requires more computational time."*

उदाहरण

बी॰ ए॰ प्रथम वर्ष मनोविज्ञान के 5 छात्रों तथा 6 छात्राओं के अधिगम पर अभ्यास का प्रभाव देखने के लिए दर्पण चित्रांकन यन्त्र पर उन्हें 5 प्रयास दिये गए पाँचवें प्रयास में उनके द्वारा की गई त्रुटियों को नोट किया गया। क्या छात्रों तथा छात्राओं की त्रुटियों में सार्थक अन्तर है।

(1) अमान्य परिकल्पना *(Null Hypothesis)*

Ho = छात्रों एवं छात्राओं की त्रुटियों में सार्थक अन्तर नहीं है।
H = छात्राओं की तुलना में छात्रों की त्रुटियाँ अधिक होगी।

(2) सांख्यिकीय परीक्षण *(Statistical Test)*

छात्राओं तथा छात्राओं के दो स्वतन्त्र समूह हैं, तथा कोटिसूचक मापनी का प्रयोग किया गया है, इसलिए मैन-ह्विटने यू परीक्षण का प्रयोग किया जायेगा।

(3) सांख्यिकीय विश्लेषण *(Statistical Analysis)*

Boys	R_1	Girls	R_2
18	7	12	1
21	9	14	3
22	10	15	4
23	11	16	5
20	8	17	6
		13	2
$\Sigma R_1 = 45$		$\Sigma R_1 = 21$	

सर्वप्रथम हमें $n_1 + n_2$ के प्राप्तांकों को एक में मिलाकर बढ़ते हुए क्रम में श्रेणीकरण (Ranking) करना होगा। सबसे छोटे प्राप्तांक को 1, उससे बड़े प्राप्तांक को 2, उससे भी बड़े प्राप्तांक को 3 और सबसे बड़े प्राप्तांक को अन्तिम कोटि प्रदान की जायेगी। कोटि प्रदान करने की इस प्रक्रिया का प्रयोग इसलिए किया जायेगा क्योंकि प्राप्तांक त्रुटियों के रूप में है। जब प्राप्तांक त्रुटियों, प्रयासों, समय, असत्य प्राप्तांकों (Lie scores) चिन्ता प्राप्तांकों आदि के रूप में होंगें अर्थात् जब प्राप्तांकों की कम मात्रा अच्छे निष्पादन का परिचायक होगी, तो सबसे छोटे प्राप्तांक को 1 तथा सबसे बड़े प्राप्तांक को अन्तिम अंक (कोटि) प्रदान की जायेगी। इस प्रकार

जब बड़े प्राप्तांक अच्छे निष्पादन के प्रतीक होंगे, जैसे शुद्ध अनुक्रियाएँ, तो सबसे बड़े प्राप्तांक को 1 अंक तथा सबसे छोटे प्राप्तांक को अंतिम अंक प्रदान किया जायेगा। दोनों समूहों (n^1 तथा n^2) को श्रेणीकरण के पश्चात् उनका योग ज्ञात कर लिया जाता है जो ΣR_1 तथा ΣR_2 कहलाता है। दोनों समूहों के क्रमों का योग (sum of ranks) अर्थात् $\Sigma R_1 + \Sigma R_2$ का मान $\frac{N(N+1)}{2}$ के बराबर होना चाहिए। यहाँ n का तात्पर्य $n_1 + n_2$ से है।

$$\text{Sum of Ranks} = \frac{N(N+1)}{2} \quad \text{where } N = n_1 + n_2$$

$$= \frac{(n_1 + n_2)(n_1 + n_2 + 1)}{2}$$

$$= \frac{(5+6)(5+6+1)}{2} = 66$$

$$\left.\begin{array}{l} \Sigma R_1 = \quad 45 \\ \\ \Sigma R_2 = \quad 21 \end{array}\right\} + = 60$$

दोनों समूहों के क्रमों का योग शुद्ध है या नहीं, इसकी जाँच अवश्य कर लेना चाहिए। इस जाँच को किये बिना आगे की गणना नहीं करनी चाहिए। छोटे प्रतिदर्श को n_1 तथा बड़े प्रतिदर्श को n_2 मान लिया जाता है। U ज्ञात करने के लिए अधोलिखित सूत्रों का प्रयोग किया जाता है।

$$U = n_1 n_2 + \frac{n_1(n_1+1)}{2} - \Sigma R_1 = (5)(6) + \frac{5(5+1)}{2} - 45$$

$$= 30 + \frac{30}{2} - 45 = 0$$

$$U = n_1 n_2 + \frac{n_2(n_2+1)}{2} - \Sigma R_1 = (5)(6) + \frac{5(5+1)}{2} - 45$$

$$= 30 + \frac{42}{2} - 21 = 30$$

जब N_2, 20 या इससे कम होता है तो उपर्युक्त सूत्र द्वारा प्राप्त मूल्यों में लघु मूल्य ही वास्तविक U होता है तथा दीर्घ मूल्य U' होता है। यदि $U, \frac{n_1 n_2}{2}$ से बड़ा है, तो यह गणना वास्तविक U की नहीं; वरन् U' की गणना होगी। यदि $U, \frac{n_1 n_2}{2}$ से कम है, तो वास्तविक U की गणना होगी, U' की नहीं। जब n_2, 20 से अधिक होगा तो U ज्ञात करने के लिए उपर्युक्त दोनों सूत्रों में से किसी भी सूत्र का प्रयोग कर सकते हैं। उपर्युक्त उदाहरण में $U = 0$ तथा $U' = 80$ हुआ। U' के आधार पर हम U ज्ञात करके उत्तर की पुष्टि कर सकते हैं।

$$U = n_1 n_2 - U' = 5 \times 6 - 30 = 0$$

सार्थकता की जाँच करेंगे कि U, छात्रों एवं छात्राओं के प्राप्तांक में सार्थक अन्तर है या नहीं, इसके लिए तालिका H देखना होगा।

तालिका H में $n_1 = 5$, $n_2 = 6$ तथा $U = 0$ से सम्बन्धित प्रसम्भाव्यता देखेंगे। इससे सम्बन्धित प्रसम्भाव्यता .013 प्राप्त हुई जो सार्थक है। इस प्रकार छात्रों एवं छात्राओं के समूह में .01 सार्थकता स्तर पर सार्थक अन्तर है।

जब n_2, 20 से अधिक होता है, तो उपर्युक्त विधि द्वारा U ज्ञात करेंगे तथा U के मूल्य को Z में परिवर्तित कर लेंगे क्योंकि n_2 जब 20 से अधिक होता है तब U का निदर्शन वितरण (Sampling distribution) लगभग प्रसामान्य वितरण (normal distribution) के समान हो जाता है।

Boys	Rank	Girls	Rank
15	32.5	20	40.0
15	32.5	18	39.0
14	28.5	17	37.5
14	28.5	17	37.5
14	28.5	16	35.5
13	21.5	15	32.5
13	21.5	15	32.5
13	21.5	14	28.5
13	21.5	13	21.5
10	5	13	21.5
10	5	13	21.5
10	5	13	21.5
9	2	13	21.5
8	1	12	14.0
$n_1 = 15$	$\Sigma R_1 = 276$	12	14.0
		12	14.0
		12	14.0
		12	14.0
		11	9.5
		11	9.5
		11	9.5
		11	9.5
		10	5
		10	5
		$n_2 = 25$	$\Sigma R_2 = 544$

दोनों समूहों के क्रमों के योग की शुद्धता की जाँच की जायेगी।

$$\text{Sum of Ranks} = \frac{N(N+1)}{2} \qquad N = N_1 + N_2$$

Sum of Ranks =

$$\frac{(N_1 + N_2)(N_1 + N_2 + 1)}{2} = \frac{(15+25)(15+25)(15+25+1)}{2} = 820$$

$$U = n_1 n_2 + \frac{n_1(n_1+1)}{2} - \Sigma R_1$$

$$= (15)(25) + \frac{15(15+1)}{2} - 276375 + \frac{240}{2} - 276 = 219$$

$$U = n_1 n_2 + \frac{n_2(n_2+1)}{2} - \Sigma R_2$$

$$= (15)(25) + \frac{25(25+1)}{2} = 544 = 375 + \frac{650}{2} - 544 = 156$$

U की जाँच करेंगे

$$U = n_1 n_2 - U' (15)(25) - 156 = 219$$

U को Z में परिवर्तित करेंगे।

$$Z = \frac{U - \frac{n_1 n_2}{2}}{\sqrt{\frac{(n_1)(n_2)(n_1 + n_2 + 1)}{12}}}$$

$$= \frac{219 - (15)(25)}{\sqrt{\frac{(15)(25)(15+25+1)}{12}}} = \frac{219 - 187.5}{\sqrt{1281.25}} = \frac{31.5}{45.79} = .88$$

निर्णय (*Decision*)

यदि गणना मूल्य 1.96 (.05) या 2.58 (.01) के बराबर या उससे अधिक होगा, तो अमान्य परिकल्पना अस्वीकृत हो जायेगी और विकल्प परिकल्पना स्वीकृत हो जायेगी। यहाँ गणना मूल्य .88 प्राप्त हुआ है। जो तालिका मूल्यों से कम है, इसलिए अमान्य परिकल्पना स्वीकृत होती है।

सीगेल (1956) ने मध्यमान और प्रामाणिक विचलन के आधार पर U को Z में परिवर्तित करने के लिए इस प्रकार सूत्र प्रस्तावित किया है:—

$$\text{Mean} = \mu U = \frac{n_1 n_2}{2} = \frac{15 \times 25}{2} = 187.5$$

$$S.D. = \sigma U = \sqrt{\frac{(n_1)(n_2)(n_1 + n_2 + 1)}{12}}$$

$$= \sqrt{\frac{(15)(25)(15+25+1)}{12}} = 35.79$$

$$Z = \frac{\text{U} - \text{Mean}}{\text{S.D.}} = \frac{219 - 187.5}{35.79} = .88$$

❑

अध्याय 46

प्रसरण विश्लेषण

(ANALYSIS OF VARIANCE)

टी परीक्षण उन प्रयोगों के लिए उपयुक्त माना जाता हे जिनमें एक कारक (factor) से सम्बन्धित दो घटक या दो समूह पाये जायँ। इस परीक्षण के द्वारा एक मध्यमान अन्तर (mean difference) का परीक्षण किया जाता है। यदि एक कारक से सम्बन्धित 3 समूह A, B और C हों, तथा जिनके लिए भिन्न-भिन्न प्रायोगिक दशाओं (experimental treatments) का प्रयोग किया गया हो, तो उनके लिए 3 तुलनाएँ A – B, A – C, B – C की जाएगी। इन तुलनाओं के लिए टी-परीक्षण का प्रयोग उपयुक्त है परन्तु जब प्रायोगिक दशाओं की संख्या 3 से बढ़कर 10 या 15 हो जाए, तो टी-परीक्षण का प्रयोग न करके एफ-परीक्षण का प्रयोग करना चाहिए क्योंकि तुलनाओं की संख्या अधिक हो जाएगी। 10 प्रायोगिक दशाओं के होने पर तुलनाओं की संख्या = 45 होगी। इस प्रकार 15 समूहों के होने पर 105 तुलनाएँ करनी होगी। तुलनाओं की संख्या ज्ञात करने के लिए इस सूत्र का

प्रयोग किया जाएगा— $= \frac{N(N-1)}{2}$

अधिक समूहों के एक साथ तुलनात्मक अध्ययन के लिए एफ-वितरण पर आधारित प्रसरण विश्लेषण प्रविधि का उपयोग अधिक हितकर होगा। इस प्रकार यह कहा जा सकता है कि दो समूहों में विद्यमान अन्तर की सार्थकता के परीक्षण के लिए टी-परीक्षण या जेड-परीक्षण का प्रयोग करते हैं। लेकिन जब प्रदत्त समूह दो या दो से अधिक होते हैं, तो हम टी-परीक्षण का प्रयोग न करके प्रसरण विश्लेषण का प्रयोग करते हैं। क्योंकि अक्सर ऐसा होता है कि अनुसन्धानकर्त्ता को एक ही प्रयोगात्मक परिवर्त्य (experimental variable) पर दो या दो से अधिक समूहों में प्रदत्त उपलब्ध होते हैं, और अनुसन्धानकर्त्ता एक साथ ही यह ज्ञात करना चाहता है, कि इन समूहों में विद्यमान अन्तर सार्थक है या नहीं। ऐसी स्थिति में हम प्रसरण विश्लेषण का प्रयोग करते हैं, इससे समय तथा धन दोनों की बचत होती है। क्योंकि हम एक साथ ही सभी समूहों में विद्यमान अन्तर के सार्थकता की जाँच कर लेते हैं। ***Ferguson*** (1981) के अनुसार, *"The analysis of variance is a method for dividing the variation observed in experimental data into different parts, each part assignable to a know source. cause or factor."*

प्रसरण विश्लेषण को परिभाषित करते हुए ***Mandenhall & Ramey*** (1973) का कहना है कि, ''एक आश्रित परिवर्त्य एवं एक या एक से अधिक स्वतन्त्र परिवर्त्यों के मध्य गुणात्मक अथवा परिमाणात्मक सम्बन्धों को खोजने के लिए अभिकल्पित सामान्य प्रक्रिया को प्रसरण विश्लेषण कहते हैं।'' *"Analysis of variance is a general procedure designed for exploring the relationship between a dependent variable and one or more independent variables. either qualitative or quantitative."* ***Stratton***

& *Hayes* (1991) ने प्रसरण विश्लेषण के सम्बन्ध में अपना मत प्रकट करते हुए कहा है कि, *"प्रसरण विश्लेषण एक सांख्यकीय प्रक्रिया है जिसके द्वारा यह निर्धारित किया जाता है कि प्राप्तांकों के समूह एक-दूसरे से भिन्न है या नहीं।"* (*Analysis of variance (ANOVA) is a statistical procedure to test whether groups of scores differ from each other.*)

प्रसरण विश्लेषण, टी-परीक्षण तथा प्रामाणिक विचलन में घनिष्ठतम सम्बन्ध पाया जाता है। प्रसरण तथा टी-परीक्षण का एक विकसित रूप है। दोनों परीक्षणों में यह समानता है कि हम इन दोनों से एक ही अनुमान निकालते हैं। क्योंकि $t^2 = F$ होता है अर्थात् $\sqrt{F} = t$ होता है। कुछ इसी प्रकार का सम्बन्ध प्रसरण विश्लेषण और प्रामाणिक विचलन में भी पाया जाता है क्योंकि प्रामाणिक विचलन $\left(\sigma = \sqrt{\frac{\Sigma x^2}{N}}\right)$ का वर्ग $\left(\sigma^2 = \frac{\Sigma x^2}{N}\right)$ ही प्रसरण होता है। प्रसरण की मध्यमान वर्ग (mean square) भी कहते हैं क्योंकि प्रसरण का मूल्य प्राप्तांकों के मध्यमान से हुए वर्ग किये विचलनों (squared deviations) के योग के मध्यमान के बराबर होता है।

Variance = Sum of squared deviations from the mean of the distribution, (*Mandenhall & Ramey*, 1973)

या, $\text{Variance} = \frac{\Sigma (X - x)^2}{N}$

या, $\text{Variance} = \sigma^2$

प्रामाणिक विचलन ज्ञात करते समय मध्यमान से प्राप्तांकों के विचलन के वर्गों को N से विभाजित किया जाता है और इसका वर्गमूल ज्ञात कर लिया जाता है। यही वर्गमूल प्रामाणिक विचलन कहलाता है। यदि हम मध्यमान से प्राप्तांकों के विचलन के वर्गों के योग को N से विभाजित करने के पश्चात् वर्गमूल न ज्ञात करें, तो यही मूल्य प्रसरण कहलाएगा। टी-परीक्षण में विचलनशीलता का आधार प्रामाणिक विचलन होता है।

टी-परीक्षण और एफ-परीक्षण एक-दूसरे के पूरक हैं तथा इनमें घनिष्ठतम सम्बन्ध पाया जाता है। ये दोनों परीक्षण एक-दूसरे के पूरक हैं विरोधी नहीं। टी-परीक्षण के संशोधित (improved) के रूप में एफ परीक्षण को माना जाता है। टी परीक्षण के द्वारा केवल दो समूहों के मध्यमान अन्तरों के सार्थकता को ही जाँच होती है जबकि एफ-परीक्षण के द्वारा एक साथ दो से अधिक समूहों के मध्य अन्तर की सार्थकता की जाँच हो जाती है। टी-परीक्षण के द्वारा केवल मध्य (between) अन्तर की सार्थकता की जाँच कर सकते हैं जबकि एफ परीक्षण के द्वारा मध्य तथा अन्दर (between तथा within) अन्तरों के सार्थकता की जाँच कर सकते हैं। टी-परीक्षण द्वारा दो कारकों में अन्तर्क्रिया (interction) प्रभावों की जाँच नहीं की जा सकती है, जबकि एफ परीक्षण के द्वारा एक ही परिवर्त्य (एक दिशा प्रसरण विश्लेषण) के मुख्य प्रभाव का ही नहीं वरन् एक से अधिक परिवर्त्यों (द्विदिश एवं त्रिदिश प्रसरण विश्लेषण) के मुख्य प्रभाव का विश्लेषण किया जा सकता है। साथ-ही-साथ अन्तर्क्रिया प्रभावों का भी विश्लेषण किया जा सकता है। जब दो समूह के मध्य टी-अनुपात सार्थक नहीं प्राप्त होता है, तो एफ-परीक्षण का उपयोग करना आवश्यक हो जाता है। जब दो से अधिक समूहों के प्रदत्तों

पर एफ-परीक्षण का प्रयोग करके एफ मूल्य अवश्य प्राप्त कर लेते हैं,जिनके सार्थक होने पर हम किसी विश्वास स्तर पर यह कह सकते हैं कि किसी सार्थकता स्तर पर प्राप्त एफ मूल्य सार्थक है, तो यह संकेत प्रदान करते हैं कि समूहों के मध्य अन्तर सार्थक है। लेकिन इससे हमें यह नहीं ज्ञात हो पाता है कि किन दो समूहों के मध्य अन्तर सार्थक है या नहीं। यह देखने के लिए हमें टी-परीक्षण का प्रयोग करना होगा। ऐसी स्थिति में दो-दो समूहों को अलग-अलग लेकर उनके मध्य अन्तर के सार्थकता की जाँच की जाती है। इस प्रकार यह कहा जा सकता है कि टी और एफ-परीक्षण एक-दूसरे के पूरक हैं। प्रसरण विश्लेषण की कौन-सी विधि गणना के लिए उपयोगी होगी, यह प्रायोगिक अभिकल्प पर निर्भर करता है। एक ही परिवर्त्य के विभिन्न मूल्य के प्राप्त होने पर द्विदिश प्रसरण विश्लेषण प्रविधि तथा तीन परिवर्त्यों से सम्बन्धित विभिन्न मूल्य के प्राप्त होने पर त्रिदिश प्रसरण विश्लेषण प्रविधि का प्रयोग किया जाता है।

इस प्रविधि का सबसे बड़ा दोष यह है कि प्रसरण विश्लेषण के अभिग्रहों के अनुकूल प्रदत्त प्राप्त कठिन हो जाता है। प्रसरण विश्लेषण में मध्य तथा अन्दर भिन्नताएँ (Between and Within) अन्तर भ्रामक होते हैं। जब अनुसंधानकर्ता परिस्थितियों पर उचित नियन्त्रण नहीं स्थापित कर पाता है, तो इस प्रविधि का प्रयोग करके परिशुद्ध परिणाम नहीं प्राप्त हो पाता है। इसी प्रकार जब प्राप्त प्रदत्त प्रसामान्य वितरण से नहीं प्राप्त होते हैं, तो प्राप्त एक अनुपात शुद्ध नहीं हो पाते हैं। इसी प्रकार जब अनुसंधानकर्त्ता प्रयोज्य के पूर्व अनुभवों की उपेक्षा कर देता है, एफ-परीक्षण परिशुद्ध परिणाम प्रस्तुत करने में असमर्थ होता है।

प्रसरण विश्लेषण प्रायोगिक तथा अनुसंधानात्मक कार्यों के लिए बहुत ही उपयोगी विधि है। सर्वप्रथम *Ronald A. Fisher* तथा उनके सहयोगियों (1923) ने कृषि सम्बन्धी अनुसंधानों में प्रयोग के लिए इस विधि का विकास किया। वे गेहूँ की चार प्रकार की उपज का अध्ययन करना चाहते थे। उनके समक्ष यह समस्या थी कि यदि गेहूँ की चार किस्मों को एक ही प्रकार के खेतों में अलग-अलग बोया जाय तो प्रत्येक किस्म के गेहूँ से प्राप्त उपजों के मध्यमानों में सार्थक अन्तर होगा। इसी समस्या के समाधान के लिए उन्होंने प्रसरण विश्लेषण विधि को विकसित किया। इसे संक्षेप में ANOVA कहते हैं। F- वितरण से सम्बन्धित प्रसम्भाव्यता तालिका *G. W. Snedecor* ने तैयार किया और उन्होंने *Fisher* के सम्मान में इस अनुपात का नामकरण F - ratio के रूप में किया। Royal Statistical Society के समक्ष (Wishart (1934) का प्रस्तुत शोध-पत्र का उत्तर देते हुए *Fisher* (1934) ने इस विधि के प्रयोग को दो प्रकार से सुविधाजनक बताया है :—

(i) इसके द्वारा सांख्यिकीय प्रदत्तों के सारांश के तार्किक तत्त्वों (Logical content) का बोध तुरन्त ही हो जाता है।

(ii) यह सभी सार्थकता परीक्षणों, जिन्हें हम प्रयोग करना चाहते हैं, को सामान्य रूप प्रदान करने में सहायक होता है।

दो से अधिक प्रदत्त समूहों के होने पर प्रयुक्त प्रसरण-विश्लेषण के भाव को F-अनुपात (F-ratio) के द्वारा प्रकट किया जाता है। F-ratio का मान *Fisher* महोदय के नाम के प्रथम अक्षर पर आधारित है। F-अनुपात प्रदत्त समूहों के मध्यमानों में विद्यमान विचलनशीलता (variability between groups) तथा प्रदत्त समूहों के अन्तर्गत उपलब्ध प्रत्येक प्राप्तांकों की विचलनशीलता (variability within groups) को व्यक्त करता है। यदि प्रदत्त समजातीय (Homogeneous) है, तो प्रसरण बहुत कम होगा। लेकिन प्रसरण की मात्रा उरा रागय अधिक हो जाती है, जब प्रदत्त विषमजातीय (Heterogeneous) होता है।

प्रसरण विश्लेषण में निहित अभिग्रह
(Assumptions in Analysis of Variance)

1. चयन किए गए प्रतिदर्श की मापन की जाने वाली विशेषता जनसंख्या में प्रसामान्य (normally) रूप से वितरित होनी चाहिए (*लिण्डक्विस्ट*, 1953)।
2. जिस जनसंख्या से प्रतिदर्श का चयन किया गया हो, उस जनसंख्या में प्रसरण समजातीय (homogeneous) होना चाहिए।
3. चुने गए प्रतिदर्श एक ही जनसंख्या से होने चाहिए।
4. प्रायोगिक दशाओं का प्रभाव योगात्मक (additive) होता है इसलिए प्रसरण को विभाजित कर दिया जाता है।
5. प्रदत्त में स्वतन्त्र निरीक्षणों (independent observations) का प्रयोग किया गया हो।
6. चुने हुए समूहों में समान वितरण (variance) होना चाहिए।
7. समूह की इकाइयों का चयन यादृच्छिक (random sampling) आधार पर किया गया हो।

प्रसरण विश्लेप्रण के प्रकार
(Types of Analysis of Variance)

1. सरल प्रसरण विश्लेषण (*Simple Analysis of Variance*)—इसे एकदिश प्रसरण विश्लेषण (One way analysis of variance) भी कहते हैं। एकदिश प्रसरण विश्लेषण का प्रयोग उस समय किया जाता है जब आश्रित परिवर्त्य (D. V.) एक ही हो, लेकिन स्वतन्त्र परिवर्त्य (I. V.) के मूल्य दो से अधिक हों।

2. घटकीय अभिकल्प (*Factorial Design*)—प्रयोग में प्रयुक्त घटकों के आधार पर विभिन्न प्रकार के प्रसरण विश्लेषण का प्रयोग किया जाता है। यह प्रसरण विश्लेषण द्विदिश प्रसरण विश्लेषण (Two-way analysis of variance), त्रिदिश प्रसरण विश्लेषण (Three-way analysis of variance) या बहुदिश प्रसरण विश्लेषण (Multi-way analysis of variance) प्रकार का हो सकता है। इसे जटिल प्रसरण विश्लेषण (Complex analysis of variance) कहते हैं। इसमें स्वतन्त्र परिवर्त्यों की संख्या 1 से अधिक होती है।

सरल प्रसरण विश्लेषण
(Simple Analysis of Variance)

सरल तथा जटिल दोनों प्रकार के प्रसरण विश्लेषण की गणना की दो विधियों में से किसी एक का प्रयोग किया जा सकता है:—

1. मध्यमान से प्राप्तांकों का विचलन ज्ञात करके गणना करना (Calculation based upon deviation of scores taken from mean.)

2. मूल प्राप्तांकों के आधार पर ही गणना करना (Calculation based directly upon original scores) इस विधि से प्रसरण विश्लेषण ज्ञात करने में कम गणना करनी होती है, तथा कम समय भी लगता है।

सरल प्रसरण विश्लेषण ज्ञात करने के चरण
(Steps in Simple Analysis of Variance)

एकदिश प्रसरण विश्लेषण ज्ञात करने के लिए अधोलिखित चरणों का अनुसरण करना होगाः—

1. संशोधन शब्द ***(Correction Term-C)***

संशोधन ज्ञात करने के लिए सभी समूहों के प्राप्तांकों का योग ज्ञात कर लेते हैं और उनका वर्ग करके N से विभाजित कर देते हैं।

$$C = \frac{(\Sigma x)^2}{N} \text{ या } C = \frac{(\Sigma X_1 + \Sigma X_2 + \Sigma X_3 + \ldots \Sigma X_n)}{n_1 + n_2 + n_3 \ldots n_n}$$

यहाँ ΣX_3 का तात्पर्य प्रथम समूह के योग से है। n_1 प्रथम समूह के प्राप्तांकों की संख्या की ओर संकेत करता है।

2. समस्त वर्गों का योग ***(Total sum of Squares—S Stot.)***

सभी समूहों के समस्त प्राप्तांकों के वर्गों का योग ज्ञात कर लिया जाता है तत्पश्चात् सभी वर्गों के इस योग में से C को घटा देते हैं

$$\text{SStot.} = X_1^2 + X_2^2 + X_3^2 \ldots . X_n^2 - C$$

3. समूह के मध्य वर्गों का योग ***(Sum of Squares between Groups—SSbg)***

इस चरण में सभी समूहों के प्राप्तांकों के योग के वर्ग को उस समूह के N से विभाजित कर दिया जाता है और प्राप्त सभी भजनफलों के योग में से C को घटा दिया जाता है।

$$\text{SSbg} = \frac{(\Sigma X_1)^2}{n_1} + \frac{(\Sigma X_2)^2}{n_2} \ldots \frac{(\Sigma Xn)^2}{n_1} - C$$

4. समूह के अन्तर्गत वर्गों का योग ***(Sum of Squares within Groups-SSwg or Error Variance)***

इस चरण में समस्त वर्गों के योग में से समूहों के मध्य वर्गों के योग को घटा दिया जाता है।

$$\text{SSwg} = \text{SStot—SSbg}$$

5. जाँच ***(Check)***

चौथे चरण में प्राप्त मूल्य के शुद्धता की जाँच इस प्रकार की जा सकती है—इसके लिए हमें समूह के वर्गों के योग में से उस समूह के मूल प्राप्तांकों के योग के वर्ग को उस समूह की संख्या से विभाजित करके प्राप्त भजनफल को घटा देते हैं। यही प्रक्रिया समस्त समूहों के लिए करनी होती है। जो मूल्य समस्त समूहों से अलग-अलग प्राप्त होता है। उसका योग कर लेते है, यह योगफल समस्त वर्गों के योग में समूहों के मध्य वर्गों के घटाये जाने पर प्राप्त मूल्य के बराबर होगा।

6. प्रसरण विश्लेषण की सारांश तालिका

उपरोक्त गणनाओं के पश्चात् एकादश प्रसरण विश्लेषण की साराश तालिका तैयार की जायेगी।

Summary Table : Analysis of Variance

प्रसरण स्रोत (Source of Variation)	वर्गों का योग (Sum of Squares)	स्वतंत्रता के के अंश (df)	प्रसरण आकल (Variance Estimate) या मध्यमान वर्ग (Mean Square)	एफ अनुपात (F-ratio)	सार्थकता स्तर (Level of Signi-finance)
समूह के मध्य (Between group or treatments)	चरण 3	K – 1	चरण $2 \div k - 1 (a)$	$a \div b$ या $\frac{MST}{MSW}$	
समूह के अन्तर्गत (Within Group)	चरण 4	N – K	चरण 3 ÷ N –k (b)		
योग (Total)	चरण–	N – 1			

7. सार्थकता स्तर की जाँच—प्राप्त एफ अनुपात की सार्थकता की जाँच के लिए प्रसरण विश्लेषण सारांश तालिका में दिये गये दोनों स्वतन्त्रता के अंशों (df) का सहारा लेना होता है–समूह के मध्य के स्वतन्त्रता के अंश तथा समूह के अन्तर्गत स्वतन्त्रता के अंश। समूह के मध्य स्वतन्त्रता के अंश को ज्ञात करने के लिए समूहों की संख्या में से a (K–1) घटा देते हैं। इसी प्रकार समूह के अन्तर्गत स्वतन्त्रता के अंश ज्ञात करने के लिए संख्या (समस्त इकाइयों के योग) में से समूहों की संख्या को घटा देते है. b (N–K)। इन दोनों के अंशों का योग (N–1) के बराबर होना चाहिए। इन दोनों स्वतन्त्रता के अंशों के द्वारा ही एफ मूल्य के सार्थकता की जाँच की जाती है। P से सम्बन्धित सारणी में समूहों के मध्य के स्वतन्त्रता के अंश के ऊपर से नीचे की ओर दिए रहते हैं। जिन स्वतन्त्रना के अंशों के मान एफ तालिका में उपलब्ध नहीं होते हैं उन्हें हम अन्तर्गणना (interpolation) के द्वारा ज्ञात कर लेते हैं। जब प्राप्त एफ-अनुपात तालिका में दिए गए मान से अधिक होता है तो अमान्य परिकल्पना अस्वीकृत हो जाती है और शोध परिकल्पना स्वीकृत हो जाती है।

(i) चार समूहों की अवस्था में प्रसरण-विश्लेषण उपयोग *(Application of ANOVA in case of four groups)*

उदाहरण—60 छात्रों को यादृच्छिक रूप से लिया गया। उनके बुद्धि-लब्धि के आधार पर उन्हे चार समूहों ABCD में वर्गीकृत किया गया। तत्पश्चात् उन्हें एक परीक्षण दिया गया। प्राप्तांक अधोलिखित तालिका में दिए गए हैं। क्या प्राप्तांकों के आधार पर यह कहा जा सकता है कि समूह मध्यमान **एक-दूसरे** से सार्थक रूप में भिन्न है।

TREATMENT

बुद्धि लब्धि के आधार पर वर्गीकृत 60 छात्रों का प्राप्तांक

A_1		A_2		A_3		A_4	
8	64	10	100	13	169	18	324
10	100	12	144	14	196	19	361
8	64	11	121	15	225	16	256
8	64	13	169	12	144	19	361
10	100	10	100	13	169	17	289
11	121	12	144	15	225	19	361
9	81	11	121	12	144	16	256
9	81	13	169	15	225	20	400
10	100	13	169	16	256	17	289
9	81	12	144	12	144	20	400
12	144	10	100	14	196	16	256
11	121	14	196	13	169	18	324
12	144	14	196	16	256	17	289
11	121	14	196	16	256	20	400
12	144	11	121	14	196	18	324

$\Sigma X_1 = 150$ $\Sigma X_2 = 180$ $\Sigma X_3 = 180$ $\Sigma X_4 = 180$

$(\Sigma X)^2 = 22500$ 32400 44100 27900

(ΣXt^2)

$= 171900$

$M = 10$ 12 14 18 (Mt)

$= 13.5$

$\Sigma X_1^2 = 1530$ $\Sigma X_2^2 = 2190$ $\Sigma X_3^2 = 2970$ $\Sigma X_4^2 = 4890$

1. Correction $= \dfrac{(\Sigma X)^2}{N} = \dfrac{(810)^2}{60} = 10935$

2. SS tot समस्त वर्गों का योग (Total sum of squares.)

$$(8)^2 + (10)^2 + (8)^2 + \dots (18)^2 - \frac{(810)^2}{60}$$

$$= 11580 - \frac{656100}{60}$$

$$= 11580 - 109.35 = 645$$

3. SSbg समूहों के मध्य वर्गों का योग (Sum of Squares Between Groups)

$$\frac{(150)^2}{15} + \frac{(180)^2}{15} + \frac{(210)^2}{15} + \frac{(270)^2}{15} - \frac{(810)^2}{60}$$

$$= 1500 + 2160 + 2940 + 4860 - 10935 = 11460 - 10935 = 525$$

4. SSwg समूहों के अन्तर्गत वर्गों का योग (Sum of Squares within groups)
SS tot – SS bg
= 645 – 525 = 120
5. जाँच (Check)

$$1530 \frac{(150)^2}{15} = 30$$

$$2190 - \frac{(180)^2}{15} = 30$$

$$2970 - \frac{(210)^2}{15} = 30$$

$$4890 - \frac{(270)^2}{15} = \frac{30}{120}$$

एकदिश प्रसरण विश्लेषण का सारांश

प्रसरण स्रोत Source of Variation	वर्गों का योग (Sum of Squares)	स्वतन्त्रता का अंश (df)	प्रसरण आकल Variance Estimate	एफ अनुपात F - ratio	सार्थकता स्तर (Level Significance
Between groups within	525	(K–1) = 4	131.25	60.206	.01
Treatment (with in groups)	120	N–k = 55	2018		
Total	645	N – 1 = 59			

मध्यमानों की तुलना के लिए परीक्षण *(Test for Comparing Means)*

एकदिश प्रसरण विश्लेषण में जब एफ-अनुपात सार्थक होता है, तो किन दो मध्यमानों का अन्तर सार्थक है, यह देखने के लिए दो मध्यमानों के अंतर की सार्थकता के परीक्षण के प्रामाणिक त्रुटि की गणना की जाती है। उपर्युक्त उदाहरण में दो मध्यमानों के अनतर की जाँच इस प्रकार की जायेगी लेकिन सर्वप्रथम हमें प्रामाणिक त्रुटि भी गणना की करनी होगी।

$$S\bar{X}_j - \bar{X}_j = \sqrt{\frac{S_w^2}{n_j} + \frac{S_w^2}{n_j}} = \sqrt{\frac{2.18}{10} + \frac{2.18}{10}} = \sqrt{.218 + 218} = .66$$

यहाँ $SX_j - X_j$=दो मध्यमानों के अन्तर की प्रामाणिक त्रुटि

S_w^2 = समूहान्तर्गत प्रसरण आकल

nj = सम्बन्धित समूह की संख्या

$$t = \frac{M_1 - M_2}{\sigma D}$$

(i) $A-B \quad t = \dfrac{10-12}{.66} = 3.03 < .01$

(ii) $A-C \quad t = \dfrac{10-14}{.66} = 6.06 < .01$

(iii) $A-D \quad t = \dfrac{10-18}{.66} = 12.12 < .01$

(iv) $B-C \quad t = \dfrac{12-14}{.66} = 3.03 < .01$

(v) $B-D \quad t = \dfrac{14-18}{.66} = 9.09 < .01$

(vi) $C-D \quad t = \dfrac{14-18}{.66} = 6.06 < .01$

उपर्युक्त एकदिश-प्रसरण तालिका को इस प्रकार से भी ज्ञात किया जा सकता है।

XA_1	XA_1^2	XA_2	XA_2^2	XA_3	XA_3^2	XA_4	XA_4^2
8	64	10	100	13	169	18	334
10	100	12	144	14	196	19	361
8	64	11	121	15	225	16	256
8	64	13	169	12	144	19	361
10	100	10	100	13	169	17	289
11	121	12	144	15	225	19	361
9	81	11	121	12	144	16	256
9	81	13	169	15	225	20	400
10	100	13	169	16	256	17	289
9	81	12	144	12	144	20	400
12	144	10	100	14	196	16	256
11	121	14	196	13	169	18	324
12	144	14	196	16	256	17	289
11	121	14	196	16	256	20	400
12	144	11	121	14	196	18	324
$\Sigma X = 150$		180	32400	210		270	$\Sigma X_1 = 810$
$(\Sigma X)^2 = 22500$				44100	27900		$(\Sigma X_t)^2 = 171900$
$M = 10$		12		14		18	$Mt = 13.5$
$\Sigma X^2 = 1530$		2190		2970	4890		$\Sigma X_t^2 = 12580$

$$\text{Correction} = \frac{(\Sigma X_t)^3}{N} = \frac{(810)^2}{60} = 10935$$

$$SS\ total = (\Sigma X_t^2) = \Sigma X_t^2 - C = 11580 - 10935 = 645$$

$$SSbg\ (\Sigma X_b^2)$$

$$= \left[\frac{(\Sigma XA_1)^2 + (\Sigma XA_2)^2 + (\Sigma XA_n)^2 + (\Sigma XA_n)^2}{NA_1 + NA_2 + NA_3 + NAn} \right] - C$$

$$= \left[\frac{(150)^2}{15} + \frac{(180)^2}{15} + \frac{(210)^2}{15} + \frac{(270)^2}{15} \right] - \frac{(810)^2}{60} = 525$$

$$SSwg = \Sigma X_t^2\ (Total - \Sigma X_b^2\ Between) = 645 - 525 = 120$$

एकदिश प्रसरण विश्लेषण का सारांश

Source of Variation	Sum of Squares	df	mean Square	F-ratio	Level of Singnificance
Between groups	525	K – 1 = 4	131.25	60.206	.01
Within groups	120	N–K = 55	2.18		
Total	645	N–1 = 59			

(ii) विचलनों के आधार पर प्रसरण-विश्लेषण की गणना *(Computation of ANOVA based on Deviation)*

प्रसरण विश्लेषण ज्ञात करते समय हम प्रायः मूल प्राप्तांकों के आधार पर ही समूहों के मध्य (Between groups) तथा समूहों के अन्तर्गत (Within groups) विचलनशीलता (Variability) की गणना की जाती है। परन्तु जब निरीक्षणों की संख्या अधिक होती है, तो मूल प्राप्तांकों का वर्ग करने और उसका योग ज्ञात करते समय गणना सम्बन्धी अनेक कठिनाइयाँ आती हैं। ऐसी स्थिति में प्रसरण ज्ञात करने के मूल प्राप्तांकों में से सम्बन्धित मध्यमानों को घटाते हैं। इन्हीं विचलनों के आधार पर प्रसरण की गणना करने में अधिक सुविधाजनक हो जाती है। इसके लिए नीचे का उदाहरण का अवलोकन करें:—

TREATMENT

A_1	x	x^2	A_2	x	x^2	A_3	x	x^2	A_4	x	x^2
8	–2	4	10	–2	4	13	–1	1	18	0	0
10	0	0	12	0	0	14	0	0	19	1	1
8	–2	4	11	–1	1	15	1	1	16	–2	4
8	–2	4	13	1	1	12	–2	4	19	1	1
10	0	0	10	0	0	15	1	1	19	1	1
11	1	1	12	0	0	15	1	1	19	1	1
9	–1	1	11	–1	1	12	–2	4	16	–2	4
9	–1	1	13	1	1	15	1	1	20	–2	4

10	0	0	13	1	1	16	2	4	17	–1	1
9	–1	1	12	0	0	12	–2	4	20	2	4
12	2	4	10	–2	1	14	0	0	16	–2	4
11	1	1	14	2	4	13	–1	1	18	0	0
12	2	4	15	2	4	16	+2	4	17	–1	1
11	1	1	14	2	4	16	2	4	20	2	4
12	2	4	11	–1	1	14	0	0	18	0	0

$\Sigma X = 150$ $\Sigma X_t^2 = 30$ 180 $\Sigma x_2^2 = 30$ 210 $\Sigma x_3^2 = 30$ 270 $\Sigma x_4^2 = 30$

M = 10 12 14 18

$$\text{Mtot} = \frac{\Sigma X}{N} = 13.5$$

Squarer of deviations within groups = $(\Sigma x_1^2)+(\Sigma x_2^2)+(\Sigma x_3^2)+(\Sigma x_4^2)$

$= 30 + 30 + 30 + 30 = 120$

Sum of Squares between means.

$= (M_1 - \text{Mtot})^2 + (M_2 - \text{Mtot})^2 + (M_3 - \text{Mtot})^2 + (M_4 - \text{Mtot})^2 \times n$

$= (10 - 13.5)^2 + (12 - 13.5)^2 + (14 - 13.5)^2 + (18 - 13.5) \times 15$

$= 12.25 + 2.25 + .25 + 20.25 \times 100 = 35 \times 15 = 525$

या, $N\Sigma d^2 = N \times \Sigma d^2$

$\Sigma d^2 = (M - \text{Mtot})^2$

(A) Summary Table Summary Table : ANOVA

Source of Variation	Sum of Squares	df	mean Square	F-ratio	Level
Between groups	525	4	131.25	60.206	.01
Within groups	120	55	2018		
Total 645	59				

(iii) संख्या, मध्यमान और प्रामाणिक विचलन पर आधारित प्रसरण विश्लेषण की गणना *(Computation of ANOVA based on N, M and S.D.)*

जब मूल प्राप्तांक नहीं दिये होते हैं, बल्कि प्रत्येक समूह का N, Mean और S. D. दिया होता है, तो प्रसरण विश्लेषण की गणना इस प्रकार की जाती है:—

उदाहरण—विभिन्न कक्षाओं के मनोविज्ञान के विद्यार्थियों पर बुद्धि परीक्षण प्रशासित किया गया। प्राप्त मध्यमान तथा प्रामाणिक विचलन प्रस्तुत किया जा रहा है।

Class	N	Mean	S. D.
B. A I	15	10	1.4638
B. A II	15	12	1. 4638
M. A I	15	14	1.4638
M. A. II	15	18	1.4638

क्या विभिन्न कक्षाओं के विद्यार्थियों के प्राप्तांकों में सार्थक अन्तर है?

सांख्यिकीय विश्लेषण (*Statistical Analysis*)

A. Sum of Squares and General Mean.

1. General Mean (Combined Mean)

$$= \frac{M_1N_1 + M_2N_2 + M_3N_3 + M_4N_4}{n_1 + n_2 + n_3 + n_4}$$

$$= \frac{10 \times 15 + 12 \times 15 + 14 \times 15 + 18 \times 15}{60} = 13.5$$

2. SS between means

$= n_1 (M_1 - \text{Mcomb})^2 + n_2 (M_2 - \text{Mcomb})^2 + n_3 (M_3 - \text{Mcomb})^2 + n_4 (M_4 - \text{Mcomb})^2$

$= 15 (10 - 13.5)^2 + 15 (12 - 13.5)^2 + 15 (14 - 13.5)^2 + 15 (18 - 13.5)^2$

$= 18.75 + 33.75 + 3.75 + 303.75 = 525$

3. SS within groups

$= (N_2 - 1) (\sigma_1)^2 + (N_2 - 1) (\sigma_2)^2 + (N_3 - 1) (\sigma_3)^2 + (N_4 - 1) (\sigma_4)^2$

$= (15-1) (1.4638)^2 + (15-1) (1.4638)^2 + (15-1) (1.4638)^2 + (15-1) (1.4638)^2$

$= 14 \times 2.1427 + 14 \times 2.1427 + 14 \times 2.1427 + 14 \times 2.1427$

$= 119.99 = 120$

(B) Summary Table

Analysis of Variance

Source of Variation	df	Sum of Squares	Mean Square	F	Level
Between Means	4	525	131.25	60.206	.01
Within groups	55	120	2.18		
Total	59	645			

उपर्युक्त उदाहरण में चार समूहों का मध्यमान और प्रामाणिक विचलन दिया गया है और उनके आधार पर एफ अनुपात की गणना की गई है। इस प्रकार से गणना उस समय भी की जायेगी जब समूह दो ही होंगे। सांख्यिकीय प्रक्रिया में कोई परिवर्तन नहीं होगा, क्योंकिटी-परीक्षण और एफ परीक्षण में कोई मौलिक अन्तर नहीं है। दोनों ही प्राचलिक विधियाँ हैं तथा दोनों में सीधा सम्बन्ध है। एफ अनुपात के आधार पर दोनों समूहों का टी-अनुपात भी अधोलिखित सूत्र के द्वारा ज्ञात कर लिया जायेगा।

$t = \sqrt{F}$ तथा $F = t^2$

(iv) टी एवं एफ अनुपातों की तुलना (*Comparison of t and F*)

निम्नलिखित उदाहरण में अन्तर विधि द्वारा टी-अनुपात की गणना की जा रही है।

फिर हम उसी प्रदत्त का एफ-अनुपात ज्ञात करेंगे और टी तथा एफ मूलयों का तुलनात्मक अध्ययन करेंगे।

टी-अनुपात की गणना
(Computing Ratio)

उदाहरण—10 प्रयोजयों पर एक प्रयोग किया गया। 5 प्रयासों में से पहले और अन्तिम प्रयास के प्राप्तांक दिये जा रहे हैं। क्या प्रथम परीक्षण से अन्तिम परीक्षण का लाभ सार्थक था?

प्रथम एवं पाँचवें प्रयास प्राप्तांकों पर 'टी' की गणना

प्रयास 1	प्रयास 5	अन्तर (5–1)	x	x^2
30	42	12	2.4	5.76
28	38	10	.4	.16
38	42	4	–5.6	31.36
23	48	25	15.4	237.16
25	58	33	23.4	347.56
38	39	1	–8.6	73.96
40	21	–19	–28.6	817.96
35	38	3	–6.6	43.56
25	40	1.5	5.4	29.16
30	42	12	2.4	5.76
312	408	90		1792.40
		10	Mean D = 9.6	

$$SD_D = \frac{\sqrt{\Sigma x^2}}{N-1} = \frac{\sqrt{1792.40}}{(10-1)} = 14.1$$

$$SEMD = \frac{SD_D}{\sqrt{N}} = \frac{141}{\sqrt{10}} = 4.46$$

$$t = \frac{D}{SE_{MD}} = \frac{9.6}{4.46} = 2.15$$

$$df = (10-1) = 9$$

प्राप्त '*t*' अनुपात 0.5 स्तर पर भी सार्थक नहीं है।

एफ अनुपात की गणना
(Computing F-Ratio)

(A) Sum of Squares

1. Correction = (C) = $\frac{(\Sigma X)^2}{N}$

$$= \frac{(312+408)^2}{20} = \frac{(720)^2}{20} = \frac{518400}{20} = 25920$$

2. Total Sum of Squarres = SStot

$$= (X_1^2 + X_2^2 + X_3^2 \ldots X_n^2 - C)$$

$$= 27486 - 25920 = 1566$$

3. Between trials Sum of Squares

$$= \frac{(\Sigma X_1)^2 + (\Sigma X_2)^2}{N} - C$$

$$= \frac{(312)^2 + (408)^2}{10} - 25920 = \frac{97344 + 166464}{10} = 25920$$

$$= 26380.8 – 25920 – 460.8$$

4. Among subjects Sum of Squares = SS Subjects

$$= (30 + 42)^2 + (38 + 28)^2 + (38 + 42)^2 + (23 + 48)^2 + (25 + 58)^2$$

$$\frac{+(38+39)^2 + (40+21)^2 + (35+38)^2 + (25+40)^2 + (30+42)^2}{2} - C$$

$$\frac{5184 - 4356 + 6400 + 5041 + 6889 + 5929 + 3721 + 5329 + 4225 + 5148}{2} - C$$

$$= \frac{52258}{2} - 25920 = 26129 - 25920 = 209$$

5. Interaction sum of Squares.

SS Interaction = SS tot –(SS between Trials + SS Subjects)

$$= 1566 - (460.8 + 209) = 896.2$$

(B)Summary Table.

Analysis of Variance

Source of Variation	*df*	Sum of Squares	Mean Square (variance)	F	Level
Between Trials	$(k-1)$ 1	460.8	460.8	4.627	NS
Among Subjects	$(r-1)$ 9	209.0	23.22	.23	NS
Interaction	$(k-1)(r-1)$	896.2	99.58		
Total	19 (N–1)	1566.0			

$$\text{F trials} = \frac{460.8}{99.58} = 4.627$$

$$t = \sqrt{F} = \sqrt{4.627} = 2.15$$

$$\text{F Subjects} = \frac{23.22}{99.58} = .23$$

From Table

Trials	Subjects
df = 1/9	df = 9/9
F at . 05 = 5.12	3.26
F at. 01 = 10.04	5.54

एफ अनुपात असार्थक प्रयासों का प्रभाव सार्थक नहीं प्राप्त हुआ।

(v) N के असमान होने पर प्रसरण विश्लेषण का उपयोग ***(Application of ANOVA in case of unequal N)***

यदि समूहों का N असमान है, तो प्रसरण विश्लेषण ज्ञात करने के लिए निम्नलिखित प्रक्रिया प्रयुक्त होगीः—

असमान N से प्रसरण विश्लेषण की गणना

	विधियाँ				
	I	II	III	IV	
	10	5	15	20	
	12	4	16	22	
	14	6	18	21	
	16	7	14	24	
	13	5	18	26	
	15	6	16	23	
	18		18	25	
	14			28	
	16			29	
				30	
N =	9	6	7	10	ΣN = 32
ΣX =	128	33	115	248	T = 524
M =	14.22	5.5	16.43	24.8	T2/N = 85805
$\Sigma X^2 =$	1866	187	1905	6256	Σ = 10214
$\Sigma \frac{(\Sigma X)^2}{N} =$	1820.44	181.5	1889.28	6150.4	Σ = 10041.62

Sum of Squares	
Between	10041.62 –8580.5 = 1461.12
Within	10214–10041.62 = 172.38
Total	10214–8580.5 = 1633.50

Summary Table : ANOVA

Source of Variation	Sum of Squares	df	Variance Estimate	F	Level
Between	1461.12	3	487.04	79.116	.01
Within	172.38	28	6.156		
Total	1633.50	31			

विभिन्न प्रतिदर्शों का N असमान होने पर हम सर्वप्रथम समस्त समूहों का योग (ΣX) अलग-अलग ज्ञात करते हैं। फिर समस्त समूहों के योग ($\Sigma X_1 + \Sigma X_2 + \Sigma X_3 + \Sigma X_4$) रज्ञात करते है और T के आगे लिख देते हैं। ΣX^2 ज्ञात करने के लिए समस्त प्राप्तांकों का अलग-अलग वर्ग करते हैं और उसका योग ज्ञात करते हैं ($\Sigma X^2 = (X_1)^2 + (X_2)^2 + (X_3)^2 \ldots$ $(X_n)^2$ $\Sigma\left(\frac{\Sigma X^2}{N}\right)$ के लिए प्रत्येक प्रतिदर्श (समूह) के ΣX का वर्ग ज्ञात करते हैं और उस समूह के N विभाजित करते हैं।

एकदिश प्रसरण विश्लेषण के द्वारा एक साथ अनेक समूहों के मध्य अन्तर की सार्थकता की जाँच की जाती है लेकिन इसके द्वारा मुख्य प्रभाव (main effects) का ही अध्ययन किया जा सकता है। इस विधि काप्रयोग सरल यादृच्छिक अभिकल्प (Simple Random Design) में ही किया जाता है लेकिन जब दो कारकों के प्रभाव का अध्ययन एवं विश्लेषण एक साथ किया जाता है तब द्विद्विश-प्रसरण विश्लेषण (Two Way Analysis of Variance) प्रविधि का प्रयोग किया जाता है। इसी प्रकार जब 3 कारकों (परिवर्त्यों) के प्रभाव का अध्ययन किया जाता है, तब त्रिदिश प्रसरण विश्लेषण (Three-way Analysis of variance) का प्रयोग किया जाता है, जब द्विद्विश या त्रिदिश प्रसरण विश्लेषण का प्रयोग किया जाता है, तो अन्तक्रिया प्रभाव (Interaction effect) का भी विश्लेषण किया जा सकता है। जब द्विद्विश प्रसरण विश्लेषण प्रविधि का प्रयोग करते हैं, तब एक अन्तक्रिया प्रभाव प्राप्त होता है, लेकिन जब त्रिदिश प्रसरण विधि का प्रयोग करते हैं, तब 3 अन्तक्रिया प्रभाव प्राप्त होता है, द्विदिश प्रसरण विश्लेषण में अन्तर्क्रिया प्रभाव दो साधारण प्रभावों का अन्तर होता है। अन्तर्क्रिया प्रभाव के अध्ययन के लिए निम्न उदाहरण को लिया जा सकता है। जिसमें दो मुख्य प्राव तथा अन्तर्क्रिया प्रभाव प्राप्त होता है।

TREATMENT

		A_1	A_2		
	B_1	A_1B_1	A_2B_2	M_{B_1}	B कारक का
Level	B_2	A_1B_2	A_2B_2	M_{B_2}	मुख्य प्रभाव
		M_{A_1}	M_{A_2}	T	

A कारक का मुख्य प्रभाव

इस तालिका के लिए द्विदिश प्रसरण विश्लेषण का प्रयोग करने 3 एफ अनुपात प्राप्त होते हैं।

A (Treatment) का मुख्य प्रभाव (Main effects) (B (Level) का मुख्य प्रभाव (Main effects)

A × B अन्तर्क्रिया प्रभाव (Main effects) अन्तर्क्रिया प्रभाव दो कारकों का सम्मिलित प्रभाव होता है।

जब चारों समूहों के मध्यमान निष्पादनों का रेखाचित्रिय प्रस्तुतीकरण किया जाता है तो उसका स्वरूप इस प्रकार का हो सकता है।

A × B अन्तः क्रिया प्रभाव

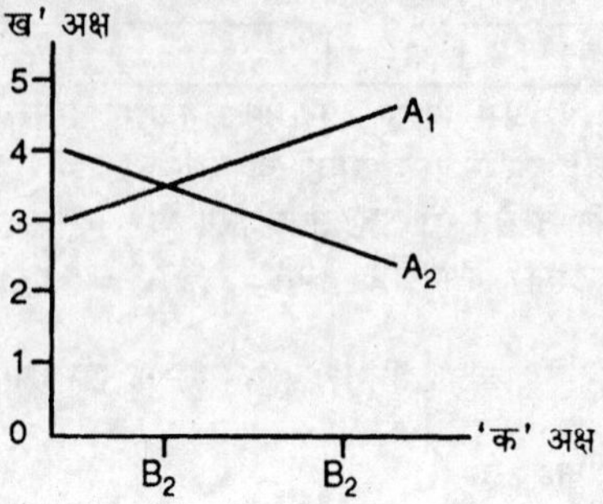

A × C अन्तः क्रिया प्रभाव

प्रभाव

1 सेमी० = 1 प्राप्तांक

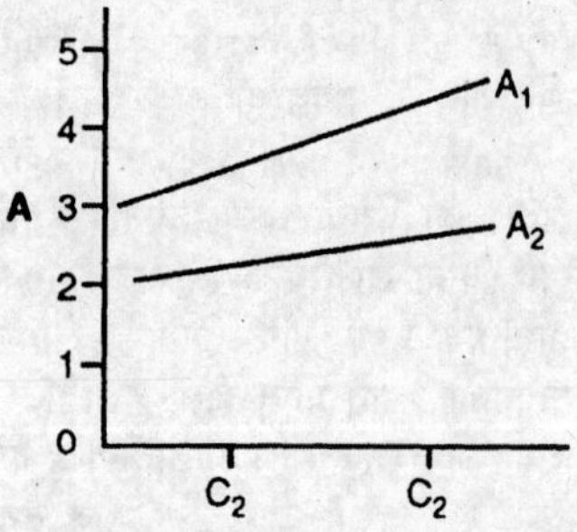

A × C अन्तः क्रिया प्रभाव

प्रभाव

1 सेमी० = 1 प्राप्तांक

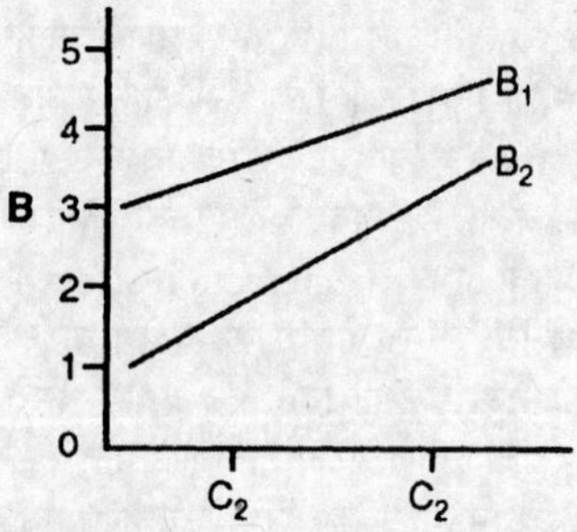

जब A_1 A_2 अथवा B_1 B_2 रेखायें एक-दूसरे को काटती हैं, तो अन्तर्क्रिया प्रभाव पाया जाता है, लेकिन जब यह दो रेखायें एक-दूसरे को नहीं काटती हैं, वरन् समानान्तर होती हैं, तब अन्तर्क्रिया प्रभाव सार्थक नहीं होता है, अन्तर्क्रिया प्रभाव की सार्थकता इस तथ्य की ओर संकेत करती है कि A और B परिवर्त्यों का प्रभाव एक-दूसरे से स्वतन्त्र नहीं है तथा इन दोनों परिवर्त्यों में परस्पर निर्भरता पाई जाती है। अन्तर्क्रिया की असार्थकता इस बात की ओर संकेत करती है कि दोनों परिवर्त्य एक-दूसरे से स्वतन्त्र हैं तथा इनमें किसी प्रकार का पारस्परिक सम्बन्ध नहीं पाया जाता है।

शीफे प्रविधि का उपयोग
(Application of Schefie Technique)

सरल प्रसरण विश्लेषण प्रविधि (Simple Analysis of variance) का प्रयोग करके एक साथ ही दो से अधिक समूहों के मध्यमानों के मध्य अन्तर की सार्थकता की जाँच की जा सकती है। परन्तु यह नहीं ज्ञात हो पाता है कि किन दो समूह के मध्य अन्तर सार्थक है और किनके मध्य नहीं। सरल प्रसरण विधि की सबसे बड़ी न्यूनता यही है। अतः एफ मूल्य के ज्ञात हो जाने

और सार्थक होने पर भी अनुसंधानकर्त्ता को यह जानने की इच्छा होती है कि किन दो समूहों के मध्यमान अन्तर सांख्यिकीय दृष्टिकोण से सार्थक है—A और B, A और C के बीच अथवा B और C के बीच के मध्यमान अन्तरों के सार्थकता की जाँच की जाती है। यद्यपि यह जाँच टी-परीक्षण द्वारा भी सम्भव हे, परन्तु टी-परीक्षण का प्रयोग करने में समय और श्रम अधिक नहीं व्यय करना पड़ेगा वरन् गणना में कठिनाई भी अधिक होगी। अतः एफ अनुपात की गणना करने के बाद अलग-अलग दो समूहों के मध्यमान अन्तरों की सार्थकता की जाँच के लिए सांख्यिकी ने Schefie Technique के प्रयोग को प्रस्तावित किया है। इस विधि में अलग-अलग दो-दो समूहों के बीच F की गणना करके अन्तर की सार्थकता की जाँच की जाती है।

F ज्ञात करने का सूत्र अधोलिखित है:—

$$F = \frac{(M_1 - M_2)^2}{\sigma_w^2\left(\frac{N_1 + N_2}{N_1 N_2}\right)}$$

यहाँ M_1 = प्रथम समूह का मध्यमान

M_2 = द्वितीय समूह का मध्यमान

N_1 = प्रथम समूह की संख्या

N_2 = द्वितीय समूह की संख्या

σ_w^2 = समूहों के मध्य प्रसरण (Within group Variance) का मध्यमान वर्ग (Mean Square)

यहाँ हम उदाहरण के रूप में सरल प्रसरण विश्लेषण शीर्षक के अन्तर्गत प्रस्तुत (i) के प्रदत्त को लेते हैं। चूँकि इस उदाहरण में चार उपसमूह—A_1, A_2, A_3 तथा A_4 हैं अतः हमें 6F की गणना करनी होगी और दो मध्यमानों के मध्य अन्तरों के सार्थकता की जाँच अलग-अलग करनी होगी। शीर्षक (i) के अन्तर्गत प्रस्तुत प्रदत्त के लिए $6F - A_1 - A_2, A_1 - A_3, A_1 - A_4, A_2 - A_3, A_2 - A_4$, तथा $A_3 - A_6$ उपसमूहों के मध्य अन्तर के सार्थकता की जाँच निम्न प्रकार से की जायेगी।

$A_1 = N_1 = 15 \qquad M_1 = 10$

$A_2 = N_2 = 15 \qquad M_2 = 12$

$A_3 = N_3 = 15 \qquad M_3 = 14$

$A_4 = N_4 = 15 \qquad M_4 = 18$

(a) A_1 तथा A_2 समूहों के लिए F की गणना

$$F = \frac{(10-12)^2}{2.18\left(\frac{15+15}{15\times15}\right)} = \frac{4}{.29} = 13.79$$

सार्थक $p < .01$

(b) A_1 तथा A_3 समूहों के लिए F की गणना

$$F = \frac{(10-14)^2}{2.18\left(\frac{15+15}{15\times15}\right)} = \frac{14}{.29} = 55.17$$

सार्थक $p < .01$

(c) A_1 तथा A_4 समूहों के लिए F की गणना

$$F = \frac{(10-18)^2}{2.18\left(\frac{15+15}{15\times15}\right)} = \frac{64}{.29} = 220.68$$ सार्थक $p < .01$

(d) A_2 तथा A_3 समूहों के लिए F की गणना

$$F = \frac{(12-14)^2}{2.18\left(\frac{15+15}{15\times15}\right)} = \frac{4}{.29} = 13.79$$ सार्थक $p < .01$

(e) A_2 तथा A_4 समूहों के लिए F की गणना

$$F = \frac{(12-18)^2}{2.18\left(\frac{15+15}{15\times15}\right)} = \frac{36}{.29} = 124.14$$ सार्थक $p < .01$

(f) A_3 तथा A_4 समूहों के लिए F की गणना

$$F = \frac{(14-18)^2}{2.18\left(\frac{15+15}{15\times15}\right)} = \frac{16}{.29} = 55.17$$ सार्थक $p < .01$

प्राप्त F की सार्थकता को निर्धारित करने के लिए हमें एक विशिष्ट प्रक्रिया अपनानी होती है। इस उद्देश्य की पूर्ति के लिए सर्वप्रथम हम यह देखते हैं कि प्रदत्त का एफ-अनुपात क्या है। प्राप्त एफ-अनुपात जिस स्तर पर सार्थक होगा उस स्तर के न्यूनतम अपेक्षित मूल्य से समूहों की संख्या में से 1 घटाकर (k –1) गुणा कर देते हैं। जब Schefie Technique का प्रयोग करके अलग-अलग F मूल्यों को ज्ञात कर लिया जाता है। प्राप्त F का मान यदि गुणनफल के बराबर या उसेस अधिक होता है, तो प्राप्त F का मान सार्थक होता है। प्रस्तुत उदाहरण में सरल प्रसरण विश्लेषण विधि द्वारा प्राप्त एफ अनुपात 60.206 है, अतः .05 तथा .01 सार्थकता स्तर पर तालिका मूल्य ज्ञात करने के लिए सम्बन्धित df के अपेक्षित मूल्यों में (k–1) से गुणा करना होगा। df = 60 पर .05 स्तर पर तालिका मूल्य = 2.52×3 = 7.56 df= 60 पर .01 स्तर पर तालिका मूल्य = 3.65 × 3 = 10.95।

Schefie Technique के उपयोग के समय अनुसंधानकर्ता को यह ध्यान में रखना चाहिए कि F अनुपात के सार्थक होने पर ही इस प्रविधि का उपयोग करना चाहिए। यदि F अनुपात सार्थक नहीं है तो इस प्रविधि के उपयोग की आवश्यकता नहीं है।

केवल दो समूहों की अवस्था में प्रसरण विश्लेषण का उपयोग
(Application of ANOVA in Case of Only Two Groups)

यद्यपि दो समूहों के होने पर टी-परीक्षण का ही सामान्यतया प्रयोग किया जाता है क्योंकि टी- परीक्षण के उपयोग से समय तथा श्रम दोनों की ही बचत होती है परन्तु हम चाहें तो समूह के होने पर भी प्रसरण विश्लेषण प्रविधि का प्रयोग कर सकते हैं।

उदाहरण

दो समूहों की अवस्था में प्रसरण विश्लेषण की गणना

X_1	X_2	X_1^2	X_2^2
30	42	900	1764
28	38	784	1444
38	42	1444	1764
23	48	529	2304
25	58	625	3364
38	39	1444	1521
40	21	1600	441
35	38	1225	1444
25	40	625	1600
30	42	900	1764
$\Sigma X_1 = 312$	$\Sigma X_2 = 408$	$\Sigma X_1^2 = 10076$	$\Sigma X_2^2 = 17410$

Step 1 : Correction term (C) = $\frac{(\Sigma X)^2}{N} = \frac{(720)^2}{20} = \frac{518400}{20} = 25920$

Step 2 : Total sum of Squares (TSS) = $\Sigma X^2 - C$

$= 27486 - 25920 = 1566$

Step 3 : Between sum of Squares (BSS) = $\frac{(\Sigma X_1)^2}{N_1} + \frac{(\Sigma X_2)^2}{N_2} - C$

$= \frac{(312)^2}{10} + \frac{(408)^2}{10} - C$

$= \frac{97344}{10} + \frac{166464}{10} - 25920 = 9734.4 + 16646.4 - 25920 = 460.8$

Step 4 : Within Sun of squares (WSS) = $\Sigma X_1^2 - \frac{(\Sigma X_1)^2}{N} + \Sigma X_2^2 - \frac{(\Sigma X_2^2}{2}$

$= 10076 - 9734.4 + 17410 - 16646.4 = 341.6 + 763.6 - 1105.2$

Step 5 : Check TSS = BSS + WSS

$= 460.8 + 1105.2 = 1566$ (Checked)

Calculation of df = K = समूहों की संख्या

(i) BSS के लिए df = k – 1   2 – 1 = 1

(ii) WSS के लिए df = N – k   20 – 2 = 18

(iii) TSS के लिए df = N – 1   20 – 1 = 19

Summary Table : ANOVA

Source of Variance	Sum of Squares	*df*	Mean square Variance	*F*	Level
Between groups	460.8	1	460.8	7.505	.05
Within groups	1105.2	18	61.4		
Total	1566	19			

एकांकी समूह की स्थिति में प्रसरण विश्लेषण
(Analysis of Variance in Case of a Single Group)

जब समूह एक ही हो, लेकिन दो या दो से अधिक प्रायोगिक दशाओं में प्रदत्त प्राप्त किया गया हो, तो मध्यमानों के मध्य अन्तर की सार्थकता के परीक्षण के लिए भी प्रसरण विश्लेषण प्रविधि का प्रयोग किया जा सकता है। जिसके द्वारा अन्तर्क्रिया प्रभाव (interaction effect) का भी अध्ययन किया जा सकता है।

उदाहरण—10 प्रयोज्यों से तीन प्रायोगिक दशा मुक्त पुनः स्मरण दशा (free recall condition), क्रमिक पुनः स्मरण दशा (Serial recall condition) तथा प्रत्यभिज्ञा दशा (Recognition condition) के अन्तर्गत पुनः स्मरण कराकर उनके शुद्ध अनुक्रियाओं की गणना की गई। क्या तीनों प्रायोगिक दशाओं में प्राप्त शुद्ध अनुक्रियाओं में सार्थक अन्तर है?

उदाहरण

प्रयोज्य	प्रायोगिक दशाएँ			ΣXR	$(\Sigma XR)^2$	ΣX_1^2	ΣX_2^2	ΣX_3^2
	मु॰पु॰स्म॰	क्र॰पु॰स्म॰	प्रत्यभिज्ञा					
A	6	6	7	19	3.61	36	36	49
B	7	7	8	22	484	49	49	64
C	8	5	9	22	484	64	25	81
D	5	4	10	19	361	25	16	100
E	7	3	8	18	324	49	9	64
F	6	6	9	21	441	36	36	81
G	8	5	9	22	484	64	25	81
H	6	4	8	18	324	36	16	64
I	7	6	7	20	400	49	36	49
J	5	5	8	18	324	25	25	64

$\Sigma X_1 = 05 \; \Sigma X_2 = 83 \; \Sigma X_R^2 = 3987$ $\qquad \Sigma X_1^2 \; \Sigma X_2^2 \; \Sigma X_3^2$
$= 433 = 273 = 697$

$\Sigma X = 65 + 51 + 83 = 199$

$\Sigma X^2 = 433 + 273 + 697 = 1403$

Step 1 = C (Correction $= \dfrac{(\Sigma X)^2}{N} = \dfrac{(199)^2}{30} = \dfrac{39601}{30} = 1320.03$

Step 2 = TSS (Total sum of Squares $= \Sigma X^2 - C$

$= 1403 - 1320.03 = 82.97$

Step 3 = BSS (Between sum of squares or column SS)

$$= \left\{\frac{(\Sigma X_1)^2}{N_1} + \frac{(\Sigma X_2)}{N_2} + \frac{(\Sigma X_3)^2}{N_3}\right\} - C$$

$$= \left\{\frac{(65)^2}{10} + \frac{(51)^2}{10} + \frac{(83)^2}{10}\right\} - 1320.03$$

$$= \left\{\frac{4225}{10} + \frac{2601}{10} + \frac{6889}{10}\right\} - 1320.03$$

$$= (422.5 + 260.1 + 688.9) - 1320.03$$

$$= 1371.5 - 1320.03 = 51.47$$

Step 4 : WSS (Within sum of squares or Row SS)

$$= \frac{(\Sigma X_R)^2}{K} - C = \frac{3987}{3} - 1320.03 = 8.97$$

Step 5 : Interaction SS (residual SS)

$$= TSS - (\text{Column SS} + \text{Row SS})$$

$$= 82.97 - (51.47 + 8.97) = 22.53$$

Step : 6. df की गणना

(i) Between SS (column SS) के लिए $df = (k-1)(3-1) = 2$

(ii) WSS (Row SS) के लिए $df = (r-1)(10-1) = 9$

(iii) Interaction SS (residual SS) के लिए $df = (k-1)(r-1)$

$$= (3-1)(10-1) = (2)(9) = 18$$

(iv) TSS के लिए $df = (N-1) = (30-1)\ 29$

Summary Table : ANOVA

Source of Variance	Sum of Square	*df*	Means Square	*F*	Level
BSS (Column SS)	51.47	2	25.73	20.58	.01
WSS (Row SS)	8.97	9	.99	.70	NS
Interaction SS (Error)	22.53	18	1.25		
Total	82.97	29			

द्विदिश प्रसरण विश्लेषण
(Two-way Analysis of Variance)

उदाहरण

A (Adjustment)

	A_1 (High)	A_2 (Low)
	6	10
	8	12
	7	13
B_1	9	14
(Low)	8	15
	7	14
	6	16
	5	14
	4	13
B	6	12
(Frustration)	$n_1 = 10$	$n_2 = 10$
	$\Sigma X_2 = 66$	$\Sigma X_2 = 133$
	$\Sigma X_2^2 = 456$	$\Sigma X_2 = 1795$
	9	15
	10	16
	11	16
	11	15
	12	14
	10	14
B_2	9	15
(High)	8	17
	10	17
	13	18
	$N_3 = 10$	$N_4 = 10$
	$\Sigma X_3 = 103$	$\Sigma X_4 = 157$
	$\Sigma X_3^2 = 1081$	$\Sigma X_4^2 = 2481$

इसके पश्चात् प्रसरण विश्लेषण की गणना के लिए आवश्यक अवयवों (Ingredients) की सारांश तालिका (summary Table) प्रस्तुत की जायेगी।

Summary of necessary ingredients for Analysis of Variance

	A	
	A_1	A_2
	$n_1 = 10$	$n_2 = 10$
B_1	$\Sigma X_1 = 66$	$\Sigma X_2 = 133$
B	$\Sigma X_2^2 = 456$	$\Sigma X_2^2 = 1795$
	$\overline{X} = 6.6$	$\overline{X} = 13.3$
B2	$n_3 = 10$	$n_3 = 10$
	$\Sigma X_3 = 103$	$\Sigma X_4 = 157$
	$\Sigma X_3^2 = 1081$	$\Sigma X_4^2 = 2481$
	X = 10.3	X = 15.7

1. Correction $= \dfrac{(\Sigma X)^2}{n} = \dfrac{(459)^2}{40} = 5267.025$

2. Total SS $= (\Sigma X_1^2 + \Sigma X_2^2 + \Sigma X_3^2 + \Sigma X_4^2) - C$

$= (456 + 1795 + 1081 + 2481) - 5267.025$

$= 5813 - 5267.025 = 545.975$

3. Among SS $= \dfrac{(\Sigma X_1)^2}{n_1} + \dfrac{(\Sigma X_2^2)}{n_2} + \dfrac{(\Sigma X_3^2)}{n_3} + \dfrac{(\Sigma X_4^2)}{n_4} - C$

$= \dfrac{(66)^2}{10} + \dfrac{(133)^2}{10} + \dfrac{(103)^2}{10} + \dfrac{(157)^2}{10} - 5267.025$

$= 435.6 + 1768.9 + 1060.9 + 2464.9 - 5267.025$

$= 5730.3 - 5267.025 = 463.275$

4. Within SS = total SS – among SS

$= 545.975 - 463.025 = 82.7$

5. SS between amounts of first independent variable (A)

$= \dfrac{(\Sigma X_1 + \Sigma X_3)^2}{n_1 + n_3} + \dfrac{(\Sigma X_2 + \Sigma X_4)}{n_2 + n_4} - C$

$= \dfrac{(66+103)^2}{10+10} + \dfrac{(133+157)^2}{10+10} - 5267.025$

$= \dfrac{(169)^2}{20} + \dfrac{(290)^2}{20} - 5267.025$

$= 1428.05 + 4205 - 5267.025 = 366.025$

6. SS between amount of second independent variable (B)

$$= \frac{(\Sigma X_1 + \Sigma X_2)^2}{n_1 + n_2} + \frac{(\Sigma X_3 + \Sigma X_4)^2}{n_3 + n_4} - C$$

$$= \frac{(66+133)^2}{10+10} + \frac{(103+157)^2}{10+10} - 5267.025$$

$$= \frac{(199)^2}{20} + \frac{(260)^2}{20} - 5267.025 = 1980.05 + 3380 - 5267.025$$

$$= 5360.05 - 5267.025 = 93.025$$

Interaction SS = among SS – between SS (A) – between SS (B)

$= 463.275 - 366.025 - 93.025 = 4.225$

df =

between rows = $(r - 1)$ $(2-1) = 1$

Between column = $(k-1)$ $(2-1) = 1$

Interaction = $(r-1) (k-1) (2-1) (2-1) = 1$

Within sets = $(N - rk)$ = rk (n–1) (40– 2× 2) = 36

Total = $(N - 1)$ = (40–1) = 39

Summary Table : Analysis of Variance

Source of Variation	Sum of Squares	*df*	Mean Square	*F* ratio	Level
Between A	366.025	1	366.025	159.349	.01
Between B	93.025	1	93.025	40.498	.01
Interaction : A × B	4.225	1	4.225	1.839	NS
within groups	82.7	36	2.297		

उदाहरण

द्विदिश प्रसरण विश्लेषण की गणना

	A (Adjustment)		
	A_1 (High)	A_2 (Average)	A_3 (Low)
	18	19	30
	19	20	32
	20	22	34
B_1	21	26	36
(High)	19	29	38
	20	30	36

B	21	28	38
Anxiety	22	25	37
	25	30	35
	28	31	36
	26	32	38
B_2	24	33	40
(Low)	26	32	42
	26	34	40
	24	35	39
	28	36	40

इसके प्रश्चात् प्रसरण-विश्लेषण की गणना के लिए आवश्यक अवयवों (ingredients) की सारांश तालिका (Summary Table) प्रस्तुत की जायेगी।

Summary of necessary ingredients for Analysis of Variance

	A_1	A_2	A_3
	n = 8	8	8
	ΣX = 160	199	281
B1	M = 20	24.87	35.12
	ΣX^2 = 3212	5071	9929
B	n = 8	8	8
	ΣX = 207	263	310
B2	M = 25.87	32.87	38.75
	ΣX^2 = 5373	8675	12050

1. Correction $= \dfrac{(\Sigma X)^2}{N} = \dfrac{(1420)^2}{48} = \dfrac{201600}{48} = 42008.33$

2. Total Sum Squares = SS tot.

$= (X_1^2 + X_2^2 + X_3^2 \ldots X_n^2) - C$

$= (18^2 + 19^2 + ...39^2 + 40^2) - 49008.33 = 44310 - 42008.33 = 2301.67$

3. Among SS $= \dfrac{(\Sigma X_1)^2}{n_1} + \dfrac{(\Sigma X_2)^2}{n_2} + \dfrac{(\Sigma X_2)^2}{n_n} - C$

$= \dfrac{(160)^2}{8} + \dfrac{(199)^2}{8} + \dfrac{(281)^2}{8} + \dfrac{(207)^2}{8} + \dfrac{(263)^2}{8} + \dfrac{(310)^2}{8} - 42008.33$

$= 3200 + 4950.125 + 9870.125 + 5356.125 + 8646.125 + 12012.125 - 42008.33$

$= 44034.625 - 42008.33 = 2026.295$

4. Within SS = Total SS – Among SS

$= 2301.67 - 2026.295 = 275.375$

5. SS between amount of first independent variable (A)

$$= \frac{(\Sigma X_1 + \Sigma X_4)^2}{n_1 + n_4} + \frac{(\Sigma X_2 + \Sigma X_5)^2}{n_2 + n_5} + \frac{(\Sigma X_3 + \Sigma X_6)^2}{n_3 + n_6} - C$$

$$= \frac{(160+207)^2}{8+8} + \frac{(199+263)^2}{8+8} + \frac{(281+310)^2}{8+8} - 42008.33$$

$$= \frac{(367)^2}{16} + \frac{(462)^2}{16} + \frac{(519)^2}{16} - 42008.33$$

$$= 841806 + 13340.25 + 21830.06 - 42008.33$$

$$= 43588.37 - 42008.33 = 1580.04$$

6. SS between amount of second independent variable (B)

$$= \frac{(\Sigma X_1 + \Sigma X_2 + \Sigma X_3)^2}{n_1 + n_2 + n_3} + \frac{(\Sigma X_4 + \Sigma X_5 + \Sigma X_6)}{n_4 + n_5 + n_6} - C$$

$$= \frac{(160+199+281)^2}{8+8+8} + \frac{(207+263+310)^2}{8+8+8} - 42008.33$$

$$= \frac{(640)^2}{24} + \frac{(780)^2}{24} - 42008.33 = 17066.66 + 25350 - 42008.33$$

$$= 42416.66 - 42008.33 = 408.33$$

7. Interaction SS

Among SS – Between SS for first independent variable – between SS for second indenpendent variable.

$$= 2026.295 - 1580.04 - 408.33 = 37.925$$

8. df = Between rows = $(r-1) (2-1) = 1$

Between colums = $(k - 1) (3 - 1) = 2$

Interaction = $(r-1) (k - 1) = 2$

Within sets = $N - rk = rk (n - 1)$

$= 48 - 2 \times 3 = 42; 2 \times 3 (8 - 1) = 42]$

Total = $(N - 1) (48 - 1) = 47]$

Summary Table : Two- way ANOVA

Source	Sum of Squares	*df*	Mean Squares	*F*	Level
A = Adjustment	1580.04	2	790.02	120.5	.01
B = Anxiety	408.33	1	408.33	62.28	.01
Interaction (*A* × *B*)	37.925	2	18.962	2.89	NS
Withing sets (Error)	275.375	42	6.556		
Total	2301.67	47			

Calculated F values and Required F at diffrent df.

F value	Required F		Decision
	.05	.10	Significant
Adjustment – 120.5	3.22	5.15	difference
Anxiety – 62.28	4.07	7.27	Significant Difference
Interaction – 2.89	3.22	5.15	Not Significant

यह गणना 2 × 3 कारक अभिकल्प (Factorial design) की सहायता से किया गया है यहाँ दोनों स्वतन्त्र परिवर्त्यों के 2 और 3 मूल्यों को लिया गया। यदि स्वतन्त्र परिवर्त्य दो ही है, उनके मूल्य चाहे जो हो, उपर्युक्त सांख्यिकीय प्रविधि का ही प्रयोग किया जायेगा। कारक अभिकल्प चाहे 2 × 2 हो, या 2 × 3 या 3 × 4 उपर्युक्त प्रक्रिया का ही प्रयोग करें।

त्रि-दिश प्रसरण विश्लेषण
(Three-Way Analysis of Variance)

उदाहरण

त्रि-दिश प्रसरण विश्लेषण की गणना

A	A_1				A_2			
B	B_1		B_2		B_1		B_2	
C	C_1	C_2	C_1	C_2	C_1	C_2	C_1	C_2
	5	19	17	10	8	18	16	22
	2	17	14	25	15	25	18	24
	4	16	9	18	12	22	19	26
	8	16	11	26	16	25	22	23
	10	10	15	31	18	19	24	28
	3	26	6	25	19	20	26	27
	8	22	8	31	22	23	28	25
	10	16	19	16	28	29	29	24
	23	8	10	22	35	36	28	26
	15	15	20	16	38	40	27	28
$\Sigma X =$	88	164	129	223	211	257	237	253
$\Sigma X^2 =$	1136	2936	1873	5373	5311	7085	5815	6439
n =	10	10	10	10	10	10	10	10
X =	8.8	16.4	12.9	22.3	21.1	25.7	23.7	25.3

Summalry of necessary ingredients for Analysis of Variance

A

	A_1	A_2
B_1	$n = 10$ $C_1 \Sigma X = 88$ $\Sigma X = 1136$ $M = 8.8$ $C_2 n = 10$ $\Sigma X = 164$ $\Sigma X^2 = 2936$ $M = 16.4$	$n = 10$ $\Sigma X = 211$ $\Sigma X^2 = 5311$ $M = 21.1$ $n = 10$ $\Sigma X = 257$ $\Sigma X^2 = 7085$ $M = 22.7$
B B_2	$n = 10$ $C_1 \Sigma X = 129$ $\Sigma X^2 = 1873$ $M = 12.9$ $n = 10$ $C_2 \Sigma X = 223$ $\Sigma X^2 = 5373$ $M = 22.3$	$n = 10$ $\Sigma X = 237$ $\Sigma X^2 = 5815$ $M = 23.7$ $n = 10$ $\Sigma X = 253$ $\Sigma X^2 = 6439$ $M = 25.3$

1. Correction term $= \dfrac{(\Sigma X)^2}{N} = \dfrac{(1562)^2}{80} = \dfrac{246944}{80} = 30498.05$

2. Total SS $= (X_1^2 + X_2^2 + X_3^2 \ldots X_n^2) - C$

$= (5^2 + 2^2 + 4^2 \ldots 28^2) - 30498 = 5470$

3. Treatments SS =

$$\frac{(\Sigma X_1)^2}{n_1} + \frac{(\Sigma X_2)^2}{n_2} + \frac{(\Sigma X_3)^2}{n_3} + \frac{(\Sigma X_4)^2}{n_4} + \frac{(\Sigma X_5)^2}{n_5}$$

$$+ \frac{(\Sigma X_6)^2}{n_6} + \frac{(\Sigma X_7)^2}{n_7} + \frac{(\Sigma X_8)^2}{n_8} - C$$

$$= \frac{(88)^3}{10} + \frac{(164)^2}{10} + \frac{(129)^2}{10} + \frac{(223)^2}{10} + \frac{(211)^2}{10} + \frac{(257)^2}{10}$$

$$+ \frac{(237)^2}{10} + \frac{(253)^2}{10} - 30498.05$$

$= 774.4 + 2689.6 + 1664.1 + 4972.9 + 4452.1 + 6604.9 + 5616.9$
$+ 6400.9 - 30498.05$

$= 33175.8 - 30498.05 = 2677.75$

4. **Within SS = Total – Treatment**

$= 5470 - 2677.75 = 2792.25$

5. Check $\Sigma X_1^2 = (5)^2 + (2)^2 + (4)^2 + ... + (15)^2 - \frac{(88)^2}{10}$

$= 1136 - 774.4 = 361.6$

$\Sigma X_2^2 (19)^2 + (17)^2 + (16)^2 + ... + (15)^2 = \frac{(164)^2}{10}$

$= 2936 - 2689.6 = 246.4$

$\Sigma X_3^2 = (17)^2 + (14)^2 + (9)^2 + ... + (20)^2 - \frac{(129)^2}{10}$

$= 1873 - 1664.1 = 208.9$

$\Sigma X_4^2 = (10)^2 + (25)^2 + (18)^2 + ...(+(19)^2 - \frac{(223)^2}{10}$

$= 5373 - 4972.9 = 400.1$

$\Sigma X_5^2 = (8)^2 + (15)^2 + (12)^2 + ... + (38)^2 \frac{(211)^2}{10}$

$= 5311 - 4452.1 = 858.9$

$\Sigma X_6^2 = (18)^2 + (25)^2 + (22)^2 + ... + (40)^2 \frac{(257)^2}{10}$

$= 7085 - 6604.9 = 480.1$

$\Sigma X_7^2 = (16)^2 + (18)^2 + (19)^2 + .. + (27)^2 - \frac{(237)^2}{10}$

$= 5815 - 5616.9 = 198.1$

$\Sigma X_8^2 = (22)^2 + (24)^2 + (26)^2 + ... + (28)^2 \frac{(253)^2}{10}$

$= 6439 - 6400.9 - 38.1 = 2792.2$

6. A – SS $\frac{(\Sigma X_1 A)^2}{n} + \frac{(\Sigma X A_2)}{n} - C$

$$= \frac{(88 + 164 + 129 + 223)^2}{10 + 10 + 10 + 10} + \frac{(211 + 257 + 237 + 253)^2}{10 + 10 + 10 + 10} - 30498.05$$

$$= \frac{(604)^2}{40} + \frac{(958)^2}{40} - 30498.05 = 9120.4 + 22944.1 - 30498.05$$

$= 32064.5 - 30498.05 = 1566.45$

7. B –SS = $\frac{(\Sigma X B_1)^2}{n} + \frac{(\Sigma X B_2)^2}{n} - C$

$$= \frac{(88 + 164 + 211 + 257)^2}{10 + 10 + 10 + 10} + \frac{(129 + 225 + 237 + 253)^2}{10 + 10 + 10 + 10} - 30498.05$$

$$= \frac{(720)^2}{40} + \frac{(842)^2}{40} - - 30498.05$$

$= 12960 + 17724.1 - 30498.05 = 30684.1 - 30498.05 = 186.05$

8. $C - SS = \frac{\Sigma Xc_1)^2}{n} + \frac{(\Sigma Xc_2)^2}{n} - C$

$= \frac{(88+129+211+237)}{10+10+10+10} + \frac{(164+223+257+253)^2}{10+10+10+10} - 30498.05$

$= \frac{(665)^2}{40} + \frac{(897)^2}{40} - 30498.05$

$= 11055.625 + 20115.225 - 30498.05$

$= 31170.85 - 30498.05 = 672.8$

9. Interaction effects $\frac{[(A+D)-(B+C)]^2}{4n}$

(A) Two-way Table for A and B

	B_1	B_2	Σ
A_1	88	129	
	164	223	
	252	352	604
	352	604	
A_2	211	237	
	257	253	
	468	490	958
Σ	720	842	1562

$A \times B = \frac{9\,[(252+490)^2 - (468+362)]^2}{4\,(20)}$

$= \frac{(742-820)^2}{80} = \frac{(78)^2}{80} = 76.05$

(B) Two-way Table for A × C

	C_1	C_2	Σ
A_1	88	164	
	129	223	604
	217	387	
A_2	211	257	
	237	253	
	448	510	958
Σ	665	897	1562

$A \times C = \frac{[(217+510)-(448+387)]^2}{4(20)}$

$$= \frac{[(217+510)-(448+387]^2}{4(20)}$$

$$= \frac{(727-835)^2}{80} = \frac{(108)}{80} = 145.8$$

(C) Two-way Table for B × C

	C_1	C_2	Σ
B_1	88	164	
	211	257	720
	299	421	
B_2	129	223	
	237	253	
	366	476	842
Σ	665	897	1562

$$B \times C = \frac{[(299+476)-(366+421)]^2}{4(20)}$$

$$= \frac{(775-787)^2}{80} = \frac{(12)^2}{80} = 1.8$$

d = A × B × C

= Treatments SS – Sum of Squares for A, B, C, A × B, A × C, B × C

= 2677.75 – (1566.45 + 186.05 + 672.08 + 76.05 + 145.8 + 1.8)

= 2677.75 – 2648.95 = 28.8

Summary Table : Three way ANOVA

Source of Variation	Sum of Squares	*df*	Mean Square	*F*	Level
A	1566.45	1	1566.45	40.39	.01
B	186.05	1	186.05	4.79	.05
C	672.8	1	672.08	17.34	.01
A × B	76.05	1	76.05	1.96	NS
A × C	145.8	1	145.8	3.76	NS
B × C	1.8	1	1.8	.046	NS
A × B × C	28.8	1	28.8	.74	NS
within (Error)	2792.25	72	38.78		
Total	5470	79			

त्रिदिश प्रसरण विश्लेषण के लिए अब दूसरा उदाहरण प्रस्तुत है जिसमें 4 × 3 × 2 घटकीय अभिकल्प के आधार प्रदत्त प्रस्तुत किया गया है।

त्रिदिश प्रसरण विश्लेषण की गणना

C	B	A_1	A_2	A_3	A_4
		4	12	15	18
		7	13	16	17
		9	14	18	19
		9	15	16	22
	B_1	14	14	17	28
		$\Sigma X = 43$	$\Sigma X = 68$	$\Sigma X = 82$	$\Sigma X = 104$
		5	15	18	15
		6	18	19	32
C_1	B_2	12	14	21	18
		12	18	22	29
		7	16	24	40
		$\Sigma X = 42$	$\Sigma X = 81$	$\Sigma X = 104$	$\Sigma X = 134$
		6	18	19	25
		8	14	22	35
	B_3	5	16	24	36
		6	12	26	38
C		8	18	27	39
		$\Sigma X = 33$	$\Sigma X = 78$	$\Sigma X = 118$	$\Sigma X = 173$
		9	17	22	35
		6	12	26	34
		5	15	32	36
	B_1	8	14	33	38
		7	16	30	39
		$\Sigma X = 35$	$\Sigma X = 74$	$\Sigma X = 143$	$\Sigma X = 182$
		8	16	21	38
		10	12	38	40
		12	15	29	42
C_2	B_2	10	14	36	44
		9	16	38	46
		$\Sigma X = 49$	$\Sigma X = 73$	$\Sigma X = 157$	$\Sigma X = 210$
		7	15	35	46
		8	18	34	48
		9	22	36	49
	B_3	12	20	35	52
		12	23	42	45
		$\Sigma X = 48$	$\Sigma X = 98$	$\Sigma X - 182$	$\Sigma X = 240$

$$\text{Total SS} = (4)^2 + (7)^2 + (9)^2 + ...+ (52)^2 + (45)^2 - \frac{(2551)^2}{120}$$

$= 71651 - 54230.008 = 17420.992$

$$\text{Trreatment} = \frac{(43)^2}{5} + \frac{(68)^2}{5} + \frac{(82)^2}{5} + \frac{(104)^2}{5} + ...$$

$$\frac{(182)^2}{5} + \frac{(240)^2}{5} - \frac{(2551)^2}{120}$$

$= 369.8 + 924.8 + 1344.8 + 2163.2 + 352.8 + 1312.2 + 2163.2 + 3591.2 + 217.8 + 1216.8 + 2784.8 + 5985.8 + 245 + 1095.2 + 4089.8 + 6624.8 + 480.2 + 1065.8 + 4929.8 + 8820 + 460.8 + 1920.8 + 6624.8 + 11520 - 54230.008$

$= 70304.2 - 54230.008 = 16074.192$

Within SS = Total SS – Treatment SS

$= 17420.992 - 16074.192 = 1346.8$

Outcomes of a 4 × 3 × 2 Factorial Experiment.

		A_1	A_2	A_3	A_4	Σ
	B_1	43	68	82	104	297
C_1	B_2	42	81	104	134	361
	B_3	33	78	118	173	402
	B_1	35	74	143	182	434
C_2	B_2	49	73	157	210	489
	B_3	48	98	182	240	568
	Σ	250	472	786	1043	2551

(इस तालिका में प्रस्तुत योग में 5-5 निरीक्षण है)

The A × C Table

	A_1	A_2	A_3	A_4	Σ
C_1	118	227	304	411	1060
C_2	132	245	482	632	1491
Σ	250	472	786	1043	1491

(इस तालिका में प्रत्येक योग में 15-15 निरीक्षण सम्मिलित है)

$$C = \frac{(1060)^2}{60} + \frac{(1491)^2}{60} - \frac{(2551)^2}{120}$$

$$= \frac{1123600}{60} + \frac{2223081}{60} - \frac{6507601}{120}$$

$= 55778.01 - 54230.008 = 1048.002$

$$A = \frac{(250)^2}{30} + \frac{(472)^2}{30} + \frac{(786)^2}{30} + \frac{(1043)^2}{120} - \frac{(2551)^2}{120}$$

$$= \frac{62500}{30} + \frac{222784}{30} + \frac{617796}{30} + \frac{1087849}{30} - \frac{6507601}{120}$$

$$= 2083.33 + 7426.13 + 20593.2 + 36261.63 - 54230.008$$

$$= 66364.29 - 54230.008 = 12134.28$$

A × C interaction SS cell

$$= \frac{(118)^2}{15} + \frac{(227)^2}{15} + \frac{(304)^2}{15} + \frac{(411)^2}{15} + \frac{(132)^2}{15} + \frac{(245)^2}{15} + \frac{(482)^2}{15} + \frac{(632)^2}{15} - \frac{(2551)^2}{120}$$

$$= \frac{13924}{15} + \frac{51529}{15} + \frac{92416}{15} + \frac{168921}{15} + \frac{17424}{15} + \frac{60025}{15} + \frac{232324}{15} + \frac{399424}{15} - \frac{6507601}{120}$$

$$= 928.26 + 3435.26 + 6161.06 + 11261.4 + 4001.66 + 15488.26 + 26628.26 - 54230.008$$

$$= 69065.76 - 54230.008 = 1483.752$$

A× C = Cell - row - Column

$$= 14835.752 - 1548.002 - 12134.28 = 1153.47$$

A × B Table

	A_1	A_2	A_3	A_4	Σ
	43	68	82	104	
	35	74	143	184	
B_1	78	142	225	286	731
	42	81	104	134	
	49		73	157	210
B_2	91	154	261	344	850
	33	78	118	173	
	48	98	182	240	
B_3	81	176	300	413	970
	250	472	786	1043	2551

$$B = \frac{(731)^2}{40} + \frac{(850)^2}{40} + \frac{(970)^2}{40} + \frac{(2551)^2}{120}$$

$$= \frac{534361}{40} + \frac{72250}{40} + \frac{940900}{40} - \frac{6507601}{120}$$

$= 13359.025 + 18062.5 + 23522.5 - 54230.008$

$= 54944.025 - 54230.008 = 714.017$

$$\text{Cell} = \frac{(78)^2}{10} + \frac{(142)^2}{10} + \frac{(225)^2}{10} + \frac{(286)^2}{10} + \frac{(91)^2}{10} + \frac{(154)^2}{10} + \frac{(261)^2}{10} +$$

$$\frac{(344)^2}{10} + \frac{(81)^2}{10} + \frac{(176)^2}{10} + \frac{(300)^2}{10} + \frac{(413)^2}{10} - \frac{(2551)^2}{120}$$

$= 608.4 + 2016.4 + 5062.5 + 8179.6 + 828.1 + 2371.6 + 6812.1$

$+ 11833.6 + 656.1 + 3097.6 + 9000 + 17056.9 - 54230.008$

$= 67522.9 - 54230.008 = 13292.892$

$A \times B$ = cell – row – column

$= 13292.82 - 714.017 - 12134.28 = 444.523$

B × C Table

	B_1	B_2	B_3	Σ
C_1	297	361	402	1060
C_2	434	489	568	1491
Σ	731	850	970	2551

(प्रत्येक योग में 20 निरीक्षण सम्मिलित है)

$$\text{Cell} = \frac{(297)^2}{20} + \frac{(361)^2}{20} + \frac{(402)^2}{20} + \frac{(434)^2}{20} + \frac{(489)^2}{20}$$

$$+ \frac{(568)^2}{20} - \frac{(2551)^2}{120}$$

$= 4410.45 + 6516.05 + 8080.2 + 9417.8 + 11956.05$

$+ 16131.2 - 54230.008$

$= 56511.75 - 54230.008 = 2281.742$

$B \times C$ = cell – row – column

$= 2281.742 - 1548.002 - 714.017 = 19.723$

$A \times B \times C$ = Treatment – ($A + B + C + A \times B + A \times C + B \times C$)

$= 16074.192 - (12134.28 + 714.017 + 1548.002 +$

$444.523 + 1153.47 = 19.723)$

$= 16074.192 - 16014.015 = 60.177$

Summary Table : Three way ANOVA

Source of Variation	Sum of Squares	*df*	Mean Square	*F*	Level
A	12134.28	3	4044.76	288.31	.01
B	711.017	2	357.008	25.447	.01
C	1548.002	1	1548.002	103.002	.01
A × B	444.523	6	74.08	5.28	.01
A × C	1253.47	3	384.49	27.406	.01
B × C	19.723	2	9.86	0.702	NS
A × B× C	60.177	6	10.029	0.714	NS
With in	1346.8	96	14.029		
Total	17420.992	119			

❑

अध्याय 47

सहप्रसरण विश्लेषण

(ANALYSIS OF COVARIANCE)

अधिगम और स्मृति के क्षेत्र में बहुत-सी प्रायोगिक परिस्थितियों में अनुसंधानकर्त्ता को अध्ययन किए जा रहे परिवर्त्य में वास्तविक रूप से असमान (unlike) समूहों की तुलना करनी होती है। ऐसी स्थिति में समेलन के लिए दो विधियों का प्रयोग किया जाता है। प्रथम विधि में यह समेलन युग्मों (pairs) में इस प्रकार की जाती है कि एक समूह को एक इकाई का समेलन दूसरे समूह की इकाई से हो जाय। इस प्रकार हम एक से अधिक प्रायोगिक दशाओं की तुलना कर सकते हैं। परन्तु जब अनुसंधानकर्त्ता के लिए ऐसे समूहों की रचना असम्भव और व्यवहारिक हो जाय तथा वह एक व्यक्ति का समेलन दूसरे व्यक्ति से करने में अपने को असमर्थ पाये, तब वह समूहों का समेलन समूहों के मध्यमान और प्रामाणिक विचलनों के आधार पर करता है। परन्तु इनमें से कोई विधि न तो पूर्ण रूप से संतोषजनक है और न प्रयोग करने में सरल ही है। अक्सर समान समूह अपने आकार (N) में ह्रास को प्रदर्शित करते हैं। इसलिए प्राप्तांकों के समेलन में कठिनाई होती है। समेलन समूह में प्रतिदर्श की जनसंख्या के समेलन परिवर्त्य एवं प्रायोगिक परिवर्त्य में सह-सम्बन्ध प्राप्त करना अक्सर कठिन होता है।

सहप्रसरण विश्लेषण प्रसरण विश्लेषण का एक विस्तृत रूप है जो विश्लेषण के प्रसार का प्रारम्भिक और अन्तिम प्राप्तांकों के मध्य सह-सम्बन्ध की ओर संकेत करता है। यह प्रविधि प्रायोगिक मनोविज्ञान के अनुसंधानकर्ताओं के लिए सर्वाधिक उपयोगी है। जबकि प्रारम्भ में अनेक कारकों के परिणामस्वरूप प्रायोगिक एवं नियंत्रित समूह का समेलन असम्भव अथवा कठिन ही होता है।

सहप्रसरण विश्लेषण में प्रसरण विश्लेषण एवं सह-सम्बन्धात्मक विश्लेषण के मौलिक विचारों को उन समस्याओं के लिए संयुक्त किया जाता है जिनमें किसी नामवाचक मापनी (nominal scale) के संयोग (combination) में एक से अधिक अन्तराल मापनियाँ सम्मिलित रहती हैं। (*Blalock*, 1981)। इस प्रकार सहप्रसरण विश्लेषण इन दोनों प्रक्रियाओं का सैद्धान्तिक विस्तार (theoretical extension) है। इस प्रवधि का प्रयोग स्वतन्त्र परिवर्त्य के रूप में प्रयुक्त अनेकों नामवाचक एवं अन्तराल मापनियों के लिए किया जा सकता है। परन्तु आश्रित परिवर्त्य अन्तराल मांपनी पर ही आधारित होना चाहिए। स्वतन्त्र परिवर्त्य के रूप में हम 3 - 4 परिवर्त्यों का चयन कर सकते हैं।

कभी-कभी अनुसंधानकर्ता को ऐसे प्रायोगिक अभिकल्पों का प्रयोग अपने समस्या के समाधान के लिए करना होता है जिनमें मध्यवर्ती (intervening) परिवर्त्य को नियंत्रित करने की आवश्यकता होती है जिससे प्राप्त परिणाम के कारणों की व्याख्या की जा सके। इस उद्देश्य की पूर्ति के लिए दो महत्त्वपूर्ण प्रक्रियाओं, विभिन्न प्रायोगिक दशाओं में प्रयोज्यों का यादृच्छिक आवंटन (random assignment) तथा समान समूहों (equivalent groups) के निर्माण के लिए प्रयोज्यों का समेलन (matching) का प्रयोग किया जाता है। फिर भी प्रायोगिक रूप से

एक या दो दशाओं को प्रशासकीय कारणों या कसौटी माप (criterion measure) से उसके सम्बन्धों के प्रति अज्ञानता के कारण नियंत्रित करने में असफल रहता है। ऐसी देशा में जहाँ सहचारी परिवर्त्यों का प्रयोगिक नियंत्रण न किया गया हो, सहप्रसरण विश्लेषण (ANCOVA) की गणना की जाती है।

सहप्रसरण विधि की अवधारणाएँ *(Assumptions of Analysis of Covariance)*

सहप्रसरण विश्लेषण का प्रयोग उस समय किया जाता है जबः—

1. X और Y में रेखीय सह-सम्बन्ध पाया जाय।
2. योगशीलता के प्रभाव विद्यमान हो।
3. वितरण में प्रसामान्यता पायी जाय।
4. प्रतिगमन में समजातीयता हो।
5. निरीक्षण यादृच्छिक हो।
6. प्रसरण में समजातीयता हो।

सहप्रसरण विश्लेषण की उपयोगिताएँ *(Uses of Analysis of Covariance)*

सहप्रसरण विश्लेषण की अनेक उपयोगिताएँ हैंः—

(i) बहुत वर्गीकरण में उप-उत्पादन के रूप में प्रतिगमन का अध्ययन सम्भव है।

(ii) निरीक्षणात्मक अध्ययनों में पक्षपात-स्रोतों (source of bias) का समायोजन किया जा सकता है।

(iii) सार्थक मुख्य प्रभाव (main effects) प्राप्त करने के बाद निरूपण (Ireatment) प्रभावों के बारे में ज्ञान प्राप्त किया जा सकता है।

(iv) यादृच्छिक अभिकल्प की परिशुद्धता में वृद्धि की जा सकती है।

(v) पक्षपातों, अवरोध उत्पन्न करने वाले परिवर्त्यों के प्रभावों तथा वातावरणीय स्रोतों से उत्पन्न विचलनों को दूर करने के लिए यह एक अत्यन्त शक्तिशाली प्रविधि है।

(vi) व्यवहारपरक विज्ञानों में चयन किया गया प्रतिदर्श जनसंख्या का वास्तविक प्रतिनिधित्व नहीं करता, क्योंकि प्रतिदर्श चयन में कुछ न कुछ त्रुटियों के बने रहने की सम्भावना रहती है। सहप्रसरण विश्लेषण प्रविधि प्रतिदर्श चयन त्रुटियों को कम करने में सहायक है।

(vii) सहप्रसरण विश्लेषण द्वारा प्राप्त परिणामों में अपेक्षाकृत अधिक शुद्धता एवं विश्वसनीयता पाई जाती है।

(viii) सहप्रसरण विश्लेषण विधि प्रसरण विश्लेषण प्रविधि का एक परिमार्जित एवं विकसित रूप है।

(ix) पूर्व परीक्षण तथा अन्तिम परीक्षण में प्राप्तांकों का विश्लेषण करने के लिए सहप्रसरण प्रविधि का प्रयोग किया जाता है।

(x) सहप्रसरण विश्लेषण के द्वारा दो से अधिक समूहों के मध्य शुद्ध प्रभाव (Net effects) की जाँच की जा सकती है।

सहप्रसरण विश्लेषण प्रविधि की सीमाएँ (*Limitations of Analysis of Covariance Technique*)

(i) प्रायोगिक परिस्थितियों में उपर्युक्त नियन्त्रण न होने पर सहप्रसरण विश्लेषण विधि द्वारा प्राप्त परिणाम भी शुद्ध नहीं होते हैं।

(ii) सहप्रसरण वश्लेिषण विधि का प्रयोग करने पर प्राप्त परिणाम तभी शुद्ध होते हैं जब प्राप्त प्रदत्त सहप्रसरण विश्लेषण प्रविधि के अवधारणाओं/अभिग्रहों (assumptions) के पूर्ण अनुकूल हो।

(iii) चूँकि पूर्व और अन्तिम प्राप्तांकों का वितरण सामान्य नहीं होता है, इसलिए समायोजित एफ-अनुपात भी अनुमानित ही होता है।

सहप्रसरण विश्लेषण गणना में प्रयुक्त सोपान

Step 1. संशोधन प्रक्रिया (*Correction term*)—चूँकि प्रस्तुत उदाहरण के प्रत्येक समूह में 3 सेट हैं—सहविचर (Covariate) X; कसौटी (Criterion Y) एवं मिश्रित परिणाम (Cross Product)। इसलिए हमें 3 संशोधन प्रक्रियाओं का प्रयोग करना होगा।

Correction for X, Cx = $\frac{\Sigma X^2}{N}$ Correction for Y, Cy = $\frac{\Sigma Y^2}{N}$

Correction for products, Cxy = $\frac{\Sigma X \times \Sigma Y}{N}$

Step 2. योगों के लिए वर्गों का योग (*SS for totals*)—योगों के लिए 3 SS हैं जिनकी गणना इस प्रकार की जायेगी।

For X = $\Sigma X^2 - Cx$ For ΣY^2 For Xy = $\Sigma XY - Cxy$

Step 3. तीनों समूहों के मध्यमानों के बीच वर्गों का योग (*SS between means*)—X और Y के बीच मध्यमानों के मध्य वर्गों का योग ज्ञात करने के लिए प्रसरण विश्लेषण विधि (ANOVA) का ही प्रयोग होगा जबकि X और Y के लिए मध्यमानों के मध्य वर्गों का योग संवादी (corresponding) X और Y कॉलम के योग को N से विभाजित करके Cxy के घटाने के बाद प्राप्त मूल्य के बराबर होता है।

$$X = \frac{(\Sigma X_1)^2 + (\Sigma X_2)^2 + (\Sigma X_3)^2}{n} - Cx$$

$$Y = \frac{(\Sigma Y_1)^2 + (\Sigma Y_2)^2 + (\Sigma Y^3)_3}{N} - Cy$$

$$Xy = \frac{(\Sigma X_1 \Sigma Y_1) + (\Sigma X_2 \Sigma Y_2) + (\Sigma X_3 \Sigma Y_3)}{n} - Cxy$$

Step 4. मिश्रित समूह के वर्गों का योग (*SS within groups*)— X, Y, और XY के लिए SS को प्राप्त करने के लिए Total SS में से Between Mean SS को घटा दिया जाता है।

X के लिए = Total SS for X – Between Mean SS for X

Y के लिए = Total SS for Y – Between Mean SS for Y

XY के लिए = Total SS for XY = Between Means SS for XY

Step 5. प्रारम्भिक प्रसरण विश्लेषण (*Preliminary analysis of variance*)—X और Y प्राप्तांकों का प्रारम्भिक प्रसरण विश्लेषण अलग-अलग किया गया और प्राप्त परिणाम सारांश तालिका में प्रस्तुत किया गया है।

Step 6. Y के लिए समायोजित वर्गों का योग (*Adjusted SS for Y*)—इस सोपान का प्रयोग Y परिवर्त्य में से X के सहयोग से उत्पन्न विचलनशीलता को दूर करने के लिए किया जाता है।

$$SS\ y\ x\text{-}\ SSy - \frac{(SSxy)^2}{SSx} \quad \text{Total SSyx} = \text{Total SSy} - \frac{TotalSS^2\,xy}{TotalSSx}$$

$$\text{Within SSyx} = \text{Within SSy} - \frac{WithinSS^2}{WithinSSx}$$

Between Means SSy x + Total SSy x – Within SSy x

Step 7. सहसम्बन्ध एवं प्रतिगमन (*Correlation and Regression*)—इस सोपान का प्रयोग Total, Between means, तथा Within groups के लिए विभिन्न सह-सम्बन्ध एवं प्रतिगमन ज्ञात करने के लिए किया जाता है। इसका सूत्र इस प्रकार हैः—

$$r = \frac{\Sigma xy}{\sqrt{\Sigma x^2 \Sigma y^2}}$$

प्रतिगमन गुणक (b) इस सूत्र के द्वारा ज्ञात किया जाता हैः—

$$b = \frac{\Sigma xy}{\Sigma x^2}$$

Step 8. समायोजित मध्यमान (*Adjusted means*)—ANCOVA को पूर्ण करने के पश्चात X मध्यमानों में अन्तरों के लिए कसौटी प्राप्तांक मध्यमानों (Criterion mean Scores – Y means) को प्रत्यक्ष रूप से समायोजित किया जाता है।

M y x = My – b (Mx – G Mx)

Step 9. समायोजित Y मध्यमानों की तुलना (*Comparison of Y adjusted Means*)—ANCOVA के पश्चात् सोपान के रूप में समायोजित Y मध्यमानों के महत्त्वपूर्ण युग्मों का निर्धारण पूर्व वर्णित सूत्र के द्वारा किया जाता है।

Step 1. Correction terms

Cx = (95)2 / 15 = 601.66

Cy = (115)2/15 = 881.66

Cxy = (95 × 115), 15 = 95.00

Step 2. Total SS for

X = 7.5 — 601.66 = 133.34

Y = 1053 —881.66 =171.34

XY = 960 – 95.00 = 865.000

Step 3. Between groups means SS for

$$X = \frac{(25)^2 + (50)^2 + (20)^2}{5} - 601.66 = 103.34$$

उदाहरण -1

Worksheet for Covariance Analysis

Group (Experimental I)					Group II (Experimental II)					Group II (Control)				
X_1	Y_1	X_1Y_1	X_1^2	Y_1^2	X_2	Y_2	X_2Y_2	X_2^2	Y_2^2	X_3	Y_3	X_3Y_3	X_3^2	Y_3^2
3	5	15	9	25	8	10	80	64	100	3	4	12	9	16
5	8	40	25	64	9	12	108	81	144	5	6	30	25	36
7	5	35	49	25	10	10	100	100	100	3	5	15	9	25
5	5	25	25	25	13	50	195	169	225	3	5	15	9	25
5	7	35	25	49	10	13	130	100	6	5	30	36	25	
Σ25	30	150	133	188	50	60	613	514	738	20	25	102	88	127
M 5	6				10	12					5			

For all groups = $\Sigma X = 95$ $\Sigma XY = 960$ $\Sigma X^2 = 735$

$\Sigma Y = 115$ $\Sigma y^2 = 1053$

$$Y = \frac{(30)^2 + (60)^2 + (25)^2}{5} - 881.66 = 143.34$$

$$XY = \frac{(25 \times 30) + (50 \times 60) + (20 \times 25)}{5} - 95 = 755$$

Step 4. Within groups SS for

$$X = 133.34 - 103.34 = 30$$

$$Y = 171.34 - 143.34 = 28$$

$$Xy = 865.0 - 755 = 110$$

Step 5. Analysis of variance of X and Y scores taken separately.

Summary of ANOVA

Source of Variation	*df*	*SSx*	*SSy*	*MSx*	*MSy*
Between Means	2	103.34	143.44	51.67	21.67
Within groups	12	30.00	28.00	2.5	2.33
Total	14	133.34	171.34		

$$Fx = 51.67/2.5 = 20.668$$

$$Fy = 71.67/2.33 = 3.76$$

तालिका देखने पर यह ज्ञात होता है कि 2, 12df पर

.05 = 3.88

.01 = 6.93

X और Y का एक अनुपात .01 पर दिये गये तालिका मूल्य से अधिक है। इसलिए यह कहा जा सकता है कि X और Y के सहविचर (covariate) मध्यमानों में सार्थक अन्तर है।

Step 6. Comutation of adjusted SS for Y i. e. SSy . x

$$\text{Total SSy x} = 171 - \frac{(865)^2}{133.34} = 5440.406$$

$$\text{Within SS'yx} = 28 - \frac{(110)^2}{30} .430.33$$

Between SS'yx = 5440 .406 – 430 .33 = 5037.27

Summary of ANCOVA

Source of variation	df	SSx	SSy	SSxy	SS'xy	MS'yx (Vxy)
Between means	2	103.34	143.34	755	5037.07	2518.53
Within groups	11*	30.00	28.00	110	430.33	39.12
Total	13	133.34	171.34	865		

* x पर y के प्रतिगमन के कारण 1 df कम हो जाता है।

Fyx = 2518.53/39.12 = 64.38

Fyx का मूल्य .01 सार्थकता मूल्य पर सांख्यकीय दृष्टिकोण से सार्थक है,

S. D. y' x = $\sqrt{Vy.x} = \sqrt{39.12} = 6.25$

Step 7. Correlation and regression

$$\text{r total} = \frac{865}{\sqrt{133.34 \times 171.34}} = \frac{865}{151.15} = 5.723$$

$$\text{r between means} = \frac{755}{\sqrt{30 \times 143.34}} = \frac{755}{65.57} = 11.51$$

$$\text{r within groups} = \frac{110}{\sqrt{103.34 \times 143.34}} = \frac{110}{121.71} = .904$$

$$\text{b within groups} = \frac{110}{30} = 3.67$$

Step 8. Calculation of adjusted y means

Adjusted Y means

Group	M	Mx	My	Myx (Adjusted)
I	5	5	6	10.88
II	5	10	12	1.4689
III	5	4	5	13.55
General Mean		6.33	7.66	

M'y x = My – b (Mx – GMx) = My – bx

(Y means adjusted for X Variations)

b = प्रतिगमन गुणक

x = GM x से Mx का विचलन

प्रथम समूह के लिए (I)

My –bx = 6–3.67 (5–6.33) = 10.88

द्वितीय समूह के लिए (II)

My – bx = 12 – 3.67 (10–6.33) = 1.4689

तृतीय समूह के लिए (III)

My – bx = 5 – 3.67 (4–6.33) = 13.55

Step 9. Comparison of adjusted means

इस उद्देश्य के लिए सहप्रसरण विश्लेषणेत्तर (Post ANCOVA) ही परीक्षण का प्रयोग होता है।

SD yx = $\sqrt{39.12} = 6.25$

$$SE_{MD} = \sigma_w \sqrt{\frac{1}{n_1} + \frac{1}{n_2}} = 6.25\sqrt{\frac{1}{5} + \frac{1}{5}} = 3.95$$

t Values :

$$M_1 - M_2 = \frac{10.8 - 1.4689}{3.95} = 2.36 \text{ Significant at .05}$$

$$M_1 - M_3 = \frac{10.88 - 13.55}{3.95} = .675\text{NS}$$

$$M_2 - M_3 = \frac{1.4689 - 13.55}{3.95} = 3.05 \text{significantat.01 level}$$

गणना प्रक्रिया में थोड़ा परिवर्तन करके सहप्रसरण विश्लेषण की गणना इस प्रकार की जा सकती है।

उदाहरण 2.

Worksheet for Covariance Analysis

First (Rewarded) group			Second (Punished) group			Third (Controlled) group		
X_1	Y_1	X_1Y_1	X_2	Y_2	X_2Y_2	X_3	Y_3	X_3Y_3
12	10	120	5	8	40	12	20	240
18	15	270	8	10	80	14	15	210
15	20	300	7	10	70	18	15	270
15	25	375	10	12	120	16	20	320
10	20	200	15	10	150	20	20	400
Total-270	90	1265	45	50	460	80	90	1440
Mean-14	18	253	9	10	92	16	18	288

तीनों समूहों के लिए $\Sigma X = 195$ $\Sigma_2 = 2801$ $\Sigma XY = 3165$

$\Sigma Y = 230$ $\Sigma Y^2 = 3908$

Step 1. Correction term

$Cx = (195)^2/_{15} = 2535$

$Cy = (230)^2/_{15} = 3526.67$

$$Cxy = \frac{195 \times 230}{15} = 2990$$

Step 2. Total SS

For $X = 2801 - 2535 = 266$

$Y = 3908 - 3526.67 = 381.33$

$xy = 3165 - 2990 = 175$

Step 3. Among group mean SS

$$\text{For } x = \frac{(70)^2 + (45)^2 + (80)^2}{5} - 2535 = 130$$

$$y = \frac{(90)^2 + (50)^2 + (90)^2}{5} - 3526.67 = 213.33$$

$$xy = \frac{70 \times 90 + 45 \times 50 + 80 \times 90}{5} - 2990 = 160$$

Step 4. Within group SS

For x = 266 –130 = 136

y = 381.33 – 213.33 = 168

xy = 175 – 160 15

Step 5. Analysis of variance of X and Y scores Separately

Source of Variation	*df*	*SSx*	*SSy*	*MSx (Vx)*	*MSy (Vy)*
Among means	2	130	213.3	65	106.66
Within means	12	136	168.00	11.33	14.00
Total	14	266	381.33		

$Fx = {}^{65}/_{11.33} = 5.741$

$Fy = {}^{106.66}/_{14} = 26.66$

2,12 पर सम्बन्धित F तालिका में

.05 . 3.38

.01 . 6.93

Step 6. Compution of Adjusted SS to for y : ie. SSyx

Total SS = 38.33 $(175)^2/266 = 1515.12$

Within SS = 168.00 – $(15)^2/136 = 165$

Among M' s SS = 115.12 –1.65 = 113.47

Analysis of Covariance

Source of Variation	df	SSx	SSy	Sxy	Sy . x	Msy . x (Vy . x)	SDy . x
Among groups	2	130	213.33	160	113.47	56.73	.39
Within groups	11	136	168.00	15	1.65	.15	
Total	13	266	381.33	175			

$SD\ \dot{y}\, x = \sqrt{Vyx} = \sqrt{.15} = .2$

$$F\,\dot{y}\,x = \frac{56.73}{15} = 378.23$$

2. 11 df पर F मूल्य की तालिका में

F at .05 level = 3.98

F at .01 Level = 7.20

Step 7. Correlation and Regression

$$r \text{ Total} = \frac{175}{\sqrt{266 \times 381.33}} = \frac{175}{318.49} = 549$$

$$r \text{ among means} = \frac{160}{\sqrt{130 \times 213.33}} = \frac{160}{166.33} = 96$$

$$r \text{ within} = \frac{15}{\sqrt{136 \times 168}} = \frac{15}{151.15} = .09$$

$$b \text{ total} = \frac{175}{266} = .657$$

$$b \text{ among means} = \frac{160}{130} = 1.39$$

$$b \text{ withing} = \frac{15}{136} = .11$$

Step 8. Calculation of Adjusted Y means

Group	N	Mx	My	My x (adjusted)
A	5	14	18	17.89
B	5	9	10	10.44
C	5	16	18	17.67
		13		

General Means $M\dot{y}\ x = My - b\ (Mx - GMx)$

For Group A = My – bx = 18 –.111 = (14 – 13) = 17.89

B = My – bx = 10–.11 = (9 – 13) = 10.44

C = My –bx = 18 – .11 = (16 – 13) = 17.67

Step 9. Significance of difference among adjusted Y means

$$SD\ \dot{y}\,x = \sqrt{15} = .39 \qquad SEM\ \dot{y}\,x = \frac{.39}{\sqrt{5}} = .174$$

$$\text{SD between two adjusted means} = \text{Sdy.x}\sqrt{\frac{1}{N_1} + \frac{1}{N_2}} = .39\sqrt{\frac{1}{5} + \frac{1}{5}} = .245$$

for $df = 11$ $\quad t_{.05} = 2.20\times\ t_{.01} = 3.11$

(a) Significant difference at .05 level

2.20×.245 = .539 NS

(b) Significant difference at .01 level

3.11 × .245 = .762 NS

❑

STATISTICAL TABLES

TABLE—A

Fractional parts of the total area (taken as 10.000) under the normal probability curve

$\frac{1}{\sigma}$	.00	.01	.02	.03	.04	.05	.06	.07	.08	.09
0.0	0000	0040	0080	0120	0160	0199	0239	0279	0319	0359
0.1	0398	0438	0478	0517	0557	0596	0636	0675	0714	0753
0.2	0793	0832	0871	0910	0948	0987	1026	1064	1103	1141
0.3	1179	1217	1255	1293	1331	1368	1406	1443	1480	1517
0.4	1554	1591	1628	1664	1700	1736	1772	1808	1844	1879
0.5	1915	1950	1985	2019	2054	2088	2123	2157	2190	2224
0.6	2257	2291	2324	2357	2389	2422	2454	2486	2517	2549
0.7	2580	2611	2642	2673	2704	2734	2764	2794	2823	2852
0.8	2881	2910	2939	2967	2995	3023	3051	3078	3106	3133
0.9	3159	3186	3212	3238	3264	3290	3315	3340	3365	3389
1.0	3413	3438	3461	3485	3508	3531	3554	3577	3599	3621
1.1	3643	3665	3686	3708	3729	3749	3770	3790	3810	3830
1.2	3849	3869	3888	3907	3925	3944	3962	3980	3997	4015
1.3	4032	4049	4066	4082	4099	4115	4131	4147	4162	4177
1.4	4192	4207	4222	4236	4251	4265	4279	4292	4306	4319
1.5	4332	4345	4357	4370	4383	4394	4406	4418	4429	4441
1.6	4452	4463	4474	4484	4495	4505	4515	4525	4535	4545
1.7	4554	4564	4573	4582	4591	4599	4608	4616	4625	4633
1.8	4641	4649	4656	4664	4671	4678	4686	4693	4699	4706
1.9	4713	4719	4726	4732	4738	4744	4750	4756	4761	4767
2.0	4772	4778	4783	4788	4793	4798	4803	4808	4812	4817
2.1	4821	4826	4830	4834	4838	4842	4846	4850	4854	4857
2.2	4861	4864	4868	4871	4875	4878	4881	4884	4887	4890
2.3	4893	4896	4898	4901	4904	4906	4909	4911	4913	4916
2.4	4918	4920	4922	4925	4927	4929	4031	4932	4934	4936
2.5	4938	4940	4941	4943	4945	4946	4948	4949	4951	4952
2.6	4953	4955	4956	4957	4959	4960	4961	4962	4963	4964
2.7	4965	4966	4967	4968	4969	4970	4971	4972	4973	4974
2.8	4974	4975	4976	4977	4977	4978	4979	4979	4980	4981
2.9	4981	4982	4982	4983	4984	4984	4985	4985	4986	4986
3.0	4986.5	4986.9	4987.4	4987.8	4988.2	4988.6	4988.9	4989.3	4989.7	4990.0
3.1	4990.3	4990.6	4991.0	4991.3	4991.6	4991.8	4992.1	4992.4	4992.6	4992.9
3.2	4993.129									
3.3	4995.166									
3.4	4996.631									
3.5	4997.674									
3.6	4998.409									
3.7	4998.922									
3.8	4999.277									
3.9	4999.519									
4.0	4999.683									
4.5	4999.966									
5.0	4999.997133									

TABLE—B

Values of the coefficient of concordance. W to be significant at the 20, 10, 5 and 1 percent levels.

m	a	3	4	*n*5	6	7	8	9	10
	.20	.78	.60	.53	.49	.47	.46	.45	.44
	.10		.73	.62	.58	.55	.53	.52	.51
3	.05	1.00	.82	.71	.63	.62	.60	.58	.56
	.01		.96	.84	.77	.73	.70	.67	.65
	.20	.56	.40	.38	.37	.36	.35	.34	.33
	.10	.75	.52	.47	.44	.42	.41	.40	.39
4	.05	.81	.65	.54	.51	.48	.46	.45	.44
	.01	1.00	.80	.67	.62	.59	.56	.54	.52
	.20	.36	.34	.30	.29	.28	.28	.27	.27
	.10	.52	.42	.38	.36	.34	.33	.32	.31
5	.05	.64	.52	.44	.41	.39	.38	.36	.35
	.01	.84	.66	.56	.52	.49	.46	.44	.43
	.20	.33	.27	.25	.24	.24	.23	.23	.23
	.10	.44	.36	.32	.30	.29	.28	.27	.26
6	.05	.58	.42	.37	.35	.33	.32	.31	.30
	.01	.75	.56	.49	.45	.42	.40	.38	.37
	.20	.27	.23	.22	.21	.20	.20	.20	.19
	.10	.39	.30	.27	.26	.25	.24	.23	.23
7	.05	.51	.36	.32	.30	.29	.27	.26	.26
	.01	.63	.48	.43	.39	.36	.34	.33	.32
	.20	.25	.20	.19	.18	.18	.17	.17	.17
	.10	.33	.26	.24	.23	.22	.21	.20	.20
8	.05	.39	.32	.29	.27	.25	.24	.23	.23
	.01	.56	.43	.38	.35	.32	.31	.29	.28
	.20	.20	.18	.17	.16	.16	.16	.15	.15
	.10	.31	.23	.21	.20	.19	.19	.18	.18
9	.05	.35	.28	.26	.24	.23	.22	.21	.20
	.01	.48	.38	.34	.24	.23	.22	.21	.20
	.20	19	.16	.15	.15	.14	.14	.14	.13

m	a	3	4	*n*5	6	7	8	9	10
	.10	.25	.21	.19	.18	.17	.17	.16	.16
10	.05	.31	.25	.23	.21	.20	.20	.19	.18
	.01	.48	.35	.31	.28	.26	.25	.24	.23
	.20	.14	.13	.13	.12	.12	.12	.11	.11
	.10	.19	.17	.16	.15	.15	.14	.14	.13
12	.05	.25	.21	.19	.18	.17	.16	.16	.15
	.01	.36	.30	.26	.24	.22	.21	.20	.19
	.20	.12	.11	.11	.10	.10	.10	.10	.10
	.10	.17	.15	.14	.13	.13	.12	..12	.12
14	.05	.21	.18	.17	.16	.15	.14	.14	.13
	.01	.31	.26	.23	.21	.19	.18	.17	.17
	.20	.10	.10	.09	.09	.09	.09	.09	.08
	.10	.15	.13	.12	.12	.11	.11	.10	.10
16	.05	.19	.16	.15	.14	.13	.12	.12	.12
	.01	.28	.23	.20	.18	.17	.16	.15	.15
	.20	.09	.09	.08	.08	.08	.08	.08	.07
	.10	.13	.12	.11	.10	.10	.09	.09	.09
18	.05	.17	.14	.13	.12	.11	.11	.11	.10
	.01	.25	.20	.18	.16	.15	.14	.14	.13
	.20	.08	.08	.07	.07	.07	.07	.07	.07
	.10	.11	.10	.10	.09	.09	.08	.08	.08
20	.05	.15	.13	.12	.11	.10	.10	.10	.09
	.01	.22	.18	.16	.15	.14	.13	.12	.11
	.20	.07	.06	.06	.06	.06	.06	.05	.05
	.10	.09	.08	.08	.07	.07	.07	.07	.06
25	.05	.12	.10	.09	.09	.08	.08	.08	.07
	.01	.18	.15	.13	.12	.11	.10	.10	.09
	.20	.05	.05	.05	.05	.05	.05	.05	.04
	.10	.08	.07	.06	.06	.06	.06	.06	.05
30	.05	.10	.09	.08	.07	.07	.07	.07	.06
	.01	.15	.12	.11	.10	.09	.09	.08	.08

TABLE—C

Critical values of the correlation coefficient

	Level of significance for one-tailed test			
	.05	.025	.01	.01
	Level of significance for two-tailed test			
df	.10	.05	.02	.01
1	.988	.997	.9995	.9999
2	.900	.950	.980	.990
3	.805	.878	.934	.959
4	.729	.811	.882	.917
5	.669	.754	.833	.874
6	.622	.707	.789	.834
7	.582	.606	.750	.798
8	.549	.632	.716	.765
9	.521	.602	.685	.735
10	.497	.576	.658	.708
11	.476	.553	.634	.684
12	.458	.532	.612	.661
13	.441	.514	.592	.641
14	.426	.497	.574	.623
15	.412	.482	.558	.606
16	.400	.468	.542	.590
17	.389	.456	.528	.575
18	.378	.444	.516	.561
19	.369	.433	.503	.549
20	.360	.423	.492	.537
21	.352	.413	.482	.526
22	.344	.404	.472	.515
23	.337	.396	.462	.505
24	.330	.388	.453	.496
25	.323	.381	.445	.487
26	.317	.374	.437	.479
27	.311	.367	.430	.471
28	.306	.361	.423	.463
29	.301	.355	.416	.456
30	.296	.349	.409	.449
35	.275	.325	.381	.418
40	.257	.304	.358	.393
45	.243	.288	.338	.372
50	.231	.273	.322	.354
60	.211	.250	.295	.325
70	.195	.232	.274	.303
80	.183	.217	.256	.283
90	.173	.205	.242	.267
100	.164	.195	.230	.254

TABLE—D

Transformation or r to z_r

r	z_r	r	z_r	r	z_r	r	z_r	r	z_r
.000	.000	.200	.203	.400	.424	.600	.693	.800	1.099
.005	.005	.205	.208	.405	.430	.605	.701	.805	1.113
.010	.010	.210	.213	.410	.436	.360	.709	.810	1.127
.015	.015	.215	.218	.415	.442	.615	.717	.815	1.142
.0.20	.020	.220	.224	.420	.448	.620	.725	.820	1.157
.025	.025	.225	.229	.425	.454	.625	.733	.825	1.172
.030	.030	.230	.234	.430	.460	.630	.741	.830	1.188
.035	.035	.235	.239	.435	.466	.635	.750	.835	1.204
.040	.040	.240	.245	.440	.472	.640	.758	.840	1.221
.045	.045	.245	.250	.445	.478	.645	.767	.845	1.238
.050	.050	.250	.255	.450	.485	.650	.775	.850	1.256
.055	.050	.250	.255	.455	.491	.655	.784	.855	1.274
.060	.060	.260	.266	.460	.497	.660	.793	.860	1.293
.065	.065	.265	.271	.465	.504	.665	.802	.865	1.313
.070	.070	.270	.277	470	.510	.670	.811	.870	1.333
.075	.075	.275	.282	.475	.517	.675	.820	.875	1.354
.080	.080	.280	.288	.480	.523	.680	.829	.880	1.376
.085	.085	.285	.293	.485	.530	.685	.838	.885	1.398
.090	.090	.290	.299	.490	.536	.690	.848	.890	1.422
.095	.095	.295	.304	.495	.543	.695	.858	.895	1.447
.100	.100	.300	.310	.500	.549	.700	.867	.900	1.472
.105	.105	.305	.0315	.505	.556	.705	.877	.905	1.499
.110	.110	.310	.321	.510	.563	.710	.887	.910	1.528
.115	.115	.315	.326	.515	.570	.715	.897	.897	1.557
.120	.120	.320	.332	.520	.576	.720	.908	.920	1.589
.125	.125	.325	.337	.525	.583	.725	.918	.925	1.623
.130	.130	.330	.343	.530	.590	.730	.929	.930	1.658
.135	.135	.335	.348	.535	.597	.735	.940	.935	1.697
.140	.140	.340	.354	540	.604	.740	.950	.940	1.738
.145	.145	.345	.360	.545	.611	.745	.962	.945	1.783
.150	.150	.350	.365	.550	.618	.750	.973	.950	1.832
.155	.155	.355	.371	.555	.626	.755	.984	.955	1.886
.160	.160	.360	.377	.560	.633	.760	.996	.960	1.946
.165	.165	.365	.383	.565	.640	.765	1.008	.965	2.014
.170	.170	.370	.388	.570	.648	.770	1.020	.970	2.092
.175	.175	.375	.394	.575	.655	.775	1.033	.975	2.185
.180	.180	.380	.400	.580	.662	.780	1.045	.980	2.298
.185	.185	.385	.406	.585	.670	.785	1.058	.985	2.443
.190	.190	.390	.412	.590	.678	.790	1.071	.990	2.647
.195	.195	.395	.418	.595	.685	.795	1.085	.995	2.994

TABLE —E

Critical values of t

	Level of significance for one-tailed test					
	.10	.05	.025	.01	.005	.0005
	Level of siginificance for two-tailed test					
df	.20	.10	.05	.02	.01	.001
1	3.078	6.314	12.706	31.821	63.657	636.619
2	1.886	2.920	4.303	6.965	9.925	31.598
3	1.638	2.353	3.182	4.541	5.841	12.941
4	1.533	2.132	2.776	3.747	4.604	8.610
5	1.476	2.015	2.571	3.365	4.032	6.859
6	1.440	1.943	2.447	3.143	3.707	5.959
7	1.415	1.895	2.365	2.998	3.499	5.405
8	1.397	1.860	2.306	2.896	3.355	5.041
9	1.383	1.833	2.262	2.821	3.250	4.781
10	1.372	1.812	2.228	2.764	3.169	4.587
11	1.363	1.796	2.201	2.718	3.106	4.437
12	1.356	1.782	2.179	2.681	3.055	4.318
13	1.350	1.771	2.160	2.650	3.012	4.221
14	1.345	1.761	2.145	2.624	2.977	4.140
15	1.341	1.753	2.131	2.606	2.947	4.073
16	1.337	1.746	2.120	2.583	2.921	4.015
17	1.333	1.740	2.110	2.567	2.898	3.965
18	1.330	1.734	2.101	2.552	2.878	3.922
19	1.328	1.729	2.093	2.539	2.861	3.883
20	1.325	1.725	2.086	2.528	2.845	3.883
21	1.323	1.721	2.080	2.518	2.831	3.819
22	1.321	1.717	2.074	2.508	2.819	3.792
23	1.319	1.714	2.069	2.500	2.807	3.767
24	1.318	1.711	2.064	2.492	2.797	3.745
25	1.316	1.708	2.060	2.485	2.787	3.725
26	1.315	1.706	2.056	2.479	2.779	3.707
27	1.314	1.703	2.052	2.473	2.771	3.690
28	1.313	1.701	2.048	2.467	2.763	3.674
29	1.311	1.699	2.045	2.462	2.756	3.659
30	1.310	1.697	2.042	2.457	2.750	3.674
40	1.303	1.684	2.021	2.423	2.704	3.551
60	1.296	1.671	2.000	2.390	2.660	3.460
120	1.289	1.658	1.980	2.358	2.617	3.373
∞	1.282	1.645	1.960	2.326	2.576	3.291

TABLE —F

Critical values of Chi Square

	Probability under H_0 that x^2 Chi square													
df	.99	.98	.95	.90	.80	.70	.50	.30	.20	.10	.05	.02	.01	.001
1	.00016	.00063	.0039	.016	.0964	.15	.46	1.07	1.64	2.71	3.84	5.41	6.64	10.83
2	.02	.04	.10	.21	.45	.71	1.39	2.41	3.22	4.60	5.99	7.82	9.21	13.82
3	.12	.18	.35	.58	1.00	1.42	2.37	3.66	4.64	6.25	7.82	9.84	11.34	1627
4	.30	.43	.71	1.06	1.65	2.20	3.36	4.88	5.99	7.78	9.49	11.67	13.28	18.46
5	.55	.75	1.14	1.61	2.34	3.00	4.35	6.06	7.29	9.24	11.07	13.39	15.09	20.52
6	.87	1.13	1.64	2.20	3.07	3.83	5.35	7.23	8.56	10.64	12.59	15.03	16.81	22.46
7	1.24	1.56	2.17	2.83	3.82	4.67	6.35	8.38	9.80	12.02	14.07	16.62	18.48	24.32
8	1.65	2.03	2.73	3.49	4.59	5.53	7.34	9.52	11.03	13.36	15.51	18.17	20.09	26.12
9	2.09	2.53	3.32	4.17	5.38	6.39	8.34	10.66	12.24	14.68	16.92	19.68	21.67	27.88
10	2.56	3.06	3.94	4.86	6.18	7.27	9.34	11.78	13.44	15.99	18.31	21.16	23.21	29.59
11	3.05	3.61	4.58	5.58	6.99	8.15	10.34	12.90	14.63	17.28	19.68	22.62	24.72	31.26
12	3.57	4.18	5.23	6.30	7.81	9.03	11.34	14.01	15.81	18.55	21.03	24.05	26.22	32.91
13	4.11	4.76	5.89	7.04	8.63	9.93	12.34	15.12	16.98	19.81	22.36	25.47	27.69	34.53
14	4.66	5.37	6.57	7.79	9.47	10.82	13.34	16.22	18.15	21.06	23.68	26.87	29.14	36.12
15	5.25	5.98	7.26	8.55	10.34	11.72	14.34	17.32	19.34	22.44	25.00	28.26	30.58	37.70
16	5.81	6.61	7.96	9.31	11.15	12.62	15.34	18.42	20.46	23.54	26.30	29.63	32.00	39.29
17	6.41	7.26	8.67	10.08	12.00	13.53	16.34	19.51	21.62	24.77	27.59	31.00	33.41	40.75
18	7.02	7.91	9.39	10.86	12.86	14.44	17.34	20.60	22.76	25.99	28.87	32.35	34.80	42.31
19	7.63	8.57	10.12	11.65	13.72	15.35	18.34	21.69	23.90	27.20	30.14	33.69	36.19	43.82
20	8.26	9.24	10.85	12.44	14.58	16.27	19.34	22.78	25.04	28.41	31.41	35.02	37.57	45.82
21	8.90	9.92	11.59	13.24	15.44	17.18	20.34	23.86	26.17	29.62	32.67	36.34	38.93	46.80
22	9.54	10.64	12.34	14.04	16.31	18.10	21.34	24.94	27.30	30.81	33.92	37.66	40.29	48.27
23	10.20	11.29	13.09	14.85	17.91	19.02	22.34	26.02	28.43	32.01	35.17	38.97	41.64	49.73
24	10.86	11.99	13.85	15.66	18.05	19.94	23.34	27.10	29.55	33.20	36.42	40.27	42.98	51.18
25	11.52	12.70	14.61	16.47	18.94	20.87	24.34	28.17	30.68	34.38	37.65	41.57	44.31	52.62
26	12.20	13.41	15.38	17.29	19.82	21.79	25.34	29.25	31.80	35.56	38.88	42.86	45.64	54.05
27	12.88	14.12	16.15	18.11	20.70	22.72	26.34	30.32	32.91	36.74	40.11	44.14	46.96	55.48
28	13.56	14.85	16.93	18.94	21.59	23.65	27.34	31.39	34.03	37.92	41.34	45.42	48.28	56.89
29	14.26	15.57	17.71	19.77	22.48	24.58	28.34	32.46	35.14	39.09	42.56	46.69	49.59	58.30
30	14.95	16.31	19.49	20.60	23.36	25.51	29.34	33.53	36.25	40.25	43.77	47.96	50.89	59.70

BLE—G

Critical Values of F*

5 percent (normal type) and 1 percent (bold face type) points for the distribution of F*

Degrees of freedom for denominator	Degrees of freedom for nomerator																							
	1	2	3	4	5	6	7	8	9	10	11	12	14	16	20	24	30	40	50	75	100	200	500	600
1	161	200	216	225	230	234	237	239	241	242	243	244	245	246	248	249	250	251	252	253	253	254	254	254
	4052	4999	5403	5625	57.64	58.59	59.28	59.81	6022	6056	6082	6106	6142	6169	6208	6234	6258	6286	6302	6323	6334	6352	6361	6366
2	18.51	19.00	19.16	19.25	19.30	19.33	19.36	19.37	19.38	19.39	19.40	19.41	19.42	19.43	19.44	19.45	19.46	19.47	19.47	19.48	19.49	19.49	19.50	19.50
	98.49	99.01	99.17	99.25	99.30	99.33	99.34	99.36	99.38	99.40	99.41	99.42	99.43	99.44	99.45	99.46	99.47	99.48	99.48	99.49	99.49	99.49	99.50	99.50
3	10.13	9.55	9.28	9.12	9.01	8.94	8.88	8.84	8.81	8.71	8.76	8.74	8.71	8.69	8.66	8.64	8.62	8.60	8.58	8.57	8.56	8.54	8.54	8.53
	54.12	30.81	39.46	28.71	28.24	27.91	27.67	27.49	27.34	27.23	27.13	27.05	26.92	26.83	26.69	26.60	26.50	26.41	26.35	26.27	26.23	26.18	26.14	26.12
4	7.11	6.94	6.59	6.39	6.26	6.16	6.06	6.04	6.00	5.96	5.93	5.91	5.87	5.84	5.80	5.77	5.74	5.71	5.70	5.65	5.66	5.65	5.64	5.63
	21.20	18.00	16.59	15.98	15.52	15.21	14.98	14.80	14.66	14.54	14.45	14.37	14.24	14.15	14.02	13.93	13.83	13.74	13.69	13.61	13.57	13.52	13.48	13.46
5	6.61	5.79	5.41	5.19	5.05	4.95	4.88	4.82	4.78	4.74	4.70	4.68	4.64	4.60	4.56	4.53	4.50	4.46	4.44	4.42	4.40	4.38	4.37	4.36
	16.26	13.27	12.06	11.39	10.97	10.67	10.45	10.27	10.15	10.05	9.96	9.89	9.77	9.48	9.55	9.47	9.38	9.29	9.24	9.17	9.13	9.07	9.04	9.02
6	5.99	5.14	4.76	4.53	4.39	4.28	4.21	4.15	4.10	4.06	4.03	4.00	3.96	3.92	3.87	3.84	3.81	3.77	3.75	3.72	3.71	3.69	3.68	3.67
	13.74	10.92	9.78	9.15	8.47	8.47	8.26	8.10	7.98	7.87	7.79	7.72	7.60	7.52	7.39	7.31	7.23	7.14	7.09	7.02	6.99	6.94	6.90	6.88
7	5.59	4.74	4.35	4.12	3.87	3.87	3.79	3.73	3.68	3.63	3.60	3.57	3.52	3.49	3.44	.341	3.38	3.34	3.32	3.29	3.28	3.25	3.24	1.23
	12.25	9.55	8.45	7.85	7.19	7.19	7.00	6.84	6.71	6.62	6.54	6.47	6.35	6.27	6.15	6.07	5.98	5.90	5.85	5.78	5.75	5.70	5.67	5.65
8	5.32	4.46	4.07	3.84	3.58	3.58	3.50	3.44	3.39	3.34	3.31	3.28	3.23	3.20	3.15	3.12	3.08	3.05	3.03	3.00	2.98	2.96	2.94	2.93
	11.26	8.65	7.59	7.01	6.37	6.37	6.19	6.03	5.91	5.82	5.74	5.67	5.56	5.48	5.36	5.28	5.20	5.11	5.06	5.00	4.96	4.91	4.88	4.86
9	5.12	4.26	3.86	3.63	3.37	3.37	3.29	3.23	3.18	3.13	3.10	3.07	3.02	2.98	2.93	2.90	2.86	2.82	2.80	2.77	2.76	2.73	2.72	2.71
	10.56	8.02	6.99	6.42	5.80	5.80	5.62	5.47	5.35	5.26	5.18	5.11	5.00	4.92	4.80	4.73	4.64	4.56	4.51	4.45	4.41	4.36	4.33	4.31
10	4.96	4.10	3.71	3.48	3.22	3.22	3.14	3.07	3.02	2.97	2.94	2.91	2.86	2.82	2.77	2.74	2.70	2.67	2.64	2.61	2.59	2.56	2.55	2.54
	10.04	7.56	6.55	5.99	5.39	5.39	5.21	5.06	4.95	4.85	4.78	4.71	4.66	4.52	4.41	4.33	4.25	4.17	4.12	4.05	4.01	3.96	3.93	3.91
11	4.84	3.98	3.59	3.63	3.20	3.09	3.01	2.95	2.90	2.86	2.82	2.79	2.74	2.70	2.65	2.61	2.57	2.53	2.50	2.47	2.45	2.42	2.41	2.40
	9.65	7.20	6.22	5.67	5.32	5.07	4.88	4.74	4.63	4.54	4.46	4.40	4.29	4.21	4.10	4.02	3.94	3.86	3.80	3.74	3.70	3.66	3.62	3.60
12	4.75	3.88	3.49	3.26	3.11	3.00	2.92	2.85	2.80	2.76	2.72	2.69	2.64	2.60	2.54	2.50	2.46	2.42	2.40	2.36	2.35	2.32	2.31	2.30
	9.33	6.93	5.95	5.41	5.06	4.82	4.65	4.50	4.39	4.30	4.22	4.16	4.05	3.98	3.86	3.78	3.70	3.61	3.56	3.49	3.46	3.41	3.38	3.36
13	4.67	3.80	3.41	3.18	3.02	2.92	2.84	2.77	2.72	2.67	2.63	2.60	2.55	2.51	2.46	2.42	2.38	2.34	2.32	2.28	2.26	2.24	2.22	2.21
	9.07	6.70	5.74	3.20	4.64	4.62	4.44	4.30	4.19	4.10	4.02	3.96	3.85	3.78	3.67	3.59	3.51	3.42	3.37	3.30	3.27	3.21	3.18	3.16
14	4.60	4.74	3.34	3.11	2.96	2.85	2.77	2.70	2.65	2.60	2.56	2.53	2.48	2.44	2.39	2.35	2.31	2.27	2.24	2.21	2.19	2.16	2.14	2.13
	8.86	6.51	5.56	5.03	4.69	4.46	4.28	4.14	4.03	3.94	3.86	3.80	3.70	3.62	3.51	3.43	3.34	3.26	3.21	3.14	3.11	3.06	3.02	3.00

	1	2	3	4	5	6	7	8	9	10	11	12	14	16	20	24	30	40	50	75	100	200	500	600
15	4.54	3.3	3.29	3.06	2.90	2.79	2.70	2.64	2.59	2.55	2.51	2.48	2.43	2.39	2.33	2.29	2.25	2.21	2.18	2.15	2.12	2.10	2.08	2.07
	8.68	6.36	5.42	4.89	4.56	4.32	4.14	4.00	3.89	3.80	3.73	3.67	3.56	3.48	3.36	3.29	3.20	3.12	3.07	3.00	2.97	2.92	2.89	2.87
16	4.49	3.63	3.24	3.01	2.85	2.74	2.66	2.59	2.54	2.49	2.45	2.42	2.37	2.33	2.28	2.24	2.20	2.16	2.13	2.09	2.07	2.04	2.02	2.01
	8.53	6.23	5.29	4.77	4.44	4.20	4.03	3.89	3.78	3.69	3.61	3.55	3.45	3.37	3.25	3.018	3.10	3.01	2.96	2.89	2.86	2.80	2.77	2.75
17	4.45	3.59	3.20	2.96	2.81	2.70	2.62	2.55	2.50	2.45	2.41	2.38	2.33	2.29	2.23	2.19	2.15	2.11	2.08	2.04	2.02	1.99	1.97	1.96
	8.40	6.11	5.18	4.67	4.34	4.10	3.93	3.79	3.68	3.59	3.52	3.45	3.35	3.27	3.16	3.08	3.00	2.92	2.86	2.79	2.76	2.70	2.67	2.65
18	4.41	3.55	3.16	2.93	2.77	2.66	2.58	2.51	2.46	2.41	2.37	2.34	2.29	2.25	2.19	2.15	2.11	2.07	2.04	2.00	1.98	1.95	1.93	1.92
	8.28	6.01	5.09	4.58	4.25	4.01	3.85	3.71	3.60	3.51	3.44	3.37	3.27	3.19	3.07	3.00	2.91	2.83	2.78	2.71	2.68	2.62	2.59	2.57
19	4.38	3.52	3.13	2.90	2.74	2.63	2.55	2.48	2.43	2.38	2.34	2.31	2.26	2.21	2.15	2.11	2.07	2.02	2.00	1.96	1.94	1.91	1.90	1.88
	8.18	5.93	5.01	4.50	4.17	3.94	3.77	3.63	3.52	3.43	3.36	3.30	3.19	3.12	3.00	2.92	2.84	2.76	2.70	2.63	2.60	2.54	2.51	2.49
20	4.35	3.49	3.10	2.87	2.71	2.68	2.52	2.45	2.40	2.35	2.31	2.28	2.23	2.18	2.12	2.08	2.04	1.99	1.96	1.92	1.90	1.87	1.85	1.84
	8.10	5.85	4.94	4.43	4.10	3.87	3.71	3.56	3.45	3.37	3.30	3.33	3.13	3.05	2.94	3.86	2.77	2.69	2.63	2.56	2.53	2.47	2.44	2.42
21	4.32	3.47	3.07	2.84	2.68	2.57	2.49	2.42	2.37	2.32	2.28	2.25	2.20	2.15	2.09	2.05	2.00	1.96	1.93	1.89	1.87	1.84	1.82	1.81
	8.02	5.78	4.87	4.37	4.04	3.81	3.65	3.51	3.40	3.31	3.24	3.17	3.07	2.99	2.88	2.80	2.72	2.63	2.58	2.51	2.47	2.42	2.38	2.36
22	4.30	3.44	3.05	2.82	2.66	2.55	2.47	2.40	2.35	2.30	2.26	2.23	2.18	2.13	2.07	2.03	1.98	1.93	1.91	1.87	1.84	1.81	1.80	1.78
	7.34	5.72	4.82	4.31	3.90	3.76	.59	3.43	3.35	3.24	3.18	3.12	3.02	2.94	2.83	2.75	2.67	2.58	2.53	2.46	2.42	2.37	2.33	2.31
23	4.28	3.42	3.03	2.30	2.64	2.53	2.45	2.38	2.32	2.28	2.24	2.20	2.14	2.10	2.04	2.00	1.96	1.91	1.88	1.84	1.82	1.79	1.77	1.76
	7.88	5.66	4.76	4.26	3.94	3.71	3.54	3.41	3.30	3.21	3.14	3.67	2.97	2.89	2.78	2.70	2.62	2.53	2.48	2.41	2.37	2.32	2.28	2.26
24	4.26	3.40	3.01	2.78	2.62	2.51	2.43	2.36	2.30	2.26	2.22	2.18	2.13	2.09	2.02	1.98	1.94	1.89	1.86	1.82	1.80	1.76	1.74	1.73
	7.82	5.61	4.72	4.22	3.50	3.67	3.50	3.36	3.25	3.17	3.09	3.03	2.93	2.85	2.74	2.66	2.58	2.49	2.44	2.36	2.33	2.27	2.23	2.21
25	4.24	3.38	2.99	2.76	2.60	2.49	2.41	2.34	2.23	2.24	2.20	2.16	2.11	2.06	2.00	1.96	1.92	1.87	1.84	1.80	1.77	1.74	1.72	1.71
	7.77	5.57	4.68	4.18	3.84	3.63	3.46	3.32	3.21	3.13	3.05	2.99	2.89	2.81	2.70	2.62	2.54	2.45	2.40	2.32	2.29	2.23	2.19	2.17
26	4.22	3.37	2.98	2.74	2.59	2.47	2.39	2.32	2.27	2.22	2.18	2.15	2.10	2.05	1.99	1.95	1.90	1.85	1.82	1.78	1.76	1.72	1.70	1.69
	7.72	5.53	4.64	4.14	3.82	3.59	3.42	3.29	3.17	3.09	3.02	2.96	2.86	2.77	2.66	2.58	2.50	2.41	2.36	2.28	2.33	2.19	2.15	2.13
27	4.21	3.35	2.96	2.73	2.57	2.46	2.37	2.30	2.25	2.20	2.16	2.13	2.00	2.03	1.97	1.93	188	1.84	1.80	1.76	1.74	1.71	1.68	1.67
	7.68	5.49	4.60	4.11	3.79	3.86	3.39	3.35	3.14	3.06	2.93	2.93	2.83	2.74	2.63	2.55	2.47	2.33	2.53	2.25	2.21	2.16	2.12	2.10
28	4.20	3.34	2.95	2.71	2.56	2.44	2.36	2.29	2.24	2.19	2.15	2.12	2.06	2.02	1.96	1.91	1.87	1.81	1.78	1.75	1.72	1.69	1.67	1.65
	7.64	5.45	4.57	4.07	3.76	3.53	3.34	3.23	3.11	3.03	2.98	2.90	2.80	2.71	2.68	2.52	2.44	2.35	2.30	2.22	2.18	2.13	2.09	2.04
29	4.18	3.33	2.93	2.70	2.54	2.43	3.35	2.28	2.22	2.18	2.14	2.10	2.05	2.00	1.94	1.90	1.85	1.80	1.77	1.73	1.71	1.68	1.65	1.64
	7.60	5.42	4.54	4.84	3.73	3.50	3.39	3.28	3.08	3.00	2.92	2.87	2.77	2.68	2.57	2.49	2.41	2.32	2.27	2.19	2.15	2.10	2.06	2.03
30	4.17	3.32	2.92	2.69	2.53	2.42	2.34	2.27	2.21	2.16	2.12	2.09	2.04	1.99	1.93	1.89	1.84	1.79	1.76	1.72	1.69	1.66	1.64	1.62
	7.56	5.39	4.51	4.02	3.70	3.47	3.30	3.17	3.06	2.98	2.30	2.94	2.74	2.66	2.55	2.47	2.38	229	2.24	2.16	2.13	2.07	2.03	2.01

	1	2	3	4	5	6	7	8	9	10	11	12	14	16	20	24	30	40	50	75	100	200	500	600
32	4.15	3.30	2.90	2.67	2.51	2.40	2.32	2.25	2.19	2.14	2.10	2.07	2.02	1.97	1.91	1.86	1.82	1.76	1.74	1.67	1.64	1.61	1.59	1.57
	7.50	5.34	4.44	3.97	3.66	3.42	3.25	3.12	3.01	2.94	2.36	2.80	2.70	2.62	2.51	2.42	2.34	2.25	2.20	2.12	2.08	2.02	1.98	1.94
34	4.13	3.28	2.83	2.65	2.49	2.38	2.30	2.23	2.17	2.12	2.08	2.05	2.00	1.95	1.89	1.84	1.80	1.74	1.71	1.67	1.64	1.61	1.59	1.57
	7.44	5.29	4.42	3.93	3.61	3.30	3.21	3.00	2.97	2.99	2.82	2.76	2.66	2.58	2.47	2.33	2.30	2.21	2.15	2.03	2.04	1.98	1.94	1.91
36	4.11	3.26	2.86	2.63	2.48	2.36	2.28	2.21	2.15	2.10	2.06	2.03	1.98	1.93	1.87	1.82	1.78	1.72	1.69	1.65	1.62	1.59	1.56	1.55
	7.39	5.25	4.38	3.89	3.53	3.35	3.18	3.04	2.94	2.84	2.78	2.72	2.62	2.54	2.43	2.35	2.26	2.17	.2.12	2.04	2.00	1.94	1.90	1.87
38	4.10	3.25	2.85	2.62	2.46	2.35	2.26	2.19	2.14	2.09	2.05	2.02	1.96	1.92	1.85	1.80	1.76	1.71	1.67	1.63	1.60	1.57	1.53	1.51
	7.35	5.21	4.34	3.86	3.54	3.32	3.15	3.02	2.91	2.82	2.75	2.69	2.59	2.51	2.40	2.32	2.22	2.14	2.08	2.00	1.97	1.90	1.86	1.84
40	4.08	3.23	2.84	2.61	2.45	2.34	2.25	2.18	2.12	2.07	2.04	2.00	1.95	1.90	1.84	1.79	1.74	1.69	1.66	1.61	1.59	1.55	1.53	1.51
	7.31	5.18	4.31	3.83	3.51	3.29	3.12	2.99	2.88	2.80	2.73	2.66	2.54	2.49	2.37	2.29	2.20	2.11	2.05	1.97	1.94	1.88	1.84	1.81
42	4.07	3.22	2.83	2.59	2.44	2.32	2.24	2.17	2.11	2.06	2.02	1.99	1.94	1.89	1.82	1.78	1.73	1.68	1.64	1.60	1.57	1.54	1.51	1.49
	7.27	5.15	4.29	3.80	3.49	3.26	3.19	2.96	2.86	2.77	2.70	2.64	2.54	2.46	2.35	2.26	2.17	2.08	2.02	1.94	1.91	1.85	1.80	1.73
44	4.06	3.21	2.82	2.58	2.43	2.31	2.23	2.16	2.10	2.05	2.01	1.98	1.92	1.88	1.81	1.76	1.72	1.66	1.63	1.58	1.56	1.52	1.50	1.48
	7.24	5.12	4.26	3.78	3.45	3.24	3.07	2.94	2.84	2.75	2.68	2.62	2.52	2.44	2.32	2.24	2.15	2.06	2.00	1.92	1.88	1.82	1.78	1.78
46	4.05	3.20	2.81	2.57	2.42	2.30	2.22	2.14	2.09	2.04	2.00	1.97	1.91	1.87	1.80	1.75	1.71	1.65	1.62	1.57	1.54	1.51	1.48	14.46
	7.21	5.10	4.24	3.76	3.44	3.32	3.05	2.92	2.82	2.73	2.66	2.60	2.50	2.42	2.30	2.22	2.13	2.04	1.98	1.90	1.86	1.80	1.76	1.72
48	1.04	3.19	2.80	2.56	2.41	2.30	2.21	2.14	2.08	2.03	1.99	1.96	1.90	1.86	1.79	1.74	1.70	1.64	1.61	1.56	1.53	1.50	1.47	1.45
	7.19	5.03	4.22	3.74	3.42	3.29	3.04	2.90	2.80	2.71	2.64	2.58	2.48	2.40	2.28	2.20	2.11	2.02	1.94	1.88	1.94	1.78	1.73	1.70
50	4.03	3.18	2.79	2.56	2.40	2.29	2.20	2.13	2.07	2.02	1.98	1.95	1.90	1.85	1.78	1.74	1.69	1.63	1.60	1.55	1.52	1.48	1.46	1.44
	7.17	5.06	4.20	3.72	3.41	3.18	3.02	2.08	2.78	2.70	2.62	2.56	2.46	2.39	2.26	2.18	2.10	2.00	1.94	1.86	1.82	1.76	1.71	1.68
55	4.02	3.17	2.78	2.54	2.38	2.27	2.18	2.11	2.05	2.00	1.97	1.93	1.88	1.83	1.76	1.72	1.67	1.61	1.58	1.52	1.50	1.46	1.42	1.41
	7.12	5.01	4.16	3.65	3.37	3.15	2.30	2.85	2.75	2.66	2.59	2.53	2.43	2.35	2.23	2.15	2.04	1.96	1.90	1.82	1.78	1.71	1.66	1.64
60	4.00	3.15	2.76	2.52	2.37	2.25	2.17	2.10	2.04	1.99	1.95	1.92	1.86	1.81	1.75	1.70	1.65	1.59	1.56	1.50	1.48	1.44	1.41	1.39
	7.65	4.93	4.13	3.45	3.34	3.12	2.95	2.82	2.72	2.63	2.56	2.50	2.40	2.32	2.20	2.12	2.83	1.93	1.87	1.79	1.74	1.68	1.63	1.60
65	3.99	3.14	2.75	2.51	2.36	2.24	2.15	2.08	2.02	1.98	1.94	1.90	1.85	1.80	1.73	1.68	1.63	1.57	1.54	1.49	1.46	1.42	1.39	1.37
	7.84	4.95	4.10	3.62	3.31	3.99	2.93	2.79	2.70	2.01	2.34	2.47	2.37	2.30	2.18	2.00	2.00	1.90	1.84	1.76	1.71	1.64	1.60	1.56
70	3.98	3.13	2.74	2.50	2.35	2.23	2.14	2.07	2.01	1.97	1.93	1.89	1.84	1.79	1.72	1.67	1.62	1.56	1.53	1.47	1.45	1.40	1.37	1.35
	7.01	4.92	4.08	3.60	3.29	3.07	2.91	2.77	2.67	2.59	2.51	2.45	2.38	2.28	2.15	2.07	1.98	1.88	1.82	1.74	1.69	1.62	1.56	1.53
80	3.96	3.11	2.72	2.48	2.33	2.21	2.12	2.05	1.99	1.95	1.91	1.88	1.82	1.77	1.70	1.65	1.60	1.54	1.51	1.45	1.42	1.38	1.35	1.32
	6.96	4.88	4.06	3.56	3.25	3.04	2.87	2.74	2.44	2.55	2.48	2.41	2.32	2.24	2.11	2.03	1.94	1.84	1.78	1.70	1.65	1.57	1.52	1.49
100	3.94	3.09	2.70	2.46	2.30	2.19	2.10	2.03	1.97	1.92	1.88	1.85	1.79	1.75	1.69	1.63	1.57	1.51	1.43	1.42	1.39	1.34	1.30	1
	6.90	4.82	3.98	3.51	3.20	2.99	2.82	2.69	2.59	2.51	2.43	2.36	2.24	2.19	2.01	1.93	1.89	1.79	1.73	1.64	1.59	1.51	1.46	1.43

	1	2	3	4	5	6	7	8	9	10	11	12	14	16	20	24	30	40	50	75	100	200	500	600
125	3.92	3.07	2.68	2.44	2.29	2.17	2.08	2.01	1.95	1.90	1.86	1.83	1.77	1.72	1.65	1.60	1.55	1.49	1.45	1.39	1.36	1.31	1.27	1.25
	6.84	4.78	3.94	3.47	3.17	2.95	2.79	2.65	2.56	2.47	2.40	2.33	2.23	2.13	2.03	1.94	1.88	1.75	1.68	1.59	1.54	1.46	1.40	1.37
150	3.91	3.06	2.67	2.43	2.27	2.16	2.07	2.00	1.94	1.89	1.85	1.82	1.76	1.71	1.64	1.59	1.54	1.47	1.44	1.37	1.34	1.29	1.25	1.22
	6.81	4.75	3.91	3.44	3.14	2.92	2.76	2.62	2.53	2.44	2.37	2.30	2.30	2.12	2.00	1.91	1.83	1.72	1.66	1.56	1.51	1.43	1.37	1.33
200	3.89	3.04	2.65	2.41	2.26	2.14	2.05	1.98	1.92	1.87	1.83	1.80	1.74	1.69	1.62	1.57	1.52	1.45	1.42	1.35	1.32	1.26	1.22	1.19
	6.76	4.71	3.83	3.41	3.11	2.90	2.73	2.60	2.50	2.41	2.34	2.28	2.17	2.09	1.97	1.08	1.79	1.69	1.62	1.53	1.48	1.39	1.33	1.28
400	3.86	3.02	2.62	2.39	2.23	2.12	2.03	1.96	1.90	1.85	1.81	1.78	1.72	1.67	1.60	1.34	1.49	1.42	1.38	1.32	1.28	1.22	1.16	1.13
	6.70	4.66	3.83	3.36	3.06	2.85	2.69	2.55	2.46	2.37	2.29	2.23	2.12	2.04	1.92	1.04	1.74	1.64	1.87	1.47	1.42	1.32	1.24	1.19
1000	3.85	3.00	2.61	2.38	2.22	2.10	2.02	1.95	1.89	1.84	1.80	1.76	1.70	1.65	1.58	1.53	1.47	1.41	1.36	1.30	1.26	1.19	1.13	1.08
	6.66	4.62	3.80	3.34	3.04	2.82	2.66	2.53	2.43	2.34	2.26	2.20	2.09	2.01	1.09	1.81	1.71	1.61	1.84	1.44	1.38	1.28	1.19	1.11
●	3.84	2.99	2.60	2.37	2.21	2.09	2.01	1.94	1.83	1.83	1.79	1.75	1.69	1.64	1.57	1.52	1.46	1.40	1.35	1.28	1.24	1.17	1.11	1.00
	6.64	4.60	3.78	3.32	3.02	2.00	2.64	2.51	2.41	2.32	2.24	2.18	2.07	1.99	1.87	1.79	1.69	1.89	1.52	1.41	1.36	1.25	1.15	1.00

TABLE H

Table of probabilities asociated with values as small as observed values of U in the Mann-Whitney test (Continued)

n2 = 8

U \ n_1	1	2	3	4	5	6	7	8	t	normal
0	.111	.022	.006	.002	.001	.000	.000	.000	3.308	.001
1	.222	.044	.012	.004	.002	.001	.000	.000	3.203	.001
2	.333	.089	.024	.008	.003	.001	.001	.000	3.098	.001
3	.444	.133	.042	.014	.005	.002	.001	.001	2.993	.001
4	.556	.200	.067	.024	.009	.004	.002	.001	2.888	.002
5		.267	.097	.036	.015	.006	.003	.001	2.783	.003
6		.356	.139	.055	.023	.010	.005	.002	2.678	.004
7		.444	.188	.077	.033	.015	.007	.003	2.573	.005
8		.556	.248	.107	.047	.021	.010	.005	2.468	.007
9			.315	.141	.064	.030	.014	.007	2.363	.009
10			.387	.184	.085	.041	.020	.010	2.258	.012
11			.461	.230	.111	.054	.027	.014	2.153	.016
12			5.39	.285	.142	.071	.036	.019	2.049	.020
13				.341	.177	.091	.047	.025	1.943	.026
14				.404	.217	.114	.060	.032	1.838	.033
15				4.67	.262	.141	.076	.041	1.733	.041
16				.533	.311	.172	.095	.052	1.628	.052
17					.362	.207	.116	.065	1.523	.064
18					.416	.245	.140	.080	1.418	.078
19					.472	.286	.168	.097	1.323	.094
20					.528	.331	.198	.117	1.208	.113
21						.377	.232	.139	1.102	.132
22						.426	.268	.164	.998	1.59
23						.475	.306	.191	.893	.185
24						.525	.347	.221	.788	.215
25							.389	.253	.683	.247
26							.433	.287	.578	.282
27							.478	.323	.473	.318
28							.522	.360	.368	.356
29								.399	.263	.396
30								.439	.158	.437
31								.480	.052	.481
32								.520		

TABLE—H

Table of probabilities associated with values as small as observed values of U in the Mann-Whitney test*

$n_2 = 3$

U \ n_1	1	2	3
0	.250	.100	.050
1	.500	.200	.100
2	.750	.400	.200
3		.600	.350
4			.500
5			.650

$n_2 = 4$

U \ n_1	1	2	3	4
0	.200	.067	.028	.014
1	.400	.133	.057	.029
2	.600	.267	.114	.057
3		.400	.200	.100
4		.600	.314	.171
5			.429	.243
6			.571	.343
7				.443
8				.557

$n_2 = 5$

U \ n_1	1	2	3	4	5
0	.167	.047	.018	.008	.004
1	.333	.095	.036	.016	.008
2	.500	.190	.071	.032	.016
3	.667	.286	.125	.056	.028
4		.429	.196	.095	.048
5		.571	.286	.143	.075
6			.393	.206	.111
7			.500	.278	.155
8			.627	.365	.210
9				.452	.274
10				.543	.345
11					.421
12					.500
13					.579

$n_2 = 6$

U \ n_1	1	2	3	4	5	6
0	.143	.036	.012	.005	.002	.001
1	.286	.071	.024	.010	.004	.002
2	.428	.143	.048	.019	.009	.004
3	.571	.214	.083	.033	.015	.008
4		.321	.131	.057	.026	.013
5		.429	.190	.088	.041	.021
6		.571	.274	.129	.063	.032
7			.357	.176	.089	.047
8			.452	.238	.123	.066
9			.548	.305	.165	.090
10				.381	.214	.120
11				.457	.268	.155
12				.545	.331	1.97
13					.396	.242
14					.465	.294
15					.535	.350
16						.409
17						.469
18						.531

TABLE —H

Table of probabities associated with values as small as observed values of U in the Mann-Whitney test* (Continued)

$n_2 = 7$

U \ n_1	1	2	3	4	5	6	7
0	.125	.028	.008	.003	.001	.001	.000
1	.250	.056	.017	.006	.003	.001	.001
2	.375	.111	.033	.012	.005	.002	.001
3	.500	.167	.058	.021	.005	.002	.001
4	.625	.250	.092	.036	.015	.007	.003
5		.333	.133	.055	.024	.011	.006
6		.444	.192	.082	.037	.017	.009
7		.556	.258	.115	.053	.026	.013
8			.333	.158	.074	.037	.019
9			.417	.206	.101	.051	.027
10			.500	.264	.172	.090	.049
11			.583	.324	.172	.090	.049
12				.394	.216	.117	.064
13				.464	.265	.147	.082
14				.538	.319	.183	.104
15					.378	.223	.130
16					.438	.267	.159
17					.500	.314	.191
18					.562	.365	.228
19						.418	.267
20						.473	.310
21						.527	.355
22							.402
23							.451
24							.500
25							.549

Table —I

Table of critical values of U in the Mann-Whitney test
(a) Critical values of U for One-Tailed Test at .001 or for a Two-tailed Test at .002

n_2 / n_1	9	10	11	12	13	14	15	16	17	18	19	20
1												
2												
3									0	0	0	0
4		0	0	0	1	1	1	2	2	3	3	3
5	1	1	2	2	3	3	4	5	5	6	7	7
6	2	3	4	4	5	6	7	8	9	10	11	12
7	3	5	6	7	8	9	10	11	13	14	15	16
8	5	6	8	9	11	12	14	15	17	18	20	21
9	7	8	10	12	14	15	17	19	21	23	25	26
10	8	10	2	14	17	19	21	23	25	27	29	32
11	10	12	15	17	20	22	24	27	29	32	34	37
12	12	14	17	20	23	25	28	31	34	37	40	42
13	14	17	20	23	26	29	32	35	38	42	45	48
14	15	19	22	25	29	32	36	39	43	46	50	54
15	17	21	24	28	32	36	40	43	47	51	55	59
16	19	23	27	31	35	39	43	48	52	56	60	65
17	21	25	29	34	38	43	47	52	57	61	66	70
18	23	27	32	37	42	46	51	56	61	66	71	76
19	25	29	34	40	45	50	55	60	66	71	77	82
20	26	32	37	42	48	54	59	65	70	76	82	88

(b) Critical values of U for a One-Tailed Test at .01 or for a Two-tailed test at .02

n_2 / n_1	9	10	11	12	13	14	15	16	17	18	19	20
1												
2					0	0	0	0	0	0	1	1
3	1	1	1	2	2	2	3	3	4	4	4	5
4	3	3	4	5	5	6	7	7	8	9	9	10
5	5	6	7	8	9	10	11	12	13	14	15	16
6	7	8	9	11	12	13	15	16	18	19	20	22
7	9	11	12	14	16	17	19	21	23	24	26	28

8	11	13	15	17	20	22	24	26	28	30	32	34
9	14	16	18	21	23	26	28	31	33	3	38	40
10	16	19	22	24	27	30	33	36	38	41	44	47
11	18	22	25	28	31	34	37	41	44	47	50	53
12	21	24	28	31	35	38	42	46	49	53	56	60
13	23	27	31	35	39	43	47	51	55	59	63	67
14	26	30	34	38	43	47	51	56	60	65	69	73
15	28	33	37	42	47	51	56	61	66	70	75	80
16	31	36	41	46	51	56	61	66	71	76	82	87
17	33	83	44	49	55	60	66	71	77	82	88	93
18	36	41	47	53	59	65	70	76	82	88	94	100
19	38	44	50	56	63	69	75	82	88	94	101	107
20	40	47	53	60	67	73	80	87	93	100	107	114

(c) Critical Values of U for a One-Tailed Test at .025 or for a Two-Tailed Test at .05

n_2 / n_1	9	10	11	12	13	14	15	16	17	18	19	20
1												
2	0	0	0	1	1	1	1	1	2	2	2	2
3	2	3	3	4	4	5	5	6	6	7	7	8
4	4	5	6	7	8	9	10	11	11	12	13	13
5	7	8	9	11	12	13	14	15	17	18	19	20
6	10	11	13	14	16	17	19	21	22	24	25	27
7	12	14	16	18	20	22	24	26	28	30	32	34
8	15	17	19	22	24	26	29	31	34	36	38	41
9	17	20	23	26	28	31	34	37	39	42	45	48
10	20	23	26	29	33	36	39	42	45	48	52	55
11	23	26	30	33	37	40	44	47	51	55	58	62
12	26	29	33	37	41	45	49	53	57	61	65	69
13	28	33	37	41	45	50	54	59	63	67	72	76
14	31	36	40	45	50	55	59	64	67	74	78	83
15	34	39	44	49	54	59	64	70	75	80	85	90
16	37	42	47	53	59	64	70	75	81	86	92	98
17	39	45	51	57	63	67	75	81	87	93	99	105
18	42	48	55	61	67	74	80	86	93	99	106	112
19	45	52	58	65	72	78	85	92	99	106	113	119
20	48	55	62	69	76	83	90	98	105	112	119	127

(d) Critical values of U for a One-Tailed Test at .05 or for a Two-Tailed Test at .10

n_2 / n_1	9	10	11	12	13	14	15	16	17	18	19	20
1											0	0
2	1	1	1	2	2	2	3	3	3	4	4	4
3	3	4	5	5	6	7	7	8	9	9	10	11
4	6	7	8	9	10	11	12	14	15	16	17	18
5	9	11	12	13	15	16	18	19	20	22	23	25
6	12	14	16	17	19	21	23	25	26	28	30	32
7	15	17	19	21	24	26	28	30	33	35	37	39
8	18	20	23	26	28	31	33	36	39	41	44	47
9	21	24	27	30	33	36	39	42	45	48	51	54
10	24	27	31	34	37	41	44	48	51	55	58	62
11	27	31	34	38	42	46	50	54	57	61	65	69
12	30	34	38	42	47	51	55	60	64	68	72	77
13	33	37	42	47	51	56	61	65	70	75	80	84
14	36	41	46	51	56	61	66	71	77	82	87	92
15	39	44	50	5	61	66	72	77	83	88	94	100
16	42	48	54	60	65	71	77	83	89	95	101	107
17	45	51	57	64	70	77	83	89	96	102	109	115
18	48	55	61	68	75	82	88	95	102	109	116	123
19	51	58	65	72	80	87	94	101	109	116	123	130
20	54	62	69	77	84	92	100	107	115	123	130	138

TABLE—J

Tabnle of factorials

N	N1
0	1
1	1
2	2
3	6
4	24
5	120
6	720
7	5040
8	40320
9	362880
10	3628800
11	39916800
12	479001600
13	6227020800
14	87178291200
15	1307674368000
16	20922789888000
17	355687428096000
18	6402373705728000
19	121645100408832000
20	2432902008176640000

TABLE —K

Critical value of r for sign test

N	1%	5%	10%	N	1%	5%	10%
1	—	—	—	33	8	10	11
2	—	—	—	34	9	10	11
3	—	—	—	35	9	11	12
4	—	—	—	36	9	11	12
5	—	—	0	37	10	12	13
6	—	0	0	38	10	12	13
7	—	0	0	39	11	12	13
8	0	0	1	40	11	13	14
9	0	1	1	41	11	13	14
10	0	1	1	42	12	14	15
11	0	1	2	43	12	14	15
12	1	2	2	44	13	15	16
13	1	2	3	45	13	15	16
14	1	2	3	46	13	15	16
15	2	3	3	47	14	16	17
16	2	3	4	48	14	16	17
17	2	4	4	49	15	17	183
18	3	4	5	50	15	17	18
19	3	4	5	51	15	18	19
20	3	5	5	52	16	18	19
21	4	5	6	53	16	18	20
22	4	5	6	53	16	18	20
23	4	6	7	55	17	19	20
24	5	6	7	56	17	20	21
25	5	7	7	57	18	20	21
26	6	7	8	58	18	21	22
27	6	7	8	59	19	21	22
28	6	8	9	60	19	21	23
29	7	8	9	61	20	22	23
30	7	8	10	62	20	22	24
31	7	9	10	63	20	23	24
32	8	9	10	64	21	23	25

N	1%	5%	10%	N	1%	5%	10%
65	21	24	25	83	29	32	33
66	22	24	25	84	29	32	33
67	22	25	26	85	30	32	34
68	22	25	26	85	30	32	34
69	23	25	27	87	31	33	35
70	23	26	27	88	31	34	35
72	24	27	28	90	32	35	36
73	25	27	28	91	32	35	57
74	25	28	29	92	33	36	37
75	25	28	29	93	33	36	38
76	28	28	30	94	34	37	38
89	28	29	30	95	34	37	38
78	27	29	31	96	34	37	39
79	27	30	31	97	35	38	39
80	28	30	32	98	35	38	49
81	28	31	32	99	36	38	40
82	28	31	94	100	36	39	41

TABLE—L

(Distribution of Wilcoxon Matched-Pairs Signed Ranks Test Level of Significance[1])

N Level of Significance for one tailed test

Level of Significance for twotailed test

N	.05	.01
6	.0	—
7	2	—
8	4	0
9	6	2
10	8	3
11	11	5
12	14	7
13	17	10
14	21	13
15	25	16
16	30	20
17	35	23
18	40	28
19	46	32
20	52	38
21	59	49
22	66	49
23	73	55
24	81	61
25	89	68

1. For one tailed test the p value of .05 value and .01 will be .025 and .005 respectively.

Direction for use : अगर N = 12 है तो Signed-ranke test को .01 के स्तर पर सार्थक होने के लिए 7 या इससे कम तथा .05 के स्तर पर सार्थक होने के लिए 14 या इससे कम होना चाहिए।

TABLE—M

Distribution of H Test

Samples Sizes			Significance Level	
N_1	N_2	N_3	.05	.01
3	2	2		
3	3	1	4.71	—
3	3	2	5.14	—
3	3	3	5.60	6.49
4	2	1	4.82	—
4	2	2	5.12	6.00
4	3	1	5.21	—
4	3	2	5.44	6.30
4	3	3	5.73	6.75
4	4	1	4.75	6.67
4	4	2	5.45	6.87
4	4	3	5.00	7.14
4	4	4	5.69	7.54
5	2	1	5.00	—
5	2	2	5.16	6.53
5	3	1	4.96	6..40
5	3	2	5.25	6.82
5	3	3	5.44	6.98
5	4	1	4.99	6.84
5	4	2	5.27	7.12
5	4	3	5.63	7.40
5	4	4	5.62	7.74
5	5	1	5.13	6.84
5	5	2	5.25	7.27
5	5	3	5.63	7.54
5	5	4	5.64	7.79
5	5	5	5.66	7.98

Direction for use : अगर $N_1 = 5$ है, $N_2 = 3$ है तथा $N_3 = 2$ है तो 11 को .05 स्तर पर सार्थक होने के लिए 5..25 या इससे अधिक तथा .01 स्तर पर सार्थक होने के लिए 6.82 या इससे अधिक होना चाहिए।

TABLE —N

Table of Critical Values of T in the Wilcoxon Matched-Pairs Sign Rank Test

	Level of Significance for One-Tailed Test		
N	.025	.01	.005
	Level of Significance for Two-Tailed Test		
	.05	.02	.01
6	0	—	—
7	2	0	—
8	4	2	0
9	6	3	2
10	8	5	3
11	11	7	5
12	14	10	7
13	17	13	10
14	21	16	13
15	25	20	16
16	30	24	20
17	35	28	23
18	40	33	28
19	46	38	32
20	52	43	38
21	59	49	43
22	66	56	49
23	73	62	55
24	81	69	61
25	89	77	68

TABLE—O

Values of H of Three samples Significant at the 10, 5 and I percent levels

Samples sizes			Levels		
N_1	N_2	N_3	.10	.05	.01
2	2	2	4.57		
3	2	1	4.29		
3	2	2	4.50	4.71	
3	3	1	4.57	5.14	
3	3	2	4.56	5.36	6.25
3	3	3	4.62	5.60	6.49
4	2	1	4.50		
4	2	2	4.46	5.33	
4	3	1	4.06	5.21	
4	3	2	4.51	5.44	6.30
4	3	3	4.70	5.73	6.75
4	4	1	4.17	4.79	6.67
4	4	2	4.55	5.45	6.87
4	4	3	4.55	5.60	7.14
4	4	4	4.65	5.69	7.54
5	2	1	4.20	5.00	
5	2	2	4.37	5.16	6.53
5	3	1	4.02	4.96	
5	3	2	4.49	5.25	6.82
5	3	3	4.53	5.44	6.98
5	4	1	3.99	4.99	6.84
5	4	2	4.52	5.27	7.12
5	4	3	4.55	5.63	7.40
5	4	4	4.62	5.62	7.74
5	5	1	4.11	5.13	6.84
5	5	2	4.51	5.25	7.27
5	5	3	4.55	5.63	7.54
5	5	4	4.52	5.64	7.79
5	5	5	4.56	5.66	7.98

❑

सन्दर्भ ग्रन्थ सूची

(REFERENCES)

शमशाद हुसैन (1992) : *मनोविज्ञान और शिक्षा में प्रारम्भिक सांख्यिकी*, मोतीलाल बनारसीदास, पटना

श्रीवास्तव एवं लाल (1989) : *मनोविज्ञान और शिक्षा में सांख्यिकी तथा परीक्षण रचना*, भारती भवन, पटना

मिश्रा एवं त्रिपाठी (1994) : *मनोविज्ञान और शिक्षा में सांख्यिकी तथा परीक्षण रचना*, भारती भवन, पटना

त्रिपाठी आर॰ (987-88) : *अप्राचलिक सांख्यिकी*, हरप्रसाद भार्गव, आगरा

लाल. जे. एन. (1999) : *मनोविज्ञान एवं शिक्षा में सांख्यिकी*, नीलकमल प्रकाशन, गोरखपुर

भार्गव, एम० (1999) :*आधुनिक मनोवैज्ञानिक परीक्षण एवं मापन*, हरप्रसाद भार्गव, आगरा

शर्मा, आर. एम. (1997) : *शिक्षा और मनोविज्ञान में मापन एवं मूल्यांकन*, इन्टरनेशलन पब्लिशिंग हाउस, मेरठ

Bhargava, Mahesh : *मनोवैज्ञानिक सांख्यिकीय समस्याएँ*, आगरा बुक हाउस, 1973.

हकीम ए एम. ए. और अस्थाना विपिनः *मनोविज्ञान शोध विधियाँ (Research Methods in Psychology)* तृतीय संस्करण, 1984.

कपिल एच. के. : *अनुसंधान विधियाँ*, (प्रथम संस्करण, 1978).

राय, पारसनाथ : *अनुसंधान परिचय*, चतुर्थ संस्करण, 1984.

रुहेला, सत्यपाल : *सामाजिक सर्वेक्षण*, जयपुर, राजस्थान प्रकाशन, 1968.

रूहेला, सत्यपालः *सामाजिक सर्वेक्षण और अनुसंधान के मूलतत्व*, दिल्ली, विकास पब्लिकेशन, 1972.

रूहेला, सत्यपाल : *सामाजिक सर्वेक्षण*, जयपुर, राजस्थान प्रकाशन, 1968.

रूहेला, सत्यपाल : *सामाजिक सर्वेक्षण 'एक नई रूपरेखा'*-1975.

मुहम्मद सुलेमान (2005-06) : *मनोविज्ञान, समाजशास्त्र तथा शिक्षा में शोध विधियाँ*, पटना

राय, सुशीला (1999) : *मनोवैज्ञानिक एवं शैक्षिक मापन*, मोतीलाल बनारसीदास, पटना

अरुण कुमार सिंह (2002) : *मनोविज्ञान, समाजशास्त्र तथा शिक्षा में शोध विधियां*, मोतीलाल बनारसीदास, पटना

जी॰ पी॰ श्रीवास्तव (1996) : *सामाजिक अनुसंधान सर्वेक्षण एवं सांख्यिकी*, यूनिवसीटी पब्लिकेशन्स, नई दिल्ली

लाल बचन त्रिपाठी (1997) : *मनोवैज्ञानिक अनुसंधान पद्धतियाँ*, हरप्रसार भार्गव, आगरा 282004

आर. एन. द्विवेदी एवं डी. पी. शुक्ला (2003) : *रिसर्च मेथाडोलोजी*, कॉलेज बुक डिपो, जयपुर, दिल्ली

एच. के. कपिल (2002) : *अनुसंधान विधियां*, हर प्रसाद भार्गव, आगरा।

एस. एम. मोहसिन एवं पूर्णिमा प्रसाद (1990) : *मनोवैज्ञानिक अनुसंधान पद्धति विज्ञान*, मोतीलाल बनारसीदास, पटना।

जय गोपाल त्रिपाठी (1995) : *मनोवैज्ञानिक अनुसंधान पद्धतियाँ*, विनोद पुस्तक मंदिर आगरा

सत्येन्द्र त्रिपाठी (1976) : *अनुसंधान एवं सर्वेक्षण की प्रविधियाँ*, मोतीलाल बनारसीदास, वाराणसी।

Anastasi, Anne : *Psychological Testing,* The MacMillan Co; New York 1954, 1968.

Abrams, M. : *Social Survey and Action,* Heinmann; London, 1951.

Alfred Marshall : *Principles of Economics,* 1930.

Andreas B. C; *Experimental Psychology.* Wile, New Delhi 1968.

Abelson, H. H. (1933), : *The Art of Educatinal Research,* World Book Co. Yankers.

Acoff, R. L. (1953) :*Designs of Social Research,* The University Press; Chicago.

Almock, J. C. (1930) : *Research and Thesis Writing,* Houghton, Miffin Company, Boston.

Bernard, J; *Field and Methods of Sociology,* Holt, Rinehart and Winston, New York.

Blommers, P. and Lindquist, E. F : *Elementary Statistical Methods in Psychology and Education,* Oxford Book Co; Calcutta, 1960.

Bowley, A. L : *An Elementary Mannual of Statistics,* 6th ed; MacDonald & Evans, London : 1945.

Best J, W : *Research in Education.* Prentice Hall, New Delhi. 1963.

Brown C. W : *Ghisselli E. E; Scientific Methods in Psychology* Mc Graw Hill, 1955.

Banister, Peter et. al. (1994) : *Qualitative Methods in Psychology* : A Research Guide. Open University Press, Buckinghary, Philadelphia.

Bingham, W. V. D. and Moore, B. V. (1959) : *How to Interview* (Ed. IV) Harper and Brothers, New York.

Broota, K. D. (1989) : *Experimental Design in Behavioural Sciences,* Wiley Eastern Limited, New York.

Best, J. W. (1970) : *Research in Education,* Prentice Hall, Inc. New Delhi

Bogardus, E. S. (1936) : *Introduction to Social Research,* Los Angeles : Sultan House.

Borg, W. R. (1963) : *Educational Research : An Introduction,* Mc Kay, New York.

Brown & Ghisselli (1964) : *Theory of Psychological Measurement,* Mc Graw Hill Co., New York.

Berelson, B. (1954) : *Content Analysisl Handbook of Social Psychology. Reading,* Mass : Addison-Wesley Vol. I Chapter 13.

Berg. I. A. (1954) : *The Use of Human Subjects in Psychological Research.* American Psychologist. I; 108-11.

Clarks, C. E : *An Introduction to Statistics,* John/Wiley and Sons Inc; 1956.

Cronback, L.J : *Essentials of Psychological Testing,* Harper & Brothers 1960, New York.

Croxton. F. E. And Cowden, D. J : *Applied General Statistics,* Prentice-Hall, Inc; 1951, New York.

Chaplin, J. P. (1975) : *Dictionary of Psychology.* Alaurel Original. N. Y.

Cureton. E. E. (1965) : *Reliability and Validity : Basic Assumptions and Experimental Design. Educational and Psychological Measurement,* 25; 327-46.

Campbell. D. T. and Stanley, J. C. (1966) : *Experimental and Quasi-Experimental Designs for Research. Handbook of Research on Teaching.* Rand Mc Nally and Co; 71-246, Chicago.

Candland D. K : *The Experimental Psychology* McGraw Hill, 1968.

Chatin F. S. : *Experimental Designs in Sciological Research.* (Harper) 1947.

Carlsmith, J. Merrill, Ellsworth Phoebe C; & Aronson, Elliot (1976) : *Methods of Research in Social Psychology.* Addision-Wesley Publishing Company, Reading (Mass).

D' Amato, M. R. (1970) : *Experimental Psychology,* Mc Graw Hill Book Company, New York.

Campbell, D. T. (1963) : *Experimental and Quasi-Experimental Reasearch Designs for Research,* Chicago : Rend Mc Nally.

Chapin, F. S. (1974) : *Experimental Designs in Sociological Research,* Harper, New York

Cochran, W. G. (1964) : *Sampling Techanique,* Asia Publishing House, Bomay.

Chaturvedi, J. C. : *Mathematical Statistics,* Students Friends & Company, Agra, 1961.

Cocharan, W. G. : *Sampling Technique,* Asia Publishing House, Bombay, 1964.

Dalen. Van Deobold B. Van, (1978) : *Understanding Educational Research : An Introduction,* Mc Graw Hill Book Co., New York .

Elhance, D. N. (1992) : *Fundamentals of Statistics,* Kitab Mahal, New York.

Edwards, A. L. : *Statistical Methods for the Behavioural Sciences.* Rinehart & Co; 1964, New York.

Elhance, D. N. ; Elhance, P. P. : *Fundamentals of Statistics,* Kitab Mahal, Allahabad, 1982.

Edwards, A. L. (1971) : *Experimental Designs in Psychological Research,* Amerind Publishing.

Festinger & Katz : *Research Methods in Behavioural Sciences.* (Amerind), 1970.

Freeman : *Psychological Testing,* Oxford, 1968.

Ferguson, George A. (1976) : *Statistical Analysis in Psychology and Education.* (Ed. IV) McGraw-Hill Kogakusha Ltd; Tokyo.

Festinger, Leon and Katz Daniel (1953) : *Research Methods in the Behavioural Sciences.* (Ind. Ed. 1970) Amerind Co. Pvt. Ltd; New Delhi.

Freeman, F. S. (1962) : *Theory and Practice of Psychological Testing,* Oxford and IBH Publishing Co., New Delhi.

French, J. R. P. (1953) : *Research Methods in Behavioural Sciences,* Holt, Rinehart & Wiston, New York.

Festinger, L and Kaz, D. (1953) : *Research Methods in Behaviour Sciences.* N. Y. Holt, Rinehart and Winston, Inc.

Freeman, F. S. (1962) : *Theory and Practice of Psychological Testing*, N. Y. Holt, Rinehart and Winston, Inc.

Ferguson, G. A. : *Statistical Analysis in Psychology adn Education.* Rinehart & co; 1964, New York.

Fisher, R. A. : *Statistical Method for Research Workers,* Hafner Publishing Co; 1950, New York.

Fox David J. : *The Research Process in Education,* Holt, Rine hard and Winston Inc. N. Y. 1969.

Garrett, H. E. : *Statistics in Psychology and Education,* Vakils Feffer and Sinons P. Ltd. 1967, Bombay.

Goode, W. J. and Hatt, P. K. : *Methods in Social Research.* Mc-Graw-Hill New York, 1962.

Guilford J. P. (1954) : *Psychometric Methods,* (Ed. II) Kogakusha Company Ltd; Tokyo.

Guilford, J. P. and Fruchter, Benjamin, (1973) : *Fundamental Statistics in Psychology and Education* (Ed. V) Mc Graw-Hill Kogakusha Ltd. Tokyo.

Good, Bar and D. E. Scates (1974) : *Methodology of Educational Research,* Appleton Century Crofts, New York.

Good, C. V. (1959) : *Introduction to Educational Research,* Appleton Century Croft, New York.

Hathrop R. G. : *Psychological Research* Harper, 1969.

Johoda, Marie, et al. : *Research Methods in Social Relations,* N. Y. Holt Rine-Hart & Winston. 1959.

Karl Pearson, : *The Grammar of Science,* London, 1911.

Kerlinger, F. N. : *Foundations of Behavioral Research,* Halt, 1964.

Kapil H. K. : *Elements of Statistics* 1975. (Vinod).

Kirk R. E. : *Experimental Design Procedures for the Behavioural Sciences,* Brooks, 1968.

Krotochwill, Thomas, R, (1978) : *Single Subject Research Strategies for Evaluating Change.* Academic Press, New York.

Katz Daniel, (1953) : *Research Method in Behavioural Sciences,* Holt, Rinehart and Winston, New York.

Lundberg, G. A. : *Social Research,* N. Y. 1951.

Lindzey G. : *Hand Book of Social Psychology,* Vol I to V, Addiwesley, 1954.

Lathrop, Richard G. (1969) : *Introduction to Psychological Research* : Logic Design, Analysis. Harper and Row Publishers, New York.

Lindzey, Gardner (1958) (Editor) : *Assessment of Human Motives,* Rinehart and Company, Inc; New York.

Lindzey, Gardner and Aronson, Illiot (1975) (Editors) : *The Handbook of Social Psychology,* Amerind Publishing Co. Pvt. Ltd; New Delhi.

Lathrop, R. (1969) : *Introduction to Psychological Research,* Harper and Row, New York.

Lungberg, G. A (1942) : *Social Research,* Longmans, New York.

McNemar, O : *Psychological Statistics,* 2nd ed; John wiley & Sons, Inc; 1955, New York.

Mohsin, S. M. : *Fundamental Statistics For Behavioural Sciences,* Motilal Banarsidass, Delhi, 1985.

Mc Call R. B. : *Fundamental Statistics for Psychology* (H B J) 1975.

Mc Nemar, Q (1962) : *Psychological Statistics.* N. Y. Wiley.

Nachmisas. D. and Bachmias, c. (1981) : *Research Methods in the Social Sciences.* St. MArin's Press, New York.

New Comb. T. (1931) : *An Experiment Design to Test the Validity of Technique.* J. of Edu. Psychol; 22 : 279-89

Nunnally, J. C. (1981) : *Introduction to Psychological Measurement. N. Y. of Meaning.* Urbanna III. University of Illinois Press.

Peter Stratton and Nicky Hayes (1991) : *A Student Dictionary of Psychology.* Univershal Book Stall, New Dehhi, 5.

Reber, A. S. and Reber, E. (2001) : *Penguin Dictionary of Psychology* (3rd Edition) by the penguing group, 7 Wrights lane, London.

Singh A. K. (1992) : *Tests, Measurements and Research Methods in Behavioral Sciences,* Bharti Bhawan, Patna.

Siegel Sidney (1956) : *"On-parametric Statistics for the Behavioural Sciences".* Mc Graw Hill Book Company, New Delhi.

Smith, J. G. and Duncan, A. J. : *Elementary Statistics and Applications,* McGraw-Hill, 1944, New York.

Snedecor. G. W. Statistical Methods, (5th ed.); Ames Lowa : Lowa State College Press, 1956.

Scott and Wertheimer : *Introduction to Psychological Research,* Wiley, 1962.

Sigel, Sidney (1956) : *Nonparametric Statistics.*

Shevida N, G. I (1979) : *Method in Experimental Psychological Measurement and Evaluation.* Exglewood cliffs, B. J. Prentrice-Hill.

Sidman, Murray (1961) : *Tactics of Scientific Research,* Basic Books, Inc. New York.

Trkin, H. and Cotton, R : *Tables for Statisticians.* Barnes and Noble, Inc; 1950, New York.

Tate, M. W. : *Statistics in Education and Psychology,* The Mucmillan Co; 1965, New York.

Tippett, L.H.C. : *Random Sampling Number,* Cambridge University Press, 1927, Combridge.

Tippett L.H.C. : *Statistics,* Oxford University Press, 1943, London.

Tripathi L. B. : *Advanced Experimental Psychology,* H. P. Bhargava, Agra.

Townsend J. C. : *Introduction to Experimental Method,* Mc Graw, 1953.

Tyler, L. R. (1963) : *Tests and Measurements.* Pretice-Hall, 7-14, Englewood cliffs, New Jersey.

Underwood, Benton, J. (1957) : *Psychological Research,* Appleton-Century, Corfts Inc. New York.

Underwood, B. J. (1966) : *Experimental Psychology,* N. Y. Appietio centrury-crofts.

Verma, M. (1965) : *An Introduction to Educational and Psychological Reseach,* New Delhi, Asia Publishing House, Bombay.

Walker H. M. : *Elementary Statistical Method,* Henry Holt & Co; Inc; 1943, New York.

Wallies, W. A. and H. V. Roberts : *Statistics : A New Approach,* Glencoe Ill, Free Press, 1956.

Winer, B. J. (1971) : *"Statistical Principles in Experimental Design"*, Mc Graw Hill Kogakusha Ltd. London.

Webster's : *New Dollegiate Dictionary,* 1949; Wilson Gee, : Social Science, Research Methods, 1950.

Wood, Gordon (1974) : *Fundamentals of Psychological Research,* Little, Brown and Company, Boston.

Young, Pauline V. (1968) : *Scientific Social Surveys and Research* (Ed. IV) Prentice Hall of India Pvt. Ltd; New Delhi.

❑